Comentario Bíblico del Expositor:

MATEO

D. A. Carson

Editor General:
FRANK E. GAEBELEIN
Ex director de la Stony Brook School;
Ex coeditor de Christianity Today

Editor Adjunto:
J.D. Douglas
Editor de The New International
Dictionary of the Christian Church

Colaborador en el comentario de Mateo:
D.A. Carson
Profesor de Nuevo Testamento,
Trinity Evangelical Divinity School

Consultores:
JAMES MONTGOMERY BOICE
Pastor de la Tenth Presbyterian Church,
Filadelfia, Pennsylvania

MERRILL C. TENNEY
Profesor emérito de Biblia y Teología
Wheaton College

Editores del manuscrito castellano:
JUAN ROJAS MAYO
MIGUEL MESÍAS ESPINOZA
Rojas & Rojas Editores, Inc.

Comentario Bíblico del Expositor:

MATEO

D. A. Carson

EDITORIAL

Vida

DEDICADOS A LA EXCELENCIA

La misión de EDITORIAL VIDA es proporcionar los recursos necesarios a fin
de alcanzar a las personas para Jesucristo y ayudarlas a crecer en su fe.

© 2004 Editorial Vida
Miami, Florida

Publicado en inglés bajo el título:
The Expositor's Bible Commentary
por The Zondervan Corporation
© 1984 por The Zondervan Corporation

Traducción: *Ricardo Acosta*
Edición: *Rojas & Rojas Editores, Inc.*
Diseño interior: *Jorge R. Arias, A&W Publishing Electronic Services, Inc.*
Diseño de cubierta: *Gustavo Camacho*

ISBN: 0-8297-3519-4

Categoría: Comentario

Impreso en Estados Unidos de América
Printed in the United States of America

04   05   06   07   08   ❖   06   05   04   03   02   01

CONTENIDO

PREFACIO

El título de esta serie define su propósito. Escrita principalmente por expositores para expositores, su objetivo es proporcionar a predicadores, maestros y estudiantes de la Biblia un nuevo y comprensivo comentario sobre los libros del Antiguo y Nuevo Testamentos. Su posición es la de una erudición evangélica comprometida a la inspiración divina, la completa fiabilidad y la total autoridad de la Biblia. Todos los colaboradores vienen de EE.UU., Inglaterra, Escocia, Australia, Nueva Zelanda y Suiza, y de varios grupos religiosos, incluyendo Iglesias anglicanas, bautistas, hermanos de la fe, libres, independientes, metodistas, nazarenas, presbiterianas y reformadas. La mayoría de ellos enseñan en institutos, universidades o seminarios teológicos.

Ningún libro se ha estudiado con más detenimiento por mucho más tiempo que la Biblia. Desde los comentarios midrásicos que se remontan al período de Esdras, a través de partes de los Rollos del Mar Muerto y la literatura patrística, y continuando en el presente, se han expuesto las Escrituras. En realidad, ha habido ocasiones en que, como en la Reforma y en oportunidades desde entonces, la exposición ha estado a la vanguardia del avance cristiano. Lutero fue un poderoso exegeta, y a Calvino aún se le llama «el príncipe de los expositores». Han sido muchos sus sucesores. Y ahora, cuando el arrebato de nuevas traducciones y su circulación sin parangón han expandido la lectura de la Biblia, la necesidad de exposición surge con renovada urgencia.

No es que la Palabra de Dios se pueda alguna vez volver cautiva de sus expositores. Entre todos los demás libros, ella se levanta como número uno en su combinación de perspicacia y profundidad. Aunque un niño se puede hacer «sabio para salvación» al creer en los testigos bíblicos de Cristo, la mente más grandiosa no puede dilucidar las profundidades de la verdad de la Biblia (2 Tm 3:15; Ro 11:33). Como dijera Gregorio el grande: «La Santa Biblia es un arroyo de agua que corre, donde puede nadar el elefante y caminar el cordero». Por tanto, debido a la naturaleza inagotable de las Escrituras, la tarea de descubrir su significado es aún una obligación perenne de la erudición bíblica.

Cómo se ha de hacer esa tarea refleja inevitablemente el punto de vista de quienes están comprometidos a tal empresa. Cada erudito bíblico tiene presuposiciones. A esto ni los editores de esta obra ni los colaboradores a ella son excepciones. Ellos tienen el compromiso común de exponer el cristianismo sobrenatural en la Palabra inspirada. No se proponen suplantar los muchos comentarios valiosos que han precedido a este libro, y de los cuales han aprendido tanto los editores como los colaboradores. Más bien pretenden hacer uso de los recursos de la erudición evangélica contemporánea para producir una nueva obra de referencia para comprender las Escrituras.

Un comentario que seguirá siendo útil con el paso de los años debe manejar tendencias contemporáneas en estudios bíblicos en una manera tal que evite quedar obsoleto al cambiar las formas críticas. La crítica bíblica no es inadmisible en sí, como algunos han creído erróneamente. Cuando los eruditos investigan autoría, fecha, características literarias y propósito de un documento bíblico están practicando crítica bíblica. Por eso, a fin de determinar hasta donde sea posible la forma original del texto, se enfrentan a lecturas divergentes, errores de escritura, enmiendas y otros fenómenos en los manuscritos. Hacer esto es esencial en exégesis y exposición responsable. Además, siempre existe necesidad de distinguir hipótesis de hechos, conjeturas de verdad.

El principal principio de interpretación que sigue este comentario es gramático histórico… concretamente, que el propósito primordial del exegeta es clarificar el significado del texto en el tiempo y las circunstancias en que fue escrito. Este esfuerzo para comprender qué inspiró en primera instancia lo que expresaron los escritores no se debe confundir con un literalismo inflexible. La Biblia hace un espléndido uso de símbolos y figuras de expresión; grandes porciones son poéticas. Sin embargo, cuando se habla de este modo no dice menos verdad de la que hay en sus porciones históricas y doctrinales. Para entender su mensaje se necesita atención a asuntos de gramática y sintaxis, significado de palabras, modismos y formas literarias… todo en relación con el ambiente histórico y cultural del texto.

Los colaboradores a esta obra reflejan necesariamente varias convicciones. En ciertos asuntos controversiales la política es de claras declaraciones de las opiniones de los colaboradores con presentación justa de las de otros. El tratamiento escatológico, aunque refleja diferencias de opiniones, es coherente con una posición general premilenialista. (No todos los colaboradores, no obstante, son premilenialistas.) Pero la profecía es más que predicción, y por eso este comentario reconoce debidamente las principales vetas de piadosa preocupación social en los escritos proféticos.

EL COMENTARIO BÍBLICO DEL EXPOSITOR se presenta como una obra de erudición, aunque no principalmente de crítica técnica. En su porción principal, la Exposición (artículos generales y especiales), todas las palabras semíticas y griegas están transliteradas, y se dan las equivalencias en castellano. En cuanto a las notas, se usan los caracteres griegos y semíticos, pero siempre con transliteraciones y significados castellanos, para que esta porción del comentario sea lo más accesible posible a lectores no acostumbrados a los lenguajes originales.

La convicción del editor general, extendida entre sus colegas del departamento editorial de Zondervan y Editorial Vida, es que la lucidez y la erudición son compatibles. Por eso se están esforzando en hacer clara y comprensible esta obra.

La traducción que se usa es la Nueva Versión Internacional. Damos gracias a la Sociedad Bíblica Internacional por su permiso para utilizar esta versión, la más reciente de las principales traducciones de la Biblia. Los editores y la editorial la han escogido por la claridad y belleza de su estilo, y su fidelidad a los textos originales.

El editor general expresa su gratitud a Walter C. Kaiser, hijo, y al Dr. Bruce K. Waltke por el Antiguo Testamento, y a los doctores James Montgomery Boice y Merrill C. Tenney por el Nuevo Testamento, por su constante cooperación y su generosidad para aconsejarlo con su experta erudición. Agradece, además, a muchos otros colaboradores con quienes está en deuda por su invalorable participación en esta obra. Finalmente, él tiene una deuda especial de gratitud con el Dr. Robert K. DeVries, editor de la Corporación Zondervan; con Richard P. Polcyn, editor de manuscritos; y con Elizabeth Brown, secretaria, por su continua ayuda y ánimo.

Aparte de cualquier otra cosa —el más grandioso y hermoso de los libros, la fuente principal de ley y de moral, la fuente de sabiduría, y la guía infalible de vida— la

Biblia es sobre todo testigo inspirado de Jesucristo. Ojalá esta obra cumpla su función de exponer las Escrituras con gracia y claridad, de modo tal que los usuarios puedan encontrar que tanto el Antiguo Testamento como el Nuevo guían de verdad hacia nuestro Señor Jesucristo, el único que podía decir: «He venido para que tengan vida, y la tengan en abundancia» (Juan 10:10).

FRANK E. GAEBELEIN

ABREVIATURAS

A. Abreviaturas generales

A	Código Alejandrino	n.	nota
ab.	abajo	Nestle	Nestle (ed.) *Novum Testamentum Graece*
א	Código Sinaítico	no.	número
Apoc.	Apócrifa	NT	Nuevo Testamento
aprox.	aproximadamente	obs.	obsoleto
Aq.	Traducción griega de Aquila del Nuevo Testamento	p., pp.	página, páginas
Arab.	arábigo	par.	párrafo
Aram.	arameo	per.	persa
AT	Antiguo Testamento	pesh.	peshita
b	Gemara babilónica	pl.	plural
B	Código Vaticano	pseudep.	Pseudoepígrafos
C	Código Efraemi Siru	q.v.	*quod vide*, el cual ve
cap.	capítulo, capítulos	R	Rabá
cf.	*confer*, compare con	rev.	revisado, revisor, revisión
cit.	citado por	RMM	Rollos del Mar Muerto
cod. codd	código, códigos	rom.	romano
contr.	en contraste con	s.a.	siríaco antiguo
D	Código Bezae	s.f.	sin fecha
e.g.	*exempli gratia*, por ejemplo	s.v.	*Sub verbo*, bajo la palabra
ed., edd.	editado, edición, editor, ediciones	samar.	revisión samaritana
egip.	egipcio	SBU	Texto griego de las Sociedades Bíblicas Unidas
et al., et alii	y otros	SCM	Student Christian Movement Press
fem.	femenino	sem.	semítico
fen.	fenicio	Sim.	Símaco
gen.	genitivo	sing.	singular
gr.	griego	sir.	siríaco
heb.	hebreo	SPCK	Society for the Promotion of Christian Knowledge
hit.	hitita	sum.	Sumerio
i.e.	*ed est*, eso es	T	Talmud
ibíd.,ibídem	en el mismo lugar	Tárg.	Tárgum
íd.	ídem, lo mismo	Teod.	Teodosio
impf.	imperfecto	TM	Texto Masorético
in loc.	*in loco*, en el lugar citado	TR	Textus Receptus
J	Jerusalén o Gemara palestina	tr.	traducción, traductor, traducido
l.a.	latín antiguo	u.s.	*ut supra*, como arriba
lat.	latín	ugar.	ugarítico
lit.	literalmente	v., vv.,	versículo, versículos
Lit. ap.	Literatura apocalíptica	VC	versiones castellanas de la Biblia
LXX	Septuaginta	vol.	volumen
M	mishná	vrm.	versión revisada al margen

masc.	masculino
mg.	margen
mid.	midrash
ms(s)	manuscrito(s)

Vul.	Vulgata
WH	Wescott y Hort, *Nuevo Testamento en griego*
y sig.	y siguientes (versículos, páginas, etc.)

B. Abreviaturas de traducciones modernas y paráfrasis

BJ	Biblia de Jerusalén
NVI	Nueva Versión Internacional
RVR	Reina Valera Revisada 1960

C. Abreviaturas de obras y referencias periódicas

AASOR	*Anuario de los institutos estadounidenses de investigación oriental*	JAAR	*Publicación trimestral teológica irlandesa*
BA	*Biblia Ancho*	JAOS	*Publicación de la academia estadounidense de religión*
AIs	de Vaux: *Israel antiguo*	JBL	*Publicación de la sociedad estadounidense oriental*
AJA	*Publicación estadounidense de arqueología*	JE	*Publicación de literatura bíblica*
AJSL	*Publicación estadounidense de lenguas y literaturas semíticas*	JETS	*Enciclopedia judía*
AJT	*Publicación estadounidense de teología*	JFB	*Publicación de la sociedad evangélica teológica*
Alf	Alford: *Comentario del testamento griego*	JNES	Jamieson, Fausset y Brown: *Comentario del Antiguo y el Nuevo Testamento*
ANEA	*Arqueología del antiguo Cercano Orient*	Jos. Antig.	*Publicación de d estudios del Cercano Oriente*
ANET	Pritchard: *Textos antiguos del Cercano Orient*	Jos. Guerra	Josefo: *Antigüedades de los judíos*
ANF	Roberts y Donaldson: *Los padres antes de los nicenos*	JQR	*Revista judía trimestral*
ANT	M.R. James: *El Nuevo Testamento apócrifo*	JR	*Publicación de religión*
A-S	*Revisión teológica anglicana*	JSJ	*Publicación para el estudio del judaísmo en los períodos persa, heleno y romano*
AThR	*Arqueólogo bíblic*	JSOR	*Publicación de la sociedad de investigación oriental*
AB	Bauer, Arndt y Gingrich: *Léxico griego-inglés del Nuevo Testament*	JSS	*Publicación de estudios semíticos*
BAG	Bauer, Arndt, Gingrich y Danker: *Léxico griego-inglés del Nuevo Testamento*, edición	JT	*Talmud de Jerusalén*

BAGD	Boletín de los institutos estadounidenses de investigación orienta	JTS	Publicación de estudios teológico
BASOR	Foakes-Jackson y Lake: Inicios del cristianism	KAHL	Kenyon: Arqueología en la Tierra Sant
BC	Brown, Driver y Briggs: Léxico hebreo-inglés del Antiguo Testamento	KB	Koehler-Baumgartner: Léxico en libros del Testamento Veteri
BDB	Blass, Debrunner y Funk: Gramática griega del Nuevo Testamento y otra literatura cristiana primitiv	KD	Keil y Delitzsch: Comentario del Antiguo Testament
BDF	Harrison: Diccionario de Teología de Baker	LSJ	Liddell, Scott y Jones: Léxico griego-inglé
BDT	Intérprete de Benge	LTJM	Edersheim: La vida y los tiempos de Jesús el Mesía
Beng.	Boletín de la Sociedad Teológica Evangélica	MM	Moulton y Milligan: Vocabulario del testamento grieg
BETS	Biblia hebrea	MNT	Moffat: Comentario del Nuevo Testament
BH	Biblia hebrea stuttgartiana	MST	McClintock y Strong: Enciclopedia de teología bíblica y de literatura eclesiástic
BHS	Boletín de la Biblioteca John Rylands	NBC	Davidson, Kevan y Stibss: Nuevo Comentario bíblico, 1ª e
BJRL	Biblioteca Sacra	NBCrev.	Guthrie y Motyer: Nuevo comentario bíblico, ed. re
BS	Talmud babilónico	NBD	J.D. Douglas: Nuevo comentario bíblico
BT	Teología bíblica	NCB	Biblia Nuevo Siglo
BTh	Mundo bíblico	NCE	Nueva enciclopedia católica
BW	Historia antigua de Cambridge	NIC	Nuevo comentario internaciona
CAH	Publicación de teología canadiense	NIDCC	Douglas: Nuevo diccionario internacional de la Iglesia Cristiana
CBQ	Publicación bíblica trimestral católica	NovTest	Novum Testamentu
CBSC	Biblia Cambridge para institutos y universidades	NSI	Cooke: Manual de inscripciones semíticas del norte
EC	Enciclopedia católica	NTS	Estudios del Nuevo Testamento
CGT	Testamento griego de Cambridg	ODCC	Diccionario Oxford de la Iglesia Cristiana, ed. re
CHS	Lange: Comentario de las Sagradas Escrituras	Peake	Black y Rowley: Comentario bíblico de Peake
ChT	Cristianismo de hoy	PEQ	Publicación trimestral de exploración palestin
DEB	Diccionario Davis de la Bibli	PNF1	P. Schaff y H. Wace: Padres nicenos y posteriores a los nicenos (1ª seri
Deiss EB	Deissmann: Estudios bíblico	PNF2	P. Schaff y H. Wace: Padres nicenos y posteriores a los nicenos (2ª serie
DNTT	Deissmann: Luz del antiguo Oriente	PTR	Revista teológica de Princeton

IDB	*Comentario crítico internacional*	WesBC	*Comentarios bíblicos Wesleyan*
IEJ	*Diccionario bíblico del intérprete*	WTJ	*Publicación teológica Westminster*
Int	*Publicación de exploración israelí*	ZAW	*Zeitschrift für die alttestamentliche Wissenschaft*
INT	*Interpretació*	ZNW	*Zeitschrift für die neutestamentliche Wissenschaft*
IOT	E. Harrison: *Introducción al Nuevo Testament*	ZPBD	*Diccionario bíblico ilustrado Zondervan*
ISBE	R.K. Harrison: *Introducción al Antiguo Testamento*	ZPEB	*Enciclopedia bíblica ilustrada Zondervan*
ITQ	*Enciclopedia bíblica estándar internacional*	ZWT	*Zeitschrift für wissenschaftliche Theologie*

D. Abreviaturas de libros de la Biblia, los apócrifos y los pseudoepígrafos

ANTIGUO TESTAMENTO			NUEVO TESTAMENTO	
Gn	2 Cr	Dn	Mt	1 Ti
Éx	Esd	Os	Mr	2 Ti
Lv	Nh	Jl	Lc	Tit
Nm	Est	Am	Jn	Flm
Dt	Job	Abd	Hch	Heb
Jos	Sal	Jon	Ro	Stg
Jue	Pr	Miq	1 Co	1 P
Rt	Ec	Nah	2 Co	2 P
1 S	Cnt	Hab	Ga	1 Jn
2 S	Is	Sof	Ef	2 Jn
1 R	Jer	Hag	Flp	3 Jn
2 R	Lm	Zac	Col	Jud
1 Cr	Ez	Mal	1 Ts	Ap
				2 Ts

APÓCRIFOS

1 Esd	1 Esdras	Bar	Baruc
2 Esd	2 Esdras	Ep Jer	Epístola de Jeremías
Tob	Tobías	Sus	Susana
Jdt	Judit	Bel	Bel y el dragón
Ad Est	Adiciones a Ester	Or Man	Oración de Manasés
Sab	Sabiduría	1 Mac	1 Macabeos
Eclo	Eclesiástico	2 Mac	2 Macabeos

PSEUDOEPÍGRAFOS

As Mo	Asunción de Moisés	Odas Sal	Odas de Salomón
2 Bar	2 Apocalipsis de Baruc	P Jer	Crónicas de Jeremías
3 Bar	3 Apocalipsis de Baruc	Sal 151	Salmos 151
1 Enoc	1 Libro de Enoc	Sl Sal	Salmos de Salomón
2 Enoc	2 Libro de Enoc	T Ab	Testamento de Abraham
3 Enoc	3 Libro de Enoc	T Ad	Testamento de Adán
4 Esd	4 Esdras	T Ben	Testamento de Benjamín

JA	José y Asenat	T Dn	Testamento de Daniel
Jub	Libro de jubileos	T Gad	Testamento de Gad
C Aristeo	Carta de Aristeo	T Job	Testamento de Job
Vida AE	Vida de Adán y Eva	T Jos	Testamento de José
Vid Prof	Vidas de los profetas	T Leví	Testamento de Leví
MA Is	Martirio y ascensión de Isaías	T Nef	Testamento de Neftalí
3 Mac	3 Macabeos	T 12 P	·Testamento de los doce patriarcas
4 Mac	4 Macabeos		

E. Abreviaturas de nombres de Rollos del Mar Muerto y textos relacionados

CD	Cairo (texto de Genizá) Damasco (documento)	1QS	*Serek Jayadá* (gobierno de la comunidad, manual de disciplina)
RMM	Rollos del Mar Muerto	1QSa	Apéndice A (gobierno de la congregación) a 1QS
Hev	Textos Nahal Hever	1QSb	Apéndice B (bendiciones) a 1QS
Mas	Textos Masada	3Q15	Rollo de escritura, de Qumrám, cueva 3
Mird	Textos Khirbet	4QEx a	Rollo Éxodo, ejemplar «a» de Qumrám, cueva 4
Mur	Textos Wada Murabba'at	4QFlor	Florilegio (o midrasim escatológico) de Qumrám, cueva 4
P	Pesher (comentario)	4Qmes ar	Texto «mesiánico» arameo de Qumrám, cueva 4
Q	Qumrám	4QpNah	Pesher sobre porciones de Nahum de Qumrám, cueva 4
1Q, 2Q, etc.	Cuevas numeradas de Qumrám, donde se encontró material escrito; seguido de una abreviatura de un libro bíblico o apócrifo	4QONab	Oración de Nabonido de Qumrám, cueva 4
LQ	Literatura Qumrám	4QpSl37	Pesher sobre porciones de Salmos 37 de Qumrám, cueva 4
1QapGn	Génesis apócrifo de Qumrám, cueva 1	4QTest	Texto de testimonios de Qumrám, cueva 4
1QH	*Hodayot* (Himnos de acción de gracias) Qumrám, cueva 1	4QTLevi	Testamento de Leví, Qumrám, cueva 4
1QIsá a,b	Primera o segunda copia de Isaías, Qumrám, cueva 1	4Qfilac	Filacterias de Qumrám, cueva 4
1QpHab	Pesher sobre Habacuc	11QMelq	Texto de Melquisedec de Qumrám
1QM	*Milhamah* (Rollo de guerra)	11QtgJob	Tárgum de Job de Qumrám,
1QpMiq	Pesher sobre porciones de Miqueas, Qumrám, cueva 1		cueva 11

TRANSLITERACIONES

Hebreo

Nº.	Forma	Nombre	Transliteración y pronunciación
1.	א	alef	silente, o h cuando es necesaria por eufonía
2.	ב	Bet	b
3.	ג	Guimel	g
4.	ד	Dalet	d
5.	ה	Je	j
6.	ו	Vau	v
7.	ז	Zayin	z
8.	ח	Jet	kj
9.	ט	Tet	t
10.	י	Yod	y como inicial, o i cuando es vocal
11.	כ final ך	Kaf	k
12.	ל	Lamed	l
13.	מ final ם	Mem	m
14.	נ final ן	Nun	n
15.	ס	Samec	s
16.	ע	Ayin	y ó silente
17.	פ final ף	Pe	f
	פ		p
18.	צ final ץ	Tsade	ts
19.	ק	Qof	c ó q (ca, que, qui, co, cu)
20.	ר	Resh	r
21.	שׂ	Sin	s
	שׁ	Shin	sh
22.	ת	Tav	t

Las vocales se transliteran como sigue:

Forma	Nombre	Transliteración y pronunciación
בָ	camets	a
בַ	patakj	a
בֲ	seva-patakj	a
בֵ	Seré	e
בֶ	segol	e
בֱ	seva-segol	e
בְ	sevá	e
בִ	kjiric	i
בֹ	jolem	o
בָ	camets	corta o
בֳ	shevá-camets	o
וּ	súrec	u
בֻ	quibuts	u

xvi

Griego

N°	Forma mayúscula	Forma minúscula	Nombre
1.	A	α	alfa
2.	β	β	beta
3.	Γ	γ	gama
4.	Δ	δ	delta
5.	E	ϵ	épsilon
6.	Z	ζ	zeta
7.	H	η	eta
8.	Θ	θ	dseta
9.	I	ι	iota
10.	K	κ	kapa
11.	Λ	λ	lamba
12.	M	μ	mi
13.	N	ν	ni
14.	Ξ	ξ	xi
15.	O	o	omicrón
16.	Π	π	pi
17.	P	ρ	ro
18.	Σ	σ, final ς	sigma
19.	T	τ	tau
20.	Υ	υ	úpsilon
21.	Φ	ϕ	fi
22.	X	χ	qui
23.	Ψ	ψ	psi
24.	Ω	o	omega

MATEO
D.A. Carson

MATEO

Introducción

1. Crítica de Mateo

Los primeros padres de la Iglesia primitiva que mencionan este evangelio concuerdan en que el autor fue el apóstol Mateo. La famosa declaración de Papías (cf. sección 3) fue interpretada así: «Mateo redactó la *logia* [¿evangelio?] en dialecto hebreo [¿arameo?], y cada cual lo interpretó como pudo». En otras palabras, el apóstol escribió primero su evangelio en hebreo o arameo, y posteriormente fue traducido al griego. La importancia mateana fue apoyada casi universalmente; Marcos era considerado una abreviatura y, por consiguiente, de algún modo inferior. Estos factores —autoría apostólica (a diferencia de Marcos y Lucas) e importancia mateana— junto con el hecho de que Mateo conserva mucha de la enseñanza de Jesús que no se consigue en otra parte, se combinaron para dar a este evangelio enorme influencia y prestigio en la Iglesia. Con pocas excepciones, estas apreciaciones dominaron el estudio evangélico hasta después de la Reforma.

El consenso no podía durar. Una señal de su debilidad intrínseca llegó en 1776 y 1778 cuando, en dos ensayos publicados póstumamente, A.E. Lessing insistió en que el único modo de explicar la analogía y las discrepancias aparentes entre los evangelios sinópticos era suponer que todos se derivaron independientemente de un *Evangelio de los nazarenos*, en arameo. Otros (J.A. Eichorn, J.G. Herder) desarrollaron esta idea; y la suposición de un evangelio original, ya sea oral o literario, comenzó a ganar influencia. Mientras tanto, J.J. Griesbach (1745-1812) puso los fundamentos del debate moderno sobre el «problema sinóptico» (cf. sección 3) al discutir con algún cuidado la prioridad de Mateo y de Lucas sobre Marcos, el cual fue tomado como una condensación de los otros dos. Muchos de la escuela Tübingen, a mediados del siglo diecinueve, adoptaron este punto de vista. En consecuencia Mateo, como fuente histórica y teológica, fue elevado por sobre los otros sinópticos.

Una nueva corriente se extendió a finales del siglo diecinueve. Debido en gran parte a la meticulosa obra de H.J. Holtzmann (1834-1910), la «hipótesis de dos fuentes» obtuvo aceptación sustancial (vea CBE, 1:445-47, 510-14). A inicios del siglo veinte se había adoptado esta teoría en casi todo el mundo; y los desarrollos posteriores en realidad fueron meras modificaciones de ella. B.H. Streeter,[1] abogando por una «hipótesis de cuatro fuentes», que en esencia era un detallado refinamiento de la teoría de dos fuentes, sostuvo que el Evangelio de Lucas se recopiló de un «Proto-Lucas» que se nutrió de Marcos y Q. Esto levantó la fiabilidad del Proto-Lucas al mismo nivel de Marcos. La hipótesis de Streeter tiene aún algunos seguidores, y hoy día la mayoría de los eruditos adoptan alguna forma de la teoría de dos o cuatro fuentes. Este punto de vista generalizado ha recibido recientes desafíos (cf. sección 3).

En el cambio de siglo estas dudas predominantemente literarias se combinaron con el antisobrenaturalismo de algunos críticos, para producir varias reconstrucciones de la vida y la enseñanza de Jesús (ver CBE, 1:519-21). El origen de la crítica implícita en estos esfuerzos fue pasada en gran parte durante las décadas de los veinte y los treinta a favor de la forma crítica (ver CBE, 1:447-48). Los filólogos aplicaron

---

[1] *The Four Gospels*, Macmillan, Londres, 1924.

primero este método a la «literatura popular» de civilizaciones primitivas, especialmente el maorí. H. Gunkel y H. Gressmann lo utilizaron luego para clasificar materiales del Antiguo Testamento según su «forma». Eruditos neotestamentarios, esp. K.L. Schmidt, M. Dibelius y R. Bultmann (*Tradición sinóptica*), aplicaron el método a los evangelios en un esfuerzo por explorar el período denominado «túnel» entre Jesús y las fuentes escritas anteriores. Empezaron aislando pequeñas secciones de los evangelios que resultaron ser unidades de tradición oral, clasificándolas según la forma (ver CBE, 1:447). Solo el relato de la pasión fue tomado como una historia relacionada desde el principio. Se pensó que la transmisión oral efectuaba modificaciones comunes a todas esas clases de literatura (CBE, 1:444-45); e.g., la repetición engendra brevedad en el pronunciamiento de historias, y brinda nombres en leyendas, ritmo y equilibrio en dichos didácticos, y varios detalles en relatos de milagros. La crítica de forma asignó entonces estas formas a varias *Sitze im Leben* («posiciones vitales») en la Iglesia (ver CBE, 1:511-13).

El valor histórico de cualquier extracto se calculó entonces contra una cantidad de criterios. Por ejemplo, el «criterio de diferencia» se utilizó para eliminar declaraciones atribuidas a Jesús que fueran similares a lo que podría haber dicho el judaísmo palestino o el cristianismo primitivo. Solo si una declaración «era diferente» se podría atribuir con razonable confianza a Jesús. El resultado neto fue un agobiante escepticismo histórico con respecto a los evangelios canónicos. Muchos eruditos usaron el mismo método literario de modo más conservador (e.g., el gran comentario de V. Taylor sobre Marcos); pero el efecto de la crítica de forma debía distanciar más a nuestros evangelios canónicos del Jesús histórico, distancia esta ya incrementada más en el caso de Mateo por el continuo dominio de la hipótesis de las dos fuentes. Algunos ya no creían que el apóstol Mateo fuera el primer evangelista.[2]

Después de la Segunda Guerra Mundial ocurrió un cambio importante. Anticipada por el estudio de Kilpatrick, que se enfocaba en las características de la teología de Mateo, la época de la crítica de redacción como la que se aplicó a Mateo empezó en 1948 con un ensayo de G. Bornkamm (impreso como «El apaciguamiento de la tormenta en Mateo», *Tradition*, pp. 52-57). Bornkamm presupuso la prioridad de Mateo, y después en un extracto trató de explicar todo cambio entre los dos evangelios como un reflejo de los intereses y enfoques teológicos de Mateo. La crítica de redacción ofrecía una gran ventaja sobre la crítica de forma: veía a los evangelistas no como simples recopiladores de las tradiciones orales de la Iglesia, y organizadores de historias preservadas o creadas en varias formas, sino como teólogos en su propio derecho, que desarrollaban y adaptaban el material con el fin de presentar sus propios puntos. Se volvió importante distinguir entre material «tradicional» y material «de redacción», i.e., entre lo que llegó ya formado al evangelista, y los cambios y aumentos que hizo. En otras palabras, aunque la tradición podía conservar el material histórico auténtico, no sucedía así con el material de redacción; este más bien servía como

---

[2] Si desea ver una historia práctica de la crítica de Mateo hasta este punto, vea, además de algunas introducciones importantes: W.G. Kümmel, *The New Testament: The History of the Investigation of Its Problems*, traducción de S.McL. Gilmour y H.C. Kee, Abingdon, Nashville, 1972, y SCM, Londres, 1973; Stephen Neill, *The Interpretation of the New Testament 1861-1961*, Oxford University Press, Londres y Nueva York, 1964.

el mejor medio de discernir las ideas del evangelista. En su estudio meticuloso de un extracto, Bornkamm intentó demostrar un método mejor de comprender la teología de Mateo… método que muy bien se podía discernir tratando de entender cómo y por qué Mateo cambió sus fuentes (esp. Marcos y Q).

Innumerables estudios han surgido como consecuencia de Bornkamm, estudios que aplican los mismos métodos a casi cada pasaje de Mateo. La traducción de los estudios de redacción y crítica de G. Bornkamm, G. Barth y H.J. Held (*Tradición*) ha ejercido profunda influencia en el mundo de los eruditos del Nuevo Testamento; y en 1963 apareció el primer comentario importante sobre Mateo (Bonnard). Bonnard maneja sus herramientas con imparcialidad conservadora. A menudo se niega a comentar asuntos históricos, y se enfoca en la teología de Mateo y en las razones de ella (basado en «posiciones vitales»). Su obra, de inmenso valor, se convirtió más tarde en precursora de otros comentarios ingleses (en particular el de Hill).

Sin embargo, se desarrolló un optimismo más bien ingenuo en cuanto a la reconstrucción histórica. Prácticamente todos los escritores recientes sobre Mateo creen que pueden leer, a partir de la redacción de Mateo, las creencias teológicas de la comunidad de Mateo o del evangelista mismo como si este buscara corregir o defender en algo a su comunidad. Kilpatrick sostiene que el libro es catequístico (interrogativo), diseñado para la Iglesia de la época de Mateo. Stendahl (*de la escuela de Mateo*) cree que el manejo de citas del AT refleja una «escuela» detrás de los escritos de este evangelio, un medio disciplinado de instrucción. Todos los importantes estudios de redacción y crítica intentan definir el contexto histórico en que escribe el evangelista, definir las circunstancias comunitarias que dan vida a este evangelio (como se cree) entre los años 80-100 d.C., y dar poca atención útil al contexto histórico de Jesús. Solo se debe pensar en obras como las de Trilling, Strecker (*Weg*), Cope (*Mateo*), Hare, Frankemölle y los libros recientes de Thysman y Künzel, por nombrar solo algunos.[3]

No todos los críticos de redacción interpretan del mismo modo la comunidad reconstruida de Mateo; en realidad, a menudo son enormes las diferencias entre ellos. Además, varios críticos recientes han sostenido que mucho más material que el que fue reconocido hace diez años en los evangelios (incluyendo el de Mateo) es auténtico.[4] Sin embargo, la amplia diversidad de opiniones sugiere al menos un desorden metodológico y de presuposición.

Un comentario moderno que aspira principalmente a explicar el texto debe responder hasta cierto punto a preguntas corrientes y más, para así adoptar una posición imparcial e independiente,[5] porque muchas de tales preguntas afectan enormemente nuestra comprensión de lo que dice el texto.

---

[3] Raymond Thysman, *Communauté et directives éthiques. La catéchèse de Matthieu*, Duculot, Gembloux, 1974; G. Künzel, *Studien zum Gemeindeverständnis des Matthäus-Evangeliums*, Calwer, Stuttgart, 1978; y, por estudios recientes de Mateo, R.P. Martin, *New Testament Foundations* 2 vols., Eerdmans, Grand Rapids, 1975-78, 1:224-43, y especialmente el cuidadoso ensayo de Stanton («Origin and Purpose»).

[4] Ver, por ejemplo, B.F. Meyer; R. Latourelle, *Finding Jesus Through the Gospels*, tr. Por A. Owen, Alba, Nueva York, 1979; y los escritos recientes de eruditos como M. Hengel, J. Roloff, H. Schürmann y P. Stuhlmacher.

[5] Los variados períodos descritos no están completamente cerrados de los demás, y algunos se fueron contra la corriente de tendencias intelectuales. Desde perspectivas más bien distintas, Schlatter y Stonehouse

2. Historia y teología

Pocos problemas son filosófica y teológicamente más complejos que las relaciones posibles entre historia y teología. Aquí no se pueden analizar los asuntos más generales en la tensión entre ellas: e.g., ¿cómo se manifiesta un Dios trascendental en el espacio-tiempo de la historia? ¿Puede el estudio de la historia, en sus reconstrucciones del pasado, tener en cuenta la autoridad y la influencia externa en el continuo espacio-tiempo? ¿Hasta qué punto es lo sobrenatural parte esencial del cristianismo, y qué significa enfocar «históricamente» tales asuntos? ¿Cuáles son las bases epistemológicas para que un sistema asegure ser religión revelada?[6] Hasta los títulos de libros recientes acerca de Jesús muestran el abismo que separa a los eruditos en estos puntos.[7]

Por consiguiente, esta sección hará algunas preguntas metodológicas preliminares.[8] ¿Cuán adecuados y confiables son los diferentes métodos de estudiar los evangelios si no sólo hemos de determinar las características teológicas de cada evangelista, sino también algo de la enseñanza y la vida del Jesús histórico? Lo primero es evitar muchas de las disyunciones históricas y teológicas[9] muy comunes entre eruditos del NT. Un ejemplo es el reciente ensayo de K. Tagama,[10] quien llega a su conclusión de que el tema central de Mateo es «la gente y la comunidad» al insistir que todos los demás temas importantes se contradicen entre sí, y por tanto se anulan unos a otros. Sin embargo, «la contradicción» es una categoría poco fiable. Como la mayoría de la utilizada comúnmente en la erudición del NT, esta no se refiere a contradicción lógica sino a situaciones, ideas y creencias que sobre la base de la moderna reconstrucción que hacen los eruditos de la historia de la Iglesia primitiva se consideran mutuamente incompatibles.[11]

(*Witness of Matthew*) previeron los elementos de crítica de redacción más confiables y útiles, señalando temas particulares en el Evangelio de Mateo con prudencia y precisión deliberada. Además, cuando aun en el año 1973 Hendriksen creó su extenso comentario sobre Mateo, hizo relativamente poco caso de desarrollos recientes; pero sin duda su obra es de considerable ayuda para pastores. Compare también las posiciones independientes de Maier, Albright y Mann.

[6] Sobre estas preguntas, y otras similares, vea en particular E.E. Cairns, *God and Man in Time: A Christian Approach to Historiography*, Baker, Grand Rapids, 1979; G.H. Clark, *Historiography: Secular and Religious*, Craig, Nutley, N.J., 1971; C.T. McIntyre, ed., *God, History and Historians: An Anthology of Modern Christian Views of History*, Oxford University Press, Nueva York, 1977; J.A. Passmore, «The Objectivity of History», *Philosophical Analysis and History*, ed. por W.H. Doty, Harper and Row, Nueva York, 1966, 75-94; W.C. Smith, *Belief and History*, University Press of Virginia, Charlottesville, 1977; y A.C. Thiselton, *The Two Horizons*, Eerdmans, Grand Rapids, 1980.

[7] Compare G. Vos, *The Self-Disclosure of Jesus: The Modern Debate About the Messianic Consciousness*, Eerdmans, Gran Rapids, 1954; con G. Vermes, *Jesus the Jew: A Historian's Reading of the Gospels*, Collins, Londres, 1973.

[8] Cf. H. Palmer, *The Logic of Gospel Criticism*, Macmillan, Londres, 1968, pp. 1 y sig.; B.F. Meyer, esp. pp. 76-110; Gundry, *Use of OT*, pp. 189 y sig.

[9] Cf. Fischer. Un buen ejemplo es la afirmación de Schweizer (*Mateo* p. 11) de que «la intención del evangelista fue más teológica que histórica».

[10] «People and Community in the Gospel of Matthew», NTS 16, 1969-70, 149-62.

[11] Esto se trata con detenimiento en Martin Hengel, *Acts and the History of Earliest Christianity*, SCM, Londres, 1979, pp. 35-68; Carson, «Historical Tradition», pp. 115-21.

Tales juicios son sencillamente tan convincentes como las reconstrucciones históricas y teológicas que las rodea por debajo; y a menudo reconstrucciones históricas que en muchos casos no tienen otras fuentes que documentos del NT dependen de desconexiones ilícitas. ¿Predicó Jesús la cercanía del fin de la historia y del Reino consumado? Entonces quizá no predicó que el Reino ya se había inaugurado, y es obvio que de la Iglesia surgen elementos que aparentemente desmienten esta conclusión. ¿O predicó que el Reino ya había llegado? Entonces el elemento apocalíptico en los evangelios se debe asignar en buena parte a la Iglesia posterior. (Sobre este problema particular, ver comentarios a 3:2; 10:23 y cap. 24.) ¿Fue Jesús el prototipo de un rabino, saturado de leyes del AT y de tradición judía? Entonces el énfasis de Pablo en la gracia es completamente innovador. ¿O rompió Jesús la halajá judía (reglas de conducta basadas en interpretaciones tradicionales de la ley)? Entonces es claro que el énfasis de Mateo en la ley (e.g., 5:17-20; 23.1-26) refleja la posición de la Iglesia de Mateo, o sugiere que el apóstol desea legislar para su Iglesia, sin ayudarnos a entender al Jesús histórico. Mejor aun, el Evangelio de Mateo se podría considerar una reacción judío-cristiana contra el «paulinismo».

Todas esas reconstrucciones disyuntivas son de dudosa autenticidad. «Contradicciones» históricas, como la mostrada por Fischer, residen a menudo en la mente del historiador. Algunas extrañas combinaciones de ideas podrían coexistir juntas en una generación, aunque una generación posterior tal vez no las tolere y, por tanto, las rompa. De modo que debemos ser cautelosos al dictaminar que las ideas pueden ser «históricamente» compatibles. Los Hechos y las epístolas paulinas nos muestran considerable diversidad en la naciente iglesia de rápido crecimiento, como ciertos estudios del NT intentan explicar.[12]

La reconstrucción es parte indispensable de la investigación histórica; la reconstrucción meticulosa de un número de documentos confiables muestra a menudo que algún otro documento no es lo que pretendió ser. Pero en lo que respecta al Evangelio de Mateo (o a cualquiera de los evangelios canónicos), debemos confesar con franqueza que no tenemos acceso a la presunta «comunidad mateana [o marcana, lucana, etc.] aparte del evangelio mismo. Los numerosos estudios que describen y analizan la teología de Mateo contra los anales del cristianismo y el judaísmo contemporáneos con la «comunidad» de Mateo de los años 80-100 d.C. (cf. Stanton, «Orígenes y propósito», cap. 3) levantan gran cantidad de preguntas metodológicas. Con esto no se niega que el Evangelio de Mateo se pudo haber escrito dentro de una comunidad aprox. en el año 80 d.C., o que tal vez se haya dirigido a una comunidad; al contrario, se analizan los siguientes puntos:

1. Mateo se propone escribir un evangelio que nos habla de Jesús, no una circular a una iglesia para enfrentar un problema conocido independientemente.

2. Existe evidencia sustancial de que la iglesia primitiva estaba interesada en el Jesús histórico, y quería saber qué —y por qué— enseñaba. También hay gran evidencia de que los evangelios constituyen, al menos en parte, un elemento esencial del

---

[12] Cf. D.A. Carson, «Unity and Diversity: On the Posibility of Systematic Theology», en Carson y Woodbrige.

ministerio kerigmático de la Iglesia: su proclamación evangelista (Stanton, *Jesus of Nazareth*) y que cada evangelio estaba preparado para diferentes audiencias.

3. Por eso es metodológicamente erróneo leer algún tema atribuido a Jesús por el evangelista, y concluir que lo que de veras se discutió no es la enseñanza de Jesús sino un asunto del año 80 d.C., a menos que se pueda demostrar que el tema o el dicho son anacrónicos.

4. Las razones de Mateo para incluir o excluir esta o esa tradición, o para determinar sus orígenes, se deben a alguna de las circunstancias que encontró y a las preocupaciones de su propia teología. Pero es de notoria dificultad reconstruir tales circunstancias y propósitos de un evangelio acerca de Jesús de Nazaret.

5. Además, prácticamente todos los temas aislados como reflexiones del 80 d.C. en realidad podrían reflejar intereses de cualquier década desde el 30 al 100 d.C. A principios de la cuarta década, por ejemplo, Esteban sufrió el martirio porque habló contra la Ley y el Templo. Iguales preocupaciones dominaban el concilio de Jerusalén (49 d.C.) y demandaban reflexión tanto antes como después de la Guerra Judía (66-70 d.C.). La verdad es que temas como ley y templo, e incluso muchas formulaciones cristológicas (ver sección 11), ofrecen muy poca ayuda en identificar una «posición vital» para la Iglesia de la época de Mateo. Aunque la erudición mateana quizá avance al poner a prueba nuevas teorías, ningún avance que obliga una síntesis procrusteana [diseñada para producir conformidad por medios implacables o arbitrarios] basada en deducciones metodológicamente dudosas constituye progreso verdadero.

Hoy día estamos en posición de considerar el adecuado, aunque limitado, lugar de la crítica de redacción. Puesto que este método de estudio se ha escudriñado en todas partes (cf. Carson, «Crítica de redacción», y la literatura ahí citada), es necesario resaltar aquí solo algunos puntos.

1. Los «criterios de autenticidad», como a menudo se les ha señalado,[13] son completamente inadecuados. Por ejemplo, los «criterios de diferencia» (según los cuales solo se puede atribuir con razonable confianza a Jesús una declaración que sea «diferente» de lo que el judaísmo palestino o el cristianismo primitivo pudo haber dicho) solo pueden seleccionar lo distinto o excéntrico, y no tocan lo característico, a menos que se esté preparado para discutir que la enseñanza de Jesús no se parecía al judaísmo de la época, y que la Iglesia nunca la adoptó.

2. El análisis del origen de la tradición, aunque útil en sí mismo, está desfigurado por cuatro defectos importantes. Primero, ciertos estudios comparativos en transmisión oral han tratado en gran parte con períodos de centenares de años, no con décadas. Cualquiera que sea la fecha de los evangelios, algunos testigos presenciales aún vivían cuando los evangelistas publicaron sus libros. Segundo, la obra de varios eruditos escandinavos[14] ha llamado la atención al papel de la memoria en la educación judía. Su obra ha sido seriamente criticada; pero aun sus

---

[13] Cf. esp. R.T. France, «The Authenticity of the Sayings of Jesus», *History, Criticism and Faith*, ed. C. Brown, IVP, Downers Grove, Ill., 1976, pp. 101-43; R.H. Stein, «The"Criteria" for Authenticity», France y Wenham, 1:225-63; Hengel, *Acts and History*, esp. pp. 3-34.

[14] En particular, cf. H. Riesenfeld, «The Gospel Tradition and its Beginnings», *Studia Evangelica* 1, 1959, 43-65; B. Gerhardsson, *Memory and Manuscript: Oral Tradition and Written Transmission in Rabbinic Judaism and Early Christianity*, C.W.K. Gleerup, Lund, 1961.

MATEO

críticos más perspicaces[15] reconocen que se ha dado muy poca atención al poder
de la memoria humana antes de Guttenberg... fenómeno del que hoy día dan fe
muchos estudiantes del tercer mundo. Más impresionante aun, el ataque detallado en forma de crítica de los güttgemanianos[16] es tan persuasivo que uno se pregunta si la crítica de forma tiene algún valor como herramienta histórica (a diferencia de la literatura). Las tradiciones orales, especialmente las tradiciones
religiosas orales, no son propicias para la interferencia y la falsificación, pero son
notablemente estables. Tercero, se han adelantado razones convincentes que llevan a la conclusión de que se tomaron por escrito algunas notas durante el mismo
ministerio público de Jesús.[17] Un material *escrito*, por supuesto, calza necesariamente en varias «formas» o «géneros»; pero tales géneros se deben considerar
muy separadamente de las «formas» o la transmisión *oral* y el desarrollo que ocurre por este medio. Si las tradiciones de las palabras y los hechos de Jesús se transmitieron en formas tanto orales como escritas, se derrumban muchas de las conclusiones históricas del modelo de crítica de forma. Cuarto, la clásica crítica de
forma es intrínsecamente incapaz de tratar de manera histórica con varios dichos
parecidos de Jesús, puesto que todos ellos tienden hacia la misma forma.

3. En líneas generales, se ha pasado por alto con mucha facilidad el hecho de que
Jesús fuera un predicador itinerante (cf. comentarios a 4:23-25; 9:35-38; 11:21).
Intentar una historia de tradición de algunos dichos similares, que los evangelistas
colocan en contextos muy diferentes, no tiene en cuenta la naturaleza repetitiva del
ministerio itinerante. Por supuesto que cada caso se debe examinar en sus propios
méritos, y depende en algunos de ellos de consideraciones de crítica de fuente; sin
embargo, observaremos cuán a menudo se pasa por alto esta observación básica. Ver
especialmente la discusión introductoria sobre las parábolas en 13:3a.

4. Deducir que todos los cambios en Marcos y Q (como se defina Q), incluyendo
omisiones y adiciones, son el resultado de intenciones exclusivamente teológicas falla en no tener en cuenta la extrema probabilidad de una multiplicidad de razones
para presentar cambios y de orígenes, orales y escritos, en las primeras décadas (cf.
Lc 1:1-4) así como con la posibilidad de que el autor fuera un apóstol (cf. sección 5).
Aunque la autoría apostólica no daría al texto más autoridad que la que no es apostólica, debería afectar nuestro juicio del papel de las fuentes orales y escritas en la formación de este evangelio. Estos factores —multiplicidad de fuentes y posible autoría
apostólica— sugieren que en la mayoría de casos no hay razón convincente para pensar que el material de redacción juzgado por esa razón no sea histórico.

5. La crítica moderna de redacción también sufre de dependencia en una solución
particular al problema sinóptico (cf. sección 3).

[15] Concretamente, Davies, *Setting*, pp. 464 y sig.; Peter H. Davids, «The Golspels and Jewish Tradition: Twenty Years After Gerhardsson», France y Wenham, 1:75-99.

[16] E. Güttgemanns, *Candid Questions Concerning Gospel Form Criticism*, tr. por W.H. Doty, Pickwick, Pittsburgh, 1979.

[17] Cf. esp. E.E. Ellis, «New Directions in Form Criticism», Strecker, *Jesus Christ*, pp. 299-315, basándose en gran parte en análisis sociológicos que motivan el pensamiento, de H. Schürmann, «Die vorösterlichen Anfänge der Logientradition", *Traditionsgeschichtliche Untersuchungen zu den synoptischen Evangelien*, Patmos, Düsseldorf, 1968, pp. 39-65.

6. Además, falla en considerar cuántos cambios de Marcos a Mateo (suponiendo la prioridad de Marcos) podría deberse en algo a predilecciones estilistas y no a teología. Por ejemplo, F. Neirynck ha mostrado claramente que el relato de Mateo de la alimentación de los cinco mil, que a menudo se dijo que refleja con más claridad que Marcos la institución de la eucaristía, en realidad resulta ser completamente coherente con los cambios estilistas que él presenta por todas partes.[18]

7. Demasiados estudios de crítica de redacción desarrollan una comprensión de la teología del Evangelio de Mateo exclusivamente en la base de los cambios, en vez de reflexionar adecuadamente en el documento como un todo. Con seguridad lo que Mateo retiene es tan importante para él como lo que modifica. La posibilidad de distorsión se vuelve severa cuando sobre la base de cambios característicos de Mateo se bosqueja la teología, y entonces cualquier conflicto con este modelo se considera «tradición no asimilada», o algo así. Es mucho más sabio revisar de nuevo los «cambios» y determinar si se han entendido correctamente y, evitando disyunciones a priori, tratar de integrarlos en todos los escritos de Mateo.

Tales consideraciones no eliminan la necesidad de crítica de redacción. En la providencia de Dios podemos comparar entre sí los evangelios sinópticos, y tal estudio nos ayuda a comprender mejor cada uno de ellos. El tratamiento temático que Mateo hace de los milagros (caps. 8—9), los quiasmos de sus parábolas (Mt 13), así como las diferencias que exhibe al compararlo de cerca con Marcos, nos ayudan a identificar con más precisión sus características que de cualquier otro modo. Por consiguiente, ningún comentario moderno responsable sobre los evangelios sinópticos puede evitar el uso de crítica de redacción. Pero esta, recortados sus excesos y desconectada de su herencia radical, da solamente un poco de luz en dudas históricas; y siempre se debe proteger contra su destronamiento, lo cual es esencial al enfocarse en lo característico e idiosincrásico.

Es posible enfocar la cuestión de cuánta historia se encuentra en Mateo al examinar el género de literatura del evangelio como un todo o de una sección del mismo. Quizá no debe esperarse que un «evangelio» transmita información histórica; tal vez ciertas historias en Mateo son «midrashim» y, como parábolas, presentan puntos teológicos sin que pretendan ser históricos. Previendo discusiones futuras (sección 12), concluimos que los evangelistas, incluyendo a Mateo, pretendieron que sus evangelios transmitieran información «histórica». Esto no significa que pretendieran escribir biografías modernas y desapasionadas. Sin embargo, el apoyo activo no necesariamente afecta la expresión de la verdad: un escritor judío en el Holocausto no necesariamente es más fiel o menos fiel porque su familia muriera en Auschwitz. Esto tampoco es adecuado en el estudio de cualquier documento que presuntamente trata con la historia para enfocarla con una posición que exige pruebas, tanto de autenticidad como de falta de autenticidad.[19] Goetz y Blomberg, en una adaptación de un argumento kantiano, escriben:

---

[18] «La rédaction Matthéenne et la structure du premier évangile", *De Jésus aux Évangiles*, ed. I. de la Potterie, Duculot, Gembloux, 1967, pp. 41-73, esp. p. 51.

[19] E.g., ver Morna D. Hooker, «Christology and Methodology», NTS 17, 1970-71, 480-87.

Si la hipótesis es que nadie jamás ha escrito historia por amor a la exactitud, no se pudo haber escrito historia fraudulenta con la expectativa de que uno la creyera. El proceso de engaño es parasitario en la suposición de que la gente normalmente escribe historia con la intención de la exactitud histórica. La gente *debe* (a) reconocer la verdad a priori de que decir la verdad es el lógico telón de fondo para la mentira, y (b) suponer que la gente dice la verdad para que se pueda decir una mentira con la esperanza de que la crean.[20]

Por consiguiente, con cualquier historiador particular, incluyendo a Mateo, se supone que el escritor de historia debe ser confiable hasta que se demuestre lo contrario. «El lector debe hacer de esto un compromiso a priori si la práctica de escribir historia ha de ser viable».[21] Además, en igualdad de circunstancias, la responsabilidad de presentar prueba corresponde al escéptico.

Desde esta perspectiva la armonización, que comúnmente tiene mala fama en la erudición del NT, conserva una importancia doble: negativamente, no es nada más que una manera de aplicar la prueba de coherencia para la autenticidad; y, positivamente, una vez que ya no insistamos en que toda característica del evangelio es resultado de compromiso teológico, o que las únicas fuentes posibles son Marcos, Q, y alguna tradición oral no definida, la armonización manejada con cuidado podría permitir la iluminación de fuente en fuente; y de ese modo las distinciones a las críticas de redacción dadas legítimamente no se destruirían del todo.

Este comentario se esfuerza en aplicar estas observaciones y evaluaciones al Evangelio de Mateo. Una rigurosa aplicación habría triplicado la longitud. En consecuencia, ciertas secciones y pasajes fueron señalados para un tratamiento más extenso (cf., por ejemplo, a 5:1; 6:9-13; 8:16-17; 13:3; 26:6, 17), con la esperanza de que las posiciones explicadas en esta introducción se puedan cimentar en las difíciles realidades del texto. El objetivo debe ser comprender hasta donde sea posible el Evangelio de Mateo.

3. El problema sinóptico

La reciente reaparición del problema sinóptico en el escenario como centro de mucha discusión (ver sección 1) hace necesaria alguna evaluación de los acontecimientos que violan cuestiones de autoría, fecha e interpretación de Mateo. Un factor que aporta al debate es la cita de Papías (aprox. 135 d.C.) registrada por Eusebio (*Historia Eclesiástica* 3.39.16). Varias de las expresiones de Papías son ambiguas: «Mateo *sunetaxeto* [¿compuso, recopiló o arregló?] la *logia* [¿dichos o evangelio?] en *hebraidi dialekto* [¿en lenguaje hebreo o arameo, en estilo hebreo o arameo?]; y todo el mundo *jermeneusen* [¿lo interpreta, lo traduce o lo transmite?] como puede [contextualmente, ¿quién está "interpretando" qué?]». La Iglesia primitiva comprendía que la frase significa que el apóstol Mateo escribió primero su evangelio en hebreo o

---

[20] Stewart C. Goetz y Craig L. Blomberg, «The Burden of Proof», *Journal for the Study of the New Testament* 11, 1981, 39-63, esp. p. 52, énfasis de los autores.
[21] Ibíd.

arameo, y luego fue traducido. Sin embargo, hoy día pocos aceptan esto.[22] Aunque Mateo muestra semitismo, mucha evidencia sugiere que primero fue compuesto en griego.

Los intentos más importantes de entender esta frase de Papías incluyen lo siguiente:[23]

1. Manson (*Sayings* [Dichos], pp. 18 y sig.) ha popularizado el punto de vista que identifica la *logia* con dichos de Jesús hallados en Q. Eso convertiría a Mateo en el autor de Q (una fuente, o varias, que incluyen aproximadamente doscientos versículos comunes a Mateo y Lucas), pero no de este evangelio. Papías confundió lo uno y lo otro. Este punto de vista flaquea en dos hechos. Primero, no se puede explicar cómo una importante fuente apostólica como Q, que esta teoría requiere, podría haber desaparecido tan completamente que no hay otra mención de ella, y menos una copia. En realidad, toda la hipótesis Q, aunque razonable, solo sigue siendo una hipótesis. Segundo, los otros dos ejemplos de Papías sobre la *logia* (registrados por Eusebio) sugieren que el mensaje se refiere tanto a los dichos como a los hechos de Jesús, mientras Q se compone casi exclusivamente del anterior. Desde esta perspectiva, *logia* calza mejor en el Evangelio de Mateo que en una fuente como Q.

2. Esta última crítica también puede nivelarse con la opinión de que *logia* se refiere a «testimonial» del AT, un libro de textos probados del AT recopilado por Mateo del canon hebreo, y ahora incorporado al evangelio.[24] Además, no es verdad que tal «testimonial» existiera alguna vez como libros separados; y en cualquier caso, habría sido innecesario recopilarlos en hebreo y después traducirlos, puesto que la Septuaginta (LXX) ya estaba bien establecida. Mateo, como es demostrable, sigue la LXX en pasajes donde Marcos tiene paralelos (vea la sección 11).

3. Si Papías quiso decir por *logia* nuestro Mateo canónico,[25] entonces en opinión de muchos eruditos convencidos que el Mateo canónico fue establecido en griego (e.g., Hill), Papías estaba claramente equivocado. O su testimonio se debía hacer a un lado por no tener valor, o deberíamos suponer que Papías tenía razón en cuanto al lenguaje, pero que confundió el evangelio con alguna otra obra semítica, quizá el apócrifo *Evangelio según los hebreos*.

4. Kürzinger[26] ofrece una posible salida al problema. Cree que *logia* se refiere al Mateo canónico, pero que *hebraidi dialekto* no se refiere al lenguaje hebreo o arameo sino a la forma literaria o al estilo semítico: Mateo arregló su evangelio en

[22] Para un análisis general de esta difícil cuestión, vea las introducciones del NT y la literatura citada abajo. Para argumentos contra la opinión de que el canónico Mateo utiliza traducción griega, cf. también Nigel Turner, *Style* en J.H. Moulton, *A Grammar of New Testament Greek*, vol. 4, T. & T. Clark, Edimburgo, 1976, pp. 37-38.

[23] Para discusión, cf. Donald Guthrie, *New Testament Introduction*, 3ª ed., IVP, Downers Grove, Ill, 1970, pp. 34-37.

[24] Cf. J.R. Harris, *Testimonies*, ed. rev., 2 vols., University Press, Cambridge, 1920; F.C. Grant, *The Gospels: Their Origin and Their Growth*, Harper, Nueva York, 1957, pp. 65, 144.

[25] También, entre otros, C.S. Petrie, «The Authorship of "The Gospel According to Matthew": A Reconsideration of the External Evidence», NTS 14, 1967, 15-32.

[26] J. Kürzinger, «Das Papíaszeugnis und die Erstgestalt des Matthäusevangeliums», *Biblische Zeitschrift* 4, 1960, 19-38; id., «Irenäus und sein Zeugnis zur Sprache des Matthäusevangeliums», NTS 10, 1963, 108-15. El argumento de arriba discrepa de Kürzinger en uno o dos puntos menores.

forma literaria semítica (i.e., judío-cristiano) dominada por temas y mecanismos semíticos. En este punto de vista la última cláusula de la declaración de Papías no se puede referir a traducción, pues el lenguaje ya no está en consideración. Kürzinger señala que inmediatamente antes de la frase de Papías acerca de Mateo, Papías describe cómo Marcos compuso su evangelio escribiendo el testimonio de Pedro; y allí a Marcos se le llama el *jeremenuetes* de Pedro. Esto no puede suponer que Marcos fuera traductor de Pedro. Significa que «interpretó» o «transmitió» (tampoco la palabra española es ideal) lo que Pedro dijo. Si el mismo significado se aplicara al verbo cognado en la declaración de Papías acerca de Mateo, podría ser que todos «pasaran» o «interpretaran» el Evangelio de Mateo al mundo, como este pudo hacerlo.

Es difícil decidir cuál interpretación es correcta. Sin embargo, unos pocos discuten que todo el Evangelio de Mateo se escribió primero en arameo.[27] Ese punto de vista explica mejor el lenguaje de Papías, pero no es fácil conciliarlo con el griego de Mateo. ¿Por qué, por ejemplo, utiliza a veces una fuente griega como la LXX? No se puede argumentar que el presunto traductor decidiera usar la LXX para todas las citas del AT a fin de ahorrarse algún trabajo, porque solo algunas de ellas son de la LXX. Si esta interpretación de la declaración de Papías no permanece, entonces él no ofrece apoyo a la prioridad mateana.

Las otras dos interpretaciones admisibles de Papías son problemáticas. La opinión de que se estaba refiriendo a Q o a alguna de sus partes da la interpretación más fácil de *hebraidi dialekto* («en lenguaje hebreo [arameo]»), pero brinda una interpretación poco convincente de *logia*. La solución de Kürzinger da la interpretación más creíble de *logia* (concretamente, Mateo canónico), pero da una interpretación menos probable de *hebraidi dialekto* («en la forma literaria semítica»). No obstante, esta interpretación es posible (cf. LSJ, 1:401) y tiene sentido de conjunto, aun cuando el punto de vista de Kürzinger no ha sido bien recibido. El punto importante es que cualquiera de estas dos últimas opiniones calza fácilmente con una teoría de prioridad marcana, la cual también se podría dar a entender en el hecho de que, como Eusebio lo conserva, Papías habla extensamente de Marcos antes de volverse más bien brevemente a Mateo.

Muy aparte del testimonio de Papías, la evidencia misma del NT exige algunas decisiones, aunque provisionales, relacionadas con el problema sinóptico. Sus límites son muy conocidos. Aproximadamente noventa por ciento de Marcos se encuentra en Mateo, y muy a menudo Mateo concuerda con el orden de los pasajes de Marcos, así como con su redacción (ver esp. Mt 3—4; 12—28). Los pasajes de Mateo son con frecuencia más condensados que los de Marcos, pero tienen mucho de otro material, en su mayor parte discursos. De este material casi doscientos cincuenta versículos son comunes a Lucas, y a menudo el orden (aunque no siempre) es igual. En ambos ejemplos la redacción es frecuentemente tan similar a lo largo de pasajes tan extensos que es imposible ver la fijación oral de la tradición

---

[27] Schlatter; P. Gaechter, tanto en su comentario, *Matthäus*, como en *Die literarische Kunst im Matthäusevangelium*, Katholisches Bibelwerk, Stuttgart, 1966; J.W. Wenham, «Gospel Origins», *Trinity Journal* 7, 1978, 112-34; ver también abajo el n. 38.

como una explicación adecuada. Es evidente alguna dependencia literaria. Parece más fácil apoyar la opinión de que tanto Mateo como Lucas dependen de Marcos, que viceversa, en gran parte porque Mateo y Marcos concuerdan a menudo contra Lucas, y Marcos y Lucas concuerdan a menudo contra Mateo, pero Mateo y Lucas casi nunca concuerdan contra Marcos. Este no es el argumento de orden mismo que sea convincente, porque lo que todo eso prueba es que Marcos permanece en medio de los otros dos. Lo más impresionante es que al estudiar a fondo se hace fácil explicar cambios de Marcos a Mateo y a Lucas que de manera contraria.[28] La hipótesis de las dos fuentes, a pesar de sus debilidades —¿cuál, por ejemplo, es la mejor explicación de los llamados acuerdos menores de Mateo y Lucas contra Marcos si tanto Mateo como Lucas dependen de Marcos?— es aun más defendible que cualquiera de sus competidoras.[29]

Antes de señalar algunas de las repercusiones históricas e interpretativas de este punto de vista, observe las principales alternativas que se deben tomar.

1. La alternativa más común es alguna forma de la hipótesis Griesbach.[30] Esta argumenta a favor de la prioridad marcana, la dependencia de Lucas en Mateo (según algunos), y de Marcos como una condensación de Mateo y Lucas. A pesar de las defensas cada vez más complejas de esta posición, sigue siendo poco convincente. Parece muy improbable que algún escritor, mucho menos uno del primer siglo como Marcos, tomara dos documentos (en este caso Mateo y Lucas) y los analizara tan cuidadosamente como para escribir un compendio de prácticamente toda palabra que está en las fuentes, compendio este que es gráfico, contundente y no rebuscado (como Hill, *Matthew*, p. 28, que cita la obra de E.A. Abbott en EBr 1879). La impresionante lista de analogías literarias recopiladas por Frye,[31] quien sostiene que Marcos debió ser de menor importancia porque es mucho más corto que Mateo y Lucas, y que las analogías literarias confirman que escritores profundamente dependientes de fuentes escritas condensan sus fuentes, echa por tierra su conclusión; porque donde sigue a Marcos, el relato de Mateo es casi siempre más corto. Su mayor longitud —e incluso la mayor longitud ocasional de los pasajes mateanos— viene siempre de algún nuevo material tomado de fuente marcana. Por tanto, Frye apoya sin querer la hipótesis de las dos fuentes. Además la hipótesis Griesbach pasa por alto otra evidencia de Papías, quien insiste que Marcos escribió su evangelio basándose

---

[28] Cf. Christopher M. Tuckett, «The Argument from Order and the Synoptic Problem», *Theologische Zeitschrift* 36, 1980, 338-54.

[29] Además de las introducciones normales del NT, cf. esp. Stonehouse, *Origins*, pp. 48-77, y el apéndice por G.M. Styler en edición revisada de Moule, de próxima aparición, *Birth of NT*.

[30] De la creciente bibliografía se podría hacer mención particular de W.R. Farmer, *The Synoptic Problem*, Western North Carolina Press, Dilssboro, N.C. 1976; David L. Dungan, «Mark— The Abridgement of Matthew and Luke», *Jesus and Man's Hope*, Pittsburgh Theological Seminary, Pittsburgh, 1970, pp. 51-97; H.H. Stoldt, *Geschinchte und Kritik der Markushypothese*, Vandenboeck und Ruprecht, Göttingen, 1977; y varios de los ensayos en J.J. *Griesbach: Synoptic and Text-Critical Studies*, 1776-1976, ed. por B. Orchar y Thomas R.W. Longstaff, University Press, Cambridge, 1978.

[31] Roland Mushat Frye, «The Synoptic Problems and Analogies in Other Literatures», *The Relationships Among the Gospels: Un Interdisciplinary Dialogue*, ed. W.O. Walker, hijo, University Press, San Antonio, 1978, pp. 261-302.

en material de Pedro, no resumiendo a Mateo y a Lucas (Eusebio, *Historia Eclesiástica* 3.39.15).

2. Gaboury y Léon-Dufour[32] sostienen que los pasajes que conservan el mismo orden en la tradición triple (i.e., en Mateo, Marcos y Lucas) constituyen una fuente principal sobre la cual se crearon los tres evangelios sinópticos. Sin embargo, es demostrable que a veces los evangelistas prefieren arreglos con tópicos muy diferentes de sus paralelos (e.g., ver caps. 8—9); en consecuencia, ¿por qué se debería suponer que los tres escritores de los sinópticos deciden tomar a su conveniencia esta presunta fuente sin ningún cambio en arreglos por tópico?

3. Varios eruditos británicos adoptan la prioridad marcana pero niegan la existencia de Q.[33] Las analogías entre Mateo y Lucas se explican diciendo que Lucas leyó a Mateo antes de redactar su propio evangelio. Eso es posible; pero de ser así, lo ocultó extraordinariamente bien. Compare, por ejemplo, Mateo 1—2 con Lucas 1—2. Gundry (*Mateo*) sostiene la existencia de un Q de cierto modo ampliado, pero también argumenta que Lucas utilizó a Mateo, lo que explica las «pequeñas similitudes» entre Marcos y Lucas. Sin embargo, aunque posible, este punto de vista está vinculado en la mente de Gundry con su teoría de que las fuentes que compartieron Mateo y Lucas incluyen aun asuntos como la historia de la Navidad; y eso es muy dudoso.[34]

4. Rist[35] rechaza tanto la hipótesis de dos fuentes como la de Griesbach, y aboga por la independencia de Mateo y Marcos. Como muchos otros lo han hecho, Rist enfoca su atención en 4:12—13:58, donde existen numerosas divergencias entre Mateo y Marcos. Examina una corta lista de pasajes en la triple tradición, donde no solo hay similitud verbal sino idéntico orden, y sostiene que en cada caso el orden es lógico, o es resultado de la memoria, no de dependencia literaria. No obstante, Rist no pesa adecuadamente la impresionante lista de ejemplos en que Lucas concuerda con el orden de Marcos sin similitud verbal cercana. Tal orden sugiere firmemente alguna clase de dependencia literaria, aunque se expliquen las similitudes verbales.

5. Otros, con la esperanza de mantener viva la prioridad mateana, sostienen que su evangelio se escribió primero en arameo; y esto se convirtió en una fuente para Marcos, quien a su vez influyó en la versión griega de Mateo.[36] Esto es posible, pero ya

---

[32] A. Gaboury, *La structure des évangiles synoptiques*, (SuppNovTest 22, Brill, Leiden, 1970); X. Léon-Dufour, «Redaktionsgeschichte of Matthew and Literary Criticism», *Jesus and Man's Hope*, Pittsburgh Theological Seminary, Pittsburgh, 1970, pp. 9-35.

[33] Así también Green; A.M. Farrer, «On Dispensing With Q», en Nineham, *Studies*, pp. 55-88; Goulder. Este es muy distinto de B.C. Butler (*The Originality of St. Matthew*, University Press, Cambridge, 1951), quien sostuvo que Mateo fue primero, que Marcos compendió a Mateo, y que Lucas dependió de Mateo para lo que llamamos material Q, y de Marcos para lo que Mateo y Marcos tenían en común.

[34] Ver los capítulos 1—2, y D.A. Carson, «Gundry on Matthew: A Critical Review», *Trinity Journal*, 1982, 71-72.

[35] J.M. Rist, *On the Independence of Matthew and Mark*, University Press, Cambridge, 1978.

[36] E.g., J.W. Wenham, n. 27; P. Benoit, *L'Evangile selon Saint Matthieu*, 4ª ed., du Cerf, París, 1972, pp. 27 y sig.; Pierson Parker, *The Gospel Before Mark*, University Press of Chicago, Chicago, 1953; L. Vaganay, *Le problème synoptique—une hypothèse de travail*, Desclée, Tournai, 1954. De algún modo parecida es la

hemos visto que el testimonio de Papías quizá no apoye en absoluto un Mateo semítico. Además sigue siendo lingüísticamente improbable que la totalidad de Mateo fuera originalmente en arameo.

Existen otras soluciones propuestas para el problema sinóptico, por lo general de mucha mayor complejidad.[37] Pero no solo sufren de improbabilidad en algunos de sus detalles, sino que las teorías como un todo son tan complejas como indemostrables.

La hipótesis de las dos fuentes sigue siendo la solución general más atractiva. Esto no significa que se pueda probar con seguridad matemática, ni que sean convincentes todos los argumentos presentados a su favor.[38] No obstante, algunos pequeños detalles tienen mucho peso. Gundry (*Use of OT*) ha demostrado que las citas y alusiones del AT que Mateo y Marcos tienen en común son siempre de la LXX, mientras las halladas solo en Mateo se han extraído de una variedad de versiones y tradiciones textuales. Es particularmente improbable que Marcos haya resumido a Mateo, porque por concordante que sea una colección de citas del AT en Mateo —solo las de la LXX— parece demasiado fortuito para que se crea. El patrón es muy fácil de entender si Mateo dependiera de Marcos.[39]

Sin embargo, es casi seguro que la hipótesis de dos fuentes en sí es demasiado sencilla. Las cuestiones de crítica de fuente son sumamente complejas;[40] muchas facetas del asunto exigen controles más estrictos.[41] Además, estudios más profundos han convencido a algunos eruditos cuidadosos de que la evidencia no garantiza el grado

---

opinión de J.A.T. Robinson, *Redating the New Testament*, Westiminster, Filadelfia, 1976, pp. 97-98. Otros creen que el supuesto original semítico fue escrito en hebreo y no en arameo; e.g., Gaechter, *Matthäus*, Carmignac, pp. 33 y sig. J. Munck, «Die Tradition über das Mt bei Papías", *Neotestamentica et Semitica*, Supp-NovTest6, Brill, Leiden, 1962, pp. 249 y sig., despacha todo el problema al suponer que Papías estaba equivocado, y que la suposición inicial de una fuente semítica para Mateo desarrollada en conexión con la formación del canon como un modo de resolver el problema sinóptico. La propuesta de Munck confunde el contenido y el propósito. Aun si Papías y otros estuvieran interesados en explicar diferencias sinópticas (un punto dudoso), esto no implica que sus «hechos» sean históricamente incorrectos. Sería necesario demostrar que ellos inventaron sus «hechos» para ofrecer una explicación.

[37] E.g., J.C. O'Neil, «The Synoptic Problem», NTS 21, 1975, 273-85; P. Benoit, M.E. Boisward, y A. Lamouille, *Synopse des Quatre Evangiles en Français*, 3 vols., du Cerf, París, 1977.

[38] D. Wenham, «Synoptic Problem», pp. 8-17, clarifica algunos de los argumentos más débiles... aunque no todas sus críticas con igualmente contundentes.

[39] De vez en cuando el juicio de Gundry relacionado con afinidades textuales se podría cuestionar, especialmente cuando trata con alusiones breves al AT y no con citas explícitas, aunque la confianza de su argumento no disminuye por estos pocos puntos. D. Wenham («Synoptic Problem», pp. 3-38) intenta sin éxito reducir la relevancia del argumento de Gundry. Wenham señala que Marcos casi siempre cita el AT en labios de participantes en su narración, no en sus propias descripciones, y que Mateo utiliza normalmente la LXX cuando sus participantes citan el AT, aun cuando su propio uso del AT revela un amplio despliegue de afinidades textuales. Por eso es posible, razona Wenham, que Marcos dependiera de Mateo; y la constante apelación de Marcos a la LXX se explica por su decisión de usar citas del AT (y por tanto la LXX), principalmente cuando están en labios de participantes en sus narraciones. La crítica de Wenham, aunque clara, no es convincente. No solo existen excepciones a sus observaciones sino, lo que es más importante, que él trata solo con citas explícitas del AT, no con alusiones del AT que, aunque difíciles de manejar, están más ampliamente distribuidas.

[40] Cf. Palmer, *Gospel Criticism*, pp. 112-74.

[41] Por ejemplo, hablamos de Q con poca opinión generalizada de lo que significa: cf. S. Schulz, *Q: Die Spruchquelle der Evangelisten*, Theologischer Verlag, Zürich, 1972; M. Devisch, «Le document Q source

de certeza con la cual muchos apoyan la hipótesis de dos fuentes.[42] Tal incertidumbre es impopular; pero es apenas más científico sobrepasar la evidencia que reconocer incertidumbre donde la evidencia no da una base adecuada para otra cosa. Tales vacilaciones son especialmente odiosas para los detractores radicales de la redacción, porque todo estudio de crítica de redacción importante de Mateo recae sobre la hipótesis de las dos fuentes. Las intenciones de los críticos son averiguar cómo Mateo cambió a Marcos.

En vista de las debilidades inherentes en un uso radical de crítica de redacción, y de las incertidumbres que rodean la hipótesis de dos fuentes, este comentario adopta una posición cautelosa. La hipótesis de dos fuentes es tan creíble que no titubeamos en hablar de los cambios, adiciones y omisiones que produjo Marcos en Mateo. No obstante, tales declaraciones dicen poco acerca de la historicidad o de la relativa antigüedad de tradiciones rivales (cf. B.F. Meyer, pp. 71-72). En algunos casos es aparente que Mateo usó no solo a Marcos sino a Q (de cualquier modo que se conciba Q), quizá otras fuentes, y tal vez también su propia memoria. En algunos ejemplos se pueden exponer argumentos en un excelente caso del uso de Mateo como una fuente anterior a Marcos. Cualquier teoría de dependencia literaria también debe enfrentar problemas secundarios, como las desconcertantes características de la «sección central» de Lucas (vea los comentarios a Mt 19:1-2). A veces los cambios que Mateo ha introducido los podrían haber motivado otras inquietudes que no son teológicas; pero en cualquier caso, el contenido total de algún extracto del Evangelio de Mateo como un todo es una guía más confiable para determinar diferente inclinación teológica que el cambio aislado. En cuanto a la diversidad dramática (ver comentarios a 16:13-20; 19:16-30), las diferencias pormenorizadas se deben tratar, y sugerir razones convincentes para los cambios. Rara vez, sin embargo, las soluciones ofrecidas son tan dependientes de la hipótesis de dos fuentes que las perjudicaría irremediablemente un cambio en la opinión de la erudición sobre el problema sinóptico. La intención total ha sido dejar que Mateo hable como teólogo e historiador independiente de Marcos, aunque Marcos haya sido una de sus fuentes más importantes.

4. Unidad

La cuestión de la unidad del Evangelio de Mateo tiene poco que ver con asuntos de crítica de fuente. En vez de eso se trata de cuán bien ha integrado el evangelista su material para formar pasajes cohesivos y un todo coherente. En secciones muy difíciles de interpretar (e.g., Mt 24), a veces se ha discutido que el evangelista ha reunido diversas tradiciones que por naturaleza no tienen verdadera coherencia. Al no comprender el material, simplemente lo transmitió sin reconocer que algunas de sus fuentes eran mutuamente incompatibles.

---

de Matthieu. Problematique actuelle", in Didier, pp. 71-97. Además, Fitzmyer (*Wandering Aramaen*, pp. 1 y sig., 85 y sig.) brinda sabio consejo sobre metodología en la búsqueda del sustrato arameo subyacente de los dichos de Jesús en el NT.

[42] Ver esp. E.P. Sanders, *The Tendencies of the Synoptic Tradition*, University Press, Cambridge, 1969.

Hay tantas muestras de gran destreza literaria en este evangelio que tal escepticismo no se justifica. Es más lógico, para no decir más humilde, suponer que en algunos casos no podemos comprender suficiente el ambiente del siglo primero para poder captar con exactitud lo que dice el texto.

5. Autoría

El primer evangelio por ninguna parte nombra a su autor. El testimonio general de la Iglesia primitiva es que lo escribió el apóstol Mateo, y nuestros primeros testigos textuales lo atribuyen a él (*KATA MATTHAION*). No se sabe cuánto de ese testimonio se debe a Papías. Ya hemos observado que hoy día muchos creen que Papías se está refiriendo a alguna fuente del Mateo canónico, y no a la obra concluida o, alternativamente, creen que Papías estaba equivocado (cf. sección 3). Si Papías tiene razón, la teoría de la autoría de Mateo quizá reciba un pequeño apoyo de pasajes como 10:3, donde en esta teoría el apóstol se refiere a sí mismo en una manera de auto desprecio que no se encuentra en Marcos ni en Lucas.

La moderna crítica literaria brinda muchas razones para rechazar la autoría de Mateo. Si la hipótesis de dos fuentes es correcta, entonces (se discute) es improbable que el testigo y apóstol Mateo dependiera en tan alto grado de un documento escrito por Marcos, quien ni era apóstol ni (en la mayor parte de los acontecimientos) testigo. Además, las reconstrucciones del entorno de Mateo, fomentadas por la crítica de redacción, convergen entre los años 80-100 d.C. en alguna clase de violento conflicto judío-cristiano. Esto tal vez es algo tardío para suponer la autoría de Mateo (pero compárese con las tradiciones que dicen que el apóstol Juan redactó su evangelio aprox. en el 90 d.C.); y los detalles de los entornos reconstruidos desalientan la idea. Kümmel (*Introduction*, p. 121) sostiene además que «la sistemática y por consiguiente no biográfica forma de la estructura de Mateo, la tardía posición teológica apostólica y el lenguaje griego de Mateo hacen esta propuesta completamente imposible». Concluye que la identidad del primer evangelista nos es desconocida, pero que debió haber sido un judío cristiano de habla griega con algún conocimiento rabínico, quien dependía en «cierta forma de la tradición de Jesús que acomodaba de modo convincente los dichos del Maestro a los puntos de vista judíos» (ibíd.).

Estas razones para rechazar la autoría de Mateo tienen gran aceptación hoy día. Por tanto han surgido propuestas alternas. Kilpatrick (pp. 138-139) sugiere que la tradición patrística primitiva que conecta el primer evangelio con Mateo surgió como un seudónimo comunitario consciente de la Iglesia que escribió el evangelio, a fin de ganar aceptación y autoridad. Abel[43] sostiene que el material extra de Mateo es tan confuso y contradictorio que debemos suponer que representa los esfuerzos de dos individuos separados que trabajan de modo independiente uno del otro. Varios estudios de crítica de redacción han negado que el autor fuera judío; pues sienten que la antipatía hacia Jesús de que habla este evangelio, y la ignorancia de la vida judía, son tan profundas que el escritor debió ser un cristiano

---

[43] Ernest L. Abel, «Who Wrote Matthew?», NTS 17, 1970,71, 138-52.

gentil.[44] Quienes creen que Papías se refirió a Q, o a alguna otra fuente usada por Mateo, a menudo están preparados para decir que el apóstol redactó la fuente, por no decir el evangelio (e.g., Hill, *Matthew*). Existen algunas otras teorías.

Las objeciones no tienen tanto peso como se creyó al principio. Si lo que el mundo moderno llama «plagio» (apropiación, sin reconocerlo, de otro documento) era una práctica literaria aceptable en el mundo antiguo, es difícil ver por qué no sería adecuado para un apóstol. Si Mateo creyó confiable el relato de Marcos, y que se ajustaba a sus propósitos (y quizá también supo que Pedro lo respaldaba), no puede haber objeción al hecho de que un apóstol dependiera de un documento no apostólico. El rechazo de Kümmel a la autoría de Mateo (*Introduction*, p. 121), aduciendo que este evangelio es «sistemático y por consiguiente no biográfico», no es relevante porque (1) un relato ordenado por temas puede arrojar hechos biográficos con tanta facilidad como un relato estrictamente cronológico,[45] y (2) Kümmel supone erróneamente que por alguna razón la condición de apóstol incapacita para escoger cualquier cosa que no sea una forma cronológica. Se podría cuestionar la presunta tardanza de la posición teológica en cada punto (vea sección 6 y este comentario).

Quienes sostienen que el autor no pudo haber sido judío, y menos apóstol, acusan una seria ignorancia de la vida judía, incluso la incapacidad de distinguir entre las doctrinas de los fariseos y los saduceos (16:12) o, peor aun, el creer que los saduceos eran todavía una fuerza activa después del año 70 d.C. (22:23). Pero el segundo de estos dos pasajes tiene analogías sinópticas (Mr 12:18; Lc 20:27; aquí Mateo ha interpretado el verbo de Marcos como un presente histórico); además, el pasaje mateano no niega que haya diferencias que distinguieran a los fariseos de los saduceos —diferencias que Mateo resalta en otras partes (22:23-33)— pero solo insiste en que los fariseos y los saduceos podían cooperar en algunos aspectos. Esto casi no sorprende: después de todo, ambos grupos se sentaban en el mismo sanedrín. La política y la teología hacen una extraña pareja (vea la sección 11.f). Otros «errores que saltan a la vista» (como en Meier, *Visión*, pp. 17-23) prueban ser igualmente efímeros (e.g., el uso que Mateo hace de Zac 9:9; vea los comentarios a 21:4-5). También la sugerencia de Kilpatrick de que un seudónimo comunitario consciente no puede ofrecer ninguna analogía.

La alegación de que el griego del primer evangelio es demasiado bueno para haber venido de un judío galileo pasa por alto el carácter trilingüe de Galilea, la posibilidad de que Mateo mejorara en gran manera su griego a medida que la Iglesia alcanzaba a más y más gente de habla griega (tanto judíos como gentiles) y el análisis de Gundry (*Use of OT*, pp. 178-85), quien sostiene que la capacitación y la vocación de Mateo como recaudador de impuestos (9:9-13, 10:3) lo habría equipado excepcionalmente no solo con los lenguajes de Galilea sino con una mente disciplinada y el hábito de tomar notas, lo cual pudo haber jugado un papel importante

---

[44] E.g., Meier, *Visión*, pp. 17-23; poul Nepper-Christensen, *Das Matthäunsevangelium: Ein juden-christliches Evangelium?*, Universitetsforlaget, Aarhus, 1958; Strecker, *Weg*, p. 34; van Tilborg, p. 171; R. Walker, p. 145.

[45] No pocas biografías tratan ciertas partes de la vida del sujeto en arreglos de interés actual: e.g., A. Fraser, *Cromwell: Our Chief of Men*, Panther, St. Albans, 1975, esp. pp. 455 y sig.

para transmitir la tradición del evangelio apostólico. Moule[46] pregunta si 13:52, que muchos toman como una referencia indirecta del evangelista a sí mismo, esconde un uso de *grammateus* que no significa «maestro de la ley» (NVI) sino «empleado de oficina, escriba secular». «No cabe la posibilidad de que el Señor dijera de veras al recaudador de impuestos Mateo: "Has sido un buen 'escritor' … ; has tenido mucho que ver con el lado comercial de los temas aludidos en las parábolas —ganado de los hacendados, campos, tesoro, impuesto de pesca; ahora que te has convertido en discípulo puedes publicar todo esto otra vez— pero con una diferencia"».[47]

Moule presenta a un apóstol que fue escriba y escritor secular, y que escribió principalmente en un lenguaje semítico, y dejó tras sí un material que otro escriba, un escritor griego desconocido para nosotros arregló. Nos preguntamos si a *grammateus*, usado muy a menudo en el sentido judío de «maestro de la ley», se le puede asignar tan fácilmente un sentido secular. Sin embargo, cualquiera que sea su mérito o demérito, el argumento de Moule sugiere que el vínculo entre el primer evangelio y el apóstol Mateo no se puede rechazar con tanta facilidad como algunos han pensado.

Ninguno de los argumentos en cuanto a la autoría de Mateo es contundente. Por tanto, no podemos tener la absoluta seguridad de quién es el autor del primer evangelio. Pero existen razones sólidas en apoyo de la atribución unánime de este libro a Mateo en la Iglesia primitiva; además, al inspeccionar a fondo las objeciones, no parecen sólidas. Aunque la autoría de Mateo mantiene la posición más defendible,[48] muy poco en este comentario depende de ello. Donde podría haber una relación con la discusión se inserta una advertencia.

6. Fecha

Durante los tres primeros siglos de la Iglesia, Mateo fue el evangelio canónico más reverenciado y frecuentemente citado.[49] Los primeros documentos existentes relacionados con Mateo son las epístolas de Ignacio (esp. *A los esmirnianos* 1.1 [cf. Mt 3:15], aprox. 110-15 d.C.) Así que más o menos a finales del siglo primero es la fecha más lejana en que se pudiera haber escrito el Evangelio de Mateo.

La fecha más temprana posible es mucho más difícil de establecer con certeza porque depende de muchos otros puntos en discusión. Si Lucas depende de Mateo (que parece improbable), la fecha de Lucas está relacionada con la de Hechos.[50] Si

---

[46] C.F.D. Moule, «St. Matthew's Gospel: Some Neglected Features», *Studia Evangelica* 2, 1964, 91-99.

[47] Ibíd., p. 98.

[48] Cf. Gaechter, *Matthaus*; E.J. Goodspeed, *Matthew, Apostle and Evangelist*, Winston, Filadelfia, 1959; Guthrie, *NT Introduction*, pp. 33-44; Maier; muy cautelosamente, E.F. Harrison, *Introduction to the New Testament*, 2ª ed., Eerdmans, Grand Rapids, 1971, pp. 176-77; y esp. Gundy, *Mateo*, pp. 609-22; y Stonehouse, *Origins*, pp. 1-47.

[49] Cf. E. Masseaux, *Influence de L'Evangile de Saint Matthieu sur la littérature chrétienne avant Saint Irénée*, Publications Universitaires de Louvain, Louvain, 1950.

[50] Cf. es. A.J. Mattill, hijo, «The Date and Purpose of Luke-Acts: Rackham Reconsidered" CBQ 40, 1978, 335-50.

la hipótesis de Griesbach (cf. secciones 1 y 3) es correcta, Mateo debió haber sido anterior a Marcos. A la inversa, si se acepta la hipótesis de dos fuentes, Mateo es posterior a Marcos, y se establecería teóricamente un *terminus a quo*. Aun así hay dos dificultades. Primero, no sabemos cuándo se escribió Mateo, pero la mayoría de los cálculos lo sitúan entre 50 y 65 d.C. Segundo, en base a esto la mayoría de los críticos creen que Mateo no se pudo haber escrito hasta el 75 u 80 d.C. Pero aunque Marcos se hubiera escrito en el 65 d.C., no hay razón basada en dependencia literaria de que la fecha de Mateo no fuera un año después. Tan pronto como circula una fuente escrita, está disponible para ser copiada.

Otros dos argumentos se presentan por lo general para apoyar el punto de vista en la actual predominancia de que Mateo se escribió entre el 80 y el 100 (fechas entre las cuales hay gran diversidad de opinión). Primero, muchos eruditos detectan numerosos detalles anacrónicos. Aunque muchos de estos se discuten en el comentario, un caso frecuentemente citado servirá como ejemplo. A menudo se discute que Mateo transforma la parábola del gran banquete (Lc 14:15-24) en la parábola del banquete de bodas (Mt 22:1-14); y el proceso de transformación incluye una referencia explícita a la destrucción de Jerusalén en el año 70 d.C. (22:7). Por tanto, este evangelio se debió escribir después de eso. Pero la conclusión es demasiado precipitada. Quienes niegan que Jesús pudo predecir el futuro reconocen que Marcos predice la caída de Jerusalén (Mr 13:14; Mt 24:15), y alegan que si Marcos escribió aproximadamente en el 65 d.C., estuvo tan cerca de los acontecimientos que pudo ver cómo se formaban las circunstancias políticas. Pero en este razonamiento Mateo pudo haber hecho lo mismo en el 66.

Más fundamental es que por lo menos es dudoso que la parábola de Mateo (Mt 22:1-10) sea simplemente una nueva versión de Lucas 14:15-24; lo más probable es que sean dos parábolas separadas (cf. Stonehouse, *Origins*, pp. 35-42). ¿Y en base a qué vamos a insistir en que Jesús no podía predecir el futuro? Esa conclusión no tiene su origen en la evidencia sino en un presuposicionalismo antisobrenatural. Además, el lenguaje de 22:7 proviene de categorías de juicio del AT (cf. Reicke, «Synoptic Prophecies», p. 123), no de la descripción de un observador. Casi podríamos decir que la falta de una descripción más detallada de los acontecimientos del año 70 d.C. aboga por una fecha anterior. De todas maneras, si es legítimo deducir de 22:7 una fecha posterior al 70, con seguridad no debe ser menos legítimo deducir de 5:23-24; 12:5-7; 23:16-22; y 26:60-61 una fecha anterior al 70, cuando el templo aun estaba de pie. Lo absurdo de esta conclusión contradictoria nos debe advertir contra los peligros de basar la fecha de composición en pasajes que permiten otras interpretaciones.

Segundo, algunos estudios recientes tienden a argumentar que el entorno que presupone la posición teológica del evangelio encaja mejor en las condiciones de 80-100 d.C. Es más difícil reconstruir un entorno que se reconoce comúnmente (cf. sección 2). Muchos de los criterios para hacer eso son dudosos. Las referencias explícitas a «iglesia» (16:18; 18:17-18) se han tomado para reflejar un interés en el orden de la Iglesia posterior. Sin embargo, la autenticidad de 16:18 la ha defendido con mucha habilidad B.F. Meyer (ver comentarios a 16:17-20). Además, 18:17-18 no dice nada de detalles de organización (e.g., no se mencionan ancianos o diáconos) sino solo de amplios principios adecuados a las etapas anteriores del cristianismo. Los términos «persecución» (24:9) y «falsos profetas» (24:11) se toman a menudo para reflejar circunstancias de 80-100. No obstante, estas circunstancias aparecen como profecías en Mateo, y no tuvieron que esperar al 80, como Hechos y las primeras epístolas paulinas hacen claro.

Aunque el Evangelio de Mateo parece presuponer relaciones incómodas entre la Iglesia y las sinagogas, el evangelio está menos contra los judíos que contra los líderes judíos y su posición en cuanto a Jesús (vea sección 11.f); y tal posición se remonta a la época del ministerio de Jesús. Mateo registra de modo apreciable más advertencias contra los saduceos que todos los demás escritores del NT juntos; y después del 70 d.C. los saduceos ya no existían como centro de autoridad. Otros pequeños detalles parecen mostrar que aun no había ocurrido un rompimiento definitivo con el judaísmo;[51] y concuerdan con Reicke («Synoptic Prophecies», p. 133), quien dice: «La situación que presupone Mateo corresponde a lo que se conoce acerca del cristianismo en Palestina aprox. entre los años 50 y 64 d.C.»

Debemos enfrentar el incómodo hecho de que los criterios como la cristología de Mateo no son índices muy confiables de la fecha del evangelio (cf. sección 11.a); podrían variar fácilmente entre 40-100. Gundry (*Matthew*, pp. 599 y sig.) tiene un análisis excelente; como cree que Lucas depende de Mateo, y que Lucas y Hechos no se completaron sino hasta el año 63, sostiene que Mateo debió ser aun antes. Es claro que esta conclusión solo es tan válida como la hipótesis de la dependencia de Lucas en Mateo, hipótesis que no parece muy bien cimentada. Aunque sorprende que poco en el evangelio señale de manera concluyente una fecha firme, quizá la década más probable de su redacción fue la sexta.

7. Lugar de composición y destino

La mayoría de los eruditos tienen a Antioquía como el lugar donde se escribió. Esta era una ciudad de habla griega con considerable población judía; y la primera evidencia clara de alguien que usara el Evangelio de Mateo proviene de Ignacio, obispo de Antioquía a inicios del siglo segundo. Esta es una conjetura tan buena como cualquiera. Sin embargo, debemos recordar que Ignacio depende más del Evangelio de Juan y de las epístolas paulinas que de Mateo. Pero esto no significa que todo eso se escribiera en Antioquía.

---

[51] Cf. Robinson, *Redating the NT*, p. 103: «El Evangelio de Mateo muestra todas las señales de haber sido creado para una comunidad (y por una comunidad) que debía formular, por sobre el principal organismo del judaísmo fariseo y saduceo, su propia posición en asuntos tales como interpretación de Escrituras y el lugar de la ley, actitud hacia el templo y los sacrificios, sábado, ayuno, oración, ritos de purificación y leyes de alimentación, reglas de admisión a la comunidad y disciplina a infractores, por matrimonio, divorcio y celibato, políticas hacia samaritanos y gentiles en un medio de predominio judío, etc. Estos problemas reflejan un período en que las necesidad de coexistencia obligaba una clarificación de la posición particularmente cristiana en una cantidad de asuntos prácticos que antes se habrían dado por sentado». (Ver sección 8). Este punto de vista difiere del de Hare, Walker et al., quienes creen que durante el tiempo en que se escribió este evangelio ya había ocurrido un firme rompimiento.

Otros centros propuestos en años recientes incluyen Alejandría (van Tilborg, p. 172), Edesa,[52] la provincia de Siria,[53] y quizá Tiro (Kilpatrick, pp. 130 y sig.) o Cesarea Maratima.[54] En cada ejemplo las razones son inadecuadas (Stanton, «Origin and Purpose», cap. 5; Hill, *Matthew*). Más verosímil es la propuesta de Slingerland, de que Mateo 4:14; 19:1 demuestran que el evangelio se escribió en algún lugar al oriente del Jordán (especifica a Pela, pero esta es una mejora innecesaria e improbable); vea comentario in loc. Si él tiene razón, Antioquía queda descartada.

En realidad no podemos estar seguros de la composición del primer evangelio. Aun más incierto es su destino. La suposición general es que el evangelista lo escribió para suplir las necesidades de su propio centro... una opinión poco convincente. Pero tal vez el evangelista fue más itinerante de lo que por lo general se supone; y desde tal ministerio pudo haber escrito su evangelio para fortalecer e informar a una gran cantidad de seguidores, y darles una herramienta evangelística y apologética. No lo sabemos. La única conclusión bastante cierta es que el evangelio fue escrito en alguna parte de la provincia romana de Siria (según Bonnard, Filson, Hill, Kümmel [*Introduction*, pp. 119-20], y muchos otros; en cuanto a la región llamada «Siria», vea comentario a 4:25).

8. Motivo y propósito

A diferencia de muchas de las epístolas paulinas, o incluso del Evangelio de Juan (20:30-31), Mateo nada dice a sus lectores acerca de su propósito o motivo al escribir. Hasta cierto punto el evangelio muestra el propósito de Mateo en la forma que presenta cierta información acerca de Jesús. Pero para poder ir más allá, y especificar la clase de grupo(s) a que se dirigió Mateo, la clase de problemas que enfrentaban, y las propias motivaciones psicológicas y teológicas del evangelista, uno tiene que casi especular. Son necesarias tres limitaciones.

1. Es poco sensato especificar motivo y propósito con demasiada exactitud, porque la posibilidad de error y distorsión aumenta a medida que uno deja la concluyente evidencia por la suposición.

2. No es sabio especificar un propósito solamente; la reducción no puede hacer justicia a la diversidad de temas de Mateo.

3. Se necesita mucha prudencia para reconstruir la situación en la Iglesia de la época de Mateo a partir de un material que habla del Jesús histórico (vea secciones 1-3). En cierto sentido esto podría ser auténtico, porque es muy probable que Mateo no redactara su evangelio simplemente por una curiosidad desapasionada de la historia. Intentó dirigirse a sus contemporáneos. Pero con esto no necesariamente se deduce que lo que afirma que ocurrió en la época de Jesús se transfiriera de inmediato a su propia época.

---

[52] Bacon, *Studies in Matthew*, pp. 15, 36, 51; R.E. Osborne, «The Provenance of Matthew's Gospel», *Studies in Religion* 3, 1973, 22-25.

[53] W. Schweizer, *Matthaus und seine Gemeinde*, KBW, Stuttgart, 1974, pp. 138-39; Kunzel, *Studien*, pp. 252 y sig.

[54] B.T. Viviano, «Where Was the Gospel According to Matthew Written?» CBQ 41, 1979, 533-46.

En ninguna parte estas limitaciones son más importantes que al comparar análisis recientes acerca de los diversos énfasis sobre evangelización en este evangelio. Por un lado, a los discípulos se les prohibió predicar a otros que no fueran judíos (10:5-6); por otro, se les ordenó predicar a todas las naciones (28:18-20). Debido a esta bifurcación, algunos eruditos han sugerido que Mateo está conservando las tradiciones de dos comunidades distintas: una que permanece judía por estrecho margen, y la otra que está mirando más hacia el exterior. Otros creen que Mateo debió caminar por la cuerda floja entre conflictivas perspectivas en su propia comunidad, y conservó ambos puntos de vista, a manera de un informe de comité que no satisface a ningún bando. Aun otros arman un «motivo» aun más específico para esta tensión: un conflicto entre la Iglesia y la sinagoga en cuanto al lugar de la misión a los gentiles. Mateo toma una posición de mediador (por no decir comprometida) cuyo propósito era evitar una división entre los dos grupos.[55] Aunque no se pueden descartar tales reconstrucciones, sufren de una grave falta: Fallan en reconocer que Mateo mismo hace distinciones entre lo que Jesús espera y exige durante su ministerio terrenal, y lo que espera y exige después de su resurrección.

Mateo 10:5-6 nos dice lo que Jesús requirió de sus discípulos en la primera tarea importante asignada a ellos; no necesariamente nos dice algo cerca de lo que sucedía en la época de Mateo. La razón de que Mateo incluyera 10:6, así como 28:18-20, y todo el texto similar a un pasaje o al otro, podría explicar cómo Jesús comenzó con su propio pueblo y se movió a partir de allí. Se podría discutir que el ejemplo de Jesús es la base del «de los judíos primeramente, pero también de los gentiles» de Pablo (Romanos 1:14-17). Este cambio no solo revela motivos pragmáticos sino también un mejor trabajo de comprensión particular del AT (vea los comentarios a 1:1; 4:12-17; 8:15-13; 12:21; 13:11-17) y del papel inconfundible de Jesús el Mesías en la historia de la salvación (vea los comentarios a 2:1-12; 3:2; 4:12-17; 5:17-20; 8:16-17; 10:16-20; 11:7-15, 20-24; 12:41-42; 13:36-43; 15:21-39; 21:1-11, 42-44; 24:14; 26:26-29, 64; 28:18-20). De modo que Mateo nos muestra cómo se desarrolló la actual comisión de la Iglesia a partir de la naciente comunidad durante el ministerio de Jesús.

Si este es un enfoque responsable de la evidencia, no tenemos justificación para postular tendencias conflictivas de tradición dentro de la comunidad mateana. Quizá al contar de nuevo el cambio de perspectiva que efectuó la resurrección de Jesús, Mateo esté animando a los judíos cristianos a evangelizar más allá de su propia raza. También podría estar justificando ante judíos que no eran cristianos lo que él y sus compañeros cristianos judíos están haciendo. O podría ser que esté explicando los orígenes de la misión cristiana a celosos evangelistas personales

---

[55] Existen muchas otras reconstrucciones. Por ejemplo, K.W. Clark («The Gentile Bias in Matthew», JBL 66, 1947, 165-72), seguido por Nepper-Christensen (*Matthäusevangelium*) y Strecker (*Weg*, pp. 15-35), sostiene que el evangelista, o el redactor final, debió haber sido un gentil que se dirigía a una Iglesia gentil. Schuyler Brown («The Mattean Community and the Gentile Mission», NovTest 22, 1980, 193-221) localiza la Iglesia mateana en una región de habla griega en Siria, después del año 70 d.C., cuando mucho cristianismo judío fue obligado a mudarse a Siria, y en consecuencia surgieron nuevas crisis en la evangelización y en conflictos con los fariseos.

judeo-cristianos que después del calor de su experiencia inicial quieren aprender acerca de los desarrollos históricos y las enseñanzas de Jesús que hiciera al remanente judío de su época la Iglesia de su propia época. O podría ser que, aunque aun no habían surgido tales cuestiones, Mateo prevé que ya no se pueden dilatar, y como buen pastor decide anticiparse al problema dando enseñanza clara. También podría ser que Mateo tuviera lectores gentiles en mente. O que todos estos factores estuvieran obrando porque Mateo imaginara gran cantidad y variedad de lectores. Llegan a la mente algunas otras posibilidades. Pero tales reconstrucciones precisas sobrepasan la evidencia, no consideran que quizá Mateo pudo haber tenido otros propósitos en mente, y a menudo pasan por alto el hecho de que él pretende hablar de Jesús, no de una comunidad cristiana en la sexta, octava o décima década del primer siglo.

Particularmente desacertadas son varias obras recientes que definen el propósito de este evangelio en categorías tanto reduccionistas como improbables. Walker sostiene que este evangelio no refleja problemas específicos de la Iglesia, sino que fue escrito como una pieza de combate teológico, diseñado para mostrar que Israel ha sido totalmente rechazado en la historia de la salvación, y que la Iglesia lo había desplazado de modo tan completo que la gran comisión se debía entender como una orden a evangelizar gentiles únicamente (vea el análisis en 28:18-20). Los líderes judíos no son más que figuras representativas, y el evangelio como un todo no tiene interés en el Jesús histórico, y tiene poca información exacta acerca de él. Walker casi nunca es exegéticamente convincente; en ninguna parte enfrenta de modo adecuado el hecho de que todos los discípulos y los primeros convertidos son judíos.

Frankemölle en su capítulo final sostiene que la obra de Mateo es tan distinta de la de Marcos —extensos discursos, organización cuidadosa, prólogo, epílogo— que no tiene sentido decir que es un «evangelio» en el mismo sentido que Marcos (vea la sección 12). En vez de eso, Mateo pertenece a la *gattung* (forma o género) literaria a la que pertenecen Deuteronomio y Crónicas. Frankemölle (pp. 394 y sig.) cita varias frases (e.g., cf. Dt 31:1,24; 32:44-45) utilizadas por Mateo para redondear sus propios discursos; de tal evidencia concluye que el Evangelio de Mateo es en realidad un «libro de historia», no la «historia de la salvación» como se entendió normalmente, sino de la comunidad al resumir sus creencias. Mateo, sostiene Frankemölle, no distingue entre la vida y la enseñanza del Jesús histórico y el actual Señor exaltado. En su «ficción literaria» (p. 351) Mateo fusiona los dos. Por tanto, Jesús se convierte en la autoridad idealizada detrás del teólogo Mateo que aquí se dirige a su comunidad. Pero Frankemölle hace demasiado énfasis en las diferencias formales entre Marcos y Mateo, y descuida las diferencias sustanciales entre Mateo y Deuteronomio o Crónicas. Su investigación está muy lejos de ser imparcial.

Seguramente es correcta la insistencia de Frankemölle en que Mateo es un libro unificado. Sin embargo, un libro puede ser teológicamente unificado apelando al cumplimiento profético y a otras categorías de salvación histórica. Una unidad teológica no implica pasar por alto datos históricos. Además, ni Walker ni Frankemölle reconocen de modo adecuado que, en la mayor parte de su evangelio, Mateo depende de Marcos y Q (aunque Q esté sobreentendido). Mateo fue creativo, pero no tanto como piensan Frankemölle y Walker.

Goulder ofrece una teoría leccionaria. Siguiendo un tanto en su discusión a Carrington y Kilpatrick,[56] sostiene que el propósito de Mateo fue brindar un libro litúrgico. Alega que el evangelista ha tomado como base el patrón judío de lecciones festivas anuales, y ha desarrollado una serie de lecturas para ser usadas en cultos litúrgicos semana a semana. Marcos, un libro leccionario para un ciclo de medio año, Mateo (no el apóstol) lo ha expandido a un leccionario de un año de extensión; y Marcos es la única fuente de Mateo. Lucas, al depender de Mateo, también fue escrito de modo leccionario para un año completo, pero ha reemplazado el ciclo festivo seguido por Mateo con el ciclo anual sabático de lecturas. Q no existe.

A pesar de la enorme erudición de Goulder, hay poco que aplaudir en su tesis. Sabemos muy poco de los patrones de adoración en el judaísmo del primer siglo.[57] A fines del siglo segundo se usaban ciclos trienales en algunas reuniones judías de adoración. Pero los ciclos anuales que Goulder discierne detrás de Lucas casi con seguridad son posteriores a sus contrapartes trienales. Respecto a Mateo, no tenemos evidencia de un «leccionario festivo» en el primer siglo; y aunque existiera, se habría conectado con la adoración en el Templo, sin evidencia de que tuviera relación con adoración en la sinagoga que exige la teoría de Goulder (cf. Stanton, «Origin and Purpose», cap. 4). No solo nuestro conocimiento de la costumbre litúrgica *judía* del siglo es muy escaso, sino que lo que sabemos de la adoración *cristiana* en ese mismo siglo es aun más escaso. Por consiguiente, no sabemos si los ciclos leccionarios cristianos —si existieron— se desarrollaron de los ciclos leccionarios judíos… ¡si es que existieron! Seguramente para la época de Justino Mártir las iglesias que había conocido leían las «memorias de los apóstoles» (i.e. los evangelios) «siempre que el tiempo lo permitía» (*Primera apología*, 1.67), no según alguna especificación leccionaria. Además, para ajustar su patrón, Goulder debe presuponer lecciones en Mateo que en gran manera varían en tamaño.[58] Es poco probable que la tesis de Goulder convenza a muchos.

Numerosos estudios caracterizados por un juicio más sobrio han contribuido recientemente a nuestra comprensión de los propósitos de Mateo. Muchos de ellos están relacionados en el comentario. En el más amplio nivel podemos decir que el propósito de Mateo es demostrar (1) que Jesús es el Mesías prometido, el Hijo de David, el Hijo de Dios, el Hijo del Hombre, Emanuel; (2) que muchos judíos, y especialmente los líderes, fallaron de modo pecaminoso al no percibir esto durante el ministerio de Jesús; (3) que el reino mesiánico ya había llegado y había sido inaugurado por la vida, el ministerio, la muerte, la resurrección y la exaltación de Jesús; (4) que este reino mesiánico, caracterizado por obediencia a Jesús y consumado por su regreso, es el cumplimiento de esperanzas proféticas del AT; (5) que la Iglesia, comunidad tanto de judíos como de gentiles que

---

[56] P. Carrington, *The Primitive Christian Calendar*, University Press, Cambridge, 1952; id., *According to Mark*, University Press, Cambridge, 1960; Kilpatrick, p. 100.

[57] Cf. Leon Morris, *The New Testament and the Jewish Lectionaries*, Tyndale, Londres, 1964.

[58] Cf. importantes revisiones críticas en Int 30, 1976, 91-94; JBL, 1977, 453-55; y J.D.G. Dunn, *Unity and Diversity in the New Testament*, SCM, Londres, 1977, pp. 141-48.

se sometió sin condiciones a la autoridad de Jesús, constituye el verdadero lugar del pueblo de Dios, y de los testigos al mundo del «evangelio del Reino»; (6) que en toda esta época los verdaderos discípulos de Jesús deben vencer la tentación, soportar la persecución de un mundo hostil, atestiguar la verdad del evangelio, y vivir en una sumisión profundamente enraizada en las exigencias morales de Jesús, incluso mientras disfrutan del nuevo pacto, el cual es al mismo tiempo el cumplimiento de la expectativa del antiguo pacto, y de la experiencia de perdón otorgada por el Mesías que llegó para salvar a su pueblo de sus pecados y a dar su vida en rescate de muchos.

Es indudable que tan complejo despliegue de temas se diseñó para suplir muchas necesidades: (1) instruir y quizá catequizar (algo facilitado por el arreglo cuidadoso de algunas secciones de interés actual; cf. Moule, *Birth*, p. 91); (2) proveer material apologético y evangelístico, especialmente para ganar judíos; (3) animar a creyentes para testificar ante un mundo hostil; y (4) inspirar una fe más profunda en Jesús el Mesías, junto con un entendimiento maduro de su persona, su obra, y su lugar excepcional en la historia de la redención.

9. Canon

Hasta donde llegan nuestras fuentes, el Evangelio de Mateo fue rápida y universalmente recibido al momento de su publicación. No sufrió los debates que dividieron la Iglesia oriental de la occidental, por ejemplo, sobre la Epístola a los Hebreos, sino que en todas partes las relacionaron como Escrituras, al menos desde Ignacio (quien murió en el 110) en adelante.

10. Texto

Comparado con el de Hechos, el texto de Mateo es bastante sólido. Sin embargo, ocurren importantes variantes, y algunas se analizan. Las cuestiones textuales más difíciles en Mateo surgen debido a que es un evangelio sinóptico. Esto brinda muchas oportunidades de armonizar y desarmonizar en la tradición textual (e.g., vea los comentarios a 12:47; 16:2-3; 18:10-11). Aunque la armonización es una característica secundaria, no necesariamente significa que se debe entender como secundario todo ejemplo de posible armonización (e.g., vea los comentarios a 12:4, 47; 13:35). Con seguridad la armonización es más común en los dichos de Jesús que en otros sitios. No obstante, se debe hacer mucho trabajo en este campo, especialmente al examinar el fenómeno de armonización en combinación con el problema sinóptico (cf. sección 3).[59]

11. Temas y problemas especiales

Podríamos considerar los temas principales de Mateo junto con los problemas especiales de este evangelio, porque muchos de los temas se han convertido en foco de

---

[59] Cf. Fee, pp. 154-69, más ampliamente, cf. C.M. Martini, «La problématique générale du texte de Matthieu", en Didier, pp. 21-36.

agotadores debates. Con el fin de evitar repetición innecesaria, los siguientes párrafos no resumen demasiado los nueve temas seleccionados como bosquejo en el debate, pero ofrecen referencias a los lugares en el comentario en que se discuten esos asuntos.

a. Cristología

Por lo general los enfoques de los elementos característicos de la cristología de Mateo pasan una de tres líneas, que no se excluyen entre sí.

La primera compara a Mateo con Marcos para detectar qué diferencias hay entre los dos dondequiera que vayan paralelamente. Quizá el primer estudio importante entre estas líneas fue un ensayo de Styler.[60] Este sostiene que la cristología de Mateo es a menudo más explícita que la de Marcos (compara, por ejemplo, los dos relatos de la Entrada Triunfal, 21:1-11). Esto con seguridad es cierto, al menos en algunos casos. Pero es mucho menos cierto que Mateo enfoca más atención que Marcos en la ontología (ver comentarios a 9:1-8; 19:16-17; cf. Hill, *Mateo*, pp. 64-66), al menos en esos extractos tratados por ambos evangelistas.

El segundo enfoque examina los títulos cristológicos que utiliza el Evangelio de Mateo. Estos son ricos y diversos. «Hijo de David» aparece en el primer versículo, e identifica a Jesús como el Mesías davídico prometido; y luego el título se repite, a menudo en labios de necesitados y enfermos, quienes anticipan el alivio de parte del que dará comienzo a la edad mesiánica (ver comentario a 9:27). Mateo utiliza *kurios* («Señor») con más frecuencia que Marcos, y algunos han tomado esto para indicar una atribución anacrónica de divinidad a Jesús. Pero *kurios* es una palabra con amplio alcance semántico. A menudo no significa más que «señor» en el sentido común de la palabra (e.g., 13:27). Parece más justo decir que Mateo usa con frecuencia la palabra porque es vaga. Es muy dudoso que durante el ministerio de Jesús antes de la cruz se usara como una confesión no calificada de deidad. Sin embargo, puesto que este el término más común de la LXX para referirse a Dios, la mayor apreciación en la persona y la obra de Jesús ofrecida por la perspectiva posterior a la Resurrección hizo que los discípulos vieran un significado más profundo para su propio uso de *kurios* del que pudieron haber deseado al principio. De algún modo similar pero rodeado de mayor ambigüedad compleja es «Hijo del Hombre», el cual se analiza en la exposición en 8:20. Otros títulos reciben comentarios donde los usa el evangelista.

El tercer enfoque a la cristología de Mateo es el examen de temas amplios, ya sea en material exclusivamente mateano (e.g., estudio de Nolan sobre Mateo 1—2, el cual se enfoca en una cristología conformada por el pacto davídico), o por medio del evangelio (e.g., varios estudios vinculan la condición mesiánica con el tema de siervo que sufre).[61] Se hace alguna referencia a estos a través del comentario. Sin duda es mejor que estos títulos y temas cristológicos surjan de un estudio inductivo del texto,

---

[60] G.M. Styler, «Stages in Christology in the Synoptic Gospels», NTS 10 1963,64, 398-400.

[61] E.g., B. Gerhardsson, «Gottes Sohn als Diener Gottes. *Messias, Agap_* and Himmelherraschaft nach dem Matthäusevangelium", ST 27, 1973, 73-106.

para enfoques más cercanos proporcionados a menudo en considerable distorsión. Por ejemplo, aunque Kingsbury (*Mateo*) demuestra con mucha habilidad cuán importante es en Mateo «Hijo de Dios» (ver comentarios a 2:15; 3:17; 4:3; 8:29; 16:16; 17:5; 26:63), su insistencia en que es la categoría cristológica bajo la cual, para la comunidad de Mateo, todas las demás se agrupan no se pueden sustentar.[62] Mateo ofrece a sus lectores breves ensayos vinculados de maneras distintas; el pintoresco mosaico resultante se reduce a un gris pálido cuando elevamos algún tema (un título cristológico o algo más) a un lugar de preeminencia que suprime a otros.

b. *Profecía y cumplimiento*

Los cristianos sin educación formal son propensos a pensar en profecía y cumplimiento como algo no muy distinto de franca predicción y cumplimiento. Una lectura detenida del Nuevo Testamento revela que la profecía es más compleja que eso. La Epístola a los Hebreos, por ejemplo, entiende que el sistema expiatorio levítico profetiza el sacrificio de Cristo, que Melquisedec señala a Jesús como el Sumo Sacerdote, y así sucesivamente. En Mateo se nos dice que el regreso de Jesús de Egipto cumple el texto del AT en Éxodo (2:15); el llanto de las madres de Belén cumple la referencia de Jeremías al lloro de Raquel por su hijos en Ramá; la compra de los sacerdotes de un campo por treinta monedas de plata cumple Escrituras que describen acciones realizadas por Jeremías y Zacarías (27:9); y, en un caso notable, al ir a vivir Jesús a Nazaret «se cumplió lo dicho por los profetas», aunque no parece tener en mente ningún texto específico (2:23). Agregue a esto otra peculiaridad importante. Cierta cantidad (calculada de forma diversa entre diez y catorce) de las citas que hace Mateo del AT las presenta en una fórmula de cumplimiento caracterizada por una forma pasiva de *pleroo* («cumplir») y una forma de texto más bien extraída de la LXX que de otras citas del AT. Todas estas «citas originales» son paréntesis del evangelista, sus propias reflexiones (de ahí la palabra alemana ampliamente utilizada para ellas: *Reflexionszitate*). ¿Qué explica este fenómeno?

Tales problemas se han estudiado a profundidad con muy poco acuerdo.[63] Cuando Mateo cita el AT, este comentario aborda muchos de estos temas. Cuatro observaciones podrían ser útiles en anticipación a esos análisis.

1. Desde perspectivas muy diferentes, Gundry y Soarés Prabhu sostienen que Mateo es responsable de las citas originales (la diferencia entre ellos es que Gundry cree que el evangelista era el apóstol Mateo, y Soarés Prabhu no). Siempre que sigue a Marcos, Mateo usa la LXX; pero en ningún caso demuestra con claridad una preferencia personal por la LXX al presentar una asimilación más cercana. Por consiguiente, no hay ninguna buena razón a priori para negar que Mateo seleccionara y a

---

[62] Cf. la crítica contundente de D. Hill, «Son and Servant: An Essay on Matthean Christology», *Journal for the Study of the New Testament*, 6, 1980, 2-16. Kingsbury sostiene, por ejemplo, que «Hijo de Dios» domina el pensamiento de una sección de seis capítulos donde el título no aparece una vez.

[63] Ver la bibliografía en Doeve; Gundry, *Use of OT*; McConnell; Moo, «Use of OT», Rothfuchs; Soarés Prabhu; Stendahl, *School of Matthew*; Strecker, *Weg*. Ver también los útiles resúmenes y críticas de F. Van Sebroeck, «Les citations d'accomplissement dans l'Evangile selon Matthieu d'après trois orvrages récents», en Didier, pp. 107-30; cf. Longenecker, *Biblical Exegesis*, pp. 140-52; y Stanton, «Origin and Purpose», cap. 4.3.

veces tradujera las citas originales no las de la LXX. Sin duda tanto las tradiciones textuales hebreas como griegas del AT eran de algún modo fluidas durante el primer siglo (como lo atestigua RMM); y por tanto no siempre es posible decir dónde el evangelista está usando una forma de texto conocida en su época, y dónde está brindando su propia interpretación. Lo que parece cierto, sin embargo, es que no hay un buen motivo para apoyar la opinión de que las citas sobre cumplimientos surgió de una «escuela» mateana (Stendahl) ni que fueron extraídas por el evangelista de una colección testimonial (Strecker).

2. Aunque se afirmó a menudo, no parece muy probable que los evangelistas, incluyendo a Mateo, inventaran sus «relatos» para tener historias correspondientes a sus pruebas favoritas de textos del AT. La duda es más severa en Mateo 1—2 y 27:9, y se suscita allí. No obstante, varios puntos argumentan contra una creación a granel de tradiciones. Los escritores del NT no explotan mucho el rico potencial del AT para predicciones mesiánicas.[64] La misma dificultad de las conexiones entre la historia y el texto del AT se expresa contra la creación de las historias, porque las historias creadas habrían eliminado las presiones más lamentables. La analogía de los RMM no se puede pasar por alto. Aunque ellos tratan el AT con mucha tortuosidad, los pactantes del Qumrán no inventan «historia» (cf. Gundry, *Use of OT*, pp. 193-204).

3. Las formas en que se narran los acontecimientos que rodean a Jesús para el cumplimiento del AT varían en gran manera, y no se pueden reducir a una simple categoría. Aun las categorías judías comúnmente aplicadas necesitan cierta calificación (sobre «midrash», cf. sección 12).

Algunas de las citas de cumplimiento de Mateo se dice que son ejemplos de exégesis *pesher* (e.g., Stendahl, *School of Matthew*, p. 203; Longenecker, *Biblical Exegesis*, p. 143). Tal exégesis rabínica resalta la revelación y declara con autoridad: «Este suceso es el cumplimiento de esa profecía» (e.g., Hechos 2:16). Sin embargo, aun aquí debemos tener cuidado. Los más claros ejemplos de exégesis pesher se encuentran en 1QpHab. Lo asombroso acerca de sus pronunciamientos fidedignos es que la profecía del AT que se refiere a Habacuc se interpreta exclusivamente en función de los «cumplimientos» a que se refiere y hace que su contexto original no tenga significado.[65] Hasta los pasajes más difíciles en Mateo, como 2:15, no insinúan que el significado del AT original sea nulo (en este caso que el pueblo de Israel no fue llamado por Dios a salir de Egipto en el Éxodo).

4. Lo que ahora debemos enfrentar es una difícil interrogante: Aunque Mateo no niega el entorno de los textos del AT que insiste en que se cumplen en Jesús, ¿sobre qué base detecta alguna relación de profecía que ha cumplirse? El verbo *pleroo* («cumplir») se analiza en el comentario (vea los comentarios a 2:15 y esp. 5:17); pero cuando se refiere a cumplir las Escrituras no libera toda la fuerza teleológica excepto en situaciones raras y muy definidas. No obstante, la opinión varía en cuanto a cómo estos pasajes del AT señalan hacia delante. A menudo los pasajes citados del AT son claramente, o al menos convincentemente, mesiánicos. A menudo la relación entre

---

[64] Cf. C.H. Dodd, *History and the Gospel*, Nisbet, Londres, 1983, pp. 61-63.
[65] Cf. F.F. Bruce, *Biblical Exegesis in the Qumrám Texts*, Tyndale, Londres; y Eerdmans, Grand Rapids, 1960, pp. 16-17.

profecía y cumplimiento es tipológica: Jesús, se entiende, debe de algún modo reca-pitular la experiencia de Israel o de David. Jesús debe sufrir pruebas en el desierto y llamar a doce hijos de Israel como apóstoles. Incluso la clase de tipología varía de modo considerable. Sin embargo, la percepción permanece constante en que el AT le estaba preparando el camino a Cristo, anticipándolo, señalándolo, guiándonos a él. Cuando preguntamos cuánto de este aspecto futurista o «profético» los escritores del AT reconocieron en sí mismos, la respuesta debe variar con el texto particular. Pero los juicios provisorios y matizados son posibles aun en los casos más difíciles (e.g., vea los comentarios en 1:23; 2:15, 17-18, 23; 4:15-16; 5:17; 8:16-17; 11:10-11; 12:18-21; 13:13-15; 21:4-5, 16, 42; 22:44; 26:31; 27:9). La atención a tales formulaciones nos ayudará a percibir las profundas ataduras que vinculan al Antiguo Testamento con el Nuevo.

c. Ley

Pocos temas en el estudio del Evangelio de Mateo son más difíciles que su actitud hacia la ley. Los estudios importantes se discuten en otras partes (cf. esp. Stanton, «Origin and Purpose», cap. 4.4, y este comentario, esp. en 5:17-48); no obstante, aquí podemos resumir aquí algunos aspectos del problema.

Las dificultades provienen de varios factores. Primero, algunos pasajes se podrían entender como defensas acérrimas de la Ley (e.g., 5:18-19; 8:4; 19:17-18) y aun de la autoridad de los fariseos y los maestros de la ley para interpretarla (23:2-3). Se espe-raba que los discípulos de Jesús ayunaran, dieran limosnas (6:2-4), pagaran impues-tos al templo (17:24-27). Segundo, se pueden ver algunos pasajes como un ablanda-miento del rechazo de Marcos de ciertas partes de la Ley. La añadidura de la cláusula «excepto» en 19:9, y la omisión de Marcos 7:19b («con esto Jesús declaraba limpios todos los alimentos») en el extracto correspondiente de Mateo (15:1-20), han con-vencido a muchos de que Mateo no abolía ningún mandato del AT. Tercero, hay al-gunos pasajes en que, al menos formalmente, se sustituye el texto de la ley del AT (e.g., 5:33-37), o parece despreciarse y sustituirse potencialmente un respetable pa-saje del AT (12:6). Cuarto, hay un pasaje, 5:17-20, que se reconoce mucho como pro-gramático del punto de vista que Mateo tiene de la Ley. Sin embargo, esto abarca problemas interpretativos de extraordinaria dificultad.

A la luz de estos asuntos se han propuesto varias teorías. Bacon (*Studies in Matt-hew*), seguido de Kilpatrick (pp. 107-9), sostiene que el Evangelio de Mateo presen-ta una «nueva ley» que es para la Iglesia lo que el Tora para el judaísmo. Los cinco discursos de Mateo (cf. sección 14) se convierten en un nuevo Pentateuco. Hoy día pocos siguen esta teoría; su temática y sus vínculos formales son sencillamente muy endebles. Algunos sugieren que este evangelio refleja una Iglesia mateana que aún no se ha separado del judaísmo, mientras otros sostienen que la Iglesia se acaba de aislar y ahora se hace necesario definirse contra el judaísmo (cf. expresiones como «los maestros de la ley», «las sinagogas», «sus sinagogas», al dirigirse a ciertos judíos [e.g. 7:29; 9:35; 23:34]).

No obstante, tales argumentos son más bien demasiado sutiles. ¿Sugiere «sus sina-gogas» un rompimiento con el judaísmo, o distinciones con el judaísmo? Quienes participaron en el pacto Qumrán usaban el pronombre «sus» de los fariseos y de la vena principal del judaísmo. Por tanto, ¿no pudo Jesús mismo haber usado tal lenguaje para distinguir su posición de la de sus oponentes judíos sin sugerir que él no era un judío? Un clérigo liberal en la Iglesia de Inglaterra se podría referir a sus colegas, si son de las universidades de entrenamiento de la Iglesia de Inglaterra que reflejan la tradición evangélica, sin sugerir que alguno de los tres grupos principales no pertenece a la comunión anglicana. Si Jesús habló en tales términos, y si Mateo informa esto, Mateo también podría estar reflejando de modo consciente las circunstancias de su propia iglesia. Pero de ser así, aún sería confuso si su iglesia (aunque solo sea en su mente) se ha separado de veras del judaísmo (vea más comentarios a 4:23; 7:29; 9:35; 10:17; 11:1; 12:9-10; 13:35 et al.)

Otro ejemplo (8:4) se da comúnmente para entender que el escritor cree que Jesús conserva incluso los detalles del ceremonial de la ley del AT, y que esto refleja un punto de vista conservador de la validez continua de la Ley en la comunidad de Mateo. Esta interpretación, aunque difícil de probar, es lógicamente posible. Si no, también se podría discutir que 8:4 refleja una comunidad anterior al año 70 d.C., puesto que después de esto fueron imposibles las ofrendas en el Templo. Además, si Jesús dijo algo como esto, quizá Mateo no lo incluya debido al conservadurismo de su comunidad sino a que muestra cómo Jesús utilizó incluso ley ceremonial para señalarse a sí mismo (vea el comentario a 8:4).

Es muy difícil descartar estas posibilidades. Claramente se relacionan también a cómo se usa la crítica de redacción (cf. secciones 1-3, 5, 7-8). Muy a menudo estas dudas metodológicas no surgen tanto, aun cuando las conclusiones más asombrosas se presentan confiadamente como realidades establecidas. Algunos sostienen que la iglesia de Mateo tenía una visión tan conservadora de la ley del AT, que los «hacedores de maldad» (lit., «obreros de la anarquía») denunciados en 7:23 son cristianos paulinos (e.g., Bornkamm, *Tradition*, pp. 74-75). Muy aparte de la autenticidad de los dichos de Jesús y del peligro de anacronismo, esta opinión malinterpreta tanto a Mateo como a Pablo. Los ataques de Mateo están principalmente dirigidos contra líderes judíos, en especial los fariseos, cuyas maniobras legales desafiaban el poder de la ley, y fallaban en ver la verdadera dirección en que señalaba la ley. Ellos son, como decían implacablemente los participantes del pacto Qumrám, «exponentes de cosas suaves» (CD 1:18).[66] En cuanto a Pablo, es indudable que muchos lo veían como antinómico. Pero él también habló enérgicamente sobre la clase de comportamiento que es necesario para entrar al Reino (Ro 8:14; 13:10; Ga 5:14).

Sin embargo, si Mateo ataca a los fariseos, ¿se refiere a los fariseos de la época de Jesús, a los de la época de Mateo o a ambos? Lo menos que podemos decir es que Mateo decidió escribir un evangelio, no una carta. Puesto que decidió escribir acerca de Jesús como el Mesías, se debe suponer que intentó decir algo de la vida y las relaciones de Cristo. Esto nos lleva a preguntar si se deben explicar algunas diferencias entre Mateo y Pablo por los lugares característicos de sus temas

---

[66] Varios han señalado el juego de palabras entre $h^a laqot$ [«cosas suaves»] y $h^a lakot$ [«decisiones legales que afectan la conducta»], el último el propósito de los fariseos.

en la historia de la salvación. Aunque escribe después de que Pablo escribiera Romanos, Mateo habla de un período anterior. Es indudable que tenía en mente a ciertos lectores y sus necesidades. No obstante, no ayuda a la comprensión del trato de Mateo de la Ley considerar las necesidades de sus primeros lectores desde el punto de vista de sus lectores modernos, sin sopesar primero el antecedente histórico de su libro: concretamente, la vida y la enseñanza de Jesús.

La enseñanza de Jesús acerca de la ley, ya sea tomada de Mateo o de todos los cuatro evangelios, no es fácil de definir con precisión. Sigal («Jalajá») ha expuesto una teoría iconoclasta. Sostiene que no se debe vincular a los fariseos de la época de Jesús con los rabinos de la Mishná (vea la sección 11.f) que fue un grupo de extremistas eliminados en los acontecimientos del 70 d.C. Estos extremistas estuvieron en contra tanto de Jesús como de otros maestros que ocuparon papeles similares al de Cristo. Después de todo, la ordenación no se conocía en los días de Jesús, por eso no había diferencia entre él y los demás maestros. Jesús mismo era un «proto-rabino», término que daba Sigal al grupo que dio lugar a los rabinos ordenados del período posjamniano (posterior al 85 d.C.) Sigal dice que todas las decisiones legales de Jesús caen dentro de lo que otros proto-rabinos podrían decir. Sigal prueba esta teoría en los informes de Mateo acerca del manejo que Jesús hace del sábado (12:1-14) y del divorcio (19:1-12).

Sigal prepara muchos puntos reveladores. Su exégesis (cf. el análisis completo en el comentario) de 5:17-20 y de otros pasajes de prueba no es convincente, sin embargo, porque desecha todas las afirmaciones cristológicas (e.g., 12:8) como interpolaciones de la Iglesia en la narración. En ninguna parte discute, sobre terrenos literarios o históricos, la autenticidad de las afirmaciones cristológicas de Jesús, sino que simplemente las destroza refiriéndose a rechazos similares de otros eruditos. No obstante, el asunto es fundamental: si Jesús ofreció juicios relacionados con la Ley en sus afirmaciones, implícitas o explícitas, relacionadas con su mesianismo, es seguro que la función de la Ley en la enseñanza de Jesús estará presente de modo distinto de la manera en que sería si Jesús solo se viera a sí mismo como un «proto-rabino». El comentario trata a fondo con esta duda (vea en 5:17-20; 8:1-4, 16-17; 11:2-13; 12:1-14; 21; 13:35, 52; 15:1-20; 17:5-8; 19:3-12; 22:34-40; 27:51).

Sin duda podríamos conectar el trato que Mateo hace de la Ley con su manejo del AT (sección 11.b). El apóstol sostiene que Jesús enseñó que la Ley tenía la función profética de señalarlo a él. La legítima continuidad de esto yace en el propio ministerio, la enseñanza, la muerte y la resurrección de Jesús. El factor unificador es Jesús mismo, cuyo ministerio y enseñanza se levanta con respecto al AT (incluyendo la ley) como el cumplimiento a la profecía. Enfocar el problema de continuidad y discontinuidad —qué se mantiene sin cambio del código mosaico— en cualquier otro término es importar categorías extrañas al pensamiento de Mateo, y a su testificación personal de Jesús (vea esp. los comentarios a 5:17-20; 11:7-15). Dentro de este esquema unificador, el problema de los pasajes mencionados al principio de este análisis se puede explicar con imparcialidad; así podríamos esquivar la tesis que hace del mandamiento del doble amor la única clave hermenéutica para la comprensión que Jesús tiene del AT (vea los comentarios a 22:34-40).

d. *Iglesia*

La palabra *ekklesia* («Iglesia») aparece dos veces en Mateo (16:18; 18:17). En parte porque no aparece en otro evangelio, a menudo se ha resaltado demasiado el «eclesiasticismo» de Mateo.[67]

Ciertas cosas sobresalen. Primero, que Mateo insiste en que Jesús predijo la continuación de su pequeño grupo de discípulos en una comunidad diferente: un pueblo santo y mesiánico, una «Iglesia» (ver comentario a 16:18). Este tema se basa en numerosos pasajes, no solo en uno o dos textos de autenticidad cuestionada. Segundo, que Jesús insiste en que obedecer las exigencias éticas del Reino, lejos de ser opcional para quienes conforman la Iglesia, debe caracterizar sus vidas. Su lealtad demuestra ser falsa cuando no hacen lo que Jesús enseña (e.g., 7:21-23). Tercero, que se debe imponer cierta disciplina en la comunidad (vea los comentarios a 16:18-19; 18:15-18). Pero Mateo describe esta disciplina en principios en vez de detalles (no se mencionan diáconos, ancianos, presbíteros y similares), y al no ser esta disciplina provista de modo anacrónico podemos aceptar el hecho de que Jesús previera la continuación de su comunidad.

Este tercer tema es mucho más firme en Mateo que en Marcos o Lucas. Se podría especular en las presiones que motivaron a Mateo para incluir este material: apatía en la iglesia, regreso a una clase de justicia casuística, infiltración de parte de quienes no se comprometieron por completo con Jesús el Mesías, falla en disciplinar miembros poco estrictos. Sin embargo, esto es especulación. El factor esencial es que Mateo insiste en que la demanda de una iglesia disciplinada parte del mismo Jesús.

e. *Escatología*

Mateo sistemáticamente distingue cuatro períodos: (1) revelación e historia antes de Jesús; (2) inauguración de algo nuevo en su venida y ministerio; (3) período que empieza con su exaltación, desde el cual se indica que toda la soberanía de Dios es por medio de él, y sus seguidores proclaman el evangelio del reino a todas las naciones; (4) consumación y más allá.

Aún se están estudiando muchas características de la escatología de Mateo. Las siete más importantes (¡la cantidad podría ser escatológicamente importante!) y los lugares donde se analizan principalmente en este comentario son (1) el significado de versículos de peculiar dificultad (e.g., 10:23; 16:28); (2) el distintivo sabor del dominante «Reino de los Cielos» de Mateo sobre el «Reino de Dios» preferido por los demás escritores del NT (cf. comentario a 3:2); (3) el punto hasta el cual el Reino ya se ha inaugurado y hasta el cual está totalmente en el futuro, en espera de la consumación (un tema repetitivo; cf. esp. cap. 13); (4) la relevancia de las parábolas en la escatología (cap. 13, 25); (5) la relación entre el Reino y la Iglesia (otro tema repetitivo; cf. esp. 13:37-39); (6) sentido en el cual Jesús veía inminente el Reino (vea el comentario al cap. 24); (7) discurso en el Monte de los Olivos (caps. 24—25).

---

[67] Para un resumen práctico de literatura reciente, cf. Stanton, «Origin and Purpose», cap. 4.2. Stanton se niega a mencionar la obra sumamente importante de B.F. Meyer (ver comentarios a 16:17-19).

f. Los líderes judíos

Dos temas necesitan clarificación para comprender el tratamiento de Mateo hacia los líderes judíos. El primero es la identificación de los «fariseos» de la época de Jesús. Podemos distinguir cuatro puntos de vista, cada uno representado por capaces eruditos judíos.

1. El enfoque tradicional lo defiende muy bien Guttmann,[68] quien sostiene que los fariseos eran líderes más eficaces que los profetas del AT. Estos eran idealistas sin compromiso; los fariseos, cuyos puntos de vista reflejaron en gran manera sus sucesores, los rabinos detrás de la Mishná, eran adaptables, se ajustaban a las exigencias de la Tora por un procedimiento exegético finamente ajustado publicado en promulgaciones diseñadas para hacer la vida más fácil y clarificar la conducta adecuada.

2. En comparación, Neusner[69] insiste en que se abre un abismo entre las opiniones rabínicas reflejadas en la Mishná y en el fariseísmo anterior al año 70 d.C. Los fariseos dieron forma a la vida del judaísmo anterior al 70 y extendieron los rituales de pureza del Templo a la experiencia diaria de cada judío.

3. Rivkin[70] discute que los fariseos —un grupo posmacabeano y teológicamente revolucionario— eran hombres de considerable educación y poder de persuasión. Desarrollaron la ley oral, ahora codificada en gran parte en la Mishná, y sin darse cuenta separada radicalmente de sus raíces del AT. Rivkin niega que tuvieran tendencias separatistas o ritualistas; su influencia era amplia y persuasiva.

4. Sigal[71] aboga por una separación entre los fariseos, a quienes identifica como *perushim* («separatistas»), y los rabinos de la Mishná. En la época de Jesús no se ordenaban de modo oficial a los rabinos: la ordenación aún no se había inventado. Por eso a Jesús mismo lo llaman «rabí» en los evangelios (e.g., 26:49; Marcos 9:5; 10:51; 11:21; Juan 1:38, 49; 3:2). Jesús pertenecía a una clase de «proto-rabí», precursores de los rabinos ordenados del período mishnaico. Sus oponentes, los fariseos, eran extremistas que se extinguieron después del año 70, y prácticamente no dejaron huella literaria.

La evaluación provisoria adoptada en este comentario es que estas interpretaciones rivales de la evidencia son correctas en gran parte en lo que afirman, y equivocadas en lo que niegan. Sigal casi tiene razón al sostener que la ordenación era desconocida en la época de Jesús (cf. Westerholm, pp. 26-39), aunque quizá

---

[68] Alexander Guttmann, *Rabbinic Judaism in the Making: A Chapter in the History of the Halakah from Ezra to Judah I*, Wayne State University, Detroit, 1970.

[69] Jacob Nesuner, *The Rabbinic Traditions of the Pharisees*, 3 vols., Brill, Leiden, 1971. Para un tratamiento resumido, cf. su *From Politics to Piety: The Emergence of Pharisaic Judaism*, Prentice-Hall, Englewood Cliffs, 1973.

[70] Ellis Rivkin, *A Hidden Revolution: The Pharisee's Search for the Kingdom Within*, Abingdon, Nashville, 1978.

[71] «Halajá»; id., *The Emergence of Contemporary Judaism*, vols I.1; I.2, *The Foundation of Judaism from Biblical Origins to the Sixth Century A.D.*, Pickwick, Pittsburgh, 1980. Una dicotomía de algún modo similar adopta John Bowker, *Jesus and the Pharisees*, University Press, Cambridge, 1973.

habría procedimientos informales para reconocer a un maestro de las Escrituras. No puede haber una sencilla ecuación de «fariseo» y rabino mishnaico. Pero en contra de Sigal, es improbable que los fariseos fueran tan separatistas que no aceptaran a la mayoría, si no a todos, los «prototipos de rabinos». Los evangelios se refieren a otro grupo religioso importante —saduceos, sacerdotes, escribas— y es casi inconcebible que los evangelistas no dijeran casi nada de los «proto-rabinos», el grupo dominante después del año 70 d.C., y dieran rienda suelta a sus críticas sobre un grupo (los fariseos) tan insignificante en los días de Jesús que desaparecieron de la vista después del año 70. La muy pronta desaparición de los saduceos después del 70 no es análoga, porque gran parte de su vida e influencia dependía del templo destruido por los romanos; y en cualquier caso los evangelistas sí nos dan alguna descripción de su posición teológica.

En cuanto a Jesús, no puede ser reducido a un «proto-rabí», que entrena a sus seguidores para que repitan sus legítimas decisiones. Sus afirmaciones mesiánicas no se pueden desestimar muy fácilmente. Para los espectadores aparece como un profeta (21:11, 46).[72] Guttmann (n. 68) tiene razón al decir que los fariseos adaptaron las leyes a los tiempos, y que eran líderes eficaces. El problema es que sus actas de regulaciones hacían las distinciones ritualistas muy difíciles y la moralidad muy fácil. La santidad radical exigida por los profetas del AT se volvió casera, preparando así el camino para la prédica de Jesús que demandaba una justicia mayor que la de los fariseos (5:20). Aunque Neusner (n. 69) detecta adecuadamente la atención que los fariseos daban a la pureza ceremonial (cf. 15:1-12), no está garantizado su mayor conocimiento acerca de los fariseos. La evidencia de Josefo no se puede descartar con tanta facilidad como Neusner nos habría hecho creer. Aun permitiendo la parcialidad de Josefo hacia los fariseos, la evidencia que este presenta demuestra de modo constante la amplia influencia de los fariseos en la nación —sin hablar de su neutralidad durante la guerra judía— es muy difícil pensar en ellos como un grupo separatista menor (Sigal) o que estuviera exclusivamente preocupado por la pureza ritual.

La Mishná (aprox. 200 d.C.) no se puede rastrear hasta el año 30 d.C., como si el judaísmo no hubiera enfrentado el crecimiento del cristianismo y la aplastante destrucción del Templo y el culto. Sin embargo, preserva más material tradicional del que a veces se ha creído. Se sospecharía que los fariseos de la época de Jesús incluían los prototipos de rabinos, portadores ideológicos de los Tannaim (lit., «repetidores», i.e., los «rabinos» de aprox. el 70 al 200 d.C.) mishnaicos. En este punto de vista incluían hombres tan doctos y creativos como los rabinos del siglo segundo. Pero también incluían a muchos hombres de menor valía moral e intelectual, quienes en buena parte fueron purgados tanto por los efectos del crecimiento del cristianismo como por la devastación del año 70 d.C. Estos sucesos levantaron una «contrarreforma», cuyo legado es la Mishná. Rivkin (n. 70) está sin duda en lo cierto al tener a los fariseos como doctos eruditos cuya aplicación y desarrollo de las leyes del AT influyeron enormemente en el judaísmo, aunque su

---

[72] Cf. B. Lindars, «Jesus and the Pharisees», *Donum Gentilicium*, edd. E. Bammel, C.K. Barret, y W.D. Davies, Clarendon, Oxford, 1978, pp. 51-63, esp. pp. 62-63.

identificación de fariseos con escribas, y su manejo del desarrollo de la ley moral, son simplistas.

Sostenemos que los fariseos fueron un grupo no sacerdotal de origen incierto, generalmente docto, comprometido con la ley oral, e interesados en desarrollar la *halajá* (reglas de conducta basadas en conclusiones sacadas de la ley). La mayoría de los maestros de la ley eran fariseos; y el sanedrín también incluía hombres de su grupo (vea el comentario a 21:23), aunque el liderazgo del sanedrín pertenecía a los saduceos sacerdotales.

El segundo tema que se debe clarificar es el modo en que Mateo se refiere a los líderes judíos. Por lo general se acepta que Mateo es un antifariseo bastante firme. Desde hace poco, sin embargo, más y más eruditos han analizado que la imagen que Mateo presenta de los fariseos refleja a los rabinos del período anterior comprendido entre el 80 y el 100 d.C., no a la situación de aprox. el 30. Su conocimiento de los demás grupos judíos, que en gran parte se desvanecen después del año 70, es superficial y a veces erróneo. Gaston cree que la ignorancia de Mateo, especialmente con relación a los saduceos, es «asombrosa».[73]

El asunto es complejo.[74] No obstante, ciertas observaciones pudieran moderar la acusación de ignorancia contra Mateo.

1. Si el único blanco de Mateo hubieran sido los rabinos de 80-100 d.C., llamados «fariseos», es increíble que prácticamente no se les mencione en la semana de la pasión y en el relato de la pasión, cuando los sentimientos contra Jesús alcanzaron su máximo nivel. Lo que descubrimos es que los jefes oponentes eran sacerdotes, ancianos y miembros del sanedrín, que es exactamente lo que esperaríamos en los alrededores de la Jerusalén de antes del año 70. Esto demuestra que Mateo no ignora totalmente las distinciones históricas relacionadas con líderes judíos; esto trae a colación la tesis de que sus oponentes son exclusivamente fariseos, e insta a ser cautos al hacer juicios semejantes.

2. Mateo menciona más a menudo a los saduceos que los demás evangelistas juntos. Si Mateo fuera tan ignorante acerca de ellos, y si ellos fueran indiferentes a las presuntas circunstancias de 80-100 d.C., ¿por qué incrementa sus referencias a ellos?

3. Mateo demuestra que estaba consciente de algunas de las características doctrinales de los saduceos (ver comentario a 22:23-33). Esto debería hacernos muy cautelosos al evaluar el punto más difícil: que en cinco lugares Mateo utiliza la frase «fariseos y saduceos» en un modo que los vincula muy íntimamente (3:7; 16:1, 6, 11, 11-12). Esta unión es típica de Mateo. La sabida antipatía entre los dos grupos era tan fuerte que muchos comentaristas modernos han llegado a la conclusión de que este evangelio fue escrito bastante tarde, y por alguien tan alejado del ambiente de la cuarta década que esta incongruencia se introdujo en el texto. Pero además de la conciencia histórica de Mateo, dos explicaciones complementarias salvan en buena parte la dificultad.

---

[73] L. Gaston, «The Messiah of Israel as Teacher of the Gentiles», Int 29, 1975, 34.

[74] Cf. D.A. Carson, «Jewish Leaders in Matthew's Gospel: A Reappraisal», JETS 25, 1982, 161-74. Para una presentación resumida de datos, cf. Garland, pp. 218-21.

En primer lugar, el vínculo entre fariseos y saduceos bajo un artículo en Mateo 3:7 podría reflejar, no una afinidad teológica entre ellos, sino una misión común. Así como el sanedrín levantó dudas acerca de la autoridad de Jesús, es intrínsecamente probable que enviara delegados para tantear a Juan el Bautista. El sanedrín incluía tanto fariseos como saduceos (Hechos 23:6); y su desconfianza mutua hace probable que la delegación estuviera constituida por representantes de ambas partes. El cuarto evangelio sugiere esto. Los «judíos de Jerusalén» (¿quién más que el sanedrín?) enviaron «sacerdotes y levitas» (Juan 1:19), seguramente saduceos, a preguntar a Juan quién era; pero también enviaron fariseos (v. 24). El lenguaje de Mateo podría, por tanto, conservar los recuerdos históricos exactos. Algo similar se podría presuponer en 16:1. Siempre debemos recordar que aunque fariseos y saduceos podían luchar fieramente entre sí sobre ciertos asuntos, sus circunstancias políticas exigían que trabajaran juntos en muchos niveles.

En segundo lugar, aunque la relación de fariseos y saduceos en las referencias restantes (16:6, 11-12) parece hacer común su lenguaje, el contexto exige limitaciones. En ciertas circunstancias un bautista podría advertir contra la «enseñanza de presbiterianos y anglicanos», no por no estar consciente de las diferencias básicas entre ellos, sino porque quiere poner su bautismo de niños contra sus propios puntos de vista. Muy claramente en 16:5-12 Jesús no puede estar denunciando todo lo que enseñan los fariseos y los saduceos, porque algo de lo que él enseña es común a ellos. El punto particular de enseñanza en este contexto es la actitud de ellos hacia Jesús, y su deseo de domesticar la revelación y autenticarla, una actitud tan ciega que no puede reconocer la verdadera revelación cuando aparece (ver comentario a 16:1-4). Es contra esta «levadura de fariseos y saduceos» que Jesús advierte a sus discípulos; en su opinión, ambas partes cometían el mismo error.

4. Categorías para los líderes judíos coinciden en los evangelios, incluido el de Mateo. Hasta donde sabemos, el sanedrín, por ejemplo, estaba constituido de saduceos, fariseos y ancianos. Los saduceos eran en su mayoría sacerdotes. Los ancianos eran laicos nobles, y quizá principalmente fariseos. Por tanto, los «fariseos» en el sanedrín eran «laicos» en el sentido de no ser sacerdotes; pero muchos de ellos eran escribas («maestros de la ley»), y por ende diferentes de los ancianos. Cuando 21:23 dice que los jefes de los sacerdotes y los ancianos del pueblo se acercaron a Jesús, probablemente se refiere a miembros del sanedrín descritos en función de su situación clerical y no de su posición teológica. Las ambigüedades son considerables; pero debemos evitar disyunciones indefendibles.

5. Nuestra ignorancia de quiénes eran los fariseos, y de las creencias particulares de los saduceos (los conocemos casi completamente por medio de los escritos de sus oponentes; «casi» porque algunos eruditos creen que Sirac, por ejemplo, es un documento proto-saduceo) nos deberían hacer vacilar antes de atribuir «asombrosa» ignorancia al evangelista. La asombrosa ignorancia podría ser nuestra. Se sospecha que en algunos casos el trato de Mateo hacia los líderes judíos se está tratando de meter en un molde que calce en una fecha entre 80-100 d.C. La verdad es que nuestro conocimiento, tanto del judaísmo como del cristianismo durante ese período, tiene lagunas formidables. Aunque Mateo pudo haber estado escrito ya —sin embargo, en mi opinión esto es improbable— el trato que da a los líderes judíos no se puede utilizar para defender la opinión de una fecha tardía.

Pero, ¿es la polémica de Mateo tan violenta que se le debe considerar antisemita (cf. el comentario a 23:1-36; 26:57-59)? El juicio de Légasse es sólido.[75] Las más severas denuncias de Mateo no están motivadas por cuestiones de raza, sino por la respuesta de la gente a Jesús. Estas denuncias afectan a creyentes profesos cuyas vidas revelan la falsedad de su profesión (7:21-23; 22:11-14) y también a los judíos; los motivos determinantes son el interés en la perseverancia de la comunidad cristiana y en la proclamación fidedigna del «evangelio del reino» a «todas las naciones», tanto judías como gentiles (vea el comentario a 28:18-28), para llevar a todos a la sumisión a Jesús el Mesías.

g. Misión

Se ha reconocido mucho que el pasaje final (28:16-20) pretende por completo ser el punto culminante hacia el cual se mueve todo el Evangelio. Al atar algunos de los temas predominantes de Mateo, estos versículos les dan una novedosa profundidad que se proyecta hacia atrás e ilumina todo el evangelio. Por ejemplo, la gran comisión está percibida para ser el resultado del providencial ordenamiento divino de la historia (1:1-17) para traer a un mundo caído un Mesías que salve a su gente de sus pecados (1:21); pero la importancia universal del nacimiento de Jesús, insinuada en 1:1 y formulada una y otra vez en el flujo de la narración (e.g., vea comentarios a 2:1-12; 4:14-16, 25; 8:5-13; 10:18; 13:36-52; 15:21-28; 24:9, 14) queda confirmada por las líneas finales.

Ya hemos observado que —aunque por motivos inadecuados— algunos han limitado la extensión de la Gran Comisión solo a los gentiles (sección 8; vea los comentarios a 28:18-20). Mateo no rastrea el contexto del pueblo de Dios desde uno judío a uno exclusivamente gentil, sino de un contexto judío a uno racialmente total. A diferencia de Lucas (Lucas 21:24) y Pablo (Romanos 11:25-27), Mateo no levanta dudas acerca del futuro de Israel como un pueblo diferente.

h. Milagros

Los escritores bíblicos no ven los milagros como intervenciones divinas en un universo ordenado y cerrado. Más bien, Dios como Señor del universo y de la historia sustenta todas las cosas que tienen lugar bajo su soberanía. A veces, sin embargo, hace cosas extraordinarias; y entonces en el mundo moderno las llamamos «milagros». Los escritores bíblicos preferían términos como «señal», «maravilla» o «prodigio». Los paralelos entre Jesús y los obradores de milagros helenistas no son tan similares como algunas críticas de forma han creído (cf. Albright y Mann, pp. cxxiv-cxxxi). Además, el valor de los milagros como prueba de la deidad de Jesús no es tan concluyente como han pensado algunos expositores conservadores.

Los milagros en Mateo comparten ciertas características con los de los otros sinópticos, características que se deben entender antes de poder explorar las particularidades de Mateo. Los milagros de Jesús están ligados con la irrupción del reino

---

[75] S. Légasse, «L 'antijudaïsme' dans l'Evangile selon Matthieu», en Didier, pp. 417-28.

prometido (8:16-17; 12:22-30; cf. Lucas 11:14-23). Son parte de su obra mesiánica (4:23; 11:4-6) y por tanto son la doble evidencia de la llegada del Reino y de la posición de Jesús el Mesías. Esto no significa que Jesús hiciera milagros por demanda como una clase de demostración espectacular (vea los comentarios a 12:38-42; cf. Juan 4:48). La fe y la obediencia no son resultados necesarios de los grandes milagros, aunque la fe y el gran poder de Dios obrando a través de Jesús están ligados de varias maneras. La falta de fe podría ser un impedimento de este poder (e.g., 17:19-20), no porque el poder de Dios sea restringido, sino porque la verdad en él se somete a su poderoso Reino y espera misericordia de él (e.g., 15:28; cf. Marcos 9:24).

Los «milagros naturales» (calmar la tormenta o multiplicar panes y peces) no solo atestiguan el alcance del poder universal de Dios, sino que en algunos casos (calmar la tormenta) podrían proporcionar a una creación que se rebela contra Dios un anticipo de orden restaurado, orden que culminaría con la consumación del Reino. En algunos casos (multiplicación de panes y peces, la higuera marchita) los milagros constituyen un «simbolismo profético» que promete absoluta fruición (el banquete mesiánico, la seguridad de juicio) y el Fin.

Los milagros de Mateo se caracterizan por la brevedad con que se informan. Él condensa introducciones y conclusiones, omite personajes secundarios y cosas por el estilo (vea los comentarios a 8:1-4). Sin embargo, es mucho decir, como lo hace Held: «Los milagros no son importantes en sí, su importancia está en el mensaje que conllevan» (Bornkamm, *Tradition*, p. 210). Esto casi podría sugerir que la objetividad de los milagros no afecta a Mateo siempre que su mensaje se preserve. Él mismo rechaza esto de modo específico (11:3-6). Todos los evangelistas sostienen que los milagros señalan más allá de la simple objetividad de acontecimientos maravillosos: en esto Mateo no es diferente de los demás. Sencillamente cambia un poco el equilibrio del suceso y su repercusión para resaltar lo último.

Los temas particulares que Mateo más favorece en conexión con los milagros de Jesús se desarrollan en el comentario.

i. *Comprensión y fe de los discípulos*

Aun desde la obra de G. Barth (en Bornkamm et al., *Tradition*, pp. 105 y sig.), muchos eruditos han discutido que mientras en Marcos los discípulos no entienden lo que Jesús dice, hasta que se los explica en privado, Mateo atribuye gran comprensión instantánea a los discípulos. En realidad, esto es que los separa de la multitud: los discípulos entienden, los de fuera no. De lo que los discípulos flaquean, y deben mejorar, no es de su entendimiento sino de su fe.

La tesis se puede defender con una cuidadosa colección de datos, pero no resistiría un examen riguroso. Aparte de depender demasiado en el llamado secreto mesiánico en Marcos (vea los comentarios a este volumen en Marcos 9:9), no trata de modo adecuado la demanda de instrucción privada de los discípulos (13:36), el que no pudieran comprender la enseñanza de Jesús acerca de su pasión, aun después de sus explicaciones (e.g., 16:21-26; 17:23; 26:51-56), ni los pasajes que tratan con «tropiezos» o «caídas». Estos no son asuntos secundarios; son integrales a lo que Jesús y Mateo dicen acerca del discipulado.

La tesis también se equivoca, no solo por las dos razones mencionadas arriba, sino también por una tercera. Al adoptar una forma doctrinaria de crítica de redacción, acentúa de tal modo lo que los pasajes pertinentes revelan acerca de la iglesia de Mateo que pierde su verdadera fuerza. La falla en particular de los discípulos en comprender el significado de las predicciones de la pasión y la resurrección de Jesús es en buena parte una función del lugar exclusivo de ellos en la historia de la salvación. No estaban preparados antes de los sucesos para aceptar la idea de un Mesías crucificado y resucitado; y no pocas de las afirmaciones cristológicas de Jesús eran tan imprecisas (cf. Carson, «Christological Ambiguities») que su trascendencia total solo la podrían captar aquellos con una mentalidad judía tradicional después del Calvario y la tumba vacía. Hasta este punto la experiencia de los discípulos de llegar a una fe y un entendimiento más profundos era única, debido a que estaba fundida en una fase de historia de la salvación que para siempre se volvió obsoleta por el triunfo de la resurrección de Jesús.

Los lectores de Mateo, sean del siglo primero o de hoy día, podrían beneficiarse al estudiar la experiencia de los discípulos como él la registra. Sin embargo, es inútil intentar subjetivamente de parodiar la llegada de los discípulos a una fe y una comprensión total tras la resurrección de Jesús. Más bien debemos mirar atrás a estos testigos y a la autorrevelación divina, y observar la sabiduría y la cautela de Dios a medida que su hijo se les revelaba de modo progresivo, y les revelaba sus propósitos de redimir a una humanidad caída y rebelde. Al alimentar nuestra fe y nuestro entendimiento con el testimonio combinado de los primeros testigos, que cuentan cómo llegaron por medio de una secuencia única a su fe y su comprensión, debemos aprender a enfocar nuestra atención, no en los discípulos, sino en su Señor. Con esto no queremos decir que los discípulos no tienen nada que enseñarnos acerca del crecimiento personal; al contrario, insistimos básicamente en que malinterpretaremos este evangelio si no vemos que está hablando de un singular arribo a la fe y al entendimiento. Este tema es tan importante que el comentario se refiere a él una y otra vez (cf. 13:10-13, 23, 36, 43, 51-52; 14:15-17; 15:15-16; 16:21-28; 17:13, 23; 20:17-19, 22; 23:13-36; 24:1; 28:17). En otros lugares Trotter lo ha tratado con mucha comprensión

12. Género literario

La interpretación de cualquier obra literaria se ve afectada por la forma en que se comprenda su género. Un soneto, una novela, una parábola, una historia, una fábula, un versículo suelto o un aforismo se deben leer según su forma literaria.

a. *Evangelio*

¿Qué, entonces, es un evangelio? Se han propuesto muchas teorías, y se han descubierto afinidades en otros escritos (e.g., literatura apologética, libros del AT, biografías greco-romanas, etc.) Hace poco Talbert[76] afirmó que el evangelio pertenece al

---

[76] C.H. Talbert, *¿What is a Gospel? The Genre of the Canonical Gospels*, Fortress, Filadelfia, 1977.

género de biografía greco-romana. En una réplica convincente, Aune[77] demostró que Talbert ha malinterpretado no pocas fuentes, y ha llegado a sus conclusiones al adoptar categorías ambiguas que ocultan diferencias esenciales. Aune insiste correctamente en que los evangelios pertenecen a una clase propia. Esto no significa que no tengan relación con otros géneros. La verdad es que «durante el período greco-romano surgían constantemente "nuevos" géneros, si por "nuevo" queremos decir una recombinación de formas y géneros antiguos en originales configuraciones».[78]

Nuestros evangelios, pues, están compuestos de muchos pasajes, algunos pertenecientes a géneros reconocidos, otros con afinidades cercanas a géneros conocidos. Cada uno se debe sopesar, pero el resultado es una forma flexible que pretende dar un relato selectivo de Jesús, incluyendo sus enseñanzas y milagros, y culminando en su muerte por crucifixión, su sepultura y su resurrección. La selección incluye ciertos puntos clave en la carrera de Jesús (su bautismo, ministerio, pasión y resurrección) y apunta a un relato creíble de estos acontecimientos históricos. Al mismo tiempo el material está organizado para resaltar ciertos temas y motivos. La redacción no es desapasionada sino confesional, algo que los evangelistas consideraron una ventaja. Algo del material está organizado siguiendo líneas temáticas, algunas de acuerdo a una cronología suelta; y otros pasajes están vinculados por alguna combinación de consignas, temas, atestiguaciones del AT, género y coherencia lógica. El resultado no es exactamente historia, biografía, teología, confesión, catecismo, tratado, homenaje ni carta, aunque en algunos aspectos tiene todo eso. Es un «evangelio», una presentación de las «buenas nuevas» de Jesús el Mesías.

b. *Midrash*

Los eruditos han ido reconociendo cada vez más la condición judía del NT, y han cultivado categorías literarias judías para comprender estos documentos. Entre las más importantes de tales categorías está la midrash. Ya se ha analizado una aplicación de esta obra, la teoría leccionaria de Goulder (sección 8). Pero la creación más reciente es el comentario de Gundry. Este sostiene que Q es mayor de lo que habitualmente se reconoce, que adopta material que por lo general se designa «M» (cf. sección 3), y que incluye la historia del nacimiento de Jesús en Mateo 1—2. Lo que Mateo hace, según Gundry, es aplicar «técnicas midrásicas» a la tradición que sustituye, y añadir toques no históricos a material histórico, con lo que a veces crea historias, llamadas «midrasim», para señalar cuestiones teológicas, aun cuando las historias, como las parábolas, no tienen dirección histórica.

Todo depende de la definición. Etimológicamente «midrash» significa «interpretación». Pero en este sentido todo comentario sobre otro texto es midrash… incluyendo este comentario. Tal definición no ofrece base para decir que puesto que Mateo relata historias midrash en Mateo 1—2, estas no son históricamente ciertas. La mayoría de las

---

[77] D.E. Aune, «The Problem of the Genre of the Gospels», France y Wenham, pp. 9-60; cf. R.H. Gundry, «Recent Investigations Into the Literary Genre"Gospel"», Longenecker y Tenney, pp. 97-114.

[78] Aune, «Problem of Genre», p. 48.

definiciones, aunque exactas, no son suficientes para revelar la conclusión de Gundry. Derrett (*NT Studies*, 2, 205 y sig.), por ejemplo, define el método midrásico en cuanto a sus alusiones a muchas fuentes, no en cuanto a su historicidad en lo absoluto. Snodgrass define midrash, no como un género, sino «como un proceso en el cual se desarrollan formas de tradición que enriquecen o intensifican la adaptación posterior de textos del AT».[79] Se han dado muchas otras definiciones.[80]

Para agravar la dificultad, el término parece sufrir un cambio semántico dentro de la literatura judía. Ya en el tiempo del Talmud babilónico (siglo cuarto d.C.), «midrash» había desarrollado un significado más especializado similar a lo que Gundry desea claramente. Otros comentarios judíos, principalmente el Qumrán Pesharim,[81] se caracterizaron por tres cosas: (1) intentaban abordar de modo sistemático todos los puntos del texto; (2) se limitaban casi exclusivamente al texto; (3) adoptaron una posición reveladora hacia el texto, que prácticamente identificaba todo señalamiento en el texto con su cumplimiento en la época del intérprete, o más tarde, sin ningún sentido de contexto histórico. En comparación, el midrasim trataba de modo más coherente el texto de las Escrituras, usándolas como una clase de perchero en el cual colgar discursos, historias y otras piezas para iluminar su significado teológico del texto. Esto estaba en una categoría consciente de «peshat», el significado más «literal» del texto. Pero es improbable que en los dos primeros siglos el midrash tuviera un significado tan especializado. Más bien se refiere a «una exposición interpretativa aunque derivada y sin distinción de la clase de material en consideración» (Longenecker, *Exégesis bíblica*, p. 32).

En un capítulo de amplio alcance, Moo («Use of OT», pp. 8 y sig.) discute las diversas maneras en que se puede analizar la literatura que procesa el texto del AT. Distingue género literario (forma y contenido general), procedimiento de citación (e.g., citas explícitas, alusiones, influencia conceptual y aspectos similares), técnica de apropiación (maneras en que el texto del AT se aplica en un ambiente contemporáneo), y axiomas hermenéuticos adoptados implícitamente por el intérprete (e.g., que la Escritura era una entidad cerrada que se debía interpretar de modo ingenioso para obtener respuestas a interrogantes acerca de conducta no tratada específicamente en el texto).

Pues bien, si «midrash» se refiere al género, este es en el siglo primero un término demasiado amplio para apoyar el peso que Gundry le pone, y no es adecuado en otros terrenos (*Mateo*, pp. 63 y sig.) Los intentos de definir «midrash» en términos de técnicas de apropiación no han probado tener éxito, porque ninguna de las técnicas está limitada a midrash. Moo sugiere de modo provisional que «midrash» se debe caracterizar «en términos de axiomas hermenéuticos que guían el enfoque («Use of OT», pp. 66). Hay bastante mérito en esto; pero, por supuesto, resulta en limitar bastante el midrash al judaísmo rabínico, puesto que los axiomas hermenéuticos operativos incluyen una percepción en buena parte no

---

[79] Klyne R. Snodgrass, «Streams of Tradition Emerging From Isaiah 40:1-5 and Their Adaptation in the New Testament», *Journal for the Study of the New Testament* 8, 1980, 40.

[80] Cf. D.A. Carson, *Midrash and Matthew*, de próxima aparición.

[81] Cf. Maurya P. Horgan, *Pesharim: Qumrám Interpretation of Biblical Books*, Catholic Biblical Asoc., Washington, 1979.

escatológica de sí mismos, y un profundo interés en enunciar su identidad y dirigir su comportamiento (que corresponde aproximadamente a las dos formas de midrash hagádica y halájica).[82] En comparación, las historias de Mateo 1—2 son básicamente escatológicas: se dice que cumplen las Escrituras en el contexto de un libro en que el cumplimiento mesiánico y la llegada del reino escatológico constituyen temas fundamentales. Mateo 1—2 se ocupa un poco de reglas de conducta o de la identidad del pueblo de Dios; y está lleno de preocupaciones cristológicas y de una perspectiva teológica.

Cuando se tienen en mente distinciones como estas, la categoría moderna de «Midrash-Pesher», que algunos quieren aplicar al trato que Mateo hace del AT (cf. Moo, «Use of OT», pp. 174), se ve como una designación inadecuada para los comentarios del Qumrám. Midrash y Pesher se parecen en muchas de sus técnicas, pero los axiomas hermenéuticos son muy diferentes. Sin embargo, si el improvisado Midrash-Pesher es inadecuado para los comentarios del Qumrám, también es inadecuado para Mateo. En cualquier caso este definitivamente no es un género reconocido por líderes judíos del primer siglo.

Estas conclusiones son inevitables:

1. Gundry no puede apelar legítimamente al «midrash» como un género literario muy definido y reconocido del primer siglo.

2. En particular, si «midrash» refleja género, a diferencia de axiomas hermenéuticos intrascendentes para Mateo, se le ha dado un sentido más o menos bien definido solamente del siglo cuarto en adelante. Esto hace surgir la pregunta de qué podemos esperar que hayan pensado los lectores de Mateo. Gundry sostiene que la razón de que la Iglesia no haya reconocido la naturaleza «midrásica» (y por consiguiente no histórica) de Mateo 1—2 es que el evangelio fue rápidamente tomado por los gentiles que tenían poco aprecio por los géneros literarios judíos. Este convincente argumento está debilitado por firme evidencia de que el midrash en algún sentido especializado relevante a la tesis de Gundry es demasiado tardío en círculos judíos para ser útil.

3. Incluso si adoptáramos esta limitación tardía del término «midrash», es aún inadecuado como descripción del material «M» de Mateo. Aunque los midrasim judíos a menudo están solo conectados con los textos que «exponen», una línea de continuidad corre por esos textos del AT. Por contraste, la continuidad de Mateo en los capítulos 1—2, por ejemplo, la establece el argumento, no los textos del AT, todo lo cual se puede se puede sacar sin afectar la cohesión del pasaje.

4. Mucha de la fuerza del argumento de Gundry se basa en su evaluación de las tendencias en la edición de fuentes de Mateo. Gundry siente que las tendencias demostrables en Mateo exigen apelar a la técnica midrásica como la única explicación adecuada de material que discrepa tan radicalmente de las fuentes. Sin embargo, a menudo es posible otra evaluación de la misma evidencia. A pocos les convencerá la postulación de Gundry de una fuente común detrás de Mateo 1—2 y Lucas 1—2. Además, algunas de las «tendencias» que detecta en Mateo —e.g., él sigue la línea ahora popular sobre el entendimiento de los discípulos (ver sección 11.i)— se interpretan mejor de otras maneras.

---

[82] Cf. Daniel Patte, *Early Jewish Hermeneutic in Palestine*, SBL, 1975, pp. 49 y sig.

Estos puntos dependen de detalles de exégesis, y surgen en este comentario. (Vea también la revisión de Gundry en Carson, «Gundry on Matthew».)

Un elemento importante en el argumento de Gundry es que las historias no se pueden tomar como historia porque, leídas de ese modo, incluyen algunos errores demostrables. Para algunos de estos asuntos, vea el comentario in loc. Aquí es suficiente decir que quien use «midrash» referente a cualquier parte del Evangelio de Mateo debe decir con precisión a sus lectores lo que significa el término.

c. Miscelánea

Otras importantes formas variadas de literatura completan las partes constituyentes de nuestros evangelios canónicos: dichos de sabiduría, genealogías, discursos, parábolas, etc. Las más importantes reciben breve tratamiento en el comentario, y la observación más extensa está dedicada a las parábolas (vea 13:3).

13. Bibliografía

a. Comentarios seleccionados sobre Mateo

Albright, W.F., y Mann, C.S. *Matthew*, Doubleday, Garden City, 1971.

Alexander, J.A., *The Gospel According to Matthew*, Scribner, Nueva York, 1860.

Allen, Willoughby C., *A Critical and Exegetical Commentary on the Gospel According to S. Matthew*, T. & T. Clark, Edimburgo, 1912.

Barnes, Albert, *Notes on the New Testament*, Kregel, Grand Rapids, repr. 1962.

Benoit, P., *L'Evangile selon Saint Matthieu*, 4ta ed., du Cerf, Paris, 1972.

Bonnard, Pierre, *L'Evangile selon Saint Matthieu*, 2da ed., Delachaux et Niestlé, Neuchâtel, 1970.

Box, G.H., *St. Matthew*, T.C. y E.C. Jack, Edimburgo, s.f.

Broadus, John, *Commentary on the Gospel of Matthew*, American Baptist Publication Society, Valley Forge, 1886.

Calvin, John, *Calvin's New Testament Commentaries: Matthew, Mark and Luke*, 3 vols., traducidos por A.W. Morrison y T.H.L. Parker, ed. por D.W. Torrance y T.F. Torrance, Grand Rapids, 1972.

English, E.S., *Studies in the Gospel According to Matthew*, Revell, Nueva York, 1935.

Erdman, Charles R., *The Gospel of Matthew: An Exposition*, reimpreso, Westminster, Filadelfia, 1966.

Fenton, J.C., *Saint Matthew*, Penguin, Harmondsworth, 1963.

Filson, Floyd, V., *A Commentary on the Gospel According to St. Matthew*, Harper, Nueva York, 1960.

Gaebelein, Arno C., *The Gospel of Matthew: An Exposition*, 2 vols., Our Hope Publications, Nueva York, 1910.

Gaechter, Paul, *Das Matthäus Evangelium*, Tyrolia-Verlag, Inssbruch, 1963.

Gander, Georges, *L'Evangile de l'Eglise: Commentaire de l'Evangile selon Matthieu* Faculté de Théologie Protestante, Aix-en-Provence, 1967.

Green, H, Benedict, *The Gospel According to Matthew*, University Press, Oxford, 1975.

Grosheide, F.W., *Het Heilig Evangelie Volgens Mattheus*, Kok, Kampen, 1954.

Grundmann, Walter, *Das Evangelium nach Matthäus*, 4ta. ed., Evangelische Verlagsanstalt, Berlín, 1975.

Gundry, Robert H., *Matthew: A Commentary on His Literary and Theological Art*, Eerdmans, Grand Rapids, 1981.

Hendriksen, William, *The Gospel of Matthew*, Baker, Grand Rapids, 1973.

Henry, Matthew, *A Commentary on the Holy Bible*, Marshall Bros, Londres, s.f.

Hill, David, *The Gospel of Matthew*, Eerdmans, Grand Rapids, 1972.

Kingsbury, Jack Dean, *Matthew*, Fortress, Filadelfia, 1977.

Klostermann, Erich, *Das Matthäus-Evangelium*, 2da. ed., J.C.B. Mohr, Tübingen, 1927.

Lagrange, M.-J., *Évangile selon Saint Matthieu*, Lecoffre, París, 1948.

Lenski, R.C.H., *Interpretation of St. Matthew's Gospel*, Lutheran Book Concern, Columbus, Ohio, 1932.

Lohmeyer, Ernst., *Das Evangelium des Matthäus*, editado por W. Schmauck, Vandenhoeck und Ruprecht, Göttingen, 1956.

Loisy, A., *Les évangiles synoptiques*, 2 vols., Ceffonds, n.p., 1907.

Luther, Martin, *Works*.

Maier, Gerhard, *Matthäus-Evangelium*, 2 vols., Hänssler, Neuhausen, 1979.

McKenzie, John L., «*The Gospel According to Matthew*», *The Jerome Biblical Commentary*, editado por R.E. Brown, J.A. Fitzmyer y R.E. Murphy, Prentice-Hall, Englewood Cliffs, 1968.

McNeile, Alan Hugh, *The Gospel According to St. Matthew: The Greek Text with Introduction, Notes and Indexes*, Macmillan, Londres, 1915.

Merx, Adalbert, *Das Evangelium Matthäus*, Georg Reimer, Berlín, 1902.

Meyer, Heinrich August Wilhelm, *Critical and Exegetical Commentary on the New Testament*, Parte I, *The Gospel of Matthew*, 2 vols., traducido por W.P. Dickson y W. Stewart, T.&T. Clark, Edinburgo, 1877-79.

Micklem, Philip A., *St. Matthew*, Methuen and Co., Londres, 1917.

Morgan, G. Campbell, *The Gospel According to Matthew*, Revell, Old Tappan, 1929.

Morison, James, *A Practical Commentary on the Gospel According to St. Matthew*, Hodder and Stoughton, 1892.

Plummer, Alfred, *An Exegetical Commentary on the Gospel According to S. Matthew*, Robert Scott, Londres, 1915.

Plumtre. E.H., *The Gospel According to Matthew*, reimpreso, Zondervan, Grand Rapids, 1957.

Ridderbos, H.N., *Het Evangelie naar Mattheus*, Kok, Kampen, 1952.

Rienecker, Fritz, *Das Evangelium des Matthäus*, R. Brockhaus, Wuppertal, 1953.

Robinson, Theodore H., *The Gospel of Matthew*, Hodder and Stoughton, Londres, 1928.

Sabourin, Leopold, *L'Evangile selon Saint Matthiew et ses principaus paralleles*, BIP, Roma, 1978.

Schlatter, Adolf, *Der Evangelist Matthäus: Seine Sprache, sein Ziel, seine Selbständigkeit*, 6ta. ed., Calwer, Stuttgart, 1963.

Schmid, Josef, *Das Evangelium nach Matthäus*, Friedrich Pustet, Regensburg, 1959.

Schniewind, Julius, *Das Evangelium nach Matthäus*, Vandenhoeck und Ruprecht, Göttingen, 1956.

Schweizer, Eduard, *The Good News According to Matthew*, John Knox, Atlanta, 1975.

Smith, B.T.D., *The Gospel According to S. Matthew*, University Press, Cambridge, 1927.

Spurgeon, C.H., *The Gospel of the Kingdom: A Popular Exposition of Matthew*, Passmore and Alabaster, Londres, 1893.

Tasker, R.V.G., *The Gospel According to St. Matthew: An Introduction and Commentary*, IVP, Londres, 1961.

Walvoord, John F., *Matthew: Thy Kingdom Come*, Moody, Chicago, 1974.

Weiss, Bernhard, *Das Matthäus-Evangelium*, Vandenhoeck und Ruprecht, Göttingen, 1898.

Wellhausen, J., *Das Evangelium Matthaei*, Georg Reimer, Berlín, 1904.

Zahn, Theodor, *Das Evangelium des Matthäus*, A. Deichert'sche Buchhandlung, Leipzig, 1903.

b. *Otras obras seleccionadas*

Arens, Eduardo, *The*ℇ*Ηλθον-sayings in the Synoptic Tradition: A Historico-Critical Investigation*, Vandenhoeck und Ruprecht, Göttingen, 1976.

Bacon, Benjamín W., *Studies in Matthew*, Constable, Londres, 1930.

Bammel, E., ed., *The Trial of Jesus*, SCM, Londres, 1970.

Banks, Robert, *Jesus and the Law in the Synoptic Tradition*, University Press, 1975.

Baesley-Murray, G.R., *Baptism in the New Testament*, Macmillan, Londres, 1954.

Benoit, P., *Jesus and the Gospel*, Herder and Herder, Nueva York, 1973.

Berger, K., *Die Gesetzesauslegung Jesu*, Neukirchener Verlag, Neukirchen-Vluyn, 1972.

Best, Ernest, *The Temptation and the Passion: The Markan Soteriology*, University Press, Cambridge, 1965.

——, and Wilson, R. McL, edd., *Text and Interpretation*, University Press, Cambridge, 1979.

Beyer, Klaus, *Semitische Syntax im Neuen Testament*, Vandenhoeck un Ruprecht, Göttingen, 1968.

Black, Matthew, *An Aramic Approach to the Gospels and Acts*, 3ra. ed., Clarendon, Oxford, 1967.

Blair, Edward P., *Jesus in the Gospel of Matthew*, Abingdon, Nueva York, 1960.

Blinzler, Josef, *The Trial of Jesus*, traducido por F. McHugh, Mercier, Cork, 1959.

Bonhoeffer, Dietrich, *The Cost of Discipleship*, 6ta. ed., SCM, Londres, 1959.

Bornhäuser, Karl, *Die Bergpredigt: Versuch einer Zietgenössischen Auslegung*, 2da. ed., C. Bertelsmann, Gütersloh, 1927.

Bornkamm, Günther, *Jesus of Nazareth*, Hodder and Stoughton, Londres, 1960.

——, *Geschichte und Glaube I.*, Chr. Kaiser, München, 1968.

——; Barth, G.; y Held, H.J., *Tradition and Interpretation in Matthew*, traducido por P. Scott, SCM, Londres, 1963.

Boucher, Madeleine, *The Mysterious Parable: A Literary Study*, Catholic Biblical Assoc., Washington, 1977.

Brown, Raymond E., *The Birth of the Messiah: A Commentary on the Infancy Narratives in Matthew and Luke*, Doubleday, Garden City, 1977.

——; Donfried, Karl P.; y Reumann, John, ed, *Peter in the New Testament*, Augsburg, Minneapolis, 1973.

Bultmann, Rudolf, *Theology of the New Testament*, 2 vols., traducido por K. Grobel, SCM, Londres 1952-55.

——, *The History of the Synoptic Tradition*, traducida por J. Marsh., Blackwells, Oxford, 1963.

Burger, Christoph., *Jesus als Davidssohn: Eine traditionsgeschichtliche Untersuchung*, Vandenhoeck und Ruprecht, Göttingen, 1970.

Burton, E. de W., *Syntax of the Moods and Tenses in NT*, T.&T. Clark, Edimburgo, 1894.

Carmignac, Jean, *Recherches sur le «Notre Père»*, Letouzey et Auc, París, 1969.

Carson, D.A., *The Sermon on the Mount*, Baker, Grand Rapids, 1978.

——, *The Farewell Discourse and Final Prayer of Jesus*, Baker, Grand Rapids, 1980.

——, *Divine Sovereignty and Human Responsibility*, John Knox, Atlanta, 1981.

——, ed., *From Sabbath to Lord's Day*, Zondervan, Grand Rapids, 1982.

——, y Woodbridge, J.D., ed., *Scripture and Truth*, Zondervan, Grand Rapids, 1983.

Casey, Maurice, *Son of Man—The Interpretation and Influence of Daniel*, SPCK, Londres, 1980.

Catchpole, David R., *The Trial of Jesus: A Study in the Gospels and Jewish Historiography From 1770 to the Present Day*, Brill, Leiden, 1971.

Chilton, Bruce D., *God in Strength: Jesus Announcement of the Kingdom*, F. Plöchl, Freistadt, 1977.

Cohn, Haim, *The Trial and Death of Jesus*, Ktav, Nueva York, 1977.

Cope, O. Lamar, *Matthew: A Scribe Trained for the Kingdom of Heaven*, Catholic Biblical Assoc., Washington, 1976.

Cranfield, C.E.B., *The Gospel According to St. Mark*, University Press, Cambridge, 1972.

Cullmann, O., *The Christology of the New Testament*, traducido por Shirley C. Guthrie y Charles A.M. Hall, 2da. ed., Westminster, Filadelfia, 1963.

Dahl, N.A., *Jesus in the Memory of the Early Church*, Augsburg, Minneapolis, 1976.

Dalman. A., *Jesus-Jeshua: Studies in the Gospels*, SPCK, Londres, 1929.

Daube, David, *The New Testament and Rabbinic Judaism*, Athlone, Londres, 1956.

Davies, W.D., *The Setting of the Sermon on the Mount*, University Press, Cambridge, 1963.

Derrett, J.D.M., *Law in the New Testament*, DLT, Londres, 1970.

——, *Studies in the New Testament*, 2 vols, Brill, Leiden, 1977-78.

Didier, M., ed., *L'Evangile selon Matthieu: Rédaction et Théologie*, Duculot, Gembloux, 1972.

Dodd, C.H., *The Parables of the Kingdom*, Nisbet, Londres, 1936.

Doeve, J.W., *Jewish Hermeneutics in the Synoptic Gospels and Acts*, Van Gorcum, Assen, 1954.

Douglas, J.D., ed., *Illustrated Bible Dictionary*, 3 vols., edición revisada, editado por N. Hillyer, Tyndale, Wheaton, 1980.

Dunn, J.D.G., *Jesus and the Spirit: A Study of the Religious and Charismatic Experience of Jesus and the First Christians as Reflected in the New Testament*, SCM, Londres, 1975.

——, *Christology in the Making: An Inquiry into the Origins of the Doctrine of the Incarnation*, SCM, Londres, 1980.

Dupont, Jacques, *Mariage et divorce dans l'évangile, Matthieu 19,3-12 et paralleles*, Descleé de Brouwer, Brujas, 1959.

Elliott, J.K., ed., *Studies in New Testament Language and Text*, SuppNovTest44, Brill, Leiden, 1976.

Ellis, E., Earle, y Wilcox, Max, ed., *Neotestamentica et Semitica*, T.&T. Clark, Edimburgo, 1969.

——, y Grässer, E., ed., *Jesus und Paulus*, Vendenhoeck und Ruprecht, Göttingen, 1975.

Fischer, David, *Historians' Fallacies: Toward a Logic of Historical Thought*, Harper and Row, Nueva York, 1970.

Fitzmyer, Joseph A., *Essays on the Semitic Background of the New Testament*, Goeffrey Chapman, Londres, 1971.

——, *A Wandering Aramaen: Collected Aramaic Essays*, Scholars, Missoula, 1978.

Flender, Helmut, *Die Botschaft Jesu von der Herrschaft Gottes*, Chr. Kaiser, Muenchen, 1968.

France, R.T., *Jesus and the Old Testament: His Application of Old Testament Passages to Himself and His Mission*, Tyndale, Londres, 1971.

——, and Wenham, D., ed., *Gospel Perspectives*, 2 vols., JSOT, Sheffield, 1980-81.

Frankemölle, Hubert, *Jahwebund und Kirche Christi: Studien zur Form- und Traditionsgeschichte des «Evangeliums» nach Matthäus*, Aschendorf, Münster, 1974.

Garland, David E., *The Intention of Matthew 23*, Brill, Leiden, 1979.

Gaston, Lloyd, *No Stone on Another: Studies in the Significance of the Fall of Jerusalem in the Synoptic Gospels*, Brill, Leiden, 1970.

Gerhardsson, Birgir, *The Mighty Acts of Jesus According to Matthew*, C.W.K. Gleerup, Lund, 1979.

Gnilka, J., ed., *Neues Testament und Kirche*, Herder, Freiburg, 1974.

Goppelt, Leonhard, *Theologie des Neuen Testaments*, editado por Jürgen Roloff, Vandenhoeck und Ruprecht, Göttingen, 1976.

Goulder, M.D., *Midrash and Lection in Matthew*, SPCK, Londres, 1974.

Gundry, Robert H., *The Use of the Old Testament in St. Matthew's Gospel, with Special Reference to the Messianic Hope*, Brill, Leiden, 1975

Guthrie, Donald, *New Testament Theology*, Ill: IVP, Downers Grove, 1981.

Hare, Douglas R.A., *The Theme of Jewish Persecution of Christians in the Gospel According to St. Matthew*, University Press, Cambridge, 1967.

Haubeck, W., y Bachmann, M., ed., *Wort in der Zeit*, Brill, Leiden, 1980.

Hawthorne, G.F., ed., *Current Issues in Biblical and Patristic Interpretation*, Eerdmans, Grand Rapids, 1975.

Hennecke, E., *New Testament Apocrypha*, Lutterworth, Londres, 1965.

Hengstenberg, E.W., *Christology of the Old Testament*, reimpreso, 2 vols., McDonald, Florida, s.f.

Hill, David, *Greek Words With Hebrew Meanings*, University Press, Cambridge, 1967.

Hoehner, Harold W., *Herod Antipas*, University Press, Cambridge, 1972.

——, *Chronological Aspects of the Life of Christ*, Zondervan, Grand Rapids, 1977.

Hoekema, A.A., *The Bible and the Future*, Eerdmans, Grand Rapids, 1979.

Hoffmann, Paul et. al, ed., *Orientierung an Jesus*, Herder, Freiburg, 1973.

Hooker, Morna D., *Jesus and the Servant*, SPCK, Londres, 1959.

——, *The Son of Man in Mark*, SPCK, Londres, 1967.

Hull, John M., *Hellenistic Magic and the Synoptic Tradition*, SCM, Londres, 1974.

Hummel, Reinhardt, *Die Auseinandersetzung zwischen Kirche und Judentum im Matthäusevangelium*, Chr. Kaiser, München, 1966.

Isaksson, A., *Marriage and Ministry in the New Testament*, C.W.K. Gleerup, Lund, 1965.

Jeremías, J., *Jesus' Promise to the Nations*, traducido por John Bowden, SCM, Londres, 1958.

——, *Jerusalem in the Time of Jesus*, traducido por F.H. y C.H. Cave, SCM, Londres, 1962.

——, *The Parables of Jesus*, traducido por S.H. Hooke, SCM, Londres, 1963.

———, *The Eucharistic Words of Jesus*, traducido por N. Perrin, 3ra. ed., SCM, Londres, 1966.

———, *The Prayers of Jesus*, traducido por John Bowden y Christoph Burchard, SCM, Londres, 1967.

———, *New Testament Theology*, Parte I. *The Proclamation of Jesus*, traducido por John Bowden, SCM, Londres, 1971.

———, y Zimmerli, W., *The Servant of the Lord*, SCM, Londres, 1965.

Johnson, Marshall D., *The Purpose of the Biblical Genealogies*, University Press, Cambridge, 1969.

Kilpatrick, G.D., *The Origins of the Gospel According to St. Matthew*, Clarendon, Oxford, 1946.

Kingsbury, Jack Dean, *The Parables of Jesus in Matthew 13: A Study in Redaction-Criticism*, SPCK, Londres, 1969.

———, *Matthew: Structure, Christology, Kingdom*, Fortress, Filadelfia, 1975.

Kistemaker, Simon J., *The Parables of Jesus*, Baker, Grand Rapids, 1980.

Kümmel, W.G., *Jesus' Promise to the Nations*, traducido por S.H. Hooke, SCM, Londres, 1958.

———, *Introduction to the New Testament*, traducido por Howard Clark Kee, Abingdom, Nashville, 1975.

Ladd, G.E., *The Presence of the Future: The Eschatology of Biblical Realism*, Eerdmans, Grand Rapids, 1974.

———, *A Theology of the New Testament*, Eerdmans, Grand Rapids, 1974.

Lane, William L., *The Gospel According to Mark*, Eerdmans, Grand Rapids, 1974.

Lindars, Barnabas, *New Testament Apologetic*, SCM, Londres, 1961.

Livingstone, E.A., ed., *Studia Biblica 1978*, 2 vols., JSOT, Sheffield, 1980.

Longenecker, Richard N., *The Christology of Early Jewish Christianity*, SCM, Londres, 1970.

———, *Biblical Exegesis in the Apostolic Period*, Eerdmans, Grand Rapids, 1975.

———, y Tenney, Merrill C., ed., *New Dimensions in New Testament Study*, Zondervan, Grand Rapids, 1974.

Machen, J. Gresham, *The Virgin Birth of Christ*, Harper and Row, Nueva York, 1930.

Manson, T.W., *The Sayings of Jesus*, SCM, Londres, 1949.

Marshall, I. Howard, *The Gospel of Luke: A Commentary on the Greek Text*, Eerdmans, Grand Rapids, 1978.

———, *Last Supper and Lord's Supper*, Paternoster, Exeter, 1980.

———, ed., *New Testament Interpretation*, Paternoster, Exeter, 1977.

McConnell, Richard S., *Law and Prophecy in Matthew's Gospel*, Friedrich Reinhardt, Basel, 1969.

McHugh, John, *The Mother of Jesus in the New Testament*, Doubleday, Garden City, 1975.

McKay, J.R., y Miller, J.F., ed., *Biblical Studies*, Collins, Londres, 1976.

Meier, John P., *Law and History in Matthew's Gospel: A Redactional Study of Mt. 5:17-48*, BIP, Roma, 1976.

———, *The Vision of Matthew: Christ, Church, and Morality in the First Gospel*, Paulist, Nueva York, 1979.

Metzger, Bruce M., *A Textual Commentary on the Greek New Testament*, SBU, Londres, 1971.

———, *New Testament Studies: Philological Versional, and Patristic*, Brill, Leiden, 1980.

Meyer, Ben F., *The Aims of Jesus*, SCM, Londres, 1979.

Moore, G.F., *Judaism in the First Centuries of the Christian*, 3 vols., Harvard University Press, Cambridge, 1927-30.

Morris, Leon, *The Apostolic Preaching of the Cross*, Eerdmans, Grand Rapids, 1955.

——, *The Gospel According to John*, Eerdmans, Grand Rapids, 1971.

Moule, C.F.D., *An Idiom Book of New Testament Greek*, Cambridge University Press, Londres, 1959.

——, *The Birth of the New Testament*, A. and C. Black, Londres, 1962.

——, *The Origin of Christology*, University Press, Cambridge, 1977.

Moulton, James Hope, *A Grammar of New Testament Greek*, vol. 1, *Prolegomena*, T.&T. Clark, Edimburgo, 1908.

——, vol. 2., *Accidence and Word Formation*, editado por W.F. Howard, T.&T. Clark, Edimburgo, 1920.

Nineham, D.E., ed., *Studies in the Gospels*, Blackwell, Oxford, 1955.

Nolan, Brian M., *The Royal Son of God: The Christology of Matthew 1-2 in the Setting of the Gospel*, Vandenhoeck y Ruprecht, Göttingen, 1979.

Parrot, Andre, *Golgotha and the Church of the Holy Sepulcher*, traducido por E. Hudson, SCM, Londres, 1957.

Piper, John, *Love Your Enemies*, University Press, Cambridge, 1979.

Przybylski, Benno, *Righteousness in Matthew and His World of Thought*, University Press, Cambridge, 1980.

Ridderbos, Herman, *The Coming of the Kingdom*, traducido por R. Zorn, Presbyterian and Reformed, Filadelfia, 1962.

Riesenfeld, H., *The Gospel Tradition*, Fortress, Filadelfia, 1970.

Robertson, A.T., *Word Pictures in the New Testament*, 6 vols., Harper & Brothers, Nueva York, 1930.

Robinson, John A.T., *Twelve New Testament*, SCM, Londres, 1962.

Rothfuchs, Wilhelm, *Die Erfuellungszitate des Matthäus-Evangeliums*, W. Kohlhammer, Stuttgart, 1969.

Sand Alexander, *Das Gesetz und die Propheten: Untersuchungen zur Theologie des Evangeliums nach Matthäus*, Friedrich Pustet, Regensburg, 1976.

Schottroff, Luise et. al., *Essays on the Love Commandment*, Fortress, Filadelfia, 1978.

Schweitzer, Albert, *The Quest of the Historical Jesus*, 2da. ed., traducido por W. Montgomery, A. and C. Black, Londres, 1911.

Senior, Donald, *The Passion Narrative According to Matthew: A Redactional Study*, Leuven University Press, Leuven, 1975.

Sherwin-White, A.N., *Roman Society and Roman Law in the New Testament*, Clarendon, Oxford, 1963.

Soarés, Prabhu, Goerge, M., *The Formula Quotations in the Infancy Narrative of Matthew*, BIP, Roma, 1976.

Stanton, Graham N., *Jesus of Nazareth in New Testament Preaching*, University Press, Cambridge, 1974.

Stendahl, Krister, *The School of St. Matthew and Its Use of the Old Testament*, 2da. ed., C.W.K. Gleerup, Lund, s.f.

Stier, Rudolf, *The Words of the Lord Jesus*, vol.1., traducido por W.B. Pope, T.&T. Clark, Edimburgo, 1874.

Stonehouse, Ned B., *The Witness of Matthew and Mark to Christ*, Eerdmans, Grand Rapids, 1944.

——, *Origins of the Synoptic Gospels: Some Basic Questions*, Eerdmans, Grand Rapids, 1963.

Stott, John R.W., *Christian Counter-culture*, IVP, Downers Grove, 1978.

Strecker, Georg., *Der Weg der Gerechtigkeit*, Vandenhoeck und Ruprecht, Göttingen, 1962.

——, ed., *Jesus Christus in Historie und Theologie*, J.C.B. Mohr, Tübingen, 1975.

Suggs, M. Jack, *Wisdom, Christology, and Law in Matthew's Gospel*, Harvard University Press, Cambridge, 1970.

Taylor, Vincent, *The Gospel According to St. Mark*, 2da. ed., Macmillan, Londres, 1966.

Thompson, William G., *Matthew's Advice to a Divided Community: Mt. 17:22—18:35*, BIP, Roma, 1970.

Thrall, Margaret E., *Greek Particles in the New Testament*, Brill, Leiden, 1962.

Trench, R.C., *Studies in the Gospels*, Macmillan, Londres, 1878.

Trilling, Wolfgang, *Das wahre Israel: Studien zur Theologie des Matthäus-Evangeliums*, Kösel, München, 1964.

Turner, Nigel, *Syntax*, vol. 3 of J.H. Moulton, *A Grammar of New Testament Greek*, T.&T. Clark, Edinburgo, 1963.

——, *Grammatical Insights Into the New Testament*, T.&T. Clark, Edinburgo, 1965.

——, *Christian Words*, T.&T. Clark, Edimburgo, 1980.

Urbach, E.E., *The Sages: Their Concepts and Beliefs*, 2 vols., traducido por I. Abrahams, Magnes, Jerusalén, 1975.

Van der Loos, H., *The Miracles of Jesus*, Brill, Leiden, 1965.

Van Tilborg, Sjef, *The Jewish Leaders in Matthew*, Brill, Leiden, 1972.

Walker, Rolf, *Die Heilsgeschichte im ersten Evangelium*, Vandenhoeck und Ruprecht, Göttingen, 1967.

Warfield, Benjamin B., *Selected Shorter Writings*, 2 vols., ed. por John E. Meeter, Nutley, Presbyterian and Reformed, N.J., 1970.

Westerholm, Stephen, *Jesus and Scribal Authority*, C.W.K. Gleerup, Lund, 1978.

Winter, Paul, *On the Trial of Jesus*, 2da. ed., de Gruyter, Berlín, 1974.

Zerwick, M., *Biblical Greek*, Scripta Pontifieii Instituti Bibliei, Roma, 1963.

Zumstein, Jean, *La condition du croyant dans l'Evangile selon Matthieu*, Vandenhoeck und Ruprecht, Göttingen, 1977.

c. *Artículos seleccionados*

Berger, Klaus, «Die königlichen Messiastraditionen des Neuen Testaments», NTS 20,1974, 1-44.

Blaising, Craig A., «Gethsemane: A Prayer of Faith», JETS 22, 1979, 333-43.

Brower, Kent, «Mark 9:1 Seeing the Kingdom in Power», *Journal for the Study of the New Testament* 6, 1980, 17-41.

Carson, D.A., «Historical Tradition in the Fourth Gospel—After Dodd, What?», France and Wenham, 2, 83-145.

——, «Jesus and the Sabbath in the Four Gospels», Id., *Sabbath*.

——, «Jewish Leaders in Matthew's Gospel: A Reappraisal», JETS 25, 1982, 161-74.

——, «Christological Ambiguities in the Gospel of Matthew», *Christ the Lord: Studies in Christology Presented to Donald Guthrie*, ed. por Harold Rowdon, Ill.: IVP., Downers Grove, 1982, pp. 97-114.

——, «Redaction Criticism: On the Legitimacy and Illegitimacy of a Literary Tool», Carson and Woodbridge.

——, «The ὅμοιος Word-Group as Introduction to Some Mattheau Parables», NTS, en prensa.

Dodd, C.H. «New Testament Translation Problems I», *Bible Translator* 27, 1976, 301-11.

Dupont, J., «Le Point de vue de Matthieu dans le chapitre des paraboles», Didier, pp. 221-59.

Ellis, E.E., «New Directions in Form Criticism», Strecker, *Jesus Christus*, pp. 299-315.

Fee, G.D., «Modern Text Criticism and the Synoptic Problem», *J.J. Griesbach: Synoptic and Text-critical Studies 1776-1976*, ed. por Bernard Orchard y Thomas R.W. Longstaff, University Press, Cambridge, 1978, pp. 154-69.

Fenton, J.C. «Matthew and the Divinity of Jesus: Three Questions Concerning Matthew 1:20-23», Livingston, 2, 79-82.

France, R.T., «The Servant of the Lord in the Teaching of Jesus», *Tyndale Bulletin 19*, 1966, 26-52.

——, «God and Mammon», EQ 51, 1979, 3-21.

——, «Exegesis in Practice: Two Samples», Marshall, *New Testament Interpretation*, pp. 252-81.

——, «The Formula Quotations of Matthew 2 and the Problem of Communications», NTS 27, 1980-81, 233-51.

——, «Scripture, Tradition and History in the Infancy Narratives of Matthew», France y Wenham, 2, 239-66.

Gooding, D.W., «Structure littéraire de Matthieu, XIII, 53 à XVIII, 35». RB 85, 1978, 227-52.

Hartman, L., «Scriptural Exegesis in the Gospel of St. Matthew and the Problem of Communication», Didier, pp. 131-52.

Heil, John Paul, «Significant Aspects of the Healing Miracles in Matthew», CBQ 41, 1979, 274-87.

Hill, David, «Son and Servant: An essay on Matthean Christology», *Journal of Studies of the New Testament 6*, 1980, 2-16.

Huffmann. Normal A., «Atypical Features in the Parables of Jesus», JBL 97, 1978, 207-20.

Kaiser, W.C., «The Weightier and Lighter Matters of the Law», Hawthorne, pp. 176-92.

Lachs, S.T., «Some Textual Observations on the Sermon on the Mount», JQR 69, 1978, 98-111.

Liefeld, Walter L., «Theological Motifs in the Transfiguration Narrative», Longenecker and Tenney, pp. 162-79.

Neil, Willam, «Five Hard Sayings of Jesus», McKay and Miller, pp. 157-71.

O'Brien. P.T., «The Great Commission of Matthew 28.18-20», *Evangelical Review of Theology 2*, 1978, 254-67.

Ogawa, Akira, «Paraboles de l'Israel véritable? Réconsidération critique de Mt. xxi. 28-xxii, 14», NovTest 21, 1979, 121-49.

Pamment, Margaret, «The Kingdom of Heaven According to the First Gospel», NTS 27, 1980-81, 211-32.

Payne, Philip Barton, «The Authenticity of the Parable of the Sower and Its Interpretations», France and Wenham, 2, 163-207.

Reicke, Bo. «Synoptic Prophecies on the Destruction of Jerusalem», *Studies in New Testament and Early Christian Literature*, ed. por D.E. Aune, Brill, Leiden, 1972, pp. 121-34.

Slingerland, H. Dixon, «The Transjordanian Origin of St. Matthew's Gospel», *Journal of the Study of the New Testament 3*, 1979, 18-28.

Stanton, Graham N., «The Origin and Purpose of Matthew's Gospel: Matthean Scholarship From 1945 to 1980», *Aufstieg und Niedergang der römischen Welt*, de Gruyter, Berlín y Nueva York, 1982, 2, 25/2.

Wenham, David, «The Synoptic Problem Revisited: Some New Suggestions About the Composition of Mark 4.1-34», *Tyndale Bulletin 23*, 1972, 3-38.

——, «The Resurrection Narratives in Matthew's Gospel», *Tyndale Bulletin 24*, 1973, 21-54.

——, «The Interpretation of the Parable of the Sower», NTS 20, 1974, 299-319.

——, «The 'Q' Tradition Behind Matthew X», NTS, en prensa.

d. *Material inédito*

Blomberg, Craig, «The Tendencies of the Tradition in the Parables of the Gospel of Thomas», Master's thesis, Trinity Evangelical Divinity School, 1979.

——, «Tradition-History in the Parables Peculiar to Luke's Central Section», Universidad de Aberdeen, tesis de doctorado, 1982.

Hulton, D. «The Resurrection of the Holy Ones (Matthew 27.51b-53), A Study of the Theology of the Matthean Passion Narrative», Estudio teológico de la narrativa pasional mateana), Universidad de Harvard, tesis de doctorado, 1970.

Martin, Brice L., «Matthew and Paul on Christ and the Law: Compatible or Incompatible Theologies?», Universidad McMaster, tesis de doctorado, 1976.

Moo, Douglas J., «The Use of the Old Testament in the Passion Texts of the Gospels», Universidad de San Andrews, tesis de doctorado, 1979.

——, «Jesus Christ's Ethical Use of the Old Testament», próxima aparición en JSNT.

Sigal, Phillip, «The Halakah of Jesus of Nazareth according to the Gospel of Matthew», Universidad de Pittsburg, tesis de doctorado, 1979.

Trotter, Andrew H., «Understanding and Stumbling: A Study of the Disciples' Understanding of Jesus and His Teaching in the Gospel of Matthew», Universidad de Cambridge, tesis de doctorado, s.f.

14. Estructura y bosquejo

Mateo fue un hábil artífice literario y entregó estructura, forma y ritmo a su evangelio. Dos de sus mayores quiasmos se indican en el bosquejo siguiente. Sin embargo, la estructura del Evangelio como un todo aún está en discusión. Con pocas variaciones existen tres opiniones importantes.

Primera, algunos (e.g., McNeile) han detectado un esquema geográfico. Mateo 1:1—2:23 es el prólogo; 3:1—4:11 es la preparación de Jesús para el ministerio; 4:12—13:58 ubica a Jesús en Galilea; 14:1—20:34 lo describe alrededor de Galilea y dirigiéndose a Jerusalén; y 21:1—28:20 lo ubica en Jerusalén. Las divisiones no son ni precisas ni útiles, puesto que el resultado no nos dice nada respecto a los propósitos de Mateo.

Segunda, Kingsbury (*Structure*), tomando una insinuación de Lohmeyer (*Matthaus*) y Stonehouse (*Witness of Matthews*, pp. 129-31), abogan por tres secciones. La primera la titula «La persona de Jesús el Mesías» (1:1—4:16), la segunda «La proclamación de Jesús el Mesías» (16:21—28:20). Inmediatamente después de ambas transiciones viene la frase *apo tote* (de ahí en adelante). Kingsbury recalca además que cada una de las dos últimas secciones contienen tres pasajes de «resumen», 4:23-25; 9:35; 11:1 y 16:21; 17:22-23; 20:17-19 respectivamente;[83] y sugiere que este bosquejo hace justicia a la centralidad de la cristología de Mateo.

Aunque este bosquejo ha ganado adeptos, posee serias debilidades. No está del todo claro que *apo tote* sea muy importante para Mateo en su forma de redactar; él también lo utiliza en 26:18 sin ninguna sugerencia de una transición en su bosquejo. Se podría abogar que en la tercera sección existen cuatro resúmenes de la pasión, no tres (añada 26:2). El bosquejo de Kingsbury no solo descompone el pasaje principal de Pedro de manera inaceptable (cf. comentarios a 16:13-16), sino que en ambas transiciones Mateo pudo haber estado más influenciado por el orden de Marcos que por consideraciones «estructurales». La debilidad más importante, sin embargo, son los temas rebuscados de los encabezamientos. La persona de Jesús (sección uno), continúa siendo un punto focal en las secciones dos y tres (e.g. 16:13-16; 22:41-46). ¿Por qué debe la proclamación de Jesús restringirse a la sección dos cuando dos de los discursos (caps. 18; 24—25) y varios intercambios importantes (caps. 21—23) aguardan que la tercera sección no es clara? El último encabezamiento «Sufrimiento, muerte y resurrección de Jesús el Mesías», aunque resume de modo preciso el tema progresivamente dominante de 16:21—28:20, parece una designación inadecuada de mucho en esos capítulos (e.g., la mayoría de 18; 21—25).

La tercera opinión hace que el libro se centre en los cinco discursos principales (ver bosquejo siguiente). Cada uno empieza poniendo a Jesús en un contexto específico, y termina con una fórmula que no se encuentra en ningún otro sitio del evangelio (vea comentario a 7:28-29) y el pasaje de transición con vínculos que

---

[83] Una ligera modificación de este plan la ha presentado Tommy B. Salater, «Notes on Matthew's Structure», JBL, 99, 1980, 436.

señalan hacia delante y hacia atrás. Bacon[84] opinaba que los cinco discursos corresponden a los cinco libros del Pentateuco; pero existe poco a favor de este refinamiento (cf. Gundry, *Matthew*), puesto que la tipología de Moisés es muy débil en este evangelio, así como mínimo los vínculos entre los cinco discursos y los cinco libros de Moisés.

Se deben aclarar dos dificultades que frecuentemente surgen.

1. ¿Por qué restringirse a *cinco* discursos cuando el capítulo 11 podría caer dentro de esa categoría? Esta objeción no hace mella. El discurso narrativo de cinco secuencias no supone que no se representa a Jesús hablando en las secciones narrativas. Quizá lo hace, y hasta de manera más exhaustiva (ver también cap. 21). El punto es que los cinco discursos están tan bien definidos que es difícil creer eso. Mateo no los planeó así.

2. ¿No relega esto la narración del nacimiento (caps. 1—2) y de la pasión y resurrección (caps. 26—28) a un tipo de posición secundaria fuera del bosquejo central? Existe poca dificultad en ver los capítulos 1—2 como un prólogo que anticipa el inicio del Evangelio, una apertura formal común a todos los evangelios canónicos (vea comentario a 1:1). Pero por cierto Mateo 26—28 no debe descartarse como un epílogo; se trata en gran manera del punto hacia el cual el evangelio se mueve. Por otro lado, Mateo 26—28 no constituye una «conclusión» ordinaria, puesto que los versículos finales a propósito permiten una respuesta espontánea y son previsivos. Parece mejor tomar 26:5—28:20 como una excepcional sexta sección narrativa con la correspondiente sección de enseñanza puesta sobre los hombros de los discípulos (28:18-20).

Sin embargo, ningún bosquejo se debe tomar muy en serio. Los evangelios usan bocetos. Son bocetos organizados, sin duda, pero son bocetos. El siguiente bosquejo organiza el Evangelio de Mateo y refleja alguna estructura demostrable. Esa estructura es, sin embargo, una guía para sus contenidos, no una explicación comprensiva.

I. Prólogo: Origen y nacimiento de Jesucristo (1:1—2:23)
    A. Genealogía de Jesús (1:1-17)
    B. Nacimiento de Jesucristo (1:18-25)
    C. Visita de los sabios (2:1-12)
    D. Huida a Egipto (2:13-15)
    E. Masacre de los niños de Belén (2:16-18)
    F. Regreso a Nazaret (2:19-23)

II. Evangelio del Reino (3:1—7:29)
    A. Narración (3:1—4:25)
      1. Pasos básicos (3:1—4:11)
        a. Ministerio de Juan el Bautista (3:1-12)
        b. Bautismo de Jesús (3:13-17)
        c. Tentación de Jesús (4:1-11)

---

[84] B.W. Bacon, «The "Five Books" of Moses Against the Jews», Exp. 15, 1918, 56-66. La idea por tanto se desarrolla en detalle en sus *Studies in Matthew*.

2. Ministerio inicial de Jesús en Galilea (4:12-25)
   a. Comienzo (4:12-17)
   b. Llamamiento de los primeros discípulos (4:18-22)
   c. Expansión de las nuevas del Reino (4:23-25)
B. Primer discurso: El Sermón del Monte (5:1—7:29)
  1. Ambiente (5:1-2)
  2. El Reino de los Cielos: normas y testimonio (5:3-16)
   a. Normas del Reino (5:3-12)
    1) Las Bienaventuranzas (5:3-10)
    2) Expansión (5:11-12)
   b. Testimonio del Reino (5:13-16)
    1) Sal (5:13)
    2) Luz (5:14-16)
  3. El Reino de los Cielos: Sus demandas con relación al AT (5:17-48)
   a. Jesús y el Reino como cumplimiento del AT (5:17-20)
   b. Aplicación: antítesis (5:21-48)
    1) Enojo y reconciliación (5:21-26)
    2) Adulterio y pureza (5:27-30)
    3) Divorcio y nuevo matrimonio (5:31-32)
    4) Juramentos y veracidad (5:33-37)
    5) Perjuicio personal y sacrificio (5:38-42)
    6) Odio y amor (5:43-47)
   c. Conclusión: Demanda de perfección (5:48)
  4. Hipocresía religiosa: Descripción y derrocamiento (6:1-18)
   a. El principio (6:1)
   b. Tres ejemplos (6:2-18)
    1) Limosna (6:2-4)
    2) Oración (6:5-15)
     a) Oración ostentosa (6:5-6)
     b) Oración repetitiva (6:7-8)
     c) Modelo de oración (6:9-13)
     d) Perdón y oración (6:14-15)
    3) Ayuno (6:16-18)
  5. Perspectivas del Reino (6:19:34)
   a. Metáforas por lealtad inquebrantable a los valores del Reino (6:19-24)
    1) Tesoro (6:19-21)
    2) Luz (6:22-23)
    3) Esclavitud (6:24)
   b. Confianza inflexible (6:25-34)
    1) Principio (6:25)
    2) Ejemplos (6:26-30)
     a) Vida y alimento (6:26-27)
     b) Cuerpo y vestido (6:28-30)

B. Segundo discurso: Misión y martirio (10:5—11:1)
  1. Ambiente (10:5a)
  2. La comisión (10:5b-16)
  3. Advertencias de sufrimientos futuros (10:17-25)
    a. El Espíritu que ayuda (10:17-20)
    b. Resistencia (10:21-23)
    c. Inspiración (10:24.25)
  4. Exhortación a no temer (10:26-31)
    a. Surgimiento de la verdad (10:26-27)
    b. La muerte no es el fin (10:28)
    c. Providencia continua (10:29-31)
  5. Características del discipulado (10:32-39)
    a. Reconocimiento de Jesús (10:32-33)
    b. Admisión del evangelio (10:34-36)
    c. Preferencia por Jesús (10:37-39)
  6. Incentivo: respuesta hacia los discípulos y hacia Jesús (10:40-42)
  7. Conclusión transformadora: expansión del ministerio (11:1)

IV. Enseñanza y predicación del evangelio del Reino: Surge oposición (11:2—13:53)
  A. Narración (11:2—12:50)
    1. Jesús y Juan el Bautista (11:2-19)
      a. Pregunta de Juan y respuesta de Jesús (11:2-6)
      b. Testimonio de Jesús para Juan (11:7-19)
        1) Juan en la historia de redención (11:7-15)
        2) Generación insatisfecha (11:16-19)
    2. Los condenados y los aceptados (11:20-30)
      a. Los condenados: males sobre ciudades que no se arrepienten (11:20-24)
      b. Los aceptados (11:25-30)
        1) Por revelación del Padre (11:25-26)
        2) Por acción del Hijo (11:27)
        3) Por gentil invitación del Hijo (11:28-30)
    3. Conflictos del sábado (12:1-14)
      a. Espigas de trigo arrancadas (12:1-8)
      b. Sanidad de un hombre con la mano paralizada (12:9-14)
    4. Jesús como el siervo profetizado (12:15-21)
    5. Enfrentamiento con los fariseos (12:22-37)
      a. Posición y acusación (12:22-24)
      b. Respuesta de Jesús (12:25-37)
        1) Reino dividido (12:25-28)
        2) El hombre fuerte de la casa (12:29)
        3) Blasfemia contra el Espíritu (12:30-32)
        4) Naturaleza y fruto (12:33-37)

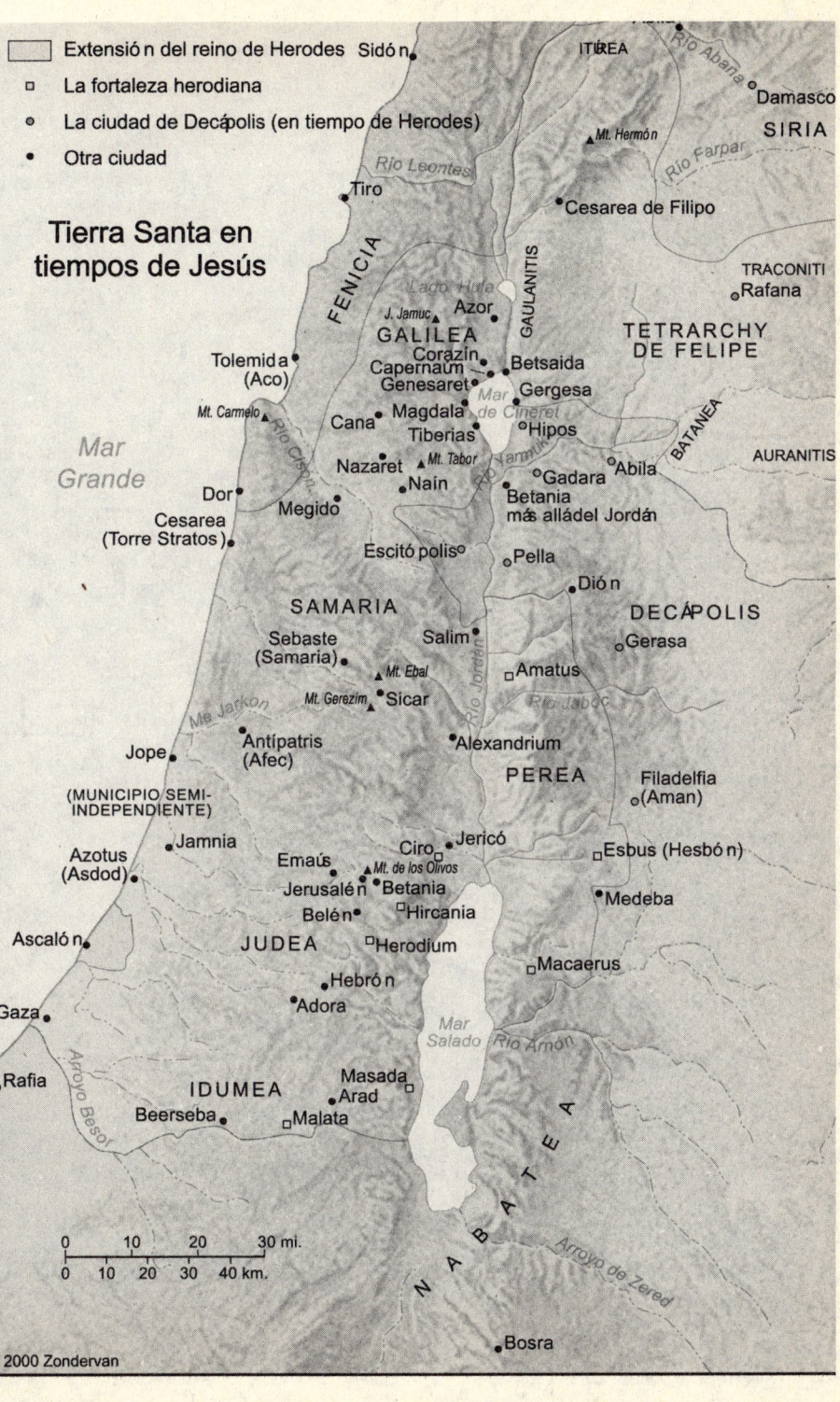

Tierra Santa en tiempos de Jesús

Extensión del reino de Herodes
□ La fortaleza herodiana
○ La ciudad de Decápolis (en tiempo de Herodes)
• Otra ciudad

Mar Grande

Sidón
Damasco
SIRIA
ITUREA
Río Abana
Mt. Hermón
Río Farpar
Cesarea de Filipo
Río Leontes
Tiro
TRACONITI
Rafana
Lago Hule
TETRARCHY DE FELIPE
Azor
J. Jamuc
GALILEA
Corazín
Capernaum
Genesaret
Betsaida
Gergesa
Mar de Cineret
GAULANITIS
Tolemida (Aco)
Mt. Carmelo
Cana
Magdala
Tiberias
Hipos
BATANEA
AURANITIS
Río Cisón
Nazaret
Mt. Tabor
Nain
Gadara
Abila
Betania más allá del Jordán
Dor
Megido
Cesarea (Torre Stratos)
Escitópolis
Pella
Dión
Río Jordán
SAMARIA
Salim
DECÁPOLIS
Gerasa
Sebaste (Samaria)
Mt. Ebal
Amatus
Río Jabóc
Mt. Gerezim
Sicar
Me Jarkon
Antípatris (Afec)
Alexandrium
PEREA
Filadelfia (Aman)
Jope
(MUNICIPIO SEMI-INDEPENDIENTE)
Jamnia
Ciro
Jericó
Esbus (Hesbón)
Azotus (Asdod)
Emaús
Mt. de los Olivos
Jerusalén
Betania
Medeba
Belén
Hircania
Ascalón
JUDEA
Herodium
Macaerus
Hebrón
Adora
Gaza
Mar Salado
Río Arnón
Rafia
Arroyo Besor
IDUMEA
Masada
Arad
Beerseba
Malata
N A B A T E A
Arroyo de Zered

0   10   20   30 mi.
0   10   20   30   40 km.

Bosra

© 2000 Zondervan

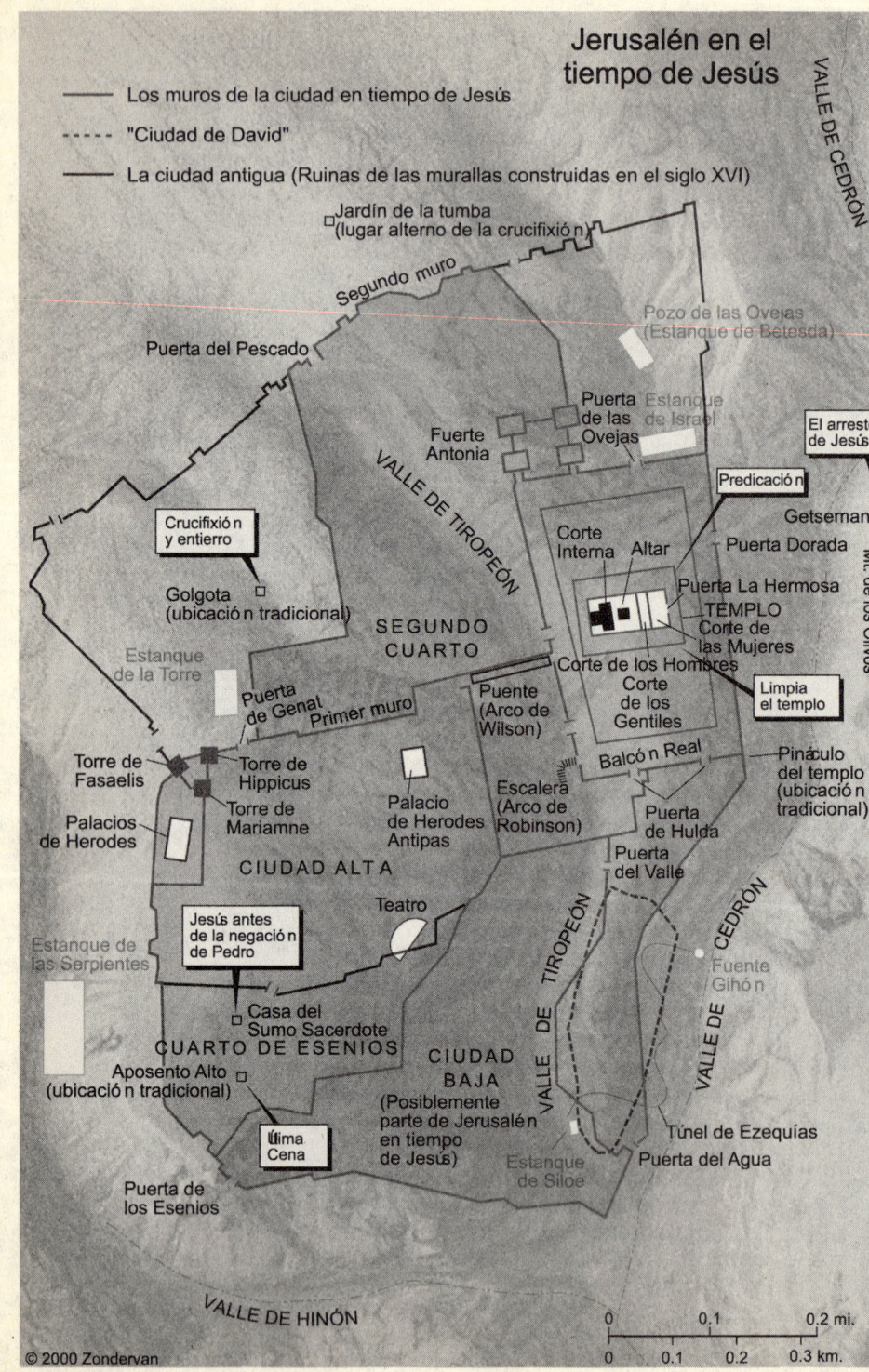

Jerusalén en el tiempo de Jesús

—— Los muros de la ciudad en tiempo de Jesús

- - - - "Ciudad de David"

—— La ciudad antigua (Ruinas de las murallas construidas en el siglo XVI)

VALLE DE CEDRÓN

Jardín de la tumba
(lugar alterno de la crucifixión)

Segundo muro

Pozo de las Ovejas
(Estanque de Betesda)

Puerta del Pescado

Fuerte Antonia

Puerta de las Ovejas

Estanque de Israel

El arresto de Jesús

VALLE DE TIROPEÓN

Predicación

Getseman

Puerta Dorada

MIL DE LOS OLIVOS

Crucifixión y entierro

Corte Interna

Altar

Puerta La Hermosa

Golgota
(ubicación tradicional)

Estanque de la Torre

SEGUNDO CUARTO

TEMPLO
Corte de las Mujeres

Corte de los Hombres

Limpia el templo

Puerta de Genat

Primer muro

Puente
(Arco de Wilson)

Corte de los Gentiles

Torre de Fasaelis

Torre de Hippicus

Torre de Mariamne

Palacio de Herodes Antipas

Escalera
(Arco de Robinson)

Balcón Real

Puerta de Hulda

Pináculo del templo
(ubicación tradicional)

Palacios de Herodes

CIUDAD ALTA

Teatro

Puerta del Valle

VALLE DE TIROPEÓN

VALLE DE CEDRÓN

Estanque de las Serpientes

Jesús antes de la negación de Pedro

Fuente Gihón

Casa del Sumo Sacerdote

CUARTO DE ESENIOS

CIUDAD BAJA
(Posiblemente parte de Jerusalén en tiempo de Jesús)

Aposento Alto
(ubicación tradicional)

Última Cena

Túnel de Ezequías

Puerta del Agua

Estanque de Siloé

Puerta de los Esenios

VALLE DE HINÓN

| 0 | 0.1 | 0.2 mi. |
| 0 | 0.1 | 0.2 | 0.3 km. |

© 2000 Zondervan

Texto y Exposición

I. Prólogo: Origen y nacimiento de Jesucristo (1:1—2:23)

A. *Genealogía de Jesús*

1:1-17

Tabla genealógica de Jesucristo, hijo de David, hijo de Abraham:

[2]Abraham fue el padre de Isaac;
Isaac, padre de Jacob;
Jacob, padre de Judá y de sus hermanos;
[3]Judá, padre de Fares y de Zera, cuya madre fue Tamar;
Fares, padre de Jezrón;
Jezrón, padre de Aram;
[4]Aram, padre de Aminadab;
Aminadab, padre de Naasón;
Naasón, padre de Salmón;
[5]Salmón, padre de Booz, cuya madre fue Rajab;
Booz, padre de Obed, cuya madre fue Rut;
Obed, padre de Isaí;
[6]e Isaí, padre del rey David.

David fue el padre de Salomón, cuya madre había sido la esposa de Urías;
[7]Salomón, padre de Roboán;
Roboán, padre de Abías;
Abías, padre de Asá;
[8]Asá, padre de Josafat;
Josafat, padre de Jorán;
Jorán, padre de Uzías;
[9]Uzías, padre de Jotán;
Jotán, padre de Acaz;
Acaz, padre de Ezequías;
[10]Ezequías, padre de Manasés;
Manasés, padre de Amón;
Amón, padre de Josías;
[11]y Josías, padre de Jeconías y de sus hermanos en tiempos de
la deportación a Babilonia.

[12]Después de la deportación a Babilonia,
Jeconías fue el padre de Salatiel;
Salatiel, padre de Zorobabel;
[13]Zorobabel, padre de Abiud;
Abiud, padre de Eliaquín;
Eliaquín, padre de Azor;
[14]Azor, padre de Sadoc;

Sadoc, padre de Aquín;

Aquín, padre de Eliud;

[15]Eliud, padre de Eleazar;

Eleazar, padre de Matán;

Matán, padre de Jacob;

[16]y Jacob fue padre de José, que fue el esposo de María, de la cual nació Jesús, llamado el Cristo.

[17]Así que hubo en total catorce generaciones desde Abraham hasta David, catorce desde David hasta la deportación a Babilonia, y catorce desde la deportación hasta el Cristo.

En cada evangelio el ministerio terrenal de Jesús está precedido por un relato del ministerio de Juan el Bautista. Esta similitud formal no se extiende a las introducciones de los evangelios. Marcos (1:1) abre con una sencilla declaración. Lucas comienza con un prefacio en primera persona, en el cual explica su propósito y sus métodos, seguido por un relato detallado y, a menudo poético, de los milagrosos nacimientos de Juan y Jesús (1:5—2:20) y breve mención del viaje al templo en la infancia de Jesús (2:21-52). Lucas reserva la genealogía de Jesús para el capítulo 3. El prólogo de Juan (1:1-18) rastrea los orígenes de Jesús hasta la eternidad, y presenta la encarnación sin referirse a su concepción y nacimiento. En cada evangelio la introducción prevé temas y énfasis importantes. El prólogo en Mateo (1:1—2:23) presenta temas como el hijo de David, el cumplimiento de la profecía, el origen sobrenatural de Jesús el Mesías, y la soberana protección del Padre hacia su Hijo para llevarlo a Nazaret y lograr el plan divino de salvación del pecado (cf. esp. Stonehouse, *Witness of Matthew*, pp. 123-28).

1 Las dos primeras palabras de Mateo, *biblos geneseos*, se podrían traducir «tabla genealógica» (NVI), «registro de orígenes» o «libro de la historia». NVI limita este título a la genealogía (1:1-17), la segunda traducción podría servir como encabezado para el prólogo (1:1—2:23), y la tercera como título para todo el evangelio. La expresión se encuentra solo dos veces en la LXX: en Génesis 2:4 se refiere al relato de la creación (Gn 2:4-25), y en Génesis 5:1 a la genealogía que sigue. La última parece ser la que sigue la NVI (y también Hendriksen; Lohmeyer, *Matthäus*; McNeile); pero debido a que el sustantivo *génesis* (NVI, «nacimiento») vuelve a aparecer en 1:18 (una de solo cuatro incidencias en el NT), parece probable que el encabezamiento en 1:1 se extiende más allá de la genealogía. Ninguna incidencia de la expresión como encabezamiento para un documento del tamaño de un libro ha salido a la luz. Por consiguiente, debemos descartar la opinión cada vez más popular (Davies, *Setting*; Gaechter, *Matthäus*; Hill, *Matthew*; Maier; Zahn) de que Mateo se refiere a todo su evangelio como «Registro de la historia de Jesucristo». Más bien Mateo pretende que sus dos primeros capítulos sean un «registro coherente y unificado de los orígenes de Jesucristo».

La denominación «Jesucristo, hijo de David, hijo de Abraham» resuena con matices bíblicos. (Para comentarios relacionados con «Jesús», vea 1:21.) «Cristo» es aproximadamente el griego equivalente a «Mesías» o «Ungido». El término en el AT se puede referir a personas «ungidas» para alguna función especial: sacerdotes (Lv 4:3; 6:22), reyes (1 S 16:13; 24:10; 2 S 19:21; Lm 4:20), y, metafóricamente, los profetas (Sl 105:15) y el rey pagano Ciro (Is 45:1). Ya en la oración de Ana, «Mesías» es análogo de «rey»: «El SEÑOR juzgará los confines de la tierra, fortalecerá a su rey y enaltecerá el poder de su ungido» (1 S 2:10). Con la creciente cantidad de profecías del AT relacionadas con la descendencia del rey David (e.g., 2 S 7:12-16; cf. Sal 2:2; 105:15), «Mesías», o «Cristo», se vuelve el nombre de una figura que representa al pueblo de Dios, y trae consigo el prometido reino escatológico.

En la época de Jesús, corrían en Palestina rumores de esperanza mesiánica. No todo era coherente, y muchos judíos esperaban dos «Mesías» distintos. Sin embargo, la vinculación que Mateo hace de «Cristo» y el «hijo de David» no deja duda de que está presentando a Jesús.

La palabra «Cristo» es relativamente rara en los Evangelios (en comparación con las epístolas de Pablo). Más importante es que casi siempre aparece como un título, que equivale estrictamente a «el Mesías» (ver esp. 16:16). Sin embargo, era lógico que los cristianos después de la resurrección utilizaran «Cristo» como un nombre y no menos que como un título; cada vez hablaban más de «Jesucristo», «Cristo Jesús», o solo «Cristo». Pablo normalmente usa «Cristo», al menos en parte, como un nombre; pero no es seguro que su uso como título desaparezca por completo (cf. N.T. Wright, «The Messiah and the People of God: A Study in Pauline Theology with Particular Reference to the Argument of the Epistle to the Romans» [tesis doctoral, Oxford University], 1980, p. 19). De las aproximadamente dieciocho que aparecen en Mateo, todas son exclusivamente como título, menos una (1:1), quizá 1:16, seguramente 1:18, y tal vez la variante de 16:21. Los tres usos de «Cristo» en el prólogo reflejan la posición confesional desde la que escribe Mateo; él es un cristiano consagrado que desde hace mucho tiempo se ha acostumbrado al modo común de usar la palabra como título y como nombre. Al mismo tiempo es una señal de la preocupación de Mateo en la fidelidad histórica que a Jesús no lo llamen así sus contemporáneos.

«Hijo de David» es una designación importante en Mateo. David no solo se ha vuelto crucial en la genealogía (1:6, 17), sino que el título se repite en todo el evangelio (9:27; 12:23; 15:22; 20:30-31; 21:9, 15; 22:42, 45). Dios juró un pacto de amor con David (Sal 89:29), y le prometió que uno de sus descendientes inmediatos establecería el Reino. Aun más, le prometió que el reino y el trono de David serían eternos (2 S 7:12-16). Isaías profetizó que un «hijo» sería dado, un hijo con los títulos más extravagantes: Consejero admirable, Dios fuerte, Padre eterno, Príncipe de paz: «Se extenderán su soberanía y su paz, y no tendrán fin. Gobernará sobre el trono de David y sobre su reino, para establecerlo y sostenerlo con justicia y rectitud desde ahora y para siempre. Esto lo llevará a cabo el celo del SEÑOR Todopoderoso» (Is 9:6-7).

En los días de Jesús, al menos algunas ramificaciones del judaísmo popular entendían «hijo de David» como mesiánico (cf. Sal 17:21; para un resumen de la compleja evidencia intertestamentaria, cf. Berger, «Die königlichen Messiastraditionen", esp. pp. 3-9). El tema era importante para el cristianismo primitivo (cf. Lc 1:32, 69; Jn 7:42; Hch 13:23; Ro 1:3; Ap 22:16). Aunque demoradas por mucho tiempo, las promesas de Dios no se habían olvidado; Jesús y su ministerio fueron percibidos como el cumplimiento divino de promesas pactadas con siglos de antigüedad. Del árbol de David, del que solo quedaba un tocón, estaba brotando una nueva rama (Is 11:1). Jesús es también «hijo de Abraham». No podría ser de otro modo, dado que es hijo de David. Sin embargo, Abraham se menciona por varias razones importantes. «Hijo de Abraham» podría haber sido un título mesiánico reconocido en algunas ramificaciones del judaísmo (cf. T Leví 8:15). El pacto con el pueblo judío se había hecho primero con Abraham (Gn 12:1-3; 17:7; 22:18), conexión que Pablo ve como básica al cristianismo (Gl 3:16). Más importante todavía, Génesis 22:18 había prometido que a través de los retoños de Abraham serían bendecidas «todas las naciones» (*panta ta edsne*, LXX); por tanto, con esta alusión a Abraham, Mateo está preparando a sus lectores para las palabras finales de este retoño de Abraham: la comisión de hacer discípulos «de todas las naciones» (28:19, *panta ta edsne*). Jesús el Mesías llegó para cumplir las promesas del reino hechas a David y las promesas de bendecir a los gentiles hechas a Abraham (cf. también Mt 3:9; 8:11).

2-17 Un estudio ha demostrado que las genealogías en el Antiguo Oriente Próximo pudieron cumplir funciones muy variadas: económicas, tribales, políticas, internas (mostrar relaciones familiares o geográficas), y otras (ver Johnson; también Robert R. Wilson, *Genealogy and History en the Biblical World* [Yale University Press, New Haven, 1977]; R.E. Brown, *Birth of Messiah*, pp. 64-66). El peligro de tal estudio es que las intenciones de Mateo se podrían opacar con antecedentes vistosos de dudosa trascendencia para el texto en sí. Johnson ve la genealogía de Mateo como una respuesta a la difamación judía. H.V. Wickings («The Nativity Stories and Docetism», NTS 23, 1977, 457-60) la ve como una respuesta al docetismo de finales del siglo primero que negaba la humanidad esencial de Jesús. Nos podemos preguntar si un nacimiento virginal habría sido la mejor manera de ocuparse de corregir a los docetistas.

D.E. Nineham («The Genealogy in St. Matthew», BJRL 58, 1976, 421-44) encuentra en esta genealogía la seguridad de que Dios tiene el control soberano. Sin embargo, no es claro cómo concilia esta seguridad con su convicción de que la genealogía tiene poco valor histórico. Si Mateo compuso mucho de esto, podríamos admirar su fe de que Dios estaba en control. Pero puesto que la base de Mateo era (según Nineham) incorrecta, da al lector poco incentivo para participar de la misma fe.

En realidad, los principales objetivos de Mateo al incluir la genealogía están insinuados en el primer versículo, concretamente para mostrar que Jesús el Mesías está de veras en la descendencia real de David, que es heredero de las promesas mesiánicas, que es quien trae bendiciones divinas a todas las naciones. En consecuencia, la genealogía se enfoca por un lado en el rey David (1:6), pero por otra parte incluye a mujeres gentiles (ver abajo). Muchas anotaciones habrían tocado los corazones y revuelto los recuerdos de lectores bíblicamente literatos, aunque lo principal de la genealogía es que une promesa y cumplimiento. «Cristo y el nuevo pacto están bien ligados a la edad del antiguo pacto. Marción, quien quiso cortar los vínculos que ataban el cristianismo al Antiguo Testamento, sabía que casi lo logró cuando sacó la genealogía de su edición de Lucas» (F.F. Bruce, NBD, p. 459).

Para muchos, cualquiera que sean sus intenciones, el valor histórico de la genealogía de Mateo es nulo. R.E. Brown (*Birth of Messiah*, pp. 505-12) se va contra la corriente cuando afirma cautelosamente que Jesús nació de la casa de David. Muchas genealogías antiguas se descartan por su poco valor histórico debido a que a las claras tratan impartir más que información histórica (cf. esp. Wilson, *Genealogy and History*). Hacer esto, sin embargo, es caer en una falsa disyunción histórica; porque muchas genealogías procuran más que presentar puntos históricos al hacer referencia a líneas históricas.

Parte de la evaluación histórica de Mateo 1:2-17 se basa en la confiabilidad de las fuentes de Mateo: los nombres en las dos terceras partes de la genealogía se sacan de la LXX (1 Cr 1—3, esp. 2:1-15; 3:5-24; Rt 4:12-22). Después de Zorobabel, Mateo confía en fuentes extrabíblicas de las que no sabemos nada. Pero hay buena evidencia de que se conservaron registros al menos hasta el fin del primer siglo. Josefo (Vida 6 [1]) se refiere a los «registros públicos» de los cuales extrae su información genealógica (cf. también Jos. *Contra Apión* I, 28-56 [6-10]. Según Génesis R 98:8, se probó que el rabino Hillel era descendiente de David porque se encontró un rollo genealógico en Jerusalén. Eusebio (*Historia Eclesiástica* 3.19-20) cita a Hegesippo en cuanto a que el emperador Domiciano (51-96) ordenó matar a todos los descendientes de David. No obstante, cuando llamaron a dos de ellos, aunque admitieron su descendencia davídica, mostraron sus manos callosas para probar que solo eran agricultores pobres. Por eso se les dejó ir. Por tanto, el relato muestra que la información genealógica aun existía.

Aunque ningún judío del siglo veinte podría probar que viene de la tribu de Judá, mucho menos de la casa de David, eso no parece haber sido un problema en el siglo primero, cuando el linaje era importante para obtener acceso a la adoración del Templo. El que Mateo haya tenido acceso a los archivos, o que dedujera su información de fuentes intermedias, no podemos saberlo a estas alturas; pero en cualquier caso «no tenemos una buena razón para dudar que su genealogía fue transmitida de buena fe» (Albright y Mann).

Más difícil es el asunto de la relación de la genealogía de Mateo con la de Lucas, en particular la sección de David en adelante (cf. Lucas 3:23-31). Existen diferencias básicas entre las dos: Mateo empieza con Abraham y sigue adelante; Lucas comienza con Jesús y retrocede hasta Adán. Mateo sigue la descendencia a través de Jeconías, Salatiel y Zorobabel; Lucas a través de Neri, Salatiel y Zorobabel. Más importante, Lucas (3:31) sigue la descendencia a través de Natán el hijo de David (cf. 2 S 5:14), y Mateo a través de la descendencia real de Salomón. A menudo se dice que no es posible una conciliación entre las dos genealogías (e.g., E.L. Abel, «The Genealogies de Jesús Ο ΧΡΙΣΤΟΣ», NTS 20, 1974, 203-10). Sin embargo, vale la pena sopesar dos teorías.

1. Algunos han sostenido que Lucas da la genealogía de María, pero sustituye el nombre de José (Lucas 3:23) para evitar mencionar una mujer. Y hay alguna evidencia para apoyar la idea de que la misma María era descendiente de David (cf. Lucas 1:32). Que María estaba emparentada a Elisabet, quien estaba casada con el levita Zacarías (Lucas 1:5-36), no es problema, puesto que eran comunes los matrimonios mixtos entre tribus. En realidad, la esposa de Aarón bien pudo haber nacido de Judá (cf. Éx 6:23; Nm 2:3) (también Beng., CSE, Lutero). H.A.W. Meyer reordena la puntuación en Lucas 3:23 (RVR 60) para que dijera «según se creía (de José) hijo de Elí (i.e., el padre de María), hijo de Matat». Sin embargo, esto es muy rebuscado y no

se podría deducir con facilidad de un texto de lectura sin marcas de puntuación o paréntesis, que es cómo nuestro NT griego se escribió por primera vez. Pocos sugerirían simplemente al leer Lucas que este está dando la genealogía de María. La teoría no viene del texto de Lucas sino de la necesidad de armonizar las dos genealogías. Aparentemente tanto Mateo como Lucas intentan dar la genealogía de José.

2. Otros han discutido, de modo más verosímil, que Lucas da la genealogía real de José y Mateo da la sucesión del trono… sucesión que finalmente salta a la descendencia de José por incomparecencia. Hill (*Matthew*) ofrece evidencia judía independiente de una posible descendencia doble (Tárg. Zac 12:12). Esta hipótesis tiene varias formas. La más antigua se remonta a Sexto Julio Africano (aprox. 225 d.C.; cf. *Historia Eclesiástica* 1.7 de Eusebio), quien sostuvo que Mateo da la genealogía natural y Lucas la real… al contrario de la teoría moderna (también Alf, Farrer, Hill, Taylor, Westcott, Zahn). En su forma moderna la teoría parece bastante razonable: si el propósito era brindar la descendencia real de José remontándose hasta David, esto se podría haber hecho mejor siguiendo la tradición familiar por su padre real Elí, a su padre Matat, y de allí de nuevo a Natán y David (como en Lucas); y donde el propósito sea dar la sucesión del trono, es lógico comenzar con David y seguir hacia abajo.

Como la han presentado a menudo, esta teoría tiene un grave problema (cf. R.E. Brown, *Birth of Messiah*, pp. 503-4). Normalmente se discute que el padre de José en Mateo 1:16, Jacob, era hermano completo del padre de José que menciona Lucas 3:23, Elí; ese Jacob, el heredero real, murió sin hijos; y ese Elí se casó con la viuda de Jacob según las leyes sobre matrimonios leviratos (Dt 25:5-10). (Aunque quizá los matrimonios leviratos no eran comunes en el siglo primero, es improbable que fueran desconocidos del todo. De otro modo la pregunta de los saduceos [22:24-28] fue formulada en términos irrelevantes.) Pero si Jacob y Elí se han de reconocer como hermanos de padre y madre, Matán (Mt) y Matat (Lc) deben ser el mismo hombre… aunque sus padres, Eleazar (Mt) y Leví (Lc) respectivamente, sean diferentes. Parece rebuscado apelar a un segundo matrimonio levirato. Por tanto, algunos han argumentado que Jacob y Elí solo eran medio hermanos, lo cual conlleva otra coincidencia; a saber, que su madre se casó con dos hombres, Matán y Matat, cuyos nombres se parecían increíblemente. No sabemos si el matrimonio levirato se practicaba en el caso de medio hermanos. Además, puesto que el propósito total del matrimonio levirato era criar un hijo en nombre del padre fallecido, ¿por qué Lucas no da el nombre del verdadero padre?

R.E. Brown juzga insuperables los problemas pero no toma en cuenta la elegante solución sugerida por Machen (pp. 207-9) hace cincuenta años. Si suponemos que Matat y Matán *no* son la misma persona, no hay necesidad de apelar al matrimonio levirato. Desaparece la dificultad de relacionar al padre del uno con el padre del otro; sin embargo, es posible que sus respectivos hijos Elí y Jacob hubieran estado tan relacionados (e.g., si Elí fuera un hijo sin heredad cuya hermana se casara con Jacob o José) que si Elí moría, José el hijo de Jacob, se convertía en su heredero. De no ser así, si Matán y Matat *fueran* la misma persona (presuponiendo un matrimonio levirato en la generación anterior), «solo tenemos que suponer que Jacob [el padre de José según Mateo] murió, de modo que su sobrino, el hijo de su hermano Elí [padre de José según Lucas] se convirtió en su heredero» (p. 208).

Otras diferencias entre Mateo y Lucas son más sensibles a soluciones obvias. Respecto a las omisiones de la genealogía de Mateo y la estructura de tres series de catorce, vea en 1:17.

2 De los doce hijos de Jacob, se señala a Judá, pues su tribu tiene el cetro (Gn 49:10; cf. Heb 7:14). Las palabras «y de sus hermanos» no son «una adición que indica que de los varios antepasados posibles de la descendencia real, solo a Judá se ha escogido» (Hill, *Matthew*), puesto que tal restricción ya se había logrado al estipular a Judá; y en ninguna otra entrada (excepto en 1:11; ver comentario) se han agregado las palabras «y de sus hermanos». El punto es que, aunque sale de la descendencia real de Judá y David, el Mesías surge de en medio del pueblo del pacto (cf. la referencia a los hermanos de Judá). Ni los medio hermanos de Isaac ni los descendientes del hermano de Jacob, Esaú, califican como pueblo del pacto en el AT. Esta mención alusiva a las doce tribus como el lugar del pueblo de Dios cobra importancia más adelante (cf. 8:11 con 19:28). Incluso el hecho de que hubo doce apóstoles es relevante.

3-5 Quizá se mencione tanto a Fares como a Zera (v. 3) porque son mellizos (Gn 38:27; cf. 1 Cr 2:4); los otros hijos de Judá no se mencionan. Rut 4:12, 18-22 sigue la línea mesiánica desde Fares hasta David. Hay alguna evidencia de que el «hijo de Fares» fuera una designación rabínica del Mesías (SBC, 1:18), pero la fecha de esta fuente es incierta.

Tamar, esposa de Er, el hijo de Judá, es la primera de cuatro mujeres mencionadas en la genealogía (para comentario, vea en 1:6). Poco se conoce de Jezrón (Gn 46:12; 1 Cr 2:5), Aram (1 Cr 2:9), Aminadab (v. 4; Éx 6:23; Nm 1:7; 1 Cr 2:10), Naasón (Nm 2:3; 7:12; «príncipe de los judíos», 1 Cr 2:10), y Salmón (v. 5; Rt 4:18-21; 1 Cr 2:11). Aminadab está asociado con las andanzas por el desierto en la época de Moisés (Nm 1:7). Por tanto, aproximadamente cuatrocientos años (Gn 15:13; Éx 12:40) cubren las cuatro generaciones desde Fares hasta Aminadab. Sin duda se han omitido varios nombres: el verbo griego traducido «fue el padre de» (*gennao*) no requiere relación inmediata, sino que a menudo significa algo como «fue el antepasado de» o «se convirtió en antepasado de».

De modo similar, la línea entre Aminadab y David es corta: más nombres se pudieron haber omitido. No podemos estar seguros si tales nombres se ajustan adecuadamente antes de Booz, de modo que Rajab no fuera la madre inmediata de Booz (así como Eva no fue inmediatamente «la madre de todo ser viviente» Gn 3:20), o después de Booz, o en ambos casos. Sin embargo, casi es seguro que la Rajab mencionada sea la prostituta de Josué 2 y 5 (ver más en 1:6). Booz (1 Cr 2:11-12), quien figura de modo tan destacado en el libro de Rut, se casó con moabitas (ver en 1:6) y fue el padre de Obed, quien se convirtió en el padre de Isaí (Rut 4:22; 1 Cr 2:12).

6 La palabra «rey» con «David» evocaría profunda nostalgia y levantaría esperanza escatológica entre los judíos del primer siglo. Por eso Mateo clarifica el asunto de la monarquía: ha aparecido el Rey Mesías. La autoridad real de David, perdida en el cautiverio, se ha vuelto a ganar y sobrepasar por «un hijo más glorioso que el glorioso rey David» (como dice el himno de James Montgomery, «¡Salve el Señor ungido!»;

cf. Box; Hill, *Matthew*; también cf. 2 S 7:12-16; Sal 89:19-29, 35-37; 132:11). David se convirtió en el padre de Salomón; pero la madre de Salomón «había sido la esposa de Urías» (cf. 2 S 11:27; 12:4). Entonces Betsabé se vuelve la cuarta mujer mencionada en esta genealogía.

La inclusión de estas cuatro mujeres en la genealogía del Mesías en vez de una lista compuesta en su totalidad por hombres (que era la costumbre) —o al menos el nombre de grandes matriarcas como Sara, Rebeca y Lea— muestra que Mateo está transmitiendo más que simple datos genealógicos. Tamar sedujo a su suegro a una relación incestuosa (Gn 38). La prostituta Rajab salvó a los espías y se unió a los israelitas (Js 2, 5); Hebreos 11:31 y Santiago 2:25 nos animan a pensar que Rajab abandonó su antiguo estilo de vida. Ella sin duda se destaca en la tradición judía, en parte fantástica (cf. A.T. Hanson, «Rahab the Harlot in Early Christian Tradition», *Journal for the Study of the New Testament* 1, 1978, 53-60). Rut, Tamar y Rajab eran extranjeras. Betsabé se vio arrastrada a una relación adúltera con David, quien cometió asesinato para encubrirla. El modo particular de Mateo de referirse a ella, «la esposa de Urías», podría ser un intento de enfocar el hecho de que Urías no era israelita sino hitita (2 S 11:3; 23:39). Aparentemente la misma Betsabé era hija de un israelita (1 Cr 3:5 [variante de lectura]); pero su matrimonio con Urías quizá la llevó a que la tuvieran como hitita.

Se han sugerido varias razones para explicar la inclusión de estas mujeres. Algunos han señalado que tres eran gentiles, y tal vez la cuarta se tenía como tal (Lohmeyer, *Matthäus*; Maier; Schweizer, *Matthew*). Esto concuerda con la referencia a Abraham (cf. 1:1); el Mesías judío extiende sus bendiciones más allá de Israel, al igual se incluyen gentiles en su descendencia. Otros han observado que tres de las cuatro participaron en flagrante pecado sexual; pero es muy dudoso que esta acusación se pudiera aplicar legítimamente a Rut. Como moabita, no obstante, tenía sus orígenes en un incesto (Gn 19:30-37); y Deuteronomio 23:3 prohíbe la entrada a los descendientes de los moabitas a la asamblea del Señor hasta la décima generación. R.E. Brown (*Birth of Messiah*, pp. 71-72) descarta esta interpretación del papel de las cuatro mujeres, porque en el primer siglo la piedad estaba en buena parte blanqueada y reverenciada. Pero no es seguro en absoluto que Mateo siguiera a sus contemporáneos en todo esto. Es importante que en este mismo capítulo Mateo presenta a Jesús como quien «salvará a su pueblo de sus pecados» (1:21), y este versículo podría sugerir una mirada retrospectiva a algunos de los muy conocidos pecados de sus antepasados.

Una tercera interpretación (apoyada por Allen, R.E. Brown, Filson, Fenton, Green, Hill, Klostermann, Lohmeyer, Peake) asegura que las cuatro mujeres revelan algo de la extraña e inesperada obra de la providencia en preparación para el Mesías, y que como tales señalan hacia la inesperada pero providencial concepción de Jesús en María.

No hay motivos para descartar ninguna de las interpretaciones anteriores. Mateo, como judío que es, sabe cómo escribir con un toque alusivo; y los lectores empapados en el AT recordarían de modo lógico una plétora de imágenes asociadas con muchos nombres en esta genealogía selectiva.

7-10 Los nombres en estos versículos parecen haberse tomado de 1 Crónicas 3:10-14. Detrás de Asá (v. 7) acecha una difícil decisión textual (cf. Notas). No hay patrón obvio: el malvado Roboán fue el padre del malvado Abías, padre del buen rey Asá. Asá fue el padre del buen rey Josafat (v. 8), quien engendró al malvado rey Jorán. Buenos o malos, fueron parte de la línea mesiánica, porque aunque la gracia no se transmite en la sangre, la providencia de Dios no se puede engañar ni manipular.

Se han omitido tres nombres entre Jorán y Uzías: Ocozías, Joás y Amasías (2 R 8:24; 1 Cr 3:11; 2 Cr 22:1, 11; 24:27). «Uzías» (vv. 8-9) equivale a Azarías (1 Cr 3:11; cf. 2 R 15:13, 30 con 2 R 15:1). Las tres omisiones no solo aseguran catorce generaciones en esta parte de la genealogía (ver en 1:17), sino que se omiten por su conexión con Acab y Jezabel, conocidos por su maldad (2 R 8:27), y por su conexión con Atalía (2 R 8:26), la usurpadora (2 R 11:1-20). Dos de los tres eran de notoria maldad; los tres murieron de modo violento.

R.E. Brown (Birth of Messiah, p. 82) señala que Manasés era aun más malvado, y se incluye. Por tanto (con Schweizer, Matthew), Brown prefiere una explicación de las omisiones basada en una confusión de crítica de texto entre «Azarías» y «Uzías». Esta conjetura es verosímil; pero si es correcta habría sido premateana, porque los «catorce» de Mateo (vea 1:17) requeriría esta omisión o una equivalente. Sin embargo, no hay evidencia textual para apoyar la conjetura. Además, Manasés (v. 10), aunque malvado en gran manera, se arrepintió, a diferencia de los otros tres.

11 Otro nombre se ha omitido: Josías fue el padre de Joacim (609-597 a.C.), quien fue depuesto a favor de su hijo Joaquín (algunos mss. tanto en el AT como en el NT tienen a «Jeconías» por este último). Fue depuesto después de un reinado de solo tres meses; y su hermano Sedequías reinó en su lugar hasta el final de la deportación y destrucción de la ciudad en el 587 a.C. (cf. 2 R 23:34; 24:6, 14-15; 1 Cr 3:16; Jer 27:20; 28:1). Las palabras «y de sus hermanos» tal vez se añaden en este caso debido a que uno de ellos, Sedequías, mantuvo un reinado provisional hasta la tragedia del 587 a.C.; pero Sedequías no se menciona porque la descendencia real no fluye a través de él sino de Jeconías. La deportación a Babilonia marcó el final del reinado de la línea de David, un acontecimiento trascendental en la historia del AT. Si no, «y de sus hermanos» se podría referir, no a los hermanos reales, sino a todos los judíos que fueron al cautiverio con Jeconías (Gundry, Mathew). El sitio del pueblo de Dios está, por consiguiente, trazado desde los patriarcas («y sus hermanos», 1:2) hasta la vergüenza del exilio, un tema que se desarrollará más adelante (ver en 2:16-18).

12 La lista final de «catorce» (véala en 1:17) empieza con una mención más de la deportación. 1 Crónicas 3:17 muestra que Jeconías (Joacim) fue el padre de Salatiel. Mateo continúa presentando a Salatiel como el padre de Zorobabel, según Esdras 3:2; 5:2; Nehemías 12:1; Hageo 1:1; 2:2, 23. La dificultad se encuentra en 1 Crónicas 3:19, que presenta a Zorobabel como hijo de Pedaías, un hermano de Salatiel.

Se han ofrecido varias soluciones, la mayoría no muy convincentes (cf. Machen, pp. 206-7). Algunos mss. omiten a Pedaías en 1 Crónicas 3:19. Pero la mejor sugerencia es un matrimonio levirato (Dt 25:5-10; cf. Gn 38:8-9), ciertamente una vergüenza para quienes han adoptado la explicación de arriba (cf. en vv. 2-17) y no encuentran otro matrimonio levirato en la genealogía. Si Salatiel fuera el hermano mayor y murió sin hijos, Pedaías se pudo haber casado con la viuda para «mantener viva la descendencia de su hermano» (Dt 25:9). En cualquier caso Zorobabel se convierte en un modelo mesiánico (cf. Hg 2:20-23).

13-15 Los nueve nombres desde Abiud hasta Jacob no serían conocidos hoy día para nosotros de otro modo. Quizá en esta sección genealógica también se han omitido nombres, pero entonces nos preguntamos por qué a esta tercera sección de la genealogía parece faltarle una entrada: ciertos nombres de la lista de Lucas «llaman la atención del evangelista [Mateo]» como nombres de la lista sacerdotal (no real) en 1 Crónicas 6:3-4), nombres que luego se deben abreviar o cambiar para cambiar su conexión sacerdotal.

16 La formulación en la mejor versión (cf. Notas), reflejada en NVI, es precisa. La descendencia real de José se ha trazado; José es el esposo de María; María es la madre de Jesús. La relación entre José y Jesús no se ha indicado hasta ahora. Pero esta forma peculiar de expresión pide a gritos la explicación dada en los versos siguientes. Legalmente Jesús está en la descendencia del trono de David; físicamente ha nacido de una mujer «que estaba encinta por obra del Espíritu Santo» (1:18). Su hijo es Jesús, «quien es llamado el Cristo». El griego no clarifica si «Cristo» es nominal o no; pero nombre o título, está afirmada la condición de Mesías de Jesús.

17 Se acostumbraba entre los escritores judíos ordenar genealogías de acuerdo a un plan práctico, quizá por razones nemotécnicas. En sentido estricto, el texto griego habla de «todas las generaciones desde Abraham hasta David … hasta Cristo» (cf. RVR); pero puesto que las omisiones son obvias tanto para Mateo como para sus lectores, la expresión debe querer decir «todas las generaciones … incluidas en esta lista». Por tanto, se da a entender que los catorce, que aquí llaman tan fuertemente la atención del lector, son simbólicos.

Se han propuesto varios arreglos de los tres grupos de catorce. En uno los primeros catorce van desde Abraham hasta David, los segundos desde Salomón hasta Jeconías, y los terceros logran catorce al repetir a Jeconías y nombrar a Jesús. Hendriksen (pp. 125-26) sugiere que Mateo cuenta deliberadamente dos veces a Jeconías: primero lo presenta como maldito, sin hijos y deportado (2 R 24:8-12; Jer 22:30), después recuerda al lector que Jeconías fue posteriormente liberado de prisión y restaurado, y se convirtió en padre de muchos (2 R 25:27-30; 1 Cr 3:17-18; Jer 52:31-34), el nuevo hombre que fue. Sin embargo, Mateo no menciona estos asuntos, que no calzan con claridad en las principales incumbencias de este capítulo. Schweizer prefiere contar desde Abraham hasta David. Luego, debido a que David se menciona dos veces, pasa de David hasta Josías, el último rey libre; y luego de Jeconías a Jesús dan un tercer grupo de catorce, a expensas de hacer al grupo central con un miembro menos, y de pasar por alto la pequeña pero clara pausa literaria al final de 1:11. McNeile postula una posible pérdida de un nombre entre Jeconías y Salatiel debido a terminales idénticos, pero no hay evidencia textual de eso. Gundry (*Matthew*) cree que tanto María como José son contados, señalando las dos clases de generación, legal (la de José) y física (la de María). Ninguna solución propuesta hasta el momento parece convincente por completo, y es difícil descartar alguna.

El valor simbólico de los grupos de catorce es de más importancia que su precisión. Herman C. Waetjen («The Genealogy as the Key to the Gospel According to Matthew», JBL 95, 1976, 205-30; cf. Johnson, pp. 193-94) trata de resolver ambos problemas al apelar a 2 Baruc 53-74 (por lo general fechado aprox. 50-70 d.C.) Este libro apocalíptico divide la historia en un plan de 12 + 2 = 14 unidades. Mateo, según Waetjen, sostiene que así como David y Jeconías son figuras de transición en la genealogía, también lo es Jesús. Él es el fin del tercer período, y al mismo tiempo el inicio del cuarto, el Reino inaugurado. Jesús constituye, por consiguiente, las entradas trece y catorce, el último período de oscuridad en 2 Baruc (correspondiente a la pasión en Mateo) y la decimocuarta apertura a la nueva era.

Sin embargo, este análisis no basta. Son decisivas dos objeciones: (1) no es tan claro que alguien pueda saltar legítimamente de períodos esquematizados en literatura apocalíptica a nombres en una genealogía (¿hay algo menos apocalíptico que una genealogía?) solo debido a un número común; (2) Waetjen ha «corregido» la omisión en el tercer grupo de catorce al enumerar dos veces a Jesús, aunque la segunda referencia, en su esquema, pertenece propiamente al Reino inaugurado y no al tercer grupo, lo cual mantiene la deficiencia.

Esquemas como los de Hendriksen y Goodspeed, que reducen los patrones 3 x 14 a 6 x 7, y luego describen la llegada de Jesús para inaugurar el séptimo siete —la señal de la perfección, la llegada de la era mesiánica (cf. 1 Enoc 91:12-17; 93:1-10— pasando por alto el hecho de que Mateo no ha presentado su genealogía como seis sietes sino como tres catorces (cf. R.E. Brown, *Birth of Messiah*, p. 75). Otras suposiciones incluyen las de Johnson (pp. 189-208) y de Goulder (pp. 228-33).

La explicación más sencilla —la que mejor se ajusta al contexto— observa que el valor numérico de «David» en hebreo es catorce (cf. Notas). Mateo señala por este simbolismo que el prometido «hijo de David» (1:1), el Mesías, ha venido. Y si al tercer grupo de catorce le falta un miembro, esto podría sugerir a algunos lectores que así como Dios acorta el tiempo de aflicción por el bien de su elegido (24:22), también acorta de modo misericordioso el período desde el cautiverio hasta Jesús el Mesías.

Notas

1 Para una comprensión más amplia del lugar del Mesías en el AT, cf. Ladd, *Theology of NT*, pp. 136 y sig.; Douglas, *Bible Dictionary*, 2, 987-95.

3 VC más antiguas (e.g., RVR) tienen los nombres Tamar y Hezrón en el AT, y Tamar y Ezrom en el NT. Puesto que los nombres castellanos del AT son casi transliterados del hebreo, y los nombres castellanos del NT son casi transliterados del griego, y muchos se transliteran del hebreo, tenemos estas variaciones. NVI resuelve esos problemas.

7-8 La mejor evidencia textual en estos versículos apoya Ασάφ (Asáf), no Ασά (Asá). Al transcribir es más probable que *Asáf* fuera cambiado por *Asá* y no al revés (para la opinión contraria, cf. Lagrange). Julius Schniewind (*Das Evangelium nach Matthäus*, Vandenhoeck und Ruprecht, Göttingen, 1965) y Gundry (*Matthew*) sugieren que *Asá* es un cambio deliberado de Mateo para traer a la memoria imágenes del salmista (Sal 50, 73-83), como «Amós» (cf. nota en v. 10) trae a la memoria al profeta. Esto es muy críptico para ser creíble. La ortografía no era coherente en el mundo antiguo como lo es hoy día. Josefo (Antig. VIII, 290-315 [xii. 1-6]), por ejemplo, utiliza *Ασανος* (*Asanos*); pero se presupone la traducción del latín antiguo *Asaf*. «María» cambia en el NT entre *Μαρία* (*María*) y *μαριάμ* (*Mariam*). En 1 Cr 3:10 mss. de la LXX dicen *Asa*, pero uno ofrece *Ασαβ* (*Asab*; cf. Metzger, *Textual Commentary*, p. 1, n. 1). En resumen, Mateo podría estar siguiendo un ms. con *Asáf* aunque es muy claro que *Asá* es la persona indicada.

10 La evidencia textual de *Αμώς* (*Amós*) y *Αμόν* (*Amón*) falla mucho como en vv. 7-8. En este caso, sin embargo, hay una diversidad mayor en los mss. de la LXX de 1 Cr 3:14, de los cuales depende Mateo 1:10.

11 El término *μετοικεσία* (*metoikesía*, «deportación») solo aparece tres veces en el NT, todas en este capítulo (vv. 11-12, 17); pero se refiere (en LXX) a la deportación babilónica en 2 R 24:16; 1 Cr 5:22; Ez 12:11. *Βαβυλονος* (*Babulonos*, «babilonio») es un genitivo «de dirección y propósito» (cf. BDF, par. 166).

La sugerencia de Schweizer (*Matthew*) de que Joaquín y su hijo Joacim se han fundido en una sola figura porque en 2 R 24:6 (LXX) se les llama «Joaquín» explica poco, pues Mateo delata un profundo conocimiento del AT para quizá no ser confundido por una mala transliteración descriptiva; y en cualquier caso, el término de Mateo es «Jeconías».

16 La mejor variante textual, apoyada por una difusión de clases de textos en griego, de testimonio de versiones, y por todo excepto un uncial, respalda a NVI. Varias testigos de Cesarea y del LA prefieren «José, que fue prometido en matrimonio a la virgen María engendró a Jesús llamado Cristo». Esto transcripcionalmente es menos probable que la primera alternativa, en la cual «el esposo» de María muy bien pudo haber creído que fue engañado. Ningún ms. griego apoya siriacismos en su interpretación: «José, prometido en matrimonio a María la virgen, engendró a Jesús llamado Cristo». A primera vista esto parece negar el nacimiento virginal al atribuirle paternidad a José; pero «engendrar» pudo haber tenido importancia simplemente legal, puesto que aun se refiere a María como «la virgen». En cualquier caso esta última interpretación no está bien avalada. Los problemas de compleja enormidad de la crítica textual en este versículo los trata de modo competente Metzger, *NT Studies*, pp. 105-13; Machen, pp. 176-87; R.E. Brown, *Birth of Messiah*, pp. 62-64, 139; y A. Globe, «Some Doctrinal Variants in Matthew 1 and Luke 2, and the Authority of the Neutral Text» CBQ 42, 1980, 55-72, esp. pp. 63-65.

17 Las letras en el mundo antiguo no solo servían como bloques de construcción de palabras sino también como símbolos de números. De ahí que cualquier palabra tuviera un valor numérico; y al uso de tal simbolismo se le conoce como gematría. En hebreo «David» es דָּוִד (*david*); y d = 4, w = 6 (las vocales, una adición posterior al texto, no cuentan). Por tanto, «David» = *dwd* = 4 + 6 + 4 = 14. (Esto no funcionaría en los RMM, donde, con una excepción [CD 7:16], las consonantes para deletrear «David» son *dvyd* = דָּוִיד.)

B. *Nacimiento de Jesucristo*

1:18-25

[18]El nacimiento de Jesús, el Cristo, fue así: Su madre, María, estaba comprometida para casarse con José, pero antes de unirse a él, resultó que

estaba encinta por obra del Espíritu Santo. ¹⁹Como José, su esposo, era un hombre justo y no quería exponerla a vergüenza pública, resolvió divorciarse de ella en secreto.

²⁰Pero cuando él estaba considerando hacerlo, se le apareció en sueños un ángel del Señor y le dijo: «José, hijo de David, no temas recibir a María por esposa, porque ella ha concebido por obra del Espíritu Santo. ²¹Dará a luz un hijo, y le pondrás por nombre Jesús, porque él salvará a su pueblo de sus pecados.»

²²Todo esto sucedió para que se cumpliera lo que el Señor había dicho por medio del profeta: ²³«La virgen concebirá y dará a luz un hijo, y lo llamarán Emanuel» (que significa «Dios con nosotros»).

²⁴Cuando José se despertó, hizo lo que el ángel del Señor le había mandado y recibió a María por esposa. ²⁵Pero no tuvo relaciones conyugales con ella hasta que dio a luz un hijo, a quien le puso por nombre Jesús.

Dos asuntos requieren breves comentarios: la historicidad del nacimiento virginal (más correctamente, la concepción virginal), y el énfasis teológico que rodea este tema en Mateo 1—2 y su relación al NT.

Primero, por muchas razones se cuestiona la historicidad del nacimiento virginal.

1. Aparentemente los relatos en Mateo y Lucas son independientes y muy divergentes. Esto aboga a favor de que algunas fuerzas creativas en la Iglesia inventaron todas las historias o parte de ellas para explicar la persona de Jesús. Sin embargo, desde hace mucho tiempo se ha demostrado que ambos relatos son compatibles (Machen), y hasta mutuamente complementarios. Además, la independencia literaria de Mateo y Lucas en este punto no demanda la conclusión de que los dos evangelistas ignoraban el contenido de los otros. Aunque así hubiera sido, sus diferencias sugieren a algunos la fortaleza de compatibilidad mutua sin acuerdos secretos. En buena parte Mateo se enfoca en José, y Lucas en María. R.E. Brown (*Birth of Messiah*, p. 35) no acepta esto porque para él es inconcebible que José hubiera contado su historia sin mencionar la anunciación, o que María la hubiera contado sin mencionar la huida a Egipto. Es cierto, aunque esto no quiere decir que los evangelistas estaban limitados a incluir todo lo que sabían. Es difícil imaginar cómo habría encajado muy bien la anunciación con los temas de Mateo. Además, ya hemos observado que Mateo estaba preparado para omitir asuntos que sabía, con el fin de presentar de modo coherente y conciso sus temas escogidos.

2. Algunos sencillamente descartan lo sobrenatural. Goulder (p. 35) dice que Mateo inventó las historias; Schweizer (*Mateo*) contrasta el mundo antiguo en el cual el nacimiento virginal era (supuestamente) una idea aceptada con las modernas limitaciones científicas sobre lo que es posible. Pero la antítesis se exagera en gran manera; los racionalistas minuciosos eran comunes en el siglo primero (e.g., Lucrecio); y millones de cristianos modernos, científicamente conscientes, encuentran poco difícil creer en el nacimiento virginal o en un Dios capaz de intervenir de manera milagrosa en lo que es, después de todo, su propia creación. Más aun, el punto de Mateo en estos capítulos es con seguridad que el nacimiento virginal y las circunstancias que conlleva fueron algo muy extraordinario. Solo aquí se mencionan los sabios; y los sueños

y las visiones como medio de guía no son de ningún modo comunes en el NT (aunque aun aquí es de preguntarse si el cristianismo occidental podría aprender algo del cristianismo tercermundista). Es seguro que el relato de Mateo es infinitamente más serio que las historias especulativas conservadas en los evangelios apócrifos (e.g., *Protevangelium of James* 12:3—20:4; cf. Hennecke, 1:381-85). R.E. Brown (*Birth of Messiah*) acepta ha historicidad del nacimiento virginal pero rechaza la historicidad de la visita de los sabios y los sucesos relacionados con esta. Sin embargo, si se traga el nacimiento virginal, es difícil ver por qué elimina a los sabios. (Vea el útil libro de Manuel Miguens, *The Virgin Birth: An Evaluation of Scriptural Evidence* [El nacimiento virginal: Una evaluación de evidencia bíblica], Christian Classics, Westminster, Md, 1975.)

3. Muchos puntos se prestan a falsedades: e.g., la estructura de la genealogía o la demora en mencionar a Belén como lugar del nacimiento (Hill, *Matthew*). No obstante, hemos observado que aunque el orden que Mateo hace de la genealogía nos da más que una sencilla clasificación de nombres y fechas, tampoco nos dice menos. Más que cualquiera de los sinópticos, Mateo se deleita en la organización por temas. Pero eso no hace a sus relatos menos que históricos. ¡No debemos cerrarnos hasta el extremo de escoger crónicas históricas o invención teológica! Mateo no menciona a Belén en 1:18-25 porque no calza con ninguno de sus temas. En el capítulo 2, sin embargo, como ha mostrado Tatum (W.B. Tatum, hijo, «The Matthean Infancy Narratives: Their Form, Structure, and Relation to the Theology of the First Evangelist», tesis doctoral en la Universidad Duke, 1967), uno de los temas que unifica la narración de Mateo son los «orígenes geográficos» de Jesús; por eso Belén está presente.

4. Cada vez se hace más común identificar el género literario de Mateo 1—2 como «midrash» o «hagada midrásico», y concluir que estas historias no se deben tomar de modo literal (e.g., con perspectivas que difieren ampliamente, Gundry, *Matthew*; Goulder; Davies, *Setting*, pp. 66-67). No hay nada básicamente censurable en la sugerencia de que algunas historias bíblicas no se deben tomar como realidades; por ejemplo, las parábolas. El problema está en la condición evasiva de las categorías (cf. Introducción, sección 12.b; y cf. además 2:16-18). Si el género tiene características formales nada ambiguas, deberá haber poco problema en reconocerlas. Pero esto está lejos de ser así; las analogías citadas a menudo cuentan con tantas diferencias formales (comparadas con Mateo 1—2) como similitudes. Por citar un ejemplo obvio: El midrasim judío (en el sentido técnico del siglo cuarto) presenta historias como material ilustrativo comentando un texto continuo del AT. En comparación, Mateo 1—2 no ofrece un texto continuo del AT: la continuidad del texto depende del argumento; y las citas del AT, tomadas de varios libros del AT, se pueden sacar sin afectar la continuidad (cf. esp. M.J. Down, «The Matthean Birth Narratives», ExpT 90, 1978-79, 51-52; y France, *Jesus*; vea en 2:16-18).

R.E. Brown (*Birth Of Messiah*, pp. 557-63) sostiene con convicción que Mateo 1—2 no es midrash. Sin embargo, cree que la clase de personas que pudieron inventar historias para explicar textos de AT (midrash) también pudieron inventar historias para explicar a Jesús. Mateo 1—2, aunque en sí no es midrash, es al menos midrásico. Podría ser así. Por desgracia, la afirmación no solo no se puede probar sino que la apelación a un género literario conocido y reconocible se pierde. Por tanto, no tenemos bases para sostener que los primeros lectores de Mateo detectarían con facilidad sus métodos midrásicos. Por supuesto, si «midrásico» significa que Mateo pretende presentar un panorama de alusiones y temas del AT, estos capítulos seguramente son midrásicos: en ese sentido los estudios de Goulder, Gundry, Davies y otros nos han servido mucho al advertirnos contra un patrón demasiado rígido de pensamiento lineal. Pero usado en este sentido, no es claro que el «material midrásico» no pueda ser histórico.

5. Una objeción al respecto insiste en que estas historias «no son principalmente didácticas sino kerigmáticas» (Davies, *Setting*, p. 67), que se presentan como proclamas de la verdad de la persona de Jesús pero no como información objetiva. La rígida dicotomía entre proclamación y enseñanza no es tan defendible como cuando C.H. Dodd la propuso primero (ver en 3:1). Más aun, podemos sencillamente preguntar qué pretenden proclamar las proclamas. Si las historias expresan el aprecio de los primeros cristianos por Jesús, ¿qué precisamente apreciaban? Mateo no dice en los capítulos 1—2 algo vago como «Jesús era tan maravilloso que debió haber un toque de divinidad en él», sino más bien «Jesús es el Mesías prometido de la descendencia de David, y es "Emanuel", "Dios con nosotros", porque su nacimiento fue consecuencia de la intervención sobrenatural de Dios, que convirtió a Jesús en el mismísimo Hijo de Dios; y que sus primeros meses estuvieron sellados por acontecimientos extraños que, a la luz de sucesos posteriores, entreteje un patrón coherente de verdades teológicas y confirmación histórica de la divina providencia en el asunto».

6. Algunos discuten que la manera rebuscada (para nosotros) en que estos capítulos citan el AT muestra poca preocupación por la historicidad. El argumento en contra es seguramente más impresionante: Si los acontecimientos de Mateo 1—2 no se relacionan fácilmente a los textos del AT, esto prueba su credibilidad histórica; porque nadie en sus cinco sentidos inventaría problemáticos episodios de «cumplimiento» para los textos que se están cumpliendo. Estos textos, aunque difíciles, se ajustan a un patrón coherente (cf. Introducción, sección 11.b, y abajo en 1.22-23). Más importante, la presencia de estos textos muestra que Mateo ve a Jesús como alguien que cumple el AT. Esto no solo monta el escenario para algunos de los temas más importantes de Mateo; también significa que el evangelista está funcionando desde una perspectiva en la historia de la salvación que depende de antes y después, de profecía y cumplimiento, de tipo y antitipo, de ignorancia relativa y revelación progresiva. Esto tiene una relación importante con nuestra discusión del midrash, porque independientemente de lo que el midrash pueda ser, no está relacionado con la historia de la salvación ni con estudios de cumplimientos. Añada a las consideraciones precedentes el hecho de que, en los capítulos 1—2, cuando algo se puede comparar contra el antecedente conocido de Herodes el Grande, Mateo prueba ser fidedigno (algunos detalles abajo). Hay buenas razones para tratar los capítulos 1—2 como historia y teología.

Segundo, es necesario mencionar las siguientes consideraciones teológicas:

1. A menudo se ha discutido, y hasta sugerido (e.g., Dinn, *Christology*, pp. 49-50), que los conceptos «concepción virginal» y «preexistencia» aplicados a la persona de Jesús son mutuamente exclusivos. Ciertamente es difícil entender cómo un ser divino se pudo volver genuinamente humano por medio de un nacimiento ordinario. Sin

embargo, no hay motivos lógicos ni teológicos para pensar que la concepción virginal y la preexistencia se excluyen entre sí.

2. Relacionada con esta está la teoría de R.E. Brown (*Birth of Messiah*, pp. 140-41), que propone una cristología en reverso. Sostiene que los cristianos primitivos enfocaron primero su atención en la resurrección de Jesús, la cual percibían como el momento de la instalación de él en el papel mesiánico. Luego con más reflexión forzaron hacia atrás el tiempo de su instalación hasta su bautismo, luego a su nacimiento, y finalmente a una teoría relacionada con su preexistencia. Podría haber algo de verdad en esto. Así como los primeros cristianos no captaron de inmediato la relación entre la ley y el evangelio (como demuestra ampliamente el libro de Hechos), su comprensión de Jesús sin duda maduró y se profundizó con el tiempo y más revelación. Pero la teoría depende a menudo de una reconstrucción rígida y falsa de la historia de la Iglesia primitiva (cf. Introducción, sección 2) y fecha los documentos, contra otra evidencia, basándose en esta reconstrucción. Peor aun, en manos de algunos transforma el entendimiento de los discípulos en realidad histórica: es decir, Jesús no tuvo preexistencia ni su nacimiento fue virginal, pero sus seguidores progresivamente predicaron de él estos asuntos. La evidencia evangélica de que Jesús entendía que era preexistente es entonces fácilmente rechazada como tardía e inauténtica. El método es de dudoso valor.

Mateo, a pesar de su firme insistencia en la concepción virginal de Jesús, incluye varias alusiones ocultas a la preexistencia de Jesús; y no existe razón para pensar que él encontrara incompatibles los dos conceptos. Además, R.H. Fuller («The Conception/Birth of Jesus as a Christological Moment», *Journal for the Study of the New Testament* 1, 1978, 37-52) ha mostrado que el tema de la concepción y nacimiento virginal en el NT está a menudo conectado con el tema «el envío del Hijo», el cual (contrario a Fuller) en muchos lugares ya presupone la preexistencia del Hijo.

3. En estos capítulos tenemos al Rey Mesías que llega ante su pueblo en una relación de pacto. El punto está bien establecido, aunque ocasionalmente exagerado, por Nolan, quien habla del «pacto cristológico real».

4. Es notable que el título «Hijo de Dios», importante después en Mateo, no se encuentre en Mateo 1—2. Quizá aceche detrás de 2:15. Sin embargo, sería falso discutir que Mateo no conecta el nacimiento virginal con el título «Hijo de Dios». Mateo 1—2 sirve como prólogo finamente escrito para todo tema importante en el evangelio. Por tanto, debemos entender que Mateo nos está diciendo que si Jesús es físicamente hijo de María y legalmente hijo de José, en un nivel aun más básico es Hijo de Dios; Mateo concuerda en esto con la afirmación de Lucas (1:35). La doble paternidad, una legal y otra divina, es ambigua (cf. Cyrus H. Gordon, «Paternidad en dos niveles», JBL 96, 1977, 101).

18 La palabra traducida «nacimiento» es, en los mejores mss. (cf. Notes), la que se tradujo «genealogía» en 1:1. Maier prefiere «historia» de Jesucristo, tomando la frase para referirse al resto del evangelio. Pero es mejor tomar la palabra para darle el significado de «nacimiento» u «orígenes» en el sentido de inicios de Jesús el Mesías. Aun una cristología bien desarrollada no querría lanzar al hombre «Jesús» y su nombre a un estado preexistente (cf. 1:1). El juramento nupcial ataba legalmente. Solo una orden judicial podía disolver el matrimonio, y la infidelidad en esa etapa se consideraba adulterio (cf. Dt 22:23-24; Moore, *Judaism*, 2:121-22). El matrimonio en sí se realizaba cuando el novio (ya llamado «esposo», 1:19) ceremoniosamente llevó a la novia a su hogar (vea 15:1-13). María aquí aparece discretamente. Aunque al comparar los relatos del evangelio obtenemos una imagen de ella, no figura casi nada en Mateo.

«Antes de unirse a él» (*prin e suneldsein autous*) en el griego clásico en ocasiones se refiere al acto sexual (LSJ, p. 1712); en los otros treinta casos de *sunerjomai* en el NT no hay, sin embargo, insinuación sexual. Pero aquí se refiere a la unión sexual que ocurre cuando en el matrimonio formal la «esposa» se va a vivir con su «esposo». Solo entonces era adecuado el acto sexual. La frase afirma que el embarazo de María fue descubierto mientras aun estaban comprometidos, y el contexto presupone que tanto María como José habían sido castos (cf. McHugh, pp. 157-63; y para las costumbres de aquellos día, M *Kiddushin* [«Betrothal»] y M *Ketubot* [«Marriage Deeds»]).

El que «se hallara» que María estaba encinta no sugiere un intento de ocultarlo sino solo que su embarazo se hizo obvio. Este embarazo ocurrió por obra del Espíritu Santo (aun más destacado en la narración de Lucas). No hay insinuación de apareamiento pagano de deidad con humano en términos físicos de mal gusto. Al contrario, el poder del Señor, manifestado en el Espíritu Santo que se esperaba activo en la era mesiánica produjo de modo milagroso la concepción.

19 La singular expresión griega en este versículo permite varias interpretaciones. Hay tres importantes.

1. Puesto que José, al enterarse de la concepción virginal, era un hombre justo y no deseaba dejar el asunto al descubierto (i.e., divulgar esta milagrosa concepción), se sintió indigno de continuar su plan de casarse con quien fue tan sumamente favorecida, y planeó retirarse (según Gundry, *Matthew*; McHugh, pp. 164-72; Schlatter). Esto supone que María le contó a José acerca de la concepción. Sin embargo, el modo lógico de leer los vv. 18-19 es que José supo la condición de su prometida cuando esta se volvió inequívoca, no cuando ella se lo dijo. Además, los razonamientos del ángel para que José siguiera adelante con el matrimonio (v. 20) supone (contrario a Zerwick, par. 477) que José no conocía de la concepción virginal.

2. Puesto que José era un hombre justo, y debido a que no quería exponer a María a la vergüenza pública, propuso un divorcio discreto. El problema con esto es que «justo» no está definido según la ley del AT, sino que se toma en el sentido de «compasivo», «no dado a venganza apasionada», o incluso «bueno» (cf. 1 S 24:17). Pero este no es su sentido normal. En sentido estricto, la justicia concebida en las recomendaciones mosaicas exigía algún tipo de acción.

3. Como José era un hombre justo, en consecuencia no podía casarse a conciencia con María, a quien ahora creía infiel. Además, como tal matrimonio habría sido una admisión tácita de la propia culpa de José, y también como él no estaba dispuesto a exponerla a la vergüenza del divorcio público, escogió una manera más discreta, permitida por la misma ley. Todo el rigor de la ley pudo haber llevado al apedreamiento

de María, aunque esto casi no se realizaba en el primer siglo. Sin embargo, un divorcio público era posible, aunque aparentemente José no estaba dispuesto a exponer a María a tal escándalo. La ley también tenía en cuenta el divorcio ante dos testigos (Nm 5:11-31, interpretado como en M *Sotah* 1:1-5; cf. David Hill, «A Note on Matthew i.19», ExpT 76, 1964-65, 133-34; más bien similar, A. Tosato, «Joseph, Being a Just Man» [Mt 1:19], CBQ 41, 1979, 547-51). Eso fue lo que José decidió. Así dejaba intactas tanto su justicia (conformidad a la ley) como su compasión.

20 José intentó solucionar su dilema de la manera que le parecía mejor. Solo entonces Dios interviene en un sueño. Los sueños como medios de comunicación divina en el NT están concentrados en el prólogo de Mateo (1:20; 2:2, 13, 19, 22; posiblemente también en 27:19 y Hch 2:17). Un «ángel del Señor» (cuatro veces en el prólogo: 1:20, 24; 2:13, 19) trae a la mente mensajeros divinos de tiempos pasados (e.g., Gn 16:7-14, 22:11-18; Éx 3:2—4:16), en las cuales no siempre fue claro si el «mensajero» (el significado de *angelos*) celestial era una manifestación de Jehová. Más comúnmente aparecían como hombres. No debemos asociar las pinturas medievales con la palabra «ángel» ni con el estilizado querubín de Apocalipsis 4:6-8. Se trata de la misericordiosa intervención de Dios y el mensaje privado que porta el mensajero, no de los detalles de angelología y su panorámica de historia comunes en la literatura apocalíptica judía (Bonnard).

Las palabras iniciales del ángel, «José, hijo de David», unen este pasaje a la genealogía anterior, mantienen el interés en el tema del Mesías davídico, y, desde la perspectiva de José, lo alerta a la importancia del papel que ha de jugar. La prohibición, «no temas», confirma que José ya había decidido su rumbo cuando Dios intervino. Debía «recibir» a María como su esposa —una expresión que principalmente refleja costumbres matrimoniales de la época, sin excluir el acto sexual (cf. TDNT, 4:11-14, para otros usos del verbo)— porque el embarazo de ella fue la acción directa del Espíritu Santo (una razón que hace absurdo el intento de James Lagrand [«How Was the Virgin Mary "like a man…"»? observación sobre Mt i 18b y relacionada con textos cristianos siríacos», NovTest 22, 1980, 97-107] para hacer la referencia al Espíritu Santo en 1:18, *ek pneumatos jagiou* [«por obra del Espíritu Santo»], significa que María dio a luz «como un hombre, por voluntad»).

21 Sin duda fue gracia divina esa cooperación de María solicitada ante de la concepción, y la cooperación de José después de la concepción. José es atraído al misterio de la encarnación. En tiempos patriarcales una madre (Gn 4:25) o un padre (Gn 4:26; 5:3; cf. R.E. Brown, *Birth of Messiah*, 130) podían poner nombre a un hijo. Según Lucas 1:31, a María se le dio el nombre de Jesús; pero a José se le dio tanto el nombre como la razón del mismo. El griego es literalmente «llamarás su nombre Jesús», y es extraño tanto para el castellano como para el griego. Este no solo es un semitismo (BDF, par. 157[2]; la expresión se repite en 1:23, 25; Lucas 1:13, 31) pero también usa el futuro indicativo (*kaleseis*, lit., «llamarás») con fuerza imperativa, y de ahí el uso de NVI: «Le pondrás por nombre Jesús». Esta construcción es muy rara en el NT, excepto donde se está citando la LXX; el efecto es dar al versículo un fuerte matiz del AT.

«Jesús» (*Iesous*) es la forma griega de «Josué» (cf. gr. de Hch 7:45; Heb 4:8), la cual, sea en la forma larga *yejosua* («Jehová es salvación», Éx 24:13), o en una de las formas cortas *yesúa* («Jehová salva», Neh 7:7), identifica al Hijo de María como quien trae la prometida salvación escatológica de Jehová. Hay varios Josué en el AT, al menos dos de ellos no muy importantes (1 S 6:14; 2 R 23:8). Otros dos, no obstante, se usan en el NT como tipos de Cristo: Josué, sucesor de Moisés y quien guió al pueblo a la tierra prometida (y prototipo de Cristo en Heb 3—4), y el sumo sacerdote Josué o Jesúa, contemporáneo de Zorobabel (Esdras 2:2; 3:2-9; Neh 7:7), «el Renuevo» que edifica el templo del Señor (Zac 6:11-13). Pero en vez de referirse a uno de estos, el ángel explica el significado del nombre citando Salmos 130:8: «Él [Jehová] mismo redimirá a Israel de todos sus pecados» (cf. Gundry, *Use of OT*, pp. 127-28).

Había mucha expectativa judía de un Mesías que «redimiera» a Israel de la tiranía romana, y que hasta purificara a su pueblo, sea por decreto o por apelación a la ley (e.g., Sl Sal 17). Pero no había expectativa de que el Mesías davídico diera su propia vida como rescate (20:28) para salvar a su pueblo de sus pecados. El verbo «salvar» se puede referir a liberación del peligro físico (8:25), de enfermedad (9:21-22), o incluso de la muerte (24:22); en el NT se refiere comúnmente a la completa salvación inaugurada por Jesús, que será consumada a su regreso. Aquí se enfoca en lo que es central; es decir, salvación de pecados; porque en la perspectiva bíblica el pecado es la causa básica (aunque no siempre inmediata) de todas las demás calamidades. Este versículo orienta por lo tanto al lector hacia el propósito fundamental de la venida de Jesús, y de la naturaleza esencial del Reino que él inaugura como el Rey Mesías, heredero del trono de David (cf. Ridderbos, pp. 193 y sig.).

Aunque para José «su pueblo» serían los judíos, hasta él entendía del AT que algunos judíos caerían bajo el juicio de Dios, mientras otros se convertirían en el remanente piadoso. En todo caso, no pasa mucho antes de que Mateo diga que tanto Juan el Bautista (3:9) como Jesús (8:11) vislumbran a los gentiles uniéndose al remanente piadoso para convertirse en discípulos del Mesías y miembros de «su pueblo» (ver en 16:18; cf. Gn 49:10; Tit 2:13-14; Ap 14:4). Las palabras «su pueblo» están por ende llenas de significado que se revela a medida que se desarrollan los evangelios. Se refieren al «pueblo del Mesías».

22 Aunque la mayoría de las versiones cierran los comentarios del ángel en el v. 21, hay buenas razones para pensar que siguen hasta el final del v. 23, o al menos hasta el fin de la palabra «Emanuel». Esta fórmula particular de cumplimiento se da solo tres veces en Mateo: aquí; 21:4; 26:56. En la última es lógico tomarla como parte de las palabras pronunciadas por Jesús (cf. 26:55); y esto es posible, aunque menos probable, en 21:4. Los patrones de Mateo son bastante coherentes. Por tanto, no es forzado extender también la cita hacia el final de 1:23. (BJ reconoce la coherencia de Mateo al finalizar las palabras de Jesús en 26:55, ¡haciendo de 26:55 un comentario de Mateo!) Esto es más convincente cuando recordamos que solo estas tres fórmulas de cumplimiento usan el perfecto *gegonen* (NIV «sucedió») en vez del esperado aoristo. Algunos toman el verbo como un ejemplo de una perfecta posición para un aoristo (como en BDF, par. 343, pero esta es una clasificación discutida). Otros creen que significa que el acontecimiento «permanece registrado» en la tradición cristiana permanente (McNeile; Moule, *Idiom Book*, p. 15); aun otros lo toman como una señal estilística de que Mateo mismo introdujo el pasaje que se cumplía (Rothfuchs, pp. 33-36). Peri si sostenemos que Mateo afirma que el ángel dice las palabras, entonces lo ideal es su fuerza normal: «Todo esto sucedió» (cf. esp. Fenton; cf. también Stendhahl, Peake; B. Weiss, *Das Matthäus-Evangelium*, Vandenhoeck und Ruprecht, Göttingen, 1898; Zahn).

R.E. Brown (*Birth of Messiah*, p. 144, n. 31) objeta que en ninguna parte de las Escrituras un ángel cita la Escritura de esta forma; sin embargo, del mismo modo, en ninguna parte de las Escrituras hay un nacimiento virginal de esta forma. Mateo sabía que Satanás puede citar las Escrituras (4:6-7); quizá no haya pensado que era extraño que un ángel lo hiciera. A las objeciones de Broadus, de que el ángel estaría en ese caso anticipándose a un suceso que aun no ha ocurrido, y que es extraño que use un lenguaje de cumplimiento, les falta peso; porque la concepción ha ocurrido, y el embarazo ya está avanzado, aunque el nacimiento aun no ha ocurrido. José debe haber sabido a esas alturas que «todo esto sucedió» para cumplir lo que el Señor había dicho por boca del profeta. El argumento de más peso es el pretérito perfecto.

La última cláusula se formula con exquisito cuidado, literariamente, «lo que el Señor había dicho por [*jupó*] medio [*diá*] del profeta». Las preposiciones distinguen entre el agente mediador y el intermedio (RHG, p. 636), lo que presupone una visión de la Escritura como la de 2 Pedro 1:21. Mateo usa el verbo «cumplir» (*pleroo*) principalmente en sus propias fórmulas de cumplimiento (1:22; 2:15, 17, 23; 4:14; 8:17; 12:17; 13:35; 21:4; 26:56; 27:9; cf. 26:54) pero también en algunos otros contextos (3:15; 5:17; 13:48; 23:32). (Sobre la comprensión de Mateo sobre el cumplimiento, y sobre los orígenes de sus textos de cumplimiento, cf. 5:17-20 e Introducción, sección 11.b.)

Aquí hay que hacer dos observaciones. Primero, que la mayoría de citas del AT son bastante fáciles de entender, pero las excepciones difíciles a veces han tendido a aumentar la dificultad de las fáciles. Los casos difíciles malogran la teología del mismo modo que la ley mala. Segundo, que Mateo no está sacando textos de sus contextos del AT porque necesita encontrar una profecía y declarar un cumplimiento. Hay principios de discernimiento que gobiernan sus decisiones; y el más importante es que encuentra en el AT no solo predicciones aisladas en cuanto al Mesías sino también la historia y el pueblo del AT como paradigmas que, para quienes puedan ver con sus ojos, señalan hacia el Mesías (e.g., vea 2:15).

23 Este versículo, sobre el cual la literatura es innumerable, es razonablemente claro en su contexto aquí en Mateo. María es la virgen; Jesús es su hijo, Emanuel. Pero debido a que esta es una cita de Isaías 7:14, surgen complejos asuntos relacionados con el uso que Mateo hace del AT.

La evidencia lingüística no es determinante como algunos creen. La palabra hebrea *almá* no precisamente equivale a la palabra castellana «virgen» (NVI), en la cual todo el enfoque está en la falta de experiencia sexual; tampoco equivale precisamente a «mujer joven», en la cual el enfoque está en la edad sin referencia a experiencia sexual. Muchos prefieren la traducción «joven mujer en edad casamentera». Sin embargo, la mayoría de los pocos casos en el AT se refieren a una joven de edad casamentera que también es virgen. El pasaje más discutido es Proverbios 30:19: «El rastro del hombre en la *mujer*». Aquí el enfoque de la palabra seguramente no está en la virginidad. Algunos afirman que aquí la mujer quizá no puede ser virgen; otros (ver esp. E.J. Young, *Studies in Isaiah*, Tyndale, Londres, 1954, pp. 143-98; Richard Niessen, «La virginidad de la עַלְמָה en Isaías 7:14», BS 137, 1980, 133-50) insisten que Proverbios 30:19 se refiere a un hombre joven que corteja y consigue una joven que aun es virgen.

Aunque es justo decir que la mayoría de los casos presuponen que la *almá* es una virgen, debido a Proverbios 30:19, no se puede tener la seguridad de que la palabra signifique necesariamente eso. Lingüistas han demostrado que los argumentos etimológicos (revisados por Niessen) tienen poca vigencia. Young sostiene que Isaías escoge *almá* porque la alternativa más probable (*betulá*) se puede referir a una mujer casada (Joel 1:8 se cita comúnmente; Young está apoyado por Gordon J. Wenham, «*Bethulah*, "A Girl of Marriageable Age"» , VetTest 22 1972, 326-29). Otra vez, el argumento lingüístico no es tan claro como podría parecer. Tom Wadsworth («¿Is there a Hebrew Word for Virgin? *Bethulah* in the Old Testament», *Restoration Quarterly* 23, 1980, 161-71) insiste en que todos los casos de *betulá* en el AT no se refieren a una virgen: la mujer en Joel 1:8, por ejemplo, está comprometida. De nuevo la evidencia es un poco ambigua. En resumen hay una suposición a favor de interpretar *almá* como «joven virgen» o como en Isaías 7:14. Sin embargo, es necesario escuchar otra evidencia.

La LXX interpreta la palabra como *pardsenos*, que casi siempre significa «virgen». Sin embargo, hay excepciones a ella: Génesis 34:4 se refiere a Dina como una *pardsenos*, aun cuando dos versículos antes clarifican que ya no es virgen. Esta clase de información induce a C.H. Dodd («New Testament Translation Problems I», *The Bible Translator* 27, 1976, 301-5, publicado póstumamente) a sugerir que *pardsenos* significa «mujer joven», incluso en Mateo 1:23 y Lucas 1:27. Esto no es suficiente; la abrumadora mayoría de los casos de *pardsenos* tanto en griego bíblico como profano requiere la interpretación «virgen»; y el contexto inequívoco de Mateo 1 (cf. vv. 16, 18, 20, 25) pone la intención de Mateo más allá de discusión, como Jean Carmignac («Significado de *pardsenos* en Lucas 1.27: Una respuesta a C.H. Dodd», *The Bible Translator* 28, 1977, 327-30) pronto señaló. Si, a diferencia de la LXX, las interpretaciones griegas posteriores (siglo segundo d.C.) del texto hebreo de Isaías 7:14 prefieren *neanis* («mujer joven») a *pardsenos* (como Aq., Sim., Teod.), podemos legítimamente sospechar de un esfuerzo consciente por parte de los traductores judíos para evitar la interpretación cristiana de Isaías 7:14.

La pregunta crucial es cómo debemos entender Isaías 7:14 en su relación con Mateo 1:23. De las muchas sugerencias, cinco merecen mención.

1. Hill, J.B. Taylor (Douglas, *Bible Dictionary*, 3:1625), y otros apoyan el argumento de W.C. van Unnik («Dominun Vobiscum», *New Testament Essays* [Ensayos del NT], ed. A.J.B. Higgins, University Press, Manchester, 1959, pp. 270-305), quien afirmó que Isaías quiso decir que una joven mujer llamó a su hijo Emanuel como tributo a la presencia y liberación de Dios, y que el pasaje se aplica a Jesús porque Emanuel se ajusta a su misión. Esto no toma muy en serio la «señal» (Isaías 7:11, 14); en el v. 11 se espera algo espectacular. Tampoco considera de modo adecuado el lapso (vv. 15-17). Además, supone un vínculo muy casual entre Isaías y Mateo.

2. Muchos otros toman a Isaías como si dijera que una joven —una virgen en el momento de la profecía (Broadus)— tendría un hijo, y que antes de que este llegara a la edad del juicio (quizá menos de dos años desde la época de la profecía), Acaz sería liberado de sus enemigos. Mateo, como escritor inspirado, ve un cumplimiento posterior en Jesús; y debemos aceptarlo por la autoridad de Mateo. W.S. LaSor cree que esto proporciona apoyo canónico a un enfoque de *sensus plenior* («sentido más completo») hacia la Escritura («El *sensus plenior* y la interpretación bíblica», *Scripture, Tradition, and Interpretation*, edd. W. Ward Gasque y William S. LaSor, Eerdmans, Grand Rapids, 1978, 271-72). Además de varias deficiencias al interpretar Isaías 7:14-17 (e.g., la condición sobrenatural de la señal en 7:11 no se continuó en 7:14), esta posición es intrínsecamente inestable pues, o pretende una conexión más profunda entre Isaías y Mateo, o menos confianza en la autoridad de Mateo. Hendriksen (p. 140) sostiene que la destrucción de Rezín y Pecaj fue una señal clara de que se estaba protegiendo la descendencia del Mesías. Pero esto equivale a dar por supuesto, sin garantía textual, dos señales —la del hijo y la de la liberación— y presupone que Acaz tenía notable sagacidad teológica para reconocer la señal posterior.

3. Muchos comentaristas (esp. los de mayor edad; e.g., Alexander, Hengstenberg, Young) rechazan cualquier noción de doble cumplimiento, y dicen que Isaías 7:14 se refiere exclusivamente a Jesucristo. Esto hace justicia a la expectativa de una señal milagrosa, al significado de «Emanuel», y al significado más probable de *almá* y *pardsenos*. Pero hace más difícil la relación de una señal para Acaz. Parece poco sólido decir que antes de un período equivalente al tiempo entre la concepción de Jesús (la de Emanuel) y su llegada a la edad del juicio los enemigos de Acaz serían destruidos. La mayoría de los comentaristas en este grupo insisten en que hay un elemento milagroso en «señal» (v. 11). Pero aunque el nacimiento de Emanuel es milagroso, ¿de qué modo es milagrosa la «señal» dada a Acaz?

4. Algunos han sostenido, más recientemente Gene Rice («A Neglected Interpretation of the Immanuel Prophecy», ZAW 90, 1978, 220-27), que Emanuel representa en Isaías 7:14-17 al remanente justo —Dios está «con ellos»— y que la madre es Sion. Esto podría aplicarse con justicia a Jesús y María en Mateo 1:23, pues la historia personal de Jesús parece recapitular en algo la historia nacional de los judíos (cf. 2:15; 4:1-4). Sin embargo, esto parece rebuscado. ¿Habría entendido Acaz las palabras de modo tan metafórico? Además, aunque a veces Jesús parece representar a Israel, es dudoso que los escritores del NT pensaran alguna vez que María representa a Sion.

5. El punto de vista más verosímil es el de J.A. Motyer («Context and content in the interpretation of Isaiah 7:14», *Tyndale Bulletin* 21, 1970, 118-25). Esta es una forma modificada de la tercera interpretación, y depende en parte de reconocer una característica fundamental en Isaías. Las señales en el AT podrían servir como un «persuasor presente» (e.g., Éx 4:8-9) o como «confirmación futura» (e.g., Éx 3:12). Isaías 7:14 no se refiere al último caso porque el nacimiento de Emanuel llega demasiado tarde para ser un «persuasor presente». La «señal» (v. 11) indica principalmente amenaza y premonición. Acaz ha rechazado el misericordioso ofrecimiento del Señor (vv. 10-12), e Isaías responde con ira (v. 13). La «cuajada con miel» que Emanuel comerá (v. 15) representa el único alimento dejado en la tierra en el día de la ira (vv.

18-22). Aun la promesa de la destrucción de Efraín (v. 8) se debe comprender para aceptar una advertencia (v. 9b; Motyer, «Isaiah 7:14», pp. 121-22). Isaías ve una amenaza, no simplemente para Acaz sino para la «dinastía de David» (vv. 2, 13) atrapada en infidelidad. Isaías pronunció su profecía a esta casa infiel. Por consiguiente, el nacimiento de Emanuel sigue a los acontecimientos próximos (esta es una «confirmación futura»), y se llevará a cabo cuando la dinastía davídica haya perdido el trono.

Motyer muestra la estrecha analogía entre el mensaje profético para Judá (7:1—9:7) y el mensaje profético para Efraín (9:8—11:16). A ambos les ha llegado el momento de la decisión cuando la palabra del Señor amenaza con ira (7:1-17; 9:8—10:4), el tiempo de juicio representado por la invasión asiria (7:18—8:8; 10:5-15), la destrucción de los enemigos de Dios pero la salvación de un remanente (8:9-22; 10:16-34), y la promesa de una esperanza gloriosa cuando el monarca davídico reine y traiga prosperidad a su pueblo (9:1-7; 1:1-16). La doble estructura aboga por la unidad coherente entre la profecía de Judá y la de Efraín. Si esto es correcto, Isaías 7:1—9:7 se debe leer como una unidad (e.g., 7:14 no se debe tratar de modo aislado). El prometido Emanuel (7:14) poseerá la tierra (8:8), frustrará a los adversarios (8:10), aparecerá en Galilea de los gentiles (9:1) como una gran luz a los que viven en densas tinieblas (9:2). Él es el Niño e Hijo llamado en 9:6 «Consejero admirable, Dios fuerte, Padre eterno, Príncipe de paz», cuya soberanía y paz durarán para siempre cuando reine eternamente en el trono de David (9:7).

Gran parte de la obra de Motyer se confirmó por medio de un artículo reciente de Joseph Jensen («The Age of Immanuel», CBQ 41, 1979, 220-39; no se refiere a Motyer), quien extiende la verosimilitud de esta estructura al mostrar que Isaías 7:15 se debe tomar en un sentido final; i.e., Emanuel comerá el pan de aflicción para aprender (¡a diferencia de Acaz!) la lección de obediencia. No hay referencia a la «edad del juicio». Además, Jensen cree que 7:16-25 señala la venida de Emanuel solo después de la destrucción de la tierra (6:9-13 sugiere que la destrucción se extiende tanto a Judá como a Israel); que Emanuel y Maher Salal Jasbaz, el hijo de Isaías (8:1), no son la misma persona; y que solo el hijo de Isaías establece un tiempo límite relevante para Acaz.

La discusión anterior era inevitable. Si la opinión de Motyer representa con justicia el pensamiento de Isaías, y si Mateo lo comprendió de este modo, se esparce mucha luz sobre el primer evangelio. El personaje Emanuel en Isaías 7:14 es una figura mesiánica, un punto que Mateo ha captado correctamente. Además, esta interpretación gira en torno a un entendimiento del lugar de la deportación en Isaías 6—12, Mateo ha dividido esta genealogía (1:11-12, 17) precisamente para llamar la atención hacia la deportación. En 2:17-18 vuelve el tema de la deportación. Poco después, cuando Jesús comienza su ministerio (4:12-16), Mateo cita Isaías 9:1-2 que, si la interpretación adoptada aquí es correcta, pertenece adecuadamente a las profecías de Emanuel en Isaías 7:14, 9:6. Poco asombra que tras tales comentarios de Mateo, las próximas palabras de Jesús anunciaran el Reino (4:17; cf. Is 9:7). La referencia de Isaías a la aflicción de Emanuel para aprender obediencia (cf. en Is 7:15 arriba) anticipa la humillación, el sufrimiento y la condición de hijo obediente de Jesús, tema que se repite en este evangelio.

Esta interpretación también explica parcialmente el interés de Mateo en el linaje davídico; y fortalece una fuerte interpretación de «Emanuel». La mayoría de eruditos (e.g.,

Bonnard) suponen que este nombre en Isaías refleja una esperanza de que Dios se presentaría en su pueblo («Emanuel» se deriva de *immanuel*, «Dios con nosotros»); y aplican el nombre a Jesús de modo similar, para expresar que Dios está con nosotros, y por nosotros, gracias a Jesús. Pero si Emanuel en Isaías es una figura mesiánica entre cuyos títulos está «Dios fuerte», hay motivo para pensar que «Emanuel» se refiere a Jesús mismo, que él es «Dios con nosotros». El uso de Mateo de la preposición «con» al final de 1:23 favorece esto (cf. Fenton, «Matthew 1:20-23», p. 81). Aunque «Emanuel» no es un nombre en el sentido en que «Jesús» es el nombre del Mesías (1:21), en el AT a Salomón se le llamó «Jedidías» («amado de Jehová», 2 S 12:25), aunque aparentemente nunca se le llamó así. De modo similar, Emanuel es un «nombre» en el sentido de título o descripción.

Ninguna bendición mayor se puede concebir que el que Dios more con su pueblo (Is 60:18-20; Ez 48:35; Ap 21:23). Jesús es el único llamado «Dios con nosotros», designación que evoca Juan 1:14, 18. Como si eso no fuera suficiente, Jesús promete exactamente antes de su ascensión estar con nosotros hasta el fin del mundo (28:20; cf. también 18:20), cuando regrese para hacer partícipe a su pueblo del banquete mesiánico (25:10).

Si «Emanuel» está correctamente interpretado en este sentido, la pregunta que debe surgir es si «Jesús» (1:21) debe recibir el mismo tratamiento. ¿Significa «Jesús» («Jehová salva») que el Hijo de María simplemente trae la salvación de Jehová, o es Jesús mismo en cierto sentido el Jehová que salva? Si «Emanuel» sugiere la más alta cristología, no es inverosímil que Mateo vea lo mismo en «Jesús». Lo menos que podemos decir es que Mateo no vacila en aplicar directamente a Jesús pasajes del AT que describen a Jehová (cf. en 3:3).

La cita que hace Mateo de Isaías 7:14 es muy parecida a la de la LXX; pero él cambia «le pondrás por nombre» a «y lo llamarán». Esto podría reflejar una interpretación del hebreo original, si 1QIs^a está adecuadamente señalado (cf. Gundry, *Use of OT*, p. 90). Pero aquí hay más: Las personas cuyos pecados Jesús perdona (1:21) son las que con gusto lo llamarán «Dios con nosotros» (cf. Frankemölle, pp. 17-19).

24-25 Cuando José despertó (de dormir, no de su sueño), «recibió a María por esposa» (v. 24; la misma expresión de 1:20). En todo Mateo 1—2 se repite el patrón de la intervención soberana de Dios, seguida por la respuesta de José o de los sabios. Aunque la historia se narra en forma sencilla, la obediencia y la sumisión de José en estas circunstancias es apenas menos sorprendente que la de María (Lucas 1:38).

Mateo quiere hacer bastante inequívoca la concepción virginal de Jesús, porque añade que José no tuvo unión sexual con María (lit., no la «conoció», un eufemismo del AT) hasta que dio a luz a Jesús (v. 25). La cláusula «hasta» naturalmente significa que María y José disfrutaron relaciones conyugales normales después del nacimiento de Jesús (cf. más adelante en 12:46; 13:55). Al contrario de McHugh (p. 204), el término imperfecto *eginosken* («no la conoció») no insinúa un celibato continuado después del nacimiento de Jesús, sino que resalta la fidelidad del celibato hasta el nacimiento de Jesús.

De modo que nació el Emanuel concebido virginalmente. Y ocho días después, cuando llegó el momento de ser circuncidado (Lucas 2:21), José lo llamó Jesús.

Notas

18 Algunos mss. tienen γέννεσις (*génnesis*, «nacimiento») en vez de γένεσις (*génesis*, «nacimiento», «origen», o «historia»): las dos palabras se confunden con facilidad tanto ortográficamente como, en sistemas primitivos de pronunciación, fonéticamente. La primera palabra es común en los Padres al referirse a la Navidad, y es similar a γεννάω (*gennáo*, «yo engendro»); por eso transcripcionalmente es menos probable que sea original.

El δέ (*de*, «pero») al principio del versículo es sin duda un adversativo moderado. Todas las generaciones anteriores se han enumerado, «pero» el nacimiento de Jesús hereda una clase propia.

Οὗτος (*joutos*, «por tanto») con el verbo ἦν (*jen*, «fue») es extraño y aquí equivale a τιοαύτεη (*toiaúte*, «de este modo»; cf. BDF, par. 434, 2).

«Espíritu Santo» no es unido, lo que es común en los evangelios; y en ese caso el orden de la palabra es siempre πνεῦμα ἅγιον (*pneuma jagion*). Cuando se usa el artículo, hay aproximadamente una distribución pareja entre τὸ ἅγιον πνεῦμα (*to jagion pneuma*, «Espíritu Santo») y τὸ πνεῦμα τὸ ἅγιον (*to pneuma to jagion*, «Espíritu el Santo»); cf. Moule, *Libro de modismos*, p. 113.

19 En δίακιος ὢν και μὴ θέλον (*díkaios on kai me dsélon*, lit., «ser justo y no dispuesto»; NVI, «un hombre justo y no quería»), no parece posible tomar el primer participio de modo que exprese concesión (i.e., «aunque un hombre justo») debido a *kai*; los dos participios se deben tomar como coordenados.

20 Ἰδου (*idou*, «contemplar») aparece por vez primera de las sesenta y dos veces en Mateo. A menudo presenta sorprendente acción (Schlatter), o sirve para despertar interés (Hendriksen); pero es tan común que a veces parece no tener fuerza en absoluto (cf. Moulton, *Prolegomena*, p. 11; E.J. Pryke, «*ΙΔΕ* y *ΙΔΟΥ*», NTS 14, 1968, 418-24.

21 El sustantivo ἁμαρτία (*jamartía*, «pecado») aparece en 3:6; 9:2, 5-6; 12:31; 26:38; ἁμαρτανω (*jamartano*, «peco») se encuentra en 18:15, 21; 27:4; y ἁμαρτωλός (*jamartolós*, «pecador») en 9:10-11, 13; 11:19; 26:45.

22 Al contrario de Moule (*Idiom Book*, p. 142), la cláusula ἵνα (*jína*, «para» o «con el resultado de que») no es ecbática (consecutiva). Aunque en el griego del NT *jína* no siempre es télica, la misma idea de cumplimiento presupone un plan que abarca todo; y de haber tal plan es difícil imaginar a Mateo diciendo no más que eso y aquello se llevó a cabo con el resultado que las Escrituras se cumplieron, a menos que la Mente detrás del plan no tuviera para efectuarlo… lo cual a las claras es contrario al pensamiento de Mateo.

C. Visita de los sabios

2:1-12

¹Después de que Jesús nació en Belén de Judea en tiempos del rey Herodes, llegaron a Jerusalén unos sabios procedentes del Oriente.

²—¿Dónde está el que ha nacido rey de los judíos? —preguntaron—. Vimos levantarse su estrella y hemos venido a adorarlo.

³Cuando lo oyó el rey Herodes, se turbó, y toda Jerusalén con él. ⁴Así que convocó de entre el pueblo a todos los jefes de los sacerdotes y maestros de la ley, y les preguntó dónde había de nacer el Cristo.

⁵—En Belén de Judea —le respondieron—, porque esto es lo que ha escrito el profeta:

⁶»"Pero tú, Belén, en la tierra de Judá,
de ninguna manera eres la menor entre los principales
de Judá;
porque de ti saldrá un príncipe
que será el pastor de mi pueblo Israel."

⁷Luego Herodes llamó en secreto a los sabios y se enteró por ellos del tiempo exacto en que había aparecido la estrella. ⁸Los envió a Belén y les dijo:

—Vayan e infórmense bien de ese niño y, tan pronto como lo encuentren, avísenme para que yo también vaya y lo adore.

⁹Después de oír al rey, siguieron su camino, y sucedió que la estrella que habían visto levantarse iba delante de ellos hasta que se detuvo sobre el lugar donde estaba el niño. ¹⁰Al ver la estrella, se llenaron de alegría. ¹¹Cuando llegaron a la casa, vieron al niño con María, su madre; y postrándose lo adoraron. Abrieron sus cofres y le presentaron como regalos oro, incienso y mirra. ¹²Entonces, advertidos en sueños de que no volvieran a Herodes, regresaron a su tierra por otro camino.

Pocos pasajes han recibido más interpretaciones diversas que este (cf. W.A. Schulze, «Zur Geschichte der Auslegung von Matth. 1,1-12», *Theologische Zeitschrift* 31, 1975, 150-60; M. Hengel y H. Merkel, «Die Magier aus dem Osten un die Flucht nach Ägypten (Mt 2) im Rahmen der antiken Religionsgeschichte und der Theologie des Matthäus», en Hoffmann et al., pp. 139-69). Más o menos durante los últimos cien años tal diversidad ha surgido a veces de una renuencia a aceptar los detalles sobrenaturales, o toda la historia, como históricamente ciertos. Por tanto, se hace necesario hallar motivo teológico para crear el pasaje. E. Nellessen (*Das Kind und seine Mutter*, KBW, Stuttgart, 1969), aunque exacto en sus observaciones teológicas, sostiene que el evangelista ha fusionado y mejorado dos leyendas palestinas (y probablemente galileas). Igual piensa Soarés Prabhu, pp. 261-93.

Muchos (e.g., Gundry, Hill, Schweizer) suponen que las citas del AT constituyeron por sí solas una colección de testimonios en cuanto a Jesús, antes de que Mateo (o la Iglesia de donde provino) las adornara con narraciones midrásicas para crear nuestro Mateo 2. Las narraciones tienen dudosos vínculos con la historia. La verdadera importancia es teológica, para mostrar que el Mesías nació en Belén como se predijo, que su aparición provocó hostilidad judía pero ganó la aceptación gentil (los sabios), y por sobre todo creó un contraste entre Moisés y Jesús.

La tradición judía tiene gran riqueza en narraciones acerca de que los astrólogos del faraón sabían que la madre del futuro libertador de Israel estaba encinta, que hubo una matanza (por ahogamiento) de todos los niños judíos y egipcios en los nueve meses siguientes, que la casa en que Moisés nació se llenó de gran luz, etc. Por consiguiente, Mateo pudo haber tratado de mostrar la importancia de Jesús al atribuir a su nacimiento efectos parecidos y tal vez más grandiosos. Estas historias acerca de Moisés se preservan como auténticas en el midrash rabino sobre Éxodo 1, una recopilación del siglo ocho d.C. Sus raíces, sin embargo, se remontan hasta el primer siglo (Jos. Antig. II, 205-7, 15-16 [ix. 2-3]; cf. también Tárg. j sobre Éx 1:15; y Davies, *Setting*, pp 78-82, para otras insinuaciones veladas a Moisés en Mt 1—2).

Esta reconstrucción tiene muchas debilidades. La existencia independiente de testimonios recopilados no es segura. No hay evidencia de midrash escritos en esa colección diversa de textos (¡si es que alguna vez existió tal colección!). Es falsa la presupuesta antítesis entre teología e historia; aparentemente Mateo registra historia para poner de manifiesto su significado teológico y su relación con las Escrituras. Mateo escribe a época tan temprana que si Jesús no hubiera nacido en Belén, esta afirmación se habría cambiado. Estamos hablando de décadas, no del milenio y medio que separan a Moisés de Josefo.

Las narraciones del primer siglo acerca de deducciones astrológicas relacionadas con el nacimiento de Augusto César (Suetonio, *De Vita Caesarum*, 94), de las visitas de partanos a Nerón (Cicerón, *De Divinatione*, 1.47), o del nacimiento de Moisés (arriba) podrían sugerir que Mateo 2:1-12 es un invento; pero también pueden atestiguar el predominio de la astrología, y el hecho de que sin duda algunas de tales visitas ocurrieron en el mundo antiguo. Por eso tales relatos pudieran establecer la veracidad del pasaje. Más importante aun, la mayoría de los lectores de las narraciones sobre el nacimiento de Moisés (e.g., en Jos.) las consideraban casi siempre como verdaderas; y no cabe duda (contrario a Gundry) de que Mateo quería que sus historias acerca de Jesús se tomaran del mismo modo. De ser así, cabe la posibilidad de sostener que Mateo mismo estuviera engañado, o que quisiera engañar. Lo que no podemos hacer es sostener que escribió de una forma que se sabía que estaba divorciada de la realidad histórica. En cualquier caso, el telón de fondo sugerido —relatos acerca del nacimiento de Moisés— no es muy acertado; un estudio profundo muestra que la matriz teológica del prólogo se centra en Jesús como Rey davídico e Hijo de Dios (cf. esp. Nolan; Kingsbury, *Matthew*), no como el nuevo Moisés, de quien las alusiones son pocas e inexplícitas.

Por supuesto, Mateo no registra únicamente acontecimientos sin significado. Escribe para desarrollar su tema sobre el cumplimiento de las Escrituras (¿no había prometido Dios que las naciones serían guiadas por la luz del Mesías [Is 60:3]?); para declarar el cuidado sobrenatural y providencial de su Hijo nacido virginalmente; para anticipar las hostilidades, el resentimiento y el sufrimiento que enfrentaría; y para dar a entender el hecho de que los gentiles serían guiados a su Reino (cf. Is 60:3; Nellessen, *Das Kind*, p. 120, compara con agudeza 8:11-12; cf. 28:16-20). Los sabios serán como los hombres de Nínive que se levantarán en el juicio, y condenarán a quienes, a pesar de su privilegio de mayor luz, no recibieron al Mesías prometido ni se sometieron a su Reino (12:41-42).

1 Belén, lugar cerca del cual Jacob enterró a su Raquel (Gn 35:19), y Rut conoció a Booz (Rt 1:22—2:6), era sobre todo el pueblo donde David nació y creció. Para los cristianos se ha convertido en el sitio donde el ángel rompió el silencio y anunció el nacimiento del Mesías (Lucas 2). Se distingue de Belén en Zabulón (Jos 19:15) por la expresión «de Judea». Los eruditos han visto en estas dos palabras una preparación para el v. 6: «Belén, en la tierra de Judá» (aunque allí se usa la forma hebrea «Judá» en vez de la griega «Judea»), o para el v. 2: «Rey de los judíos». Pero «Belén de Judea» quizá no sea más que una frase estereotipada (cf. Jue 17:7, 9; 19:1-20; Rt 1:1-2; 1 S 17:12; Mt 2:5). Lucas 2:39 no menciona una estadía muy larga en Belén ni un viaje a Egipto antes del regreso a Nazaret; si conocía estos sucesos, Lucas los encontró irrelevantes para su propósito.

A diferencia de Lucas, Mateo no describe el nacimiento de Jesús ni la visita de los pastores; especifica el momento del nacimiento de Jesús como suceso durante el reinado del rey Herodes (así también Lucas 1:5). Herodes el Grande, como se le llama ahora, nació en el 73 a.c. y el senado romano lo nombró rey de Judea en el 40 a.c. Ya en el 37 a.c. había aplastado, con ayuda de las fuerzas romanas, toda oposición a su gobierno. Hijo de Antípater el Idumeo, era rico, políticamente talentoso, sumamente leal, excelente administrador, y suficientemente inteligente para mantenerse en buenas relaciones con sucesivos emperadores. Su alivio de la hambruna fue magnífico y la ejecución de proyectos (incluido el templo, que comenzó en el 20 a.c.) fue la admiración hasta de sus enemigos. Pero le encantaba el poder, imponía increíbles impuestos al pueblo, y le molestaba el hecho que muchos judíos lo consideraran un usurpador. En sus últimos años, ya con una enfermedad que agravaba su paranoia, se volvió muy cruel y en arrebatos de ira y celos mató a personas íntimas: su esposa Mariamna (descendiente de los macabeos judíos) y al menos dos hijos (cf. Jos. Antig. XIV-XVIII; S. Perowne *The Life and Times of Herod the Great*, Hodder and Stoughton, Londres, 1956; y esp. Abraham Schalit, *Köng Herodes: Der Mann und sein Werk*, de Bruyter, Berlín, 1969).

Algunos tradicionalmente han sostenido que Herodes murió en al 4 a.C.; de modo que Jesús debió nacer antes de eso. Josefo (Antig. XVII, 167[vi.4]) menciona un eclipse de luna poco antes de la muerte de Herodes, y este suceso normalmente se ha identificado como si hubiera ocurrido el 12-13 de marzo del 4 a.C. Después de la muerte de Herodes hubo una celebración de Pascua (Jos. Guerra II, 10[i.3]; Antig. XVII, 213[ix.3]), presumiblemente el 11 de abril del 4 a.C.; así que la fecha de su muerte a primera vista parece segura. Hace poco, sin embargo, Ernest L. Martin (*The Birth of Christ Recalculated!*, FBR, Pasadena, pp. 22-49) tiene sólidas razones para pensar que el eclipse ocurrió el 10 de enero del 1 a.C.; y al integrar esta información con su interpretación de otros datos relevantes, Martin propone a septiembre del 2 a.C. como la fecha del nacimiento de Jesús. (Su señalamiento detallado de 1 de septiembre, basado en su comprensión de Ap 12:1-5, es demasiado especulativo para que se le considere.) Varias líneas de evidencia apoyan esta tesis: Josefo calcula la extensión del reinado de Herodes en treinta y siete años desde su ascenso al trono o en treinta y cuatro de cuando de veras pudo reinar (Antig. XVII, 191 [viii.1]; Guerra I, 665 [xxxiii.8]), y esto lleva a que la fecha de muerte fue en el 4 a.C. Una monedas fechadas en el 4 a.C., y acuñadas bajo el reinado de los hijos de Herodes, apoyan la fecha tradicional.

Martin responde a estas objeciones suponiendo que los sucesores de Herodes fecharon sus reinados antes del 4 a.C. en honor de los hijos de Herodes, Alejandro y

Aristóbulo, a quienes él había matado en ese año, y al sostener que entre el 4 a.C. y el 1 a.c. hubo alguna forma de gobierno conjunto compartido por Herodes y su hijo Antípater. En ese caso los datos de Josefo relacionados a la extensión del gobierno de Herodes se refieren a su reinado no compartido. Esto es psicológicamente poco convincente; es improbable que el hombre que mató a dos hijos por paranoia y celos, y que dispuso la ejecución de centenares de líderes judíos el día de su muerte, compartiera su autoridad, incluso en una manera simplemente formal. El asunto permanece sin solución. Para un fechado más tradicional del nacimiento de Jesús en una fecha posterior al 5 a.C, o anterior al 4 a.C., ver Hoehner, *Chronological Aspects*, pp. 11-27 (escrito antes que la obra de Martin).

Los «sabios» (*magoi*) no están identificados con precisión. Varios siglos antes el término se aplicaba a una casta sacerdotal que tenía poderes especiales para interpretar sueños. Daniel (1:20; 2:2; 4:7; 5:7) se refiere a unos *magoi* en el imperio babilónico. En siglos posteriores, ya en tiempos del NT, el término se aplicaba en forma flexible a una amplia gama de hombres interesados en sueños, astrología, magia, a libros que se suponía que contenían misteriosas referencias al futuro, etc. Algunos sabios averiguaban sinceramente la verdad; muchos eran pillos y charlatanes (e.g., Hch 8:9; 13:6, 8; cf. R.E. Brown, *Birth of Messiah*, pp. 167-68, 197-200; TDNT, 4:356-59). Aparentemente estos hombres llegaron a Belén estimulados por cálculos astrológicos. Pero quizá habían levantado sus expectativas de hallar un personaje real al trabajar en libros judíos diferentes (cf. W.M. Ramsey, *The Bearing of Recent Discovery on the Trustworthiness of the New Testament*, 4ª ed., Hodder and Stoughton, Londres, 1920, pp. 140-49).

La tradición de que los sabios eran reyes se puede remontar hasta Tertuliano (muerto aprox. 225). Quizá se desarrolló bajo la influencia de pasajes del AT que dicen que llegarán reyes y adorarán al Mesías (cf. Sal 68:29, 31; 72:10-11; Is 49:7; 60:1-6). La teoría de que eran *tres* «reyes magos» tal vez se debe a una deducción de los *tres* regalos (2:11). Para fines del siglo sexto se había dado nombres a los reyes magos: Melkon (más tarde Melchor), Baltasar y Gaspar. Mateo no da nombres. Sus *magoi* llegaron a Jerusalén (la cual, como Belén, tiene fuertes conexiones davídicas [2 S 5:5-9]), aparentemente (cf. Nota 5) del oriente... quizá de Babilonia, donde una considerable colonia judía ejercía mucha influencia, pero tal vez de Persia o del desierto de Arabia. Quizá se podría apoyar la más lejana Babilonia por el tiempo de viaje aparentemente requerido (vea 2:16).

2 Los sabios vieron «levantarse» una estrella (NVI mg.; cf. nota en 2:1). Lo que vieron permanece incierto.

1. Kepler (muerto en 1630) señaló que en el año romano A.U.C. 747 (7 a.C.), hubo una conjunción de los planetas Júpiter y Saturno en la constelación zodiacal de piscis, una señal a veces relacionada en la astrología antigua con los hebreos. Muchos detalles se pueden ajustar a esta sugerencia (Alf; R.E. Brown, Birth of Messiah, pp. 172-73; DNTT, 3:735; Maier), no menos que judíos medievales vieran importancia mesiánica en la misma conjunción planetaria. Además, las conjunciones se dieron en mayo, octubre y noviembre del 7 a.C.; y uno de los dos casos posteriores podría representar a 2:9. Pero no hay evidencia firme de que los antiguos se refirieran a tales

conjunciones como «estrellas»; e incluso en su cercanía más próxima, Júpiter y Saturno habrían estado aproximadamente un grado separados —distancia percibida más o menos como el doble del diámetro de la luna— y, por consiguiente, nunca fundida en una sola imagen.

2. Kepler mismo prefería la sugerencia de que se trataba de una supernova... una estrella apenas visible que explota violentamente y despide enormes cantidades de luz por algunas semanas o meses. La sugerencia no es más que conjetura: no hay evidencia que la confirme, y con esta teoría es difícil explicar 2:9.

3. Otros han sugerido cometas, a las que otros escritores se refieren como «estrellas variables». El más probable es el cometa Halley (cf. Lagrange), que pasó en el 12 a.C.; pero esto parece demasiado temprano.

4. Martin opta por una cantidad de conjunciones y concentraciones planetarias entre el 3 y el 2 a.C. Esta sugerencia basa toda su reconstrucción y fecha posterior en la muerte de Herodes (ver en 2:1), lo cual no es más que una posibilidad. La teoría también tiene algunas de las dificultades de 1.

5. A la luz de 2:9, muchos comentaristas insisten en que las consideraciones astronómicas son una pérdida de tiempo: Mateo presenta la «estrella» como estrictamente sobrenatural. Esto también es posible y obviamente imposible de falsificar, pero 2:9 no es tan determinante como a menudo se sugiere (cf. en 2:9). La evidencia no es concluyente.

Mateo usa un lenguaje que casi seguro se refiere a Números 24:17: «Una estrella saldrá de Jacob; un rey surgirá en Israel». Este oráculo expresado por Balán, quien llegó «de las montañas de Oriente» (Nm 23:7), se tenía como mesiánico (Tárg. Jonatán y Onquelos; CD 7:19-20; 1QM 11:6; 1QSb 5:27; 4QTest 12-13; T Judá 24:1). Tanto Mateo como Números hablan del rey de Israel (cf. Nm 24:7), aunque Mateo no recurre a la alegoría incontrolada de «estrella» que se encuentra a menudo en los primeros escritos posapostólicos cristianos (cf. Jean Danélou, *The Theology of Jewish Christianity*, Darton, Longman & Todd, Londres, 1964, pp. 214-24).

Tomando en cuenta la devoción informada de Mateo al AT, seguramente sabía que el AT se burla de los astrólogos (Is 47:13-15; Dn 1:20; 4:7; 5:7) y prohíbe la astrología (Jer 10:1-2). A pesar de eso se practicaba ampliamente en el siglo primero, incluso entre judíos (cf. Albright y Mann). Mateo no la condena ni la autoriza; en vez de eso contrasta el entusiasmo de los sabios por adorar a Jesús, a pesar de su conocimiento limitado, con la apatía de los líderes judíos y la hostilidad de la corte de Herodes, todos los cuales tenían las Escrituras para informarse. El conocimiento formal de la Biblia, sugiere Mateo, no lleva a saber quién es Jesús; así como el Dios soberano obró a través del decreto de César que se realizara un censo (Lucas 2:1) para asegurar el nacimiento de Jesús en Belén y cumplir la profecía, el Señor usó soberanamente los cálculos de los sabios para producir la situación que describe este pasaje.

La pregunta que los sabios hacen no dice cómo su astrología los dirigió a buscar un «rey de los judíos», y que los hiciera creer que aquella estrella particular era «de él». La idea muy extendida de que el mundo antiguo estaba buscando un líder judío de renombre (basado en buena parte en Jos., Guerra VI, 312-13[v.4]; Suetonio, *Vespasiano* 4; Tácito, *Historias* v.13; Virgilio, *Églogas* 4) no resiste un examen riguroso. El pasaje de Josefo se refiere a las expectativas judías del Mesías, y los otros probablemente las sacaron de

Josefo. Los sabios quizá vincularon la estrella al «rey de los judíos» mediante el estudio del AT y otros escritos judíos... una posibilidad hecha verosímil por la presencia de la enorme comunidad judía en Babilonia.

No debemos pensar que la pregunta de los sabios significa «¿dónde está quien nació para ser rey de los judíos?», sino «¿dónde está el nacido rey de los judíos?» (cf. Notas). Su posición real no se le confirió más tarde; la tuvo de nacimiento. La participación de Jesús en la dinastía davídica ya se había establecido por la genealogía. El mismo título que los sabios le dieron encuentra su lugar sobre la cruz (27:37). «Adorar» (cf. Notas) no debe sugerir que los sabios reconocieron la divinidad de Jesús; simplemente podría significar «homenajear» (Broadus). La propia declaración de los sabios sugiere homenaje dado a la realeza en vez de adoración a la Deidad. Pero Mateo, habiendo hablado ya de la concepción virginal, esperaba sin duda que sus lectores discernieran algo más; concretamente que los sabios «adoraron» mejor de lo que sabían.

3 En contraste con (de, un adversativo ligero); NVI, «cuando») el deseo de adorar al rey de los judíos de los sabios, Herodes está profundamente preocupado. En esto se le une «toda Jerusalén», no porque la mayoría de las personas habrían estado apenadas por ver a Herodes reemplazado, ni porque fueran renuentes a ver la venida del Rey Mesías, sino porque sabían muy bien que cualquier pregunta como la de los sabios daría como resultado más crueldad de parte del enfermo Herodes, cuya paranoia lo había llevado a asesinar a su esposa favorita y a dos hijos.

4 Aquí «todos» modifica a «los jefes de los sacerdotes y maestros de la ley», no «al pueblo», y se refiere a quienes se podía consultar rápidamente por vivir en Jerusalén. «Jefes de los sacerdotes» se refiere a la jerarquía, compuesta por el sumo sacerdote de la época y quienes habían ocupado esta posición (puesto que Herodes, oponiéndose a la ley, había hecho bastantes y frecuentes cambios en el supremo sacerdocio), y un buen número de otros sacerdotes líderes (cf. Jos. Antig. XX, 180[viii.8]; Guerra IV, 159-60[iii.9]; la misma palabra griega se usaba para «sumos sacerdotes» y «jefes de los sacerdotes»). Los «maestros de la ley», o «escribas» como los llaman otras versiones, eran expertos en el AT y su abundante tradición oral. Su labor no era tanto copiar mss. del AT (como sugiere la palabra «escriba») como enseñar el AT. Puesto que muchas leyes civiles se basaban en el AT y sus interpretaciones promovidas por los líderes, los «escribas» también eran «abogados» (cf. 22:35: «experto en la ley»).

La inmensa mayoría de escribas eran fariseos; los sacerdotes eran saduceos. Los dos grupos apenas se llevaban, y por eso Schweizer (Matthew) juzga este versículo «históricamente casi inconcebible». Pero Mateo no dice que los dos grupos se reunieron al mismo tiempo; Herodes, a quien ninguno de los dos grupos quería, muy bien los pudo haber llamado para evitar que lo engañaran. Si los fariseos y saduceos escasamente se hablaban, había menos probabilidad de confabulación. «Les preguntó» (epundsaneto, el tiempo imperfecto a veces implica exigencias tentativas: Herodes pudo haber esperado el rechazo del silencio; cf. Turner, Insights, p. 27) dónde había de nacer el Cristo (aquí un título: vea 1:1), comprendiendo que «el Cristo» y «el rey de los judíos» (2:2) eran títulos de la misma persona esperada. (Para la misma equivalencia, ver 26:63; 27:37).

5 Los líderes judíos respondieron refiriéndose a lo que está escrito, lo cual es la vigencia del pasivo perfecto *gegraptai* (NVI, «ha escrito»), que sugiere la vigencia autoritaria y reguladora del documento al que se refiere (Deiss EB, pp. 112-14, 249-50). NVI pasa por alto la preposición *diá* (lit., «lo que se ha escrito *por medio* del profeta»), lo cual implica que el profeta no es la suprema fuente de lo que se ha escrito (cf. en 1:22). Tanto en 1:22 como aquí algunos testigos textuales insertan el nombre del profeta (e.g., Miqueas o incluso Isaías). «Belén de Judea» fue introducido en la narración en 2:1.

6 Aunque la expectativa de que el Mesías debería venir de Belén aparece en otras partes (e.g., Jn 7:42; cf. Tárg. en Miq 5:1: «De ti vendrá ante mí el Mesías»), aquí se encuentra en Miq 5:2(1 TM), a la cual se agregan algunas palabras de 2 Samuel 5:2 (1 Cr 11:2). Mateo no sigue el TM ni la LXX, y sus cambios han provocado considerable especulación.

1. A «Belén Efrata» (LXX, «casa de Efrata») la vuelve «en la tierra de Judá». Hill (*Matthew*) dice que este cambio se hizo para excluir «cualquier otra ciudad judía como Jerusalén». Pero esto es dar demasiada importancia a lo que es una manera normal en la LXX de referirse a Belén (cf. Gundry, *Use of OT*, p. 91). «Efrata» es arcaico, e incluso en el TM se limita principalmente a secciones poéticas como Miqueas 5:2.

2. La firme negativa «de ninguna manera» (*oudamos*) se agrega en Mateo, y contradice formalmente a Miqueas 5:2. A menudo se discute que este cambio se ha hecho para resaltar a Belén como el lugar de nacimiento del Mesías. Ciertamente, el comentario de Gundry usa este cambio como un ejemplo del uso midrásico que Mateo hace del AT, un uso tan libre que no teme una contradicción categórica. Hay mejores explicaciones. Incluso el TM de Miqueas sugiere la grandeza de Belén: «Aunque eres pequeña entre los clanes [o principales, que personifican las ciudades; «las familias» de RVR es correcto, porque esa era una manera de referirse a los grandes clanes entre los que se subdividían las tribus; cf. Jue 6:15; 1 S 10:19; 23:23; Is 60:22] de Judá» crea el marco para la grandeza que sigue. Del mismo modo, la declaración de Mateo supone que, aparte de ser el lugar de nacimiento del Mesías, Belén es en realidad de poca importancia (cf. Hengstenberg, 1:475-76, notado por Gundry, *Use of OT*, pp. 91-92). Para ponerlo de otra manera, aunque la segunda línea de Miqueas 5:2 contradice formalmente la segunda línea de Mateo 2:6, una lectura total de los versículos muestra que la contradicción es simplemente formal. Quizá Mateo 2:6 da un énfasis ligeramente mayor en el único factor que engrandece a Belén.

3. Mateo añade la terminología de pastor de 2 Samuel 5:2, con lo que hace claro que el que gobernará en Miqueas 5:2 no es otro que quien cumple las promesas a David.

Es tentador pensar que Mateo ve un par de contrastes (1) entre los falsos pastores de Israel que han dado respuestas sólidas pero no han liderado (cf. 23:2-7) y Jesús, quien es el verdadero Pastor de su pueblo Israel; y (2) entre un gobernador como Herodes y quien nació para gobernar. Las palabras «mi pueblo Israel» están incluidas, no solo porque se encuentran en 2 Samuel 5:2 sino porque Mateo, como Pablo, registra fielmente tanto el enfoque judío esencial de las promesas del AT como la expectativa del AT de una aplicación más amplia a los gentiles (cf. en 1:1, 5, 21). Jesús no solo es el rey davídico prometido sino también la esperanza prometida de bendición para todas las naciones, aquel que reclamará la reverencia de los judíos (cf. Sal 68:28-35; Is 18:1-3, 7; 45:14; 60:6; Sof 3:10). La misma dualidad hace que los deseos de los sabios gentiles de adorar al Mesías resalten ante la apatía de los líderes que, aparentemente, no se tomaron la molestia de ir a Belén. Por supuesto, los líderes judíos pudieron haber visto la llegada de los sabios a Jerusalén como otra falsa alarma.

Hasta donde podemos decir, los saduceos (y por ende los jefes de los sacerdotes) no tenían interés en la pregunta de cuándo vendría el Mesías; los fariseos (y, por tanto, la mayoría de maestros de la ley) esperaban que llegara un poco después. Solamente los esenios, a quienes no consultó Herodes, esperaban al Mesías de modo inminente (cf. R.T. Beckwith, «The Significance of the Calendar for Interpreting Essene Chronology», *Revue de Qumram* 38, 1980, 167-202). Pero Mateo claramente dice que, aunque Jesús era el Mesías, nacido de la descendencia de David y con seguridad para ser Pastor y Gobernador de Israel, fueron unos gentiles quienes llegaron a adorarlo.

7-10 El motivo de que, en su reunión secreta con los sabios (v. 7), Herodes quisiera saber el tiempo exacto en que apareció la estrella era que ya se le había ocurrido asesinar a los niños pequeños de Belén (cf. v. 16). Toda la historia es coherente (vea v. 16). La hipócrita humildad de Herodes —«para que yo también vaya y lo adore» (v. 8)— engañó a los sabios. Consciente de su éxito, Herodes no los envió con escolta. Esto no era «confiar absurdamente» (Schweizer, *Matthew*), puesto que el engaño dependía de ganarse la confianza de los sabios. Lo menos que Herodes hubiera esperado era la intervención de Dios (v. 12).

Mateo no dice que la estrella que habían visto los sabios (cf. en 2:2) los dirigió a Jerusalén. Primero fueron a la capital porque pensaron que era el lugar lógico en que nacería el Rey de los judíos. Pero la estrella reapareció delante de ellos (v. 9) cuando se fueron a Belén (no era común viajar de noche). Tomando esto como confirmación de sus propósitos, los sabios se llenaron de alegría (v. 10). El texto griego no sugiere que la estrella señaló la casa donde estaba Jesús; simplemente se mantuvo sobre Belén a medida que se acercaban los sabios. Ellos entonces deben haber encontrado la casa exacta por medio de una indagación discreta (Lc 2:17-18), puesto que los pastores que llegaron a adorar al recién nacido Jesús no guardaron silencio acerca de lo que vieron.

11 Este versículo se refiere claramente a Salmo 72:10-11 y a Isaías 60:6, pasajes que refuerzan el énfasis en los gentiles (cf. en v. 6). La sugerencia de Nolan (pp. 206-9) de que la analogía más cercana, que es Isaías 39:1-2, es lingüísticamente atractiva pero contextualmente débil. La evidencia de que Ezequías sirviera como figura escatológica es absurda y no explica por qué debía abrir a sus visitantes la casa de su tesoro. Algún tiempo había transcurrido desde el nacimiento de Jesús (vv. 7, 16), y la familia se había establecido en una casa. Aunque los sabios vieron tanto al niño como a su madre, su adoración (cf. en v. 2) fue para él solo.

Llevar obsequios era de suma importancia en el antiguo Oriente al acercarse a un superior (cf. Gn 43:11; 1 S 9:7-8; 1 R 10:2). Por lo general tales regalos eran recíprocos (Derret, *NT Studies*, 2:28). Eso no se menciona aquí, pero un lector del siglo primero pudo haberlo supuesto y visto la gran comisión (28:18-20) como conducente a su abundante realización. El incienso es una resina fulgurante y olorosa que se obtiene al hacer incisiones en la corteza de varios árboles; la mirra se extrae de un árbol que se encuentra en Arabia y algunos otros lugares, y era una especia y un perfume de mucho valor (Sal 45:8; Cnt 3:6) usada para embalsamar (Jn 19:39). Algunos comentarios, antiguos (Orígenes, *Contra Celso* 1.60) y modernos (Hendriksen), han hallado valor simbólico en los tres regalos: oro sugiere realeza, incienso divinidad, y mirra la pasión y el entierro. Esta interpretación exige demasiada perspicacia de los sabios. Los tres regalos eran simplemente obsequios costosos y poco comunes, y pudieron haber ayudado a financiar el viaje a Egipto.

12 Este segundo sueño (cf. 1:20) no menciona ángeles. Quizá José y los sabios cambiaron impresiones y vieron el peligro en que estaban (cf. P. Gaechter, «Die Magierperikope», *Zeitschrift für Katholische Theologie* 90, 1968, 257-95; en medio de sus temores e incertidumbres, los sueños los llevaron a huir (vv. 12-13). No está claro qué camino tomaron los sabios; se pudieron haber ido rodeando la costa norte del Mar Muerto, evitando Jerusalén, o quizá se fueron rodeando la costa sur.

Notas

1-2 La palabra ανατολή (*anatole*) pude significar «levantar» u «oriente». En el v. 1 ἀπὸ ἀνατολῶν (*apo anatolón*, «del oriente») está correctamente traducida por NVI, puesto que normalmente el sustantivo indica el punto cardinal cuando se trata de plural y no lleva artículo (cf. BDF, 253[5]). De igual modo ἐν τῇ ανατολῇ (*en te anatole*) en vv. 2, 9 es menos probable que sea «en el Oriente» que «en su levantada» (el artículo puede tener vigencia posesiva). Otras sugerencias —e.g., que la expresión se refiere a una tierra particular en el oriente o en Anatolia al occidente— parece menos convincente; pero el asunto es sumamente complejo (cf. Turner, *Insights*, pp. 25-26; R.E. Brown, *Birth of Messiah*, p. 173).

2 El participio en la construcción ὁ τεχθεὶς βασιλεύς (*jo tecdseís basiléus*, lit., «el rey nacido») es de forma adjetiva, no sustantiva, y se usa de modo atributivo. Además, no hay sugerencia de «recién nacido» (cf. C. Burchard, «Fussnoten zum neutestamentlichèn Griechish II», ZNW 29, 1978, 143-57), que ya se ha descartado por notas cronológicas (vv. 7, 16).

El verbo προσκυνέω (*proskunéo*, «adoración») se encuentra tres veces en este pasaje (cf. vv. 8, 11) y diez veces más en Mateo. En el NT el objeto de esta «adoración» casi siempre es Dios o Jesús, excepto donde alguien está actuando de modo ignorante, y es reprendido (Hch 10:25-26; Ap 19:10; 22:8-9). Pero Ap 3:9 es una excepción importante (NVI, «se postren a tus pies»). Los griegos seculares usaban el verbo en una amplia variedad de niveles de reverencia, y es precario levantar mucha cristología sobre el uso del término en los Evangelios.

3 Las palabras πᾶσα Ἱεροσόλυμα (*pasa Jierosoluma*, «toda Jerusalén») revela una infracción de la concordia, puesto que *pasa* es femenino, pero esta forma de «Jerusalén», a diferencia de la alternativa Ἱερουσαλήμ (*Ierousalem*), no es femenino sino plural neutro. Posiblemente *pasa* es precursor del *pasa* griego moderno indeclinable (como BDF, par. 56[4]); pero de modo marginal lo más probable es que el sustantivo se esté tratando como femenino singular, aun cuando no *pasa* es presente.

5-6 Mateo utiliza el singular προφήτου (*profétou*, «profeta»), aunque se citan dos pasajes distintos, de los últimos y los primeros profetas respectivamente. No obstante, esta parece una práctica común para referirse a un autor, quizá la principal, cuando se citan dos o tres (cf. 27:9; Mr 1:2-3).

7 Τότε (*tote*, «luego») es muy común en Mateo, donde se encuentra noventa veces, en comparación con seis en Marcos y catorce en Lucas; pero el uso en Mateo solo algunas veces tiene validez temporal (como aquí), y sirve más frecuentemente como conjunción holgada.

10 Las palabras «se llenaron de alegría» interpretan un acusativo cognado, ἐχάρησαν χαράν (*ejaresan jaran*, lit. «se regocijaron de alegría»), quizá bajo influencia semítica (cf. Moule, *Idiom Book*, p. 32; BDF, par. 153[1]).

D. Huida a Egipto

2:13-15

[13]Cuando ya se habían ido, un ángel del Señor se le apareció en sueños a José y le dijo: «Levántate, toma al niño y a su madre, y huye a Egipto. Quédate allí hasta que yo te avise, porque Herodes va a buscar al niño para matarlo.» [14]Así que se levantó cuando todavía era de noche, tomó al niño y a su madre, y partió para Egipto, [15]donde permaneció hasta la muerte de Herodes. De este modo se cumplió lo que el Señor había dicho por medio del profeta: «De Egipto llamé a mi hijo.»

Muchos comentaristas piensan que este relato se ha creado para dar lugar a que el texto dicho del AT se «cumpla» (v. 15). En cuanto a las dudas más directas, vea los comentarios preliminares en 1:18-25 y 2:1-12. Por lo que sabemos de los últimos años de Herodes, nada es históricamente improbable acerca de este relato; y debido precisamente a que el texto de cumplimiento es difícil, se podría suponer que la historia invita a reflexionar en el texto del AT y no al contrario.

13-14 La expresión verbal «se habían ido» (v. 13) es como «regresaron» en el versículo anterior, que une los dos relatos. Este es el tercer sueño en estos dos capítulos, y por segunda vez se menciona un ángel del Señor (cf. 1:20; 2:12). El punto es que Dios actúa de modo soberano para proteger a su Mesías, su Hijo... algo que el mismo Jesús entendía bien, y un tema importante en el Evangelio de Juan. Egipto era un lugar lógico al cual huir. Era una provincia romana cercana y ordenada, fuera de la jurisdicción de Herodes; y, según Filón (aprox. en el 40 d.C.), su población incluía más o menos un millón de judíos. Generaciones anteriores de israelitas que huyeron de su tierra natal (1 R 11:40; Jer 26:21-23; 43:7) habían buscado refugio en Egipto. Pero si Mateo estaba pensando en alguna analogía particular del AT, quizá tenía en mente la huida a causa del hambre de Jacob y su familia (Gn 46), puesto que este es el viaje que crea el marco para el Éxodo (cf. 2:15).

La orden del ángel era explícita. José, María y el Niño debían permanecer en Egipto, no solo hasta la muerte de Herodes sino hasta que les dieran la orden de regresar (cf. vv. 19-20). La orden también era urgente. José salió de inmediato, y emprendió de noche el viaje de ciento veinte kilómetros hacia la frontera. El enfoque en la protección divina «del niño» es inequívoco. Herodes intentaría matarlo (v. 13), y José «tomó al niño y a su madre» (v. 14, no el orden normal) y se fue a Egipto.

15 La muerte de Herodes dio alivio a muchos. Solo entonces, por ejemplo, los pactantes de Qumrán regresaron a su centro, destruido en el 31 a.C., y lo reconstruyeron. En Egipto, la muerte de Herodes hizo posible el regreso del Niño, María y José, quienes esperaban un mensaje del Señor. El griego se podría interpretar «de este modo se cumplió» (NVI) o «[esto sucedió] para que el mensaje del Señor... se pudiera cumplir». De cualquier manera la idea de cumplimiento conserva en la frase alguna validez de determinación: la salida de Jesús de Egipto cumplió la Escritura escrita mucho tiempo antes.

La cita del AT (v. 15) casi seguramente (cf. Notas) viene de Oseas 11:1 e interpreta con exactitud al hebreo, no a la LXX, la cual tiene «sus hijos», no «mi hijo». (En esto Mateo concuerda con Aq., Symm., y Teod., pero solo porque los cuatro confían en el hebreo.) Algunos comentaristas (e.g., Beng.; Gundry, *Use of OT*, pp. 93-94) sostienen que la preposición *ek* («de», NVI) se debería tomar de modo temporal, i.e., «desde Egipto» o, mejor, «desde la época [que él vivió] en Egipto». La preposición puede tener tal validez; y se discute que el v. 15 significa Dios «llamó a» Jesús, en el sentido de que lo reconoció y lo guardó, desde la época de su estancia egipcia, protegiéndolo de Herodes. Después de todo, la salida misma no se menciona hasta los vv. 21-22.

Algunos comentaristas interpretan el llamado de Israel en Oseas 11:1 en forma parecida. Pero hay argumentos convincentes contra esto. El contexto de Oseas 11:1 menciona el *regreso* de Israel a Egipto (11:5), lo cual presupone que 11:1 se refiere al Éxodo. Para preservar la fuerza temporal de *ek* en Mateo 2:15, Gundry se reduce a la poco convincente afirmación de que la preposición en Oseas es tanto temporal como locativa. Para apoyar esta perspectiva se señala que la verdadera salida de Jesús *de* Egipto no se menciona hasta el v. 21. Pero, aunque esto sea así, está sugerido por los vv. 13-14. La razón de que Mateo haya incluido la cita de Oseas en este punto, y no después en el v. 21, quizá sea porque él quiere usar el viaje de regreso para establecer como referencia el destino, Nazaret (v. 23), en vez del sitio de inicio, Egipto (R.E. Brown, *Birth of Messiah*, p. 220).

Si Oseas 11:1 se refiere a la salida de Israel de la tierra de Egipto, ¿en qué sentido puede Mateo querer decir que el regreso de Jesús a la tierra de Israel «cumplió» este texto? Cuatro observaciones clarifican el asunto.

1. Muchos han observado que a menudo se presenta a Jesús en el NT como el símbolo de Israel o, mejor aun, la simbólica recapitulación de Israel. La tentación de Jesús después de cuarenta días de ayuno resumió los cuarenta años de sufrimiento de Israel (ver en 4:1-11). En todas partes, si Israel es la viña que no da el fruto esperado, Jesús, en contraste, es la Vid verdadera (Is 5; Jn 15). La razón de que el Faraón debía dejar ir al pueblo de Israel es que Israel es el hijo del Señor (Éx 4:22-23), un tema que Jeremías señala (31:9) y también Oseas (cf. además Sal 2:6, 12). El tema del

«hijo» en Mateo (cf. esp. T. de Kruif, *Der Sohn des lebendigen Gottes: Ein Beitrag zur Christologie des Matthäusevangeliums*, BIP, Roma, 1962, pp. 56-58, 109), ya presente puesto que Jesús es el mesiánico «hijo de David» e Hijo de Dios por la concepción virginal, adquiere extraordinaria importancia en Mateo (ver en 3:17): «Éste es mi Hijo amado; estoy muy complacido con él».

2. El verbo «cumplir» tiene un significado más amplio que solamente predecir uno por uno (cf. Introducción, sección 11.b; y comentarios en 5:17). No solo en Mateo sino en todas partes del NT se ve que la historia y las leyes del AT tienen significado profético (cf. en 5:17-20). La Epístola a los Hebreos sostiene que desde el principio las leyes relacionadas con el tabernáculo y el sistema expiatorio se habían diseñado para señalar hacia el único Sacrificio que en realidad podía quitar el pecado, y el único Sacerdote que podía servir de una vez por todas como el mediador eficaz entre Dios y el hombre. De la misma manera Pablo insiste en que el Mesías recapitula a su pueblo en sí mismo. Cuando David fue ungido rey, las tribus lo reconocieron como «de la misma sangre» (2 S 5:1), i.e., David como rey ungido resumía a Israel, con el resultado de que su hijo llevó el desastre sobre el pueblo (2 S 12, 24). Así como Israel es el hijo de Dios, también el Hijo davídico prometido es el Hijo de Dios (2 S 7:13-14; cf. N.T. Wright, «The Paul of History», *Tyndale Bulletin* 29, 1978, esp. 66-67). También se debe entender «cumplimiento» en el contexto de estos temas entrelazados y sus conexiones tipológicas.

3. Se deduce, por consiguiente, que los escritores del NT no piensan que están volviendo a leer los asuntos del AT que ya no están allí en condición germinal. Esto no significa que Oseas tuviera al Mesías en mente cuando escribió Oseas 11:1. Esta admisión induce a W.L. LaSor («*Prophecy, Inspiration and sensus plenior*», *Tyndale Bulletin* 29, 1978, 49-60) a ver en el uso que Mateo hace de Oseas 11:1 un ejemplo de *sensus plenior*, con lo que quiere decir un sentido más completo de lo que había en la mente de Oseas, sentido que, sin embargo, estaba en la mente de Dios. Pero una apelación tan categórica a lo que Dios ha ocultado rotundamente parece un extraño trasfondo de la insistencia de Mateo en que la salida de Jesús de la tierra de Egipto en algún sentido cumple el pasaje de Oseas. Esta observación no es trivial; Mateo está razonando con judíos que podrían decir: «¡No te estás apegando al texto!» Por tanto, se necesita una posición mediadora.

Oseas 11 representa el amor de Dios por Israel. El Señor amenaza juicio y desastre, sin embargo, porque él es Dios y no hombre (11:9), vislumbra una época en que por compasión rugirá como un león, y sus hijos volverán a él (11:10-11). En resumen, Oseas mismo espera una visita salvadora del Señor. Por ende, su profecía calza en el mayor patrón de revelación del AT hasta ese momento, revelación que señala explícita e implícitamente a la Simiente de la mujer, al Hijo elegido de Abraham, a un Profeta como Moisés, al Rey davídico, al Mesías. La palabra «hijo» es parte de este ambiente mesiánico (cf. Willis J. Beecher, *The Prophets and the Promise*, Thomas Y. Crowell, Nueva York, 1905, pp. 331-35); hasta el punto en que ese ambiente señala a Jesús el Mesías, y hasta el punto en que la historia de Israel espera a aquel que la resume, también lo espera Oseas 11:1. Preguntar si Oseas pensaba en el Mesías es preguntar mal; es como usar una sierra para metales cuando se necesita un escalpelo. Es mejor decir que Oseas, basado en la revelación existente, tomó los matices mesiánicos de la palabra «hijo» ya aplicada a Israel y al heredero prometido de David en revelación previa de manera tal que si hubiera podido ver el uso de Mateo 11:1, no lo hubiera desaprobado, aunque los matices mesiánicos no estuvieran en su mente cuando escribió ese versículo. Oseas aportó una pequeña parte de la revelación que se cumplió en la historia de la salvación; pero él mismo entendió que esa parte representaba gráficamente al amor divino y redentor.

Los escritores del NT insisten en que el AT solo se puede interpretar correctamente si toda la revelación se mantiene en perspectiva a medida que se desarrolla históricamente (e.g., Ga 3:6-14). Hermenéuticamente esto no es una innovación. Los escritores del AT extrajeron lecciones de la historia primitiva de la salvación, lecciones difíciles de percibir cuando se estaba viviendo esa historia, pero que en retrospectiva clarificarían (e.g., Asaf en Sal 78; cf. en Mt 13:35). Mateo hace lo mismo en el contexto del cumplimiento de esperanzas del AT en Jesucristo. Por tanto, podríamos hablar legítimamente del «significado completo» de un texto dado. Sin embargo, la apelación debe hacerse, no a algún conocimiento divino oculto, sino al patrón de revelación hasta esa época, patrón aún no discernido de modo adecuado. La nueva revelación podría, por tanto, ser verdaderamente nueva, pero al mismo tiempo debe ser comprobable con la antigua.

4. Si esta interpretación de Mateo 2:15 es correcta, se deduce que, para Mateo, el verdadero Israel se encuentra en Jesús. Esto no significa necesariamente que Dios ya no tiene un propósito con el Israel étnico, sino que la posición del pueblo de Dios en la era mesiánica está determinada por su referencia a Jesús, no por cuestión de raza.

Notas

13 El presente histórico φαίνεται (faínetai, lit. «aparece») añade un toque vívido.

15 Puesto que «de Egipto» aparece en Nm 23:22; 24:8, algunos han sugerido una conexión entre Mt 2:15 y Nm 24:7-8 (e.g., Lindar, Hill, Schweizer). En su forma más fuerte este argumento depende de la LXX, que expresa: «Un hombre saldrá de su simiente», en vez de «sus cántaros rebosan de agua» (Nm 24:7), y «él» en vez de «ellos» (Nm 24:8). Esto transforma a Nm 24:8 en una referencia a Dios sacando al Mesías de Egipto. Aparte de la duda textual, se debe observar que (1) Mt 2:15 corresponde exactamente a TN Os 11:1, pero sólo más o menos a LXX Nm 24:8; (2) la interpretación de la LXX hace a Nm 24 más bien incoherente.

E. *Masacre de los niños de Belén*

2:16-18

[16]Cuando Herodes se dio cuenta de que los sabios se habían burlado de él, se enfureció y mandó matar a todos los niños menores de dos años en Belén y en sus alrededores, de acuerdo con el tiempo que había averiguado de los sabios. [17]Entonces se cumplió lo dicho por el profeta Jeremías:

18 «Se oye un grito en Ramá,
llanto y gran lamentación;
es Raquel, que llora por sus hijos
y no quiere ser consolada;
¡sus hijos ya no existen!»

Pocas secciones de Mateo 1—2 se han criticado tan ampliamente como esta. La mayoría de los eruditos modernos piensan que Mateo inventó la historia (e.g., Goulder, p.33; E.M. Smallwood, *The Jews Under Roman Rule*, Brill, Leiden, 1976, pp. 103-4), prolongando lo dicho en Jeremías 31:15, y citándolo en Mateo 2:18 (C.T. Davis, «Tradition and Redaction in Matthew 1:18—2:23», JBL 90, 1971, 419). Según esta perspectiva, quizá Mateo inventó la historia para conseguir una analogía entre Jesús y Moisés o entre Jesús y las últimas tradiciones judías acerca de Abraham o Jacob, o por la necesidad apologética de levantar una señal inicial del inminente juicio sobre Israel por rechazar a su Mesías (Kingsbury, *Structure*, p. 48). Sin embargo, el v. 16 no puede sacarse del capítulo sin volver a escribirlo totalmente.

La cita del AT en el v. 18, igual que otras similares en Mateo 1—2, no es en sí estrictamente necesaria al relato. Estas citas dan luz al relato y muestran su relación con las Escrituras del AT, pero no lo originan (cf. 1:18—25; 2:1-12). Es difícil ver una verdadera analogía con Moisés, puesto que el edicto del Faraón fue general y antes del nacimiento de Moisés, mientras que el edicto de Herodes es específicamente para Belén y llegó después del nacimiento de Jesús. A lo sumo la analogía es tenue. Además, los vv. 16-18 dan una señal débil de la destrucción que ocurriría a Israel, sobre todo porque Jesús escapa en lugar de sufrir, y porque los niños no le han hecho nada a Jesús.

En realidad, la historia está en perfecta armonía con lo que sabemos del carácter de Herodes en sus últimos años (Schalit, p. 648). No es sorprendente que no exista confirmación extra fuera del cristianismo; lo mismo se puede decir de la crucifixión de Jesús. La muerte de unos cuantos niños (tal vez una docena o algo así; la población total de Belén no era grande) difícilmente se habría hecho constar en tiempos tan violentos. (Ver el excelente trato que le da a esto R.T. France, «Herod and the Children of Bethlehem», NovTest 21, 1979, 98-120, id., «The Massacre of the Innocents», Livingstone, pp 83-94). «Mateo no está simplemente meditando en textos del AT, sino afirmando que se cumplen en lo que ha sucedido. Si los acontecimientos son legendarios, el debate es vano» (France, «Herodes», p. 120).

16 Probablemente no tardó mucho en cumplirse la brutal orden de Herodes. Belén está solo a ocho kilómetros de Jerusalén. Los sabios partieron la misma noche (v. 9) y debieron haber salido después del sueño (v. 12); lo mismo hicieron José con Jesús y María (vv. 13-15). La noche siguiente la paciencia de Herodes se pudo haber agotado. El límite de dos años de edad fue para evitar que Jesús escapara; al momento el niño debió haber tenido entre seis y veinte meses. Herodes, deseando eliminar un rey potencial, restringió la masacre a los varones. Furioso por haber sido engañado (una mejor traducción que «burlado»), se enfureció contra el Señor y su Ungido (Sal 2:2). Pero no se puede decir que escaparon por un pelo. Aquel que está entronado en el cielo se ríe y burla de los Herodes de este mundo (Sal 2:4).

17-18 A Jeremías se le nombra tres veces en Mateo (cf. 16:14; 27:9) y en ninguna otra parte en el NT. La forma textual de esta cita del AT en estos versículos en compleja, pero quizá es la interpretación mateana del hebreo (cf. Gundry, *Use of OT*, pp. 94-97; R.E. Brown, *Birth of Messiah*, pp. 221-23).

No está claro si Jeremías 31:15 se refiere a la deportación de las tribus del norte por parte de Asiria en 722-721 a.C., o a la deportación de Judá y Benjamín entre 587-586 a.C. (cf. R.E. Brown, *Birth of Messiah*, pp. 205-6). Lo último es más probable. Nabuzaradán, comandante de la guardia imperial de Nabucodonosor, reunió a los cautivos en Ramá antes de llevarlos al destierro en Babilonia (Jer 40:1-2). Ramá se encuentra al norte de Jerusalén, camino a Betel; la tumba de Raquel estaba en Selsa en la misma vecindad (1 S 10:2). Jeremías 31:15 describe la aflicción ante la perspectiva de la deportación; a Raquel se le ve llorando fuera de su tumba porque «ya no están» sus «hijos»; es decir, a sus descendientes (Raquel es la madre idealizada de los judíos, aunque Lea dio a luz más tribus que ella) los están sacando de la patria y ya no son una nación. Sin embargo, en otra parte se dice que Raquel está enterrada en el camino a Efrata, pueblo identificado como Belén (Gn 35:19; 48:7). Algunos ven aquí confusión de tradiciones, y suponen que el clan de Efrata más tarde se asentó en Belén y le dio el nombre, y de este modo inició una falsa conexión que Mateo toma. Sin embargo, el problema es artificial. Génesis 35:16 deja en claro que Jacob estaba a cierta distancia de Belén-Efrata cuando Raquel murió, concretamente en algún lugar entre Betel y Belén (solo 1 S 10:2 dice más exactamente dónde estaba). Además, Mateo no dice que a Raquel la sepultaron en Belén; la conexión entre la profecía y su «cumplimiento» es más sutil.

¿Por qué se refiere Mateo a este pasaje del AT? Algunos creen que la conexión resulta de asociación de palabras: los niños fueron asesinados en Belén, Belén = Efrata, Efrata está conectada con la muerte de Raquel, y Raquel figura en el oráculo. Rothfuchs (p. 64) ve un paralelo entre la condenación al destierro como consecuencia del pecado (Jer), y el juicio sobre Israel como resultado de rechazar al Mesías (interpretación que ve la matanza en Belén como una señal de lo último). Más creíble resulta la observación (Gundry, *Use of OT*, p. 210; Tasker) de que Jeremías 31:15 se produce en un ambiente de esperanza. A pesar de las lágrimas, Dios dice que los deportados regresarán; y ahora Mateo, refiriéndose a Jeremías 31:15, dice de la misma manera que a pesar de las lágrimas de las madres de Belén, existe esperanza porque el Mesías ha escapado de Herodes y finalmente reinará. Es extravagante la suposición adicional de que el profundo dolor en Belén reflejaba la creencia de que el Mesías había sido masacrado, y de que las noticias de su huida debían mitigar aquel dolor (cf. Broadus).

Sin embargo, podría haber una razón adicional para que Mateo citara este pasaje del AT, razón ostensible una vez que se explican las diferencias entre Mateo y el AT. Aquí Mateo no resume un suceso de la historia de Israel, como sucede en el v. 15. La deportación puso a Israel en cautiverio, lo que provocó lágrimas. Pero aquí las lágrimas no son por los van a la «deportación», sino por causa de los hijos que quedan atrás y son asesinados. ¿Por qué, entonces, referirse a la deportación? En esto ayuda el observar el contexto más amplio tanto de Jeremías como de Mateo. Jeremías 31:9, 20 se refiere a Israel = Efraín como el hijo amado de Dios, y también presenta el nuevo pacto (31:31-34) que el Señor hará con su pueblo. Por tanto, terminan las lágrimas asociadas con la deportación (31:15). Mateo ya ha hecho de la deportación un punto crucial en su pensamiento (1:11-12), porque en aquel momento la descendencia davídica quedó destronada. Las lágrimas de la deportación ahora se «cumplen»; i.e., las lágrimas que empezaron en el tiempo de Jeremías culminan y llegan a su fin mediante las lágrimas de Belén. El heredero del trono de David ha llegado, la deportación ha terminado, el verdadero Hijo de Dios ha llegado, y presentará el nuevo pacto (26:28) que Jeremías prometió.

Notas

16 «Mandó matar» es una excelente interpretación del «participio gráfico» en ἀποστείλας ἀνεῖλεν (*aposteílas aneílen*, lit. «habiendo ordenado, mató»; cf. Zerwick, par. 363).

17 Solo aquí y en 27:9 el cumplimiento de la fórmula carece de un ἵνα (*jina*) o de un ὅπος (*jópos*), cada una de las cuales normalmente apunta a un fin («a fin de que»), aunque una fuerza consecutiva no es rara en el NT griego (cf. 2:15). Esto quizá se debe a que en estos dos pasajes la acción que cumplen las Escrituras es tan horrible, que existe una renuencia instintiva a utilizar fraseología que podría interpretarse o malinterpretarse como atribuyendo enorme maldad a Dios (cf. Broadus; Rothfuchs, pp. 36-39).

18 El pasaje más largo, reflejado en RVR («Grande lamentación, lloro y gemido») más bien parece una asimilación de algunos testimonios de la LXX.

F. *Regreso a Nazaret*

2:19-23

> ¹⁹Después de que murió Herodes, un ángel del Señor se le apareció en sueños a José en Egipto ²⁰y le dijo: «Levántate, toma al niño y a su madre, y vete a la tierra de Israel, que ya murieron los que amenazaban con quitarle la vida al niño.»
>
> ²¹Así que se levantó José, tomó al niño y a su madre, y regresó a la tierra de Israel. ²²Pero al oír que Arquelao reinaba en Judea en lugar de su padre Herodes, tuvo miedo de ir allá. Advertido por Dios en sueños, se retiró al distrito de Galilea, ²³y fue a vivir en un pueblo llamado Nazaret. Con esto se cumplió lo dicho por los profetas: «Lo llamarán nazareno.»

19-21 Este cuarto sueño, y tercera mención del ángel del Señor (v. 19), continúa con la iniciativa divina de protección y guía del niño, quien nuevamente recibe prominencia («al niño y a su madre» v. 20). Sobre la fecha de la muerte de Herodes, ver 2:1. (Josefo, Antig. XVII, 168-69[vi.5], ofrece una explicación espantosa de la enfermedad terminal de Herodes). El plural («los que amenazaban quitarle la vida al niño») tal vez se debió a Éxodo 4:19 (según Hill, *Matthew*, continuando la idea de

Davies, *Setting*). De ser así, a Jesús se le compara con Moisés. Sin embargo, ese motivo es bastante débil en Mateo 1—2, y el plural podría explicarse de otras maneras. H.A.W. Meyer sugiere que el padre de Herodes, Antípater, quien murió pocos días antes que él, pudo haber participado con Herodes en la masacre. Más probablemente el plural es un plural generalizador o categórico (cf. Turner, *Syntax*, pp. 25-26; BDF, par. 141). «Tierra de Israel» se encuentra solo en los vv. 20-21 (cf. «ciudades de Israel», 10:23). Aunque toda la nación estaba ante José, y aparentemente él esperaba radicarse en Judea (tal vez en Belén, la ciudad de David), se vio obligado a retirarse a la despreciada Galilea.

22 Quizá José había esperado que Herodes Antipas gobernara sobre todo el reino, pero Herodes el Grande hizo un cambio de última hora en su testamento, y dividió el reino en tres partes. Arquelao, conocido por su crueldad, recibió Judea, Samaria e Idumea (ver mapa). Augusto César estuvo de acuerdo, y le otorgó el título de «etnarca» (más honorable que tetrarca), y le prometió el título de «rey» si se lo ganaba. Sin embargo, Arquelao probó ser un mal dirigente y lo desterraron por mal gobernante en el 6 d.C. Roma rigió el sur a través de un procurador, pero para entonces José ya había instalado su familia en Galilea. Herodes Antipas, quien reaparece en Mateo 14:1-10, recibió el título de «tetrarca» y gobernó en Galilea y Perea. Herodes Felipe (no se debe confundir con el primer esposo de Herodías, que no era rey) llegó a ser tetrarca de Iturea, Traconite, y algunos otros territorios. Este era el mejor de los hijos de Herodes el Grande; Jesús frecuentemente se retiraba a ese territorio (14:13; 15:29; 16:13), lejos del débil pero cruel Antipas. José, guiado por el quinto y último sueño, instaló a su familia en Galilea.

23 El pueblo que José escogió fue Nazaret, que según Lucas 1:26-27; 2:39 era el antiguo pueblo de él y de María (cf. 13:53-58). Esta fórmula de cita final, como la del v. 15, tal vez se deba interpretar como que esto sucedió «para que se cumpliera lo dicho». Pero la fórmula es exclusiva en dos aspectos: solo aquí Mateo utiliza el plural «profetas»; y solo aquí omite el equivalente de «refrán» y lo reemplaza con la conjunción *jóti*, que puede introducir una cita directa (RVR), pero con más probabilidad se puede traducir «a fin de que», haciendo indirecta a la cita «a fin de que se cumpliera lo dicho por los profetas, de que lo llamarían nazareno» (cf. W. Barnes Tatum, hijo, «Mateo 2:23», *The Bible Translator* 27, 1976, 135-37; contr. Hartman, «Scriptural Exégesis», pp. 149-50). Esto sugiere que Mateo no tenía en mente una cita del AT; en realidad estas palabras no se encuentran en ninguna parte del AT.

La interpretación de este versículo tiene una historia tan larga (para obras más antiguas, cf. Broadus; para estudios recientes, cf. Gundry, *Use of OT*, pp. 97-104; R.E. Brown, *Birth of Messiah*, pp. 207-13) que no es posible aquí citar todas las opciones importantes. Podríamos excluir las que ven alguna conexión de juego de palabras con el AT hebreo, pero que no poseen una conexión obvia con Nazaret. Esto elimina la interpretación popular que hace de Jesús un nazareo o segundo Sansón (cf. esp. Jue 13:5, 7; 16:17, donde la LXX tiene a *Naziraios* como opuesto al *Nazoraios* de Mateo; cf. Lucas 1:15). Los defensores incluyen a Calvino, Loisy, Stendahl, Schweizer, y, más recientemente, a Ernst Zuckschwerdt («Nazoraios en Mt 2,23», *Theologische*

Zeitschrift 31, 1975, 65-77). También han de eliminarse interpretaciones que intentan encontrar en el término de Mateo una referencia a alguna clase de secta precristiana. Sin embargo, la evidencia de esto es débil (cf. Soarés Prabhu, pp. 197-201, y la conexión con Nazaret simplemente es verbal. E. Earle Ellis («How the New Testament Uses the Old», Marshall, *NT Interpretation*, p. 202) ve aquí un juego de palabras como un «midrás implícito», pero de modo considerable entonces debe poner la palabra «cumplimiento» entre comillas.

Seguramente Mateo utilizó *Nazoraios* como una forma adjetival de *apo Nazaret* («de Nazaret» o «nazareno»), aunque el adjetivo más aceptable es *Nazarenos* (cf. Bonnard, Brown, Albright y Mann, Soarés Prabhu). Es posible que *Nazoraios* se derive de una forma arameo galilea. Nazaret era un lugar despreciado (Jn 7:42, 52) incluso para otros galileos (cf. Jn 1:46). Aquí Jesús no se crió como «el belenita», con sus implicaciones davídicas, sino como «el nazareno», con todo el oprobio del desprecio. Cuando en Hechos se hacía referencia a los cristianos como la «secta de los nazarenos» (24:5), la expresión intentaba lastimar. Los cristianos lectores de Mateo en el primer siglo, que habían saboreado su parte de desdén, habrían captado de inmediato el propósito de Mateo. Él no está diciendo que un profeta particular del AT anticipara que el Mesías viviría en Nazaret; está diciendo que los profetas del AT predijeron que el Mesías sería despreciado (cf. Sal 22:6-8, 13; 69:8, 20-21; Is 11:1; 49:7; 53:2-3, 8; Dn 9:26). Mateo repite varias veces el tema (e.g. 8:20; 11:16-19; 15:7-8). En otras palabras, el evangelista nos brinda la sustancia de varios pasajes del AT, no una cita directa (así también Esd 9:10-12; cf. SBK, 1:92-93).

Es posible que al mismo tiempo exista una discreta alusión al *neser* («vástago») de Isaías 11:1, que recibió una interpretación mesiánica en los Tárgumes, la literatura rabínica, y en los RMM (cf. Gundry, *Use of OT*, p.104); porque aquí también se afirma que el Hijo de David provendría de un origen humilde y de un estrato bajo. Jesús es el Rey Mesías, Hijo de Dios, Hijo de David, pero fue un vástago de descendencia real reducido a un fragmento que se crió en alrededores que le garantizaban burla. Mateo nos dice que Jesús el Mesías no introdujo su Reino con ostentación externa, ni se presentó con la pompa de un monarca terrenal. Según las Escrituras vino como el despreciado Siervo del Señor.

Notas

20 El participio οἱ ζητοῦντες (*joi zetoúntes*, lit. «quienes buscan»); NIV, «los que amenazaban», aparte de estar en plural, no por estar en tiempo presente significa acción anterior, sino acción continua y persistente; el contexto determina que temporalmente en la práctica es un tiempo imperfecto (cf. Turner, *Sintaxis*, pp. 80-81; Moule, *Libro de Modismos*, p. 206; debidamente, NIV).

22 No es claro si el verbo χρηματίζω (*jrematízo*, «advierto») incluye la especificación de Nazaret como el propio destino de José, o si sencillamente «se le advirtió» no permanecer en Judea, dejándole a él la decisión de escoger a qué pueblo ir.

II. Evangelio del Reino (3:1—7:29)

A. Narrativa

1. Pasos fundamentales

a. Ministerio de Juan el Bautista

3:1-12

¹En aquellos días se presentó Juan el Bautista predicando en el desierto de Judea. ²Decía: «Arrepiéntanse, porque el reino de los cielos está cerca.» ³Juan era aquel de quien había escrito el profeta Isaías:

«Voz de uno que grita en el desierto:
"Preparen el camino para el Señor,
háganle sendas derechas." »

⁴La ropa de Juan estaba hecha de pelo de camello. Llevaba puesto un cinturón de cuero y se alimentaba de langostas y miel silvestre. ⁵Acudía a él la gente de Jerusalén, de toda Judea y de toda la región del Jordán. ⁶Cuando confesaban sus pecados, él los bautizaba en el río Jordán.

⁷Pero al ver que muchos fariseos y saduceos llegaban adonde él estaba bautizando, les advirtió: «¡Camada de víboras! ¿Quién les dijo que podrán escapar del castigo que se acerca?

⁸Produzcan frutos que demuestren arrepentimiento. ⁹No piensen que podrán alegar: "Tenemos a Abraham por padre." Porque les digo que aun de estas piedras Dios es capaz de darle hijos a Abraham. ¹⁰El hacha ya está puesta a la raíz de los árboles, y todo árbol que no produzca buen fruto será cortado y arrojado al fuego.

¹¹»Yo los bautizo a ustedes con agua para que se arrepientan. Pero el que viene después de mí es más poderoso que yo, y ni siquiera merezco llevarle las sandalias. Él los bautizará con el Espíritu Santo y con fuego. ¹²Tiene el rastrillo en la mano y limpiará su era, recogiendo el trigo en su granero; la paja, en cambio, la quemará con fuego que nunca se apagará.»

Por primera vez Mateo tiene paralelo en Marcos (1:1-11), en Lucas (3:1-22) y, más libremente, en Juan (1:19-34). Aunque hay diversidad en sus prólogos, los cuatro evangelios presentan unánimes un prefacio con los ministerios de Jesús y de Juan el Bautista. Mateo omite cualquier mención de la juventud de Jesús (Lc 2:41-52) y del nacimiento o el origen de Juan (Lc 1:5-25, 39-45, 57-80). Esto podría sugerir que los lectores de Mateo ya conocían esos orígenes (Tasker) o que Mateo desea entrar directamente a su relato. Después de cuatrocientos años de silencio, Dios estaba hablando por medio de un nuevo profeta que llamaba a la gente al arrepentimiento, y que prometía que estaba por llegar alguien mayor.

Además de las implicaciones del bosquejo de Mateo en este comentario, el evangelio tiene muchas subestructuras que indican a un escritor de gran habilidad literaria. Gooding (p. 234) señala interesantes paralelos entre los capítulos 1—2 y 3—4, demasiado extensos para detallarlos aquí (cf. también 13:3-53).

1 La observación temporal de Mateo, «en aquellos días», es vaga y refleja una expresión similarmente amplia en el AT (e.g., Gn 38:1; Éx 2:11, 23; Is 38:1). Su frase podría querer decir: «En aquellos días cruciales» (Hill, *Matthew*) o incluso «en los días en que Jesús y su familia vivían en Nazaret» (Broadus; cf. 4:13). Lo más probable, sin embargo, es que sea una expresión que cronológicamente revela poco, pero que hace hincapié en que el relato es histórico (Bonnard). Lucas 3:1 brinda más ayuda cronológica, pero se cuestiona su relevancia (cf. Hoehner, *Chronological Aspects*, pp. 29-44). Transcurría el año 27, 28 o 29 (menos probable el 26).

«Juan» había sido un nombre popular entre los judíos desde la época de Hircano (muerto en el 106 a.C.). En el NT se mencionan cuatro o cinco «Juan». Al Juan en Mateo 3:1 se designó poco después como «el Bautista» (cf. Notas) porque el bautismo era muy importante en su ministerio. Comenzó su predicación en «el desierto de Judea», una región vagamente definida que incluía el bajo valle del Jordán al norte del Mar Muerto, y la región inmediatamente al occidente de este mar. Es una tierra ardiente y, aparte del Jordán mismo, en gran parte árida, aunque no deshabitada. Se usaba para pastar (Sal 65:12; Jl 2:22; Lc 15:4) y tenía comunidades esenias. El «desierto» había tenido por mucho tiempo trasfondo profético (la Ley fue dada en el «desierto»). Los celotes usaban el desierto como escondite (cf. Mt 24:26; Hch 21:38; Jos. Antig. XX, 97-98, v. 1). Por eso algunos comentaristas ven en Mateo 3:1 un énfasis más teológico que geográfico (e.g., Bonnard, Maier). La frase modificadora «de Judea» hace falsa la antítesis entre teología y geografía. El desierto era una región particular (cf. R. Funk, «El Desierto», JBL 78, 1959, 205-14), pero también pudo haber tenido implicaciones proféticas para los lectores del primer siglo.

2 La predicación de Juan tenía dos elementos. El primero era un llamado al arrepentimiento. Aunque el verbo *metanoeo* a menudo se explica etimológicamente como «cambiar de opinión», o de modo popular como «estar apenado por algo», esta tampoco es una interpretación adecuada. En el griego clásico el verbo se pudo referir a un cambio puramente intelectual de opinión. Pero el uso del NT se vio influido por los verbos hebreos *najám* («estar apenados por sus acciones») y *sub* («volverse hacia nuevas acciones»). Este último es común en el llamado de los profetas a que el pueblo regresara al pacto con el Señor (cf. DNTT, 1:357-59; Turner, *Christian Words*, pp. 374-77). Lo que esto significa no es un simple cambio intelectual de parecer ni una sencilla aflicción, y menos hacer penitencia (cf. Notas), sino una transformación radical de toda la persona, un cambio completo en que participan la mente y las acciones, e incluye trasfondo de dolor, lo cual da como resultado «fruto que demuestre arrepentimiento». Por supuesto, todo esto supone que las acciones de esa persona estén básicamente desviadas, y que necesite un cambio radical. Juan aplica este arrepentimiento con vehemencia particular a los líderes religiosos de su época (3:7-8). (Acerca de las diferencias entre énfasis rabínico y bíblico en el arrepentimiento, cf. Lane, *Mark*, pp. 593-600.)

El segundo elemento en la predicación de Juan era la proximidad del Reino de los Cielos, y se da como base para el arrepentimiento. En todo el AT hubo una expectativa creciente de una visitación divina que establecería justicia, acabaría con la oposición, y renovaría al universo mismo. Esta esperanza fue expresada de muchas maneras: como el cumplimiento de promesas al heredero de David, como el Día del Señor (lo cual a menudo tenía insinuaciones de juicio, aunque hubo brillantes excepciones, e.g., Sof 3:14-20), como nuevo cielo y tierra nueva, como un tiempo de volver a unir a Israel, como el inicio de un pacto nuevo y transformador (2 S 7:13-13; Is 1:24-28; 9:6-7; 11:1-10; 64-66; Jer 23:5-6; 31:31-34; Ez 37:24; Dn 2:44; 7:13-14; cf. esp. Ridderbos, pp. 3-17; Ladd, *Presence*, pp. 45-75).

El significado predominante de «reino» en el AT (heb. *malkut*; aram. *malkuta*) es «reinar». El término tiene fuerza dinámica. Asimismo en el NT, aunque *basileia* («reino») se puede referir a un territorio (4:8), en la mayoría abrumadora de los casos se usa el término con énfasis dinámico. Esto contradice la terminología rabínica imperante en que «reino» era cada vez más espiritualizado o plantado en los corazones de los hombres (e.g., b *Berakoth* 4a). Al contrario de estas afirmaciones opuestas (Alva J. McClain, *The Greatness of the Kingdom*, Zondervan, Grand Rapids, 1959, pp. 274 y sig.), en el primer siglo había poco acuerdo entre judíos en relación con lo que sería el reino mesiánico. Una suposición muy popular era que el yugo romano sería destrozado, y que habría paz política y creciente prosperidad.

A excepción de 12:28; 19:24; 21:31, 43, y en algunos mss. de 6:33, Mateo siempre usa «Reino de los Cielos» en vez de «Reino de Dios» (esta apreciación excluye referencias a «mi reino» y similares), mientras que Marcos y Lucas prefieren «Reino de Dios». La expresión preferida de Mateo seguramente no restringe el Reino de Dios a los cielos. El propósito bíblico es el ejercicio manifiesto de la soberanía de Dios, su «reinado» en la tierra y entre los hombres. Existen suficientes analogías entre los sinópticos para suponer que «Reino de Dios» y «Reino de los Cielos» denota lo mismo (e.g., Mt 19:23-24 = Mr 10:23-25); la distinción connotativa es menos cierta.

Los dispensacionalistas (e.g., A.C. Gaebelein, Walvoord) sostienen que «Reino de Dios» es de manera particular un reino espiritual, una categoría más limitada que abarca solo a los creyentes verdaderos, mientras que «Reino de los Cielos» es el reino de esplendor milenial, una categoría más amplia que incluye (como en la parábola, 13:47-50) tanto peces buenos como malos. La diferencia es desafortunada: casi se llega peligrosamente a confundir Reino e Iglesia (ver más al respecto en cap. 13; 16:17-19), se dejan de considerar pasajes en que la categoría mateana no es menos restrictiva que «Reino de Dios» en los otros evangelios, y básicamente malinterpreta la naturaleza dinámica del Reino. Igual de poco convincente es la sugerencia de Pamment, de que «Reino de los Cielos» se refiere siempre al reino futuro que sigue a la consumación, mientras que el «Reino de Dios» en Mateo se refiere a manifestación actual. Para llegar a esta dicotomía absoluta, Pamment debió confiar en interpretaciones muy improbables de numerosos pasajes (e.g., 11:12; las parábolas en cap. 13). Muchas otras proposiciones (e.g., J. Julius Scott, CBE, 1:508) se expresan con firmeza pero no logran resistir un examen riguroso.

La explicación más común es que Mateo evitó «Reino de Dios» para excluir ofensas innecesarias a los judíos, quienes con frecuencia usaban circunlocuciones como «cielo» para referirse a Dios (e.g., Dn 4:26; 1 Mac 3:50, 60; 4:55; Lc 15:18, 21). La sugerencia tiene mérito. Sin embargo, Mateo es un escritor sutil y alusivo, y quizá estén involucrados otros dos factores: (1) «Reino de los Cielos» podría dar por adelantado la extensión de la autoridad de Cristo después de la Resurrección: él ahora es el intermediario de la soberanía de Dios *entre el cielo* y la tierra (28:18); y (2) «Reino de Dios» hace a Dios el Rey, y aunque esto no impide que los demás sinópticos atribuyan la condición de rey a Jesús (cf. Lc 22:16, 18, 29-30), deja menos espacio para actuar con libertad. El «Reino de los Cielos» de Mateo supone que es el Reino de Dios, y de vez en cuando lo asigna específicamente al Padre (26:29), aunque deja espacio para atribuirlo con frecuencia a Jesús (16:28; 25:31, 34, 40; 27:42; quizá 5:35); porque Jesús es el Rey Mesías. Es inevitable que esto tenga implicaciones cristológicas. El Reino de los Cielos es simultáneamente el reino del Padre y el reino del Hijo del hombre.

Juan predicó que este reino «está cerca» (*engiken*, lit., «se ha establecido cerca»). Los judíos hablaban del Mesías como «el que ha de venir» (11:3), y de la era mesiánica como «el mundo venidero» (Heb 6:5): Juan dice que está «cerca», mensaje mismo predicado por Jesús (4:17) y sus discípulos (10:7). Es posible, pero no seguro, que el verbo tenga el mismo énfasis de *efdsasen* en 12:28. Allí Jesús afirma sin ambigüedad que el Reino «ha llegado». Ese pasaje clarifica que se ha acercado el ejercicio de la soberanía salvadora de Dios, o reino. El ambiguo «está cerca» (3:2; 4:17), asociado con el sentido dinámico de «reino», nos prepara hacia un tema constante: el Reino llegó con Jesús, su predicación y sus milagros, vino con su muerte y su resurrección y vendrá al final de los tiempos.

Mateo ya ha establecido que Jesús nació Rey (2:2). Más tarde Jesús declaró que su obra testificaba que el Reino «ha llegado» (12:28), aun cuando a menudo habló del Reino como algo que se ha de heredar cuando el Hijo del hombre venga en su gloria. Es erróneo decir que «Reino» sufre un cambio radical con la mención de «misterio» («secretos», NVI; vea en 13:11). Ya en el Sermón del Monte, entrar al Reino (5:3, 10; 7:21) equivale a entrar a la vida (7:13-14; cf. 19:14, 16; y vea Mr 9:45, 47).

Estos temas, y otros relacionados, se hacen más claros a medida que avanza el evangelio (cf. esp. Ladd, *NT Theology*, pp. 57-90). Pero es menester resaltar ya dos observaciones. Primero, la terminología del Bautista, aunque velada, necesariamente levantaba mucha emoción (3:5). Pero una mezcla de expectativas apocalípticas y políticas habrían producido un profundo malentendido del reino que se estaba predicando. Por eso Jesús mismo usó a propósito terminología velada cuando trataba temas como este. Esto se hace cada vez más obvio en el Evangelio. La segunda observación se relaciona con la primera. Así como el anuncio del ángel a José declaró que el propósito principal de Jesús era salvar a su pueblo de sus pecados (1:21), el primer anuncio del Reino está asociado con el arrepentimiento y la confesión de pecados (3:6). Estos temas se entrelazan constantemente en Mateo (cf. Goppelt, *Theology*, pp. 128-88).

3 Si *gar* («pues», RVR) tiene toda su fuerza, entonces NVI debe decir: «Pues este es él»; y el v. 3 se convierte en el terreno para la predicación del Bautista en el v. 2. Esta es una de las once citas que Mateo hace del AT que no se inserta con fórmula de cumplimiento (cf. Introducción, sección 11.b). Sin embargo (contr. Gundry), es ir demasiado lejos decir que omitir el lenguaje de cumplimiento significa que, para Mateo, Juan el Bautista no cumple las Escrituras, sino que solo sirve como un «prototipo de predicador cristiano». Si Mateo hubiera querido decir tan poco, mejor habría eliminado el pasaje. En vez de eso lo inserta con una fórmula pesher (e.g., Hch 2:16; cf. Introducción, sección 11.b), que solo se puede entender como identificación del bautismo en un esquema escatológico de profecía-cumplimiento con aquel de quien Isaías (40:3) hablara.

El papel del Bautista es mínimamente ejemplar. Según Juan 1:23, el Bautista aplicó una vez este pasaje a sí mismo. Aquí Mateo lo hace por él. En el TM las palabras «en el desierto» modifican a «preparen»: «En el desierto preparen el camino para el Señor». Pero los tres sinópticos siguen aquí la LXX. El efecto inmediato es localizar en el desierto a quien está llamando. Algunos han creído que este es un intento deliberado de hacer que el cumplimiento se extienda a detalles geográficos. Pero Marcos sigue sin falta la LXX, y a menudo Mateo sigue a Marcos. Por tanto, no debemos darle demasiada importancia al cambio. Pudo haber un error en el énfasis de los hebreos, que asocia «en el desierto» con «preparen» (Gundry, *Use of OT*, p. 10). En todo caso, si se grita una orden en el desierto, la intención es que se extienda por todas partes; de modo que allí hay poca diferencia de significado (Alexander).

En Isaías 40:3 se «endereza» el sendero de Jehová (metáfora en que la construcción de un camino se usa para referirse al arrepentimiento); en Mateo 3:3 es el camino de Jesús. Esta clase de identificación de Jesús con Yahvé es común en el NT (e.g., Éx 13:21 y 1 Co 10:4; Is 6:1 y Jn 12:41; Sal 68:18 y Ef 4:8; Sal 102:25-27 y Heb 1:10-12), y confirma que el reino de Jesús es igual al reino de Dios. Aunque la deidad de Cristo no solo está implícita en tales textos, seguramente va más allá de que Jesús solo sea un enviado real. Los pactantes del Qumrán citaban el mismo pasaje para fomentar el estudio de la Ley en preparación para el «escatón» (1QS 8:12 y sig.; 9:19; cf. Fitzmyer, *Antecedentes semíticos*, pp. 34-36); pero Mateo identifica al Bautista como la voz, y que la era escatológica ya ha alboreado en la llegada de Jesús.

4-5 Ropa de pelo de camello y un cinturón de cuero (v. 4, este último para atar las prendas exteriores sueltas) no solo era la ropa de la gente pobre sino que establecía vínculos con Elías (2 R 1:8; cf. Mal 4:5). Las «langostas» (*akrides*) son saltamontes gigantes que se comían en el Oriente. Miel silvestre es lo que afirma ser, no una resina vegetal (cf. Jue 14:8-9; 1 S 14:25-29; Sal 81:16). Ambos artículos suponen un hombre pobre que acostumbra vivir en el desierto, y todo sugiere una relación con los profetas (cf. 3:1; 11:8-9), tanto que en la época de Zacarías (13:4) algunos falsos profetas se vestían como profetas para engañar a la gente. Tanto Elías como Juan tenían ministerios rigurosos, en los cuales la dieta y el atuendo austeros confirmaban su mensaje y condenaban la idolatría de la blandura física y espiritual. «Hasta el alimento y el vestido de Juan predicaban» (Beng.). La influencia de Juan era enorme (v. 5), y sus multitudes llegaban de una amplia región. En griego se personifican los lugares (como en 2:3).

6 La confesión de pecados estaba ordenada por la Ley, no sólo como parte de los deberes sacerdotales (Lv 16:21), sino como responsabilidad individual por las maldades cometidas (Lv 5:5; 26:40; Nm 5:6-7; Pr 28:13). Esto se cumplió en los mejores días de Israel (Neh 9:2-3; Sal 32:5). En el NT (cf. Hch 19:18; 1 Jn 1:9) no es menos importante. Puesto que Mateo no incluye «para el perdón de pecados» (Mr 1:4), algunos han deducido que quiere evitar la insinuación de cualquier posibilidad de perdón antes de la muerte de Jesús (Mt 26:28). Esto es demasiado sutil. Un lector del primer siglo difícilmente habría sostenido que los pecados no se perdonaban después de ser confesados con sinceridad. Además, debido a que a menudo Mateo abrevia a Marcos donde lo usa, debemos tener mucho cuidado en sacar conclusiones teológicas de tales omisiones.

El griego no clarifica si la confesión era individual o colectiva, simultánea con el bautismo o antes. Josefo (Antig. XVIII, 116-17, v. 2) dice que Juan «apellidado el Bautista», exigía una conducta justa como «requisito si el bautismo iba a ser aceptable ante Dios». Puesto que Juan estaba instando a las personas a prepararse para la llegada del Mesías por medio del arrepentimiento y luego el bautismo, podemos deducir que una abierta renunciación al pecado era una precondición para su bautismo, y, por consiguiente, era una confirmación de confesión y una señal escatológica.

Desde el descubrimiento de los RMM, muchos han tratado de vincular el bautismo de Juan con el de los pactantes del Qumrán. Pero los lavatorios de estos, aunque relacionados con la confesión, quizá los consideraban como purificación, y los repetían (cf. 1QS 1:24 y sig.; 5:13-25) para sacar impurezas rituales. El bautismo de Juan, tal vez un rito que se hacía una sola vez (contr. Albright y Mann), no estaba relacionado con impureza ceremonial. Los rabinos usaban el bautismo para iniciar prosélitos, pero nunca judíos (SBK, 1:102-12). Hasta donde sabemos, aunque el bautismo en sí era común, las asociaciones limitadas que se señalan en el bautismo de Juan eran producto del Bautista mismo, semejante a la circuncisión, que era anterior a Abraham pero sin la importancia que le dio el pacto.

El río Jordán es correntoso. Sin duda Juan se apostaba en uno de los vados, y preparaba el camino para el Señor.

7 Muchos han cuestionado la probabilidad de que individuos de grupos tan mutuamente hostiles como fariseos y saduceos (cf. Introducción, sección 11.f) se presentaran juntos (un artículo determina ambos nombres) para el bautismo. Pero al texto griego no se le debe dar el significado de que llegaban para ser bautizados. Quizá solo significaba, como NVI traduce, que «llegaban adonde él estaba bautizando» (cf. Notas). De ser así, se podría sugerir que representantes del Consejo (compuestos de ambas partes con ancianos) llegaban a examinar lo que Juan estaba haciendo (cf. Jn 1:19, 24, que no solo menciona sacerdotes y levitas [saduceos] sino también fariseos). También es posible que muchos fariseos y saduceos llegaran para bautizarse con la ostentación que caracterizaba sus demás actividades religiosas (e.g., 6:2, 5, 16); i.e., para mostrar al mundo qué listos estaban para el Mesías, aunque no se habían arrepentido de veras. Mateo los menciona juntos porque eran líderes; en los demás lugares los diferencia (22:34). La pregunta con la que el Bautista los confrontó tiene este sentido: «¿Quién les dijo que podrán escapar del castigo que se acerca?» De modo que la pregunta retórica de Juan toma un matiz sarcástico: «¿Quién les avisó que huyeran del castigo que se acerca y vinieran a bautizarse, aunque en realidad no dan señales de arrepentimiento?» Aunque la pregunta es igual en Lucas 3:7, allí Lucas la relaciona con la multitud, mientras que Mateo la relaciona con los líderes judíos.

Juan el Bautista se mantiene como es debido en la tradición profética, en la cual el Día del Señor señala mucho más hacia la oscuridad que hacia la luz a quienes creen que no tienen pecado (Am 2:4-8; 6:1-7). «¡Camada de víboras!» también pertenece a la tradición profética (cf. Is 14:29; 30:6; cf. CD 19:22); en Mateo 12:34, Jesús usa estos términos para censurar fuertemente a los fariseos.

8-9 El advenimiento del reino de Dios o exige arrepentimiento (v. 2) o trae juicio. El arrepentimiento debe ser verdadero. Si queremos escapar al castigo que se acerca (v. 7), todo nuestro estilo de vida debe estar en armonía con nuestro arrepentimiento oral (v. 8). Ser descendiente de Abraham no es suficiente (v. 9). Una y otra vez en el AT Dios descartó a muchos israelitas y salvó a un remanente. Pero en el período entre los dos testamentos el uso general de descendientes de Abraham, en el contexto de una creciente teología del mérito, respaldaba la idea de que se escogió a Israel por decisión, y que el mérito de los patriarcas era suficiente para sus descendientes (cf. Carson, *Divine Sovereignty*, pp. 39 y sig.). Pero Dios no solo podía reducir a Israel a un remanente, sino que también de «estas piedras» podía levantar hijos auténticos de Israel (quizá piedras que yacían en el lecho del río; tanto en hebreo como en arameo hay un juego de palabras entre «hijos» y «piedras»). Unas piedras ordinarias bastarían; no habría necesidad de las «rocas» patriarcales y sus méritos (cf. S. Schechter, *Some Aspects of Rabbinic Theology*, Black, Londres, 1903, p. 173; cf. también Ro 4). El versículo 9 no solo reprende la justicia propia de los líderes, sino que sugiere que la participación en el Reino es por gracia y extiende los límites del pueblo de Dios más allá de fronteras raciales (cf. 8:11).

10 El hacha «ya» (categórico) está lista a la raíz de los árboles (para la expresión idiomática, cf. Is 10:33-34; Jer 46:22). «No solo hay una ira mesiánica venidera, sino que ya se ha iniciado una discriminación mesiánica entre los descendientes de Abraham» (Broadus). Así como el Reino ya se está acercando (v. 2), también el juicio; el uno y el otro son inseparables. Predicar el Reino es predicar arrepentimiento; cualquier árbol (no «todo» árbol, NVI; cf. Turner, *Syntax*, p. 199), a pesar de sus raíces, que no da buen fruto, será destruido.

11 Compare los vv. 11-12 con Lucas 3:15-18 (¿Q?). Puesto que solo Mateo dice: «Yo los bautizo a ustedes con agua *para que se arrepientan*» (énfasis del autor), Hill detecta un esfuerzo consciente de subordinar Juan a Jesús. Juan bautiza como preparación «para que se arrepientan»; Jesús bautiza para consumación «con el Espíritu Santo y con fuego». Pero tanto Marcos (1:4) como Lucas (3:3) han hablado del bautismo de Juan como de arrepentimiento. Y cuando Jesús empieza a predicar, también exige arrepentirse (4:17). Si aquí hay una antítesis entre Juan y Jesús, está en los tres evangelios sinópticos. Tal vez Mateo esté resaltando la diferencia entre los bautismos de Juan y de Jesús para hacer un planteamiento acerca de la escatología (ver más abajo, y en 11:7-13).

La frase «para que se arrepientan» (*eis metanoian*) es difícil: *eis* más el acusativo a menudo sugiere propósito («los bautizo para que se arrepientan»). Contextualmente

(v. 6) esto es improbable, aun con el expreso propósito que sugiere Broadus: «Los bautizo con una perspectiva de arrepentimiento continuo». Pero el causal *eis*, o algo muy próximo, no es desconocido en el NT (cf. Turner, *Syntax*, pp. 266-67): «Los bautizo debido a su arrepentimiento». Sin embargo, el énfasis podría ser más débil; i.e., «los bautizo con referencia al arrepentimiento, o en conexión con él». En cualquier caso, Juan quiere contrastar su bautismo con el de quien viene después que él (es dudosa cualquier alusión aquí al título mesiánico «el que ha de venir»; cf. Arens, pp. 288-90). Aquel es «más poderoso» que Juan: el mismo término se aplica a Dios en el AT (LXX Jer 32:18; Dn 9:4; cf. también Is 40:10) y el nombre similar al Mesías en Salmos de Salomón 17. Este no es el orden normal: por lo general el que sigue es el discípulo, el menor (cf. Mt 16:24; Jn 13:16; 15:20). Pero debido a que el ministerio particular de Juan es anunciar la figura escatológica, no puede hacer más que preceder a Jesús.

Aunque Juan era el predicador que más habían buscado en Israel por siglos, afirmó que no estaba en condiciones de «llevar» («desatar», para Marcos y Lucas) las sandalias del que viene. Muchos eruditos han sostenido que este dicho debe ser una antigua invención de algunos cristianos decididos a mantener al Bautista en su lugar, y a exaltar a Jesús. En realidad, una humildad como la de Juan es en la moral cristiana una virtud, no una debilidad. Además, si Juan vio su papel como precursor del Mesías no pudo haberse puesto al mismo nivel de quien estaba señalando (cf. también Jn 3:28-31). Sin duda la Iglesia usó inmediatamente el autoconcepto de Juan en conflictos posteriores con sus seguidores. De todos modos, no hay evidencia de que ellos lo inventaran.

Se deduce que así como el propósito de Juan era preparar un camino para el Señor, llamando a la gente al arrepentimiento, su bautismo señalaba a quien introduciría el escatológico bautismo en espíritu y fuego. El bautismo de Juan era «esencialmente preparatorio» (cf. J.D.G. Dunn, *Baptism in the Holy Spirit*, SCM, Londres, 1970, pp. 14-17; Bonnard; F. Lnag, "Erwägungen zur eschatologischen Verkündigung Johannes des Täufers", en Strecker, *Jesus Christus*, pp. 459-73); el bautismo de Jesús inició la era mesiánica.

«Bautismo en el Espíritu Santo» no es una expresión privativa del NT. Sus antecedentes en el AT incluyen Ezequiel 36:25-27; 39:29; y Joel 2:28. No debemos creer que Juan el Bautista no pudo haber mencionado al Espíritu Santo, y no menos por causa de referencias un poco similares en la literatura del Qumrán (1QS 3:7-9; 4:21; 1QH 16:12; cf. Dunn, *Baptism*, pp. 8-10). Pero Mateo y Lucas agregan «y fuego». Muchos ven esto como un doble bautismo, uno en el Espíritu Santo para los justos y otro en fuego para los impenitentes (cf. el trigo y la paja en el v. 12). El fuego (Mal 4:1) destruye y consume.

Existen buenas razones, sin embargo, para tomar el «fuego» como un agente purificador junto con el Espíritu Santo. Juan está bautizando a las personas a las que se dirige; presuntamente se han arrepentido. Más importante es que la preposición *en* («con») no se repite antes de fuego en el original: la única preposición determina tanto a «Espíritu Santo» como a «fuego», y esto sugiere normalmente un concepto unificado, Espíritu-fuego o algo similar (cf. M.J. Harris, DNTT, 3:1178; Dunn, *Baptism*, pp. 10-13). A menudo la connotación del fuego en el AT es de purificación, no de destrucción (e.g., Is 1:25; Zac 13:9; Mal 3:2-3). El agua del bautismo de Juan se relaciona con el arrepentimiento; pero aquel cuyo camino está preparando administrará un bautismo de Espíritu-fuego que purificará y refinará. En una época en que muchos judíos sentían que el Espíritu Santo les había sido quitado hasta la era mesiánica, este anuncio solo se pudo recibir con emocionada esperanza.

12 La llegada del Mesías separará el trigo de la paja. Una horca los avienta al aire. El viento se lleva la paja, y el trigo más pesado cae para ser recogido del suelo. La paja esparcida se barre y se quema, y se limpia el suelo (cf. Sal 1:4; Is 5:24; Dn 2:35; Os 13:3). «Fuego que nunca se apagará» significa juicio escatológico (cf. Is 34:10; 66:24; Jer 7:20) e infierno (cf. 5:29). «Fuego que nunca se apagará» no es solo una metáfora: la separación que el Mesías hará entre el trigo y la paja encierra una aterradora realidad. Por ende, la «cercanía» del Reino llama al arrepentimiento (v. 2).

Notas

1 Mateo tiene ὁ βαπτιστής (*jo baptistés*, «el bautista»); Marcos (1:4) utiliza el participio [ὁ] βαπτίζων ([*jo*] *baptízon*, lit., «el bautizador»). No es seguro que se haya buscado alguna distinción puesto que «Bautista» no tiene sabor sectario ni denominacional. Es demasiado decir con Gundry (*Matthew*) que Mateo usa constantemente «el Bautista» en vez de «el bautizador» para desviar la atención de la práctica de Juan del bautismo hacia su papel como predicador; porque esto último no se resalta y Mateo incluye la afirmación específica del v. 6: «él [Juan] los bautizaba».

«Predicando» (verbo κηρύσσω [*kerusso*], sustantivo κήρυγμα [*kérugma*]) a menudo, durante los cincuenta años pasados, se ha distinguido de «enseñanza» (διδαχή [*didajé*]) de tal manera que a los elementos denominados kerigmáticos con frecuencia se les ha privado de su contenido; y prácticamente todo en el NT se asignó de modo decidido a una categoría o a la otra. Un estudio más reciente ha demostrado cuán excesivamente simplificada es tal antítesis (J.I.H. McDonald, *Kerygma and Didache*, University Press, Cambridge, 1980) y ha sugerido otras categorías con igual importancia y que a veces se superponen (e.g., A.A. Trites, *The New Testament Concept of Witness*, University Press, Cambridge, 1977).

2 El verbo μετανέω (*metanoeo*, «me arrepiento») fue interpretado en latín *poenitentiam agere* («ejercer penitencia»), la palabra «penitencia» sugiere dolor, aflicción, pena, pero no necesariamente cambio. Finalmente se prefirió *poenitentiam agite* («hacer penitencia»), que junto con la abreviación «penitencia» completaron la caída a un concepto pernicioso bastante extraño al NT.

7 La expresión ἐπὶ τὸ βάπτισμα αὐτοῦ (*epi to báptisma autou*) es peculiar (lit., venir «a su bautismo»); podría significar «venir para ser bautizado» o «llegar adonde él los bautizaba» (como NVI).

10 Moule (*Idiom Book*, p. 53) ve aquí que πρός (*pros*) más el acusativo combina movimiento lineal con parada al punto al llegar: el hacha ha dado su primer hachazo, por así decirlo. Pero es posible que el verbo κεῖται (*keitai*, lit., «yace»; NVI, «está») sugiera que el hacha yace simplemente al pie del árbol, lista para actuar.

b. Bautismo de Jesús

3:13-17

¹³Un día Jesús fue de Galilea al Jordán para que Juan lo bautizara. ¹⁴Pero Juan trató de disuadirlo.

—Yo soy el que necesita ser bautizado por ti, ¿y tú vienes a mí? —objetó.

¹⁵—Dejémoslo así por ahora, pues nos conviene cumplir con lo que es justo —le contestó Jesús.

Entonces Juan consintió.

¹⁶Tan pronto como Jesús fue bautizado, subió del agua. En ese momento se abrió el cielo, y él vio al Espíritu de Dios bajar como una paloma y posarse sobre él. ¹⁷Y una voz del cielo decía: «Éste es mi Hijo amado; estoy muy complacido con él.»

Al comparar los tres relatos sinópticos del bautismo de Jesús (cf. Mr 1:9-11; Lc 3:21-22) se revelan características inconfundibles (e.g., solo Mateo tiene 3:14-15). Pero es fácil exagerar las diferencias. Como a menudo se ha señalado, Lucas no dice que Juan bautizó a Jesús; pero al ver Lucas 3:1-21, no hay duda de esto. Como se verá, algunas presuntas diferencias entre los evangelistas son rebuscadas; otras resaltan valiosos énfasis teológicos.

13 «Entonces» (*tote*, RVR) es impreciso en Mateo (ver en 2:7), y cada uso necesita trato separado. Aquí *tote* implica que durante el tiempo en que Juan el Bautista estaba predicando a las multitudes, y bautizándolas, «entonces» Jesús llegó (i.e., equivale al «un día en que todos acudían a Juan para que los bautizara, Jesús fue bautizado también» de Lucas 3:21). De ser así, es algo rebuscado decir que el bautismo de Jesús es un testimonio público en Lucas, pero privado en Mateo. Esta conclusión tiene importancia especial para Kingsbury (*Structure*, pp. 13-15) porque quiere evitar cualquier reconocimiento público de Jesús hasta 4:17. Jeremías (*NT Theology*, p. 51) cree que Lucas se apega más a la realidad histórica, y supone que Jesús se sumergió juntamente con otros en presencia de Juan. Ambos casos se han hilado demasiado. Cualquier interpretación que exija privacidad o multitudes en el bautismo de Jesús, como lo informan Mateo o Lucas, es dar demasiada importancia a los textos, y quizá pase por alto los puntos principales de los evangelistas. Jesús llegó de Galilea (Marcos especifica Nazaret) para que Juan lo bautizara (aunque Mateo hace de esto un propósito explícito, en Marcos y Lucas es implícito), y en consecuencia el Padre testificó de su Hijo. Esto es bastante común en los tres relatos, e importa poco si solo Juan oyó esta testificación celestial o si las multitudes también la oyeron.

14 Mateo 3:14-15 es peculiar a este evangelio. Juan trató de disuadir a Jesús (imperfecto de acción intentada) de su bautismo, insistiendo (los pronombres son enfáticos) en que era él quien tenía necesidad de ser bautizado por Jesús. Antes Juan tuvo dificultad en bautizar a fariseos y saduceos porque no eran dignos del bautismo. Pero tenía problemas en cuanto a bautizar a Jesús porque su bautismo no era digno de Jesús.

Hay dos maneras de comprender la renuencia de Juan:

1. Juan reconoce a Jesús como el Mesías y quiere recibir el bautismo en Espíritu y fuego de Jesús. A pesar de la creciente popularidad de esta opinión, acarrea graves dificultades. El tema del Espíritu no es importante en Mateo; la justicia sí, y esta es fundamental en la respuesta de Jesús (v. 15). Mateo no presenta a Jesús confiriendo su bautismo de Espíritu y fuego sobre nadie: la Cruz y la Resurrección son asuntos centrales para Mateo; y, por escribir antes de Pentecostés (Hch 2), sin duda cree que el bautismo de Jesús fue conferido a su pueblo después del tiempo sobre el que está describiendo. En vista de las declaraciones del Bautista acerca de su relación con el Mesías (v. 11), si él hubiera reconocido a Jesús como el Mesías, es dudoso que la refutación de Jesús lo hubiera convencido (v. 15). Además, algo así metería innecesariamente a Mateo en conflicto con el cuarto evangelio (Jn 1:31-34), que dice que el Bautista no «conocía» a Jesús —i.e., no lo reconoció como el Mesías— hasta después de su bautismo.

2. Sin embargo, el bautismo de Juan no tenía simple importancia escatológica. También significaba arrepentimiento y confesión de pecados. No sabemos si Juan conocía bien a Jesús. Pero es inconcebible que sus padres no le hubieran hablado de la visita de María a Elisabet algunas tres décadas antes (Lc 1:39-45). A última hora Juan debió haber reconocido que Jesús, con quien estaba emparentado y cuyo nacimiento fue más maravilloso que el suyo, y cuyo conocimiento de las Escrituras era prodigioso aun desde niño (Lc 2:41-52), lo sobrepasaba. Juan el Bautista era un hombre humilde; consciente de su propio pecado, no pudo detectar pecado del que Jesús debía arrepentirse y confesar. Por eso Juan pensó que Jesús debía bautizarlo a él. Mateo no nos dice cuándo Juan percibió también que Jesús era el Mesías (aunque eso podría estar implícito en los vv. 16-17); Mateo se enfoca en la impecabilidad de Jesús y en el testimonio del Padre, no en el testimonio de Juan (a diferencia del cuarto evangelio, donde el testimonio del Bautista en cuanto a Jesús es muy importante).

15 El consentimiento de Juan se debió a que Jesús le dijo: «Nos conviene cumplir con lo que es justo». Aquí son innumerables las interpretaciones, pero se pueden resumir de la siguiente manera:

1. Al someterse al bautismo, Jesús anticipa su propio bautismo de muerte, el cual asegura «justicia» para todos. Esto se ve en el Siervo Sufrido de Isaías 53:11 («por su conocimiento mi siervo justo justificará a muchos»). Este punto de vista, apoyado por muchos, lo defiende muy bien O. Cullmann (*Baptism in the New Testament*, SCM, Londres, 1950, pp. 15 y sig.). Esto presupone que la importancia del bautismo de los cristianos se debe volver a leer en el bautismo de Juan, y no tiene en cuenta su lugar en la historia de la salvación. Peor aun, Cullmann vuelve a leer el uso que Pablo hace de «justicia» dentro de Mateo, quien en realidad nunca usa el término de ese modo sino con significado de «conformidad con la voluntad de Dios» o algo así (cf. el análisis y las observaciones de Bonnard, y esp. Przybylski, pp. 91-94). Además el «nos» no es un «nos» principesco; tanto Jesús *como* Juan debían «cumplir con lo que es justo», lo cual hace dudosa cualquier teoría que vincule la justicia muy estrechamente con la muerte de Jesús. G. Barth (Bornkamm, *Tradition*, pp. 140 y sig.) rechaza la opinión de Cullmann, pero cae en la misma debilidad: sostener que Jesús cumple toda

justicia al entrar humildemente en las filas de los pecadores y representarlos. Se aplica la misma objeción.

2. Otros sugieren que Jesús debió obedecer («cumplir») toda orden divina («todo lo que es justo»), y el bautismo es una de tales órdenes. Dicho tan descuidadamente, este punto de vista olvida que el bautismo se relaciona con el arrepentimiento y la confesión de pecados, no con la justicia misma. Una ligera modificación dice que al ser bautizado Jesús está reconociendo como válida la vida justa que Juan predicaba y exigía a quienes aceptaban su bautismo. Pero este punto de vista obliga a que «cumplir» se convierta en «reconocer», y niega el hecho de que el bautismo de Juan no se relaciona con los estándares de justicia que predicaba Juan, sino con el arrepentimiento.

3. La fortaleza de las opiniones alternas se podrían integrar en una síntesis mejor. Se recordará que el bautismo de Juan tenía dos enfoques: arrepentimiento y significado escatológico. Jesús afirma, en realidad, que es voluntad de Dios («todo lo que es justo») que Juan lo bautice; y *tanto* Juan *como* Jesús «cumplen» esa voluntad, esa justicia, al pasar por el bautismo («nos conviene»). El período subsiguiente, como Mateo observa de inmediato (vv. 16-17), muestra que este bautismo señaló de veras a Jesús. Dentro de este esquema podemos reconocer otros temas. En particular a Jesús se le ve de veras como el Siervo Sufrido (Is 42:1; cf. 3:17). Sin embargo, la primera señal del Siervo es obedecer a Dios: él «cumple con lo que es justo» puesto que sufre y muere para lograr la redención en obediencia a la voluntad de Dios. Jesús afirma por medio de su bautismo su determinación de hacer la tarea asignada. Por eso el «ahora» podría ser importante: Jesús está diciendo que la objeción de Juan (v. 14) es válida en principio. Sin embargo, «ahora», en este punto de la historia de la salvación, debe bautizar a Jesús; porque en este punto Jesús debe demostrar su disposición de tomar el papel de siervo, sugiriendo su identificación con el pueblo. Contrario a Gundry, «ahora» no sirve para decir a los cristianos convertidos que no deben retrasar «este primer paso en el camino de la justicia».

Esta interpretación supone que Jesús conocía su papel de Siervo Sufrido desde el principio de su ministerio; cf. más en v. 17. Este papel fue insinuado en 2:23; aquí hace su primera aparición velada en las acciones de Jesús. La narración inmediata que sigue de la tentación lo confirma (4:1-11). Allí Jesús rechaza la tentación del diablo para ir tras la gloria y el poder mesiánico, prefiriendo en cambio el papel de siervo al obedecer toda palabra que sale de la boca de Dios.

16 «Tan pronto como» no solo sugiere que Jesús dejó el agua inmediatamente después de su bautismo sino que la testificación del Espíritu fue igualmente rápida. El bautismo de Jesús y su testificación son de una pieza y se deben interpretar juntos. «Él vio» se refiere más lógicamente a Jesús (cf. Mr 1:10), no a Juan, no tanto porque Mateo excluya a Juan sino porque este no es el centro de interés. La presencia de Juan (y posiblemente de otros) quizá esté sugerida por el tratamiento de tercera persona: «Este es mi Hijo» (v. 17), que reemplaza al de Marcos: «Tú eres mi Hijo» (1:11).

«El cielo se abría» trae recuerdos de visiones del AT (e.g., Is 64:1; Ez 1:1; cf. Hch 7:56; Ap 4:1; 19:11). «El Espíritu bajaba sobre él como una paloma» en comparación podría querer decir que el estilo del descenso del Espíritu fue como el de una paloma, o que el Espíritu apareció en forma de paloma. De todos modos, Lucas 3:22 lo especifica. Debido a que ninguna referencia anterior al cristianismo vincula una paloma con el Espíritu Santo, algunos han adelantado teorías complejas: e.g., Marcos recogió dos historias, una mencionaba el descenso del Espíritu Santo y la otra el descenso de la paloma, y las juntó (S. Gero, «The Spirit as a Dove at the Baptism of Jesus», NovTest 18, 1976, 17-35). Pero seguramente es precipitado excluir cualquier nueva metáfora de la revelación cristiana. El descenso del Espíritu no se puede considerar adecuadamente separado del v. 17; por tanto, el propósito de su significado necesita los comentarios sobre el v. 17.

17 Algunos ven en la «voz del cielo» a *bat-kol* (lit., «hija de una voz»), la categoría que algunos rabinos y otros escritores usaban para referirse a la comunicación divina como eco del Espíritu de Dios después que el Espíritu y los profetas por medio de los cuales hablaba fueron retirados. La cuestión, sin embargo, es más fuerte. Esta voz viene de Dios («del cielo») y testifica que Dios mismo ha roto el silencio, y que de nuevo se está revelando a los hombres como una clara señal del inicio de la era mesiánica (cf. 17:5 y Jn 12:28). Lo que el cielo dice en Marcos y Lucas, «tú eres mi Hijo»; aquí es «este es mi Hijo». El cambio no solo muestra la preocupación de Mateo por la *ipsissima vox* (no generalmente la *ipsissima verba*; cf. Notas) sino que también supone que alguien además de Jesús oyó el testimonio celestial. Allí pudo haber habido una multitud; de ser así, eso no interesa a Mateo. Sin embargo, Juan necesitaba oír que la Voz confirmara su decisión (v. 15).

A pesar de los razonamientos en contra (e.g., Hooker, *Jesus and the Servant*, pp. 70 y sig.), la declaración refleja a Isaías 42:1: «Este es mi siervo, a quien sostengo, mi escogido, en quien me deleito; sobre él he puesto mi Espíritu»; y Salmos 2:7 lo ha modificado: «Tú eres mi hijo» (cf. Gundry, *Use of OT*, pp. 29-32; y esp. Moo, «Use of OT», pp. 112 y sig.). Los resultados son extraordinariamente importantes.

1. Estas palabras del cielo vinculan a Jesús con el Siervo Sufrido en el mismo comienzo de su ministerio, y confirma nuestra interpretación del v. 15.

2. Aquí Dios se refiere a Jesús como «mi Hijo»; implícitamente se introduce el título «Hijo de Dios», y continúa de inmediato en el capítulo siguiente (4:3, 6). El Salmo 2 es davídico: aunque en el primer siglo no se consideraba mesiánico, el vínculo con David recuerda otros pasajes con «hijo» en que se ve a David o a sus herederos como hijos de Dios (e.g., 2 S 7:13-14; Sal 89:26-29).

3. A Jesús ya se le ha presentado como el verdadero Israel al cual el actual Israel estaba señalando como ese Hijo de Dios (ver 2:15); ahora el testimonio celestial confirma la relación.

4. Al mismo tiempo la concepción virginal sugiere una condición de hijo más que titular o funcional: en este contexto existe el vínculo de un hijo ontológico, hecho más explícito en el Evangelio de Juan.

5. Jesús es el Hijo «amado» (*agapetós*), término que podría significar no solo afecto sino también elección, reforzada por el aoristo que sigue (lit., «con él me encontraba muy complacido»), lo que sugiere una elección anticipada del Mesías (cf. Jn 1:34, mg. gr.).

6. Estos aspectos están ligados en una declaración: al mismo inicio del ministerio público de Jesús, su Padre lo presentó, de manera velada, a la vez como Mesías davídico, el mismo Hijo de Dios, el representante del pueblo, y el Siervo Sufrido. Mateo ya ha presentado todos estos temas, y los desarrollará más adelante. En realidad cita definitivamente a Isaías 42:1-4 en 12:18-21, que termina con la afirmación (ya clarificada) de que las naciones confiarán en este Siervo.

«Hijo de Dios» tiene en particular ricas asociaciones. Por eso es difícil establecer con certeza su énfasis preciso en toda ocasión. Así como está mal ver condición ontológica en todo uso, está mal excluirlo con mucha prontitud. (Para más análisis adecuados, vea, además de los diccionarios generales, Blair, pp. 60 y sig.; Cullmann, *Christology*, pp. 270-305; Kingsbury, *Structure*, pp. 40-83 [aunque este exagera la importancia de este tema en Mateo: cf. Hill, «Hijo y Siervo», pp. 2-16]; Ladd, *NT Theology*, pp. 159-72; y Moule, *Christology*, pp. 22 y sig.)

El descenso del Espíritu en el v. 16 se debe entender a la luz del v. 17. El Espíritu se ha puesto sobre el siervo de Isaías 42:1-4, a lo cual el v. 17 alude. Esta revelación no cambia la posición de Jesús (él era el Hijo antes de esto) ni le asigna nuevos derechos. Más bien lo identifica como el Siervo e Hijo prometido, señala el principio de su ministerio público y su enfrentamiento directo con Satanás (4:1), la llegada de la era mesiánica (12:28).

Notas

14 El καί (*kai*, «y») tiene énfasis adversativo: «y sin embargo» (cf. Zerwick, par. 455; Turner, *Syntax*, p. 334). Esto podría reflejar el inicio de una apódosis aramea (Lagrange, p. xci).

16 Si αὐτῷ (*autó*) es la lectura correcta, el texto dice que los cielos se abrieron «para él», i.e., para Jesús. Pero esto no necesariamente significa que nadie más experimentara algo (vea comentario sobre «Esto es» en el v. 17) sino solo que, además de la voz más pública, solo Jesús percibió la apertura del cielo. En el período del NT la preposición ἀπό (*apó*, «de» no siempre se puede distinguir en significado de ἐκ (*ek*), usada en Marcos 1:10 (cf. Zerwick, par 87; Turner, *Syntax*, p. 259).

17 El latín *vox* simplemente significa «voz», y *verba* «palabras». *Ipsissima*, del latín *ipse* («mismo»), básicamente significa «todo por sí mismo», o algo así. *Ipsissima vox* e *ipsissima verba* en el estudio del NT se refiere por lo general a la «propia voz [de Jesús]» y las «propias palabras [de Jesús]», respectivamente. Lo primero implica que las enseñanzas de Jesús están preservadas con precisión pero en las palabras, estilo, etc. del evangelista, mientras que la última se refiere a esos lugares donde se conservan las palabras exactas de Jesús. En el sentido más estrecho, sin embargo, *ipsissima verba*, puesto que Jesús hablaba principalmente arameo, se restringiría a palabras como *abbá, talita cum*, etc. Otros entienden que la expresión incluye palabras de Jesús que se dan en traducción exacta al griego; pero esto también sería una categoría destructiva si se usa como la única reflexión aceptable de lo que Jesús enseñó. Por supuesto, en este versículo las palabras no son de Jesús sino de la voz del cielo. Aun así, Mateo conserva solo el sentido general, la *ipsissima vox*. Para mayor discusión, ver CBE, 1:13-20.

c. Tentación de Jesús

4:1-11

[1]Luego el Espíritu llevó a Jesús al desierto para que el diablo lo sometiera a tentación. [2]Después de ayunar cuarenta días y cuarenta noches, tuvo hambre.

[3]El tentador se le acercó y le propuso:

—Si eres el Hijo de Dios, ordena a estas piedras que se conviertan en pan.

[4]Jesús le respondió:

—Escrito está: "No sólo de pan vive el hombre, sino de toda palabra que sale de la boca de Dios."

[5]Luego el diablo lo llevó a la ciudad santa e hizo que se pusiera de pie sobre la parte más alta del templo, y le dijo:

[6]—Si eres el Hijo de Dios, tírate abajo. Porque escrito está:

> "Ordenará que sus ángeles
>   te sostengan en sus manos,
> para que no tropieces con piedra alguna."

[7]—También está escrito: "No pongas a prueba al Señor tu Dios" —le contestó Jesús.

[8]De nuevo lo tentó el diablo, llevándolo a una montaña muy alta, y le mostró todos los reinos del mundo y su esplendor.

[9]—Todo esto te daré si te postras y me adoras.

[10]—¡Vete, Satanás! —le dijo Jesús—. Porque escrito está: "Adora al Señor tu Dios y sírvele solamente a él."

[11]Entonces el diablo lo dejó, y unos ángeles acudieron a servirle.

Muchos eruditos en el pasado tomaron este pasaje y su análogo (Lc 4:1-13) como adornos imaginarios de muchos relatos más breves de Marcos. Pero J. Dupont ("L'Arrière-fond Biblique du Récit des Tentations de Jésus", NTS 3, 1956-57, 287-304) ha sostenido con persuasión que la brevedad de Marcos y la ambigüedad de declaraciones como «estaba entre las fieras» (Mr 1:13) sugiere que los lectores de Marcos conocían un relato más largo al que Marcos se refiere brevemente. El relato solo pudo haber venido de Jesús, y dado a los discípulos quizá después de Cesarea de Filipo (Dupont). Por tanto, da una visión de la percepción que Jesús tenía de sí mismo como Hijo de Dios (3:17; 4:3, 6), y, a juzgar por las Escrituras que cita, la manera de percibir su propia relación con Israel (cf. France, *Jesus*, pp. 50-53).

Tanto Mateo como Marcos vinculan las tentaciones con el bautismo de Jesús (ver en 4:1). Lucas, no obstante, inserta su genealogía entre lo uno y lo otro, sugiriendo un contraste entre Adán, quien aunque fue probado en la felicidad absoluta del Edén, cayó, y Jesús, quien fue probado en medio de privaciones del desierto, triunfó. Las respuestas de Jesús a Satanás (tomadas todas de Dt 6—8; i.e., 6:13, 16; 8:3) han llevado a algunos a discutir que este relato es un midrash hagádico —i.e., explicatorio pero casi en nada histórico— sobre el texto del AT (cf. esp. B. Gerhardsson, *The Testing of God's Son*, CWK

Gleerup, Lund, 1966). Sin embargo, el argumento de la historia se mantiene independiente de los antecedentes del AT; en el relato de Mateo hay más temas alusivamente ocultos de lo que se ve a simple vista (e.g., tal vez temas de «nuevo Moisés»: Davies, *Setting*, pp. 45-48; cf. Bonnard; Petr Pokorny, «Historias de la tentación y su intención», NTS 20, 1974, 115-27); y la referencia repetida en Deuteronomio 6—8 se explica mejor en la tipología Cristo-Israel.

Lucas invierte el orden de las dos últimas tentaciones por razones topográficas: El orden de Mateo es casi seguramente original (Schweizer; Walvoord).

Es difícil tener seguridad completa de lo que sucedió o en qué forma Satanás llegó a Jesús. Pararse sobre un monte alto (v. 8) no bastaría para dar una mirada de «todos los reinos del mundo»; se presupone alguna visión sobrenatural. Además, un ayuno de cuarenta días no es en absoluto el trasfondo ideal para un viaje a tres lugares separados y escabrosos. Cuando recordamos que Pablo no siempre estuvo seguro si sus visiones fueron «en el cuerpo o fuera del cuerpo» (2 Co 12:2), podríamos aquí ser cautos acerca de dogmatizar. Pero no hay razón para creer que el esquema de la historia sea puramente simbólico en vez de visionario, y que representa las luchas interiores de Jesús; si los demonios podían dirigirse directamente a él (e.g., 8:29, 31), es difícil decir que Satanás no lo hubiera hecho o que no hubiera podido hacerlo.

1 Las tres tentaciones de Jesús están ligadas a su bautismo, no solo por las referencias a la condición de hijo y al Espíritu, sino por el inicial «luego» (*tote*). La atestación de Jesús como el Hijo (3:17) proporciona «la ocasión natural para tales tentaciones especiales como aquí se describen» (Broadus). El mismo Espíritu que engendró a Jesús (1:20) y atestiguó el reconocimiento que el Padre hiciera de su condición de Hijo (3:16-17) lo lleva ahora al desierto para que el diablo lo tentara. El «desierto» (cf. 3:1) no es solamente el lugar asociado con actividad demoníaca (Is 13:21; 34:14; Mt 12:43; Ap 18:2; Trench, pp. 7-8) sino, en un contexto en que abundan referencias a Deuteronomio 6—8, el lugar donde Israel experimentó sus mayores pruebas iniciales.

El diablo no se debe reducir a «fuerzas» impersonales que promueven el racismo y las matanzas de turbas enfurecidas (Schweizer). La palabra griega *diabolos* significa estrictamente «calumniador»; pero el término es la traducción regular que la LXX hace de «Satanás» (e.g., 1 Cr 21:1; Job 1:6-13; 2:1-7; Zac 3:1-2), el principal opositor de Dios, el archienemigo que dirige todas las huestes espirituales de las tinieblas (cf. Gn 3; 2 S 19:23; Jn 8:37-40; 1 Co 11:10; 2 Co 11:3; 12:7; Ap 12:3-9; 20:1-4; 7-10; Maier). En una época de ocultismo creciente y satanismo declarado, es más fácil creer lo que la Biblia dice de él con claridad que hace veinte años.

Que Jesús tuviera que ser llevado «por el Espíritu» para ser tentado «por el diablo» no es más extraño que Job 1:6—2:7 o 2 Samuel 24:1 (1 Cr 21:1). Reconocer que «tentar» (*peirazo*) también significa «probar» en buen o mal sentido facilita un tanto el problema. En las Escrituras la «tentación» o la «prueba» puede revelar o desarrollar carácter (Gn 22:1; Éx 20:20; Jn 6:6; 2 Co 13:5; Ap 2:2) además de incitar al mal (1 Co 7:5; 1 Ts 3:5). Que «tentemos» o «probemos» a Dios es malo porque refleja incredulidad o intento de soborno (Éx 17:2, 7 [Sal 95:9]; Dt 6:16 [Mt 4:7]; Is 7:12; Hch 5:9;

15:10). Dios también se vale de todo y puede sacar algo bueno de las intenciones de los agentes del diablo; vea la experiencia de José (Gn 50:19-20). Dios, en las «tentaciones» de Jesús, se propuso claramente probarlo del mismo modo que Israel fue probado, y las respuestas de Jesús demuestran que él entendió.

2 Las analogías con el Israel histórico continúan. El ayuno de cuarenta días y cuarenta noches de Jesús (sin duda total abstención de alimento pero no de agua; cf. Lc 4:2) reflejó los cuarenta años de la peregrinación de Israel (Dt 8:2). El hambre de Israel y la de Jesús enseñan una lección (Dt 8:3); ambos pasaron tiempo en el desierto en preparación para sus respectivas tareas. Otros paralelos se han observado (cf. Dupont). El punto principal es que ambos «hijos» fueron tentados por designio de Dios (Dt 8:3, 5; cf. Éx 4:22; Gerhardsson, *Testing God's Son*, pp. 19-35), uno después de ser redimido de Egipto y el otro después de su bautismo, para probar su obediencia y lealtad en preparación para su obra señalada. Un «hijo» falló pero señaló al «Hijo» que no fallaría (cf. 2:15). En este sentido las tentaciones legitimaron a Jesús como verdadero Hijo de Dios (cf. Berger, «Die königlichen Messiastraditionen», pp. 15-18).

Al mismo tiempo el hambre de Jesús nos presenta varias ironías a las que Mateo alude más o menos explícitamente: Jesús tiene hambre (v. 2) pero alimenta a otros (14:13-21; 15:29-39); se cansa (8:24) pero ofrece descanso a otros (11:28); es el Rey Mesías pero paga impuestos (17:24-27); lo llaman diablo pero echa fuera demonios (12:22-32); muere como un pecador pero salva a su pueblo de sus pecados (1:21); lo venden por treinta monedas de plata pero da su vida como pago por muchos (20:28); no convirtió piedras en pan para sí mismo (4:3-4) pero dio su propio cuerpo como pan para la gente (26:26).

3-4 El tentador se acercó a Cristo —no podemos decir en qué forma— y se refirió a la condición de Hijo de Jesús (v. 3). La forma de la cláusula «si» en griego (*ei* + indicativo) no pone en tela de juicio su condición de Hijo sino que la menciona para fortalecer un dudoso imperativo. Satanás no invitó a Jesús a dudar de su condición de Hijo sino a reflexionar en su significado. La condición de Hijo del Dios viviente, le sugirió, seguramente significa que Jesús tenía el poder y el derecho de satisfacer sus necesidades.

La respuesta de Jesús se basa solo en la Biblia: «Escrito está» (v. 4). La Escritura está en Deuteronomio 8:3, tomada de la LXX, la cual dice «toda palabra» en vez de una expresión hebrea más ambigua (a menos que se adopte la lectura de D en vez de la LXX; cf. Gundry, *Use of OT*, p. 67), y se aplica originalmente a Israel. Pero la afirmación misma es un aforismo. Aunque «hombre» (*jo andsrópos*) puede especificar antiguo Israel (e.g., Sal 80:17), siempre es cierto que todo el mundo debe reconocer su total dependencia en el mensaje de Dios. El alimento de Jesús es hacer la voluntad de su Padre que lo envió (Jn 4:34).

El sentido de cada tentación se debe determinar examinando a profundidad tanto la tentación como la respuesta de Jesús. Esto demuestra claramente que la primera tentación no fue una simple instigación a usar medios indebidos de hacer pan (Morison), ni a que usara un milagro para probar que era de veras el Hijo de Dios (J.A.T.

Robinson, pp. 55-56), ni a que actuara solo sin pensar en otros (Riesenfeld, pp. 87-88); fue una tentación para que Jesús usara su condición de Hijo de modo incoherente con su misión ordenada por Dios. La misma insinuación burlona, «si eres el Hijo de Dios», se la lanzan en 27:49, cuando al haber bajado de la cruz habría anulado el propósito de su venida. De igual modo, aunque Jesús pudo haber obtenido ayuda de legiones de ángeles, ¿cómo se habría cumplido lo que decían las Escrituras de que debía sufrir y morir (26:53-54)? El hambre de Israel había tenido la intención de mostrarles que oír y obedecer el mensaje de Dios es lo más importante en la vida (Dt 8:2-3). Asimismo Jesús aprendió obediencia por medio del sufrimiento como un hijo en la casa de Dios (Heb 3:5-6; 5:7-8). Para Jesús más necesario que el pan era obedecer la Palabra de Dios.

A la luz de estas analogías debemos concluir que el propósito de Satanás fue tratar de que Jesús usara sus poderes correctamente suyos, pero que había abandonado voluntariamente para llevar a cabo la misión del Padre. Si los reclamaba para sí habría negado la humillación voluntaria implícita en su misión y en la voluntad del Padre. Israel exigió su pan pero murió en el desierto; Jesús negó el pan para sí, conservó su justicia, y vivió por fiel sumisión a la Palabra de Dios. (Allí podría haber una alusión a Hab 2:4; cf. J. Andrew Kirk, «The Messianic Role of Jesus and the Temptation Narrative», EQ 44, 1972, 11-29, 91-102.)

5-7 La segunda tentación (tercera de Lucas) se da en la «ciudad santa» (v. 5), Jerusalén (cf. Neh 11:1; Is 48:2; Dn 9:24; Mt 21:10; 27:53), en el punto más elevado del complejo del Templo (*jieron* tal vez se refiere a todo el complejo, no al santuario mismo, al cual Jesús, por no ser levita, no se habría acercado; pero vea 27:5). Josefo (Antig. XV, 412, xi. v) testifica de la enorme altura de la estructura desde la cima hasta el fondo de la quebrada. Algunos midrash judíos posteriores dicen que el Mesías demostraría que lo era saltando desde el pináculo del Templo; pero aparte de lo tardío no menciona espectadores. Por eso es improbable que esta fuera una tentación para que Jesús se demostrara ante el pueblo como un nuevo «David» que limpiaría otra vez a Jerusalén de los «jebusitas» (i.e., romanos; contr. Kirk, «Messianic Role», pp. 91-95).

Satanás citó Salmos 91:11-12 (v. 6) de la LXX, omitiendo las palabras «te cuiden en todos tus caminos». La omisión misma no prueba que manipuló las Escrituras de modo engañoso (contr. Walvoord), puesto que la cita está dentro del ámbito de patrones comunes de citas del NT. El engaño de Satanás yace en usar indebidamente su cita en una tentación que confunde fácilmente a cualquier mente piadosa justificando lo que de otro modo podría ser un pensamiento pecaminoso. Salmo 91:11-12 se refiere a alguien que confía en Dios, y por ende de modo sobresaliente en Jesús. Los ángeles levantarán a tal persona en sus manos como una enfermera a un bebé (cf. Nm 11:12; Dt 1:31; Is 49:22; Heb 1:14). En el Templo, lugar donde Dios particularmente se ha manifestado, Jesús se ve tentado a poner a prueba su condición de Hijo de Dios («si eres el Hijo de Dios») contra la promesa del Señor de proteger lo suyo. Deuteronomio 6:16 fue la respuesta de Jesús.

Jesús no lo hizo, no por dudar de si él o su Padre podrían dar órdenes a las fuerzas normales de la naturaleza (cf. 8:26; 14:31), sino porque las Escrituras prohíben poner a prueba a Dios (v. 7). La referencia alude a Éxodo 17:2-7 (cf. Nm 20:1-13), cuando los israelitas «pusieron al Señor a prueba» al exigirle agua. Por tanto, Satanás tentó a Jesús a probar a Dios; pero Jesús reconoció la prueba del diablo como una clase de soborno manipulador prohibido expresamente en las Escrituras (cf. esp. J.A.T. Robinson, *Twelve*, pp. 54-56). Tanto para Israel como para Jesús estaba mal exigir protección milagrosa como prueba del cuidado de Dios; la actitud adecuada es confiar y obedecer (Dt 6:17). Vemos entonces algo del manejo de Jesús de las Escrituras: su «también» muestra que no permitiría ninguna interpretación que generara lo que él sabía que contradecía a otro pasaje.

8-10 La «montaña muy alta» (v. 8) no parece mucho más que un apoyo a la visión de los reinos del mundo (cf. introducción a este pasaje). Es dudoso que sea una referencia consciente a Moisés cuando contempló la tierra prometida (Dt 34:1-4; contr. Dupont, Hill); no hay mucha analogía entre ambas cosas. Ninguna condición que Moisés pudiera haber encontrado en ese momento le habría permitido entrar a la tierra.

Satanás ofrece los reinos del mundo y su «esplendor» sin mostrar sus pecados. Jesús, sin embargo, vino a quitar el pecado. Aquí hubo una tentación «de obtener poder al adorar al rival de Dios» (France, *Jesus*, p. 52), un atajo para la total autoridad mesiánica. Satanás estaba ofreciendo una interpretación del ideal teórico que hacía a un lado la cruz e introducía idolatría. En el bautismo de Jesús la Voz dijo palabras que unían el mesianismo davídico y el sufrimiento del servicio (cf. en 3:17); aquí había señuelo para disfrutar lo primero sin lo último. No en balde más adelante Jesús se volvería contra Pedro con mucha dureza cuando el apóstol hizo una sugerencia parecida (16:23).

Jesús reconoció que la sugerencia de Satanás implicaba privar a Dios de su demanda exclusiva de adoración: ni Israel el «hijo» de Dios ni Jesús el «Hijo» de Dios podían apartarse bruscamente de una lealtad total a Dios mismo (v. 10; cf. Éx 23:20-33; Dt 6:13; cf. esp. McNeile, Bonnard). Por eso Jesús respondió con un tercer «escrito está» y expulsó a Satanás de su presencia. Llegaría el momento en que el reino en expansión de Jesús destruiría progresivamente el reino que Satanás tenía para ofrecer (12:25-28; cf. Lc 10:18). El día aun está por llegar en que el último enemigo del Rey Mesías será destruido (1 Co 15:25-26). Pero Jesús lo logrará sin comprometer su sumisión filial al Padre.

En otras palabras Jesús tenía en mente desde el mismo inicio de su ministerio terrenal la combinación de lealtad de rey y sufrimiento de siervo atestiguado en su bautismo, y esencial para su misión. Además, los temas gemelos de autoridad de rey y sumisión filial, desarrollados con mucha claridad en el cuarto evangelio (cf. Carson, *Divine Sovereignty*, pp. 146-62), ya están presentes como los polos complementarios de la vida y revelación de Emanuel: «Dios con nosotros».

11 El diablo dejó a Jesús «hasta otra oportunidad» (Lc 4:13); y el verbo en presente de Mateo (*afiesin*) podría sugerir lo mismo (Hill, *Matthew*). Aunque el conflicto apenas comenzó, el patrón de obediencia y confianza se ha establecido. Él ha aprendido a resistir al diablo (cf. Stg 4:7). La ayuda angelical no es una bendición pasajera sino algo importante (el verbo en imperfecto es quizá significativo). Jesús se había negado a aliviar su hambre convirtiendo milagrosamente piedras en pan; y luego los ángeles lo alimentaron de modo sobrenatural (*diekonoun*, «atendieron» se usa a menudo en conexión con alimento; e.g., 8:15; 25:44; 27:55; Hch 6:2; cf. Elías en 1 R 19:6-7). Él se había negado a lanzarse de las alturas del Templo en la esperanza de recibir ayuda angelical; luego los ángeles lo alimentaban. Se había negado a tomar un atajo para heredar el reino del mundo; luego cumplió las Escrituras comenzando su ministerio y anunciando el Reino en Galilea de los gentiles (vv. 12-17).

Notas

1-11 El asunto de la impecabilidad de Cristo se discutió mucho en literatura más antigua, pero sin duda es de poca preocupación para Mateo en este pasaje. En parte el problema es de definición: decir que Jesús no pudo pecar no resuelve la naturaleza de la imposibilidad, y muchos escritores han dicho que no podía pecar porque no lo haría (cf. Trench, pp. 25-30). Pero en un nivel más profundo, el problema tiene que ver con la verdad de la encarnación y el modo de formularla. Los documentos del NT afirman tanto la deidad de Jesús como su humanidad, y a ninguna de tales afirmaciones se le puede permitir negar la verdad complementaria. Se podría sostener que la impecabilidad de Cristo es una función de su deidad, pero no se debe tomar para disminuir su humanidad; y que Jesús haya sido tentado es una función de su humanidad pero no se debe tomar para disminuir su deidad.

2 El aoristo participio νηστεύσας (*nesteúsas*, «después de ayunar») no prueba que el hambre comenzara solo después de terminados los cuarenta días, puesto que un participio a veces indica acción coordinada con el verbo principal. Algunos eruditos han forzado mucho la declaración más explícita de Lucas: el evangelista está diciendo que el ayuno de cuarenta días ocasionó el hambre de Jesús, no que el hambre empezara después. Hay poca justificación exegética para apelar aquí a lo sobrenatural.

2. Inicio del ministerio de Jesús en Galilea (4:12-25)

a. Primeros tiempos

4:12-17

[12]Cuando Jesús oyó que habían encarcelado a Juan, regresó a Galilea. [13]Partió de Nazaret y se fue a vivir a Capernaúm, que está junto al lago en la región de Zabulón y de Neftalí, [14]para cumplir lo dicho por el profeta Isaías:

[15]«Tierra de Zabulón y tierra de Neftalí,
camino del mar, al otro lado del Jordán,
Galilea de los gentiles;

> ¹⁶el pueblo que habitaba en la oscuridad
> ha visto una gran luz;
> sobre los que vivían en densas tinieblas
> la luz ha resplandecido.»
> ¹⁷Desde entonces comenzó Jesús a predicar: «Arrepiéntanse, porque el
> reino de los cielos está cerca.»

12 El encarcelamiento de Juan el Bautista parece haber inducido a Jesús a regresar (cf. Notas) a Galilea. Aunque Marcos 1:14-15 enlaza también los dos acontecimientos, es demasiado concluir que Mateo ha fortalecido mucho el lenguaje para hacer del encarcelamiento de Juan la razón de la retirada de Jesús (*akousas* probablemente signifique más «cuando él oyó» que «debido a que oyó»). De igual importancia es el hecho de que el lenguaje sugiere que Jesús permaneció por algún tiempo en Judea... a menos que supongamos que el arresto del Bautista fue inmediatamente después del bautismo de Jesús. Los sinópticos no mencionan el inicio del ministerio de Jesús en Judá, sino que sugieren que su ministerio empezó en Galilea. En comparación, el cuarto evangelio parece suponer un ministerio inicial en Galilea que coincidió con el de Juan el Bautista (Juan 2:13—3:21), y luego un retorno al norte vía Samaria (Juan 3:22—4:42). La cronología juanina a menudo se ha descartado como de poca verdad histórica. Sin embargo, aun en los evangelios sinópticos existen insinuaciones que presuponen un ministerio inicial en Judá (e.g., Lucas 10:38), una de tales insinuaciones es la demora implícita en este versículo.

Si este enfoque es correcto debemos preguntar por qué los sinópticos eliminan los primeros meses del ministerio de Jesús. Varias razones son posibles.

1. Con la salida del Bautista, el ministerio de Jesús entró en una nueva fase. La función del precursor había concluido; aquel a quien este señaló ya había llegado. Esta transferencia podría estar claramente indicada al principio del relato del ministerio de Jesús en la época del encarcelamiento de Juan. (Compare años de intercalación entre reyes del AT y su tratamiento variado por escritores del AT.)

2. En comparación, cuando se escribió el cuarto evangelio, la conexión explícita entre el Bautista y Jesús pudo haber tenido intereses más urgentes si el escritor hubiera respondido a grupos organizados de los seguidores del Bautista (cf. Hch 19:1-4). Los escritores de los sinópticos no parecen estar bajo tal presión.

3. Galilea tiene profundo significado en Mateo porque anuncia el cumplimiento de profecía (vv. 14-16) y señala la extensión del evangelio a «todas las naciones» (28:19).

Según 1 Macabeos 5:23, la población judía en la Galilea del 164 a.C. era tan pequeña que se pudo haber transportado a Judea por protección. Sin embargo, en la época de Jesús la población judía era importante, aunque la población en general estaba mezclada debido a la proximidad de pueblos gentiles en regiones vecinas y a la importación de colonos durante la conquista de los macabeos. Las numerosas teorías relacionadas con la influencia de esta región sobre Jesús, y por ende al cristianismo, las resumió y criticó claramente L. Goppelt (*Christentum und Judentum*, Berteslmann, Gütersloh, 1954, pp. 32-41). «Galilea» se refería a una parte del distrito norteño, y tenía raíces profundas (cf. Jos 20:7; 1 R 9:11; 2 R 15:29).

13 En Lucas la salida de Jesús hacia Capernaum (4:31) sigue a la reacción violenta de los pobladores de Nazaret (vv. 16-30); y no está claro si el relato de Mateo (13:54-58) informa el mismo incidente u otro. Capernaúm (¿«aldea de Nahúm»?) está un poco al norte de la llanura de Genesaret (14:34), sobre la costa noroccidental del Mar de Galilea. Tell Hum marca hoy día el sitio, y fecha las ruinas de sus sinagogas como del segundo siglo. La aldea tenía una industria pesquera que tal vez exigía la presencia de un lugar de recaudación de impuestos (9:9). Aquí también era la casa de Pedro (8:14; cf. Mr 1:29; 2:1). Pero a Mateo le interesa señalar la localización de Capernaúm con referencia a que los antiguos huertos tribales de Zabulón y Neftalí mostraban el momento correspondiente con la profecía citada en los vv. 15-16.

14-16 Con el traslado de Jesús se cumplió (v. 14; cf. Notas) Isaías 9:1-2. Esta profecía es parte de una gran estructura que esperaba la venida de Emanuel (ver 1:23). Es sumamente difícil identificar la forma del texto; sea este una traducción independiente del hebreo (Gundry, *Use of OT*, pp. 105-8) o una modificación más de mss. divergentes de la LXX (Chilton, *God in Strength*, p. 111). El «camino del mar» (v. 15) se traduce mejor «mar abajo», i.e., situado en el Mar de Galilea; y «junto al Jordán», aunque conveniente, tiene poca garantía de léxico, y se debe reemplazar por «más allá del Jordán» (cf. Notas).

La importancia de la cita está bastante clara. En la despreciada Galilea, lugar donde de la gente vivía en la oscuridad (i.e., sin las ventajas sectarias y religiosas de Jerusalén y Judá), tierra de sombras de muerte (i.e., donde la oscuridad es más densa; cf. Job 10:21; Sal 107:10; Jer 13:16; Am 5:8), la luz había resplandecido (v. 16). «Resplandecido» (*aneteilen*) sugiere que la luz relumbró primero con brillo, no que estaba relumbrando con brillo por todas partes y entonces fue allí (Lindar, *Apologetic*, p. 198). Este era el plan de Dios profetizado. Mateo no está interesado en el simple hecho de que una profecía se cumpliera en Galilea sino en esta profecía particular: desde la antigüedad el Mesías fue prometido a «Galilea de los gentiles» (*ton edsnon*), una prefiguración de la comisión «a todas las naciones» (*panta ta edsne*, 28:19). Además, si la luz mesiánica resplandece en los lugares más oscuros, la salvación del Mesías solo puede ser un otorgamiento de gracia; concretamente, que Jesús vino a llamar, no a justos sino a pecadores (9:13).

17 Varios han sostenido que las palabras «desde entonces» (*apo tote*), que solo se encuentran aquí y en 16:21; 26:16, marcan importantes momentos cruciales en este evangelio (Stonehouse, *Witness of Matthew*, pp. 129-31; Kinsbury, *Structure*). En su más acentuada forma, esta teoría divide a Mateo en tres secciones (1:1—4:16; 4:17—16:20; 16:21—28:20) con importantes implicaciones interpretativas. Aunque hay buenas razones para rechazar esta estructura (cf. Introducción, sección 14), la frase «desde entonces» marca, sin embargo, un momento decisivo porque liga algo nuevo a lo que acaba de precederlo.

Vemos mejor esto cuando examinamos el contenido de la prédica de Jesús. Suponiendo la solidez del texto conservado en la NVI (cf. Notas), la carga de la predicación de Jesús es en sí idéntica a la de Juan el Bautista: «Arrepiéntanse, porque el reino de los cielos está cerca» (v. 17; cf. 3:2). Con frecuencia Mateo muestra vínculos entre Jesús y Juan el Bautista (Klostermann; Chilton, *God in Strength*, p. 117). Sin embargo, cuando Juan dice aquí esas palabras, están puestas en un contexto del AT que resaltan la función del Bautista como precursor que espera al Mesías y su reino (3:2-12); cuando Jesús dice las mismas palabras, están vinculadas (por «desde entonces») con un contexto del AT que insiste en que Jesús cumple las promesas de una luz que se levanta para brillar sobre los gentiles (Schweizer).

El antiguo debate que en buena parte rechazó la teoría de C.H. Dodd (que «está cerca» [3:2; 4:17] equivale a «ha llegado» [12:28]) más bien no hace mella. Ni Dodd ni sus críticos son suficientemente ingeniosos. El Reino (ver 3:2) aun es futuro. Pero los contextos aislados de los anuncios hechos por Juan y por Jesús (3:2; 4:17) muestran que con Jesús el Reino se ha establecido tan cerca que en realidad ha comenzado. Por tanto, los oyentes de Jesús se deben arrepentir (exigencia hecha no solo por el Bautista sino por Jesús). La estructura del libro fija por ende una analogía implícita: Jesús no es ni un nuevo Moisés ni un nuevo Josué (sobre sus nombres, cf. 1:21); porque así como Moisés no entró a la tierra prometida sino fue sucedido por Josué que si entró, Juan el Bautista anuncia el Reino y es seguido por Jesús (Josué) que mete a su pueblo en ella (cf. Albright y Mann).

Notas

12 El verbo ἀνεχώρησεν (*anejóresen*, «regresó») es característico de Mateo (2:12, 13, 14, 22; 4:12, 24; 12:15; 14:13; 15:21; 27:5). Solo en 9:24 lo usa Jesús; en otras partes del NT solo se da en Marcos 3:7; Juan 6:15; Hechos 23:19; 26:31. Basándose en el uso de Mateo, Hill (*Matthew*), seguidor de Fenton, sugiere que el verbo significa «Jesús partió de modo estratégico»; i.e., que el rechazo del mensaje de Dios en un lugar (aquí en el ministerio de Juan) lleva a su proclamación en otro sitio (en el ministerio de Jesús). Pero este significado solo es posible en 12:15; 14:13; 15:21; es imposible en la mayoría de los otros casos en Mateo. Muchos más creen que Jesús «partió» debido a amenazas o conspiraciones. Que entonces predique en otros lugares es consecuencia de su salida para estar seguro, no como señal de juicio sobre un pueblo que no oye.

14 La coma seguida de «para» que aísla el v. 13 del 14 (NVI) interpreta correctamente el ἵνα (*jína*, «para») al referirse a la partida de Jesús y no al motivo de Jesús. En otras palabras, considerando su uso en otras partes (e.g., 1:22; 2:15), Mateo no está diciendo que Jesús se fue para cumplir la Escritura sino que su partida cumplió la Escritura.

15 Las palabras ὁδὸν θαλάσσης (*jódon dsalásses*, «camino del mar») está en la LXX Is 8:23 y muy bien podría ser una interpretación literal del hebreo דֶּרֶךְ יָם (*derek yam*), «mar abajo»; i.e., «por el mar» (cf. «por el camino del mar», NVI, Is 9:1) en vez de «camino *hacia* el mar» (cf. Turner, *Syntax*, p. 247). La traducción «junto al Jordán» por πέραν τοῦ Ἰορδάνου (*peran tou Iordanou*) refleja el hecho de que Zabulón y Neftalí no se extienden al oriente del Jordán. Pero lingüísticamente la frase debe significar «más allá del Jordán». Normalmente «más allá del Jordán» se refiere a la ribera oriental, pero se debe tener en mente la condición de quien habla, y a veces se refiere a la ribera occidental (e.g., Nm 32:19; Dt 11:30; Jos 5:1; 22:7). El hebreo se traduce de modo más natural «más allá del Jordán». Lo más probable es que Isaías viera que los asirios se acercaban por el nordeste; a medida que progresivamente infligían castigo sobre la nación, avanzaban «más allá del Jordán» hacia la costa occidental. Por tanto, la interpretación de Mateo podría simplemente conservar la misma posición. En tal caso, ¿es esta una referencia más a la «deportación» ahora concluida por la venida del Mesías (ver 2:17-18)? La LXX inserta καί (kai, «y») antes de «más allá del Jordán», eliminando así el problema al presentar dos regiones. No obstante, si Mateo está reflejando su propia posición, es posible que esté escribiendo desde la ribera oriental (como Slingerland), quizá desde Decápolis. Es difícil estar seguros de esto debido a las incertidumbres en la forma del texto de la cita, y en el significado del hebreo. Vea más en 19:1.

16 Αὐτοῖς (autois, «sobre ellos») es redundante después de τοῖς καθημένοις (tois kadseménois, lit., «sobre aquellos asentados [NVI, "que vivían"]»); sin embargo, aunque no desconocido en el griego clásico, es común en el hebreo (cf. BDF, par. 466, 4).

17 El omitir μετανοεῖτε (metanoéite, «arrepentirse») y γάρ (gar, «para») no está muy avalado, pero se trata muy seriamente debido a la posibilidad de asimilación a 3:2. No obstante, se mantiene el texto más extenso (cf. esp. Chilton, God in Strength, pp. 302-10; Fee, pp. 164 y sig.).

---

b. **Llamamiento de los primeros discípulos**

4:18-22

> [18]Mientras caminaba junto al mar de Galilea, Jesús vio a dos hermanos: uno era Simón, llamado Pedro, y el otro Andrés. Estaban echando la red al lago, pues eran pescadores. [19]«Vengan, síganme —les dijo Jesús—, y los haré pescadores de hombres.» [20]Al instante dejaron las redes y lo siguieron.
> [21]Más adelante vio a otros dos hermanos: Jacobo y Juan, hijos de Zebedeo, que estaban con su padre en una barca remendando las redes. Jesús los llamó, [22]y dejaron en seguida la barca y a su padre, y lo siguieron.

Puesto que ninguna expresión temporal vincula este pasaje con el anterior, podría haber pasado un tiempo largo. El escepticismo de Bultmann (*Synoptic Tradition*, p. 28) acerca del valor histórico de estos versículos es injustificado (cf. Hill, *Matthew*).

Es confusa la relación de los diversos «llamamientos» de los discípulos en los registros del evangelio. Si tomamos Juan 1:35-51 como histórico, Simón, Andrés, Felipe y Natanael siguieron primero a Jesús en una fecha anterior. Al regresar a Galilea volvieron a su trabajo normal. Este es inherentemente verosímil. La dedicación y la comprensión de los discípulos avanzaban de modo paulatino; aun después de la Resurrección, regresaron una vez más a su pesca (Jn 21). Aquí (4:20), una anterior dedicación podría explicar su premura en seguir a Jesús. Si el milagro de Lucas 5:1-11 ocurrió la noche antes de Mateo 4:18-22 (Mr 1:16-20), esa sería otra explicación de su inmediata respuesta a Jesús. En esta conexión el significado de *katartizontas* («remendando», v. 21; cf. más abajo) es significativo. Vea más en 9:9-13; 10:1-4.

18 «Mar» en hebreo, como el alemán *See*, se puede referir a lagos. El griego clásico prefiere no utilizar *dsalassa* (o *dsalatta*, «mar») para denotar lagos; y Lucas sigue el mismo patrón al usar *limné* («lago»), aunque Mateo, Marcos y Juan prefieren «mar». El Mar de Galilea («de Galilea» por el distrito), conocido también como «Lago de Genesaret» (el nombre «Quinéret» [Nm 34:11] viene de una llanura sobre su costa noroeste; cf. Mt 14:34), o «Mar de Tiberias» (una ciudad que Herodes construyó en la costa sudoeste: Jn 6:1; 21:1), tiene 19,6 kilómetros de longitud y 14 de anchura máximas. Su superficie está a 208 metros bajo el nivel del mar. Está sujeto a fuertes tormentas. En la época de Jesús sustentaba florecientes industrias pesqueras; en su costa oeste había nueve pueblos, y quizá «Betsaida» se pudiera traducir «Puertopez». Simón y su hermano Andrés procedían de Betsaida (Jn 1:44), aunque vivían en Capernaúm (Mr 1:21, 29).

Simón, dice Mateo, era «llamado Pedro»; pero no nos dice cómo recibió este nombre (cf. 10:2; 16:18; Mr 3:16; Lc 6:14). Aunque permanecen las incertidumbres, lo que sí es seguro es que *kepa* («roca», «piedra»), el arameo equivalente a «Pedro» ya era un nombre aceptado en los días de Jesús (cf. Joseph A. Fitzmyer, «Aramaic Kepha' and Peter's name in the New Testament», en Best and Wilson, pp. 121-32), hecho este que tiene mucha importancia en la interpretación de 16:17-18.

Simón y Andrés estaban echando una «red» (*amfiblestron*, un *japax legomenon* en el NT [encontrado solo una vez], con un cognado en Mr 1:16). Se refiere a una «red para lanzar», y no se debe confundir con el término más genérico de *diktua* en 4:20.

19-20 El griego tiene varias expresiones que se traducen «síganme» (v. 19; cf. 10:38; Lc 9:23; 14:27), pero todas presuponen «seguir» físicamente durante el ministerio de Jesús. Sus «seguidores» no sólo eran «oidores»; en realidad seguían a su Maestro a todas partes (como hacían los estudiantes en ese tiempo) y se convirtieron, si es que los había, en aprendices. La metáfora «pescadores de hombres» rememora el trabajo de los dos que fueron llamados. También podría ser reminiscencia de Jeremías 16:16. Allí Jehová envía «pescadores» para reunir a su pueblo para el cautiverio; aquí Jesús envía «pescadores» para anunciar el fin del cautiverio (cf. en 1:11-12; 2:17-18) y el inicio del reino mesiánico. Sin embargo, esta alusión no es clara; el peligro de «paralelomanía» (acuñada por S. Sandmel, «Parallelomania», JBL 81, 1962, 2-13) es evidente cuando E.C.B. MacLaurin («The Divine Fishermen», *St. Mark's Review* 94, 1978, 26-28) resuelve muchos paralelos y luego opta por la mitología ugarítica de mil quinientos años de antigüedad. En cualquier caso hay una línea directa desde esta comisión a la gran comisión (28:18-20). Los seguidores de Jesús son en realidad pescadores de hombres.

Sobre la pronta obediencia de Simón y Andrés (v. 20), vea los comentarios en la introducción de esta sección. Pedro usó más adelante esta obediencia casi como algo para negociar (19:27).

21-22 Este segundo par de hermanos estaban «remendando las redes» (v. 21), lo cual parece como si estuvieran a punto de partir. Quizá Santiago y Juan estaban haciendo reparaciones antes de una noche de pesca (cf. Lc 5:1-11, y su posible lugar en la cronología). Fenton observa que Pablo utiliza *katartizo* para denotar perfeccionamiento de la

Iglesia (1 Co 1:10; 2 Co 13:11) y ve aquí una alusión al ministerio pastoral. Pero esto es fantasioso porque el verbo no es un término técnico. La barca (*ploion* se usaba para toda clase de naves) era suficientemente grande para varios hombres (Mr 1:20). La observación de Marcos de que con Zebedeo quedaron jornaleros cuando sus hijos siguieron a Jesús nos recuerda que no debemos exagerar la ignorancia y la pobreza de los primeros seguidores de Jesús. Aunque no eran escribas o rabinos capacitados, no eran iletrados, tontos ni indigentes. En realidad, la protesta de Pedro en 19:27 sugiere que muchos de los doce habían renunciado a mucho por seguir a Jesús.

Jesús tomó la iniciativa y «llamó» a Santiago y a Juan. En los sinópticos, a diferencia de las epístolas de Pablo, el llamado de Jesús no necesariamente es del todo efectivo. Pero en este caso lo obedecieron de inmediato.

c. Expansión de las nuevas del Reino

4:23-25

> ²³Jesús recorría toda Galilea, enseñando en las sinagogas, anunciando las buenas nuevas del reino, y sanando toda enfermedad y dolencia entre la gente. ²⁴Su fama se extendió por toda Siria, y le llevaban todos los que padecían de diversas enfermedades, los que sufrían de dolores graves, los endemoniados, los epilépticos y los paralíticos, y él los sanaba. ²⁵Lo seguían grandes multitudes de Galilea, Decápolis, Jerusalén, Judea y de la región al otro lado del Jordán.

Los resúmenes son comunes a la literatura narrativa; pero el que tenemos ante nosotros, con su análogo en 9:35-38, tiene características inconfundibles.

1. No solamente resume lo que ha pasado sino que muestra la extensión geográfica y la variada actividad del ministerio de Jesús.

2. Esto crea, por tanto, el marco para los discursos y las historias que siguen, y sugiere que el material presentado no es más que un ejemplo de lo que había.

3. Esta no es una simple crónica sino que expresa sustancia teológica. En consecuencia es fácil detectar diferente énfasis entre este resumen y 9:35-38 (vea los comentarios in loc.).

Algunos comentarios antiguos ven en los vv. 23-25 un primer recorrido por Galilea, y un segundo en 9:35-38. Esto es posible, pero ambos extractos se podrían referir al ministerio constante de Jesús y no a recorridos estrechamente definidos.

23 El ministerio de Jesús incluía enseñanza, predicación y sanidad. Galilea, el distrito cubierto, es pequeño (aprox. ciento diez kilómetros por sesenta y cinco); pero según Josefo (Vida, 235, 45; Guerra III, 41-34, iii. 2), que escribió una generación después, Galilea tenía doscientas cuatro ciudades, cada una con no menos de quince mil personas. Aunque esta cifra se refiera solo a las ciudades amuralladas y no a las aldeas (lo cual no es lo que dice Josefo), un cálculo más conservador indica una gran población, pero menos que los tres millones de Josefo. A un promedio de dos aldeas o pueblos por día se habrían requerido tres meses para visitarlos todos, sin tiempo libre para el sábado. Jesús «anduvo haciendo el bien» (Hch 10:38; cf. Mr 1:39; 6:6). El puro agotamiento físico debió ser enorme. Por sobre todo debemos reconocer que Jesús era predicador y maestro itinerante, que necesariamente repetía casi el mismo material una y otra vez, y enfrentaba los mismos problemas, males y necesidades vez tras vez.

La conexión entre «enseñanza» y «sinagoga» se repite en 9:35; 13:54. A un judío visitante muy bien se le habría pedido que enseñara en la sinagoga local (sobre lo cual cf. Moore, *Judaism*, 1:281-307; Douglas, *Illustrated Dictionary*, 3:1499-503) como parte de la adoración regular (e.g., Lc 4:16). El pronombre «su (de ellos)» podría sugerir una época en que la Sinagoga y la Iglesia se habían separado. Por otra parte, simplemente podría indicar que el autor y sus lectores vieron estos sucesos desde fuera de Galilea (vea más en 7:29; 9:35 et al.).

El mensaje que Jesús predicaba era las «buenas nuevas [*evangelium*, "evangelio"] del reino». El término se repite en 9:35; 24:14, y se convierte en «este evangelio». «Del reino» es un genitivo objetivo: las «buenas nuevas» se relacionan al Reino (cf. Notas), cuya «cercanía» ya se ha anunciado (3:2; 4:17) y que es el tema central del Sermón del Monte (5—7). Marcos prefiere «el evangelio», «el evangelio de Cristo» o «el evangelio de Dios» (Mr 1:1, 14; 8:35; 10:29; 13:10); pero la diferencia entre estas expresiones y «evangelio del Reino» es puramente lingüística, puesto que las «buenas nuevas» relacionan a Dios y la llegada de su reino en la persona de su Hijo el Mesías.

Las sanidades de varias enfermedades entre la gente atestiguan más la presencia y el avance del Reino (cf. 11:2-6; Is 35:5-6). Walvoord (p. 39) relega estas «bendiciones del Reino … para ser cumplidas en el reino futuro» a la posición de simples «credenciales del Rey»; pero si están presentes las bendiciones del Reino, entonces el Reino también se debe haber abierto, aunque no aun en el esplendor de su consumación (cf. Ap 21:3-5).

24 La extensión geográfica de «Siria» no es segura. Desde la perspectiva de Jesús en Galilea, Siria estaba al norte. Desde el punto de vista romano Siria era una provincia romana que abarcaba toda Palestina (cf. Lc 2:2; Hch 15:23, 41; Gá 1:21), menos Galilea, que en ese tiempo estaba bajo la administración independiente de Herodes Antipas. El término «Siria» refleja la medida del entusiasmo que provocaba el ministerio de Jesús; si se ha presupuesto aquí el uso romano del término, muestra el efecto de Jesús en la gente más allá de las fronteras de Israel. «Los que padecían de diversas enfermedades» y «los que sufrían de dolores graves» están divididos en tres categorías que coinciden en parte: (1) los endemoniados (cf. 8:28-34; 12:22-29); (2) los que padecían ataques, es decir, alguna clase de demencia o de conducta irracional relacionada o no con presencia demoníaca (17:14-18; en *seleniazomenous* [«epilépticos»], que etimológicamente se refiere a «trastornados» [i.e., «lunáticos»], cf. DNTT, 3:734; J.M. Ross, «Epileptics or Moonstruck?» BTh 29, 1978, 126-28), y (3) los paralíticos, cuya condición también tenía varias causas.

En el NT la enfermedad podía resultar directamente de un pecado particular (e.g., Jn 5:14; 1 Co 11:30) o tal vez no (e.g., Jn 9:2-3). Pero tanto las Escrituras como la tradición judía toman la enfermedad como resultado directo o indirecto de vivir en un mundo caído (cf. 8:17). La era mesiánica terminaría con tal sufrimiento (Is 11:1-5;

35:5-6). Por ende, los milagros de Jesús, al ocuparse de todas las dolencias, no solo anuncian el Reino sino que muestran que Dios ha prometido tratar con el pecado en un nivel básico (cf. 1:21; 8:17).

25 La reputación de Jesús en este punto se extendió más allá de Galilea, aun cuando allí fue donde la luz «resplandeció» (v. 16). Dos de las regiones nombradas, la del otro lado del Jordán (¿orilla oriental?, vea el v. 15) y la de Decápolis, constituida casi por gentiles, un hecho ya resaltado (ver 1:3-5; 2:1-12, 22-23; 3:9; 4:8, 15-16). Decápolis (lit., «diez ciudades») se refiere a una región al oriente de Galilea que se extiende desde Damasco en el norte hasta Filadelfia en el sur, diez ciudades en total, según varios conteos (cf. S. Thomas Parker, «The Decapolis Reviewed», JBL 94, 1975, 437-41). Personas de todas estas regiones «seguían» a Jesús. A pesar de argumentos en contra, «seguir» no necesariamente indica sólido discipulado. Podría, como aquí, referirse a quienes en algún momento particular siguieron a Jesús en su ministerio itinerante y por eso se les consideraba de modo flexible sus discípulos.

Notas

---

23 Más evidencia de que «anunciar las buenas nuevas del Reino» exige tomar «del Reino» como un objetivo genitivo surge al comparar el griego κηρύσσων τὸ εὐαγγέλιον τῆς βασιλείας (*kerusson to euangélion tes basileías*, «predicando las buenas nuevas del Reino») con la expresión hallada en Lc 8:1: εὐαγγελιζόμενος τὴν βασιλείαν (*euangelizómenos ten basileían*, «proclamando las buenas nuevas del Reino»), donde «reino» es el objeto directo.

24 La extraña expresión τοὺς κακῶς ἔχοντας (*tous kakós éjontas*; NVI, «los enfermos») es idiomática: en otras partes en el NT, solo en 8:16; 9:12; 14:35; Mr 1:32; 2:17; 6:55; Lc 5:31. Las otras construcciones estrictamente equiparables en el NT están en Hch 24:25; 1 Ti 5:25; 1 P 4:5.

B. *Primer discurso: El Sermón del Monte*

5:1 — 7:29

El Sermón del Monte es el primero de cinco discursos importantes en el Evangelio de Mateo. Los cinco siguen bloques de material narrativo; todos terminan con la misma fórmula (ver 7:28-29; e Introducción, sección 14). No sólo por ser este sermón el primero y el más largo de los cinco, por lo que ayuda a determinar el enfoque crítico hacia todos los demás, sino también porque aborda asuntos éticos o de importancia básica en toda época, este «sermón» da lugar a miles de libros y artículos. Es necesaria alguna orientación.

Un punto útil de inicio es *The Sermon on the Mount: A History of Interpretation and Bibliography* de Warren S. Kissinger, Scarecrow, Metuchen, N.J., 1975. K Beyschlag

(«Zur Geschichte der Bergpredigt in der Alten Kirche», *Zeitschrift für Theologie und Kirche* 74, 1977, 291-322) y Robert M. Grant («The Sermon on the Mount in Early Christianity», *Semeia* 12, 1978, 215-31) revelan el tratamiento de estos capítulos en los primeros siglos del cristianismo. Para clarificación del tratamiento variado en el sermón durante el presente siglo, estamos ahora en deuda con Ursula Berner (*Die Bergpredigt: Rezeption und Auslegung im 20. Jahrhundert*, Vandenhoeck und Ruprecht, Göttingen, 1979). Entre las exposiciones populares y recientes del uso para el predicador activo están: de James M. Boice, *The Sermon on the Mount*, Zondervan, Grand Rapids, 1972; de Carson, *Sermon on the Mount*; D. Martyn Lloyd-Jones, *Studies in the Sermon on the Mount*, 2 vols., IVP, Londres, 1959-60; F.B. Meyer, *The Sermon on the Mount*, ed. reimpresa, Baker, Grand Rapids, 1959; Stott.

Es necesario comentar cuatro asuntos introductorios:

1. *Unidad y autenticidad del discurso*. Desde la obra de Hans Windisch (*The Meaning of the Sermon on the Mount*, tr. S.M. Gilmour, 1929; ed. reimpresa, Fortress, Filadelfia, 1951), algunos han considerado Mateo 5—7 como auténtico en su totalidad. La propuesta más común hoy día es que estos capítulos conservan enseñanza auténticas de Jesús, presentada originalmente en varias ocasiones, y recopilada y configurada por la tradición oral. A esto el evangelista ha agregado enseñanza de la Iglesia, quizá presentada por un profeta inspirado que hablaba por el Cristo exaltado; y el discurso ha sido moldeado algo más por consideraciones de catequesis y liturgia (como, por ejemplo, J. Jeremías, *The Sermon on the Mount*, Fortress, Filadelfia, 1963, y el extraordinario estudio de Davies, *Setting*). Según estos críticos, a lo mejor el llamado Sermón del Monte no conserva más que palabras aisladas de Jesús.

Gran parte de nuestro juicio en estos asuntos depende de conclusiones en cuanto a críticas de fuente, forma y redacción (cf. Introducción, secciones 1-3). Por ejemplo, si alguien insiste en que todo dicho en los evangelios parecido a cualquier dicho en Mateo 5—7 debe su origen a una sola declaración (por consiguiente haciendo caso omiso del papel de Jesús como predicador itinerante), esa persona podría desarrollar una teoría más o menos verosímil del crecimiento de la tradición oral en cada caso (como, e.g., H.-T. Wrege, *Die Überlieferungsgeschichte der Bergpredigt*, WUNT 9, J.C.B. Mohr, Tübingen, 1968). Esto precisamente se puede hacer porque muchos dichos en estos capítulos se repiten por doquier, sea en forma casi parecida o en lenguaje idéntico (ver 5:13, 15, 25, 29, 32; 6:9, 22, 24-25; 7:2, 7, 17, 23). Además, donde existe analogía, las formas de Mateo son a menudo más estilizadas o estructuradas.

No hay necesidad de repetir observaciones introductorias acerca de autenticidad. Sin embargo, varias observaciones se concentrarán en el enfoque adoptado aquí.

a. No podemos sacar mucho de la clara tendencia de Mateo a tratar de modo temático su material. Tampoco podemos concluir de su agrupación de los milagros que él compuso sus discursos de dichos agrupados pero independientes. En el primer caso Mateo no pretende obrar de otro modo, mientras que en todos sus discursos da la impresión, especialmente en sus fórmulas concluyentes (7:28-29; 11:1; 13:53; 19:1; 26:1), que el material no solo es auténtico sino pronunciado en una ocasión.

b. No nos atrevemos a afirmar mucho basándonos en la unidad o en la falta de ella en los discursos. Aunque el Sermón del Monte representa material que Jesús pronunciara en una ocasión, quizá en varios días, su compresión extrema, su necesaria selección y los problemas de traducción del arameo al griego (suponiendo que Jesús predicara en arameo) podrían haber contribuido juntos a romper el flujo. Si se va a defender la unidad del discurso (e.g., por A. Farrar, *St Matthew and St Mark*, Dacre/A. and C. Black, Londres, 1954, 1966, pero cf. Davies, *Setting*, pp. 9-13), esa unidad podría ser nada más que la redacción del evangelista. Debe haber visto alguna coherencia en estos capítulos para dejarlos en esta forma. Por eso ni la unidad ni la falta de ella son criterios suficientes para la autenticidad de una breve presentación de un discurso extenso.

c. Debemos suponer que Jesús predicaba lo mismo de modo repetitivo (vea 4:23-25); él era un predicador itinerante sumamente atareado. Mientras más expresivos sus dichos, más probable es que los repitiera al pie de la letra. Mientras más común el fenómeno natural detrás de una metáfora o un aforismo, lo más probable es que Jesús lo repitiera en nuevas situaciones. Cualquier predicador itinerante experimentado confirmará lo inevitable de esta tendencia. Más importante, si uno se distancia de las más radicales presuposiciones de la crítica de forma y tradición, los documentos del NT confirman esto (cf. 11:15 con 13:9; 18:3 con 19:14; y cf. 20:26 [y Lc 12:24-31; Jn 13:13-17]; Mt 17:20 con 21:21; 10:32 con Lc 9:26 y 12:8; 10:24 con Lc 6:40, Jn 13:16 y 15:20; 10:38-39 con 16:24-25, Lc 17:33 y Jn 12:25). Secciones aun más largas como la oración modelo de Jesús (6:9-13; vea análisis más adelante) son susceptibles de tal trato, aunque por razones diferentes.

d. Jesús mismo fue un consumado maestro. En sus dichos, cuya autenticidad no se discute mucho, hay evidencia de estructura, contraste y asonancia. Por eso cuando algunos eruditos nos dicen que el relato de Mateo tiene más estructura (quizá de influencia catequista) que los demás sinópticos, ¿es esta una señal de mayor cercanía a Jesús o de mayor distancia? ¿Qué criterios existen para distinguir las dos posibilidades? Claro que si no pretendemos ser capaces de recuperar todas las *ipsissima verba* de Jesús sino solo su *ipsissima vox*, la mayor parte del criterio común para probar la autenticidad se evapora.

e. Las suposiciones de algunos críticos de forma hacen sus obras más cuestionables de lo que ellos creen. Porque si cierta clase de dicho tiende a tomar cierta forma en la tradición oral, y si el período de transmisión oral es bastante largo para desarrollar esa forma, la repetición del dicho en media docena de ocasiones diferentes en palabras levemente distintas llevaría a la larga a una forma común del dicho. En consecuencia, lejos de posibilitar que se siga la pista precisa de su desarrollo, la crítica de forma destruye totalmente la riqueza de la tradición atestiguada por los evangelistas mismos.

f. Tal como está el Evangelio de Mateo, debemos sopesar dos partes separadas de evidencia: (1) que los cinco discursos de este evangelio se catalogan por observaciones introductorias y concluyentes que no dejan de dar la impresión de que Mateo presenta sus discursos no solo como auténticos sino que Jesús los presentó en ocasiones específicas, y (2) que muchas partes individuales de cada discurso tienen analogías sinópticas en otros escenarios. Muchos creen que el segundo punto es tan firme que concluyen que Mateo mismo compuso los discursos. Los escritores conservadores en este campo dicen que todos los dichos de Jesús son auténticos, pero que Mateo los unió en su forma presente. Por tanto, es necesario volver a interpretar la primera evidencia; i.e.; las notas introductorias y concluyentes que enmarcan cada uno de los discursos de Mateo se toman como recursos artísticos y de composición.

Un enfoque más sutil es decir que Jesús en realidad pronunció un discurso en cada una de las cinco ocasiones especificadas, pero que no todo el material que Mateo registra era de esa ocasión. En otras palabras, el evangelista ha agregado por su cuenta ciertas «notas al margen», en una época en que la ortografía era mucho más flexible y no había manera fácil de indicar lo que estaba haciendo. Aunque ninguna de estas reconstrucciones es posible, cada una enfrenta dos obstáculos considerables: (1) la categorización introductoria y concluyente alrededor de los cinco discursos no pertenece a ningún claro patrón o género del primer siglo que mostraría al lector que son solamente recursos artísticos ni los verdaderos escenarios que de modo manifiesto dicen ser; y (2) es sorprendente que cada conclusión reúna todos los dichos del discurso precedente bajo una frase como «cuando Jesús terminó de decir estas cosas» (una posible excepción es 11:1). Que las fórmulas de introducción y conclusión no se reconocían como recursos artísticos lo confirma el hecho de que más o menos en los primeros mil quinientos años de su existencia la Iglesia los reconocía como escenarios concretos. (Esta no es una súplica subrepticia a regresar al pensamiento precrítico sino una observación sobre el reconocimiento de un género literario.)

En vista de lo anterior, lo más sabio parece ser que Mateo quiso ubicar sus discursos en escenarios históricos y verdaderos; y las analogías que se hallan por doquier, aunque se deben considerar de modo individual, no parecen presentar problemas insuperables. Ya que muchos dichos en los evangelios aparecen en entornos «poco precisos» o «flotantes», donde un evangelista especifica de modo ostensible el contexto, se debe dar por sentada la autenticidad de tal contexto. Esto es particularmente fácil de mantener en Mateo si la fecha y la autoría son como se estableció en la Introducción (secciones 5-6). Por eso este comentario toma muy en serio los escenarios de Mateo. No es que se tomen todos los discursos como relatos al pie de la letra ni como informes sin modificación de las enseñanzas de Jesús; más bien supone que son observaciones condensadas, en buena parte en el lenguaje de Mateo, seleccionadas y presentadas de acuerdo con sus propias inquietudes. Sin embargo, detrás de ellas se encuentra la voz y la autoridad de Jesús.

2. *Relación con el Sermón del Llano (Lucas 6:20-49).* Agustín afirmó que Mateo 5—7 y el pasaje en Lucas son dos discursos diferentes, y casi todos los escritores estuvieron de acuerdo hasta la Reforma. Incluso después algunos eruditos siguieron a Agustín (e.g., Alexander, Plumptre), y hoy día algunos están regresando a la opinión de Agustín.

Orígenes, Crisóstomo, Calvino y la mayoría de los eruditos recientes, no obstante, defienden el punto de vista (a menudo especulando de modo adecuado acerca de Q) de que los dos relatos hablan del mismo discurso. Esto tiene mucho mérito. Los dos sermones comienzan con bienaventuranzas y terminan con el mismo símil. Casi todo el Sermón del Llano está de algún modo en el Sermón del Monte, y a menudo en orden idéntico. A ambos les siguen inmediatamente los mismos acontecimientos; es decir, la entrada a Capernaúm y la sanación del siervo del centurión. (El punto es válido aunque no indique más que un vínculo común en la tradición.) El sermón de Lucas es mucho más corto y tiene su propio énfasis temático (e.g., la humildad); y gran parte del material extra de Mateo está esparcido por todas partes en Lucas, especialmente en sus «narraciones de viajes» (Lc 9:51—18:14; se analiza en 19:1-2). Además, Mateo habla de un monte, Lucas de un llano; y el discurso de Lucas sigue a la elección de los doce, lo cual no se da en Mateo sino hasta el capítulo diez.

Pero estos inconvenientes se pueden resolver con facilidad.

a. Mucho de lo que Lucas omite, en su mayoría en Mateo 5:17-37; 6:1-18, es exactamente la clase de material que interesaría más a los lectores judíos de Mateo que a los de Lucas. Lucas también omitió algún material de su «Sermón del Llano» que colocó en otros lugares (Mt 6:25-34; Lc 12:22-31). Es posible que Jesús pronunciara el sermón más de una vez; si no, el contexto de Lucas es tan impreciso que pudo haber sido el responsable por el reordenamiento temático. En cualquier caso, insistir en que un escritor debe incluir todo lo que sabe, o todo lo de sus fuentes es mala metodología. Mateo incluye mucho en sus demás discursos, y Lucas incluye menos; en el Sermón del Monte, aunque el relato de Mateo es mucho más largo que el de Lucas, en algunos lugares Lucas conserva un poco más que Mateo (compare Mt 5:12 con Lc 6:23-26; Mt 5:47 con Lc 6:33-35).

b. De las varias soluciones a la cuestión del monte o el llano, la más convincente pone la «ladera de una montaña» de Mateo con el significado «colina arriba», y el «llano» de Lucas como alguna clase de meseta. La evidencia lingüística es convincente (ver 5:1-2).

c. El orden de Lucas, al colocar el sermón después de escoger a los doce, es históricamente verosímil. Pero Mateo se ve que mantiene el orden temático. Las relaciones en 5:1; 8:1; 9:35; 11:2; 12:1; 14:1 et al. son imprecisas; su palabra favorita «entonces» tiene significado general (ver 2:7). Es improbable que Mateo intentara que sus lectores creyeran que el Sermón del Monte sucedió al recorrido de Jesús (4:23-25). Al contrario, este sermón fue predicado durante ese recorrido. Además, algunas de las razones de Mateo para colocarlo aquí, y no después de 10:1-4, son evidentes (ver más adelante bajo 4). Entonces parece mejor tomar a Mateo 5—7 y Lucas 6:20-49 como informes por aparte de la misma ocasión, y que cada uno depende de alguna tradición compartida (¿Q?), pero no necesariamente así. Las limitaciones de espacio evitan ahondar en cuanto a todas las probables conexiones; pero alguna atención se dará a ciertos problemas críticos seleccionados con su enfoque general.

3. *Estructura y afinidades teológicas*. Cualesquiera que sean sus fuentes y su clase de recopilación, la inclusión del Sermón del Monte en Mateo debe ser importante. Algunos han observado sus similitudes con el pensamiento judío. La obra clásica de G. Friedlander, *The Jewish Sources of the Sermon on the Mount* (Ktav, Nueva York, 1911) muestra que prácticamente todas las declaraciones en Mateo 5—7 pueden hallar paralelos en el Talmud o en otras fuentes judías. Esto por supuesto está bien, pero es casi como decir que en cualquier almacén se pueden encontrar repuestos de un automóvil fino. Lea unas cincuenta páginas del Talmud babilónico y compárelas con Mateo 5—7, y se hace obvio que no dicen lo mismo. Sigal («Halajá») sostiene que las formas de los argumentos en Mateo 5—7 calzan en los bien aceptados patrones de los primeros rabinos («protorabinos»); Gary A. Tuttle («The Sermon on the Mount: Its Wisdom Affinities and Their Relation to Its Structure», JETS 20, 1977, 213-30) señala las conexiones con las formas de los argumentos en la literatura

sapiencial. Ambos son demasiado restrictivos: el argumento rabínico y el sapiencial coinciden mucho más de lo que regularmente se reconoce, y Jesús (y Mateo) hacen eco de ambos y más. Sin embargo, se deben interpretar antes que nada cada uno por su lado.

El intento de hacer eso no ha dado resultados coherentes. Schweizer enumera siete enfoques importantes de interpretación del Sermón del Monte; Harvey K. McArthur (*Understanding the Sermon on the Mount*, Harper and Row, Nueva York, 1960, pp. 105-48) enumera doce. Algunos de los más importantes son los siguientes:

a. La ortodoxia luterana entiende a menudo el Sermón del Monte como una exposición de la Ley diseñada para llevar a los hombres a suplicar gracia. Esto es paulino (Ro 3—4; Gá 3), y por cierto la gracia está implícita en el sermón (e.g., ver 5:3). Pero aunque uno de los propósitos de Jesús podría haber sido atacar el ir a Dios con alegatos de justicia propia, el sermón no se puede reducir a esto. La justicia imaginada (ver 5:20) no es justicia imputada. Además, Pablo mismo insiste en que la justicia personal debe caracterizar a alguien que hereda el Reino (Gá 5:19-29). Por sobre todo, este punto de vista no capta el flujo de la historia de la salvación (ver más abajo).

b. Algunos han discutido que la escatología de Jesús es tan «desarrollada» que la ética del Sermón del Monte es una clase de mapa moral hacia el progreso social. El liberalismo clásico ha sido invalidado por dos guerras mundiales, la gran depresión y recesiones reiteradas, la amenaza de holocausto nuclear, además de épocas posteriores a Watergate, Vietnam, el ataque contra las Torres Gemelas de Nueva York, etc. Tampoco se puede integrar con elementos apocalípticos en la enseñanza de Jesús (e.g., Mt 24) ni con la visión de una comunidad que sufre y atestigua (Mt 10).

c. Hoy día el sermón se interpreta por lo general como un grupo de normas morales usadas de modo catequista dentro de la comunidad de Mateo. Aunque eso se podría dar si hubiera una comunidad mateana, esta opinión es reduccionista. No lidia con la historia de la salvación. Todo el libro de Mateo se presenta como enseñanza y ministerio de *Jesús* antes de que la Iglesia naciera después de Pentecostés. Este evangelio no se presenta como la catequesis de una iglesia sino como una representación de quien cumplió las Escrituras e introdujo el final de los tiempos.

d. La tradición anabaptista-menonita interpreta que la exigencia moral se aplica a todos los creyentes en cada era y en toda circunstancia. La filosofía resultante de pacifismo en el contexto de un mundo amante del poder demanda la conclusión de que los cristianos no deben tratar de involucrarse en asuntos de estado. Esta tradición percibe correctamente la posición separada de la comunidad creyente, que no debe confundirse con el mundo (e.g., 7:13-14, 21-23). Pero es insensible para el lugar de este sermón en el avance de redención, y hace absolutas algunas de sus enseñanzas de modo incompatible con su contexto y con otros pasajes (ver 5:38-42; 6:5-8).

e. La interpretación existencial encuentra en estos capítulos un llamado a la decisión personal y a una auténtica fe, pero echa por la borda al Dios personal e infinito que hace el llamado. Además, al negar la singularidad del Jesús que pronuncia el sermón, no tiene en cuenta su tema de cumplimiento y sus implicaciones.

f. Otros afirman que Jesús está defendiendo una «ética provisional» que ha de mantenerse en vigor hasta la consumación que se espera pronto. Sin embargo, suponen que Jesús se equivocó en cuanto al tiempo de ese acontecimiento; de modo que la «ética provisional» se debe afinar como corresponde. Todo esto descansa en un punto de vista de Jesús derivado de otros pasajes (nada menos que Mt 24—25 y análogos).

g. Entre evangélicos y otros es común interpretar el Sermón del Monte como una intensificación o radicalización de la ley moral del AT. Pero esto se basa en gran parte de una interpretación dudosa de 5:17-20 (cf. más adelante).

h. El dispensacionalismo interpreta el Sermón del Monte como una ley para el reino milenial que Jesús ofreció primero a los judíos. Esto ha enfrentado tantas objeciones (e.g., ¿se puede describir exactamente alguna era como «milenial» que requiera «leyes» para regular la reacción a una bofetada?) que el enfoque ha sido restringido. J. Dwight Pentecost («The Purpose of the Sermon on the Mount», BS 115, 1958, 128 y sig.; 212 y sig.; 313 y sig.) y Walvoord toman el sentido moral del sermón como obligatorio para cualquier era, pero prosiguen a abrir una brecha entre estos capítulos y el evangelio cristiano al señalar que no mencionan la cruz, la justificación por fe, el nuevo nacimiento, etc. ¡En esa base la epístola de Santiago tampoco sería cristiana! Además, malinterpretan el tema del cumplimiento en Mateo e imponen una estructura teológica sobre este evangelio que exige una exégesis improbable de numerosos pasajes (identificados ocasionalmente en este comentario). La disyunción entre Mateo 5—7 y el evangelio cristiano es teológica e históricamente artificial.

Este esbozo pasa por alto muchas variaciones de las interpretaciones principales del Sermón del Monte. Hace poco varios eruditos han limitado el enfoque: C. Burchard («The Theme of the Sermon on the Mount», en Schottroff, *Command*, pp. 57-75) entiende que los capítulos 5—7 ofrecen reglas de conducta para la iglesia mateana a la luz de la oposición a sus testigos; G. Bornkamm («Der Aufbau der Bergspredigt», NTS 24, 1977-78, 419-32) interpreta el sermón alrededor del Padrenuestro (6:9-13). Aunque estas perspectivas resaltan temas que se han descuidado, pasan por alto tanto la fuerza del sermón en sí como su lugar en Mateo.

El tema unificador del sermón es el Reino de los cielos. Esto se dice, no por contar cuántas veces se da la expresión, sino por observar dónde se da. Abarca las Bienaventuranzas (5:3, 10) y aparece en 5:17-20, donde detalla la relación entre el AT y el Reino, un tema que lleva a otra envoltura literaria alrededor del cuerpo del sermón (5:17; 7:12). Regresa al núcleo del Padrenuestro (6:10), culmina la sección sobre las perspectivas del Reino (6:33), y se presenta como a lo que al final se debe entrar (7:21-23). Mateo coloca el sermón inmediatamente después de dos versículos que insisten en que el contenido principal de la predicación de Jesús era el evangelio del Reino (4:17, 23). Este ofrece directrices morales para vivir en el Reino, pero lo hace con una explicación del lugar del entorno contemporáneo en la historia de la redención y la relación de Jesús con el AT (5:17-20). La comunidad que se forma alrededor de él, sus «discípulos», no es sin embargo un grupo tan unido y comprometido que sean irrelevantes las exhortaciones a «entrar» (7:13-14). La mirada a la vida del Reino (horizontal y verticalmente) en estos capítulos no solo prevé los mandamientos de amor (22:34-40) sino también la gracia (5:3; 6:12; 7:7-11; cf. 21:28-46).

4. *Localización en Mateo*. A diferencia de Lucas, Mateo no pone el sermón después del llamado de los doce (10:1-4); porque allí coloca un segundo discurso relacionado con la misión. Esto vincula el llamado con la comisión, un tema de gran importancia para Mateo (ver 11:11-12; 28:16-20). No menos importante es la localización del Sermón del

Monte a principios del evangelio, antes de cualquier señal de controversias entre Jesús y los líderes judíos en cuanto al significado de la Ley. Esto significa que, a pesar de las antítesis en 5:17-48 («ustedes han oído ... pero yo les digo»), estas no se deben interpretar como señales de confrontación sino a la luz de los temas de cumplimiento ricamente expuestos en los capítulos 1—4, y vueltos a explicar en 5:17-20: Jesús llega «para cumplir» la Ley y los Profetas (i.e., las Escrituras del AT). Por consiguiente, sus anuncios relacionados con el Reino se deben interpretar contra ese trasfondo, no con referencia a debates sobre detalles halájicos. Este esquema es de Mateo; por él nos dice que independientemente de la controversia que ocupara la atención de Jesús, la carga de la proclamación de su Reino convierte siempre al Reino en el propósito de las Escrituras, el reino mesiánico esperado por mucho tiempo y profetizado por la Ley y los Profetas.

1. Ambiente

5:1-2

[1]Cuando vio a las multitudes, subió a la ladera de una montaña y se sentó. Sus discípulos se le acercaron, [2]y tomando él la palabra, comenzó a enseñarles diciendo:

1 Las «multitudes» son aquellas que se mencionan en 4:23-25. Aquí Jesús está en la cima de su popularidad. Aunque su ministerio llegaba a las masas, veía la necesidad de enseñar personalmente a sus «discípulos» (*madsetai*). La palabra «discípulo» no se debe restringir a los Doce, a quienes Mateo tiene todavía que mencionar (10:1-4). Tampoco es una palabra especial que denota creyentes hechos y derechos, puesto que puede también referirse a los seguidores de Juan el Bautista (11:2). En el pasaje paralelo de Lucas se nos habla de «una gran multitud de sus discípulos» y «de mucha gente» (6:17). Esto calza bien con Mateo 4:25, que dice que grandes multitudes «seguían» a Jesús. Aquellos que en especial se querían unir a él, Jesús los tomaba aparte para instruirlos; pero es anacrónico suponer que todos estaban comprometidos por completo como posteriormente los «cristianos» de Hechos 11:26 (cf. Mt 7:13-14, 21-23). Mateo ve a los discípulos como modelos para los creyentes de su propia época, pero nunca pierde de vista, como una y otra vez observaremos, el singular e histórico lugar de los primeros seguidores (contr. U. Luz, «Die Jünger im Matthäusevangelium», ZNW 62, 1971, 141-71, aunque Luz evita sabiamente reducir los discípulos de Mateo a los doce. Sobre la importancia del tema del discipulado en este evangelio, cf. Martin H. Granzmann, *Follow Me: Discipleship According to Saint Matthew*, Concordia, St. Louis, 1961).

En este punto de su ministerio, Jesús no podía escapar a las crecientes multitudes; y para el final de su sermón (7:28-29), estaba rodeado de mayores multitudes. Esto sugiere que su enseñanza cubrió varios días, no solo una hora o dos (cf. la reunión de tres días, 15:29-39). El lugar de retiro que Jesús escogió estaba en la región montañosa (cf. Notas), no en la «ladera de una montaña». Él «se sentaba» a enseñar. Sentarse era una postura aceptada de los maestros de sinagogas o de escuelas (Lc 4:20; cf. Mt 13:2; 23:2; 24:3; cf. DNTT, 3:588-89). El intento de Lachs (pp. 99-101) por encontrar aquí un anacronismo falla debido a que sus fuentes se refieren a la posición de alguien que está *aprendiendo* la Tora, no enseñándola. Lucas tiene a Jesús de pie (6:17) pero ministrando a la multitud mayor de la cual no podía escapar (6:17-19).

2 NVI no usa el modismo «abriendo la boca», encontrado en otros sitios del NT (13:35; Hch 8:35; 10:34; 18:14) y que refleja raíces del AT (Job 3:1; 33:2; Dn 10:16). Se usa en contextos solemnes o de revelación. «Enseñar» (*edidasken*) es imperfecto y expresa acción: «Comenzó a enseñarles». Contrario a Davies (*Setting*, pp. 7-8), no se debe establecer una diferencia muy drástica entre predicar (*kerusso*, 4:17) y enseñar (*didasko*, 5:2): ver 3:1 y el vínculo de estas categorías en 4:23; 9:35. SBK (1:189) observa que enseñar se hacía generalmente tanto al aire libre como en sinagogas.

Notas

---

1 La «ladera de una montaña» de la NVI es traducción de εἰσ τὸ ὄρος (*eis to oros*). El artículo no sugiere ninguna montaña conocida (Hendriksen; Turner, *Syntax*, p. 173), mucho menos la montaña donde Moisés recibió la Ley (Loisy). Incluso Davies (*Setting*, p. 93), después de explorar todas las posibilidades, reconoce que Mateo pudo haber delineado más explícitamente el tema de un «nuevo Moisés». Es más, *to oros* (lit., «la montaña») y el correspondiente hebreo y arameo podría significar nada más que «la región montañosa» o «el lugar de colinas», un punto correctamente reconocido por la NVI cuando se refiere a *eis to oros* en otras partes de Mateo «a la montaña» (14:23; 15:29) o, en el plural «a las montañas» (24:16). Jesús se retiraba a la región montañosa al occidente del Mar de Galilea: el texto no requiere nada más. Aquí están equivocados los intentos de discernir profundo significado simbólico (e.g., Gundry; J.B. Livio, «La signification théologique de la "montagne" dan le premier évangile», *BullCentreProtd'Etud* 30, 1978, 13-20). Además, πεδινός (*pedinós*, «llano» o «un lugar nivelado») en Lucas 6:17, un *japax legomenon* del NT, no debe evocar imágenes de praderas estadounidenses sino de un lugar plano en terreno escabroso, rocoso o lleno de colinas, o quizá «meseta» (cf. uso en Jer 21:13 LXX [«llanura» en NVI], o Is 13:2 LXX: ἐπ ὄρους πεδινοῦ [*ep' orous pedinou*, lit., «en una montaña plana»; NVI, «sobre un monte pelado»]). Existe poca diferencia entre la «montaña» de Mateo y el «llano» de Lucas.

---

2. El Reino de los Cielos: normas y testimonio (5:3-16)

a. Las normas del Reino (5:3-12)

1) Las Bienaventuranzas

5:3-10

³«Dichosos los pobres en espíritu,
porque el reino de los cielos les pertenece.

⁴Dichosos los que lloran,
porque serán consolados.
⁵Dichosos los humildes,
porque recibirán la tierra
como herencia.
⁶Dichosos los que tienen hambre
y sed de justicia,
porque serán saciados.
⁷Dichosos los compasivos,
porque serán tratados con compasión.
⁸Dichosos los de corazón limpio,
porque ellos verán a Dios.
⁹Dichosos los que trabajan por la paz,
porque serán llamados hijos de Dios.
¹⁰Dichosos los perseguidos
por causa de la justicia,
porque el reino de los cielos
les pertenece.

Las Bienaventuranzas han sido el tema de muchos estudios valiosos, siendo el más detallado el de J. Dupont, *Les Béatitudes*, 3 vols., 2ª ed., Gabalda, París, 1969. Respecto a la forma, las Bienaventuranzas encuentran sus raíces en la literatura de sabiduría o sapiencial, especialmente los Salmos (para un mejor análisis del trasfondo neotestamentario, cf. W. Zimmerli, "Die Seligpreisungen der Bergpredigt und das Alte Testament", *Donum Gentilicium*, ed. E. Bammel et al., Clarendon, Oxford, 1978, pp. 8-26; cf. Sl Sal 1:1; 31:1-2; 144:15; Pr 3:13; Dn 12:12). Las bienaventuranzas del AT no se agrupan en más de dos (e.g., Sal 84:4-5; en varias partes, cf. Eclo 25:7-9).

La comparación de 5:3-12 con Lucas 6:20-26 muestra que, junto con diferencias menores, las cuatro bienaventuranzas de Lucas están al lado de cuatro tribulaciones, y todas en segunda persona. Pero Mateo no menciona tribulaciones, y sus ocho bienaventuranzas (vv. 3:10) están en tercera persona, seguidas por una expansión de la última en segunda persona (vv. 11-12). Las bienaventuranzas anteriores al NT son simplemente extrañas en segunda persona (e.g., 1 Enoc 58:2) y se encuentran con tribulaciones sólo en el texto griego de Eclesiástico 10:16-17; de modo que en terreno formal no hay motivo para ver las bienaventuranzas de Mateo como adaptaciones posteriores.

Sin duda tanto Mateo como Lucas seleccionaron y dieron forma a sus materiales. Pero aunque esto resulte en diferencias en la fuerza de los dos grupos de bienaventuranzas, tales diferencias a menudo se exageran (e.g., C.H. Dodd, *More New Testament Studies*, University Press, Manchester, 1968, pp. 7-8). Dupont (*Les Béatitudes*) y Marshall (*Luke*) sostienen que Lucas describe lo que en realidad son los discípulos; Mateo lo que deben ser; Lucas, describe las implicaciones sociales de la enseñanza de Jesús y las revocaciones en la consumación, Mateo los estándares de justicia cristiana que ahora se han de seguir para entrar al Reino. Asimismo, G. Strecker («Les macarismes du discours sur la montagne», en Didier, pp. 185-208) insiste en que en las bienaventuranzas de Mateo la ética reemplaza a la escatología: las Bienaventuranzas se vuelven requisitos éticos para la entrada en vez de bendiciones escatológicas asociadas con la era mesiánica.

Una interpretación más matizada la presenta R.A. Guelich («The Matthean Beatitudes: ¿"Requisitos" o bendiciones escatológicas?» JBL 95, 1973, 415-34). Guelich observa que Mateo 5:3-5 contiene a propósito repeticiones de Isaías 61:1-3, pasaje que sin duda es escatológico en orientación. Además, tanto Isaías 61:1-3 como las bienaventuranzas de Mateo son formalmente declarativas, pero implícitamente exhortatorias: no se debe descuidar la función por la forma. Las Bienaventuranzas «son una expresión del cumplimiento de Isaías 61, la promesa del AT acerca del *Heilszeit* ["tiempo de salvación"], en la persona y proclamación de Jesús. Este manejo de las Bienaventuranzas ciertamente concuerda con el énfasis de Mateo en todo el evangelio de que Jesús viene a la luz de la promesa del AT» (Ibíd, p. 433). Las exigencias implícitas de las Bienaventuranzas son por tanto comprensibles solo debido al nuevo estado de asuntos que la proclamación del Reino inicia (4:17, 23), la insistencia en que Jesús ha llegado para cumplir la Ley y los Profetas (5:17).

3 Dos palabras y sus cognados se traducen «bendito» («dichoso» en NVI y «bienaventurado» en RVR 1960) y «bendecir» en el NT. La palabra usada en los vv. 3-11 es *makarios*, que por lo general corresponde en la LXX a *asré*, un término hebreo usado casi como interjección: «¡Ah la condición de benditos de…!» En términos generales *makarios* describe al hombre a quien Dios bendijo de modo singular, y por tanto en algún sentido es «feliz»; pero la palabra se puede aplicar a Dios (1 Ti 1:11; 6:15). La otra palabra es *eulogetos*, encontrada en la LXX principalmente para traducir el hebreo *beraká*, y su principal uso fue en conexión con Dios tanto en el AT como en el NT (e.g., Mr 14:61; Lc 1:68; Ro 1:25; 2 Co 1:3). *Eulogetos* no se halla en Mateo; pero el verbo cognado aparece cinco veces (14:19; 21:9; 23:39; 25:34; 26:26), en una de las cuales se aplica al hombre (25:34), no a Dios ni a Cristo. Por ende, son vanos los intentos de hacer que *makarios* signifique «feliz» y *eulogetos* «bendito» (Broadus); aunque las dos aparecen muchas veces, se puede aplicar tanto a Dios como al hombre. Es difícil dejar de concluir que su factor común es de aprobación: el hombre «bendice» a Dios aprobándolo y alabándolo; Dios «bendice» al hombre, aprobándolo en misericordiosa condescendencia. Aplicadas al hombre las palabras en el AT son con seguridad sinónimas (cf. *Theologisches Handwörterbuch zum Alten Testament*, 1:356).

En cuanto a «feliz» (como algunos traducen), no está bien en las Bienaventuranzas por haberse devaluado en su uso moderno. El griego «describe un estado, no de sentimiento interior de aquel a quien se aplica, sino de condición bendita desde un punto de vista ideal según el juicio de otros» (Allen). En el ambiente escatológico de Mateo, «bienaventurado» solo puede prometer bendición escatológica (cf. DNTT, 1:216-17; TDNT, 4:367-70); y cada bendición particular está especificada por la segunda cláusula de cada bienaventuranza.

Los «pobres en espíritu» son los «dichosos» o «bienaventurados». Puesto que Lucas habla solo de «los pobres», muchos han concluido que conserva la verdadera enseñanza del Jesús histórico —preocupado por los indigentes— mientras Mateo lo ha «espiritualizado» al añadirle «en espíritu». El asunto no es sencillo. Ya en el AT, «los pobres» tiene trasfondo religioso. La palabra *ptojós* («pobres», en gr. clásico «mendigos») tiene un énfasis distinto en la LXX y en el NT. Traduce varias palabras hebreas, la más importante, *anavim* («los pobres»), i.e., quienes debido a sufrir privación económica y aflicción social tienen confianza solo en Dios. Por tanto, se une con pasajes que afirman el favor de Dios sobre los humildes y contritos en espíritu (e.g., Is 57:15; 66:2). Esto no significa que haya falta de preocupación por los materialmente pobres sino que la miseria en sí no es el asunto principal (cf. la pobreza «provocada» del hijo pródigo). Lejos de conceder ventaja espiritual, la riqueza y el privilegio conllevan gran peligro espiritual (ver 6:24; 19:23-24). Sin embargo, aunque la pobreza tampoco es una bendición ni una garantía de recompensas espirituales, se puede convertir en ventaja si promueve humildad ante Dios.

Que esa sea la manera de interpretar el v. 3 lo confirman expresiones parecidas en los RMM (esp. IQM 11:9; 14:6-7; IQS 4:3; IQH 5:22). «Pobres» y «justos» casi se vuelven equivalentes en Eclesiástico 13:17-21; CD 19:9; 4QpSal (37)2:8-11 (cf. Schweizer; Bonnard; Dodd, «Translation Problems», pp. 307-10). Estos pasajes paralelos no prueban dependencia literaria, pero muestran que «pobres en espíritu» de Mateo interpreta de modo correcto a «los pobres» de Lucas (cf. Gundry, *Use of OT*, pp. 69-71). También en círculos rabínicos se alababa en gran manera la mansedumbre y la pobreza de espíritu (cf. Felix Böhl, «Die Demut als höchste der Tugenden», *Biblische Zeitschrift* 20, 1976, 217-23).

Sin embargo, es fácil prostituir el equilibrio bíblico. Se presume que el emperador Juliano el Apóstata (332-363) dijo con maliciosa ironía que quería confiscar las propiedades de los cristianos para que todos se volvieran pobres y entraran al Reino de los Cielos. Por otra parte, los ricos descartan con mucha facilidad la enseñanza de Jesús acerca de la pobreza aquí y en otros lugares (ver 6:24) como simplemente de actitud, y confunden su acaparamiento con buena mayordomía. El «God and Mammon» de France (pp. 3-21) presenta un buen equilibrio en estos asuntos.

Ser pobre en espíritu no es carecer de valor sino reconocer su bancarrota espiritual. Es confesar ante Dios no ser dignos, y depender absolutamente de él. Por ende, quienes interpretan el Sermón del Monte como ley y no como evangelio —sea por las reconstrucciones históricas de H. Windisch o por el dispensacionalismo clásico (cf. Carson, *Sermon on the Mount*, pp. 155-57), que llama al sermón «ley pura» (aunque reconoce que sus principios tienen una «hermosa aplicación moral» para los cristianos)— tropiezan en la primera frase (cf. Stott, pp. 36-38). El Reino de los cielos no se da sobre la base de raza (cf. 3:9), méritos alcanzados, celo militar y proezas de celotes, ni a la riqueza de Zaqueo. Se da a pobres, a publicanos despreciados, a prostitutas y a todos aquellos que son tan «pobres» que saben que no pueden ofrecer nada ni intentan hacerlo. Solo se oye su clamor por misericordia. Estos temas aparecen una y otra vez en Mateo, y presentan las exigencias éticas del sermón en un ambiente que no trata la conducta resultante como condiciones que las personas puedan alcanzar para entrar al Reino. Todos debemos empezar por confesar que por nosotros mismos no podemos lograr nada. Esto no lo cambian las revelaciones más detalladas en los años posteriores al ministerio terrenal de Jesús; en el último libro del canon, una iglesia establecida debe reconocer su posición precaria cuando afirma ser rica y no ve su pobreza (Ap 3:14-22).

El Reino de los Cielos (ver 3:2; 4:17) pertenece a los pobres en espíritu; son ellos los que disfrutan el reino del Mesías y las bendiciones que este trae. Aceptan con gozo el gobierno del Mesías y participan en la vida del Reino (7:14). El premio en la última bienaventuranza es el mismo que en la primera; la estructura literaria, un «inclusio» o sobre, establece que todo lo incluido dentro de ella concierne al Reino: i.e., las bendiciones de las bienaventuranzas que intervienen son bendiciones del Reino, y las Bienaventuranzas mismas son normas del Reino.

Aunque las recompensas de los vv. 4-9 son futuras («serán consolados», «recibirán la tierra como herencia», etc.), la primera y la última son presentes («el reino de los cielos les pertenece»). Sin embargo, no se debe dar demasiada importancia a esto, porque el verbo en presente puede actuar como futuro; y el verbo en futuro puede enfatizar seguridad, no simple vida futura (Tasker). Es poco dudoso de que el sentido del Reino sea principalmente futuro, posterior a la consumación, hecho explícito en el v. 12. Pero no se debería rechazar el tiempo presente «cubierto» (vv. 3, 10) como insignificante ni como si ocultara un original arameo que no especifica presente o futuro, porque Mateo quizá quiso decir algo cuando escogió *estin* («es», RVR) en vez de *estai* («será»). La conclusión natural es que, aunque la total bendición de las personas descritas en estas bienaventuranzas espera el Reino consumado, estas ya participan del Reino bendito que ya comenzó (ver 4:17; 8:29; 12:28; 19:29).

4 Black (*Aramaic Approach*, p. 157) observa cómo las formas de Mateo y Lucas (6:21b, 25b) de esta bienaventuranza pudieron haber sido parte de un pasaje paralelo mayor; observación esta que va bien con la hipótesis de que el Sermón del Monte y el Sermón del Llano son reportajes de un discurso que dependen de algún modo de fuentes comunes (cf. comentarios introductorios).

Algunos comentaristas niegan que este lloro sea por el pecado (e.g., Bonnard). Otros (e.g., Schweizer) lo comprenden como lamento por alguna clase de infortunio. La realidad es más imperceptible. El remanente piadoso de la época de Jesús llora debido a la humillación de Israel, pero comprende que es el resultado de pecados personales y colectivos. El salmista testificó: «Ríos de lágrimas brotan de mis ojos, porque tu ley no se obedece» (Sal 119:136; cf. Ez 9:4). Cuando Jesús predicó: «El reino de los cielos se ha acercado», él, como Juan el Bautista antes que él, no esperaba júbilo sino lágrimas de arrepentimiento. No es suficiente reconocer la derrota personal espiritual (v. 3) con un corazón duro. Llorar por los pecados puede ser profundamente doloroso (Esd 10:6; Sal 51:4; Dn 9:19-20) y puede cubrir una visión tanto global como personal del pecado y nuestra participación en él. Pablo comprende bien estos asuntos (cf. Ro 7:24; 1 Co 5:2; 2 Co 12:21; Flp 3:18).

«¡Consuelen, consuelen a mi pueblo!» (Is 40:1) es la respuesta de Dios. Estas dos bienaventuranzas iniciales aluden de modo deliberado a la bendición mesiánica de Isaías 61:1-3 (cf. también Lc 4:16-19; France, *Jesús*, pp. 134-35) y la confirman como escatológicas y mesiánicas. El Mesías llega para otorgar «aceite de alegría en vez de luto, traje de fiesta en vez de espíritu de desaliento» (Is 61:3). Pero estas bendiciones, ya recibidas en parte pero completas solo en la consumación (Ap 7:17), dependen de un Mesías que llega a salvar a su pueblo de sus pecados (1:21; cf. también 11:28-30). Quienes afirman experimentar sin lágrimas todo su gozo equivocan la naturaleza del Reino. Estas son las palabras de Charles Wesley:

> Él habla, y al escuchar su voz
> Nueva vida la muerte recibe,
> Se regocijan los corazones quebrantados y lastimeros
> Los pobres y humildes creen.

5 Esta bienaventuranza, y las de los vv. 7-10, no tienen paralelos en Lucas. Sería erróneo suponer que las bienaventuranzas de Mateo son para distintos grupos de personas, o que tenemos derecho a la mitad de las bendiciones si decidimos seguir cuatro de las ocho. Ellas son una unidad y describen la norma para el pueblo del Mesías.

La palabra «humildes» (*praus*) es difícil de definir. Puede significar ausencia de arrogancia (1 P 3:4, 14-15), pero por lo general sugiere mansedumbre (cf. 11:29; Stg 3:13) y el dominio propio que conlleva. Los griegos elogiaban la humildad en sabios y gobernantes, pero tal humildad parecía más bien condescendencia. En general los griegos consideraban que la humildad no era buena, porque no la diferenciaban del servilismo. Ser humilde ante otros implica no tener mala intención ni espíritu de venganza. Jesús es el que lo ejemplifica mejor (11:29; 21:5). Lloyd-Jones (*Sermon on the Mount*, 1:65-69) relaciona correctamente la humildad con nuestras actitudes hacia los demás. Podríamos reconocer nuestra bancarrota (v. 3) y llorar (v. 4); pero es más difícil responder con humildad cuando otros nos hablan de nuestra bancarrota (cf. también Stott, pp. 43-44). Por eso la humildad requiere un correcto concepto de nosotros mismos que ha de expresarse en nuestra actitud hacia los demás.

Además, los humildes —no los fuertes, agresivos y tiranos— heredarán la tierra. El verbo «heredar» a menudo se relaciona con entrar a la Tierra Prometida (e.g., Dt 4:1; 16:20; cf. Is 57:13; 60:21). Pero la alusión específica del AT aquí es Salmo 37:9, 11, 29, un salmo reconocido como mesiánico en la época de Jesús (4QpSal 37). No hay necesidad de interpretar metafóricamente la tierra, como si no hiciera referencia a geografía o espacio; tampoco es necesario restringir el significado de «tierra de Israel» (cf. Notas). Entrar a la Tierra Prometida se vuelve finalmente un indicador hacia la entrada al cielo nuevo *y la tierra nueva* (Is 66:22; Ap 21:1): la consumación del reino mesiánico. Mientras en términos paulinos los creyentes no poseen nada en principio (2 Co 6:10) puesto que pertenecen a Cristo, Mateo sin embargo dirige nuestra atención más hacia delante a «la renovación de todas las cosas» (19:28).

6 «Hambre y sed» expresa deseo vívido. Los hijos de Coré clamaron: «Tengo sed de Dios, del Dios de la vida» (Sal 42:2; cf. 63:1), porque el hambre espiritual más profunda es hambre de la Palabra de Dios (Am 8:11-14).

La naturaleza exacta de la justicia de la cual los dichosos tienen hambre y sed es polémica. Algunos discuten que es la justicia que nos adscribe Dios, salvación escatológica o, de modo más limitado, justificación; los dichosos la ansían y la reciben (e.g.,

Grundmann, *Tradition*, pp. 123-124; Bultmann, *Theology*, 1:273). Ciertamente esto es verosímil, puesto que el contexto inmediato despierta esperanzas en cuanto la acción escatológica de Dios, y tener hambre sugiere que la justicia que satisface se recibe como un regalo.

La objeción principal es que *dikaiosune* («justicia») en Mateo no tiene ese sentido en ninguna otra parte (Przybylski, pp. 96-98). Por eso es mejor tomar esta justicia como una justicia simultáneamente personal (cf. Hill, *Greek Words*, pp. 127 y sig.; Strecker, *Weg*, pp. 156-58) en el sentido más amplio (cf. esp. Ridderbos, pp. 190 y sig.). Estos individuos que tienen hambre y sed no solo podrían ser justos (i.e., que podrían hacer totalmente de corazón la voluntad de Dios) sino que podrían hacer esa justicia en cualquier lugar. Toda injusticia les dolería y les haría añorar el nuevo cielo y la nueva tierra, la patria de la justicia (2 P 3:13). Al no estar satisfechos con la sola justicia personal ni la sola justicia social, claman por ambas: en resumen, añoran el advenimiento del reino mesiánico. Lo que prueban ahora estimula su apetito por más. Finalmente serán satisfechos (el mismo verbo de 14:20; Flp 4:12; Ap 19:21) sin reserva solo cuando el Reino esté consumado (cf. análisis en Gundry, *Matthew*).

7 Esta bienaventuranza es similar a Salmo 18:25 (donde dice «misericordioso» [RVR 1960] en vez de «fiel» [NVI]; y sigue el TM [v. 26], no la LXX [17:26]; cf. Pr 14:21). Compasión adopta tanto perdón para los culpables como misericordia por los sufridos y necesitados. No se especifica objeto particular de la compasión demandada, porque la compasión debe ser una función de los discípulos de Jesús, no de la situación particular que provoca. El tema es común en Mateo (6:12-15; 9:13; 12:7; 18:33-34). La recompensa no es compasión que muestran otros sino que muestra Dios (cf. el dicho conservado en 1 Clemente 13:2). Esto no significa que nuestra compasión sea el motivo causal de la misericordia de Dios, sino su fundamento ocasional (ver 6:14-15). Esta bienaventuranza también está ligada al contexto. «"Los humildes" son también "los compasivos"; porque ser humilde es reconocer ante los demás que *somos* pecadores; ser compasivo es tener misericordia de los demás, porque ellos también son pecadores» (Stott, p. 48, énfasis suyo).

8 Los comentaristas tienen opiniones diferentes en «de corazón limpio».
1. Algunos le dan el significado de pureza moral en oposición a simple piedad externa o limpieza ceremonial. Este es un tema importante en Mateo y en otros lugares de las Escrituras (e.g., Dt 10:16; 30:6; 1 S 15:22; Sal 24:3-4 [del cual hay alusión directa aquí]; 51:6, 10; Is 1:10-17; Jer 4:4; 7:3-7; 9:25-26; Ro 2:9; 1 Ti 1:5; 2 Ti 2:22; cf. Mt 23:25-28).
2. Otros le dan el significado de categórico, un corazón «libre de la tiranía de un ego dividido» (Tasker; cf. Bonnard). Varios de los pasajes acabados de citar se enfocan en libertad del engaño (Sal 24:4; 51:4-17; cf. también Gn 50:5-6; Pr 22:11). Esta interpretación también prepara el camino para 6:22. Los «de corazón limpio» son entonces los totalmente sinceros.
La dicotomía entre estas dos opciones es falsa; es imposible tener una sin la otra. Quien es categórico en su consagración al Reino y su justicia (6:33) también será

interiormente puro. La falsedad interior, el engaño y la indecencia moral no pueden coexistir con una devoción sincera a Cristo. De cualquier manera esta bienaventuranza censura fuertemente la hipocresía (cf. 6:1-18). Los de corazón limpio verán a Dios, ahora con los ojos de la fe y finalmente en el deslumbrante resplandor de la bendita visión en cuya luz no puede existir el engaño (cf. Heb 12:14; 1 Jn 3:1-3; Ap 21:22-27).

9 El interés de Jesús en esta bienaventuranza no son los pacíficos sino los pacificadores. La paz es de constante interés en los dos testamentos (e.g., Pr 15:1; Is 52:7; Lc 24:36; Ro 10:15; 12:18; 1 Co 7:15; Ef 2:11-12; Heb 12:14; 1 P 3:11). Sin embargo, como algunos de estos pasajes muestran, quien trabaja por la paz tiene en sí trasfondo mesiánico. Al Hijo prometido se le llama «Príncipe de paz» (Is 9:6-7); e Isaías 52:7 —«¡Qué hermosos son, sobre los montes, los pies del que trae buenas nuevas; del que proclama la paz, del que anuncia buenas noticias, del que proclama la salvación, del que dice a Sión: "Tu Dios reina"!»—, al vincular la paz, la salvación y el Reino de Dios, se interpretaba de modo mesiánico en el judaísmo de la época de Jesús.

Jesús no limita el ser pacificador solo a una clase, ni tampoco lo harán sus discípulos. A la luz del evangelio, Jesús mismo es el supremo pacificador, que hace la paz entre Dios y el hombre, y entre los hombres. Nuestro trabajo por la paz incluye la promulgación de ese evangelio. También se debe extender a buscar toda clase de reconciliación. En vez de deleitarse con divisiones, amarguras, contiendas o una insignificante mentalidad de «divide y vencerás», los discípulos de Jesús se deleitan llevando la paz siempre que sea posible. Pacificar no es aplacar: el verdadero modelo es la costosa conciliación que hizo Dios (Ef 2:15-17; Col 1:20). A quienes emprenden esta obra se les reconoce como «hijos» de Dios. En el AT, los israelitas tienen el título de «hijos» (Dt 14:1; Os 1:10; cf. Sl Sal 17:30; Sab Sal 2:13-18). Este título pertenece ahora a los herederos del Reino que, humildes y pobres en espíritu, amadores de la justicia y sin embargo compasivos, están especialmente capacitados para luchar por la paz y así reflejar algo del carácter del Padre celestial. «No hay obra más divina que se pueda hacer en este mundo que luchar por la paz» (Broadus). Esta bienaventuranza debió haber sacudido a los celotes cuando Jesús la predicó, cuando las pasiones políticas se inflamaron (Morison).

10 No es accidental que Jesús pasara de pacificador a perseguido, porque el mundo disfruta tanto sus preciados odios y prejuicios que el pacificador no es bien recibido. La oposición es una señal normal de ser discípulo de Jesús, tan normal como tener hambre de justicia o ser compasivo (cf. también Jn 15:18-25; Hch 14:22; 2 Ti 3:12; 1 P 4:13-14; cf. la tribulación en Lc 6:26). Lachs (pp. 101-3) no puede creer que los cristianos fueran alguna vez perseguidos por causa de la justicia; por eso vuelve a señalar un presunto texto hebreo subyacente que dice «por causa del Justo», una referencia a Jesús. Pero subestima cuán irritante es la verdadera justicia, que en realidad es «un comportamiento adecuado ante Dios» (Przybylski, p. 99, cf. Is 51:7). La recompensa de estas personas perseguidas es la misma que la de los pobres de espíritu; es decir, el Reino de los Cielos, lo que termina la inclusión (ver 5:3).

Notas

3 La mayoría de los eruditos interpretan τῷ πνεύματι (*to pneúmati*, «en espíritu») como un dativo de consideración (e.g., Zerwick, par. 53). Moule (*Idiom book*, p. 46) se pregunta si esto no podría bordear en un uso instrumental, que a menudo se puede interpretar mejor por un adverbio castellano: i.e., οἱ πτωχοὶ τῷ πνεύματι (*joi ptojoi to pneúmati*) = «los pobres usados en su sentido espiritual [i.e., religioso]», contra «los pobres según el mundo [i.e., materialmente]» de Santiago 2:5. No obstante, reconoce que Sal 34:18 señala en otra dirección.

5 La palabra γῆ (*ge*, «tierra») se encuentra cuarenta y tres veces en Mateo: una vez en referencia a la tierra de Judá (2:6); dos veces a la tierra de Israel (2:20-21); varias veces a alguna región (e.g., 4:15; 9:26, 31; 11:24; y tal vez 27:45); varias veces en la expresión «cielo y tierra» o algo similar (5:18, 35; 11:25; 24:35; 28:18); varias veces para distinguir la tierra del cielo (6:10; 9:6; 16:19; 18:18, 19; 23:9); una vez para referirse al lugar donde vive la gente pecadora (5:13); varias veces para referirse a «suelo» (e.g., 10:29; 15:35; 25:18, 25; 27:51), «terreno» (13:5, 8, 23), u «orilla» (14:24); y varias veces para referirse a toda la tierra sin ninguna de las connotaciones anteriores (12:40, 42; 17:25; 23:35; 24:30). En Mateo, por consiguiente, *ge* se usa para referirse a una región o nación específica (Israel, Judá, Zabulón, Neftalí, et al.) solo si se da el nombre de esa región. La posible excepción es 27:45. La manera más natural de traducir este sustantivo en 5:5 es entonces «tierra», pero no en el sentido de «tierra de Israel».

9 Aunque «hijo de» puede tener acento ontológico, a menudo significa «alguien que refleja el carácter de» o algo parecido. De ahí que un «hijo de Belial» (= «hijo del despreciable») se refiere a una persona indigna, alguien de conducta aborrecible. De modo parecido, «hijo de Dios» podría tener acento ontológico o puramente funcional, según el contexto.

10 El participio pasivo perfecto οἱ δεδιωγμένοι (*joi dediogménoi*, «quienes son perseguidos») es más bien poco práctico si se retiene la validez perfecta: «quienes han sido perseguidos». Muchos ven esto como una señal de anacronismo: la persecución ya había estallado en la época en que Mateo escribió (e.g., Hill, *Matthew*). Algunos comentaristas más antiguos tratan esto más o menos como un hebreísmo «profético» perfecto; y Broadus añade que el perfecto armoniza «con el hecho de que las recompensas principales de tales sufrientes no tanto acompañan la persecución como que la siguen». Pero entonces podemos preguntar por qué no se usa un futuro perfecto, o por qué la misma regla no se aplica a los que lloran (5:4). La duda debe surgir al menos si el perfecto empieza ocasionalmente en el NT a tomar una fuerza aorística, y el participio perfecto meramente una fuerza adjetival, (cf. discusión en Burton, par. 88; Moule, *Idiom Book*, p. 14).

---

2) *Expansión*

5:11-12

11»Dichosos serán ustedes cuando por mi causa la gente los insulte, los persiga y levante contra ustedes toda clase de calumnias. **12**Alégrense y llénense de

júbilo, porque les espera una gran recompensa en el cielo. Así también persiguieron a los profetas que los precedieron a ustedes.

11-12 Estos dos versículos (cf. Lc 6:22-23, 26), que de la tercera persona cambia a la
segunda, aplica la fuerza de la última bienaventuranza (v. 10), no a la Iglesia (lo cual
sería anacrónico), sino a los discípulos de Jesús. Sin duda Mateo y sus contemporáneos también aplicaban esto en sí mismos. El v. 11 extiende la persecución del v. 10
para incluir insulto, persecución y calumnias (Lc 6:22-23 agrega odio). La razón de la
persecución es en el v. 10 «por causa de la justicia»; ahora, Jesús dice que es su causa.
«Esto confirma que la justicia de la vida que está en esta visión es en imitación de Jesús. De modo simultáneo identifica tanto a los discípulos con la práctica de justicia
de Jesús, que no hay lugar para la lealtad profesada hacia Cristo que no esté llena de
justicia» (Carson, *Sermon on the Mount*, p. 28). Además, esta es una afirmación cristológica implícita, porque los profetas con quienes se compara a los discípulos fueron
perseguidos por su fidelidad a Dios, y a los discípulos por su fidelidad a Jesús. No es
Jesús sino los discípulos quienes se comparan con los profetas. Jesús se pone a la par
de Dios. El cambio de «el Hijo del Hombre» (Lucas) a «mí» es quizá una clarificación
de Mateo (vea Excursus en 8:20).

La respuesta adecuada de los discípulos es alegrarse. El segundo verbo, *aga-
lliasdse* («estar contento»), Hill (*Matthew*) resulta ser «algo de un término técnico para júbilo en persecución y martirio» (cf. 1 P 1:6, 8; 4:13; Ap 19:7). Sin embargo, su variedad de asociaciones parece más amplia (Lc 1:47; 10:21; Jn 5:35; 8:56;
Hch 2:26; 16:34). Los discípulos de Jesús deben llenarse de júbilo bajo persecución porque su premio celestial (cf. Notas) será grande en la consumación del
Reino (v. 12). La oposición es segura, porque los discípulos se están alineando
con los profetas del AT que fueron perseguidos antes que ellos (e.g., 2 Cr 24:21;
Neh 9:26; Jer 20:2; cf. Mt 21:35; 23:32-37; Hch 7:52; 1 Ts 2:15). Esta perspectiva
bíblica fue sin duda parte de la base histórica en la cual Jesús edificó su propia
predicción implícita de que sus seguidores serían perseguidos. Tratado con seriedad, esto hace ineficaz el terreno sobre el cual algunos tratan la predicción como
anacrónica (e.g., Hare, pp. 114-21). La sugerencia de Stendahl (Peake, par. 678k)
de que Mateo se refiere aquí a profetas cristianos no solo es innecesariamente
anacrónica sino que no sintoniza con el uso que Mateo hace de «profeta», y su
vínculo entre la muerte de «profetas» y el pecado de los «antepasados» (23:30-
32), lo cual muestra que los profetas pertenecen al período del AT.

Estos versículos tampoco animan a buscar persecución ni a permitir salirse de ella,
enfurruñándose, ni a buscar retaliación. Desde la perspectiva de la historia redentora («los profetas») y de la eternidad («recompensas celestiales»), estos versículos
constituyen la respuesta razonable de fe, que los cristianos primitivos entendieron
de inmediato (cf. Hch 5:41; 1 Co 4:17; 1 P 1:6-9; cf. Dn 3:24-25). «Discipulado significa lealtad al sufrimiento de Cristo, y en consecuencia no sorprende que los cristianos sean llamados a sufrir. En realidad es una alegría y una prueba de la gracia de
Cristo» (Bonhoeffer, pp. 80-81). Pero al asegurar de nuevo a sus discípulos que sus
sufrimientos «no son nuevos, accidentales ni absurdos» (Bonnard), Jesús expresó
principios que aparecerán de nuevo (esp. caps. 10, 24).

Notas

11 La frase «levante contra ustedes toda clase de calumnias» de Mateo (cf. Hch 28:21) es una explicación de un lenguaje hebreo o arameo conservado aun en la frase de Lucas «los desprestigien por causa del Hijo del hombre» (6:22; cf. Dt 22:14, 19). La palabra ψευδόμενοι (pseudómenoi, «falsamente»), dada a D en UBS (3ª ed.) está implícita, esté o no en el original. Evidencia externa favorece fuertemente su inclusión; la evidencia interna es ambigua.

12 Morton Smith, *Tannaitic Parallels to the Gospels*, SBL, Filadelfia, 1951, pp. 46-77, 161-84, representa a quienes sostienen que el concepto de recompensa en los evangelios sinópticos no difiere materialmente del concepto de recompensa en la literatura rabínica primitiva. Su obra en esencia es un estudio del evangelio que pasa por alto sustanciales diferencias conceptuales (cf. D.A. Carson, «Predestinación y responsabilidad: Algunos elementos de tensión teológica contra el trasfondo judío», tesis doctoral, Cambridge University, 1975, pp. 268 y sig.); tampoco menciona la aplicación equilibrada de A. Marmorstein, *The Doctrine of Merits in the Old Rabbinical Literature*, Jesus' College, Londres, 1920. El reciente libro de E.P. Sanders (*Paul and Palestinian Judaism*, SCM, Londres, 1977) advierte de modo correcto contra la interpretación de tradiciones judías muy antiguas, de gran mérito teológico, apoyadas en el período del NT; pero sobrepasa gravemente la evidencia cuando no ve diferencia en absoluto, al enfrentar el mérito y la gracia, entre Pablo y el «nomismo pactante» del judaísmo (cf. Carson, *Divine Sovereignty*, cap. 8). C.S. Lewis (*They Asked For a Paper*, Geoffrey Bles, Londres, 1962, p. 198; citado en Stott, pp. 131-32) distingue correctamente varias clases de premios. Un hombre que se casa con una mujer por el dinero de ella es «recompensado» por el dinero, pero es correctamente juzgado como mercenario porque la recompensa no está vinculada de modo natural con el amor. Además, el matrimonio es el premio adecuado de un amante sincero y verdadero; y no es mercenario al desearlo, porque el amor y el matrimonio están vinculados de modo natural. «Las recompensas adecuadas no se añaden simplemente a la actividad por la cual se han dado, sino que en sí mismas son la actividad en consumación» (Ibíd.). Las recompensas del NT pertenecen en gran parte a esta segunda categoría. La vida llevada bajo las normas del Reino está vinculada de manera natural con la felicidad absoluta de vida en el Reino consumado. Hablar de «merecer» o de «ganar» la recompensa revela falta de entendimiento del significado de Jesús (cf. más en 11:25; 19:16-26; 20:1-16; 25:31-46).

b. *Testimonio del Reino* (5:13-16)

1) *Sal*

5:13

13»Ustedes son la sal de la tierra. Pero si la sal se vuelve insípida,

> ¿cómo recobrará su sabor? Ya no sirve para nada, sino para que la gente la
> deseche y la pisotee.

13 La sal y la luz son sustancias tan comunes (cf. Plinio, *Historia natural*, 31.102: «Nada es más provechoso que la sal y el sol») que sin duda generaron muchos dichos. De modo que es inadecuado tratar de responder a una historia de tradición de todas las referencias del evangelio como si detrás de ellas se encontrara la original (cf. Mr 4:21; 9:48; Lc 8:16; 11:33; 14:34-35). La sal se usaba en el mundo antiguo para dar sabor a las comidas, y hasta en pequeñas dosis como fertilizante (cf. Eugene P. Deatrick, «Salt, Soil, Savor», BA 25, 1962, 44-45, quien quiere que *tes ges* se lea «para el suelo», no «de la tierra»; pero observe la analogía «del mundo» en el v. 14). Por sobre todo, la sal se usaba como conservante. Frotada en la carne, un poco de sal retrasa la descomposición. En sentido estricto, la sal no puede volverse insípida; el cloruro de sodio es un compuesto estable. Sin embargo, la mayor parte de la sal en el mundo antiguo se derivaba de marismas o sitios por el estilo, y no por evaporación de agua salada y, por tanto, tenía muchas impurezas. La sal actual, al ser más soluble que las impurezas, se puede filtrar, dejando un residuo muy diluido que era de poco valor.

En el moderno Israel aun se dice que la sal insípida se debe esparcir en terrazas planas. Esto ayuda a endurecer la tierra y evitar filtraciones; puesto que las terrazas sirven como patios y lugares de reuniones públicas, la sal se apisona bajo los pies (Deatrick, «Salt», p. 47). Esta explicación invalida el intento de algunos (e.g., Lenski, Schniewind, Grosheide) de suponer que, precisamente debido a que la sal pura no se puede volver insípida, Jesús está diciendo que los verdaderos discípulos no pueden perder su eficacia. La pregunta «¿cómo recobrará su sabor?» no implica que tenga respuesta, como dice correctamente Schweizer. La observación rabínica de que lo que hace salada a la sal es «la placenta de una mula» (las mulas son estériles) más bien se desentiende del asunto (cf. Schweizer, *Matthew*). El punto es que si los discípulos de Jesús deben actuar como conservantes en el mundo al conformarse a las normas del Reino, si son «llamados a ser un desinfectante moral en un mundo donde las normas morales son bajas, en constante cambio, o no existen… entonces solo pueden cumplir con su misión si retienen en sí mismos su virtud» (Tasker).

Notas

---

13 La expresión μωρανθῇ (*morandsé*, «se vuelve insípida») se usa cuatro veces en el NT. En Lucas 14:34 se relaciona otra vez con la sal, pero en Ro 1:22 y 1 Co 1:20 tiene su significado más común de «hacerse el tonto o volverse insensato» (cf. el similar μωρέ [*moré*, «tonto»] en 5:22). Es difícil dejar de concluir que los discípulos que pierden su sabor en realidad se están haciendo insensatos. El griego podría esconder un juego de palabras arameo: תפל (*tapel*, «tonto» y תבל (*tabel*, «salado») (Black, *Aramaic Approach*, pp. 166-67).

---

2) Luz

5:14-16

¹⁴»Ustedes son la luz del mundo. Una ciudad en lo alto de una colina no puede esconderse. ¹⁵Ni se enciende una lámpara para cubrirla con un cajón. Por el contrario, se pone en la repisa para que alumbre a todos los que están en la casa. ¹⁶Hagan brillar su luz delante de todos, para que ellos puedan ver las buenas obras de ustedes y alaben al Padre que está en el cielo.

14-15 Como en el v. 13, «ustedes» es enfático… concretamente, ustedes, mis seguidores y nadie más, son la luz del mundo (v. 14). Aunque los judíos se veían como la luz del mundo (Ro 2:19), la verdadera luz es el siervo sufrido (Is 42:6; 49:6), cumplido en Jesús mismo (Mt 4:16; cf. Jn 8:12; 9:5; 12:35; 1 Jn 1:7). En consecuencia, sus discípulos constituyen la nueva ley (cf. Ef 5:8-9; Flp 2:15). La luz es un símbolo religioso universal. Tanto en el AT como en el NT simboliza más a menudo pureza en contraposición de indecencia, verdad o conocimiento, a diferencia de error o ignorancia, y revelación y presencia divina en comparación de reprobación y abandono de parte de Dios.

La referencia a la «ciudad en lo alto de una colina» es en cierto nivel bastante obvia. A menudo construidas de piedra caliza blanca, las ciudades antiguas resplandecían en el sol y no se podían ocultar fácilmente. De noche las lámparas de aceite de sus habitantes esparcían brillo por los alrededores (cf. Bonnard). Así como tales ciudades no se podían ocultar, es inconcebible encender una lámpara y esconderla bajo un almud (v. 15, NVI, «cajón»). Una lámpara se coloca en una repisa para que ilumine todo. Los intentos de identificar a «todos los que están en la casa» como una referencia a todos los judíos en contraste con que Lucas 11:33 se refiere a gentiles (asimismo Manson, *Dichos*, p. 93) probablemente son culpables de crear la metáfora de correr a gatas, especialmente en vista de que el tema de los gentiles se presenta en Mateo con mucha firmeza.

Sin embargo, el dicho «una ciudad en lo alto de una colina» también se puede referir a profecías del AT acerca de la época en que Jerusalén, o monte de la casa del Señor, o Sión, sería levantada ante el mundo, y las naciones la llorarían (e.g., Is 2:2-5; cf. caps. 42, 49, 54, 60). Esta alusión recientemente la han defendido Grundmann, Trilling (p. 142), y en especial K.M. Campbell («La Nueva Jerusalén en Mateo 5:14», SJT 31, 1978, 335-63). No es una alusión segura, y la ausencia de artículos definidos habla en su contra; si bien es válido insistir en que los discípulos de Jesús constituyen el verdadero lugar del pueblo de Dios, el puesto de avanzada del Reino consumado, y los medios de testificar al mundo, todos son temas centrales al pensamiento de Mateo.

16 Jesús lleva la metáfora a casa. Lo que sus discípulos deben mostrar son sus «buenas obras», i.e., toda justicia, todo lo que son y hacen que refleja la mente y la voluntad de Dios. Y los hombres deben ver esta luz. Podría provocar persecución (vv. 10-12), pero eso no es motivo para esconder la luz que otros podrían ver y por la cual podrían alabar al Padre... el único que mueve a los discípulos (cf. 2 Co 4:6; 1 P 2:12). Testificar no solo incluye palabras sino hechos; como Stier observa: «Las buenas obras sin buen testimonio de nada sirven». En consecuencia, las normas del Reino (vv. 3-12) deben obrar en las vidas de los herederos del Reino para producir testigos (vv. 13:16). Si la sal (v. 13) ejerce la función negativa de retardar la descomposición y de advertir a los discípulos del peligro de comprometerse y conformarse al mundo, entonces la luz (vv. 14-16) habla positivamente de alumbrar un mundo en oscuridad del pecado, y advierte contra una retirada del mundo que no lleva a otros a alabar al Padre celestial. «Volar hacia lo invisible es una negación del llamado. Una comunidad de Jesús que busque esconderse ha dejado de seguirlo» (Bonhoeffer, p. 106).

Notas

---

15 En este versículo hay varios semitismos probables (Hill, Matthew). El $\mu\acute{o}\delta\iota o\varsigma$ (*módios*, «almud») es una medida de madera para granos, generalmente de 8,75 litros (cf. más en 13:33). Es dudoso que la vasija se usara para esconder luz, a pesar de varias suposiciones. Una palabra diferente se usa en Josefo (Antig. V, 223, vi. 5), y en cualquier caso el punto de Jesús señala lo que *no* se debe hacer.

---

3. El Reino de los Cielos: sus demandas con relación al AT (5:17-48)

a. Jesús y el Reino como cumplimiento del AT

5:17-20

> [17]»No piensen que he venido a anular la ley o los profetas; no he venido a anularlos sino a darles cumplimiento. [18]Les aseguro que mientras existan el cielo y la tierra, ni una letra ni una tilde de la ley desaparecerán hasta que todo se haya cumplido. [19]Todo el que infrinja uno solo de estos mandamientos, por pequeño que sea, y enseñe a otros a hacer lo mismo, será considerado el más pequeño en el reino de los cielos; pero el que los practique y enseñe será considerado grande en el reino de los cielos. [20]Porque les digo a ustedes, que no van a entrar en el reino de los cielos a menos que su justicia supere a la de los fariseos y de los maestros de la ley.

Tres debates importantes hay en la interpretación de estos versículos complejos pero programáticos.

1. Aparte de las analogías al v. 18 en Marcos 13:31 y Lucas 16:17, estos versículos no tienen paralelo sinóptico. En parte debido a esto muchos han sostenido que estos cuatro versículos representan cuatro dichos separados de iglesias o estratos diferentes y hasta conflictivos, editados en exceso por Mateo (para análisis y ejemplos

recientes, cf. R.G. Hamerton-Kelly, «Attitudes to the Law and *Matthew's Gospel*», *Biblical Research*, 17, 1972, 19-32; Arens, pp. 91-116). G. Barth, por ejemplo, insiste en que el salto del v. 19 al v. 20 es tan grande que los dos no pudieron venir de Mateo (Bornkamm, *Tradición*, p. 66). Una síntesis mejor es posible. Pero incluso si el salto entre estos versículos fuera tan grande como imagina Barth, ¿qué habrá llevado a Mateo (o al «redactor final») a ponerlos juntos? Debió haber pensado que significaban algo; y entonces, ¿cómo distinguir metodológicamente entre débiles vínculos discernidos por un redactor y débiles vínculos escritos por un autor? Enfocaremos principalmente la atención en el significado del texto como está.

2. Las ramificaciones teológicas y canónicas de las conclusiones exegéticas sobre este extracto son tan numerosas que las discusiones se convierten en una carga con las complejidades de la teología bíblica. En juego están la relación entre los testamentos, el lugar de la Ley en el contexto del evangelio, y la relación de este extracto a otros pasajes del NT que afirman de manera ambigua que ciertas secciones de la Ley han sido abrogadas como obsoletas (e.g., Mr 7:19; Hch 10—11; Heb 7:1—9:10). Solamente poniendo atención se pueden dar aquí estos asuntos.

3. Con frecuencia se sostiene que el ambiente del extracto se debate en la Iglesia, especialmente entre cristianos palestinos judíos, acerca de la continuación de la Ley. No hay inverosimilitud inherente en esta hipótesis si por ambiente nos referimos al círculo en el cual se conservaron estas enseñanzas debido a su relevancia inmediata. Sin embargo, se debe recordar que Mateo presenta aquí estos dichos como la enseñanza del Jesús histórico, no como creación de la Iglesia; y no detectamos inverosimilitud en su afirmación.

17 La fórmula «No piensen que» (o «Nunca piensen que», Turner, *Syntax*, p. 77) la repite Jesús en 10:34 (cf. 3:9). Los dos dichos de Jesús fueron diseñados para prescindir de malentendidos potenciales como la naturaleza del Reino; pero tampoco fluye de modo demostrable de la lucha abierta sobre el asunto en juego. Mateo aún no ha registrado acusación alguna de que Jesús estuviera violando la Ley. (Sobre la relación entre estos versículos y los extractos precedentes, cf. W.J. Dumbull, «La lógica del papel de la Ley en Mateo v 1-20», NovTest 23, 1981, 1-21.)

Algunos han sostenido que muchos judíos en la época de Jesús creían que la Ley sería puesta a un lado y llegaría una nueva ley presentada por el Mesías (cf. esp. Davies, *Setting*, pp. 109 y sig., 446 y sig.). Pero esta opinión ha sido contundentemente calificada por R. Banks («The Eschatological Role of the Law», *Pre- and Post-Christian Jewish Thought* [Pensamiento judío antes y después del cristianismo], ed. R. Banks, Paternoster, Exeter, 1982, pp. 173-85; id. *Jesús*, pp. 65 y sig.), quien presenta un tratamiento más matizado.

El resultado del debate es que no se deben entender las palabras iniciales «No piensen que» como refutación de alguna posición muy afianzada y claramente definida, sino como un recurso de enseñanza que Jesús usó para aclarar ciertos aspectos del Reino y su propia misión, y para quitar potenciales malentendidos. Además, la comparación con 10:34 muestra que la antítesis tal vez no sea absoluta. Pocos querrían discutir que *no* hay sentido en que Jesús llegara para traer paz (cf. 5:9). ¿Por qué entonces sostienen que *no* hay sentido en que Jesús aboliera la Ley?

Las palabras «he venido» no necesariamente prueban que Jesús supiera su preexistencia, porque el término «venir» puede ser de uso de profetas, y en realidad es uso del Bautista (11:18-19). Pero también puede hablar de venir al mundo (común en Jn; cf. también 1 Ti 1:15) y a la luz del prólogo de Mateo probablemente significa atestiguar los orígenes divinos de Jesús. Al menos muestra muy claro que Jesús fue enviado en una misión (cf. Maier).

La misión de Jesús no era abolir (un término conectado más a menudo con la destrucción de edificios [24:2; 26:61; 27:40], pero no exclusivamente así [e.g., 2 Mac 2:22]) «la ley o los profetas» Por estas palabras Mateo forma una nueva «inclusión» (5:17—7:12), la cual señala el cuerpo del sermón y muestra que Jesús está tomando los sufrimientos para relacionar su enseñanza y el lugar en la historia de la redención a las Escrituras del AT. Porque eso es que «la ley o los profetas» significa aquí: las Escrituras. La disyuntiva «o» clarifica que tampoco se debe anular. Los judíos de la época de Jesús se pudieron referir a las Escrituras como «la Ley y los Profetas» (7:12; 11:13; 22:40; Lc 16:16; Jn 1:45; Hch 13:15; 28:23; Ro 3:21); «la ley ... los profetas ... y los salmos» (Lc 24:44); o solo «ley» (5:18; Jn 10:34; 12:34; 15:25; 1 Co 14:21); pero las divisiones no eran estereotipadas. Por eso aunque «o los profetas» es redaccional (Dalman, p. 62, y muchos después de él), el referente no cambia cuando solo se menciona la Ley en el v. 18, pero podría ser una pequeña insinuación de que la Ley, también, tiene función profética (cf. 11:13, y análisis). Sin embargo, seguramente es ilegítimo ver en «leyes y profetas» alguna vaga referencia a la voluntad de Dios (como G.S. Sloyan, *Is Christ the End of the Law?*, Westminster, Filadelfia, 1978, pp. 49 y sig.; Sand, p. 186; K. Berger, *Die Gesetzesauslegung Jesu*, Neukirchener Verlag, Neukirchen-Vluyn, 1972, p. 224) y no a la Escritura, especialmente a la luz del v. 18.

Lo esencial del problema yace en el verbo «cumplir» (*pleroo*). N.J. McEleney («Los principios del Sermón del Monte», JBL 41, 1979, 552-70) encuentra el verbo tan difícil en un contexto (vv. 17-48) que trata con la ley que lo considera una adición posterior a la tradición. Algunos escritores, especialmente judíos, no toman el verbo para reflejar el verbo arameo *cum* («establecer», «validar», o «confirmar» la Ley). Jesús no vino para anular la Ley sino para confirmarla y establecerla (e.g., Dalman, pp. 56-58; Daube, *Nuevo Testamento*, pp. 60 y sig; y esp. Sigal, «Halajá», pp. 23 y sig.).

Existen varias objeciones.

1. El enfoque de Mateo 5 es la relación entre el AT y la enseñanza de Jesús, no sus acciones. Por eso cualquier interpretación que diga que Jesús cumple la Ley al hacerla, no entiende de qué se trata.

2. Si se discute que Jesús confirma la Ley, hasta en sus letras y sus tildes, por medio de su vida y su enseñanza (e.g., Hill; Ridderbos, pp. 292 y sig.; Maier) —entendida la última como si expusiera su propia *halajá* (reglas de comportamiento) dentro del esquema de la Ley (Sigal)— asombra que la iglesia primitiva, como lo atestiguan los demás documentos del NT, malinterpretara de muy mala manera a Jesús en este punto; y aun el primer evangelio, como veremos, está traducido con incoherencia.

3. La LXX no usa *pleroo* («cumplir») para interpretar *cum* o similares (prefiere *jistanai* o *bebaioun* [«establecer» o «confirmar»]). El verbo *pleroo* se traduce *malé*, y significa «cumplir». En el uso del AT se refiere característicamente a «llenar», de

volumen o tiempo, significados que también aparecen en el NT (e.g., Hch 24:27; Ro 15:19). Pero aunque el NT usa *pleroo* de muchas maneras, nos interesa principalmente su significado de «cumplimiento» de las Escrituras. Bajo este encabezamiento se incluyen predicciones específicas, cumplimientos tipológicos, y aun toda la esperanza escatológica tipificada en el AT por el pacto de Dios con su pueblo (cf. C.F.D. Moule, «Cumplimiento de mensajes en el NT: Uso y abuso», NTS 14, 1967-68, 293-320; vea 2:15).

La falta de trasfondo para *pleroo* («cumplir») hasta aplicarlo a la Escritura requiere cautelosa inducción de evidencia del NT. En muy pocos casos, en particular Santiago 2:23, a los escritores del NT no se les detecta fuerza de predicción en los pasajes presentados del AT. Al contrario, el texto del AT (en este caso Gn 15:6) permanece «vacío» en algún sentido hasta que la acción de Abraham lo «cumple». Sin embargo, Génesis 15:6 no predice la acción. La mayoría de los usos en el NT de *pleroo* en conexión con la Escritura, no obstante, requiere alguna fuerza teleológica (ver observación en 1:22); e incluso los usos ambiguos presuponen una tipología que en dimensión más amplia es teleológica, aunque no en todo detalle (ver análisis en 2:15). En cualquier caso el intercambio de *malé* («cumplir») y *cum* («establecer») en el Targumim no tiene suficiente importancia para anular la evidencia LXX, no menos debido a problemas de fecha del Targumim (cf. Meier, *Ley*, p. 74; Banks, *Jesus*, pp. 208 y sig.).

Otras opiniones no son tan convincentes. Muchos sostienen que Jesús se está refiriendo aquí solo a ley moral: las leyes civiles y ceremoniales en realidad están abolidas, pero Jesús confirma la ley moral (e.g., Hendriksen; D. Wenham, «Jesús y la ley: una exégesis sobre Mateo 5:17-20», *Themelios* 4, 1979, 92-96). Aunque esta distinción tripartita es antigua, su uso como base para explicar la relación entre los testamentos no se deriva de modo demostrable del NT, y quizá su fecha no es anterior a Aquinas (cf. la obra de R.J. Bauckham en Carson, *Sabbath*; y Carson, «Jesus»). Además, la interpretación la invalida el totalmente inclusivo «ni una letra ni una tilde de la ley» (v. 18).

Otros entienden que el verbo *pleroo* significa que Jesús «llena» la Ley al darle el significado buscado y completo (e.g., como O. Hanssen, «Zum Verständnis der Bergpredigt», *Der Ruf Jesu und die Antwort der Gemeinde*, ed Edward Lohse, Vanderhoeck und Ruprecht, Göttingen, 1970, pp. 94-111). Sin embargo, esto requiere un significado extraordinario para *pleroo*, hace caso omiso de «la letra y la tilde» del v. 18, y malinterpreta 22:34-40.

Aun otros, de varias maneras, sostienen que Jesús «llena» la Ley del AT al extender sus demandas a alguna justicia mejor o trascendente (v. 20), también entendida quizá desde el punto de vista del mandamiento del amor (e.g., Bornhäuser; Lagrange; A. Feuillet, «Morale Ancienne et Morale Chrétienne d'après Mt 5.17-29; Comparaison avec la Doctrine de l'Épître aux Romains», NTS 17, 1970-71, 123-37, esp. p. 124; Grundmann; Trilling, pp. 174-79). Por consiguiente, la referencia a los profetas (v. 17) se vuelve confusa, y toda la estructura es débil en vista del hecho de que la simple extensión de la Ley no abolirá ninguno de sus rigores… aunque tanto en Mateo como en otros documentos del NT se presume alguna abolición en todas partes. H. Ljungmann (*Das Gesetz erfüllen: Matth 5, 17ff. Und 3, 15 untersucht*, C.W.K. Gleerup, Lund, 1954) toma el «cumplimiento» para referirse al cumplimiento de la

Escritura en la auto rendición del Mesías, lo cual en cambio trae perdón de pecados, y la nueva justicia de los discípulos está tanto en recibir como en hacer. Pero además de la debilidad de detalles, es difícil ver cómo todo esto se puede derivar de los vv. 17-20.

La mejor interpretación de estos versículos difíciles dice que Jesús cumple la Ley y los Profetas en que ellos señalan hacia él, y que él es su cumplimiento. La antítesis no está entre «anular» y «guardar» sino entre «anular» y «cumplir». «Para Mateo, entonces, no es el asunto de la relación de Jesús a la Ley lo que está en duda, ¡sino más bien su relación con él!» (Robert Banks, «Comprensión de Mateo de la Ley: Autenticidad e interpretación en Mateo 5:17-20», JBL 93, 1974, 226-42). Por tanto, damos a *pleroo* («cumplir») exactamente el mismo significado que en la fórmula de citas, la cual en el prólogo (Mt 1—2) ya ha puesto gran énfasis en la naturaleza profética del AT y en la manera en que señala a Jesús. Aun acontecimientos del AT tienen este significado profético (ver 2:15). Poco después Jesús insiste en que «todos los Profetas y la Ley profetizaron» (11:13).

Varía la manera de los anuncios proféticos. Mateo sostiene (2:15) que el Éxodo profetiza el llamado de Egipto del «hijo» de Dios. El escritor de Hebreos sostiene que muchas regulaciones sectarias del AT señalaban a Jesús, y que ahora son obsoletas. A la luz de la antítesis (vv. 21-48), el pasaje ante nosotros insiste en que así como Jesús cumplió profecías del AT por medio de su persona y sus acciones, así cumplió la Ley del AT por medio de su enseñanza. En ningún caso esto «anula» el AT como canon, más de lo que lo obsoleto del sistema expiatorio levítico anula el ritual del tabernáculo como canon. Al contrario, la verdadera y perdurable autoridad del AT se debe entender por medio de la persona y la enseñanza de aquel a quien señala, y quien lo cumple en gran manera.

Como en Lucas 16:16-17, Jesús no está anunciando la terminación de la relevancia y autoridad del AT (si no Lc 16:17 sería incomprensible), sino que «el período durante el cual los hombres se relacionaban con Dios bajo estos términos cesó con Juan» (Moo, «Jesús» p. 1); y la naturaleza de su continuidad válida está establecida solo con referencia a Jesús y al Reino. La estructura general de esta interpretación la han expuesto muy bien Banks (*Jesus*), Meier (*Law*), Moo («Jesus»), Carson («Jesus»; en un nivel popular, *Sermon on the Mount*, pp. 33 y sig.). Para un enfoque de algún modo similar, ver Zumstein (pp. 119 y sig.) y McConnell (pp. 96-97), quienes señalan que la autoridad implícita de Jesús también se encuentra en los versículos finales del sermón (7:21-23) en que como Juez escatológico ejercita la autoridad del único Dios.

La principal objeción a este punto de vista es que el uso de «para cumplir» en las citas de cumplimiento está en voz pasiva, mientras que aquí la voz es activa. Pero no es seguro que se pueda sacar mucho de esta distinción (Meier, *Ley*, pp. 80 y sig.).

Son inevitables tres conclusiones teológicas.

1. Si la antítesis (vv. 21-48) se ha comprendido a la luz de esta interpretación de los vv. 17-20, entonces Jesús no está principalmente comprometido allí a extender, anular o intensificar la Ley del AT, sino a mostrar la dirección en la cual señala, en la base de su propia autoridad (a lo cual, además, señala el AT). Esto en algún caso particular podría resultar que tiene el mismo efecto práctico que «intensificar» la Ley o «anular» algún elemento; pero las razones para esa conclusión son muy distintas. Acerca

de las implicaciones éticas de esta interpretación, ver el aceptable ensayo de Moo («Jesus»).

2. Si los vv. 17-20 son auténticos en esencia (ver esp. W.D. Davies, «Mateo 5:17, 18», *Christian Origins and Judaism*, DLT, Londres, 1962, pp. 31-66; y Banks, «Matthew's Understanding»), y la interpretación anterior es sólida, las implicaciones cristológicas son importantes. Aquí Jesús se presenta como el objetivo escatológico del AT, y de este modo su único intérprete autorizado, aquel a través de quien solo el AT encuentra su continuidad e importancia válidas.

3. Este enfoque elimina la necesidad de enfrentar a Mateo con Pablo, o a los judíos palestinos cristianos con los creyentes paulinos gentiles, los primeros adhiriéndose a las estipulaciones mosaicas y los segundos abandonándolas. Tampoco necesitamos la solución de Brice Martin, quien sostiene que el enfoque de Mateo hacia la Ley, y el de Pablo, no son complementarios sino no contradictorios. Simplemente emplean distintas categorías. Esto no lucha con la posición mateana de Jesús dentro de la historia de la redención; y que Pablo entendió bien que la Ley y los Profetas señalaban más allá de ellos mismos (e.g., Ro 3:21; Gá 3—4; cf. Ro 8:4). El enfoque regresa a Jesús, el cual está donde, aparentemente, tanto Pablo como Mateo quisieron que estuviera. El trabajo preliminar está preparado en los evangelios para un entendimiento de Jesús como quien estableció el enfoque esencialmente cristológico y escatológico para el AT empleado por Pablo. Pero esto se hace más claro en el v. 18.

18 «Les aseguro» señala que la afirmación que sigue es de suma importancia (cf. Notas). En el griego está conectado al versículo anterior por medio de un explicatorio «porque» (*gar*): el v. 18 explica y confirma más la verdad del v. 17. La «jota» (RVR) se ha convertido en «una letra» (NVI): esto es casi correcto con seguridad, porque se refiere a la letra י (*yod*), el trazo más pequeño del alfabeto hebreo. La «tilde» (*keraia*) se ha interpretado de forma diversa: es la letra hebrea ו (*vau*) (como G. Schwarz, "$\iota\hat{\omega}\tau\alpha\ \overset{\circ}{\epsilon}\ \mathring{\eta}\ \mu\acute{\iota}\alpha\ \kappa\epsilon\rho\alpha\acute{\iota}\alpha$ [Matthaus 518]", ZNW 66, 1975, 268-69); o la pequeña diagonal que distingue varios pares de letras hebreas (ב/כ; ד/ר; ד/ך) (como Filson, Lenski, Allen, Zahn); o un trazo puramente ornamental, una «corona» (Tasker, Schniewind, Schweizer; pero cf. DNTT, 3:182); o forma una hendiadis con «jota», refiriéndose a la parte más pequeña de la letra más pequeña (Lachs, pp. 106-8). En cualquier caso Jesús confirma aquí la autoridad de las Escrituras del AT exactamente hacia «el trazo más pequeño de una pluma». El suyo es el punto de vista más alto posible del AT.

Sin embargo, los vv. 17-18 no luchan de modo abstracto con la autoridad del AT sino con la naturaleza, la extensión y la duración de su validez y continuidad. La naturaleza de todo esto se ha expuesto en el v. 17. La referencia a «letra y tilde» establece su extensión: no hará reducir la referencia a la ley moral, o a la Ley como un todo mas no necesariamente a sus partes, o a la voluntad de Dios en algún sentido general. «Ley» casi con seguridad se refiere a todas las Escrituras del AT, no solo al Pentateuco o ley moral (observe la analogía en el v. 17).

Eso deja la duración de la autoridad del AT. Las dos cláusulas «mientras» y «hasta» responden esto. La primera —«mientras existan el cielo y la tierra»— simplemente significa «hasta el fin de los tiempos»: e.g., no «jamás» por completo (contr. Meier, *Law*, p. 61), sino «nunca, mientras persista el actual orden mundial». La segunda

—«hasta que todo se haya cumplido»— es más difícil. Algunos la toman como equivalente de la primera (cf. Sand, pp. 36-39). Pero es más sutil que eso. La palabra *panta* («todas las cosas» o «todo») no tiene antecedente. Al contrario de Sand (p. 38), Hill, Bultmann (*Synoptic Tradition*, pp. 138, 405), Grundmann y Zahn, la palabra no se puede referir fácilmente a todas las demandas de la Ley que se deben «cumplir», debido (1) a que el término «ley» casi seguramente se refiere aquí a toda Escritura y no solo a sus mandamientos; pero aunque eso no fuera así, el v. 17 ha mostrado que hasta la ley obligatoria es profética; (2) la palabra *genetai* («se ha logrado») se debe traducir aquí «sucedido», «llegue a pasar» (i.e., «logrado» en ese sentido, no en el de obedecer una ley; cf. Meier, *Ley*, pp. 53 y sig.; Banks, *Jesús*, pp. 215 y sig.).

De ahí que *panta* («todo») se entiende mejor que se refiere a todo en la Ley, considerado bajo la función profética de la Ley; concretamente, hasta que todas estas cosas se hayan llevado a cabo como se profetizó. Esto no simplemente señala a la cruz (Davies, «Matthew 5:17, 18», pp. 60 y sig.; Schlatter), ni simplemente el final de los tiempos (Schniewind). La analogía con 24:34-35 no es tan cercana, puesto que en el último caso los acontecimientos se especifican. El versículo 18b significa sencillamente «se debe llevar a cabo por completo el propósito divino profetizado en las Escrituras; ni una jota o tilde dejará de cumplirse». Un punto similar se hace en 11:13. De ahí que la cláusula «mientras» se enfoque estrictamente en la duración de la autoridad del AT, pero la cláusula «hasta» vuelve a considerar la naturaleza de esa autoridad; revela los propósitos redentores de Dios y señala hacia su cumplimiento, su «logro», en Jesús y el reino escatológico que él está presentando y que un día consumará.

Meier (*Law*) hábilmente establece lo fundamental de la muerte y resurrección de Jesús como el hecho capital en la presentación que Mateo hace de la historia de la salvación. Ante ella los discípulos de Jesús están limitados a Israel (10:5-6); después van a todas partes. De igual modo, la forma precisa de la ley mosaica cambia con los cruciales acontecimientos redentores que señala; porque lo que profetiza en algún sentido empieza en el cumplimiento de la profecía, y lo trasciende. Meier ha agarrado y explicado esta estructura redentora histórica mejor que la mayoría de comentaristas. Sin embargo, quizá fue muy lejos al interpretar el v. 18 muy estrechamente como referencia a la cruz y la resurrección.

19 El contraste entre el «más pequeño» y el «grande» en el Reino tal vez apoya gradación en rangos dentro del Reino (como en 11:11, aunque aquí la palabra para «más pequeño» es distinta; cf. 18:1-4). Esta quizá no es una manera semítica de referirse a la dualidad entre exclusión e inclusión (contr. Bonnard). El «que infrinja uno solo de estos mandamientos, por pequeño que sea» no está excluido del Reino —el uso lingüístico está contra esta interpretación (ver Meier, *Ley*, pp. 92-95)— pero es muy pequeño o insignificante en el Reino (tomando *elaquistos* en sentido vívido). La idea de grados de privilegio o deshonra en el Reino se da en todas partes en los evangelios sinópticos (20:20-28; cf. Lc 12:47-48). Se hacen las distinciones no solo según la medida por la cual alguien guarda «el más pequeño de estos mandamientos» sino también según la fidelidad con que los enseña.

Sin embargo, ¿cuáles son «estos mandamientos»? Es difícil justificar la limitación de estas palabras a las enseñanzas de Jesús (como Banks, *Jesús*, pp. 221-23), aunque el verbo similar a «mandar» (*entolón*) se usa en las enseñanzas de Jesús en 28:20 (*entellomai*); porque el sustantivo en Mateo no se refiere a las palabras de Jesús, y el contexto se presenta contra ellas. Limitarse a los diez mandamientos (TDNT, 2:548) es igualmente extraño a los intereses del contexto. No podemos decir que «estos mandamientos» se refieren a la antítesis que sigue, porque en Mateo *joutos* («este», pl. «estos») no señala más adelante. Parece entonces que la expresión se debe referir a los mandamientos de las Escrituras del AT. Toda la Ley y los Profetas no se desechan por la venida de Jesús sino que se cumplen. Por tanto, los mandamientos de estas Escrituras —aun el más pequeño de ellos (sobre distinciones en la Ley, ver 22:36; 23:23)— se deben practicar. Pero la naturaleza de este ejercicio ya la han afectado los vv. 17-18. La Ley señala hacia Jesús y su enseñanza; por eso está adecuadamente obedecida al ajustarse a su mensaje. Como ella señala hacia él, para cumplirla él establece qué continuidad tiene: la verdadera dirección a la cual señala y la manera en que se debe obedecer. De modo que los rangos en el Reino se vuelven grados de conformidad con la enseñanza de Jesús a medida que esa enseñanza cumple la revelación del AT. Su enseñanza, hacia la cual señaló el AT, se debe obedecer.

20 Además, esa enseñanza, lejos de ser más indulgente, es nada menos que la perfección (ver 5:48). Los fariseos y maestros de la Ley (ver 2:4; 3:7; e Introducción, sección 11.f) estaban entre los más meticulosos del planeta. La crítica de Jesús «no es que ellos no fueran buenos, sino que no eran suficientemente buenos» (Hill, Matthew). Aunque la variedad de sus regulaciones podría engendrar una sociedad «buena», domesticaban la Ley y perdían la demanda radical de absoluta santidad exigida por las Escrituras.

Lo que Jesús exigió es la justicia a la cual la Ley verdaderamente señala, ejemplificada en la antítesis que sigue (vv. 21-48). Contrario a Flender (pp. 45 y sig.), el v. 3 (pobreza de espíritu) y el v. 20 (demanda de justicia radical) no se oponen entre sí en categórica contradicción. El v. 20 no establece cómo se debe obtener, desarrollar o dar poder a la justicia; simplemente prepara la exigencia. El Mesías desarrollará un pueblo que será llamado «robles de justicia, plantío del SEÑOR, para mostrar su gloria» (Is 61:3). El verbo «superar» sugiere que la nueva justicia sobrepasa la antigua, tanto cualitativa como cuantitativamente (Bonnard) (ver 25:31-46). Nada menor entra al Reino.

Notas

18 «Les aseguro» es la interpretación de la NVI de dos expresiones que se unen: (1) $\dot{\alpha}\mu\eta\nu$ (*amén*) —una transliteración griega de una palabra hebrea que significa «fiel», «confiable», usada a menudo en el AT como adverbio, «seguramente», «verdaderamente», con frecuencia al final de una frase que aprueba, o desea que sea cierta o que se pueda probar su veracidad (cf. «amén» en castellano al final de oraciones); también al inicio de algunas frases (Jer 28:6; Ap 7:12; 19:4; 22:20) o se transforma en una respuesta (1 Co 14:16; Ap 5:14; cf. Dt 27:15-26; cf. también Daube, *Nuevo Testamento*, pp. 388-93; Jeremías, *Oraciones*, pp.

112-15); y (2) γὰρ λέγω ὑμῖν (*gar lego jumin*, «por eso les digo»), lo cual por supuesto tomaría el orden λέγω γὰρ ὑμῖν si estuviera sola.

---

b. *Aplicación: Antítesis* (5:21-48)

1) *Enojo y reconciliación*

5:21-26

[21]»Ustedes han oído que se dijo a sus antepasados: "No mates, y todo el que mate quedará sujeto al juicio del tribunal." [22]Pero yo les digo que todo el que se enoje con su hermano quedará sujeto al juicio del tribunal. Es más,cualquiera que insulte a su hermano quedará sujeto al juicio del Consejo. Pero cualquiera que lo maldiga quedará sujeto al juicio del infierno.

[23]»Por lo tanto, si estás presentando tu ofrenda en el altar y allí recuerdas que tu hermano tiene algo contra ti, [24]deja tu ofrenda allí delante del altar. Ve primero y reconcíliate con tu hermano; luego vuelve y presenta tu ofrenda.

[25]»Si tu adversario te va a denunciar, llega a un acuerdo con él lo más pronto posible. Hazlo mientras vayan de camino al juzgado, no sea que te entregue al juez, y el juez al guardia, y te echen en la cárcel. [26]Te aseguro que no saldrás de allí hasta que pagues el último centavo.

Los vv. 21-48 a menudo se llaman las seis antítesis porque todas las seis secciones comienzan con alguna variación de «ustedes han oído que se dijo … pero yo les digo». Daube (*New Testament*, pp. 55-62) ofrece una cantidad de analogías rabínicas muy citadas, algunas de las cuales, en la primera parte, crean una interpretación como posibilidad teórica solo para rechazarla, y otras crean una interpretación literal solo para circunscribirla con consideraciones más amplias. Daube señala correctamente que la primera parte de las fórmulas de Mateo significan algo como «ustedes han comprendido» o «han entendido literalmente». Es decir, Jesús no esta criticando el AT sino la comprensión que muchos de sus oyentes adoptaron. Esto es especialmente cierto de los vv. 22, 43, donde parte de lo que fue «oído» no vino con seguridad del AT.

Comenzando con este punto, muchos (e.g., Stendahl [Peake], Hill) sostienen que Jesús en ningún lado anula la Ley sino que simplemente la intensifica o muestra su significado final. Otros (e.g., McConnell) señalan que, formalmente hablando, en verdad algunas leyes del AT se han contravenido (e.g., leyes sobre juramentos, vv. 33-37). R.A. Guelich («La antítesis de Mateo v. 21-48: ¿Tradicional o de redacción?» NTS 22, 1975-76, 444-57), con el argumento que la primera, segunda y cuarta son tradicionales, y la tercera, quinta y sexta de redacción, sugiere que transcienden las antiguas demandas de la Ley, mientras que la última anula la Ley… un punto contestado por G. Strecker («Die Antithesen der Bergpredigt», ZNW 69, 1978, 36-72). Aparte del hecho que la bifurcación entre la tradición y la redacción no es privilegiada por completo (cf. Introducción, secciones 1-3), un enfoque de unificación de la antítesis es posible a la luz de nuestra exégesis de los vv. 17-20.

El contraste entre lo que el pueblo había oído y lo que Jesús enseñaba no se basa en distinciones como casuística contra amor, legalismo exterior contra compromiso interior, o incluso falsa interpretación contra verdadera interpretación, aunque todo eso vulnera de modo colateral el texto. Más bien, en cada caso Jesús contrasta la mala interpretación que de la Ley hacía el pueblo con la verdadera dirección en la cual la Ley señala, según su propia autoridad como el «cumplidor» de la Ley (en el sentido establecido en el v. 17). Jesús no intenta cercar la Ley (contr. Przybylski, pp. 80-87) sino que declara sin ambigüedad la verdadera dirección a la cual señala. Por ende, si ciertas antítesis revocan la letra más pequeña de la Ley (y lo hacen; cf. Meier, *Law*, pp. 125 y sig.), no lo hacen porque de este modo estén afirmando el verdadero espíritu de la Ley, sino porque Jesús insiste en que su enseñanza sobre esos asuntos es la dirección en que la Ley en realidad señala.

De la misma manera, la frase de Jesús «ustedes han oído que se dijo ... pero yo les digo» no tiene correspondencia análoga con fórmulas rabínicas; Jesús no es un simple prototipo de rabino (contr. Daube, Sigal). El Sermón del Monte no está puesto en un contexto de debate de erudición sobre detalles interpretativos sino en un contexto de cumplimiento escatológico. La autoridad de Jesús rebasa los límites del «contexto relativamente estrecho de interpretación e innovación legal que los rabinos circunscribían para sí mismos» (Banks, *Jesus*, p. 85). Por esto las multitudes se asombraban de la autoridad de Jesús (7:28-29).

21-22 Los contemporáneos de Jesús habían oído que la Ley dada por sus antepasados (cf. Notas) prohibía el asesinato (no tomar toda vida, lo cual podría, por ejemplo, ser un mandato judicial: cf. Gn 9:6) y que el asesino debía ser llevado a «juicio» (*krisis*, lo cual aquí se refiere a procedimientos legales, quizá la corte establecida en cada ciudad [Dt 16:18; 2 Cr 19:5; cf. Jos. Antig. IV, 214, vii. 14; Guerra II, 570-71, xx. 5]; o el concilio de veintitrés personas nombrado para tratar con asuntos criminales, SBK, 1:275). Pero Jesús insiste —el «yo» es enfático en cada una de las seis antítesis— en que la Ley en realidad señala su propia enseñanza: la raíz del asesinato es la ira, y la ira es asesinato en principio (v. 22). Alguien no ha cumplido con la justicia mejor del Reino simplemente por abstenerse de matar. La persona enojada será sujeta de *krisis* («juicio»), pero se presupone que este es el juicio de Dios, «puesto que ninguna corte humana es competente para tratar un caso de ira interior» (Stott). Rebajarse a insultar nos expone no solo al concilio (de Dios) (*sunedrion* puede querer decir «Consejo» (NVI) o simplemente «concilio») sino al «juicio del infierno».

La expresión «juicio del infierno» (*geenna tou puros*, lit., «gehenna de fuego») viene del hebreo *ge-hinnóm* («Valle de Hinón», una quebrada al sur de Jerusalén asociada alguna vez con el dios pagano Moloc y sus repugnantes ritos [2 R 23:10; 2 Cr 28:3; 33:6; Jer 7:31; Ez 16:20; 23:37], prohibidos por Dios [Lv 18:21; 20:2-5]). Cuando Josías abolió las prácticas profanó el valle al convertirlo en botadero de basura y cadáveres de animales (2 R 23:10). Tradiciones posteriores sugieren que en el siglo primero aun se podría haber usado como basurero, con fuego ardiente incluido. El valle llegó a simbolizar el lugar de castigo escatológico (cf. 1 Enoc 54:12; 2 Baruc 85:13; cf. Mt 10:28; 23:15, 33; y 18:9 para la expresión más extensa «gehenna de fuego»). A menudo se creía que gehenna y abismo (11:23 [NVI mg.]; 16:18) se referían respectivamente al infierno eterno y a la morada de los muertos en el estado intermedio. Pero la distinción se puede mantener en pocos pasajes. Más extendida es la creencia que los dos términos son sinónimos y significan «infierno» (cf. W.J.P. Boyd, «Gehenna —According to J. Jeremias», Livingstone, 2:9-12).

«Hermano» (*adelfos*) en este caso no puede limitarse a hermanos de carne. El Evangelio de Mateo usa mucho la palabra. Siempre que se refiere claramente a personas fuera de hermanos físicos, está en labios de Jesús; y su uso estrecho es casi siempre mateano. Esto sugiere que el hábito cristiano de llamarse «hermanos» unos a otros se remonta a la instrucción de Jesús, quizá como parte de su entrenamiento hacia ellos para dirigirse a Dios como Padre (6:9). La ira se debe eliminar entre hermanos cristianos.

El pasaje no sugiere una gradación ni puntos culminantes de castigos (Hendriksen, pp. 297-99), porque esto requeriría una gradación similar de ofensa. No hay distinción clara entre la persona que arde de ira, quien de modo insultante llama necio a su hermano, y quien prefiere, como su término de maltrato, «Raca» (transliteración del arameo *recá*, «imbécil», «tonto», «burro»). A un griego, *moros* le sugeriría estupidez, inconsciencia; pero a alguien de habla hebrea la palabra griega le podría recordar la hebrea *moré*, que tiene trasfondo de apostasía moral, rebelión y maldad (cf. Sal 78:8 [77:8 LXX]; Jer 5:23).

Muchas máximas judías advierten contra la ira (ejemplos en Bonnard), pero esta no es solo otra máxima. Aquí Jesús no solo da consejo sino que insiste en que el sexto mandamiento señala proféticamente a la condenación de odio del Reino.

El enojo de Jesús, expresado en diversas circunstancias (21:12-19; 23:17; Mr 3:1-5), no es falta de coherencia personal.

1. Jesús es un predicador que se enfoca en lo básico en todo punto que señala. Por eso para un mejor entendimiento de su pensamiento sobre un asunto particular se debe examinar el equilibrio de su enseñanza. Compare, por ejemplo, 6:2-4 con Lucas 18:1-8. De igual modo, para aprender todo lo que Jesús dice acerca del enojo es necesario integrar este pasaje con otros tales como 21:12-13 sin dar por absoluto ningún texto.

2. Cuando sufre, a Jesús se le conoce por su mansedumbre y paciencia (Lc 23:34; 1 P 2:23). Pero cuando llega como Siervo Sufriente, lo hace igualmente como Juez y Rey. Su ira no estalla por resentimiento personal sino por indignación ante la injusticia, el pecado, la incredulidad y la explotación de otros. Por desgracia lo más probable es que sus seguidores se enojen en afrentas personales (cf. Carson, *Sermon on the Mount*, pp. 41 y sig.).

23-24 Jesús da dos ilustraciones en que pone en evidencia la gravedad del enojo, la primera en un ambiente de adoración en el Templo (vv. 23-24, lo cual implica un ambiente anterior al año 70), y la segunda en un entorno judicial (vv. 25-26).

La primera tiene que ver con un hermano (ver v. 22); la segunda con un adversario. Lo excepcional es que ninguna de las ilustraciones trata con el enojo «de usted» sino con la ofensa que ha motivado rencor en el hermano o el adversario. Algunos toman esto como una señal de que los vv. 23-26 representan un registro reemplazado e independiente. Sin embargo, la conexión con los vv. 21-22 es muy poderosa. Probablemente debemos recordar más cuando tenemos algo contra otros que cuando hemos hecho algo que ofende a otros. Y si hemos de preocuparnos por nuestro enojo y nuestro odio, no debemos preocuparnos menos que cuando los engendramos en los demás.

El «altar» es el de la corte interior. Allí entre adoración solemne, el recuerdo de un hermano con algo contra alguien (sobre la expresión, cf. Mr 11:25) debería en un discípulo de Cristo motivar esfuerzos inmediatos para reconciliarse (v. 24). Solo entonces la adoración formal es aceptable.

25-26 Compare Lucas 12:57-59, donde la aplicación contextual advierte al impenitente Israel que se reconcilie con Dios antes de que sea demasiado tarde. Muchos concluyen que Mateo ha «moralizado» un dicho originalmente escatológico. Pero el lenguaje de los dos extractos no es igual, es más realista para dar por supuestas dos historias de un predicador itinerante. Las explicaciones para uno o dos de los cambios (e.g., McNeile) no son convincentes, a menos que sigan un patrón que justifique todos los cambios.

Jesús exhorta contra el odio (v. 25); a arreglar cuentas con el adversario ofendido cuando «vayan de camino al juzgado», no en el «camino de la vida» (Bonnard). En el mundo antiguo los deudores eran encarcelados hasta que fuera pagada la deuda. Por tanto, el v. 26 es parte de la estructura de narración, y no da justificación para purgatorio, restauración universal o reconciliación urgente con Dios. Simplemente insiste en acción inmediata: la ira malintencionada es tan maligna —y el juicio de Dios tan seguro (v. 22)— que debemos hacer todo lo posible por erradicarla (cf. Ef 4:26-27).

Notas

---

21 La palabra ἀρχαίοις (*arjaíois*, «a las personas de hace mucho tiempo») se ha traducido como un dativo instrumental en RVR: «a los antiguos», siguiendo a Beza. La lectura también se encuentra en algunas reproducciones del LA: *ab antiquis* (it[a.b.c]) en vez de *antiquis* (it[d.f.ff.]), el cual es tan ambiguo como el griego (asimismo en el v. 33). NVI casi tiene toda la razón: (1) la manera normal de expresar relación en griego es con ὑπό (*jupó*, «por») más el genitivo (aunque aquí son dativos excepcionales, e.g., 6:1; 23:5); y (2) el punto de Jesús no es para corregir «a las personas de hace mucho tiempo» sino la mala interpretación de sus contemporáneos, por lo cual la interpretación de la NVI es más verosímil.

El verbo οὐ φονεύσεις (*ou foneúseis*, «no matar») es futuro, una manera común de la LXX para expresar un imperativo. La mayoría de los ejemplos en el NT están en citas de la

LXX (e.g., 5:33, 43, 48). Pero la construcción no es desconocida en el griego secular, y en algunos casos diferentes a la LXX aparece en el NT (e.g., 6:5; 20:26; 21:3, 13; cf. Turner, *Syntax*, p. 86).

22 Las palabras «sin causa» (NVI, mg.) tal vez reflejan un ablandamiento primitivo y ampliamente extendido de firmes enseñanzas de Jesús. Su ausencia no prueba en sí que no hay excepción: vea comentario.

23 El cambio del plural al singular se da de nuevo en 5:39, 36, 39; 6:5, y podría reflejar el estilo de un predicador que sabe cómo subrayar su lección personalizándola.

---

2) *Adulterio y pureza*

5:27-30

> 27»Ustedes han oído que se dijo: "No cometas adulterio." 28Pero yo les digo que cualquiera que mira a una mujer y la codicia ya ha cometido adulterio con ella en el corazón. 29Por tanto, si tu ojo derecho te hace pecar, sácatelo y tíralo. Más te vale perder una sola parte de tu cuerpo, y no que todo él sea arrojado al infierno. 30Y si tu mano derecha te hace pecar, córtatela y arrójala. Más te vale perder una sola parte de tu cuerpo, y no que todo él vaya al infierno.

27-28 El mandamiento del AT de no cometer adulterio (Éx 20:14; Dt 5:18) a menudo se trata en fuentes judías no tanto como función de pureza sino de robo; era robar la esposa de otro (referencias en Bonnard). Jesús insistió en que el séptimo mandamiento señala en otra dirección: hacia la pureza que rechaza la lujuria (v. 28). El décimo mandamiento ya explicó bien el asunto; y aquí es más probable que *gyne* signifique «mujer» que «esposa». «Interpretar la Ley a favor del rigor no es anular la Ley sino cambiarla de acuerdo con su propia intención» (Davies, *Setting*, p. 102; cf. Job 31:1; Pr 6:25; 2 P 2:14).

Klaus Haacker («Dier Rechtsatz Jesu zum Thema Ehebruch», *Biblische Zeitschrift* 21, 1977, 113-16) ha sostenido de modo convincente que el segundo *autén* («[adulterio cometido] con ella») es contrario a la interpretación común de este versículo. En griego es innecesario, especialmente si el pecado está por completo en el hombre. Sin embargo, es explicable si *pros to epidusésai autén*, cuyo significado muy extendido es «con una mirada de deseo por ella» se tradujera «de modo que la lleve a la lujuria». La evidencia de esta interpretación es firme (cf. Notas). El hombre está mirando a la mujer con la intención de atraerla a la lujuria. En consecuencia, mientras esta sea la intención, está cometiendo adulterio *con ella*, la convierte en adúltera. Esto no debilita el énfasis de la enseñanza de Jesús: el centro del asunto sigue siendo la lujuria y la intención.

29-30 El tratamiento radical de las partes del cuerpo que llevan a alguien a pecar (cf. Notas) ha guiado a algunos (se sabe de Orígenes) a castrarse. Pero eso no es suficientemente radical, puesto que la lujuria no se quita de ese modo. El «ojo» (v. 29) es el miembro del cuerpo al que más se le culpa de llevarnos por el mal camino, especialmente en pecados sexuales (cf. Nm 15:39; Pr 21:4; Ez 6:9; 18:12; 20:8; cf. Ec 11:9); el «ojo derecho» se refiere al mejor ojo que uno tiene. Pero, ¿por qué la «mano derecha» (v. 30) en un contexto que trata con la lujuria? Esto podría ser simplemente ilustrativo, o una manera de decir que incluso la lujuria es una clase de robo. Más probable aun es que sea un eufemismo para el órgano sexual masculino (cf. *yad*, «mano», quizá usado de este modo en Is 57:8 [cf. BDB, s.v., 4.g]; ver Lachs, pp. 108 y sig.).

Mutilar o arrancar la parte que ofende es un modo de decir que los discípulos de Jesús deben luchar radicalmente contra el pecado. La imaginación es un regalo de Dios; pero si se alimenta de inmundicia a través del ojo, será inmunda. Todo pecado, con mayor razón el sexual, empieza en la imaginación. Por tanto, lo que alimenta la imaginación es de máxima importancia en la búsqueda de la justicia del Reino (compare Flp 4:8). No todo el mundo reacciona de la misma manera a todos los objetos. Pero si (vv. 28-29) su ojo lo está haciendo pecar, sáqueselo; o al menos, ¡no mire! (cf. la sensata exposición de Stott, pp. 88-91). La alternativa es pecado e infierno, la recompensa del pecado. El asunto es tan fundamental que sin duda Jesús lo repitió en varias ocasiones (cf. 18:8-9).

Notas

---

28 El verbo ἐπιθυμέω (*epidsumeo*, «yo codicio») puede tener énfasis positivo («yo deseo»), pero más comúnmente tiene un sentido malo. Se usa explícitamente en conexión con lujuria sexual en Ro 1:24.

La expresión πρὸς τὸ ἐπιθυμῆσαι αὐτήν (*pros to epidsumesai autén*) podría significar «como para codiciarla», ya sea con énfasis en el propósito o en la consecuencia (cf. BDF, par. 402 [5]), aquí de modo presumible el primero. De ser así, este es el único lugar donde esta clase de verbo utiliza el acusativo: más bien se espera *autés* (gen.) antes que *autén* (cf. BDF, par. 171 [1]. Es más probable que el acusativo *autén* funcione por tanto como el acusativo de referencia (i.e., el cuasi-sujeto) del infinitivo (como en la construcción equivalente en Lc 18:1) para generar la traducción «de modo que ella atraiga».

29 σκανδαλίζω (*scandalizo*) puede querer decir (1) «hago tropezar», «hago pecar» (como aquí, 18:6-9; Lc 17:2; Ro 14:21; 1 Co 8:13; 2 Co 11:29); (2) «obstruyo el camino de otro», y, por tanto, «hago que [alguien] sea incrédulo, rechace, renuncie» (Mt 11:6; 13:21, 57; 15:12; 24:10; 26:31, 33; Jn 16:1); (3) «ofendo» (Mt 17:27; Jn 6:61). El sustantivo similar σκάνδαλον (*skándalon*), que originalmente se refiere a disparar una trampa (cf. Ro 11:9), llega a significar, de manera similar, (1) «bloque de tropiezo», i.e., «hacer que otro caiga en pecado» (Mt 13:41; 18:7; Lc 17:1; Ro 14:13; 1 Jn 2:10; Ap 2:14); (2) «una obstrucción», y por ende, «una ocasión para no creer» (Ro 9:32-33; 16:17; 1 Co 1:23; 1 P 2:8); (3) un objeto que uno golpea y este lo hiere o repele a uno; por consiguiente «una ofensa» (Mt 16:23; Gá 5:11). Algunos textos podrían apelar a más de un significado (cf. Broadus; DNTT, 2:707-10).

---

3) *Divorcio y nuevo matrimonio*

5:31-32

> [31]»Se ha dicho: "El que repudia a su esposa debe darle un certificado de divorcio." [32]Pero yo les digo que, excepto en caso de infidelidad conyugal, todo el que se divorcia de su esposa, la induce a cometer adulterio, y el que se casa con la divorciada comete adulterio también.

31-32 La fórmula introductoria «se ha dicho», es más corta que todas las demás en este capítulo, y en el original está ligada a la anterior por un *de* (y) conectivo. Por consiguiente, aunque estos dos versículos son innatamente antitéticos, conllevan más el argumento de el pasaje anterior. El AT no solo se inclina a insistir que la codicia es el equivalente moral del adulterio (vv. 27-30) pero que el divorcio también lo es. Esto surge del hecho de que en la mayoría de las circunstancias la mujer divorciada se volverá a casar (esp. en la Palestina del siglo primero, donde esto podría significar su medio de sustento). Ese nuevo matrimonio, sea desde la perspectiva de la divorciada o de quien se casa con ella, es adúltero.

El pasaje del AT al cual Jesús se refiere (v. 31) es Deuteronomio 24:1-1. Su idea central es que si un hombre se divorcia de su esposa debido a «algo indecente» (sin mayor definición) en ella, él debe darle un certificado de divorcio, y si ella luego se convierte en esposa de otro hombre y se divorcia de nuevo, el primer hombre no puede volver a casarse con ella. Esta doble restricción —el certificado y la prohibición de volverse a casar— desanimaba los divorcios apresurados. Aquí Jesús no habla de la fuerza de ese «algo indecente». Más bien insiste en que la Ley señala la santidad del matrimonio.

La manera natural de tomar la cláusula «excepto» es que el divorcio es malo porque genera adulterio *excepto* en caso de infidelidad conyugal. En ese caso, donde ya se ha estado cometiendo pecado sexual, nada se establece; sin embargo, parece que el divorcio está entonces implícitamente permitido, aunque no es obligatorio.

Los numerosos temas de discusión exegética (e.g., el significado de *porneia* [«fornicación», o, en la NVI, «infidelidad conyugal»], el énfasis de la cláusula «excepto», y la historia de la tradición detrás de estos versículos y su relación a 19:3-9; Mr 10:11-12; Lc 16:18) se tratan más a fondo en 19:3-12. La teoría que se debe rechazar aquí (debido a que no tiene contraparte en 19:3-12) es la que toma las palabras «la induce a cometer adulterio» para darles el significado «la estigmatiza como adúltera (aunque no es así)» (B. Ward Powers, «Divorce and the Bible», *Intercambio* 23, 1938, 159). El griego usa el verbo, no el sustantivo (cf. «la induce a cometer adulterio» de la NVI). La construcción verbal desestima la paráfrasis de Powers.

4) *Juramentos y veracidad*

5:33-37

> [33]»También han oído que se dijo a sus antepasados: "No faltes a tu juramento, sino cumple con tus promesas al Señor." [34]Pero yo les digo: No juren

de ningún modo: ni por el cielo, porque es el trono de Dios; ³⁵ni por la tierra, porque es el estrado de sus pies; ni por Jerusalén, porque es la ciudad del gran Rey. ³⁶Tampoco jures por tu cabeza, porque no puedes hacer que ni uno solo de tus cabellos se vuelva blanco o negro. ³⁷Cuando ustedes digan "sí", que sea realmente sí; y cuando digan "no", que sea no. Cualquier cosa de más, proviene del maligno.

33 «También» quizá confirma a 5:31-32 como una extensa exposición de la antítesis anterior en vez de una nueva. Mateo ahora informa sobre la antítesis de un tema nuevo. Lo que la gente ha oído no se ha dado como cita directa del AT sino como una exposición fielmente resumida que compendiaba la carga de Éxodo 20:7; Levítico 19:12; Números 30:2; y Deuteronomio 5:11; 6:3; 22:21-23. La ley mosaica prohíbe juramentos irreverentes, tomar a la ligera el nombre del Señor, romper promesas. Una vez invocado el nombre de Jehová, el voto al cual estaba adherido se convertía en una deuda que se tenía pagar al Señor.

Un sofisticado casuístico juzgaba la obligatoriedad de un juramento examinando lo íntimamente relacionado que este estaba con el nombre de Yahvé. Bajo tal enfoque proliferaban increíbles distinciones. Jurar por el cielo y la tierra no era vinculante, ni lo era jurar por Jerusalén, aunque jurar *hacia* Jerusalén sí lo era. El que se da sobre el tema todo un tratado misnaico (M *Shebouth;* cf. también M *Sanhedrin* 3.2; *Tosefta Nedarim* 1; SBK, 1:321-36) muestra que tales distinciones se volvían importantes y se analizaban ampliamente. Mateo regresa al tema con ejemplos extraordinarios en el escenario polémico de 23:16-22. El contexto aquí no es abiertamente polémico sino que explica cómo Jesús relaciona el Reino y su justicia con el AT.

34-36 Si los juramentos cuyos propósitos eran animar la veracidad se volvían ocasiones para claras mentiras y engaños casuísticos, Jesús abolía los juramentos (v. 34), porque lo que el AT señala es la importancia fundamental de una veracidad total y coherente. Si alguien no jura nunca, no jura en falso. El razonamiento no era diferente entre los esenios, que evitaban los juramentos, «y los consideraban peor que el perjurio, porque decían que la persona a quien no se le creía sin una apelación a Dios ya estaba condenada» (Jos. Guerra II, 135, viii. 6); sin embargo, exigían «terribles juramentos» a los neófitos que se unían a la comunidad (ibíd., 139, viii. 7; cf. 1QS 5:7-11; CD 15:5).

Jesús insiste en que cualquier cosa por la que un hombre jura está relacionada con Dios de algún modo, pues todo —el cielo, la tierra, Jerusalén y hasta los cabellos de la cabeza— es dominio y propiedad de Dios. Por tanto, todo juramento se hace implícitamente en nombre del Señor. (Aquí podrían haber alusiones a Sal 48:2; Is 66:1.) Es de notar que Mateo rompe de modo apreciable la fluidez para decir (en gr.) «hacia Jerusalén» en vez de «por Jerusalén» (sobre la distinción, cf. en v. 33). El «gran Rey» (v. 35) muy bien podría ser Dios, pero ver 25:34.

37 El griego se podría traducir de modo más convincente «cuando la palabra de ustedes sea "sí, sí; no, no"». La duplicación ha hecho surgir dudas: según la opinión de algunos rabinos, un «sí» o «no» doblado constituye un juramento; y Broadus sugiere esto de modo adecuado para fortalecer una aseveración. Esto parece una casuística tan absolutamente tortuosa como la que Jesús condena. La duplicación quizá no es más que la retórica de un predicador; Santiago clarifica el asunto (Stg 5:12). *Tou ponerou* se podría traducir «del maligno» o «del diablo» («padre de mentiras», Jn 8:44). La misma ambigüedad se repite en 5:39; 6:13; 13:38.

Muchos grupos (e.g., anabaptistas, Testigos de Jehová) han entendido estos versículos de modo totalmente literal, y se han negado hasta a jurar en los tribunales. Es encomiable su celo por ajustarse a las Escrituras, pero tal vez no han interpretado muy bien el texto.

1. El propósito contextual de este pasaje es resaltar la verdadera dirección en que señala el AT; a saber, la importancia de la veracidad. Donde los juramentos no están usados de modo evasivo, y la veracidad no está amenazada, no es inmediatamente obvio que requieran tal abolición incalificable.

2. Dios mismo «jura» en las Escrituras (e.g., Gn 9:9-11; Lc 1:68, 73; cf. Sal 16:10 y Hch 2:27-31), no porque a veces miente sino para ayudar a los hombres a creer (Heb 6:17). Los primeros cristianos juraban, si podemos juzgar por el ejemplo de Pablo (Ro 1:9; 2 Co 1:23; 1 Ts 2:5, 10; cf. Flp 1:8), en gran parte por la misma razón. Jesús mismo testificó bajo juramento (26:63-64).

3. Además, debemos recordar la naturaleza antitética de la predicación de Jesús (vea 5:27-30; 6:5-8).

Aquí se debe reconocer con franqueza que Jesús contraviene formalmente la ley del AT: él prohíbe lo que la Ley permite u ordena (Dt 6:13). Pero si la interpretación que Jesús hace de la dirección en que señala la Ley tiene autoridad, sus enseñanzas la cumplen.

Notas

34 Ὀμνύμαι ἐν o εἰς (*omnúnai en* o *eis*, «jurar por» o «hacia» [el gr. no es totalmente preciso aquí]) es hebraico (cf. Moulton, *Accidence*, pp. 463-64); solo con «Jerusalén» se usa *eis* en el NT. Turner (*Perspectives*, p. 31) sostiene que la prohibición en Stg 5:12 significa «dejen de jurar», mientras que la prohibición aquí en aoristo presupone que los discípulos han dejado y ahora les prohíbe que empiecen de nuevo. Esta clásica distinción basada en los tiempos verbales de las prohibiciones por lo general se sostiene, pero se puede hilar bastante fino (cf. Moule, *Libro de modismos*, p. 21). En el más estricto sentido el tiempo aoristo es indefinido; y unido en el v. 34 con μὲ . . . ὅλως (*me ... jólos*, «no ... en absoluto») tal vez genera un negativo incondicional: «No jures por nada» (NVI: cf. Schlatter).

5) *Perjuicio y sacrificio personal*

5:38-42

38»Ustedes han oído que se dijo: "Ojo por ojo y diente por diente." **39**Pero yo les digo: No resistan al que les haga mal. Si alguien te da una bofetada en la mejilla derecha, vuélvele también la otra. [40]Si alguien te pone pleito para quitarte la capa, déjale también la camisa. [41]Si alguien te obliga a llevarle la carga un kilómetro, llévasela dos. [42]Al que te pida, dale; y al que quiera tomar de ti prestado, no le vuelvas la espalda.

El orden de las dos últimas antítesis (vv. 38-48) se invierte en Lucas 6:27-36. Aunque las razones de esto son discutibles, si ambos evangelistas están registrando el mismo sermón, el cambio muestra que se creía aceptable alterar el orden de los materiales (conservados en Q y otras notas). Bonnard critica con justicia la historia de la tradición de Wrege. No son desconocidas los pasajes paralelos en que se repudia la venganza y el rencor (T Benjamin 4:1—5:5; 1QS 10:18; CD 8:5-6). El elemento característico en la enseñanza de Jesús es el modo en que se coloca contra la ley del talión y la razón de hacerlo.

38 La receta del AT (Éx 21:24; Lv 24:19-20; Dt 19:21) no fue dada para fomentar la venganza; la Ley la prohibía explícitamente (Lv 19:18). Al contrario, fue dada, como muestra el contexto del AT, para proveer al sistema judicial de la nación una fórmula de castigo, y al menos porque esto terminaría contundentemente con las vendettas. A veces pagos en dinero o en algún artículo igualaba la afrenta (e.g., Éx 21:26-27); y en la época de Jesús las cortes casi nunca imponían la ley del talión. El problema es que, para justificar la venganza, una persona podía apelar a una ley diseñada para limitar las represalias y aplicar un castigo justo. Sin embargo, no se puede discutir que lo que Jesús está haciendo es nada más que combatir un uso personal y no judicial de la ley del talión, pues en el caso judicial los ejemplos necesariamente seguirían un rumbo distinto: e.g., si alguien lo golpea a usted, no devuelva el golpe, sino que deje que la justicia dé la justa bofetada de castigo. El argumento sigue canales más profundos.

39 Los discípulos de Jesús no deben resistir «al que les hace mal» (*to ponero* no se podría tomar fácilmente para referirse aquí al diablo o al mal en lo abstracto). En el contexto de la ley del talión, la manera más natural de comprender la resistencia es «no resistir en un tribunal de justicia». Esta interpretación se requiere en el segundo ejemplo (v. 40). Igual que en los vv. 33-37, la enseñanza de Jesús contradice formalmente la ley del AT. Pero en el contexto de los vv. 17-20, lo que Jesús está diciendo es bastante claro: el AT, incluida la ley del talión, señala hacia Jesús y su enseñanza. Pero así como las leyes del AT permitían el divorcio, promulgado debido a la dureza del corazón de los hombres (19:3-12), la ley del talión fue instituida para frenar el mal causado por la dureza del corazón de los hombres. «Dios da a manera de concesión una regulación legal como una represa contra el río de violencia que fluye del malvado corazón del hombre» (Piper, p. 90).

Así como este principio legal es sobrepasado por eso hacia lo cual señala, también lo es este endurecimiento del corazón. Los profetas del AT predijeron una época en que habría un cambio de corazón en el pueblo de Dios, que se viviría bajo un nuevo pacto (Jer 31:31-34; 32:37-41; Ez 36:26). No solo serían perdonados los pecados de las personas (Jer 31:34; Ez 36:25), sino que la obediencia a Dios brotaría del corazón (Jer 31:33; Ez 36:27) a medida que se iniciara la era escatológica. Así que la instrucción de Jesús sobre estos asuntos se basa en la escatología. En Jesús y el Reino —cumplimiento (aunque parcial) de las promesas del AT— llega la era escatológica que la Ley y los Profetas habían profetizado (11:13); y las profecías que frenaban el mal, aunque señalaban hacia el fin, ahora están sustituidas por la nueva época y los nuevos corazones que trae consigo. (cf. Piper, pp. 89-91).

Cuatro ilustraciones clarifican y explican lo que dijo Jesús. En el primero, una persona da una bofetada en la mejilla a otra... no solo es algo doloroso sino un insulto grave (2 Co 11:20). Si un individuo diestro golpea a otro en la mejilla derecha, presumiblemente es un golpe con el dorso de la mano, algo considerado tal vez más insultante que una palmada con la mano abierta (cf. M *Baba Kamma* 8:6). El verbo «abofetear» (*jrapizei*) quizá se refiere a una cachetada seca. Muchos comentaristas contrastan el *tupto* de Lucas («golpe», Lc 6:29), sosteniendo que se refiere a un golpe con una vara; i.e., Lucas no trata con el insulto sino con dolor y daño. El contraste es falso; la coincidencia semántica entre los dos verbos es importante, y *tupto* se puede referir a una bofetada (e.g., Hch 23:3). Pero en vez de buscar recompensa en la Ley bajo la ley del talión, los discípulos de Jesús soportarán con gusto el insulto otra vez. (Aquí hay trasfondos de Is 50:6, aplicados a Jesús en Mt 26:67; cf. Gundry, *Use of OT*, pp. 72-73.)

40 Aunque bajo la ley mosaica el abrigo exterior era una posesión inalienable (Éx 22:26; Dt 24:13), los discípulos de Jesús, si los demandaban por sus túnicas (una prenda de vestir como nuestro traje, pero usado sobre la piel), en vez de buscar una satisfacción, con gusto debían renunciar a aquello que podían conservar legalmente. Lucas 6:29 no dice nada de acción legal, pero menciona las prendas en orden inverso. Esto ha llevado a algunos a pensar que Lucas tenía en mente un robo violento, porque en ese caso la prenda exterior la arrebatan primero. Sin embargo, quizá el orden es simplemente aquel en que las prendas se las quitaban de modo normal.

41 El tercer ejemplo se refiere a la práctica romana de ordenar a los civiles a cargar una distancia prescrita el equipaje del personal militar: un «kilómetro» romano. (Sobre el verbo *angareuo*, «te ordeno», cf. W. Hatch, *Essays in Biblical Greek*, Clarendon, Oxford, 1889, pp. 37-38.) Una imposición igual, así como un juicio, provoca indignación; pero la actitud de los discípulos de Jesús bajo tales circunstancias no debe ser rencorosa ni vengativa sino servicial. Debían estar dispuestos a ir un segundo kilómetro (algunos ejemplares del texto occidental dicen «dos más» [kilómetros], ¡lo que hace un total de tres!). Esta ilustración también es tácitamente anticelote.

42 El ejemplo final no solo requiere que demos préstamos sin intereses (Éx 22:25; Lv 25:37; Dt 23:19) sino un espíritu generoso (cf. Dt 15:7-11; Sal 37:26; 112:5). La forma paralela de este versículo (Lc 6:30) no sugiere dos exigencias sino una sola; la repetición refuerza el punto. Estos dos últimos ejemplos confirman nuestra interpretación de los vv. 38-39. Todo el pasaje tiene que ver con la actitud de corazón, la mejor de las justicias, porque en realidad no se puede recurrir legalmente a la opresión en el tercer ejemplo, y en el cuarto no se ha hecho daño que podría llevar a las represalias.

Aunque estas cuatro viñetas tienen poderoso valor de impacto, no pretendieron ser recetas legales. El v. 42 no compromete a los discípulos de Jesús a dar interminables cantidades de dinero a todo aquel que busca a un «buenazo» (cf. Pr 11:15; 17:18; 22:26). El v. 40 es claramente hiperbólico: ningún judío del primer siglo saldría de casa usando solo una prenda. Este pasaje tampoco tiene que ver con la validez de una policía estatal. No obstante, las ilustraciones no se deben debilitar por equivocaciones interminables; el único límite a la respuesta del creyente en estas situaciones es el que el amor y las Escrituras imponen. Pablo pudo «resistir» (igual palabra gr.) a Pedro frente a frente debido a que el amor se lo exigía a la luz del daño hecho al evangelio y a los compañeros creyentes. (Sobre la práctica obra completa de esta antítesis, cf. Neil, pp. 160-63; Piper, pp. 92-99; Stott, pp. 104-14.)

6) *Odio y amor*

5:43-47

43»Ustedes han oído que se dijo: "Ama a tu prójimo y odia a tu enemigo."
44Pero yo les digo: Amen a sus enemigos y oren por quienes los persiguen,
45para que sean hijos de su Padre que está en el cielo. Él hace que salga el sol sobre malos y buenos, y que llueva sobre justos e injustos. 46Si ustedes aman solamente a quienes los aman, ¿qué recompensa recibirán? ¿Acaso no hacen eso hasta los recaudadores de impuestos? 47Y si saludan a sus hermanos solamente, ¿qué de más hacen ustedes? ¿Acaso no hacen esto hasta los gentiles?

43 La orden «ama a tu prójimo» se encuentra en Levítico 19:18, pero ningún pasaje del AT añade «y odia a tu enemigo». La literatura rabínica como se conservó más tarde por lo general no saltaba a tan atrevida y negativa conclusión. Por tanto, algunos comentaristas han tomado este pasaje como una burla cristiana posterior de los valores judíos. Pero otras consideraciones cuestionan esto.

1. Los pactantes del Qumrán explícitamente ordenaban amor para los de la comunidad («aquellos a quienes Dios había elegido») y odio para los de fuera (cf. 1QS 1:4, 10; 2:4-9; 1QM 4:1-2; 15:6; 1QH 5:4), y estos pactantes sin duda representan a otros grupos con posiciones parecidas. Esta antítesis de amor-odio podría ser mitigada por la convicción de los pactantes de que solo ellos eran el remanente fiel; al menos algo del idioma anticipa un lenguaje escatológico divino; pero no todo se puede desechar tan fácilmente (cf. Davies, *Setting*, pp. 245 y sig.).

2. Muy aparte de los problemas de fechar la literatura rabínica, debemos recordar que tal literatura representa debate de erudición, no pensamiento común. Por ejemplo, Carl F.H. Henry escribe volúmenes muy bien informados que miles leen; Hal Lindsey escribe material popular que millones leen. En cien años, si el mundo llega hasta allá, quizá algunas de las obras de Henry aun se estén imprimiendo, pero pocos recordarán a Lindsey. Sin embargo, hoy día a Lindsey lo leen muchas más personas de la iglesia que a Henry; y el predicador sabio no olvidará esto. Asimismo la perversión de Levítico 19:18 presupuesta por Mateo 5:43 estaba sin duda más extendida que la profunda literatura rabínica.

La cita también omite «como a ti mismo», palabras incluidas en 19:19; 22:39; y la actitud reflejada hace caso omiso del hecho que Levítico 19:33-34 también ordena amar con la misma profundidad a los extranjeros que residían en la tierra. El razonamiento popular parece haber sido que si Dios ordena amar al «prójimo», entonces odiar a los «enemigos» está tácitamente admitido, y quizá hasta autorizado. Lucas 10:25-37 muestra hasta dónde se extiende la categoría de «prójimo».

44-47 Jesús no permitió la casuística. La dirección verdadera indicada por la Ley es el amor, rico y costoso, y extendido incluso a los enemigos. Muchos toman el verbo «amar» (*agapao*) y el sustantivo (*agape*) como si siempre significaran darse uno a pesar de la emoción. Por ejemplo, Hill (*Matthew*) comenta sobre este pasaje: «El amor que se inculca no es asunto de sentimiento y emoción sino, como es siempre en el AT y el NT, de acción concreta». Si esto fuera así, 1 Corintios 13:3 no podría desconocer el «amor» que lo da todo a los pobres y sufre hasta el martirio; porque estas son «acciones concretas». El mismo verbo se usó cuando Amnón ama de modo incestuoso a su media hermana Tamar (2 S 13:1 LXX); cuando Demas, por amor a este mundo, abandona a Pablo (2 Ti 4:10); y cuando los recaudadores de impuestos amaban a quienes los amaban (Mt 5:46).

El ascenso de este grupo de palabras en griego está bien estudiado en la obra de Robert Joly, Ἀγαπᾶν et Φιλεῖν; *Le vocabulaire chrétien de l'amour, est-il original?* Presses Universitaires, Bruselas, 1968. Sin duda algunos cristianos tomaron el grupo de palabras y en gran parte lo llenaron con su propio contenido; pero el contenido de ese amor no está basado en una presunta definición sino en la enseñanza y el ejemplo de Jesús. Amar a los enemigos, aunque debería resultar en hacerles bien (Lc 6:32-33) y orar por ellos (Mt 5:44), no se puede restringir simplemente a actividades carentes de cualquier preocupación, sentimiento o emoción. Así como el verbo castellano «amar», *agapao*, abarca ampliamente desde acciones degradantes y egoístas hasta sacrificio generoso y costoso por el bien de otros. No hay razón para pensar que aquí en Mateo el verbo no incluya tanto emoción como acción.

Mucha erudición reciente identifica a los «enemigos» con los perseguidores de la Iglesia de Mateo. Los vv. 44-47 se ven entonces como si Mateo hubiera transformado la exhortación más general de Lucas (6:32-35) en ánimo para que los creyentes de la época de Mateo se sometieran gentilmente a sus perseguidores. Si a los primeros lectores de Mateo los estuvieran persiguiendo por su fe, esa era sin duda una solicitud que ellos hacían, aunque es improbable que Mateo mismo intentara ser tan restrictivo y anacrónico. Las palabras «quienes los persiguen» presentan una clase importante de «enemigo», pero no excluye a las demás clases. Jesús mismo advierte una y otra vez a sus discípulos la inminente persecución (e.g., vv. 10-12; 10:16-23; 24:9-13); de modo que aquí hay poca necesidad de dudar de la autenticidad de la advertencia.

Una manifestación de amor por los enemigos es la oración; orar por un enemigo y amarlo probará reafirmación mutua. Mientras más amor, más oración; mientras más oración, más amor.

Jesús parece haber orado de veras por sus atormentadores mientras los clavos de hierro se enterraban en sus manos y pies; en realidad el tiempo imperfecto sugiere que se mantuvo orando, y se mantuvo repitiendo su súplica: «Padre, perdónalos, porque no saben lo que hacen» (Lc 23:33). Si la cruel tortura de la crucifixión no pudo acallar la oración del Señor por sus enemigos, ¿qué dolor, orgullo, prejuicio o agitación podría justificar nuestro silencio? (Stott, p. 119).

Los discípulos de Jesús tienen como ejemplo a Dios mismo, quien ama de modo tan indiscriminado que envía sol y lluvia (son suyos y puede otorgarlos) tanto a justos como a injustos (cf. Séneca *De Beneficiis* 4.26; b *Taanith* 7b). Sin embargo, no debemos concluir que el amor de Dios hacia los hombres es en todo sentido sin distinción, y que por lo tanto todos se van a salvar al final. El mismo Jesús enseña otra cosa —e.g., 25:31-46— y el NT muestra que algunos aspectos del amor de Dios están relacionados de verdad con su carácter y sus demandas de obediencia (e.g., Jn 15:9-11; Jud 21). Los teólogos desde Calvino han relacionado el amor de Dios en los vv. 44-45 con su «gracia común» (i.e., el inmerecido favor que Dios concede «comúnmente», sin distinción, a todos los hombres). Él pudo con justicia condenarlos a todos; sin embargo, muestra a todos su repetido y prolongado favor. Eso es lo que se nos presenta aquí para nuestra emulación, no que el amor de Dios sea amoral y sin discriminación alguna.

Igualmente, es poco sólido concluir que el AT requiere duros términos para un enemigo, y que el NT se impone a este cuadro oscuro con novedosas exigencias de amor incondicional. Hay evidencias que refutan esta idea: a menudo el AT ordena amar a otros (e.g., Éx 23:4-5; Lv 19:18; 33-34; 1 S 24:5; Job 31:29; Sal 7:4; Pr 24:17, 29; 25:21-22 [cf. Ro 12:20]), y el NT habla en contra de los réprobos (e.g., Lc 18:7; 1 Co 16:22; 2 Ts 1:6-10; 2 Ti 4:18; Ap 6:10). Al contrario, los vv. 43-45 insisten en que la ley del AT citaba (v. 43) puntos para la riqueza del amor ejercido por los herederos del Reino, un amor cualitativamente distinto del experimentado por otros pueblos (ver vv. 46-47).

El ejemplo de Dios da el incentivo para que los discípulos de Cristo sean (*genesdse*, más probablemente «lleguen a ser») hijos de su Padre (v. 45). Al fin y al cabo esta cláusula no significa que los discípulos actúen de modo amoroso para mostrar lo que ya son (contr. Schniewind, Zahn), sino para convertirse en lo que aun no son (Bonnard, Lagrange): hijos del Padre, en el sentido establecido en el v. 9. El punto de este pasaje no es establecer los medios para llegar a ser hijos sino la necesidad de ir tras cierta clase de condición de hijo que se conforma al carácter del Padre. «Ser perseguidos a causa de la justicia es alinearse con los profetas (5:12); pero bendecir y orar por quienes nos persiguen es alinearnos con el carácter de Dios» (Carson, *Sermon on the Mount*, p. 53). «Devolver mal por bien es diabólico; devolver bien por bien es humano; devolver bien por mal es divino» (Plummer). Estos dos versículos muestran que los discípulos de Jesús deben vivir y amar en una manera superior a los patrones que los rodean. Lucas 6:32 utiliza *járis* («gracia»; NVI «mérito») en vez de *misdsos* («recompensa»), lo que ha motivado varias teorías complejas sobre la relación entre los dos pasajes. Sin embargo, en el mismo contexto Lucas también habla de *misdsos* («recompensa», 6:35); y su uso de *járis* no significa más que acción de gracia o gratitud: «¿Qué agradeces?» (cf. BAGD, p. 878b; de ahí «mérito» en NVI). Los dos pasajes son por lo tanto muy cercanos, y ninguno interpreta «recompensa» en categorías puramente meritorias (ver v. 12). Pero las Escrituras sí apelan a las esperanzas y temores de los hombres (e.g., Heb 11:2, 26; cf. Mt 5:12; 6:1) y a mayor y menor júbilo en el cielo y castigo en el infierno (Lc 12:47-48; cf. 1 Co 9:16-18). El verbo *equete* («tienen»; NVI, «les espera») quizá sea un presente literal; pero lo más probable es que sea futuro como en 6:19-21: i.e., un hombre «almacena» y por consiguiente «tiene» varios tesoros esperándole en el cielo.

Los recaudadores de impuestos en los sinópticos no son los titulares de contratos de impuestos agrícolas (lat. *publicani*), por lo general extranjeros, sino recaudadores locales subordinados (lat. *portitores*) que trabajan bajo ellos (BAGD). Los primeros eran despreciados, no solo porque los impuestos agrícolas estimulaban corrupción en gran escala, sino también porque los judíos estrictos los percibían como traidores (recogían impuestos para el poder que los esclavizaba) y potencialmente inmundos (debido a posible contaminación al asociarse con gentiles, un peligro al menos para los de rango de *portitores*, quienes necesariamente tenían trato con sus superiores gentiles). A menudo se les asociaba con rameras y otros pecadores públicos (cf. Notas). Pero aun estas personas amaban a quienes las amaban… ¡al menos a sus madres y a otros recaudadores de impuestos!

Saludar adecuadamente era una señal de cortesía y respeto; pero si los discípulos de Jesús ofrecían tales saludos solamente a sus «hermanos», i.e., otros discípulos de ideas afines (ver en vv. 23-24), no se levantaban por encima de los estándares de los *edsnikoi* (en sentido estricto, «gentiles»; pero puesto que la mayoría de gentiles eran paganos, la palabra resultaba tener más que trasfondos raciales). «Al amar a sus amigos un hombre podría en cierto sentido estar solo amándose… una clase de egoísmo extendido» (Broadus). Jesús no aprueba eso. «La vida de la antigua (caída) humanidad está basada en dura justicia, venganzas dañinas, y favores devueltos. La vida de la nueva (redimida) humanidad está basada en amor divino, que se niega a tomar venganza y vence el mal con el bien» (Stott, p. 123).

Notas

43 Zerwick, par. 279, sostiene que el futuro μισήσεις (*miséseis*) quizá se use aquí de manera modal: «Debes amar a tu prójimo pero *podrías odiar* a tu enemigo». Esto es improbable porque (1) el único paralelo, 7:4, traduce una pregunta; y (2) la orden de amar en la misma frase es también la forma futura (αγαπήσεις [*agapéseis*, «debes amar», ver en v. 21]). Por tanto, es mejor ver el segundo verbo como imperativo, como en la NVI.

44 Las palabras extras en RVR son asimilaciones a Lc 6:27-28. No solo están ausentes de algunas representaciones primitivas de textos alejandrinos, occidentales y cesarianos, sino también que «la divergencia de lo que dice cada una de las cláusulas agregadas del mismo modo habla contra su originalidad» (Metzger, *Comentario textual*, p. 14).

46 William O. Walker, hijo («Jesus and the Tax Collectors», JBL 97, 1978, 221-38) ha sostenido recientemente que pasajes como este y otros que favorecen poco a los recaudadores de impuestos sugieren que Jesús no tiene relación muy afectuosa con esos hombres como generalmente se ha supuesto, y por ende tales pasajes que apoyan lo último (esp. 9:10-13;

11:9; y análogos) no se deben aceptar muy rápido como auténticos. Pero Walker crea una falsa separación histórica: o esto o eso, cuando toda la evidencia exige lo uno y lo otro. Jesús denuncia todo pecado, pero se hace amigo tanto de los recaudadores como de los fariseos (ver 9:9-13).

---

c. Conclusión: demanda de perfección

5:48

⁴⁸Por tanto, sean perfectos, así como su Padre celestial es perfecto.

48 Algunos interpretan este versículo como la conclusión de la última antítesis (vv. 43-47; e.g., Allen, Hendriksen). En tal caso la perfección que se propugna es la perfección en el amor. Sin embargo, la «perfección» tiene asociaciones más amplias, y es mejor entender el v. 48 como conclusión de las antítesis.

La palabra *teleios* («perfecto») refleja generalmente la palabra *tamím* («perfecto») del AT. Se puede referir a la selección correcta de los animales para el sacrificio (Éx 12:5) o a la total consagración al Señor y a la rectitud como consecuencia (Gn 6:9; Dt 18:13; 2 S 22:26). La palabra griega se puede traducir «maduro» o «crecido por completo» (1 Co 14:20; Ef 4:13; Heb 5:14; 6:1). Muchos piensan que su fuerza es amoral en el v. 48, lo cual lo convierte en una exhortación a una consagración total a Dios (e.g., Bonnard; B. Rigaux, «Révélation des Mystères et Perfection à Qumrân et dans le Nouveau Testament», NTS 4, 1957-58, 237-62). Pero esto contribuye a una conclusión bastante llana de las antítesis.

Una mejor comprensión del versículo hace justicia a la palabra *teleios* pero también señala que la forma del versículo es exactamente igual a Levítico 19:2 (NIV), con «santo» reemplazado por «perfecto», posiblemente debido a la influencia de Deuteronomio 18:13 (donde NVI traduce *teleios* por «irreprensible»; cf. Gundry, *Use of OT*, pp. 73 y sig.). En ninguna parte del AT a Dios se le llama «perfecto» de modo directo y absoluto: él es perfecto en conocimiento (Job 37:16) o en camino (Sal 18:30), y un nombre humano podría ser «Yahvé es perfecto» (como *yotám* [Jotán], Jue 9:5; 2 R 15:32). Pero aquí por primera vez perfección es predicado de Dios (cf. L. Sabourin, «¿Por qué a Dios se le llama «perfecto» en Mt 5:48?» *Biblische Zeitschrift* 24, 1980, 266-68).

A la luz de los versículos precedentes (17-47), Jesús está diciendo que la verdadera dirección en la cual la Ley siempre ha señalado no es hacia simples restricciones judiciales, concesiones surgidas de la dureza de los corazones de los hombres, perversiones aun menos casuísticas, ni siquiera hacia «ley del amor» (contr. C. Dietzfelbinger, «Die Aantithesen der Bergpredigt im Verständnis des Matthäus», ZNW 70, 1979, 1-15; cf. además 22:34-35). No, más bien apuntaba a toda la perfección de Dios, ejemplificada por la interpretación autoritaria de la Ley delimitada en las antítesis precedente. Los discípulos de Jesús deben emular esta perfección si son verdaderos seguidores de él, quien cumple la Ley y los Profetas (v. 17).

La comunidad Qumrán comprendía la perfección en términos de obediencia perfecta, medida exclusiva por las enseñanzas de su comunidad (1QS 1:8-9, 13; 2:1-2; 4:22-23; 8:9-10). Jesús ha transpuesto esto a una clave superior, no al reducir la obediencia sino al poner como norma al perfecto Padre celestial. Ronald A. Ward (*Royal Theology*, MMS, Londres, 1964, pp. 117-20) señala que en el uso clásico y helenístico *teleios* puede tener una fuerza estática y dinámica, «la adecuada para Aquel que no se desarrolla, y la otra conveniente para hombres que pueden *crecer* en gracia» (p. 119, énfasis de Ward): «Por tanto, sean perfectos, así como su Padre celestial es perfecto».

El escritor del evangelio se refiere a Dios como Padre solo en contextos relacionados con el Mesías o los creyentes. Él no es el padre de todos los hombres sino el Padre de Jesús y de los discípulos de Jesús (cf. H.F.D. Sparks, «The Doctrine of the Fatherhood of God in the Gospels», en Nineham, *Studies*, pp. 241-62). Así como en el AT esta era la señal característica de que Dios había apartado a Israel para que reflejara su carácter (Lv 19:2; cf. 11:44-45; 20:7, 26), la comunidad mesiánica retomaba esta singularidad (cf. 1 P 1:16) como el verdadero pueblo de Dios (cf. France, *Jesus*, pp. 61-62). Esto no debe animarnos a concluir que Jesús enseña que la perfección absoluta ya es posible en sus discípulos. Él les enseña a reconocer la derrota espiritual (v. 3) y a orar «perdónanos nuestras deudas» (6:12). Pero la perfección del Padre, el verdadero objetivo escatológico de la Ley es lo que buscan todos los discípulos de Jesús.

Notas

48 El futuro ἔσεσθε (*esesdse*, lit., «ustedes serán perfectos») es imperativo como en Lv 19:2 (cf. 5:21). Muchos comentaristas comparan Lc 6:36 («Sean compasivos, así como su Padre es compasivo») y discuten qué forma del dicho es más cercana al original. Por ejemplo, Hill (*Matthew*) observa (1) que «compasivo» calza muy bien en el contexto de Lucas; (2) el τέλειοι (*teleioi*, «perfecto») de Mateo podría interpretar al arameo שְׁלִים (*selim*, «perfecto»), que pudo haber sido parte de un juego de palabras con שְׁלָם (*selam*, «saludos») en los saludos del v. 47; y (3) concluye que la versión de Mateo es quizá más original. Pero se podría argumentar muy bien a favor del punto de vista de que eran dos dichos:

1. Mateo no solo tiene «santo» y Lucas «compasivo», sino que el verbo es diferente en los dos casos: ἔσεσθε (*esesdse*, «ser») y γίνεσθε, (*ginesdse*, «ser») respectivamente. Lucas también omite «celestial». En otras palabras, los dos dichos tienen poco en común, excepto la comparación entre el creyente y el Padre.

2. El versículo de Lucas ciertamente encaja en su contexto de modo admirable, pero igual es de Mateo.

3. Quizá Mateo haya omitido alguna referencia a compasión en su sexta bienaventuranza porque ya ha tratado el tema en el v. 7 (ausente en Lucas, donde la palabra que denota «misericordia» es diferente).

4. El juego de palabras arameo es posible (aunque otro término semítico está más comúnmente detrás τέλειος [*téleios*, «perfecto»]. En sentido estricto, sin embargo, tal

evidencia apoya la autenticidad del v. 48 pero no tiene a Lc 6:36 como secundario a menos que ya se haya supuesto que ambos provengan de la misma fuente, lo cual es exactamente el punto en discusión.

4. Hipocresía religiosa: descripción y derrocamiento (6:1-18)

a. El principio

6:1

¹»Cuídense de no hacer sus obras de justicia delante de la gente para llamar la atención. Si actúan así, su Padre que está en el cielo no les dará ninguna recompensa.

1 Si el texto detrás de la NVI es correcto (cf. Notas), Jesús, habiendo hablado a sus discípulos de la justicia superior que se esperaba de ellos, ahora les advierte del peligro de la hipocresía religiosa. «Su justicia», que aparece primero en 5:20, se repite aquí, aunque el enfoque ha cambiado de «justicia» en un sentido puramente positivo a «justicia» en un sentido formal y externo. «Hacer justicia» es una expresión que se halla en todas partes (Sal 106:3; Is 58:2; 1 Jn 2:29; 3:7, 10). En 1 Juan 2:29, por ejemplo, NVI traduce «el que practica la justicia»; y eso también es suficiente en Mateo 6:1. Jesús no está tratando tanto con una clase diferente de justicia ni con simples obras de justicia como con los motivos de la vida justa. Tratar de vivir de acuerdo con la justicia explicada en detalle en los versículos precedentes, pero motivados por las ansias de los aplausos de los hombres, es prostituir esa justicia. Por eso no habrá recompensa (ver 5:12) del Padre celestial. No hay contradicción con 5:14-16, donde a los discípulos se les dice que dejen que su luz brille ante los hombres para que estos puedan ver las buenas obras de ellos; allí el motivo es que los hombres alaben al Padre celestial. La conducta justa bajo las normas del Reino debe ser visible para que Dios pueda ser glorificado. Sin embargo, no debe ser visible para ganar aclamación humana. Es mucho mejor ocultar cualquier obra justa que podría conducir a la ostentación. Cambiar el objetivo de agradar al Padre por el trivial e idolátrico propósito de agradar al hombre no resulta en nada.

Este versículo presenta las tres acciones principales de la piedad judía (cf. vv. 2-18): limosnas, oración y ayuno (C.G. Montefiore y H. Loewe, *A Rabbinic Anthology*, Macmillan, Londres, 1938, pp. 412-39; Moore, *Judaism*, 2:162-79). La estructura lógica es la misma en cada acción: (1) una advertencia a no hacer la acción para ser alabado por los hombres, (2) una garantía de que quienes hacen caso omiso de esta advertencia obtendrán lo que quieren, pero no más, (3) instrucción sobre cómo realizar las acciones de piedad en secreto, y (4) la seguridad de que el Padre que ve en secreto recompensará abiertamente (para detalles de la estructura lógica, cf. H.D. Betz, «Eine judenchristliche Kult-Didache in Matthäus 6:1-18», en *Jesus Christus*, pp. 445-57).

Notas

1   Dos variantes son de interés.

'Ελεημοσύνην (*eleemosúnen*, «limosnas») era tal vez una glosa marginal primitiva sobre δικαιοσύνην (*dikaiosunen*, «justicia»), puesto que en la LXX «justicia» en hebreo se tradujo a menudo como «limosnas». La glosa fue entonces insertada en el texto por un escribano. Si en realidad «limosnas» fuera original, el v. 1 se debería leer con los vv. 2-4, no como introducción para los vv. 2-18; y esto rompería la estructura elaborada con sumo cuidado (ya discutida). Además, la evidencia externa apoya firmemente *dikaiosunen*.

La evidencia a favor del vinculante δέ (*de*, «pero») está dividida de modo uniforme (corchetes, UBS; no traducida, NVI). Un adversativo *de* encaja muy bien el contexto, y por lo tanto quizá se lo haya insertado.

Sobre εἰ δέ μή γε (*ei de me ge*, «si no», o «si actúan así» [NVI]), cf. Thrall, pp. 9-10.

b. *Tres ejemplos* (6:2-18)

1) *Limosnas*

6:2-4

2»Por eso, cuando des a los necesitados, no lo anuncies al son de trompeta, como lo hacen los hipócritas en las sinagogas y en las calles para que la gente les rinda homenaje. Les aseguro que ellos ya han recibido toda su recompensa. 3Más bien, cuando des a los necesitados, que no se entere tu mano izquierda de lo que hace la derecha, 4para que tu limosna sea en secreto. Así tu Padre, que ve lo que se hace en secreto, te recompensará.

Aunque 6:1-6 no tiene pasaje paralelo en los evangelios sinópticos, su autenticidad está apoyada por los numerosos juegos de palabras en las reconstrucciones arameas (cf. Black, *Aramaic Approach*, pp. 176-78).

2 El pronombre personal tácito de segunda persona es singular (ver 5:28). Aunque algunos en la época de Jesús creían que dar limosnas ganaba mérito (Tob 12:8-9; Eclo 3:30; 29:11-12; cf. SBK in loc.), de la ostentación, no del mérito teológico, es de lo que se habla aquí. Jesús da por sentado que sus discípulos dan limosnas: Dice: «*Cuando* des a los necesitados», no «*si* das a los necesitados» (cf. 10:42; 25:35-45; 2 Co 9:6-7; Flp 4:18-19; 1 Ti 6:18-19; Stg 1:27). Los escritores rabínicos también advierten contra la ostentación al dar limosnas (cf. SBK, 1:391 y sig.): la frecuencia de las advertencias atestigua lo común de la práctica.

La referencia al anuncio de la trompeta es difícil. Muchos comentaristas, sin embargo, dicen que esto se refiere a «la práctica de hacer sonar trompetas en el momento de recolectar limosnas en el Templo para el alivio de alguna necesidad» (Hill,

Matthew, siguiendo a Bonnard); pero ninguna fuente judía confirma esto, y la idea parece provenir solo de expositores cristianos primitivos que la supusieron correcta. Asimismo no hay evidencia (contr. Calvino) de que los dadores de limosnas de veras hacían sonar trompetas en su camino al Templo. Alfred Edersheim (*The Temple: Its Ministry and Services*, Religious Tract Society n.d., Londres, p. 26), seguido por Jeremías (*Jerusalem*, p. 170, n. 73), sugiere que esta es una referencia a cajas de colección en forma de cuerno usadas en el Templo para desanimar los robos. Lachs (*Textual Observations*, pp. 103-5), sin mencionar a Edersheim, ha continuado con la idea al postular que es una traducción errónea de una fuente semítica subyacente. Pero a menos que la trompeta sea una caricatura metafórica, la solución de A. Büchler («St. Matthew vi 1-6 and other Allied Passages», JTS 10, 1909, 266-70) aun parece la mejor: los ayunos públicos se proclamaban con sonido de trompetas. En tales momentos se recitaban en las calles oraciones por lluvia (cf. v. 5) y se creía en gran manera que dar limosnas aseguraba la eficacia de los ayunos y las oraciones (e.g., b *Sanhedrin* 35ª; P. *Tannith* 2:6; *Leviticus* R 34:14). Sin embargo, estas ocasiones ofrecían excelentes oportunidades para ostentar.

Lachs objeta que esta interpretación les da pompa a los dadores pero no los hace hipócritas. En el griego antiguo un *jupokrites* («hipócrita») era un actor, pero para el primer siglo el término se llegó a usar para quienes desempeñan papeles y ven el mundo como su escenario. Lo que Lachs pasa por alto es que hay distintas clases de hipocresía. En una el hipócrita simula bondad pero en realidad es malo y sabe que está engañando (e.g., 22:15-18). En otra clase el hipócrita se deja llevar por su propia actuación y se engaña a sí mismo. Tales hipócritas piadosos (como en 7:1-5), aunque inconscientes de su propio engaño, no engañan a la mayoría de los espectadores; y este *podría* ser aquí el significado. Una tercera clase de hipócrita se engaña al creer que está actuando para los mejores intereses de Dios y del hombre, y también engaña a los espectadores. Es improbable que los necesitados se quejen cuando reciben grandes regalos, y su gratitud podría adular y, por consiguiente, reforzar el propio error del dador (cf. D.A. Spieler, «Hypocrisy: An Exploration of a Third Type», *Andrews University Seminary Studies* 13 [Estudios de seminario en la Universidad Andrés 13], 1975, 273-79). Quizá lo mejor es identificar la hipocresía en 6:2 con este tercer tipo.

La gran debilidad de los fariseos era que les encantaba más la alabanza de los hombres que la de Dios (cf. Jn 5:44; 12:43). Quienes daban con esta actitud recibían su recompensa en pleno (tal es la fuerza de *apecousin*; cf. Deiss LAE, pp. 110-11). Recibían entusiasta aprobación humana, y eso es todo lo que obtenían (cf. Sal 17:14).

3-4 La manera de evitar la hipocresía no es dejar de dar, sino hacerlo con tal secreto que apenas sepamos que hemos dado. Los discípulos de Jesús se deben dar tanto a Dios (cf. 2 Co 8:5) que su entrega está motivada por obedecer a Dios y tener compasión de los hombres. Entonces su Padre, quien ve lo que se ha hecho en secreto (Heb 4:13), los recompensará. El verbo «recompensar» (*apodidomai*), con Dios como sujeto aquí en los vv. 6, 18, es diferente del usado en el v. 2. Bonnard observa correctamente que tiene un sentido de «retribución», y esto es compatible con «recompensa» (ver 5:12). «En público» (RVR), aquí en los vv. 6, 18, es una antigua glosa diseñada para completar la analogía antitética con «secretamente» o «en secreto». Jesús no discute el escenario ni la naturaleza de la recompensa; pero no estaremos lejos de la evidencia del NT si entendemos que está «tanto en el tiempo como en la eternidad, tanto en el carácter como en el júbilo» (Broadus).

2) Oración (6:5-15)

a) Oración ostentosa

6:5-6

> [5]»Cuando oren, no sean como los hipócritas, porque a ellos les encanta orar de pie en las sinagogas y en las esquinas de las plazas para que la gente los vea. Les aseguro que ya han obtenido toda su recompensa. [6]Pero tú, cuando te pongas a orar, entra en tu cuarto, cierra la puerta y ora a tu Padre, que está en lo secreto. Así tu Padre, que ve lo que se hace en secreto, te recompensará.

5 Jesús supone de nuevo que sus discípulos orarán, pero prohíbe las oraciones de los «hipócritas» (ver en v. 2). La oración tiene un lugar destacado en la vida judía, y lleva a incontables decisiones rabínicas (cf. M. *Berakoth*). En la adoración de la sinagoga se le podía pedir a alguno de la congregación que orara en público, de pie frente al arca. En ciertas épocas las oraciones se podían ofrecer en las calles (M *Taanith* 2:1-2; vea en v. 2). Pero el sitio no era el factor crítico; tampoco la posición «de pie» es en sí significante. En la Biblia la gente ora postrada (Nm 16:22; Jos 5:14; Dn 8:17; Mt 26:39; Ap 11:16), de rodillas (2 Cr 6:13; Dn 6:10; Lc 22:41; Hch 7:60; 9:40; 20:36; 21:5), sentada (2 S 7:18), y de pie (1 S 1:26; Mr 11:25; Lc 18:11, 13). Lo crucial aquí es el motivo: «que la gente los vea». Además, hay la misma recompensa (cf. v. 2 y v. 5).

6 Si Jesús estuviera prohibiendo toda oración pública, es claro que la iglesia primitiva no lo entendía (e.g., 18:19-20; Hch 1:24; 3:1; 4:24-30). La antítesis de lo público contra lo privado es una buena prueba de los motivos de alguien; la persona que ora más en público que en privado revela que está menos interesado en la aprobación de Dios que en la alabanza humana. Lo que le interesa no es la piedad sino su reputación de piedad. Lo mejor es tratar radicalmente con esta hipocresía (cf. 5:29-30) y orar en un «espacio» privado; la palabra *tameion* se puede referir a una despensa (Lc 12:24), algún otro cuarto interior (Mt 12:26; 24:26; Lc 12:3, 24), o incluso un dormitorio (Is 26:20 LXX, con lo cual este versículo tiene varios elementos comunes; cf. también 2 R 4:33). El Padre, que ve en lo secreto, recompensará a los discípulos que oran en secreto (vea en v. 4).

Notas

---

5 UBS y Nestle siguen la lectura en plural, Nestle-Kilpatrick en singular. El primero es marginalmente más probable en terrenos externos, y muchos sostienen que la corrupción del singular se dio debido a la asimilación al singular en el v. 4 y en el v. 6; pero los escribanos podrían igualmente haber notado el patrón repetido de cambio de plural a singular en estos versículos (v. 1—vv. 2-4; v. 16—vv. 17-18). Vea en 5:23.

El uso del futuro οὐκ ἔσεσθε (ouk ésesdse, «no sean como») con énfasis imperativo por lo general refleja lenguaje legal del AT (BDF, par. 362). Pero aquí y en 20:26 se halla en palabras atribuidas a Jesús sin precedente inequívoco en el AT (Zerwick, par. 443).

Sobre el modismo φιλοῦσιν ... προσεύχεσθαι (filousin ... proseújesdsai, «les encanta ... orar»), cf. Turner, Syntax, p. 226.

---

b) *Oración repetitiva*

6:7-8

> ⁷Y al orar, no hablen sólo por hablar como hacen los gentiles, porque ellos se imaginan que serán escuchados por sus muchas palabras. ⁸No sean como ellos, porque su Padre sabe lo que ustedes necesitan antes de que se lo pidan.

7-8 Mateo 6:7-15 se desvía de las tres principales acciones de la piedad judía. Sin embargo, el contenido de estos versículos es por cierto relevante a la segunda de estas acciones, que es la oración. La oración es vital en la vida de un creyente. Por tanto, Jesús ofrece advertencias adicionales y un ejemplo positivo.

Muchos sostienen que mientras los vv. 5-6 advierten contra las prácticas de oración de los judíos, los vv. 7-8 lo hacen en contra de las de los gentiles (paganos; ver 5:47), en parte porque la analogía en Lucas 11:2 (ms. D) tiene «al resto de los hombres». Pero la diferencia no es tan clara. Cada grupo religioso alberga a algunos que oran de modo repetitivo. Así pasaba con los judíos del tiempo de Jesús. Él clasificó todo ese tipo de oraciones —aun la de su propia gente— como pagana. Los «paganos» (cf. 1 R 18:26) en gran parte no constituyen el blanco, sino más bien el ejemplo negativo de todos los que oran repetitivamente.

El verbo *battalogeo* («seguir parloteando») es muy extraño, aparte de escritos que dependen del NT (BAGD, p. 137b). Podría derivarse del arameo *battal* («vano», «inútil»), o de algunas otras palabras semíticas; o podría ser onomatopoético: de ser así, «parlotear» es un buen equivalente castellano. Jesús no está condenando la oración más de lo que condena dar a los necesitados (v. 2), o ayunar. Tampoco prohíbe toda oración larga o toda repetición. El mismo oró largamente (Lc 6:12), repitió oraciones (Mt 26:44; ¡a diferencia de Eclo 7:14!), y narró una parábola para mostrar a sus discípulos «que deben orar siempre, sin desanimarse» (Lc 18:1). Su idea es que sus discípulos eviten oraciones repetitivas y sin propósito, que se ofrecían bajo la creencia de que mientras más largas, más eficaces eran. Tal parloteo sin sentido puede igualmente ocurrir tanto en oraciones litúrgicas como extemporáneas. En esencia esto es totalmente pagano, porque se decía que los ídolos paganos respondían mejor a conjuros y repeticiones. Pero el Padre Dios a quienes los creyentes oran no requiere información sobre nuestras necesidades (v. 8). «Así como un padre conoce las necesidades de su familia pero no obstante enseña que los suyos le pidan en intimidad y confianza, así Dios trata con sus hijos» (Hill, *Matthew*).

c) *Modelo de oración*

6:9-13

⁹»Ustedes deben orar así:

»"Padre nuestro que estás en el cielo,
santificado sea tu nombre,
¹⁰ venga tu reino,
hágase tu voluntad
en la tierra como en el cielo.
¹¹ Danos hoy nuestro pan cotidiano.
¹² Perdónanos nuestras deudas,
como también nosotros hemos perdonado a nuestros
deudores.
¹³ Y no nos dejes caer en tentación,
sino líbranos del maligno."

El Padrenuestro, como se le llama comúnmente, no es en sí la oración de Jesús (Jn 17 sí lo es), sino el modelo que entregó a sus discípulos. Mucha de la literatura se ha enfocado en el complejo asunto de la relación entre 6:9-13 y Lucas 11:2-4. Las versiones más recientes, como la NVI, revelan las muchas diferencias. La RVR no muestra tan claramente las diferencias porque preserva las numerosas asimilaciones de Mateo en los últimos mss. de Lucas. Varias teorías intentan explicar las diferencias.

1. Anteriormente algunos sostenían que el estilo de Mateo es el original, y Lucas una versión simplificada. Este parecer ya no es popular, en gran parte debido a lo difícil de creer que Lucas, a quien le interesaba mucho la vida de oración de Jesús, omitiera palabras y cláusulas de una de sus oraciones si ya estaban en una fuente.

2. Otros han sostenido firmemente que el relato de Lucas es original y que Mateo le hizo añadiduras según su propia teología y hábito lingüístico (como Jeremías, *Prayers*, pp. 85 y sig., y Hill). A continuación presentamos algunas razones de esta teoría.

a) Todo el contenido de Lucas se encuentra en Mateo 6:9-13. Pero esto se podría tomar lo mismo como una condensación de Lucas que como una expansión de Mateo. Más importante aun, las teorías de expansión-condensación no explican las diferencias lingüísticas (e.g., tiempo verbal en la cuarta petición, vocabulario y tiempo verbal en la quinta); y la teoría se debilita cuando se sostiene (e.g., Hill, *Matthew*) que en la cuarta petición las prioridades están invertidas, y que el estilo de Mateo probablemente es más original que el de Lucas.

b) La formulación más rítmica y litúrgica de Mateo podría reflejar el deseo de construir un equivalente eclesiástico, para cristianos judíos, de la oración principal de la sinagoga: las *Dieciocho bendiciones* (Davies, *Setting*, pp. 310 y sig.), a la cual corresponde estructural y formalmente el Padrenuestro. Sin embargo, estas correspondencias se han exagerado en gran manera. No se parecen a las encontradas en las delicadas oraciones extemporáneas que se oraban en las iglesias evangélicas cada miércoles en la noche (acerca de las diferencias, cf. Bornkamm, *Jesus*, pp. 136 y sig.). Además, por conveniencia propia Jesús estaba muy lejos de la innovación. ¿Por qué no debía expresarse en términos comunes de la piedad?

c) Hill (*Matthew*) sostiene que la introducción de Mateo (v. 9) sugiere que la oración es una forma litúrgica estandarizada. Por el contrario, el texto reza «ustedes deben orar *así* [*joutos*]», y no «ustedes deben orar *esto*». El énfasis está en un modelo o paradigma, no en una forma litúrgica.

d) Hill (*Matthew*) también sostiene que el enfático «ustedes» (v. 9) «da realce a la nueva comunidad cristiana de la sinagoga (y la costumbre gentil), cuya devoción se contrasta con la adoración en el contexto que la rodea». Sin embargo, esto no solo es anacrónico, también pasa por alto el constante énfasis en «ustedes» que designa a los discípulos de Jesús como la comunidad mesiánica exclusiva en tiempos de Jesús (ver en 6:2).

3. Ernst Lohmeyer (*The Lord's Prayer*, Collins, Londres, 1965, p. 293) sostiene que las dos oraciones no provienen de un mismo origen (¿Q?), sino de dos tradiciones aisladas. En Mateo la oración refleja la tradición litúrgica de la comunidad cristiana galilea y resalta una cierta perspectiva escatológica, mientras que en Lucas la oración refleja la tradición litúrgica de la iglesia de Jerusalén, y se enfoca más en la vida cotidiana. Lucas rehúsa salirse de lo que hay detrás de estas dos tradiciones. Las especulaciones geográficas de Lohmeyer no son convincentes, pero su énfasis en dos tradiciones separadas del Padrenuestro merece cuidadosa consideración. Tanto la evidencia de la *Didajé* como la tendencia demostrable de las iglesias locales de considerarse sinagogas cristianas (e.g., en las cartas de Ignacio) y de adoptar algunos patrones litúrgicos de sinagoga, se combinan para sugerir que el Padrenuestro se usaba en adoración colectiva desde épocas muy remotas. Si (y este es un gran «si») tales liturgias eclesiásticas se remontan a la época en que se escribieron Mateo y Lucas, parece improbable que los evangelistas hubieran pasado por alto las costumbres litúrgicas de sus propias comunidades, a no ser por abrumadoras razones históricas o teológicas (e.g., corrección de herejía dentro de la liturgia aceptada). Pero nada de esto es evidente. Esto refuerza la teoría de dos tradiciones litúrgicas separadas. Por otro lado, si los patrones litúrgicos establecidos aun no habían incluido ninguna forma del Padrenuestro en el tiempo en que escribieron los evangelistas, una fuente común no explica las diferencias entre ellos.

4. Estas complejidades han generado varias teorías conciliatorias. Para citar una, Marshall, (*Lucas*, p. 455) sugiere que Lucas o adoptó de Q su forma de la oración, o de una revisión de Q diferente a la de Mateo, mientras que Mateo adoptó la suya de una tradición separada y la sustituyó por lo que encontró en Q (si su revisión de Q fue la misma que la de Lucas), o de alguna otra revisión separada. Esta es algo más que una elegante manera de decir que la teoría de dos tradiciones de Lohmeyer es básicamente correcta. Podría ser demasiado elegante: muchos sospechan que Q no es un solo documento (Introducción, sección 3), y hablar, por tanto, de revisiones de Q cuando nuestro conocimiento de Q es tan incierto hace que uno se pregunte cómo distinguir metodológicamente entre revisiones del Q y explicaciones completamente separadas de dos ocasiones históricas dentro del ministerio de Jesús. Resolver lo desconocido apelando a lo más desconocido es de mérito dudoso.

5. Aunque la evidencia de dos tradiciones es firme, igual importancia tiene el hecho de que hay dos ambientes históricos de la oración completamente distintos. A menos que alguien esté preparado para decir que lo uno o lo otro es un invento, la explicación razonable es que Jesús enseñaba a menudo esta clase de oración durante su ministerio itinerante, y que Mateo registra una ocasión y Lucas otra. El entorno de Mateo no es históricamente tan específico como el de Lucas, solo si se interpreta libremente la introducción y la conclusión de todo el discurso, o si se postula la libertad de Mateo para añadir «notas de pie de página» al material que provee (ver observaciones preliminares de 5:1—7:29). Lo primero es exegéticamente dudoso, y lo último no posee controles literarios convincentes; y aun en estas instancias la evidencia de dos tradiciones separadas para la oración del Padrenuestro es tan firme que la explicación comprensiva más simple es que Jesús mismo enseñó esta forma de oración en más de una ocasión.

Pocos han dudado que la oración sea de alguna forma auténtica. Goulder (pp. 296-301) opina que Mateo la compuso de fragmentos, la mayoría de los cuales eran auténticos pero que fueron expresados en diferentes ocasiones, y que Lucas copió y adaptó la obra de Mateo. Esta teoría es poco verosímil porque no hace más que mostrar analogías entre elementos de esta oración y otras cosas que Jesús oró o dijo. La misma evidencia podría igualmente interpretarse como respaldo de la autenticidad de la oración. Es valioso observar que no existe anacronismo en la oración: no se menciona que Jesús es el gran Mediador sacerdotal, no hay alusiones a temas desarrollados solo después de la Resurrección.

Existen señales de trasfondo semítico arameo (e.g., Black, *Aramaic Approach*, pp. 203-8) o hebreo (Carmignac, pp. 29-52). Los eruditos discuten si la versión de Mateo presenta seis peticiones (Crisóstomo, Calvino y teólogos reformistas) o siete, al interpretar el v. 13 como dos (Agustín, Lutero y la mayoría de los teólogos luteranos). El asunto afecta el significado, aunque poco. Más importante aun, como Bengel observa, es la división de peticiones: las primeras tres se emiten en términos de la gloria a Dios («tu… tu… tu…»); los otros términos son para nuestro bien («nuestras… nosotros… nuestros»).

9. En contraste con la oraciones ostentosas (vv. 5-6) o irreflexivas (vv. 7-8), Jesús ofrece un modelo a sus discípulos. Pero no solo se trata de un modelo: «Ustedes deben orar así» (no esto deben orar).

La paternidad de Dios no es un tema central en el AT. Donde se encuentra «padre» en relación con Dios comúnmente es a manera de analogía, no en discurso directo (Dt 32:6; Sal 103:13; Is 63:16; Mal 2:10). También se pueden encontrar referencias ocasionales a Dios como Padre en los apócrifos y pseudoepígrafos (Tob 13:4; Eclo 23:1; 51:10; Sab 2:16; 14:3; Jub 1:24-25, 28; T Leví 18:6; T Judá 24:2 —aunque algunas de estas podrían ser interpolaciones cristianas). Existe solo un ejemplo en los RMM (1QS 9:35); las referencias rabínicas suministradas son relativamente raras y algunas corresponden ambiguamente a épocas antes de Jesús (b. *Taanith* 25b; la quinta y sexta peticiones de las *Dieciocho bendiciones*). Del mismo modo los paganos también se dirigían a sus dioses como a padre: e.g. *Zeu pater* («Zeus, padre»; lat. *Jupiter*). Pero solo a partir de Jesús es característico dirigirse a Dios como «Padre» (Jeremías, *Prayers*, pp. 11 y sig.). Esto solo se puede entender frente a los antecedentes de los patrones usuales de dirigirse a Dios.

Casi la total tendencia de los círculos judíos era multiplicar los títulos que describían la soberanía, el señorío, la gloria, la gracia y las características de Dios (cf. Carson, *Divine Sovereignty*, pp. 45 y sig.). Ante tales antecedentes, la costumbre de Jesús de dirigirse a Dios como su propio Padre (Mr 14:36), y de enseñar a sus discípulos a hacer lo mismo, debe haberles sonado conocido y presuntuoso a los oponentes, personal y agradable a sus seguidores. Por desgracia, muchos cristianos modernos encuentran difícil deleitarse en el privilegio de dirigirse al Soberano del universo como «Padre», porque han perdido la herencia que resalta la trascendencia de Dios.

El uso de Jesús de *Abba* («Padre» o «mi Padre»; Mr 14:36; cf. Mt 11:25; 26:39, 42; Lc 23:34; Jn 11:41; 12:27; 17:1-26) fue adoptado por los primeros cristianos (Ro 8:15; Gá 4:6); y no hay evidencia de que alguien antes de Jesús utilizara este término para dirigirse a Dios (cf. DNTT, 1:614-15). A lo largo de la oración la referencia es plural: «Padre nuestro» (que en arameo habría sido *abinú*, no *abba*). En otras palabras, este es un ejemplo de una oración que se debía hacer en unión con otros discípulos (cf. 18:19), no individual (cf. Jn 20:17). Impresiona mucho el uso que Jesús hace de pronombres con «Padre». Cuando analiza el perdón de pecados, él habla de «tu Padre» (6:14-15) y se excluye él mismo. Cuando habla de su calidad única de hijo y de su autoridad, dice «mi Padre» (e.g., 11:27) y excluye a otros. El «Padre nuestro» al principio del modelo de esta oración es plural pero no incluye a Jesús, puesto que esta es parte de su instrucción en cuanto a lo que sus discípulos deben orar.

Esta designación en la apertura establece la clase de Dios a quien se ofrece la oración: Él es personal (no sólo «fundamento del ser»), y se preocupa por los suyos (un Padre, no un tirano ni un ogro, sino quien instituye la verdadera naturaleza de la paternidad; cf. Ef 3:14-15). Que él sea «nuestro Padre» establece la relación existente entre los discípulos de Jesús y Dios. En este sentido él no es indiscriminadamente el Padre de todos los hombres (ver 5:45). La iglesia primitiva tenía razón en prohibir tan rotundamente que los incrédulos hicieran esta oración como les prohibían participar de la Cena del Señor. Pero que él sea «nuestro Padre en los cielos» (la designación se presenta veinte veces en Mateo, una en Marcos [11:25], nunca en Lucas, y en algunos casos podría ser una formulación de Mateo) nos recuerda su trascendencia y soberanía, mientras nos prepara para el v. 10b. La fórmula completa está menos interesada en el adecuado protocolo de dirigirse a la deidad que en la verdad de quién es él, para establecer dentro del creyente el correcto marco mental (Stott, p. 146).

El «nombre» de Dios es un reflejo de quién él es (cf. DNTT 2:648 y sig.). El «nombre» de Dios es Dios mismo como él es y como se ha revelado y, por tanto, su nombre ya es santo. La santidad, a veces catalogada como «separación», es solo un atributo de lo que él es. Tiene que ver con la misma divinidad del Señor. Así que orar que el «nombre» de Dios sea santificado (la forma verbal de «santo» que se repite en Mateo solo en 23:17, 19 [RVR, «que santifica»]) no es orar que Dios llegue a ser santo sino que se le trate como santo (cf. Éx 20:8; Lv 19:2, 32; Ez 36:23, 1 P 1:15), a fin de que no se desprecie su nombre (Mal 1:6) por los pensamientos y la conducta de quienes fueron creados a su imagen.

10 Como Dios es eternamente santo, reina para siempre en absoluta soberanía. No obstante es correcto no solo orar «santificado sea tu nombre» sino también «venga tu reino». El «Reino» o «reinado» de Dios según hemos visto (ver 3:2; 4:17, 23) puede referirse a ese aspecto de la soberanía de Dios bajo la cual existe vida. Ese Reino está avanzando bajo el ministerio de Cristo, pero no se consumará sino hasta el fin del mundo. Orar «venga tu Reino» es, por tanto, pedir simultáneamente que el gobierno real y salvador de Dios se extienda ahora mientras el pueblo se dobla ante él en sumisión y saborea desde ahora la bendición escatológica de la salvación, y clamar por la consumación del Reino (cf. 1 Co 16:22; Ap 11:17; 22:20). Los judíos piadosos esperaban el Reino (Mr 15:43), «la redención de Israel» (Lc 2:25). Ellos recitaban el «Qaddish» («santificación»), una antigua oración aramea, al final de cada servicio de la sinagoga. En su más antigua forma existente, dice así: «Exaltado y *santificado* sea su gran nombre en el mundo que él creó según su voluntad. *Que su Reino gobierne* en vuestra vida y en vuestros días, y en la vida de toda la casa de Israel, con toda prontitud y rapidez. A esto decimos: amén» (Jeremias, *Prayers*, p. 98, énfasis de él). Pero los judíos esperaban el Reino, mientras que el lector del evangelio de Mateo, aunque aguarda su consumación, percibe que el Reino ya se ha presentado y ora tanto por su extensión como por su absoluta manifestación.

Orar que la voluntad de Dios, la cual es «buena, agradable y perfecta» (Ro 12:2), se haga en la tierra como en el cielo es utilizar un lenguaje bastante amplio para cobijar tres pedidos.

1. El primer pedido es que la voluntad de Dios se haga ahora en la tierra como se hace en el cielo. La palabra *dselema* («voluntad») incluye tanto las demandas justas de Dios (7:21; 12:50; cf. Sal 40:8) como su determinación a realizar ciertos hechos, como la Crucifixión. Esta oración equivale a una súplica por la extensión presente del reino mesiánico.

2. El segundo pedido es que la voluntad de Dios finalmente se *haga por completo* en la tierra como ahora se hace en el cielo. «Voluntad» tiene la misma serie de significados que antes; y esta oración corresponde a pedir la consumación del reino mesiánico.

3. El tercer pedido es que la voluntad de Dios finalmente se haga en la tierra *del mismo modo* que ahora se hace en el cielo. En el Reino consumado no será necesario plantear la justicia superior (5:20-48) como opuesta a la concupiscencia, el odio, las represalias, el divorcio, y similares; porque entonces la voluntad de Dios, interpretada ahora como sus demandas de justicia, se hará como se hace en el cielo: libre, abierta, espontáneamente y sin la necesidad de catalogarla como contraria al mal (Carson, Sermon on the Mount, pp. 6 y sig.).

Estas tres primeras peticiones, aunque se enfocan en el nombre, el Reino, y la voluntad de Dios, son peticiones para que él actúe de manera que su pueblo santifique su nombre, se someta a él y haga su voluntad. Por eso es imposible hacer sinceramente esta oración sin someterse a esas normas.

11 Las últimas peticiones explícitamente requieren cosas para nosotros. La primera es «pan», un término que denota todo alimento (cf. Pr 30:8; Mr 3:20; Hch 6:1, 2 Ts 3:12, Stg 2.15). Muchos padres antiguos pensaban que era inapropiado hablar aquí de alimento físico, e interpretaban «pan» como una referencia a la Cena del Señor o a la Palabra de Dios. Esto depende en parte de la interpretación latina de Jerónimo *epiousios* («cotidiano», NVI) como *superstantialem*: Danos hoy nuestro pan «supersubstancial» —una interpretación que puede haber dependido en parte de la influencia de Mario Victorino (cf. F.F. Bruce, «The Gospel Text of Marius Victorinus», en Best y Wilson, p. 70). No hay justificación lingüística para esta traducción. El pan es alimento real, y puede además sugerir todo lo que necesitamos en el reino físico (Lutero).

Esto no significa que *epiousios* («cotidiano») sea fácil de traducir. El término aparece solo aquí y en la oración de Lucas (11:3); y a las dos posibles referencias extrabíblicas que pueden respaldar «cotidiano» B.M. Metzger les ha lanzado una seria duda («¿Cuántas veces ἐπιούσιος se halla fuera del Padrenuestro?» Exp 69, 1957-58, 52-54). Hace poco P. Grelot intentó respaldar la misma traducción («cotidiano») reconstruyendo un arameo original («La quatrième demande du 'Pater' et son arrèireplan sémitique», NTS 25, 1978-79, 299-314). Pero su artículo trata de modo inadecuado con el texto griego, y otras reconstrucciones arameas son posibles (e.g., Black, *Aramaic Approach*, pp. 203-7).

La oración es por nuestras necesidades del día («hoy»), y refleja el precario estilo de vida de muchos trabajadores del primer siglo a quienes se les pagaba todos los días, y para quienes unos cuantos días de enfermedad podían significar tragedia. Muchos han sugerido una derivación de *epi ten ousan* [concretamente, *jemeran*] («para hoy») o *je epiousa jemera* («para el día por venir»), refiriéndose en la mañana al mismo día y en la noche al siguiente. Este significado es casi seguramente correcto, pero se aclara mejor derivando la palabra del participio femenino *epiousa*, con el sentido de «lo que sigue de inmediato», ya bien establecido por la época en que fue escrito el NT (cf. el artículo de C.J. Hemer, de próxima aparición en JSNT). Cualesquiera sean los problemas etimológicos, esto tiene sentido en Lucas 11:3, donde «cada día» es parte del texto: «Danos cada día nuestro pan cotidiano». Esto igualmente tiene sentido en Mateo, donde «hoy» desplaza a «cada día»: «Danos hoy nuestro pan cotidiano». Esto puede parecer redundante a lectores occidentales, pero es una petición preciosa y urgente para quienes viven al día.

Algunos derivan *epiousios* («cotidiano») del verbo *epienai*, sin referirse al futuro, y menos aun al alimento del banquete mesiánico (contr. Jeremias, *Prayers*, pp. 100-102), sino al pan que les corresponde, i.e., que les es necesario y suficiente (cf. R. Ten Kate, «Geef ons heden ons "dagelijks" brood», *Nederlands Theologisch Tijdschrift* 32, 1978, 125-39; con conclusiones similares pero de modo distinto, H. Bourgoin, «Ἐπιούσιος expliqué par la notion de préfixe vide», *Biblica* 60, 1979, 91-96; y por literatura, BAGD, pp. 296-97; Gundry, *Use of OT*, pp. 74-75). Esto posee el considerable mérito de encajar bien tanto con «hoy» como con «cada día» (Mateo y Lucas respectivamente), y en el caso de Mateo se podría interpretar de modo aproximado: «Danos ahora el alimento que necesitamos». Sin embargo, el origen es lingüísticamente artificial (cf. C.J. Hemer).

La idea de que Dios «da» el alimento de ningún modo quita la responsabilidad de trabajar (ver más adelante en vv. 25-34). Sin embargo, presupone no solo que los discípulos de Jesús viven un día a la vez (cf. v. 34), sino que todo lo bueno, incluso nuestra capacidad de trabajar y de conseguir nuestro alimento, viene de la mano de Dios (cf. Dt 8:18; 1 Co 4:7; Stg 1:17). Esta es una lección que fácilmente se olvida cuando la riqueza se multiplica y la absoluta autosuficiencia se tiene como una virtud.

12 Las tres primeras peticiones son mutuamente independientes. Las últimas tres, sin embargo, están unidas en griego por una «y», casi como para decir que la vida sustentada por el alimento no es suficiente. También necesitamos perdón y que nos libren de tentación.

En Mateo pedimos que se nos perdonen *ta ofeilemata jemón* («nuestras deudas»); en Lucas, nuestros «pecados». Hill (*Mathew*) advierte que la palabra crucial *to ofeilema* («deuda») «quiere decir "deuda" literal en la LXX y el NT, excepto en este punto». Y en esta base S.T. Lachs («On Matthew vi. 12», NovTest 17, 1975, 6-8) sostiene que en Mateo esta petición del Padrenuestro en realidad no está tratando con los pecados sino con los préstamos del año sexto, un año antes del jubileo. Pero la evidencia lingüística puede interpretarse de modo distinto. La palabra *ofeilema* es más bien rara en el griego bíblico. Se halla solo cuatro veces en la LXX (Dt 24:10 [*bis*]; 1 Esd 3:20; 1 Mac 15:8); y en Deuteronomio 24:10, donde aparece dos veces, interpreta dos palabras hebreas distintas. En el NT aparece solo aquí y en Romanos 4:4. Sobre esta base sería tan correcto decir que la palabra siempre quiere decir «pecado» en el NT excepto en Romanos 4.4, como decir que siempre quiere decir «deuda» excepto en Mateo 6:12.

Más importante, la palabra aramea *jóba* («deuda») se utiliza generalmente (e.g., en los Tárgumes) como «pecado» o «transgresión». Deiss BS (p. 225) señala un caso del verbo similar *jamartian ofeilo* (lit., «debo pecado»). Es posible que Mateo haya provisto una traducción literal del arameo que quizá Jesús usaba más a menudo en su predicación; e incluso Lucas (11.4) utiliza el participio similar en la segunda serie, *panti ofeilonti jemin* («a todos los que nos ofenden»). Por tanto, no existe razón para decir que «deudas» quiere decir otra cosa y no «pecados», concebido aquí como algo que se debe a Dios (sean pecados de comisión u omisión).

Algunos han tomado la segunda cláusula para explicar que nuestro perdón es la causa real del perdón de Dios, i.e. que debemos ganar el perdón de Dios con el nuestro. El problema a menudo se nota con más seriedad en Mateo que en Lucas, porque el último usa el presente «nosotros perdonamos», lo anterior la acción verbal (no el perfecto, como muchos comentaristas suponen) *afekamen* «hemos perdonado»). Muchos siguen la sugerencia de Jeremías (*Prayers*, pp. 92-93), quien dice que Mateo ha interpretado torpemente un *perfectum praesens* (un «presente perfecto») arameo: Mateo traduce la cláusula «como también nosotros hemos perdonado a nuestros deudores».

La verdadera solución la expone mejor C.F.D. Moule («"... As we forgive ...": a Note on the Distinction between Deserts and Capacity in the Understanding of Forgiveness», *Donum Gentilicium*, edd. E. Bammel et al., Clarendon, Oxford, 1978, pp. 68-77), quien, además de detallar la literatura judía más importante y pertinente, correctamente insiste en la distinción «entre, por un lado, ganar o merecer perdón, y, por otra parte, adoptar una actitud que lo haga posible —es decir, distinguir entre abandonos y capacidad. ... El verdadero arrepentimiento, en contraste con un simple remordimiento con respecto a sí mismo, es por cierto esencial para recibir perdón— es una condición indispensable» (pp. 71-72). «Una vez que nuestros ojos se abren y ven la enormidad de nuestra ofensa contra Dios, los daños que otros nos han hecho no parecen tener mucha importancia. Por otro lado, si tenemos una visión exagerada de las ofensas de otros, demostramos que hemos minimizado las nuestras» (Stott, pp. 149-50; vea 5:5, 7; 18:23-35).

13 La palabra *peirasmos* («tentación») y su sustantivo similar muy rara vez antes del NT significa «tentación» en el sentido de «incentivo para pecar» (sea por deseo interior o por circunstancias externas) sino más bien «prueba» (cf. también 4:1-12). Pero las pruebas pueden tener varios propósitos (e.g., refinamiento, determinar la fuerza de carácter, motivación a pecar) y resultados diversos (mayor pureza, confianza personal, crecimiento en la fe, pecado); y como consecuencia la palabra puede caer por completo dentro del sentido negativo de «tentación». Vea los comentarios del verbo similar en 4:1. La palabra sustenta el significado ambiguo en Santiago 1.13-14, donde se asegura que «Dios no puede ser tentado por el mal, ni tampoco tienta a nadie [i.e. con la maldad]» (cf. también Mt 4:1, 3; 1 Co 7:5; 1 Ts 3:5; Ap 2:10). A esta luz *peirasmos* no podría fácilmente significar «tentación» en Mateo 6:13; puesto que eso sería orar que Dios no haga lo que en verdad no puede hacer, como orar que Dios no peque.

Pero si *peirasmos* en el v. 13 significa «prueba», enfrentamos otro problema. El NT insiste en todas partes que los creyentes enfrentarán pruebas o tribulaciones de muchas clases, pero que las deberán sufrir con gozo (Stg 1:2; cf. 1 Co 10:13). Si esto fuera así, orar por gracia y paciencia en la aflicción es comprensible; pero orar por no recibir pruebas es extraño. Algunos han sostenido que la prueba se refiere a la tribulación escatológica, el período de males mesiánicos (e.g., Jeremías, *Prayers*, pp. 104-7) caracterizada por apostasía. La petición se convierte en un ruego para estar resguardados de esa apostasía final, y se refleja en el «no nos permitas la prueba» del NEB. Pero no solo que *peirasmos* («tentación») nunca se usa en cuanto a esa tribulación, a no ser que cuidadosamente se le califique así (y, por tanto, Ap 3:10 no es excepción, a pesar de su interpretación), sino que se esperaría al menos encontrar el artículo en la cláusula de Mateo.

Muchos citan b *Barakoth* 60b como una analogía: «Líbrame de pecar, de caer en iniquidad, en tentación o en rebeldía». Es posible que la forma causativa del Padrenuestro, de igual manera, no hable de no ser intermediario, sino de tener una actitud permisiva: «No nos permitas la tentación [i.e., del diablo]». Esta interpretación se refuerza grandemente si la palabra «tentación» se puede tomar como «tribulación o tentación que resulte en caída»; y esto parece requerirse en dos pasajes del NT (Mr 14:38; Gá 6:1; cf. J.V. Dahms, «No nos metas en tentación», JETS 17, 1974, 229). También podríamos estar metiendo la sexta petición en un molde muy rígido. El NT nos dice que esta era se caracterizará por guerras y rumores de guerras (ver 24:6), pero no encuentra incongruencia en urgirnos a orar por quienes están en autoridad, de modo «que tengamos paz y tranquilidad» (1 Ti 2.2). Aunque Jesús pide a sus discípulos regocijarse cuando son perseguidos (5:10-12) y, sin embargo, les exhorta a huir (10:23), e incluso a orar que su huida no sea muy severa (24:20). Del mismo modo, una oración que pide ser librados de las pruebas no sería incongruente si se le ubica junto a exhortaciones para considerar tales pruebas, cuando lleguen, como motivo de puro gozo.

«Líbranos» podría querer decir, por un lado, «guárdanos de», «presérvanos de» o, por otro lado, «sácanos de», «líbranos de» (BAGD, p. 737, s.v. *rhyomai*). Ambos pareceres son espiritualmente apropiados, y la manera en que se tome el verbo depende en gran parte de cómo se entienda la cláusula precedente. Las palabras *tou ponerou* («el mal») podría ser neutral («mal»; cf. Lc 6:45; Ro 12:9; 1 Ts 5:22) o masculino («el maligno», refiriéndose a Satanás: 13:19, 38; Ef 6:16; 1 Jn 2:13-14; 3:12; 5:19). En algunos casos el griego no distingue el género (ver 5:37). Sin embargo, quizá hay dos razones de que aquí haya una referencia a Satanás: (1) «líbranos» puede tomar ya sea la preposición *ek* («de») o *apo* («de»), la primera siempre presenta cosas de las cuales ser librado, la última predominantemente se utiliza con relación a personas (cf. J.-B. Bauer, «Libera nos a malo», *Verbum Domini* 34, 1965, 12-15; Zerwick, par. 89); y (2) la primera mención de tentación que hace Mateo (4:1-11) está conectada de modo directo con el maligno. Por tanto, el modelo de oración del Señor finaliza con una petición en la que, aunque implícitamente reconocemos nuestra impotencia ante el diablo que solo Jesús puede vencer (4:1-11), nos deleitamos en confiar que el Padre celestial ha de librarnos del poder y las estratagemas del diablo.

La doxología —«porque tuyos son el reino y el poder y la gloria para siempre. Amén»— se encuentra en varias formas en muchos mss. La diversidad de las partes que se verifican es sospechosa en sí (para discusión a fondo, cf. Metzger, *Textual Commentary*, pp. 16-17; cf. Hendriksen, pp. 337 y sig.); y la evidencia del ms. es abrumadora en favor de la omisión... un punto concedido por Davies (*Setting*, pp. 451-53), cuyos argumentos litúrgicos para la inclusión no son convincentes. La doxología en sí, por supuesto, es teológicamente profunda y apropiada en su contexto, y sin duda la juzgaron especialmente adecuada quienes ven en las tres últimas peticiones una alusión velada a la Trinidad: la creación del Padre y providencia provee nuestro pan, la expiación del Hijo nos asegura el perdón, y el poder del Espíritu que mora en nosotros nos asegura nuestro triunfo y seguridad. Pero «sin duda es más importante saber qué contiene realmente la Biblia y qué significa en verdad, que apegarse a algo que en realidad no está en la Biblia solo porque complace nuestro gusto, o incluso porque para nosotros posee ciertas asociaciones valiosas» (Broadus).

Notas

11 El tiempo verbal aoristo de Mateo δὸς ἡμῖν σήμερον (*dos jemín sémeron*, «danos hoy»), y el presente δίδου ἡμῖν τὸ καθ' ἡμέραν (*didou jemín to kads jeméran* «danos cada día» de Lucas (11:3) son contextualmente apropiados.

12 RVR usa el presente «nosotros perdonamos» tanto en Mateo como en Lucas, y tiene amplio respaldo. El tiempo verbal se prueba mediante ℵ° B Z 1 22 124^mg 1365 1582, cinco mss de la Vulgata latina, y muchos mss. de las versiones siríaca y cóptica. Esto representa una amplia selección de textos. Sin embargo, los argumentos convincentes son la probabilidad de asimilación a Lucas y la improbabilidad inversa de que un escribano cambiara el presente a un aoristo.

d) *Perdón y oración*

6:14-15

¹⁴»Porque si perdonan a otros sus ofensas, también los perdonará a ustedes su Padre celestial. ¹⁵Pero si no perdonan a otros sus ofensas, tampoco su Padre les perdonará a ustedes las suyas.

14-15 Estos versículos refuerzan el pensamiento de la quinta petición (ver v. 12). La repetición sirve para resaltar la profunda importancia en la comunidad de discípulos de ser una comunidad perdonadora si las oraciones habrían de ser eficaces (cf. Sal 66:18). La reflexión se repite en otros lugares (18:23-35; Mr 11:25).

e) *Ayuno*

6:16-18

¹⁶»Cuando ayunen, no pongan cara triste como hacen los hipócritas, que demudan sus rostros para mostrar que están ayunando. Les aseguro que éstos ya han obtenido toda su recompensa. ¹⁷Pero tú, cuando ayunes, perfúmate la cabeza y lávate la cara ¹⁸para que no sea evidente ante los demás que estás ayunando, sino sólo ante tu Padre, que está en lo secreto; y tu Padre, que ve lo que se hace en secreto, te recompensará.

16 Bajo la legislación mosaica, se ordenaba ayunar solo el Día del Perdón (Lv 16:29-31; 23:27-32; Nm 29:7); sin embargo, durante la deportación se instituyeron ayunos regulares (Zac 7:3-5; 8:19). Además de ayunos nacionales, tanto el AT como el NT describen ayunos personales o colectivos con una variedad de propósitos, especialmente para mostrar y promover humillación ante Dios, por lo general relacionados con la confesión de pecados (e.g., Neh 9:1-2; Sal 35:13; Is 58:3, 5; Dn 9:2-20; 10:2-3; Jon 3:5; Hch 9:9), o para poner cierta petición especial ante el Señor, a veces por angustia, peligro o desesperación (Éx 24:18; Jue 20:26; 2 S 1:12; 2 Cr 20:3; Esd 8:21-23; Est 4:16; Mt 4:1-2; Hch 13:1-3; 14:23). Podría pertenecer al campo de la disciplina cristiana normal (1 Co 9:24-27; cf. Flp 3:19; 1 P 4:3); pero ya en el AT el ayuno se reprendía de modo implacable cuando era puramente formal y en gran parte hipócrita (Is 58:3-7; Jer 14:12; Zac 7:5-6), cuando, por ejemplo, los hombres ayunaban pero no compartían su alimento con los hambrientos (Is 58:1-7).

En los días de Jesús los fariseos ayunaban dos veces a la semana (Lc 18:12; cf. SBK, 2:242 y sig.), con probabilidad lunes y martes (M *Taanith* 1:4-7). Algunas personas devotas, como Ana, ayunaban a menudo (Lc 2:37). Pero tales ayunos voluntarios daban maravillosas oportunidades de ostentación religiosa humana para ganar fama de devoción. Se podía adoptar un aire «sombrío» (o «de desánimo», Lc 24:17, el único otro sitio en el NT donde se utiliza la palabra *skudsropos*) que afeaba la apariencia, tal vez por no lavarse ni afeitarse. Además, se esparcía ceniza en la cabeza para mostrar gran contrición o privación, o se omitía el uso normal de aceite para indicar profundo quebranto (cf. 2 S 14:2; Dn 10:3). El punto no es que no había contrición genuina, sino que los hipócritas a propósito llamaban la atención. Deseaban los aplausos de los hombres y los conseguían. Y eso es todo lo que obtenían.

17-18 Sin embargo, Jesús, lejos de prohibir el ayuno, da por sentado que sus discípulos ayunarán, de la manera que supone que darán limosnas y orarán (vv. 3, 6). Sus discípulos quizá no ayunaban al momento, porque el novio mesiánico estaba con ellos, y ese era el tiempo de gozo (9:14-17). Pero llegaría el día en que ayunarían (9:15). (Observe al pasar aquí que Jesús supone la continua existencia de sus discípulos después de su partida). Lo que él condenaba era la ostentación en el ayuno. Además, condenaba por completo cualquier señal de que se había llevado a cabo un ayuno, porque el corazón humano se encuentra tan confundido en sus motivos que el deseo de buscar a Dios se desvanecería ante el deseo de elogio humano, con lo que se pervertiría el ayuno.

Lavarse y ungirse la cabeza (v. 17) eran simplemente medidas normales de higiene. El aceite no simboliza aquí gozo extravagante sino cuidado corporal normal (cf. Rt 3:3; 2 S 12:20; Sal 23:5; 104:15; 133:2; Ec 9:8; Lc 7:46; cf. DNTT, 1:120). El punto del v. 18 no es llamar la atención, sea mediante semblante sombrío o gozo extravagante. Jesús desea reticencia, no engaño. Y el Padre, que ve en lo secreto, dará la recompensa (ver v. 4).

Las tres principales acciones de la piedad judía (vv. 1-18) son solo ejemplos de muchas prácticas susceptibles de hipocresía religiosa. A principios del segundo siglo el documento cristiano *Didajé*, aunque polemiza contra los «ayunos de los hipócritas» en lunes y martes, prescribe que los cristianos ayunen miércoles y viernes (8:1). Los escribanos cristianos añadieron glosas sobre el ayuno en muchos sitios del NT (Mt 17:21; Mr 9:29; Hch 10:30; 1 Co 7:5). La hipocresía no es potestad única de los fariseos. La solución no está en abolir el ayuno (cf. nota de Alexander de que la mortificación de la carne «puede obtenerse mejor con templanza habitual que por abstinencia ocasional»), sino en colocarlo dentro del esquema bíblico (referencias en el v. 16), y en anhelar sinceramente la bendición de Dios. Porque si la forma de los vv. 1-18 es negativa, lo que señala es positivo: buscar en primer lugar el Reino de Dios y su justicia (cf. v. 33).

5. *Perspectivas del Reino* (6:19-34)

Muchos afirman que estos versículos se crearon de cuatro bloques de material que originalmente tenían entornos independientes: (1) Mateo 6:19-21 = Lucas 12:33-34; (2) Mateo 6:22-23 = Lucas 11:34-36; (3) Mateo 6:24 = Lucas 16:13; (4) Mateo 6:25-34 = Lucas 12:22-31. Sin embargo, la primera pareja es muy distinta, y se debe tratar como tradiciones aisladas de expresiones separadas; la tercera pareja es muy similar (difieren solo en una palabra), y tanto Mateo como Lucas lo asignan al mismo sermón; las parejas segunda y cuarta son bastante parecidas, pero la exégesis de Lucas sugiere que sus ambientes son temáticos. El contexto que Mateo establece debe aceptarse como tal. Por cierto el flujo es coherente: habiendo expuesto que la piedad religiosa es algo más que ostentación, Jesús advierte contra los pecados opuestos de codicia, materialismo y preocupación que nacen de las incorrectas prioridades terrenales. Por el contrario, demanda lealtad inquebrantable a los valores del Reino (vv. 19-24) y confianza total (vv. 25:34).

a. Metáforas por lealtad inquebrantable a los valores del Reino (6:19-24)

1) Tesoro

6:19-21

> [19]»No acumulen para sí tesoros en la tierra, donde la polilla y el óxido destruyen, y donde los ladrones se meten a robar. [20]Más bien, acumulen para sí tesoros en el cielo, donde ni la polilla ni el óxido carcomen, ni los ladrones se meten a robar. [21]Porque donde esté tu tesoro, allí estará también tu corazón.

Black (*Aramaic Approach*, pp. 178-79) muestra el carácter poético de los vv. 19-21: el v. 19 advierte contra el mal camino, el v. 20 prescribe el buen camino y el v. 21 remata con un aforismo memorable. «Tal ritmo y balance supone que estos versículos contienen enseñanza dominical original» (Hill, *Matthew*). La aseveración es hermosa; es de preguntarse, sin embargo, por qué en otro sitio una estructura y un ritmo similar deben juzgarse como litúrgicos, catequísticos y falsos (ver 5:1-12).

19 Prohibición *me dsesaurizete* en tiempo presente muy bien podría interpretarse «dejen de amontonar riquezas» (Turner, *Syntax*, p. 76) en vez de «no acumulen»; ha llegado el momento de un cambio decisivo (similitud en el v. 25).

El amor a las riquezas es un gran mal (1 Ti 6:10), que motiva frecuentes advertencias. Es poco sensato que los herederos del Reino acaparen riquezas en los últimos tiempos (Stg 5:2-3). Sin embargo, como sucede con muchas de las prohibiciones de Jesús en este sermón, resultaría temerario ser absolutos en esta, diciendo que la riqueza en sí es un mal (cf. Lc 14:12; Jn 4:21; 1 P 3:3-4 en cuanto a otras declaraciones que no se pueden generalizar de modo adecuado). En otro lugar de las Escrituras se requiere que un hombre provea para los suyos (1 Ti 5:8), se elogia el trabajo y la provisión para el futuro (Pr 6.6-8), y se nos anima a disfrutar lo bueno que el Creador nos ha dado (1 Ti 4:3-4; 6:17). A Jesús le preocupa el egoísmo en cuanto a valores incorrectos. Los discípulos no deben almacenar tesoros *para sí mismos*; deben preguntarse sinceramente dónde está su corazón (vv. 20-21).

Este versículo no prohíbe «ser prudente —hacer provisión sensata para el futuro— sino ser codicioso» (Stott, p. 155). Pero es disparatado ponerse en la primera categoría, mientras se actúe y se piense en la última (cf. France, «God and Mammon»).

Los «tesoros en la tierra» podrían referirse a ropa que se puede dañar con la polilla. Las modas cambiaban poco y las prendas se podían pasar a alguien; también se podían deteriorar. Lo de «óxido» (*brosis*) se refiere no solo a corrosión de metales sino a la destrucción efectuada por ratones, moho, y similares. Hay comentarios más antiguos que a menudo describen una granja que es devorada por ratones y otras alimañas. Los bienes menos corruptibles se los pueden robar: los ladrones pueden entrar (*diorussousin*, «cavar a través de» se refiere a los muros de adobe y lodo de la mayoría de las casas de la Palestina del primer siglo) y robar.

20-21 En contraste, los tesoros en el cielo son eternos, y están exentos de deterioro y robo (v. 20; cf. Lc 12:33). Las palabras «tesoros en el cielo» se remontan a la literatura judía (M Peah 1:1; T Leví 13:5; Sl Sal 9:9). Aquí se refiere a cualquier cosa de significado bueno y eterno que resulte de lo que se hace en la tierra. Hacer buenas obras, sufrir por causa de Cristo, perdonarse unos a otros... todo esto tiene promesa de «recompensa» (ver 5:12; cf. 5:30, 46; 6:6, 15; 2 Co 4:17). Otras acciones de bondad también almacenan tesoros en el cielo (Mt 10:42; 25:40), como disposición de compartir lo que se tiene (1 Ti 6:13-19).

En los mejores mss. el aforismo final (v. 21) se revierte a la segunda persona del singular (cf. vv. 2, 6, 17; vea 5:23). El punto es que lo que más se aprecia ocupa el «corazón», el centro de la personalidad, y abarca la mente, las emociones y la voluntad (cf. DNTT, 2:180-84); y, por tanto, de modo sutil pero infalible, el más apreciado tesoro llega a controlar los valores y la dirección total de la persona. «Si alguien considera que recibir honores es el mayor bien, la ambición lo tomará por completo; si es dinero, entonces enseguida la codicia se apodera del Reino; si es el placer, entonces seguramente los hombres se degenerarán en autocomplacencia» (Calvino). A la inversa, quienes ponen su atención en las cosas de arriba (Col 3:1-2), y deciden vivir bajo las normas del Reino, al final descubren que sus obras los acompañan (Ap 14:13).

2) Luz

6:22-23

> [22]»El ojo es la lámpara del cuerpo. Por tanto, si tu visión es clara, todo tu ser disfrutará de la luz. [23]Pero si tu visión está nublada, todo tu ser estará en oscuridad. Si la luz que hay en ti es oscuridad, ¡qué densa será esa oscuridad!

22-23 «El ojo es la lámpara del cuerpo» (v. 22) en el sentido de que el cuerpo se orienta a través de él. El ojo recibe luz, y todo el cuerpo se ilumina. Pero los ojos enfermos no reciben luz, y el cuerpo está en tinieblas (v. 23). La «luz que hay en ti» parece ironía; los que tienen ojos defectuosos, que andan en oscuridad, piensan que tienen luz, pero esa luz en realidad es tinieblas. La oscuridad se vuelve más terrible cuando uno no la reconoce como tal (cf. Jn 9:41).

Esta hermosa y franca descripción posee implicaciones metafóricas. «Ojo» puede equivaler a «corazón». El corazón puesto en Dios de modo que adopte sus mandamientos (Sal 119:10) equivale al ojo que se concentra en la ley de Dios (Sal 119:18, 148; cf. 119:36-37). Asimismo Jesús pasa del «corazón» (v. 21) al «ojo» (vv. 22-23). Además, el texto se mueve entre la descripción física y la metáfora con las palabras escogidas para expresar «bueno» y «malo». *Japlous* («clara», v. 22) y sus cognados pueden querer decir «simple» (lo opuesto de *diplous*, «doble», 1 Ti 5:17) en el sentido de «lealtad única, indivisible» (cf. 1 Cr 29:17), o en formas similares «generoso», «liberal» (cf. Ro 12:8; Stg 1:5). Del mismo modo, *poneros* («nublada», v. 23) puede significar «maligna» (e.g., Ro 12:9), o la expresión idiomática judía «visión nublada» puede referirse a avaricia y egoísmo (cf. Pr 28:22). Jesús está, por tanto, diciendo o (1) que el hombre que «divide sus intereses e intenta enfocarse tanto en Dios como en las riquezas ... no tiene una visión clara, y vivirá sin orientación ni dirección clara» (Filson), interpretación muy compatible con el v. 24; o (2) que el hombre mezquino y egoísta no puede ver hacia dónde va; está moral y espiritualmente ciego, una interpretación compatible con los vv. 19-21. De cualquier modo, el anterior cruzamiento a metáfora explicaría el lenguaje difícil del v. 22. En el nivel físico «todo tu ser» es exactamente eso: un cuerpo, del cual el ojo es la parte que provee «luz» (cf. R. Gundry, *Soma*, University Press, Cambridge, 1976, pp. 24-25). En el nivel metafórico representa la persona total que está hundida en oscuridad moral. La «luz que hay en ti» es, por tanto, la visión que provee el ojo con lealtades divididas, o la actitud caracterizada por egoísmo; en ambos casos se trata en verdad de oscuridad. Este enfoque, que depende del AT y de la utilización judía, se debe preferir sobre el que considera la literatura helenística, e interpreta «la luz que hay en ti» en sentido neoplatónico (e.g. H.D. Betz, «Matthew vi. 22f and ancient Greek theories of vision», en Best and Wilson, pp. 43-56).

3) *Esclavitud*

6:24

24»Nadie puede servir a dos señores, pues menospreciará a uno y amará al otro, o querrá mucho a uno y despreciará al otro. No se puede servir a la vez a Dios y a las riquezas.

24 «Jesús ahora explica que detrás de la selección entre dos tesoros (donde almacenamos) y dos visiones (donde ponemos los ojos) yace la más fundamental decisión en cuanto a dos amos (a quién hemos de servir)» (Stott, p.158). «Dinero» es traducción del griego *mamona* («Mamón»), en sí una transliteración del arameo *mamoná* (en el sentido categórico; «riqueza», «propiedad»). La raíz, tanto en el arameo como en el hebreo (*'mn*), indica en qué se tiene confianza; y la conexión con dinero y riqueza, bien probada en la literatura judía (e.g. *Peah* 1:1; b *Berakoth* 61b; M *Aboth* 2:7; y no siempre en un sentido negativo), es penosamente obvia. Aquí está personificada. Tanto a Dios como al dinero no se les representa como patronos sino como dueños de esclavos. Alguien podría trabajar para dos empleadores; pero no podrá servir a dos dueños de esclavos, puesto que «la esencia de la esclavitud son individualidad y tiempo total de servicio» (Tasker). O se sirve a Dios con devoción única, o no se le sirve en lo absoluto. Los intentos de lealtad dividida no revelan un compromiso parcial con el discipulado, sino un compromiso profundamente arraigado en la idolatría.

b. *Confianza no comprometida* (6:25-34)

1) *El principio*

6:25

25»Por eso les digo: No se preocupen por su vida, qué comerán o beberán; ni por su cuerpo, cómo se vestirán. ¿No tiene la vida más valor que la comida, y el cuerpo más que la ropa?

25 «Por eso», a la luz de las alternativas expuestas (vv. 19-24), y suponiendo que sus discípulos tomarían las decisiones correctas, Jesús sigue exhortándolos a no preocuparse.

«No se preocupen» se puede generalizar falsamente si se niegan las limitaciones que el contexto impone y las consecuencias de la negligencia, la apatía, la indiferencia, la pereza y la autocomplacencia expresadas en otro sitio (cf. Carson, *Sermon on the Mount*, pp. 82-86; Stott. 165-68). El punto aquí es no preocuparse por las necesidades físicas, y mucho menos por los lujos implícitos en los versículos precedentes, puesto que tales inquietudes sugieren que nuestra existencia se centra en tales cosas y está limitada por ellas. El razonamiento es *a fortiori* («cuánto más») y no *a minori ad maius* («de menor a mayor»), sino lo contrario: si Dios nos ha dado vida y un cuerpo, ambos obviamente más importantes que la comida y el vestido, ¿no nos dará también esto último? Por tanto, angustiarse por tales cosas manifiesta pérdida de fe y distorsión de propósitos más valiosos (cf. Lc 10:41-42; Heb 13:5-6).

Notas

---

25 Puesto que los subjuntivos τί φάγητε ἢ τί πίητε (*ti faguete e ti píete*, «lo que comerán o beberán» se encuentran en discurso indirecto, deben tomarse como subjuntivos deliberados conservados con el cambio en el discurso (cf. los subjuntivos en el v. 31).

---

2) *Los ejemplos* (6:26-30)

a) *Vida y alimento*

6:26-27

> [26]Fíjense en las aves del cielo: no siembran ni cosechan ni almacenan en graneros; sin embargo, el Padre celestial las alimenta. ¿No valen ustedes mucho más que ellas? [27]¿Quién de ustedes, por mucho que se preocupe, puede añadir una sola hora al curso de su vida?

26 Preocuparse por la comida y la bebida significa no haber aprendido de la creación natural. Si el orden creado atestigua el «eterno poder y naturaleza divina» de Dios (Ro 1:20), también atestigua su providencia. El punto no es que los discípulos no deben trabajar —las aves no esperan simplemente que Dios les ponga el alimento en el pico—, sino que no deben angustiarse. Los discípulos fortalecerán más su fe al recordar que en un sentido especial Dios es su Padre (no el Padre de las aves), y que son mucho más valiosos que las aves (el «ustedes» es enfático). Aquí el razonamiento es del menor hacia el mayor.

Este razonamiento presupone una cosmología bíblica sin la cual la fe no tiene sentido. Dios es tan soberano sobre el universo que hasta la alimentación de un pajarillo no se produce sin su consentimiento. Puesto que normalmente Dios hace cosas en formas regulares, hay «leyes científicas» que descubrir; pero el creyente con ojos para ver simultáneamente descubre algo acerca de Dios y su actividad (cf. Carson, *Sermon on the Mount*, pp. 87-90).

27 La palabra *jelikía* («vida») también se puede interpretar como «estatura» (cf. Lc 19:3); y *pejis* («hora») significa «codo» (aprox. cuarenta y cinco centímetros) o «edad» (Heb 11:11). Ninguna combinación encaja perfectamente; nadie estaría tentado a pensar que preocuparse podría añadir a su estatura un codo (RVR), y una medida lineal (cuarenta y cinco centímetros) no corresponde fácilmente a «vida». Esta disparidad explica la diversidad de traducciones. Es más probable que la medida lineal esté usándose en un sentido metafórico (cf. «añadir un codo a la vida» [RSV]). La preocupación más bien acorta la vida en lugar de prolongarla, y por último tales asuntos están en manos de Dios (cf. Lc 12:13-21). Confiar en él es suficiente.

b) *Cuerpo y ropa*

6:28-30

> [28]»¿Y por qué se preocupan por la ropa? Observen cómo crecen los lirios del campo. No trabajan ni hilan; [29]sin embargo, les digo que ni siquiera Salomón, con todo su esplendor, se vestía como uno de ellos. [30]Si así viste Dios a la hierba que hoy está en el campo y mañana es arrojada al horno, ¿no hará mucho más por ustedes, gente de poca fe?

28-30 «Lirios del campo» (v. 28) podría ser cualquiera de las flores silvestres que abundan en Galilea, y estas «flores del campo» corresponden a las «aves del cielo». El punto es un poco diferente del de la primera ilustración, donde los pájaros trabajan pero no se preocupan. Las flores no se afanan ni hilan (cf. Notas). El punto no es que los discípulos de Jesús podrían optar por la pereza, sino que la providencia de Dios y su cuidado son tan vastos que viste la hierba con flores silvestres que ni son productivas ni duran (v. 30). Incluso Salomón, el más rico y extravagante monarca de Israel «con todo su esplendor» (v. 29) no se vistió como uno de estos lirios. Sorprende poco que Jesús reprenda a sus discípulos como *oligopistoi* («gente de poca fe»; cf. 8:26; 14:31; 16:8; y el sustantivo abstracto en 17:20). La raíz de la ansiedad es la incredulidad.

Notas

28 En cuanto a las variantes, cf. Metzger (*Textual Commentary*, p. 18) y la literatura que cita, a la cual se puede añadir K. Brunner, «Texkritisches zu Mt 6.28: *ou xainousin statt auxainousin* vorgeschlagen», *Zeitschrift für Katholische Theologie* 100, 1978, 251-56.

30 El κλίβανος (*klíbanos,* «horno») era un horno de barro que a menudo se calentaba quemando hierba en su interior, las cenizas cayendo por un hueco, y las tortas se distribuían tanto en su interior como encima. El término se usaba metafóricamente para referirse al Día del Juicio como en Os 7:4 LXX.

3) *Una vida diferente*

6:31-32

> ³¹Así que no se preocupen diciendo: "¿Qué comeremos?" o "¿Qué beberemos?" o "¿Con qué nos vestiremos?" ³²Porque los paganos andan tras todas estas cosas, y el Padre celestial sabe que ustedes las necesitan.

31-32 A la luz del esmerado cuidado de Dios («Así que»), las preguntas del v. 31 (cf. v. 25) no tienen sentido; y las actitudes subyacentes son desconsideradas y una afrenta a Dios, quien conoce las necesidades de los suyos (cf. v. 8). Peor aun, son esencialmente paganas (v. 32); porque los paganos «andan tras» (*epizetousin,* una forma reforzada de «buscar») estas cosas, y no el reino de Dios y su justicia (v. 33). Los discípulos de Jesús deben llevar vidas cualitativamente distintas de las que llevan las personas que no confían en el cuidado paternal de Dios, y cuyas metas fundamentales no van más allá de lo material.

4) *El meollo del asunto*

6:33

> ³³Más bien, busquen primeramente el reino de Dios y su justicia, y todas estas cosas les serán añadidas.

33 A continuación de los vv. 31-32, este versículo deja en claro que los discípulos de Jesús no simplemente deben *abstenerse* de *ir tras* cosas temporales como su meta primordial para diferenciarse de los paganos. Por el contrario, deben *reemplazar* tales búsquedas con metas de mayor trascendencia. Buscar primeramente el Reino («de Dios» en algunos mss.) es desear esto por sobre todo, someterse a él y participar en extender las nuevas del reino salvador de Dios, el reino mesiánico ya iniciado por Jesús, y vivir de modo que amontonemos riquezas en el cielo en la esperanza de la consumación del Reino. Se trata de ir tras las cosas por las que se ha orado en las primeras tres peticiones del Padrenuestro (6:9-10).

Buscar la justicia de Dios no es, en este contexto, buscar justificación (contr. Filson, McNeile). «Justicia» debe interpretarse como en 5:6, 10, 20; 6:1. Se trata de ir en pos de una vida recta en total sumisión a la voluntad de Dios, según lo prescrito por Jesús a lo largo de su disertación (cf. Przybylski, pp. 89-91). Tal rectitud hará que algunos nos persigan (5:10), pero otros se convertirán en discípulos y alabarán al Padre celestial (5:16). Tales metas por sí solas son dignas de la lealtad más sincera. Cualquier otra inquietud que domine la mente es inclinarse a las angustias de los paganos. «Al final, así como existen solo dos clases de piedad, la egocéntrica y la centrada en Dios, también hay solo dos clases de ambición: se puede ser ambicioso por uno mismo o por Dios. No hay una tercera alternativa» (Stott, p. 172). Dentro de tal esquema de compromiso, a los discípulos de Jesús se les asegura que todo lo necesario lo proporcionará el Padre celestial (ver 5:45; 6:9), quien demuestra su fidelidad mediante el cuidado que tiene de las aves, y aun su interés hasta en la hierba del campo.

5) Abolición de la angustia

6:34

³⁴Por lo tanto, no se angustien por el mañana, el cual tendrá sus propios afanes. Cada día tiene ya sus problemas.

34 «Por lo tanto», en vista de la solemne promesa de Dios de satisfacer las necesidades de quienes están consagrados a su reino y su justicia (v. 33), no hay que angustiarse por el mañana. El día de hoy tiene suficiente *kakia* («problema», NVI; lo que es malo desde el punto de vista humano; alguna vez aplicado al daño que los granizos causa a los sembrados [MM]; y que a veces traduce el hebreo *raáj* [«maldad», «desgracia», «aflicción»] en la LXX: Eclo 7:14; 12:1, Am 3:6). Preocuparse por las desgracias del día de mañana es absurdo, puesto que el día de hoy tiene suficiente para ocupar nuestra atención, y las temidas desgracias del futuro quizá nunca ocurran (cf. b *Sanhedrin* 100b; b *Berakoth* 9a). Es casi como si Jesús, consciente de que sus discípulos todavía son inestables e inmaduros, termina su razonamiento haciendo por un momento a un lado sus más altos ideales y motivos, y mediante una ocurrencia caprichosa, apela al sentido común. Al mismo tiempo, implícitamente está enseñando que hasta para sus discípulos la gracia de hoy día basta solo para hoy y no debe desperdiciarse en el futuro. Si el mañana trae nuevas desgracias, habrá nueva gracia para enfrentarlas.

6. Equilibrio y perfección (7:1-12)

Muchos afirman que estos versículos (1) no tienen conexión con lo que precede, (2) tienen una pequeña cohesión interna, y (3) probablemente su contexto original está en Lucas 6:37-38, 41-42. Solo la tercera afirmación es creíble.

1. La falta de conjunciones griegas en los vv. 1-7 no es inherentemente problemática; algunas omisiones similares (e.g., 6:19, 24) no perturban el flujo de pensamiento tanto como indican un nuevo «párrafo» o realzan un aforismo. La conexión con lo que precede es interna. La demanda de la justicia superior del Reino, en cumplimiento del AT (5:17-20), ha inspirado advertencias contra la hipocresía (6:1-18) y la formulación de las perspectivas del Reino (6:19-34). Sin embargo, existen otros peligros. Las exigencias de perfección pueden provocar juicio (vv. 1-5), mientras que las de amor pueden causar falta crónica de discernimiento (v. 6).

2. Por tanto, la conexión interna se establece en parte al tratar con los males opuestos. Pero tales grandes demandas en los seguidores de Jesús deben forzarles a reconocer su insuficiencia personal, y así motivarlos a la oración (vv. 7-11). La Regla de Oro (v. 12) resume el cuerpo del sermón (5:17—7:12).

3. Es difícil evaluar la relación entre 7:1-12 y Lucas 6:37-38, 41-42 (parte del sermón de Lucas). Después de estas bienaventuranzas y aflicciones (Lc 6:20-26), Lucas añade material (6:27-30) semejante a Mateo 5:38-48. Luego añade la Regla de Oro (Lc 6:31), algún material similar a Mateo 5, y luego el pasaje paralelo de Mateo 7:1-5. Así que omite todo Mateo 6, mientras Mateo 7:1-5 omite parte de lo que Lucas

mantiene en 6:37-42. Uno de los evangelistas, o los dos, han cambiado el orden del material. Ambos otorgan tan buen sentido en sus propios contextos que parece imposible decidir a favor de alguno de ellos. Aunque una expresión tan aforística como la Regla de Oro muy bien se pudo haber repetido durante el transcurso de varios días de enseñanza, no hay manera segura de demostrar que este fue o no el caso.

a. El peligro de juzgar (7:1-5)

1) El principio

7:1

1»No juzguen a nadie, para que nadie los juzgue a ustedes.

1 El verbo *krino* posee un amplio rango semántico: «juzgar» (judicialmente), «condenar», «discernir». Aquí no puede referirse a los tribunales, como tampoco 5:33-37 prohíbe los juramentos en los tribunales. Menos aun, este versículo no prohíbe todo tipo de juicio, porque las distinciones morales expuestas en el Sermón del Monte demandan que se emitan juicios decisivos. Jesús mismo continúa refiriéndose a algunas personas como perros y cerdos (v. 6), y advierte contra los falsos profetas (vv. 15-20). En otro lugar Jesús demanda que la gente «haga juicios rectos» (Juan 7:24; cf. 1 Co 5:5; Gá 1:8-9; Flp 3:2; 1 Jn 4:1). Todo esto presupone que algunos tipos de «juicio» no solo son legítimos sino obligatorios.

La demanda de Jesús aquí es que sus discípulos no juzguen ni censuren. El verbo *krino* tiene la misma fuerza en Romanos 14:10-13 (cf. Stg 4:11-12). El rigor del compromiso de los discípulos con el Reino y la justicia de Dios que se les demanda no los autoriza a adoptar una actitud de crítica. Aquellos que «juzgan» así serán a su vez «juzgados», no por los hombres (lo cual implicaría poca consecuencia), sino por Dios (lo cual calza con el tono solemne de la disertación). El discípulo que se echa sobre sí la carga de juzgar lo que otro hace usurpa el lugar de Dios (Ro 14:10) y, por tanto, se hace responsable ante él. El *jina me* («a fin de que... no»; NVI, «o») debe por eso recibir todo énfasis como finalidad o propósito: «No asuman el lugar de Dios decidiendo que tienen el derecho de ponerse en juicio sobre todos. No lo hagan, les digo, a fin de evitar tener que dar cuentas a Dios cuyo puesto ustedes usurpan» (cf. b *Shabbath* 127b; M *Sotah* 1:7; b *Baba Metzia* 59b).

2) La justificación teológica

7:2

2Porque tal como juzguen se les juzgará, y con la medida que midan a otros, se les medirá a ustedes.

2 El fuerte juego de palabras en griego sugiere que se trata de un dicho proverbial. Formalmente es muy similar a M *Sotah* 1:7; sin embargo, el uso que se hace de este es en todo caso más bien característico (cf. Dalman, pp. 223 y sig.). Precisamente por ser un proverbio, en realidad Jesús mismo en otra parte le da otro uso (Mr 4:24). El punto es semejante al ya establecido (5:7; 6:12, 14-15): al no perdonar ni demostrar amor el individuo que juzga manifiesta su propia arrogancia y falta de arrepentimiento, lo cual le impide recibir el perdón de Dios (cf. Manson, *Sayings*, p. 56).

Según algunos rabinos, Dios tiene dos «medidas»: misericordia y justicia (Lv R 29.3). Posiblemente Jesús utilizó estas palabras, y las adoptó a sus propios fines. Quien se pone como juez no puede alegar ignorancia de la Ley (Ro 2:1; cf. Stg 3:1); quien insiste en emitir juicio inmisericorde no es digno de recibir compasión (Stg 2:13; 4:12). El problema retorna en 18:23-35; aquí «el mandamiento de *no juzgar* no es un requisito para ser ciego, sino más bien un llamado a ser generoso. Jesús no nos dice que dejemos de ser seres humanos (suspendiendo nuestros poderes críticos que nos ayudan a distinguirnos de los animales), sino que renunciemos a la presuntuosa ambición de ser Dios (poniéndonos como jueces)» (Stott, p. 177, énfasis suyo).

3) *Un ejemplo*

7:3-5

> [3]»¿Por qué te fijas en la astilla que tiene tu hermano en el ojo, y no le das importancia a la viga que está en el tuyo? [4]¿Cómo puedes decirle a tu hermano: "Déjame sacarte la astilla del ojo", cuando ahí tienes una viga en el tuyo? [5]¡Hipócrita!, saca primero la viga de tu propio ojo, y entonces verás con claridad para sacar la astilla del ojo de tu hermano.

3-5 El *karfos* («partícula de aserrín») puede ser cualquier rezago de materia extraña (v. 3). El *dokos* («viga» o «leño») es obviamente una hipérbole pintoresca. Jesús no dice que sea errado ayudar a un hermano (en cuanto a «hermano», vea 5:22; Jesús aparentemente se está refiriendo a la comunidad de sus discípulos) a quitarse la astilla en el ojo, sino que está mal que una persona con una «viga» en el ojo ofrezca ayuda. Esto es pura hipocresía (vea 6:2). Segunda de Samuel 12:1-12 constituye un dramático ejemplo tomado del AT (cf. Lc 18:9). No será suficiente decir que las palabras de Jesús en este pasaje «tengan la intención de excluir toda acusación contra otro» (Hill, *Matthew*), puesto que hacerlo implicaría no tomar en serio el v. 5 y excluir lo que dice el v. 6. En la hermandad de los discípulos de Jesús, las críticas severas son inútiles. Sin embargo, cuando un hermano en un espíritu de mansedumbre y de juicio para consigo mismo (cf. 1 Co 11:31; Gá 6:1) se quita la viga de su propio ojo, aun tiene la responsabilidad de ayudar a que su hermano se quite su astilla (cf. 18:15-20).

Notas

---

4   El futuro πῶς ἐρεῖς (*pos ereís*, lit., «cómo puedes decirle») es un ejemplo en el cual, bajo influencia semítica, este tiempo verbal a veces se utiliza de manera modal para describir lo que puede ser (Zerwick, par. 279). Ver Lc 6:42: πῶς δύναται λέγειν (*pos dúnatai légein*, «cómo puedes decirle»).

---

b. *Peligro de no discernir*

7:6

6»No den lo sagrado a los perros, no sea que se vuelvan contra ustedes y los despedacen; ni echen sus perlas a los cerdos, no sea que las pisoteen.

6 Aunque este dicho se utiliza después para excluir de la eucaristía a las personas no bautizadas (*Didajé* 9.5), ese no es su propósito. Tampoco está conectado con los versículos previos al tratar ahora con personas que, aunque confrontadas con sus «faltas», rehúsan aceptarlas, como sucede en 18:12-20. Más bien, el versículo advierte contra el peligro de lo opuesto. Los discípulos a quienes se les exhorta a amar a sus enemigos (5:43-47) y no juzgar (v. 1) podrían errar en considerar las sutilezas del razonamiento y volverse papanatas que no disciernen. Este versículo resguarda contra tal posibilidad.

Los «cerdos» no solo son animales inmundos sino violentos y malos, capaces de acciones salvajes contra una persona. «Perros» no se refiere aquí a mascotas caseras: en las Escrituras son normalmente salvajes, asociados con lo inmundo y detestable (e.g., 1 S 17:43; 24:14; 1 R 14:11; 21:19; 2 R 8:13; Job 30:1; Pr 26:11; Ec 9:4; Is 66:3; Mt 15:27; Flp 3:2; Ap 22:15). Ambos animales sirven como descripción de lo que es depravado, inmundo y abominable (cf. 2 P 2:22). Las cuatro líneas del v. 6 son una inversión retórica de la segunda de dos estructuras análogas del ABBA (Turner, *Syntax*, pp. 346-47). Los cerdos pisotean las perlas bajo las patas (quizá por la desilusión de que no se comen), y a los perros les disgusta tanto «lo que es sagrado», que se vuelven contra el dador.

El problema radica en *to jagion* («lo que es sagrado»). ¿Cómo se produce esta analogía con «perlas», y qué realidad se concibe para hacer que la historia dé resultado?

1. Algunos sugieren que *to jagion* se refiere a «alimento santo» ofrecido en conexión con los servicios del Templo (cf. Éx 22:31; Lv 22:14; Jer 11:15; Hag 2:12). Pero esta es una extraña forma de referirse a eso, y no es obvio por qué los perros la menospreciarían.

2. Otra sugerencia es que *to jagion* es una mala traducción del arameo *quedasá* (heb. *nezem*, «argolla») refiriéndose a Proverbios 11:22 (cf. Black, *Aramaic Approach*, pp. 200 y sig.). Pero apelar a una mala traducción no debe ser la primera línea de enfoque; y aquí la analogía de perlas y cerdos, obviamente tomando de modo errado perlas por comida, se destruye.

3. P.G. Maxwell-Stuart («"Do not give what is holy to the dogs" [Mt 7[6]]», ExpT 90, 1978-79, 341) ofrece una enmienda textual.

4. Sin embargo, parece más sensato reconocer que, como en 6:22-23, la interpretación de la metáfora ya se insinúa en sí misma. «Lo que es sagrado» en Mateo es el evangelio del Reino; por tanto, el aforismo prohíbe la proclamación del evangelio a ciertas personas que se tienen como perros y cerdos. En lugar de pisotear el evangelio bajo los pies, todo se debe «vender» para extenderlo (13:45-46).

El v. 6 no es una directriz contra la evangelización de los gentiles, especialmente en un libro lleno de diversos apoyos para esto, y especialmente 28:18-20 (10:5, debidamente entendido, no es excepción). «Perros» y «cerdos» no puede referirse a todos los gentiles sino, como Calvino de modo correcto lo percibe, solo a personas de cualquier raza que hayan dado claras evidencias de rechazar el evangelio con despiadado desdén y habitual menosprecio. Más tarde los discípulos reciben una lección similar (10:14; 15:14), y los cristianos de después de la Resurrección lo aprendieron bien (cf. Hch 13:44-51; 18:5-6; 28:17-28; Tit 3:10-11). Así que cuando se unen los vv.1-5 y el v. 6 se obtiene del evangelio algo análogo al proverbio «No reprendas al insolente, no sea que acabe por odiarte; reprende al sabio y te amará» (Pr 9:8).

c. Fuente y medios de poder

7:7-11

> 7»Pidan, y se les dará; busquen, y encontrarán; llamen, y se les abrirá. 8Porque todo el que pide, recibe; el que busca, encuentra; y al que llama, se le abre.
>
> 9»¿Quién de ustedes, si su hijo le pide pan, le da una piedra? 10¿O si le pide un pescado, le da una serpiente? 11Pues si ustedes, aun siendo malos, saben dar cosas buenas a sus hijos, ¡cuánto más su Padre que está en el cielo dará cosas buenas a los que le pidan!

7-8 Zahn trata de establecer una conexión entre estos versículos y los precedentes diciendo que Jesús ahora enseña que es mejor pedir a Dios que quite la astilla en el ojo de otra persona. Stott entiende los vv. 1-11 en función de relaciones: a los creyentes (vv.1-5), a los «cerdos» y «perros» (v. 6) y a Dios (vv. 7-11). Bonnard es el mejor ejemplo de quienes dicen que no existe conexión alguna entre los vv. 7-11 y los versículos precedentes. Sin embargo, en realidad existen profundas conexiones temáticas. Schalter percibe una de ellas cuando observa que Jesús, habiendo expuesto a sus discípulos las dificultades, ahora les exhorta a orar. Además, uno de los rasgos más dominantes de la enseñanza de Jesús sobre la oración es la seguridad de que él escuchará (cf. H.F. von Campenhausen, «Gebetserhörung in den überlieferten Jesusworten und in den Reflexion des Johannes», *Kerygma und Dogma* 23, 1977, 157-71). Pero tal oración no es para fines egoístas sino siempre para la gloria de Dios según los intereses del Reino. Así que el Sermón del Monte establece la justicia, la sinceridad, la humildad, la pureza y el amor que se espera de los seguidores de Jesús; y además se les asegura que estos dones los podrán recibir si los buscan a través de la oración.

El sermón comenzó con reconocimiento de la bancarrota personal (5:3), y ha provisto un modelo de oración (6:9-13). Ahora (v. 7) en tres imperativos (pedir, buscar y llamar) simétricamente repetidos (v. 8), y en tiempo presente para resaltar la persistencia y sinceridad que se requieren (cf. Jer 29:13), Jesús asegura a sus discípulos que, lejos de demandar lo imposible, está proveyendo los medios para lo que de otro modo sería imposible. «Uno podría ser un hombre verdaderamente diligente y ser pobre en asuntos temporales; pero nadie puede ser un hombre verdaderamente de oración y ser pobre en asuntos espirituales» (Broadus). Con demasiada frecuencia los cristianos no poseen las señales de la exquisita textura del discipulado porque no piden, o porque lo hacen con motivos egoístas (Stg 4:2-3). Pero los mejores dones, los recomendados por el Sermón del Monte, están a la disposición de «todos» (v. 8) los que persistentemente piden, buscan y llaman.

Los discípulos de Jesús orarán («pedir») con formal sinceridad («buscar») y de una manera activa y diligente buscarán del camino de Dios («llamar»). Igual que un padre humano, el Padre celestial utiliza estos medios para enseñar a sus hijos cortesía, persistencia y diligencia. Si el hijo prevalece con un padre considerado, es porque el padre ha moldeado al hijo a su manera. Si Jacob prevalece con Dios, es Jacob quien resulta herido (Gn 32:22-32).

9-11 Se presenta otro razonamiento *a fortiori* (ver 6:25). En griego tanto el v. 9 y el v. 10 comienzan con *é* («o»), cuyo significado probable es «o dicho de otra manera, quién de ustedes, etc.» Ningún padre decepcionaría a su hijo que le pide pan o pescado dándole algo parecido, pero que es una piedra incomible o una peligrosa serpiente. El punto en cuestión no es simplemente la disposición de los padres de dar sino su disposición de dar buenas cosas, aun cuando ellos mismos son malos. Jesús presupone la pecaminosidad (v. 11) de la naturaleza humana (excluyéndose él mismo; dice «ustedes», no «nosotros»), pero implícitamente reconoce que esto no significa que todos los seres humanos sean tan malos como podrían serlo, ni totalmente malos en todo lo que hacen. Las personas son perversas; están centradas en sí mismas, no en Dios. Esto corrompe todo lo que hacen. Sin embargo, dan cosas buenas a sus hijos. Si es así, ¿cuánto más el Padre celestial, quien es pura bondad, ha de entregar buenas dádivas a quienes piden?

Cuatro observaciones unirán algunos cabos sueltos.

1. Lachs («Textual Observations», pp. 109 y sig.) insiste en que el «concepto de que el hombre es pecador desde el nacimiento, concebido en pecado, y pronunciamientos similares, es un desarrollo teológico posterior», y por ende propone enmendar el texto de un supuesto original semítico. Aunque es cierto que la literatura rabínica normalmente no describe al hombre como malvado por herencia, es erróneo decir que la idea surge solo después de Jesús, quizá de Pablo (cf. Sal 14:1-3; 51; 53:1-3; Ec 7:20). Por lo general Jesús supone la pecaminosidad de la humanidad (cf. TDNT, 6, 554-55). De ahí que los análogos rabínicos de los vv. 7-11 sean de valor limitado: resaltan la analogía del padre cuidadoso, pero no la suposición de que el padre humano sea perverso.

2. El lenguaje de la paternidad de Dios está reservado para su relación con los discípulos de Jesús (ver 5:45). Las bendiciones prometidas como resultado de estas oraciones no son las bendiciones de la gracia común (cf. 5:45) sino del Reino. Y aunque debemos pedirlas, no es porque Dios deba ser informado (6:8) sino porque esta es la manera en que el Padre entrena a su familia.

3. Lo que fundamentalmente está en juego es la imagen que el hombre tiene de Dios. No se debe pensar en el Señor como un extraño renuente a quien puede adularse o intimidarse para que confiera sus bienes (6:7-8), ni como un tirano malicioso que se alegra despiadadamente de las burlas que hace (vv. 9-10), ni incluso se debe pensar en Dios como un abuelo indulgente que da todo lo que se le pide. Él es el Padre celestial, el Dios del Reino, quien con gracia y voluntad entrega los cosas buenas del Reino en respuesta a la oración.

4. En cuanto a las «dones buenos» como dones espirituales (cf. Ro 3:8; 10:15; Heb 9:11; 10:1) y la referencia paralela al Espíritu Santo (Lc 11:13), vea Marshall, *Luke*, pp. 469 y sig.

d) *Equilibrio y perfección*

7:12

> ¹²Así que en todo traten ustedes a los demás tal y como quieren que ellos los traten a ustedes. De hecho, esto es la ley y los profetas.

12 La Regla de Oro no la inventó Jesús; uno la encuentra en varias formas en ambientes muy diversos. Alrededor del año 20 d.C., el rabino Hillel, desafiado por un gentil a resumir la Ley en el corto tiempo en que este podía pararse en una pierna, se dice que respondió: «No hagas a los demás lo que te resulta abominable. Esta es toda la Ley; todo el resto es comentario. Anda y apréndelo» (b *Shabbath* 31a). Al parecer solo Jesús expresó la regla de manera positiva. Al enunciarla de este modo seguramente dice más que su contraparte negativa, puesto que habla contra pecados tanto de omisión como de comisión. Las cabras en 25:31 se exonerarían bajo la forma negativa de la regla, pero no bajo la forma atribuida a Jesús.

El *oun* («por tanto») puede referirse a los vv. 7-11 (i.e., porque Dios da buenas cosas, los discípulos de Jesús deben vivir esta regla como una función de gratitud) o a los vv. 1-6 (i.e., en lugar de juzgar a los demás, debemos tratarlos como nos gustaría que nos traten). Pero más probablemente se refiere a todo el cuerpo del sermón (5.17—7:12), puesto que aquí hay una segunda referencia a la «Ley y los Profetas»; y esto parece formar una estructura con 5:17-20. «Por tanto», a la luz de todo lo que he enseñado acerca de la verdadera dirección a la cual señala la ley del AT, obedezcan la Regla de Oro; porque esta es la Ley y los Profetas (cf. Ro 13:9). Al ponerlo así provee una máxima contundente y flexible que nos ayuda a decidir aspectos morales en miles de casos, sin la necesidad de multiplicar en detalles la Ley. La regla no es arbitraria, no le falta soporte lógico, como en el humanismo radical; en la mente de Jesús sus razones radican en su conexión con la verdad revelada en «la Ley y los Profetas». La regla abarca cantidad («en todo») y calidad (*joutos kai*, «así que [hagan] »).Y en el contexto de cumplir las Escrituras, la regla da un resumen accesible de la justicia que debe prevalecer en el Reino.

Por sobre todo, este versículo no se debe entender como una máxima utilitaria parecida a «es negocio ser sinceros». Debemos hacer a los demás lo que quisiéramos que ellos nos hagan, no solo porque esperamos lo mismo en retribución, sino porque tal conducta es la meta de la Ley y los Profetas. En el sentido más profundo, la regla *es* la Ley y los Profetas en la misma forma que el Reino es el cumplimiento de todo lo que la Ley y los Profetas predijeron.

7. *Conclusión: llamado a decidirse y comprometerse* (7:13-27)

a. *Dos caminos*

7:13-14

> ¹³»Entren por la puerta estrecha. Porque es ancha la puerta y espacioso el camino que conduce a la destrucción, y muchos entran por ella. ¹⁴Pero

estrecha es la puerta y angosto el camino que conduce a la vida, y son pocos los que la encuentran.

El Sermón del Monte termina con cuatro advertencias, y cada una ofrece contrastes en parejas: dos caminos (vv. 13-14), dos árboles (vv. 15-20), dos clamores (vv. 21-23), y dos edificadores (vv. 24-27). Estos se enfocan en el juicio escatológico y dejan claro que el tema aún es el Reino de los Cielos. Pero si algunos no han de entrar (vv. 13-14, 21-23), la única base de una tragedia tal es la respuesta que se da a las palabras de Jesús. Al final del sermón, la proclamación mesiánica se encuentra implícita y solo escasamente velada.

13-14 El lenguaje de «dos caminos» es común en la literatura judía, tanto canónica como fuera del canon (e.g., Dt 30:19; Sal 1; Jer 21:8; Ec 21:11-14; 2 Esd 7:6-14; T Asher 1:3, 5; 1QS 3:20 y sig.). La imagen general es suficientemente clara: hay dos puertas, dos caminos, dos multitudes, dos destinos. La puerta «estrecha» es claramente restrictiva y no permite entrada a lo que Jesús prohíbe. La puerta «ancha» parece mucho más atractiva. El camino espacioso acoge a la multitud y su equipaje; el otro camino es «estrecho». Para esto se utilizan dos palabras: *stené* («angosto», v.13) y *tedslimmené* (v.14), y esta última es similar a *dslipsis* («tribulación»), que casi siempre se refiere a persecución. Por tanto, este texto dice que el camino del discipulado es «angosto», restrictivo, porque es el camino de la persecución y oposición, un tema importante en Mateo (ver 5:10-12, 44; 10:16-39; 11:11-12; 24:4-13; cf. esp. A.J. Mattill, hijo, «The Way of Tribulation», JBL 98, 1979, 531-46). Compare Hechos 14:22 «Es necesario pasar por muchas dificultades [*dia pollon dslipseon*, "por mucha persecución"] para entrar en el reino de Dios».

Pero los dos caminos no son un fin en sí mismos. El camino angosto lleva a la vida, i.e., al Reino consumado (cf. vv. 21-23; Evangelio de Juan); pero el camino ancho lleva a la *apoleia* («destrucción»), «destrucción definitiva, no simplemente en el sentido de extinguirse la existencia física, sino más bien en un eterno salto al Hades y un desesperanzado destino de muerte» (A. Opeke, TDNT, 1:396; cf. 25:34, 46; Jn 17:12; Ro 9:22; Flp 1:28; 3:19; 1 Ti 6:9; Heb 10:39; 2 P 2:1, 3; 3:16; Ap 17:8, 11). (Sobre los números relativos [«muchos… pocos»], vea 22:14; Lc 13:22-30; Ap 7:9.) Las decisiones democráticas no determinan la verdad y la justicia en el Reino. Que existan solo dos caminos es el resultado inevitable del hecho de que el que conduce a la vida es exclusivamente por revelación. Pero si la verdad en tales asuntos no debe buscarse apelando a la opinión de la mayoría (Éx 23:2), tampoco la puede encontrar cada persona que cree hacer lo que es correcto (Pr 14:12; cf. Jue 21:25). Dios es siempre veraz aunque el hombre sea mentiroso (Ro 3:4).

Allí persiste una importante dificultad metafórica. Dada la exactitud del texto (cf. Metzger, *Textual Commentary*, p. 19), ¿debemos pensar en caminos que llevan a la puerta, de modo que una vez traspasada el viajero haya llegado a su destino, sea a la destrucción o al reino consumado? ¿O es la puerta algo por lo que se entra *en esta vida*, con los caminos, ancho y angosto, que se extienden ante el peregrino? Tasker y Jeremias (TDNT, 6:922-23), adoptan la alternativa anterior, Jeremías apela a Lucas 13:23-24, donde se menciona una puerta, no un camino.

Este afirma que Jesús originalmente dijo algo acerca de pasar por una puerta o entrada, y que la forma de Mateo es un popular *justeron-proteron* («posterior-anterior») modo de decir cosas con el verdadero orden invertido (como «trueno y relámpago»).

No sólo Lucas 13:23-24 es tan diferente de Mateo 7:13-14 que uno puede preguntarse si ambos surgen de la misma expresión, pero incluso en Lucas la entrada por la puerta no es simplemente escatológica, puesto que llega un momento en que la puerta se cierra y nadie más puede entrar. Esto sugiere que es la puerta cerrada lo que elimina la posibilidad de que se pueda seguir entrando, aunque la entrada en sí toma lugar ahora (una forma de escatología realizada). Este paralelo conceptual con Mateo, más el orden de puerta-camino, sugiere no que la puerta marque la entrada al reino consumado, sino que aquella entrada por la puerta al camino angosto de la persecución empieza *ahora*, pero muestra el resultado en el reino consumado al otro término del camino (Grosheide, Hendriksen). De este modo la puerta angosta no se interpreta de manera superflua; por el contrario, confirma que incluso el inicio de este sendero hacia la vida es restrictivo. No se trata de un embudo que progresivamente se angosta, sino de una transición decisiva.

Esta exégesis lleva a dos conclusiones.

1. Jesús no anima a discípulos consagrados, «cristianos», a seguir adelante por el camino angosto y recibir la recompensa al final. Más bien les ordena entrar por el camino marcado con la persecución, y recibir la recompensa al final. Los «discípulos» de Jesús (ver 5:1), por tanto, no son cristianos hechos y derechos en el sentido posterior a Pentecostés. Jesús está tratando con personas más o menos entregadas a él que todavía no han entrado realmente al camino «cristiano». ¿Cómo podían haber entrado en él? Sólo ahora se introducía en la corriente de la historia redentora como cumplimiento de lo que había venido antes. Que Mateo conserve tan sutiles diferencias habla bien de su habilidad de seguir el desarrollo de la salvación y así evitar anacronismo histórico. Aunque es teólogo, Mateo es también un historiador responsable.

2. Implícitamente, la entrada al Reino —o para preservar el lenguaje que Mateo utiliza aquí pero no siempre en otro lugar (e.g. 12:28), la entrada al camino del Reino— empieza aquí y ahora al ingresar por la puerta pequeña, por el camino estrecho de la persecución, bajo la autoridad de Jesucristo (cf. vv. 21, 26).

Notas

---

13 La frase δὶ αὐτῆς (*di autés*, «a través de esta») se podría referir en griego a la puerta o al camino (cf. 8:28); sin embargo, las líneas principales de exégesis (arriba) no se afectan.

14 Quizá τί (*ti*, normalmente «qué» o «por qué»; «porque» RVR; «pero», NVI) es la lectura correcta, y lleva la misma fuerza que מָה (*maj*, «cómo»; e.g., Sal 139:17) en hebreo (cf. Black, *Aramaic Approach*, p. 123; BDF, par. 299, 4; Metzger, *Textual Commentary*, p. 19).

---

b. Dos árboles

7:15-20

[15]»Cuídense de los falsos profetas. Vienen a ustedes disfrazados de ovejas, pero por dentro son lobos feroces. [16]Por sus frutos los conocerán. ¿Acaso se recogen uvas de los espinos, o higos de los cardos? [17]Del mismo modo, todo árbol bueno da fruto bueno, pero el árbol malo da fruto malo. [18]Un árbol bueno no puede dar fruto malo, y un árbol malo no puede dar fruto bueno. [19]Todo árbol que no da buen fruto se corta y se arroja al fuego. [20]Así que por sus frutos los conocerán.

Mucho debate reciente ha enfocado la atención en la identidad de los falsos profetas de la iglesia de Mateo. El razonamiento se vuelve extenso en parte al identificar el v. 15 como creación de Mateo, y al intentar discutir la historia de tradición de los vv. 16-20; 12:33-35; Lucas 6:43-45. La misma evidencia se interpreta mejor para apoyar la tesis de que Jesús en su prédica itinerante usa metáforas similares en una amplia variedad de maneras. El v. 15 no posee paralelo sinóptico; sin embargo, el pensamiento ciertamente no es extraño a otras advertencias de Jesús (e.g., 24:4-5, 11, 23-24; Mr 13:22), y el lenguaje de Mateo no es gran evidencia de falta de autenticidad (cf. Introducción, sección 2). La misma diversidad de las identificaciones —los falsos profetas son celotes, gnósticos, escribas, antinomiano, antipablistas (para un reciente escrutinio, cf. D. Hill, «False Prophets and Charismatic: Structure and Interpretation in Matthew 7, 15-23», *Biblica* 57, 1976, 327-48)— sostiene que Jesús hizo una advertencia más bien con amplios límites susceptibles a diversas aplicaciones. Hill mismo ve fariseos del 80 d.C. en los vv. 15-20 (¿Llamaban fariseos a los rabinos del 80 d.C.?) y carismáticos en los vv. 21-23. E. Cothenet («Les prophètes chrétiens dans l'Evangile selon Saint Matthieu» Didier, pp. 281-308) cree que Jesús en los vv. 15-23 está condenando a los celotes, pero Mateo reaplica sus palabras para condenar a los antinomianos. Además, Paul S. Minear («False Prophecy and Hypocrisy in the Gospel of Matthew», Gnilka, *Neues Testament*, pp. 76-93) critica las teorías que se centran en antinomianos y fariseos, y entiende el extracto que advierte contra la hipocresía y la falsa profecía completamente dentro de la comunidad cristiana.

Intrínsicamente no existe nada poco probable acerca de la idea de que Jesús advirtiera contra los falsos profetas, dado que anticipó la continua existencia de su recién formada comunidad por un tiempo sustentable. Sin duda él estaba empapado en los informes del AT sobre los falsos profetas anteriores (Jer 6:13-15; 8:8-12; Ez 13; 22:27; Sof 3:4). Con seguridad los primeros cristianos se enfrentaron a los falsos profetas (cf. v. 15) que Jesús había predicho (Hch 20:29; 2 Co 11:11-15; 2 P 2:1-3, 17-22; cf. 1 Jn 2:18, 22; 4:1-6). En vista del cuidado que daba Mateo a la preservación de las distinciones históricas (ver 7:13-14), existe poca razón para dudar que esto fuera enseñanza del Jesús histórico. Por supuesto, esto presupone que Jesús se veía a sí mismo como un profeta verdadero (cf. 21:11, 46).

15 Las advertencias contra los falsos profetas se basan necesariamente en la convicción de que no todos los profetas son verdaderos, de que la verdad puede violarse, y de que los enemigos del evangelio por lo general encubren su hostilidad y tratan de pasar como creyentes. A primera vista utilizan lenguaje ortodoxo, muestran piedad bíblica, y no se distinguen de los verdaderos profetas (cf. 10:41). Por tanto, es vital saber cómo distinguir las ovejas de los lobos vestidos de ovejas. Jesús no dice explícitamente quién tendrá el discernimiento para proteger la comunidad, pero sugiere que la comunidad misma por todos los medios debe protegerse de los lobos.

No se han establecido ni el daño de estos falsos profetas ni el tipo de falsa enseñanza; sin embargo, el curso del Sermón del Monte y su trasfondo del AT sugieren que tales supuestos profetas ni reconocen ni enseñan el camino angosto a la vida sujeto a persecución (vv. 13-14; cf. Jer 8:11, Ez 13, donde los profetas claman «¡Paz!» cuando no hay paz). Nunca se han puesto bajo la autoridad del Reino (vv. 21-23); y puesto que la única alternativa a la vida es destrucción (vv. 13-14), ponen en peligro a sus seguidores.

16-20 Desde cierta distancia las pequeñas moras en la rama se pueden confundir con uvas, y las flores de ciertos cardos podrían engañarnos y hacernos creer que están naciendo higos (v. 16). Pero el engaño no durará mucho tiempo. ¡Así sucede con la gente! El «fruto» de alguien —no solamente lo que hace sino todo lo que dice y hace— al final revelará quién es (cf. Stg 3:12). La forma de expresión semítica (i.e., tanto negativa como positiva, es decir, todo buen árbol lleva fruto bueno, ningún árbol bueno lleva fruto malo, etc.) da valor a la prueba, pero no necesariamente de modo fácil y rápido. Vivir de acuerdo a las normas del Reino puede fingirse por un tiempo; sin embargo, lo que alguien es se revelará al fin en lo que hace. Por más que cuiden las palabras, éstas al final lo traicionarán (cf. 12:33-37; Lc 6:45). Al final los falsos profetas derriban la fe (2 Ti 2:18) y promueven división, amargura (1 Ti 6:4-5; 2 Ti 2:23), y varias clases de impiedad (2 Ti 2:16). Es necesario discernir y comprender con mansedumbre las consecuencias lamentables de las enseñanzas de los falsos profetas. Pero al mismo tiempo se debe evitar la censura crítica hacia pequeñeces.

La redacción común entre 3:10 (palabras del Bautista) y 7:19 pueden sugerir que el v.19 fue proverbial, o que varias expresiones se convirtieron en normas durante el tiempo en que Jesús y Juan el Bautista estaban ministrando (cf. 3:2; 4:17). El v. 19 es un importante ejemplo de esto, puesto que aquí tenemos evidencia independiente de que Jesús predicó en esta tendencia (cf. Mr 1:15) de modo que no hay por qué pensar que Mateo haya transferido una expresión del Bautista a los labios de Jesús.

c. Dos clamores

7:21-23

> ²¹»No todo el que me dice: "Señor, Señor", entrará en el reino de los cielos, sino sólo el que hace la voluntad de mi Padre que está en el cielo. ²²Muchos me dirán en aquel día: "Señor, Señor, ¿no profetizamos en tu nombre, y en tu nombre expulsamos demonios e hicimos muchos milagros?" ²³Entonces les diré claramente: "Jamás los conocí. ¡Aléjense de mí, hacedores de maldad!"

21-23 Si los vv. 15-20 tratan con falsos profetas, los vv. 21-23 tratan con falsos seguidores. Quizá algunos se volvieron falsos debido a los falsos profetas. Su clamor de «Señor, Señor» (v. 21) refleja fervor. Es dudoso que en la época de Jesús se haya usado «Señor» para dirigirse a él queriendo decir tan solo «maestro» o «señor». Sin embargo, en el período posterior a la Resurrección se volvió un término para la adoración y una confesión de la deidad de Jesús. Por lo tanto, algunos sospechan que aquí hay un anacronismo. Dos factores apoyan autenticidad: (1) el paralelo en Lucas 6:46 (cf. también Jn 13:12-16); (2) el hecho de que a lo largo de su ministerio Jesús se refirió a sí mismo en categorías relativamente veladas cuyo significado total podía solo entenderse después de la Resurrección. Esto último es central para entender el título de «Hijo del Hombre» (ver 8:20), que se repite en varias formas a lo largo de todos los evangelios, y es central especialmente en Juan (cf. Carson, «Christological Ambiguities»; id., «Understanding misunderstandings in the Fourth Gospel», *Tyndale Bulletin*, 1982, 59-91).

En realidad, se le puede dar vuelta a la tortilla. Lejos de dar evidencia de que prácticamente todo uso de *kurios* («Señor») en este evangelio es anacrónico porque presupone una alta cristología (e.g., Kingsbury, *Matthew*), estos versículos sugieren que Mateo está penosamente consciente de que el título quizá no quiera decir nada. Esto explica, por ejemplo, la profunda ironía del «de ninguna manera, Señor» de Pedro (16:22). Jesús mismo está preparando a sus seguidores para poner profundo contenido en ese título. Porque en definitiva la obediencia, no los títulos, es lo contundente.

El factor determinante en relación con quién entra en el reino es la obediencia a la voluntad del Padre (v. 19; cf. 12:50). Este es el primer uso de «mi Padre» en Mateo (cf. Lc 2:49; Jn 2:16); como tal podría apoyar la verdad, enseñada a lo largo de todo el sermón, de que solo Jesús ha afirmado ser la revelación autorizada de la voluntad de su Padre (v. 21). No es muy acertado decir que la voluntad del Padre simplemente es la ley del AT, ligeramente retocada por Jesús, y que por tanto la iglesia mateana «parece no estar consciente del cristianismo paulino, o que no recibió su influencia» (Hill, *Matthew*), puesto que:

1. Si la exégesis precedente del Sermón del Monte es correcta, Mateo no dice que Jesús está simplemente encargándose de la Ley sino que *cumple* la Ley, y así determina la naturaleza de su continuidad.

2. Dentro de este esquema Mateo sitúa a Jesús en un punto tan distinto (i.e., anterior) de la historia de la salvación como cualquier iglesia en el tiempo de Mateo, puesto que Jesús es quien trae la nueva dispensación.

3. Las supuestas tendencias antinómicas de Pablo están implícitamente exageradas por la reconstrucción de Hill, puesto que es difícil pensar en algo en el sermón que Pablo no diga en otras palabras. Las diferencias entre Mateo y Pablo —y las hay importantes— tienen que ver más con diferencias de interés y en su relativo lugar en la corriente de la historia de la redención. Además, como veremos, Mateo resalta la gracia con firmeza; por tanto, es legítimo preguntarse si está presentando obediencia a la voluntad del Padre como base o como requisito de entrada al Reino. Pablo negaría solamente lo primero, e insistiría en lo último no menos de lo que lo haría Mateo.

«Aquel día» es el Día del Juicio (cf. Mal 3:17-18; 1 Enoc 45:3; cf. Mt 25:31-46: Lc 10:12; 2 Ts 1:7-10; 2 Ti 1:12; 4:8: Ap 16:14). Los falsos profetas han profetizado en el nombre de Jesús y en su nombre exorcizaron demonios e hicieron milagros. No hay razón para juzgar como falsas sus afirmaciones; no son falsas sino insuficientes. Significativamente, los milagros que Jesús especifica fueron todos hechos por sus discípulos durante su ministerio (cf. 10.1-4): no menciona un don posterior, como el de lenguas.

El v. 23 presupone una cristología implícita de mayor orden. Jesús mismo no solo decide quién entra en el Reino el último día, sino también quién será expulsado de su presencia. Que él no reconociera a los falsos que afirmaban tales cosas descubre repentinamente una nota bíblica común: cuán cerca de la realidad espiritual puede alguien llegar sin saber nada de su realidad fundamental (e.g., Balán; Judas Iscariote; Mr 9:38-39; 1 Co 13:2; Heb 3.14; 1 Jn 2:19). «Pero no todo el que habla en un espíritu es profeta, a no ser que tenga la conducta del Señor» (*Didajé* 11.8).

Se pueden hacer dos observaciones finales. Primera, aunque «no tengo nada que ver contigo» es la más apacible de las censuras rabínicas (SBK, 4:293), las palabras utilizadas aquí son claramente definitivas y escatológicas en el contexto solemne de «aquel día» y la entrada al Reino. Segunda, «Aléjense de mí, hacedores de maldad» se cita de Salmo 6:8 (cf. Lc 13:27). En el salmo, apoyado por Jehová, quien sufre pide que los malvados se alejen. De nuevo es difícil evitar la conclusión de que Jesús mismo vincula la autoridad del Rey mesiánico con el justo que sufre, por más velada que fuera la alusión (vea 3:17).

d. *Dos edificadores*

7:24-27

24»Por tanto, todo el que me oye estas palabras y las pone en práctica es como un hombre prudente que construyó su casa sobre la roca. 25Cayeron las lluvias, crecieron los ríos, y soplaron los vientos y azotaron aquella casa; con todo, la casa no se derrumbó porque estaba cimentada sobre la roca. 26Pero todo el que me oye estas palabras y no las pone en práctica es como un hombre insensato que construyó su casa sobre la arena. 27Cayeron las lluvias, crecieron los ríos, y soplaron los vientos y azotaron aquella casa, y ésta se derrumbó, y grande fue su ruina.»

24-27 El sermón de Lucas termina con la misma observación (Lc 6:47-49). Es probable que los dos evangelistas adaptaran la parábola a la situación de sus lectores. Los vv. 21-23 contrastan «decir» con «hacer»; y estos contrastan «oír» con «hacer» (Stott, p. 208), no muy diferente de Santiago 1:22-25; 2:14-20 (cf. Ez 33:31-32). Además, la voluntad del Padre (v. 21) llega a ser definitiva en lo que Jesús llama «estas palabras» (v. 24): *su* enseñanza es definitiva (vea 5:17-20; 28:18-20).

A la luz de la acción radical de los vv. 21-23, «por tanto» (v. 24) ambas posiciones pueden estar vinculadas a dos edificadores y sus casas. Cada casa parece segura en buen clima. Sin embargo, Palestina se conoce por sus lluvias torrenciales que pueden convertir lechos secos en torrentes furiosos. Solo las tormentas revelan la calidad del trabajo de los dos constructores. El pensamiento nos recuerda la parábola del sembrador en la cual la semilla sembrada en terreno pedregoso dura solo poco tiempo, hasta que «surgen problemas o persecución a causa de la Palabra» (13:21). La mayor tormenta es escatológica (cf. Is 28:16-17; Ez 13:10-13; cf. Pr 12:7). Sin embargo, las palabras de Jesús acerca de las dos casas no deben, por tanto, restringirse. El punto es que el hombre prudente (un término que se repite en Mateo; cf. 10:16; 24:45; 25:2, 4, 8-9) edifica para resistir cualquier cosa.

Está claro de qué se trata la sabiduría (*fronimos*; el término está ausente en Marcos y se encuentra dos veces en Lucas [12:42; 16:8]). El sensato representa a los que ponen en práctica las palabras de Jesús; también están edificando para resistir cualquier cosa. Quienes actúan como si tuvieran fe, que solo tienen una entrega intelectual, o quienes se gozan en Jesús en pequeñas dosis, son constructores insensatos. Cuando llegan las tormentas de la vida, sus estructuras no engañan a nadie, y menos a Dios (cf. Ez 13:10-16).

El sermón termina con lo que ha estado implícito en toda su extensión: la demanda de una sumisión radical al exclusivo señorío de Jesús, quien cumple la Ley y los Profetas y advierte a los desobedientes que la alternativa de una total obediencia, rectitud y vida en el Reino es rebelión, egocentrismo y eterna condenación.

Notas

24 El pasivo futuro que se lee ὁμοιωθήσεται (*jomoiodsésetai*, lit., «será como») es más probable que el activo ὁμοιώσω αὐτόν (*jomoióso autón*, lit., «le asemejaré con», no solamente por razones textuales, sino también debido a la posibilidad de asimilación al activo en Lc 6:47-48: ὑποδείξω ὑμῖν . . . ὅμοιος (*jupodeixo jumín . . . jómoios*, «voy a decirles a quién se parece»). El tiempo futuro es importante: el que pone en práctica las palabras de Jesús será como el hombre que…: i.e., en el Día del Juicio, cuando venga la gran tormenta, resistirá firme debido a su buen cimiento. Vea 13:24.

24-26 Las palabras ἀκούει μου τούς λόγους τούτους (*akoúei mou tous lógous toútous*, «oye estas palabras») pueden interpretarse como «óiganme, respecto a esto que digo»; y Davies (*Setting*, p. 94) afirma que «en este sentido, la enseñanza ética no está separada de la vida del que la expresa y con quien es congruente». Pero el verbo ἀκούω (*akoúo*, «oigo») solo una vez toma el genitivo en Mateo, y entonces no es un pronombre. El enfático μου (*mou*, «mías», «estas» [NVI]) se entiende mejor como una forma muy fuerte de identificar la enseñanza de Jesús con la voluntad de su Padre (v. 21), un punto importante a la luz de la exégesis de 5:17-20.

8. *Conclusión de transición: Autoridad de Jesús*

7:28-29

> ²⁸Cuando Jesús terminó de decir estas cosas, las multitudes se asombraron de su enseñanza, ²⁹porque les enseñaba como quien tenía autoridad, y no como los maestros de la ley.

28-29 Esta es la primera de cinco conclusiones de formulación que terminan los discursos en este evangelio. Todas las cinco empiezan con *kai egeneto* (lit., «y sucedió») más un verbo finito (7:28; 11:1; 13:53; 19:1; 26:1), una construcción común en la LXX (el griego clásico preferiría *egeneto* más el infinitivo; cf. Zerwick, par. 388; Beyer, pp. 41-60). La única otra vez que aparece en Mateo es de la más bien diferente construcción «hebrea» *kai egeneto ... kai* (lit., «y sucedió ... y») más el verbo finito, que aparece una vez (9:10). La fórmula de Mateo es, por tanto, un instrumento estilístico autoconsciente que establece un punto culminante. (No es necesario adoptar la teoría de Bacon de paralelismo con los cinco libros de Moisés; cf. Introducción, sección 14.) Además, en cada caso la conclusión es de transición y prepara para la próxima sección. Aquí (como veremos más adelante) la mención de la actividad de Jesús determina la escena para la pregunta de Juan el Bautista (11:2-3). Además 13:53 anticipa el rechazo de Jesús en su pueblo, mientras 19:1-2 señala su ministerio en Judea con nuevas multitudes y renovadas controversias. Finalmente, 26:1-5 mira hacia la cruz, que ahora se ve muy cerca.

Las multitudes —quizá un grupo mayor que los discípulos de Jesús— que otra vez lo presionan (ver 5:1-2), están asombradas (v. 28). Puesto que esta es la única conclusión de un discurso que menciona el asombro de las multitudes, Hill (*Matthew*) sugiere que Mateo está retornando a Marcos 1:22 (Lc 4:32) como su fuente. Esto es muy tenue: (1) una analogía mateana más cercana es 13:54; (2) el siguiente pasaje de Mateo (8:1-4), análogo con Marcos en 1:40-45, está demasiado lejos para que creamos que Mateo «ha vuelto a su fuente» en 1:22.

La palabra *Didajé* («enseñanza», v. 29) puede referirse tanto al contenido como a la manera (ver en 3:1); y sin duda las multitudes se asombraban ante lo uno y lo otro. Su asombro no dice nada del compromiso de su propio corazón. La razón de su asombro era la *exousía* de Jesús («autoridad»). El término abarca tanto su poder como su autoridad, y el tema se vuelve central (cf. 8:9; 9:6, 8; 10:1; 21:23-24, 27; 28:18). En su autoridad Jesús difiere de los «maestros de la Ley» (ver 2:4). Muchos de ellos limitaban su enseñanza a las autoridades que citaban, y gran parte de su entrenamiento se centraba en memorizar las tradiciones recibidas. Ellos hablaban con la autoridad de otros; Jesús hablaba con su propia autoridad. Pero muchos maestros de la Ley ofrecían de veras nuevas resoluciones e interpretaciones; por tanto, algunos habían tratado de interpretar vv. 28-29 a lo largo de otras líneas.

Daube (pp. 205-16), al señalar que la carencia de autoridad rabínica oficial por parte de Jesús era un aspecto inicial en su ministerio, dice que algunas de las respuestas de las multitudes en Galilea se debían a que muy al norte no era frecuente que oyeran a rabinos ordenados. Sigal («Jalajá»), al fechar las fuentes de manera algo distinta, insiste (probablemente bien) que no hubo ordenación oficial de rabinos hasta después de la muerte de Jesús. Afirma que Jesús mismo no era esencialmente distinto en su autoridad a otros prototipos de rabinos. Estas dos reconstrucciones evaden el punto central, que trasciende las aplicaciones halájicas de la Ley, las fórmulas utilizadas, y la latitud de la interpretación permitida.

El punto central es este: el enfoque total de Jesús en el Sermón del Monte no solamente es ético sino mesiánico; o sea, cristológico y escatológico. Jesús no es un profeta ordinario que dice: «¡Así dice el Señor!» Más bien habla en primera persona y afirma que su enseñanza cumple el AT; que él determina quién entra al reino mesiánico; que como Juez Divino él declara expulsión; que los verdaderos herederos del Reino serán perseguidos por lealtad a él; y que solo él conoce completamente la voluntad de su Padre. Es metódicamente indefendible para Sigal lamentarse de que todos estos temas sean adiciones cristianas posteriores y de tanto enfocarse exclusivamente en puntos de interpretación halájica. La autoridad de Jesús es única (ver 5:21-48), y las multitudes reconocieron esto aunque no siempre lo entendieron. Esta misma autoridad se revela ahora en milagros poderosos y liberadores, señales del avance del Reino (cap. 8—9; cf. 1:2-5).

Notas

29 Las palabras «los maestros de la Ley» indicaban una distinción entre los maestros «cristianos» y los de las sinagogas. Hummel (pp. 28 y sig.) y otros, siguiendo a Kilpatrick (*Orígenes*, p. 40) hacen mucho uso del «de ellos» de Mateo (4:23; 9:35; 10:17; 12:9; 13:54; 23:34) para apoyar la teoría de que Mateo escribió *justamente antes* de la división entre la Iglesia y la Sinagoga (puesto que 6:2, 5; 23:6 no hacen alusión a sinagogas cristianas). Sin embargo, «en las sinagogas» podría reflejar la posición geográfica de un escritor que no estuviera en Galilea (ver 4:23). Mejor aun, donde se resalta la autoridad de Jesús, «los maestros de la Ley» sutilmente recordaría al lector que Jesús mismo, aunque era un judío de la descendencia de David (1:1), tuvo su origen trascendental más allá de la raza judía (1:18-25), y por lo mismo no podía clasificarse con los maestros de la Ley de ellos.

III. El Reino extendido bajo la autoridad de Jesús (8:1—11:1)

A. *Narración* (8:1—10:4)

1. *Milagros de sanidad* (8:1-17)

a. *Un leproso*

8:1-4

¹Cuando Jesús bajó de la ladera de la montaña, lo siguieron grandes multitudes. ²Un hombre que tenía lepra se le acercó y se arrodilló delante de él.
—Señor, si quieres, puedes limpiarme —le dijo.
³Jesús extendió la mano y tocó al hombre.
—Sí quiero —le dijo—. ¡Queda limpio!
Y al instante quedó sano de la lepra.
⁴—Mira, no se lo digas a nadie —le dijo Jesús—; sólo ve, preséntate al sacerdote, y lleva la ofrenda que ordenó Moisés, para que sirva de testimonio.

Es demostrable que el orden de los pasajes de Mateo 8—9 es temático, no cronológico. Todos esos pasajes, excepto 8:5-13, 18-22; 9:32-34 tienen paralelos en Marcos, pero no en el mismo orden, y estos tres los tienen en Lucas. Marcos 1:40—2:22 parece dar el esquema básico con numerosas excepciones. Originalmente los hechos de Mateo 8:18-22 ocurrieron no solo después del Sermón del Monte, sino aparentemente después del «día de las parábolas» (cap. 13; cf. Lc 8:22-56). Por otra parte, 8:2-4; 8:14-17; 9:2-13 casi con seguridad tuvieron lugar antes del Sermón del Monte (cf. Mr 1:29-34, 40-45; Lc 4:38-41; Hendriksen). Mateo no pretende seguir nada más que un orden temático, y la mayor parte de los indicadores de su «tiempo» son bastante elásticos.

Esto no significa que el orden de Mateo sea totalmente irregular, sino que está manejado por temas. Las conexiones entre pasajes se da por ideas, consignas, motivos dominantes (cf. K. Gatzweiler, «Les récits de miracles dans l'Evangile selon saint Matthieu», en Didier, pp. 209-20). Sin embargo, no se deduce que todos los bosquejos que varios eruditos sugieren para explicar este diseño temático sean igualmente convincentes. Kostermann, por ejemplo, observa el lugar central de las diez pestes en el pensamiento judío (e.g., *Pirke Aboth* 5:5, 8) y sugiere que los diez milagros en estos capítulos están planeados para imaginar a Jesús como el nuevo Moisés, o la Iglesia como un nuevo Éxodo (cf. Grundmann; Davies, Settings, pp. 86-93). Pero esto no es convincente: Mateo no pone énfasis en el número diez, sus milagros no son análogos con las plagas y sus temas principales siguen otros parámetros.

J.D. Kingsbury («Observations on the "Miracle Chapter" of Matthew 8—9», CBQ 49, 1978, 559-73) analiza con mucha objetividad y rechaza los bosquejos propuestos por Burger, Schniewind, Thompson y otros, y opta por una modificación de la cuádruple división de Burger: (1) 8:1-17 trata con cristología; (2) 8:18-34 se relaciona con el discipulado; (3) 9:1-17 se enfoca en asuntos que pertenecen a la separación de Jesús y sus seguidores e Israel; (4) 9:18-34 se centra en la fe; y sobre todo predomina la cristología del «Hijo de Dios». Sin embargo, es difícil evitar la sensación de que este bosquejo, como los demás, es demasiado simplista. La cristología se extiende más allá de 8:1-17; un nuevo título aparece en 8:20 y vuelve a aparecer en 9:6; y la autoridad divina de Jesús para perdonar pecados no aparece hasta el capítulo 9. No está claro por qué el discipulado se debe restringir a 8:18-34, cuando Mateo recibe el llamamiento en 9:9-13 y los hábitos característicos de los discípulos de Jesús se analizan en 9:14-17. Apenas se puede decir que las diferencias entre los seguidores de Jesús y el Israel racial esperan hasta 9:1-17 a la luz de 8:10, 28-34. La fe, lejos de esperar la cuarta división, ya es central en 8:5-13. Además, ya hemos visto que Kingsbury tiende a resaltar el tema del Hijo de Dios, mientras minimiza otros énfasis cristológicos de igual importancia (ver en 3:17).

Estos capítulos no se pueden dividir lógicamente de modo tan simplista. Aunque los pasajes de Mateo forman una buena unidad, él entrelaza sus temas, y mantiene varios en marcha como un malabarista literario. Por consiguiente, estos capítulos se estudian mejor de modo inductivo; y se puede ver el énfasis en la fe, el discipulado, la misión a los gentiles, un diverso patrón cristológico, etc. Al mismo tiempo, estos capítulos prueban que Jesús, cuya misión en parte era predicar, enseñar y sanar (4:23; 9:35), la cumplió por completo. Mateo ha mostrado ya a Jesús predicando el evangelio del Reino (4:17, 23) y la enseñanza (caps. 5—7) por parte de Jesús. Ahora registra más ejemplos del ministerio de sanidad de Cristo.

El relato del primer milagro, la sanidad de un leproso, es mucho más corto en Mateo (vv. 1-4) que en Marcos (1:40-45). La omisión de Marcos 1:41a, 45 y otros trozos llevan a algunos a pensar que aquí Mateo es independiente de Marcos (Lohmeyer, Schlatter), otros creen que la tradición oral aun está influyendo (Bonnard, Hill), y otros más ofrecen alguna explicación teológica, e.g., que Mateo suprimió algunas referencias a la misericordia de Jesús porque no se ajustaban a la imagen que los miembros de la iglesia mateana se habían formado de Cristo (e.g., Leopold Sabourin, *L'Evangile selon Saint Matthieu et ses principaux parallèles*, BIP, Roma, 1978, in loc.; cf. Hull, pp. 133 y sig.). Pero cuando Mateo sigue a Marcos, resume historias polémicas en casi un 20%, historias que prueban que Jesús es el Cristo en casi un 10%, casi nada de los dichos de Jesús, e historias de milagros en casi un 50% (cf. Schweizer).

Aunque sugestivo, Mateo es un escritor sumamente disciplinado, que elimina rigurosamente todo lo que no se relaciona con sus inquietudes inmediatas. Por eso debemos tomar como regla general que la teología de Mateo no se puede descubrir exactamente al estudiar lo que omite —lo cual lo único que nos dice es lo que no es su preocupación inmediata; y algunas de sus omisiones son puramente estilistas— sino principalmente por lo que incluye. Esto en especial es importante en los milagros en que Mateo deja mucho fuera. En la sanidad del leproso, la sugerencia de Sabourin es especialmente improbable porque Mateo resalta por todas partes la compasión de Jesús, y extrae de ella significado teológico (9:35-38).

1 Jesús bajó de las colinas (ver en 5:1) donde había pronunciado el Sermón del Monte; y aun lo buscaban grandes multitudes (4:23-25; 7:28-29).

2-3 El introductorio *kai idou* (lit., «después que», ausente de Marcos y no traducido en NVI) no requiere que esta sanidad ocurriera inmediatamente después del sermón. En Mateo *kai idou* abarca bastante: a veces sirve como conexión suelta, en ocasiones para insertar un pensamiento o acontecimiento asombroso, y otras veces, como aquí, para iniciar un nuevo pasaje. No es seguro si la lepra en el NT en realidad fuera lepra («Enfermedad de Hansen»; cf. DNTT, 2:463-66), ni una categoría más amplia de dolencias de la piel que incluía la lepra. No obstante, los judíos la aborrecían, no solo por la enfermedad misma sino porque hacía ceremonialmente inmundos al portador y a todos aquellos con quienes tenía contacto directo. Ser leproso se interpretaba como una maldición de Dios (cf. Nm 12:10, 12; Job 18:13). Las sanidades eran raras (cf. Nm 12:10-15; 2 R 5:9-14), y se consideraban tan difíciles como resucitar a los muertos (2 R 5:7, 14; cf. SBK, 4:745 y sig.). En la era mesiánica no habrá lepra (cf. 11:5).

El hombre *prosekunei* («se arrodilló») delante de Jesús, pero el verbo también puede querer decir «adoró». Claramente lo primero es lo que sugiere este contexto histórico. Aun con el título «Señor» (ver en 7:22-23), los lectores cristianos de Mateo no podían sino concluir que aquel leproso habló y actuó mejor de lo que sabía. «Si quieres» refleja la gran fe del leproso, motivada por la actividad sanadora de Jesús en toda la región (4:24): él no tenía dudas del poder sanador de Jesús pero temía que simplemente Jesús pasara de largo. Al confirmar su deseo de sanar, Jesús comprobó que la voluntad de aquel hombre era firme. Tenía autoridad y poder, y solo debía decidir y actuar. J.D. Kingsbury («Retelling the "Old, Old Story"», *Currents in Theology and Missions* 4, 1976, 346) sugiere que «extendió la mano» simboliza ejercicio de autoridad (cf. Éx 7:5; 14:21; 15:6; 1 R 8:42); pero el uso que da Mateo en otras partes a esta misma expresión griega (12:13 [*bis*], 49; 14:31; 26:51) muestra que la interpretación de Kingsbury es descabellada. Lo más probable es que Jesús tuviera que extender la mano para tocar al leproso porque este no se atrevía a acercársele.

Al tocar a un leproso inmundo, Jesús se habría contaminado ritualmente (cf. Lv 13—14). Pero al toque de Jesús nada permanece contaminado. Lejos de volverse impuro, Jesús purifica lo impuro. Tanto el toque como la palabra de Jesús (8:5; 9:20-21, 29; 14:36) son eficaces, y quizá sugieren que tanto su palabra como su persona están investidos de autoridad.

4 A pesar del punto de vista de Held (Bornkamm, *Tradition*, p. 256), este versículo no es el «propósito de esta historia». Eso es reduccionista y pasa por alto los temas intercalados (cf. comentarios a 8:1-4; Heil, «Healing Miracles», p. 280, n. 25). Aunque en Marcos son más comunes que en Mateo las prohibiciones de hablar de sanidades y exorcismos, no son desconocidas en este último (8:4; 9:30; 12:16; cf. 16:20; 17:9). No tienen nada que ver con el llamado secreto mesiánico propuesto por Wrede y defendido por Bultmann (como sostiene correctamente Hill). Tampoco esta prohibición particular encarece silencio solo hasta que el leproso sanado haya ido hasta Jerusalén para ser declarado limpio por el sacerdote (Lenski, Barnes). Las analogías en los sinópticos (Mr 1:45; Lc 5:15), así como otros acontecimientos similares en Mateo, demuestran que estas órdenes de callar tenían otros fines: mostrar que Jesús no se está presentando como un simple obrador de milagros (Stonehouse, *Witness of Matthew*, p. 62; Maier) que puede ser presionado a la condición mesiánica por multitudes cuyas visiones cristológicas eran materialistas y políticas. La autoridad de Jesús proviene solo de Dios, no de la aclamación de los hombres (Bonnard); él vino a morir, no a derrotar a los romanos. Las personas que desobedecían las órdenes de callar solo dificultaban más la misión de Jesús.

Jesús ordenó al hombre sano que siguiera las prescripciones mosaicas para leprosos que afirmaban haber sanado (cf. Lv 14). Esto, dijo, era *eis marturion autois* («para que sirva de testimonio»). Muchas discusiones rodean a *autois*. ¿Se trata de un testimonio positivo, «a favor de ellos» (Trilling, pp. 128 y sig.), como prueba de la sanidad; o negativo, «contra ellos» (Hummel, pp. 81 y sig.), como una clase de denuncia por su incredulidad? Tales categorías conflictivas no son provechosas. De los otros lugares en que los sinópticos usan *eis marturion* («como testimonio»; 10:18; 24:14; Mr 1:44; 6:11; 13:9; Lc 5:14; 9:5; 21:13), solo dos requieren «testimonio contra» (contr. Frankmölle, p. 120, n. 193, quien insiste que 10:18 y 24:14 también son negativos). Casi todos los demás son «neutrales» y sugieren división alrededor del «testimonio» presentado.

Se puede progresar mejor si uno se pregunta por qué en este contexto Jesús ordena obediencia. No puede ser simplemente para probar que se mantiene fiel a la Ley (Calvino) y por tanto anima a los judíos cristianos de Mateo a ser igualmente fieles

(Hill, Schniewind, Schweizer). En realidad, Jesús ya ha trascendido la Ley al tocar al leproso sin quedar contaminado, una confirmación de nuestra exégesis de 5:17-20. Además, si alrededor del año 85 d.C. (en que Hill cree que se escribió el primer evangelio) Mateo trataba simplemente de lograr que su comunidad se adhiriera (a diferencia de las comunidades paulinas) a los detalles de la ley del AT, escogió una historia no muy adecuada para lo que decían, porque ya para esa fecha con la destrucción del Templo se habían abolido los sacerdotes y las ofrendas. Es mucho más fácil deducir del trasfondo que este material es auténtico.

En cierto sentido Jesús se somete a la Ley. Se pone bajo las ordenanzas de la Ley. Pero el resultado es asombroso: la Ley obtiene nueva relevancia al señalar hacia Jesús. Al cumplir con la Ley, la curación del leproso se convierte en ocasión para que la Ley confirme la autoridad de Jesús como sanador que solo tiene que querer algo para que ese algo se produzca. Por consiguiente, la suprema función de la «ofrenda» que Moisés ordenó no es la de una ofrenda por la culpa (Lv 14:10-18) sino el ser testimonio a los hombres en cuanto a Jesús. En este contexto «para ellos» es relativamente incidental: se podría referir a los sacerdotes o al pueblo, pero en cada caso el hecho señala a Jesucristo (ver en 5:17-20).

b. El siervo del centurión

8:5-13

⁵Al entrar Jesús en Capernaúm, se le acercó un centurión pidiendo ayuda.
⁶—Señor, mi siervo está postrado en casa con parálisis, y sufre terriblemente.
⁷—Iré a sanarlo —respondió Jesús.
⁸—Señor, no merezco que entres bajo mi techo. Pero basta con que digas una sola palabra, y mi siervo quedará sano. ⁹Porque yo mismo soy un hombre sujeto a órdenes superiores, y además tengo soldados bajo mi autoridad. Le digo a uno: "Ve", y va, y al otro: "Ven", y viene. Le digo a mi siervo: "Haz esto", y lo hace.
¹⁰Al oír esto, Jesús se asombró y dijo a quienes lo seguían:
—Les aseguro que no he encontrado en Israel a nadie que tenga tanta fe.
¹¹Les digo que muchos vendrán del oriente y del occidente, y participarán en el banquete con Abraham, Isaac y Jacob en el reino de los cielos. ¹²Pero a los súbditos del reino se les echará afuera, a la oscuridad, donde habrá llanto y rechinar de dientes.
¹³Luego Jesús le dijo al centurión:
—¡Ve! Todo se hará tal como creíste.
Y en esa misma hora aquel siervo quedó sano.

Si esta historia (cf. Lc 7:1-10) viene de Q, entonces al menos en este caso Q contiene más que cortos dichos de Jesús; o, mejor, esta es evidencia contra un Q unitario. No es seguro que este relato sea el mismo de Juan 4:46-53. Muchas diferencias los oponen, aunque se debe reconocer que algunas se enfatizan demasiado. En Juan, Jesús reprende al centurión y a los espectadores debido a su amor por las señales; pero aunque aquí no se menciona eso, Mateo trata ese tema en otras partes (12:38-39; 16:1-4). La mayoría de los eruditos modernos, a diferencia de los de generaciones anteriores, simplemente suponen que no hay sino un episodio. Sin embargo, Edward F. Siegman analiza el asunto con mucha habilidad en «St. John's Use of Synoptic Material», CBQ 30, 1968, 182-98. (Sobre el énfasis teológico particular de Mateo y Lucas, cf. R.P. Martin, «The Pericope of the Healing of the Centurion's Servant/Son» [Mt 8:5-13, par. Lc 7:1-10]: Algunas observaciones exegéticas», *Unity and Diversity in the New Testament*, ed. R.A. Guelich, Eerdmans, Grand Rapids, 1978, pp. 14-22.)

Los críticos de forma hallan el propósito de la historia en el diálogo al cual lleva el milagro, y lo llaman una «historia de declaración» o «apoftegma», y no la «historia de un milagro». Uno se pregunta por qué no puede ser lo uno y lo otro (cf. Stephen H. Travis, «Form Criticism», Marshall, *NT Interpretation*, esp. pp. 157-60). La diferencia principal, aparte del énfasis teológico, entre los vv. 5-13 y Lucas 7:1-10 es el uso de intermediarios en el último. Quizá Mateo, siguiendo su tendencia de condensar, no menciona los siervos para poner mayor énfasis en la fe según el principio *qui facit per alium facit per se* («quien actúa por otro actúa por sí mismo»), principio que supone el razonamiento del centurión (vv. 8-9).

5 Esta es la segunda mención que Mateo hace de Capernaúm (cf. 4:13). En la época de Jesús esta población era una guarnición. No había legiones romanas apostadas en Palestina, pero había tropas auxiliares bajo Herodes Antipas, quien tenía el derecho de reclutarlas. Estas no eran judías, quizá reclutadas de fuera de Galilea, tal vez de Líbano y Siria. Los centuriones eran el eje militar en todo el imperio, y mantenían la disciplina y hacían cumplir las órdenes. Lucas resalta la humildad de este centurión y su simpatía por los judíos. Mateo resalta su fe y su raza (vv. 10-11). En realidad, que Mateo no haga una sola mención de los intermediarios podría ser porque no eran judíos, y no quería hacer menos clara la distinción racial.

6-7 Sobre «Señor», vea 7:21-23. La palabra *pais* (v. 6) puede querer decir «siervo» o «hijo». La expresión de Lucas (*doulos*) significa «siervo», y muchos (e.g., Bultmann, *Synoptic Tradition*, p. 38, n. 4) insisten en que el *pais* de Mateo significa «hijo». Pero un justo examen del uso del NT (cf. France, «Exegesis», p. 256) revela que solo en una de veinticuatro veces en el NT es necesario traducir «hijo»; concretamente, Juan 4:51. Esto apoya más la opinión de que Juan 4 registra una sanidad diferente en una ocasión separada. Cabe la posibilidad que fuera la anterior sanidad del hijo de un funcionario (Jn 4) lo que fortaleció la fe del centurión en este caso. Aunque la parálisis asociada con graves dolores se menciona en otros lugares (e.g., 1 Mac 9:55-56), se desconoce la naturaleza del mal que padecía el siervo. Las especulaciones psicosomáticas de Derrett (*NT Studies*, 1:156-57, 166-68) son descabelladas.

A los rabinos judíos, como a los ministros de hoy, a menudo se les invitaba a orar por los enfermos (cf. SBK, 1:475); pero las analogías no se parecen, porque el centurión está implícitamente pidiendo sanidad, no oraciones. Muchos (Zahn; Klostermann; Turner [*Insights*, pp. 50 y sig.]; Held [Bornkamm, Tradition, p. 194]) interpretan la respuesta de Jesús (v. 7) como una pregunta: «¿Iré (en griego, ¿Iré yo (*egó*, enfático, yo, un judío) a sanarlo?» Esto podría ser cierto. El paralelo con la mujer cananea (15:21-28) es convincente, y de otro modo es difícil explicar el «yo» enfático. La respuesta de Jesús no se basó en temores de impureza ritual —los vv. 1-4 resuelven eso— ni en la restricción general de su ministerio a Israel (ver en 10:5-6; 15:24; pero aun en Mateo hay excepciones importantes, e.g., 8:28-34). La respuesta se basó en un deseo de averiguar exactamente detrás de qué iba el centurión y qué clase de fe yacía bajo su ambigua petición (v. 6).

8-9 Tanto aquí como en la historia de la mujer cananea (15:21-28), la fe triunfa sobre el obstáculo que levanta Jesús. Lucas no registra la pregunta de Jesús (ver en v. 7) ni la historia de la cananea; no se señala mucho el tratamiento que hace Jesús a la fe. La respuesta del centurión empieza con «Señor» (v. 8), lo que sugiere tenacidad y deferencia (cf. v. 6; 7:21-23). Así como Juan el Bautista no se sintió digno de bautizar a Jesús, así este centurión se sintió indigno de invitarlo a su casa. La sensación de indignidad no surge porque el centurión fuera consciente de que Jesús pudiera contaminarse ceremonialmente (contr. Bonnard); la raza no tuvo nada que ver con eso. *Jíkanos* («suficiente», «digno») tanto aquí como en otras partes (3:11; 1 Co 15:9; 2 Co 2:16) revela la sensación de indignidad del hombre (NVI, «no merezco») frente a la autoridad de Jesús (cf. TDNT, 3:294; France, «Exégesis», p. 258). «He aquí alguien que estaba en el estado descrito en las primeras frases de las "Bienaventuranzas", y a quien llegó la promesa de las segundas frases; puesto que Cristo *es* el lazo que las une» (LTJM 1:549; énfasis de él).

El centurión creía que la palabra de Jesús era suficiente para sanar a su siervo. Es significativo que no tengamos evidencia escrita de que hasta este momento Jesús haya realizado un milagro de sanidad a distancia, solo por la palabra (a menos que Jn 4:46-53 sea una excepción). El pensamiento del centurión (v. 9) es profundo. No hay necesidad de tomar la primera cláusula como sugerencia de que la *única* analogía entre su autoridad y la de Jesús estaba en la capacidad de ordenar que las cosas se hicieran: «Yo, aunque soy un hombre bajo autoridad, puedo efectuar cosas por medio de mi palabra» (Hill, *Matthew*). Esa es una posible interpretación del *kai gar egó* de inicio; la traducción más natural es la de la NVI («porque yo mismo»), lo cual aplica las palabras a todo el versículo. Esto significa que las palabras del centurión presuponen un entendimiento del sistema militar romano. Toda «autoridad» (*exousía*, como en 7:29) pertenecía al emperador, y era delegada. Por tanto, puesto que estaba bajo la autoridad del emperador, cuando hablaba lo hacía con la autoridad del emperador, y por eso su orden se obedecía. Un soldado raso que desobedecía no estaba desafiando a un simple centurión sino al emperador, a la misma Roma, con toda su majestad y su poder imperial (cf. Derrett, *NT Studies*, 1:159 y sig.). Este entendimiento del centurión se aplicaba a Jesús. Precisamente por Jesús estar bajo la autoridad de Dios estaba investido de la autoridad de Dios; por eso cuando Jesús hablaba, Dios hablaba. Desafiar a Jesús era desafiar a Dios; y la palabra de Jesús debía estar por tanto investida con la autoridad de Dios que puede sanar toda enfermedad. Esta analogía, aunque imperfecta, revela una fe asombrosa que reconoce que Jesús no necesitaba ayuda ritual, mágica, ni de ninguna otra clase; su autoridad era la autoridad de Dios, y su palabra era eficaz debido a que era la palabra de Dios.

10 En Marcos 6:6 Jesús está asombrado de la incredulidad profundamente enraizada. Aquí él se asombra (mismo verbo) de la fe del centurión. «Aunque el asombro no es adecuado para Dios, porque debe surgir de sucesos novedosos e inesperados; pero podría ocurrir en Cristo, debido a que él había tomado nuestras emociones humanas junto con nuestra carne» (Calvino). Jesús habló a quienes lo seguían (no necesariamente sus discípulos; cf. 4:25; 8:1) con la observación preliminar («les digo»; cf. 5:22) que advierte del solemne comentario que sigue.

Jesús elogió la fe del hombre (cf. también v. 13). La grandeza de su fe no descansa en el simple hecho de que creía que Jesús podía sanar a distancia, sino en el grado en que había penetrado en el secreto de la autoridad de Jesús. Esa fe era de lo más sorprendente, puesto que el centurión era gentil y no tenía la herencia de la revelación del AT que le ayudara a comprender a Jesús. Pero este gentil penetró más profundamente en la naturaleza de la persona y autoridad de Jesús que cualquier judío de su época. Las palabras de Mateo resaltan aun más que las de Lucas la singularidad de la fe del centurión, y hace hincapié en el movimiento del evangelio desde los judíos hacia los gentiles, o más bien de los judíos a todos los pueblos sin tener en cuenta la raza... movimiento profetizado en el AT, desarrollado en el ministerio de Jesús (ver 1:1, 3-5; 2:1-12; 3:9-10; 4:15-16), y ordenado por la gran comisión (28:18-20). «Este incidente es un anticipo de la gran perspectiva que vino después a través de la fe de otro centurión: "¡Así que también a los gentiles les ha concedido Dios el arrepentimiento para vida!" (Hch 11:18)» (France, «Exegesis», p. 260).

11-12 Otra vez «les digo» (v. 11) solemniza lo que sigue (cf. v. 10). La mayoría de los intérpretes suponen que Mateo ha añadido estos dos versículos (no en Lucas) a la narración, tomándolos de un ambiente totalmente distinto (es decir, Lc 13:28-29; e.g., Chilton, *God in Strength*, pp. 179-201). Pero esto es problemático aparte del claro criterio que lo distingue de la obvia alternativa: que Jesús dijo cosas similares más de una vez. Las palabras del dicho no son muy parecidas en los dos pasajes; pero las imágenes son tan coloridas que un predicador itinerante las pudo haber usado muchas veces, especialmente si las advertencias a los judíos y la posibilidad de la admisión gentil a la comunión del pueblo de Dios eran dos de sus temas principales.

La imagen es del «banquete mesiánico», derivado de pasajes del AT como Isaías 25:6-9 (cf. 65:13-14) y adornado en el judaísmo posterior (cf. TDNT, 2:34-35). Estos adornos no anticipan por lo general la presencia de los gentiles en el banquete, lo cual simbolizaba la consumación del reino mesiánico (cf. 22:1-14; 25:10; 26:29). Pero Jesús insiste aquí en que muchos vendrán de los cuatro puntos cardinales y se unirán a los patriarcas en el banquete. Estos «muchos» solo pueden ser gentiles, contrastados como son (v. 12) con «súbditos del reino» (*joi juioi tes basileias*, lit., «los hijos del reino»).

«Hijo de» o «hijos de» puede significar «pertenecientes a» o «destinados para» (cf. «hijos de la cámara nupcial» [9:15; NVI, «los invitados del novio»] e «hijos del infierno» [23:15, RVR; cf. SBK, 1:476-78; 1QS 17:3; y comentarios en 5:9]). Por eso los «súbditos del reino» son los judíos, quienes se ven como hijos de Abraham (cf. 3:9-10), que por derecho pertenecen al Reino. Algunos judíos (e.g., los del Qumrán) restringían la elección a un grupo más pequeño de los piadosos de Israel. Pero Jesús invierte los papeles (cf.

21:43); y los hijos del Reino son echados fuera, lejos del futuro banquete mesiánico, consignados a la oscuridad donde habrá llanto y rechinar de dientes, elementos comunes a las descripciones de la gehenna o infierno (cf. 4 Esd 7:93; 1 Enoc 63:10; Sl Sal 14:9; 15:10; Sab Sal 17:21; cf. Mt 22:13; comentarios en 5:29).

Los artículos determinados junto a «lloro» y «crujir» (RVR, cf. gr.) resaltan el horror de la escena: *el* lloro y *el* crujir (Turner, *Syntax*, p. 173). Llanto sugiere sufrimiento, y rechinar los dientes sugiere desesperación (McNeile). La revocación no es absoluta. Los patriarcas mismos eran judíos, como los primeros discípulos (Ro 11:1-5). Pero estos versículos afirman, en una manera que debe haber conmocionado a los oyentes de Jesús, que el pueblo de Dios no siempre se limitaría a la raza judía. Si estos versículos no autorizan exactamente la misión gentil, le abren la puerta y prepara para la gran comisión (28:18-29) y Efesios 3.

Podría haber una repercusión más profunda en estas palabras de Jesús. Los pasajes del AT que quizá se reflejen en los vv. 11-12 se pueden dividir en tres grupos: (1) los que describen la recogida de los hijos de Israel que están en todos los confines de la tierra (Sl 107:3; Is 43:5-6; 49:12); (2) los que predicen la adoración de Dios por gentiles en todas partes de la tierra (Is 45:6; 59:19; Mal 1:11); (3) los que predicen la llegada de gentiles a Jerusalén (Is 2:2-3; 60:3-4; Miq 4:1-2; Zac 8:20-23). Las analogías literarias más parecidas están entre los vv. 11-12 y el primer grupo (cf. Gundry, *Use of OT*, pp. 76 y sig.); y en esta base France (*Jesus*, p. 63; id., «Exégesis», pp. 261-63) propone una supuesta tipología: al verdadero «Israel» se le está recogiendo de las cuatro esquinas del planeta, i.e., de los gentiles. Esto es posible, porque ya hemos visto varias maneras en que Mateo trata la historia del AT como profética. Pero debido a que aquí no usa lenguaje de cumplimiento, Jesús podría estar usando lenguaje del AT sin afirmar que la relación entre el AT y el NT en este punto es tipológica.

13 El *jos* («tal como», NVI) se debe entender correctamente: Jesús realizó un milagro, no *en proporción a* la fe del centurión, tampoco *debido a* la fe del centurión, sino conforme a lo que *esperaba* la fe del centurión (cf. 15:28, donde el énfasis también está en la fe).

Notas

9 Las tres órdenes son aoristo, presente y aoristo, respectivamente. A veces «el sentido parece estar determinado más por el significado del verbo o por algún hábito poco claro que por las "reglas" de *Aktionsart*» (Moule, *Idiom Book*, p. 135).

11 El verbo ἀνακλιθήσονται (*anaklidsésontai*, lit., «se reclinarán») describe la postura normal al comer; las personas se recostaban en sofás bajos o tapices (cf. Jn 13:23; 21:20). Reclinarse en el NT no se restringía a banquetes (e.g., Mr 6:39; Lc 7:36), y no hay significado teológico ni simbólico en el acto mismo (contr. Schlatter; Lohmeyer, *Matthäus*). De ahí el parafrástico «participarán» de la NVI.

12 Stonehouse (*Witness of Matthew*, pp. 231 y sig.), para no decir que los «súbditos del Reino» son tan solo en apariencia y valoración propia, entiende que «reino» se refiere al «reino teocrático» en contraposición al «Reino de los cielos». Pero en sentido estricto el reino teocrático ya no existía; y es difícil ver cómo «reino» en la frase «súbditos del reino» se puede tomar como otra cosa que no sea el reino mencionado (v. 11).

---

c. La suegra de Pedro

8:14-15

> ¹⁴Cuando Jesús entró en casa de Pedro, vio a la suegra de éste en cama, con fiebre. ¹⁵Le tocó la mano y la fiebre se le quitó; luego ella se levantó y comenzó a servirle.

14-15 En Marcos 1:29-31 y Lucas 4:38-39, este incidente sigue a la expulsión de un demonio en un hombre un sábado en la sinagoga de Capernaúm. Supuestamente esta sanidad se realiza el mismo sábado. Mateo, sin embargo, condensa el relato al omitir lo que no va con su tema inmediato: la autoridad de Jesús.

Pedro estaba casado (1 Co 9:5) y se había mudado con su hermano Andrés de su hogar en Betsaida (Jn 1:44) a Capernaúm, quizá para permanecer cerca de Jesús (Mt 4:13). La fiebre de su suegra (v. 14) pudo haber sido malaria; en ese tiempo a la fiebre se le consideraba una enfermedad, no un síntoma (cf. Jn 4:52; Hch 28:8). El jalaká judío prohibía tocar personas con muchas clases de fiebre (SBK, 1:479 y sig.). Pero Jesús sanó con un toque (v. 15). Como en el v. 3, el toque no hizo inmundo al sanador sino que sanó al inmundo. Es mejor tomar al imperfecto *diekonei* como conativo: «comenzó a servirle», casi seguramente una referencia a esperar en él. Mateo menciona el servicio de ella, no para decir a sus lectores que aquellos a quienes toca Jesús se convierten en sus servidores (contr. P. Lamarche, «La guérison de la belle-mère de Pierre et le genre littéraire d'évangiles», *Nouvelle Reveu Théologique* 878, 1965; 515-26), sino para clarificar que el milagro fue eficaz e instantáneo (cf. v. 26, donde el resultado de la calma que Jesús hiciera de la tempestad es una calma completa). La autoridad de Jesús logra al instante lo que él desea.

d. Muchos al atardecer

8:16-17

> ¹⁶Al atardecer, le llevaron muchos endemoniados, y con una sola palabra expulsó a los espíritus, y sanó a todos los enfermos. ¹⁷Esto sucedió para que se cumpliera lo dicho por el profeta Isaías:
>
> > «Él cargó con nuestras enfermedades
> > y soportó nuestros dolores.»

16 Puesto que el contexto es aun el sábado en Marcos 1:32-34; Lucas 4:40-41, la mención del atardecer aquí sugiere que la gente esperaba hasta que el sábado acabara al caer el sol antes de acudir a Jesús con sus enfermos. Aquí en Mateo, donde no hay señal de que sea sábado, la mención del atardecer muestra simplemente la paz del ministerio de Jesús (cf. también otros resúmenes: 4:23-24; 9:35; 11:4-5; 12:15; 14:35; 15:39; 19:2).

Con excepción de la cita de Isaías 53 (v. 17), la mayor parte de los demás cambios de Mateo no son muy importantes. La adición de «una sola palabra» no es típica (v. 8) ni atípica (v. 15) en los informes de sanidad de Mateo. El cambio de «muchos» (Marcos) a «todos» (Mateo) es menos significativo de lo que a menudo se afirma, porque Marcos no dice que Jesús sanó a muchos sino a todos los enfermos; más bien, cuando «la población entera se estaba congregando a la puerta», Jesús sanó a «muchos» que padecían de diversas enfermedades (Mr 1:33-34). Mateo no dice que Jesús prohibió a los demonios decir quién era; prefiere enfocar la atención en el poder de Jesús y en el testimonio bíblico de su persona y ministerio. Otras diferencias son aun menores. (La omisión de Lc 4:41 podría hablar contra la opinión de Kingsbury de la centralidad del tema el «Hijo de Dios».)

Jesús expulsa *ta pneumata* («los espíritus» [«demonios» en Marcos y Lucas]), a menudo se reconocen en la literatura intertestamentaria como agentes de enfermedad. Normalmente se les califica con el adjetivo «malignos» en el NT. Sobre la expresión «los enfermos», vea en 4:24.

17 (Sobre las fórmulas de cumplimiento, ver en 1:23; 2:5, 15, 23; 4:14; Introducción, sección 11.b.) Esta cita es Isaías 53:4. La interpretación de Mateo no se apega a la LXX ni al Tárgum, que espiritualizan el hebreo. Lo más probable es que el v. 17 sea una traducción que hizo Mateo del hebreo (Stendahl, *Escuela*, pp. 106 y sig.). Puesto que Isaías 52:13—53:12, el cuarto «cántico del Siervo», representa al Siervo que sufre vicariamente por otros, por cuanto Mateo interpreta el hebreo de tal modo que habla de «soportar» y «cargar» enfermedades físicas y males del cuerpo, pero no en cuanto a sufrir de manera indirecta por el pecado, muchos detectan en este pasaje firme evidencia de que Mateo cita el AT en una forma indefendible e idiosincrásica. McConnell (p. 120) ve esto como otro ejemplo del uso de Mateo de pasajes del AT fuera del contexto para sus propios fines (cf. también Rothfuchs, pp. 70-72). NcNeile sugiere que Isaías 53:4 ya se había separado de su contexto cuando Mateo lo usó.

Existen, no obstante, mejores maneras de interpretar este pasaje:

1. Por lo general se entiende desde la obra de C.H. Dodd (*According to the Scriptures*, Nisbet, Londres, 1952) que cuando el NT cita un breve pasaje del AT a menudo se refiere tácitamente a todo el contexto de la cita. Esto aquí es muy probable, porque Mateo tiene un profundo entendimiento del AT. Además, tal vez Mateo 27:12 alude a Isaías 53:7, Mateo 27:57 a Isaías 53:9, Mateo 20:28 a Isaías 53:10-12, el último en un contexto que presenta una teología de expiación vicaria. Cualquier interpretación del v. 17 que no tiene en cuenta la fuerza de todo el cántico del Siervo es por consiguiente dudosa.

2. Tanto las Escrituras como la tradición judía entienden que toda enfermedad es causada, directa o indirectamente, por el pecado (ver en 4:24; cf. Gundry, *Use of OT*, pp. 230 y sig.). Esto nos anima a buscar una conexión más profunda entre el v. 17 e Isaías 53:4.

3. Isaías está pensando que el siervo «se toma las enfermedades de otros sobre sí por medio de su sufrimiento y su muerte por el pecado» (Gundry, *Use of OT*, p. 230). Los dos verbos que usa son *nasá* («cargar [nuestras enfermedades]») y *sebalam* («soportar [nuestros dolores]»), los cuales no necesariamente tienen la fuerza de sustitución, aunque se pueden interpretar de ese modo. La LXX espiritualiza «enfermedades» por «pecados»; y en este sentido el versículo se refiere a 1 Pedro 2:24 en defensa de la expiación sustitutoria. Esa interpretación del versículo es legítima debido a la fluidez con que la apoya el Cántico del Siervo. Pero en sentido estricto, Isaías 53:4 habla simplemente de que el Siervo carga enfermedades y soporta dolores; y este es solo el contexto, además de la conexión entre enfermedad y pecado, que muestra que la *manera* en que carga las enfermedades de otros es por medio de su sufrimiento y su muerte.

4. Isaías 53, como ya vimos, es importante entre los escritores del NT para entender el significado de la muerte de Jesús (e.g., Hch 8:32-33; 1 P 2:24); pero cuando Mateo cita aquí a Isaías 53:4, a primera vista lo aplica solo al ministerio sanador de Jesús, no a su muerte. Sin embargo, a la luz de los tres puntos anteriores, la discrepancia se resuelve si Mateo sostiene que *el ministerio de sanidad de Jesús es en sí una función de su muerte sustitutoria*, por la cual pone la base para destruir la enfermedad. Los dos verbos de Mateo, en contra de la opinión de algunos, interpretan exactamente al hebreo: el Siervo «cargó» (*elaben*) nuestras enfermedades y «soportó» (*ebastasen*) nuestras dolencias (Gundry, *Use of OT*, pp. 109, 111). Mateo no pudo haber usado la LXX y aun referirse a la dolencia física. Pero su propia interpretación del hebreo, lejos de sacar a Isaías 53:4 del contexto, indica su profunda comprensión de la conexión teológica entre el ministerio de sanidad de Jesús y la cruz.

5. Esa conexión está apoyada por varios razonamientos colaterales. El prólogo insiste en que Jesús llegó a salvar a su pueblo de su pecado, y esto dentro del contexto de la llegada del Reino. Cuando Jesús comenzó su ministerio no solo proclamó el Reino sino que sanó a los enfermos (vea en 4:24). La sanidad y el perdón están ligados, no solo en un pasaje como 9:1-8, sino por el hecho de que el Reino consumado, en el cual no hay enfermedad, se hizo posible por la muerte de Jesús y por el nuevo pacto que representó su muerte (26:27-29). Por eso las sanidades durante el ministerio de Jesús se pueden entender no solo como el anticipo del Reino sino también como el fruto de la muerte de Cristo. Podría ser que Mateo también juzgue adecuado Isaías 53:4 porque parece formar una transición desde el Siervo despreciado hasta su sufrimiento y muerte. Claro, al menos alguna tradición rabínica entiende que Isaías 53:4 se refiere a la enfermedad física (cf. SBK, 1:481-82).

6. Esto significa que, para Mateo, los milagros de sanidad de Jesús señalaban más allá de sí mismos hacia la cruz. En esto es como el evangelista Juan, cuyas «señales» asimismo señalaban más allá de sí mismas.

7. Pero aun aquí hay una conexión más profunda que salta a la vista. Estos milagros (cap. 8) se han formulado para resaltar la autoridad de Jesús. Él no usó esta autoridad para satisfacerse (cf. 4:1-10). Sanó al despreciado leproso (vv. 1-4), al siervo de un centurión gentil que estaba completamente enfermo (vv. 5-13), a otros enfermos (vv. 14-15), no importa cuántos (vv. 16-17). Por consiguiente, el dar su vida como rescate por muchos (20:28) fue nada menos que una extensión de la misma autoridad y

condición de servicio dirigida hacia el bien de los demás (cf. Hill, «Son and Servant», pp. 9, 11, quien también señala cómo la cristología reduccionista del «Hijo de Dios» de Kingsbury está a la luz de tan entrelazados temas). La muerte de Jesús reflejó la mezcla de autoridad y servicio ya observada (e.g., 3:17) y ahora progresivamente desarrollada. A la postre, a pesar de los trascendentales milagros de los vv. 1-17, el Hijo del hombre no tenía dónde recostar la cabeza (v. 20).

A pesar de las estupendas señales del avance del Reino, el Rey y Siervo sufriente enfrentaba una oposición cada vez más implacable. El Padre le había entregado todo, pero él era apacible y humilde de corazón (11:27, 29). Este conmovedor tema se debe estudiar de modo inductivo (cf. B. Gerhardsson, «Gottes Sohn als Diener Gottes: Messias, *Agape* und Himmelherrschaft nach dem Matthäus-evangelium», ST 27, 1973, 73-106). Si el Mesías davídico de la expectativa judía (Sl Sal 16:6) purifica a su pueblo al aniquilar pecadores, el davídico Siervo-Mesías sufriente de Mateo purifica a su pueblo con su muerte, se echa encima sus enfermedades, e inicia la comunión con pecadores (cf. Hummel, pp. 124-25).

Este análisis no resuelve dos preguntas relacionadas:

1. ¿Comprendían los judíos de la época de Jesús a Isaías 53 como mesiánico? Muchos eruditos dicen que no. Jeremías responde con más cautela: muchos judíos interpretaron al «Siervo» de Isaías, pero hicieron caso omiso de las referencias a su sufrimiento (cf. Jeremías y Zimmerli).

2. ¿Interpretó Jesús su propio ministerio en cuanto al Siervo sufriente? Mateo 8:17 no nos ayuda porque no nos da más que el entendimiento que el evangelista tenía del significado de los milagros de sanidad de Jesús. (Vea más en 20:28; cf. Hooker, *Jesus and the Servant*; T.W. Manson, *The Servant Messiah*, University Press, Cambridge, 1953, pp. 57-58, 73.)

Se debería establecer que esta discusión no se puede usar para justificar la sanidad por demanda. Este texto y otros enseñan con claridad que hay sanidad en la expiación; pero asimismo existe la promesa de un cuerpo resucitado en la expiación, aunque los creyentes no lo hereden hasta la segunda venida. Desde la perspectiva de los escritores del NT, la cruz es la base de todos los beneficios que reciben todos los creyentes; pero eso no quiere decir que en la época presente podemos obtenerlos cuando los pidamos, de la misma manera que no tenemos el derecho ni el poder de exigir ya nuestros cuerpos resucitados. La disponibilidad de cualquier bendición específica solo se puede determinar apelando a las enseñanzas de las Escrituras en su totalidad. El cristianismo moderno debe evitar el peligro principal de Corinto, es decir, una escatología superrealizada (cf. A.C. Thistleton, «Realized Eschatology at Corinth», NTS 24, 1977, 510-26), que exige bendiciones que quizá no sean nuestras hasta el fin de los tiempos.

2. Lo que cuesta seguir a Jesús

8:18-22

[18]Cuando Jesús vio a la multitud que lo rodeaba, dio orden de pasar al otro lado del lago. [19]Se le acercó un maestro de la ley y le dijo:

—Maestro, te seguiré a dondequiera que vayas.

²⁰—Las zorras tienen madrigueras y las aves tienen nidos —le respondió Jesús—, pero el Hijo del hombre no tiene dónde recostar la cabeza.

²¹Otro discípulo le pidió:

—Señor, primero déjame ir a enterrar a mi padre.

²²—Sígueme —le replicó Jesús—, y deja que los muertos entierren a sus muertos.

Compare Lucas 9:57-62, en un escenario posterior separado, con tres inquiridores, no dos. El incidente de la calma de la tormenta (vv. 23-27; Mr 4:35-41), posterior al «día de las parábolas», muestra que Mateo 8:18 es análogo a Marcos 4:35. Mateo no especifica el tiempo de este pasaje (vv. 18-22) más allá de decir que fue una de muchas ocasiones en que las multitudes acosaron a Jesús. Según parece Mateo decidió insertar aquí estas dos viñetas porque ayudan a mostrar la naturaleza del ministerio de Jesús y los discípulos que él estaba buscando. El intento de Hengel de limitar a unos cuantos individuos seleccionados el llamado de Jesús al discipulado (M. Hengel, *Nachfolge und Charisma*, Töpelmann, Berlín, 1968, pp. 68-70) es insensible al lugar de Jesús en la historia de la redención y la ambigüedad de lo que significaba en esa época ser su discípulo (para más, vea más adelante).

18-19 Quizá la inminente salida de Jesús para la costa oriental del lago (v. 18) motivó a ciertas personas a rogarle que las incluyera en el círculo de discípulos que iban con él. El discipulado en el sentido estricto exigía relación íntima con la persona del maestro. El hecho de que el primer candidato fuera «un (*jeis*, "uno", podría tener en el gr. del NT el énfasis de *tis*, "un cierto"; cf. Zerwick, par. 155; Moule, *Idiom Book*, p. 125) maestro de la Ley» (ver en 2:4) ha levantado no poca controversia, porque a menudo se ha discutido que los opositores en Mateo son fariseos y escribas («maestros de la Ley»); sin embargo, aquí aparece un escriba como candidato para el discipulado. R. Walker (pp. 26-27) y otros dicen por tanto que Jesús rechazó a este maestro de la Ley (v. 19). En comparación con el siguiente inquiridor, ni es llamado a ser discípulo ni se le pidió que siguiera a Jesús (vv. 21-22). Pero este razonamiento no tiene fuerza.

1. «Discípulo» no necesariamente se refiere a un seguidor totalmente entregado, y no puede tener esa fuerza en el v. 21 (ver en 5:1). A Albright y a Mann les disgusta tanto este hecho, de modo que se ven obligados a enmendar el texto. Es difícil ver por qué se debe abrir una brecha entre los dos inquiridores, ambos «discípulos» en este sentido amplio.

2. El v. 21 no dice: «Otro hombre, uno de los discípulos» sino «otro de los discípulos» (NVI), lo que sugiere que el maestro de la Ley también era un discípulo en este sentido amplio. Además, *jéteros* («otro», a veces «otro de clase diferente») no se puede distinguir normalmente en el NT de *állos* («otro», a veces «otro de la misma clase»), y con seguridad no en Mateo (cf. BAGD, p. 315).

3. A juzgar por sus respectivos modos de abordar a Jesús, si uno de los dos se acerca a Jesús sin vacilación, es el maestro de la Ley, no el «otro discípulo». Significativamente, el escriba, un maestro de la Ley, se dirigió a Jesús como «Maestro» y simplemente prometió seguirlo a todas partes.

4. A la luz de esto, la respuesta de Jesús al segundo hombre —«Sígueme»— no significa que lo haya preferido, sino que era sumamente necesario porque el inquiridor no estaba en ese momento planeando seguir a Jesús.

Los eruditos que rechazan la reconstrucción de Walker y de otros sostienen que Mateo, lejos de oponerse a los maestros de la Ley, tiene cosas positivas qué decir de ellos (v. 19; 13:52; 23:8-10, 34), y algunos sugieren que la iglesia de Mateo tenía líderes que se denominaban a sí mismos «maestros de la Ley» (cf. Grundmann; Hummel, p. 27; Kilpatrick, pp. 110 y sig.).

Pero este razonamiento inverso es demasiado fuerte. ¿Qué otras categorías pudo haber usado Jesús para los futuros líderes de su Iglesia que las ya establecidas (13:52; 23:34)? Un gran problema de la iglesia de Mateo reconstruida cuelga del hilo de una exégesis sobregirada. Sin embargo, han señalado correctamente que los vv. 19-20 y los pasajes similares muestran que Mateo no está en principio contra los escribas ni contra nadie: más bien, en opinión de Mateo, todas las personas, escribas o no, se dividen en cuanto a las afirmaciones absolutas de Jesús, y se deben sopesar según su respuesta al Señor (cf. van Tilborg, pp. 128-31). Este es fruto, no de antisemitismo (ver más en 26:57-68), sino de afirmaciones de la verdad y, como otros asuntos juzgados ofensivos tanto por judíos como gentiles (1 Co 1:21-23), no se pueden eliminar sin relativizar la verdad y a aquel que es la verdad.

20 La respuesta de Jesús muestra que la petición del escriba es menos el compromiso de un Itay (2 S 15:21) que la excesiva confianza de un Pedro (Lc 22:33). «Nada ha hecho más daño al cristianismo que la costumbre de llenar las jerarquías del ejército de Cristo con cualquier voluntario que esté dispuesto a hacer un poco de profesión y a hablar con soltura de experiencias» (Ryle). «Nada se propuso menos nuestro Señor que tener *seguidores*, a menos que fueran sinceros y sólidos; él está lejos de anhelar esto como difícil es de alcanzarlo» (Stier, énfasis de él). La respuesta de Jesús no dice nada de la respuesta del inquiridor. En sentido estricto no fue una invitación ni una reprensión, sino una manera aguda de decir que el verdadero discipulado para el «Hijo del hombre» (ver exposición más adelante) no es comodidad, y no se debería emprender sin analizar el costo (cf. Lc 14:25-33). En el contexto inmediato del ministerio de Jesús el dicho no significa que Jesús fuera pobre sino que no tenía casa; la naturaleza de su misión lo mantenía en movimiento (cf. 4:23-25; 9:35-38) y mantendría a sus seguidores en movimiento.

21-22 En cuanto al significado de la referencia a «discípulos», vea los vv. 19-20. Si el escriba fue demasiado rápido en prometer, este «discípulo» fue demasiado lento en responder (v. 21). La piedad palestina, basada en el quinto mandamiento (Éx 20:12; cf. Dt 27:16), esperaba que los hijos asistieran al funeral de sus padres (cf. Tob 4:3; 14:10-11; M Berakoth 3:1; cf. Gn 25:9; 35:29; 50:13). La respuesta de Jesús utilizó lenguaje paradójico (como en 16:25): Deja que los muertos (espiritualmente) entierren (físicamente) a sus muertos (cf. Notas). Sin embargo, la respuesta parece dura para muchos intérpretes; por eso deducen que el inquiridor está solicitando una prórroga hasta que muriera un padre anciano, y no una prórroga para enterrar a un padre que había muerto. En hebreo o arameo puede significar eso, pero en griego es difícil; y es difícil ver cómo esto hace más compasiva la respuesta de Jesús (v. 22). Aunque en el AT a ciertas personas no se les permitía entrar en contacto con cadáveres (Lv 21:1-2; Nm 6:7), es dudoso que Jesús viera a sus seguidores como sacerdotes o nazareos que necesitaban protección especial (contr. Trench, *Studies*, p. 169). Lo más probable es que los vv. 21-22 son una manera potente de expresar el pensamiento en 10:37: ni los vínculos familiares más estrechos se deben poner por sobre la lealtad a Jesús y la proclamación del Reino (Lc 9:60).

En verdad no se nos puede ocurrir que Jesús le estaba prohibiendo la asistencia al funeral del padre, así como no se nos puede ocurrir que en 5:27-30 estaba insinuando que nos castremos. Él detectó en aquel inquiridor falta de sinceridad, y una aceptación limitada del señorío de Cristo, lo que no era aceptable. La entrega a Jesús debe ser sin reservas. Tal es la importancia que Jesús mismo se dio a su persona y misión.

Excursus: «El Hijo del hombre» como título cristológico

Durante los últimos veinticinco años han aparecido más de una docena de libros e importantes artículos sobre el Hijo del hombre. Este excursus sobre el Hijo del hombre como título cristológico presentará algo de la evidencia y su interpretación en el reciente análisis, y esbozará el enfoque adoptado por el comentario. Buenos resúmenes anteriores se encuentran en la obra de A.J.B. Higgins (*Jesus and the Son of Man*, Lutterworth, Londres, 1964), J. Neville Birdsall («Who Is this Son of Man?» EQ 42, 1970, 67-87). Análisis más recientes de la expresión y sus principales repercusiones teológicas se encuentran en las obras y bibliografías de C. Colpe (TDNT, 8:400-477), C.F.D. Moule (*Christology*, pp. 11-22), I. Howard Marshall (*The Origins of Christology*, IVP, Downers Grove, Ill., 1976, pp. 63-82), los ensayos publicados por R. Pesch y R. Schnackenburg (*Jesus und der Menschensohn*, Herder, Freiburg, 1975), Goppelt (*NT Theologie*, pp. 226-53), Ladd (*NT Theology*, p. 145-58), Dunn (*Christology*, pp. 65-97), Guthrie (*NT Theology*, pp. 270-82), Matthew Black («Jesus and the Son of Man», *Journal for the Study of the New Testament* 1, 1978, 4-18), y Stanton (*Jesus of Nazareth*, pp. 156 y sig.). A esto se le puede agregar el trabajo reciente de Maurice Casey y el de A.J.B. Higgins (*The Son of Man in the Teaching of Jesus*, University Press, Cambridge, 1980).

La expresión Hijo del hombre aparece ochenta y una veces en los evangelios, sesenta y nueve en los sinópticos. En cada caso se halla en labios de Jesús o, en dos casos, en labios de quienes citan a Jesús (a saber, Lc 24:7; Jn 12:34). Fuera de los evangelios se encuentra en el NT como un título cristológico solamente en Hechos 7:56; Apocalipsis 1:13; 14:14 (Heb 2:6-8 no es relevante). Las veces que aparece en el evangelio por lo general se clasifican de acuerdo con los temas asociados al título: (1) el apocalíptico Hijo del Hombre que viene al fin de los tiempos; (2) el sufriente y agonizante Hijo del Hombre; (3) el terrenal Hijo del Hombre, comprometido en una cantidad de ministerios (en este contexto el título podría servir como circunlocución de «yo»). Ladd (*NT Theology*, p. 149-51) ofrece un desglose típico de todos estos pasajes. Existe alguna coincidencia de estas categorías y espacio para diferencias de interpretación. Pero de las treinta veces que «Hijo del hombre» aparece en Mateo, aproximadamente trece pertenecen a la primera categoría (13:41; 16:27; 19:28; 24:27, 30 [*bis*], 37, 44; 25:31; 26:64; quizá 24:39; y posiblemente 10:23; 16:28), diez a la segunda (12:40; 17:9, 12, 22;

20:18, 28; 26:2, 24 [*bis*], 45), y siete a la tercera (8:20; 9:6; 11:19; 12:8, 32; 13:37; quizá 16:13; cf. también la variante en 18:11).

El significado de cualquier expresión o título depende al menos en parte del modo en que se usaba antes. Gran parte de la discusión que rodea el significado preciso de «Hijo del Hombre» en los evangelios cambia la influencia atribuida a uno o varios de los siguientes antecedentes:

1. Daniel 7:13-14 describe a «alguien como un hijo de hombre» que se acerca al venerable Anciano y se le da «autoridad, poder y majestad» y «un dominio eterno, que no pasará», en el cual lo adoran «todos los pueblos, naciones y lenguas».

2. En Salmo 8:4 se usa de modo genérico para denotar al hombre.

3. En Ezequiel aparece varias veces en el vocativo como la manera favorita de Dios de dirigirse al profeta.

4. Salmo 80:17 pone «Hijo de hombre» en el contexto de una vid imaginaria de tal modo que a las claras se refiere a la nación de Israel.

5. En 1QapGn 21:13 aparece como un semitismo que denota hombre en general («Haré tu descendencia como el polvo de la tierra, la cual ningún hijo de hombre podrá contar»). Según Vermes, «hijo de hombre» o «el hijo de hombre» en arameo se usaba en la época de Jesús para referirse genéricamente al hombre o como una circunlocución por la cual un vocero se podría referir a sí mismo (cf. G. Vermes en Black, *Aramaic Approach*, apéndice E; id., «The "Son of Man" Debate», *Journey for the Study the NT*, 1978, 19-32). Pero algunas de estas afirmaciones se deben suavizar ante las fechas y filología más sobrias de Joseph A. Fitzmyer («Another View of the "Son of Man" Debate», *Journey for the Study the NT* 4, 1979, 58-68).

6. Muchos detectan un trasfondo en las Similitudes de Enoc (1 Enoc 37-71) u otra literatura apocalíptica. Algunos han hecho surgir grandes dudas de que tal literatura es anterior al cristianismo, basados en gran parte en el hecho de que las Similitudes no se encuentran en la copia de los RMM de 1 Enoc; y si tienen razón, es claro que el uso de «Hijo del hombre» en 1 Enoc 37-71 no puede haber influido en el uso de la expresión por parte de Jesús (cf. Longenecker, *Christology*, pp. 82-88; Dunn, *Christology*, pp. 67-82). Sin embargo, el consenso entre especialistas de 1 Enoc es que las Similitudes en realidad se escribieron antes del ministerio de Cristo, pero que el «Hijo del hombre» en estos escritos se refiere ambiguamente a Enoc. La famosa, pero sin apoyo, enmienda de R.H. Charles («Este es el Hijo del hombre que nació en justicia», 1 Enoc 71:14) no tiene garantía: el texto dice «Tú, oh Enoc, eres el Hijo del hombre» (cf. además James H. Charlesworth, *The Pseudepigrapha and the New Testament*, University Press, Cambridge, de próxima aparición). Por tanto, llegamos a una conclusión irónica: las Similitudes son anteriores al cristianismo, y por ende se deben considerar como una posible influencia en el uso de Jesús de «Hijo del Hombre»; pero ellas no identifican muy estrechamente el personaje con Enoc, y en consecuencia cualquier influencia que ejercieron no puede ser más que de modelo o patrón, si lo hubo.

Contra tan diversos antecedentes, entonces, ¿cómo hemos de entender «el Hijo del Hombre» en el NT? Se han hecho muchas propuestas, muchas de ellas no explican la evidencia. Las siguientes son las más importantes:

1. Bultmann (*NT Theology*, 1:29-31, 49) popularizó la opinión, apoyada después por P. Vielhauer, H. Conzelmann y H.M. Teeple, de que Jesús no usó el título «Hijo del

Hombre» para referirse a sí mismo sino a otro personaje de aparición futura; y esta figura del futuro estaba basado en el concepto de Jesús sobre el personaje redentor apocalíptico de 1 Enoc. Esta idea ha sido desarrollada por otros eruditos que dicen que Jesús originalmente justificó su autoridad al referirse a un personaje apocalíptico futuro que vendría y lo revindicaría, pero que la Iglesia relacionó esa figura con Jesús mismo. Esto no es válido, porque aun si las Similitudes no son una adición posterior a 1 Enoc, el personaje del «Hijo del Hombre» *quizá* no sea una figura apocalíptica (cf. Casey, pp. 99-112) y en ningún caso se refiere principalmente a Enoc. Además la evidencia del NT relaciona a Jesús con el Hijo del Hombre (e.g., Mr 14:62 y paralelos); y, más importante aun, se pone en duda cualquier interpretación que aparezca frente al hecho de que los escritores del evangelio no usaron la expresión para describir a Jesús, sino que siempre la pusieron en labios de Jesús. Por otra parte, esta demuestra haber sido la designación favorita de Jesús, y que la iglesia primitiva respetó esto, aun cuando no siempre supieron qué hacer al respecto (cf. más en Jeremías, *NT Theology*, pp. 267 y sig.).

2. Jeremías (*NT Theology*, pp. 257-76) ha sostenido que son auténticos algunos de los dichos «Hijo del hombre» en las tres categorías; pero donde en las analogías sinópticas un evangelio incluye la referencia al Hijo del hombre y otra la omite (e.g., Mt 24:39—Lc 17:27; Mt 10:32—Lc 12:8), la última es auténtica. En este último punto algunos han sostenido exactamente lo contrario (e.g., F.H. Borsch, *The Son of Man in Myth and History*, SCM, Londres, 1967). La debilidad del punto de vista de Jeremías yace principalmente en la regularidad con que la expresión aparece solo en labios de Jesús: si los evangelistas estaban añadiendo el título para reemplazar al «yo», es al menos extraño que no usaran el título para referirse a Jesús en contextos donde no hay paralelo sinóptico. Aquí parece mejor tomar partido por Borsch, aunque no podemos estar seguros. Además el trasfondo escogido de Jeremías viene de Daniel 7:13-14 en línea directa a través de las Similitudes de Enoc para el NT. Por tanto, depende de un personaje apocalíptico establecido como Hijo del Hombre que las fuentes no apoyan.

3. Al apelar a antecedentes arameos, Vermes (Black, *Aramaic Approach*, apéndice E) sostiene que son auténticos los pasajes en que «Hijo del hombre» no es más que una circunlocución de «yo», por la cual el que habla se refiere indirectamente a sí mismo por modestia o humildad; los demás usos en los evangelios fueron creados por una iglesia de pensamiento apocalíptico. Algunas posiciones de cierto modo similares las adoptó Casey, quien considera auténticos los dichos que se refieren a la humanidad en general, y Barnabas Lindars («Jesus as Advocate: A Contribution to the Christology Debate», BJRL 62, 1980, 476-97; id., «The New Look on the Son of Man», BJRL 63, 1981, 437-62), quien sostiene que el uso del artículo (*jo*) en griego que forma la expresión «*ese* Hijo del hombre», «el [conocido] Hijo del hombre», o «el [esperado] Hijo del hombre», muestra que fue la traducción de la tradición del arameo al griego la que dio a la expresión significado mesiánico o daniélico. Por consiguiente, los usos que reflejan tal significado no pueden ser auténticos. Muy aparte de los problemas que rodean la fecha de la evidencia lingüística (cf. Fitzmyer, más arriba), esta teoría postula una iglesia creativa y un Jesús comparativamente sin lustre, aun cuando los evangelistas restringen de modo constante el uso creativo de «Hijo del Hombre» a Jesús. Mientras más se discute que la Iglesia ejerció un papel creativo en el desarrollo teológico de este título, más extraño es que los evangelistas mismos no aplicaran la expresión a Jesús.

4. En su más reciente libro (*Son of Man*), Higgins reitera y perfecciona su tesis de que los dichos «centrales» (i.e., auténtico) son todos del Q y se refieren sin excepción a algunas actividades futuras del Hijo del hombre, pero no a su «venida» o «venida en gloria», basada en la «suposición razonable de la existencia del concepto de un Hijo del hombre en el judaísmo» (p. 124), y en una extraña apelación a testimonio múltiple, aunque todos estos dichos «centrales» surgieron originalmente de Q (p. 125). Higgins dice que Jesús no se identifica mucho como el Hijo del hombre (cualquier contraevidencia, como Mr 14:62, la atribuye a la Iglesia), mientras dice que la expresión nace del hecho de que «Jesús revestía de imágenes simbólicas el mensaje de su anticipada función judicial en el juicio» (ibíd.). La teoría por tanto cae bajo las críticas levantadas contra 1 y 2.

5. C.F.D. Moule («Neglected Features in the Problem of the Son of Man», en Gnilka, *Neues Testament*, pp. 413 y sig.; id., *Christology*, pp. 11-22), a diferencia de Vermes, insiste en que el artículo definido (usado en todas partes menos en Jn 5:27) prueba que la designación es nominal y, por consiguiente, cualquier construcción semítica subyacente se debió referir a un «Hijo del Hombre» conocido y particular. El único candidato es el personaje de Daniel 7:13-14, expuesto posiblemente en el judaísmo. Este personaje se tenía como una referencia colectiva a «los santos del Altísimo» (Dn 7:18); y, aplicado a Jesús, el título afirma al mismo tiempo que este representa a esos santos, y que es parte de ellos. «Hijo del Hombre» es menos un título que «el símbolo de la vocación a ser totalmente leal, incluso hasta la muerte, en la confianza de la reivindicación final en la corte celestial. ... Jesús, por tanto, se está refiriendo a la autoridad (sea en el cielo o en la tierra) del verdadero Israel, y por ende, de un auténtico hombre, obediente, en las buenas y en las malas, a los designios de Dios» (*Christology*, p. 14).

A pesar de las atractivas características de esta reconstrucción se deben expresar algunas reservas. Parece haber más énfasis nominal (en realidad, mesiánico) en algunos pasajes que da Moule (e.g., Mt 16:13-20; 26:63-64); sin embargo, irónicamente podría estar exagerando el significado del artículo definido, puesto que hay evidencia en los evangelios de que la gente de la época de Jesús no siempre entendía que la designación se refería al «conocido» Hijo del hombre (e.g., Mt 16:13-30; Jn 12:34).

La mejor explicación trata de evitar el reduccionismo tácito en la mayoría de los enfoques anteriores, lo cual rápidamente descarta ciertas clases de evidencia, o las toma como creaciones posteriores de la Iglesia. Aparte del hecho de que «Hijo de hombre» en los evangelios siempre se encuentra en labios de Jesús, la autenticidad de los dichos «Hijo del hombre» resiste muy bien bajo el criterio de la crítica de redacción (R.N. Longenecker, «Son of Man's Imagery», JETS 18, 1975, 8-9).

Pero, ¿qué quiso decir Jesús con esa expresión? La respuesta más sencilla es que la utilizó precisamente porque era ambigua: podía ocultar y también revelar (cf. E. Schweizer, «The Son of Man», JBL 79, 1960, 128; Longenecker, «Son of Man' Imagery», pp. 10-12; Hendriksen; Marshall, *Origens*, pp. 76-78). Cuando Jesús le dio a la expresión su total significado mesiánico solo se pudo referir a Daniel 7:13-14. Lo hizo a menudo hacia el fin de su ministerio, solo con sus discípulos y hablando de acontecimientos escatológicos (esp. 24:27, 30 y sus análogos), o bajo juramento en su juicio (26:63-64). A pesar de que a menudo se dice que el personaje de Daniel es un símbolo de los santos del Altísimo (Dn 7:18), no es así. Se pueden presentar argumentos a favor de la hipótesis de que «alguien con aspecto humano» no es un símbolo de los santos

(7:18, 27). *Él* está en la presencia del Anciano; *ellos* están en la tierra durante la época del «cuerno» (v. 21). Quizá «alguien con aspecto humano» asegura el Reino eterno a los santos del Altísimo (cf. W.J. Dumbrell, «Daniel 7 and the Function of Old Testament Apocalyptic», *Reformed Theological Review* 34, 1975, 16 y sig.; y esp. Christopher Rowland, «The Influence of the First Chapter of Ezekiel on Jewish and Early Christian Literature», Tesis de grado, Universidad de Cambridge, 1974, p. 95). «Alguien con aspecto humano» es una figura representativa, no colectiva; y el uso del símbolo de alguien que llega entre las nubes favorece una interpretación personal y no colectiva.

Sea como sea, la introducción mesiánica del título a algunos pasajes del NT apenas se puede poner en duda. Pero Daniel 7:13-14 no ejerció tanta influencia en el judaísmo del siglo primero como para que la simple referencia a «el Hijo del hombre», aun con el artículo, se tomara al instante para referirse al Mesías. John Bowker («The Son of Man», JTS 28, 1977, 19-48) ha mostrado con decisión cuántos pasajes semíticos —en Ezequiel, Salmos 8, los Tárgumes— usan la expresión para contrastar el abismo entre el débil y mortal ser humano con Dios mismo. Esto encaja de modo admirable en gran cantidad de referencias del NT, no solo en textos del sufrimiento y la pasión, sino en otros como Mateo 8:20. Jesús combinó tanto al Mesías de Daniel como al débil mortal, precisamente porque su propia comprensión mesiánica estaba unida a ambos temas.

Ya hemos detectado en Mateo la fusión del Mesías davídico y el Siervo sufriente. Aunque el «Hijo del hombre» capta tanto la autoridad como el sufrimiento, es suficiente ambiguo para que la gente que no pensaba en el Mesías en este modo doble se quedara perpleja después de la cruz. Esta podría haber sido una manera aceptable de que un vocero se refiriera a sí mismo, caso en el cual el uso nominal solamente se podía discernir del contexto. Además para los judíos que esperaban un Mesías puramente político y glorioso habría sido muy difícil saber lo que significaba el título, porque cuando apenas habían discernido su significado mesiánico, Jesús insertó algo acerca de los sufrimientos del Hijo del hombre. Eso explica la pregunta de perplejidad: «¿Quién es ese Hijo del hombre?» (Jn 12:34; cf. Lc 22:69-70). Aun los discípulos que en cierto nivel habían comenzado a reconocer a Jesús el Hijo del hombre como el Mesías (Mt 16:13-16) no podían aceptar ni comprender la afirmación repetida de Jesús de que el Hijo del hombre estaba destinado a sufrir y a morir (Mt 16:21-23; 17:9-12, 22, y análogos). Solo bajo juramento, y cuando ya no importaba que sus enemigos oyeran su clara afirmación mesiánica, Jesús reveló sin nada de ambigüedad que él, el Hijo del hombre, era el personaje mesiánico de Daniel 7:13-14 (Mt 26:63-64 y análogos); y sus oponentes no comprendieron que una parte esencial de la condición mesiánica era el sufrimiento y la muerte. En el ministerio de Jesús, «Hijo del hombre» revela y oculta. Por tanto, escogió la frase como la expresión ideal para progresivamente, y hasta cierto punto retrospectivamente, revelar la naturaleza de su persona y su obra.

Después de la pasión, los discípulos de Jesús no podían sino hallar en su temprano uso del término una afirmación mesiánica. Ciertamente, es una señal de la fidelidad de ellos a las diferentes etapas de la historia de la redención que al describir el ministerio anterior a la pasión de Jesús limitan la designación sólo a los labios de Jesús. Ciertamente, ningún lector de Mateo que a través del prólogo sabe que Jesús, aunque hombre, es más que un hombre, y a través de 16:13-20; 26:63-64 sabe que el Hijo del hombre es el Mesías, puede dejar de ver ironía en 9:1-8. Jesús perdona pecados y realiza un milagro para que los espectadores puedan saber que el «Hijo del hombre» tiene autoridad en la tierra para perdonar pecados; pero el pueblo alaba a Dios por haber dado tal autoridad «a hombres». Tienen razón (Jesús, el Hijo del hombre, es mortal, es un hombre nacido de mujer, y va rumbo al sufrimiento y la muerte), y están equivocados (no lo reconocen todavía sino como un hombre, nacido de virgen, y como la figura mesiánica que apareció «como un hijo de hombre» —i.e., en forma humana— en una de las visiones de Daniel). Por eso la interpretación que prevaleció desde el siglo segundo en adelante —que «Hijo del hombre» designa la humanidad de Jesús, y que «Hijo de Dios» designa su divinidad— no es tan equivocada como simplista.

En Mateo 8:20, «el Hijo del hombre» se pudo fácilmente reemplazar con un «yo». Además sucede en un ambiente que resalta la humanidad de Jesús, y puede presentir sus sufrimientos. Para los lectores cristianos posteriores a la Pasión, esto solo podía hablar de la maravillosa autohumillación del Mesías. Para el maestro de la Ley (vv. 18-19), este fue un gran desafío; cuán grande solo podría saberse después de la Resurrección.

Notas

---

22 Black (*Aramaic Approach*, pp. 207-8) sugiere que el arameo original se pudo haber leído: «Deja que los מְתִנְיִין (*metinyin*, "indecisos") entierren a sus מִיתִיהוּן (*mitijún*, "muertos")», y la primera de las dos palabras arameas se ha traducido erróneamente como si fuera de מִיתִין (*mitín*, «cadáveres»). Pero como muchas de las sugerencias de Black, aunque filológicamente convincente, apenas ayuda a explicar el texto, y lo dificulta la tesis poco plausible de que Mateo (o alguna persona desconocida en el proceso de tradición oral) era más bien incompetente en hebreo y arameo.

---

3. Jesús calma una tormenta

8:23-27

²³Luego subió a la barca y sus discípulos lo siguieron. ²⁴De repente, se levantó en el lago una tormenta tan fuerte que las olas inundaban la barca. Pero Jesús estaba dormido. ²⁵Los discípulos fueron a despertarlo.

—¡Señor —gritaron—, sálvanos, que nos vamos a ahogar!

²⁶—Hombres de poca fe —les contestó—, ¿por qué tienen tanto miedo? Entonces se levantó y reprendió a los vientos y a las olas, y todo quedó completamente tranquilo.

²⁷Los discípulos no salían de su asombro, y decían: «¿Qué clase de hombre es éste, que hasta los vientos y las olas le obedecen?»

Ahora se muestra la autoridad de Jesús sobre la naturaleza. Quizá tiene menos resguardo que las bestias y las aves de la naturaleza (v. 20); pero es el amo de la naturaleza (cf. Los pasajes análogos en Mr 4:31-41; Lc 8:22-25). El intento de

Cope (*Matthew*, pp. 96-98) de discutir que el pasaje, en cierta etapa anterior a Mateo, fue estructurado conforme a Jonás lejos está de ser convincente. Las analogías de Cope son tan forzadas que dan pena («una calma milagrosa relacionada con el personaje principal»), o tan generales que es difícil concebir que alguna historia en que se calma al mar se ajuste a su lista de paralelos.

23-25 La narración viene desde el v. 18; la orden de atravesar el lago para escapar de la multitud se ha cumplido. Una *ploion* («barca») era una nave casi de cualquier tamaño y descripción (v. 23). Aquí sin duda es una barca de pesca, bastante grande para una docena de hombres, o más, y una buena pesca, pero no muy numerosa, y sin velas.

La apreciación de Bornkamm —de que este pasaje enfrenta a los lectores de Mateo con una exigencia de más fe (v. 26) en un ambiente que exige total discipulado (vv. 18-22); cf. Bornkamm, *Tradition*, pp. 52-57— se ha distorsionado para hacer del discipulado lo único importante. Puesto que los discípulos «siguieron» a Jesús cuando este entró a la barca, algunos presumen (e.g., Bonnard, Hill) que Mateo está usando un tema característico, casi un término técnico, para describir el discipulado: quienes siguen a Jesús no deben temer, porque estarán seguros en cualquier tormenta. Pero en Mateo *akoloudseo* («seguir»), aunque se puede referir a verdaderos seguidores (e.g., 4:20, 22; 9:9), a menudo describe la actitud de la multitud en comparación con la de los discípulos (e.g., 4:25; 8:1, 10; 12:15). Cuando alguien sigue físicamente a otra persona, es arriesgado revestir el término con profundas nociones de discipulado; en 9:19 Jesús y sus discípulos «siguieron» (gr.) al líder ¡pero en realidad no eran sus discípulos! Además, si «seguir» es una categoría tan importante para Mateo, ¿por qué en 8:28-34 omite la referencia análoga a seguir a Jesús (Mr 5:18-20)?

Tertuliano (*De Baptismo* 12) vio en la barca una representación de la Iglesia. De ahí que algunos concluyan que la tormenta «es una amenaza para la barca y no para los discípulos», pues la barca se identifica con la Iglesia, «y, en particular, al enfrentar los embates de la persecución (quizá bajo Domiciano, 81-96 d.C.)» (Hill, *Matthew*; cf. Bonnard). Pero aparte de la naturaleza anacrónica de esta apelación a Domiciano, es muy dudoso que bajo su reinado se haya extendido mucho la persecución (cf. John Sweet, *Revelation*, SCM, Londres, 1979, esp. pp. 25-27). Además, ¿se ayuda mucho a la historia de Mateo pensar que el peligro era para la barca pero no para los discípulos? Uno se pregunta qué les habría ocurrido si la barca se hubiera hundido.

Aunque tal vez Mateo ha visto en este pasaje alguna clase de aplicación válida de los principios a su propia situación, el incidente fue principalmente para él una historia milagrosa con implicaciones cristológicas (ver en vv. 26-27). Algunos críticos de redacción, en su deseo de interpretar los evangelios exclusivamente en términos de una reconstrucción de la vida de la Iglesia, en vez de oír el bien pensado testimonio de la Iglesia hacia el Jesús histórico, casi adoptan una alegorización indisciplinada.

Es muy sabido que en el lago de Galilea (v. 24) se desarrollan rápidamente violentos turbiones (el término *seismós* se puede referir a un terremoto o a una tormenta marina). La superficie está más de doscientos metros bajo el nivel del mar, y el golpe del aire caliente que se levanta raudo de las altiplanicies sudorientales contra el aire frío agita las aguas. Aquellos entre los contemporáneos de Jesús que conocían de veras el AT recordarían que Dios se presentaba como quien controla y calma los mares (cf. Job 38:8-11; Sl Sal 29:3-4, 10-11; 65:5-7; 89:9; 107:23-32).

La forma del clamor, *Kurie, sóson* (lit., «¡Señor, salva!» v. 25), se ha creído a menudo que refleja influencia litúrgica (cf. Mr 4:38; Lc 8:24). Pero es dudoso que todos los discípulos hayan usado las mismas palabras; y las diferencias verbales entre los sinópticos podrían reflejar, no motivación teológica, sino recuerdo histórico de varios clamores (esp. si Mateo estuvo presente). Este suceso casi con seguridad ocurre cronológicamente después del llamado de Mateo (9:9-13; cf. Lc 5:27-32). Las palabras de la liturgia posterior tomaron esta forma. Sin embargo, casi no sabemos nada de la liturgia del siglo primero, y lo más probable es que la Biblia influyera en la forma de la liturgia, y no al revés. De modo significativo, la posterior tradición textual añade «nos» (cf. Metzger, *Textual Commentary*, p. 22). El verbo *akoloudseo* («seguir») no requiere un objeto directo, aunque es difícil ver por qué eliminar «nos» si estuvo originalmente. La forma litúrgica posterior prefiere abandonar el «nos». Si esa forma no era tan firme para controlar la tradición textual, ¿es probable que fuera tan firme (menos aun bastante temprano) que controló la forma del clamor al pasar de Marcos a Mateo?

26-27 «No los censuró por molestarlo con sus oraciones sino por molestarse ellos mismos con sus temores» (Matthew Henry). La palabra *oligopistoi* («hombres de poca fe», v. 26) aparece cinco veces en el NT (6:30; aquí; 14:31; 16:8; Lc 12:28; cf. el sustantivo similar en Mt 17:20), y siempre con referencia a los discípulos. Desilusiona especialmente la falta de fe entre aquellos para quienes la fe debe ser central. Marcos (4:40) dice: «¿Todavía no tienen fe?», y por ende muchos toman la «poca fe» de Mateo como una moderación consciente de los términos de la represión, quizá porque el autor no puede concebir el discipulado sin *algo* de fe (Gundry, *Matthew*). Pero existen razones para pensar que esta conclusión es un tanto precipitada.

1. Tal vez se esté forzando mucho la pregunta de Marcos para entenderla como si quisiera decir que los discípulos estaban totalmente sin fe. Un predicador exasperado muy bien podría regañar con palabras como las de Marcos a quienes relaciona como discípulos creyentes precisamente por creer que el comportamiento de ellos ante alguna crisis contradice su profesión de fe. El gran cambio de significado atribuido a Mateo podría deberse a un entendimiento muy pedante de Marcos. Esto está confirmado al Marcos no desarrollar la noción de unos «discípulos» que no tienen fe.

2. *Tanto* Mateo (17:17) *como* Marcos (9:19) conservan dichos acerca de la generación incrédula que en este contexto se debe aplicar a los discípulos de Jesús.

3. La palabra *oligopistoi* («hombres de poca fe») tal vez no se refiere solo a la cantidad de fe sino a su mala calidad (ver en 17:20). De ser así, es probable que Mateo tenga un poco más de precisión teológica que Marcos, pero no un significado radicalmente nuevo. El cambio de una pregunta (Marcos) a la palabra apelativa *oligopistoi* (Mateo) está bastante dentro del modo informativo en los evangelios. No podemos saber cuáles fueron las palabras exactas de Jesús; ni podemos estar seguros de que el único acceso de Mateo al acontecimiento haya sido el informe de Marcos.

4. Si Mateo estaba tan ansioso por insistir en que el verdadero discipulado involucra *algo* de fe, y por esta razón cambió la expresión, es extraño que insertara un versículo como 17:20 (contraste con Mr 9:29). Es más probable que Mateo esté a favor de *oligopistoi* como parte de su vocabulario normal, pero sin fuertes y teológicas implicaciones; las tendencias de redacción demostrables de un autor no necesariamente conllevan asuntos de autenticidad (cf. Introducción, sección 2).

5. Lo que sí es claro es que Marcos y Mateo ponen la fe en contra del temor. La fe expulsa el temor, o el temor expulsa la fe.

Que los discípulos pudieran clamar a Jesús por ayuda revela que creían, o esperaban, que él pudiera hacer algo. Más que nadie, habían sido testigos de sus milagros, y aparentemente creían que podía rescatarlos. Por tanto, la reprensión de Jesús no es por el escepticismo de los discípulos en cuanto al poder del Señor, ni contra el temor de que pudieran ahogarse como cualquier persona. Más bien los reprendió porque no se daban cuenta de que aquel que tan obviamente Dios había levantado para cumplir la obra mesiánica no podía morir en una tormenta mientras esa obra no se hubiera hecho. Les faltó fe, no tanto en la capacidad del Señor para salvarlos, sino en Jesús como Mesías, cuya vida no se podía perder en una tormenta, como si los elementos fueran incontrolables y Jesús fuera un títere del azar. Este aspecto de la incredulidad en ellos se insinúa en Marcos y Lucas; en Mateo está interpretado de modo más explícito con el clamor de los discípulos por salvación, porque aquí no se puede pensar que estaban despertando a Jesús por resentimiento de que él estuviera durmiendo. El sueño de Jesús no solo proviene de su cansancio (vea en v. 16), ni de que el Hijo del hombre no tenía en qué reposar la cabeza (v. 20), sino de su confianza en que, para usar el lenguaje de Juan, su hora aun no había llegado.

La respuesta de los discípulos ante el milagro (v. 27) no debilita esta interpretación, como si su sorpresa mostrara que no estaban esperando la intervención de Jesús. Así como una multitud espera que un mago haga sus trucos, pero se asombra cuando los hace, los discípulos se vuelven a Jesús en busca de ayuda, pero se asombran cuando este calma la tormenta para que haya tranquilidad total. ¿Qué clase de hombre es este? Los lectores de este evangelio conocen la respuesta: él es el Mesías nacido de una virgen que ha llegado a redimir a su pueblo de sus pecados, y cuya misión es cumplir los propósitos redentores de Dios. Pero los discípulos aún no entendían estas cosas. Vieron que la autoridad de Jesús se extendía sobre la naturaleza, lo que les ayudó en su fe. Sin embargo, no captaron la profundidad del reproche. En realidad, siempre que en Mateo se usa *oligopistos*, una causa fundamental de la «poca fe» es no ver más allá de la simple superficie de las cosas. Por eso el pasaje es profundamente cristológico: los temas de fe y discipulado tienen importancia secundaria y señalan la «clase de hombre» (cf. BDF, par. 298, 3) que es Jesús.

También podría ser que Mateo esté en contra de yuxtaponer a Jesús con las limitaciones del hombre, y a Jesús con la autoridad de Dios, un recurso usado de modo muy eficaz en este evangelio. Así como Jesús es tentado pero reprende a Satanás (4:1-11), así como lo llaman demonio pero expulsa demonios (12:22-32), duerme del cansancio pero amordaza a la naturaleza (vea más en 4:2).

4. Demostración adicional de la autoridad de Jesús (8:28—9:8)

a. Liberación de dos endemoniados

8:28-34

28Cuando Jesús llegó al otro lado, a la región de los gadarenos, dos endemoniados le salieron al encuentro de entre los sepulcros. Eran tan violentos que nadie se atrevía a pasar por aquel camino. 29De pronto le gritaron:

—¿Por qué te entrometes, Hijo de Dios? ¿Has venido aquí a atormentarnos antes del tiempo señalado?

30A cierta distancia de ellos estaba paciendo una gran manada de cerdos. 31Los demonios le rogaron a Jesús:

—Si nos expulsas, mándanos a la manada de cerdos.

32—Vayan —les dijo.

Así que salieron de los hombres y entraron en los cerdos, y toda la manada se precipitó al lago por el despeñadero y murió en el agua. 33Los que cuidaban los cerdos salieron corriendo al pueblo y dieron aviso de todo, incluso de lo que les había sucedido a los endemoniados. 34Entonces todos los del pueblo fueron al encuentro de Jesús. Y cuando lo vieron, le suplicaron que se alejara de esa región.

Todos los sinópticos (cf. Mr 5:1-20; Lc 8:26-39) ponen este hecho después de que la barca atracara, tras calmar la tormenta. El relato de Mateo es mucho más corto que los otros dos; y no se refiere a «Legión» ni al deseo de los hombres liberados de seguir a Jesús. El motivo central, la autoridad de Jesús sobre los espíritus malignos, está acentuado y solo entrelazado ligeramente con otros temas.

28 El escenario parece haber sido la región controlada por el pueblo de Gadara, cerca de la aldea de Gerasa (cf. Notas), que está más o menos en un punto medio de la costa oriental del lago. En las laderas adyacentes había sepulcros antiguos. Quizá pequeñas antecámaras o cuevas protegían en algo contra el clima; y un cementerio, por lo visto, resultaba un ambiente agradable para demonios y hombres ceremonialmente contaminados. Esta región está en el predominantemente gentil territorio de Decápolis (ver en 4:25); la presencia de cerdos (v. 30), inconcebible en un medio judío, señala su trasfondo gentil. Jesús se había retirado allí, no para ministrar, sino para evitar las multitudes (v. 18). Sin embargo, no puede haber descanso mientras las huestes de la oscuridad se le opongan.

Sobre diferencias entre judíos y opiniones del NT de posesión demoníaca, ver Edersheim (LTJM, apéndice XVI; cf. SBK, 1:491-92). Mateo menciona dos hombres; Marcos y Lucas solo uno. Este patrón se repite en otro lugar (20:30), lo que hace muy improbable que Mateo cambiara la cantidad porque vio una insinuación de más de un hombre en la «legión» de Marcos (aplicada a los demonios). Aun menos probable es que Mateo haya introducido la persona extra para hacer aceptable legalmente el mínimo de dos testigos, puesto que no sólo el tema de los testigos no se encuentra en ninguno de los extractos mateanos (vv. 28-34; 20:29-34), sino que aquí Mateo ha eliminado ese tema (cf. Mr 5:18-29). Aunque los discípulos pudieron haber servido como testigos, la mejor explicación es que Mateo tuvo conocimiento independiente del segundo hombre. Que los otros evangelios mencionen solo uno no es problema. No solamente uno era suficiente para el propósito, sino que donde una persona es más notable o prominente, no es poco común que los evangelios la mencionen sola (cf. «Hoy vi a Pedro Pérez en la ciudad. No lo había visto en años»… aunque no solo vio a Pedro sino también a su esposa María).

La violencia de estos endemoniados se describe con más detalles en Marcos y Lucas.

29 «Mientras los hombres en la barca están preguntándose qué clase de hombre es aquel, que hasta los vientos y el mar le obedecen, los demonios llegan a decírselos» (Teofilacto, citado en Broadus). Aquellos demonios sabían quién era Jesús y sin embargo seguían siendo demonios; conocer a Jesús y no obstante odiarlo es demoníaco. La pregunta que los endemoniados hicieron a Jesús pudo ser dura o suave, dependiendo del contexto (2 S 16:10; Mr 1:24; Jn 2:4). Aquí es aborrecible y con un matiz de espanto. El título «Hijo de Dios» quizá se debe tomar en su sentido más sonoro: reconocieron a Jesús, no solo en cuanto a su poder sino también en cuanto a su persona. Él era el Mesías, el Hijo de Dios (ver en 3:17). Aunque Jesús ya había comenzado a confrontarlos cuando reaccionaron con tanto veneno (cf. Mr 5:7-8), no hubo nada en la orden de Jesús que delatara su identidad. Debemos dar por sentado que los demonios disfrutaban de algún conocimiento independiente de la identidad de Jesús (cf. Hch 19:15; Ladd, *NT Theology*, p. 165).

La segunda pregunta muestra que llegará el momento en que las huestes demoníacas serán torturadas y rechazadas para siempre (cf. Jud 6; Ap 20:10; cf. 1 Enoc 16:1; Jub 10:8-9; T Leví 18:12; 1QS 3:24-25; 4:18-20). Tal como formularon la pregunta, reconocen que Jesús es aquel que tendrá esa función judicial en el «tiempo señalado»; lo que confirma el significado total de «Hijo de Dios». Que Jesús estuviera de algún modo circunscribiendo la actividad de los demonios antes del tiempo señalado (solo en Mateo) muestra ya que la expulsión de demonios era en Jesús una función escatológica, una señal de que el Reino se había acercado (cf. 12:28).

El significado de «aquí» es polémico. Tal vez quiera decir (1) «aquí en este territorio gentil», lo que refleja «lo difícil de la misión de la Iglesia en esas regiones de Palestina» (Hill, *Matthew*) —pero seguramente la posesión demoníaca no se restringía al territorio gentil (cf. 10:5, 8; 12:22-24), y el «tiempo señalado» tiene poco sentido en tal interpretación— o (2) «aquí en la tierra, aquí donde se nos ha dado alguna libertad para molestar a los hombres antes del fin». Este sentido obvio del texto presupone que Jesús ha venido a la tierra antes del fin. Es difícil evitar la conclusión de que se presupone la preexistencia de Jesús.

30-31 Marcos (5:13) dice que la manada era de dos mil cerdos y que estaba «allí». Mateo dice que estaban «a cierta distancia de ellos» (v. 30), como la clase de detalles que un testigo bien podría recordar. Este detalle también debilita la sugerencia de que los cerdos se precipitaron debido a las convulsiones de los hombres. La reconstrucción propuesta por J.D.M. Derrett («Legend and Event: The Gerasene Demoniac: An Inquest into History and Liturgical Projection», en Livingstone, 2:63-73), basada en el sacrificio romano de cerdos y en mitos judíos que relacionaban a los gentiles con la bestialidad, no tiene respaldo textual. Existen otras razones de por qué los demonios pudieron haber suplicado (v. 31) que los enviaran a la manada de cerdos: (1) deseo de un «hogar» corporal; (2) odio por las criaturas de Dios; (3) deseo de levantar animosidad contra Jesús. La primera no parece probable porque lo que primero hacen los demonios es precipitar a la muerte a su nuevo «hogar». La segunda y la tercera son más plausibles, porque los evangelios muestran en otras partes que los espíritus malignos exorcizados a veces expresaron su furia con acciones visibles de violencia o daño (e.g., 17:14-20 = Mr 9:14-32; cf. Jos. Antig. VIII, 48, ii. 5, citados a menudo, pero de dudosa relevancia porque allí el exorcista ordena al demonio que se manifieste).

Gundry (*Matthew*) observa que la manada se precipitó por el despeñadero, pero que en Mateo «perecieron», (pl., RVR); i.e., Mateo ha transformado a Marcos para hacer que los demonios perecieran. De modo que Jesús «tortura» a los demonios «antes del tiempo señalado» al enviarlos a los tormentos del infierno, y en consecuencia Mateo «se mete un tanto en escatología hecha realidad». Esta reconstrucción está lejos de ser convincente.

1. No hay insinuación de que al morir ahogados los demonios fueran al infierno.

2. Marcos (RVR) también cambia del singular —el hato se precipitó en el mar por un despeñadero— al plural —«se ahogaron». La única diferencia es que Mateo no ha hecho referencia al número «dos mil».

3. Pero si el plural de Mateo no se puede referir otra vez a «dos mil», su sujeto más natural es la palabra «cerdos», que se encuentra en este mismo versículo (32). La razón de que Mateo no use un verbo singular para perecer se debe a que sería poco práctico hablar de una manada de cerdos moribundos. Mateo por tanto ha conservado el patrón de Marcos: verbo singular seguido de verbo plural.

32-34 La pregunta de por qué Jesús concedería a los demonios su deseo y les dejó destruir el hato de cerdos (v. 32), el sustento de sus dueños, es parte de más preguntas como por qué los seres humanos son poseídos, o por qué nos sobrevienen enfermedades, desgracias o desastres, preguntas que solo se pueden responder dentro del contexto de una amplia teodicea fuera del ámbito de este comentario. Sin embargo, el contexto ofrece algunas insinuaciones. Aquel que es el amo de la naturaleza (vv. 23-27) también es su dueño supremo (vv. 28-34; cf. Sal 50:10). El «tiempo señalado» (v. 29) para la total destrucción del poder de los demonios aun no había llegado. La estampida de cerdos probó dramáticamente que los ex endemoniados habían sido liberados de veras (v. 33). Pero a la luz de los vv. 33-34, la pérdida de la manada se volvió una manera de exponer los verdaderos valores del pueblo en el vecindario. Ellos preferían a los puercos que a las personas, a los cerdos y no al Salvador.

Este final del pasaje es importante en su significado total. Si la historia muestra una vez más que el ministerio de Jesús no estaba restringido a los judíos, sino que predecía la misión a los gentiles, asimismo muestra que la oposición a Jesús no es exclusivamente judía. Hasta este punto esto confirma una exégesis anterior (vea en 8:11-12) que mostró que los oponentes en Mateo no están seleccionados según raza, sino según su respuesta a Jesús.

Notas

28 La evidencia textual en los tres Evangelios sinópticos, aunque sumamente compleja, la resumió muy bien Metzger (*Textual Commentary*, pp. 23-24). Las tres opciones son Gadara, Gerasa y Gergesa. En Marcos y Lucas la evidencia textual es firme por Gerasa, quizá en referencia a una pequeña aldea (las modernas Kersa o Koursi) sobre la costa oriental. Sin embargo, hubo una ciudad de la Decápolis llamada Gerasa (moderna Jerash) unos cincuenta kilómetros al sudeste de Galilea. Claro está que eso es geográficamente incompatible con el v. 32; por eso algunos escribanos anteriores hicieron enmiendas.

Gadara (moderna Um Qeis), también una ciudad de Decápolis, estaba a ocho kilómetros al sudeste. Orígenes (*In Ioannes* 6.41) objetó a Gerasa (como comúnmente se entendía para referirse a la ciudad a cincuenta kilómetros) y a Gadara por similares razones de distancia. Pero Josefo (*Vida* 42[9]) dice que Gadara tenía territorios y aldeas sobre el límite del lago, y quizá esto incluía la pequeña aldea de Gerasa. En realidad, las monedas de Gadara a veces mostraban un barco (cf. HJP, 2:132-36). Gadara era la capital regional o toparquica (cf. Sherwin-White, p. 128, n. 3). La evidencia externa en Mateo favorece a Gadara: por alguna razón el nombre de la capital toparquica se prefería a Gerasa (la cual en Mateo tiene solo apoyo de versión).

Orígenes, al rechazar a Gerasa y Gadara, propuso Gergesa, pero en bases totalmente inadecuadas, que incluían dudosa etimología (cf. Metzger, más arriba; Tj. Baarda, «Gadarenes, Gerasenos, Gergesenes and the "Diatessaron Traditions"» en Ellis y Wilcox, pp. 181-97). Gergesa también pudo haber sido sugerida por una «r» muy gutural en Gerasa. Otras variantes sin duda resultaron de intentos posteriores de «corrección» y de asimilación mutua (cf. además Lane, p. 181, n. 6, y Franz Annen, *Heil für die Heiden*, Josef Knecht, Frankfurt, 1976, pp. 201-4).

32 La frase κατὰ τοῦ κρημνοῦ (*katá tou kremnoú*, «abajo por la orilla empinada») es un caso muy raro de esta preposición con un genitivo en un sentido local, y aquí significa «abajo y sobre» (BDF, par. 225) o «abajo a lo largo» (Moule, *Idiom Book*, p. 60).

---

b. *Curación de un paralítico y perdón de sus pecados*

9:1-8

¹Subió Jesús a una barca, cruzó al otro lado y llegó a su propio pueblo. ²Unos hombres le llevaron un paralítico, acostado en una camilla. Al ver Jesús la fe de ellos, le dijo al paralítico:

—¡Ánimo, hijo; tus pecados quedan perdonados!

³Algunos de los maestros de la ley murmuraron entre ellos: «¡Este hombre blasfema!»

⁴Como Jesús conocía sus pensamientos, les dijo:

—¿Por qué dan lugar a tan malos pensamientos? ⁵¿Qué es más fácil, decir: "Tus pecados quedan perdonados", o decir: "Levántate y anda"? ⁶Pues para que sepan que el Hijo del hombre tiene autoridad en la tierra para perdonar pecados —se dirigió entonces al paralítico—: Levántate, toma tu camilla y vete a tu casa.

⁷Y el hombre se levantó y se fue a su casa. ⁸Al ver esto, la multitud se llenó de temor, y glorificó a Dios por haber dado tal autoridad a los mortales.

Otra vez se ha acortado el relato de Mateo (cf. Mr 2:2-12; Lc 5:17-26), al haber eliminado la entrada por el techo. Las interrelaciones entre los sinópticos en este pasaje son complejas. Se ha demostrado, como dice Bo Reicke, que los variados elementos narrativos «no se pueden derivar de ninguna fuente que no incluya lo esencial de los elementos citados, representados aquí por los tres evangelios juntos» («The Synoptic Reports on the Healing of the Paralytic: Matt. 9:1-8 with Parallels», en Elliott, p. 325; aunque es dudoso que Reicke haya desaprobado la hipótesis de las dos fuentes, según parece creer).

La apertura acortada no cambia esto de una forma de «historia milagrosa» a una «historia controversial» (contr. Held, en Bornkamm, *Tradition*, pp. 176 y sig.). Heil («Healing Miracles», pp. 276-78) muestra que se retienen las señales de crítica de forma de una historia milagrosa. Esta es menos aun una historia milagrosa en la cual se ha insertado una controversia acerca de perdón de pecados, desatada por el intento de la Iglesia de atar su propia función perdonadora al ministerio de Jesús (como Bultmann, *Synoptic Tradition*, pp. 14-16). El pasaje es exclusivamente cristológico, y no tiene nada que ver con los discípulos. ¡Las categorías de crítica de forma se manejan mecánicamente si se toman a priori para exigir que ninguna controversia que haya surgido del modo en que Jesús realizó una sanación *pudiera* transmitirse! Además, la íntima conexión entre el pecado y la enfermedad (ver en v. 17), y esta extensión de la autoridad de Jesús más allá de la salud, la naturaleza, y el reino demoníaco hacia el perdón de los pecados hace la narración coherente y contextualmente adecuada.

1 No está claro si este versículo se relaciona más íntimamente con 8:28-34 o con 9:2-8. El problema no es solo académico, porque es casi seguro que el pasaje precedente es cronológicamente posterior (cf. Mr 5:1-20) a este (cf. Mr 2:2-12); y un cambio calza más fácilmente entre 9:1 y 9:2 que entre 8:34 y 9:1. Al pedírsele que saliera (8:34), Jesús se subió a la barca que hacía muy poco había dejado y regresó «a su propio pueblo», es decir, a Capernaúm (4:13), en la costa occidental del lago.

Ahora enfrentamos un problema mayor relacionado con las interrelaciones sinópticas. Mateo 9:14 y Lucas 5:33 muestran que las preguntas acerca del ayuno surgieron de la cena que Mateo ofreció. Y 9:18 muestra que inmediatamente siguieron las sanidades de la hija de Jairo y de la mujer con hemorragias. Marcos 5:21-23 y Lucas 8:40-44 ponen la resurrección de la hija de Jairo después de que Jesús regresara de Gadara (como en Mateo) pero la sanidad del paralítico (Mr 2:2-12; Lc 5:17-26) mucho antes, aun cuando Mateo la pone después de Gadara y parece unirla al pasaje que sigue en su relato.

Se debe evitar la armonización donde los detalles son confusos, pero tratar de intentar la armonización de documentos que tratan los mismos sucesos es metodológicamente irresponsable. Aquí es posible una solución bastante sencilla. Hay un lapso importante entre el llamamiento de Mateo y la cena que ofrece a sus amigos. Todos los escritores de los sinópticos ponen estos dos hechos personalmente relacionados uno al lado del otro. Lo siguiente muestra el orden:

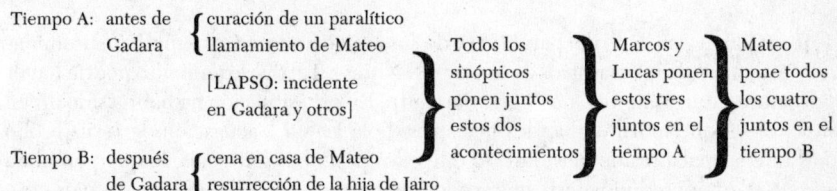

Por consiguiente, todos los sinópticos ponen la resurrección de la hija de Jairo en el orden cronológico adecuado. Marcos y Lucas informan la curación del paralítico y el llamado de Mateo en una época anterior, cuando ocurrieron, pero luego los encadenan a esta comida de Mateo… un arreglo temático. Mateo junta los cuatro y los pone después, aunque hay un cambio cronológico en los vv. 1-2 (ver más arriba) y otra vez entre el llamamiento de Mateo y la comida. El primer evangelista ha insertado el primer cambio cronológico para preservar el orden temático de su presentación de la autoridad de Jesús y el segundo cambio (vv. 9-10), junto con Marcos y Lucas, debido a la conexión personal (llamado de Mateo y comida de Mateo). Esta solución más bien obvia es inválida solo si la única fuente de información de Mateo (y la de Lucas) en este extracto es Marcos. Pero a pesar de algunos críticos, esto es muy improbable (cf. Introducción, secciones 1-5).

2 Muchos (e.g., Weiss, Hill) insisten en que aunque en Marcos y Lucas al paralítico lo bajan por un techo, aquí el imperfecto *proseferon* («le estaban llevando», NASB) significa que el paralítico y los que lo cargaban encontraron a Jesús en la calle. Pero a menudo el tiempo imperfecto añade colorido a la acción (cf. el imperfecto aun en Lucas), y poco se gana al crear discrepancias.

Jesús «vio» la fe *de ellos* —presumiblemente la del paralítico y de quienes lo cargaban— manifestada en su llegada. Sin embargo, habló solo al paralítico. «Hijo» (*teknon*) no es más que un término afectivo de un superior (cf. 1 Jn 2:1, 28 et al.). Lo que Jesús dijo a continuación implica una íntima relación entre el pecado y la enfermedad (ver en 8:17), quizá una directa en este caso (cf. Jn 5:14; 1 Co 11:29-30). Esto supone que entre la parálisis y el pecado, el pecado es el problema más fundamental. En los mejores mss. se lee *afientai* («tus pecados te son perdonados»), no el perfecto *afeontai* («tus pecados han sido perdonados»): vea Notas. Lo último podría suponer que los pecados del hombre fueron perdonados en algún momento del pasado y ahora permanece perdonado.

3 Algunos maestros de la Ley (ver en 2:4; 8:18-22) mascullaron entre sí que Jesús estaba blasfemando. Solo Dios es quien perdona pecados (Is 43:25; 44:22), ya que solo

contra él es que se cometen (Sl 51:4). El verbo *blasfemeo* con frecuencia significa
«calumniar»; y cuando se ha dicho algo que calumnia a Dios, el moderno significado
de «blasfemia» no está lejos. Aunque entre los judíos en la época de Jesús se discutía
acaloradamente la definición exacta de blasfemia (cf. SBK, 1:1019 y sig.), el consenso
parecía ser que usar el nombre divino era un elemento esencial. Aquí los maestros de
la Ley, en su consulta en voz baja, extendieron la blasfemia para incluir la afirmación
de Jesús de que podía hacer algo que solo Dios podría hacer.

4 Jesús había visto la fe del paralítico y de sus amigos; ahora ve los malos pensamientos de algunos de los maestros de la Ley (cf. Notas). Tal discernimiento podría haber
sido sobrenatural, aunque no necesariamente. En esta situación no habría sido difícil
suponer de qué murmuraban los maestros de la Ley. La acusación de Jesús probó
más que las palabras de blasfemia lo que ellos pensaban. Además, lo que pensaban
era falsedad, incredulidad y ceguera a lo que se estaba revelando ante sus ojos.

5-7 Jesús no respondió a los pensamientos de sus opositores según el punto de vista
escéptico; concretamente, que decir «tus pecados quedan perdonados» es más fácil
que decir «levántate y anda» (v. 5). Al contrario, respondió según la perspectiva de
los maestros de la Ley; concretamente, que decir «levántate y anda» es más fácil,
puesto que solo Dios puede perdonar pecados. Jesús decía poder hacer lo más difícil.
Por consiguiente, el v. 6 es irónico: «Muy bien, también haré la obra menor». Sin embargo, si Jesús hubiera blasfemado al pronunciar el perdón, ¿cómo iba a poder realizar un milagro (cf. Jn 9:31)? Pero para que ellos pudieran saber que él tenía autoridad para perdonar pecados, procedió a la tarea más fácil. La curación por ende
demostró que Jesús tenía verdadera autoridad para perdonar pecados. Hacer esto es
prerrogativa del «Hijo del hombre». Esta expresión va más allá de una referencia a sí
mismo y, vista a la luz del período posterior a la Resurrección, seguramente señala
que el Juez escatológico había venido «a la tierra» (cf. «aquí» en 8:29) con autoridad
para perdonar pecados (cf. Hooker, *Son of Man*, pp. 81-93). Esta es la autoridad de
Emanuel, «Dios con nosotros» (1:23), enviado a «salvar a su pueblo de sus pecados»
(1:21). Jesús no terminó la frase: la sintaxis interrumpida (BDF, par. 483) está seguida del mensaje de poder de Jesús y su orden al paralítico de que se fuera a su casa (*jupage*, «anda» aquí es tan suave como en 8:13, no áspera como en 4:10). Para resumir,
la curación no solo afectó al paralítico (v. 7), sino que también le aseguró a este que
sus pecados fueron perdonados y refutó la acusación de blasfemia.

8 La evidencia externa para «se asustó» está anticipada y en tres clases de texto (alejandrina, occidental y cesariana). Los escribanos, al no ver la profundidad del verbo,
la suavizaron a «se asombró». Él «se llenó de temor» de la NVI supone miedo, pero es
muy parafrástica. Los hombres *deberían* temer a aquel que tiene autoridad para perdonar pecados. En realidad, deben temer siempre que se vean frente a una abierta
manifestación de Dios (cf. 17:6; 28:5, 10). Tal temor genera alabanza.

Solo Mateo agrega la frase «por haber dado tal autoridad a los mortales». Muchos afirman que «los mortales» se refiere a la Iglesia, y citan 16:19; 18:18 para apoyarse (e.g., Benoit, Held, Hill, Hummel). Sin embargo, esto es improbable. Si «Hijo del hombre» (v. 6)

se refiere al Juez escatológico, es absurdo que esta función se comparta con la Iglesia, al menos de la misma manera (cf. Colpe, TDNT, 8:405). El pasaje tiene asuntos escatológicos, no eclesiásticos, compatibles con el prólogo (1:21, 23; vea en vv. 5-7). Los espectadores simplemente vieron a un hombre que ejercía la autoridad de Dios, pero los lectores lo reconocen como «Dios con nosotros» y el escatológico «Hijo del hombre». El misericordioso Reino de Dios ha llegado a «la tierra»; el Reino del Hijo de David, quien vino a salvar a su pueblo de sus pecados, se ha acercado.

Notas

2　Los motivos de que el perfecto haya reemplazado al presente en muchos mss. son suficientemente claros: el presente en griego a menudo expresa acción continua, lo cual aquí tiene poco sentido («tus pecados están siendo perdonados»); y hay asimilación a Lucas 5:20, donde el texto es firme (Mr 2:5 tiene igual dificultad). En cualquier caso, el presente griego puede tener un énfasis exacto (cf. Burton, *Syntax*, p. 9; Turner, *Syntax*, p. 64).

4　«Veía los pensamientos», no «conocía los pensamientos» (NVI), es casi con certeza la lectura correcta, no sólo porque el cambio de la primera a la última es comprensible, sino porque lo inverso es sumamente improbable. Sin embargo, es obvio que «ver» es metafórico, un punto reconocido por RVR y NVI en su perifrástica traducción «conocer».

5. Llamamiento de Mateo

9:9

> ⁹Al irse de allí, Jesús vio a un hombre llamado Mateo, sentado a la mesa de recaudación de impuestos. «Sígueme», le dijo. Mateo se levantó y lo siguió.

9　El escenario tal vez es las afueras de Capernaúm. Mateo estaba sentado «a la mesa de recaudación de impuestos», un servicio de aduanas en la frontera entre los territorios de Herodes Felipe y Herodes Antipas. Sobre actitudes hacia los recaudadores de impuestos, vea en 5:46 (cf. también SBK, 1:377-80). Habiendo demostrado su autoridad para perdonar pecados (vv. 1-8), Jesús llamó a un hombre cuya ocupación lo convertía en paria: un pecador y socio de pecadores (cf. 1 Ti 1:15).

El nombre «Mateo» se podría derivar del hebreo tras «Matanías» (1 Cr 9:15), que significa «regalo de Dios» o, en otra etimología, de una palabra que significa «el fiel» (heb *emet*). En Marcos el nombre es «Leví» (aunque en Marcos hay distintas variantes textuales), y el cambio a «Mateo» en el primer evangelio ha motivado mucha especulación. La teoría más radical es la de R. Pesch («Levi-Matthäus», ZNW 59, 1958, 40-56), quien dice que el primer evangelista tomó a propósito un nombre del grupo apostólico porque habitualmente usa «discípulos» al referirse a los doce, y no podía permitir a uno de fuera del círculo. El evangelista entonces hizo de él un «pecador» para representar a los «pecadores» entre los apóstoles. Por tanto, «Mateo» en el primer evangelio se reduce por completo a un producto de redacción. Sin embargo, es cuestionable el entendimiento que de «discípulo» tiene Pesch (ver en 5:1-2; 8:18-22), y su escepticismo es inmenso.

Puesto que no era poco común entre los judíos tener dos o más nombres, la simple ecuación de Leví y Mateo es el curso más obvio a seguir. Mateo pudo haber sido un levita. Tal herencia habría supuesto íntima relación con la tradición judía. Marcos y Lucas tienen «Mateo» en su lista de apóstoles (Mr 3:18; Lc 6:15; Pesch asegura que Mr 3:18 también es cuestión de redacción). Otro ejemplo de un personaje del NT con dos nombres es el del apóstol Pablo. Hechos tiene «Saulo» y «Pablo», pero en sus propios escritos Pablo siempre se refiere a sí mismo por el último nombre. Asimismo, Marcos y Lucas usan «Leví» y «Mateo», pero Mateo solo usa el último. (No existe evidencia de que «Pablo» o «Mateo» sean nombres cristianos, y la analogía es inexacta porque «Pablo», a diferencia de «Mateo», es un nombre gentil.)

Gundry (*Use of OT*, pp. 181-83) sugiere que el trabajo de Mateo como recaudador de impuestos asegura su fluidez en arameo y griego, y que su exactitud para llevar registros lo capacitó para tomar notas y después escribir su evangelio. Hill (*Matthew*), seguidor de Stendahl (Peake, p. 673j), cree improbable que alguien que viva en «los despreciados alrededores de la vida judía» podía ser el autor de este evangelio. Sin embargo, ¿no parece también improbable que un «hijo del trueno» se convierta en el apóstol del amor, o que el archiperseguidor de la Iglesia se convierta en su más grande misionero y teólogo? Si Mateo escribió 9:9 con relación a su propio llamado, es significativo que este relato lo menoscabe más que el de Lucas, el que dice que Mateo «lo dejó todo» y siguió a Jesús.

6. *Comida con pecadores*

9:10-13

[10]Mientras Jesús estaba comiendo en casa de Mateo, muchos recaudadores de impuestos y pecadores llegaron y comieron con él y sus discípulos. [11]Cuando los fariseos vieron esto, les preguntaron a sus discípulos:

—¿Por qué come su maestro con recaudadores de impuestos y con pecadores?

[12]Al oír esto, Jesús les contestó:

—No son los sanos los que necesitan médico sino los enfermos. [13]Pero vayan y aprendan lo que significa: "Lo que pido de ustedes es misericordia y no sacrificios." Porque no he venido a llamar a justos sino a pecadores.

Acerca de la relación cronológica entre el v. 9 y los vv. 10-13, vea en 9:1. Mateo abrevia los relatos de la cena de Jesús con recaudadores de impuestos y pecadores, excluyendo elementos descriptivos que no contribuyen a la confrontación, pero añadiendo una cita del AT (v. 13).

10-11 Para comentario sobre las palabras de apertura *kai egeneto* («y sucedió»; NVI «mientras»), vea en 7:28-29. El texto griego no menciona la casa «de Mateo», aunque el v. 9 lo sugiere en Mateo, y Marcos y Lucas lo especifican (así NVI). Jesús mismo había dicho que incluso un recaudador de impuestos era su amigo (5:46), y la comida en casa de Mateo sustenta esto. «Pecadores» podría incluir tipos comunes que no compartían todos los escrúpulos de los fariseos (cf. TDNT, 1:324-25). Pero casi con seguridad agrupa a los que rompían las reglas farisaicas de conducta: rameras, recaudadores de impuestos, y otras personas de dudosa reputación (cf. Hummel, pp. 22 y sig.). Aunque comer con ellos implicaba peligros de contaminación ceremonial, Jesús y sus discípulos lo hicieron. La pregunta de los fariseos, no hecha a Jesús sino a sus discípulos, no era tanto una petición de información sino una acusación; y con desdén agrupaba a «recaudadores de impuestos y pecadores» bajo una categoría (cf. 11:19; Lc 15:1-2 para la misma actitud).

Puede haber pocas dudas de que a Jesús se le conociera como amigo de recaudadores de impuestos y pecadores (Mt 11:19; cf. M. Völkel, «Freund der Zöllner und Sünder», ZNW 79, 1978, 1-10; y vea la observación en 5:46).

12-13 Estos versículos conectan otra vez el ministerio sanativo de Jesús con la «curación» de pecadores (ver en 8:17). Los enfermos necesitan médico (v. 12), y Jesús los sanaba; asimismo, los pecadores necesitan misericordia, perdón, restauración, y Jesús los sanaba (v. 13). Los fariseos no eran tan sanos como creían (cf. 7:1-15); peor aun, no comprendían el propósito de la misión de Jesús. Al esperar un Mesías que aplastaría el pecado y apoyaría la justicia, tenían poco espacio para alguien que aceptaba y transformaba al pecador y desechaba a los «justos» como hipócritas. Jesús explicó su misión en términos que recordaban el versículo 1:21. Aquí no hay sugerencia de que se acercara a los pecadores porque ellos lo recibían con gusto; más bien, fue a ellos porque eran pecadores, así como un médico va a los enfermos porque están enfermos.

La cita (v. 13) es de Oseas 6:6, y está insertada aquí con la fórmula rabínica «vayan y aprendan», usada para quienes debían estudiar más los textos. El uso de la fórmula podría ser levemente sardónico: quienes se enorgullecían de su conocimiento y conformación a las Escrituras debían «ir y aprender» lo que significa. La cita, probablemente traducida del hebreo por Mateo, está proyectada en antítesis semítica: «no A sino B» a menudo significa «B es más importante que A».

El significado de la palabra hebrea que se traduce «misericordia» (*jesed*) es parecido a «pacto de amor», el cual, según Oseas, es más importante que el «sacrificio». Dios dijo por medio de Oseas que los apóstatas de la época del profeta, aunque seguían el ritual formal de la adoración en el Templo, habían perdido su objetivo. Al aplicarla a los fariseos de la época de Jesús, la cita de Oseas no les estaba diciendo simplemente que debían ser más comprensivos con los marginados y preocuparse menos de la pureza ceremonial, sino que estaban alineados con los apóstatas del antiguo Israel en que también conservaban la cáscara mientras perdían el meollo del asunto, como lo ejemplificaba su actitud hacia los recaudadores de impuestos y pecadores (cf. France, *Jesus*, p. 70). Por tanto, la afirmación final de Jesús (v. 13b) no puede significar que veía a los fariseos como personas justas que no necesitaban de él, que ya eran perfectamente aceptables ante Dios en virtud de su obediencia a la Ley, y que la única falta que tenían era que excluían a otros (contr. Hill, *Greek Words*, pp. 130 y sig.). Si los fariseos eran tan justos, la exigencia de una rectitud que sobrepasara la de fariseos y maestros de la Ley (5:29) sería incoherente.

Por otra parte, quizá no sea exacto decir que aquí la «rectitud» resulte irónica. El dicho define simplemente la naturaleza esencial de la misión mesiánica de Jesús tal como él mismo la veía. Si se le hubiera presionado, sin duda habría afirmado la universal condición pecadora del hombre (cf. 7:11). Así que él no está dividiendo a los hombres en dos grupos, sino que no está reconociendo la imagen que tenían de lo que debería ser y hacer el Mesías, reemplazándola con la correcta. Su misión se caracterizaba por la gracia: ir tras los perdidos, los pecadores. El verbo *kalesai* («llamar») significa «invitar» (a diferencia del uso de Pablo, donde el llamado siempre es eficaz). Indirectamente, quienes no se ven a la luz de la misión de Jesús no sólo no están captando el propósito de su venida sino que se excluyen de las bendiciones del Reino.

Si Mateo no agrega «para que se arrepientan» después de «pecadores» (como Lc 5:32), no se debe a que no le interese el arrepentimiento (cf. 3:2; 4:17). Más bien, las palabras no están en su fuente principal (Marcos) y en ningún caso contribuyen a su tema actual.

Oseas 6:6 también se cita en 12:7, otra vez en un contexto que desafía los escrúpulos legales de los fariseos. Cope (*Matthew*, pp. 68-70) sugiere que el versículo revela un contraste entre las sólidas exigencias de misericordia y la simple piedad legal y ritual, un contraste que se puede encontrar en los pasajes que siguen (vv. 14-17, 18-26, 27-34, 35-38). Pero su evidencia está ligeramente exagerada. En 9:27-34, por ejemplo, los vv. 27-31 no crean insinuaciones directas de contaminación ceremonial.

7. Ayuno e inicio del gozo mesiánico

9:14-17

14Un día se le acercaron los discípulos de Juan y le preguntaron:

—¿Cómo es que nosotros y los fariseos ayunamos, pero no así tus discípulos?

Jesús les contestó:

15 —¿Acaso pueden estar de luto los invitados del novio mientras él está con ellos? Llegará el día en que se les quitará el novio; entonces sí ayunarán. 16Nadie remienda un vestido viejo con un retazo de tela nueva, porque el remiendo fruncirá el vestido y la rotura se hará peor. 17Ni tampoco se echa vino nuevo en odres viejos. De hacerlo así, se reventarán los odres, se derramará el vino y los odres se arruinarán. Más bien, el vino nuevo se echa en odres nuevos, y así ambos se conservan.

14 Marcos (2:18-22; cf. Lc 5:33-39) dice que los fariseos y los discípulos de Juan ayunaban —quizá en uno de los días de ayuno observados de modo regular y voluntario (vea en 4:2; 6:16-18)— y que «algunos» hicieron esa pregunta. Lucas la pone en los fariseos, Mateo en los discípulos de Juan. Aparentemente (ver Lucas), el contexto es el mismo del pasaje anterior, y con relación al ayuno los discípulos de Juan están de acuerdo con los fariseos. El Bautista mismo mostró una noble falta de celos cuando el ministerio de Jesús comenzó a superar el suyo (cf. esp. Jn 3:26-31). Sin embargo, algunos de los discípulos de Juan sentían de modo distinto ahora que Juan estaba en la cárcel (4:12); y debido a que continuaban con el ascetismo de su líder (11:18), y no hacían caso de su firme testimonio hacia Jesús, vieron una ocasión de criticar.

La mayoría de comentaristas modernos creen que aquí Mateo se está refiriendo a los seguidores del Bautista que no aceptaban la supremacía de Jesús, y que ya a finales del primer siglo habían desarrollado su propia secta. Sin duda Mateo con gusto habría aplicado la respuesta de Jesús también a ellos. Pero no hay razón para negar que este incidente sucediera durante el ministerio de Jesús. Además, después de que el novio fue quitado (v. 15), los discípulos de Jesús ayunaban con frecuencia (e.g., Hch 13:3; 14:23; 27:9), lo que hace menos probable que estos bautistas sectarios hubieran hecho su acusación después de la Pasión y la Resurrección y no antes. Así como algunos «inquiridores» (¿acusadores?) hablaron de los discípulos de Jesús y su conducta (v. 11), en esta ocasión los acusadores le hablaron a Jesús sobre la conducta de sus discípulos.

15 Como respuesta Jesús usó tres ilustraciones (Lc 5:39 agrega una cuarta), todas dadas en el mismo orden en los sinópticos. Se gana poco al suponer que los dichos fueron de ocasiones separadas.

La primera ilustración acerca de «los invitados del novio» (lit., «los hijos de la cámara nupcial»; ver en 5:9; 8:12) capta una metáfora del Bautista, quien se vio como «el amigo del novio» y a Jesús como el novio (Jn 3:29). Esta metáfora similar por tanto sería lo más eficaz para esta audiencia: Jesús es el novio y los discípulos sus «amigos» que se encuentran tan llenos de gozo por estar con él que ayunar les es inadecuado.

Para exonerar de la comida a sus discípulos, Jesús utilizó términos mesiánico-escatológicos. En el AT la metáfora del novio se aplica repetidas veces a Dios (Is 54:5-6; 62:4-5; Os 2:16-20); y a veces los judíos hablaban del matrimonio en conexión con la venida del Mesías o con el banquete mesiánico (cf. SBK, 1:500-518; y en el NT, cf. Mt 22:2; 25:1; 2 Co 11:2; Ef 5:23-32; Ap 19:7, 9; 21:2). Por eso la respuesta de Jesús fue tácitamente cristológica: él mismo es el novio mesiánico, y la edad mesiánica ha despuntado.

Con frecuencia surge la objeción de que la segunda parte de la respuesta de Jesús, relacionada con la tristeza de los discípulos una vez que se les haya quitado el novio (*apardsé*, «quitado», podría tener trasfondo de Is 53:8 LXX), no es auténtica en dos bases principales.

1. Tal referencia obvia a la pasión (¿y ascensión?) viene demasiado temprano en el ministerio de Jesús. Algunos tratan de evitar esta objeción diciendo que quizá Jesús no estaba diciendo más que él debía morir algún día como los demás hombres. Ni la objeción ni su solución propuesta es relevante a quien ya ha revelado tan formidable conciencia mesiánica propia.

2. Mateo ha alegorizado la parábola original, una señal de fusión o adaptación posterior. Sin embargo, este punto de vista simplista de una «parábola» no resiste un examen riguroso (cf. más en 13:3a). Por sobre todo, el lenguaje es tan enigmático que es dudoso incluso que los discípulos de Jesús captaran las implicaciones mesiánicas de estas palabras antes de las primeras semanas de la Iglesia posterior a la Resurrección.

16-17 Lucas 5:36 denomina «parábolas» a estas ilustraciones. En términos generales la primera comparación es bastante clara: un pedazo de tela nueva puesto sobre ropa vieja y encogida para reparar una rotura ocasionará un roto mayor (v. 16). Hay que reconocer que la gramática es difícil (cf. Notas). La segunda (v. 17) también es un «pedazo de la vida» en el mundo antiguo. Para hacer los odres de cuero en que se transportaban líquidos se mataba al animal elegido, se le cortaban la cabeza y las patas, se despellejaba el cuerpo, y se cosía la piel, con la parte peluda para afuera, hasta sellar todos los orificios menos uno (por lo general el cuello). El cuero se curtía con cuidado especial para minimizar sabores desagradables. Con el tiempo el cuero se endurecía y se hacía frágil. Si se ponía vino nuevo, que aun estaba fermentándose, en tales odres viejos, la concentración de gases de la fermentación rompería el frágil envase y arruinaría el odre y el vino. El vino nuevo solo se ponía en odres nuevos, aún dúctiles y bastante elásticos para acomodarse a la presión.

Estas ilustraciones muestran que con la nueva situación presentada por Jesús sencillamente no podía remendarse el antiguo judaísmo, ni se podía echar esta en los antiguos odres del judaísmo. Nuevas formas tendrían que acompañar el reino que Jesús estaba iniciando ahora; tratar de domesticar a Jesús y de insertarlo en la matriz de la religión judía establecida solo daría como resultado arruinar tanto el judaísmo como la enseñanza de Jesús.

Es necesario evitar dos interpretaciones extremas:

1. Algunos, al observar que las palabras «ambos se conservan» (v. 17) solo se encuentran en Mateo, concluyen que este primer evangelio, a diferencia de Marcos, prevé la renovación y conservación del judaísmo, no su abolición. No es así: el «ambos» que se han de conservar se refiere al nuevo vino y a los nuevos odres, no a los viejos odres. La enseñanza de Jesús y el Reino que ahora se inicia se deben echar en formas nuevas. Mateo lo hace al menos tan claro como Marcos que el vino nuevo solo se puede conservar en formas nuevas. ¿Es alguna sorpresa que Mateo incluya mención explícita de la Iglesia (16:18; 18:17)?

2. Los dispensacionalistas se inclinan a hacer este vino tan nuevo que no hay ninguna conexión con lo que ha llegado antes. Walvoord (p. 70) cita a Ironside: «Él no vino para añadir algo a la dispensación legal sino para sustituirla con lo que era totalmente nuevo. … El vino nuevo de la gracia no se debía echar en los odres del legalismo». Por tanto se sospecha una aguda antítesis en tres terrenos: (1) la separación entre la gracia y la legalidad se exagera en gran manera; (2) este no es obviamente un juego de categorías mateanas; y (3) Mateo, como hemos visto, conecta una y otra vez el AT con su propio mensaje en cuanto a la profecía y su cumplimiento.

A menudo se ha dicho que las dos parábolas de los vv. 16-17 son dichos independientes añadidos aquí, puesto que van más allá de la cuestión del ayuno. Quizá, pero todos los escritores de los sinópticos las ponen en el mismo lugar. Además, van más allá de la pregunta del ayuno a fin de echar las bases para la coherencia de la respuesta de Jesús acerca del ayuno. La novedad que trae no puede reducirse a las tradiciones de la piedad judía, ni ser contenida por ella. El novio mesiánico ha llegado. Estas parábolas traen implicaciones inevitables y radicales para toda la estructura de la religión judía tal como sus líderes la concebían. Los eruditos que entienden que el primer evangelio refleja una comunidad cristiana judía que conserva todas las formas de piedad no solo malinterpretan a 5:17-20 sino que no sopesan de modo adecuado este pasaje.

Notas

16 El verbo ἀίρει (*áirei*, «toma», «saca» o «hala») es siempre transitivo en la voz activa (BAGD, s.v.), y por tanto τὸ πλήρωμα αὐτοῦ (*to pléroma autoú*, lit., «su plenitud»; NVI, «remiendo») se debe interpretar como el objeto directo, quizás refiriéndose a la sección del remiendo que se superpone. Ver la traducción de Michael G. Steinhauser («The Patch of Unshrunk Cloth [Mt 9¹⁶]», ExpT 87, 1975-76, 312 y sig.): «Nadie pone un remiendo de tela sin encoger en un manto viejo; porque el remiendo de tela sin encoger tira de la sección que coincide con el remiendo encogido y la rotura se hace peor».

8. *Una resurrección y más curaciones* (9:18-34)

a. *Resurrección de una muchacha y curación de una mujer*

9:18-26

¹⁸Mientras él les decía esto, un dirigente judío llegó, se arrodilló delante de él y le dijo:

—Mi hija acaba de morir. Pero ven y pon tu mano sobre ella, y vivirá.

¹⁹Jesús se levantó y fue con él, acompañado de sus discípulos. ²⁰En esto, una mujer que hacía doce años padecía de hemorragias se le acercó por detrás y le tocó el borde del manto. ²¹Pensaba: «Si al menos logro tocar su manto, quedaré sana.» ²²Jesús se dio vuelta, la vio y le dijo:

—¡Ánimo, hija! Tu fe te ha sanado.

Y la mujer quedó sana en aquel momento.

²³Cuando Jesús entró en la casa del dirigente y vio a los flautistas y el alboroto de la gente, ²⁴les dijo:

—Váyanse. La niña no está muerta sino dormida.

Entonces empezaron a burlarse de él. ²⁵Pero cuando se les hizo salir, entró él, tomó de la mano a la niña, y ésta se levantó. ²⁶La noticia se divulgó por toda aquella región.

En cuanto a la cronología, vea en v. 1. Mateo abrevia a Marcos (5:21-43; cf. Lc 8:40-46) en casi un tercio. Además, los tres escritores de los sinópticos informan de modo muy parecido las palabras de Jesús.

Gérard Rochais (*Les récits de résurrection des morts dans le Nouveau Testament*, University Press, Cambridge, 1980, pp. 88-99) reduce el tema del relato de Mateo a la importancia de la fe. La fe es en realidad un tema importante (v. 22), pero no excluye otros. Aunque estos se descubren mejor de modo inductivo, podemos observar en los vv. 18-34 que Jesús realiza tres nuevas clases de milagros: resucitar muertos (la curación de la mujer con hemorragias ya es parte integral de este relato en la fuente de Marcos) y curación del ciego y el mudo. Los dos últimos aparecen en Mateo mucho antes que en sus análogos en Marcos y Lucas (vea en vv. 27-31), porque su tema lo exige. Mateo incluye en este punto estos ejemplos finales de esferas sobre las cuales Jesús tiene autoridad porque figuran en su defensa de Juan el Bautista antes los discípulos de este (11:2-5): los ciegos reciben la vista, los cojos caminan, quienes tienen lepra sanan, los sordos oyen (por lo general también asociado con la condición de mudos), los muertos resucitan. Las credenciales mesiánicas de Jesús están así agrupadas.

18-19 Mateo enlaza rigurosamente esta narración a la cena en su casa. Marcos 5:21 da otro escenario: mientras Jesús estaba en el lago, etc. Esta anomalía ha provocado numerosas explicaciones, la mayoría no satisfactorias. Algunos han postulado que Mateo sigue aquí otra fuente (un expediente desesperado que no explica por qué decide contradecir a Marcos); otros que Mateo simplifica a Marcos para favorecer la catequesis (¿en qué ayuda a esta catequesis presentar un escenario distinto casi tan grande como el primero?); otros suponen que la comida en el v. 10 se llevó a cabo en una casa al lado del lago (casi posible pero rebuscado); otros que los vv. 14-17 se deberían separar de la comida (casi posible, pero rebuscado a la luz de Lc 5:33).

La mejor solución acepta la conexión entre la comida de Mateo (vv. 9-13), la discusión acerca del ayuno (vv. 14-17) y este milagro (vv. 18-26). Pero la traducción de la NVI de Marcos 5:21-22 vincula a Jesús en el lago con la llegada del jefe de la sinagoga («Jesús ... al otro lado del lago ... se quedó en la orilla. Llegó entonces uno de los jefes de la sinagoga»). El griego no sugiere esto; sintácticamente la presencia de Jesús en el lago termina el pensamiento de Marcos 5:21: Jesús volvió a cruzar el lago después del incidente en Gadara, una enorme multitud se reunió de nuevo, y él estaba en el lago. El v. 22 empieza entonces un nuevo pasaje sin una transición necesaria, que es exactamente lo que Marcos hace en varias partes (e.g., 3:20, 31; 8:22; 10:46; 14:66). En algunos casos como este (Mr 5:22; cf. 1:40), la división precisa es ambigua. Pero la práctica de Marcos en otros sitios nos anima a pensar que esta interpretación es correcta y que la traducción de la NVI es equivocada.

Además, las palabras *kai idou* en Lucas 8:41 no se deberían traducir «en esto» (NVI). Esto sugiere que Jairo se acercó a Jesús inmediatamente al salir de la barca. Es más, a menudo *kai idou* en Lucas quiere decir «en esto» o no (e.g., Lc 5:18; 7:37; 9:30, 39 et al.) y no está traducido por NVI. Aunque las palabras pueden asegurar una conexión cronológica, simplemente podrían sugerir un desarrollo nuevo o sorprendente, o incluso servir como conexión suelta. Hay poco mérito en traducirlas para excluir la posibilidad de una armonización obvia.

«Un dirigente» (cf. Notas) en el contexto de Capernaúm casi seguramente se refiere al director de una sinagoga (v. 18), un punto que Marcos 5:22 hace explícito y además nos dice que su nombre era Jairo. Él, por tanto, debió haber sido judío y hombre de considerable influencia en la vida de las personas. «Se arrodilló delante» de Jesús: aquí el verbo no sugiere «adoración» sino profunda cortesía, un gesto suplicante ante alguien que está en posición de conceder un favor (ver en 2:2; 8:2). Su hija «acababa de morir». Los intentos de hacer que *arti eteleutésen* signifique «se está muriendo» (Mr 5:23) no provienen de la sintaxis griega sino de un deseo demasiado simplista de armonizar este relato con Marcos y Lucas. Mejor es reconocer que Mateo, habiendo eliminado los mensajeros como superfluos para sus propósitos, resume «para presentar al principio lo que ya era cierto antes que Jesús llegara a la casa» (Broadus). Ese es el estilo condensado de Mateo en otras partes (ver en 8:5).

El dirigente de la sinagoga pensaba que el toque de Jesús tenía especial eficacia, pero su fe no era tan grande como la del centurión que creyó que Jesús podía sanar por su palabra (8:5-13). Jesús no lo rechazó sino que respondió a su fe, grande o pequeña. «Se levantó» (v. 19; lo más probable es que la palabra *egeiro* signifique, en este contexto, «dejó de estar reclinado en la mesa» [cf. v. 10]; vea en problemas de armonización, más atrás) «y fue con (*akoloudseo*, una evidencia de que este verbo no necesariamente sugiere discipulado; vea en 8:23) él».

20-21 La naturaleza de la hemorragia de la mujer (v. 20) es incierta; si, como parece probable, era una pérdida de sangre crónica por la matriz, la mujer estaba perpetuamente impura (cf. Lv 15:25-33). La regulación de la vida de tal mujer se consideraba tan importante que el Mishná dedica al tema todo un tratado (*Zabim*) y da algunos de los «remedios» para contener el flujo. Habiendo oído de otros que se habían sanado ante el toque de Jesús, esta mujer decidió tocar aunque fuera una borla del manto de Jesús (v. 21). Movida en parte por una supersticiosa opinión en cuanto a Jesús, se abrió paso entre la multitud, lo cual, debido a su condición «impura», debió haber evitado.

La palabra *kraspedon* puede traducir «borde» o «borla». La primera podría ser aquí el significado (como NVI); pero la última es seguramente el significado en 23:5. Las borlas (heb. *sisit*) se cosían en las cuatro esquinas de todo manto israelita (Nm 15:37-41; Dt 22:12) como recordatorios de obedecer los mandamientos de Dios. Aunque las borlas fácilmente se podían convertir en simples piezas de exhibición (23:5), sin duda Jesús mismo, como cualquier judío, las usaba.

22 Aunque el relato de Mateo también está abreviado, varias explicaciones de este —e.g., los relatos cortos son más fáciles de memorizar (Hill, *Matthew*), o Mateo elimina elementos mágicos (Hull, pp. 136 y sig.)— son menos convincentes que la obvia: que Mateo solo mantiene lo que más le interesa. El relato es tan corto que no está totalmente claro si Jesús se volvió y vio a la mujer antes o después de que ella lo tocara. Los relatos análogos dicen que sucedió lo último, y esto muy bien podría estar reflejado en el tiempo perfecto «tu fe te *ha sanado*». La mujer sanó al tocar el manto de Jesús. Este dijo que fue la fe de ella la eficaz, no una superstición mezclada con fe.

Esto parece mejor que la opinión que sostiene que Jesús primero animó a la mujer («¡Ánimo, hija!») y luego la sanó sin ninguna referencia al toque. Mateo 9:2; 14:27 se citan como paralelos en cuanto a esta orden. En realidad los tres incidentes difieren algo; según las mejores variantes, 9:2 en verdad dice: «¡Ánimo, porque ahora te estoy perdonando!»; 9:22 dice: «¡Ánimo, porque ahora has sido sanada!»; y 14:27 es muy diferente, porque «¡ánimo!» lógicamente tiene que ver con «soy yo», y el milagro de calmar la tormenta estaba todavía en el futuro. Las palabras finales del v. 22 deberían por tanto interpretarse como, no que la mujer fue sanada desde el «momento» que Jesús habló, sino que fue sanada desde la *jóra* (lit., «hora») de su encuentro con Jesús.

23-26 Los flautistas (v. 23) se empleaban en ocasiones festivas (Ap 18:22) y también en funerales. Solo Mateo los menciona, no tanto porque tenía conocimiento de las costumbres funerales judías (cf. M *Ketuboth* 4:4, que requería que hasta la familia más pobre contratara dos flautistas y una plañidera profesional), sino por recuerdos personales. Jesús estaba a punto de invertir el simbolismo funeral de la finalidad de la muerte. «El alboroto de la gente» lo hacían amistades tristes, y no eran los susurros característicos de nuestros funerales occidentales, sino bulliciosos arrebatos de dolor y llanto incrementados por dolientes contratados. El milagro de Jesús no solo llevó vida a un cadáver (v. 24) sino esperanza a la desesperación.

«Burlas» (*katagelao*) solo aparece aquí (v. 24) y en las analogías sinópticas. La multitud se burló de Jesús, no solo porque había dicho «La niña no está muerta sino dormida», sino porque pensaban que este gran sanador había llegado demasiado tarde. Para ellos Jesús estaba propasándose; entusiasmado por su propio éxito, aplicaría sus habilidades a un cadáver y haría el ridículo. En una situación como esa las palabras de Jesús llegaban, en retrospectiva, hasta lo más profundo. Aquellas palabras no solo negaban que la muerte —confrontada por el poder de Jesús— era definitiva; también daban por sentado que, a diferencia de la opinión saducea (22:23), «dormida» describía mejor la condición de la niña. En la Biblia «dormir» a menudo denota «muerte» pero no «falta de existencia» (cf. Dn 12:2; Jn 11:11; Hch 7:60; 1 Co 15:6, 18; 1 Ts 4:13-15; 2 P 3:4).

La multitud burlona salió expulsada de la casa (v. 25). Mateo no nos dice, como lo hace Marcos, que cinco testigos se quedaron; tampoco nos da las palabras de Jesús. Pero Mateo dice que Jesús tocó el cadáver; y el cuerpo, lejos de contaminarlo, cobró vida. En sí el milagro no prueba que Jesús sea más que un profeta o un apóstol (cf. 1 R 17:17-24; 2 R 4:17-37; Hch 9:36-42). Pero los profetas y los apóstoles nunca afirmaron ser más de lo que su oficio señalaba. Jesús hizo afirmaciones infinitamente superiores; por tanto para Mateo el milagro mostraba que la autoridad de Jesús como el Cristo alcanzaba incluso a los muertos.

Notas

---

18 Ἄρχων εἷς (*arjón jéis*) es una manera relativamente rara, pero no desconocida, de decir «un dirigente» o «cierto dirigente», donde *jéis* (lit., «uno») funciona más o menos como el enclítico τις (*tis*, «cierto»; cf. gr. 8:19). La interpretación está compuesta por complejas variantes, generadas quizá no solo por la rareza de la construcción sino por la ambigüedad de textos unciales: ΕΙΣΕΛΔΩΝ se podría leer εἷς ἐλθών (*jéis eldsón*, lit., «uno que ha llegado») o εἰσελθών (*eiseldsón*, lit., «habiendo entrado»), lo último presuponiendo la casa del v. 10. Para una defensa del texto de la NVI, cf. O'Callaghan, «La variante εισ/ελθων en Mt 9, 18», *Biblica* 62, 1981, 104-6.

20 «Borla» o «borde» en Mateo y Lucas hacen este uno de los «acuerdos menores» más importantes de Mateo y Lucas contra Marcos, y ha generado muchas teorías. Algunos lo toman con otros «acuerdos menores» como evidencia suficiente para defender la hipótesis de Griesbach (Introducción, sección 3); otros postulan una fuente común, una coincidencia, una enmienda textual, o (más recientemente) la influencia de Marcos 6:56 (J.T. Cummings, «The Tassel of His Cloak: Mark, Luke, Matthew —and Zechariah», en Livingstone, 2:47-61). Como quiera que se lo explique—y quizá alguna teoría de información común es mejor — apenas es suficiente para poner en peligro la hipótesis de las dos fuentes. Es difícil explicar por qué Mateo incluyó tantos detalles cuando suele eliminar muchos. Sin embargo, la narración de Mateo no está poco pulida: incluye un toque punzante y pequeños detalles ocasionales, aunque elimina personajes y escenas que no guardan relación con su propósito.

---

b. Sanidad de dos ciegos

9:27-31

27Al irse Jesús de allí, dos ciegos lo siguieron, gritándole:
—¡Ten compasión de nosotros, Hijo de David!
28Cuando entró en la casa, se le acercaron los ciegos, y él les preguntó:
—¿Creen que puedo sanarlos?
—Sí, Señor —le respondieron.
29Entonces les tocó los ojos y les dijo:
—Se hará con ustedes conforme a su fe.
30Y recobraron la vista. Jesús les advirtió con firmeza:
—Asegúrense de que nadie se entere de esto.
31Pero ellos salieron para divulgar por toda aquella región la noticia acerca de Jesús.

Por lo general este pasaje se toma como otra versión del milagro de Bartimeo (20:29-34; Mr 10:46-52; Lc 18:35-43). Pero un examen minucioso muestra poca correspondencia verbal entre los sinópticos; y tal correspondencia es considerablemente menor que la de los dos pasajes en Mateo que hablan de milagros totalmente distintos (cf. Bornkamm, *Tradition*, pp. 219-20). La ceguera era, y aún es, común en el Oriente Medio. Jesús realizó muchos de tales milagros (vea en 4:23; 8:16-17; 9:35). El paralelo más sorprendente es el clamor: «¡Ten compasión de nosotros, Hijo de David!» (v. 27). Pero también se repite en 15:22, en una historia que nada tiene que ver con la ceguera; de modo que el título «Hijo de David» muy bien podría tener otra explicación (ver más abajo). Ciertamente lo que resalta en 20:29-34 es muy diferente de lo que resalta en este pasaje. Aquí el enfoque está en la autoridad de Jesús y la fe de los ciegos; en el otro está en la compasión de Jesús como Rey cuando interrumpe su viaje a Jerusalén para responder a los clamores de ellos. Además Mateo, como hemos observado una y otra vez, resume sus narraciones. Por consiguiente, las propuestas de que las historias similares son dobles (una forma de alargar) se deben tratar con recelo. Asimismo es descabellada la suposición de que Mateo tiene dos ciegos porque Marcos (su fuente) tiene dos historias (8:22-26; 10:46-52) en las que describe la curación de un ciego, y que Mateo simplemente ha añadido la cantidad de hombres y los ha puesto en una sola historia. Marcos tiene dos historias de curaciones separadas, una de las cuales toma Mateo (Mr 10:46-52; Mt 20:29-34). Además Mateo y Marcos añaden cada uno otro milagro de sanidad de ciegos (Mt 9:27-31; Mr 8:22-26). Esto no sorprende, en vista de la abundancia de ciegos y el alcance del ministerio de Jesús.

27-28 Según parece, Jesús regresaba de la casa del dirigente (v. 23) a su propia casa (4:13), o a la de Mateo (vv. 10, 28; el artículo en gr. supone que era su propia morada u otra antes mencionada). Debemos imaginarnos una inmensa multitud después de la dramática resurrección de la hija del dirigente. Pegados a la multitud había dos hombres con tanta fe como para seguir adentro a Jesús.

Esta es la primera vez que a Jesús se le llama «Hijo de David» (v. 27), y allí no cabe duda de que el ciego estaba confesando a Jesús como Mesías (ver en 1:1). Quizá hayan sido físicamente ciegos, pero en realidad «veían» mejor que muchos otros, otra evidencia de que Jesús vino a quienes necesitaban médico (vv. 12-13; ver en 15:22): «El uso del título davídico [cf. 15:22; 20:30; 21:9, 15; 22:42] al dirigirse a Jesús es menos extraordinario de lo que algunos creen: en la Palestina de esa época había una intensa expectativa mesiánica» (Hill, *Matthew*). La era mesiánica se caracterizaría por un tiempo en que «se abrirán entonces los ojos de los ciegos y se destaparán los oídos de los sordos; saltará el cojo como un ciervo, y gritará de alegría la lengua del mudo» (Is 35:5-6). Si Jesús era de veras el Mesías, razonaban los ciegos, tendría compasión de ellos y obtendrían la vista. De modo que su necesidad los llevó a la fe. Quizá por esto en los sinópticos el término «Hijo de David» se asocia a menudo con los necesitados, con los endemoniados o, como aquí, con los que necesitaban que los curara (cf. C. Burger, *Jesus als Davidssohn*, Vandenhoeck und Ruprecht, Göttingen, 1970; Dennis C. Dulling, «The Therapeutic Son of David: An Element in Matthew's Christological Apologetic», NTS 24, 1978, 392-410).

Jesús no trata con los ciegos hasta que ellos están adentro (v. 28). Esto podría haber sido para desanimar expectativas mesiánicas (vea en v. 30) en un día marcado por dos milagros sumamente públicos y dramáticos (v. 26). También podría haber sido un recurso para incrementar la fe de los ciegos. Lo último está sugerido por su pregunta (v. 28), la cual logra dos cosas: (1) reveló que sus gritos no solo eran de desesperación sino de fe; y (2) mostró que su fe no estaba dirigida solo a Dios sino a la persona de Jesús, y a su poder y autoridad. El título que dan a Jesús era por tanto adecuado; él es en realidad el mesiánico Hijo de David. De modo que volvemos al primer motivo de la demora de la curación: que se estuviera llevando a cabo dentro de la casa evitaba que la emocionada multitud fuera testigo de una afirmación mesiánica tácita.

29-31 El toque de Jesús a los ojos de los ciegos (v. 29) —tal vez no más que un gesto compasivo para animar la fe— no fue el único medio de esta sanidad: también dependió de la palabra autoritaria de Jesús. «Conforme a su fe» no significa «en proporción a su fe» (a mucha fe, mucha vista) sino más bien «puesto que creen, se les concede su petición»… cf. «tu fe te ha sanado» (v. 22). Una vez hecho el milagro (v. 30), Jesús «les advirtió con firmeza» que no lo dijeran a nadie: *embrimaomai* («advierto firmemente») aparece solo en cinco oportunidades en el NT, y siempre en conexión con profunda emoción (cf. Mr 1:43; 14:5; Jn 11:33, 38). Este verbo más bien fuerte revela el intenso deseo de Jesús de evitar una aclamación falsamente basada y mal concebida que no solo impediría sino que haría peligrar su verdadera misión (vea en 8:4). Pero los hombres cuya fe los llevó a Cristo para recibir salud no permanecieron con él para aprender obediencia. De modo que la noticia se extendió como fuego en toda la región (cf. v. 26).

Notas

27 En vez del vocativo ὑιέ (*juié*, «hijo»), el texto ofrece el nominativo υἱὸς Δαυίδ (*juiós David*, «hijo de David». Lo sorprendente es que el sustantivo nominativo en tal construcción no tiene artículo. Esto muy bien podría reflejar construcción hebrea (cf. BDF, par. 147[3]).

c. *Liberación de un mudo*

9:32-34

> ³²Mientras ellos salían, le llevaron un mudo endemoniado. ³³Así que Jesús expulsó al demonio, y el que había estado mudo habló. La multitud se maravillaba y decía: «Jamás se ha visto nada igual en Israel.»
> ³⁴Pero los fariseos afirmaban: «Éste expulsa a los demonios por medio del príncipe de los demonios.»

Muchos ven también en estos versículos un «doble parcial», esta vez con 12:22-24; y de nuevo las analogías verbales son mínimas. Hill (*Matthew*) dice que 9:32-34 se ha formado de 12:22-24 «para completar los casos de sanidad milagrosa presupuesta en 11.5 y 10.1». Pero Mateo 4:24 dice que Jesús realizó muchas liberaciones. ¿Estaba Mateo tan presionado por otro ejemplo que debió contar la misma historia dos veces? De ser así, ¿por qué el endemoniado en Mateo 12 era ciego y mudo, y este solo mudo? Además, si el v. 34 es verdadero (ver más abajo), seguramente no sorprende que la acusación de estar ligado a Beelzebú (12:24) debería comenzar en una escala privada y llevar tiempo hasta explotar en la pública (12:24). En cualquier caso la acusación es preconcebida en 10:25.

32-33 La palabra *kófos* («no podía hablar») en griego clásico, helenista y bíblico significa «sordo», «mudo» o «sordomudo»; las dos condiciones están comúnmente ligadas, en particular si la sordera es congénita. Quizá el hombre aquí (v. 32) no sólo era mudo sino sordomudo. (Sobre posesión demoníaca, vea en 4:24; 8:28, 31.) El NT atribuye con frecuencia varias enfermedades a actividad demoníaca; pero ya que la misma enfermedad aparece en varias parte sin ninguna insinuación de actividad demoníaca (e.g., Mr 7:32-33), la conexión frecuente entre lo uno y lo otro no se basa en superstición primitiva sino que presupone una verdadera capacidad para distinguir entre causas naturales y demoníacas. El asombro de la multitud (v. 33) culmina la emoción anterior (vv. 26, 31). Nunca se había visto algo parecido en Israel… y por implicación, si no entre el pueblo escogido de Dios, entonces en ninguna parte. Pero el mismo asombro tristemente crea el marco para la cínica respuesta de los fariseos (v. 34).

34 Este versículo ha desaparecido de la tradición textual occidental; y Allen, Klostermann, Zahn y otros siguen su ejemplo, detectando una intrusión de 12:24. Pero la evidencia externa es fuerte; y el versículo parece presupuesto en 10:25. Este no es el primer indicio de oposición directa a Jesús en Mateo (vv. 3, 11, 14, 24; cf. 5:10-42, 44); e incluso aquí el imperfecto *elegon* (lit., «estaban diciendo»; NVI, «afirmaban») podría suponer que la agitación estaba constantemente en el ambiente. Sin embargo, la ola de oposición, que más adelante llevó a Jesús a la cruz, se vuelve ahora parte esencial del escenario para el discurso que sigue (cf. esp. 10:16-28).

9. *Expansión de las nuevas del Reino* (9:35—10:4)

a. *Oración por obreros*

9:35-38

> ³⁵Jesús recorría todos los pueblos y aldeas enseñando en las sinagogas, anunciando las buenas nuevas del reino, y sanando toda enfermedad y toda dolencia. ³⁶Al ver a las multitudes, tuvo compasión de ellas, porque estaban agobiadas y desamparadas, como ovejas sin pastor. ³⁷«La cosecha es abundante, pero son pocos los obreros —les dijo a sus discípulos—. ³⁸Pídanle, por tanto, al Señor de la cosecha que envíe obreros a su campo.»

Así como 4:23-25 es preparación para el primer discurso (5—7), también los vv. 35-38 ofrecen un informe y un resumen que prepara para el segundo (10:5-42). Se añade una nueva observación; no solo se nos habla otra vez de la amplitud de las labores de Jesús, sino que ahora averiguamos que la obra era tan inmensa que se necesitaban muchos obreros. Esto lleva a la comisión de 10:1-4 y al discurso relacionado de 10:5-42.

Marcos 6:6b tiene pocas afinidades con este pasaje. El v. 35 es parecido a 4:23. El v. 36 es similar a Marcos 6:34, y los vv. 37-38 a Lucas 10:2 (cf. también Jn 4:35).

35 El entorno principal es el mismo de Marcos 6:6b. Para la exégesis, vea en 4:23. La diferencia principal es la omisión de alguna mención de Galilea, aunque sin duda esa es la región a la vista. Es posible, como sugieren comentaristas más antiguos, que esto representa una segunda vuelta por Galilea; pero en vista del orden altamente temático de Mateo, es precario deducir mucho al respecto. El v. 35 resume el centro del ministerio galileo de Jesús, y nos prepara para la nueva fase de misión por medio de los doce. (Sobre «sus» sinagogas, vea también en 7:29 y 10:17.)

36 Como el Señor en el AT (cf. Ez 34), Jesús mostró compasión por las multitudes sin pastor y enjuicia a los falsos líderes. Las «ovejas» que Jesús ve están «agobiadas» (no «dispersas» [RVR], lo cual tiene poco aval), i.e., intimidadas, oprimidas; y frente a tales problemas, están «indefensas», son incapaces de rescatarse a sí mismas o de escapar de sus atormentadores. El lenguaje del versículo es similar a Números 27:17 (que casi puede hacer de Josué un «prototipo» de Jesús); pero otras analogías (e.g., 1 R 22:17; 2 Cr 18:16; Is 53:6; Ez 34:23-24; 37:24) nos recuerdan no solo el rico trasfondo del tema sino que el pastor se puede referir a Dios o al Mesías davídico que Dios enviará (cf. 2:6; 10:6, 16; 15:24; 25:31-46; 26:31).

37-38 La metáfora cambió de cría de ovejas a cosecha (v. 37), mientras Jesús trata de despertar similar compasión en sus discípulos. Más tarde en la cosecha está el final de la era (13:49) y el juicio que trae, un símbolo común (cf. Is 17:11; Jl 3:13). Muchos comentaristas ven este versículo como una advertencia a Israel de que el juicio está cerca. La palabra «abundante» se interpone a esta interpretación; esta solo tiene sentido si aquí *dserismos* no significa «tiempo de cosecha» sino «recoger la cosecha» (cf. BAGD, s.v.), como en Lucas 10:2; Juan 4:35b. En ese caso la cosecha será abundante; muchas personas estarán listas para ser «recogidas» para el Reino.

Jesús está hablando aquí a «sus discípulos», lo cual muchos toman como referencia a los doce. Lo más probable es que «sus discípulos» designe a un grupo más grande al que se exhorta a pedir (v. 38) que el Señor de la cosecha (quizá «el Señor que está cosechando», si este es un genitivo verbal; cf. G.H. Waterman, «The Greek "Verbal Genitive"», en Hawthorne, p. 292) envíe obreros a su *dserismou* (aquí en el mismo sentido «campo de cosecha»). En comparación, de inmediato envía a los doce como obreros (10:1-4). Esta interpretación calza mejor con 10:1: Jesús «reunió a sus doce discípulos». A la frase le falta fluidez si estos doce son « los discípulos» de 9:37-38, y es natural si simplemente son parte del grupo mayor.

b. *Envío de los doce*

10:1-4

> ¹Reunió a sus doce discípulos y les dio autoridad para expulsar a los espíritus malignos y sanar toda enfermedad y toda dolencia.
>
> ²Éstos son los nombres de los doce apóstoles: primero Simón, llamado Pedro, y su hermano Andrés; Jacobo y su hermano Juan, hijos de Zebedeo; ³Felipe y Bartolomé; Tomás y Mateo, el recaudador de impuestos; Jacobo, hijo de Alfeo, y Tadeo; ⁴Simón el Zelote y Judas Iscariote, el que lo traicionó.

1 Aquel cuyas palabras (caps. 5—7) y hechos (caps. 8—9) se caracterizaban por la autoridad, delega ahora algo de esa autoridad a doce hombres. Esta es la primera vez que Mateo ha mencionado explícitamente a los doce (cf. v. 2; 11:1; 20:17; 26:14, 20, 47), a quienes Marcos presentó poco antes (3:13-16). Este envío parece ser la culminación de varios pasos anteriores (Jn 1:35-51; vea en Mt 4:18-22). En realidad, el lenguaje de Mateo sugiere que los doce se convirtieron en un grupo un tanto reconocido. Al mismo tiempo este envío fue una etapa en la capacitación de quienes, después de Pentecostés, guiarían la primera ofensiva de la Iglesia en ciernes. Fueron escogidos doce, tal vez como una analogía de las doce tribus de Israel (cf. también el concilio de doce en Qumrán, 1QS 8:1 y sig.), y ellos indican la renovación escatológica del pueblo de Dios (vea en 19:28-30).

La autoridad que recibieron los doce los capacitaba para sanar y expulsar «espíritus malignos» [lit., «inmundos»], espíritus en rebelión contra Dios, hostiles al hombre, y capaces de infligir, directa o indirectamente, daño físico, mental y moral. Esta es la primera vez en Mateo que los demonios se describen así, y solamente otra vez en 12:43 (pero vea en 8:16). «Toda enfermedad y toda dolencia» es exactamente la expresión de 4:23; 9:35. La autoridad concedida a los doce está en agudo contraste con los carismáticos «dones [pl.] de sanar enfermos» en Corintios (1 Co 12:9, 28), los cuales según parece eran individualmente más restringidos en qué enfermedades podía sanar cada uno.

2-4 Por primera y única vez en Mateo, a los doce se les llama «apóstoles». *Apostolos* («apóstol»), igual que *apostello* («yo envío»), no es un término técnico en los antecedentes literarios. Esto explica en gran parte el hecho de que a medida que se usa en documentos del NT, sus significados se estrechan o se amplían (cf. DNTT, 1:126-37). Lucas 6:13 afirma explícitamente que Jesús mismo llamó «apóstoles» a los doce; y seguramente Lucas muestra más interés en este asunto que los otros tres, en parte como preparación para su labor en los Hechos de los Apóstoles. Pero en el NT el término simplemente puede significar «mensajero» (Jn 13:16), o referirse a Jesús («apóstol y sumo sacerdote de la fe que profesamos», Heb 3:1), o en otras partes (esp. en Pablo) denota «misioneros» o «representantes», i.e., un grupo mayor que los doce y Pablo (Ro 16:7; 2 Co 8:23). Sin embargo, la explicación más natural de 1 Corintios 9:1-5; 15:7; Gálatas 1:17, 19 et al. es que incluso Pablo pudo usar el término en un sentido limitado para referirse a los doce más él mismo (por dispensación especial, 1 Co 15:8-10).

Listas de los doce se encuentran aquí y en otras tres partes del NT:

Mateo 10:2-4	Marcos 3:16-19	Lucas 6:13-16	Hechos 1:13
Simón Pedro	Simón Pedro	Simón Pedro	Pedro
Andrés	Jacobo	Andrés	Juan
Jacobo	Juan	Jacobo	Jacobo
Juan	Andrés	Juan	Andrés
Felipe	Felipe	Felipe	Felipe
Bartolomé	Bartolomé	Bartolomé	Tomás
Tomás	Mateo	Mateo	Bartolomé
Mateo	Tomás	Tomás	Mateo
Jacobo, hijo de Alfeo	Jacobo, hijo de Alfeo	Jacobo hijo de Alfeo	Jacobo hijo de Alfeo
Tadeo	Tadeo	Simón el zelote	Simón el zelote
Simón el zelote	Simón el zelote	Judas hijo de Jacobo	Judas hijo de Jacobo
Judas Iscariote	Judas Iscariote	Judas Iscariote	[Vacante]

Muchos aspectos importantes surgen al comparar estas listas.

1. Pedro siempre está de primero, y Judas Iscariote de último. Mateo usa «primero» en conexión con Pedro; la palabra no puede significar que él fue el primer

convertido (fue Andrés o quizá Juan), y tal vez no significa simplemente «primero en la lista», lo cual sería un comentario insignificante (cf. 1 Co 12:28). Su significado más probable es *primus inter pares* («primero entre iguales»; cf. más en 16:13-20).

2. Los cuatro primeros nombres de todas las cuatro listas son dos pares de hermanos cuyos llamamientos se mencionan primero (cf. 4:18-22).

3. En cada lista hay tres grupos de cuatro, cada uno encabezado por Pedro, Felipe (no se debe confundir con el evangelista) y Jacobo hijo de Alfeo respectivamente. Pero el orden varía dentro de cada grupo (¡incluso de Lucas a Hechos!), excepto en que Judas siempre está de último. Esto sugiere, aunque no prueba, que los doce estaban organizacionalmente divididos en grupos más pequeños, cada uno con un líder.

4. La comisión en Marcos 6:7 envía a los hombres de dos en dos; quizá esto explica las parejas en el texto griego de Mateo 10:2-4.

5. Algunas variaciones en el orden se pueden explicar con un alto grado de probabilidad. En los cuatro primeros nombres, Marcos enumera a Pedro, Jacobo, Juan y agrega a Andrés, sin duda porque los primeros tres fueron un núcleo interior privilegiado en ser testigos de la resurrección de la hija de Jairo y la Transfiguración, e invitados a estar cerca de Jesús en su agonía en Getsemaní. Mateo conserva el orden sugerido por relaciones de hermanos. Él no solo se coloca de último en su grupo sino que menciona su pasado menos que limpio. ¿Es esto una señal de humildad cristiana?

6. Según parece, Simón el cananista (Mt, Mr [RVR]) es la misma persona que Simón el zelote (Lc, Hch). De ser así, aparentemente Tadeo es otro nombre de Judas el hermano de (o hijo de) Jacobo (ver más abajo).

No se sabe mucho de estos hombres. Para interesantes pero en su mayoría increíbles leyendas acerca de ellos, vea Hennecke (pp. 167-531).

Simón Pedro. «Simón» es tal vez una contracción de «Simeón» (cf. Gn 29:33). Nativos de Betsaida de Galilea (Jn 1:44), él y su hermano Andrés eran pescadores (Mt 4:18-20), y posiblemente discípulos de Juan el Bautista antes de convertirse en discípulos de Jesús (Jn 1:35-42). Jesús dio a Simón el nombre de Cefas (en arameo; «Pedro» en gr. [Jn 1:43]; vea en 4:18). Impulsivo y apasionado, los puntos fuertes de Pedro constituían su gran debilidad. La evidencia del NT acerca del él es abundante. Es difícil rastrear los movimientos de Pedro después del Concilio de Jerusalén (Hch 15).

Andrés. El hermano de Pedro no se destaca tanto en el NT. Solo aparece otra vez en Marcos 13:3; Juan 1:35-44; 6:8; 12:22, y en tradiciones tardías y poco fidedignas. La evidencia del evangelio de Juan lo muestra calladamente dedicado a llevar a otros a Jesús.

Jacobo y Juan. Jacobo tal vez era el mayor (casi siempre aparece primero). Pero como se convirtió en el primer mártir apostólico (Hch 12:2), nunca logró la prominencia de su hermano. Los hermanos eran hijos de Zebedeo el pescador, cuyo negocio era tan próspero que tenía empleados (Mr 1:20) mientras su esposa pudo apoyar el ministerio de Jesús (Mt 27:55-56; Lc 8:3). Su riqueza podría ayudar a explicar el vínculo de la familia con la casa del sumo sacerdote (Jn 18:15-16), también el hecho de que Juan fue el único de los doce de pie ante la cruz. La madre de los hermanos era probablemente Salomé (cf. Mt 27:56; Mr 15:40; 16:1), y sus motivaciones no estaban mezcladas (ver en Mt 20:20-21). Quizá los hijos heredaron algo de su naturaleza agresiva; cualquiera que sea su origen, el apodo «hijos del trueno» (Mr 3:17; cf. también Mr 9:38-41; Lc 9:54-56) revela algo de su temperamento. Juan pudo haber sido discípulo de Juan el Bautista (Jn 1:35-41). De Jacobo no sabemos nada hasta Mateo 4:21-22. Juan era sin duda un amigo íntimo de Pedro (Lc 22:8; Jn 18:15; 20:2-8: Hch 3:1—4:21; 8:14; Gá 2:9). Una tradición bastante confiable lo coloca después de la caída de Jerusalén en Éfeso, donde ministró bastante y útilmente hasta edad avanzada, y ayudó a alimentar líderes como Policarpo, Papías e Ignacio. El resumen de Broadus no parece muy extravagante: «La ambición mostrada al haber aspirado una vez a estar al lado de la realeza en un reino mundano (20:20 y sig.) busca ahora vencer el mundo, dar testimonio de la verdad, purificar las iglesias y glorificar a Dios».

Felipe. Igual que Pedro y Andrés, el hogar de Felipe era Betsaida (Jn 1:44). Felipe también dejó al Bautista para seguir a Jesús. Para incidentes acerca de él, vea Juan 6:5-7; 12:21-22; 14:8:14. En la lista aparece invariablemente de primero en el segundo grupo de cuatro. Polícrates, un obispo del siglo segundo, dice que Felipe ministraba en la provincia romana de Asia y lo enterraron en Hierápolis.

Bartolomé. El nombre significa «hijo de Talmay», «hijo de Tolami» (cf. LXX Jos (15:14)' o «hijo de Tolomeo» (cf. Jos. Antig. XX, 5[i. 1]). Muchos lo han identificado con Natanael, aduciendo (1) que el último está aparentemente asociado con los doce (Jn 21:2; cf. 1:43-51), (2) que Felipe conectó a Natanael con Jesús (Jn 1:43-46), y (3) que Felipe y Bartolomé están siempre asociados en las listas de apóstoles. La evidencia no es firme; pero si es sólida, también sabemos que vino de Caná (Jn 21:2). Se le recuerda por el halago de Jesús hacia él (Jn 1:47).

Tomás. También llamado «Dídimo» (Jn 11:16; 21:2), que en arameo significa «gemelo», aparece en las narraciones del evangelio solo en Juan 11:16; 14:5; 20:24-29. Aunque se le conoce por su duda, también se le debería conocer por su valor (Jn 11:16) y su profunda confesión (Jn 20:28). Algunas tradiciones afirman que fue a India como misionero y allí lo martirizaron; otros ponen su último ministerio en Persia.

Mateo. Vea en 9:9; Introducción, sección 5.

Jacobo el hijo de Alfeo. La frase extra lo distingue de Jacobo el hijo de Zebedeo. Si suponemos (y es bastante probable) que este Jacobo no es el mismo «Jacobo el hermano» de Jesús (ver en 13:55), casi no sabemos nada de él. Suponiendo que Mateo = Leví (ver en 9:9), al padre de Mateo también se le llamaba Alfeo (Mr 2:14); y si este es el mismo Alfeo, entonces Jacobo y Mateo son otro par de hermanos entre los doce.

Algunos han sostenido que Alfeo es una forma alterna de Cleofás (Clopas), lo cual querría decir que «Jacobo hijo de Alfeo» es la misma persona que «Jacobo el menor» (Mr 15:40) y que el nombre de su madre era María (Mt 27:56; Mr 15:40; 16:1; Jn 19:25). Pero tales conexiones de ninguna manera son ciertas.

Tadeo. Las variantes textuales son difíciles. Las más extensas (e.g., RVR, «Lebeo, por sobrenombre Tadeo») casi seguramente son combinaciones. «Tadeo» tiene el apoyo de representantes primitivos de testigos alejandrinos, occidentales y cesarianos (cf. Metzger, *Textual Commentary*, p. 26). Por eliminación Tadeo parece estar identificado con (lit.) «Judas de Jacobo», que podía significar «Judas hijo de Jacobo» o «Judas hermano de Jacobo». El primero es quizá el significado más normal; pero el autor de la epístola de Judas se llama a sí mismo «Judas [gr. *Ioudas*] ... hermano de Jacobo» (Jud 1, donde en realidad se usa *adelfos* [«hermano»]). Si Judas es el «Judas de Jacobo» apostólico, está asegurado el significado de la última expresión. Por otra parte, si el Judas canónico es el medio hermano de Jesús y hermano total del medio hermano de Jesús, Jacobo (ver en 13:55), entonces «Judas de Jacobo» tal vez significa «Judas hijo de Jacobo». «Tadeo» viene de una raíz que aproximadamente significa «el bienamado». Quizá este apóstol fue llamado «Judas el bienamado» = «Judas Tadeo», y «Tadeo» se utilizó de modo progresivo para distinguirlo del otro Judas en el grupo apostólico. Solo Juan 14:22 nos da información acerca de él. Las tradiciones posteriores no tienen valor.

Simón el zelote. Mateo y Marcos tienen «Simón el cananista» (no «cananita», lo que sugeriría un gentil pagano; cf. la diferente palabra gr. en 15:22). «Cananista» (*canán*) es la forma aramea de «zelote» que especifica Lucas-Hechos. Los zelotes eran nacionalistas, firmes defensores de las tradiciones y la religión judías; y algunas décadas más tarde se convirtieron en una causa principal de la guerra judía en la cual Roma saqueó a Jerusalén. Los zelotes quizá no tenían mucha influencia en la época de Jesús. El apodo podría revelar asociaciones religiosas y políticas del pasado de Simón; también lo distingue de Simón Pedro.

Judas Iscariote. El padre de Judas es llamado «Simón Iscariote» en Juan 6:71; 13:26. Los interesados en la erudición han gastado mucha energía e ingenuidad en el nombre «Iscariote». Las explicaciones incluyen (1) «hombre de Queriot» (hay dos aldeas elegibles de ese nombre; cf. ZPEB, 3:785; IBD, 2:830); (2) transliteración del latín *sicarius*, que se usaba para referirse a un movimiento parecido al zelote; (3) «hombre de Jericó», una explicación que depende de una deformación griega; (4) una transliteración del arameo *secaryáj* («falsedad», «traición»; cf. C.C. Torrey, «The Name "Iscariot"», HTR 36, 1943, 51-62), lo cual solamente se pudo convertir en un apodo de Judas después de su ignominia y no en este momento de su vida; (5) «Judas el tintorero», que refleja su ocupación (cf. A. Ehrman, «Judas Iscariot», JBL 99, 1980, 122-24); (6) como una adaptación de la última, «Judas cabeza roja» (Albright y Mann). La primera y la quinta parecen las más probables; la segunda comúnmente es la más popular. Judas era el tesorero de los doce, pero no era honesto (Jn 12:6; 13:29; vea también en 26:14-16; 27:3-10). Mateo y Marcos agregan la acusación condenatoria: «el que lo traicionó». Lucas 6:16 lo califica de traidor.

Notas

1 Es extraordinaria la construcción ὥστε (*jóste*, «para que») más un infinitivo para indicar propósito (cf. BDF, par. 390[3]; Zerwick, par. 352) pero no se puede tomar fácilmente de otro modo.

B. *Segundo discurso: Misión y martirio* (10:5—11:1)

1. *Ambiente*

10:5a

⁵Jesús envió a estos doce con las siguientes instrucciones:

5 Para una introducción general a los discursos y sus problemas, vea los comentarios en 5:1. Aparentemente este discurso está tan firmemente agrupado como los demás (v. 5a; 11:1), y da al menos la impresión de que todo el material de los vv. 5b-42 fue pronunciado en una ocasión. Esto también es peculiarmente difícil. Dos asuntos separados pero relacionados necesitan atención especial antes de formar un juicio.

El asunto literario. Por así decirlo, los vv. 5-15 tienen alguna analogía con Marcos 6:8-11; Lucas 9:3-5; 10:5-15. La última de estas referencias, sin embargo, relacionada con la misión de los setenta y dos, no está en Mateo ni en Marcos. Mateo 10:16a se parece a Lucas 10:3. Pero Mateo 10:17-25, relacionado con la persecución de los discípulos y su llamado ante los tribunales, encuentra su analogía más cercana en el Sermón del Monte (Mr 13:9-13; Lc 21:12-19; cf. Mt 24:9-14). La sección final (vv. 26-42), al presentar condiciones para el discipulado en términos más generales, recuerda materiales en Marcos 9 y Lucas 12:2-12. Con la excepción de solo algunos lugares (vv. 5-6, 8, 16b), poco en los vv. 5-42 es peculiar al primer evangelio, aunque se debe reconocer que algunos paralelos no son tan cercanos como otros.

La teoría literaria más común es que Mateo compuso este discurso de segmentos de sus dos fuentes principales, Marcos y Q. Quienes rechazan la prioridad de Marcos e insisten en la prioridad de Mateo no necesitan a Q y tienen menos dificultades defendiendo la unidad de este capítulo. Pero la prioridad de Marcos tiene aun mejores cartas de presentación (cf. Introducción, sección 3), y por tanto se mantiene el problema. David Wenham («The "Q"» Tradition) ha apoyado a Schürmann y a Lambrecht al sostener que casi todo este razonamiento viene de varias corrientes de la tradición Q (esto no necesariamente significa que Q es un solo documento). Las analogías de Marcos se juzgan consecuentemente como secundarias y resúmenes de fuentes anteriores.

El asunto histórico y teológico. ¿Cómo tales teorías de fuente afectan el contexto que Mateo establece? Aquí hay poco acuerdo. F.W. Beare («The Mission of the Disciples and the Mission Charge: Matthew 10 and Parallels», JBL 89, 1970, 1-13) no cree que hubo una misión de los doce. Lo que se dice es una invención diseñada para realzar el discurso, en sí una colección editada de dichos, pocos de ellos auténticos. Muchos eruditos, incluso conservadores, suponen que el discurso es una amalgama de material auténtico entregado al menos en dos ocasiones separadas (Allen, Grosheide, Rideerbos). Tasker deja abierta la discusión. R. Morosco («Redaction Criticism and the Evangelical: Matthew 10 a Test Case», JETS 22, 1979, 323-31) resucita la antigua teoría de B.W. Bacon, que supone no solo cinco discursos en Mateo sino también que fueron modelados en los cinco libros del Pentateuco (cf. Introducción, sección 14). Morosco no clarifica, sin embargo, si cree (1) que hay algún envío histórico de los doce a lo cual se ha adherido algún collage de material, (2) que en esa ocasión se pronunció un discurso y esta es una adaptación extendida de él, o (3) que el trasfondo mismo es ficticio.

Relacionadas con el asunto hay varias observaciones acerca del contenido de Mateo 10. Todas las instrucciones de Jesús en los vv. 5-16 se ajustan claramente a la situación de los doce durante el ministerio público de Jesús. Esto incluye la prohibición de Cristo de ministrar a quienes no fueran judíos (vv. 5-6). Pero los vv. 17-22 prevén con claridad un ministerio mucho más extenso: incluso a reyes y gentiles. La persecución descrita no calza en el período del primer ministerio apostólico sino que va más allá, a épocas de mayor conflicto después de Pentecostés. Como consecuencia, la gran mayoría de los comentaristas modernos toman esto como lo que Schuyler Brown describe como un medio literario para que Jesús instruyera la «comunidad mateana a través de la transparencia de los doce discípulos misioneros» («The Mission to Israel in Matthew's Central Section», ZNW 69, 1978, 73-90). Por supuesto, no se pensó que muchos de los dichos fueran dominicales.

Los asuntos históricos, y en especial el literario, son complejos y entrelazados, como se ve dada la diversidad de soluciones propuestas. La evidencia se puede pesar de forma muy diversa. Muchas soluciones ocultan algunas presuposiciones y adoptan una sucesión de juicios que podrían ir en otro sentido.

Se debe aceptar el escenario que da Mateo. Aunque ordena tópicamente mucho de su material, utiliza amplias relaciones de tiempo, condensa sus fuentes y a veces las parafrasea, no hay evidencia convincente de que Mateo *inventara* escenarios. Tampoco será suficiente apelar a algunos otros géneros. Si Mateo es un escritor coherente, tal material que no es histórico se debe separar fácil y razonablemente de su material histórico para que el supuesto «género» fuera reconocible a los primeros lectores. El v. 5a apenas se podría clarificar: «Jesús envió a estos doce con las siguientes instrucciones».

Puesto que Lucas registra tanto la comisión de los doce como la de los setenta y dos (9:1-6; 10:1-16), debemos suponer que estos fueron acontecimientos separados. Pero quizá los doce eran parte de los setenta y dos; por tanto, las instrucciones dadas a los últimos también las recibieron los primeros. Aunque el v. 5a es históricamente específico acerca de que Jesús instruyó y envió a los doce, no señala el tiempo exacto de su ministerio en que esto se llevó a cabo. Ya hemos averiguado que al Mateo resumir el relato de la resurrección de la hija de Jairo, y omitir a los mensajeros, efectivamente se derrumba el primer enfoque de Jairo y la noticia de los mensajeros, con el resultado que se presenta a la hija como muerta un poco antes que los paralelos sinópticos (ver en 9:18-26). Del mismo modo, si Jesús dio instrucciones a los doce la primera vez que los envió, y más tarde fueron parte del envío de los setenta y dos, la omisión de lo último muy bien podría ser motivo suficiente para combinar elementos de los dos grupos de instrucciones. Tanto el v. 5a como el 11:1 todavía serían rigurosamente ciertos.

David Wenham («La tradición "Q"») iría más lejos. Wenham observa que 11:1 es el único final de un discurso en Mateo que omite «estas palabras», «estas parábolas» o similares, y se pregunta si la omisión pudiera ser una insinuación de que este segundo discurso, a diferencia de los demás, se podría tomar como una colección mateana de dichos de Jesús. Tal argumento del silencio parece un hilo remoto del cual cuelga mucho, al menos no porque, aparte de las palabras de apertura *kai egeneto* (lit., «y cuando», ver en 7:28-29, RVR), la fórmula quíntuple al final de cada discurso varía de modo considerable. Sin embargo, es difícil sencillamente descartar la posibilidad; y no es inverosímil la insinuación de que en Mateo se han plegado los dos envíos, aunque si no es demostrable.

Un cuidadoso estudio de los vv. 5-42 sugieren que el discurso está más unido de lo que a menudo se reconoce. Muchas de las supuestas discrepancias son rebuscadas. No existe conflicto, por ejemplo, entre la cosecha lista de 9:37-38 y la resistencia en 10:16-22 (contr. Morosco, *Redaction Criticism*, p. 325). «La sangre de los mártires es la semilla de la Iglesia» es un principio válido; y muchos grandes despertares, incluso los avivamientos de los campos blancos y el wesleyano, han mostrado de nuevo que la cosecha es más abundante cuando los obreros la recogen ante la humillación de la oposición. Si Mateo omite el relato de la partida y regreso de los doce (presente en Mr 6:12-13; Lc 9:6, 10), no puede significar que este no sabe de los sucesos o no cree que sucedieran; de otro modo 10:1, 5; 11:1 son incoherentes. Mateo está menos interesado en los detalles de muchos hechos que relata que en las palabras de Jesús; pero «menos interesado» no significa «no interesado», lo cual parece la disyunción favorita de muchos críticos de redacción.

Ciertamente los vv. 17-23 van más allá de la misión inmediata de los doce, y al menos de dos maneras los últimos versículos visualizan una misión a los gentiles, a diferencia de los vv. 5b-6, y la más severa oposición que alguna vez los doce enfrentaran durante el ministerio de Jesús. Sin embargo, estos temas no son nuevos; ya hemos hallado a Jesús prediciendo graves persecuciones (5:10-12 et al.), viendo un tiempo prolongado de testimonio al «mundo» (5:13-14; 7:13-14) después de su partida (9:15), y muchos gentiles participando en el banquete mesiánico (8:11-12). Por tanto, seguramente no es natural que Jesús trate este envío de los doce como un explícito itinerario de poca duración y un paradigma de la misión más larga que se extendió en los años por delante. Para lo último, los doce necesitan más instrucción además de la necesaria para el recorrido inmediato, lo cual deben ver en parte como un ejercicio en anticipación de algo más. En este sentido los doce se vuelven un paradigma para los demás discípulos en su testificación posterior a Pentecostés, un punto que Mateo comprende (cf. 28:18-20); y en este sentido intenta que Mateo 10 hable también a sus lectores.

El mismo hecho de que Mateo incluya tanto lo que es históricamente específico en el primer envío (e.g., restricción a judíos, ciertas ropas), como lo históricamente relevante solo a la Iglesia posterior a Pentecostés, apoya con firmeza la autenticidad de su material.

Si solo estuviera dirigiéndose a su propia comunidad, mucho del capítulo 10 sería irrelevante. Son sumamente especulativos los intentos de evitar esto imaginando una comunidad mateana dividida a favor de la misión gentil o contra ella (e.g., S. Brown, «The Two-fold Representation of the Mission in Matthew's Gospel», ST 31, 1977, 21-32). Tal teoría depende no solo de una lectura selectiva de los evangelios que juzga inauténtica toda evidencia que la refuta, sino también de un evangelista abismalmente incapaz de organizar sus fuentes como un todo coherente. No obstante, Schuyler Brown («Matthean Community», p. 194) escribe: «El hecho de que se pongan en labios de Jesús órdenes misioneras contradictorias es evidencia suficiente de que él mismo no tomó posición en este asunto, de una manera u otra, y esto no es sorprendente. Jesús dio por sentado que él y sus discípulos fueron enviados a Israel».

Las presuposiciones aquí son (1) que Jesús no visualiza una iglesia racialmente mezclada, y (2) que los evangelios se deben leer como documentos de la Iglesia que no distinguen entre la época de Jesús y la del escrito. El primer punto lo niegan repetidas veces los cuatro evangelios; el segundo se pone en duda dado ciertos pasajes explícitos «antes-después» (e.g., Jn 2:20-22) y temas o títulos (vea el excursus sobre 8:20). Jesús dice y hace muchas cosas en los evangelios antes de la Cruz y la Resurrección que se comprenden por completo solo después de esos acontecimientos. El verdadero contraste entre los vv. 5-16 y vv. 17-42 es salvación-histórico. Hay reconocimiento tácito de que las dos situaciones no son las mismas, pero la primera prepara para la segunda. Esta distinción se atribuye a Jesús, y por tanto confirma que este vio una comunidad continua que crecería bajo fuego. Además en todas partes hay evidencia de que Jesús estaba preparado para discutir ampliamente los acontecimientos separados dentro del mismo esquema si interiormente estaban conectados de algún modo (ver en caps. 24—25).

Si este segundo discurso es coherente, se debe dar alguna explicación de ciertas analogías aisladas en otras partes de los sinópticos. El análisis anterior (ver en caps. 5—7) es aun relevante: Jesús era un predicador itinerante que dijo las mismas cosas muchas veces en palabras similares; los evangelistas rara vez presentan *ipsissima verba* sino solo *ipsissima vox* (ver en 3:17); sus discursos son resúmenes muy sólidos alineados con sus propios intereses; no dudan en volver a arreglar el orden de presentación de algún material dentro de un razonamiento para hacer resaltar intereses temáticos. Pero el hecho triste es que hay unas pocas herramientas metodológicamente confiables para distinguir entre, digamos, dos formas de un aforismo, dos enunciaciones del mismo aforismo pronunciado en dos ocasiones, o un informe de tal aforismo repetido a menudo en varias formas pero conservado en la tradición en una forma (con seguridad no problemática si solamente la *ipsissima vox* es por lo general lo que está en juego).

Supongamos, por ejemplo, que David Wenham («The "Q" Tradition») esté esencialmente en lo cierto, y que la mayor parte de los vv. 5-42 viene de Q, concebida como una variedad de fuentes, orales y escritas, de las palabras de Jesús: ¿qué conclusiones históricas conllevan mucho de tal teoría? La sorprendente respuesta es «no mucho». Porque es posible que algunos dichos de Jesús, repetidos por él a menudo y en diversas ocasiones, fueran apuntados en una clase de amalgama que compendia su fundamento y luego usada por los evangelistas en distintos contextos y adaptada como correspondía. Esos contextos muy bien podrían incluir los entornos históricos en que se pronunciaron las enseñanzas. Eso sería fácil de creer si el apóstol Mateo en realidad compuso el primer evangelio (cf. Introducción, sección 5). La autoría no necesariamente afecta la autoridad de ningún libro del NT. Pero afecta la manera en que descendió la tradición, y limita la especulación más disparatada de la crítica de forma (cf. Introducción, sección 2).

Aunque la hipótesis Q de Wenham se podría desafiar en muchos puntos sobre la base de que sus razones se convierten en juicios debatibles, el punto principal es que la noción de que las fuentes de Q están detrás de los vv. 5-42 no descarta en sí la autenticidad o unidad de este discurso. Se podría mostrar una docena de variaciones para producir el mismo resultado equívoco. Los problemas surgen solo cuando las teorías que relacionan los factores contribuyentes (autores, fuentes, contexto, redacción, reconstrucción histórica de la vida de Jesús y de la iglesia primitiva) están tan alineadas que producen una síntesis que contradice muy innecesariamente el texto o parte de él. Esto es muy desafortunado cuando en realidad el texto es la única evidencia sólida que tenemos.

No es posible demostrar en un pequeño campo de acción los muchos factores que contribuyen a las diferentes decisiones de los eruditos en cada pasaje del discurso sobre la misión, y de cómo tales factores podrían, tomando la versión completa de la evidencia sólida, juntarse en tal manera que justifique la presentación de Mateo de este material como uno de los discursos a los doce. Aunque la exposición que sigue se enfoca en el significado del texto tal como está, se dan algunas sugerencias en cuanto a cómo los problemas históricos y de crítica de fuente difíciles se pueden explorar de modo más provechoso.

2. Comisión

10:5b-16

«No vayan entre los gentiles ni entren en ningún pueblo de los samaritanos. [6]Vayan más bien a las ovejas descarriadas del pueblo de Israel. [7]Dondequiera que vayan, prediquen este mensaje: "El reino de los cielos está cerca." [8]Sanen a los enfermos, resuciten a los muertos, limpien de su enfermedad a los que tienen lepra, expulsen a los demonios. Lo que ustedes recibieron gratis, denlo gratuitamente. [9]No lleven oro ni plata ni cobre en el cinturón, [10]ni bolsa para el camino, ni dos mudas de ropa, ni sandalias, ni bastón; porque el trabajador merece que se le dé su sustento.

[11]»En cualquier pueblo o aldea donde entren, busquen a alguien que merezca recibirlos, y quédense en su casa hasta que se vayan de ese lugar. [12]Al entrar, digan: "Paz a esta casa." [13]Si el hogar se lo merece, que la paz de ustedes reine en él; y si no, que la paz se vaya con ustedes. [14]Si alguno no los recibe bien ni escucha sus palabras, al salir de esa casa o de ese pueblo, sacúdanse el polvo de los pies. [15]Les aseguro que en el día del juicio el castigo para Sodoma y Gomorra será más tolerable que para ese pueblo. [16]Los envío como ovejas en medio de lobos. Por tanto, sean astutos como serpientes y sencillos como palomas.

5b-6 Jesús prohibió a los doce (v. 5b) que fueran «entre los gentiles» (cf. Notas) —presumiblemente hacia Tiro y Sidón en el norte de la Decápolis en el oriente— y que visitaran pueblos samaritanos en el sur. Debían permanecer en Galilea, ministrando al pueblo de Israel (v. 6). Los judíos despreciaban a los samaritanos, no solo porque conservaban un culto distinto (cf. Jn 4:20), sino también porque eran una raza mezclada, constituida en parte de los judíos más pobres que habían quedado en la tierra en la época de la deportación, y en parte de pueblos gentiles transportados al territorio y con los cuales los judíos remanentes se habían mezclado, sucumbiendo por tanto a algún sincretismo (cf. 2 R 17:24-28; cf. ISBE, 4:2673-74). Los doce debían restringirse a «las ovejas descarriadas del pueblo de Israel». Esta designación no se refiere a cierto sector de los judíos (según Stendahl, Peake, 683-84), puesto que en los antecedentes del AT (esp. Ez 34; ve en Mt 9:36; cf. Is 53:6; Jr 50:6) la expresión se refiere a todo el pueblo (Hill, *Mateo*).

¿Por qué esta restricción? En parte quizá se debía a consideraciones pragmáticas. Que Jesús sintiera necesario mencionar a los samaritanos en nada presupone Juan 4. Los discípulos, felices de ejercer su capacidad de realizar milagros, podrían haber estado tentados a evangelizar samaritanos porque les recordaban el éxito de Jesús allí. Sin embargo, juzgando por Lucas 9:52-56, aun estaban temperamentalmente mal preparados para ministrar a los samaritanos. Incluso después de Pentecostés, a pesar de una orden explícita del resucitado Señor (Hch 1:8), la Iglesia se acercó con vacilaciones hacia los samaritanos (Hch 8).

No obstante, la consideración más importante no era pragmática sino teológica. Jesús estaba en la conexión de la historia de la salvación donde como judío e Hijo de David vino en cumplimiento de la historia de su pueblo como su Rey y Redentor. Pero sus afirmaciones personales ofenderían a tantos en su propio pueblo que todos, menos un remanente fiel, lo rechazarían. ¿Por qué aumentar su oposición dedicando tiempo a ministrar a los gentiles? Su misión, como se predijo, era a todo el mundo en sus postremos propósitos (ver en 1:1; 2:1; 3:9-10; 4:15-16; 5:13-16; 8:1-13; 10:18; 21:43; 24:14; 28:16-20); y desde el primer momento había advertido que ser judío no esa suficiente. Pero su propio pueblo no se debe excluir porque tales amplias perspectivas pudieran resultar en ofensas prematuras. Por eso Jesús restringió principalmente su propio ministerio (15:24), aunque no de manera exclusiva (8:1-13; 15:21-39) a judíos. Él mismo había sido enviado como su Mesías. El pueblo mesiánico de Dios se desarrolló del remanente judío y se extendió para incluir a los gentiles. La restricción de los vv. 5-6, por tanto, depende de un entendimiento particular de la historia de la salvación (cf. Meier, *Law*, pp. 27-30), la cual a fin de cuentas nos remite a Jesús. Pablo entendió esto muy bien: tanto la salvación como el juicio eran primero para los judíos y luego para los gentiles (Ro 1:16); y esta convicción gobernó sus esfuerzos misioneros iniciales (e.g., Hch 13:5, 44-48; 14:1 et al.).

En cuanto a las teorías modernas del significado de los vv. 5-6, vea en v. 5a.

7-8 El contenido del mensaje de los discípulos se parecía al de 3:2; 4:17. El «arrepentimiento» no se menciona, pero se presupone. El reino esperado por mucho tiempo estaba lo suficientemente «cerca» (ver en 4:17) para ser atestiguado por milagros dirigidos contra demonios y enfermedades. La «autoridad» en el v. 1 no se puede limitar a la lista de poderes que allí se mencionan, porque aquí (v. 8) se añaden dos más: resucitar muertos (textualmente bien avalado, si no bastante confirmado) y limpiar leprosos (ver en 9:18-26; 8:1-4, respectivamente).

Jesús esperaba que los doce recibieran su sustento de aquellos a quienes ministraran (cf. vv. 9-13; 1 Co 9:14), pero estos debían comprender que lo que habían recibido —las buenas nuevas del Reino, la autoridad de Jesús, y esta comisión— lo recibieron «gratuitamente» (no «en gran generosidad» —aunque eso era verdad— sino gratis). De modo que sería materialismo cobrar a otros (NEB: «Has recibido sin que te cueste; da sin cobrar»; cf. *Didache* 11-13; *Pirke Aboth* 1:13). El peligro de especulación aun está entre nosotros (cf. Miq 3:11).

9-10 El imperativo *me ktesesdse* («no lleven», v. 9) tal vez significa «no procuren» (como en Hch 1:18; 8:20; 22:28). Incluso entonces la expresión más larga *me ktesesdse ... eis* («no lleven ... con una visión de [llenar sus cinturones]») podría significar «no acepten dinero [i.e., llenar de dinero su cinturón] para su ministerio» o «no pongan dinero en su cinturón cuando empiecen». La analogía en Marcos 6:9 obviamente significa lo último. Oro, plata y cobre se refiere a dinero o a suministro de metales que se podían cambiar por bienes o dinero.

Marcos permite «llevar» (*airo*) sandalias y un bastón (un apoyo para caminar) y prohíbe todo lo demás (6:8). El relato de Mateo prohíbe «conseguir» (*ktaomai*) aun sandalias o un bastón (v. 10). Podría ser que el relato de Marcos clarifica que los discípulos ya tienen ciertas cosas (manto, sandalias, bastón) y les prohíbe que se «consignan» algo más. Dos mantos (cf. en 5:40) podría parecer demasiado pero sería reconfortante al dormir. Los discípulos debían aprender el principio de que «el trabajador es digno de su sustento» (cf. 1 Co 9:14; 1 Ti 5:17-18) y de rechazar el lujo que llegaría de la noche a la mañana, obviando por tanto la necesidad de un segundo manto. Vea más análisis en Notas.

Lo que sí está claro es que los doce debían viajar sin cargas, confiando en la hospitalidad y la providencia de Dios. Los detalles aseguran que las instrucciones fueron solo para esa misión (cf. Lc 22:35-38), y confirman la conciencia de Mateo de la historicidad de esta parte del discurso.

11-15 Entrar en la casa de una persona «que merezca» (v. 11) sugiere que los discípulos no habrían de andar en busca de los hospedajes más cómodos. Tal vez en este lugar «merecer» no se refiere a una persona recta, honorable o religiosa, sino a alguien dispuesto y capaz de recibir a un apóstol de Jesús y el evangelio del Reino (cf. análisis en Bonnard), lo opuesto a «perros» y «cerdos» (7:6). Cuando los discípulos entraran a la casa «saludarían». Lucas (10:5) nos da las palabras textuales: «Paz a esta casa». Ni Mateo ni Lucas están presentando nociones de *shalóm* («paz»), aunque a los cristianos posteriores se les recordaría la paz que Jesús logró para ellos (Lc 24:36; Jn 14:27 et al.). En vez de que el saludo prepare para el v. 13: «Cuando usted entra en una casa» (NVI; la misma palabra que en el v. 12, quizá con el significado de «hogar»), saluda normalmente; pero si la casa resulta «no merecer» (como se define más abajo), contrario a lo que le han hecho creer, retire sus saludos de paz (v. 13); i.e., no se quede. Los doce eran emisarios de Jesús. Quienes los recibían, lo recibían a él (cf. v. 40). Los saludos de ellos eran de verdadero valor por su relación con él. Perderse su saludo era perder su presencia y por tanto perder a Jesús. El hogar de Potifar recibió bendición debido a la presencia de José (Gn 39:3-5). ¡Cuánto más esos hogares que acogieron a los apóstoles del Mesías!

Lo que era cierto para el hogar también se aplicaba al pueblo (v. 14). Un judío devoto, al dejar el territorio gentil, se podía quitar de los pies y la ropa el polvo de la tierra pagana que quedaba atrás (SBK, 1:571) para desvincularse de la contaminación de esas tierras y el juicio que les esperaba a ellas. Que los discípulos hicieran esto en hogares y pueblos judíos sería una manera simbólica de decir que los emisarios del Mesías veían ahora esos lugares como paganos, contaminados y dignos de castigo (cf. Hch 13:51; 18:6). Las acciones, aunque bien ofensivas, están de acuerdo con Mateo 8:11-12; 11:20-24. Sodoma y Gomorra enfrentaron catastrófica destrucción debido a su pecado (Gn 19) y se convirtieron en sinónimos de repugnante corrupción (Is 1:9; Mt 11:22-24; Lc 17:29; Ro 9:29; 2 P 2:6; Jud 7; cf. Jub 36:10). Aunque aun hay algo peor para ellas en el día del juicio, hay un juicio más horrible para quienes rechacen el mensaje y a los mensajeros del Mesías (cf. Heb 2:1-3).

De nuevo la afirmación cristológica, aunque implícita, es ambigua. Como en 7:21-23, Jesús insiste aquí en que el destino eterno de alguien gira alrededor de la relación con él o aun con sus emisarios. Al mismo tiempo, aun en este ministerio inicial, los apóstoles de Jesús debieron enfrentar la oposición, como lo hizo Jesús mismo, a quien rechazaron en Nazaret (13:53-58) y en Samaria (Lc 9:52-53), y no se le creyó en los pueblos de Galilea (11:20-24). Esa oposición inicial era indicio de los mayores sufrimientos que los esperaban (vv. 17 y sig.), y también alineaban a los discípulos con los profetas de antaño (5:10-12) y con Jesús mismo (10:24-25). Por eso los discípulos comenzaron a aprender que el avance del Reino era divisivo (vv. 34-35; cf. 2 Co 2:15-16), y los enfrentaría a violenta oposición (vea en 11:11-12).

16 La primera parte del v. 16 tiene una analogía cercana en Lucas 10:3, parte de la comisión de los setenta y dos. Debido a ser corto y aforístico, es imposible tener la certeza de cuántas veces lo dijo Jesús. Aquí vincula el pasaje anterior con las advertencias que siguen acerca de la persecución. El versículo va bien lo mismo con lo que vendrá como con lo que antecede.

Jesús imaginó a sus discípulos, indefensos por sí mismos, localizados en un entorno peligroso. Allí es donde él mismo los estaba enviando. El pastor en esta metáfora envía a sus ovejas a la manada de lobos (cf. 7:15; Jn 10:12; Hch 20:29). Por consiguiente, ellos deben ser *fronimoi* («astutos») como serpientes, lo cual en varias culturas del Cercano Oriente era proverbial para prudencia. Pero la prudencia puede fácilmente degenerar en astucia barata, a menos que vaya acompañada de simplicidad. Los discípulos debían probar no solo ser «astutos» sino *akeraioi* («sencillos»; usado en otras partes del NT solo en Ro 16:19; Flp 2:15). Pero la inocencia se convierte en ignorancia, aun ingenuidad, a menos que se combine con la prudencia.

La paloma no era un símbolo establecido. En Oseas 7:11 se presenta a la paloma como «torpe y sin entendimiento». En un midrash posterior aparece el contraste entre la serpiente y la paloma («Dios dijo a los israelitas: "Hacia mí son como palomas sinceras, pero hacia los gentiles son astutos como las serpientes"» [Cant. R. 2:14]). Pero este midrash no solo es posterior, sino que el contraste no es todo lo que Jesús tenía en mente. Sus seguidores debían ser, no prudentes hacia las personas y sencillos hacia Dios, sino prudentes y sencillos en su misión a las personas. En esta luz la imagen de la paloma se hace clara. Las palomas son retraídas pero no astutas; las atrapan fácilmente las aves depredadoras. Así los discípulos, en su misión como ovejas entre lobos, debían ser «astutos» para evitar conflictos y ataques hasta donde fuera posible; pero también debían ser «sencillos», i.e., no tan cautelosos, desconfiados y taimados que la circunspección degenere en miedo o en esquivez. El equilibrio es difícil, pero no poco de la enseñanza de Jesús combina tales polos de significado (ver en 7:1-6).

Notas

5   La prohibición εἰς ὁδὸν ἐθνῶν ἀπέλθητε (*eis jódon edsnón apéldsete*) literalmente significa «no se vayan en caminos de gentiles»; i.e., no vayan en dirección de (aram. לארח *leoráj*) los gentiles. «No tomen el camino hacia las tierras gentiles» (NEB).

9-10   Aunque la distinción entre κτάομαι (*ktáomai*, «consigan») y αἴρω (*airo*, «lleven») podría servir en Mateo y Marcos, no sirve en Lucas, quien usa *airo* (como en Marcos) pero prohíbe un bastón en 9:3 y sandalias en 10:4. Esto sugiere a Marshall (*Luke*, pp. 352 y sig.) que Mateo y Lucas dependen de Q, a diferencia de Marcos. Eso es posible. Pero invita la duda el hecho de que el verbo de Lucas (*airo*) sea el mismo de Marcos. Se han propuesto muchas soluciones, ninguna muy convincente (cf. E. Power, «The Staff of the Apostles: A Problem in Gospel Harmony», *Biblica*, 4, 1923, 241-66; Lagrange; Schniewind; Lane, pp. 207 y sig.). Quizá lo más simple es que Lucas no haya cambiado a Marcos, sino que en ambos pasajes (Lc 9:3; 10:4) saca de Q, como Mateo; pero en 9:3 Lucas cambia *ktaomai* («consigo») a *airo* («llevo»), lo cual tiene un alcance semántico suficiente para querer decir lo primero, y en 10:4 cambia *ktaomai* a βαστάζω (*bastazo*, «lleven», «porten»), la última palabra quizá sugiere cargar algún equipaje: no «cartera» («dinero»), no «bolsa» («equipaje»), y no «sandalias» (ningunas). Esta sugerencia se apoya en el hecho de que los dos verbos en Lucas y en Mateo son imperativos, a diferencia de la construcción subordinada y modo subjuntivo de Marcos. En otras palabras, Mateo y Lucas no solo concuerdan en lo que está permitido sino también en la construcción gramatical. El único acuerdo de Lucas con Marcos está en uno de sus dos verbos.

16   El pronombre ἐγώ (*egó*, «yo») refleja un paralelo semítico que no es enfático, como ἰδοὺ ἐγώ (*idoú egó*, lit., «contemplo») refleja una analogía semítica que no es enfática (cf. Turner, *Sintaxis*, p. 38).

3. *Advertencias de sufrimientos futuros* (10:17-25)

a. *La ayuda del Espíritu*

10:17-20

> ¹⁷»Tengan cuidado con la gente; los entregarán a los tribunales y los azotarán en las sinagogas. ¹⁸Por mi causa los llevarán ante gobernadores y reyes

para dar testimonio a ellos y a los gentiles. ¹⁹Pero cuando los arresten, no se preocupen por lo que van a decir o cómo van a decirlo. En ese momento se les dará lo que han de decir, ²⁰porque no serán ustedes los que hablen, sino que el Espíritu de su Padre hablará por medio de ustedes.

Hay analogías en los vv. 17-25 tanto con 24:9, 13 como con Lucas 6:40; 12:11-12; 21-12. A pesar de que se ha afirmado con frecuencia, es dudoso que Mateo simplemente haya sacado algún material del Sermón del Monte (ver en 10:5a). Pero podría haber dependencia importante en Q (cf. D. Wenham, «La tradición Q»). Es demostrable que el lenguaje es palestino. Aunque Mateo aplica algunos de estos asuntos a sus propios lectores (cf. Hare, pp. 96-114), no hay razón para dudar de la autenticidad de estas advertencias. Lo que esto significa es que Jesús previó un tiempo extendido de testimonio en medio de la persecución; en resumen, una Iglesia que atestigua y sufre.

17 Los hombres que entregarán a los discípulos deben ser judíos, pues el contexto es la sinagoga; y por tanto la persecución prevista aquí es persecución judía de cristianos (a diferencia del v. 18) Los *sunedria* («concilios locales», pl. solo aquí en el NT), que podían ser civiles o religiosos, estaban encargados de preservar la paz. Que se hable de azotar en cuanto al castigo, en vez del término más amplio «golpear», quiere decir que la oposición no es ataque en grupo sino consecuencia de acción judicial (Hare, p. 104). Además Jesús está previendo una época antes de que se haya realizado la absoluta separación de la Iglesia y la Sinagoga, porque los azotes en la sinagoga (cf. 23:34; Mr 13:9; Hch 22:19; cf. 2 Co 11:24-25) se infligían más fácilmente a los miembros de esta. En un período posterior los adoradores a veces cantaban un salmo mientras se daban los azotes. Pero aquí no hay evidencia de que esta fuera una práctica en la época del NT. En cualquier caso se nos recuerda la lentitud con que los judíos cristianos se retiraron de la adoración judía más amplia en el período posterior a Pentecostés.

La referencia a «sus» sinagogas (NVI, RVR) a menudo se interpreta como un anacronismo, y refleja la polaridad Iglesia-Sinagoga (ver en 4:23; 7:29; 9:35; 11:1; 12:9; 13:54). Por lo general la palabra «sus» es explícitamente de Mateo, pero aquí la pone en boca de Jesús. Esto podría sugerir modificación al redactar. Es significativo, sin embargo, que los profetas del AT al hablar por Dios usaban comúnmente «sus» y «ellos» cuando se referían al Israel apóstata. Aquí es muy probable que el trasfondo del AT explique el uso. Además, puesto que Mateo resalta mucho el que la mayoría de los judíos no recibieran a su Mesías, es probable que el AT haya afectado su expresión en otras partes. Seguramente los lectores cristianos, entendiendo que son los recipientes de la revelación que la mayoría de judíos habían rechazado, verían el «sus» dentro de su contexto polarizado. No obstante, el término mismo no es prueba de anacronismo, a menos que fuera similarmente anacrónico en su trasfondo del AT, lo cual es absurdo. En realidad, si este trasfondo del AT es determinante, entonces tanto Jesús como Mateo hablaron de modo consciente de Israel desde la perspectiva de una posición reveladora divina que advertía a Israel contra la apostasía, un tema que se clarifica en otras partes (e.g., 8:11-12).

18 Así como el testimonio se extendería a algún tiempo futuro más allá de Galilea y la raza judía, también la oposición: «gobernadores» (*jegemonas*, dirigentes y magistrados en varios niveles) y «reyes» clarifica esto. Como en 8:4 y 24:14, el «testimonio» no es contra el pueblo sino a ellos; este se convierte en el medio por el cual ellos aceptan la verdad o, al rechazarla, reciben condenación. Los discípulos serían acosados y perseguidos, no debido a quiénes son sino a quién es Cristo (ver en 5:10-12). Por causa de Jesús, su testimonio se extendería a «a ellos y a los gentiles»... quizá no una referencia a «judíos [o magistrados judíos], sino a gobernadores, reyes y a [otros] gentiles». Las coincidencias entre los elementos emparejados no son poco comunes en tales construcciones (e.g., Mr 16:7; gr. de Hch 5:29; 9:16; cf. Hare, pp. 108-9).

19-20 Es dudosa la traducción de *paradidomi* (lit., «los entrego», igual que en el v. 17) como «arresten» (v. 19). El sujeto es ambiguo: «personas», «oponentes» o «líderes judíos» podrían estar «entregando» los discípulos a las autoridades gentiles. Esto ocurrió después a Pablo y a otros cristianos, quienes al principio dieron testimonio de su fe con relativa impunidad bajo las leyes romanas que concedían exenciones del emperador a la adoración judía, pero cayeron víctimas de la creciente ira romana a medida que los judíos negaban cada vez más cualquier vínculo entre ellos y los cristianos.

Enfrentar un alto funcionario romano era más aterrador para los creyentes judíos que enfrentar un consejo de la sinagoga. A los funcionarios importantes, aunque odiados, se les concedía mayor respeto que en las democracias modernas; y usaban oradores defensores profesionales en asuntos legales (e.g., Tértulo, Hch 24:1). Pero si Jesús advirtió a sus discípulos de peligros, también les prometió ayuda: El Espíritu hablaría a través de ellos cuando llegara el tiempo; por tanto no deberían preocuparse por su respuesta. Esta promesa no es una concesión a los predicadores perezosos ni un equivalente a las promesas hechas a los doce en el discurso de despedida (Jn 14—16) de que el Espíritu les haría recordar todo lo que habían oído de Jesús (Jn 14:16, 26). Es una promesa para los creyentes que han sido llevados ante los tribunales debido a su testimonio. La ayuda prometida no supone una separación absoluta entre «ustedes» y el «Espíritu» (v. 20), porque la separación semítica casi nunca es absoluta (e.g., Gn 45:8; Éx 16:8; cf. Zerwick, par. 445). La historia de los mártires cristianos está salpicada del cumplimiento de esta promesa.

A diferencia de Lucas, Mateo no menciona a menudo el Espíritu. Sin embargo, de otros pasajes en su evangelio se deduce que asocia al Espíritu con la dramática venida del Reino (3:11; 12:28, 31) y el testimonio de la Iglesia (28:18-20). Ese mismo Espíritu, «el Espíritu de su Padre», daría a los discípulos la ayuda que necesitaban bajo persecución al comparecer ante funcionarios hostiles.

b. *Resistencia*

10:21-23

²¹»El hermano entregará a la muerte al hermano, y el padre al hijo. Los hijos se rebelarán contra sus padres y harán que los maten. ²²Por causa de mi nombre todo el mundo los odiará, pero el que se mantenga firme hasta el fin será salvo. ²³Cuando los persigan en una ciudad, huyan a otra. Les aseguro que no

terminarán de recorrer las ciudades de Israel antes de que venga el Hijo del hombre.

21-22 Como si no fuera suficiente para los discípulos de Jesús tener la oposición de la burocracia judía y gentil, serán perseguidos y traicionados por sus propios familiares (v. 21; vea más en los vv. 34-39). El tema de las divisiones entre las personas como señal del fin no es desconocido en la literatura apocalíptica judía (4 Esd 5:9; Jub 23:19; 2 Bar 70:3, aunque ninguna de estas refleja explícitamente divisiones familiares). Aquí la alusión es a Miqueas 7:6, citado en los vv. 35-36. «Todo el mundo» (v. 22) no significa «todo el mundo sin excepción», porque entonces no habría convertidos, sino «todo el mundo sin distinción»: todos los hombres sin distinción de raza, color o credo. Que las buenas nuevas del Reino de Dios y su justicia deberían provocar tan intensa y extendida hostilidad es un triste comentario sobre «todo el mundo». El odio estalla, dice Jesús, *dia to onoma mou* (lit., «por causa de mi nombre»), sea por llevar el nombre de «cristiano» (cf. 1 P 4:14) o, menos anacrónico y más probable, «a causa de mí» (ver en 5:10-12).

Quien «se mantenga firme» —el verbo *jupomeno* no significa tanto resistencia activa como aguantar con paciencia (cf. LXX Dn 12:12; Mr 13:13; Ro 12:12; 1 P 2:20)— será salvo; pero se debe mantener firme *eis telos* («hasta el fin»). Aunque esta expresión sin artículo se puede tomar de modo adverbial como «sin romperse», en su ambigua intención es mucho más probable que quiera decir «hasta el fin de la vida de alguien» o, debido a la frecuente asociación de *telos* («fin») y similares con el final escatológico, «hasta el fin de los tiempos». Con esto no decimos que solamente los mártires serán salvos; sino que si la oposición que enfrenta uno de los discípulos de Jesús exige el sacrificio de su vida misma, el compromiso hacia Cristo debe ser tan firme que el sacrificio se hace de buena gana. De otro modo no hay salvación. Por tanto, desde las primeras épocas a los cristianos los han crucificado, quemado, atravesado a espada, ahogado, privado de alimento, torturado... por ninguna otra razón que pertenecer a Cristo. Como con los mártires entre el pueblo de Dios antes de la venida de Cristo, tampoco ahora el mundo merece gente así (Heb 11:38).

23 Este versículo está entre los más difíciles en el canon del NT. Las variantes textuales (cf. Metzger, *Textual Commentary*, p. 28) son complejas, pero afectan poco los principales asuntos de interpretación.

1. Algunos han entendido la venida del Hijo del hombre para referirse a una venida del Jesús histórico tras la misión de los doce como en la misión de los setenta y dos (Lc 10:1). Por tanto el centro de atención se ha vuelto a la comisión inmediata (vv. 5b-16). Jesús está diciendo a los doce que «huyan», porque no habrán visitado las ciudades de Israel antes que él «venga» a ellos; i.e., que los alcance. Esta opinión la ha defendido con elegancia J. Dupont («"Vous n'aurez pas achevé les villes d'Israël..." [Mat. X[23]]», NovTest 2, 1958, 228-44), quien señala que en otros lugares Mateo puede llevar el título «Hijo del hombre» hacia atrás (de 16:21 a 16:13) a una nueva ubicación donde equivale no más que a un «yo» (suponiendo que su fuente es Mr 8:27, 31). Dupont sugiere que 10:23 en la fuente de Mateo fue leída después de 10:5-6, lo cual confirmaría su interpretación. Este punto de

vista en consecuencia encuentra en parte una fuente común para Mateo 10:23 y Lucas 10:1 —se presume una tradición Q— y esta posibilidad se ha fortalecido de algún modo por los argumentos de crítica de fuente de H. Schürmann («Zur Traditions- und Redaktionsgeschichte von Mt 10, 23», *Biblische Zeitschrift* 3, 1959, 82-88) y David Wenham («La tradición "Q"»), quien intentó mostrar que el v. 23 proviene de Q. Los argumentos no son convincentes; en el caso de Wenham dependen de la aseveración de que el v. 23 es difícil debido a que es inexacta la analogía literaria con los vv. 19-20 (el v. 23 usa el verbo «perseguir» en vez del verbo «entregar»). Pero no está del todo claro por qué Mateo utilizó el mismo verbo: el mayor paralelismo semítico depende de pequeños cambios verbales.

David Wenham («La tradición "Q"») sostiene que el v. 23 «parece algo de último minuto en su presente posición siguiendo al culminante "el que se mantenga firme hasta el fin será salvo"». Sin embargo, el v. 23 solo es anticulminante si la venida del Hijo del hombre se refiere exclusivamente al ministerio continuado de Jesús. Si más bien Jesús en el v. 22 está encareciendo perseverancia entre los testigos que sufren, en clara referencia a un ambiente posterior a Pentecostés, entonces la persecución en el v. 23 se debería interpretar de modo similar. La perseverancia hasta el fin de los discípulos no significa huir sino ir de ciudad en ciudad hasta que el Hijo del hombre llegara. A esta luz el v. 23 es aun difícil pero con seguridad no anticulminante. En realidad, esta primera interpretación no alcanza a resolver dos obstáculos importantes. No explica bien por qué Mateo tuvo que mover un dicho comprensible de una posición que sigue a los vv. 5-6 (o incluso el v. 14) y ponerlo aquí, donde (debemos suponer de forma poco convincente) el versículo no tiene nada que ver con su contexto inmediato. Además, el territorio geográfico que se debe cubrir (ver en 4:23-25) abarca tantos pueblos y aldeas que, bajo esta interpretación, el urgente llamado a apresurarse parece tonto; y Lucas 1:1, el supuesto paralelo, no habla de ministrar a todas las ciudades de Israel sino solo a los pueblos a los cuales Jesús estaba a punto de ir. Por sobre todo, no hay evidencia en ningún evangelio de que los doce fueran perseguidos activamente durante su primera misión, y solo en alguna ocasión rechazados (como en los vv. 11-15).

2. Algunos toman «la venida del Hijo del hombre» para referirse a la identificación pública de Jesús como el Mesías, presumiblemente en la Resurrección o poco después. Esto no sólo sería un uso extraño de la expresión, sino que la interpretación no habla de que los discípulos fueron perseguidos en esa época, ni cómo podría haber alguna urgencia en tal fecha límite. Los comentaristas más antiguos siguen una línea similar, y cambian la venida del Espíritu (Jn 14:23) por la Resurrección (e.g., Crisóstomo, Calvino, Beza). Pero hemos observado que el Espíritu no es un tema importante en Mateo (vea en v. 20); y en ningún caso del NT el Hijo del hombre está completamente identificado con él. Una mejor modificación de este punto de vista la ofrecen Stonehouse (*Witness of Matthew*, pp. 139 y sig.) y Gaechter (*Matthäus*), quienes sostienen que esta es la menor irrupción del Reino en los acontecimientos subsiguientes a Pentecostés... el significado más probable de 16:28 (más abajo). Pero en el v. 23 esta interpretación no toma en cuenta la urgencia. Casi podríamos exponer los argumentos para retardar el testimonio hasta tal irrupción.

3. Otros toman el versículo para referirse a la segunda venida, equivalente a 24:30; 25:31; 26:64. Aunque algunos discutirían el punto (ver en Mt 24—25), el lenguaje de la venida del Hijo del hombre calza más fácilmente en esta interpretación. El problema entonces está en las palabras «de Israel», tan difíciles en esta interpretación que erróneamente las omiten B (alejandrino) y D (occidental). Se apela a varios expedientes para disminuir el problema: «Israel» es un símbolo para el mundo o la Iglesia, o hay alguna clase de doble cumplimiento (sobre lo último, cf. Hendriksen, quien habla de «abreviaciones proféticas»; y A. Feuillet, «Les origines et la signification de Mt 10, 23b», CBQ 23, 1961, 197 y sig.; aunque el artículo como un todo, pp. 182-90, apoya 7 más abajo). Que «Israel» representa la Iglesia o el mundo es casi imposible en el contexto de la teología de Mateo, y que haya alguna clase de doble cumplimiento no es mucho más que una apelación subrepticia para una doble incoherencia: en el primer cumplimiento permanecen las dificultades de 1, y en el segundo las palabras problemáticas «de Israel» todavía no están explícitas. Cualquier cosa que se piense en cuanto a múltiple cumplimiento en las Escrituras, este no un caso claro. Bonnard ve una referencia a la Segunda Venida de Jesús en el v. 23b, pero no ve urgencia. El versículo simplemente insiste en todas las posibilidades de testimonio dado en Israel hasta el fin, y liga íntimamente a Israel con ese fin (como en Ro 11:25). Esta opinión tiene sus atractivos. Sin embargo, no se puede desechar muy fácilmente la nota de urgencia que vincula las partes a y b del v. 23. Gundry tiene una visión similar, y también sostiene que el versículo es preparado y por tanto no auténtico.

4. A principios del siglo pasado, Schweitzer (pp. 358 y sig.) utilizó este texto para desarrollar su «escatología exhaustiva». Analizó que el v. 23 muestra que Jesús creía que el final de los tiempos se llevaría a cabo tan pronto que no esperaba ver regresar a los discípulos antes de que llegara el fin. Jesús estaba equivocado, por supuesto, y en consecuencia debía reajustar su propia teología. Este fue el primer «retraso de la Parusía». Por desgracia Jesús también se equivocó al esperar que Dios lo exonerara antes de morir. Por tanto la Iglesia se vio obligada a ajustar su teología para acomodar estos errores; y solo algunas señales de las primeras enseñanzas de Jesús, como este pasaje, aun aparecen inequívocamente en el texto. Esta opinión la critica muy bien Kümmel (*Jesús Promise*, pp. 61 y sig.).

5. Una combinación de los dos últimos puntos de vista la apoyan ahora varios eruditos (e.g., Fenton, Hill) quienes creen que el v. 23b se refiere a la Segunda Venida, y que Jesús la esperaba en una generación o algo así (ver también en 24:34; Hill especifica cuarenta o cincuenta años). Pero hay tantas insinuaciones de un retraso mayor antes de la segunda venida (e.g., 13:24-33; 18:15-35; 19:28; 21:43; 23:32, 39 et al.; cf. Maier) que con esta interpretación parece haberse ganado poco, y perdido mucho.

6. Los dispensacionalistas se inclinan a ver el v. 23b como una referencia a la Segunda Venida que «toma la actual era de la Iglesia como un paréntesis no tomado en cuenta en esta profecía» (Walvoord; cf. A.C. Gaebelein). Independientemente de lo correcto o no de la estructura teológica presupuesta por esta interpretación, separa el v. 23 de su contexto (si los vv. 16-22 se refieren a la experiencia *cristiana* posterior a Pentecostés, como dice Walvoord) o separa los vv. 16-23 de su contexto (si los versículos no se aplican a algunos de los discípulos de Jesús sino a los creyentes que vivan durante la Tribulación después de que la Iglesia haya sido arrebatada). No existe

base exegética para separación alguna; y la una y la otra hubieran sido incomprensibles, no solo para los oyentes de Jesús sino también para los primeros lectores del Evangelio de Mateo.

7. La «venida del Hijo del hombre» se refiere aquí a su venida a castigar a los judíos, la que culminó con el saqueo de Jerusalén y la destrucción del Templo (según France, *Jesus*, p. 140; Feuillet, «Les origines», pp. 182-98; Moule, *Birth*, p. 90; J.A.T. Robinson, *Jesus and His Coming*, SCM, 1957, pp. 80, 91-92; y otros). Calvino cree forzada esta interpretación, Hill cree que es improbable. En realidad se pueden exponer poderosos argumentos a favor. La venida del Hijo del hombre se refiere al mismo suceso que la venida del Reino, aunque las dos expresiones son conceptualmente complementarias. Así que la venida del Hijo del hombre implanta el reino consumado (ver en 24:30-31; 25:31). Pero el Reino, como hemos visto, viene en etapas (ver en 4:17; 12:28). En cierto sentido Jesús nació como rey (ver en 2:2); en otro tiene toda autoridad como resultado de su Pasión y Resurrección (28:18); y aun en otro su reino es postrero. Mezcladas con este tema de la venida del Reino están las reiteradas advertencias de Jesús a los judíos, relacionadas con el desastre al que se están exponiendo al no reconocerlo y recibirlo (cf. esp. Feuillet). En esto se coloca por sobre los profetas del AT; pero sus advertencias son inigualables porque él mismo es el juez escatológico, y porque el reino mesiánico llega ahora en bendiciones y en ira (8:11-12; 21:31-32).

Contra este trasfondo, la venida del Hijo del hombre en el v. 23 marca esa etapa en la venida del Reino en que el juicio profetizado una y otra vez cae sobre los judíos. Con él desaparecen los cultos en el Templo, y el nuevo vino necesita nuevos odres (ver en 9:16-17). La era del Reino viene por su cuenta, precisamente porque ahora desaparecen muchos de los anuncios estructurados del AT, ligados con los cultos y la nación (ver en 5:17-48). El Hijo del hombre viene.

Por sobre todo, el v. 23 toma sentido contextual en esta interpretación. La conexión no es solo con el v. 22 sino con los vv. 17-22, que describen a los testigos sufrientes de la Iglesia en el período posterior a Pentecostés *durante un tiempo en que muchos discípulos de Jesús aun estaban vinculados con la sinagoga*. En esa época, Jesús dice en el v. 23, sus discípulos no deben usar la oposición para justificar ni el abandono ni las bravuconadas. ¡Todo lo contrario! Cuando enfrenten persecución, no la deben tomar sino como una señal para retirarse de modo estratégico a la próxima ciudad (W. Barclay, *The Gospel of Matthew*, 2 vols., Westminster, Filadelfia, 1975, 1:378-80), donde deben continuar la proclamación porque el tiempo es corto. No habrán terminado de evangelizar las ciudades de Israel antes de que el Hijo del hombre venga a castigar a Israel.

Interpretadas de esta manera, las palabras del v. 23 del Hijo del hombre pertenecen a la categoría escatológica (vea el excursus sobre 8:20), pero la escatología se ha llevado a cabo de algún modo. La fortaleza de esta interpretación se diluye a veces al aplicarla sin cambios a 16:28; 24:31 (como France, *Jesus*). En realidad hay diferencias importantes que refutan la opinión de que todos estos textos se refieren a la caída de Jerusalén en el año 70 d.C. Sin embargo, confirman la opinión de que «la venida del Hijo del hombre» tiene en Mateo el mismo rico campo semántico que «la venida del Reino» (ver en 6:10; 12:28).

c. Inspiración

10:24-25

> ²⁴»El discípulo no es superior a su maestro, ni el siervo superior a su amo. ²⁵Basta con que el discípulo sea como su maestro, y el siervo como su amo. Si al jefe de la casa lo han llamado Beelzebú, ¡cuánto más a los de su familia!

24-25 Las dos breves analogías en los vv. 24-25a se dan en varias formas en otras partes del NT (Lc 6:40; Jn 13:16; 15:20) y en la literatura judía (b *Berakoth* 58b); y como muchos buenos proverbios, los predicadores capaces los pueden aplicar de forma diversa. Aquí Jesús impide que sus discípulos se sorprendan cuando sufran persecución. Si lo siguen, no deberían esperar menos. La afirmación revela algo de la percepción de Jesús de la naturaleza de su ministerio y de la manera en que el «evangelio del Reino» avanzará en el mundo.

Quienes niegan la autenticidad de los vv. 24-25a, y de otros pasajes en que Jesús habla implícitamente de sus sufrimientos, no lo hacen basados en evidencia literaria sino en decisiones a priori acerca de lo que Jesús pudo y no pudo haber sabido.

El insulto «Beelzebú» (o, para conservar la mejor ortografía, *Beelzeboul*) tiene dudoso origen. En el NT el término aparece solo aquí y en 12:24, 27; Marcos 3:22; Lucas 11:15, 18-19. Pudo haber venido del hebreo del AT *baalzebub* («señor de las moscas»), una parodia de *baal zebul* («príncipe Baal»), una deidad pagana (2 R 1:2-3, 16). Pero en ese caso uno se pregunta por qué la sílaba final se ha cambiado en el griego del NT a *boul*. Otras derivaciones incluyen un burlón «señor del estiércol» y «señor de las alturas» (cielo). Una de las mejores sugerencias es la de E.C.B. MacLaurin («Beelzeboul», NovTest 20, 1978, 156-60), quien muestra que muy bien se le podría reconocer en el NT como una traducción sencilla de *oikodespotes* («cabeza de la casa», NVI). Beelzeboul se reconoce en el NT como el príncipe de los demonios y se le identifica con Satanás (12:24-27; Mr 3:22-26; Lc 11:18-19). Por tanto, a la verdadera cabeza del hogar, Jesús, quien dirige la casa de Dios, se le confunde de modo intencional con la cabeza de la casa de los demonios. La acusación es increíblemente vil: ¡El Mesías mismo rechazado como Satanás! Si así es, ¿cómo sus discípulos podrían esperar menos?

El evangelista no ha construido este versículo de pedazos de 12:22-32, como si la acusación fuera dirigida solo una vez a Jesús. Al contrario, 9:34 sugiere que era un comentario frecuente.

4. Exhortación a no temer (10:26-31)

a. Surgimiento de la verdad

10:26-27

> ²⁶»Así que no les tengan miedo; porque no hay nada encubierto que no llegue a revelarse, ni nada escondido que no llegue a conocerse. ²⁷Lo que les

> digo en la oscuridad, díganlo ustedes a plena luz; lo que se les susurra al oído, proclámenlo desde las azoteas.

Probablemente los vv. 26-27 también son de transición como el v. 16. Al considerar cómo los discípulos deben esperar persecución y oprobio se hace necesario decir algo acerca de cómo manejar el temor (vv. 26-31), y de los elevados estándares de discipulado que tal perspectiva presupone. Hay frases similares en varias partes (cf. Lc 12:2-9; vea también Mr 4:22; 8:38; Lc 9:26; 21:18). Sin embargo, no hay un patrón de fuente fácil (cf. Hill); y la mayoría de los dichos individuales son breves, de fácil memorización, y utilizables vez tras vez.

26-27 «Les» se refiere a los perseguidores (v. 23). El término puente *oun* («así») tal vez simplemente inicia una exhortación basada en lo anterior (Bonnard), o podría ofrecer una conexión más ajustada: en vista de un maestro que sufre delante de sus discípulos, no deben temer. La verdad debe surgir; el evangelio y su obra en los discípulos quizá ahora no sea visible para todos, pero nada permanecerá oculto para siempre. Y si la verdad emergerá al final, cuán sabio es declararla ahora por completo y con valor. Las azoteas planas de las casas palestinas proveían excelentes lugares para oradores (cf. Jos. Guerra II, 611, xxi. 5). En un sentido los apóstoles tendrían un ministerio más público que Jesús. Él les dijo cosas en privado, algunas de las cuales ellos ni siquiera entendieron hasta la Resurrección (vea el excursus sobre 8:20; cf. Jn 14:26; 16:12-15). No obstante, ellos debían enseñarlas total y públicamente.

b. *La muerte no es el fin*

10:28

> [28]No teman a los que matan el cuerpo pero no pueden matar el alma. Teman más bien al que puede destruir alma y cuerpo en el infierno.

28 La segunda razón de aprender a no temer a los hombres surge del hecho de que lo peor que pueden hacer no corresponde con lo peor que Dios puede hacer. Aunque Satanás quizá tenga gran poder (6:13; 24:22), solo Dios puede destruir alma y cuerpo en el infierno. Por tanto, «el comienzo de la sabiduría es el temor del SEÑOR» (Pr 9:10); porque si se le teme de veras a Dios, no se necesita más. Temer a los hombres resulta ser una trampa (Pr 29:25). El mismo pensamiento se encuentra en la literatura judía extracanónica (e.g., Sab Sal 16:13-14; 2 Mac 6:26; 4 Mac 13:14-15).

En cuanto a «infierno», vea en 5:22. La fuerza de *psujé* («alma») en el NT está íntimamente relacionada con *nepes* («alma») y *leb* («corazón», «hombre interior») en el AT (para un análisis completo, cf. DNTT, 3:676-89). La idea no tanto es de una parte ontológica totalmente distinta del cuerpo, sino del hombre interior destinado a salvación o condenación (cf. 1 P 1:9; 2:11, 25; 4:19). Inevitable en este contexto es el pensamiento de que el infierno es un lugar de tormento para el individuo integral: habrá una resurrección tanto de los injustos como de los justos.

c. *Providencia continua*

10:29-31

> ²⁹¿No se venden dos gorriones por una monedita? Sin embargo, ni uno de ellos caerá a tierra sin que lo permita el Padre; ³⁰y él les tiene contados a ustedes aun los cabellos de la cabeza. ³¹Así que no tengan miedo; ustedes valen más que muchos gorriones.

29-31 La tercera razón de no tener miedo está en un fuerte argumento: Si la providencia divina es tan completa que ni siquiera un gorrión cae del cielo sin que sea la voluntad de Dios, ¿no se puede confiar en que ese mismo Dios extienda su providencia sobre los discípulos de Jesús? El gorrión era usado como alimento por la gente muy pobre. Dos se podían vender por «una monedita» (sexta parte de un denario, que era aproximadamente el salario de un día; cf. Deiss LAE, pp. 272-75). «El Padre» añade un toque estimulante: este Dios de toda providencia es el Padre de los discípulos. La soberanía de Dios no se limita solo a asuntos de vida y muerte; hasta los cabellos de nuestras cabezas están contados. El tercer razonamiento de Jesús contra el temor es por tanto lo opuesto a lo que por lo general se dice. Las personas dicen que Dios se encarga de las cosas grandes, y no de los pequeños detalles. Sin embargo, Jesús dice que la soberanía de Dios sobre los detalles más pequeños debería darnos confianza de que también supervisa asuntos más grandes.

5. *Características del discipulado* (10:32-39)

a. *Reconocer a Jesús*

10:32-33

> ³²»A cualquiera que me reconozca delante de los demás, yo también lo reconoceré delante de mi Padre que está en el cielo. ³³Pero a cualquiera que me desconozca delante de los demás, yo también lo desconoceré delante de mi Padre que está en el cielo.

32-33 Muchos suponen que aquí Mateo reescribe Marcos 8:38, que está dirigido a la multitud (cf. también Lc 12:8-9). Pero las palabras de Marcos tienen una estructura que ha llevado a mucho del debate sobre el asunto del «Hijo del hombre».

A cualquiera que me confiese...
El Hijo del hombre lo reconocerá...
A cualquiera que me desconozca (o se avergüence de)...
El Hijo del hombre lo desconocerá (o se avergonzará de)...

Esta analogía ABAB ha inducido a muchos, especialmente desde Bultmann (*Synoptic Tradition*, pp. 112, 128), a sostener que el Jesús histórico distinguió al Hijo del hombre de sí mismo (cf. exposición sobre 8:20), y que la versión de Mateo, al eliminar los elementos «Hijo del hombre» y sustituir el pronombre personal de primera persona, ha identificado a Jesús con el Hijo del hombre. La explicación de Hooker (*Son of Man*, pp. 120-21, 189) es generalmente satisfactoria. Las cláusulas «yo» en Marcos presentan a Jesús hablando a quienes piensan seguirlo en su vida terrenal; las cláusulas el «Hijo del hombre» representan a Jesús en el futuro, y en este punto algunas de sus afirmaciones aun están veladas. Es difícil ver cómo Jesús pudo haber proclamado otro Hijo del hombre y aun dejar espacio para sí mismo. Él en otras partes identifica explícitamente lo uno y lo otro (Mr 14:61-62). Pero podríamos llevar el razonamiento de Hooker un paso más adelante. Es obvio que los vv. 32-33 no están dirigidos a multitudes indiscriminadas sino a los doce. La razón de la claridad de la forma de los dichos de Mateo podría girar en torno, no a un desarrollo en la teología de la Iglesia, sino a la distinción en la audiencia. Esta fue una de las cosas que Jesús dijo claramente a sus discípulos en secreto, y que ellos algún día gritarían desde las azoteas de las casas (v. 27).

Aunque dirigidos a los doce (vv. 1-5), como mucho de los vv. 17-41, estos dichos miran en general más allá de los apóstoles a los discípulos. El punto lo clarifica «cualquiera» (v. 32). Un criterio necesario para ser discípulo de Jesús es reconocerlo públicamente (cf. Ro 1:16; 10:9). Esto variará de creyente en creyente en audacia, fluidez, sabiduría, sensibilidad y frecuencia (cf. Calvino); pero no reconocer constantemente a Cristo (mismo verbo que en 26:69-75) es no ser reconocido por Cristo. Jesús habla ahora no de «el Padre» (como en el v. 29) sino de «mi Padre». A la vista está su especial relación filial con el Padre, por la cual el destino final de la humanidad depende únicamente de su palabra (ver en 7:21-23; cf. 25:12). Las implicaciones teológicas de las palabras de Jesús son inevitables. «Jesús hace que la posición de los hombres en el mundo venidero, sea para felicidad o aflicción, dependa de la relación y la actitud de ellos hacia él en este mundo actual. ¿Es esta una afirmación que pudo haber hecho algún simple mortal? ¿No encontramos aquí esencialmente la exclusividad de Hechos 4:12?» (Stonehouse, *Origens*, p. 190).

Notas

32 El más bien extraño griego ὁμολογεῖν ἐν ἐμοί *jomologein en emoí*, «reconocerme» es perfectamente natural en arameo (pero no en hebreo); cf. Moulton, *Accidence*, p. 463; Moule, *Idiom Book*, p. 183.

b. *Admisión del evangelio*

10:34-36

[34]»No crean que he venido a traer paz a la tierra. No vine a traer paz sino espada. [35]Porque he venido a poner en conflicto

> "al hombre contra su padre,
> a la hija contra su madre,
> a la nuera contra su suegra;
> 36 los enemigos de cada cual
> serán los de su propia familia".

34-36 Así como muchos judíos en la época de Jesús pensaban que la venida del Mesías les daría paz política y prosperidad material, así hoy día muchos en la Iglesia creen que la presencia de Jesús les dará alguna clase de tranquilidad. Pero Jesús insistió en que su misión implicaba lucha y división (v. 34). Aunque él es el Príncipe de Paz (ver en 5:9), el mundo lo rechazará de modo tan violento a él y a su Reino, que los hombres y las mujeres se dividirán en cuanto a él (vv. 35-36); cf. Lucas 12:49-53; cf. Neil, pp. 157-60. Antes de la consumación del Reino, aun la paz que Jesús legó a sus discípulos tendrá su escenario en medio de un mundo hostil (Jn 14:27; 16:33; cf. Stg 4:4).

La afirmación repetida «he venido» de Jesús muestra conciencia cristológica y escatológica (contr. Arens, pp. 63-90, quien usa la misma evidencia para discutir que tales elementos deber ser invenciones de la Iglesia). Ya antes había advertido a sus discípulos del odio del mundo contra sus seguidores, odio que se extendería aun a familiares íntimos (vv. 21-22); ahora él enlaza esta perspectiva a una analogía del AT (Miq 7:6; sobre la forma del texto, cf. Stendahl, *School*, pp. 90 y sig.; Gundry, *Use of OT*, pp. 78 y sig.). Miqueas describe el pecado y la rebelión en los días del rey Acaz; pero la situación en la época de Miqueas señala la mayor división en la venida del Mesías, hasta tal punto que al seguir a Jesús sus discípulos se equiparan con los profetas (5:10-12). Muchos críticos creen que estos versículos solamente se aplican a cristianos de la época de Mateo, y sin duda hicieron creer a los lectores de Mateo en sus propios sufrimientos. Sin embargo, algunos comentaristas anteriores (e.g. Plumptre) se preguntan si los doce, aun durante el ministerio terrenal de Jesús, no enfrentaron alguna oposición de familiares y amigos, como Jesús mismo (13:53-58; Jn 7:3-5). Aun hoy día la situación no ha mejorado mucho. En el occidente «liberal» a las personas que se vuelven cristianas en ocasiones no se les reconoce y sus familias las desheredan y pierden sus empleos. Además, bajo regímenes totalitarios de derecha o izquierda ha habido y hay incontados sufrimiento por Cristo, como los testimonios cristianos en el Archipiélago de Gulag.

c. *Preferencia por Jesús*

10:37-39

37»El que quiere a su padre o a su madre más que a mí no es digno de mí; el que quiere a su hijo o a su hija más que a mí no es digno de mí; 38y el que no toma su cruz y me sigue no es digno de mí. 39El que encuentre su vida, la perderá, y el que la pierda por mi causa, la encontrará.

37-39 El absolutismo del idioma semítico (Lucas 14:26) está interpretado de modo correcto en Mateo: un hombre debe amar (para comentarios sobre este verbo, vea en

5:43) esposa, familia, amigos, y hasta enemigos; pero debe amar supremamente a Jesús (v. 37). De nuevo el dicho es del Mesías o de un loco. Las analogías rabínicas de la relación maestro-discípulo (cf. M *Baba Metzia* 2.11) no son muy parecidas; aunque ponen al maestro por sobre el padre, permiten que los intereses personales de los discípulos estén sobre su lealtad a su maestro. Jesús exigió la muerte del yo (vv. 38-39). «Tomar su cruz» no significa soportar alguna situación difícil o trágica en la vida sino dar muerte dolorosa al ego. En ese sentido todo discípulo de Jesús sufre la misma cruz. Después de la muerte y la resurrección de Jesús debió haberse resaltado en gran manera el impacto emocional de estos dichos; pero aun antes de esos acontecimientos, la referencia a la Crucifixión recordaría vívidamente la vergüenza y el dolor de tal sacrificio. En cuanto a «digno», vea en v. 11.

La apelación no es a la desesperanza sino al discipulado. Aquí hay una firme paradoja. Quienes pierden su *psuje* («alma», «vida»; ver en vv. 28-30), ya sea en verdadero martirio o disciplina de negarse a sí mismo, la «encontrarán» en la vida venidera. Quienes la «encuentran» ahora (la expresión en el griego clásico significa «ganar o conservar» la vida) al vivir para sí mismos y no someterse a las exigencias del discipulado cristiano, la pierden en la era venidera (cf. 16:25; Mr 8:35; Lc 9:24; 17:33).

6. Ánimo: Respuesta a los discípulos y a Jesús

10:40-42

[40]»Quien los recibe a ustedes, me recibe a mí; y quien me recibe a mí, recibe al que me envió. [41]Cualquiera que recibe a un profeta por tratarse de un profeta, recibirá recompensa de profeta; y el que recibe a un justo por tratarse de un justo, recibirá recompensa de justo. [42]Y quien dé siquiera un vaso de agua fresca a uno de estos pequeños por tratarse de uno de mis discípulos, les aseguro que no perderá su recompensa.»

La enseñanza anterior acerca del significado de ser discípulo de Jesús tiene su lado más oscuro. Esta sección final del discurso es más animadora: vuelve otra vez al supremo vínculo entre el trato de Jesús y el de sus seguidores (ver en los vv. 24-25); esto hace volver nuestros ojos al futuro (ver en v. 28), y nos muestra que Dios no está en deuda con nadie.

40-42 Por lo general se comprende en el NT que al representante de un hombre se le debe recibir como al hombre mismo (v. 40; cf. Lc 10:16; Jn 12:44-45; 13:20; Hch 9:4). Y como esta sección cierra el discurso que abre con instrucciones a los doce, muchos interpretan «profeta» y «justo» (v. 41) como designaciones alternativas de los apóstoles en el v. 40, y en el v. 42 como una extensión a los discípulos (e.g., Bonnard; Allen; Manson, *Sayings*, p. 183). En comparación, David Hill («$\Delta i\kappa\alpha\iota o\iota$ as a Quasi-Technical Term», NTS 11, 1964-65, 296-303; cf. también Cothenet) ha presentado otra interpretación. Sugiere que «profetas» y «justos» se refieren a clases distinguibles dentro del cristianismo. Los «Profetas» se distinguen de los «apóstoles», y el término «justos» se podría referir a algún otro grupo distinguible de maestros (cf. también 13:17; 23:29; y en 7:15-23). Hill sugiere además (*Matthew*) que el v. 42, derivado de Marcos 9:41, se da en este contexto «para sugerir que los misioneros que viajan y son perseguidos [«los pequeños»] dependen de la hospitalidad y ayuda de los que no son cristianos». E. Schweizer («Observance of the Law an Charismatic Activity in Matthew», NTS 16, 1969-70, 213-30) dice que colocar «profetas» y «justos» en el v. 41 quiere decir que Mateo incitaba a su comunidad a imitar el ideal de un carismático («profeta») aun regido por la Ley como la interpretó Jesús («justo»). E. Käsemann (*New Testament Questions of Today*, SCM, Londres, 1969, pp. 90-91) ve en «profetas» a los líderes de la comunidad de Mateo, y en «justos» al cuerpo general de creyentes.

Es posible una síntesis mejor. Así como el discurso, visto como un todo, va de los doce a los creyentes, así también lo hace su conclusión. El v. 40 quizá se refiere principalmente a los apóstoles, y los vv. 41-42 bajan de «profetas» y «justos» a «estos pequeños» (es decir, los menores en el Reino, vistos como testigos perseguidos en la última parte del discurso). El orden «desciende» solo según la prominencia. Pero las clases mencionadas no son mutuamente exclusivas, puesto que «estos pequeños» seguramente incluyen apóstoles, profetas y justos; todos son «estos pequeños», porque todos son blancos de la enemistad del mundo. El que da un vaso de agua fresca, lo menos que exige la cortesía, al menor de los discípulos solo por ser discípulo no se queda sin recompensa. Por tanto «estos pequeños» no están representados como una clase especial de «misioneros viajeros» (contr. Hill, *Matthew*) sino como discípulos. Se refiere a «profetas», no porque haya a la vista profetas cristianos, sino porque esta es una categoría ya aceptada por el vocero de Dios y por aquellos con quienes están alineados los seguidores de Jesús (5:10-12).

«Justos» es más difícil. Sin embargo, en dos de los tres pasajes donde aparece el término en conexión con «profetas» (13:17; 23:29) se debe referir a hombres justos de generaciones anteriores: quizá personajes del AT o macabeanos, pero no cristianos contemporáneos de Mateo, ni maestros viajeros. Aquí parece mejor tomar el término desde la misma perspectiva. Nada en la evidencia de Hill señala de modo inequívoco a una clase de maestros conocidos como «justos». La mayoría de sus mss. de evidencia (1QS 3:20, 22; 5:2, 9; 9:14; 1QSa 1:2, 24; 2:3) demuestra claramente que los sectarios se percibían a sí mismos como «los justos» por sobre otros hombres. Además, no es cierto que Daniel 12:3 se refiera a una parte del pueblo de Dios con la tarea especial de enseñar justicia: aun allí es fácil detectar una referencia a todo el pueblo de Dios. Después de todo, «justicia» es una categoría ya usada en Mateo para describir a todos los discípulos de Jesús (5:20).

Algunos eruditos han sido demasiado dados a ver anacronismos dentro del texto y detectar grupos especiales basándose en escasa evidencia. En realidad el v. 40, aunque muy general, se aplica en primera instancia a los doce; el v. 41 repite dos veces más el aforismo usando categorías del AT que Jesús conocía, pero extendiendo la aplicación de profetas a todo el fiel pueblo de Dios. El v. 42 agrupa los aforismos precedentes para clarificar que la única razón de recompensar a quienes traten bien a los discípulos de Jesús no es que son profetas o personas fieles —en realidad no son más que «estos pequeños»—, sino que son discípulos de Jesús. La recompensa de los profetas y la recompensa de los justos no son por tanto distintas, sino recompensas del Reino (ver en 5:12) que son el fruto del discipulado. Recibir a un profeta porque es un profeta (como en 1 R 17:9-24; 2 R 4:8-37) presupone, en el contexto del v. 40, que es un profeta de Cristo; por tanto lo mismo se aplica a un «justo». De modo que la persona que recibe a un profeta recibe a Cristo, su mensaje, sus caminos, y su evangelio, y expresa solidaridad con el pueblo de Dios, con sus pequeños, cuando los recibe por causa de Jesús (cf. 2 Jn 10-11; 3 Jn 8). Ninguna de tales personas perderá su recompensa. Aunque las aplicaciones a las iglesias de Mateo, como a las nuestras, son muchas, el texto mismo no se atreve a tanto.

Notas

41-42 La expresión εἰς ὄνομα προφέτου (*eis ónoma profétou*, «debido a que es un profeta»), con sus paralelos, es un ejemplo del uso causal de *eis* (cf. Zerwick, pars. 98, 106; contr. M.J. Harris, DNTT, 3:1187). Alguna consideración que esto es importante para entender la fórmula bautismal de Mateo, pero vea en 28:18-20.

7. *Conclusión transformadora: expansión del ministerio*

11:1

¹**Cuando Jesús terminó de dar instrucciones a sus doce discípulos, se fue de allí a enseñar y a predicar en otros pueblos.**

1 Para el significado de las fórmulas que concluyen los discursos de Jesús, vea en 7:28-29. Esta omite «estas cosas» o similares (vea en 10:5a). A diferencia de Marcos 6:30; Lucas 9:10, no hay mención del regreso de los doce, puesto que sus éxitos anteriores son de menor interés para Mateo que la enseñanza de Jesús. La atención vuelve al ministerio de Jesús, porque este no envía a los apóstoles para aliviarse él mismo el trabajo sino para expandir la proclamación del Reino (9:35—10:4).

Notas

1 El pronombre αὐτῶν (*autón*, «sus») aquí es excepcionalmente incómodo. No se puede referir a los apóstoles sino a los galileos, no mencionados en el contexto. Tampoco se puede tomar fácilmente como una distinción anacrónica entre la Iglesia y la Sinagoga. Lo más probable es que sea un caso de sentido pronominal; lo que era una construcción nada desconocida en el griego secular de esa época y que se la halla en todo el NT (cf. Turner, *Insights*, pp. 149-50). De ser así, es de mucha importancia no precipitarse a leer anacronismos entre iglesia y sinagoga en otros pasajes similares (ver en 4:23; 7:29; 9:35; 10:17).

IV. Enseñanza y predicación del evangelio del Reino: Surge oposición (11:2—13:53)

A. *Narración* (11:2—12:50)

1. *Jesús y Juan el Bautista* (11:2-19)

a. *Pregunta de Juan y respuesta de Jesús*

11:2-6

²Juan estaba en la cárcel, y al enterarse de lo que Cristo estaba haciendo, envió a sus discípulos a que le preguntaran:

³—¿Eres tú el que ha de venir, o debemos esperar a otro?

⁴Les respondió Jesús:

—Vayan y cuéntenle a Juan lo que están viendo y oyendo: ⁵Los ciegos ven, los cojos andan, los que tienen lepra son sanados, los sordos oyen, los muertos resucitan y a los pobres se les anuncian las buenas nuevas. ⁶Dichoso el que no tropieza por causa mía.

Mateo 12—13 depende en buena parte de Marcos 2:23—4:34. Antes de esto viene 11:2-30, la mayor parte del cual es paralelo de varias partes de Lucas. Temáticamente los tres capítulos (11—13) se mantienen unidos por la ola de desilusión y oposición hacia el Reino de Dios que surge como consecuencia del ministerio de Jesús. Este no resultó ser la clase de Mesías que el pueblo había esperado. Hasta el mismo Juan el Bautista tenía dudas (vv. 2-19), y las ciudades galileas que fueron escenario de la mayoría de los milagros de Jesús se endurecieron en incredulidad (vv. 20-24). La naturaleza de la persona y del ministerio de Jesús estaba «oculta» (una palabra importante) de los sabios, a pesar más francas y compasivas de las invitaciones (vv. 28-30). Los conflictos con los líderes judíos comenzaron a intensificarse (12:1-45), aunque las personas aun malinterpretaron los elementos más fundamentales de la enseñanza y la autoridad de Jesús (12:46-50). Sin embargo, ¿significa esto que le habían dado jaque mate, o que el Reino aun no había llegado? Mateo 13 es la respuesta: el Reino de Dios continuaba su avance aunque a menudo se le combatió y se le hizo caso omiso.

Mateo 11:2-19 es bastante parecido a Lucas 7:18-35. Más abajo se observan ocasionales divergencias (ver esp. en v. 19).

2-3 Según Josefo (Antig. XVIII, 119, v. 2), Herodes encarceló a Juan el Bautista en la fortaleza de Maqueronte, al oriente del Mar Muerto. El hecho está registrado en Mateo 4:2, y las circunstancias en 14:3-5. Según parece, Juan había estado en prisión durante el extenso ministerio galileo de Jesús, quizá por un período de un año. Aquel a quien había señalado, quien vendría con bendiciones y juicio (3:11-12), había llevado sanidad a muchos pero, parecería, juicio a nadie —ni siquiera a quienes habían confinado de manera inmoral e ilegal al Bautista en una cruel prisión, lo que sin duda se hacía más insoportable por el contraste con la acostumbrada libertad de Juan (cf. Lc 1:80).

Juan se enteró «de lo que Cristo estaba haciendo» (v. 2). La frase esconde dos puntos sutiles. Primero, el uso de (lit.) «el Cristo» es peculiar, porque en esta etapa del ministerio de Cristo había poca atribución de este título a Jesús; y por lo general Mateo lo evita. Algunos han creído que en este punto Mateo había descuidado de algún modo la coherencia de su narración. Precisamente el caso es todo lo contrario. Todo el evangelio está escrito desde la perspectiva de la fe. El mismísimo primer versículo afirma a Jesús como el Mesías, y el prólogo (caps. 1—2) intenta probarlo. Por eso en este momento, de modo inusitado, Mateo se refiere a Jesús como «el Cristo» para recordar a sus lectores quién era aquel del que Juan el Bautista estaba dudando. Aunque Juan dudaba, desde la perspectiva de Mateo el momento de dudar había pasado. Lejos de ser un anacronismo, este uso de «el Cristo» es una denominación propia de Mateo. En realidad, la fidelidad del evangelista se atestigua por el modo en que distingue entre su propio entendimiento y su apreciación, sacados de su perspectiva posterior a la resurrección, y del desarrollo gradual de ese entendimiento desde el punto de vista histórico, que incluían las dudas del Bautista.

El segundo punto es que *ta erga tou Cristou* (lit., «las obras de Cristo»; NVI, «lo que Cristo estaba haciendo») es sumamente impreciso para adoptar una triple alusión, no solo a los milagros de Jesús (caps. 8—9), sino también a su enseñanza (5—7) y misión creciente (10).

Como consecuencia de estos informes, Juan envió una pregunta señalada con sus discípulos. Este uso de «discípulos» muestra que el término no se refiere necesariamente a «cristianos» o «los doce» en Mateo (ver en 5:1-6; 9:37). La objeción, quizá lanzada primero por D.F. Strauss (*The Life of Jesus Critically Examined*, 1846, SCM, reimpresa en Londres, 1973, pp. 219-30, esp. 229), de que Juan no estaba en posición de enviar mensajeros supone conocer más que nosotros de las condiciones de seguridad en Maqueronte —más puesto que los evangelios muestran que Herodes era ambivalente hacia el profeta (Mr 6:17-26). Juan quería saber si Jesús era *jo erjomenos* («el que ha de venir», v. 3), exactamente la misma expresión atribuida a Juan en 3:11 (cf. también 21:9; 23:39; Jn 6:14; 11:27; Heb 10:37). La expresión no es un título mesiánico común en la literatura intertestamentaria. Tal vez fue extraído de pasajes como Salmo 118:26; Isaías 59:20. La descripción de las acciones del «que ha de venir» en 3:11 anula la antigua teoría (Schweitzer) de que el Bautista simplemente esperaba que Elías *redivitus* («volviera a la vida otra vez») para seguirlo. Juan estaba preguntando si Jesús era el Mesías.

A primera vista la pregunta parece tan fuera de lugar en el personaje, por lo que sabemos del Bautista, que muchos de los padres y reformadores, e incluso Bengel, sugieren que Juan la hizo, no por su propio bien sino por el de sus seguidores. Ni una pizca de evidencia exegética apoya esta opinión. El Bautista no solo se pudo haber desmoralizado, como su homónimo Elías, sino que Juan más bien había predicado inminentes bendiciones y juicio. En comparación, Jesús estaba predicando desde el punto de vista de cumplimiento velado y trayendo muchas bendiciones, pero no verdadero juicio (cf. Dunn, *Jesus*, pp. 55-62), y en consecuencia al Bautista le estaban entrando dudas.

4-6 La respuesta de Jesús resumió brevemente sus propios milagros y predicación, pero en el lenguaje de Isaías 35:5-6; 61:1, quizá con más alusiones a 26:19; 29:18-19.

En cierto nivel la respuesta era franca: Isaías 61:1 es un pasaje mesiánico explícito, e Isaías 35:5-6, aunque no tiene figura mesiánica, describe el regreso del pueblo de Dios a Sión con bendiciones (e.g., restauración de la vista). Jesús afirmó definitivamente que estas visiones mesiánicas se estaban cumpliendo en los milagros que él estaba realizando, y que su predicación de las buenas nuevas a los pobres (ver en 5:3) era un cumplimiento tan explícito de las promesas de Isaías 61:1-2 como Lucas 4:17-21. Se estaban minando los poderes de las tinieblas; el Reino estaba avanzando (cf. v. 12).

Pero en la respuesta de Jesús hay un nivel más sutil y secundario. Todos los pasajes de Isaías se refieren a juicio en su contexto inmediato: e.g., «sù Dios vendrá, vendrá con venganza; con retribución divina» (35:4); «el día de la venganza de nuestro Dios» (61:2). Por consiguiente, Jesús estaba respondiendo de modo alusivo a la pregunta de Juan: las bendiciones prometidas para el fin de los tiempos habían empezado, y probaban estar aquí, aunque los juicios se han retardado (cf. Jeremias, *Promise*, p. 46; Dunn, *Jesus*, p. 60). El v. 6, que podría incluir una alusión a Isaías 8:13-15 (en tal caso Jesús se pone en el lugar de Yahvé; vea en 11:10), es entonces una suave advertencia, aplicable tanto a Juan como a sus discípulos; bienaventurado (vea en 5:3) es el «hombre que no tropieza» (en cuanto a este verbo, vea en 5:29) por causa de Jesús, i.e., quien no encuentra en él y en su ministerio un obstáculo para creer y rechazarlo. Los milagros mismos no eran prueba irrefutable de quién era Jesús (cf. Mr 8:11-12 y sus paralelos); aun se necesitaba fe para interpretar la evidencia contra el trasfondo de las Escrituras, y para oír en la afirmación de Jesús el sonido de la verdad. Pero la bienaventuranza en esta forma supone que el inquiridor ha comenzado bien, y que debe evitar el tropiezo. Este es por ende un desafío tácito a volver a examinar nuestras presuposiciones acerca de lo que el Mesías debe ser y hacer a la luz de Jesús y su cumplimiento de las Escrituras, y a alinear con él nuestro entendimiento y nuestra fe.

b. *Testimonio de Jesús para Juan* (11:7-19)

1) *Juan en la historia de la redención*

11:7-15

⁷Mientras se iban los discípulos de Juan, Jesús comenzó a hablarle a la multitud acerca de Juan: «¿Qué salieron a ver al desierto? ¿Una caña sacudida por el viento? ⁸Si no, ¿qué salieron a ver? ¿A un hombre vestido con ropa fina? Claro que no, pues los que usan ropa de lujo están en los palacios de los reyes. ⁹Entonces, ¿qué salieron a ver? ¿A un profeta? Sí, les digo, y más que profeta. ¹⁰Éste es de quien está escrito:

>»"Yo estoy por enviar a mi mensajero delante de ti,
> el cual preparará tu camino."

¹¹Les aseguro que entre los mortales no se ha levantado nadie más grande que Juan el Bautista; sin embargo, el más pequeño en el reino de los cielos es más grande que él. ¹²Desde los días de Juan el Bautista hasta ahora, el reino

de los cielos ha venido avanzando contra viento y marea, y los que se esfuerzan logran aferrarse a él. [13]Porque todos los profetas y la ley profetizaron hasta Juan. [14]Y si quieren aceptar mi palabra, Juan es el Elías que había de venir.
[15]El que tenga oídos, que oiga.

A menudo Juan había dado testimonio de Jesús; ahora testifica de Juan. Sin embargo,
como veremos, el efecto es que se señala a sí mismo como el único personaje portador
del Reino. Históricamente era casi inevitable para Jesús definir la posición de Juan el
Bautista con respecto a sí mismo. La mayoría de eruditos dudan que lo hiciera de modo
tan consecutivamente como lo hizo aquí. No obstante, el pasaje tiene lógica, y hay poca
evidencia literaria o histórica para suponer que sea una composición de palabras dichas
en otras ocasiones. El paralelo de Lucas 7:24-35 conserva los mismos temas y movimientos. Omite Mateo 11:12-13 y añade Lucas 7:29-30. Generalmente se dice que los versículos extras en Mateo se derivan de Marcos 9:11-13. Pero los dos pasajes más bien son
distintos en lingüística y tema, y es fácil imaginar que Jesús hubiera tenido que definir su
posición en cuanto a Juan más de una vez, y sin duda ante sus discípulos. Además, el tono
de este pasaje no refleja conflictos personales entre Juan y Jesús. Esto, al contrario de
mucha discusión reciente, es típico en los testigos del NT de la relación entre los dos
hombres (cf. esp. J.A.T. Robinson, *Doce*, pp. 28-52).

7-8 «Comenzó» (v. 7) no sugiere que Jesús empieza su comentario mientras los discípulos del Bautista estaban saliendo, y que lo termina cuando ya se han ido (Broadus); como en el v. 20, significa que él aprovechó la oportunidad para hablar a la multitud acerca de Juan. Las preguntas retóricas son una manera suavemente irónica de
eliminar respuestas obviamente falsas para expresar la verdad en los vv. 10-11. «Una
caña [tal vez un singular colectivo que se refiere a un bambú delgado que se encuentra abundantemente a lo largo del Jordán] sacudida por el viento» sugiere una persona inconstante sacudida en su juicio por los vientos de la opinión pública o la desgracia privada (Luciano utiliza una metáfora similar, BAGD, p. 398). Con seguridad las
personas no salían para ser testigos de tan ordinario espectáculo. Tampoco iban al
desierto para encontrar a un hombre vestido «con ropa fina» (v. 8). «Fina» (*malakos*),
se usa en otras partes del NT solo en Lucas 7:25 y 1 Corintios 6:9, sugiere «suavidad»
o hasta «afeminamiento», y podría ser irónico. Contrasta con el atuendo rudimenta-
rio que en realidad usaba el profeta (ver en 3:4-6). Quienes están «en los palacios de
los reyes» es una velada referencia al hombre que tenía encarcelado a Juan.

Parece entonces que Jesús habló de este modo para desbaratar cualquier sospecha
entre la gente que la pregunta de Juan (v. 3) era señal de inconstancia (v. 7) o de falta
de carácter (v. 8). No es así, responde Jesús; el hombre que el pueblo salía a ver no
era inestable ni falto de fe. Su pregunta no surge de debilidad o falla personal sino de
malinterpretar la naturaleza del Mesías, debido al lugar de Juan en la historia de la
salvación (ver en v. 11). De ahí que Jesús se dirigiera a la multitud, no para defenderse después de la pregunta del Bautista, sino para defender al Bautista.

9-11 Lo que la gente había ido en tropel a ver era un profeta (v. 9), ya que era comúnmente aceptado que un verdadero profeta no había aparecido por siglos sino

solo el *bat-kol* (lit., «hija de una voz»; vea en 3:17). No en balde había tanto entusiasmo. Jesús confirma el juicio de la multitud, pero va más allá: Juan no solo era un profeta sino más que un profeta. ¿En qué sentido? En este: No solo era, como los demás profetas del AT, un vocero directo de Dios para llamar a la nación al arrepentimiento, sino que él mismo era el tema de la profecía: Aquel que, según las Escrituras, anunciaría el día del SEÑOR (v. 10; cf. Mal 4:5).

La forma de la cita muestra influencia de Éxodo 23:20 (LXX) en la primera frase (cf. Gundry, *Use of AT*, pp. 11 y sig.). Sin embargo, no hay duda de que el pasaje principal que se cita es Malaquías 3:1. El mensajero en Malaquías 3:1 (Elías en Mal 4:5-6) prepara el camino para el grandioso y terrible día del SEÑOR. La forma del texto, que agrega «delante de ti» (tal vez usando *Éx* 23:20) en la primera línea, cambiando «delante de mí» a «delante de ti» (RVR) en la segunda línea, y añadiendo «tu», tiene el efecto de hacer que Jehová se dirija al Mesías. En cualquier forma que se lea Malaquías 3:1 (sobre la cual vea France, *Jesus*, pp. 91 y sig., n. 31), Jehová no se dirige al Mesías; pero debido a que el mensajero prepara el camino para el SEÑOR (Mal 4:5-6), con quien Jesús se identifica constantemente en el NT (vea en 2:6; y esp. 3:3), esta interpretación parafrástica hace ambigua la identidad de Jesús (cf. France, *Jesus*, p. 155). Aunque se hubiera citado correctamente Malaquías 3:1, la fluidez del razonamiento en Mateo exige que si Juan el Bautista es el Elías profetizado que prepara el camino para el SEÑOR (3:3; cf. Lc 1:76) o para el día del SEÑOR (Mal 4:5-6), y Juan el Bautista es el precursor de Jesús, entonces Jesús mismo es la manifestación de Jehová y trae el escatológico día del SEÑOR.

Hill (*Matthew*) comenta: «Es probable que el evangelista haya insertado la cita; esto rompe la conexión lógica entre los vv. 9 y 11, y anticipa el misterioso anuncio en el v. 14». Parece difícil tener lo uno y lo otro: si la cita anticipa el v. 14, entonces se debe dejar en el lugar, a menos que el v. 14 también se juzgue inauténtico. Más importante, el v. 10, lejos de dividirlos, une el v. 9 con el 11. Al citar a Malaquías, Jesús (v. 10) ha mostrado en qué sentido Juan el Bautista es mayor que un profeta: en que de todos los profetas solo él fue el precursor que preparó el camino para Jehová-Jesús, y lo señaló personalmente. Aunque los profetas del AT contribuyeron sin duda al cuerpo de revelación que señalaba al Mesías, no sirvieron como precursores inmediatos. Esto es lo que hace a Juan mayor que un profeta (v. 9), el más grande nacido de mujer (v. 11; i.e., el ser humano más grande; cf. Job 14:1).

Hasta aquí el razonamiento fluye de modo coherente. Sin embargo, ¿quién es «el más pequeño en el Reino de los Cielos», y en qué sentido es más grande que Juan el Bautista? Muchos han encontrado tan difícil esta comparación, que han hecho algunas sugerencias descabelladas. McNeile sostiene que el Reino debe ser totalmente futuro: el menor en el Reino será *entonces* mayor de lo que ahora *es* Juan. Pero, ¿no estará Juan entonces también en el Reino? ¿Cómo contribuirá esto al razonamiento? Otros sostienen que *jo mikroteros* no significa «el último» sino «el más joven», «el menor» en un sentido puramente temporal. En este punto de vista se refiere a Jesús: Jesús, aunque menor por ser más joven, es más grande que Juan el Bautista (según Crisóstomo; Agustín; cf. Fenton; BDF par. 61, 2; O. Cullmann, «'Ο ὀπίσω μου ἐρχόμενος», *Coniectanea Neotestamentica* 11, 1947, 30; Zerwick, par. 149; M. Brunec, «De Legàtioni Ioannis Baptistae [Mt 11:2-24]», *Verbum Domini* 35, 1957, 262-70).

Esto supone que Juan el Bautista está, según Mateo, en el Reino, una conclusión ampliamente defendida, en buena parte cuando se trata de comparar los ministerios de Juan y de Jesús (e.g., 3:2; 4:17; según, por ejemplo, Walter Wink, *John the Baptist in the Gospel Tradition*, University Press, Cambridge, 1968; pp. 33-35).

Es necesario reconocer, no obstante, que *jo mikroteros* está hecho para querer decir «el menor» principalmente porque el v. 11 es muy difícil. Debido al hecho de que una comparación que establece a Juan como mayor que los profetas que anteceden inmediatamente en este texto, no es lo más natural tomar *jo mikroteros* como si quisiera decir «el más humilde» en el Reino. Esto implica la opinión de que Juan el Bautista no está en el Reino. Las semejanzas entre la predicación de Juan y la de Jesús se explican fácilmente (vea en 4:17), y el v. 12 también se puede tomar de ese modo (ver más abajo).

¿De qué manera, entonces, el más pequeño en el Reino es más grande que Juan el Bautista? La respuesta no debe ser en cuanto a simple privilegio; es decir, el más pequeño es el más grande porque vive para ver el Reino en realidad ya establecido para Juan. Él era el más grande de los profetas porque señaló de modo más inequívoco a Jesús. Sin embargo, aun el menor en el Reino es mayor porque al vivir después de que han ocurrido los acontecimientos reveladores y escatológicos, la persona señala a Jesús de modo más inequívoco aun que Juan el Bautista. Esta interpretación encaja por completo en el contexto y logra tres cosas.

1. Continúa la defensa de Juan al mostrar que su pregunta (v. 3), que no surge de inconstancia ni debilidad (vv. 7-8), no le hace perder su primacía entre los profetas debido a ser el precursor de Jesús (vv. 9-10), y tiene su origen en su aun velado lugar en la historia redentora que ahora se desarrolla.

2. En comparación, esto continúa el tema del discipulado cuya función esencial es reconocer a Jesús ante el pueblo (10:32-33), y establece esa función como la grandeza esencial del discípulo. Hasta el más pequeño en el Reino señala a Jesucristo con más claridad que todos sus predecesores, sin excluir a Juan. Porque ellos, o viven los tumultuosos sucesos del ministerio del Señor, su Pasión y más allá, después de lo cual las cosas son mucho más claras; o entran al Reino después de estos hechos, con el mismo entendimiento claro. Por tanto el terreno se está arreglando para la gran comisión: el claro testimonio de Cristo ante los hombres no solo es requisito del Reino (10:32-33), y una orden del Señor resucitado (28:18-20), sino la verdadera grandeza del discípulo (11:11).

3. Al mismo tiempo, al explicar la grandeza de Juan y su lugar en la historia de la salvación, este versículo señala hacia atrás a la preeminencia del mismo Jesús.

12 Esta enigmática frase ha dado lugar a muchas interpretaciones, que dependen de varias alternativas relacionadas con varios puntos exegéticos decisivos que se pueden combinar de forma muy diversa. Se debe pasar por alto una lista completa de las posibilidades (en cuanto a bibliografía, ver Chilton, *God in Strength*, pp. 203 y sig.) a favor de una interpretación que justifique tanto el contexto como el lenguaje. Los puntos decisivos son tres.

1. «Desde los días de Juan el Bautista hasta ahora». Como ya se ha señalado (vv. 10-11), la mayoría de los comentaristas entienden que «hasta» en el v. 13 es de uso

exclusivo, que pone a Juan dentro del Reino (aunque la mayoría de eruditos sostienen que el uso de «hasta» en Lc 16:16 es inclusivo). En realidad, John P. Meier («John the Baptist in Matthew's Gospel», JBL 99, 1980, 383-405) lo hace el quid de su interpretación del trato que da Mateo del Bautista. La frase «desde los días de Juan el Bautista» es casi con seguridad una manera semítica de decir «desde la época de la actividad de Juan el Bautista» (cf. Jeremias, *NT Theology*, pp. 46 y sig.). El ministerio de Juan da el *terminus a quo*, la frase «hasta ahora» el *terminus ad quem*. Pero muchos sostienen que «hasta ahora» significa «hasta» la época en que Mateo escribió, no «hasta» la época en que Jesús habló (e.g., Cope, *Matthew*, pp. 75 y sig.; Albright y Mann). Esta interpretación es traducción convincente (Albright y Mann) porque el resto del versículo parece describir a hombres violentos que saquean el Reino (ver análisis más abajo); y es seguro que esto no sucedió en el corto lapso entre la muerte del Bautista y estas palabras de Jesús durante su ministerio terrenal.

Surge una síntesis mejor al tomar el texto de modo estricto. El modismo «desde...» en Mateo *incluye* el término siguiente (cf. 1:17; 2:16; 23:35; 27:45; Schweizer). Pero la expresión total «desde los días de Juan el Bautista» no dice que Juan inaugurara el Reino, sino que durante su época de ministración este fue inaugurado y quizá atacado. La expresión ni siquiera supone la muerte de Juan; solo supone que el período crucial de su ministerio durante el cual el Reino fue inaugurado yace en el pasado. Ahora ese Reino ha comenzado, sin importar de qué manera preliminar, con la enseñanza de Jesús y sus poderosas obras durante «los días de Juan el Bautista». Por consiguiente, no hay motivo para que los Profetas y la Ley no profetizaran «hasta Juan» en un sentido inclusivo (v. 13), interpretación esta que no solo concuerda con Lucas 16:16 sino que va mejor con Mateo 11:9-11.

Sea que el Reino haya estado «avanzando contra viento y marea» (NVI) o que haya sido atacado (ver más abajo), esto ha estado ocurriendo desde su inicio bajo el ministerio de Jesús durante los días de Juan el Bautista (tenía haber que haber un traslapo temporal si el precursor fue a preparar el camino de Jesús y a señalarlo) «hasta ahora»... es decir, hasta este punto del ministerio de Jesús. Esto no significa que la actividad (sea de avance contra viento y marea o de ser atacado) se detiene en este punto, como tampoco la misma expresión en Juan 2:10 (el único otro lugar en que aparece en el NT) significa que todos en la boda dejaron inmediatamente de tomar el mejor vino. La continuación no es el foco de interés.

2. «El Reino de los Cielos ha venido avanzando contra viento y marea». El quid del problema es el verbo *biazetai* («ha venido avanzando contra viento y marea»). La forma o es mediana o es pasiva. Si es la primera, la traducción de la NVI, o similares, es la correcta; si es la última, significa que al Reino lo están atacando (en un sentido negativo) o recibe impulso hacia delante (¿de Dios?) (cf. TDNT, 1:610 y sig.). En fuentes griegas relevantes al NT, *biazetai* es considerablemente más común en el deponente medio que en las voces activas o pasivas (en el NT el verbo se encuentra solo aquí y en Lc 16:16); y esto apoya la traducción de la frase en la NVI (cf. BAGD, pp. 140-41; DNTT, 3:711-12) como lo hacen Ridderbos, NEB (mg.), Hendriksen, Chilton y otros. Pero muchos se oponen a esta traducción en una o dos bases: (1) da al Reino una noción de «fuerza», contrario a lo que enfatiza el evangelio; y (2) y no maneja bien la última frase del texto, puesto que *biastés* en realidad no se debe traducir

«los que se esfuerzan» (en un sentido positivo) sino «hombre violento» (ver análisis más abajo). La primera objeción es poco sólida. El Reino ha venido con poder santo y magnífica energía que han estado presionando hacia atrás a las fronteras de las tinieblas. Esto se manifiesta especialmente en los milagros de Jesús, y se relaciona con la respuesta de Jesús al Bautista (v. 5). En otra parte (Lc 14:23) se supone alguna clase de compulsión incluso entre las personas. Además la fuerza sugerida por el verbo deponente mediano no siempre es violenta o cruel (cf. BAGD). La segunda objeción es importante y nos lleva a la tercera parte del versículo.

3. «Y los que se esfuerzan logran aferrarse a él». Hendriksen, por ejemplo, cree que el sustantivo similar *biastés* «los que se esfuerzan» encuentra ahora su significado establecido por las consideraciones analizadas arriba en cuanto al significado del verbo *biazetai* («ha venido avanzando contra viento y marea»). El Reino está haciendo grandes progresos; ahora es el momento de que almas valientes, personas enérgicas, se aferren a él. Este no es un reto para medrosos o cobardes. Esta interpretación es posible pero no convincente. El sustantivo *biastés* es raro en la literatura griega (solo aquí en el NT), pero donde aparece tiene siempre las connotaciones negativas de violencia y rapacidad. Además el verbo *jarpazousin* («lograr aferrarse de»), un verbo bastante común, casi siempre tiene las mismas connotaciones malignas (una rara excepción es Hch 8:39). Por estas razones, la mayoría de los comentaristas ven una referencia a hombres violentos, y entonces interpretan como un pasivo el verbo en la frase que antecede: «El Reino de los Cielos sufre violencia y los violentos quieren arrebatarlo» —según, más o menos, RVR y algunas Biblias en inglés como NASB, Wey, NEB (texto), Hill, Gaechter, Maier, Hobbs, E. Moore («βιάζω, ἁρπαζω and cognates in Josefo», NTS 21, 1975, 519-43), C. Spicq (*Notes de lexicographie néo-testamentaire*, 2 vols., Vandenhoeck und Ruprecht, Göttingen, 1978, s.v.), y otros más. Hay muchos puntos de vista conflictivos acerca de quiénes son los violentos: zelotes, fariseos, espíritus malignos y sus huestes humanas, Herodes Antipas, judíos antagónicos en general. Sin embargo, el empuje es igual en cualquier caso.

No satisfechos con esto, otros han hecho sugerencias, ninguna convincente. El Reino de los Cielos «ha sido tomado por hombres atormentados y ansiosos que están entrando en él por la fuerza» (ofrecida por Ph y Wms y defendida por McNeile) es una interpretación que combina la improbabilidad de un verbo pasivo con la improbabilidad de un sustantivo de connotación positiva. James Swetnam, en una revisión de Spicq (*Biblica* 61, 1980, 440-42), quiere que el versículo signifique «desde los días de Juan el reino ha sufrido violencia (verbo pasivo) *de interpretación*; y quienes son de ideas afines de violencia —i.e., quienes entienden el Reino de la misma manera— son los que lo arrebatan». Ante la debilidad de la última sugerencia, esta agrega un significado sin parangón («sufrir violencia de interpretación») al verbo.

La mejor solución es tomar el verbo en su voz más probable, deponente media, y el sustantivo y el verbo de la última frase con sus connotaciones normales de maldad: es decir, desde los días de Juan el Bautista (como se explicó más arriba) hasta ahora, el Reino de los Cielos ha sufrido violencia; y hombres violentos y rapaces han estado tratando (presente conativo) de saquearlo —según Pamment (pp. 227 y sig.), aunque ella hace entonces la interpretación casi incoherente al decir que el Reino de los Cielos es exclusivamente futuro (ver también en 5:3). Además, los verbos en las dos últimas frases están en tiempo presente. Si en castellano están traducidos como presentes, la sintaxis está mal. «Desde los días de Juan hasta ahora el reino sufre violencia, y los violentos lo saquean». Pero esa sintaxis aceptable en griego invita a cuestionar la opinión de Pamment sobre el futuro del Reino de los Cielos, y establece la imagen de una lucha terrible y violenta que se lleva a cabo hasta cuando Jesús habla. Seguramente «Jesús considera que su ministerio es una época en que el Reino puede ser atacado como estando presente» (Hill, *Matthew*; cf. Kümmel, *Jesus Promises*, pp. 121 y sig.).

Si esta es una forma de antanclasis (figura de habla en la cual la misma palabra se repite en un sentido diferente o incluso contradictorio), en este ejemplo basada no exactamente en la misma palabra sino en una similar, el versículo calza de modo admirable en el contexto. El razonamiento hasta el v. 11 ha establecido la grandeza de Juan el Bautista, cimentada en su ministerio de preparar y señalar a Cristo; y ha anticipado el testimonio de aquellos en el Reino que son aun más grandes que Juan debido a que el menor de ellos testifica de Cristo con más claridad. Ahora, Jesús continúa diciendo, desde los días del Bautista —i.e., desde el inicio del ministerio de Jesús— el Reino ha venido avanzando contra viento y marea (el punto también se hizo en Lc 16:16). Pero no ha barrido toda oposición, como Juan esperaba (ver en vv. 2:4).

Simultáneos con el avance del Reino han sido los ataques de hombres violentos en él. Ese es el mismísimo punto que Juan no podía captar. Ahora Jesús lo afirma de modo directo. La afirmación es general porque no sólo se refiere a una clase de oposición. Esta incluye el encarcelamiento de Juan por parte de Herodes (cf. J.A.T. Robinson, *Twelve*, pp. 44-45), los ataques de líderes judíos ahora intensificados (9:34; 12:22-24), el materialismo que ansía un Mesías político y la prosperidad que traería, pero que no ansía su justicia (11:20-24). Ya Jesús ha advertido a sus discípulos de persecución y sufrimiento (10:16-42); la oposición se ha levantado y empeoraría. Mientras tanto, los agresivos zelotes no son los que encontrarán descanso para sus almas, sino los cansados, los cargados, los hijos a quienes el Padre ha revelado la verdad (vv. 25-30). El último pasaje mencionado es la sentencia de muerte para quienes creen que los *biastai* son «hombres enérgicos» (en un sentido positivo): que es exactamente lo que el capítulo, tomado como un todo, descarta. En vez de eso estamos oyendo el sonido de la gracia divina, una nota que más tarde en este evangelio se convierte en una sinfonía.

Si esta interpretación es sólida, parece poco razonable pensar que el v. 12 está fuera de lugar, o ver en él una posterior creación de la Iglesia.

13 En vista de lo anterior, «hasta Juan» significa hasta Juan inclusive. El Bautista pertenece a la última etapa de los planes divinos antes de la inauguración del Reino (como en Lc 16:16). Sigal («Halakah», pp. 68 y sig.) manipula este versículo porque lo trata como si los Profetas y la Ley deberían profetizar acerca de Juan y no hasta Juan. Algo de lo que dice el AT acerca de Juan se ha expuesto en el v. 10; aquí el punto es exponer el momento redentor-histórico decisivo que ha ocasionado la transformación de perspectivas explicadas en los vv. 11-12. Las dos anomalías en el versículo son (1) «los Profetas» precede a «la Ley», como orden fuera de lo común (cf. 5:17;

7:12), y (2) tanto «los Profetas» como «la Ley» profetizan, y ambas anomalías sirven al mismo propósito: una poderosa manera de decir que todo el AT tiene una función profética, función mantenida hasta e incluyendo a Juan el Bautista.

En los escenarios gemelos del tema del «cumplimiento» de Mateo (ver en 2:15; 5:17-20) y el papel de Juan el Bautista (11:10), se entiende que ahora, después de Juan el Bautista, ha acontecido lo que los Profetas y la Ley vaticinaron: el Reino se ha acercado y el Mesías ha venido. Esto establece la función primordial del AT en el evangelio de Mateo: señalar a Jesús y el Reino. Esto confirma nuestra interpretación de 5:17-20. El *gar* («porque») une por lo tanto al v. 13, no con el 11, sino con el 12 (confirmando el v. 12 como parte integral de este razonamiento). El v. 13 explica además que «desde los días de Juan el Bautista» —i.e., desde el inicio del ministerio de Jesús— el Reino ha avanzado contra viento y marea. Los Profetas y la Ley vaticinaron hasta entonces y, tácitamente, profetizaron esta nueva era. Desde ese tiempo en adelante, el cumplimiento de la profecía, el Reino mismo, ha estado avanzando contra viento y marea.

14-15 El razonamiento vuelve a los vv. 9-10, exponiendo explícitamente lo que Jesús dijo allí: Juan el Bautista era el «Elías» profetizado (v. 14). Esto establece su lugar y función en la historia de la redención, y afirma otra vez que lo que Jesús hacía era escatológico: estaba trayendo el día del Señor. La frase «si quieren aceptar mi palabra» no lanza dudas sobre la veracidad de la identificación; sin embargo, como el v. 15, reconoce cuán difícil era adoptar esa verdad, especialmente antes de la Cruz y la Resurrección. Porque si las personas habían entendido de veras, necesariamente habrían visto el lugar de Jesús en la historia de la salvación como el cumplimiento de las esperanzas y profecías del AT. De ahí que se añada la fórmula sonora del v. 15 (cf. 13:9, 43; 24:15; Ap 2:7, 11 et al.): la identificación de Juan con el Elías profetizado tiene implicaciones mesiánicas que «aquellos con oídos» oirían. La fórmula es una descripción metafórica y un desafío a la sensibilidad espiritual en cuanto a las afirmaciones del evangelio.

Notas

---

8 Aquí y en el v. 9, ἀλλά (*allá*, «pero») se usa después de una pregunta retórica, con la respuesta sugerida pero no escrita. En otras palabras, la conjunción griega adopta aquí la fuerza del arameo אֶלָּא (*elá*, «si no»). Pero este significado de *alla* también es una característica del griego clásico; y la NVI, siguiendo a NcNeille, traduce «si no».

9 El significado de τί (*ti*) afecta la puntuación: si es «qué», dice τί ἐξήλθατε ἰδεῖν; προφήτην (*ti exéldsate ideín; proféten* como «¿qué salieron a ver? ¿A un profeta?»; si es «por qué» dice «¿por qué salieron a ver un profeta?» El problema se complica por una variante significativa que invierte las dos últimas palabras griegas y hace imposible la primera puntuación. Pero la evidencia textual es más fuerte por el orden dado arriba, y el uso paralelo de *ti* en los vv. 7-8 asimismo favorece a «qué». Es dudoso que el Evangelio de Tomás 78, que prefiere «por qué», sea auténtico.

12 Obviamente relacionada con la interpretación de este versículo está la interpretación del paralelo en Lc 16:16. La frase «desde entonces se anuncian las buenas nuevas del Reino de Dios» es un paralelo aceptable para «el Reino de los Cielos ha venido avanzando contra viento y marea» de Mateo, y elimina el desconcertante verbo βιάζεται (*biázetai*, «avanza contra viento y marea»). El problema yace en la última frase de Lc 16:16: καί πᾶς εἰς αὐ-τὲν βιάζεται (*kai pas eis autén biázetai*), que podría significar (1) «y a todos se les obliga a entrar en él» o (2) «todos se esfuerzan por entrar en él» (NVI). Lo último se podría tomar en un sentido positivo, en cuyo caso no sería paralelo a Mt 11:12 como la hemos interpretado (más arriba), o en sentido negativo refiriéndose a los opositores que manifiestan intenciones hostiles, en cuyo caso la cláusula es paralela a Mateo 11:12 como la hemos interpretado, pero el verbo se está usando en un sentido distinto que en Mateo, donde la parte negativa del versículo solo depende del sustantivo similar, no del verbo. El asunto sigue siendo muy difícil (cf. análisis en Marshall, *Luke*, pp. 626-30).

14 Es difícil saber por qué, según Jn 1:21, el Bautista negaría ser Elías. En su mayor parte la erudición moderna supone tradiciones independientes y mutuamente contradictorias acerca del Bautista que llegaron por separado a los evangelistas, quienes las transmitieron sin reconocer el problema. Sin embargo, otras sugerencias incluyen (1) Juan negó que era Elías porque sus inquiridores esperaban un cumplimiento literal —si él hubiera contestado de modo afirmativo, ellos por consiguiente habrían oído una falsedad— y (2) Juan el Bautista se veía como la voz que grita en el desierto (cf. Jn 1:23) pero no reconoció que también estaba cumpliendo la profecía en Malaquías. La segunda alternativa se podría apoyar en Mt 11:7-15, porque según este pasaje el conocimiento de Juan no se extendía a las variadas dimensiones de la escatología cristiana «ya-todavía no», y él muy bien pudo haber estado en la oscuridad en otros puntos.

---

2) Generación insatisfecha

11:16-19

> [16]»¿Con qué puedo comparar a esta generación? Se parece a los niños sentados en la plaza que gritan a los demás:
>
> > [17]»"Tocamos la flauta,
> >   y ustedes no bailaron;
> > Cantamos por los muertos,
> >   y ustedes no lloraron."
>
> [18]»Porque vino Juan, que no comía ni bebía, y ellos dicen: "Tiene un demonio." [19]Vino el Hijo del hombre, que come y bebe, y dicen: "Éste es un glotón y un borracho, amigo de recaudadores de impuestos y de pecadores." Pero la sabiduría queda demostrada por sus hechos.»

16-17 Vea el paralelo cercano en Lucas 7:31-35. La «comparación» es fundamental en las parábolas de Jesús (ver en 13:24). Aquí utiliza una analogía para mostrar su opinión de «esta generación» (v. 16), una designación que se repite en Mateo

12:41-42, 45; 23:36; 24:34 (cf. 12:39: 16:4; 17:17) y que usa en cuanto a su propia generación y el rechazo general que le hicieron como Mesías. La identificación de «esta generación» la confirma aquí el pasaje que sigue (vv. 20-24). «No escapa a la vista que el Señor, *nihil humani a se alienum putans* ["al juzgar que nada humano deja de tener interés para él"], a la vez que nota la rotura del remiendo en el vestido (9:6), y las preocupaciones hogareñas por los hijos acostados (Lc 11:7), también observa a los niños jugar en la plaza, y halla en todo material para ilustrar su sabia enseñanza» (Stier). O hay dos clases de juegos (v. 17), uno a la boda y otro al funeral, o, lo menos probable, dos gritos dentro del mismo juego; pero los niños no se satisfacen con ninguno.

18-19 «Porque» muestra que Jesús ahora explica por qué el comportamiento de «esta generación» sugiere la comparación que ha suscitado. Juan el Bautista vivía de modo asceta, «no comía ni bebía» (v. 18), i.e., no se satisfacía en festines de alimentos (cf. 3:4) ni bebía alcohol (cf. Lc 1:15). Aunque él atraía multitudes (vv. 7-8), y muchos decidieron disfrutar su luz por un tiempo (Jn 5:35), el pueblo como un todo lo rechazó, y lo acusó incluso de estar poseído de demonios. Jesús llegó comiendo y bebiendo (9:10:11; Lc 15:1-2; cf. Jn 2:1-11) y lo acusaron de glotonería, borracheras y de andar en malas compañías (v. 19; cf. Pr 23:20). Como niños contrariados, «esta generación» encontraba más fácil vociferar sus críticas y su descontento que «participar en el juego». Jesús dice en realidad: «Pero todo lo que ustedes hacen es dar órdenes y criticar. Para ustedes el Bautista es un demente porque ayuna, y ustedes quieren divertirse; a mí me reprochan porque ceno con recaudadores de impuestos, y ustedes insisten en la separación estricta de los pecadores. Ustedes aborrecen la predicación del arrepentimiento, y aborrecen la proclamación del evangelio. ¡Por tanto juegan sus propios juegos infantiles con los mensajeros de Dios mientras Roma arde!» (Jeremias, *Parables*, pp. 161-62).

Sin embargo, la crítica cae en un nivel aun más profundo. Si ellos hubieran entendido a Juan, habrían entendido a Jesús, y viceversa; el pensamiento tiene vínculos con los vv. 7-15 (Bonnard).

Aquí Jesús utiliza «Hijo del hombre» no solo como referencia sino como alusión mesiánica velada (ver en 8:20). En cuanto a los recaudadores de impuestos y pecadores, vea en 5:46.

El proverbio de cierre ha provocado mucha discusión debido a que Lucas dice «por los que la siguen» (NVI, mg) y Mateo «por sus hechos». Esto resultó tan difícil que en muchos mss. los escribanos asimilaron Mateo a Lucas, donde el texto es relativamente firme (cf. Metzger, *Textual Criticism*, p. 30; y esp. O. Linton, «The Parable of the Children's Game», NTS 22, 1975-76, 165-71). Pero el problema no se puede evadir con mucha facilidad. Las reconstrucciones del arameo no son convincentes.

La forma de Lucas quizá sea original. Comúnmente se ha interpretado como que las afirmaciones de la sabiduría se demuestran que son veraces por los que la siguen, por los que aceptan el mensaje de los voceros de la sabiduría, Juan y Jesús (cf. Lc 7:29-30; algunos lo aceptan: cf. Marshall, *Lucas*, pp. 303 y sig.). ¿Por qué el cambio a «hechos» en Mateo? Suggs (pp. 36-58) sostiene que el proverbio no se debe interpretar como conclusión a la parábola inmediatamente anterior sino a los vv. 1-18, y observa el uso de *erga* («hechos») en el v. 2 (NVI, «lo que Cristo estaba haciendo»). En esta base sostiene que el proverbio en Mateo refleja «sabiduría» cristológica del Hijo del hombre: La sabiduría se demuestra con hechos, y esos hechos son los de Cristo (vv. 2-5). Por consiguiente, Jesús es la sabiduría encarnada (asimismo, pero con mayor cautela, David R., Catchpole, «Tradition History» en Marshall, *NT Interpretation*, pp. 167-71; Dunn, *Christology*, pp. 197 y sig.; y muchos otros).

Ciertamente la sabiduría, ya personificada en el AT (e.g., Job 28; Pr 1; 8), y desarrollada en la tradición judía en una hipóstasis cuasi personal en el cielo, un agente que (o el cual) expresa la mente de Dios (cf. TDNT, 7:465-526; F. Christ, *Jesus Sophia*, Zwingli, Zürich, 1970, pp. 13-60, 156-63), a veces sirve en el NT como un vehículo para la cristología. Sin embargo, aquí sabiduría se entiende mejor en su asociación más tradicional con Dios. La sabiduría de Dios está confirmada por sus (de la sabiduría) hechos. Aquí se debe rechazar la teoría de la sabiduría-cristología. El tema del capítulo 11 no es la cristología, sino el lugar de Juan el Bautista (y por tanto de Jesús) en la historia de la salvación. La adición de una cristología en el v. 19b añade poco al razonamiento, y las razones detalladas de Suggs por defender este punto de vista suponen reconstrucciones de la historia de la Iglesia básicamente cuestionables en otros campos.

El proverbio se debería interpretar a la luz de la parábola precedente: la sabiduría de Dios ha sido confirmada (*edikaiodse*; NVI, «demostrada»)... pero el tiempo verbal griego, contra Jeremias [*Parables*, p. 162, n. 42] y Turner [*Syntax*, p. 73], no se debe tomar como aforístico en este contexto sumamente específico) por sus hechos —i.e. por los estilos de vida tanto de Juan como de Jesús, a los que se refieren versículos anteriores. La sabiduría en el AT se relaciona más con el recto vivir. Tanto Juan como Jesús fueron criticados y rechazados por el modo en que vivían. Pero la sabiduría, excepcionalmente relacionada con el recto vivir, se ha demostrado por sus hechos: los respectivos estilos de vida de Juan y de Jesús son reconocidos como de la sabiduría (para asuntos de autenticidad, cf. TDNT, 8:431-32).

Un enfoque parecido interpreta mejor a Lucas. La frase «todos sus hijos» no se refiere a aquellos que aceptan a Juan y a Jesús como enviados de la sabiduría: los vv. 29-30 no representan a las masas aceptándolos sino, a diferencia de los fariseos y otros líderes, simplemente oyéndolos con mucho gusto. La parábola continúa en que «esta generación» es denunciada por no entender y participar de veras. Los «hijos» de la sabiduría son por ende Juan y Jesús, no las multitudes. «Todos sus hijos» no incide contra esto porque la forma es proverbial y pensada para incluir a todos los mensajeros de Dios, incluso aquellos tan radicalmente distintos como Juan y Jesús. Las dos formas del dicho no están por tanto muy separadas. Lucas se enfoca en los estilos de vida de Juan y Jesús como hijos de la sabiduría, concentrándose por consiguiente en sus personas; Mateo se enfoca en sus hechos. Esta interpretación no solo es coherente y contextualmente apropiada, sino que envuelve la sección precedente en la cual Jesús ha estado exonerando al Bautista al explicar su papel en la historia de la redención, y al mismo tiempo criticando severamente al pueblo por su torpeza espiritual.

Notas

16 «Compañeros» en RVR se explica por haber menor apoyo textual para ἑταίροις (jetaírois, «compañeros») en vez de ἑτέροις (jéterois, «otros»).

19 Varios han sostenido (más recientemente Linton [«Children's Game» pp. 177 y sig.], siguiendo a Wellhausen) que la preposición ἀπό (apó, «por», NVI) se podría traducir «muy en contra», reflejando מִן קְדָם (min qodám). En ese caso se requiere «hijos»: i.e., la sabiduría se demuestra precisamente contra sus hijos; los fariseos y otros que creen tener la razón. Pero es dudoso que los lectores griegos pensarían naturalmente de apó de este modo, y tal significado es absurdo en Mateo.

2. Los condenados y los aceptados (11:20-30)

a. Los condenados: ayes sobre ciudades no arrepentidas

11:20-24

> [20]Entonces comenzó Jesús a denunciar a las ciudades en que había hecho la mayor parte de sus milagros, porque no se habían arrepentido. [21]«¡Ay de ti, Corazín! ¡Ay de ti, Betsaida! Si se hubieran hecho en Tiro y en Sidón los milagros que se hicieron en medio de ustedes, ya hace tiempo que se habrían arrepentido con muchos lamentos. [22]Pero les digo que en el día del juicio será más tolerable el castigo para Tiro y Sidón que para ustedes. [23]Y tú, Capernaúm, ¿acaso serás levantada hasta el cielo? No, sino que descenderás hasta el abismo. Si los milagros que se hicieron en ti se hubieran hecho en Sodoma, ésta habría permanecido hasta el día de hoy. [24]Pero te digo que en el día del juicio será más tolerable el castigo para Sodoma que para ti.»

Vea Lucas 10:12-15, en el contexto del envío de los setenta y dos. La estructura de los dos pasajes no es parecida, el lenguaje moderadamente sí. No hay motivo particular para creer que Mateo 11:20-24 sea el original: «entonces» es una expresión suelta en este evangelio (vea en 3:13) y «comenzar» (ver en v. 7) no mucho menos suelta. El contexto de Lucas no es claramente original; la segunda persona en 10:13-15 podría dar razones en contra (pero ver en v. 24, más abajo). Pero no hay modo de excluir la posibilidad de que Jesús profiriera estos «ayes» una y otra vez como advertencias.

La denuncia en el pasaje anterior (vv. 16-19) se vuelve ahora más severa. Estructuralmente allí hay dos series de advertencias, cada una con la misma secuencia de amonestación (vv. 21a, 23a), explicación (vv. 21b, 23b) y comparación (vv. 22, 24) (cf. Joseph A. Comber, «The Composición and Literary Characteristics of Mtt 11:20-24», CBQ 39, 1977, 497-504).

20 El verbo oneidizein («denunciar»), usado solo aquí y en 5:11; 27:44 en Mateo, es un verbo fuerte, que expresa indignación junto con insultos (como en 5:11) o reproche

justificable (como aquí; cf. BAGD, s.v.). La expresión *jai pleistai dunameis autou* (lit., «sus mismísimos muchos milagros», superlativo intensificador; cf. Turner, *Perspectives*, p. 34; íd., *Syntax*, p. 31) está correctamente traducida «la mayor parte de sus milagros». Jesús no denuncia estas ciudades por feroz oposición sino porque, a pesar del hecho de que la mayoría de sus milagros se realizaron allí —milagros que daban fe de su misión mesiánica (vv. 5-6)— no se habían arrepentido (ver en 3:2; 4:17). Los muchos milagros nos recuerdan de nuevo la responsabilidad impuesta sobre aquellos con más luz. «Todo oyente del Nuevo Testamento es mucho más sabio (v. 11), o mucho más desdichado que los de los viejos tiempos» (Bengel), quienes vivieron antes que Cristo.

21-22 *Ouai* puede significar fatalidad o advertencia solemne («¡ay!»), o piedad («lamentación»); las dos se funden aquí (v. 21). Las advertencias se dieron antes; ahora se pronuncian los ayes. Corazín solo se menciona en el NT aquí y en Lucas 10:13. Sus ruinas tal vez se identifiquen con Kirbet Keraze, aproximadamente a tres kilómetros al noroeste de Capernaúm. La Betsaida en cuestión era quizá el hogar de Andrés, Pedro y Felipe (Jn 1:44; 12:21) sobre la costa occidental de Galilea, no la Betsaida Julias en la costa noreste cerca del estuario del Río Jordán. Tiro y Sidón eran grandes ciudades fenicias en el Mediterráneo, no lejanas, y a menudo denunciadas por profetas del AT por su adoración a Baal (Is 23; Ez 26—28; Jl 3:4; Am 1:9-10; Zac 9:2-4). El «saco» es una tela áspera hecha de cabellos cortos de camello que por lo general se usaba sobre la piel para expresar dolor o tristeza (2 S 3:31; 1 R 21:27; 2 R 6:30; Jl 1:8; Jon 3:5-8). Se agregaban cenizas en casos de profunda emoción (Job 42:6; Dn 9:3), sea que la pusieran sobre la cabeza (2 S 13:19; Lm 2:10), se sentaran en ella (Jon 3:6), se tendieran sobre ella (Est 4:3), o incluso se revolcaran en ella (Jr 6:26; Miq 1:10). Para «pero les digo» (v. 22), más adecuadamente «en realidad les digo» (aquí y en el v. 24), vea en 26:64.

Tres grandes proposiciones teológicas se presuponen por la insistencia de Jesús de que en el día del juicio (ver en 10:15; cf. 12:36; Hch 17:31; 2 P 2:9; 3:7; 1 Jn 4:17; Jud 6), en el que él juzgará (7:22; 25:34), las cosas serán peores para las ciudades que han recibido mucha luz que para las ciudades paganas. La primera proposición es que el Juez tiene conocimiento supeditado: sabe lo que Tiro y Sidón habrían hecho bajo tales circunstancias. La segunda es que Dios no debe revelación a nadie, de lo contrario habría injusticia al no revelarla. La tercera es que el castigo en el día del juicio tiene en cuenta la oportunidad que se tuvo. Existen grados de felicidad en el paraíso y grados de tormento en el infierno (12:41; 23:13; cf. Lc 12:47-48), un punto que Pablo entendió bien (Ro 1:20—2:16). Las implicaciones para la cristiandad occidental de hoy día son aleccionadoras.

23-24 En cuanto a Capernaúm, vea en 4:13. La ciudad no sólo fue la base de Jesús (4:13), sino que este realizó allí muchos milagros específicos (8:5-17; 9:2-8, 18-33; Mr 1:23-28; Jn 4:46-54). Para las difíciles variantes textuales, ver Metzger (*Textual Commentary*, pp. 30 y sig.) y France (*Jesus*, p. 243): la pregunta, conservada en la NVI (v. 23), tal vez sea correcta. «Descenderás» (que se ajusta a Is 14:15) o «serás derribada» (que se ajusta a Lc 10:15) está bien traducida, la idea es clara; y la alusión a Isaías 14:15 es inequívoca. La popular ciudad de Capernaúm, como la orgullosa Babilonia, descenderá al abismo (ver en 5:22). El pasaje del AT es un insulto contra la malvada y arrogante ciudad, personificada en su rey; y se junta a Capernaúm con

Babilonia, que todos los judíos relacionaban como la personificación del mal (cf. Ap 17:5). El contraste cielo-abismo puede ser metafórico para expresar exaltación-humillación o algo así (cf. Job 11:8; Sal 139:8; Am 9:2; Ro 10:6-7). Pero en vista de las referencias que rodean al «día del juicio», al abismo se le debe dar trasfondo siniestro. De igual modo, aunque Sodoma (Gn 19) era notoria por su maldad (cf. Ez 16:48), el día del juicio será más tolerable para «la tierra de Sodoma» (según el gr., recordando que varias ciudades estaban involucradas en el pecado y la destrucción) que para Capernaum (ver en vv. 21-22).

b. *Los aceptados* (11:25-30)

1) *Por revelación del Padre*

11:25-26

> [25]En aquel tiempo Jesús dijo: «Te alabo, Padre, Señor del cielo y de la tierra, porque habiendo escondido estas cosas de los sabios e instruidos, se las has revelado a los que son como niños. [26]Sí, Padre, porque esa fue tu buena voluntad.

Si los vv. 20-24 describen a los condenados, los vv. 25-30 describen a los aceptados. Los vv. 25-30 se pueden dividir en tres partes: 25-26, 27, 28-30. Las dos primeras son paralelas a Lucas 10:21-22. La unidad de las tres partes y la autenticidad de cada una se han debatido acaloradamente. Al contrario de la opinión anterior (esp. E. Norden, *Agnostos Theos*, Teubner, Stuttgart, 1913), el lenguaje no es el del misticismo helénico (Norden propuso Eclò 51 como el paralelo más cercano, después de Strauss) pero es totalmente semítico (cf. W.D. Davies, «"Knowledge" in the Dead Sea Scrolls and Matthew 11:25-30», *Christian Origins and Judaism*, Darton Longman and Todd, Londres, 1962, pp. 119-44; Manson, *Dichos*, p. 79; Jeremias, *NT Theology*, pp. 24, 57 y sig.), lo cual significa que el lugar de origen es palestino. Más abajo se analizan otros aspectos de las cuestiones de autenticidad (ver esp. A.M. Hunter, *Gospel and Apostle*, SCM, Londres, 1975, pp. 60-67). La oración de Jesús surge de su rechazo (vv. 16-24) aunque todavía reconoce su misión (cf. 10:5-42).

25 El griego *en ekeino to kairo* («en aquel tiempo») es un vínculo ligero en Mateo (cf. 12:1; 14:1), históricamente amplio (se trataba de aquel tiempo) y rigurosamente temático (este pasaje se debe leer desde el punto de vista de la denuncia precedente). Lucas 10:21 pone en boca de Jesús las palabras «en aquella misma hora» (*en auté te jóra*; NVI, «en aquel tiempo») cuando los setenta y dos regresaron con regocijo de su misión; Mateo supone que allí ha habido algún éxito (Dios ha revelado estas cosas a niños pequeños), pero suscita una antítesis más aguda entre los destinatarios de tal revelación y los «sabios e instruidos» que, como los habitantes de las ciudades recién denunciadas, no entienden nada.

Aunque *exologoumai soi* («te alabo») se puede usar en el sentido de «confieso mis pecados» (cf. 3:6), el significado básico es de reconocimiento. Los pecados reconocidos de verdad son pecados confesados. Cuando este verbo se usa con respecto a

Dios, la persona que ora «reconoce» quién es Dios, lo correcto de sus caminos y la excelencia de su carácter. En ese punto reconocer apenas se distingue de alabar (como en Ro 14:11; 15:9; Flp 2:11; cf. LXX de Sal 6:6; 7:18; 17:50 et al.).

Aquí Jesús se dirige a Dios como «Padre» y «Señor del cielo y de la tierra» (cf. Eclo 51:10; Tob 7:18). Estos títulos son particularmente adecuados, porque el primero indica el sentido que tenía Jesús de la condición de Hijo (vea en 6:9) y prepara para el v. 27, mientras el último reconoce la soberanía de Dios sobre el universo, y prepara para los vv. 25-26. Dios es soberano, libre de ocultar o revelar como quiera. Él ha revelado «estas cosas» —la trascendencia de los milagros de Jesús (cf. vv. 20-24), el desarrollo de la era mesiánica en gran parte inadvertida, el contenido de la enseñanza de Jesús— a *népiois* («niños», «discípulos ingenuos», «simples»; Jeremias, *NT Theology*, p. 111; ver más en 18:1-5; cf. Jn 7:48-49; 1 Co 1:26-29; 3:18); y las ha escondido de los «sabios e instruidos».

Muchos limitan los «sabios e instruidos» a los fariseos y maestros de la Ley, pero el contexto sugiere algo más amplio. Jesús acaba de pronunciar ayes sobre «esta generación» (v. 16) y de denunciar ciudades enteras (vv. 20-24). Estos son los «sabios e instruidos» (mejor: «sabios y entendidos») de quienes está oculta la verdadera importancia del ministerio de Jesús. Lo importante aquí no es la educación de ellos, así como lo importante en los «niños» no es su edad ni tamaño. El contraste es entre quienes son autosuficientes y se consideran sabios y quienes son dependientes y les gusta que les enseñen.

Jesús pronunció su alabanza a su Padre por revelar las riquezas de las buenas nuevas del Reino a los unos y esconderlas a los otros. Zerwick (par. 452) sostiene que aunque la construcción pone formalmente en el mismo nivel la ocultación y la revelación de Dios, en realidad se trata de una construcción semítica (cf. Ro 6:17, que literalmente dice: «Gracias a Dios que, aunque antes eran esclavos del pecado, ya se han sometido de corazón a la enseñanza que les fue transmitida»). Pero este ejemplo no ayuda aquí en gran manera, porque aun cuando traducido de modo admisivo («te alabo … porque *aunque* escondiste estas cosas de los sabios e instruidos, se las has revelado a los que son como niños»), Dios sigue siendo el que revela y oculta.

Sin embargo, no debemos creer que el ocultamiento y la revelación de Dios sean actividades arbitrariamente simétricas ejercidas en seres humanos neutrales, que son tanto inocentes como desvalidos frente al decreto divino. Dios está tratando con una humanidad de pecadores (cf. 1:21; 7:11) a quienes no debe nada. Por ende, ocultar «estas cosas» no es una acción de injusticia sino de juicio, lo que Juan el Bautista estaba buscando en Jesús y no encontró (ver en 11:2-6). Lo asombroso de la actividad de Dios no es que él actúa en misericordia y en juicio, sino quiénes son los destinatarios de tal misericordia y juicio. Los que se jactan del entendimiento que tienen de las cosas divinas son juzgados; a quienes no entienden nada se les enseña. El patrón de la predestinación es el contrapunto de la gracia.

26 En vez de lamentarse o encontrar fallas en el ocultamiento y la revelación del Padre, Jesús se deleitó en ello. La conjunción *joti* se entiende mejor como «porque» (NVI): te agradezco *porque* esta fue tu buena voluntad; y eso es lo que Jesús «reconoce» o «alaba». Cualquier cosa que agrade a su Padre le complace a él. «Ocurre a menudo que en las oraciones de una persona salen a la superficie sus pensamientos más veraces acerca de sí misma. Por esto la acción de gracias de Jesús que aquí se registra es una de las piezas más valiosas de autobiografía espiritual hallada en los evangelios sinópticos» (Tasker). El equilibrio de Jesús reflejó el equilibrio de las Escrituras: pudo denunciar al mismo tiempo las ciudades que no se arrepintieron y alabar al Dios que no revela; porque la soberanía de Dios en la elección no la mitigan la terquedad y el pecado del hombre, aunque la responsabilidad del hombre no está de ningún modo limitada por la «buena voluntad» de Dios que revela y oculta esa soberanía (cf. Carson, *Divine Sovereignty*, pp. 205 y sig.).

Notas

25 El griego tiene ἀποκριθεὶς ὁ᾽Ἰησοῦς εἶπεν (*apokrideís jo Iesoús eípen*, «Jesús respondió y dijo»), no solo ὁ᾽Ἰησοῦς εἶπεν (*jo Iesoús eípen*, «Jesús dijo», NVI); del mismo modo 12:38; 17:4; 26:63 (mg); 28:5, donde no hay «pregunta» para «responder». Esto simplemente refleja un modismo hebreo (Zerwick, par. 366).

2) *Por acción del Hijo*

11:27

[27]»Mi Padre me ha entregado todas las cosas. Nadie conoce al Hijo sino el Padre, y nadie conoce al Padre sino el Hijo y aquel a quien el Hijo quiera revelarlo.

27 A pesar de las opiniones contrarias, son muy firmes los argumentos que respaldan la autenticidad de estas palabras de Jesús. Rechazado por mucho tiempo debido a que se había pensado que reflejaba la teología de Juan, la cual se creyó producto de helenización tardía, este versículo se ha ganado con mucho el reconocimiento de la erudición de que aquí las categorías de «conocimiento» son judías, y semítica la estructura del versículo (cf. Jeremias, Prayers, pp. 45 y sig.). Dunn (*Christology*, pp. 199-200) ha mostrado que el paralelismo más próximo al v. 27 reside en la elección del lenguaje del AT, un firme argumento para la unidad de los vv. 25-27.

Hill (*Matthew*) niega la autenticidad del dicho, pero cándidamente admite: «El mayor obstáculo para aceptar la veracidad del versículo es la suposición de que Jesús no pudo haber hecho una afirmación tan absoluta por sí mismo». Esto sale en parte de observar que, a excepción del cuarto evangelio, la expresión absoluta «el Hijo» es sumamente extraña. Pero aparece de modo significativo dos veces más en Mateo: en 24:36 (cf. Mr 13:32) y 28:19 (también en 1 Co 15:28; Heb 1:8). Jeremías (*Prayers*) sostiene que el hábito de Jesús de dirigirse a Dios como «Padre» muy bien pudo haber contribuido a un entendimiento personal por parte de Jesús. Jeremías, sin embargo, cree incluso que el v. 27 se debe entender de modo genérico: «Así como solo el padre conoce de veras a su hijo, solo un hijo conoce en realidad a su padre» (p. 50). Pero aunque tuviera razón, en un contexto en que (1) Jesús se ha dirigido a Dios como «Padre» (vv. 25-26), (2) se hace a sí mismo hijo en un sentido exclusivo, (3) con el exclusivo poder de mediar el conocimiento de Dios, se puede concluir que la declaración «genérica» que Jeremías encuentra *solo* se puede aplicar a Jesús, y en tal manera como para hacer exclusiva su condición de hijo.

Algunos intérpretes del pasado decían a menudo que «el Hijo» no se utilizó en fuentes pre-cristianas como título del Mesías. Con el descubrimiento de 4QFlor 10—14, que cita a 2 Samuel 7:14 y aplica a la «descendencia» de David las palabras «seré su Padre y él será mi Hijo», se debe reconsiderar este juicio. Aunque quizá no sea un título mesiánico directo, con seguridad se usó para referirse a un personaje apocalíptico que era hijo de un rey, presumiblemente David, y por tanto toma del AT los usos de «Hijo» (cf. Sal 2; vea en 2:15; 3:17; 16:13-16; cf. Fitzmyer, *Wandering Aramaen*, pp. 102-7; M. Hengel, *The Son of God*, Fortress, Filadelfia, 1976; Guthrie, *NT Theology*, 301 y sig.). Como con «Hijo del hombre» (vea el excursus sobre 8:20), también con «Hijo de Dios»: parece que Jesús utilizó una designación no definida firmemente y abierta a varias interpretaciones como parte de la revelación gradual de sí mismo, revelación que solo se podría captar por completo después de la Cruz y la Resurrección. Por consiguiente, para Mateo no hay duda de lo que Jesús está diciendo, porque las categorías «Hijo» o «Hijo de Dios» en Mateo se deben ver contra el contexto, no solo del prólogo sino también de 3:17.

El último pasaje resalta un punto aun más básico. ¿No se puede pensar que el mismo Jesús originara algunas cosas? ¿Era la Iglesia tan rica en imaginación, y Jesús tan pobre en imaginación que todas las novedades en títulos y teologías se deben atribuir solo a la Iglesia? Si 3:17 es histórico, ¿por qué Jesús no debería pensar de sí mismo como el Hijo de Dios en 11:27? ¿Es necesario concluir, con Hill, que 11:27 no puede ser auténtico porque parece la autoridad del Jesús en 28:18 después de la resurrección? Y si los dos parecen iguales, ¿por qué no concluir que hay más continuidad entre el ministerio terrenal de Jesús, y el Señor resucitado, de lo que la mayoría de los eruditos están dispuestos a reconocer?

El v. 27 es una afirmación cristológica de importancia fundamental, y se ajusta fácilmente al contexto. Después de declarar que el Padre da verdadero entendimiento de «estas cosas» a «niños» (vv. 25-26), Jesús añade ahora que él es el agente exclusivo de esa revelación. «Todas las cosas» se podría referir no a «toda autoridad» (como en 28:18) sino a «todo conocimiento divino», todo conocimiento de «estas cosas» (en el v. 25). Pero debido a que el Hijo no solo tiene conocimiento sino autoridad para elegir a quiénes les va a revelar a Dios, quizá «todas las cosas» incluya autoridad. El conocimiento recíproco del Hijo y el Padre, donde el Padre es Dios, presupone en realidad una condición especial de hijo. Y este mutuo conocimiento único garantiza que es verdadera la revelación que da el Hijo. Con relación a esta reciprocidad, no menos asombrosa es la frase «Nadie conoce al Hijo sino el Padre». Aunque está traducida a la manera de Jeremías (más arriba), en este contexto exclusivista hace una afirmación que ningún simple mortal pudo haber hecho sin mentir. Hay un mundo cerrado entre el Padre y el Hijo que se abre a otros solo por la revelación que el Hijo da. «Una cosa es saber por naturaleza de igualdad, y otra por la condescendencia de quien revela» (Jerónimo, citado en Broadus). Esta revelación no solo es objetiva (el Hijo revela «estas cosas») sino personal (el Hijo revela al Padre).

El Hijo revela al Padre a quienes él, de vez en cuando, desea revelarlo (presente subjuntivo: cf. Turner, *Syntax*, p. 107). Así como el Hijo alaba al Padre por revelar y ocultar según su buena voluntad (v. 26), el Padre ha autorizado al Hijo a revelar o no según su voluntad. La prueba pone enorme énfasis en la persona y autoridad de Jesús. El pensamiento está repetido en Juan (3:35; 8:19; 10:15; 14:9; 16:15) y en los sinópticos (Mt 13:11; Mr 4:11: Jesús da a conocer los secretos del Reino; cf. Mt 10:37-39; 11:25; Lc 10:23-24; cap'. 15 et al.). Lo claro en este pasaje es que no son iguales las condiciones de Hijo y de Mesías. «La condición de Hijo precede a la de Mesías, y es en realidad el fundamento de la misión mesiánica» (Ladd, *NT Theology*, pp. 165-67, esp. p. 167).

3) *Por gentil invitación del Hijo*

11:28-30

> [28]»Vengan a mí todos ustedes que están cansados y agobiados, y yo les daré descanso. [29]Carguen con mi yugo y aprendan de mí, pues yo soy apacible y humilde de corazón, y encontrarán descanso para su alma. [30]Porque mi yugo es suave y mi carga es liviana.»

Estos versículos solo están en Mateo. Jesús es el único que revela al Padre (v. 27). Él es quien invita, no a los «sabios e instruidos» (v. 25), sino a los «cansados y agobiados» (v. 28). El Hijo revela al Padre, no para satisfacer la curiosidad erudita ni para reforzar la autosuficiencia del arrogante, sino para llevar a «los niños» (v. 25) a conocer al Padre (v. 27), para presentar a los cansados el descanso escatológico (v. 28); o, como le dijera el ángel a José, para que Jesús el Mesías pudiera salvar a su pueblo de sus pecados (1:21).

En parte debido a que estos versículos tienen algunos vínculos con Eclesiástico 51:23-37, donde la sabiduría invita a los hombres a su yugo, varios han sostenido que aquí Mateo identifica a Jesús con la sabiduría simbolizada en una forma concreta (e.g., Zumstein, pp. 140 y sig.; Dunn, *Christology*, pp. 200 y sig.). Pero el contraste entre Eclesiástico 51 y este pasaje es más admirable que las similitudes. En el primero, Sira en realidad está invitando a los hombres a tomar el yugo de estudiar el Torá como el medio de obtener aceptación y descanso; en el último, Jesús ofrece descanso escatológico, no al erudito que estudia la Tora, sino a los cansados. Es necesario adoptar la enseñanza de Jesús, no la Tora; y esto se yergue, como lo muestra el extracto (12:1-8, 9-14), como un muy bien recibido alivio del entendimiento legalista del AT.

28 El «mí» gramaticalmente no es enfático excepto tras la suma importancia del v. 27. Jesús invita a los «cansados» (el participio sugiere a quienes se han cansado a través de la dura lucha o esfuerzo) y a los «agobiados» (el lado pasivo del cansancio, sobrecargados como bestias de carga) a ir a él; y él (no el Padre) les dará descanso. Hay una repetición de Jeremías 31:25, donde el SEÑOR refrescará a su pueblo por medio del nuevo pacto.

Aunque no hay necesidad de limitar las «cargas», es imposible no recordar las «cargas pesadas» que los fariseos ponían en hombros del pueblo (23:4; cf. 12:1-14; cf. Schlatter; Klostermann; M. Maher, «"Take my yoke upon you", Matt xi. 29», NTS 22, 1976, 97-103). El «descanso» (cf. uso de término similar en Heb 3—4) es escatológico (cf. Ap 6:11; 14:13), pero también una realidad actual.

29-30 El «yugo» (v. 29), puesto en animales para halar cargas pesadas, es una metáfora de la disciplina del discipulado. Si Jesús no está ofreciendo el yugo de la Ley (*Pirke Aboth* 3:6; cf. Eclo 51:26), tampoco está ofreciendo libertad de todas las limitaciones. El «yugo» es el yugo de Jesús, no el yugo de la Ley; el discipulado debe ser *para él*. En vista del v. 27, «aprendan de mí» no puede significar «imítenme a mí» ni «aprendan de mi experiencia» (contr. Stauffer, TDNT, 2:348 y sig.) sino «aprendan de la revelación que solo yo imparto» (cf. Schmid).

La característica maravillosa de esta invitación es que a pesar de la superextraordinaria autoridad de Jesús (v. 27), este anima a los agobiados a ir ante él porque él es «apacible y humilde de corazón». Mateo resalta la apacibilidad de Jesús (18:1-10; 19:13-15). Según parece el tema está conectado con el lenguaje mesiánico del siervo (Is 42:2-3; 53:1-2; cf. Zac 9:9, citado en Mt 21:5) que se repite en 12:15-21. Aunque es revelador autorizado, Jesús se acerca a nosotros con una verdadera apacibilidad de siervo. Por el momento, el reino mesiánico no se debe entender como exclusivamente soberano. Sobre «descanso», vea en v. 28; pero aquí las palabras «y encontrarán descanso para su alma» se citan directamente de Jeremías 6:16 (TM, no LXX). Todo el versículo es de gran riqueza en el lenguaje del AT (cf. Gundry, *Use of AT*, p. 136); pero si su intención no es solo aludir al pasaje sino cumplirlo, Jesús está diciendo que los «senderos antiguos» y el «buen camino» (Jr 6:16) consisten en tomar su yugo porque él es aquel a quien señala el AT. Ese yugo es «suave» (bueno, desahogado) y su carga es liviana (v. 30). El «descanso» que promete no es solo para el mundo venidero sino también para este.

El contraste tácito entre el yugo de Jesús y el de otros no es entre el antinomianismo y el legalismo, porque en un sentido profundo sus exigencias (5:21-48) son más radicales que las de ellos; ni entre la salvación por la Ley y la salvación por gracia (contr. Bornkamm, *Tradition*, p. 148, n. 2); ni entre actitudes severas entre maestros judíos de la Ley y el enfoque humano y humilde de Jesús (Klostermann). No, el contraste es entre la carga de la sumisión al AT en cuanto a la regulación farisaica y el alivio de estar bajo la tutela de Jesús. La autoridad de Jesús es la del apacible Revelador a quien en realidad señalaba el AT, los senderos antiguos (cf. H.D. Betz, «The Logion of the Easy Yoke and of Rest [Matt 11:28-30]», JBL 86, 1967, 10-24).

3. *Conflictos del sábado* (12:1-14)

a. *Espigas de trigo para comer*

12:1-8

> [1]Por aquel tiempo pasaba Jesús por los sembrados en sábado. Sus discípulos tenían hambre, así que comenzaron a arrancar algunas espigas de trigo y comérselas. [2]Al ver esto, los fariseos le dijeron:

—¡Mira! Tus discípulos están haciendo lo que está prohibido en sábado. ³Él les contestó:

—¿No han leído lo que hizo David en aquella ocasión en que él y sus compañeros tuvieron hambre? ⁴Entró en la casa de Dios, y él y sus compañeros comieron los panes consagrados a Dios, lo que no se les permitía a ellos sino sólo a los sacerdotes. ⁵¿O no han leído en la ley que los sacerdotes en el templo profanan el sábado sin incurrir en culpa? ⁶Pues yo les digo que aquí está uno más grande que el templo. ⁷Si ustedes supieran lo que significa: "Lo que pido de ustedes es misericordia y no sacrificios", no condenarían a los que no son culpables. ⁸Sepan que el Hijo del hombre es Señor del sábado.

Ya había surgido la oposición a Jesús (9:3, 11, 14, 34; 10:25; 11:19). En esta ocasión estalla por un asunto concreto que genera tanto odio que los enemigos de Jesús contemplan asesinarlo (14).

Mateo toma ahora la narración de Marcos 2:23 (cf. Mr 2:23-28; Lc 6:1-5) en el punto en que la había dejado tan atrás como en Mateo 9:18. Solo aquí habla de conflictos sobre el sábado (aunque cf. 13:54-58; 24:20).

Las reglas judías de conducta acerca del sábado eran muy detalladas; y se admitía irónicamente que «las reglas acerca del sábado ... eran como montañas que colgaban de un cabello, porque [la enseñanza de] las Escrituras [sobre esto] es insuficiente, y muchas las reglas» (M *Hagigah* 1:8). Sin embargo, para muchos judíos de la época de Jesús el sábado era una alegre fiesta, una señal del pacto, un recordatorio de la creación divina en seis días, y, siempre y cuando se obedecieran las reglas, un medio de obtener mérito para Israel (Mek *Éx* 20:16; 23:15; 26:13; b *Shabbath* 10b). En muchos puntos había diversas interpretaciones; y aunque los fariseos eran estrictos, los pactantes del Qumrán lo eran aun más (CD 10:14—11:8). (Para un detallado estudio y bibliografía de los vv. 1-14 en el contexto del asunto canónico de la relación entre el sábado y el día del Señor, cf. Carson, «*Sabbath*»).

1 «Por aquel tiempo» no necesariamente significa el mismo día de los acontecimientos del capítulo 11 sino «en aquellos días» (ver en 3:1; 11:25; cf. 13:1). Aquí introduce un *ejemplo* de onerosa regulación farisaica (que surge de 11:28-30) junto con el tema de la oposición que se levanta contra Jesús, y que une mucho de esta sección (11:2—13:53).

Se han propuesto varias explicaciones en cuanto a lo que hicieron los discípulos de Jesús (presumiblemente los doce). Algunos eruditos han observado que solo Mateo menciona el hambre que los discípulos tenían, y sugiere que comieron trigo por necesidad (Kilpatrick, p. 116; Willy Rordorf, *Sunday*, SCM, Londres, 1968). Pero no había una necesidad, a menos que alguien no hubiera comido en días. La referencia al hambre es solo parte de la historia: ¿por qué más arrancarían los discípulos un poco de trigo? Es fantasiosa la sugerencia de Samuele Bacchiocchi (*From Sabbath to Sunday*, Pontificial Gregorian University Press, Roma, 1977, p. 50), de que el reproche de Jesús (v. 7) implica que los fariseos debieron haber llevado a Jesús y a los discípulos a almorzar en sus casas después del culto de la sinagoga, en vez de criticarlos por arrancar espigas de trigo.

Manson (*Sayings*, p. 190) observa que Jesús y sus discípulos iban de lugar en lugar para hacer la obra misionera e investir sus acciones con el significado del Reino. Pero, ¿por qué entonces no se les acusó de sobrepasar el límite permitido para viajar en sábado (aproximadamente mil cien metros; cf. M *Sotah* 5:3)? ¿Y qué estaban haciendo allí los fariseos? La escena recuerda un paseo de sábado en la tarde dentro de la distancia permitida. P.K. Jewett (*The Lord's Day*, Eerdmans, Grand Rapids, 1971, p. 37) sugiere que los discípulos estaban haciendo un sendero para Jesús, una idea basada en el «comenzaron a arrancar a su paso» de Marcos. Esto no cabe en Mateo e interpreta erróneamente a Marcos. Un sendero no se puede hacer simplemente arrancando algunas espigas de trigo. En ese tiempo los campos no estaban separados por cercas sino por marcas de piedra (cf. Dt 19:14). Los senderos atravesaban los campos o los bordeaban, el trigo se sembraba en el mismo borde y a veces más allá (cf. 13:4); y el derecho de arrancar trigo de modo ocasional (aunque no necesariamente en sábado) estaba establecido en Deuteronomio 23:25.

2 La acusación de los fariseos de que los discípulos estaban rompiendo la Ley no se basaba en que los discípulos arrancaban grano en el campo de alguien, sino en el hecho de que recoger grano —i.e., «cosechar» (cf. j. *Shabbath* 7.2,9c)— era una de las treinta y nueve clases de trabajo prohibidas el sábado (M *Shabbath* 7:2) bajo el imperante halajá. Aunque se concedían excepciones a estas en el caso de servicio en el Templo, y donde la vida estaba en juego, aquí no se aplicaba excepción alguna. Sigal («Halajá», p. 160) sostiene que no todas las autoridades prohibían lo que estaban haciendo los discípulos; pero M *Shabbath* 10:2, al cual él se refiere, no habla de recolecciones ocasionales de trigo en un campo abierto, y por tanto es intrascendente. En un período posterior, el Guemará permite expresamente arrancar trigo a mano y comerlo el sábado, pero prohíbe expresamente el uso de una herramienta (b. *Shabbath* 128a, b; cf. Bonnard). Pero este cambio se hizo mucho después, y quizá se deba en parte a la influencia cristiana.

3-4 El uso de contrainterrogantes y apelaciones a las Escrituras era común aunque no de modo exclusivo en las discusiones rabínicas (cf. v. 5; 19:4; 21:16, 42; 22:31). El relato al cual se refiere Jesús es de los «antiguos profetas», como los judíos llamaban a esos libros (1 S 21:1-6). (Sobre las regulaciones relacionadas con el pan consagrado [lit., «pan de la presencia»], vea Éx 25:30; Lv 24:5-9.)

La «casa de Dios» a la que entró David era el tabernáculo (cf. Éx 23:19; Jue 18:31; 1 S 1:7, 24; 3:15; 2 S 12:20; Sal 5:7), en ese tiempo en Nob, exactamente al sur de Jerusalén. Tanto David como sus compañeros comieron lo que solo debían comer los sacerdotes, y lo hicieron después de mentir al sacerdote acerca de su misión. Es posible que este suceso se efectuara en un sábado, puesto que 1 Samuel 21:5-6 parece como si el pan consagrado acabara de ser cambiado. Muchos judíos entendían el texto de ese modo (cf. SBK, 1:618 y sig.; TDNT, 7:22). Pero Jesús no dice nada del engaño de David ni depende de ninguna suposición relacionada con el día en que ocurrió. Si era un sábado, nadie más que los sacerdotes debían haber comido ese pan; y si no era sábado, el pan no se habría cambiado, mucho menos lo habrían comido quienes no eran sacerdotes.

El razonamiento toma una forma rabínica común (cf. Sigal, «Halajá», pp. 162 y sig.): es decir, la yuxtaposición de dos afirmaciones aparentemente contradictorias de las Escrituras para sacar una conclusión halájica (una conclusión relacionada con regulaciones de la conducta). Por una parte, David comió; por la otra, le era ilegal hacer eso. Lo que quiere decir Jesús no es simplemente que las reglas admiten excepciones sino que las Escrituras mismas no condenan a David por su acción; en consecuencia, la rigidez de la interpretación que los fariseos hacían de la Ley no está de acuerdo con las Escrituras mismas (cf. Cranfield, *Mark*, pp. 11 y sig.; Lane, *Mark*, p. 117). La cuestión no es que «el sábado se hizo para ustedes, no ustedes para el sábado» (Mek Éx 26:13; cf. 2 Mac 5:19) sino que el enfoque de los fariseos hacia el AT estaba equivocado y no podía explicar el incidente de David.

¿Cómo se aplica esto a Jesús y a sus discípulos? Ellos no estaban desesperados y muertos de hambre, a diferencia de David y sus hombres. No está siquiera claro por qué decían que estaban rompiendo una ley del AT cuando los mandamientos acerca del sábado tenían como objetivo principal el trabajo regular. Los discípulos no eran agricultores que trataban de hacer alguna labor ilícita, sino predicadores itinerantes que recogían de paso algunas espigas de trigo. En realidad, aparte de las interpretaciones halájicas, no es tan obvio que se estuviera rompiendo algún mandamiento de las Escrituras. Entonces, parece que Jesús usó el incidente de David no simplemente para cuestionar el punto de vista de los fariseos acerca del sábado, porque el incidente de David no tenía relación directa con el problema. Más bien estaba cuestionando el enfoque que aplicaban a la Ley misma.

Hay más. En el incidente al cual se refirió Jesús, David «y sus compañeros» prescindieron de las regulaciones (incluso de la ley escrita). ¿No había por tanto una excusa para que prescindieran de las regulaciones (que no tenían bases claras en la ley escrita) Jesús y quienes estaban con él (según Hooker, *Son of Man*, pp. 97 y sig.)? Esta analogía se sostiene bien solo si Jesús es al menos tan especial como David, y es para llegar a esta conclusión que se levanta el razonamiento de los versículos siguientes.

5-6 La segunda apelación de Jesús, conservada solo en Mateo (sin duda porque era de interés para sus lectores judíos cristianos) es de la Tora en el sentido estricto del Pentateuco (cf. Nm 28:9-10). Hablando formalmente, los sacerdotes levíticos «quebrantaban» el sábado todas las semanas (v. 5), puesto que la adoración adecuada de Dios en el Templo requería que hicieran algún trabajo (cambiar el pan consagrado [Lv 24:8] y ofrecer la ofrenda quemada y sangrada [Nm 28:9-10]). Por supuesto, los sacerdotes no tenían culpa; la ley que estableció el sábado también estableció el derecho de los sacerdotes, formalmente hablando, de «quebrantarla». (Para un razonamiento similar, cf. Jn 7:21-23).

Sin embargo, ¿cómo se aplica esto a Jesús y sus discípulos? La forma del argumento es *qal vajomer* (lit., «la luz y lo importante», como un argumento *a fortiori* [ver en 5:25-30]), un procedimiento reconocido para establecer una regulación jalákica (Daube, *New Testament*, p. 67 y sig.). Pero esto solo es válido si «uno más grande que el templo» (v. 6) es de veras el más grande. «Más grande» es neutro (la variante masculina está mal atestiguada) como en los vv. 41-42 —i.e., «algo más grande» (NIV mg). Sin embargo, el neutro se puede referir a las personas cuando se resalta alguna cualidad y no al individuo en sí (Turner, *Syntax*, p. 21).

Así que queda la duda: ¿quién o qué es más grande que el Templo? B. Gerhardsson («Sacrificial Service and Atonement in the Gospel of Matthew», *Reconciliation and Hope*, ed. R. Banks, Paternoster, Exeter, 1974, p. 28), seguido por David Hill («On the Use and Meaning of Hosea vi. 6 in Matthew's Gospel», NTS 24, 1978, 115), sostienen que esto se refiere al culto de adoración a Dios en el cual Jesús participaba. Este es más grande que el servicio en el Templo que realizaban los sacerdotes. Pero Jesús y sus discípulos en realidad no estaban «comprometidos» en tal servicio mientras arrancaban espigas de trigo de la manera en que los sacerdotes estaban comprometidos con el sábado. Además la comparación en el texto no es con el servicio en el Templo sino con el Templo mismo.

Otros han sostenido que lo que es más grande que el Templo es la orden de amar (Sigal, «Halaka», pp. 163-66; cf. D.M. Cohn-Sherbok, «An Analysis of Jesus' Arguments Concerning the Plucking of Grain on the Sabbath», *Journal for the Study of the New Testament* 2, 1979, 31-41; cf. Sand, pp. 43-45), y encuentran apoyo para esto en el llamado a la misericordia en el v. 7. Pero la supremacía de la orden de amar aun no se ha presentado (cf. 22:34-40). Lo que es más importante, el razonamiento pasa por alto el secuencial y escatológico «aquí está». Esto refuta la insistencia de Sigal de que Jesús está respondiendo simplemente en un nivel de disputa sobre la Halajá. Al contrario, está insistiendo que en aquel momento de la historia había llegado un nuevo y mayor acontecimiento-cosa-persona, algo que no había antes. Además, la referencia a «misericordia» (v. 7) se presta a una mejor interpretación.

Aun existen otras sugerencias. Pero la más probable es que «algo más grande» es, o Jesús mismo (Bornkamm, *Tradition*, p. 35; Georges Gander, *L'Evangile de l'Englise: Commentaire de l'Evangile selon Matthieu*, Faculté Libre de Théologie Protestante, Aix-en-Provence, 1967) o el Reino (Lohmeyer, *Matthäus*). En realidad los dos se funden en una. Si es el Reino, es el reino que Jesús está inaugurando; si es Jesús, no es solo Jesús como hombre sino como Mesías, Hijo de David (vv. 3-4), Hijo del hombre (v. 8), quien marca el comienzo de la era mesiánica. No obstante, «Jesús» quizá marginalmente es lo más probable, no sólo debido a las conexiones cristológicas a que nos acabamos de referir, sino a la analogía establecida por el mismo Jesús entre su cuerpo y el Templo (26:61; cf. Jn 2:20-21).

Entonces el argumento de Jesús da un caso de la Ley misma en que los sacerdotes habían reemplazado las restricciones del sábado debido a que sus responsabilidades de culto tenían prioridad: el Templo en sí era más grande que el sábado. Pero ahora, Jesús afirma que aquí está «algo» más grande que el Templo. También que tiene prioridad sobre el sábado. Esta solución es del todo coherente con lo que hemos percibido como la actitud de Jesús hacia la Ley en este evangelio. La Ley señala hacia él, y encuentra su cumplimiento en él (ver en 5:17-48). No solo entonces los fariseos han llevado mal la Ley y su jalaká (vv. 3-4), sino que también no han captado quién es Jesús. La autoridad de las leyes del Templo protegía de culpa a los sacerdotes; la autoridad de Jesús protege a sus discípulos de culpa. No se trata de comparar los hechos de Jesús con los hechos de los sacerdotes; tampoco es probable que Jesús esté sugiriendo que todos sus discípulos son sacerdotes (contr. Lohmeyer). «Más bien es un asunto de *contrastar* [nuevo énfasis] la autoridad de Jesús con la de los sacerdotes» (Carson, «Sabbath», p. 67).

7-8 Otra vez (cf. v. 3) Jesús reprendió a los fariseos por no comprender las Escrituras (cf. Jn 5:39), y esta vez (v. 7) citó a Oseas 6:6 como lo había hecho antes (ver en 9:13). La relevancia de esta cita de «los últimos profetas» depende de la actitud de los fariseos hacia la Ley, tan digna de condenación como la actitud de quienes confiaban de manera superficial e hipócrita en simples rituales durante los días de Oseas. Además Jesús afirma que los fariseos no han captado de veras la importancia de la Ley, y esto lo demostraba su jalaká. Los acusadores quedan acusados; a los discípulos explícitamente se les declara «inocentes». Su inocencia no se había establecido (contra Rordorf) en que estaban hambrientos, sino sobre la base de que estaba presente algo mayor que el Templo. En otras palabras, el Hijo del hombre es Señor del sábado. No es muy claro si «porque» (NIV, RVR; «sepan que», NVI) se relaciona al v. 6 o al v. 7, y de poca consecuencia. Si al v. 6, resume la supremacía del Mesías sobre el Templo; si al v. 7, hace lo mismo, pero sirve como base explícita para la inocencia de los discípulos.

Algunos han sostenido que «Hijo del hombre» aquí tiene significado colectivo: la comunidad entera de los discípulos de Jesús es «Señor» del sábado (e.g., T.W. Manson, «The Son of Man in Daniel, Enoch and the Gospels», BJRL 32, 1949-50, 191). Pero esto se basa en un discutido entendimiento de «Hijo del hombre» (vea el excursus sobre 8:20) y en una conexión incomprendida con Marcos 2:27 (sobre la cual, cf. Carson, «Sabbath», pp. 62-65). En los tres sinópticos, el Hijo del hombre es el hijo de David, Jesús el Mesías (Hill). Pero el título es tan ambiguo que pocos captarían la importancia hasta después de la Resurrección, cuando pocos podrían no captarla. La afirmación (v. 8) es tácitamente mesiánica, una reivindicación que va más allá del simple derecho de interferir con el jalaká. Esto pone al Hijo del hombre en una posición de manejar la ley del sábado de cualquier manera que quiera, o de sustituirla del mismo modo que las exigencias del Templo reemplazaron las restricciones normales del sábado (cf. Hooker, *Son of Man*, pp. 100 y sig.).

Notas

---

4 Moule (*Idiom Book*, p. 27) señala que ὃ οὐκ ἐξὸν ἦν αὐτῷ φαγεῖν (*jo ouk exón jen autó fageín*, «lo que a él no le era permitido comer») es una construcción mezclada: el pronombre relativo *jo*, que se refiere a comer el pan en la frase anterior, parece servir al mismo tiempo como sujeto de *ouk exon jen* y objeto de *fagein*. Moule sugiere que la frase se está tratando como si hubiera comenzado con ἀλλά (*allá*, «pero») o καίπερ (*kaiper*, «aunque»).

Interpretado como ἔφαγεν (*éfagen*, «él comió»), tiene gran aval, pero esto lo rechaza Metzger (*Textual Commentary*, p. 31) y UBS 3ª ed. a favor de ἔφαγον (*éfagon*, «ellos comieron»), apoyada solo por ℵ B y un minúsculo, por la razón de que representa una lectura no paralela (cf. Mr 2:26; Lc 6:4). Pero el cambio podría haber ido en sentido opuesto, para hacer inequívoco que no sólo David comió, sino también sus compañeros; hecho claramente revelante para

Jesús y sus discípulos. «Comieron él y sus compañeros» es una manera aceptable pero ambigua de decir en griego «él y sus compañeros comieron».

---

b. *Curación de un hombre con la mano paralizada*

12:9-14

⁹Pasando de allí, entró en la sinagoga, ¹⁰donde había un hombre que tenía una mano paralizada. Como buscaban un motivo para acusar a Jesús, le preguntaron:

—¿Está permitido sanar en sábado?

¹¹Él les contestó:

—Si alguno de ustedes tiene una oveja y en sábado se le cae en un hoyo, ¿no la agarra y la saca? ¹²¡Cuánto más vale un hombre que una oveja! Por lo tanto, está permitido hacer el bien en sábado.

¹³Entonces le dijo al hombre:

—Extiende la mano.

Así que la extendió y le quedó restablecida, tan sana como la otra. ¹⁴Pero los fariseos salieron y tramaban cómo matar a Jesús.

Lucas (6:6-11) especifica que este suceso se realizó en otro sábado (cf. Mr 3:1-6). A diferencia del pasaje anterior, Jesús no se refiere a las Escrituras. Esta vez es *su* actividad la que está en duda, no la de sus discípulos; y el argumento de él, a primera vista un punzante *ad hominem*, tiene implicaciones más profundas.

Los judíos del primer siglo analizaban detenidamente lo que estaba permitido en el cuidado de los enfermos en sábado (e.g., M *Eduyoth* 2:5; M *Shabbath* 6:3; Mek Éx 22:2; 23:13). La actitud de Jesús era más fundamental: es lícito hacer el bien en sábado.

9-10 «Pasando de allí» (v. 9) es un puente que lleva la acción desde el campo a la sinagoga sin referencia al tiempo. Con relación a las sinagogas de «ellos», vea en 10:17; 11:1. Los tres sinópticos dejan en claro la mala intención en la vigilancia de los fariseos (Marcos) y en su cuestionamiento (Mateo). En Marcos y Lucas, Jesús precipita la acción al llamar al hombre con la mano paralítica; eso se omite en Mateo.

La forma de la pregunta de los fariseos en Mateo (v. 10) es general. El hábito dominante en los judíos era que se permitía curar en sábado cuando la vida estaba en peligro (cf. M *Yoma* 8:6; Mek Éx 22:2; 23:13), lo cual por supuesto no se aplica aquí. Aun así, lo que el análisis rabínico tenía en mente era la ayuda médica de miembros de la familia o profesionales, no las curaciones milagrosas. Pero Jesús no respondió en ese nivel.

11-13 Por tercera vez en este evangelio, el razonamiento de Jesús depende de un contraste entre animales y hombres (cf. 6:26; 10:31), y presupone el valor mayor de los seres humanos por ser una creación especial: solo el hombre fue hecho a la imagen de Dios (Gn 1—2). Este argumento especial se da solo en Mateo; pero una analogía similar se establece en Lucas 13:15; 14:5. En los tres casos, Jesús supuso que los fariseos sacarían un animal de un hoyo en sábado, aunque lo más que se permitía en el Qumrán era hacer algo que posibilitara al animal a ayudarse a sí mismo (CD 11:13-14). Sigal («Halakah», pp. 169 y sig.), en apoyo de su teoría demasiado rígida de que los fariseos se deben identificar como *perushim* (ver introducción, sección 11), se reduce a pensar que *probaton jen* (v. 11) se debe tomar literalmente como «la última de las ovejas». Pero la expresión tal vez no significa más que «una oveja» (ver en 8:19).

El razonamiento de Jesús es de nuevo *qal vajomer* (ver en vv. 5-6): Si una oveja, ¿cuánto más un hombre? (v. 12). Ni la oveja en el hoyo ni el hombre en la presencia de Jesús están en peligro mortal. La cuestión es simplemente hacer el bien. Esto no significa que Jesús esté diciendo que no hacer el bien es en sí algo malo (e.g., Klostermann; Cranfield, *Mark*, p. 120). Jesús habla de lo que es «lícito», no de lo que se requiere; y si fuera absolutamente cierto que hacer el bien *siempre* es malo, no habría posibilidad de descanso. Por tanto la pregunta retórica de Jesús tiene un enfoque más estrecho: ¿Era el sábado un día para actividad maligna —como las perversas intenciones de ellos al cuestionarlo— o para acción benéfica, como la curación que estaba a punto de ocurrir?

La curación (v. 13), como aquella en 9:1-8, llega después del vergonzoso mensaje (en los tres sinópticos), y por ende sirve para confirmarlo. El milagro mismo no dice nada de la fe del paralítico, puesto que el enfoque no está en él sino en los fariseos. Sin embargo, a la luz de intercambio anterior, esto también confirma lo que afirmó Jesús en cuanto a ser Señor del sábado, como su sanidad en 9:1-8 confirmó su autoridad para perdonar pecados.

14 Se le ha dado mucha importancia al hecho de que Mateo omite mencionar a los herodianos (Mr 3:6), como si eso probara que el punto de referencia ahora es posterior al año 70 d.C., cuando los herodianos ya no existían, y los únicos oponentes eran los fariseos (e.g., Hummel, pp. 12 y sig.; Hill, *Matthew*). Pero es sumamente peligroso tratar de explicar las *omisiones* en Mateo (ver en 8:1-4). Además en este caso es de notar que Mateo menciona a los herodianos en 22:16 y a menudo se refiere a los saduceos.

Sigal («Halakah», p. 175) quiere que *apolesósin* («destruir») no signifique «matar» sino «poner bajo la prohibición de la sinagoga», porque ningún fariseo consideraría ejecutar a otro judío por una disputa jalákica. Aunque su última suposición es correcta, el punto es que estos enfrentamientos por el sábado *no* eran simples disputas jalákicas. Tenían que ver con las afirmaciones mesiánicas fundamentales de Jesús, un punto que rotundamente niega Sigal, quien por lo general asigna pasajes como el v. 8 a la teología cristiana posterior, y reduce el resto a categorías puramente halájicas. No obstante, es muy dudoso (contr. Sigal) que Jesús tolerara la tradición oral implícita en mucha de la halajá judía (cf. Jeremias, *NT Theology*, pp. 208-11). Además los pasajes sobre la controversia del sábado son coherentes en su postura. Esta primera mención de un complot para matar a Jesús no surge de disputas sobre la legalidad de varias actividades en sábado sino sobre la autoridad de Jesús. Los conflictos del sábado no son la causa de las conspiraciones sino su oportunidad. En consecuencia, las disputas sobre el sábado no se mencionaron en las pruebas de Jesús; en sí no eran tanto un problema como la afirmación de Jesús de ser el Señor del sábado.

4. *Jesús el siervo profetizado*

12:15-21

¹⁵Consciente de esto, Jesús se retiró de aquel lugar. Muchos lo siguieron, y él sanó a todos los enfermos, ¹⁶pero les ordenó que no dijeran quién era él. ¹⁷Esto fue para que se cumpliera lo dicho por el profeta Isaías:

¹⁸«Éste es mi siervo, a quien he escogido,
mi amado, en quien estoy muy complacido;
sobre él pondré mi Espíritu,
y proclamará justicia a las naciones.
¹⁹No disputará ni gritará;
nadie oirá su voz en las calles.
²⁰No acabará de romper la caña quebrada
ni apagará la mecha que apenas arde,
hasta que haga triunfar la justicia.
²¹   Y en su nombre pondrán las naciones su esperanza.»

Los vv. 15-16 constituyen un breve resumen de Marcos 3:7-12, y omiten, entre otras cosas, un título «Hijo de Dios». A este resumen Mateo agrega un pasaje de cumplimiento: Isaías 42:1-4. Así que interpreta el ministerio de sanar enfermos de Jesús no tanto en cuanto a «Hijo de Dios», y ni siquiera el soberano «Hijo de David», sino en términos del Siervo sufriente del SEÑOR (vea también en 8:17). Esta sección contrasta al mismo tiempo el odio de los fariseos (v. 14) con la mansedumbre (v. 19) y humildad de Jesús (v. 20), y prepara el camino para temas en el resto de este capítulo (analizados más adelante).

15-17 A menudo Jesús se retiraba cuando la oposición se intensificaba (cf. 4:12; 14:13; 15:21; 16:5); al menos esa era su costumbre hasta que se acercaba la hora señalada (26:45; cf. Jn 7:8). Esta práctica se convirtió para sus discípulos en un ejemplo de ir de sitio en sitio (10:23). Por eso continuaba su extenso ministerio (cf. 4:23; 8:16; 9:35). Las amonestaciones para que los sanados guardaran silencio se incrementaban por las mismas razones que antes, y con muy poco efecto (cf. 8:4; 9:30). Sin embargo, Mateo percibe que el comportamiento de Jesús bajo tales presiones no era sino el cumplimiento de las Escrituras. Aunque los fariseos conspiraran para matarlo (v. 14), no pelearía ni gritaría (v. 19). A pesar de todo lo que Mateo ha hecho para mostrar que Jesús es el mesiánico Hijo de David y único Hijo de Dios, el evangelista quiere separarse de las interpretaciones exclusivamente reales y militaristas del papel del Mesías. Sabe que el ministerio de Jesús el Mesías también se debe comprender como el cumplimiento de las profecías del Siervo sufriente.

18-21 Esta cita (Is 42:1-4), la más larga de Mateo, se destaca por su forma textual. Los cambios se han asignado de manera muy diversa a la «escuela» de Mateo (Stendahl, *School*, pp. 107 y sig.), a una apologética cristiana en desarrollo (Lindars, *Apologetic*, pp. 147-52), a los intereses de redacción del evangelista (Hill, *Matthew*). Ciertamente aquí hay una mezcla de texto-carácter (para detalles, cf. Gundry, *Use of OT*, pp. 110-16), y no es fácil de discernir la razón de cada cambio.

El sustantivo *pais* («siervo», v. 18) también puede ser «hijo», aunque en hebreo es un inequívoco «siervo». Cope (*Mateo*, pp. 44 y sig.), alineado con su opinión generalmente plausible de que esta cita anticipa los temas importantes del resto de Mateo 12, sugiere que el evangelista explota la ambigüedad Hijo-Siervo para anticipar los vv. 46-50: sus discípulos son hermanos y hermanas, pero él es el único Hijo del Padre. Esto parece poco fundado, porque en otras partes de Mateo Dios es el Padre de los discípulos (e.g., 6:9, 26; 10:29) así como de Jesús (aunque en un sentido de algún modo distinto). El vínculo entre esta cita y los vv. 46-50 está en un nivel diferente, uno cristológico; es decir, Jesús no se puede entender en cuanto a las relaciones familiares normales que unen a la humanidad. Él es el Siervo escogido de Dios, aquel en quien Dios ha depositado su Espíritu con una misión específica a la vista. Por tanto, sus discípulos, no sus familiares, se deben considerar los más cercanos a él.

Las palabras «a quien he escogido» (heb. «a quien yo confirmo») quizá Mateo las ha tomado de la segunda línea de Isaías 42:1, o de Isaías 43:10; 44:1 (lo que hace factible la cita); y «mi amado» tiene alusiones de Mateo 3:17; 17:5, porque el amor y la elección están íntimamente ligados. La «complacencia» de Dios en su siervo, y la mención del Espíritu de Dios ponen a Jesús en un nivel especial (cf. Jn 3:34) que nos recuerda su bautismo y su transfiguración (3:16-17; 17:5), donde Jesús fue llamado Hijo de Dios. Sin embargo, lejos de poner el papel de siervo de Jesús bajo su condición de Hijo (Kingsbury), Mateo omite la mención que Marcos hace de «Hijo de Dios» (Mr 3:11) y aquí destaca el tema de siervo (cf. Hill, «Son and Servant», pp. 4-12).

Este «siervo» proclamará «justicia» a las naciones: ni el hebreo *mispat* ni el griego *krisis* sugieren fácilmente «la verdadera fe» (JB). Pero la sugerencia no es totalmente sin mérito, puesto que lo que está a la vista es la «justicia»; e.g., rectitud ampliamente concebida como la autorrevelación del carácter de Dios para el bien de las naciones (cf. Is 51:4), pero que al mismo tiempo las llama a rendir cuentas. De nuevo surge la preocupación por los gentiles (cf. 1:1; 2:1-12; 3:9; 4:15-16; 8:5-13 et al.) en anticipación de la gran comisión (28:18-20).

No obstante, aun dentro de este capítulo los temas hermanados del Espíritu de Dios y los gentiles son programáticos (Cope, *Matthew*, pp. 32 y sig.; Hill, «Son and Servant», pp. 10 y sig.). Dios ha derramado su Espíritu en este Siervo; por eso los exorcismos que realiza por el Espíritu son prueba de la inauguración del Reino (v. 28). En consecuencia, no se puede perdonar la blasfemia contra ese Espíritu (ver en v. 32). Además, el pasaje acerca de la señal de Jonás (vv. 38-41) regresa al tema de la posición de los gentiles en la salvación misericordiosa de Dios, y advierte una vez más a «esta generación malvada» (v. 45).

El siervo «no disputará ni gritará», ni se oirá su voz en las calles (v. 19). La imagen no es de silencio total (¿cómo más podría «proclamar» justicia [v. 18]? cf. Jn 7:37) sino de mansedumbre y humildad (11:29), de tranquila retirada (ver en vv. 15-17), y de presentación de su condición mesiánica que no es arrogante ni excesivamente desenvuelta.

Las dos primeras líneas del v. 20 son muy parecidas tanto en LXX como en TM. La doble metáfora infunde compasión: el siervo no adelanta su ministerio con tanta insensibilidad hacia los débiles que rompa la caña quebrada o apague la mecha que apenas arde (ya sea por estar mal recortada o baja en aceite). Esto podría incluir referencia a la actitud de Jesús hacia los enfermos (v. 15). Pero la última frase del v. 20 («hasta que haga triunfar la justicia»; «hasta que saque a victoria el juicio» [RVR]), en apariencia una paráfrasis de Isaías 42:3 («con fidelidad hará justicia») e Isaías 42:4 («hasta implantar la justicia en la tierra») bajo la influencia de Habacuc 1:4 (cf. Gundry, *Use of OT*, pp. 114 y sig.), sugiere algo más: concretamente que él trae salvación escatológica a los «agobiados y desamparados» (9:36), los «cansados y agobiados» (11:28). Lo que se representa aquí, entonces, es un ministerio tan manso y compasivo que los débiles no son pisoteados ni aplastados hasta que la justicia, la total justicia de Dios, triunfe. Para tal Mesías la mayoría de los judíos estaban poco preparados (cf. Sl Sal 17:21). Por algo los gentiles pusieron su esperanza en su nombre (v. 21; cf. Is 11:10; Ro 15:12). El hebreo dice literalmente «las costas esperan sus leyes», pero la palabra «costas» a menudo significa gentiles (*edsné*; NVI, «naciones»); y «pondrán su esperanza» quiere decir «esperan».

«Nombre» sigue a la LXX, aunque el TM tiene «Ley» (*toráh*, «enseñanza»). En vista de la mezcla texto-carácter, que testifica la capacidad y disposición de Mateo para usar el TM o para dejarlo de lado (a menos, con Gundry [*Use of OT*, pp. 115 y sig.], damos por supuesto que la LXX aquí traduce un hebreo original perdido), esto debe tenerse por extraño si son correctas ciertas interpretaciones recientes de la importancia de la Ley en Mateo (cf. Introducción, sección 11.c). Pero si —como hemos sostenido— la Ley en este evangelio sirve principalmente para señalar a Jesús, eso explica que Mateo prefiera el término de la LXX. Para «en su nombre», vea en 5:10-12.

5. Confrontación con los fariseos (12:22-37)

a. Escenario y acusación

12:22-24

> 22Un día le llevaron un endemoniado que estaba ciego y mudo, y Jesús lo sanó, de modo que pudo ver y hablar. 23Toda la gente se quedó asombrada y decía: «¿No será éste el Hijo de David?»
> 24Pero al oírlo los fariseos, dijeron: «Éste no expulsa a los demonios sino por medio de Beelzebú, príncipe de los demonios.»

Para un práctico resumen de los paralelos, vea Albright y Mann. El incidente análogo en 9:32-34 no es un doble sino un ejemplo de la misma acusación que surgió en el v. 24.

22 La expresión *tote* («entonces», RVR) es muy amplia (ver en 2:7; 11:20), y quizá este suceso se realizó mucho después (comparar Marcos y Lucas). En la NVI parece que el hombre sufría de tres enfermedades distintas; el griego, muy resumido, pone ciego y mudo (*kófos*, como en 9:32) en oposición a «endemoniado», sugiriendo que la última es la causa de las otras dos. La curación misma se relata con admirable brevedad, porque no es el milagro en sí lo que capta la atención de los escritores de los sinópticos sino el enfrentamiento que sigue.

23-24 El profundo asombro de la gente (el verbo *existanto*, «quedó asombrada», se usa solo aquí en Mateo, aunque es común en Marcos y Lucas) motivó la pregunta (v. 23). Su forma en griego sugiere que la gente no estaba segura: «Este no puede ser el Hijo de David, ¿o sí?» La pregunta no es si Jesús es un mago de la clase atribuida por la superstición popular a Salomón el hijo de David (contr. Loren L. Fisher, «¿Puede ser este el Hijo de David?» *Jesus and the Historian*, ed. F.T. Trotter, Westminster, Filadelfia, 1968, pp. 82-97), sino si Jesús es el Mesías (ver en 1:1; 9:27; 15:22). Se esperaba que el Mesías realizara milagros (cf. v. 38); por tanto la expulsión-sanidad resulta favorable a Jesús. Pero quizá hacían surgir dudas su reticencia, sus dichos no majestuosos y su ministerio de siervo. Los lectores de Mateo pueden ver la relación entre el Siervo Sufriente (vv. 18-21) y el Hijo de David (vv. 22-23), pero quienes atestiguaban el ministerio de Jesús no podían verlo a la luz de la Resurrección.

Sobre «Beelzebú» (v. 24), vea en 10:25.

b. *Respuesta de Jesús* (12:25-37)

1) *El reino dividido*

12:25-28

> [25]Jesús conocía sus pensamientos, y les dijo: «Todo reino dividido contra sí mismo quedará asolado, y toda ciudad o familia dividida contra sí misma no se mantendrá en pie. [26]Si Satanás expulsa a Satanás, está dividido contra sí mismo. ¿Cómo puede, entonces, mantenerse en pie su reino? [27]Ahora bien, si yo expulso a los demonios por medio de Beelzebú, ¿los seguidores de ustedes por medio de quién los expulsan? Por eso ellos mismos los juzgarán a ustedes. [28]En cambio, si expulso a los demonios por medio del Espíritu de Dios, eso significa que el reino de Dios ha llegado a ustedes.

Aunque la estructura de los vv. 25-27 es análoga a la de Marcos 3:23-30, la extensión de Mateo es sorprendente. Parte, pero no todo, de la sección «respuesta» de Mateo es más parecida a Lucas que a Marcos. Lo más probable es que Mateo usara tanto a Marcos como una fuente «Q» para esta narración. Parte de la respuesta de Jesús en Mateo está esparcida en Lucas (cf. Lc 6:43-45; 11:17-23; 12:10), haciendo que algunos crean que este pasaje es una composición de una cantidad de dichos independientes. Eso es posible; las transiciones son sueltas, y, a diferencia de los cinco discursos principales, el final de la respuesta no es contundente. Pero también es posible que uno de los dos paralelos en Lucas (Lc 6:43-45) se haya puesto en otro lugar por razones temáticas, y que el otro (12:10) es sencillamente un informe de un dicho similar. En todo caso, el argumento en Mateo 12:25-37 es unido y coherente.

25-26 Jesús «conocía sus pensamientos [de ellos]» (v. 25; cf. 9:4). La narración es una condensación (cf. Mr 3:20, 23), y no se menciona la «casa». El razonamiento es claro: cualquier reino, ciudad o casa en que haya luchas internas se destruirá. Lo mismo es cierto para el *basileia* («reino», v. 26) de Satanás, y su ejercicio de autoridad entre sus subalternos (cf. H. Kruse, «Das Reich Satans», *Biblica*, 58, 1977, 29-61. «Que el príncipe de los demonios expulse sus propios sujetos sería prácticamente expulsarse a sí mismo, ya que ellos estaban haciendo su trabajo» (Broadus).

27 No está claro si las palabras *joi juioi jumón* (lit., «sus hijos») no signifiquen más que «sus seguidores» (los judíos) o los instruidos por los fariseos (cf. 22:15-16; 23:9-15). El razonamiento de Jesús es *ad hominem*: está diciendo que en ocasiones «sus hijos [de ellos]» echan demonios (no una práctica poco común vinculada con algunas ideas extrañas; cf. Jos. Antig. VIII, 45-48, ii. 5; íd., Guerra VII, 185, vi. 3; Tob 8:2-3; Justino Mártir *Diálogo* 85; cf. Hch 19:13), y yo hago esto de modo tan poderoso que hace gran daño al reino de Satanás. Por tanto, si yo, quien hago tanto daño a su reino con mis exorcismos, los realizo por el poder de Satanás, ¿por quién expulsan demonios sus hijos?

28 Lucas 11:20 tiene «por el dedo de Dios» (RVR) en lugar del «Espíritu de Dios». Quizá el último es el original (cf. Dunn, *Jesus*, pp. 44-46), pero el asunto tiene poca consecuencia puesto que ambos se refieren a lo mismo (cf. Éx 8:19; Dt 9:10; Sal 8:3). La frase de Mateo clarifica la conexión con 12:18 (Is 42:1) y un contraste más específico con Beelzebú (cf. Gundry, *Matthew*). Solo aquí y en Mateo 19:24; 21:31, 43 Mateo tiene «reino de Dios» en vez de «Reino de los Cielos» (ver en 3:2); y eso podría reflejar su fuente, común a Lucas (aunque en otras partes, cuando sigue una fuente, Mateo cambia a «Reino de los Cielos» excepto en 19:24), o él podría utilizar «reino de Dios» por cuestión de estilo para ir con «Espíritu de Dios». Lo que sí es seguro es que Jesús sabe que sus exorcismos, realizados por el Espíritu de Dios, prueban que la era del Reino ya ha llegado.

Por supuesto, esto también implica que Jesús es Rey Mesías sin afirmarlo de modo explícito. Dunn (*Jesus*, pp. 46-49) resalta correctamente la escatología, pero exagera su Espíritu cristológico cuando añade: «El reino escatológico estaba presente para Jesús solo debido a que el Espíritu escatológico estaba presente en él y por medio de él. En otras palabras, el caso no era de "donde estoy *yo*, allí está el reino" sino "donde está el *Espíritu*, allí está el reino"» (énfasis de Dunn).

Contra este punto de vista surgen cuatro consideraciones firmes:

1. Dunn ha insertado una separación extraña al texto (dice: «solo debido a que el Espíritu escatológico estaba presente»), y mantiene la separación al interpretar las afirmaciones mesiánicas de Jesús como anacrónicas en un disfraz «no Espíritu». Jesús sabía *tanto* que él era único, el Mesías prometido, *como* que el Espíritu escatológico estaba en él.

2. Si el autorreconocimiento de Jesús giraba únicamente alrededor de su capacidad de expulsar demonios por el poder del Espíritu, ¿en qué base podía él negar

similar autorreconocimiento a «los seguidores» de ellos (v. 27) que también expulsaban demonios? En otras palabras, los fenómenos provocados por el Espíritu no son suficientes en sí para que Jesús se entendiera a sí mismo, especialmente a la luz de sus propias advertencias a este respecto (cf. 7:21-23).

3. Dunn ha convertido demasiado rápido este pasaje en una asunto del auto entendimiento de Jesús (él dice: «El reino escatológico estaba presente para Jesús»), mientras aparentemente Jesús está discutiendo, no para convencerse, sino para convencer de modo manifiesto a los fariseos de que el Reino había llegado a ellos.

4. En la estructura de su evangelio Mateo está menos interesado en el autoentendimiento de Jesús que en su apologética y el cumplimiento de las profecías del AT (vea la referencia a «Espíritu» en v. 18).

Notas

---

26 La primera frase es un ejemplo excelente de una condición «real», $\epsilon\acute{\iota}$ (*ei*, «si») más el indicativo, en el cual la «realidad» no tiene que ser aceptada por el que habla sino simplemente darla por sentado por razón del debate (cf. RHG, p. 1008; Zerwick, par. 306).

---

2) *La casa de un hombre fuerte*

12:29

> 29»¿O cómo puede entrar alguien en la casa de un hombre fuerte y arrebatarle sus bienes, a menos que primero lo ate? Sólo entonces podrá robar su casa.

29 La *e* de apertura (lit., «o»; cf. 7:9; 12:5; 20:15) aquí significa «o míralo de otra manera». Había entre los judíos la expectativa de que se atara a Satanás en la era mesiánica (como Moisés 10:1; cf. Ap 20:2); y bajo esta metáfora Jesús es quien ata al hombre fuerte (Satanás) y arrebata sus «posesiones» (*ta skeué*; «naves» preserva la metáfora de la casa y no tiene relación con posesión [demoníaca] excepto de modo metafórico). Por tanto el argumento ha avanzado: si los exorcismos de Jesús no se pueden atribuir a Satanás (vv. 25-26), entonces reflejan autoridad mayor que la de Satanás. Por este poder más grande Jesús está atando «al hombre fuerte» y saqueando su «casa». De modo que el Reino de los Cielos está avanzando contra viento y marea (ver en 11:12).

3) *Blasfemia contra el Espíritu*

12:30-32

> 30»El que no está de mi parte, está contra mí; y el que conmigo no recoge, esparce. 31Por eso les digo que a todos se les podrá perdonar todo pecado y

toda blasfemia, pero la blasfemia contra el Espíritu no se le perdonará a nadie. ³²A cualquiera que pronuncie alguna palabra contra el Hijo del hombre se
le perdonará, pero el que hable contra el Espíritu Santo no tendrá perdón ni en
este mundo ni en el venidero.

30 Varios dichos de Jesús son aquí aforísticos. Su relación con el pasaje es interna,
no gramatical; y la relación con lo que antecede vuelve a la tradición misma y no se
puede atribuir a Mateo (cf. Lc 11:23).

La verdad general del v. 30 es franca: en nuestra relación hacia Jesús no puede haber
neutralidad. En cuanto a algunos asuntos y algunas personas, la neutralidad es posible y
quizá hasta sabia, pero es imposible en la gran lucha (vv. 25-29). Las afirmaciones del
Reino y las exigencias de Jesús son tan exclusivistas que ser indiferentes o apáticos ante
él es estar en el lado de quienes no confiesan que él es el Mesías que trae el Reino de
Dios (cf. 11:16-24). La afirmación de Jesús implica una elevada cristología, la cual está
resaltada por la figura de la cosecha en el v. 30b (cf. 3:12; 6:26; Jn 4:36). Jesús es aquel
que cosechará en los últimos días, una función que el AT comúnmente asigna a Dios.
Hill (*Matthew*) objeta la autenticidad del escenario de este dicho, aduciendo que una
afirmación acerca de la imposibilidad de neutralidad con respecto a Jesús «difícilmente
se haya dirigido a oponentes implacables como los fariseos». Pero también había gente
presente (v. 23). Además esta forma de declaración pudo servir como un reproche para
los fariseos y una advertencia para la cuestionadora multitud (v. 23), de que no seguir sin
reservas a Jesús es tan peligroso como una oposición total.

El dicho invertido —«El que no está contra nosotros está a favor de nosotros» (Mr
9:40; Lc 9:50)— y este, «no son contradictorios, si uno fue dirigido a los indiferentes
acerca de sí mismos y el otro a los discípulos acerca de otros» (McNeile).

31-32 «Por eso» —*dia touto* (lit., «debido a esto»)— une las declaraciones acerca de
blasfemar contra el Espíritu (v. 31) al versículo precedente. Pero la transición no se puede captar fácilmente hasta que se entiendan los vv. 31-32. Introducidas por el solemne
«les digo» (ver en 5:18), estas afirmaciones constituyen parejas: una con Marcos (v. 31 =
Mr 3:28), una con Q (v. 32 = Lc 12:10, en un contexto diferente; cf. comentario más arriba). La «blasfemia» es una calumnia extrema (ver en 9:3), equivalente a «hablar contra»
(cf. v. 32). Blasfemar contra Dios fue considerado por Jesús con extrema gravedad
(26:65); pero aquí él hace una aguda distinción entre blasfemia contra el Hijo del hombre, la cual es perdonable, y blasfemia contra el Espíritu, que no lo es.

La declaración de Jesús es extraordinaria porque una de las glorias de la fe bíblica
es el gran énfasis que la Biblia pone en la misericordia y la amplitud del perdón de
Dios (e.g., Sal 65:3; 86:5; 130:3-4; Is 1:18; Miq 7:19; 1 Jn 1:7). Una interpretación común de los vv. 31-32 es que se originaron con un profeta cristiano que hablaba en
nombre del Jesús exaltado, y aquí se insertan en la vida terrena de Jesús. Blasfemar
contra el Hijo del hombre es rechazarlo a él por incredulidad, y esto es claramente
perdonable cuando una persona se vuelve cristiana. Pero la blasfemia contra el Espíritu Santo la comete un cristiano (los cristianos después de Pentecostés comprenderían
que solamente los creyentes disfrutan el Espíritu) y equivale a la apostasía o al rechazo del mensaje inspirado de un profeta cristiano. Para esto no hay perdón (según

Stendahl, Peake, 684q; y en un plan muy estructurado, M.E. Boring, «The Unforgi-vable Sin Logion, Mr III 28-29/Mt XII 31-32/Lc XII 10: Formal Analysis and History of the Tradition», NovTest 18, 1976, 258-79).

Sin embargo, hay evidencia firme y constante de que los escritores del NT *no* po-nían palabras de profetas cristianos en boca del Jesús histórico (cf. esp. Bonnard; J.D.G. Dunn, «Prophetic T-Saying and the Jesus Tradition: The Importance of Tes-ting Prophetic Utterances within Early Christianity», NTS 24, 1978, 175-98). Es muy improbable que «Hijo del hombre» se usara como objeto de blasfemia sin algu-nos calificativos acerca del «Hijo del hombre» (i.e., «Jesús solo terrenal», etc.), lo cual no aparece hasta Orígenes. Además eso no explica qué están haciendo estos dichos en el evangelio (esp. Marcos y Mateo).

Los puntos de vista de muchos eruditos conservadores antiguos tampoco ayudan. Broadus, por ejemplo, une la blasfemia contra el Espíritu Santo con la «era de milagros» en que el poder del Espíritu se podía percibir directamente... y rechazar. Pero aparte de la pregunta si hoy día se realizan milagros, Jesús en varias partes advirtió que los milagros no *necesariamente* son el criterio del verdadero discipulado (7:21-23), i.e., no *necesaria-mente* revelan la presencia y el poder del Espíritu.

Entre las muchas otras interpretaciones de este difícil incidente, la mejor trata con su entorno durante la vida de Jesús. Los fariseos han estado atribuyendo a Satanás la obra del Espíritu, y lo han estado haciendo, como Jesús bien aclara, de una forma que revela que hablan, no por ignorancia o incredulidad, sino por un «cuestionamiento consciente de lo incuestionable» (la frase es de G.C. Berkouwer, *Sin*, Eerdmans, Grand Rapids, 1971, p. 340; cf. pp. 323-53, a la cual esta exposición está en deuda).

La distinción entre blasfemia contra el Hijo del hombre y blasfemia contra el Espí-ritu no es que el Hijo del hombre sea menos importante que el Espíritu, ni que el pri-mer pecado sea prebautismal y el segundo posbautismal, menos aun que el primero es contra el Hijo del hombre y el segundo rechaza la autoridad de profetas cristianos. Al contrario, dentro del contexto del razonamiento mayor, el primer pecado es re-chazo de la verdad del evangelio (pero para eso podría haber arrepentimiento y per-dón), mientras que el segundo pecado es rechazo de la misma verdad en conciencia total de lo que exactamente se está haciendo: rechazar de modo pensativo, intencio-nal y consciente la obra del Espíritu aunque no pueda haber otra explicación del exorcismo de Jesús que esa. Para tal pecado no hay perdón «ni en este mundo ni en el venidero» (cf. 13:22; 25:46), una manera dramática de decir «nunca» (como en Mr 3:29).

Si esta interpretación es correcta, la distinción entre Hijo del hombre y Espíritu es relativamente incidental. Después de todo, la blasfemia contra el Espíritu también es un rechazo de las propias afirmaciones de Jesús: las implicaciones cristológicas del pecado no se disminuyen sino que aumentan al pasar de «blasfemia contra el Hijo del hombre» a «blasfemia contra el Espíritu». Esto da una clave para comprender cómo el pecado imperdonable del cual Jesús habla aquí se compara con los pecados a los que se refieren Hebreos 6:4-6; 10:26-31; y quizá 1 Juan 5:16. En cada caso hay per-cepción consciente de dónde yace la verdad y dónde brilla la luz, y un terco aleja-miento de ella. Esto es muy diferente de la persecución de la Iglesia por parte de Pa-blo (1 Co 15:9), la cual no era imperdonable (1 Ti 1:13).

C.K. Barrett (*The Holy Spirit and the Gospel Tradition*, SPCK, Londres, 1966, pp. 106-7) analiza este asunto con sabiduría, excepto por su suposición de que el pecado se ha cometido dentro de la Iglesia, y «porque niega la raíz y brota de la vida de la Iglesia, no puede redescubrir el perdón por el cual el pecador entró una vez a la comunidad de los perdonados». Pero los textos bíblicos son más agudos que eso. El autor de Hebreos dice, con una sorprendente combinación de tiempos verbales: «Hemos llegado [perfecto] a tener parte con Cristo, con tal que retengamos [subjuntivo] firme hasta el fin la confianza que tuvimos al principio» (Heb 3:14). En otras palabras, nuestra pasada participación en las bendiciones del evangelio solo es válida si continuamos en él. Juan presupone lo mismo: que quienes dejan la Iglesia muestran que en realidad nunca pertenecieron a ella (1 Jn 2:19; 2 Jn 9). Incluso Hebreos 6:4-6; 10:26-31 muestra cuánto de la verdad se puede captar, cuánto de la vida de la era venidera se puede probar, sin llegar al lugar del cual no hay regreso (cf. Philip E. Hughes, *A Commentary on the Epistle to the Hebrews*, Eerdmans, Grand Rapids, 1977, in loc.). Esto es apostasía, e implica un rompimiento con aquello a lo que una persona se ha unido.

El testimonio universal del NT es que si persiste la apostasía no sólo es condenación sino que demuestra que la salvación nunca fue verdadera. El NT revela cuán cerca alguien podría estar del Reino: disfrutar, tocar, percibir, entender. También muestra que es imperdonable llegar tan lejos y rechazar la verdad. Así es aquí. Jesús enseña que quienes perciben que su ministerio está investido de poder del Espíritu y luego, por cualquier razón —sea resentimiento, celos o arrogancia— lo atribuyen a Satanás, se han vuelto intolerables. Para ellos no hay perdón, y ese es el veredicto de aquel que tiene autoridad para perdonar pecados (9:5-8).

Ahora se hace claro el significado de las palabras de transición «por eso». La neutralidad hacia Jesús es en realidad oposición a él (v. 30); y por tanto Jesús hace esta advertencia con relación a quienes blasfeman contra el Espíritu, puesto que quien se ha profesado neutral no podría reconocer el peligro inherente a su posición.

4) Naturaleza y fruto

12:33-37

> [33]»Si tienen un buen árbol, su fruto es bueno; si tienen un mal árbol, su fruto es malo. Al árbol se le reconoce por su fruto. [34]Camada de víboras, ¿cómo pueden ustedes que son malos decir algo bueno? De la abundancia del corazón habla la boca. [35]El que es bueno, de la bondad que atesora en el corazón saca el bien, pero el que es malo, de su maldad saca el mal. [36]Pero yo les digo que en el día del juicio todos tendrán que dar cuenta de toda palabra ociosa que hayan pronunciado. [37]Porque por tus palabras se te absolverá, y por tus palabras se te condenará.»

Esta sección no tiene paralelo en Marcos, pero calza bien en Mateo. Una metáfora similar se da en 7:16-19; pero allí el punto es que los discípulos de Jesús deben demostrar su carácter con su comportamiento, mientras aquí ese comportamiento, especialmente vocabulario, revela el carácter. Por ende, el único remedio es un cambio radical de corazón. Algunas partes de los vv. 33-34 también están reflejadas en Lucas 6:43-45.

33 Es posible cambiar la expresión «haced el árbol bueno, y su fruto bueno ... malo» (RVR) como «digamos que un árbol es bueno ... malo». Pero en ese caso la palabra «y» no calza bien, y la palabra de transición «porque» se relaciona en mal manera a lo que precede. Jesús más bien está diciendo a sus oyentes que hagan el árbol bueno o malo, sabiendo que su fruto corresponderá a bueno o malo, porque un árbol se reconoce por su fruto (cf. Eclo 27:6). Especular sobre el significado —podar, injertar, regar, fertilizar— es ir más allá de la metáfora.

34-35 Luego Jesús clarifica el punto. «Camada de víboras» (v. 34; ver en 3:7; 23:33) lo más probable es que esté dirigido a los fariseos en la multitud (cf. vv. 23-24), aunque no es seguro (cf. 7:11). El v. 35 hace una ajustada conexión con el v. 33: lo que una persona es en realidad determina lo que dice y hace. De la *perisseuma* («abundancia», v. 34: los restos, el exceso) «habla la boca». *Perisseuma* se usa en el NT solo aquí y en Marcos 8:8; Lucas 6:45; 2 Corintios 8.14 (*bis*) en cuanto al corazón, el centro de la personalidad humana (ver en 5:8). La boca es la que revela lo que hay en el corazón. ¿Cómo, entonces, pueden los que son malos decir algo bueno? Lo que se necesita es un cambio de corazón.

36-37 Estos dos versículos aparecen solo en Mateo. Que Jesús describa la maldad de la «camada de víboras» en cuanto a sus corazones o naturalezas no la disculpa de este modo. ¡Todo lo contrario! Una persona dará cuenta en el día del juicio de «toda palabra ociosa» (v. 36). El griego *argos* («ocioso») no se refiere aquí a palabras «infundadas» (JB) sino a palabras que se podrían creer «sin importancia» (Stendahl, Peake) excepto por su revelación de lo que hay en el corazón. Jesús está diciendo que toda palabra hablada refleja la abundancia del corazón y es conocida por Dios. Por consiguiente, las palabras son de importancia crucial (cf. Ef 5:3-4, 12; Col 3:17; Stg 1:19; 3:1-12).

El cambio a la segunda persona (v. 37) supone que el dicho podría ser proverbial. Aquí realza la advertencia de que lo que alguien dice respecto de Jesús y sus milagros revela lo que es, y que esa persona será juzgada en consecuencia. La autoridad de Jesús al decir esto es sorprendente. No es a él a quien se está evaluando cuando los hombres preguntan: «¿No será este el Hijo de David?» (v. 23), o al que se blasfema (v. 24); es a ellos a quienes se evalúa, y por sus palabras serán juzgados.

Notas

---

36 La sintaxis es difícil. Si παν ῥῆμα ἀργόν (*pan jréma argón*, «toda palabra ociosa») se toma como nominativo, hay un anacoluto incomodo (... περὶ αὐτοῦ λόγον [*perí autoú lógon*, lit., «relacionado a su mensaje»]; cf. 13:19); pero esto podría ser acusativo por atracción al relativo ὅ (*jo*, «lo cual»).

---

c. Confrontación continua (12:38-42)

1) Petición de una señal

12:38

> [38]Algunos de los fariseos y de los maestros de la ley le dijeron:
> —Maestro, queremos ver alguna señal milagrosa de parte tuya.

38 Se puede tomar *apekridsésan* («contestaron»; NVI, «dijeron») como que los fariseos y maestros de la Ley continuaban la controversia. Eso es posible, y el paralelo en Lucas 11:29-32 está suficientemente separado de su contexto para permitir esta interpretación. Pero *apekridsésan* no siempre tiene su fuerza total en Mateo (ver 11:25); por tanto parece mejor no insistir en la continuidad de la controversia.

En Mateo 9:11 se menciona solo a los fariseos, mientras el paralelo en Marcos 2:16 tiene fariseos y maestros de la Ley. Según esta base, muchos dicen que Mateo ha reducido la expresión porque en su época, a diferencia de los días del ministerio de Jesús, solamente los fariseos, que se entendía representaban a los rabinos (cf. Introducción, sección 11.f), constituían la oposición. Aquí, sin embargo, los papeles están invertidos: Marcos (8:11) tiene «fariseos»; Mateo (12:38) dice «fariseos y maestros de la Ley». Tales cambios son de poco valor para definir el panorama de Mateo.

Los líderes judíos expresaron su duda con respeto («Maestro»; ver 8:19) y pidieron una «señal» (*sémeion*), no solo otro milagro. Jesús ya había hecho muchos milagros. El AT y la literatura judía entre los testamentos arroja luz en la petición (cf. K.H. Rengstorf, TDNT, 7:208-21, 225-29; F.J. Helfmeyer, TDOT, 1:167-88; y 1 S 2:30-33; 1 R 20:1-14; Is 7:10-25; b *Sanhedrin* 98a; b *Baba Metzia* 59b; cf. O. Linton, «Demanda de una señal del cielo [Mk. 8,11-12 y paralelos]», ST 19, 1965, esp. 123 y sig.). Una «señal» era por lo general un indicio milagroso que se cumpliría rápidamente, o de inmediato, para confirmar una profecía. Los judíos no estaban pidiendo simplemente otro milagro, puesto que se habían convencido de que al menos algunos de los que Jesús había efectuado eran de acción demoníaca (12:24); ellos pedían una «señal» hecha mediante orden para erradicar lo que les parecía la ambigüedad de los milagros de Jesús. (En Juan «señal» no es tanto algo que la gente pide como un membrete estándar del evangelista, en relación con lo que los autores de los sinópticos llaman «poderes» o «milagros». Las «señales» que Jesús hace bajo la pluma de Juan llevan implícita y explícitamente peso simbólico.)

2) Señal de Jonás

12:39-42

> [39]Jesús les contestó:
> —¡Esta generación malvada y adúltera pide una señal milagrosa! Pero no se le dará más señal que la del profeta Jonás. [40]Porque así como tres días y tres noches estuvo Jonás en el vientre de un gran pez, también tres días y tres noches estará el Hijo del hombre en las entrañas de la tierra. [41]Los habitantes de

Nínive se levantarán en el juicio contra esta generación y la condenarán; porque ellos se arrepintieron al escuchar la predicación de Jonás, y aquí tienen ustedes a uno más grande que Jonás. ⁴²La reina del Sur se levantará en el día del juicio y condenará a esta generación; porque ella vino desde los confines de la tierra para escuchar la sabiduría de Salomón, y aquí tienen ustedes a uno más grande que Salomón.

39-40 Los fariseos y maestros de la Ley, según la perspectiva de Jesús, no estaban solos: representaban a «esta generación malvada y adúltera» (v. 39; cf. 11:16-24). El término «adulterio» lo utilizaban frecuentemente los profetas del AT para referirse a la prostitución espiritual y la licenciosa apostasía de Israel (Is 50:1; 57:3; Jr 3:8; 13:27; 31:32; Ez 16:15, 32, 35-42; Os 2:1-7; 3:1 et al.). Aquí Jesús lo aplica a sus contemporáneos como lo hizo más tarde su hermano Santiago (Stg 4:4). Israel había abandonado en gran parte su idolatría y sincretismo después de la deportación. Sin embargo, Jesús insiste que aun adulteraba en su corazón. En el pasado Jesús había ofrecido benévolamente «señales» para fortalecer la fe de los tímidos (e.g., Abraham [Gn 15]; Gedeón [Jue 6:17-24]; Josué [Jos 10]). Sin embargo, aquí Jesús dice que las señales se niegan a «esta generación malvada y adúltera», puesto que nunca deben realizarse por petición ni para mitigar la incredulidad (cf. 1 Co 1:22).

En Marcos 8:11-12 Jesús se niega a dar alguna señal; pero en Mateo y Lucas (Q) se espera la señal de Jonás. Esto ha llevado a muchos a concluir que la referencia a Jonás es una adición posterior no auténtica (Stendahl, Peake; G. Schmitt, «Das Zeichen Jona», ZNW, 123-29, sugiere que la adición fue hecha en la séptima década d.C., mediante la influencia de *Vida de los profetas*). Por otro lado, Taylor (*Marcos*, p. 363), citado por Hill (*Matthew*), sugiere que Marcos ha abreviado el original con el fin de que su tema de los secretos mesiánicos produjera un rechazo categórico a ofrecer una señal. No obstante, la diferencia entre Marcos y los otros dos escritores de los sinópticos puede ser más sutil. Correctamente entendida la señal, que es la excepción en Mateo y Lucas, no era en absoluto una señal tal como los oponentes de Jesús entendían la palabra. Era señal solamente para quienes tenían ojos para ver. En ese sentido no hay excepción: Jesús no ofrece señales milagrosas porque se las pidan. Este es el propósito de Marcos, un propósito que no se contradice por la «excepción» que registran los otros autores sinópticos.

Pero, ¿cuál es «la señal de Jonás»? Esta pregunta está ligada a la ausencia de 12:40 en el paralelo en Lucas, y al hecho de considerar esto como una adición posterior. Se dice que el razonamiento debe por tanto ir desde 12:39 hasta 12:41; y la señal de Jonás debe ser su prédica de arrepentimiento, un ministerio en el cual Jesús estaba comprometido. Entonces el v. 40 es una adición tipológica.

Sin embargo, se puede encontrar un buen argumento para la autenticidad del v. 40 (cf. esp. France, *Jesus*, pp. 80-82). Lucas no «descarta» a Mateo 12:40. Más bien, siguiendo la mención de la «señal de Jonás», escribe (11:30): «Así como Jonás fue una señal para los habitantes de Nínive, también lo será el Hijo del hombre para esta generación». Luego Lucas incluye la visita de la reina del sur antes de regresar a los habitantes de Nínive, quienes se levantarán y condenarán a los contemporáneos de Jesús (cf. Mt 12:41). En otra palabras Lucas, quien no ve una señal en la prédica de

Jonás, tampoco respalda la supuesta continuidad entre Mateo 12:39 y 12:41. Si esto es correcto, entonces o Mateo 12:40 es una extensión de un original aunque enigmático Lucas 11:30, o Lucas 11:30 es una iniciativa para velar lo específico de un original Mateo 12:40. El último parecer es más creíble. Lucas tiene una razón obvia para hacer más enigmática una expresión —concretamente, la referencia a tres días y tres noches— que se entiende bien en el ambiente judío de Mateo (vea más abajo), pero que sería problemática para los lectores de Lucas, que verían un conflicto con la duración del tiempo en que Jesús realmente estuvo en la tumba. Esto mismo sin duda explica la razón de que Justino Mártir (*Dialogo* 107:1) cite a Mateo 12:39, y diga que Jesús estaba hablando enigmáticamente de la Resurrección, aunque no cita el v. 40.

El rechazo del v. 40 está ligado a la interpretación de la «señal de Jonás». Si se quita este versículo, lo más probable es que la «señal» se refiera a la predicación. Pero intrínsecamente esto es improbable: tanto en Mateo como en Lucas la señal es futura al pronunciamiento de Jesús (Mt 12:39; Lc 11:30) que encaja con su muerte y resurrección, pero no con su predicación. El v. 40 por tanto se vuelve una parte integral del pasaje de Mateo. Además la contención de R.A. Edwards (*The Sign of Jonah*, SCM, Londres, 1971, pp. 24 y sig.) de que las expresiones de este pasaje están en la forma de un nuevo *Gattung*, una inventiva cristiana después de la época de Jesús, ha sido desaprobada por listas de ejemplos mucho más antiguos de la misma forma (cf. Daryl Schmidt, «The LXX Gattung "Prophetic Correlative"», JBL 96, 1977, 517-22).

En «la señal de Jonás», entonces, se debe interpretar «de Jonás» como un genitivo explicativo (Zerwick, par. 45; Turner, *Syntax*, p. 214). Esto es indicio de que el mismo Jonás no era la señal que se le dio o que presentó. Por lo general esta interpretación acepta el punto de vista de que los ninivitas se enteraron lo que le había pasado a Jonás, y como llegó a su ciudad. Por tanto, Jonás mismo sirvió con una «señal» a los ninivitas, porque él mismo se les apareció como quien había sido liberado de muerte inevitable (cf. J. Jeremias TDNT, 3:409; Eugene H. Merrill, «The Sign of Jonah», JETS 23, 1980, 23-30). Así como Jonás estuvo tres días y tres noches en el vientre de un pez, así el Hijo del hombre —que aquí se le ve en su papel de sufrido (ver en 8:20)— estará tres días y tres noches en las «entrañas [quizá un eco de Jonás 2:3; cf. Sal 46:2] de la tierra»: una referencia a la sepultura de Jesús, no a su descenso al Hades. Es decir, que la prédica de Jesús será atestiguada por una liberación como la de Jonás, solo que aun mayor; por tanto habrá mayor condenación para quienes rechazan el significado de la liberación de Jonás.

Algunos eruditos perciben la fuerza del razonamiento por la autenticidad de este pasaje, pero interpretan el v. 40 como si se refiriera a la «señal» del Hijo del hombre que vendrá (24:30), o a la vaga conciencia de Jesús de que algún momento moriría, o a que mediante su sufrimiento llevaría la verdad de Dios a los gentiles como lo hizo Jonás. Sin embargo, esto pasa por alto la conexión entre Jonás y Jesús, que el texto establece. Al reconocer la autenticidad del v. 40 llegamos a la única conclusión justificada de que Jesús conocía con mucha anticipación su muerte, sepultura y resurrección, y que veía que su vida iba hacia el punto culminante; además, no se deben evitar las implicaciones cristológicas.

Jonás pasó «tres días y tres noches» en el pez (Jon 1:17). Sin embargo si la secuencia de la Semana Santa es correcta (ver 26:17-30), Jesús estuvo en la tumba solo alrededor de treinta y seis horas. Puesto que incluyeron partes de los tres días, ya que los judíos reconocieron que Jesús fue sepultado «tres días» o, dicho de otra forma, resucitó «al tercer día» (16:21). Sin embargo, esto no cubre más de dos noches. Algunos abogan por una crucifixión en miércoles (ver 26:17); pero aunque eso permite «tres días y tres noches», se produce dificultad con «el tercer día». En el pensamiento rabínico un día y una noche hacen un *onaj*, y una parte de un *onaj* es como la totalidad (cf. SBK, 1:649, para referencias; cf. además 1 S 30:12-13; 2 Cr 10:5, 12; Est 4:16; 5:1). Así que, de acuerdo a la tradición judía, «tres días y tres noches» deben querer decir no más de «tres días», o la combinación de alguna porción de tres días separados.

41 El primer punto de comparación entre Jonás y Jesús es que ambos se libraron de la muerte, liberación que atestigua la fiabilidad de su predicación. El segundo punto de comparación abarca las diferentes respuestas de los oyentes. Los hombres de Nínive se arrepintieron. Pero aunque «algo [neutro, como en 11:19; 12:6; NVI "uno"] más grande que Jonás está aquí» —la referencia es a Jesús, no a su liberación, porque la comparación es con Jonás, no con su liberación— las personas de la época de Jesús «esta generación» (cf. v. 39)— no se arrepintieron. Por tanto los habitantes de Nínive (los sustantivos no tienen artículo) «se levantarán contra» esta generación al final del juicio; i.e., se levantarán para dar testimonio contra ellos (ver en 11:20-24, y en el idioma legal semítico, cf. Mr 14:57; Black, *Aramaic Approach*, p. 134). En consecuencia, la «señal» de Jesús no cumplía la exigencia de un indicio especial (ver en v. 38). Sin embargo, es lo único que dará. Para sus seguidores, la autoridad de él se basará en su muerte y resurrección; y quienes no creen, solo estarán demostrando ser más perversos que los ninivitas.

42 Jonás y Salomón están vinculados en otra literatura judía (cf. D. Correns, «Jona und Solomo», en Haubeck and Bachmann, pp. 86-94). La naturaleza del vínculo —Jonás y la reina con «esta generación» se levantarán en el día del juicio— apoya fuertemente el parecer de que Jonás era para Jesús una persona histórica. La reina del sur (la península arábiga, que para los judíos estaba «en los confines de la tierra»; cf. Jr 6:20; Jl 3:8, NASB) era la reina de Sabá (1 R 10:1-13), quien llegó a Jerusalén por haber oído hablar de la sabiduría de Salomón. Sin embargo. Jesús es «uno más grande» (vea en v. 41) que Salomón; Jesús es el Mesías, quien daría inicio a la era escatológica prometida. Por eso la reina de Sabá se levantará en el día del juicio para unirse a los ninivitas en la condenación de la generación incrédula de tiempos de Jesús.

Notas

---

41 La frase εἰς τὸ κήρυγμα Ἰωνᾶ (*eis to kérugma Ioná*, «a la predicación de Jonás») no puede ser definitiva, pero establece la base para el arrepentimiento de los ninivitas. En este uso más bien raro de *eis*, cf. Turner, *Syntax*, p. 255; Zerwick, par. 106; BDF, par. 207(1). Ver nota en 10:41.

---

d. *Regreso del espíritu maligno*

12:43-45

> 43»Cuando un espíritu maligno sale de una persona, va por lugares áridos, buscando descanso sin encontrarlo. 44Entonces dice: "Volveré a la casa de donde salí." Cuando llega, la encuentra desocupada, barrida y arreglada. 45Luego va y trae a otros siete espíritus más malvados que él, y entran a vivir allí. Así que el estado postrero de aquella persona resulta peor que el primero. Así le pasará también a esta generación malvada.

El paralelo en Lucas 11:24-26 está, como aquí, atado a la controversia de Beelzebú, aunque el versículo precedente es distinto (Lc 11:23 = Mt 12:30). Puesto que muchos opinan que Lucas aplica la parábola al individuo y Mateo a la nación, este contraste es demasiado superficial. Lucas omite (según los mejores textos) el conectivo *de* («y» o «pero»). Esto sugiere una expresión independiente que se ajusta al movimiento del capítulo, pero que no tiene la intención de estar vinculado muy estrechamente con el versículo precedente. La advertencia en Mateo y en Lucas no está (contr. Marshall, *Luke*, p. 479) dirigida a «quienes expulsan demonios sin ofrecer un sustituto positivo a sus pacientes». Tanto en Mateo (12:27) como en Lucas (11:19), la comparación que Jesús hace entre él y otros exorcistas no tiene como fin probar su superioridad, sino mostrar que aun los exorcistas judíos logran cierto éxito en su labor en virtud, no de Beelzebú, sino del poder de Dios.

La historia del espíritu inmundo que después de ser expulsado regresa con siete espíritus malvados va más allá de la comparación de Jesús, porque Lucas (11:21-22) ha mostrado la autoridad de Jesús al atar a Satanás, y Mateo (12:38-42) ha insistido en que Jesús es mayor que Jonás y Salomón. En otras palabras, en ambos evangelios este pasaje está puesto en un entorno de proclamas mesiánicas ocultas. El punto aquí y en Lucas es que quienes por el poder del Reino de Dios experimentan exorcismos deben tener cuidado de no ser neutrales hacia Jesús el Mesías, porque la neutralidad abre la puerta a siete demonios peores que el que fue expulsado. La consagración a Jesús es esencial. En consecuencia, el pasaje apoya Lucas 11:23, que igual que Mateo 12:30, excluye la neutralidad.

Frente al amplio trasfondo en Mateo acerca de la controversia de Beelzebú y la señal de Jonás, en barrer la casa y limpiarla de demonios, Jesús ha estado dando testimonio de la presencia del Reino (12:28). Sin embargo, muchos de esa «generación perversa y adúltera» son tan neutrales hacia él que requieren señales (12:38), y no logran ver que ha llegado uno más grande que Jonás y Salomón. Lucas 11:23 no significa que Mateo 12:43-45 y Lucas 11:24-26 se refieran a la posesión demoníaca individual en contraste con el rechazo nacional de Jesús el Mesías representado en Mateo; por el contrario, ambos evangelistas tratan el mismo tema: el peligro extremo de ser neutral hacia Jesús (ver además en v. 45).

43 Cuando un espíritu inmundo (vea en 8:28; 10:1) sale de una persona (lit., «la persona», pero el artículo presenta un caso típico), va «por lugares áridos» buscando descanso. Esto se conforma con la opinión de que los demonios tienen afinidad por ciertos lugares (Tob 8:3; cf. Ap 18:2). Finalmente, sin embargo, buscan otro cuerpo a fin de hacer aun más daño.

44 El v. 43 implica la posibilidad de otra posesión. Aunque el v. 44 puede interpretarse teóricamente como un hecho que sirve de experiencia, eso haría de los exorcismos de Jesús una invitación a la catástrofe. De modo que es mejor tomar el lenguaje del texto como una introducción condicional paratáctica semítica para el v. 45 (i.e., «Si al llegar el demonio encuentra la casa desocupada, etc.»; cf. H.S. Nyberg «Zum grammatischen Verständnis von Matth. 12,44», *Coniectanea Neotestamentica* 13, 1949, 1-11; Jeremias, *Parables*, pp. 197 y sig.), o tomar los detalles de la historia como representación de una probabilidad peligrosa (Beyer, 1:281-86).

45 Aunque los siete espíritus pueden resultar más difíciles de expulsar que uno solo (cf. Mr 5:9; 9:29), el texto solo menciona la mayor maldad de estos. El individuo del cual se ha echado el demonio se encuentra ahora en una peor condición que antes. La declaración final de Jesús en este pasaje —«Así le pasará también a esta generación malvada» (omitido por Lucas)— no traslada lo central de la historia de una posesión demoníaca al fracaso de la nación en reconocer a Jesús. Tanto Mateo como Lucas entienden que la historia es una exigencia de que se reconozca a Jesús el Mesías. Sin embargo, lo que Mateo añade (1) cierra la parte importante del pasaje refiriéndose otra vez a «esta generación malvada» (cf. 12:39) —una táctica de Mateo útil que a veces no se nota (ver en 15:20)— y (2) hace la advertencia menos enigmática que Lucas (cf. v. 40; Lc 11:30).

Aunque Lucas conoce el peligro en que se ponen los judíos al rechazar a Jesús (Lc 21:20-24), esto no constituye para él, como sí para Mateo, un tema muy importante.

6. *Cómo hacer la voluntad del Padre*

12:46-50

⁴⁶Mientras Jesús le hablaba a la multitud, se presentaron su madre y sus hermanos. Se quedaron afuera, y deseaban hablar con él. ⁴⁷Alguien le dijo:

—Tu madre y tus hermanos están afuera y quieren hablar contigo.

⁴⁸—¿Quién es mi madre, y quiénes son mis hermanos? —replicó Jesús. ⁴⁹Señalando a sus discípulos, añadió:

—Aquí tienen a mi madre y a mis hermanos. ⁵⁰Pues mi hermano, mi hermana y mi madre son los que hacen la voluntad de mi Padre que está en el cielo.

Aquí Mateo básicamente sigue a Marcos 3:31-35 (cf. Lc 8:19-21; Juan 7:3-5), aunque omite los antecedentes en Marcos 3:20-21. En consecuencia, estos versículos no son tanto una confrontación entre Jesús y su familia como una declaración de lo que significa de veras ser discípulo de Jesús y estar comprometido con él por completo. Para nosotros la manera de estar junto a Jesús como sus más cercanos y estimados es hacer la voluntad de su Padre.

46-47 La implicación obvia es que Jesús está dentro de la casa (cf. Mr 3:20, 31). Aunque en muchos mss. está suprimido el v. 47, quizá por homoeoteleutonía (palabras, cláusulas u oraciones con terminaciones similares que se han descartado por error o descuido: el v. 46 y el v. 47 terminan en *lalesai* [«hablar»]), este vocablo quizá estuvo en el texto original y claramente ayuda al sentido del pasaje. Aunque el versículo puede representar asimilación de Marcos 3:32, no explicaría *to legonti autó* («a quien le había hablado», omitido del v. 48 en NVI), lo cual presupone el v. 47.

El modo más natural de entender «hermanos» (v. 46) es que el término se refiere a hijos de María y José, y por tanto hermanos de Jesús por parte de madre. Para apoyar el dogma de la perpetua virginidad de María, una idea extraña al NT y a los primeros padres de la Iglesia, los eruditos católicos romanos han sugerido que «hermanos» se refiere a hijos de José en un matrimonio anterior, o a los hijos de la hermana de María, quien tenía el mismo nombre (cf. Lagrange; McHugh, pp. 200 y sig.). Con seguridad «hermanos» puede tener un significado más amplio que familiares masculinos (Hch 22:1). Sin embargo, no es seguro que un significado así sea válido aquí, ya que promueve problemas insuperables. Por ejemplo, si «hermanos» se refiere a hijos de José de un matrimonio anterior no sería Jesús, sino el primer hijo de José, quien habría sido el heredero legal al trono de David. La segunda teoría —que «hermanos» se refiere a hijos de la hermana de María, también llamada «María»— enfrenta la improbabilidad de dos hermanas que tengan el mismo nombre. Al considerar todo esto, el intento de extender el significado de «hermanos» en este pasaje, a pesar de los mejores esfuerzos de McHugh, no son nada menos que una exégesis absurda en apoyo de un dogma que se originó mucho después que el NT (ver en 1:25; Lc 2:7; cf. Broadus en 13:55-56).

48-50 La perspicaz pregunta de Jesús (v. 48), y su extraordinaria respuesta (vv. 49-50), de ningún modo rebajan a su madre y a sus hermanos, sino que simplemente otorga prioridad a su Padre y a hacer su voluntad. «Porque, ¿no había él entrado en un parentesco terrenal solo por causa de una relación espiritual mayor que estaba a punto de encontrar? Por tanto, no fue que Cristo tomara a su madre con indiferencia, sino que él no confundía los medios con el fin» (LTJM, 1:577). De aquí en adelante los discípulos son la única «familia» que Jesús reconoce.

La naturaleza metafórica del v. 49 se muestra por los «y» (v. 50): «mi hermano, mi hermana [Jesús tenía hermanas físicas; cf. 13:56] y mi madre» en lugar de «… o … o». No nos hacemos parientes cercanos de Jesús haciendo la voluntad de su Padre celestial. Más bien, hacer la voluntad del Padre nos *identificará* como madre, hermanos y hermanas de Jesús (cf. 7:21). Hacer esa voluntad se muestra en obedecer a Jesús y sus enseñanzas, según Mateo, porque fue Jesús quien de modo excepcional reveló la voluntad del Padre (cf. 11:27). Esto significa que las palabras de Jesús en este pasaje bíblico están llenas de implicaciones cristológicas, pero también establecen la importancia básica de la comunidad que ahora se empieza a formar alrededor de él, el Siervo escogido de Dios quien, a pesar de la creciente oposición, proclamará justicia a las naciones (12:18, 20).

B. Tercer discurso: Parábolas del Reino (13:1-53)

1. Ambiente

13:1-3a

> [10]Ese mismo día salió Jesús de la casa y se sentó junto al lago. [2]Era tal la multitud que se reunió para verlo que él tuvo que subir a una barca donde se sentó mientras toda la gente estaba de pie en la orilla. [3]Y les dijo en parábolas muchas cosas como éstas:

1 Sin duda *en te jemera ekeine* se debe traducir «ese mismo día», pero la NVI presenta un problema infranqueable al traducir *palin* en Marcos 4:1 «de nuevo». *Palin* no quiere decir eso; en realidad, la expresión con frecuencia puede traducirse «además» o «enseguida» (BAGD, s.v.). De cualquier modo, Mateo vincula el discurso de parábolas en el capítulo 13 a las controversias precedentes (12:38-50 ó 12:22-37) y termina con una conclusión formularia (13:53), lo que sugiere que todas estas parábolas se dieron en esta ocasión. La declaración «salió Jesús de la casa» sugiere eso mismo al describir una escena específica transportada por 13:36.

Jesús «se sentó junto al lago», y tomó la posición normal de maestro (ver en 5:1-2). La explicación de que la postura de Jesús era un símbolo extraído de la literatura apocalíptica, que representaba a Dios sentado para juzgar (cf. Ap 7:9-12; Kingsbury, *Parables*, pp. 23 y sig.), no sólo es muy ingeniosa e innecesariamente anacrónica, sino que malinterpreta las parábolas. Aunque en algunas parábolas Jesús se interpreta como el Juez que vendrá al final del mundo (esp. vv. 40-43), esa sesión judicial es futura. Durante su ministerio Jesús escogió el papel de un maestro que enseñaba a otros acerca del Reino, de modo que ellos también enseñaran a otros (ver en vv. 51-52).

2 Este es la única de las cinco disertaciones principales de Mateo que no está dirigida a los «discípulos» (en el amplio sentido de 5:1-2), sino a las multitudes. Por tanto, Mateo incluye en este discurso dos digresiones importantes (vv. 10-23, 36-43) para explicar a sus discípulos la importancia de las parábolas, y para interpretar dos de ellas. Aunque estas digresiones sin duda tuvieron lugar luego de la disertación pública, Mateo las lleva hacia atrás como paréntesis, de modo que el lector no pierda la importancia de las parábolas. Algunos eruditos afirman que las multitudes, a diferencia de los dirigentes judíos, se representan favorablemente, puesto que constituían el grupo que Mateo deseaba alcanzar de inmediato. Sin embargo, esto es absurdo. En Mateo, Jesús ya ha criticado a «esta generación» (11:16-24) y puede tratar a los líderes judíos como típicos de ella (12:38-39). Aquí a las multitudes no se les da «los secretos del Reino» (v. 11).

Mateo cambia el «se puso a enseñarles» de Marcos (4:2) a «les dijo» (v. 3a), un cambio que ha animado a muchos a suponer que está convirtiendo las parábolas en «narraciones de proclamación» (e.g., W. Wilkens, «Die Redaktion des Gleichniskapitels Mark, 4 durch Matth», *Theologische Zeitschrift* 20, 1964, 305-27). Además, Kingsbury (*Parables*, pp. 28-31) manifiesta que el cambio de «se puso a enseñarles» a «les dijo» lo debe todo a la estructura del Evangelio de Mateo. Después de Mateo 12, Jesús no enseña ni predica a los judíos. Por tanto Mateo mira este capítulo como cierta forma de «apología». No es convincente basar tan grandes implicaciones teológicas en el cambio de un simple verbo, puesto que Mateo con frecuencia muestra gran independencia en expresión verbal. Lo que se entienda que Jesús hace en las parábolas se debe basar en la exégesis de todo el capítulo, y especialmente en la de Mateo 13:10-17, que pretende contestar esa misma pregunta. La opinión de Kingsbury de que Jesús no enseña ni predica a la multitud después de Mateo 12 es en cualquier caso manifiestamente errado. Hay poco de tal enseñanza antes de Mateo 12; la mayoría de las referencias a esta son generales (e.g., 4:23; 9:35); y después de Mateo 12 encontramos observaciones similares (13:54; 15:10; 21:23; cf. 22:16; 26:55; e implícitamente 14:13-36; 15:29-31). Estas y similares reconstrucciones intentan ver en la antítesis entre «multitudes» y «discípulos» una separación velada entre la Iglesia y la Sinagoga. J. Dupont («Point de vue», pp. 221-59) analiza estos esfuerzos en detalle y muestra que la expresión simplemente no es tan específica como para llegar a tan trascendentales conclusiones. En particular muestra que el contraste discípulos-multitudes se relaciona con lo que es justo o injusto, y con hacer o no hacer la voluntad del Padre.

3a Jesús dijo a la multitud «en parábolas muchas cosas». Antes de examinarlas, sin embargo tres observaciones, son necesarias.

1. La historia de la interpretación de las parábolas es muy compleja, y la cantidad de novedades en el estudio de parábolas se ha acelerado en años recientes. Esto lo ha expuesto concisamente J.G. Little («Parable Research in the Twentieth Century», ExpT 87, 1975-76, 356-60; 88, 1976-77, 40-44, 71-75) y de modo exhaustivo W.S. Kissinger (*The Parables of Jesús: A History of Interpretation and Bibliography*, Scarecrow, Metuchen, N.J., 1979).

Los comentaristas tendían a interpretar las parábolas más o menos apelando a las alegorías (con notables excepciones como Agustín y, en menor grado, Calvino) hasta el extenso estudio de Adolph Jülicher (*Die Gleichnisreden Jesu*, 2 vols., J.C.B., Mohr, Tübingen, 1910), que afirma que Jesús no contó alegorías sino parábolas, historias sencillas con un simple propósito. Los rastros de interpretación de parábolas en los evangelios deben por tanto asignarse a la iglesia postapostólica. Los estudios de Dodd (*Parables*) y Jeremias (*Parables*) han producido líneas similares. Dodd ha tratado de mostrar que algunas parábolas demuestran la orientación escatológica de la predicación de Jesús y la «manifestación» del Reino, mientras Jeremías ha establecido «leyes» de transmisión de parábolas para determinar cómo las simples historias de Jesús iban cambiando progresivamente en el proceso de recuento oral y escrito, y en la aplicación. Al usar estas «leyes» Jeremías ha afirmado que podemos sacarles los aumentos posteriores y descubrir lo que el Jesús histórico enseñó de veras.

Dos ensayos desafían el punto de vista de Jeremías. Tanto Matthew Black («The Parables as Allegory», BJRL 42, 1959-60, 273-87) como Raymond E. Brown («Parable and allegory reconsidered», NovTest 5, 1962, 36-45) demuestran de modo convincente que la distinción alegoría-parábola es demasiado superficial, que Jesús mismo en ocasiones dedujo más de uno o dos puntos de algunas de sus parábolas, y que toda «alegorización» de parábolas no se puede asignar automáticamente a la iglesia posterior a la era apostólica. Se deducen dos aspectos: (1) lo que Jeremías llama alegorización no prueba en sí un aumento secundario; (2) como McNeile (p. 186) observó hace mucho, hay cierta ambigüedad inevitable dentro de las parábolas, porque no siempre es fácil distinguir los detalles ilustrativos y los detalles que simplemente son parte de la estructura de la historia. Aunque aquí hay espacio para diferencia de opinión, la escasa pérdida en la certeza del significado está más que compensada por la gran flexibilidad en el entendimiento de las parábolas.

Novedades más recientes en el estudio de parábolas se han movido en direcciones distintas. Hans Weder (*Die Gleichnisse Jesu als Metaphern*, Vandenhoeck und Ruprecht, Göttingen, 1978, pp. 69-75) distingue los elementos parabólicos (a diferencia de los elementos alegóricos) como aquellos que están sujetos al flujo narrativo y carecen de existencia independiente tanto en la narrativa como en su interpretación. Su trabajo en gran parte imita los estudios de Etta Linnemann (*Parables of Jesus*, SPCK, Londres, 1966), D.O. Via (*The parables*, Fortress, Filadelfia, 1967), y J.D. Crossan (*In parables*, Harper and Row, Nueva York, 1973), quienes dicen que lo que distingue la parábola de la alegoría no es que solo la primera posee un punto central, sino que la última reúne en sí todos sus elementos uno al otro dentro del esquema de la parábola. Estas interconexiones están determinadas no tanto por un vínculo «uno a uno» con la situación histórica o teológica a la cual se refiere la parábola, sino por las demandas de la historia (es decir, la parábola en sí). Por tanto algunos elementos parabólicos pueden tener un referente histórico; otros no. Pero donde se hacen tales conexiones «externas», estas son subsidiarias de las conexiones «internas» de la parábola, el propósito de la cual se encuentra dentro del movimiento interno de la historia.

Estas son reflexiones importantes. No obstante, quienes las han desarrollado tienden por desgracia a pensar profundamente en el nivel literario y sin embargo de manera ingenua en el nivel histórico. Muchos intérpretes recientes tienden a ser mucho menos conservadores que Jeremías en lo que atribuyen al Jesús histórico. Es sorprendente cuán a menudo, una vez que han terminado sus interpretaciones, exhortan a sus lectores a escoger existencia auténtica, a confiar en la benevolencia universal, o algo así. Cualquier cosa más que Jesús haya sido, ¡no fue un existencialista del siglo veinte! Al acoplar estos estudios literarios con apreciaciones de «la nueva hermenéutica», Mary Ann Tolbert (*Perspectives on the Parables: An Approach to Multiple Interpretations*, Fortress, Filadelfia, 1979) trata de establecer la legitimidad de la interpretación de las parábolas en distintas maneras que dependen en gran parte de la posición del intérprete, y afirma que la «imprecisión dinámica» de la parábola (p. 115) requiere un enfoque así. Las preguntas que surgen de tales estudios, y los trabajos alemanes en los cuales se basan muchos de ellos, no se pueden tratar aquí. Para tratar responsablemente los aspectos implicados, ver A.C. Thiselton, *The Two Horizons*, Eerdmans, Grand Rapids, 1980.

Basta decir que las dudas históricas no siempre están unidas íntimamente a las apreciaciones literarias genuinas de estos escritores como ellos parecen pensar. Jesús, aunque en realidad confrontó a las personas y demandó opciones existenciales, lo hizo con un mensaje que fue, y que puede seguir siendo, definido y defendido como tema de análisis. Además, el criterio para distinguir entre las parábolas de Jesús y las añadiduras de la Iglesia se están volviendo menos y menos justificables. Aunque hay varias *clases* de parábolas (ver más adelante), Thiselton tiene razón al señalar cuántas de ellas están diseñadas para atraer al oyente y hacerlo un participante echando por tierra su manera de ver e interpretar el mundo y llevándolo a considerar sus valores más básicos (cf. esp. pp. 12-15, 344-47). Estas convicciones sostienen la siguiente exposición.

2. Algunos puntos de desacuerdo se pueden eliminar si se pone más atención a la misma palabra «parábola». Detrás se encuentra la hebrea *masal* (veintiocho de treinta y seis casos en el AT se traducen *parabolé* [parábola] en la LXX), término que se refiere a proverbios, máximas, símiles, alegorías, fábulas, comparaciones, adivinanzas, mofas, historias que encarnan alguna verdad (Nm 23:7, 18; 1 S 10:12; 24:13; Job 27:1; Sal 49:4; 78:2; Pr 1:6; Ec 12:9; Is 14:4; Ez 12:2; 17:2; 24:3; 13; Miq 2:4; Hab 2:6). Además la palabra «parábola» en el NT casi duplica esta lista (cf. esp. DNTT, 2:743-60). Por tanto una parábola puede ser un proverbio (Lc 4:23; algo que Juan llama una *paroimia* [«figura de dicción», Jn 10:6; 16:25, 29; cf. Job 27:1 LXX]); un dicho profundo y oscuro (Mt 13:35); un símbolo o imagen no verbal (Heb 9:9; 11:19); una comparación ilustrativa, ya sea sin comparación de disímiles (Mt 15:15; 24:32) o con ella (en la más conocida clase de «parábola»; e.g., 13:3-9), una historia ilustrativa que no implica comparación de desiguales (e.g., el rico necio, Lc 12:16-21); y más. Por tanto, se vuelve obvio que la mayor parte de la discusión conocida en realidad se enfoca en solo una o dos clases de «parábolas» del NT. La mayoría de las parábolas, aunque no todas, son metáforas extendidas o similares. Sin embargo una definición tan amplia como esta elimina algo del material detallado anteriormente que los escritores del NT clasifican como «parábola». Las conclusiones más generalizadas acerca de las parábolas requieren excepciones difíciles; y en general es mejor tratar inductivamente con las parábolas, y al mismo tiempo se debe estar consciente de las preguntas propuestas por recientes estudios y por los análisis eruditos de algún material sobre las parábolas.

Una de las obras más responsables de estas es la reciente de Boucher, algunas de cuyas conclusiones se adoptan más tarde (ver en vv. 10-17). Pero incluso Boucher limita la parábola a «un *relato* que posee dos niveles de significado» (p. 23), y confusamente define la alegoría simplemente como «un instrumento de significado, y no una forma o género literario» (p. 20), a la vez que insiste en que la alegoría debe extender una metáfora sobre una historia completa, uniéndola ineludiblemente a una forma. Mediante esta definición algunas parábolas son alegorías. No obstante es útil, por ejemplo, poder distinguir las alegorías que son típicas de las que no lo son. El progreso en entender las parábolas depende, al parecer, del mayor acuerdo académico sobre las semánticas de las clasificaciones, y de la mayor disposición para reconocer la diversidad de clases de parábolas en el NT. (En este punto, cf. G.B. Caird, *The Language and Imagery of the Bible*, Duckworth, Londres, 1980, pp. 161-67; Robert H. Stein, *The Method and Message of Jesus' Teachings*, Westminster, Filadelfia, 1978, pp. 34-39.)

3. La estructura del tercer discurso (13:3-52) influye directamente en su interpretación. Ciertas cosas son obvias. Dos de las parábolas aparecen también en Marcos y Lucas: el sembrador y su interpretación (13:3-9, 18-23; Mr 4:3-9, 13-20; Lc 8:5-15) y la semilla de mostaza (13:31-32; Mr 4:30-32; Lc 13:18-19). Uno tiene paralelo en Lucas pero no en Marcos (la levadura [13:33; Lc 13:20-21]), y los otros cuatro (o cinco; vea más adelante) se hallan solo en Mateo. Marcos 4:26-29 añade otra más a este discurso; y Marcos 4:33 y Mateo 13:3 sugieren que hubo bastante más que no se reportó.

Estos son los detalles convenidos, pero la estructura de la disertación como está es más debatida (cf. Dupont, «Point de vue», pp. 231 y sig.; Kingsbury, *Parables*, pp.

12-15). El mejor análisis lo da David Wenham («Structure», pp. 516-22), quien afirma, con Lohmeyer y Kingsbury (*Parables*), que el v. 52 es una parábola (observe la forma «es como [más dativo]», y las palabras de apertura del v. 53. El discurso se puede entonces dividir en dos partes de cuatro parábolas cada una (vv. 3-33, 44-52). Las primeras cuatro se dirigen a las multitudes, las últimas cuatro a los discípulos. La contribución característica de Wenham radica en identificar la estructura quiástica emergente. De las cuatro primeras parábolas, la primera se distingue de las otras tres, separada por una discusión acerca del propósito de las parábolas (vv. 10-17) y la interpretación de la parábola (vv. 18-23). Esta tiene una introducción diferente en lo formal (las otras tres empiezan con «Jesús les contó otra parábola», «el Reino de los Cielos es como...»). Los cuatro quiasmos correspondientes en la segunda mitad comienzan con tres parábolas que tienen el mismo inicio («el Reino de los Cielos es como...»), separadas de la cuarta, que tiene un inicio distinto, por la explicación en los vv. 49-50, y la pregunta y respuesta acerca del entendimiento de los discípulos sobre las parábolas. La sección central que separa las dos colecciones de parábolas (vv. 34-43) divide el punto de contacto, y además explica la función de las parábolas mientras expone una de ellas. (Vea bosquejo, Introducción, sección 14). Las implicaciones son importantes.

1. Mateo presenta dos análisis razonados de las parábolas, uno relacionado con su función para con los de afuera, y otro relacionado con su función para con los discípulos.

2. La estructura detallada revela la habilidad de Mateo como autor; y las supuestas dislocaciones (esp. vv. 12, 34-35), con frecuencia tomadas para apoyar la prioridad de Marcos, resultan ser, no aporías (i.e., una transición que demanda explicación), sino una parte integral del bosquejo (ver más adelante). Por supuesto, esto desaprueba la prioridad de Marcos aquí. Pero si en verdad Marcos es anterior o independiente por todo el capítulo o por parte de este (como Wenham afirma en «The Synoptic Problem revisited»), esto apoya un punto importante: que es metódicamente improbable que el único acceso a información que Mateo tiene cuando sigue a Marcos sea el mismo Marcos.

3. Esta estructura también pone en duda la tradicional interpretación dispensacional de las parábolas en este capítulo. Típico es Walvoord: «Deliberadamente Jesús adoptó el método parabólico de enseñar en una escena particular en su ministerio con el propósito de retener verdad adicional sobre sí mismo y el Reino de los Cielos en las multitudes, que habían demostrado ser sordas a sus clamores e irresponsables a sus exigencias. ... De ahí en adelante, al dirigirse a las multitudes incrédulas, solo habla en parábolas las cuales interpreta en privado a sus discípulos».

Aquí hay lucidez: Walvoord detecta correctamente la nota de juicio ligada a algunas parábolas. Sin embargo, su posición es demasiado preconcebida. Primero, al recordar la amplia definición del término «parábolas» en el NT, no está claro que debamos pensar que el capítulo 13 contenga el primer uso de parábolas que Jesús hace en Mateo (cf. 7:24-27; 9:15-17; 11:16-19). Segundo, si Walvoord tuviera que responder que tales pasajes no están clasificados como «parábolas», el problema histórico se presenta cuando se atenta cualquier armonía sinóptica (un procedimiento que él aprobaría). Históricamente, Jesús no utiliza parábolas por primera vez en esta etapa de su ministerio (cf. Lc 5:36; 6:39). Lo que parece probable es que la oposición creciente hacia Jesús lo llevó a usar más y más parábolas (vea vv. 10-17, 34-35). Sin embargo, hay poca base para el repentino cambio en método que Walvoord ve. Tercero, las parábolas no están restringidas al ministerio de Jesús con los ajenos: también las utiliza positivamente con sus discípulos (cf. estructura ya expuesta). Cuarto, no había habido enseñanza extendida hacia los de afuera antes de este tercer discurso, y no hay ninguna después de este para probar lo que dice Walvoord de que el uso que Jesús hace de las parábolas aquí constituye una nueva desviación. Solo disponemos del hecho de que la predicación de Jesús a los de afuera se menciona repetidamente, pero no hay muchos ejemplos (ver en 13:11).

2. *A las multitudes* (13:3b-33)

a. *Parábola del sembrador*

13:3b-9

> 3b«Un sembrador salió a sembrar. 4Mientras iba esparciendo la semilla, una parte cayó junto al camino, y llegaron los pájaros y se la comieron. 5Otra parte cayó en terreno pedregoso, sin mucha tierra. Esa semilla brotó pronto porque la tierra no era profunda; 6pero cuando salió el sol, las plantas se marchitaron y, por no tener raíz, se secaron. 7Otra parte de la semilla cayó entre espinos que, al crecer, la ahogaron. 8Pero las otras semillas cayeron en buen terreno, en el que se dio una cosecha que rindió treinta, sesenta y hasta cien veces más de lo que se había sembrado. 9El que tenga oídos, que oiga.»

3b-7 El foco de la parábola no es el sembrador (el artículo se utiliza en el v. 3 para designar una clase; cf. 12:43) sino los suelos. El labrador esparce la semilla (v. 3b), que cae en varios lugares. Dentro y alrededor de los campos sin cercas hay sendas de tierra (ver 12:1); las cuales son demasiado duras para recibir la semilla, y esta se la comen los pájaros (v. 4). «Terrenos pedregosos» (v. 5) son aquellos en los cuales cerca de la superficie hay una capa caliza: el suelo tiene poca profundidad. Cuando termina la época lluviosa y se incrementa el calor solar, el suelo poco profundo se calienta rápidamente (v. 6). Las semillas brotan y prometen ser la mejor cosecha (sobre lo adecuado de estos detalles al escenario palestino, cf. P. B. Payne «The Order of Sowing and Ploughing in the Parables of the Sower», NTS 25, 1978-79, 123-29). Sin embargo, el inclemente calor del verano exige que la planta envíe raíces profundas en busca de agua, y la capa de roca lo impide. Igual que el césped en lo alto de techos, las jóvenes plantas se marchitan antes de poder crecer (Sal 129:6). Otra semilla cae entre cercas de espinos que privan a las plantas de sol y alimento (v. 7).

8-9 Pero algo de la semilla cae en buen terreno y produce cosechas de rendimiento variado (v. 8), el cual, contrariamente a lo que muchos creen, no es sumamente alto —simboliza la fertilidad de la era mesiánica— pero sí bueno dentro de las expectativas comunes (cf. Payne, «Authenticity», pp. 181-86). La misma semilla no produce cosecha, produce algo de cosecha o mucha cosecha según el tipo de suelo. La exhortación final (v. 9; ver 11:15) advierte a quienes escuchan a Jesús y a los lectores de Mateo que la parábola requiere una interpretación cuidadosa.

En este punto muchos comentaristas, al no creer la autenticidad de los vv. 18-23, intentan interpretar los vv. 3b-9 sin referencia a los vv. 18-23. Sus esfuerzos no producen interpretaciones más creíbles que la que Mateo atribuye a Jesús. Esto es típico de Hill (*Matthew*), quien dice que la parábola significa que así como todo sembrador (palestino) hace su trabajo a pesar de las muchas frustraciones, el Reino se abre paso a pesar de muchas dificultades. Este se establecerá a su tiempo, con una gloriosa y segura cosecha, pero solo después de mucha pérdida. La parábola tiene poco que ver con cómo escuchar la Palabra de Dios. Sin embargo, la interpretación de Hill depende del trato en serie de la parábola. Para él, ¡el sembrador primero siembra la semilla en todos los lugares malos! Al parecer, sin embargo, la diferencia radica en los suelos, no en el orden de la siembra: el Reino, aunque ahora avanza por medio de la promulgación de las buenas nuevas acerca del Reino (4:23), encuentra muchas diferentes acogidas.

b. *Interludio* (13:10-23)

1) *Comprensión de las parábolas*

13:10-17

¹⁰Los discípulos se acercaron y le preguntaron:

—¿Por qué le hablas a la gente en parábolas?

¹¹—A ustedes se les ha concedido conocer los secretos del reino de los cielos; pero a ellos no. ¹²Al que tiene, se le dará más, y tendrá en abundancia. Al que no tiene, hasta lo poco que tiene se le quitará. ¹³Por eso les hablo a ellos en parábolas:

»Aunque miran, no ven;
aunque oyen, no escuchan ni entienden.

¹⁴En ellos se cumple la profecía de Isaías:

»"Por mucho que oigan, no entenderán;
por mucho que vean, no percibirán.
¹⁵Porque el corazón de este pueblo se ha vuelto insensible;
se les han embotado los oídos,
y se les han cerrado los ojos.
De lo contrario, verían con los ojos,
oirían con los oídos,
entenderían con el corazón
y se convertirían, y yo los sanaría."

¹⁶Pero dichosos los ojos de ustedes porque ven, y sus oídos porque oyen. ¹⁷Porque les aseguro que muchos profetas y otros justos anhelaron ver lo que ustedes ven, pero no lo vieron; y oír lo que ustedes oyen, pero no lo oyeron.

El trato de Mateo no sólo es más largo que el de Marcos (4:10-12) y el de Lucas (8:9-10; 10:23-24), sino que incluye más cita del AT y está estructurado con gran cuidado. La pregunta de los discípulos (v. 10) suscita la respuesta básica de Jesús (vv. 11-12), la cual entonces se aplica primero con mayores detalles a «ellos» y luego a los discípulos (vv. 16-18). Las dos secciones últimas constituyen un punto de contacto bien organizado cuya inversión hace eco de la forma del AT (e.g., Sal 89:28-37), y realza la culminación de juicio y misericordia (según K.E. Bailey, *Poet and Peasant*, Eerdmans, Grand Rapids, 1976, pp. 61 y sig.):

> Por eso les hablo en parábolas:
> 1 porque viendo no *ven* y oyendo no *oyen*, ni entienden.
> 2 Y en ellos *se cumple* la *profecía* de Isaías que dice:
> 3 «Oyendo ustedes *oirán* y *no entenderán*,
> 4 y viendo ustedes *no verán* y *no percibirán*.
> 5 Porque el *corazón* de este pueblo se ha entorpecido
> 6 y los *oídos* están embotados de oír
> 7 y han cerrado los *ojos*
> 7' a menos que perciban con los *ojos*
> 6' y oigan con los *oídos*
> 5' y entiendan con el *corazón*, y se conviertan otra vez, yo los sanaría».
> 4' Pero dichosos son los *ojos de ustedes*, porque ven,
> 3' y sus *oídos*, porque *oyen*.
> 2' Porque en verdad *les digo a ustedes* que muchos *profetas* y hombres justos
> 1' desearon ver lo que *ustedes ven* y *no lo vieron*, y oír lo que *ustedes oyen*,
> y *no lo oyeron*.

10 «Los discípulos» (Mark: «the Twelve and the others around him») se acercaron a Jesús, aparentemente en privado (cf. Mr 4:10). Si esto ocurrió al final de la disertación, el plural «parábolas» estaría bien explicado. Kingsbury (*Parables*, pp. 40-41) detecta en el verbo *proseldsontes* («vinieron hacia él») una «connotación ritual»: los discípulos se aproximaron a Jesús «con la misma reverencia que se daría a un rey o deidad». El comentarista defiende este dudoso punto de vista con una selección parcializada de una evidencia que en algunos casos se puede tomar de esa forma, a la vez que pasa por alto la evidencia contraria respecto al uso que hace Mateo del verbo (cf. 4:3; 8:19; 9:14; 15:1, 30; 16:1; 17:24; 22:23 et al.).

Algunos estudios recientes correctamente ven en este capítulo la distinción entre los discípulos y las multitudes, presupuesta por el bosquejo de arriba. Pero ha habido una lamentable tendencia a pensar que Mateo ha absolutizado la distinción, idealizado a los discípulos y quitado importancia a su falta de entendimiento (Bornkamm, *Tradition*, pp. 105 y sig.; Kingsbury, *Parables*, pp. 42 y sig.; Schmid; Grundmann). Esta idealización, se afirma, es muy firme en los vv. 10-17 y emerge en el v. 10. Los discípulos preguntan por qué Jesús habla a las multitudes en parábolas, no qué significan las parábolas, y esto parece decir que ellos ya lo sabían. Pero la pregunta de Marcos es ambigua (Mr 4:10); Mateo típicamente ha clarificado el punto de modo sencillo. La contienda/disputa de las críticas se basa en el razonamiento/argumento/debate del silencio. No obstante, si los discípulos entienden la parábola del sembrador, ¿por qué procede Jesús en unos pocos versículos a darles una explicación (vv. 18-23)? Además, ¿por qué piden ellos una explicación a una parábola posterior (v. 36)? El enfoque de la respuesta de Jesús (vv. 11-17) no está tanto en el entendimiento de los discípulos como en el hecho de que la revelación se da a algunos y no a otros, y por qué. (Sobre esta pregunta periódica, cf. Trotter.)

11-12 Legítimamente, la respuesta de Jesús no se puede suavizar: al menos una de las funciones de las parábolas es esconder la verdad, o como mínimo *presentarla en forma velada*. Este punto se refuerza si el *joti* no tiene carácter de «recitación» (equivalente a las comillas en NVI) sino el totalmente causal «porque». Los discípulos preguntan: «¿Por qué les hablas...?» Y Jesús responde: «*Porque* los secretos del Reino de los Cielos se les ha dado a los discípulos, pero no a los demás». La fuerza de esta traducción no solo está en su aplicabilidad después de «¿por qué?», sino también en el hecho de que *joti* no se encuentra en ningún otro sitio en el NT con carácter de «recitación» después de la fórmula particular utilizada: *jo de apokridseis eipen* («respondió», NIV, v. 11; cf. D. Wenham, «Structure», p. 519, n. 5, y la literatura allí citada). El pronombre *autois* («a ellos») no se refiere primero a los judíos en tiempos de Mateo sino a «la gente» que los discípulos mencionan en el versículo previo.

Ta musteria tes basileias («los secretos del Reino») no está explicado; su significado se puede deducir por el contexto y por el uso de *musterion* («secreto») en cualquier otro lugar. *Musterion* no posee conexiones obvias con las misteriosas religiones paganas, sino que refleja un trasfondo completamente semítico (cf. R.E. Brown, *The Semitic Background of the Term «Mystery» in the New Testament*, Fortress, Filadelfia, 1968). Este aparece en el AT en Daniel (arameo *raz*), donde se refiere a algún secreto escatológico, algún augurio de lo que Dios ha decretado que se realizará en el futuro. El término griego también puede reflejar al hebreo *sod* («secreto», «alocución confidencial»), tomado del consejo celestial (cf. Brown, *Mystery*, pp. 2-6; DNTT, 3:502). La misma serie de significados se encuentra en los RMM. Los «misterios» son planes divinos o decretos, a veces transmitidos en lenguaje velado, que solo conocen los elegidos, y que generalmente se relacionan con acontecimientos escatológicos.

El que los «secretos del Reino» se «concedan» a los discípulos sugiere que a ellos se les están revelando ciertas realidades escatológicas. Lo que se revela no es quién es Jesús, la naturaleza de Dios ni el poder del amor (todo lo cual se ha sugerido); más bien, el «misterio del Reino es la entrada del Reino en la historia antes de su manifestación apocalíptica» (Ladd, *Presence*, pp. 218-42, esp. p. 222). No era un secreto que Dios traería su Reino. Todos los judíos lo esperaban. La nueva verdad, ahora entregada a los hombres por revelación en la persona y misión de Jesús, es que *el Reino que finalmente está por venir en poder apocalíptico, como lo previó Daniel, en verdad ha llegado con antelación en forma encubierta para actuar en secreto entre los hombres y dentro de ellos»* (ibíd., p. 225, énfasis suyo).

Es improbable que el plural «secretos», a diferencia de «secreto» de Marcos, se refiera a todo lo que Jesús ha enseñado (Kingsbury, *Parables*, pp. 44 y sig.). La razón más firme de la última opinión es que algunas de las parábolas tratan con asuntos éticos, no escatológicos, y reflejan —se discute— toda la gama de enseñanzas de Jesús (e.g., parábolas del tesoro escondido, de la perla, del siervo inclemente). Sin embargo, en realidad todas esas parábolas, según veremos, necesariamente presuponen alguna forma de escatología reconocida que dé significado a sus exigencias éticas. El plural «secretos» se explica mejor como una típica preferencia de Mateo por el plural (cf. Mt 4:3—Lc 4:3; Mt 8:26—Mr 4:39; Mt 26:15—Mr 14:11; y un cambio regular de «multitud» a «multitudes» en Mt 12:46; 13:2; 14:22; 15:36; 21:46; 23:1; 27:20), o como un reflejo de una fuente que no es Marcos (hay varios «acuerdos menores» de Mateo y Lucas contra Marcos; para detalles cf. D. Wenham, «Synoptic Problem»), o quizá como referencia a los múltiples elementos unidos con la verdad escatológica básica de que la era que iba a venir ya llegó.

La antítesis del v. 12 es proverbial y se repite en otros sitios (25:29; cf. Mr 4:25; Lc 8:18). Esta advierte contra dar por sentadas las bendiciones espirituales, y sirve para incrementar la gratitud y el sentido de privilegio entre quienes continúan disfrutándolas. Lo que está ausente en la segunda parte de la antítesis no es la Ley sino la posición que uno tiene como un supuesto súbdito del Reino (cf. 8:11-12).

13 Jesús aplica ahora de manera explícita su respuesta (vv. 11-12) a los que no son discípulos. La discusión de este versículo se enfoca en el cambio de Mateo de *jina* más subjuntivo en Marcos 4:12 («para que, etc.») —que supone que el que los de afuera no entiendan las parábolas es una función de elección divina— a *joti* («por eso»), que significa que Jesús habla en parábolas porque espiritualmente las personas son insensibles. Aunque «miran» no «ven» *de veras*. Existen cuatro enfoques posibles al tema indicado.

1. Hay quienes sostienen que el cambio de Mateo de *jina* a *joti* está motivado por su deseo al escribir de culpar a los judíos, o de establecer una base moral para que estos hayan sido rechazados (e.g., Kingsbury, *Parables*, pp. 48-49; Dupont, «Point de vue», pp. 233 y sig.). Pero esto de mala manera simplifica el asunto debido a la fuerte interpretación electiva en la mejor traducción del v. 11 (más arriba).

2. Otros sugieren una clase de armonización aditiva: «porque» (*joti*, Mateo) quienes desechan tercamente no quieren ver ni oír, Jesús les habló en parábolas «para que» (*jina*, Marcos-Lucas) en realidad no vean ni oigan (Hendriksen). Teológicamente esto puede ser confiable, pero no es claro si la simple adición explica mejor lo que Mateo ha hecho.

3. Muchos intentan suavizar *jina* en Marcos para que pierda su fuerza télica (dirigida hacia una meta definida: «para que») y tome un énfasis consecutivo («con el resultado de que»; cf. el ambiguo «para que» de NVI). Entonces en este versículo Marcos y Mateo estarían muy cerca en pensamiento. Ciertamente *jina* puede tener fuerza consecutiva en griego helenístico, una desviación indudable del clásico; pero Marcos tiene *jina* ... *mepote* (lit., «para que ... no sea que»; NVI, «por eso»), y es muy difícil dar a una expresión así otra cosa que no sea una fuerza télica total. Moule (*Idiom Book*, p. 143) reconoce la fuerza de este razonamiento; pero debido a que para él el concepto de que unas parábolas hayan sido narradas para evitar que la escuche quien no esté predestinado a la salvación es «demasiado incongruente con cualquier parte del período del NT para ser factible», se ve forzado a recurrir al expresiones idiomáticas semíticas o incluso al muy posterior desarrollo lingüístico del causal *jina*. Pero los

intentos de atribuir el *jina* de Marcos a una mala traducción semítica (cf. esp. T.W. Manson, *The Teachings of Jesus*, 2d ed., University Press, Cambridge, 1935, pp. 76 y sig.) han demostrado ser vanos (cf. Gundry, *Use of OT*, pp. 34.35, n 1; Boucher, pp. 43-44; J. Gnilka, *Die Verstockung Israels*, Kösel Verlag, München, 1961). Y apelar a las parábolas rabínicas y su función ha resultado en apoyo para el punto de vista télico, puesto que los rabinos en realidad usaron parábolas para disfrazar la verdad: la parábola rabínica «no constituye una forma universalista» (D. Daube, «Public Pronouncements and Private Explanation in the Gospels», ExpT 57, 1945-46, 177).

4. Aunque los dos últimos enfoques no son convincentes, los primeros pueden ser plausibles si se presentan con mayor conciencia de la relación que el v. 12 tiene con el v. 11 y el 13. Lo más probable es que el v. 11 adopte un estricto punto de vista predestinatario, más convincente que Marcos 4:11 y más doctrinal, aunque no en lo verbal, como Marcos 4:12. La respuesta a la pregunta de los discípulos (Mt 13:10) se da entonces en cuanto a elección en el v. 11, lo cual se explica más adelante en el v. 12. El v. 13 resume la razón de hablar en parábolas, pero enmarca la razón, no en cuanto a elección sino a terquedad espiritual. Mateo ya ha dado la respuesta de Jesús en cuanto a la elección divina (v. 11); ahora ofrece la razón humana. Aunque esto lo pone en conflicto formal con Marcos 4:12, ya ha pronunciado la observación predestinataria de Marcos 4:12. Aquí Mateo incluye mucho más material que Marcos; y en la estructura ordenada (ver paralelismos arriba) que resulta de incluir tal material nuevo, los paralelos verbales se pierden a favor de los conceptuales.

Tres amplias reflexiones ayudan a resolver el problema.

1. Los escritores bíblicos del AT y el NT tienen menos problemas acerca de la tensión entre la soberanía de Dios y la responsabilidad del hombre que los escritores modernos. Esto no se debe a que ellos no distingan entre propósito y consecuencia, como muchos afirman (e.g., Moule, *Idiom Book*, p. 142), sino porque no ven la soberanía divina y la responsabilidad humana como antítesis. En resumen son armonizadores, y por tanto yuxtaponen los dos temas con poca conciencia de problema (cf. Gn 50:19-20; Jue 14:4, Is 10:5-7; Hag 1:12-14; Jn 11:49-52; cf. Carson, *Divine Sovereignty*).

2. En consecuencia, aunque Marcos registra la respuesta de Jesús en términos de elección, no intenta con esto absolver de toda responsabilidad a los de afuera. ¿Cómo podría hacerlo, a la luz de la interpretación de la parábola del sembrador que registra (4:13-20), de su registro de la exigencia de arrepentimiento de parte de Juan (1:4), y mucho más? Mateo ha retomado estos temas en mayor detalle porque simultáneamente desea afirmar que lo que está tomando lugar en el ministerio de Jesús es, por un lado, la decretada voluntad de Dios y el resultado de la profecía bíblica; y por otro lado, una terrible rebelión, un gran entorpecimiento espiritual e incredulidad crónica. Esto pone la responsabilidad por el rechazo divino sobre los hombros de quienes no se hacen discípulos, mientras se garantiza que nada de lo que está ocurriendo queda fuera de control y del plan de Dios. La misma clase de dualidad ya se ha expresado en 11:25-30.

3. Esto arroja mucha luz sobre las parábolas. Es ingenuo decir que Jesús las contó para que todos entendieran la verdad de manera más fácil, y es simplista decir que la sola función de las parábolas hacia los de afuera era condenarlos. Si Jesús tan solo

hubiera deseado ocultar la verdad de los ajenos, no les habría hablado. Su interés por la evangelización (9:35-38; 10:1-10; 28:16-20) excluye esa idea. Por tanto, debía predicar sin echar perlas a los cerdos (7:6). Lo hace en parábolas, como para endurecer y rechazar a quienes son duros de corazón, y para ilustrar —a menudo con más explicación— a sus discípulos. Se debe recordar que sus discípulos no son solo los doce sino todos los que habrían de seguir a Jesús (ver en 5:1-12) y quienes, se esperaba, seguirían cumpliendo la voluntad del Padre (12:50) y no terminarían blasfemando contra el Espíritu (12:30-32) ni siendo atrapados por el mal más directamente que antes (12:43-45). Así que las parábolas dichas a las multitudes transmiten información, no la ocultan, y desafían a los oyentes. No imparten contenido esotérico que solamente los iniciados pueden sondear, sino que presentan de tal modo las afirmaciones del reino inaugurado y los prospectos de su culminación, que sus implicaciones son explícitas para los oyentes que tienen ojos para ver (exagerado pero defendido de modo correcto por Boucher, pp. 83-84).

Las parábolas de los suelos no solo dicen que el Reino avanza lentamente, con diversas respuestas a la proclamación de ese reino; de modo implícito desafía a los oyentes a preguntarse qué clase de suelos son ellos. Aquellos cuyos corazones están endurecidos, y que pierden lo poco que tienen, no participan en el reino mesiánico que han estado esperando; para ellos la parábola es una sentencia de muerte. Quienes tienen oídos para oír, a quienes se les da más, perciben y experimentan la llegada de la era mesiánica; para ellos la parábola trasmite los misterios del Reino. En las diversas respuestas dadas al desafío de las parábolas se ve que la acción judicial de Dios y su revelación en Jesús toman lugar exactamente en la misma forma en que los diversos «suelos» responden a la «semilla», que es el mensaje acerca del Reino. (Vea más en 15:10-13.)

14-15 Stendahl y otros ofrecen diversas razones para tomar esta cita como una tardía nota explicatoria sobre el evangelio, al incluir una anómala fórmula introductoria, e insisten en que la cita es tautológica después del v. 13. Pero los paralelos de esta fórmula introductoria son comunes en la LXX y otras literaturas greco-judías que Mateo conoce, y los vv. 14-15 no son estrictamente tautológicos puesto que resaltan el tema del cumplimiento. Además, si Mateo imita a Marcos (4:12) en el v. 13, es improbable que resuma su fuente omitiendo totalmente la última frase de Marcos 4:12 («no sea que se conviertan y sean perdonados»). La única parte donde Mateo casi invariablemente ofrece más material que los otros autores sinópticos es en las citas y alusiones del AT. «Más bien debemos asumir que el v. 13 conduce a la cita formal en los vv. 14, 15» (Gundry, *Use of OT*, pp. 116-18). En consecuencia estos dos versículos se vuelven el aproximado equivalente de Marcos 4:12-13.

La forma textual es LXX (como también en Hch 28:26-27), que sigue muy de cerca el TM de Isaías 6:9-10, excepto que LXX es una descripción del pueblo, mientras el TM hace de esto un mandato para el profeta («Escucha siempre, pero sin entendimiento. ... Haz insensible el corazón de este pueblo»). Sin embargo este no es un cambio tan insignificante como algunos han pensado; debido al juicio por parte de los profetas en mensajes posteriores, las palabras de Isaías 6:9-10 muestran implacable ironía. Después de todo, a Isaías no se le dio esta carga porque el resultado fuera deseable, sino porque inevitablemente llega sobre un pueblo que se había vuelto insensible. ¡Así también pasaba en tiempos de Jesús! El Mesías que llegó a revelar al Padre (11:25-27) tiene éxito solo en opacar el poco sentido espiritual que muchas de las personas tienen, porque no desean convertirse y ser sanadas. En realidad el contexto de Isaías 6:9-10 revela que el entorpecimiento de la gente continuará «hasta que las ciudades queden destruidas ... los campos, asolados y en ruinas ... y el país quede en total abandono. Y aunque permanezca una décima parte en la tierra, esta volverá a ser devastada» (Is 6:11-13). La referencia es a la deportación; sin embargo, los acontecimientos que rodean a la deportación se ven como un paradigma, el caso clásico del rechazo de Dios y el juicio resultante, que se repite en la generación de Jesús a un nuevo nivel, y que por tanto cumple las palabras de la profecía. No es claro si se sugiere cualquier proclamación de que Isaías 6:9-10 posea énfasis de predicción (de ser así, vea en 2:15). Lo seguro es la conexión racial (cf. también Hch 28:26-27; cf. Jn 12:38-40): la falla de la mayoría de judíos en discernir las realidades espirituales no era algo nuevo. Por otra parte, si el contexto de Isaías 6:9-10 va con la cita, una fuerte insinuación de juicio acompaña a la descripción.

Las primeras dos líneas de la cita están en segunda persona del plural (RVR, no NVI): Dios se dirige directamente al pueblo. Pero el v. 15 nos da la descripción de Dios sobre el pueblo en tercera persona. Esto al menos hace posible interpretar las frases «de lo contrario» (*mepote*, «no sea que»), no como el propósito del pueblo (han cerrado los ojos, a menos que vean y se conviertan y sean sanados), sino como el juicio de Dios (han cerrado los ojos como resultado del acto de justicia divina, de otro modo verían y se convertirían, etc.). El pensamiento entonces se vuelve similar al de 2 Tesalonicenses 2:11. De nuevo, por supuesto, ni Jesús ni Mateo verían algo incongruente en el radical juicio de Dios (vea en v. 13).

16-17 (Para «dichosos», vea en 5:3; y cf. Lc 10:23-24.) Los discípulos eran bendecidos por Dios y privilegiados sobre la multitud porque veían y oían (v. 16) lo que «muchos profetas y otros justos» (v. 17; ver en 10:40-42) anhelaron ver pero no pudieron. La referencia es a los profetas del AT y otros que eran justos ante Dios, personas que esperaban la venida del Reino. Aquí no se puede evitar incluir a Simeón (Lc 2:25-35) y a Ana (Lc 2:36-38). Tácitamente existe un abundante clamor cristológico y escatológico en la declaración de Jesús: ningún simple profeta podía decir todo lo que él dijo.

Quienes piensan que Mateo idealiza a los discípulos (ver en v. 10) observan que el paralelo en Lucas 10:23-24 contrasta la generación de Jesús con generaciones anteriores, pero afirman que Mateo contrasta a los discípulos («ustedes» es enérgico) con la gente difícil de la misma generación (Bornkamm, *Tradition*, p. 107). En verdad Mateo hace algo de ambas cosas. El v. 16, en conexión con los versículos precedentes, contrasta a los discípulos con la endurecida multitud; sin embargo el v. 17 los contrasta con profetas y hombres justos de pasadas generaciones. Así que la generación en tiempos de Jesús permanece en la fila de los ciegos testarudos en el AT (vv. 14-15), y los discípulos de Jesús están en la línea de los profetas (como en 5:11-12). El tema de cumplimiento está en función, y muestra que la división que tomó lugar en la época de Jesús con la venida del Reino está en sucesión a las divisiones ya detalladas en las Escrituras. Los discípulos no están idealizados; más tarde deberán pedir una explicación (v. 36). Pero en contraste con las multitudes, ellos siguieron de veras a Jesús, y de manera gradual comprendieron el momento culminante crítico en la historia de la redención que Jesús aun estaba enclavando.

Notas

14 La adición de un participio cognado o un dativo cognado a un verbo con el fin de reforzar al verbo es una forma usual en que la LXX traduce el infinitivo absoluto hebreo (cf. BDF, par. 422; Zerwick, par. 369). Ambos se encuentran aquí en esta cita de la LXX: ἀκοῇ ἀκού-σετε (akoé akoúsete, lit., «oyendo ustedes oirán»), βλέποντες βλέψετε (blépontes blépse-te, lit., «viendo ustedes verán»). En castellano estas son repeticiones confusas de un mismo pensamiento, y su significado se interpreta correctamente en la NVI: «Por mucho que oi-gan» o «que oigan con agudeza», etc.

2) *Interpretación de la parábola del sembrador*

13:18-23

¹⁸»Escuchen lo que significa la parábola del sembrador: ¹⁹Cuando alguien oye la palabra acerca del reino y no la entiende, viene el maligno y arrebata lo que se sembró en su corazón. Ésta es la semilla sembrada junto al camino. ²⁰El que recibió la semilla que cayó en terreno pedregoso es el que oye la pa-labra e inmediatamente la recibe con alegría; ²¹pero como no tiene raíz, dura poco tiempo. Cuando surgen problemas o persecución a causa de la palabra, en seguida se aparta de ella. ²²El que recibió la semilla que cayó entre espinos es el que oye la palabra, pero las preocupaciones de esta vida y el engaño de las riquezas la ahogan, de modo que ésta no llega a dar fruto. ²³Pero el que re-cibió la semilla que cayó en buen terreno es el que oye la palabra y la entien-de. Éste sí produce una cosecha al treinta, al sesenta y hasta al ciento por uno.

Jeremias (*Parables*, p. 62) cree que la interpretación dada en los tres evangelios (cf. Mr 4:14-20; Lc 8:11-15) es una creación posterior de la Iglesia, pero ya hemos cues-tionado la consistencia de algunos de sus criterios. Payne («Authenticity») ha tomado los puntos en cuestión y ha ofrecido réplicas exhaustivas, algunas de las cuales se in-dicarán más adelante. Aquí es suficiente decir que (contr. Jeremias, *Parables*, p. 79) no todo punto en la parábola se interpreta de manera alegórica: no se da ninguna ex-plicación del sembrador, del camino, del terreno pedregoso ni del rendimiento va-riado. Los puntos «alegóricos» que se registran emergen naturalmente de la historia (incluso la identificación de los pájaros: ver v. 19), una vez que se establece el punto principal de la metáfora ampliada.

El punto general es que «la palabra acerca del Reino» (v. 19) recibe una variada acogida entre diversas personas, y que durante este tiempo de dificultad y frustración hay una demora sugerida mientras la semilla produce sus varios rendimientos en algunos suelos. Por tanto la interpretación demanda que cada persona se analice en cuanto a cómo «escucha» el mensaje. Broadus cita a Crisóstomo: «Fíjate, te lo ruego, que la destrucción no es solo en una forma, sino en varias, y muy aparte una de otra. Que no nos tranquilicemos por no perecer en todas estas formas, pero que nos dolamos de cualquier forma en que hayamos de perecer».

18 El *jumeis* («ustedes») quizá sea categórico: a la luz del gran privilegio extendido a ustedes, el cual profetas y hombres justos desearon disfrutar y los testarudos menospreciaron, escuchen *ustedes*.

19 Mateo omite «el sembrador siembra la palabra» (Marcos 4:14) y se zambulle en la importancia de los suelos variados. Esto no significa que esté preocupado de las implicaciones eclesiásticas a expensas de las cristológicas (según Kingsbury, *Parables*, p. 72), puesto que Marcos mismo no identifica al sembrador como Jesús. Si aquí depende de Marcos, Mateo simplifica para alcanzar el propósito. Pero D. Wenham («Interpretation») ha provisto una probablemente válida fuente de reconstrucción que invalidaría conclusiones críticas y de redacción sobre este pasaje que dependen de la prioridad de Marcos. Posiblemente Mateo y Marcos comparten una fuente común.

Ni «palabra» (Marcos) ni «palabra acerca del Reino» (Mt; NVI, «mensaje acerca del Reino») indican una tradición eclesiástica posterior (cf. Payne, «Authenticity», pp. 178-79; contr. Jeremias, *Parables*, pp. 77 y sig.; Hill, *Matthew*). En el cambio de «palabra» a «palabra acerca del Reino», compare «buenas nuevas del Reino» (4:23; 9:35; 24:14). Más difícil es la metáfora mixta: la semilla parece ser «la palabra acerca del Reino», pero en la última oración del versículo es *jo para ten jódon spareis* (lit., «quien ha sembrado a lo largo del camino»; la NVI ha resuelto la dificultad al tratar el participio masculino como si fuera neutro).

Un problema similar se presenta en el paralelo de Marcos. Se han sugerido varias maneras de resolver el problema. Box y McNeile están entre los que toman literalmente el texto, pero piensan que existe un intencionado vínculo entre la semilla y el carácter humano, que germina de la semilla. Pero seguramente el propósito de esta parte de la parábola es que la semilla se quita antes de que tenga tiempo de crecer. Otros han afirmado un tipo de elipsis: «Esta es [la situación de] la semilla sembrada junto al camino», donde «esta» se refiere a la situación, no a la semilla o a la persona, lo que también explicaría los vv. 20-23, aunque el masculino *joutos* («este»), en lugar del neutro, es un tanto asombroso. Alexander y Hendriksen por tanto optan por una elipsis bastante compleja: «Él es aquel que [en su reacción al mensaje se asemeja a la reacción del suelo hacia la semilla] fue sembrado junto al camino» —lo que es posible pero más bien delicadamente forzado.

D. Wenham («Interpretation») ofrece una solución compleja aunque inverosímil de origen crítico; Payne («Authenticity», pp. 172-77) propone una raíz

aramea traducida de modo muy literal, y observa que la griega puede entenderse, no con el significado de «esta es la que fue sembrada a lo largo del camino»,
sino «este es el hombre que recibió la semilla en la orilla del camino» (JB; cf.
NASB), suponiendo que el participio pasivo *jo spareis* significa, no «aquella [se-
milla] sembrada», sino «aquel [suelo] sembrado». C.F.D. Moule («Mark 4:1-20,
Yet Once More», en Ellis y Wilcox, p. 112) ha mostrado que la ambigüedad no es
un indicio de que la interpretación sea secundaria; lo mismo ocurre en Colosen-
ses 1:6, 10, donde la metáfora de crecer y llevar fruto se aplica primero a la semilla sembrada y luego al suelo en el que se siembra.

Es necesario explicar dos características más de este versículo:

1. Las palabras «en su corazón» hacen del corazón el lugar de decisión, el centro de
la personalidad (ver en 5:8). Kingsbury (*Parables*, p. 55) está equivocado al concluir
que el individuo en cuestión se vuelve cristiano de verdad y miembro de iglesia, y
que luego rechaza el mensaje. Sostiene que las palabras «cuando alguien oye la palabra acerca del Reino» es equivalente a decir que se vuelve cristiano. La conclusión es
insostenible si se consideran las siguientes palabras: «y no la entiende» (cf. los mismos verbos en los vv. 13-14). La búsqueda de anacronismo puede distorsionar el juicio de lo erudito.

2. El maligno (cf. 6:13; 12:45; 13:38-39), llamado «Satanás» en Marcos 4:15 y «el
diablo» en Lucas 8:12, está simbolizado por los pájaros, un punto que Via (*Parables*,
p. 8) usa para sostener que esta interpretación va más allá del ámbito del simbolismo
natural y comprensible inherente en la parábola, y por tanto se le debe acusar de caer
en la alegorización. La realidad, sin embargo, es que un estudio acerca de los pájaros
como símbolos en el AT, y en especial en la literatura del judaísmo posterior, muestra que los pájaros simbolizan regularmente al diablo, e incluso a los demonios y a Satanás (cf. b. *Sanedrín* 107a; cf. Ap 18:2).

La interpretación de Jesús es clara. Algunas personas escuchan el mensaje acerca
del Reino; pero igual que los caminos endurecidos, no permiten que la verdad pe-
netre y, antes de que la entiendan de veras, el diablo la ha arrebatado.

20-21 El lenguaje de estos versículos a veces se toma para pensar en la era apostólica, no en Jesús (cf. Jeremias, *Parables*). Pero «raíz» (v. 21) es apropiado para la
metáfora agrícola ampliada, y Jesús habla ampliamente de la «persecución» en
otros escenarios que no son de parábolas (e.g., 5:10-12, 43-44; 10:16-25; 24:9; lea
además Payne, «Authenticity», pp. 177-80). La interpretación de Jesús es coherente. La persona que recibe «la palabra» (la misma palabra griega que en algunas
versiones se traduce «mensaje») impensadamente mostrará señales inmediatas
de vida y prometerá ser lo mejor de la cosecha: recibe la verdad «con alegría» (v.
20). Pero sin una verdadera raíz no hay fruto; y las presiones externas, los problemas y la persecución (cf. 24:9, 21, 29), igual que el sol que da contra una planta sin
raíz, pronto revela lo superficial del suelo. «Inmediatamente» (*eudsus*) recibe la
palabra con alegría, y «al momento» (*eudsus*) «se aparta» (en cuanto a *skandalize-
tai*, vaya a 5:29). Tales discípulos temporales son siempre numerosos en tiempos
de avivamiento, y así eran también durante el ministerio de Jesús (cf. comentarios
en 12:32).

22 Esta persona no escucha la palabra «con alegría» (como en el v. 20) y no permite que el mensaje acerca del Reino la controle: la vida tiene muchos otros compromisos que lentamente ahogan a la planta que lucha y que nunca llega a madurar ni a llevar fruto. Los «espinos» que compiten pueden resumirse en dos lineamientos: las preocupaciones de esta vida (lit., esta «era», en oposición a la era por venir; ver en 6:25-34), y «el engaño de las riquezas». La última categoría, *je apate tou ploutou*, se podría traducir «deleite en la riqueza», puesto que en griego reciente *apate* que antes significaba «falsedad», llegó a significar «placer» o «deleite», que por lo general involucra pecado (e.g., 2 P 2:13; cf. BAGD, s.v.). La idea está clara: las preocupaciones por lo terrenal o la devoción a la riqueza (cf. 1 Ti 6:9) apagan nuestra vida espiritual. Si se entiende el «engaño», hay una advertencia añadida de que estos «espinos» son tan sutiles que no se podría estar consciente de la opresión que están causando. La advertencia es intemporal. Además es poco verosímil deducir de este versículo que la iglesia de Mateo era acaudalada (contr. Kilpatrick, *Origins*, pp. 124 y sig.; Kingsbury, *Parables*, p. 61) así como deducir de 6:28-32 que esta iglesia estaba siendo golpeada por la pobreza. Lo que se debe evitar es no dar fruto, porque solo la fructificación, no su opuesto, indica vida espiritual (cf. Jn 15:1-8). Esta persona descubre que «los buenos efectos aparentes se han ido, dejando el alma como un matorral de espinos» (Broadus).

23 En contraste con los resultados negativos de los versículos precedentes, ahora llegamos a quien escucha la palabra y la entiende (revirtiendo por tanto las categorías de Is 6:9-10 utilizadas en los vv. 13-15, 19). El uso de *sunienai* («entender») en los vv. 19-23, un verbo que no se encuentra en los paralelos de Marcos, ha llevado a algunos a pensar que «entender» es una característica fundamental del discipulado en Mateo, y que nuevamente ha idealizado a sus discípulos (v. 10): Los oyentes deben «entender» más de lo que los discípulos lo hicieron de veras en este punto de su peregrinaje (cf. Bornkamm, *Tradition*, p. 107; Schniewind; Kingsbury, *Parables*, pp. 61 y sig.). Pero esto sería prematuro. De seguro *sunienai* con sus nueve apariciones es parte importante del vocabulario de Mateo. Sin embargo, Marcos usa *sunienai* seis veces, en un libro de aproximadamente dos tercios del tamaño de Mateo.

David Wenham ha mostrado que dada la sintaxis de Mateo en el v. 19, no habría podido muy bien haber omitido *sunienai* («entender») allí («Interpretation», pp. 308 y sig., n. 5). Su utilización en el v. 23 recoge la cita de Isaías que Marcos da en una forma más abreviada. Además el v. 23 no aplica el verbo directamente a los discípulos sino que interpreta la parábola de manera aforística; y al hacerlo así simplemente se alinea con el «oyen la palabra, *la aceptan*» de Marcos 4:20. En este capítulo los discípulos se distinguen de la multitud; pero su entendimiento es solo relativamente mejor (v. 36), y no están idealizados. La mala interpretación de este punto surge de estar demasiado dispuestos a ver la iglesia posterior en cada frase de la parábola, y no reconocer las categorías absolutas que utiliza cualquier predicador competente, incluso Jesús (ver en 6:5-8).

La interpretación, al igual que la parábola en sí, concluye de modo positivo. Además no debemos pasar por alto que incluso al suelo que solo produce una pequeña cosecha de todas maneras se le llama «bueno» (cf. 25:22-23).

Notas

---

23 El participio δέ (*de*, utilizado para varias clases de énfasis) se emplea normalmente en el NT en oraciones de mandato o exhortación. Esta es la única excepción del NT (aunque hay analogías clásicas buenas): «este es exactamente el hombre que, etc.» (cf. BDF, par. 451[4]). La anomalía ha dado lugar a una lectura alterna en la tradición textual occidental.

---

c. *Parábola de la mala hierba*

13:24-30

> [24]Jesús les contó otra parábola: «El reino de los cielos es como un hombre que sembró buena semilla en su campo. [25]Pero mientras todos dormían, llegó su enemigo y sembró mala hierba entre el trigo, y se fue. [26]Cuando brotó el trigo y se formó la espiga, apareció también la mala hierba. [27]Los siervos fueron al dueño y le dijeron: "Señor, ¿no sembró usted semilla buena en su campo? Entonces, ¿de dónde salió la mala hierba?" [28]"Esto es obra de un enemigo", les respondió. Le preguntaron los siervos: "¿Quiere usted que vayamos a arrancarla?" [29]"¡No! —les contestó—, no sea que, al arrancar la mala hierba, arranquen con ella el trigo. [30]Dejen que crezcan juntos hasta la cosecha. Entonces les diré a los segadores: Recojan primero la mala hierba, y átenla en manojos para quemarla; después recojan el trigo y guárdenlo en mi granero."»

Esta parábola se presenta solo en Mateo. En cuanto las razones de por qué su interpretación está separada de ella (vv. 36-43), vea en 13:3a donde se relaciona con la estructura del capítulo. Unos pocos (e.g., Manson, *Sayings*, p. 143) han sostenido que esta parábola no es auténtica sino una creación de Mateo, elaborada de la parábola de la semilla que crece lentamente (Mr 4:26-29). Pero el lenguaje similar en que se basa esta teoría toma más del ambiente agrícola común que de otro escrito. Aunque muchos afirman la autenticidad de la parábola pero niegan la autenticidad de la interpretación (Dodd, *Parables*, pp. 183-84; Jeremias, *Parables*, pp. 81 y sig.; Kingsbury, *Parables*, pp. 65-66), los criterios para tales distinciones son erróneos (v. 3a); y se pueden adelantar argumentos específicos para defender su conexión de integridad en este caso (vv. 36-43). David R. Catchpole («John the Baptist, Jesus and the Parable of the Tares», SJT 31, 1978, 557-70) inconscientemente apoya la opinión de que la parábola y su interpretación permanecen o caen juntos cuando, al defender su reconstrucción de una parábola más corta (vv. 24b, 26b, 30b) que supuestamente Mateo amplió, expresa inconformidad con esta parábola porque incluye elementos que invitan a las interpretaciones por «alegorización» de los vv. 36-43.

La parábola del sembrador muestra que aunque el Reino tendrá que abrirse paso entre los corazones duros, las presiones e incluso el error, habrá una cosecha abundante. Pero podemos preguntarnos si el pueblo del Mesías debe separar de inmediato la cosecha de la mala hierba; y esta parábola contesta la pregunta de manera negativa: habrá una demora en la separación hasta el día de la siega.

24 Jesús *paredseken* («contó») a la gente otra parábola (lit., «les puso delante otra»). Este verbo se utiliza en el NT solo aquí y en el v. 31 en el sentido de enseñanza, aunque ese significado se comprueba en otro lugar. «Ellos» debe referirse a la multitud, no a los discípulos (cf. vv. 34-36).

El Reino de los Cielos no es «como un hombre» sino «como la situación de un hombre que…». La fórmula «es como» refleja un modismo arameo que significa «el caso de X es como el de Y» (cf. Jeremias, *Parables*, pp. 100 y sig.; Zerwick, par. 65). Pero el tiempo verbal peculiar utilizado aquí (cf. Notas) también implica que el Reino *se ha vuelto* como la situación de un hombre que, etc. El pensamiento es intrigante; puesto que aunque el judaísmo estaba acostumbrado a demoras en la venida del Mesías (cf. R.J. Bauckham, «The Delay of the Parousia», *Tyndale Bulletin* 31, 1980, 3-36), lo que Jesús afirma es que el Reino ha venido (ver 4:17; 12:28) y que la Segunda Venida aun demora (i.e., el Reino es como… una parábola que trata con la *demora* de la llegada del Reino).

25-26 «Dormían» (v. 25) no sugiere que los siervos fueran negligentes sino que el enemigo es furtivo y malicioso. Lo que él sembró fue *zizania* («mala hierba» —casi ciertamente cizaña barbada (*lolium temulentum*), que botánicamente se encuentra cerca del trigo, y que es difícil distinguir de este cuando las plantas son tiernas. Las raíces de ambas se enredan entre sí; sin embargo, cuando aparecen las cabezas del grano en el trigo, ya no hay duda de qué planta se trata (v. 26). Esta maleza la sembró el enemigo «entre el trigo»; el griego sugiere por distribución. Las plantas que crecen gradualmente se vuelven identificables, y los siervos informan a su señor acerca de la mala hierba.

27 Para *oikodespotes* («dueño»), ver en 10:25; 13:52. No se identifica a los siervos; su función en la parábola es informar al dueño. En el v. 27 *kurios* («señor») no tiene significado especial; sin embargo, los lectores cristianos posteriores sin duda vieron evidencia adicional de que el dueño es el «Señor» Jesús. El pronombre interrogativo *podsen* («dónde») se puede referir tanto a una persona como a una localidad (cf. uso en 13:54, 56; 21:25), como lo presupone la respuesta de Jesús (v. 28).

28-30 El dueño culpa (v.28) a un enemigo (lit., «un hombre [que es] un enemigo»: la interpretación se presenta otra vez en el v. 52). Pero el dueño prohíbe a sus siervos que intenten separar la cizaña del trigo hasta la cosecha (v. 29). Entonces, cuando los labradores sieguen el campo, solo recogerán el trigo; la mala hierba, muy abundante en apariencia, primero se debe arrancar y luego quemar (v. 30 —aunque nada se deduce de este punto en los vv. 40-42), para que no contamine más al trigo. «Cosecha» es una metáfora común del juicio final (vv. 9:37-38). A esta luz la «buena semilla» (v. 24) no puede ser la «palabra» ni el «mensaje» de los vv. 19-23, sino la gente que debe enfrentar el juicio final.

Una asombrosa cantidad de eruditos tratan esta parábola como si detrás de ella una iglesia matean a lidiara con gente problemática, quizá incluso apóstatas. Por tanto, la respuesta de Jesús en Mateo en realidad se vuelve una advertencia de no tratar de tener una iglesia pura, puesto que el Señor hará las distinciones correctas al final (más recientemente, G. Barth, «Auseinandersetzungen um die Kirchenzucht im Umkreis des Matthäusevangelium», ZNW 69, 1978, 158-77). Pero este es un gran error en categoría. En ninguna parte de Mateo «reino» (vea también 3:2) quiere decir «iglesia» (ver en 16:18; y esp. 13:37-39). La parábola no se enfoca del todo en la situación de la Iglesia sino que explica cómo el Reino puede estar presente en el mundo aunque todavía no se erradique toda oposición. Eso debe esperar hasta la siega. La parábola trata con la expectativa escatológica, no con el deterioro eclesiológico.

Notas

24 La forma normal de las parábolas sinópticas de la clase «el reino es como» para expresar «es como» consiste de ὁμοία ἐστίν (jomoía estín, «es como») más dativo. En Mateo, sin embargo, este patrón a veces cambia al aoristo pasivo ὁμοιώθη (jomoiódse «ha llegado a ser», aquí y en 18:23; 22:2) o al futuro pasivo ὁμοιωθήσεται (jomoiodsésetai, «será como» 7:24, 26; 25:1). Los usos del futuro pasivo del verbo se enfocan en el Reino en su consumación, y el aoristo pasivo en el Reino como ya se ha inaugurado (cf. Strecker, *Weg*, pp. 214 y sig.; Kingsbury, *Parables*, p. 67; y esp. Carson, «Word-Group»). De ser así, la opinión de Pamment (vv. 5:3; 11:12), que «el Reino de los Cielos» siempre es futuro y se refiere al Reino consumado recibe un golpe fatal.

29 Solo aquí en el NT el adverbio ἅμα (jama, «al mismo tiempo»; NVI «al») funciona como una preposición impropia «con», «junto con» (más dativo; cf. Moule, *Idiom Book*, p. 81; BDF, par. 194[3]).

---

d. *Parábola de la semilla de mostaza*

13:31-32

> [31]Les contó otra parábola: «El reino de los cielos es como un grano de mostaza que un hombre sembró en su campo. [32]Aunque es la más pequeña de todas las semillas, cuando crece es la más grande de las hortalizas y se convierte en árbol, de modo que vienen las aves y anidan en sus ramas.»

31-32 Una comparación con Marcos 4:30-32 y Lucas 13:18-19 sugiere que Mateo pudo haber modificado levemente la forma Q de esta parábola bajo la influencia de Marcos. Sin embargo, es fácil exagerar las diferencias. (Vea análisis y mapa en 19:1-2.) Muchos han afirmado que en Marcos es de gran importancia el contraste en tamaño, en Lucas el proceso de crecimiento, y que Mateo ha combinado ambas ideas. Tales distinciones se encuentran delineadas demasiado finamente: si para Marcos el tamaño fuera el factor más importante, nos podríamos preguntar por qué el Jesús de Marcos escogería una planta que solo alcanza de tres a cuatro metros.

Hay una mejor interpretación. En los tres evangelios la parábola comienza con una semilla de mostaza (debido a la fórmula introductoria y al verbo *paredseken* [«les contó»], ver en v. 24). Esta semilla se designa como «la más pequeña de todas las semillas», pero llega a ser «la más grande de las hortalizas» (*meizon ton lajanon*, v. 32; cf. Notas). En pensamiento rabínico la semilla de mostaza era proverbial por su pequeñez (cf. M *Niddah* 5:2; cf. SBK, 1:669). Llega a ser un gran árbol, en comparación con la diminuta semilla, suficientemente grande como para que los pájaros se refugien en sus ramas (Mateo; Lucas) o en su sombra (Marcos). La imagen evoca pasajes del AT que describen un gran reino como un gran árbol con pájaros que anidan en sus ramas (Jue 9:15; Ez 17:22-24; 31:3-14; Dn 4:7-23).

Sin embargo, si está en mira la grandeza del Reino, ¿por qué una planta de mostaza? El contraste en tamaño entre la semilla y la planta no establece por sí misma la grandeza del Reino; y, contrariamente a Kingsbury (*Parables*, p. 81) y Huffmann (p. 211), no es claro si el punto de Jesús es que el Reino crece sobrenaturalmente. En vez de esto, el propósito es la unidad orgánica de un crecimiento pequeño y un final maduro (cf. Dahl, *Jesús en memoria*, pp. 155-56). Ningún judío piadoso tendría dudas de que el Reino llegaría y que sería vasto y glorioso. Lo que Jesús está enseñando va más allá de eso: está diciendo que hay una conexión básica entre los comienzos pequeños que se llevan a cabo bajo su ministerio y el Reino en su gloria futura. Aunque la apariencia inicial del Reino puede parecer intrascendente, la diminuta semilla produce la planta madura.

Ahora podemos ver por qué Jesús escogió la semilla de mostaza. Para él no era importante subrayar la grandeza del reino futuro; pocos discutirían eso. Para él era más importante encontrar una metáfora que realzara el diminuto comienzo del Reino. Jacques Dupont («Le couple parabolique du sénevé et du levain: Mt 13, 31-33; Le 13, 18-21», en Strecker, *Jesus Christus*, pp. 331-45) ha sugerido otra razón para esta metáfora. Muestra de modo convincente que las parábolas de la semilla de mostaza y de la levadura, vinculadas en Mateo y Lucas, aunque la primera solo se encuentra en Marcos, son en realidad la una para la otra desde el principio. Afirma que Marcos tiene razones estructurales para descartar la parábola de la levadura, y por tanto su silencio escasamente es decisivo. Pero uno de los vínculos que encuentra entre las dos parábolas es la incongruencia de ambas metáforas. Cita autores que encuentran la planta de mostaza como un símbolo incongruente o incluso grotesco del Reino, mientras que todos saben que la levadura normalmente simboliza al maligno (ver además en v. 33). Pero eso, dice Dupont (pp. 344-45), es exactamente el propósito. En ambas parábolas la extraña elección de imágenes evoca sorpresa, anima al lector a profundizar en el significado de la parábola, y concuerda con otras parábolas diseñadas para desconcertar a los descuidados (e.g., la venida del Reino es como la venida de un ladrón en la noche [24:43]).

Notas

---

31 La construcción ὃν λαβών ἄνθρωπος ἔσπειρεν (*jon labón ándsropos éspeiren*, lit., «que habiendo tomado un hombre sembró») representa una construcción auxiliar semítica y se encuentra solo aquí en el NT y en 13:33, 44; Lc 12:37; 13:19, 21.

32 La palabra μεῖζον (*meizon*, «la más grande») es neutra y por tanto está en acuerdo con το σίναπι (*to sínapi*, «mostaza», «planta de mostaza») antes que ὁ κόκκος (*jo kókkos*, «semilla»). No hay manera fácil de traducir la anomalía.

---

e. Parábola de la levadura

13:33

> ³³Les contó otra parábola más: «El reino de los cielos es como la levadura que una mujer tomó y mezcló en una gran cantidad de harina, hasta que fermentó toda la masa.»

33 La idea general de esta parábola es la misma que la de la semilla de mostaza. El Reino produce consecuencias fundamentales que no están en proporción con su insignificante inicio. Los esfuerzos de parte de la mayoría de dispensacionalistas (e.g., Walvoord) por interpretar la levadura como un símbolo del maligno no son muy convincentes en este escenario, porque estos requieren la introducción de ideas anacrónicas como «la iglesia profesante». Además, aunque la levadura *normalmente* se asocia con el maligno en el AT, esto *no siempre* es así (cf. Lv 7:13; 23:15-18). Las metáforas pueden tener distintos usos: el león en diferentes tiempos simboliza tanto a Satanás como a Jesús. En todo caso la metáfora anómala aquí se explica mejor a lo largo de las líneas sugeridas por Dupont (en vv. 31-32).

Si existe una distinción entre esta parábola y la última, es que la semilla de mostaza indica crecimiento extenso y la levadura transformación intensa. La levadura no crece, penetra; y su inevitable efecto, a pesar de la pequeña cantidad utilizada, evoca las palabras de Jesús en 5:13. En ambas parábolas está claro que al presente el Reino de los Cielos no opera de modo apocalíptico sino de manera callada y desde inicios pequeños.

Parece haber poco mérito en tratar de identificar a la mujer, como tampoco al hombre en el v. 31. Algunos han pensado que *enekrupsen* («escondió», RSV) hace eco con «escondido» (*kekrummai*) en los vv. 35, 44: «El Reino se ha inaugurado sin despliegue ni pompa; su carácter silencioso y secreto debió haber sorprendido a quienes estaban celosamente impacientes debido a que esperaban la manifestación del Reino en poder y gloria» (Hill, *Matthew*). Estos comentarios, aunque son relevantes a la parábola como un todo, dan demasiada importancia al verbo en sí. Simplemente significa «poner algo en algo», incluso en griego no bíblico (cf. BAGD, p. 216); por tanto, el término «mezcló» de la NVI no está mal. El uso de *enekrupsen* en versículos posteriores de este capítulo (vv. 35, 44) se interpreta mejor de otras maneras.

Notas

---

33 La frase εἰς ἀλεύρου σάτα τρία (*eis aleúrou sáta tría*, «en tres satas de harina») es anómala (un sustantivo sin artículo que depende de una preposición normalmente se pone antes del caso que gobierna ese sustantivo) pero no improcedente (cf. BDF, par. 474[4]).

Mucho más difícil es la expresión σάτα τρία (sáta tría, «tres satas»). La NVI dice «una gran cantidad de harina», que es suficientemente cierto; pero no se trata de una cantidad irracional de harina, adoptada para un fin parabólico, puesto que es la misma cantidad que mezcló Sara en Génesis 18:6. Esta probablemente representa la mayor cantidad de harina que una mujer utilizaría a la vez para hacer pan. ¿Pero cuánto es? La NVI especifica al margen «probablemente unos veintidós litros». En realidad, las obras de referencia estándar (entres ellas ISBE; EBC, 1:609-10 et al.) adoptan un par de cálculos irreconocibles y conflictivos que conducen a resultados mutuamente excluyentes. Si se siguen las proporciones y equivalencias del AT το όατον (to sáton) = arameo סָאתָא (sata) = hebreo סְאָה (sea) = un tercio de un efa o bato. Por tanto tres satas, como aquí, es igual a un efa, que se sabe es un décimo de un gomer.

Pues bien, un efa (o bato) normalmente se reconoce como alrededor de veintidós litros. Las medidas eran imprecisas en el mundo antiguo, y fluctuaban en gran manera según el lugar y la época (cf. Jeremias, *Jerusalem*, p. 32). Que este cálculo es aproximadamente correcto lo ha confirmado un descubrimiento arqueológico que ha medido lo que es casi con seguridad un bato, y descubrió que tiene la capacidad de alrededor de veintiún litros (David Ussishkin, «Excavations at Tel Lachish—1973-1977», *Tel Aviv* 5, 1978, 87, n. 9. Estoy en deuda con Hugh G.M. Williamson por su referencia). Esto concuerda con la nota al margen de la NVI. Sin embargo, Josefo (Antig. IX, 85, iv. 5) y otras fuentes judías (cf. SBK, 1:669-70) establecen que un *saton* = un *modii* y medio, donde un *modius* = dieciséis sextarii = aprox. 8,75 litros (confirmado por Jos. Antig. VIII, 57 [ii. 9], lo que indica que un bato contiene setenta y dos sextarii), y en ese caso tres *satas* (como en Mt 13:33) = 1,5 x 3 x 8,75 = aprox. 39.4 litros, que es una gran diferencia de los veintidós sugeridos por el cálculo alterno. Ambos enfoques se encuentran involuntariamente yuxtapuestos en las obras de referencia estándar (cf. Douglas, *Illustrated Dictionary*, 3:1637-39; IDB, 4:833-35), aunque el autor en los informes mencionados dice que «el bato se calcula de forma muy diversa entre 20,92 y 46,6 litros». El asunto no se ha resuelto en forma definitiva. D.J. Wiseman sugiere en comunicación privada (2 diciembre 1980) que la solución puede ser algo así como medidas de peso «mayor» y «menor» (cf. aprox. el doble «bato real»).

---

3. *Pausa* (13:34-43)

a. *Parábolas como cumplimiento de la profecía*

13:34-35

[34]Jesús le dijo a la multitud todas estas cosas en parábolas. Sin emplear parábolas no les decía nada. [35]Así se cumplió lo dicho por el profeta:

> «Hablaré por medio de parábolas;
> revelaré cosas que han estado ocultas desde la
> creación del mundo.»

Marcos 4:33-34 concluye el informe que Marcos hace de las parábolas de Jesús en esta ocasión. Sin embargo Mateo ya se ha separado de Marcos en 13:16-17 y 13:24-30 y ha omitido Marcos 4:21-29. Ahora sigue por su cuenta. Es difícil creer que simplemente ha modificado a Marcos en esta sección, dadas las grandes diferencias entre los dos relatos. Especular en cuanto a la dependencia de Mateo en una forma anterior a Marcos (Schniewind) parece demasiado improbable. Es mejor suponer que Mateo tiene información independiente (Lohmeyer).

34 El quiasmo griego pone el énfasis en las parábolas: Jesús no hablaba a las multitudes sin usarlas. El primer verbo está en aoristo (*elalesen*, «dijo»), y se refiere a la situación a la mano; la segunda acción del verbo es imperfecta (*elalei*, «solía decir»), e indica que esta era la costumbre continua de Jesús. Pero *joris paraboles* («sin una parábola») no significa que él no contara nada más que parábolas a las multitudes, sino que no les decía nada sin utilizarlas. En resumen, las parábolas eran parte esencial de su ministerio hablado.

35 La cita es de Salmos 78 (77 en LXX):2, un salmo de Asaf. Además de dos variantes textuales difíciles (cf. Notas), resolver la forma textual es de notoria dificultad. La primera línea imita exactamente a la LXX; por consiguiente, utiliza el plural *en parabolais* («en parábolas») para traducir el hebreo *bemasal* («en una parábola», o «en una expresión sabia»; para el significado de estas palabras, vea 13:3a). Pero el singular es probablemente genérico; por tanto la LXX ha captado el sentido principal. La segunda línea significa aproximadamente lo mismo que LXX y TM pero es independiente por completo. El verbo *ereuxomai* (lit., «yo emito», «yo pronuncio») es una interpretación etimológica del TM y se podría haber escogido sobre *fdsenxomai* («pronunciaré») de la LXX solo porque es más convincente (Goulder, *Midras*, p. 371), e indicaría la riqueza de la revelación: «Yo sacaré a la luz cosas escondidas» (como en el Sal 19:2 [LXX 18:3]). El *kekrummena* de Mateo («cosas escondidas») se encuentra asimismo más cercano al hebreo *jidot* («enigmas», «dichos ocultos») que el *problemata* («labores», «problemas») de la LXX.

Sin embargo, ¿en qué sentido se puede decir del ministerio de Jesús en parábolas que es el cumplimiento del salmo de Asaf? El problema no surge solo porque la cita sea de un salmo: en 22:43-44 se cita otro salmo como profecía. Mateo 11:11-13 ya ha establecido que todo el AT es en cierto sentido profético (ver en 2:15, 17-18; 5:17-20); y 2 Crónicas 29:30 atestigua que Asaf es un «vidente». El problema surge más bien en la forma en que Salmo 78:2 se aplica a Jesús. Algunos eruditos contemporáneos del NT concuerdan casi universalmente en que Mateo ha sacado de mala manera del contexto a Salmos 78:2. El Salmo 78 repite la historia muy conocida de Israel, que no es «misteriosa» ni «oculta». Pero Mateo presenta un Jesús que expresa cosas ocultas. Habla a la gente en parábolas, de manera encubierta; mientras ilustra a sus discípulos, quienes lo entienden todo. En consecuencia, aunque Marcos 4:33 presenta a un Jesús que usa parábolas para comunicar tanta verdad a las multitudes como puedan entender, Mateo ve las parábolas como medio de esconder la verdad de los de afuera (así también, más o menos, Lindars, *Apologetic*, pp. 156-57; Kingsbury, *Parables*, pp. 88-90; Rothfuchs, pp. 78-80; Hill, *Matthew*; y otros).

A pesar de su popularidad, este enfoque malinterpreta tanto el salmo 78 como Mateo 13. Es cierto que el Salmo 78 recuenta la conocida historia de Israel; pero no podemos evitar el hecho de que Salmo 78:2 descubre sin embargo al salmista declarando que sus labios pronunciarán «parábolas» (expresiones sabias), y evocarán *jidot* («misterios»: expresiones ocultas). El punto es que aunque la historia de los judíos, que Asaf relata, es bien conocida, el salmista selecciona los sucesos históricos que él trata y los une de tal modo que enuncian cosas que han sido acertijos y enigmas «de antaño». El patrón de la historia no es evidente; pero el salmista mostrará de qué se trata todo. Él trata detalladamente el poder de Dios durante el tiempo del éxodo y en otros momentos culminantes de importancia, un poderío ejercido en favor de su pueblo. Con estos acontecimientos el salmista yuxtapone la rebelión persistente del pueblo, cuyo resultado es una representación vívida de la justicia y la misericordia de Dios, y de la terquedad, la necesidad y el privilegio del pueblo.

El salmista enseña todo esto con sus labios que pronuncian «parábolas» (i.e., al comparar varias cosas) y al hacerlo así proclama «misterios de antaño, cosas que hemos oído y conocido, y que nuestros padres nos han contado» (v. 3) y que no obstante son enigmáticas y ocultas. Son «enseñanzas profundas y ocultas que hechos del pasado encierran» (Louis Jacquet, *Les Psaumes*, 3 vols., Duculot, Bruselas, 1975-81, 2:522). De este modo el salmista señala cosas profundas, igual que Esteban en Hechos 7, comparando acontecimientos en la historia de la redención.

Regresamos a Mateo 13:35 y descubrimos un patrón similar. Si Jesús proclama cosas ocultas desde el principio, ¿quiere esto decir que esas cosas permanecen ocultas, i.e., que Jesús lanza enseñanza en forma tan oculta que los de afuera no pueden entenderlas? Esa es la interpretación popular del pasaje, pero lo que la mata es la frase final: «desde el principio». Lo que sea que esta frase diga —NVI tiene «desde la creación del mundo» (cf. Notas)— modifica *kekrummena* («cosas ocultas»), con la inevitable suposición de que esas cosas ocultas ya no están ocultas porque Jesús las ha revelado. De otra manera Jesús hubiera dicho: «Yo revelaré cosas que siempre han estado ocultas y así permanecerán ocultas», una manera anormal de entender la oración.

Por lo visto, entonces, aplicada a Jesús la segunda línea de la cita lo presenta revelando cosas anteriormente escondidas. Esto no necesariamente quiere decir que él esté enseñando cosas nuevas por completo como tampoco el salmista las estaba enseñando. En ambos casos los patrones de la historia de la redención se pueden hacer resaltar de tal modo que cuando se interpretan correctamente apuntan hacia una nueva revelación; es decir, se han cumplido (ver en 2:15; 5:17-20). Esto se adapta en forma admirable con el v. 52: «El maestro de la Ley que ha sido instruido acerca del Reino de los Cielos es como el dueño de una casa, que de los que tiene guardados saca tesoros nuevos y viejos». Pero estas cosas hasta ahora ocultas Jesús las enseña «en parábolas», comparando diversas cosas. Las parábolas de este capítulo no son exactamente como las comparaciones y dichos sabios que da Salmos 78. Pero el término «parábola» puede acoger ambas clases de expresión. Por tanto, debemos tener cuidado de no imponer al texto un concepto demasiado estrecho de lo que es una parábola.

Se deduce que los vv. 34-35 están más cerca en pensamiento a Marcos 4:33-34 de lo que comúnmente se cree. Jesús sí enseñó a las multitudes, en parábolas, y revelando nuevas cosas. Cuánto entienden las multitudes es un asunto distinto. Sin embargo, ya hemos visto que incluso Mateo 13:11-13 no se debe tomar como que en Mateo las parábolas para quienes no eran discípulos estaban diseñadas solo para ocultar. En realidad tienen un doble papel; y aquí Mateo, entendiendo bien al salmista y recurriendo a la forma hebrea de la LXX de modo que no se pierda el matiz deseado, insiste en que Jesús revela nueva verdad a las multitudes.

Pero ¿qué son estas «cosas escondidas» que Jesús ahora expresa? En el Salmo 78 son «los justicieros hechos de Dios en la redención» (Lindars, *Apologetic*, p. 157). Esto es lo que ahora Jesús está revelando: los justicieros hechos de Dios en la redención que tomaron lugar en su enseñanza, milagros, muerte y resurrección. Mateo insiste en que las Escrituras del AT profetizaron estas cosas. No son novedad. Si en un sentido estas no se han conocido antes, es porque antes tampoco se habían presentado juntas en el mismo patrón. Las parábolas del Reino que Jesús cuenta a las multitudes declaran nuevas cosas, secretos (v. 11), cosas ocultas (v. 35). Sin embargo, son secretas y nuevas ante todo porque dependen de un enfoque a las Escrituras distinto del de Asaf: reunir bajo nuevas perspectivas varias piezas de revelación anterior. En consecuencia, el Mesías es Hijo de David pero también el Siervo sufriente. Jesús es el Rey majestuoso y el Hijo de David predicho en las Escrituras (21:4-11), pero también el Pastor herido también predicho en la Palabra (26:31). ¿Quién predijo con claridad que ambas corrientes emergerían en una persona?

Tomándolas como un todo, las parábolas de Jesús conservan la esperanza de la venida apocalíptica del Mesías. También presentan un nuevo patrón de un Reino inaugurado que anticipa la segunda venida. Además este patrón descansa en el entendimiento de Jesús como el Mesías que une en sí mismo corrientes de revelación del antiguo pacto que antes no se habían unido con claridad.

La conexión entre Mateo 13:35 y Salmos 78:2 es por tanto muy íntima. Sin embargo, ¿qué quiere decir Mateo cuando expresa que el ministerio de Jesús en parábolas «cumplió» lo dicho por el profeta? En otros lugares en que los salmos se tratan como profecías, normalmente hay una tipología davídica, pero no aquí. Quizá varias cosas llevaron a Mateo a este salmo. Tal vez la expresión «en parábolas» lo llevó a fijarse en Salmos 78, pero en sí esto no explica la noción de «cumplimiento». Pero una segunda conexión se presenta: es posible que, como el salmo 78 recuenta la historia de Israel, Jesús se presente como quien es la suprema personificación de Israel y de su historia, quien cumple todos los patrones del AT con relación a Israel. Hemos observado este tema antes en Mateo, aunque es más fuerte en el cuarto evangelio.

Pero podría haber un tercer factor más sutil. Mateo entiende que la «profecía» no necesariamente predice el futuro: puede revelar cosas encubiertas (cf. 26:68 con paralelos en Marcos y Lucas). Este sentido de «profecía» y su sentido «de predicción» «convergen» en un pasaje como 11:13, donde, como hemos visto, todo pasaje del AT, tanto de la Ley como de los Profetas «vaticinan»; o sea, comprenden ciertos patrones, estereotipos, predicciones, declaraciones, que de manera acumulativa esperaban a aquel que les daría «cumplimiento». En Salmos 78 Asaf proclama estar explicando tales patrones antiguos en la historia de la redención; pero al hacerlo, desde la perspectiva del NT, él mismo se convierte en un elemento constituyente de la historia de la redención que el NT explica. En sí, el salmo 78 se convierte en parte de la «Ley y los Profetas» que predecían. Si parte de este registro sagrado interpreta y ofrece nueva verdad de una parte anterior, está estableciendo un patrón que espera a aquel que interpretará y traerá nueva verdad de un todo. Mateo proclama que Jesús cumple ese papel, y lo ejercita en su propia enseñanza con parábolas.

Notas

35 En este versículo hay dos variantes importantes y en gran manera difíciles.

1. La mayoría de los mss. dicen διὰ τοῦ προφήτου (diá tou profétou, «por medio del profeta»). Algunas declaraciones de los días de Jerónimo decían διὰ Ἀσὰφ τοῦ προφήτου (diá Asaf tou profétou, «por medio del profeta Asaf»); pero nada se nos ha transmitido, y con seguridad Asaf es una interpolación. Pero un grupo impresionante de documentos (א° H f¹ f¹³ 33 eth^ms et al.) dicen διὰ Ἠσαΐου τοῦ προφήτου (diá Esaíou tou profétou, «por medio del profeta Isaías»); y precisamente porque la cita no viene de Isaías, se podría aducir que la lectura es *lectio difficilior* que los escribas querrían corregir. Por otro lado, la evidencia de trascripción favorece la probabilidad de añadir un nombre de profeta donde no se menciona ninguno (e.g., 1:22; 2:5; 21:4; Hch 7:48). Este factor es incluso más obigatorio en Mateo que en cualquier otro sitio porque el primer evangelista tiende a no nombrar al profeta excepto cuando cita a Isaías o Jeremías, una costumbre que hace menos probable que falsamente atribuyera a Isaías, un libro que conoce muy bien, algo ajeno a Isaías. Una atribución errada de los escribas es por tanto más probable que una atribución errada de Mateo.

2. La mayoría de las evidencias apoyan ἀπὸ καταβολῆς κόσμου (apó kataboles kosmou, «desde la creación del mundo»); pero una segunda forma, ἀπὸ καταβολῆς (apo kataboles, «desde la creación») aparece en un número pequeño pero diversificado de reproducciones textuales de Alejandría, Occidente y Oriente (א^b B f¹ it^e,k syr^c,s eth et al.). Aunque la mayoría de la evidencia externa apoya la inclusión de *kosmou*, sin embargo la frase «la creación del mundo» está tan estereotipada en el NT (25:34; Lc 11:50; Jn 17:24; Ef 1:4; Heb 4:3; 9:26; 1 P 1:20; Ap 13:8; 17:8) que hay mayores probabilidades de que la palabra se añadiera y no que se omitiera.

Existe otra razón para pensar que el texto más corto es original. Aunque ya hemos visto que la segunda línea de la cita de Mateo deja de seguir a la LXX, y según parece da su propia versión del TM, no discuto esta frase de cierre de la segunda línea. El hebreo aquí dice מִנִּי־קֶדֶם (minni-quedem, «desde la antigüedad») que la LXX traduce ἀπ᾽ ἀρχῆς (ap arjés, «desde el principio»). Ahora la expresión «desde la antigüedad» del TM puede querer decir «desde el principio» o «desde la eternidad» (cf. paralelismo en Pr 8:23; cf. también Dt 3:27; Sal 55:19). No obstante la expresión misma es indefinida y en el contexto de Salmos 78 podría referirse solo al comienzo de la nación, puesto que los tratos de Dios con Israel constituyen el foco de discusión. De ser así, entonces la expresión «desde el principio» de la LXX podría parecer demasiado absoluta; y esto podría explicar por qué Mateo dice «desde la fundación» [i.e., de la nación]. Ciertamente καταβολή (kataholé, «creación») no tiene que tomarse como que se refiere a la creación del mundo: cf. ἡ καταβολὴ τῆς ἀποστάσεως (je kataholé tes apostáseos, «el comienzo de la insurrección») en Jos. Guerra II, 260,

xiii. 4 (otros ejemplos en BAGD, s.v.). La expresión más corta en Mateo pudieron entonces alargarla fácilmente algunos escribas posteriores. Si este razonamiento es correcto, entonces «desde la creación del mundo» (NVI) es error; y la probabilidad de que Mateo esté tratando su texto del AT con discreción y con profundo entendimiento teológico se incrementa. Para discusión más amplia de las preguntas técnicas de traducción y bibliografía relacionada, vea Gundry (*Use of OT*, pp. 11S y sig.) y Rothfuchs (pp. 78-80).

---

b. *Interpretación de la parábola de la mala hierba*

13:36-43

[36]Una vez que se despidió de la multitud, entró en la casa. Se le acercaron sus discípulos y le pidieron:

—Explícanos la parábola de la mala hierba del campo.

[37]—El que sembró la buena semilla es el Hijo del hombre —les respondió Jesús—. [38]El campo es el mundo, y la buena semilla representa a los hijos del reino. La mala hierba son los hijos del maligno, [39]y el enemigo que la siembra es el diablo. La cosecha es el fin del mundo, y los segadores son los ángeles.

[40]»Así como se recoge la mala hierba y se quema en el fuego, ocurrirá también al fin del mundo. [41]El Hijo del hombre enviará a sus ángeles, y arrancarán de su reino a todos los que pecan y hacen pecar. [42]Los arrojarán al horno encendido, donde habrá llanto y rechinar de dientes. [43]Entonces los justos brillarán en el reino de su Padre como el sol. El que tenga oídos, que oiga.

En cuanto a comentarios sobre la autenticidad de esta interpretación, vea 13:3a, 24. El porqué se separa la parábola de su interpretación tiene que ver con el plan de Mateo para este capítulo (vea vv. 3a, 10-17) y con la necesidad de un entorno para esta explicación solo a los discípulos (cf. Bonnard).

Quienes ven en el evangelio más de la iglesia de Mateo que de Jesús a menudo identifican el Reino en los vv. 41, 43 con esa iglesia. Afirman que hay un doble nivel de significado. A un nivel el pasaje dice a la Iglesia que no excomulguen a sus miembros porque habrá una mezcla de «trigo» y «mala hierba» en la Iglesia hasta el fin de la era. Para Hill (*Matthew*) esto conduce a una anomalía: 18:8-9, que él aplica al gobierno de la iglesia, sugiere la excomunión. Sin embargo, no está claro si Mateo confunde reino con iglesia, pues se trata de dos categorías totalmente distintas (ver más en vv. 37-39).

Hendriksen reconoce la distinción en principio pero luego la desconoce, y discute que (1) si la mala hierba se «siembra *entre* el trigo, no a lo largo de este o en algún otro campo» es «natural pensar en la entremezcla de miembros verdaderos y falsos dentro de la Iglesia»; (2) las parábolas arrojan luz sobre «misterios» (13:11), y no hay «misterio» en ambas clases de personas que viven en la misma tierra, pero es «algo más que un misterio ... que *dentro de la iglesia visible* Dios permita que los cristianos verdaderos y los simplemente nominales habiten unos junto a otros»; y (3) que la recolección para arrancarlas de su Reino (v. 41) supone que las malas hierbas estuvieron dentro, «en este caso dentro de la iglesia visible» (énfasis suyo).

Respondemos de este modo:

1. Jesús explícitamente dice que «el campo es el mundo» (v. 38), no la Iglesia; por tanto, ¿cómo puede haber «algún otro campo»? La entremezcla se explica adecuadamente si se lleva a cabo en el campo del mundo. Vea más en v. 38.

2. Los «secretos» de 13:11 están ligados, no con la entremezcla de lo bueno y lo malo en sí, en la Iglesia o en el mundo, sino en una forma preliminar o inaugurada del Reino que todavía no es el Reino apocalíptico y totalmente transformado que pertenece al fin de la era.

3. La recolección para arrancarlas de su Reino (v. 41) está perfectamente clara en un entendimiento sinóptico del «Reino» (ver en 3:2; 5:3; 13:41). Pero decir que «en este caso» la expresión se refiere a la iglesia visible es suponer el mismo aspecto que se debe demostrar (ver esp. Bonnard).

36 El griego *afeis tous ojlous* quizá quiera decir que Jesús despidió a la multitud (RVR) o que se despidió de ella (NVI). La casa a la que se refiere es la casa de donde salió Jesús para predicar a las multitudes (13:1), y se presume que estaba localizada en Capernaúm. En el relato de Mateo la casa provee el escenario tanto para las explicaciones privadas de Jesús (vv. 37-43; cf. vv. 10-23) como para las parábolas dirigidas a sus discípulos (vv. 44-52).

Si el verbo «explicar» es *diasafeson* (utilizado también en el NT solo en 18:31) o *frason* (utilizado también en el NT solo en 15:15) es incierto pero de poca trascendencia. Más importante es el hecho de que los discípulos necesitan explicación (cf. también 15:15-16). Estos no se distinguen de las multitudes por su comprensión inmediata e intuitiva, sino por su persistencia en buscar explicación. Los discípulos de Jesús acuden a él y le preguntan, y por eso reciben una explicación completa (ver en vv. 10-13).

37-39 Sobre «Hijo del hombre», vea en 8:20. El título se presenta en el v. 41: Jesús es el que siembra la buena semilla (v. 37) y el que dirige la cosecha. Uno de los detalles más importantes de las parábolas de Jesús es la forma en que algunas imágenes clave que en el AT se aplican exclusivamente a Dios, o en ocasiones a Dios el Mesías, ahora se aplican al mismo Jesús. Estas imágenes incluyen Sembrador, Director de la cosecha, Roca, Pastor, Novio, Padre, Dador de perdón, Dueño de la viña, Señor y Rey (cf. Philip B. Payne, «Jesus' Implicit Claim to Deity in His Parables», *Trinity Journal*, 1981, 3-23).

«El campo es el mundo» (v. 38). Esta breve declaración presupone una misión más allá de Israel (cf. 10:16-18; 28:18-20) y confirma que el mandato más restringido de 10:5-6 se relaciona exclusivamente con la misión de los doce durante el período del ministerio terrenal de Jesús. De mayor importancia en la historia de la Iglesia ha sido el parecer de que esto en verdad significa que el campo es la Iglesia. Esta opinión fue asumida en gran manera por los primeros padres de la Iglesia, y la tendencia a interpretar la parábola de esa manera fue reforzada por el Concilio de Constantinopla. Agustín hizo oficial la interpretación. En la lucha contra los donatistas, que eran muy celosos de sus prácticas de excomunión, llegó hasta a decir que una mezcla entre lo bueno y lo malo en la Iglesia es una «señal» necesaria de la Iglesia (cf. esp. su *Breviculus Collationis cum Donatistis* y su *Ad Donatistas post Collationem*). La mayoría de los reformistas siguieron la misma línea: Calvino llegó a decir que aquí el «mundo» representa a la Iglesia por sinécdoque.

Irónicamente alguna crítica moderna de redacción ha vuelto a esta interpretación porque en este evangelio ve más de la iglesia de Mateo que de Jesús. Pero esta interpretación no tiene base exegética. El Reino constituye una categoría suficientemente flexible para aplicarse simultáneamente al reinado salvador de Dios (de modo que «hijos del Reino» se puede referir a los que realmente son el pueblo de Dios, v. 38) y a su reinado más amplio (de modo que el Reino en este sentido muy bien podría abarcar trigo y mala hierba; vea en 3:2; 5:3; 28:18); pero no se puede demostrar que «iglesia» haya tenido esta flexibilidad semántica, ni que «iglesia» se confunde con «reino» (cf. Ladd, *NT Theology*, pp. 105 y sig.; Guthrie, *NT Theology*, pp. 702-6).

En esta parábola y su interpretación, a diferencia de la parábola del sembrador, la buena semilla representa a los hijos del Reino, un sano recordatorio de que las imágenes pueden simbolizar distintas cosas en contextos diferentes (ver en v. 33). Pero «hijos del Reino» también ha cambiado su significado de su uso en 8:12. Allí se refiere a aquellos que por nacer en la raza judía tienen por pacto el derecho a esperar el reino mesiánico; pero que ellos, por lo general, están perdiendo ese derecho. Aquí se refiere a aquellos que en realidad son objeto del favor mesiánico y participantes del reino mesiánico. Por el bien de ellos la «mala hierba» se conserva ahora, y por el bien de ellos la «mala hierba» será destruida en la «cosecha». Esta maleza son «los hijos del maligno». (Sobre «hijos de», vea 5:9; y con la expresión total compare Jn 8:44; 1 Jn 5:19). El diablo mismo es el enemigo (v. 39); la cosecha es el fin del mundo (ver en 9:37; cf. Jr 51:33; Os 6:11; Jl 3:13; 4 Esd 4:28-29; 2 Bar 70:2); y los segadores son los ángeles (24:30-31; 25:31; cf. 18:10; Lc 15:7; Heb 1:14; 1 P 1:12; también cf. 1 Enoc 63:1).

Lo que también se debe señalar es a cuántos elementos en la parábola no se les da equivalentes no simbólicos. Estos incluyen la conversación entre el hombre y sus siervos, el sueño de los siervos, y el hecho de que el trigo se sembró antes que la mala hierba. Este uso selectivo de elementos en la historia no es atípico de las parábolas (ver v. 3a), y los otros elementos no deben alegorizarse.

40-42 La identificación de los actores ha terminado, y comienza la descripción de la acción. Así como la mala hierba se «recolecta» (v. 40; verbo similar a «recoger» en el v. 30b) y se quema, así será al final. El reino que hemos conocido como Reino del Cielo o Reino de Dios también se ve como Reino del Hijo del hombre, Reino de Jesús (cf. 20:21; 25:31, cf. Dn 2:35; Ap 11:15). Esta no es la Iglesia (contr. Bornkamm, *Tradition*, p. 44; ver más arriba), puesto que el Reino de Jesús después de la Resurrección se extiende hasta los más lejanos confines del universo (28:18). En ese sentido «todo lo que ocasiona pecado y todos los que hacen mal» serán expulsados de su Reino (v. 41). Para el significado de *panta ta skandala* («todo lo que causa pecado»), vea 5:29; en cuanto a «todo lo que hace pecar» (lit., «los hacedores de maldad») compare 7:23.

La expresión completa «todos los que pecan y hacen pecar» parece ser una traducción perifrástica del hebreo de Sofonías 1:3; *jammakselot et jares aim* (lit., «los tropiezos con los malvados»), una frase tan difícil en su contexto que se han sugerido enmiendas y los mejores mss. de la LXX la omiten. La palabra hebrea podría muy bien significar «tropiezos», «ofensas». Lo que quiera que sea, la etimología lo apoya; y el Tárgum lo comprende de ese modo. En consecuencia, en Sofonías 1:3 la palabra puede referirse a ídolos, o, mejor aun, de manera figurativa a personas que se ven como «cosas que causan agravio». Si es así, la versión de Mateo es apropiada.

«Los hijos del maligno» (v. 38) puede considerarse metafóricamente como «todo lo que causa pecado», o, sin ninguna metáfora, «todo el que hace maldad». Ellos, como la mala hierba, son arrojados al horno de fuego (v. 42; ver en 3:11; 5:22; cf. Jr 29:22; Dn 3:6; Ap 20:15), donde habrá llanto y rechinar de dientes (ver en 8:12; cf. 4 Esd 7:36); concretamente, una condena escatológica. Nada se deduce de la palabra «primero» en el v. 30. Lo que está claro es que Jesús se atribuye a sí mismo el papel de Juez escatológico que el SEÑOR se asigna a sí mismo en el AT, incluyendo Sofonías 1:3 (cf. France, *Jesus*, pp. 156 y sig.; Payne, «Jesus' Claim»).

43 En contraste con los hacedores de maldad, «los justos brillarán como el sol en el reino de su Padre». La alusión es a Daniel 12:3 LXX, algo acortada por omitir *joi sunientes* (= heb. *Jammaskilim*, «aquellos que son sabios» o «aquellos que entienden»), evidencia adicional de que Mateo no ha idealizado a los discípulos como los que tienen entendimiento (ver 13:10-13, 19, 23, 36). Hill (*Mateo*), observa que quizá a inicios de la tradición hubo un juego de palabras entre *maskilim* (aram. *maskilin*) («sabio» o «entendido») en el v. 43 y *makselot* (aram, *makselan*) («tropiezos» o «cosas que causan ofensa») en el v. 41. Estas personas justas (ver en 5:20, 45; 9:13; 10:41; 13:17; 25:37, 46), que una vez fueron la luz de la tierra (5:13-16), ahora irradian perfección y experimentan deleite en la consumación de sus esperanzas.

El «reino de su Padre» no debe ponerse, como por lo general ocurre, por sobre el reino del Hijo del Hombre (v. 41) en la supuesta base de que solo el primero es eterno, o que el Hijo del Hombre entrega el Reino a su Padre (1 Co 15:24). El Reino del Hijo después de la ascensión es un reino conciliado. Toda autoridad del Reino de Dios se entrega a Jesús (28:18) y se concilia a través de él; y en todo ese tiempo el Reino puede llamarse Reino de Dios o Reino del Hijo del Hombre o, de modo más general, Reino de los Cielos. Pero incluso cuando esa conciliación cese, detenida por la destrucción del último enemigo (1 Co 15:24-26), en la terminología de Mateo todavía es apropiado llamar a Jesús Mesías el Rey (20:31; 25:34; cf. 26:64), porque el Reino no deja de ser de él.

Notas

---

39 En las dos identificaciones finales de la lista en los vv. 37-39, el complemento subjetivo precede al verbo copulativo y se queda sin artículo, de conformidad con las reglas desarrolladas por E.C. Colwell y ampliadas por Lane C. McGaughy (*Toward a Descriptive*

Analysis of EINAI, SBL, Missoula Mont., 1972). La ausencia de artículos en συντέ-λεια αἰῶνος (*suntéleia aiónos*, «el fin del mundo») por tanto no constituye evidencia de una construcción erigida en analogía al estado constructo hebreo (contr. Hill), no menos porque la construcción es muy común en el NT (706 apariciones) y ampliamente distribuida.

---

4. *A los discípulos* (13:44-52)

a. *Parábola del tesoro escondido*

13:44

⁴⁴»El reino de los cielos es como un tesoro escondido en un campo. Cuando un hombre lo descubrió, lo volvió a esconder, y lleno de alegría fue y vendió todo lo que tenía y compró ese campo.

En cuanto a la forma en que estas parábolas se relacionan con la estructura del capítulo, ver en vv. 10-17. Las parábolas del tesoro escondido y la perla forman pareja; y la presencia de parejas no es extraña en Mateo (e.g., 5:14b-16; 6:26-30; 7:6; 9:16-17; 10:24-25; 13:31-33; 24:43-51), una excelente manera de reforzar un propósito. Igual que las parábolas apareadas con las cuales estas dos se coordinan de manera inversa (semilla de mostaza y levadura, vv. 31-33), estas dos resaltan el mismo punto general pero poseen énfasis individuales importantes.

A diferencia de las primeras parábolas en el capítulo, estas dos no tratan tanto con la forma oculta e inaugurada del Reino, ni con la concomitante tardanza de la Segunda Venida como con el valor superlativo del Reino de los Cielos. Sin embargo, aun aquí la estructura escatológica previa las respalda; porque en la apocalíptica judía tradicional el Reino escasamente se puede asemejar con un hombre que encuentra un tesoro o compra una perla: el Reino vendría apocalípticamente al final de la era mediante una acción solo de Dios. En contraste con esto, aquí se presupone alguna clase de escatología materializada o inaugurada.

44 En cuanto a la expresión «es como», vea en v. 24. El Reino no es simplemente como un tesoro, sino que su situación es como la de un tesoro escondido en un campo. Los artículos griegos son genéricos (cf. Turner, *Syntax*, p. 179). El descubrimiento del tesoro parece ser casual. En una tierra frecuentemente saqueada como Palestina, sin duda muchas personas enterraban sus tesoros; pero, como señala Huffman (p. 213), en realidad encontrar un tesoro ocurriría una vez en mil vidas. Por tanto la extravagancia de la parábola dramatiza la suprema importancia del Reino.

Derrett (*Ley*, pp. 1-16) ha señalado que bajo la ley rabínica si un trabajador encontraba un tesoro en un campo y lo sacaba, ese tesoro le pertenecía a su amo, el dueño del campo; pero aquí el hombre tiene cuidado de no sacar el tesoro hasta haber comprado el campo. Por tanto, la parábola no trata con la legalidad ni con la moral de la situación (como con la parábola del ladrón en la noche) sino con el valor del tesoro, que es digno de cualquier sacrificio. Cuando el hombre compra el campo mediante tal sacrificio, consigue mucho más del precio que ha pagado (cf. 10:39). El Reino de los Cielos vale infinitamente más que el costo del discipulado, y quienes saben dónde yace el alegre tesoro abandonan todo lo demás para resguardarlo.

Es necesario descartar otras dos interpretaciones.

1. La primera, representada por Walvoord, sostiene que el tesoro representa a Israel, y Jesús es el hombre que lo vendió todo para comprar la nación. Walvoord rechaza el parecer anterior diciendo que la parábola quiere decir que «un creyente en Cristo no tiene nada que ofrecer y que el tesoro no está a la venta», y propone su propia interpretación al señalar que en Éxodo 19:5 a Israel se le llama el tesoro de Dios. Pero cualquier punto de vista, incluyendo el de Walvoord, se puede hacer lucir ridículo si se fuerza la parábola con una alegoría detallada: por ejemplo, se puede refutar su opinión al mostrar que según ella Israel es más valioso que el precio pagado. Sin embargo, ¿estaría Walvoord tranquilo con esta depreciación implícita del sacrificio de Cristo? Hay que enfrentar la naturaleza de las parábolas (ver en 13.3a). Además «tesoro» tiene una amplia gama de asociaciones en el AT y el NT. ¿Sobre qué base selecciona Éxodo 19:5? Sobre todo, su interpretación no maneja de modo adecuado la frase de apertura.

2. J.D. Crossan (*Finding Is the First Act*, Fortress, Filadelfia, 1979, esp. pp. 93 y sig.), sostiene que «vendió todo lo que tenía» debe tomarse de modo tan absoluto que «todo» incluye la misma parábola. Se debe renunciar a la parábola en sí y, al abandonarlo todo, renunciar hasta al abandono. La parábola por tanto es una paradoja, como el letrero que dice «No lea este aviso». La interpretación de Crossan no es aceptable debido a razones exegéticas, literarias, históricas y teológicas. Exegéticas, en que esta parábola no habla de «abandonar» o «renunciar» a cosas sino de «vender», y no es posible imaginarse renunciar a la parábola al venderla. Literarias, en que Crossan, igual que Walvoord, toma una palabra, y depende tanto de ella que pasa por alto la naturaleza de la parábola. Históricas, en que la atribución de tales resultados existencialistas a Jesús o a Mateo es tan anacrónica como hacer una mueca histórica. Teológicas, en que su interpretación de «paradoja» es defectuosa y se utiliza indiferenciadamente. Crossan oscila entre paradoja interpretada como una contradicción meramente formal y paradoja interpretada como antinomia o aun como incoherencia.

b. *Parábola de la perla de gran valor*

13:45-46

> [45]»También se parece el reino de los cielos a un comerciante que andaba buscando perlas finas. [46]Cuando encontró una de gran valor, fue y vendió todo lo que tenía y la compró.

45-46 La palabra *palin* («también») vincula esta parábola muy íntimamente con la anterior (cf. 5:33). Walvoord reconoce que esta parábola casi equivale a la última. Pero aquí, dice él, la perla no representa a Israel sino a la Iglesia. Esta, igual que la perla, está formada orgánicamente; y, «en cierto sentido la Iglesia se formó de las heridas de Cristo». Esto no nos lleva mucho más allá de una alegorización patrística. La verdadera conexión con la última parábola es el supremo valor del Reino. Sin embargo, aquí tratamos con el mercader cuyo negocio es buscar perlas, y quien casualmente encuentra una de valor supremo. Derrett (*Law*, p. 15) ve un paralelo rabínico: «Uno conquista la vida eterna después de una lucha de años, otro la encuentra en una hora» (b *Abodah Zarah* 17a). Este paralelo contrasta las conversiones de Saúl y el etíope eunuco.

A diferencia del hombre en la última parábola, el mercader, aunque vende todo lo que tiene para comprar la perla, aparentemente paga un precio total. Aunque es un experto en perlas, esta que ha descubierto sobrepasa tanto en valor a cualquier otra perla que ha visto que considera un buen negocio vender todo lo demás que posee. Jesús no está interesado en esfuerzos religiosos ni en afirmar que se puede «comprar» el Reino; por el contrario, dice que la persona cuya vida entera ha estado ligada con «perlas» —¿la herencia religiosa total de los judíos?— al comprender el verdadero valor del Reino como Jesús lo presenta, con gusto cambia todo lo demás por seguirlo a él.

Notas

45-46 No existe explicación obvia para el cambio del tiempo presente (v. 44) al aoristo (vv. 45-46), pero los últimos no son aforísticos sino narrativos (Moule, *Idiom Book*, p. 13). El perfecto πέπρακεν (*pépraken*, «vendió») con obvia fuerza aorística probablemente no es un ejemplo anterior del posterior uso del perfecto en relato, sino un tiempo verbal escogido porque no hay aoristo activo para este verbo. Para análisis, cf. Zerwick, par. 289; Moulton, *Prolegomena*, pp. 142-46; Turner, *Syntax*, p. 70; RHG, p. 897; BDF, pars. 343-44.

c. *Parábola de la red*

13:47-48

⁴⁷»También se parece el reino de los cielos a una red echada al lago, que recoge peces de toda clase. ⁴⁸Cuando se llena, los pescadores la sacan a la orilla, se sientan y recogen en canastas los peces buenos, y desechan los malos.

47-48 Esta parábola, igual que las dos últimas, es privativa de Mateo. En la estructura quiástica del capítulo (vea en v. 3b), es paralela de la parábola de la hierba mala, y tiene de algún modo un significado similar. Sin embargo, mientras la parábola de la hierba mala se enfoca en el largo período del reinado de Dios durante el cual la maleza coexiste con el trigo, y el enemigo tiene grandes poderes, la parábola de la red simplemente describe la situación que existe cuando se lleva a cabo el juicio final: el

Reino abarca peces «buenos» y «malos», y solo el último lanzamiento de la red los clasifica. Es por eso que la fórmula introductoria utiliza el tiempo presente (cf. más en v. 24; Carson, «Wor-Group»). El tema principal de la parábola no es el reino consumado (que en Mateo daría lugar a un tiempo futuro: «el Reino de los Cielos será como») sino la situación que hay en el fin. Una vez más, el Reino y la Iglesia no se deben considerar los mismos.

Una *sagene* (lit., «red de arrastre», utilizada solo aquí en el NT) se extendía entre dos barcas o se amarraba un extremo a la playa y el otro se extendía amarrado a una barca, y luego se arrastraba a tierra por medio de cuerdas. «Toda clase de peces» (v. 47) podría insinuar el carácter multirracial de los súbditos del Reino, pero es más probable que se refiera a peces «buenos» y «malos» (v. 48). En la parábola en sí, «peces buenos y malos» no tiene implicaciones morales sino que solo se refiere, de manera respectiva, a peces ceremonialmente adecuados y bastante grandes para ser consumidos, y a peces inaceptables por alguna razón. La palabra *sapron* («malo») podría significar «podrido», pero aquí simplemente significa «sin valor».

d. *Paréntesis* (13:49-51)

1) *Interpretación de la parábola de la red*

13:49-50

> [49]Así será al fin del mundo. Vendrán los ángeles y apartarán de los justos a los malvados, [50]y los arrojarán al horno encendido, donde habrá llanto y rechinar de dientes.

49-50 Muchos separan la parábola (vv. 47-48), supuestamente acerca de los discípulos en misión como «pescadores de hombres», y la interpretación (vv. 49-50), que transforma la parábola en un escenario del juicio final. Hill (*Matthew*), insiste que este «no es un final apropiado, puesto que el horno encendido difícilmente es lugar para peces malos». Pero eso es confundir el símbolo con lo que simboliza; el horno no es para los peces sino para los malvados. Para ser consecuente, Hill (y muchos otros; e.g., Jeremias, *Parables*, p. 85; Strecker, *Weg*, pp. 160 y sig.) también podría objetar que las malas hierbas, cuando se queman (v. 42) no lloran ni rechinan los dientes (Kingsbury, *Parables*, pp. 156 y sig., n. 143). No es fácil decir que la parábola en sí se refiere a la actividad misionera de la Iglesia; porque describe una separación *cuando se llena* la red, no una separación continua. Tampoco se puede dar un significado profundo a la distinción entre atrapar toda clase de peces (v. 47) y luego separarlos (v. 48) —como si la parábola original se refiriera tanto al testimonio de la Iglesia en atrapar hombres y mujeres como a la separación final (Kingsbury, *Parables*, p. 120)— como tampoco es legítimo distinguir la mala hierba para dividir la cosecha de la separación final de la hierba mala y el trigo. Tanto la parábola como su interpretación señalan hacia el juicio final. En cuanto a los ángeles y la imagen del horno encendido, vea en vv. 41-42.

Sin embargo, esto no quiere decir que la parábola y su interpretación sean acerca del Juicio Final de la misma forma en que lo son 25:1-13 (las diez vírgenes) y

25:31-46 (las ovejas y las cabras), pues una advierte la necesidad de estar listos y la otra establece una base para el juicio. El enfoque aquí es la condición del Reino cuando ocurra el juicio. Aunque esto incluye tanto a los justos como a los malvados, con seguridad se llevará a cabo una profunda clasificación.

2) Comprensión de las parábolas

13:51

> [51] —¿Han entendido todo esto? —les preguntó Jesús.
> —Sí —respondieron ellos.

51 «Jesús les dijo» y «Señor» (RVR) son adiciones posteriores al texto; es difícil explicar por qué fueron descartadas si formaban parte del texto original.

Con esta pregunta de Jesús surge de la petición de una explicación por parte de los discípulos (v. 36), pero va más allá de eso, ya que no se presenta la pregunta después del v. 43 sino después de tres parábolas más. Las palabras «todo esto» se han tomado para referirse a lo que Jesús quiso decir con sus parábolas (Filson, Plummer, Schweizer, Schmid), a las parábolas sin explicación (Robinson) o a los «secretos del Reino» en el v. 11 (Grundmann, Bonnard, Hill, Fenton). Es más, todas se encuentran tan íntimamente vinculadas que es difícil imaginar cómo alguien puede entender una de ellas y no las otras dos.

Este es el único lugar del capítulo donde se dice de manera explícita que los discípulos entienden, y lo dicen ellos mismos. Es tan erróneo decir que Mateo los presenta como que lo entendieron todo como decir que no entendieron nada. La verdad radica entre los extremos. Seguramente los discípulos entendieron más que las multitudes; por otro lado, están a punto de ser exhortados por su torpeza (15:16). Al igual que otra respuesta positiva en este evangelio (ver en 20:22-23), esta no se puede descartar como simple entusiasmo presuntuoso (como si ellos pensaran que lo saben todo cuando en verdad no saben nada), ni tomarla como exacta (como si su entendimiento en verdad fuera madurez). De todos modos, la *afirmación* de los discípulos no es tan importante como la última parábola a la cual lleva (para la estructura de esta sección, vea en v. 3a).

e. Parábola del maestro de la Ley

13:52

> Entonces concluyó Jesús:
> [52] —Todo maestro de la ley que ha sido instruido acerca del reino de los cielos es como el dueño de una casa, que de lo que tiene guardado saca tesoros nuevos y viejos.

52 Son innumerables las interpretaciones de este difícil versículo. Se ha sostenido de muchas maneras que se refiere a los escribas que llegan a ser discípulos del Reino (Jeremias, *Parables*, p. 216) o que se unen a la comunidad cristiana (Hummel, pp. 17 y sig.); que Mateo aquí se refiere a la manera en que él mismo obra dentro de la comunidad (C.F.D. Moule, «Evangelio de San Mateo», *Studia Evangelica* 2, 1964, 98 y sig.); que el versículo demuestra la existencia de «escribas» cristianos o «maestros de la Ley» en la iglesia de Mateo, hombres que ejercen casi la misma función de los escribas en el judaísmo (Kilpatrick, *Origins*, p. 111; Strecker, *Weg*, pp. 37-38; Grundmann), o incluso que los discípulos dentro del cristianismo son más importantes que los escribas dentro del judaísmo (Manson, *Sayings*, pp. 198 y sig.); que cada discípulo que logra calificar puede presentarse como un «maestro de la Ley» (Lagrange); que cualquier escriba que entiende lo que se ha enseñado acerca del Reino es como el señor de una casa «que maneja las cosas de modo descuidado, que no guarda nada y que hasta usa lo viejo» (van Tilborg, p. 132; R. Walker, pp. 27-29).

Se debe observar la estructura parabólica del versículo, y explorar una cantidad de detalles exegéticos, antes de entender el significado o la importancia del preliminar «por eso», percibido de modo correcto. La fórmula «es como» (ver v. 24) significa «sucede con el maestro de la Ley que ha sido instruido acerca del Reino como sucede con el dueño de una casa». La cuestión es discernir el punto de la comparación. El *oikodespotes* («dueño de casa») es una figura frecuente en las parábolas de Jesús, y puede representar a Dios (21:33), a Jesús (10:25), o a los discípulos (24:43). Muy a menudo es un personaje que de alguna manera concede riquezas (20:1-16: 21:33-43). Por tanto, aquí saca de su «despensa» (igual palabra que «tesoro» en 2:11; 6:19-21; 12:35 [*bis*]; 13:44; 19:21) cosas nuevas y viejas. ¿Por qué un dueño de casa va a hacer esto? Presumiblemente no sólo para dar una mirada a su riqueza, sino con algún propósito útil. Lo esencial es que su tesoro *incluye* tanto lo nuevo como lo viejo, y que puede utilizar lo uno o lo otro.

El punto de comparación se vuelve claro cuando recordamos que un *grammateus* («escriba») en tiempos de Jesús no era simplemente un intérprete teológico de las Escrituras, capaz de interpretar decisiones halájicas (reglas de conducta), sino un maestro (de ahí el «maestro de la Ley» en la NVI; vea en 2:4; 8:19). El escriba obtenía de todo esto mucho de su prestigio y poder (HJP, 2:332-34; Trotter); en realidad se le veía como si tuviera conocimiento esotérico que solo se transmitía a iniciados comprometidos (cf. Jeremias, *Jerusalem*, pp. 237-40). Pero Jesús añade un factor calificativo: el escriba que le interesa *madseteudseis te basileia ton ouranon* («ha sido instruido acerca del Reino de los Cielos»). Sea que la forma verbal se interprete como deponente («se ha convertido en discípulo»), o estrictamente pasivo («ha sido hecho un discípulo»), no es del todo claro que la expresión en dativo signifique *acerca* del Reino de los Cielos»; y en el pasaje del NT con similar construcción (27:57), José de Arimatea se volvió un discípulo *de* Jesús, no *respecto* a Jesús. Por analogía, los escribas en este versículo se han vuelto discípulos *del Reino de los Cielos*.

Si las observaciones precedentes son correctas, son dos los puntos de comparación en la parábola. El énfasis en la primera parte del versículo no descansa en suponer que al escriba se le ha instruido *acerca* del Reino y que por tanto entiende, sino que se ha convertido en discípulo *del* Reino y que por tanto su devoción se ha transformado. Sucede así con tal persona como sucede «con el dueño de una casa»: un escriba discipulado que saca de su despensa cosas nuevas y viejas.

Los *dsesauros* («despensa» o «bodega») simbolizan de modo tan regular el «corazón» de un hombre, su riqueza y sus tesoros valiosos (vea más arriba; esp. 12:35), que debemos entender que el escriba discipulado debe sacar cosas de su corazón, de su entendimiento, de su personalidad y de su mismo ser. Lo que saca son *kaina kai palaia*, no «cosas nuevas y viejas» (NVI), lo cual sugiere que las cosas nuevas se han agregado a las viejas, sino «cosas nuevas y cosas viejas» (RVR). Es un toque delicado que recuerda al lector alertado en Mateo que el evangelio del Reino, aunque nuevo, toma prioridad sobre la antigua revelación, y es su cumplimiento (cf. 5:17-20). Lo nuevo no se añade a lo viejo; hay una sola revelación, y su enfoque es la «nueva» que ha cumplido, y de este modo ha renovado a la antigua, la cual así se ha vuelto nueva (Bonnard). Por ende, las promesas en el AT del Mesías y el Reino, así como la Ley y la piedad del AT, han hallado su cumplimiento en la persona de Jesús, en su enseñanza y en su Reino; y el escriba que se ha convertido en un discípulo del Reino ahora saca de sí mismo profundo entendimiento de estas cosas, y de su perspectiva transformadora que afecta toda la vida.

Pero el orden es de gran importancia. La parábola muestra que un escriba discipulado tiene este entendimiento, *no* que el entendimiento genera discipulado. Esto se ajusta perfectamente a la estructura del capítulo: a los discípulos no se les define como que tienen entendimiento, sino como a quienes se les ha dado revelación y entendimiento (vv. 11-12). Cuando ellos piden una explicación, la reciben (vv. 36-43), y por tanto solicitan una medida de entendimiento (v. 51). «Por eso» (v. 52, RVR) un escriba *discipulado*, es como, etc. Un discipulado a Jesús, reconocimiento de la revelación de quién él es y qué ofrece, y sometimiento al reinado que él inaugura y promete son prerrequisitos necesarios para entender y sacar de sí mismo los ricos tesoros del Reino (ver más en 25:31-46).

Pero hay un segundo punto de comparación en la parábola. El anterior se pudo hacer hecho resaltando el discipulado pero omitiendo cualquier referencia a los escribas. Estos eran «maestros de las Escrituras». Si se les vincula al dueño de una casa que saca tesoros de su bodega, es inevitable una implicación adicional: no están produciendo cosas viejas y nuevas por razones puramente privadas o personales, *sino en su capacidad de maestros*. Los discípulos de Jesús afirman que han entendido lo que se les ha enseñado. «Por eso», les dice Jesús, los maestros discipulados de las Escrituras, si han entendido, deben también sacar de su propia despensa los tesoros que ahora poseen de modo que puedan enseñar a otros (cf. Trotter).

Esta interpretación de modo admirable concuerda con los otros tres temas de Mateo.

1. Los discípulos poseen una responsabilidad mayor en evangelizar y hacer discípulos, tanto durante el ministerio de Jesús (cap. 10) como después de su partida (28:18-20).

2. En el último ejemplo se les pide que «discipulen» a las naciones y que se les enseñe lo que Jesús les ha encomendado. Es decir, el enfoque de su misión es Jesús y la revelación —la nueva revelación de «cumplimiento»— que él ha traído.

3. Esta interpretación, que pone alguna responsabilidad de enseñanza en los discípulos, también encaja con el propósito de las parábolas descritas en los comentarios a los vv. 12-17, 34-35. Ciertamente, parte de la razón de ser de la instrucción privada otra vez se vincularía con la posición del ministerio terrenal de Jesús en la historia de la redención; porque lo que él cuenta en secreto a sus discípulos estos deben

proclamarlo desde las azoteas (10:27). Jesús explica las parábolas a sus discípulos en privado; estos deben sacar de su cuarto «tesoros nuevos y viejos».

Si esta interpretación del v. 52 es correcta —aunque «discípulos» en este capítulo tal vez se refiere a los doce—, estos personifican la iglesia que habría de surgir. En aquel acontecimiento «discípulos» no se refiere un grupo especial de «maestros de la Ley» dentro de la comunidad de Mateo (ver más en 23:34), sino a los que en la época de Mateo se les llamaba cristianos. Así como a estos se les ha alineado con profetas y hombres justos de tiempos pasados (e.g., 5:11-12; 10:41), también se les alinea con «maestros de la Ley». Es más, solamente los «discípulos» de Jesús pueden dar cosas nuevas y viejas: los maestros judíos solo podían sacar cosas viejas.

5. Conclusión transformadora: movimiento hacia más oposición

13:53

⁵³Cuando Jesús terminó de contar estas parábolas, se fue de allí.

En cuanto a la fórmula preliminar griega, vea en 7:28-29. La opinión común de que el v. 53 introduce adecuadamente el pasaje que sigue no concuerda ni con el comienzo ni con la estructura de Mateo. La afirmación de Gooding (p. 229), de que el v. 24 está sintácticamente vinculado con el v. 53, es incorrecta. Fíjese en los inicios similares en 8:14; 9:23, donde se insertan nuevos pasajes bíblicos. Este versículo, como lo señala Hill (*Matthew*), «sugiere que Jesús narró todas las parábolas precedentes de una vez»... aunque opina que esto «es improbable» (cf. además en 5:1-12; 13:3a). Lo que está claro es que el traslado de Jesús desde Capernaum «hasta su tierra natal» (vv. 53-54) resulta ser un cumplimiento adicional de los vv. 14-15. Aquellas personas siempre estarán oyendo, pero no entendiendo.

Notas

---

53 El verbo μετῆρεν (*metéren*, «se fue de allí»), que se encuentra en el NT solo aquí y en 19:1 (otra vez para terminar un discurso formulaico), normalmente es transitivo y es probable que deba su fuerza intransitiva presente a influencia semítica (Moisés Silva, «New Lexical Semitisms?», ZNW 69, 1978, 256).

V. La gloria y la sombra: Polarización progresiva (13:54—19:2)

A. *Narración* (13:54—17:27)

El peligro de los bosquejos es la simplificación excesiva. Hasta una verdadera comprensión en forma de bosquejo podría eliminar o minimizar vari os temas que aparecen en secciones donde la «estructura» descubierta no los permite. Mateo, como hemos visto, puede usar muy eficazmente la estructura; y en estos capítulos se han descubierto o se han impuesto varias estructuras complejas (cf. J. Murphy-O'Conner, «The Structure of Matthew XIV-XVII», RB, 1975, 360-84; Gooding, pp. 248 y sig.). Ningún bosquejo detallado y completo de estos capítulos es muy convincente; por tanto, parece mejor tratarlos pasaje por pasaje.

Los temas principales de estos capítulos son claros. Existe una polarización progresiva en cuanto a varios puntos. A medida que Jesús extendía su ministerio, la oposición se agudizaba (15:1-9; 16:1-14). Cuando él se revela a sus discípulos, estos perciben claramente alguna verdad y rechazan otra por completo (16:13-22; 17:1-13). Mientras los líderes judíos se oponen cada vez más a Jesús, la importancia de los discípulos crece cada vez más (18:1-10). Sobre todo está el contraste entre la gloria, la bondad y la gracia de Cristo con el ciego malentendido de los discípulos (15:15-16, 33; 16:22; 17:4, 19; 18:21) y asimismo de los líderes judíos (15:2, 8; 16:6, 12; 17:24). Además, ahora se levanta de modo menos ambiguo la sombra de la Cruz (16:21-22; 17:22-23).

En la sección narrativa (13:54—17:27), Mateo sigue muy de cerca a Marcos 6—9 hasta Marcos 9:33. Por supuesto, Mateo no incluye todo el material entre las parábolas de Marcos y el rechazo en Nazaret (concretamente, Mr 4:35—5:43), porque ya lo ha presentado antes (caps. 8—9).

1. *Rechazado en Nazaret*

13:54-58

⁵⁴Al llegar a su tierra, comenzó a enseñar a la gente en la sinagoga.

—¿De dónde sacó éste tal sabiduría y tales poderes milagrosos? —decían maravillados—. ⁵⁵¿No es acaso el hijo del carpintero? ¿No se llama su madre María; y no son sus hermanos Jacobo, José, Simón y Judas? ⁵⁶¿No están con nosotros todas sus hermanas? ¿Así que de dónde sacó todas estas cosas?

⁵⁷Y se escandalizaban a causa de él. Pero Jesús les dijo:

—En todas partes se honra a un profeta, menos en su tierra y en su propia casa.

⁵⁸Y por la incredulidad de ellos, no hizo allí muchos milagros.

Poner este pasaje inmediatamente después de la disertación en parábolas extiende la hostilidad y el rechazo de los escribas y fariseos incluso al pueblo natal de Jesús (cf. Mr 6:1-6). Casi universalmente se supone que este es el mismo rechazo que registra Lucas 4:16-31, que une el acontecimiento a la profecía del AT. Aunque no improbable, esto no es seguro. A diferencia de Lucas, Marcos y Mateo no mencionan una hostilidad tan fuerte como para llevar a la gente a matar a Jesús. Si hubo dos incidentes, el registrado por los dos primeros evangelistas podría reflejar una disminución de la ira instintiva a medida que la reputación del hijo más famoso de la aldea crecía en la región.

54 Sobre la conexión formal entre este versículo y el precedente, vea en v. 53. El *patris* («pueblo natal») de Jesús se entiende aquí que es Nazaret, nombrado explícitamente solo por Lucas (4:16; cf. Mt 2:23; 4:13). Es seguro que Jesús enseñara por todas partes en las sinagogas (cf. 4:23; 12:9); pero no se limitaba a estos escenarios. (Sobre las sinagogas «de ellos», vea en 4:23; 7:29; 9:35; 10:17; 11:1; 12:9-10.) El imperfecto *edidasken* (lit., «les enseñaba», RVR) podría sugerir que Jesús enseñó aquí en más de una ocasión (Filson, Schweizer), pero lo más probable es que exprese acción en su fase inicial (cf. el «comenzó a enseñar» de NVI).

El interrogativo *podsen* («de dónde»; repetido en el v. 56) no se relaciona tanto con ubicación como con fuente de autoridad (cf. también v. 27; Bonnard). ¿Reflejan la sabiduría y los poderes de Jesús —sus enseñanzas y milagros, ambas evidencias de su autoridad— la autoridad de Dios o algo más (cf. 12:24)?

55-57a Es obvio que algunos de los motivos de los inquiridores surgen menos de un gran deseo de saber de dónde viene la autoridad de Jesús que de un resentimiento personal porque un muchacho del pueblo natal los hubiera aventajado. Las preguntas (vv. 55-56) no exigen respuestas; simplemente revelan que ya ha habido un rechazo de quién es Jesús. Marcos 6:3 dice «el carpintero», y Mateo «el hijo del carpintero» (v. 55); pero lo uno y lo otro son correctos en una época en que la mayoría de los muchachos seguían el oficio de sus padres. *Tektón* puede significar «carpintero» —alguien que trabaja con madera— o tal vez incluso «constructor», en un tiempo y lugar en que la mayoría de las casas se hacían de adobe. Justino Mártir (*Diálogo* 88.8, aprox. 150 d.C.) dice que Jesús era fabricante de arados y yugos. El artículo definido («*el* hijo del carpintero») sugiere que solo había uno en el pueblo. Sobre la pregunta de los hermanos y hermanas de Jesús, vea en 12:46-50. Los cuatro nombres incluidos (cf. Notas) son típicamente judíos.

Por supuesto, en cierto sentido las preguntas de la gente eran comprensibles, y hasta justificables. Aquí estaba un joven artesano de un pueblo tosco, sin educación o instrucción especial. ¿De dónde, entonces, su sabiduría y sus milagros? (A propósito, sus preguntas hacen imposibles los extravagantes milagros atribuidos por los evangelios apócrifos a Jesús en su infancia.) Pero por sus preguntas las personas simplemente se condenaban a sí mismas: no podían dudar de la realidad de la sabiduría y de los milagros de Jesús (v. 56), y sin embargo rechazaron sus afirmaciones (v. 57). «Se escandalizaban a causa de él» (*eskandalizonto en autó*), i.e., encontraron en él obstáculos a la fe (ver en 5:29; 11:6), aun cuando los mayores obstáculos estaban en sus propios corazones. Es triste que cada vez que en el NT alguien se «escandalizaba» de otra persona, esa persona era Jesús (cf. Bonnard, citando a G. Stählen, TDNT, 7:349; cf. Mt 11:6; 26:31, 33; Mr 6:3; Lc 7:23).

57b-58 El adagio en v. 57b se repite en Marcos 6:4; Lucas 4:24; Juan 4:44 (cf. Hennecke, 1:109). Con más frecuencia reciben mejor a alguien en su casa que en cualquier otra parte; pero lo contrario se da si ese alguien disfruta de una elevada posición.

Muchos dicen que el v. 58 suaviza el «no pudo hacer allí ningún milagro, excepto sanar a unos pocos enfermos al imponerles las manos. Y él se quedó asombrado por la incredulidad de ellos» de Marcos 6:5-6. No obstante, se deben tener en cuenta dos factores: (1) Marcos menciona algunos milagros, y Mateo, típicamente condensando, podría estar refiriéndose más bien a estos que a comentar la capacidad de Jesús de hacer milagros; y (2) es dudoso que el «no pudo» de Marcos sea ontológico o absoluto, porque Marcos registra otros milagros en que los beneficiarios no muestran fe (alimentación de los cinco mil, calma de la tormenta, sanidad del endemoniado gadareno). El «no pudo» se relaciona con la misión de Jesús. Así como no podía convertir piedras en pan sin violar su misión (4:1-4), tampoco podía hacer milagros de manera indiscriminada sin convertir su misión en un espectáculo. La «falta de fe» (*apistia*, usada solo aquí en Mateo) de la gente fue sin duda una fuente de profundo dolor y frustración para Jesús (cf. *apistos*, «incrédula», en 17:17), y no algo que le quitara poder.

Notas

55 Muchos MSS dicen Ἰωσῆς (*Iosés*), en lugar de Ἰωσήφ (*Iosef*), sin duda siguiendo la pronunciación galilea יוֹסִי (*yosé*) del hebreo correcto יוֹסֵף (*yosep*).

56 La frase πρὸς ἡμᾶς (*pros jemás*, «con nosotros») con sentido de posición en vez de movimiento (i.e., teniendo la fuerza de παρ᾽ ἡμῖν [*par jemín*, «con nosotros»]) representa un griego helenístico mucho más fluido que su antepasado ateniense (cf. Moule, *Idiom Book*, p. 52).

2. Herodes y Jesús (14:1-12)

a. Comprensión de Herodes acerca de Jesús

14:1-2

> ¹En aquel tiempo Herodes el tetrarca se enteró de lo que decían de Jesús, ²y comentó a sus sirvientes: «¡Ése es Juan el Bautista; ha resucitado! Por eso tiene poder para realizar milagros.»

1-2 De los dos paralelos (Mr 6:14-16; Lc 9:7-9), solo Marcos (6:17-19) sigue y cuenta la historia de la muerte de Juan; y Mateo sigue este relato (vv. 3-12). Sobre el problema cronológico que surge de una comparación de los vv. 1-2 con el v. 13, vea en el v. 13.

La frase «en aquel tiempo» es muy amplia (vea en 11:25; 12:1) y no debería estar ligada al pasaje anterior. Marcos establece la escena después de la misión de los doce; y con seguridad la multiplicación de la influencia de Jesús a través de sus discípulos enojaría a Herodes, uno de cuyos motivos para encarcelar al Bautista había sido frustrar cualquier amenaza a la estabilidad política (cf. Jos. Antig. XVIII, 116-19, v. 2).

Herodes Antipas, hijo de Herodes el Grande (ver en 2:1), era tetrarca (v. 1; ver en 2:22), no rey, aunque sin duda popularmente se usaba «rey» (Mr 6:14). Su dominio como tetrarca incluía Galilea (4:12) y Perea (19:1). Puesto que el ministerio de Juan el Bautista se había ejercido en Perea (Jn 1:28), había caído bajo el poder de

Herodes. Este había gobernado por más de treinta años, y en ese tiempo vivía principalmente en Tiberias sobre la costa suroeste de Galilea. Por ende, el ministerio de Jesús se estaba realizando en buena parte dentro de la jurisdicción de Herodes.

No se sabe cómo los informes del ministerio de Jesús llegaron hasta Herodes; pudo haber sido por medio de Cuza (Lc 8:3). Un ministerio tan importante no pudo habérsele ocultado a Herodes por mucho tiempo. Sus conclusiones, de que este era Juan el Bautista resucitado (v. 2), son de gran interés; reflejan un juego de creencias eclécticas, una de ellas la farisaica comprensión de la Resurrección. Juan no había hecho milagros durante su ministerio (Jn 10:41); por consiguiente, Herodes no atribuye los milagros en el ministerio de Jesús a Juan sino a Juan «resucitado». Según parece la conciencia culpable de Herodes se combinó con un concepto supersticioso de los milagros para generar esta teoría.

b. *Antecedentes: Herodes ejecuta a Juan el Bautista*

14:3-12

> [3]En efecto, Herodes había arrestado a Juan. Lo había encadenado y metido en la cárcel por causa de Herodías, esposa de su hermano Felipe. [4]Es que Juan había estado diciéndole: «La ley te prohíbe tenerla por esposa.» [5]Herodes quería matarlo, pero le tenía miedo a la gente, porque consideraban a Juan como un profeta.
>
> [6]En el cumpleaños de Herodes, la hija de Herodías bailó delante de todos; y tanto le agradó a Herodes [7]que le prometió bajo juramento darle cualquier cosa que pidiera. [8]Instigada por su madre, le pidió: «Dame en una bandeja la cabeza de Juan el Bautista.»
>
> [9]El rey se entristeció, pero a causa de sus juramentos y en atención a los invitados, ordenó que se le concediera la petición, [10]y mandó decapitar a Juan en la cárcel. [11]Llevaron la cabeza en una bandeja y se la dieron a la muchacha, quien se la entregó a su madre. [12]Luego llegaron los discípulos de Juan, recogieron el cuerpo y le dieron sepultura. Después fueron y avisaron a Jesús.

3-5 Tanto Marcos (6:16-29; cf. Lc 3:19-20) como Mateo insertan esta historia como una exposición, a modo de antecedente explicativo (vea más en v. 13). Típicamente Mateo condensa más que Marcos, aunque agrega un detalle (ver en v. 12); pero en este caso no está claro si Mateo sea un resumen de Marcos. Lo más probable es que Mateo siga información independiente (cf. Hoehner, *Herod Antipas*, pp. 114-17). Muchos eruditos han insistido en que no se pueden aceptar los informes del evangelio y de Josefo acerca de la muerte de Juan (Antig. XVIII, 116-19, v. 2), especialmente porque Josefo asigna un motivo político a la ejecución del Bautista, y los evangelistas de los sinópticos uno moral y religioso. Hoehner (*Herod Antipas*, pp. 124-49) ha tratado de modo exhaustivo estos problemas, y señala que los dos motivos no están tan separados como algunos han creído.

La primera esposa de Herodes era la hija de Aretas (cf. 2 Co 11:32), rey árabe de los nabateos, cuya tierra colindaba con Perea en el sur. Divorciarse de ella a causa de Herodías era políticamente explosivo. En realidad, algunos años después surgió una pelea fronteriza, y Antipas fue derrotado, pero lo salvó la intervención romana. La represión de Juan habría sido como chispa en gasolina; y su poderosa predicación acerca de la cercanía del Reino con trasfondo mesiánico es más políticamente peligrosa que el simple extremismo político. Herodes sabía esto muy bien. Josefo y los escritores de los evangelios armonizan.

Herodías estaba casada con Herodes Felipe (no Felipe el tetrarca, Lc 3:1), hijo de Herodes el Grande y Mariamna II (en cuanto a esta identificación, cf. Hoehner, *Herod Antipas*, pp. 131-36), y por ende medio hermano de Herodes Antipas. Lo más probable es que Juan no denunciara a Antipas por divorciarse de su primera esposa, una acción quizá juzgada permisible (cf. b *Ketuboth* 57b; Jeremias, *Jerusalem*, p. 371, n. 60), sino por casarse de modo incestuoso con la esposa de su medio hermano (Lv 19:16; 20:21); y tal vez Juan se la pasaba repitiendo su reproche (el imperfecto *elegen* significa «solía decir [una y otra vez]»; así también NcNeile). El valor de Juan al denunciar a Herodes lo diferencia de los esenios (con quienes lo asocian muchos eruditos), porque ellos tendían a no inmiscuirse en la vida política, no importa qué mala se volviera (Bonnard). Herodías no solo era cuñada de Antipas sino también sobrina, la hija de su medio hermano Aristóbulo; pero la mayoría de los judíos no veían impedimento en casarse con una sobrina (cf. Hoehner, *Herod Antipas*, pp. 137-39, n. 4, para la literatura).

Algunos creen que la afirmación «Herodes quería matarlo, pero le tenía miedo a la gente, porque consideraban a Juan como un profeta», que hace Mateo (v. 5) discrepa con la imagen de Marcos de un Herodes que quería liberar a Juan, pero se ve obligado por Herodías a matarlo (cf. esp. Mr 6:19-21). La situación total es psicológicamente verosímil. Igual que Acab, Antipas era malvado pero débil; y Herodías, como Jezabel, malvada y despiadada. El dolor de Herodes (no simple aflicción) en el v. 9 muestra su ambivalencia. Además, si él «tenía miedo a la gente, porque consideraban a Juan como un profeta» (cf. 21:26, 46), Mateo confirma la opinión de Josefo de que las acciones de Herodes estaban en buena parte motivadas por la política.

6-8 «En el cumpleaños de Herodes» —o mejor, «en la fiesta de cumpleaños de Herodes» (cf. Notas)— la hija de Herodías en su primer matrimonio, Salomé, una muchacha entre doce y catorce años de edad (Hoehner, *Herod Antipas*, p. 151-56), danzó ante el rey y sus nobles (v. 6). La danza pudo haber sido muy sensual, pero el texto no lo dice. La escandalosa moralidad de los herodianos lo sugiere, así como la baja posición de las danzarinas. En todo caso, Salomé agradó tanto a Herodes Antipas que él se dio aires de generoso y poderoso emperador; aunque era un dirigente insignificante, imitaba la pedantería de los antiguos monarcas persas (Est 5:3, 6; 7:2) —la historia también tiene ciertas analogías con un juramento posterior que el emperador romano Gayo le hizo a Herodes Agripa (cf. Hoehner, *Herod Antipas*, pp. 165-67)— y con dignidad de borracho hizo el ridículo. Salomé, aun suficientemente joven para pedir consejo a su madre, se convirtió en el medio para que Herodías lograra su más sombrío deseo: la muerte del hombre cuyo delito había sido decir la verdad.

9-11 Aunque entristecido a causa de su juramento (el griego es plural, pero se refiere al único juramento que hizo Herodes: vea en 2:20; Turner, *Perspectives*, p 27, n.;

BDF, par. 142) y del desprestigio ante sus invitados si incumplía su promesa (cf. Notas), Herodes dio la orden (v. 9). «Igual que la mayoría de los hombres débiles, Herodes temía que lo creyeran débil» (Plumptre). No debió haber hecho el juramento ni debió cumplirlo. La decapitación (v. 10) aunque permitida por los griegos y los romanos, era contraria a la ley judía, la cual también prohibía ejecuciones sin juicio.

A los escritores del evangelio los han acusado de inventar mentiras basándose en que la pronta ejecución de Juan habría acabado con la alegría. Pero es improbable que unos hombres endurecidos permitan que un poco de sangre eche a perder su alegría. Mientras Alejandro Janneo festejaba con sus concubinas en un lugar público, ordenó que murieran crucificados ochocientos rebeldes, quienes antes de su muerte vieron cómo masacraban a sus esposas e hijos (Jos. Antig. XIII, 380, XIV. 2). Cuando a Fulvia, la esposa de Antonio, le llevaron la cabeza de Cicerón, ella la escupió y le atravesó la lengua con un alfiler por rencor contra el hombre que se había opuesto a Antonio. Jerónimo dice que Herodías hizo lo mismo con la cabeza de Juan. No sabemos de dónde sacó Jerónimo su información, y quizá no sea histórica; pero habría sido típico de una mujer cruel e inflexible estar decidida a imitar la corte imperial. Por tanto, murió Juan, el último de los profetas del AT (11:9, 13), quien a través de la persecución fue un ejemplo para los discípulos de Jesús (5:11-12).

En cuanto al significado de *korasion* («muchacha», v. 11), vea Hoehner (*Herod Antipas*, pp. 154-56).

12 Aunque tanto Marcos como Mateo hablan del entierro del cuerpo de Juan el Bautista por parte de sus discípulos, solo Mateo menciona que le avisaron a Jesús. Este aviso no se convirtió en la razón de que Jesús se retirara (ver en v. 13), pero sirve a otros propósitos: (1) une a Juan y a Jesús contra la oposición; (2) sugiere, aunque no prueba, una respuesta positiva hacia Jesús por parte de Juan y sus discípulos (11:2-6); y (3) apoya el punto de vista de que a menudo Mateo culmina sus pasajes narrativos más largos volviendo al tema de inicio (ver en 12:45; 15:20): Herodes oye los informes de Jesús (14:1); Jesús oye los informes de Herodes (v. 12). La frecuencia de este recurso gana importancia en la interpretación de los últimos capítulos de Mateo.

Notas

6 El griego γενεσίοις δὲ γενομένοις (*genesíois de genoménois*, «en la fiesta de cumpleaños») es tan difícil que ha generado un cúmulo de variadas interpretaciones. Parece ser un dativo absoluto, el cual, aunque por lo visto común en Plutarco, no tiene otro ejemplo seguro en el NT (cf. además Moule, *Idiom Book*, pp. 44 y sig.).

9 Existen dos traducciones principales: (1) λυπηθεὶς ὁ Βασιλεὺς διά (*lupedseís joo basileús diá*) avalada por B D Θ f¹ f¹³ 700 it^{a,b,d} et al.; (2) ἐλυπήθη ὁ βασιλεύς; διὰ δέ (*elupédse jo basileús; diá de*) avalada por ℵ C K (L omite *de*) L^c W X Byz et al. La primera, adoptada aquí, se apoya en testimonios de textos tipo alejandrino, occidental y cesariano, pero tiene una ambigüedad: ¿califica la expresión *dia* a *lupedseis* («entristecerse»): i.e., «el rey, entristecido a causa de su juramento y sus invitados a la cena, ordenó, etc.»; o ἐκέλευσεν (*ekéleusen*, «él ordenó»): i.e., «el rey estaba entristecido; pero debido a su juramento y a sus invitados a la cena, ordenó, etc.»? La segunda traducción, quizá secundaria, quita la ambigüedad (por lo general evidencia de ser secundaria) y requiere la segunda interpretación. La diferencia es únicamente de énfasis; pero la traducción más difícil se podría tomar para apoyar la interpretación más matizada de los motivos de Herodes dados más atrás.

---

3. *Alimentación de los cinco mil*

14:13-21

¹³Cuando Jesús recibió la noticia, se retiró él solo en una barca a un lugar solitario. Las multitudes se enteraron y lo siguieron a pie desde los poblados. ¹⁴Cuando Jesús desembarcó y vio a tanta gente, tuvo compasión de ellos y sanó a los que estaban enfermos.

¹⁵Al atardecer se le acercaron sus discípulos y le dijeron:

—Éste es un lugar apartado y ya se hace tarde. Despide a la gente, para que vayan a los pueblos y se compren algo de comer.

¹⁶—No tienen que irse —contestó Jesús—. Denles ustedes mismos de comer.

¹⁷Ellos objetaron:

—No tenemos aquí más que cinco panes y dos pescados.

¹⁸—Tráiganmelos acá —les dijo Jesús.

¹⁹Y mandó a la gente que se sentara sobre la hierba. Tomó los cinco panes y los dos pescados y, mirando al cielo, los bendijo. Luego partió los panes y se los dio a los discípulos, quienes los repartieron a la gente. ²⁰Todos comieron hasta quedar satisfechos, y los discípulos recogieron doce canastas llenas de pedazos que sobraron. ²¹Los que comieron fueron unos cinco mil hombres, sin contar a las mujeres y a los niños.

La alimentación de los cinco mil se encuentra en los cuatro evangelios (cf. Mr 6:30-44; Lc 9:10-17; Jn 6:1-14; cf. más en Mt 15:32-39 = Mr 8:1-10). Las interpretaciones exhaustivas son demasiado numerosas para enumerarlas. Quizá haya una expectativa tácita del banquete mesiánico (ver en 8:11); pero el texto se enfoca más en la compasión de Jesús (v. 14), en la responsabilidad de los discípulos de ministrar a las multitudes (v. 16), y en este milagro de creación. Las sugerencias de que lo que «en realidad pasó» fue que la gente comenzó a compartir sus almuerzos tiene mucho más en común con el liberalismo de finales del siglo diecinueve que con el texto. Quienes ven significado eucarístico en el acontecimiento (Benoit, Gundry) hacen que no tenga sentido en el tiempo en que ocurrió; lo que más se puede decir es que después de la institución de la Cena del Señor, y después de la Pasión y la Resurrección, quizá algunos cristianos han visto analogías a la Eucaristía. Juan 6, tomado a menudo como apoyo de esto, no es tan convincente como generalmente se cree (cf. Carson, «Tradición histórica», pp. 125-26).

Las posibles alusiones a Éxodo 16 o 2 Reyes 4:42-44 no pueden ser más que alusiones, porque las diferencias entre esta historia y aquellas son más importantes que las similitudes. De ahí, como observa Davies (*Setting*, pp. 48 y sig.), que sea improbable que Mateo desarrolle aquí un tema «nuevo Moisés» basado en una tipología del maná (Éx 16), puesto que (1) ninguno de los sinópticos resalta el escenario del desierto; (2) el maná en el AT no se guardaba, pero aquí las sobras se guardaron; (3) Jesús ministra a una multitud de la cual había intentado escapar, y Éxodo no tiene parangón con esto. Es mucho más probable que este pasaje muestre que Jesús mismo no se puede reducir a una de las categorías poco originales de la época: profeta, rabino, maestro de la Ley (cf. van der Loos, esp. pp. 634-37).

13-14 Si «cuando Jesús recibió la noticia» se refiere a la muerte de Juan, entonces la cronología es contradictoria (según Bultmann, *Synoptic Tradition*, pp. 351 y sig.) o un regreso a un momento muy anterior, puesto que el principio del capítulo presupone la muerte del Bautista (v. 2). Sin embargo, los vv. 3-12 se deben ver como una digresión: la sección abre con *gar* («porque», RVR; «en efecto», NVI), usado comúnmente para insertar exposiciones, y el *de* («y») en el v. 13 es de reanudación (cf. L. Cope, «The Death of John the Baptist in the Gospel of Matthew, or The Case of the Confusing Conjuction», CBQ 38, 1976, 515-19). Por tanto, el v. 13 se toma de los vv. 1-2: Jesús decidió retirarse cuando oyó, concretamente, la respuesta de Herodes a su predicación y sus milagros. Ya antes había hecho eso para escapar del odio de los fariseos (12:15); ahora lo hace para evitar a Antipas. Pero como en otros lugares (e.g., Mr 7:24-25), a menudo no le era posible a Jesús eludir las multitudes, aun cuando le fuera posible salir de un sitio.

Lucas (9:10, RVR) especifica que «el lugar desierto» estaba en la región que pertenecía a Betsaida Julias (vea en 11:21) sobre la costa noreste del mar de Galilea. Las multitudes andaban «a pie» alrededor de la parte superior del lago, presumiblemente al cruzar el alto Jordán en un vado tres kilómetros al norte de donde el río entra al mar de Galilea. «Siguieron» a Jesús, vieron a dónde iba, y partieron tras él. Como llegaron antes, ya estaban allí cuando él desembarcó con sus cansados discípulos (v. 14). Lohmeyer (*Matthew*), encuentra un profundo simbolismo: Jesús «se retira» de la presencia de Dios en oración, como un sumo sacerdote que deja el santuario y se presenta ante la gente. Pero esto es más difícil de alegorizar de lo que cualquier padre de la Iglesia jamás pensó. (Sobre la perenne compasión de Jesús, vea 9:36.)

15-17 «Al atardecer» (*opsios*) es una expresión flexible que se refiere a cualquier momento desde la mitad de la tarde hasta exactamente después de la puesta del sol. El período posterior está a la vista en el v. 23; aquí (v. 15) es el más temprano.

Según parece, la conversación entre Jesús y sus discípulos es sencilla, aunque muy resumida en comparación con los demás evangelios. Los «pueblos» a los cuales los discípulos querían enviar a la gente eran caseríos pequeños y desprotegidos. El alimento básico en Galilea, especialmente para los pobres, era pan y pescado. Juan 6:9, 13 especifica panes de *cebada*, el pan más barato y burdo. Las cantidades «cinco» y «dos» (v. 17) son simplemente detalles precisos: los esfuerzos por explicarlos (e.g., como referencia al Pentateuco y las dos tablas de la Ley) son tan extravagantes como los de cristianos contemporáneos que hacen de ellos símbolos eucarísticos, ¡lo cual convertiría el pescado en vino!

Sin embargo, en años recientes la influencia de Held (Bornkamm, *Tradition*, pp. 181-83) ha convencido a muchos de que los cambios que Mateo hace de Marcos (suponiendo absoluta dependencia en este pasaje bíblico) demuestran el funcionamiento de otros dos temas: (1) los discípulos toman parte en el milagro, y por tanto se destaca el discipulado; (2) la omisión de Marcos 6:37b muestra que aunque en Marcos los discípulos no entienden las palabras de Jesús —«denles ustedes mismos de comer» (v. 16; i.e., no entendieron que ellos mismos debían realizar un milagro)—, en Mateo sí entienden, pero les falta la fe necesaria. Esto no es así.

1. Held está estableciendo mucho basándose en una omisión en un libro caracterizado por resúmenes y omisiones, y ni siquiera pone en duda que Marcos 6:37b se omitiera por razones no teológicas.

2. Asimismo, ¿examinaría un lector de Mateo en el siglo primero este evangelio sin compararlo de modo crítico con Marcos cada vez que sospechara que Mateo no era tan exigente con los discípulos como Marcos en este punto?

3. En este pasaje no se formula explícitamente «entendimiento» ni «fe».

4. Las palabras de Jesús, «denles ustedes mismos de comer», no son fáciles de comprender; pero cualquier cosa que quieran decir, es posible que los discípulos no las entendieran, incluso en Mateo. Si (y esto no está claro, aunque Held parece suponerlo) Jesús quiere decir que los discípulos deben realizar un milagro, entonces la respuesta de ellos (v. 17) delata que no comprenden; porque para un milagro de creación no se necesita algo primero. Si por otra parte Jesús solamente les estaba pidiendo averiguar lo que se necesitaba: comprar alimentos u orar —si es que recordaban el milagro del vino en Caná (Juan 2:1-11), debieron haber pedido a Jesús que supliera la necesidad, no que los despidiera— entonces la respuesta de los discípulos no solo revela visión limitada sino un enfoque al problema que delata falta de entendimiento y fe.

5. El papel de los discípulos en el milagro se limita a la organización y distribución necesaria para una multitud de miles. Esto escasamente puede querer decir que los discípulos contribuyeron al milagro. En realidad, la historia se puede tomar con más facilidad como contraste entre Jesús y sus discípulos en este milagro, en vez de elevarlos a papeles importantes.

18-21 Jesús es el único que multiplica los panes y los pescados. Da las órdenes, agradece, y parte los panes (vv. 18-19). Las acciones —mirar al cielo, dar gracias a Dios, y partir los panes— son normales en cualquier jefe de una casa judía (cf. Moore, *Judaism*, 2:216 y sig.; SBK, 1:685 y sig.; M *Berakoth* 6-8) y no tiene significado eucarístico especial. Una forma común de oración antes de comer era: «Bendito eres tú, Señor Dios nuestro, Rey del universo, quien hace brotar el pan de la tierra».

Mateo omite muchos detalles —la hierba verde, los grupos de cien y de cincuenta— pero señala que todos comieron y quedaron satisfechos (v. 20), quizá una anticipación del banquete mesiánico, ¡y al menos evidencia de que había mucho para comer! Las doce canastas (*kofinos*, una canasta de mimbre endurecido) de sobras y el tamaño de la multitud (que en total pudo haber sido de quince o veinte mil personas, si había cinco mil «hombres», v. 21) también apoya el último punto. Pero las «doce canastas llenas» quizá sean significativas: que había doce tribus y doce apóstoles —resaltado en 19:28— no puede ser coincidencia. Sin embargo, no es seguro el significado exacto. La mejor sugerencia podría ser que la provisión del Mesías es tan espléndida que hasta las sobras son suficientes para suplir las necesidades de Israel, representado por los Doce.

4. Caminata sobre las aguas

14:22-33

22En seguida Jesús hizo que los discípulos subieran a la barca y se le adelantaran al otro lado mientras él despedía a la multitud. 23Después de despedir a la gente, subió a la montaña para orar a solas. Al anochecer, estaba allí él solo, 24y la barca ya estaba bastante lejos de la tierra, zarandeada por las olas, porque el viento le era contrario.

25En la madrugada, Jesús se acercó a ellos caminando sobre el lago. 26Cuando los discípulos lo vieron caminando sobre el agua, quedaron aterrados.

—¡Es un fantasma! —gritaron de miedo.

27Pero Jesús les dijo en seguida:

—¡Cálmense! Soy yo. No tengan miedo.

28—Señor, si eres tú —respondió Pedro—, mándame que vaya a ti sobre el agua.

29—Ven —dijo Jesús.

Pedro bajó de la barca y caminó sobre el agua en dirección a Jesús. 30Pero al sentir el viento fuerte, tuvo miedo y comenzó a hundirse. Entonces gritó:

—¡Señor, sálvame!

31En seguida Jesús le tendió la mano y, sujetándolo, lo reprendió:

—¡Hombre de poca fe! ¿Por qué dudaste?

32Cuando subieron a la barca, se calmó el viento. 33Y los que estaban en la barca lo adoraron diciendo:

—Verdaderamente tú eres el Hijo de Dios.

Muchos eruditos desde Bultmann (*Synoptic Tradition*, p. 216) han supuesto que en el relato de Marcos se han entrelazado dos historias (6:45-52; cf. Jn 6:16-21): una de la caminata sobre el agua y el posterior milagro de la calma de la tormenta. Pero Scot McKnight («The Role of the Disciples in Matthew and Mark» [Tesis de Maestría, Trinity Evangelical Divinity School, 1980], pp. 153-56) ha mostrado que los dos relatos están totalmente relacionados. Más adelante se tratan brevemente algunos de los puntos que surgen de las diferencias entre Marcos y Mateo. Sobre la fuerza teológica de este pasaje, lea a John P. Heil, *Jesus Walking on the Sea*, Biblical Institute Press, Roma, 1981, quien observa la asociación en el AT entre caos y mar. La calma del mar es en consecuencia no solo cristológica en orientación sino también escatológica: Jesús ahora está calmando el mar.

22 Por qué Jesús «hizo que» (el verbo es muy fuerte y se podría traducir «obligó a») los discípulos fueran delante de él se podría deducir de estos segmentos de información: (1) quería estar solo para orar (v. 23); (2) quería escapar de la multitud con sus discípulos para descansar un poco (Mr 6:31-32); y (3) quizá despidió con energía a los discípulos para calmar un alboroto mesiánico (Jn 6:15).

La omisión de Betsaida (Mr 6:45) en Mateo hace surgir un difícil problema geográfico. Desde la perspectiva del lugar donde se realizó la alimentación, «al otro lado» significa la costa oeste; y ahí fue donde por fin la barca tocó tierra: en Genesaret (Mr 6:53 = Mt 14:34), una pequeña llanura triangular sobre la costa noroeste del lago (Quinéret en el AT, 1 R 15:20). Juan 6:17 especifica el pueblo de Capernaúm. Pero Marcos (6:45) dice que Jesús hizo «que sus discípulos subieran a la barca y se le adelantaran al otro lado [en los mejores mss.], a Betsaida, mientras él despedía a la multitud». Lo más probable es que esta fuera Betsaida Julias, exactamente sobre la costa hacia el norte, en el mismo lado del lago. La aparente discrepancia ha motivado que algunos mss. de Marcos omitan «al otro lado». La explicación de que la barca salió de curso y tocó tierra en la costa occidental no explica la referencia a Betsaida, si es que se trata de Betsaida Julias.

El problema es enredado. La solución más sencilla es la que defiende Westcott, y también Morris sobre Juan; es decir, que Jesús envió a los discípulos a atravesar el lago, con la orden de esperarlo en la costa oriental cerca de Betsaida Julias, pero no más allá de cierto tiempo. La tardanza al esperar por Jesús explicaría entonces que la verdadera caminata sobre el agua no ocurriera hasta la madrugada (v. 25), i.e., después de las tres de la mañana. Un poco de sintaxis podría respaldar esta opinión. El *jeos jou* de Mateo más el verbo aoristo subjuntivo se debería traducir normalmente «hasta» (como en 13:33; 17:9; 18:34; aunque cf. 26:36); i.e., los discípulos debían «seguir adelante» (*proagein*) de él *mientras*, no *hasta*, que él se liberara de las multitudes, después de lo cual él esperaba unírseles, tras algún tiempo a solas en oración; y ellos entonces irían «al otro lado». Marcos (6:45) especifica Betsaida, pero tiene *jeos* más el indicativo [en los mejores mss.]: los discípulos debían ir «a Betsaida mientras» él despedía a la multitud, no «hasta» que lo hiciera.

23-24 Si esta interpretación es correcta, entonces la duración del tiempo de oración es lo que retarda la llegada de Jesús, y envía a los discípulos a través del lago por su cuenta. En cuanto a la frase «subió a la montaña» (v. 23), vea en 5:1-2. No se revela la carga de la oración de Jesús; pero es posible que los intentos de la multitud de hacerlo rey (Jn 6:15) lo motivaran a buscar el rostro de su Padre. De ser así, esta no es aquí una preocupación mateana (como es una crisis similar en 26:39).

El «bastante lejos» de la NVI (v. 24) oculta gran dificultad textual. La interpretación más probable es «a muchos estadios [un estadio era aproximadamente ciento ochenta metros] de la tierra» (Metzger, Textual Commentary, p. 37). En cualquier caso la barca se dirigía al centro del lago. Si se toma literalmente a *enantios* como «contrario», y no el significado metafórico de «hostil a», entonces la frase «el viento le era contrario», en base a los movimientos sugeridos arriba, se refiere a un fuerte viento del occidente, una característica regular durante la temporada de lluvias (la «hierba verde» de Marcos [6:39] confirma la estación).

Muchos que ansían encontrar señales de que la iglesia de Mateo tomó la barca como símbolo de esa iglesia: una comunidad de discípulos en tiempos tormentosos (e.g., Bonnard, Schweizer). Sin embargo, de ser así, ¿por qué Pedro quiso bajar «de la barca»?

25-27 El antiguo mundo hebreo dividía la noche desde la puesta del sol hasta el amanecer en tres vigilias (Jue 7:19; Lam 2:19, RVR), pero los romanos usaban cuatro (v. 25, NVI, mg.); y su influencia prevaleció en las cronologías de los evangelistas. La llegada de Jesús a la barca ocurrió, por tanto, entre las tres y las seis de la mañana. Mateo omite las difíciles palabras «e iba a pasarlos de largo» (Mr 6:48), sobre las cuales, ver Lane (*Mark*, pp. 235-36). Los discípulos estaban aterrados (v. 26), creyendo que veían un fantasma («aparición»; NVI, «fantasma»; usada en el NT solo aquí y en Mr 6:49). No hay mérito en la suposición de que se trata de una aparición trasladada a la Resurrección. El «¡cálmense!» de Jesús (v. 27, como en 9:2, 22, «¡ánimo!») y su «no tengan miedo» equiparan la razón principal de estas dos expresiones de calma: «Soy yo». Aunque el griego *ego eimi* no podría tener más énfasis que esa, cualquier cristiano después de la Resurrección y la ascensión habría detectado ecos de «Yo soy», la firme auto revelación de Dios (Éx 3:14; Is 43:10; 51:12). Otra vez encontramos a Jesús revelándose en una manera velada que se probará especialmente para los cristianos después de su resurrección (ver en 8:20; cf. Carson, «Ambigüedades cristológicas»).

28 Los vv. 28-32 no tienen paralelo en los demás evangelios; y dos de los verbos («hundirse» y «dudar») se usan en otras partes de este evangelio solo en secciones de exclusividad mateana (18:6 y 28:17 respectivamente). Quizá Mateo fue el primero en comprometerse a escribir esta parte de la historia, aunque no es predominante la evidencia de dos verbos usados solo una vez cada uno. Esta es la primera de tres escenas en las cuales Pedro recibe trato especial, todas en los capítulos 14—17 (cf. 16:13-23; 17:24-27). Benoit cree que ya en esta historia Pedro obtuvo primacía sobre el resto de los Doce; pero «de ser así, es una primacía que revela debilidad de fe» (Hill, *Matthew*; de igual modo Bonnard). Vea más en v. 31.

La introducción de Pedro en el drama («si eres tú») es una condición verdadera, casi «puesto que eres tú». La petición es atrevida, pero los discípulos habían sido capacitados por algún tiempo, y se les había dado poder para hacer exactamente la misma clase de milagros que Jesús estaba haciendo (10:1). ¿Qué es más natural para un pescador, que conocía y respetaba los peligros del mar de Galilea, que querer seguir a Jesús en esta nueva demostración de poder sobrenatural?

29-31 No está claro qué lejos llegó Pedro (cf. Notas), pero ante la orden de Jesús (v. 29) caminó sobre el agua (el plural «aguas» en griego quizá sea en imitación del hebreo, que solo usa «aguas» en plural; cf. Mr 8:22; Jn 3:23). Sin embargo, la actitud de Pedro cambió: cuando sintió el viento (la tormenta), comenzó a hundirse (v. 30). No es que hubiera perdido la fe en sí mismo (según Schniewind), sino que su fe en Jesús, bastante fuerte como para hacerlo salir de la barca y caminar sobre el agua, no fue suficiente para hacerle frente a la tormenta. Por eso Jesús lo llamó hombre «de poca fe» (v. 31; vea en 6:30; 8:26; y esp. en 17:20); y su pregunta retórica —«¿por qué dudaste?»— ayuda tanto a Pedro como al lector a reconocer que las dudas y los temores desaparecen rápidamente ante una estricta indagación de sus causas. En consecuencia, Pedro en este pasaje es un ejemplo bueno y malo (cf. R.E. Brown, K.P. Donfried, y J. Reumann, edd., *Peter in the New Testament*, Augsburg, Miniápolis, 1973, p. 83). Su clamor por ayuda es natural, no una creación litúrgica —¿no tuvo la liturgia que escoger algunas fórmulas sobre las cuales formarse?— y el rescate que Jesús hiciera de él es similar a la salvación de Dios en el AT (Sal 18:16; 69:1-3; 144:7).

32-33 El punto culminante de la historia no es cuando calma de la tormenta (v. 32) sino la confesión y la adoración de los discípulos: «Verdaderamente tú eres el Hijo de Dios» (v. 33). Esta es la primera vez que los discípulos se habían dirigido a Jesús con este título completo (cf. 16:16; 26:63; 27:40, 43, 54). Pero ya merodeaba detrás el «mi Hijo» de 3:17, y el diablo lo había usado en Jesús (4:3, 6). Quizá está abreviado a «el Hijo» en las referencias que Jesús hacia sí mismo en 11:25-27. En el pasaje anterior (cf. también 3:17) hemos visto cómo tal vez los discípulos habrían entendido el título con el tiempo, y cómo le habrían dado cuerpo a la luz de la Resurrección. Sobre la ausencia de artículos griegos, vea en 13:39.

No es psicológicamente convincente la objeción de que el v. 33 se adelanta tanto a 16:16 que lo hace anticlimático. Un razonamiento similar habría hecho intolerable o habría excluido de Jesús y su Pasión el reproche de Pedro (16:21-33) que siguiera a su magnífica confesión (16:13-20). Los evangelios sinópticos nos muestran que los discípulos solo entendían por niveles. Por eso sus confesiones de Cristo no se deben interpretar como si ya tuvieran la comprensión que tuvieron después de la Resurrección. Una de las señales de la fidelidad de los evangelistas al desarrollo del entendimiento de los discípulos yace precisamente en esto: que muestra que los discípulos aceptan los mismos puntos una y otra vez, cada vez en un nivel más profundo de comprensión, pero siempre con una mezcla de error.

No está exactamente claro qué quisieron decir los discípulos con «Hijo de Dios». No es muy seguro que en este punto comprendieran el título en un sentido ontológico verdadero (aunque lo harían más tarde). Aun es menos probable que pensaran que Jesús era un *teios aner* («hombre divino»), una categoría que en el judaísmo griego se daba a diferentes hacedores de milagros. Carl Holladay (*Theios Aner in Hellenistic Judaism: A Critique of he Use of This Category in New Testament Christology*, SP, Missoula, Mont, 1977) ha demostrado que la categoría no está bien definida, que no se ajusta al contenido en nuestro período, y que no era común (contr. Cullmann, *Christology*, p. 277; E. Lövestam, «Wunder und Symbolhandlung: Eine Studie über Matthäus 14, 28-31», *Kerigma und Dogma* 9, 1962, esp. p. 135; y muchos otros). Ellos quizá usaron el título en un modo mesiánico (vea en 3:17; 11:25-30), pero aun con una comprensión superficial.

Muchos sienten que los vv. 32-33 alteran rotundamente a Marcos 6:51-52 (cf. esp. Bornkamm, *Tradition*, pp. 204 y sig.). Se presume que Marcos deja una impresión final de confusión: no menciona la adoración de los discípulos; ellos están asombrados, no comprenden el milagro anterior de los panes, y sus corazones están endurecidos. Sin embargo, Mateo los describe adorando y profiriendo una importante confesión cristológica, sin mencionar asombro, corazones endurecidos ni falta de entendimiento. Estas en realidad son diferencias innegables; pero los dos evangelistas no están tan separados como se podría creer.

1. Marcos dice que los discípulos estaban «asombrados»; pero el verbo usado se asocia a menudo, no con el temor, sino con adoración gozosa (Lv 9:24 LXX; de igual modo el sustantivo similar, Lc 5:26). Cuando lo usa Marcos, por lo general, aunque no siempre, la palabra denota asombro en respuesta a alguna revelación divina, pero sin temor. ¿Por qué iban ellos estar asustados? ¡La tormenta había cesado!

2. El comentario en Marcos 6:52 (RVR) de que los corazones de los discípulos estaban endurecidos no se refiere a su fascinación sino a una actitud subyacente que pudo dar lugar al asombro a pesar de haber visto tanta obra de Jesús. El mismo punto se podría deducir de Mateo, aun cuando allí no se explica en detalle.

3. Quizá Mateo omitió la censura en Marcos 6:52 porque creyó que era repetitiva: él ya había mostrado el temor y la falta de fe de los discípulos (vv. 26-27). (Sobre estos puntos, cf. Meyer, Gaechter, y esp. Trotter.)

Con esto no se niegan las diferencias en énfasis entre Mateo y Marcos, pero se niega que la realidad histórica detrás de los dos relatos sea demasiado insignificante para apoyar ambos énfasis. Marcos se enfoca en la «dureza» de los discípulos, que continuaba a pesar de otro milagro como el anterior (cf. 8:23-27; Mr 4:35-41), hecho por alguien que podía multiplicar panes. Mateo capta esa incredulidad a través de su narración —él es capaz de una caracterización más sutil que Marcos— y del ejemplo de Pedro (si él es un hombre de poca fe, ¿qué pasa con el resto?), pero se enfoca explícitamente en la confesión de los discípulos de Jesús como Hijo de Dios. Sin embargo, aun aquí, en vista de novedades posteriores en Mateo, un lector podría creer que las confesiones de los discípulos son mucho más grandiosas que su misma comprensión (ver en 16:21-28).

Notas

---

29 Las principales opciones textuales son (1) καὶ ἦλθεν (*kai éldsen*, «él vino o fue [hacia Jesús]») y (2) ἐλθεῖν (*eldseín*, «venir», «ir»). La última significa intención, la primera logro. (NVI no traduce la palabra.) La evidencia exterior está hábilmente dividida. El razonamiento de Metzger (*Textual Commentary*, p. 37) de que «fue» cambió a «va» porque lo primero parecía decir demasiado puede ser correcto; pero alguien podría sostener que «va» parece decir muy poco, puesto que el texto afirma que Pedro en realidad caminó sobre el agua; sin embargo, cuando comenzó a hundirse, Jesús solo necesitó extender la mano para agarrarlo, lo cual sugiere que el apóstol casi había atravesado todo el trayecto.

31 Εἰς τί (*eis ti*; «¿por qué?», NVI), que tal vez equivale a לְמָה (*lemáj*, «porque»), es extraordinario: la forma tradicional es διὰ τί (*diá ti*, «cómo es que»), igual que en 9:14. Turner (*Syntax*, pp. 266 y sig.) detecta una diferencia sutil: la última significa «debido a que» = «porque», mientras la primera significa «para que» = «porque»; y en este ejemplo el último matiz en «por qué» tiene buen sentido. Jesús no pregunta «debido a qué» dudó Pedro (¡cualquier tonto podría ver eso!) sino con qué propósito, a qué fin: ¿cuál era el punto de su duda, habiendo llegado tan lejos?

5. Resumen de transición constante e ineludible del ministerio

14:34-36

³⁴Después de cruzar el lago, desembarcaron en Genesaret. ³⁵Los habitantes de aquel lugar reconocieron a Jesús y divulgaron la noticia por todos los alrededores. Le llevaban todos los enfermos, ³⁶suplicándole que les permitiera tocar siquiera el borde de su manto, y quienes lo tocaban quedaban sanos.

34-36 Genesaret (v. 34) era la fértil llanura en el lado noroeste del lago (vea en v. 22), descrita vívidamente por Josefo (Guerra III, 516-21, x. 8). El instantáneo reconocimiento de Jesús por parte de la multitud (v. 35) mostró la extensión de su ministerio; de nuevo la noticia pasó de boca en boca entre las multitudes (cf. 3:5; 4:24). Como la mujer con la hemorragia (9:20-22), las personas solo estaban satisfechas si lograban tocar el borde de su manto (v. 36); y aun ese nivel de fe traía sanación (la preposición compuesta con el verbo en *diesodsésan* [«quedaban sanos»] es perfectivo).

Este pequeño pasaje hace tres cosas: (1) resalta otra vez la arrolladora extensión del ministerio público de Jesús (cf. 4:23-25; 8:16; 9:35-36); (2) también muestra que el ministerio de Jesús se extendía a todo el pueblo, aunque sus discípulos íntimos tenían acceso especial a él y a su instrucción más cercana; y (3) debido a que los grupos más estrictos, como los fariseos y los esenios, tenían como abominación rozarse los hombros en una multitud —no se podía saber qué inmundicia ritual se podría contraer— la falta de interés de Jesús en tales cosas crea el marco para la confrontación sobre lo que contamina (15:1-20). Como en 8:1-4; 9:20-22, él mismo no puede contaminarse: al contrario, limpia.

6. Jesús y la tradición de los ancianos

15:1-20

¹Se acercaron a Jesús algunos fariseos y maestros de la ley que habían llegado de Jerusalén, y le preguntaron:

²—¿Por qué quebrantan tus discípulos la tradición de los ancianos? ¡Comen sin cumplir primero el rito de lavarse las manos!

³Jesús les contestó:

—¿Y por qué ustedes quebrantan el mandamiento de Dios a causa de la tradición? ⁴Dios dijo: "Honra a tu padre y a tu madre", y también: "El que maldiga a su padre o a su madre será condenado a muerte." ⁵Ustedes, en cambio, enseñan que un hijo puede decir a su padre o a su madre: "Cualquier ayuda que pudiera darte ya la he dedicado como ofrenda a Dios." ⁶En ese caso, el tal hijo no tiene que honrar a su padre. Así por causa de la tradición anulan ustedes la palabra de Dios. ⁷¡Hipócritas! Tenía razón Isaías cuando profetizó de ustedes:

⁸»"Este pueblo me honra con los labios,
pero su corazón está lejos de mí.

⁹En vano me adoran;
sus enseñanzas no son más que reglas humanas."

¹⁰Jesús llamó a la multitud y dijo:

—Escuchen y entiendan. ¹¹Lo que contamina a una persona no es lo que entra en la boca sino lo que sale de ella.

¹²Entonces se le acercaron los discípulos y le dijeron:

—¿Sabes que los fariseos se escandalizaron al oír eso?

¹³—Toda planta que mi Padre celestial no haya plantado será arrancada de raíz —les respondió—. ¹⁴Déjenlos; son guías ciegos. Y si un ciego guía a otro ciego, ambos caerán en un hoyo.

¹⁵—Explícanos la comparación —le pidió Pedro.

¹⁶—¿También ustedes son todavía tan torpes? —les dijo Jesús—. ¹⁷¿No se dan cuenta de que todo lo que entra en la boca va al estómago y después se echa en la letrina? ¹⁸Pero lo que sale de la boca viene del corazón y contamina a la persona. ¹⁹Porque del corazón salen los malos pensamientos, los homicidios, los adulterios, la inmoralidad sexual, los robos, los falsos testimonios y las calumnias. ²⁰Éstas son las cosas que contaminan a la persona, y no el comer sin lavarse las manos.

A medida que se desarrolla la narración de Mateo las controversias se hacen más duras y más teológicas. Esta polémica es de gran importancia para captar el entendimiento que Jesús tenía de la Ley. Algunos han tenido la tendencia a sacar conclusiones radicales respecto al énfasis característico de Mateo al comparar este pasaje con Marcos 7:1-23 (e.g., Bornkamm, *Tradition*, pp. 86-89). Las diferencias más destacadas entre Mateo y Marcos son: Mateo omite Marcos 7:3-4, agrega Mateo 15:12-14, excluye la interpretación de Marcos (7:19) que Jesús hizo de todos los alimentos puros, y añade Mateo 15:20b para mantener el enfoque en los alimentos consumidos con manos limpias o sucias. Debido a esto, muchos sostienen que, mientras Jesús anula la Ley en Marcos, en Mateo no hace más que anular una pequeña parte de la Halajá (interpretación rabínica relacionada con el comportamiento). Estos asuntos se deben recordar al interpretar más de cerca el texto. (Vea esp. el estudio equilibrado de Banks, *Jesus*, pp. 132-46.)

1 «Entonces» (RVR; vea en 2:7: «luego», NVI) ciertos fariseos (ver en 3:7, e Introducción, sección 11.f) y maestros de la Ley (ver en 2:3) llegaron «de Jerusalén» y se acercaron a Jesús. Estos no pertenecían a los líderes esparcidos por el país sino que eran de Jerusalén; por consiguiente, es posible que se les tuviera en estima especial (cf. SBK, 1:691). Sin embargo, desde la perspectiva de Mateo, quizá se trataba de una delegación cuasi oficial (cf. Jn 1:19) y una fuente de la más violenta oposición a Jesús.

2 Como en 9:14, el ataque sobre Jesús llegó por el comportamiento de sus discípulos, aunque en otras partes hemos aprendido que los discípulos reflejaban sus propias prácticas (Lc 11:37-41). Mateo es mucho más resumido que Marcos, por dos razones: (1) a diferencia de Marcos, Mateo no necesita explicar a sus lectores las costumbres judías; y (2) Marcos trata con una serie de regulaciones halájicas (Mr 7:1-3), mientras Mateo resalta la única cuestión de comer alimentos con las manos sucias. Se debe resaltar que esta distinción no dice nada de la mordacidad del ataque de los fariseos por la respuesta de Jesús, sino solo de la concentración de asuntos (ver en v. 20). (En cuanto a otras diferencias entre Mateo y Marcos, cf. Banks, *Jesus*, pp. 132-34.)

La «tradición de los ancianos», «las tradiciones humanas» (Mr 7:8); Col 2:8), «sus propias tradiciones» (Mt 15:3, 6; Mr 7:9, 13), y las «tradiciones de mis antepasados» (Gá 1:14) se refieren a la enorme colección de enseñanzas orales que comentaban la Ley y la interpretaban en detalladas reglas de conducta, a menudo haciendo constar las diversas opiniones de rabinos competentes. Esta tradición en la época de Jesús se transmitía en buena parte de modo verbal; pero los fariseos, aunque no los saduceos, la veían como si tuviera autoridad casi igual al canon. Más tarde fue codificada bajo el rabino Judá el Príncipe (aprox. 135-200 d.C.) para formar el mishná (cf. SBK, 1:691-95; TDNT, 6:661 y sig.; Moore, *Judaism*, 1:251-62). Todo un tratado, el *Yadaim*, tiene que ver con «manos» (i.e., *yadayim*), y especifica detalles tales como cuánta agua se debe usar para la purificación ceremonial eficaz: e.g.: «Si un hombre derrama agua sobre una mano con un simple enjuague, su mano es limpia; pero si lo hace sobre las dos manos con un simple enjuague, R. Meir las declara impuras a menos que derrame sobre ellas un cuarto de la cantidad o más» (M *Yadaim* 2:1).

3-6 Las palabras de Jesús, en orden ligeramente distinto en Marcos, no son tanto una respuesta como un contraataque. Jesús estableció una distinción básica entre la autoridad del «mandamiento de Dios» (como se halla en la Biblia) y la tradición halájica; e insistió en que los fariseos y los maestros de la Ley eran culpables de romper el primero a causa de (lit., «debido a») la última (v. 3). Los dos textos citados son Éxodo 20:12 y 21:17 (cf. también Dt 27:16; Pr 1:8; 20:20; 30:17; 1 Ti 5:3), y su señalamiento es bastante claro. El verbo «maldecir» (v. 4) es muy limitado: *kakologeo* significa «insultar», «hablar mal de», «vilipendiar» (usado en el NT solo aquí y en Mr 7:10; 9:39; Hch 19:9). Con seguridad a quien habla mal de sus padres se le debe dar muerte (sobre la interpretación de la última frase, cf. Zerwick, par. 60).

«Ustedes, en cambio» (vv. 5,6; «ustedes» es enfático). Por sus tradiciones, habían evadido el mandamiento de Dios que, interpretado en líneas generales por Jesús, ponía sobre los hijos la responsabilidad de cuidar de sus padres. La codicia podía impedir que un hijo cumpliera con este deber sencillamente declarando *korbán* —obsequio dedicado a Dios (cf. Lv 27:9, 16), reservado para el tesoro del Templo— los bienes o dinero que pudo haber gastado en ayudar a sus padres (cf. M. *Nedarim*, esp. 1, 9, 11; cf. SBK, 1:711-17). Tal juramento se podía anular de varias maneras. No significaba que alguien pudiera usar los bienes o el dinero en cuestión, sino que podía negar a sus padres (en cuanto a la legalidad de esto, cf. Derrett, *NT Studies*, 1:112-17). Por tanto, la tradición halájica estaba anulando el mensaje de Dios (las variantes textuales «ley de Dios» o «mandamiento de Dios» no son de importancia trascendental).

Podría ser importante una observación más, aunque no se debería resaltar excesivamente. Por Jesús y el Reino, un hombre debe estar dispuesto a hacer a un lado las lealtades familiares y amar a Jesús sobremanera (10:37-39). Sin embargo, aquí Jesús acusa a los fariseos y a los maestros de la Ley de romper el mandamiento de Dios cuando usan similares razonamientos para apoyar juramentos en que dedicaban ciertos regalos a Dios. Según parece, ni Jesús ni Mateo ven aquí ninguna incongruencia, porque en su opinión la Halajá judía no puede tener prioridad sobre la Ley, mientras que Jesús y el Reino sí podrían tener tal prioridad porque «cumplen la Ley». También son relevantes otros factores. Las regulaciones halájicas a las que Jesús se oponía permitían que un hijo actuara a veces contra sus padres, mientras que 10:37-19 presupone oposición familiar contra los discípulos. La regla no solo es diferente, sino que la víctima también es diferente.

7-9 Este es el primer caso registrado en que Jesús llama hipócritas a los fariseos y maestros de la Ley (v. 7; vea en 6:2): Lucas 11-12 quizá se refiera a una época posterior. La acusación era que, mientras ellos hacían un espectáculo de devoción a Dios, sus tradiciones religiosas tomaban prioridad sobre la voluntad de Dios. Al referirse a Isaías 29:13, Jesús no dijo que Isaías tenía razón cuando dijo … y ahora hago una segunda petición, sino: «Tenía razón Isaías cuando profetizó de ustedes». Sin embargo, Isaías 29:13 se dirigía a los hombres de la época de Isaías. ¿Qué quiso entonces decir Jesús? Existen tres puntos de contacto: (1) en cada caso se advertía a los judíos, (2) de Jerusalén, (3) con una religión caracterizada por apariencias externas que a veces menoscababan los principios. Además los judíos de la época de Jesús se creían conservadores de las tradiciones antiguas; pero Jesús dijo que lo que en realidad estaban conservando era el espíritu de aquellos a quienes Isaías criticó mucho antes. El pensamiento es casi igual al de 23:29-32, aunque diferente en categoría.

La cita sigue esencialmente la forma más corta de la Septuaginta (para detalles, cf. Gundry, *Use of OT*, pp. 14-16). La carga del pasaje que Jesús citó es que los fariseos y maestros de la Ley habían sacado la verdadera religión del corazón (v. 8), de la personalidad y la voluntad, y la habían reemplazado con una religión de forma. Por consiguiente, su adoración es vana (v. 9), y sus enseñanzas no tenían el respaldo de la autoridad de Dios.

El juicio es tan dramático que pone en duda no solo la Halajá judía sino toda su adoración y enseñanza.

10-11 La punzada más aguda de Jesús contra fariseos y maestros de la Ley había sido en privado. Luego enseña a la multitud las mismas cosas (v. 10). Estos dos versículos también responden directamente la pregunta de los fariseos (v. 2), no exactamente por contraataque (vv. 3-9).

Lo que Jesús dice ahora, los discípulos lo llaman «parábola» (v. 15, RVR; «comparación», NVI; así también en Mr 7:16; vea en 13:3a). Al presentarlo a la multitud (v. 10), Jesús los exhorta a entender; porque la parábola no tenía la intención de ser enigmática, aunque solo algunos parecieron haberla captado en el momento, y los discípulos tenían problema con ella (vv. 15-16). Esto confirma nuestros comentarios anteriores sobre las parábolas de Jesús (13:10-17, 34-35).

El verbo *koinoi* («lo que contamina»), utilizado aquí (v. 11) por primera vez de trece en el NT, significa literalmente «hacer que resulte común»; pero puesto que la participación en lo que era común era para un judío practicante volverse ceremonial-mente impuro, el tradicional significado del NT es muy similar.

Quizá Marcos 7:15 sea una sombra más generalizada que la forma de Mateo de la «parábola» (v. 11), pero las diferencias son leves. «[Si] Mateo quisiera de veras ex-cluir la clase de falta de rigor representada por su fuente de Marcos, es difícil ver por qué mantuvo la parábola potencialmente peligrosa alrededor de la cual surgió toda la controversia» (C.E. Carlston, «The Things That Defile [Mr 7.14] and the Law in Matthew and Mark», NTS 15, 1968-69, 77). El lenguaje es tan general que suelta todo lo que Marcos permite, aunque la aplicación final es comer alimentos con ma-nos sucias (v. 20). La forma del razonamiento es desde este principio hacia esa aplica-ción, y lo primero es más amplio que lo segundo. Por consiguiente, aunque Mateo omite la interpretación entre paréntesis de Marcos —«Con esto Jesús declaraba lim-pios todos los alimentos» (Mr 7:19b)— pero la retención de la «parábola», y su inter-pretación (vv. 17-20) conduce precisamente a esa conclusión.

12-14 Estos versículos son típicos de Mateo, y reflejan lo que aconteció después de que Jesús y sus discípulos se retiraron de la multitud, y entraron a la casa (cf. Mr 7:17). La pregunta de los discípulos muestra que los fariseos entendieron bastante la parábola de Jesús como para ofenderlos (v. 12, RVR; «se escandalizaron», NVI). La petición de los discípulos de que les explicara la parábola (v. 15) no los revela como si fueran más obtusos que los fariseos; muestra que, en común con la mayoría de judíos de la época, tenían buena opinión de los fariseos, y querían saber bien lo que Jesús había dicho que había ofendido tanto a los fariseos. Así que los vv. 12-14 no están fue-ra de lugar. Jesús debió desilusionar a sus discípulos tanto en la fiabilidad de los fari-seos y los maestros de la Ley como en ser guías espirituales, además de explicarles la parábola. Con esto no decimos que estos versículos convierten toda la sección (vv. 1-20) en un ataque personal contra los fariseos, y no contra su uso de la Ley (se-gún Kilpatrick, *Origins*, p. 180); porque el punto principal del que fueron culpados se relaciona con su malinterpretación de la Ley.

Jesús usa dos imágenes. La primera (v. 13) predice que se arrancará cualquier planta que el Padre celestial no haya plantado. A menudo Israel se veía como una planta que Dios había plantado (Sal 1:3; Is 60:21; cf. 1QS 8:5; CD 1:7; 1 Enoc 10:16; Sl Sal 14:2), y los profetas volvieron la imagen en su contra (Is 5:1-7). Por tanto, Jesús no está diciendo que será arrancada toda falsa doctrina (según Broadus) sino que los fariseos, los líderes del pueblo judío, no son en realidad parte del sembrado de Dios. Esta conmocionante idea ya se había insinuado en Mateo (3:9; 8:11-12) y volverá a aparecer.

La segunda imagen (v. 14) podría depender de un título que según parece algu-nos líderes judíos se echaron encima. Ellos tenían la Ley, razonaban, y por consi-guiente estaban listos para servir como «guías de los ciegos» (Ro 2:19; cf. Lc 6:39). Jesús cuestiona esto. En su opinión, ellos eran «ciegos guías de ciegos» (NVI, mg., según la variante más probable; cf. Metzger, *Textual Commentary*, p. 39); y «am-bos caerán en un hoyo» (cf. también Lc 6:39). Aunque los fariseos y los maestros de la Ley tenían los rollos y los interpretaban en las sinagogas, esto no significaba que los comprendieran de verdad. Por el contrario, eran ciegos y no lograban comprender las Escrituras que afirmaban seguir. La denuncia de Jesús presupone que cualquiera que entiende la «palabra de Dios» (v. 6) discernirá quién es él, y lo seguirá (cf. Jn 5:39-40). Los fariseos no seguían a Jesús; por tanto no entendían ni seguían las Escrituras.

15-16 Pedro habla a favor de los demás discípulos (v. 15): la respuesta de Jesús muestra que la «parábola» a la cual se refiere Pedro es el v. 11. A Jesús le asombra la falta de comprensión de los discípulos. (1) *Kai* («también»)… ¿también son ustedes «todavía tan torpes?» La torpeza podría ser comprensible en otros, pero ¿en sus discípulos? (2) *Akmén* («todavía», usado solo aquí en Mateo) podría querer decir: «¿Son ustedes *todavía* tan torpes?» (NVI; Hill; McNeile) o «¿Son ustedes todavía —*pero no por mucho tiempo*— tan torpes?» (Schlatter). El contexto favorece fuertemente la primera interpretación; y de ahí que la pregunta, lejos de atenuar la falta de los discípulos en captar la enseñanza de Jesús (según Schweizer), aumenta su enormidad.

17-20 El v. 17 explica que «lo que entra en la boca de una persona» (v. 11) es simplemente alimento, el cual pasa por el cuerpo y se excreta (lit., «es echado en la letrina»). Sobre las condiciones sanitarias de la época, cf. Edward Neufeld, «Condiciones de higiene en el antiguo Israel», *Biblical Archaeologist* 34, 1971, 41-66. Los vv. 18-20 explican que «lo que sale de la boca de una persona» (v. 11), y que la contamina, sale del corazón (ver en 12:34-35). La lista de Mateo de los productos del corazón (v. 19) es más corta que la de Marcos. Después del primero, «los malos pensamientos», la lista sigue el mismo orden del sexto y séptimo mandamientos, seguidos de *porneia* («inmoralidad sexual»; ver en 19:3-12), el orden del octavo y el noveno mandamiento, y finalmente «las calumnias», que quizá incluye la blasfemia (cf. 12:31). La lista niega en sí (como señala Banks [*Jesus*, pp. 143-44]) la sugerencia de Kilpatrick de que Mateo ha transformado el principio de Marcos de moralidad en un precepto de la Ley (*Origins*, p. 38).

Sería infantil preguntar cómo cada punto de la lista contamina directamente lo que se habla. El punto, como en 12:34-35, es que lo que en realidad afecta a alguien *es* esencialmente el mal (cf. 7:11). Pero la carga de este pasaje no está en ser puros en el interior y olvidar lo exterior, sino que lo que en definitiva contamina a la persona es lo que esta es. Jesús no está espiritualizando al AT, pero insiste en que la verdadera religión tiene que ver con la naturaleza del hombre y no con cosas externas.

Puesto que la segunda parte del v. 20 no aparece en Marcos, muchos han creído que esa era la manera de Mateo de limitar la aplicación de la controversia a la simple cuestión de comer alimentos sin lavarse las manos. Dos situaciones inciden negativamente en esta opinión: (1) Jesús trata con un amplio principio que afecta *todo* alimento y lo aplica a esta situación, pero la aplicación no puede ser más válida que el principio más amplio sobre el cual se basa; y (2) Mateo concluye a menudo sus pasajes refiriéndose de nuevo a las preguntas que los precipitaron (ver en 12:45; 14:12; 16:11-12; 17:13); de modo que v. 20b no requiere más explicación que esa.

La manera en que alguien interpreta este pasaje se relaciona con un entendimiento mayor de cómo trata Mateo con la actitud de Jesús hacia la Ley y la situación en su propia iglesia.

1. Sobrepasa la evidencia para discutir, como Ernst Käsemann (*Essays on New Testament Themes*, SCM, Londres, 1964, p. 101), que Jesús deroga ahora la diferencia entre lo sagrado y lo profano; o, como Lohmeyer (*Matthäus*), que Jesús distingue ahora «palabra de Dios» de «palabra de hombre» incluso dentro de la Escritura misma; o, como con McNeile y R. Walker (p. 142), que Jesús socava ahora, como en Marcos, *toda* distinción mosaica entre lo puro y lo impuro. El Señor trata principalmente con las distinciones puro-impuro como alimentos, y aplica este principio a alimentos consumidos con manos sin lavar.

2. Por otra parte, la actitud de Jesús no llega hasta la evidencia exegética de enfrentar a Mateo con Marcos para que al primero, a diferencia del último, se le vea como si restringiera absolutamente las palabras de Jesús a un simple problema de alimentos comidos con manos sucias. No se pueden tomar de modo tan estrecho los vv. 3, 7-9, 11, 14, 17-19.

3. El enfoque que ve una iglesia judeo-cristiana detrás de este pasaje —sea aun relacionada con la sinagoga o recientemente separada de ella— es insatisfactorio por completo. Mateo es un poco más cauto que Marcos, y quizá un poquitín menos explícito, pero esa no es una evidencia tan sólida para apoyar la reconstitución de la iglesia mateana de Barth (en Bornkamm, *Tradition*). Aunque no hay duda de que los grupos ebionitas florecieron, Mateo no perteneció a ellos, ni a alguno parecido; porque ningún ebionita podría escribir los vv. 11, 17-20.

4. Banks (*Jesus*, pp. 140-41) sostiene que si Jesús rechazó explícitamente las leyes sobre los alimentos contenidas en Levítico 11 y Deuteronomio 14 (Dn 1:8-16; cf. Judit 10:5; Tob 1:10-11), son inexplicables las vacilaciones de la iglesia primitiva sobre el tema (Hch 10:14-15; 15:28-29; Ro 14:14; Ga 2:11-13). Sin embargo, evita caer en la trampa de pensar que la enseñanza original de Jesús sobre este asunto no fue más que exageración semítica, con el significado de que «las contaminaciones del interior son más graves que las del exterior» (Banks, *Jesus*, p. 141; cf. Os 6:6). Mejor dicho, Banks sostiene que el enfoque de Jesús ni atacaba ni afirmaba la Ley, pero la movía en un nivel distinto, y expresaba «todo un nuevo entendimiento de lo que constituye o no contaminación» (Banks, *Jesus*, p. 141). Con el dicho estaba latente la abrogación, pero no más. Esta es una opinión demasiado tímida.

Las dudas de la iglesia primitiva relacionadas con las leyes sobre alimentos no son inexplicables: mucho de lo que Jesús enseñó se hizo *progresivamente* claro para la Iglesia después de la Resurrección, y de inmediato no obtuvo aprobación universal. Lo mismo se aplica a las palabras de Jesús sobre la conversión de gentiles, sobre la Gran Comisión, y sobre el momento de la Segunda Venida. Lo que se puede decir es que la enseñanza de Jesús en este pasaje (y en su análogo de Marcos) abre un enfoque totalmente nuevo hacia el asunto de la Ley. No subordina sencillamente el ritual a la moral (estas no son las categorías a las que se apela); lo que hace es descartar la tradición oral de los fariseos mientras defiende la Ley (vv. 3-6), y sin embargo insiste en que la verdadera «limpieza» es de corazón, y por eso pasa por alto algunos de los requisitos formales de la Ley.

La única manera de explicar este fenómeno es la que Mateo ya desarrolló (ver esp. 5:21-48): Jesús insiste en que la verdadera dirección en que señala la ley del AT es precisamente lo que él enseña, lo que él es y lo que él inaugura. Él ha cumplido la Ley; en consecuencia cualquier fuerza preceptiva que continúe está determinada por su relación con él, no viceversa. Es dentro de este esquema que la enseñanza de Jesús en este pasaje se anticipa teológicamente a Romanos 14:14-18; 1 Corintios 10:31; 1 Timoteo 4:4; Tito 1:15, y que históricamente se necesitó algún tiempo para que las ramificaciones de la enseñanza de Jesús se pudieran captar por completo, incluso por sus propios discípulos. Una vez más es una señal de la fidelidad de Mateo hacia los hechos históricos que no exagera la enseñanza de Jesús, y una señal de su habilidad literaria que no encuentra necesario sacar la conclusión en paréntesis de Marcos (Mr 7:19b), aunque es obvio que la comparte.

5. Se deduce que Jesús no solo rechazó a los fariseos y los maestros de la Ley como intérpretes auténticos de las Escrituras (esp. vv. 12-14) sino que final y absolutamente se asignó ese papel (cf. 5:21-48). Históricamente el conflicto entre Jesús y los intérpretes tradicionales de la Escritura se acrecentó en violencia, lo que en definitiva lo llevaría a la cruz; teológicamente las distinciones fundamentales entre una interpretación cristiana y una judía de las Escrituras se deben seguir hasta Jesús mismo.

6. Lo que preocupaba a Jesús no era tanto la forma de religión como la naturaleza humana. Quería ver al pueblo transformado y con corazones renovados (cf. 6:1-33; 12:34-35; comentarios sobre 25:31-46), porque vino a salvar a su pueblo de sus pecados (1:21).

7. *Más curaciones* (15:21-31)

a. *La mujer cananea*

15:21-28

21Partiendo de allí, Jesús se retiró a la región de Tiro y Sidón. 22Una mujer cananea de las inmediaciones salió a su encuentro, gritando:

—¡Señor, Hijo de David, ten compasión de mí! Mi hija sufre terriblemente por estar endemoniada.

23Jesús no le respondió palabra. Así que sus discípulos se acercaron a él y le rogaron:

—Despídela, porque viene detrás de nosotros gritando.

24—No fui enviado sino a las ovejas perdidas del pueblo de Israel —contestó Jesús.

25La mujer se acercó y, arrodillándose delante de él, le suplicó:

—¡Señor, ayúdame!

26Él le respondió:

—No está bien quitarles el pan a los hijos y echárselo a los perros.

27—Sí, Señor; pero hasta los perros comen las migajas que caen de la mesa de sus amos.

28—¡Mujer, qué grande es tu fe! —contestó Jesús—. Que se cumpla lo que quieres.

Y desde ese mismo momento quedó sana su hija.

No está claro cuál —si la hay— es la dependencia literaria de este pasaje en Marcos (cf. 7:24-30). (En cuanto los análisis más recientes, vea E.A. Russell, «The Canaanite

Woman and the Gospels», en Livingston, 2:263 y sig.). De mayor interés es la posición de este pasaje en los dos evangelios, que no solo registra la retirada de Jesús ante la oposición de los fariseos y maestros de la Ley (cf. 14:13) sino que contrasta el enfoque de ellos en cuanto al Mesías y el de esta mujer. Ellos pertenecían al pueblo del pacto, pero se ofendían ante la conducta de los discípulos de Jesús, que desafiaba la autoridad que tenían; además son tan carentes en entender las Escrituras que no se mostraban como plantas que el Padre celestial había plantado. Esta mujer, en cambio, es pagana, descendiente de antiguos enemigos, y sin derecho sobre el Dios del pacto. Sin embargo, se acerca al Mesías judío y con gran fe le pide gracia; y su petición le es concedida (cf. 8:5-13).

Este enfoque esencialmente cristológico hacia el pasaje es más justificable que quien ve en estos versículos guía para la iglesia judía de Mateo en las relaciones de esta con los gentiles: No podían tener acceso inmediato a la salvación, pero se hacían excepciones si había una fe profunda (Hill, *Matthew*). Esto levanta muchas interrogantes. ¿Debían los gentiles conformarse a todas las leyes judías? ¿De dónde se saca tanta información sobre la iglesia de Mateo? (cf. Introducción, sección 2). Lo que esto explica a los lectores de Mateo («iglesia» de Mateo, aunque esta designación podría dar la errada impresión de la existencia de un grupo herméticamente sellado de otras iglesias) no es qué actitud debían adoptar hacia la evangelización de los gentiles —sea de oposición o de consentimiento ocasional— sino más bien «cómo vamos de allá a acá», cómo el desarrollo de la historia redentora cambió la posición del pueblo de Dios desde los últimos conceptos del AT al total concepto cristiano. Esta historia es un paso a lo largo del camino, enfocado en la propia revelación del Mesías, en sus actitudes hacia su misión, y en su papel fundamental en la historia de la salvación. No obstante, si los lectores judeo-cristianos de Mateo quieren aprender más acerca de cuál debe ser su actitud hacia la evangelización de los gentiles, también deben leer las palabras del Jesús resucitado y glorificado después del punto culminante de su autorrevelación (28:18-20).

La peor característica de muchos intentos de crítica de redacción por reconstruir la iglesia de Mateo y sus problemas es la eliminación implícita de la historia de la salvación en que insisten los evangelios mismos, un rechazo persistente a creer que los evangelistas están interesados en escribir acerca de Jesús para explicarlo, y por tanto «cómo llegamos de allá acá», en vez de dirigirse a sus «iglesias» a partir de la perspectiva de una teología infinitamente flexible y ajustada a sus problemas. Una vez concedida la perspectiva de la historia redentora, podemos reconocer con alegría que los evangelistas incluyen material, y escriben de tal modo que probará ser de interés o utilidad (no necesariamente ambos) para sus lectores. Pero la pérdida de perspectiva histórica de la cual los evangelistas afirman escribir lleva a una distorsión innecesaria y fundamental de sus evangelios.

21 La «retirada» de Jesús (como en 2:12, 22; 4:12; 12:15; 14:13) a la región de Tiro y de Sidón, ciudades de la costa mediterránea más o menos a cincuenta y ochenta kilómetros respectivamente de Galilea. Kilpatrick (*Origins*, pp. 130 y sig.) observa el interés de Mateo en ellas (cf. 11:21-24) y sugiere que Mateo y su iglesia estaban allí, lo que es una posibilidad sin mucha evidencia. «La región de Tiro y de Sidón» (Mr 7:24,

RVR) nos lleva a preguntar si en realidad Jesús entró a la región de Tiro y de Sidón, o fue solo a la frontera (lo cual significaría que la mujer salió a su encuentro). Pero el v. 21 y Marcos 7:30 clarifican que Jesús salió de Galilea y entró en territorio pagano. Según Marcos 3:8 y Lucas 6:17, algunas multitudes habían llegado de Tiro y Sidón para que él les ayudara; pero allí apenas lo conocerían.

22 El introductorio *idou* (lit., «he aquí», RVR, no traducido en la NVI) tal vez señala la extraordinaria naturaleza de la historia. Marcos (7:26) cataloga a la mujer como «extranjera (mg., «helénica», i.e., no judía) sirofenicia de nacimiento». El uso que Mateo hace del término «cananea» muestra que no puede olvidar la ascendencia de la mujer: una descendiente de los antiguos enemigos de Israel llega ante el Mesías judío en busca de bendición. *Exeldsousa* (lit., «salió») no significa que ella dejó la región pagana para encontrar a Jesús (ver en v. 21) sino que su ascendencia estaba allá, o que ella había dejado su hogar (Lohmeyer, Bonnard). Al llamar a Jesús «Hijo de David» muestra algún reconocimiento de Jesús como el Mesías que sanaría al pueblo (vea análisis en 9:27; 12:23); «Señor» es ambiguo (vea en 8:2). En cuanto a otros casos de posesión de demonios en este evangelio, vea en 4:24; 8:16, 28, 33; 9:32; 12:22.

23-24 No es raro que estos versículos sean típicos de Mateo. Los lectores judíos de Mateo deben haber estado profundamente interesados en el milagro que estaba haciendo Jesús para ayudar a un gentil, en territorio gentil. Sin embargo, los lectores gentiles de Marcos habrían necesitado mucha explicación para que estas palabras se hubieran incluido en su evangelio. Ya antes Jesús había sanado gentiles (4:24-25; 8:5-13), pero siempre en territorio judío.

El silencio de Jesús no calma a la mujer; por tanto los discípulos le piden que detenga sus gritos persistentes (v. 23), sea que ellos quieran decir «despídela, sin ayudarla», o que supongan que está molestándolo, o molestándolos. Sin embargo, sus palabras también se podrían tomar como «despídela con su deseo concedido» (según Meyer, Benoit). En realidad solo esta interpretación tiene sentido, porque el v. 24 explica por qué Jesús no la ayuda en vez de por qué no la despide.

Bultmann (*Synoptic Tradition*, p. 155), Arens (pp. 315-19), y otros juzgan la respuesta de Jesús (v. 24) como inauténtica, en gran parte basándose en que «no fui enviado» parece de Juan, y por tanto para ellos es posterior y no auténtico. A pesar de esta similitud, la particularidad del pensamiento apoya su autenticidad, puesto que la Iglesia, aun antes de Pablo, se comprometió en la evangelización gentil y en consecuencia difícilmente se pudo haber pensado que se inventaron las palabras (cf. Jeremias, *Promise*, pp. 26-28; Bonnard; Hill). El pensamiento hace eco de 10:6, donde se usa el mismo lenguaje (lit., «las ovejas descarriadas del pueblo de Israel»). Pero hasta el capítulo diez reconoce que un día la misión de los discípulos los llevará a los gentiles (10:18). Sin embargo, esa época no es aun. Mientras tanto Jesús, haciendo la voluntad del Padre (cf. 11:27), reconoció que su propia misión era a Israel; y él se deleitaba en hacer la voluntad de quien lo envió.

O «las ovejas descarriadas del pueblo de Israel» significa «las ovejas descarriadas *entre* el pueblo de Israel» —i.e., algunos en el pueblo de Israel no están perdidos— o «las ovejas descarriadas *que son* el pueblo de Israel» —i.e., todo Israel, considerado como ovejas perdidas. Lo último es correcto, porque en la expresión idéntica en 10:6 el contraste no es entre estas ovejas perdidas y los gentiles o samaritanos. Flender (pp. 23 y sig.) yerra en la dirección opuesta, al sostener que Jesús se ve recogiendo a *todo* Israel, no solo un remanente. Pero Jesús no es ingenuo (cf. 7:13-14; 10:17-22, 34-37), porque hay una diferencia categórica entre un pueblo como objetivo y un pueblo convertido.

Entonces parece que Jesús quería que sus discípulos y la mujer cananea reconocieran «que las actividades de él se circunscribían no solo a las inevitables limitaciones de su humanidad, sino al papel específico que debía jugar durante su breve vida terrenal» (Tasker). Cierto, él era el «Hijo de David», como la mujer dijo; pero eso no le daba el derecho de disfrutar los beneficios pactados con los judíos. El Reino se les debía ofrecer primero a los judíos. La idea es que sea como dice Juan 4:22: «La salvación proviene de los judíos». La mujer samaritana, igual que esta mujer cananea, había reconocido esto, aunque llegaría una época en que la verdadera adoración trascendería tales categorías (Jn 4:23-26).

25 La mujer se arrodilló (ver en 2:2; 8:2) ante Jesús (quizá se usó el imperfecto para hacer más vívida la acción) y gritó, como solamente la madre de una hija afligida podría hacerlo: «¡Señor, ayúdame!»

26 Jesús todavía se asegura que ella capta la distinción histórica entre judíos y gentiles. El corto aforismo de Jesús supone que los «hijos» son el pueblo de Israel, y los «perros» son los gentiles. Las «migajas» (v. 27) no designan la cantidad de bendición otorgada; y menos aun la mesa se refiere a la Eucaristía (como bien dice Bonnard). El asunto es de precedencia: los hijos se alimentan *primero*.

27 La respuesta de la mujer es magistral. Reconoció: «Sí, Señor; porque hasta [no "pero hasta", NVI; cf. Notas] los perrillos comen de las migajas que caen de la mesa de sus amos». Estas dos palabras «pero hasta» revelan inmensa sabiduría y fe. Ella no expresa su respuesta como un contraataque sino como un profundo consentimiento con las implicaciones de «perros». Ella no discute que su necesidad la convierte en excepción, ni que tiene derecho a las misericordias pactadas de Israel, ni que los misteriosos caminos de elección y justicia divina son injustos. Simplemente renuncia a la mención de Jesús como «Hijo de David» y le pide ayuda; «y confía en que aunque no está sentada como invitada en la mesa del Mesías, y siendo el "perro" gentil que es, al menos se le permite recibir una migaja de las misericordias no pactadas con Dios» (Tasker; cf. Schlatter). Podría no haber significado para el uso del diminutivo «perrillos» (*kunaria*) en los vv. 26-27 (RVR), porque en el griego a menudo falta por completo el énfasis diminutivo; pero si aquí existe tal énfasis, no hace a los perros más aceptables —i.e., «perros mascotas» o «perros caseros» en contraposición a «perros salvajes»— pero aun más dependiente: i.e., los perros pequeños e indefensos comen pocas sobras de alimentos (*psijion*: igualmente diminutivo en forma). Como Pablo en Romanos 9—11, la mujer conserva el privilegio histórico de Israel por sobre toda idealización o espiritualización radical de la obra de Cristo, pero percibe que la gracia se da libremente a los gentiles.

28 La fe que simplemente busca misericordia es honrada. Jesús habla de nuevo, esta vez con emoción (cf. Notas); y la hija de la mujer sana «desde ese mismo momento». Las homilías clementitas (finales del segundo siglo) dicen que la mujer se llamaba Justa y su hija, Berenice. Pero pueden ser nombres inventados.

Notas

27 Las palabras καὶ γάρ (*kai gar*; «pero hasta») se usan aproximadamente treinta y nueve veces en el NT. En ningún otro lugar la NVI las traduce de modo adversativo («pero hasta»); y no hay justificación para hacerlo aquí. El paralelo de Marcos (Mr 7:28) presenta muchas más variantes; pero la interpretación correcta casi con seguridad omite tanto γάρ (*gar*, «porque») como ἀλλά (*alla*, «pero») a favor de un simple «Señor, hasta los perros», cuyo matiz preciso tiene un tono más ambiguo.

28 La exclamación ὦ (*jo*, «O [mujer]», omitida en D) tiene fuerza emocional (cf. BDF, par. 146 [1b], que contrasta con el uso del vocativo «mujer» sin la palabra en Lc 22:57; Jn 2:4; 4:21 et al.), como parece habitual en el griego del NT, con la excepción de Hechos, que prefiere el uso clásico (cf. Zerwick, par. 35).

---

b. *Las multitudes*

15:29-31

> ²⁹Salió Jesús de allí y llegó a orillas del mar de Galilea. Luego subió a la montaña y se sentó. ³⁰Se le acercaron grandes multitudes que llevaban cojos, ciegos, lisiados, mudos y muchos enfermos más, y los pusieron a sus pies; y él los sanó. ³¹La gente se asombraba al ver a los mudos hablar, a los lisiados recobrar la salud, a los cojos andar y a los ciegos ver. Y alababan al Dios de Israel.

Marcos 7:31-37 habla aquí de la sanación de un sordomudo; Mateo da un resumen de sanaciones de más consideración (cf. T.J. Ryan, «Matthew 15:29-31: An Overlooked Summary», *Horizons* 5, 1978, 31-42; para otros resúmenes, cf. 4:23-25; 9:35-38; 12:15-21; 14:14-36). Ryan señala los ecos de Isaías 29:18-19; 35:5-6. De consecuencias mayores es la localización geográfica. Al contrario de Bonnard, estas sanaciones y la posterior alimentación de los cuatro mil se realizó en territorio gentil; concretamente en Decápolis (ver más adelante). Jesús ya había mostrado aquí el poder del Reino (8:28-34). Por consiguiente, su renuencia a responder a la solicitud de la mujer cananea (vv. 28-28) no fue porque ella era gentil, ni porque aquel era territorio gentil (cf. 8:28-34), sino más bien a que apeló a él como Hijo de David y a que él estuvo consciente de sus propósitos principales durante su ministerio terrenal. Debido a su fe, que la llevó a apelar a la misericordia de Jesús, la mujer recibió las «migajas». Por si acaso luego alguien cree que las migajas revelan una bendición restringida para gentiles, de inmediato Mateo nos habla de la alimentación de cuatro mil gentiles. Si el dicho de Jesús acerca de hijos y perros solo muestra *prioridad* en alimentación, es difícil oponer resistencia a la conclusión de que al alimentar a los cuatro mil Jesús está mostrando que se están iniciando las bendiciones para los gentiles.

29-31 «Salió Jesús de allí» (v. 29) se refiere a la región de Tiro y Sidón (v. 21). Pero, ¿a qué (no «a lo largo», como en NIV; cf. Moule, *Idiom Book*, pp. 50 y sig.) lado del mar de Galilea fue? Si fue al oeste, estaba en la Galilea judía; si fue al este, se encontró en la Decápolis predominantemente gentil (sobre la cual, vea en 4:25). Marcos 7:30 tiene a Jesús viajando al norte desde la región de Tiro y Sidón, y luego al sur y al este hacia Decápolis en la costa sureste del lago, aun fuera de la jurisdicción de Herodes (cf. Mt 14:13). Esto lo coloca no lejos de donde había sanado a los endemoniados, y podría explicar las crecientes multitudes.

Sin embargo, todo esto depende de leer Marcos en Mateo. ¿Podría ser que a Mateo no le importara dónde estaba Jesús en este momento? No; la evidencia sugiere más bien que él lo sabe: (1) la frase «alababan al Dios de Israel» (v. 31) solamente la podrían decir de modo natural los gentiles; (2) lo apartado del lugar (v. 33) sugiere la costa oriental del lago; y (3) la cantidad de «cestas llenas de pedazos que sobraron» (v. 37) evita el simbólico «doce» (cf. 14:20). Partes de información menos importantes señalan en la misma dirección (ver más adelante).

Jesús hizo muchos milagros en el transcurso de algunos días (cf. vv. 30-32). El orden de las enfermedades varía en los mss, quizá debido en parte a errores de omisión de los copistas conocidos como homoeoteleutonia (cf. además Metzger, *Textual Commentary*, p. 40). (En cuanto a «subió a la montaña» [v. 29], vea en 5:1-2.)

8. *Alimentación de los cuatro mil*

15:32-39

[32]Jesús llamó a sus discípulos y les dijo:

—Siento compasión de esta gente porque ya llevan tres días conmigo y no tienen nada que comer. No quiero despedirlos sin comer, no sea que se desmayen por el camino.

[33]Los discípulos objetaron:

—¿Dónde podríamos conseguir en este lugar despoblado suficiente pan para dar de comer a toda esta multitud?

[34]—¿Cuántos panes tienen? —les preguntó Jesús.

—Siete, y unos pocos pescaditos.

[35]Luego mandó que la gente se sentara en el suelo. [36]Tomando los siete panes y los pescados, dio gracias, los partió y se los fue dando a los discípulos. Éstos, a su vez, los distribuyeron a la gente. [37]Todos comieron hasta quedar satisfechos. Después los discípulos recogieron siete cestas llenas de pedazos que sobraron. [38]Los que comieron eran cuatro mil hombres, sin contar a las mujeres y a los niños. [39]Después de despedir a la gente, subió Jesús a la barca y se fue a la región de Magadán.

Muchos eruditos sostienen que este milagro, descrito aquí y en Marcos 8:1-10, es una copia de la alimentación de los cinco mil, aunque hay poco acuerdo en por qué Mateo iba a incluir aquí una copia. Unos cuantos han creído que los requerimientos de un calendario litúrgico lo llevó a hacer esto, teoría esta sin evidencia considerable. Más común es la opinión de que Marcos insertó la copia para afirmar que tanto los gentiles como los judíos disfrutarán el banquete mesiánico. «La repetición de la historia sirve por ende a la teología, no a la historia» (Hill, *Matthew*).

Esto no es muy satisfactorio; porque aun si uno solo de los lectores de Marcos o Mateo se hubiera enterado de que nada más hubo una alimentación milagrosa, *y de judíos*, se habría perdido el punto acerca de los gentiles, y se habría puesto en duda la credibilidad de los dos evangelistas. Los acontecimientos ocurrieron durante la vida de muchos lectores de Mateo: estamos hablando de algunas décadas, no de siglos. Por consiguiente, la validez del punto teológico depende aquí de la credibilidad del escrito histórico. Además, tanto Marcos 8:17-19 como Mateo 16:9-11 informan que Jesús se refirió a las dos alimentaciones como ocasiones separadas. Aunque alguien rechazara la autenticidad de lo que Jesús dijo, se sostiene que los evangelistas creían en dos alimentaciones milagrosas.

Una comparación cercana de los dos milagros sólo muestra similitudes donde apenas podría haber algo más: (1) ambos se realizan en el campo; (2) en los dos aparecen panes y peces, pero estos eran alimentos comunes en la región; (3) Jesús da gracias y parte el pan, como se esperaría que lo hiciera (ver en 14:19); (4) ambos describen a los discípulos distribuyendo los alimentos, una necesidad debido a los muchos miles; y (5) ambos concluyen con un viaje en barca, pero así ocurrió con muchas otras historias localizadas cerca de Galilea, especialmente cuando Jesús desea escapar de las multitudes.

Por otra parte, las diferencias entre los dos milagros son impresionantes (cf. esp. Maier): (1) las cantidades diferentes, cinco mil y cuatro mil; (2) los escenarios distintos: costa nordeste y costa sureste de Galilea (más claro en Marcos); (3) ninguna mención de hierba en la segunda historia, lo que supone diferente estación del año; (4) distinto suministro de alimento al principio; (5) diferente cantidad de cestas de sobras, y hasta distintas palabras para «canasta»; y (6) la estadía más prolongada de la gente en el segundo milagro (15:32).

Quizá sea prudente recordar que Moisés informó acerca de dos milagros de alimentación (Éx 16; Nm 11), así como Elías (2 R 4:1-7, 38-44). La única razón admirable para tomar este relato como copia es la respuesta de los discípulos en el v. 33, y esto se explica mejor de otras maneras (más adelante).

32-33 Sobre la compasión de Jesús, vea en 9:36. Parece que su predicación y sus milagros cautivaban de tal modo a las multitudes (cf. su desbordante alabanza, v. 31) que no querían dejarlo, y él dudó en despedirlas, temiendo que muchas personas desfallecieran en el camino (v. 32). Algunos habían llegado de gran distancia (Mr 8:3). La respuesta de los discípulos no sorprende, ni es prueba suficiente de que este pasaje sea copia de la alimentación de los cinco mil, porque:

1. Tal vez los discípulos entendieron la alimentación de los cinco mil judíos como anticipación del banquete mesiánico. Sin embargo, aunque se pudieron haber preparado

para que Jesús realizara milagros de sanidad y exorcismos sobre gentiles como expresión de su misericordia y compasión, quizá aún habrían estado lejos de reconocer que los gentiles podrían participar en alguna anticipación del banquete mesiánico.

2. Según Juan 6:26, después de la alimentación de los cinco mil, Jesús reprendió a las multitudes por solo esperar alimento; y por tanto los discípulos podrían haber pensado mejor antes de sacar a colación otra vez el tema.

3. Además, no debemos perder de vista la enorme capacidad humana para la incredulidad. Después de esta enseñanza, haya sido o no una copia de la alimentación de los cinco mil, los discípulos malinterpretaron por completo uno de los enigmáticos dichos de Jesús debido a que no entendieron que quienes estaban con Jesús nunca tendrían hambre (16:5-12).

34-39 Aquí en el v. 36 se usa el verbo *eujaristeo* («doy gracias»), no *eulogeo* (lit., «bendigo»), como en 14:19, aunque no hay diferencia sustancial en significado. Las *suyridas* («canastas») eran de juncos entretejidos y se utilizaban para peces u otros alimentos (cf. *kofinous* en 14:20). A.E.J. Rawlinson (*The Gospel According to St. Mark*, 5th ed., Methuen, Londres, 1942, p. 87) cita a Juvenal anunciando que, al menos en Roma, los judíos usaban comúnmente *kofinous* para cargar comida kosher. De ser así, el uso de *spyridas* en este entorno podría sugerir que ni el escenario ni la gente eran judíos.

Si la cantidad de canastas de sobras en 14:20 es simbólica, es difícil ver por qué aquí las siete canastas (v. 37) no son simbólicas (ver en vv. 29-31). El número siete podría ser importante debido a que no es doce, y por tanto no alude a los doce apóstoles ni a las doce tribus. Esto parece más sensato que ver una alusión a los siete diáconos (Hch 6:1-6; según Lohmeyer), opinión anacrónica que no tiene en cuenta que: (1) a los siete en Hechos no se les llama explícitamente diáconos; (2) la iglesia era entonces totalmente judía; y (3) los doce apóstoles ejercían una supervisión general. Casi no es posible que las siete canastas representen la plenitud del pueblo de Dios que ahora era tocado por el poder de Jesús, mientras que las doce canastas hacen alusión a Israel; pero lo sorprendente de esta opinión es que la audiencia aquí según parece no estaba compuesta de judíos y gentiles, sino solo de gentiles.

Como pasó antes, *joi esdsiontes* («los que comieron», v. 38; sobre el tiempo verbal, cf. Zerwick, par. 291) están todos satisfechos, y solamente se cuenta a los hombres. Toda la multitud podría haber sobrepasado los diez mil.

La región de Magadán (v. 39; cf. Notas) es desconocida. Tanto Marcos como Mateo hablan ahora de un conflicto con los fariseos y los saduceos (16:1-4). Si esto ocurrió cuando Jesús y los discípulos llegaron a tierra, debió haber sido en territorio judío, quizá en las costas orientales de Galilea.

Notas

---

39 Mr 8:10 tiene τὰ μέρη Δαλμανουθά (*ta mére Dalmanoudsá*, «la región de Dalmanuta»); pero no sabemos dónde se encuentra. La incertidumbre del emplazamiento de Μαγαδάν

(*Magadán*) ha motivado varias variantes textuales, incluso Μαγδαλάν (*Magdalán*) y Μαγδαλά (*Magdalá*), a la cual pudo haber influido una palabra semítica para «torre» (heb. מִגְדָּל [*migdal*]; aram. מִגְדְּלָא [*migdelá*]).

---

9. *Otra demanda de señal*

16:1-4

¹Los fariseos y los saduceos se acercaron a Jesús y, para ponerlo a prueba, le pidieron que les mostrara una señal del cielo. ²Él les contestó: «Al atardecer, ustedes dicen que hará buen tiempo porque el cielo está rojizo, ³y por la mañana, que habrá tempestad porque el cielo está nublado y amenazante. Ustedes saben discernir el aspecto del cielo, pero no las señales de los tiempos. ⁴Esta generación malvada y adúltera busca una señal milagrosa, pero no se le dará más señal que la de Jonás.» Entonces Jesús los dejó y se fue.

Sin duda hubo muchas peticiones de señales (vea en 12:38-40), como habría continuado después de la Resurrección y la ascensión de Jesús (1 Co 1:22-24). Además, los predicadores itinerantes creaban respuestas estándares para preguntas estándares. Sin embargo, este pasaje (cf. Mr 8:11-13) tiene un lugar importante en la narración. Jesús acababa de regresar a territorio judío cuando surge de nuevo la oposición de los líderes judíos. Esto hace que salga de la región una vez más, atraviese el lago, y se dirija al norte, hacia Cesarea de Filipo (v. 13). Allí, estando en el centro del territorio gentil por la providencia de Dios, Pedro hace la gran confesión de que Jesús es el Mesías (v. 16).

1 El único artículo en *joi farisaioi kai Saddoukaioi* («los fariseos y saduceos») supone que actuaban juntos. Ya que los dos grupos a menudo estaban teológica y políticamente en desacuerdo, muchos creen improbable tal acción unida. Además la ortodoxia crítica data este evangelio más o menos en el 85 d.C., época en que los saduceos, íntimamente relacionados con Jerusalén y el Templo, destruido en el 70 d.C., ya no existían como fuerza coherente. Por eso muchos creen que debido a que solo fariseos dominaban en el judaísmo de la época, esta referencia a los saduceos solo supone que Mateo recordaba vagamente a todo el judaísmo oficial que se oponía a Jesús.

Es posible un mejor enfoque:

1. Es precario identificar, sin remanentes, a los fariseos de la época de Jesús y a los rabinos del 85 d.C. (cf. Introducción, sección 11.f); además, los saduceos no continuaron como grupo con verdadera influencia después del 70 d.C. El uso que Mateo hace de estos términos se podría tomar por tanto como evidencia de exactitud histórica en el contexto anterior del 70 d.C., y no como una incoherencia.

2. La Introducción ya ha cuestionado la ortodoxia crítica relacionada con la fecha y el escenario del Evangelio de Mateo. No se debe suponer a la ligera una fecha en la

novena década. Superada esa barrera, las referencias a los saduceos en los evangelios sinópticos se pueden tomar como apoyo a la exactitud de los evangelistas. Si no se hubiera mencionado a los saduceos, ¿no habrían surgido dudas sobre lo cerca que estaban los evangelistas de lo que estaban escribiendo? ¿Por qué entonces no reconocer que mencionarlos refuerza la credibilidad de los evangelistas? Si los saduceos no aparecen más a menudo se debe a que era un grupo pequeño, e íntimamente ligado con Jerusalén, a mucha distancia de donde Jesús ejerció por mucho tiempo su ministerio. En realidad la controversia entre Jesús y los saduceos, registrada en 22:23-24; Marcos 12:18; Lucas 20:27, se da en el sur, donde también se menciona con más frecuencia a «sacerdotes» y «sumos sacerdotes», exactamente como se esperaría de un historiador preciso.

3. Las demás referencias a los saduceos en los evangelios están todas en Mateo (3:7; 16:1, 6, 11, 12), exactamente como se podría esperar de un escritor que a menudo confía en el entendimiento de sus lectores judíos.

4. Los fariseos y saduceos se mencionan juntos porque representan al Concilio (Sanedrín), que incluía ambos grupos (cf. Hch 23:6), o porque un oponente común transforma a los enemigos en amigos (cf. Lc 23:12; cf. Sal 2:2). Además, Mateo distingue a los dos grupos en otras partes (22:33-34; vea Introducción, sección 11.f).

Estos hombres llegaron ante Jesús para «ponerlo a prueba» (ver en 4:1, 7; cf. 19:3; 22:18, 35), pidiendo que les mostrara «una señal del cielo» (ver en 12:38).

2-3 Las palabras de Jesús en los vv. 2-3 están omitidas por un grupo pequeño pero importante de testigos. Jerónimo informa que la mayoría de los mss. conocidos por él las omiten; y muchos eruditos las consideran una asimilación a Lucas 12:54-56. Pero si así fuera, uno se preguntaría por qué la redacción no es más parecida. Lagrange, Metzger (*Textual Commentary*, p. 41), y otros dan por sentado que las palabras son originales, pero que fueron extraídas de algunos mss. por escribas que vivían en climas como el de Egipto, donde un cielo rojizo en la mañana (v. 3) no presagia lluvia. La evidencia más bien está equilibrada con precisión, y lo mejor quizá es incluirlas. De ser así, el punto de Jesús es bastante claro: los fariseos y saduceos pueden leer las «señales» que predicen el clima, pero no saben discernir «las señales de los tiempos» que ya están ocurriendo. Aquí estas «señales de los tiempos» no señalan al futuro, ni (contr. Hoekema, p. 133) a lo que Dios ha hecho en el pasado. En cambio, testifican de Jesús y del Reino que ahora amanece (cf. 11:4-6; 12:28). ¡La prueba de que ellos no pueden discernir las «señales» es que piden una señal! (v. 1). Para quienes tienen ojos y pueden ver, las «señales de los tiempos», no la clase de «señal» que los fariseos y saduceos exigían, ya eran abundantes.

4 Pero si se exigía una señal definitiva, no se daría ninguna otra que la de Jonás (ver en 12:39). Marcos 8:12 no es excepción. En un sentido ambos evangelistas tienen razón, porque los judíos no habrían reconocido a Jonás como la clase de señal que buscaban (por tanto no había excepción, Marcos), aun cuando esa era la única señal definitiva que Jesús permitiría (por tanto había una excepción, Mateo). Para exposición, vea en 12:38-42.

Marcos también dice que Jesús suspiró: las controversias eran agotadoras. Jesús deja a sus oponentes y se retira en barca a la otra orilla del lago (v. 5) y se dirige al norte (v. 13). Pero su retirada es emocional y judicial a la vez que geográfica.

10. *Levadura de los fariseos y saduceos*

16:5-12

⁵Cruzaron el lago, pero a los discípulos se les había olvidado llevar pan.

⁶—Tengan cuidado —les advirtió Jesús—; eviten la levadura de los fariseos y de los saduceos.

⁷Ellos comentaban entre sí: «Lo dice porque no trajimos pan.» ⁸Al darse cuenta de esto, Jesús les recriminó:

—Hombres de poca fe, ¿por qué están hablando de que no tienen pan? ⁹¿Todavía no entienden? ¿No recuerdan los cinco panes para los cinco mil, y el número de canastas que recogieron? ¹⁰Ni los siete panes para los cuatro mil, y el número de cestas que recogieron? ¹¹¿Cómo es que no entienden que no hablaba yo del pan sino de tener cuidado de la levadura de fariseos y saduceos?

¹²Entonces comprendieron que no les decía que se cuidaran de la levadura del pan sino de la enseñanza de los fariseos y de los saduceos.

Esta es la última y más importante salida de Jesús de Galilea antes de su viaje final al sur (19:1), y continúa en 17:20. Una comparación de cerca de estos versículos con Marcos 8:13-21 muestra diferencias importantes. En particular, (1) Mateo omite Marcos 8:17b-18; (2) Mateo 16:9-11a se abrevia y reordena Marcos 8:19-21; (3) Mateo añade 16:11b-12; y (4) Mateo se refiere a la levadura de los fariseos y saduceos, pero Marcos a la levadura de los fariseos y Herodes.

¿Qué hacemos con estas diferencias? Algunos escritores (Barth, en Bornkamm [*Tradition*, pp. 114-16]; Strecker [*Weg*, p. 193]; Zimstein [p. 203]) sostienen que Mateo minimiza la falta de entendimiento de los discípulos, muy pronunciada en Marcos, y separa entendimiento de fe (ver en 13:10-15). Aunque las diferencias no se deben minimizar, la pregunta es: ¿qué las motiva?

La motivación teológica de tendencia única sostenida por muchos es reduccionista, en que aparentemente se deben sopesar numerosos factores.

1. Los comentaristas sobre Marcos se quejan de que a Marcos 8:13-21 le falta cohesión o que es verboso. En parte Mateo, como de costumbre, tan solo está reforzando las cosas y condensando su fuente.

2. Mateo 16:9 aún es muy negativo: los discípulos no entienden (un verbo no más débil que el que vemos en Marcos 8:17-18).

3. Cuando finalmente entienden (v. 12), lo hacen como resultado de la explicación de Jesús: como en el caso de las parábolas (13:36-43; 15:15-16). Los discípulos están *comenzando* a comprender (Trotter), exactamente como podríamos esperar de su posición en la historia de la salvación.

4. Lejos de abrir una brecha entre la fe y el entendimiento, lo que les dice en los vv. 8-9a los vincula. Sin embargo, la fe en Cristo se convierte en prerrequisito para

comprender la observación de Jesús (cf. comentarios en 13:34-35). Esto hace explícito lo que en Marcos simplemente es implícito.

5. Los énfasis característicos de Mateo, al compararlos con Marcos, son dos: primero, Mateo lleva la historia al punto en que los discípulos logran algo de entendimiento, mientras Marcos deja pendiente el resultado. Esta conclusión redondeada es típica de Mateo (ver en 15:20). Segundo, Jesús especifica en Mateo que la metáfora de la «levadura» se refiere a la enseñanza de los fariseos y saduceos, mientras en Marcos se extiende a Herodes, pero no se explica. Del contexto de Marcos podemos deducir que levadura se refiere a «la disposición de creer solo si se producen las señales que fuerzan la fe» (Lane, *Mark*, p. 281), demostrada por los fariseos en el pasaje precedente, y por Herodes un poco antes (Mt 14:1-2; Mr 6:14). Quizá Mateo no sea muy diferente. Sin duda Jesús no les dice a sus discípulos que se cuiden de *toda* la enseñanza de los fariseos y los saduceos. Estos dos grupos no siempre estaban de acuerdo; y Jesús puede estar con los saduceos contra los fariseos en cuanto a la autoridad de la Halajá (reglas de conducta derivadas de interpretaciones de las Escrituras, conservadas en tradición oral) y con los fariseos contra los saduceos en cuanto a la Resurrección (22:23-33). La «enseñanza de los fariseos y saduceos» a la cual se refiere Jesús (vv. 5-12), por ende, es una actitud de incredulidad hacia la revelación divina que no podía percibir que Jesús es el Mesías (vv. 1-4) pero que intentaba controlar y dominar al Mesías que afirmaban esperar. Los discípulos están para evitar eso. De ahí que el próximo pasaje (vv. 13-20) sea muy importante: Pedro hace la confesión de que Jesús es el Mesías, no en base a señales manipuladoras, sino por revelación del Padre.

5-7 El escenario podría ser la barca en que Jesús y sus discípulos atraviesan el lago (v. 5; Notas). La conversación revela las actitudes contrastantes de Jesús y sus discípulos: él aún está pensando en la perversidad de los fariseos y saduceos (vv. 1-4), y los discípulos están pensando en los alimentos (15:29-38) que habían olvidado llevar. Marcos 8:14 dice que solo habían llevado un pan. (Para «fariseos y saduceos» gobernados por un artículo, ver en v. 1).

«Levadura» (v. 6) era un símbolo común para el mal (ver en 13:33) y por tanto se podía aplicar a diferentes clases de maldad (e.g., Lc 12:1; cf. Éx 34:25; Lv 2:11; 1 Co 5:6-8), pero siempre con la idea de que un poco podía tener un efecto trascendental e insidioso. Los discípulos no entienden lo que Jesús está diciendo, pero hallan enigmáticas sus palabras y las analizan (v. 7).

8-12 Puesto que los discípulos eran hombres de poca fe (v. 8; cf. 6:30; 8:26; 14:31), llegaron a una conclusión poco imaginativa (v. 7; cf. Notas). Jesús no pudo haber estado hablando de pan porque ya había mostrado su poder para proveer todo el pan que ellos necesitaban (vv. 9-10; cf. 14:13-21; 15:32-39). Él había realizado dos «alimentaciones» milagrosas, y en cada ocasión hubo canastas llenas de sobras.

La queja de Jesús (v. 11) contra los discípulos se profundiza. Él ya había denunciado a los fariseos y saduceos por su «enseñanza» particular que exigía señales manipuladoras en vez de creer en la abundante evidencia ya suministrada. Y ahora los discípulos están peligrosamente cerca de la misma incredulidad en la persona y los milagros de Jesús. Los milagros que él realiza, a diferencia de las señales que los fariseos exigían, no imponen la fe; pero aquellos con fe percibirán su significado. Además, es sencillamente posible que Jesús estuviera pidiendo a sus discípulos que reconocieran el significado simbólico en los números de canastas de sobras, reiterado aquí (vea en 14:20; 15:37). Jesús es el Mesías que extiende recompensas e invita tanto a las doce tribus de Israel como a los gentiles a su banquete mesiánico. Pero sea válida esta opinión o no, la crítica de Jesús a sus discípulos fue fuerte.

En vez de explicar el significado de su metáfora de la levadura, Jesús la repite tanto en Mateo como en Marcos. Esto sugiere que, al ser el gran maestro que es, está tratando de entrenar a sus discípulos a pensar profundamente en la revelación que está dando, y no se contenta con darles de comer en la boca. Solamente Mateo da la interpretación (v. 12); Marcos la deja al discernimiento del lector (pero cf. Mt 15:19-20 y Mr 7:19).

Notas

---

5   NASB (et al.) maneja los tiempos con poca elegancia: «Los discípulos llegaron al otro lado y habían olvidado llevar pan». Έρχομαι (érjomai) quizá signifique «vengo» y también «voy», y su participio verbal ελθόντες (eldsóntes) puede indicar acción antecedente a («habiendo venido», «habiendo ido»), o coordinada con («venir», «ir») el verbo principal. «Llegando sus discípulos … habían olvidado» (RVR) es coherente y traduce con exactitud el verbo.

7   El ὅτι (jóti) podría ser (1) recitativo: los discípulos dijeron: «No trajimos pan»; (2) causal: los discípulos dijeron: «[Es] porque no trajimos pan»; o (3) una forma abreviada de τί ἐστιν ὅτι (ti estin jóti), introduciendo una pregunta: «¿Por qué no trajimos pan?» A la luz del v. 7a, donde los discípulos discuten entre ellos la enigmática expresión de Jesús, la segunda opción debe tener preferencia.

---

11. *Confesión que Pedro hace referente a Jesús y sus consecuencias* (16:13-23)

a. *La confesión*

16:13-20

13Cuando llegó a la región de Cesarea de Filipo, Jesús preguntó a sus discípulos:

—¿Quién dice la gente que es el Hijo del hombre?

Le respondieron:

14—Unos dicen que es Juan el Bautista, otros que Elías, y otros que Jeremías o uno de los profetas.

15—Y ustedes, ¿quién dicen que soy yo?

16—Tú eres el Cristo, el Hijo del Dios viviente —afirmó Simón Pedro.

¹⁷—Dichoso tú, Simón, hijo de Jonás —le dijo Jesús—, porque eso no te lo reveló ningún mortal, sino mi Padre que está en el cielo. ¹⁸Yo te digo que tú eres Pedro, y sobre esta piedra edificaré mi iglesia, y las puertas del reino de la muerte no prevalecerán contra ella. ¹⁹Te daré las llaves del reino de los cielos; todo lo que ates en la tierra quedará atado en el cielo, y todo lo que desates en la tierra quedará desatado en el cielo.

²⁰Luego les ordenó a sus discípulos que no dijeran a nadie que él era el Cristo.

En términos generales, Mateo y Marcos tratan de modo parecido la confesión de Pedro. Los tres sinópticos (cf. Mr 8:27-30; Lc 9:18-21) la siguieron de inmediato con la predicción de los sufrimientos de Jesús, un tema que Mateo desarrolla (17:12, 22-23; 20:17-19). (Para cuestiones de estructura, vea en v. 21 e Introducción, sección 14.)

Son complicadas las conexiones entre este pasaje clave y el resto de Mateo. Algunas ya se han tratado (cf. en vv. 5-12). Pedro reconoce a Jesús como el Mesías por revelación, no por señales que el apóstol dicta y usa para manipular al Mesías. Que Jesús es el Mesías lleva inexorablemente a su propia revelación como el Mesías sufriente (vv. 21-22), un tema anticipado antes (ver en 8:17; 10:24-25; 12:15-21). Además el sufrimiento del Siervo no solo es redentor (20:28) sino ejemplar (16:24-26). Por ende, la cuarta disertación (18:3-35) se basa en cristología.

El papel de Pedro en este pasaje se ha analizado centenares de veces, y más abajo se discute más. Ante el riesgo de excesiva simplificación podríamos clasificar en dos grupos las posiciones defendidas en este siglo. El primero piensa en Pedro como un discípulo «típico» que habla por los demás discípulos, quienes a su vez representan a todos los creyentes. Por tanto, todo lo que dice acerca de Pedro se convierte en una lección para todos los cristianos (e.g., R. Walker, p. 118; Strecker, *Weg*, p. 205). El segundo grupo ve de algún modo a Pedro como único: este se convierte en una clase de supremo rabí sobre quien Jesús levanta su Iglesia, un rabí que garantiza y transmite las tradiciones de Jesús en la iglesia de Mateo (cf. esp. Hummel, pp. 59 y sig.; Paul Hoffmann, «Der Petrus-Primat im Matthäusevangelium» en Gnilka, *Neues Testament*, pp. 94-114; C. Kähler, "Zur Form- und Traditionsgeschichte von Matth.xvi. 17-19", NTS 23, 1977, 36-58).

En un equilibrado ensayo, J.D. Kingsbury («The Figure of Peter in Matthew's Gospel as a Theological Problem», JBL 98, 1979, 67-83) ha mostrado cómo ambas alternativas distorsionan el texto. La segunda no se mantiene: el Evangelio de Mateo insiste en que solo a Jesús se le llama Rabí (23:8, 10) y que después de su resurrección él mismo permanecerá con sus discípulos hasta el fin de los tiempos (28:20; cf. 18:20). Además, si a Pedro se le da poder para atar y desatar, también se le da a la Iglesia (18:18); y todos los seguidores de Jesús deben involucrarse en discipular y enseñar a las naciones (28:18-19). Pero la primera opinión también es simplista. Mateo 16:16-17 es intensamente personal, no sólo típico. Cualquiera que sea el significado preciso de estos versículos, Mateo presenta a Pedro como el «primer» discípulo en ser llamado (4:18-29; 10:2-4), y ahora el primero en entender de veras que Jesús es el Mesías prometido, el Hijo de Dios. De modo que estos pasajes honran su «primacía de salvación e historia» (expresión de Kingsbury), y nosotros no debemos hacer menos.

En cuanto a los problemas relacionados con la autenticidad de los vv. 17-19, vea más adelante.

13 Cesarea de Filipo fue edificada por Herodes Felipe el tetrarca (cf. 2:20, 22), quien agrandó un pequeño pueblo sobre una planicie a cuatrocientos metros por sobre el nivel del mar en la base del monte Hermón, y le dio el nuevo nombre en honor de César, «Filipo» se le agregó para distinguirlo de la ciudad costera con el mismo nombre. Yace cuarenta kilómetros al norte de Galilea; el monte Hermón coronado de nieve se puede ver en un día claro desde distancias tan lejanas como Nazaret, donde se crió Jesús. Los habitantes eran en buena parte gentiles. Aunque Jesús ejerció aquí algún amplio ministerio (17:14; cf. Mr 8:34), principalmente se dio él mismo a los doce. Mateo omite los detalles casuales de Marcos (Mr 8:27).

En Marcos y Lucas la pregunta de Jesús omite el «Hijo del hombre»: «¿Quién dice la gente que soy yo?» (En cuanto al título, vea el excursus sobre 8:29.) Esta clara autodesignación debió haber sido ambigua de algún modo, o si no la pregunta de Jesús hubiese sido necia. Es incierto qué forma de la pregunta sea la original. Pero que solo Jesús usa el título en los evangelios, y que puede servir como una autodesignación con algún significado mesiánico ambiguo, favorece el punto de vista de que Mateo es original, mientras Marcos y Lucas conservan la autodesignación («Yo»), pero borran el título por temor de que sus lectores que no son judíos, que han aprendido a ver importancia mesiánica en él pero no en la autodesignación de Jesús, creyeran que la pregunta es extraña.

14 La opinión sobre la identidad de Jesús estaba dividida. Algunos pensaban que era Juan el Bautista resucitado: opinión de Herodes Antipas (14:2). Quienes pensaban que era Elías lo veían como precursor de un Mesías que aún habría de venir (ver en 3:1-3; 11:9-10; 17:10-13; Mal 4:5-6). Solo Mateo menciona a Jeremías, el primero de los llamados profetas posteriores en el canon hebreo (cf. 27:9). Allí podría haber habido tradiciones judías acerca de la muerte de Jeremías que apoyaran esta identificación (cf. 2 Mac 2:1-12; 15:14-15); y es posible que a algunos espectadores les hubiera impresionado la mezcla de autoridad y sufrimiento características del ministerio de Jesús y ejemplificadas muy bien por Jeremías (Bonnard). J. Carmignac («Pourquoi Jérémie est-il mentionné en Matthieu 16,14?», *Tradition und Glaube*, ed. G. Jeremias et al., Vandenhoeck und Ruprecht, Göttingen, 1971, pp. 283-98) sugiere que Jesús, igual que Jeremías, debió haber parecido a muchos un profeta de condenación debido a su pronóstico negativo para Israel.

«Uno de los profetas» testifica la diversidad de expectativas escatológicas en la época de Jesús, y algunas personas esperaban una larga serie de precursores proféticos. Sin embargo, ningún grupo confesaba de manera amplia y sopesada a Jesús como Mesías. Quizá anomalías como 9:27; 15:22 se consideraban extravagantes estratagemas usadas por individuos desesperados, no de manera malintencionada, sino con la profunda esperanza de que se suplieran sus propias necesidades. Lo que debemos reconocer es que la confesión cristológica no fue arreglada de antemano. Era posible dirigirse a Jesús con un título mesiánico pero sin convicción total, o sosteniendo aun grandes ideas falsas acerca de la naturaleza en su condición mesiánica, y por consiguiente quedarse cortos en lealtad incondicional o en confesión categórica. Si Pedro tenía alguna idea falsa (vv. 21-23), ¿cuántas ideas falsas más habría en los discípulos fuera de los doce? Por tanto, las confesiones como las de 9:27; 15:22 tal vez no sean muy sorprendentes.

15-16 «Ustedes» es enfático y plural (v. 15). En consecuencia, al menos en parte, Pedro sirve de vocero de los doce (como a menudo lo hace: cf. 15:15-16; 19:25-28; 26:40; Mr 11:20-22; Lc 12:41; Jn 6:67-79; cf. Hch 2:37-38; 5:29). La confesión de Pedro (v. 16) es directa: «Tú eres el Cristo» (Marcos); «El Cristo de Dios» (Lucas); «Tú eres el Cristo, el Hijo del Dios viviente» (Mateo). (Para comentarios relacionados con Mesías = Cristo, vaya a 1:1.)

La mayoría de las opiniones tienen «el Hijo del Dios viviente» como redacción mateana, un tipo de glosa explicativa. Sin embargo, esto podría ser prematuro. Ben F. Meyer (pp. 189-91) ha dado buenas razones para aceptar la forma de Mateo como auténtica: (1) explica mejor el origen de las demás formas, no solo en Marcos y Lucas, sino también «el Santo de Dios» en Juan 6:69, de lo que hace el «tú eres el Cristo» de Marcos; (2) «Hijo de Dios» muy bien podría haber tenido importancia mesiánica en la mente de Pedro (ver en 3:17; 11:27; 14:33), aunque llegó a señalar divinidad (Bonnard; cf. exposición sobre «Hijo del hombre» en 8:20); y (3) otros detalles en este pasaje apoyan la prioridad de Mateo (ver en vv. 17-19). Guthrie (*NT Theology*, pp. 305 y sig.) nos recuerda que debido a que los demás escritores de los sinópticos registran la aplicación de «Hijo de Dios» a Jesús en otros contextos, aquí no es intrínsecamente improbable.

17-19 Muchos eruditos dudan de la autenticidad de estos versículos debido a que no aparecen en Marcos y Lucas. Podemos observar que además de las posiciones que simplemente niegan que estas palabras sean auténticas (e.g., Bultmann, *NT Theology*, 1:45; J. Kahmann, «Die Verheissung an Petrus», en Didier, pp. 261-80), existen opciones más complicadas. O. Cullmann (*Peter: Disciple-Apostle-Martyr*, SCM, Londres, 1953, pp. 158-70) sostiene que el *enunciado* es auténtico, pero no el *escenario*, el cual originalmente se presenta durante el período de la Pasión, en algún lugar como Lucas 22:31-38. R.E. Brown et al. (*Peter*, pp. 85 y sig.) aduce que el origen de este dicho yace en alguna tradición sobre la Resurrección. Además, hace poco Max Wilcox («Peter and the Rock: A Fresh Look at Matthew xvi. 17-19», NTS 22, 1976, 73-88) sostuvo que estos versículos surgen de algún vínculo eclesiástico de Jesús como el Hijo con la «piedra rechazada» y testimonios (Sal 118:22-23; Is 8:14; 28:16), y que la posibilidad de unir «piedra» al nombre de Pedro motivó la transferencia de esta categoría de Jesús a Pedro. La ortodoxia crítica coincide en buena parte que «iglesia» es un anacronismo; que la omisión de la palabra «esto» en el texto griego del v. 17 sugiere que las palabras no estaban originalmente aquí (Cullmann); y que expresiones como «bienaventurado», «mi Padre», y «en el cielo» son característicamente de Mateo, y por consiguiente tal vez no verosímiles.

Sin embargo, B.F. Meyer (pp. 185-97) ha organizado una detallada defensa de la autenticidad de los vv. 17-19. Algunos de sus puntos, más uno o dos más, se incluyen más adelante.

1. «Bienaventurado» («dichoso», NVI) no es exclusivo de Mateo; y «mi Padre que está en el cielo» no menoscaba la autenticidad de estas palabras más que la de la línea de apertura del padrenuestro (6:9). Esto es así en cualquier punto de vista de la relación entre 6:9-13 y Lucas 11:2-4, puesto que una formulación redactada no dice nada de la autenticidad, a menos que estemos pensando solo desde el punto de vista de *ipsissima verba*, no de *ipsissima vox*.

2. La omisión de «esto» del griego en el v. 17 no prueba que el dicho fue sacado de algún otro lugar. Los verbos transitivos griegos omiten a menudo el objeto directo donde es obvio. El verbo en cuestión, *apokalupto* («yo revelo»), se usa de modo transitivo siete veces más en el NT. Tres de estas se necesitan para clarificar la inclusión del objeto directo. De las cuatro restantes (11:27; Lc 10:22; 1 Co 2:10; Flp 3:15), donde el significado es tan claro que no se debe incluir objeto directo, solo una de las cuatro lo tiene (concretamente, Flp 3:15). Mateo 16:17 cae dentro del uso mayoritario.

3. El uso de «iglesia» no es anacrónico: vea en v. 18.

4. B.F. Meyer (pp. 189 y sig.) adelanta buenas razones para dudar de la prioridad de Marcos en este pasaje, pero señala correctamente que aunque Mateo depende de Marcos, este no dice nada acerca del valor histórico de la redacción de Mateo (pp. 71 y sig.; cf. Introducción, secciones 1-3).

5. El verbo «revelar» tiene sus vínculos más estrechos, no con cualquier texto de la Resurrección, sino con 11:25, donde, como en 16:17, «que el Padre revele es correlativo a la percepción de la fe, y la correlación entre "revelación y fe" está puesta en el presente del ministerio» Algo parecido se puede decir de la siguiente analogía más cercana, es decir, 11:27.

17 En cuanto a «dichoso», vea en 5:3. Jesús es el «Hijo del Dios viviente» (v. 16); Pedro es el «hijo de Jonás» (cf. Notas). Sin embargo, el Padre de Jesús ha revelado a Pedro la verdad que acaba de confesar. En realidad, nadie conoce al Hijo excepto el Padre (11:27; cf. Jn 6:44), quien ahora ha tenido la deferencia de revelar su identidad a Pedro. Tal conocimiento no se pudo haber originado en «carne y sangre»… una expresión judía para referirse al hombre como ser mortal (cf. 1 Co 15:50; Ga 1:16; Ef 6:12; Heb 2:14; cf. Eclo 14:18; 17:31). No debemos ni minimizar ni exagerar esta revelación del Padre a Pedro. Iguales confesiones hechas por otros no necesariamente suscitan similares conclusiones teológicas (e.g., 21:9; 27:54); de ahí que la confesión de Pedro suponga una apreciación más profunda recibida de parte de Dios que esas otras confesiones.

Por otra parte, no debemos suponer que la idea de que Jesús era Mesías estaba entrando aquí por primera vez en las mentes de los apóstoles. De ser así, los más íntimos discípulos de Jesús eran marcadamente obtusos (e.g., ver en 5:17-48; 7:21-23; 11:2-6). Con seguridad el testimonio de Juan es sensato: los discípulos comenzaron a seguir a Jesús con la esperanza de que era el Mesías (Jn 1:41, 45, 49). Pero su comprensión de la naturaleza de la condición mesiánica de Jesús estaba obstruida por las propias expectativas de ellos (vea en 16:21-23); y no llegaron a un entendimiento «cristiano» total hasta después de la Resurrección. Este versículo marca una etapa crucial a lo largo de ese crecimiento en comprensión y en fe. Parcial como era

(16:21-23), el firme entendimiento de Pedro de que Jesús es el Mesías lo distingue de la incertidumbre y confusión de la multitud, y solo podía ser el resultado de la revelación del Padre. En realidad, la profundidad de la convicción de Pedro fue simultáneamente lo que hizo que la mención del sufrimiento y la muerte de Jesús fuera difícil de integrar y evitó más deserciones cuando la persona que confesaron como Mesías murió en una cruz romana.

18 *Yo te digo…*: Weiss ve un contraste entre Jesús y su Padre, como si Jesús estuviera diciendo: «Así como el *Padre* te reveló algo, y por consiguiente te honró, ahora *yo* hago lo mismo». Sin embargo, la fórmula es muy común en lugares sin tal contraste, y tal vez sea una sutileza que carece de base. Las palabras simplemente señalan a lo que está llegando.

Que tú eres Pedro…: El arameo subyacente *kefa* («Cefas» en Jn 1:42; 1 Co 15:5; Ga 1:18 et al.) era un nombre aceptado en la época de Jesús (ver en 4:18). Aunque B.F. Meyer (pp. 186-87) insiste en que Jesús puso a Simón el nombre Cefas en este punto, Cristo simplemente hizo un juego de palabras con el nombre (4:18; 10:2; Mr 3:16; Jn 1:42). Pero Meyer tiene razón en poner la atención en los temas «roca» sobre la cual se basa el nombre Cefas (pp. 185-86, 194-95), temas relacionados con el mundo de los muertos y el Templo (y por tanto suscitan imágenes de «puertas del Hades» e «iglesia»; vea más adelante). El griego *Kefas* («Cefas») translitera el arameo, y *Petros* («Pedro») es la traducción griega más aproximada. Es infundado el razonamiento de P. Lampe («Das Spiel mit dem Petrusnamen—Matt.xvi. 18», NTS 25, 1979, 227-45), de que tanto *kefa* como *petros* se referían originalmente a una «piedrita», y no a una «roca» (sobre la cual se podría construir algo), hasta que los cristianos extendieron el término para explicar el enigma del nombre de Simón. Es verdad que por lo general el griego *petros* en la literatura precristiana significa «piedra»; pero el arameo *kepa*, del cual proviene el griego, significa «roca (enorme)» (cf. H. Clavier, *"Πέτρος καὶ πέτρα", Neutestamentliche Studien*, ed. W. Estester, Alfred Töpelmann, Berlín, 1957, pp. 101-3).

Y sobre esta piedra… Ahora «roca» se convierte en *petra* (femenino); y partiendo de la base de que la diferencia entre *petros* (más arriba) y *petra* (aquí), muchos han intentado evitar la identificación de Pedro como la roca sobre la cual Jesús levanta su Iglesia. Pedro es una simple «piedra», se presume; pero Jesús mismo es la «roca», como Pedro lo atestigua (1 P 2:5-8) (según, entre otros, Lenski, Gander, Walvoord). Otros adoptan alguna otra distinción: e.g., «sobre esta roca de verdad revelada —la verdad que acabas de confesar— edificaré mi Iglesia» (Allen). Sin embargo, si no fuera por las reacciones protestantes contra los extremos de la interpretación católica romana, no es seguro si muchos hubiesen tomado la «roca» como algo o alguien que no fuera Pedro.

1. Aunque es cierto que *petros* y *petra* pueden significar «piedra» y «roca» respectivamente en griego antiguo, la distinción en buena parte se limita a la poesía. Además, el arameo subyacente en este caso es indiscutible; y lo más probable es que en ambos casos se usara *kepa* («tú eres *kepa*, y sobre esta *kepa*»), puesto que la palabra se usaba tanto para un nombre como para una «roca». El *peshitta* (escrito en siríaco, un lenguaje análogo al arameo) no hace distinción entre las palabras en las dos frases. El

griego hace distinción entre *petros* y *petra* solo porque intenta preservar el juego de palabras, y en griego la femenina *petra* no puede servir muy bien como nombre masculino.

2. En la Biblia es común la paronomasia de varias clases, y no se le debe restar importancia (cf. Barry J. Beitzel, «Exodus 3:14 and the Divine Name: A Case of Bible Paronomasia», *Trinity Journal*, 1980, 5-20, BDF, par. 488).

3. Si Mateo no hubiera querido decir más que Pedro era una piedra en contraste con Jesús la Roca, la palabra más común habría sido *lidsos* («piedra» de casi cualquier tamaño). Entonces no habría habido juego de palabras... ¡y ese es exactamente el asunto!

4. La objeción de que Pedro considera a Jesús la roca no tiene importancia porque las metáforas se usan de varias formas comunes, hasta que se vuelven estereotipadas, lo que ocurría algunas veces en ese entonces. Aquí Jesús edifica su Iglesia; en 1 Corintios 3:10, Pablo es un «maestro constructor». En 1 Corintios 3:11, Jesús es el fundamento de la Iglesia; en Efesios 2:19-20, los apóstoles y profetas son el fundamento (cf. también Ap 21:14), y Jesús es «la piedra angular». Aquí Pedro tiene las llaves; en Apocalipsis 1:18; 3:7, Jesús tiene las llaves. En Juan 9:5, Jesús es «la luz del mundo»; en Mateo 5:14, sus discípulos lo son. Ninguna de estas formas amenaza la singularidad de Jesús. Solo muestran cómo se deben interpretar principalmente las metáforas con referencia a sus contextos inmediatos.

5. En este pasaje Jesús es el edificador de la Iglesia, y sería una mezcla extraña de metáforas que también se viera dentro de las mismas frases como su fundamento.

Nada de esto requiere que sean aprobados los puntos de vista católicos romanos conservadores (en cuanto a ejemplos de tales puntos de vista, cf. Lagrange, Sabourin). El texto no dice nada acerca de sucesores de Pedro, infalibilidad o autoridad exclusiva. Estas interpretaciones posteriores acarrean problemas exegéticos e históricos insuperables; e.g., después de la muerte de Pedro, su «sucesor» tendría autoridad sobre un apóstol sobreviviente: Juan. Lo que el NT sí muestra es que Pedro es el primero en hacer su confesión formal, y que su prominencia continúa en los primeros años de la Iglesia (Hch 1—12). Pero los otros apóstoles pueden enviar a Pedro con Juan a una tarea (Hch 8:14); y la iglesia de Jerusalén le pide explicaciones de sus acciones (Hch 11:1-18) y Pablo lo reprende (Ga 2:11-14). Resumiendo, Pedro es *primus inter pares* («primero entre iguales»); y sobre el fundamento de tales hombres (Ef 2:20), Jesús edifica su Iglesia. Por eso precisamente Jesús, casi al final de su ministerio terrenal, pasa mucho tiempo con ellos. Esa honra no la ganó, sino que fue producto de una revelación divina (v. 17) y de la obra edificadora de Jesús (v. 18).

Edificaré mi Iglesia...: Ekklesia («iglesia») aparece en los evangelios solo aquí y en 18:17. Etimológicamente proviene del verbo *ekkaleo* («llamar de»), y se refiere a quienes son «llamados»; pero el uso es más importante que la etimología para determinar el significado. En el NT *ekklesia* se puede referir a personas en asamblea en un ambiente no religioso (Hch 19:39); y una vez se refiere al pueblo de Dios del AT, la «Iglesia» en el desierto, en la entrega de la Ley (Hch 7:38; cf. Heb 2:12). Sin embargo, en Hechos y las epístolas por lo general se refiere a congregaciones cristianas o a todo el pueblo de Dios redimido por Cristo. Por ende, R. Bultmann («Die Frage nach der Echtheit von Mt 16, 17-19», *Theologische Blätter* 20, 1941, col. 265-79) sostiene que el uso de *ekklesia* en Mateo 16:18; 18:17 no puede ser auténtico. Se refiere a un grupo de cristianos practicantes, una comunidad separada o una sinagoga cristiana, ya no sinagoga judía, y es Pedro el que la preside.

K.L. Schmidt (TDNT, 3:525) sugiere que el término arameo detrás de *ekklesia* en Mateo es un vocablo posterior, *kenista*, que, podría significar «el pueblo [de Dios]» o «una sinagoga [separada]». En realidad la evidencia lingüística más firme va en otra dirección. Siempre que *ekklesia* en la LXX se traduce del hebreo, la palabra hebrea es *qajal* («asamblea», «reunión», «congregación»), con referencia a varias clases de «asambleas» (cf. E. Jenni and C. Westermann, eds., *Theologisches Handwörterbuch zum Alten Testament*, 2 vols., 3ª ed., Chr. Kaiser Verlag, München, 1978-79, 2:610-19), pero usada cada vez más para referirse al pueblo de Dios, la asamblea del Señor.

El hebreo *qajal* tiene amplio rango semántico, y no siempre se traduce *ekklesia*; a veces en la LXX se traduce «sinagoga» o «multitud». Habitualmente «sinagoga» interpreta una palabra hebrea totalmente distinta (*edaj*, «congregación colectiva»), la cual la LXX nunca traduce *ekklesia* (sobre estas palabras, ver DNTT, 1:291 y sig.). Por tanto, *ekklesia* («iglesia») es totalmente adecuada en Mateo 16:18; 18:17, donde no hay énfasis en institución, organización, forma de adoración o sinagoga separada. Incluso la idea de «edificar» un pueblo surge del AT (Rt 4:11; 2 S 7:13-14; 1 Cr 17:12-13; Sal 28:5; 118:22; Jer 1:10; 24:6; 31:4; 33:7; Am 9:11). «El anuncio de Jesús de su propósito de edificar su *ekklesia* sugiere … que la comunidad establecida por Jesús está en continuidad directa con el Israel del Antiguo Testamento» (Ladd, *NT Theology*, p. 110), interpretado como el remanente fiel con los ojos de la fe para aceptar la nueva revelación. Reconocido como Mesías, Jesús responde que edificará su *ekklesia*, su pueblo, su Iglesia, lo cual es mesianismo clásico. «Es difícil saber qué clase de pensamiento, diferente de la suposición confesional, justifica la tendencia de algunos comentaristas de desechar estos versículos como no auténticos. Para cualquier judío habría sido inconcebible un Mesías sin una comunidad mesiánica» (Albright y Mann).

Tácitamente, entonces, el versículo también adopta una declaración mesiánica. El «pueblo de Jehová» se convierte en el pueblo del Mesías (cf. también 13:41). Si la comunidad del Qumrán se cree el «pueblo del pacto», Jesús habla de sus seguidores como *su* pueblo —*su* Iglesia— que con el tiempo llega a verse como pueblo del nuevo pacto establecido por la sangre del Mesías (26:28).

La «iglesia» de Jesús no es lo mismo que su «reino» (contr. Hill, *Matthew*). Las dos palabras pertenecen a distintos conceptos, una a «pueblo» y la otra a «gobierno» o «reinado» (ver en 13:28-30, 36-43). Pero tampoco se deben oponer entre sí, como si ambas no pudieran ocupar el mismo lugar en el tiempo (contr. Walvoord). El reino mesiánico está llamando al pueblo mesiánico. El Reino ha sido inaugurado; el pueblo está siendo reunido. Ya el Reino ha sido inaugurado en anticipación de su consumación, y también la iglesia de Jesús es un puesto de avanzada en la historia de la comunidad escatológica final. «La suposición ineludible es que, en el establecimiento de la Iglesia, habrá una manifestación del Reino o gobierno de Dios» (Stonehouse, *Witness of Matthew*, p. 235). Cuando el Reino esté consumado, la «asamblea» del Mesías también alcanzará las más ricas bendiciones que el reino del Mesías puede dar.

Nada, por consiguiente, puede eliminar la iglesia del Mesías o evitar que alcance esa consumación.

Las puertas del reino de la muerte no prevalecerán contra ella (sobre Hades, ver DNTT, 2:206-29; comentarios en 5:22; 11:23): Las «puertas del reino de la muerte» se ha tomado como que representa la fortaleza de Satanás y sus seguidores (ya que «puertas» se puede referir a «fortificaciones» Gn 22:17; Sal 127:5); la Iglesia no puede ser derrotada por las huestes de las tinieblas, por cuanto Jesús la está edificando. Otros eruditos no se enfocan en «puertas» sino en «Hades» y, volviendo a Apocalipsis 1:18, creen que esto significa que la muerte no evitará que el pueblo del Mesías resucite en el día postrero. Sin embargo, en la literatura canónica se encuentra «puertas del reino de la muerte» o expresiones muy parecidas (Job 17:16; 38:17; Sal 9:13; 107:18; Is 38:10), y también en la literatura judía no canónica (Sab Sal 16:13; 3 Mac 5:51; Sl Sal 16:2) y la literatura pagana (Homero *La Ilíada* 9.312, *La Odisea* 11.277; Aeschylus *Agam.* 1291; Eurípides *Hecuba* 1), y parecen referirse a la muerte y los moribundos. Debido a que la Iglesia es la asamblea que Jesús el Mesías está edificando, no puede morir. Esta afirmación es ridícula si Jesús no es más que un popular predicador demasiado seguro de sí mismo en un estado vasallo sin importancia de la Roma del primer siglo. Este es el fundamento de toda esperanza en quienes ven a Jesús como el Mesías que edifica su pueblo.

19 *Te daré las llaves del reino de los cielos*: Como en el v. 18, la promesa va más allá de los días del ministerio terrenal de Jesús. No es seguro lo que los discípulos de Jesús creían que esto significaba en el tiempo. Quizá esperaban que cuando Jesús estableciera su reino terrenal y derrotara a los romanos, ellos tendrían funciones importantes bajo su reinado (cf. Bonnard). La naturaleza de este Reino inaugurado se fue haciendo cada vez más clara en el período posterior a la Resurrección.

Aquí, como en 7:21, al «Reino» (ver en 3:2; 5:3) hay que entrar. La metáfora cambia por consiguiente: de ser el fundamento de roca de la Iglesia, Pedro se convierte en alguien que porta las llaves del Reino (como lo señala Alexander, la metáfora sería igualmente variada si el fundamento, la roca que es Jesús, «da» las llaves). La persona con las llaves tiene poder para no dejar entrar o para permitir la entrada (cf. Ap 9:1-6; 20:1-3). Aquí podría haber una alusión al jefe de mayordomos de los monarcas (Is 22:15, 22). Pero no podemos seguir sin entender lo de atar y desatar (v. 19b), a lo cual están relacionadas las llaves.

Todo lo que ates ... desatado en el cielo... Es necesario considerar cinco preguntas difíciles para comprender la fuerza de este versículo, y algunas respuestas deben ser provisorias.

1. ¿Cómo se han de traducir los futuros perifrásticos perfectos? J.R. Mantey («The Mistranslation of the Perfect Tense in John 20:23, Matthew 16:19, and Matthew 18:18», JBL 58, 1939, 243-49) sostuvo en 1938 que los perfectos en los tres casos deben tener su fuerza normal. El perfecto conjugado en Juan 20:23 se debe traducir: «Si ustedes perdonan a alguien sus pecados, estos ya han sido perdonados»; y cuando al participio perfecto se le da toda su fuerza en los pasajes mateanos, el futuro perfecto perifrástico en 16:19 se vuelve «cualquier cosa que ates en la tierra *habrá sido* atada en el cielo, y cualquier cosa que desates en la tierra

habrá sido desatada en el cielo» (de igual modo para 18:18). Por tanto, como insistía Mantey, no hay evidencia para el sacerdotalismo ni para la absolución sacerdotal en el NT.

En el mismo tema de JBL, H.J. Cadbury («The Meaning of John 20:23, Matthew 16:19, y *Matthew* 18:18», pp. 251-54) observó que los seis perfectos o futuros perfectos en los tres pasajes aparecen en la apódosis de una condición general. La duda, entonces, es «si un perfecto en la apódosis señala una acción o condición anterior al tiempo de la apódosis» (p. 251); y, citando 1 Jn 2:5; Stg 2:10; Ro 13:8; 14:23, junto con ciertos gramáticos (BDF, par. 344; Moulton, *Prolegomena*, p. 271; RGH, pp. 897-98, 908), Cadbury negaba que esto tuviera que ser así. Aunque creía que el futuro era aquí una traducción aceptable, sugirió que los perfectos en Mateo tienen la fuerza de «serán de una vez y por todas» (cf. el «Todo lo que ates *permanecerá atado*, etc.», de Allen).

El asunto lo retomó W.T. Dayton («The Greek Perfect Tense in Relation to John 20:23, Matthew 16:19, y Matthew 18:18», tesis de grado, Northern Baptist Theological Seminary, 1945) y una vez más J.R. Mantey («Evidence that the Perfect Tense in John 20:23, and Matthew 18:18», JETS 16, 1973, 129-38). A ambas obras las perjudica la tendencia de mostrar a su favor citas de gramáticos sin un buen manejo de contrarrazonamientos. De más uso son las cortas listas de Dayton de futuros perfectos perifrásticos en Strabo, Luciano, y algunos papiros; porque todos estos retienen la fuerza perfecta, aun cuando esté usada en la apódosis de una condición general. Este material comparativo es valioso, puesto que los futuros perfectos perifrásticos en el NT son muy raros; y no hay perfectos futuros conjugados en lo absoluto.

Aunque el asunto es gramatical en parte, es necesario observar que, a pesar de que el v. 19 esté traducido como futuro perfecto castellano o como futuro castellano, hay dificultades en la interpretación. Si el tiempo se traduce como futuro («será atado»), el pasaje se puede tomar para justificar alguna forma de sacerdotalismo extremo sin defensa incontrovertible en otras partes del NT. Pero si se traduce como un futuro perfecto («se habrá atado»), se puede tomar para apoyar la idea de que el discípulo debe por tanto tener una comunicación infalible con Dios en cuestiones de «atar y desatar», una comunicación que es el papel de los llamados dones carismáticos. Paul Elbert («The Perfect Tense in Matthew 16:19 y Tres Carismas», JETS 17, 1974, 149-55) los presenta aquí con poca sensibilidad en cuanto a asuntos más amplios de contexto, conciencia de anacronismo o conocimiento de que los dones no dan guía infalible (cf. 1 Co 14:29). Sin embargo, en ningún caso estas conclusiones se deducen *necesariamente*. Es posible que haya interpretaciones más moderadas de ambas opciones gramaticales. Pero se deben observar los extremos, especialmente debido a que algunos dan la impresión de que se elimina el sacerdotalismo al traducir el griego como un futuro perfecto. La verdad es que el sacerdotalismo no se mantendrá ni desaparecerá solo por estos textos, aunque podrían ser un apoyo o un obstáculo para el tema. Mientras tanto, traducir utilizando un futuro perfecto no tiene en sí problemas teológicos.

Los comentaristas y gramáticos más recientes están divididos por este asunto. Hendriksen, para quien es «artificial» la manera de Mantey de tomar los perfectos, opta por «estará y permanecerá definitivamente atado/desatado», una variación de

Allen; y a Hendriksen no se le puede llamar sacerdotalista. Muchos gramáticos toman el participio perfecto en esta interpretación como poco más que un adjetivo, con poco sentido perfecto restante (K.L. McKay, «On the Perfect and Other Aspects in New Testament Greek», inédito, gentilmente me lo envió el autor; Moule, *Idiom Book*, p. 18; cf. esp. Lc 12:52, donde es muy difícil encontrar alguna fuerza perfecta [«estarán divididos»: la analogía futura pasiva en el versículo siguiente clarifica esto]). No obstante, Turner (*Perspectives*, pp. 80-82; íd., *Syntax*, p. 82) desafía estos puntos de vista. Al no estar de acuerdo con Allen y Hendriksen, señala que la fuerza futura está restringida al verbo auxiliar *estai* («será») y no se encuentra en el participio, el cual debe retener su sentido perfecto, con lo que concuerda con Mantey. Además Turner sostiene que esto está aun más claro en Juan 20:23, donde se usa el perfecto conjugado, no el futuro perfecto perifrástico. Asimismo Albright y Mann dicen: «La Iglesia en la tierra lleva a cabo las decisiones del cielo, el cielo no ratifica las decisiones de la Iglesia», lo cual es algo así como una caricatura de las opciones.

Sin embargo, lo que Turner (*Syntax*, pp. 82-83) y Zerwick (pars. 288 y sig.) señalan es que donde los perfectos conjugados tienen alguna fuerza distinta del perfecto normal en el NT, tienden a estar en formas estereotipadas conocidas: *oida* («sé», no «he sabido»); *pepoidsa* («estoy persuadido»); *jestéka* («permanezco»). Igual es el futuro perfecto perifrástico en Hebreos 2:13: aunque *esomai pepoidsos* significa «yo confiaré» (NVI), no «pondré mi confianza», este participio por lo general toma forma perfecta con significado presente. De la misma manera, cuando el perfecto tiene fuerza verbal griega (Zerwick, pars. 288-89; como en 13:46), normalmente hay buenas razones para ella, como cuando el verbo es defectivo y no tiene forma verbal griega (cf. más análisis en BDF, pars. 340 y sig.).

Esto nos lleva a la siguiente conclusión: Donde se piden asuntos que tratan estrictamente con la sintaxis griega parece imposible alcanzar una decisión firme, porque hay demasiados casos claros donde el perfecto, sea conjugado o de participio, tiene algo más que fuerza perfecta. No obstante, donde se hacen preguntas paradigmáticas —¿por qué se usa esa palabra o sintaxis y no otra?— podemos tener algún avance. En Juan 20:23 el griego perfecto se debe tomar como que conserva su fuerza normal como perfecto, porque ambos verbos tienen tiempos presente y futuro aceptables, de uso en otras partes: ninguno muestra un patrón preferencial para el perfecto. Los participios perfectos en las construcciones perifrásticas de Mateo 16:19; 18:18 se basan en los dos verbos *luo* («yo desato») y *deo* («yo ato»). La evidencia relacionada con el último es ambigua; a menudo aparece como un participio perfecto en el NT, a veces como un participio griego, nunca como participio presente; por tanto se podría pensar que su forma participio-perfecto tiene fuerza puramente adjetival o presente en algunos casos, un punto debatible. Pero el primer verbo no es ambiguo. *Lyo* tiene amplia gama de formas, y es difícil ver por qué Mateo no usa ni el futuro ni el presente en un futuro perifrástico si ese es todo su significado. En consecuencia se extiende hacia *deo* («yo ato»), puesto que los dos verbos están vinculados muy estrechamente en estos versículos. Pero aunque se deben traducir «se habrá atado/desatado», lo que significa aquí necesita el resto del razonamiento.

2. ¿Se refiere «todo lo que» (*jo*) a cosas o personas? Formalmente *jo* es neutro, y se podría esperar «cosas». Además los rabinos hablaban de «atar» y «desatar» en términos de

determinar halajá (reglas de conducta): Shammai es estricto, y «ata» muchas cosas a las personas, mientras Hillel permite mayor laxitud y las «desata». Se podría sostener, entonces, que en Hechos 15:10 Pedro desata lo que ciertos judaizantes quieren atar. Pero a pesar de esto es mejor hacer que atar y desatar en Mateo 16:19 se refiera a personas, no a reglas. El neutro *josa* («cualquier cosa») aparece en 18:18, donde el contexto exige que quiera decir personas. En realidad, el griego usa a menudo el neutro de personas para clases o categorías más bien que para individuos. El contexto del v. 19 apoya esto; porque las llaves en la frase precedente hablan de permiso para entrar al Reino, o ser excluido de él, no de reglas de conducta bajo el gobierno del cielo. Hechos 15:10 es apenas un ejemplo de punto de vista opuesto, porque allí Pedro no procede por decreto legislativo. La iglesia en Hechos 15 busca consenso espiritual, no tradición impuesta; y Santiago es más prominente que Pedro.

3. Sin embargo, ¿qué significa exactamente este «atar y desatar» de personas, y es absoluto? Además, ¿cómo se relaciona al poder de las llaves? Ayuda considerable llega de comparar la denuncia que hace Jesús de los expertos en la Ley en Lucas 11:52. Allí se dice que «se han adueñado de la llave del conocimiento», y que no solo no han entrado [al Reino] sino que «han cerrado el paso a los que querían entrar». Evidentemente entonces, con su enfoque de las Escrituras, dice Jesús, están haciendo imposible que quienes caen bajo las malignas influencias de su enseñanza acepten la nueva revelación de Jesús, y que entren al Reino. Se «adueñaron de la llave del conocimiento».

Por otro lado, al confesar a Jesús como Mesías, a Pedro se le dice que ha recibido esta confesión por la revelación del Padre, y se le darán las llaves del Reino: i.e., por proclamar de «las buenas nuevas del Reino» (4:23), con las cuales, por revelación está entendiendo cada vez más, abrirá el Reino a muchos y la cerrará a muchos. El cumplimiento de esto en Hechos no se encuentra en pasajes como 15:10 sino en aquellos como 2:14-39; 3:11-26, para que por este medio el Señor añadiera a la Iglesia quienes serían salvos (2:45), o, dicho de otro modo, Jesús estaba edificando su Iglesia (Mt 16:18). Pero la misma proclamación del evangelio aleja y excluye hombres; por tanto, también encontramos a Pedro cerrando el Reino de los hombres (Hch 4:11-12; 8:20-23). Los futuros perfectos perifrásticos son entonces perfectamente naturales: Pedro logra este «atar y desatar» al proclamar un evangelio que ya se ha dado, y al hacer aplicaciones personales sobre esa base (Simón el mago). Cualquier cosa que Pedro ata o desata habrá sido atada o desatada, mientras él se adhiera a ese evangelio divinamente revelado. Él no tiene conducto directo al cielo, mucho menos sus decisiones obligan al cielo a cumplir; sin embargo, él podría ser autoritario al atar y desatar porque el cielo ha actuado primero (cf. Hch 18:9-10). A quienes él hace pasar, o excluye, ya han sido atados o desatados por Dios según el evangelio ya revelado, y el cual Pedro, al confesar a Jesús como el Mesías, ha captado con la mayor claridad.

4. ¿Se aplica esta promesa solo a Pedro, al grupo apostólico, o a la Iglesia en general? La interpretación dada concuerda hasta ahora ampliamente con un tema importante del Evangelio de Mateo: los discípulos fueron llamados a ser pescadores de hombres (4:19), a ser sal (5:13) y luz (5:14-16), a predicar las buenas nuevas del Reino (10:6-42), y, después de la Resurrección, a discipular a las naciones y enseñarles todo lo que Jesús ordenó (28:18-20). Dentro de este marco calza muy bien Mateo 16:18-19. En contraste con el Reino mesiánico que muchos judíos esperaban, que

llegaría culminantemente sin ningún acuerdo o acción tomada por hombres, Jesús anuncia algo diferente. En total perspectiva cristiana el Reino será consumado en forma repentina y apocalíptica en la Segunda Venida, cuando las acciones de Dios sean definitivas y muy independientes de medios humanos. Pero ahora las llaves del Reino están confiadas a hombres. Estos deben proclamar las buenas nuevas, liberar la entrada, instar a la conversión. Ellos constituyen una pequeña minoría en un mundo enorme; su misión será actuar como la *ekklesia* escatológica, el pueblo que Dios Jesús está edificando dentro de este mundo. Es inevitable que la tarea los haga participar en el uso de las llaves para atar y desatar. Estos versículos son por consiguiente el resultado de la escatología parcialmente llevada a cabo —y que un día será consumada— implícita en el NT.

La comprensión del texto responde por tanto en buena parte la inquietud de cuán lejos se aplica la promesa; porque el enfoque ya no está en el individuo y en lo que representa o no, sino en su lugar en la historia de la salvación. En cierto sentido Pedro permanece con los demás discípulos como pescadores de hombres, como receptores de la Gran Comisión (observe en el v. 20 que Jesús advierte a *todos* sus discípulos, no solo a Pedro, que no dijeran nada). En ese sentido los discípulos se mantienen como ejemplos para todos los creyentes durante este período de historia redentora. Pero esto no excluye un papel especial para Pedro o los apóstoles (ver en v. 18). Pedro era el fundamento, la primera piedra puesta: él disfruta esta «primacía histórica de la salvación», y sobre él están puestos otros. Esto resulta en ciertos papeles especiales en los primeros años de la iglesia cristiana. Pero las ideas de jerarquía o sacerdotalismo simplemente son irrelevantes al texto.

La confirmación de que esta es la manera en que se debe tomar 16:19 llega en 18:18. Si la Iglesia, el pueblo escatológico del Mesías ya reunido, tiene que ejercer el ministerio de las llaves, si tiene que atar y desatar, entonces un claro aspecto de esa voluntad será la disciplina de quienes profesan constituirlo. Por tanto los dos pasajes están fuertemente unidos: 18:18 es una aplicación especial de 16:19. Además, si podemos juzgar por el ministerio de Pablo, esta disciplina es una función especial de apóstoles, pero también de ancianos e incluso de toda la Iglesia (1 Co 5:1-13; 2 Co 13:10; Tit 2:15; 3:10-11)… una parte ineludible de seguir a Jesús con normas confesionales, una de las cuales (concretamente, «Jesús es el Cristo») precipita aquí las observaciones de Jesús relacionadas con las llaves. La continuidad de la Iglesia depende tanto de la disciplina como de la verdad. En realidad, la fiel promulgación de la última implica y presupone la primera.

Parece ser, entonces, que al texto no le interesa si las decisiones de Pedro (o de la Iglesia) son infalibles. Su interés está en el papel que los discípulos de Jesús deben representar dentro de esta nueva fase de la historia redentora. Presionar de modo absoluto el «todo lo que» no solo malinterpreta el contexto sino que deja de tener en cuenta la tendencia de Jesús de usar lenguaje absolutista, aun cuando quizá no quiera que se tome de ese modo (ver en 5:33-37).

5. ¿Cómo se debe entender el contraste entre «cielo» y «tierra»? Nuestra exégesis decide la respuesta. Algunos han comprendido temporalmente el contraste: lo que ahora se ata o desata en la tierra será entonces atado o desatado en el cielo. Pero si nuestros comentarios sobre el futuro perifrástico perfecto son correctos, entonces

esa interpretación es imposible. Más bien, el «cielo» (= «Dios», como en «Reino del cielo») ha revelado el evangelio en la persona de Jesús el Mesías, y de este modo irrumpe el gobierno del cielo. Por tanto los discípulos de Jesús, de acuerdo con su evangelio del Reino, desempeñan el ministerio de las llaves, y atan y desatan en la tierra lo que con la venida del Reino ha sido atado y desatado en el cielo. La idea es similar, aunque más comprensiva, a Hechos 18:9-10.

20 La advertencia de Jesús a sus discípulos de no decir a nadie que él era el Cristo no es por renuencia personal a aceptar el título, ni de una aceptación a medias sujeta a la enseñanza de que era un Mesías sufriente (vv. 21-26), y mucho menos porque todas las órdenes de guardar silencio sean inserciones de la Iglesia con el propósito de crear un «secreto mesiánico», a fin de explicar por qué Jesús no se presentó al pueblo abiertamente como Mesías. Las categorías son erróneas. «Contrario al común mal uso del secreto mesiánico, el propósito de Jesús no era ocultar su identidad mesiánica. Su propósito era poner ante Israel acciones y palabras pletóricas de simbolismo que insinuaban una pregunta persistente: ¿Quiénes dicen ustedes que soy yo?» (B.F. Meyer, p. 305, n. 59; ver también pp. 250; 309-10, nn. 119-20). Jesús rehúsa regularmente hacer una afirmación mesiánica, y se niega a inclinarse ante exigencias de una señal definitiva (12:38-39; 16:4), e insistiendo en que la «entrada a la fe mesiánica solo se realizara bajo la influencia combinada de su densamente simbólica carrera y de una iluminación divina que revelara su sentido» (ibíd., p. 250, 25-26; 16-17).

Los discípulos se ven acusados de la misma reticencia. Habiendo llegado a la fe, no deben ir más allá del Maestro mismo en los medios y limitaciones de su autorrevelación. El propósito no debe ser ocultar la identidad de Jesús ni mantenerla en secreto esotérico, sino garantizar (1) que los factores decisivos en la conversión de los hombres no son fervores nacionalistas ni esperanzas mesiánicas recalcitrantes, sino fe, obediencia y sumisión a Jesús; y (2) que los acontecimientos que llevan a la Cruz no se deben interrumpir por revelación prematura. Después de la Resurrección podría haber proclamación incondicional (cf. 10:27), pero no todavía. Los discípulos estaban comenzando a comprender el primero de estos dos propósitos; pero el segundo, como muestra el próximo pasaje, lo eludieron por completo (cf. comentarios en 13:10-17, 34-35, 51-52).

Notas

14 Sobre la mezcla anómala de ἄλλοι (*alloi*, «otros») y ἕτεροι (*jéteroi*, «otros»), vea BDF, par. 306(2).

17 Βαριωνᾶ (*Barioná*) es una transliteración griega de בַּר יוֹנָה (*bar yonáj*), donde *bar* significa «hijo de» (como en castellano el «ez» de Rodríguez que quiere decir «hijo de Rodrigo».). A Pedro se le llama en Jn 1:42 «hijo de Juan» (en gr.; no hay transliteración del aram.). Quizá a Pedro se le llamó בַּר יוֹחָנָן (*bar yojanen*, «hijo de Juan»), y «Jonás» es una forma abreviada de «Joanán» mientras ʼΙωάννης (*Ioánnes*, «Juan») es la traducción griega más parecida del nombre.

18 Is 51:1-2 es citado a menudo como analogía de Pedro como roca. Sin embargo, la analogía no es cercana: el punto del pasaje de Isaías es que Israel debería recordar sus pobres inicios, y estar consciente de la bondad del Señor con la nación. Aun menos relevante, aunque formalmente cercano, es el midrash judío en Is 51:1-2, donde Dios, antes de la creación del mundo, mira al futuro hasta que encuentra a Abraham y dice: «Miren la roca de la que fueron tallados, la cantera de la que fueron extraídos»; pero allí el punto se relaciona con los méritos y la valía de Abraham, que muy claramente no son análogos con Pedro en Mateo 16. En cuanto a referencias rabínicas y algo de la influencia de la exégesis sobre el Tárgum, ver N.A. van Uchelen, «The Targumic Versions of Deuteronomy 33:15: Some remarks with the origin of a traditional exegesis», JSS 31, 1980, 199-209.

---

b. *Primera predicción de la Pasión*

16:21-23

> ²¹Desde entonces comenzó Jesús a advertir a sus discípulos que tenía que ir a Jerusalén y sufrir muchas cosas a manos de los ancianos, de los jefes de los sacerdotes y de los maestros de la ley, y que era necesario que lo mataran y que al tercer día resucitara. ²²Pedro lo llevó aparte y comenzó a reprenderlo:
> —¡De ninguna manera, Señor! ¡Esto no te sucederá jamás!
> ²³Jesús se volvió y le dijo a Pedro:
> —¡Aléjate de mí, Satanás! Quieres hacerme tropezar; no piensas en las cosas de Dios sino en las de los hombres.

21 Kingsbury (Mateo, pp. 7 y sig.), siguiendo a Lohmeyer (*Matthäus*) y Stonehouse (*Witness of Matthew*, pp. 129-31), sostiene firmemente que *apo tote* («desde entonces»), tanto aquí como en 4:17, señala un importante momento decisivo en Mateo. Hay un momento decisivo, pero no está del todo claro que la estructura de todo el evangelio esté dominada por estos focos gemelos. La misma expresión se encuentra en 26:16, que señala un momento decisivo en el peregrinaje de Judas Iscariote, pero apenas un importante momento decisivo en el libro. Al contrario, la misma naturaleza de la expresión une lo que sigue con lo que precede (cf. Introducción, sección 14).

En cuanto al significado de «comenzó», ver en 11:7, 20, y compare 16:22. Al menos el verbo sugiere que Jesús dio esta explicación muchas veces. Esta no es la primera vez que alude a su muerte (cf. 9:15; 20:38; 12:40; cf. también Jn 2:19; 3:14), pero es la primera vez que la discute abiertamente con sus discípulos. Ya que lo han reconocido como Mesías, no tiene por qué andar con símbolos y lenguaje velado. Ese quizá es el significado del cambio de *didasko* en Marcos («enseño») a *deiknuo* («señalar», «mostrar») en Mateo. Jesús ya había mostrado la Pasión, pero en lenguaje simbólico. Ahora muestra claramente estas cosas a los discípulos. El verbo de Mateo (*deiknuo*) es equivalente a la frase de Marcos: «Habló de esto con toda claridad» (8:32).

La predicción está notablemente detallada. Jesús tiene que ir a Jerusalén (cf. Lc 13:33); pero el «tiene que» del sufrimiento de Jesús se basa, no en un determinismo incondicional, ni en una determinación heroica (aunque uno y otra están presentes), sino en una sumisión espontánea a la voluntad de su Padre. En Jerusalén, que mata profetas (23:36), sufrirá muchas cosas (más detalles específicos en 20:19) a manos de ancianos, de jefes de los sacerdotes y de maestros de la Ley, los tres grupos que en buena parte constituían el Consejo o sanedrín (ver en 3:7; 26:59; un concepto de gobierno, como en 16:1, 6; los fariseos coincidían con el primer y el tercer grupo). Allí lo matarían y resucitaría al tercer día (vea en 12:40).

El paralelo en Marcos 8:31 utiliza la expresión «el Hijo del hombre» (vea en 8:20; 16:13). La autenticidad de esto y de otras predicciones de la Pasión se ha discutido ampliamente. Bultmann (*Synoptic Tradition*, p. 151) la niega de plano. Jeremias y Zimmerli (pp. 57 y sig.) abordan el asunto al examinar si hay antecedentes judíos para la noción de un Mesías sufriente. Hill (*Matthew*) cree que Jesús previó confrontación en Jerusalén, típica de los profetas, y la posibilidad de sufrimiento y muerte, pero duda que pudiera haber hablado muy explícitamente. C.F.D. Moule («From Defendant to Judge—and Deliverer: An Inquiry into the Use and Limitations of the Theme of Vindication in the New Testament», NTS 3, 1952-53, 40-53) sostiene que el «Hijo del hombre» (Mr 8:31), relacionado a los «santos del Altísimo» de Daniel 7, es reivindicado después del juicio y el sufrimiento; por tanto, si Jesús se echa sobre sí este título y este papel, muy bien podría percibir la necesidad de sufrir antes de ser exaltado (cf. 26:64).

Lindars (*Apologetics*, pp. 60 y sig.) se vuelve hacia Oseas 6:2 y sugiere que Jesús habló históricamente de resurrección, de ser «levantado a la vida», en una metáfora, como referencia a la restauración del pueblo de Dios. De ser así, lo asombroso, especialmente en un libro tan tachonado con citas del AT como Mateo, es que Oseas no se mencione ni se haga referencia clara a sus palabras, ni siquiera de modo alusivo. A simple vista, nuestros textos hablan de la resurrección de Jesús antes de que lo mataran, no de la muerte de Jesús seguida por la restauración del pueblo de Dios. Otros han sugerido que Jesús está pensando en Isaías 53.

Estos enfoques buscan hacer históricamente creíble alguna parte de la pasión de Jesús por medio de algún antecedente histórico, en el cual Jesús aparentemente basó sus predicciones. Aunque esto no está mal, es demasiado restrictivo cuando se trata de alguien que afirma tener conocimiento exclusivo e íntimo del Padre (11:27). ¿Es razonable creer que Jesús pudo haber previsto los detalles de su Pasión solo por haber leído acerca de ella en alguna parte? Esto no es para dudar de la aplicabilidad de alguna de las alusiones del AT hacia él; es más bien para cuestionar el reduccionismo histórico de algunas investigaciones sobre el evangelio.

¿Cuánto de las palabras de Jesús acerca de su muerte comprendieron los discípulos antes del acontecimiento? La evidencia del evangelio señala en dos direcciones complementarias. Por una parte los discípulos entienden perfectamente bien: si no, por ejemplo, Pedro no hubiera reprendido a Jesús (v. 22). Por otra parte, no pueden creer que el Mesías ha de morir, porque sus concepciones del Mesías no contemplan a un Siervo Sufriente. Por tanto, Pedro se atreve a reprender a Jesús, y los discípulos empiezan a creer que de algún modo las predicciones de Jesús acerca de su sufrimiento no pueden ser literales (Mr 9:10; Lc 9:45; vea en Mt 17:4).

22 La reprimenda de Pedro revela cuán poco entiende la clase de mesiazgo que Jesús tiene en mente. «Comenzó» (v. 21) sugiere que Pedro sigue solamente hasta que Jesús lo para en seco (v. 23). El apóstol usa un lenguaje fuerte. «¡De ninguna manera, Señor!» (cf. Notas) es una expresión impetuosa de la Septuaginta. «¡Esto no te sucederá jamás!» traduce *ou mé* («jamás») más un futuro indicativo, en vez del esperado tiempo verbal subjuntivo. El futuro indicativo tras *ou mé*, que resalta aun más una expresión fuerte, es comparativamente raro en el NT (solo aquí y en 15:6; 26:35; Mr 13:31; 14:31; Lc 21:33; Jn 4:14; 6:35; 10:5; Heb 10:17; Ap 9:6; 18:14), y la mayoría de estas incidencias tienen variantes textuales. El firme deseo de Pedro, y su afectuoso corazón, unidos a su ignorancia, producen una absurda arrogancia. Pedro confiesa que Jesús es el Mesías, y luego habla de una manera que supone que sabe más de la voluntad de Dios que el Mesías mismo.

23 Es incierto que «Jesús se volvió» signifique «se apartó de Pedro» o «volvió la espalda a Pedro» (B.F. Meyer): la conexión con lo que sigue es demasiado delicada. Si Jesús dijo a Pedro que saliera de su camino, aunque sea de modo metafórico, debe haber sido que lo estaba confrontando frente a frente, no alejándose de él. Es mejor suponer que Jesús se volvió hacia Pedro para hablar con él, y el detalle implica una reminiscencia histórica indeleble. La grave represión está compuesta de tres partes.

1. *Jupage opiso mou, Satana* (lit., «ponte detrás de mí, Satanás») podría ser en sí un llamado al discipulado (cf. el mismo adverbio en Mr 1:17, 20; 8:34) y por consiguiente un brusco recordatorio de que Pedro como discípulo debía seguir, no dirigir. Pero esto se adapta mal al vocativo «Satanás». El verbo *jupago* está por ende mejor tomado en el sentido que se usa en Mateo 4:10 («¡Vete, Satanás!»). No es que Pedro debía desaparecer de la vista de Jesús (según NVI) sino, como piedra de tropiezo, debía salir del camino de Jesús.

2. Unos momentos antes Jesús había llamado a Pedro una roca. Ahora lo llama *skandalon* («tropiezo»; vea en 5:29), una clase distinta de «roca». Este es uno de varios sorprendentes paralelos entre los vv. 13-20 y 21-23 (cf. A. Vögtle, «Messiasbekenntnis und Petrusverheissung: Zur Komposition Mt 16,13-23 Par.», *Biblische Zeitschrift* 1, 1957, 269). Satanás ofreció a Jesús posición de rey sin sufrimiento (4:8-9), y Pedro hace lo mismo, al adoptar las expectativas en boga de una victoriosa conquista mesiánica. (Sl Sal 17; cf. HJP, 2:517-25, y bibliografía, pp. 488-92). Jesús reconoce la misma fuente diabólica detrás de la misma tentación. Para consentir sería necesario rebelarse contra la voluntad de su Padre. La idea de un Mesías sufriente, malinterpretada por Pedro hasta convertirse en piedra de tropiezo para Jesús, se vuelve después de la Resurrección piedra de tropiezo para otros judíos (1 Co 1:23).

3. Pedro no estaba pensando (el verbo *froneo* [«pensar», NVI], común en Pablo, se usa en el NT aquí, en Mr 8:33 y en Hch 28:22) en las cosas de Dios (es decir, que Jesús tiene que ir a Jerusalén y morir, v. 21), sino en las cosas de los hombres (es decir, que *no* tiene que ir). En los vv. 13-17 Pedro, a diferencia de otros hombres, pensó en las cosas de Dios porque se le dio revelación divina. Aquí, sin embargo, ha cambiado de partido, y se ha alineado no solo con los hombres sino con Satanás.

MATEO 16:21-23

Muchos eruditos han creído que el contraste entre el Pedro de los vv. 13-20 y 21-23 es tan sorprendente que han desarrollado complicadas explicaciones al respecto. La opinión más común es que Pedro es un tropiezo durante el ministerio terrenal de Jesús, pero se convierte en una piedra angular después de la Resurrección (Brown et al., *Peter*, p. 94). En esto hay un elemento de verdad, porque la promesa de Jesús a Pedro (vv. 17-19) mira al futuro; pero lo hace en base a la revelación que Pedro *ya* captó (vv. 16-17). Esto significa que históricamente Pedro entiende y no entiende. Junto con los demás discípulos, comprende mucho más que las multitudes; pero aun así no alcanza pleno entendimiento hasta después de la Resurrección. La yuxtaposición de los vv. 13-20 muestra claramente la (como mucho) calificada comprensión de los discípulos de Jesús en este punto en la historia de la salvación (Trotter).

Notas

21 Las variantes son muy difíciles. La mayoría de los testigos apoyan ὁ Ἰησοῦς (*jo Iésous*, «Jesús»); א° B° cop$^{sa\ mss,\ bo}$ sugiere Ἰησοῦς Χριστός (*Iésous Cristos*, «Jesucristo»). La última tiene aval tempranero e importante, pero muy limitado. Su fortaleza es que se ajusta de modo admirable al contexto, después de que a Jesús lo acaban de confesar como el Cristo. De igual modo un copista muy bien podría hacer lo mismo. El título en la segunda interpretación es muy extraño, lo cual la vuelve *lectio difficilior* («de interpretación más difícil»). La evidencia interna es por tanto ambivalente. Solo en bases externas se debe preferir la primera interpretación. Unos cuantos testigos omiten las dos, quizá por supresión accidental, algo fácil de hacer en unciales donde regularmente los nombres se abreviaban a IC y XC respectivamente.

22 Ἵλεώς σοι, κύριε (*Jileós soi, kúrie*, «nunca, Señor») se ha entendido de dos modos.

1. La palabra *jileos*, usada en el NT solo aquí y en Heb 8:12, se toma como «bondadoso», «misericordioso», «cortés»; y toda la expresión es una abreviatura de algo más largo, o ἵλεως εἴη σοι ὁ Θεος (*jíleos eíe soi jo teós*, «que Dios tenga misericordia de ti») o ἵλεως ἔσται σοι ὁ Θεος (*jíleos éstai soi jo teós*, «Dios tendrá misericordia de ti»). Comparado con lo que Pedro dice a continuación, la reprensión aun está allí, pero en un lenguaje más suave: «Esto no te ocurrirá, Señor, porque Dios tendrá misericordia de ti», o «que Dios tenga misericordia de ti» (cf. Moulton, *Prolegomena*, p. 240; TDNT, 3:300-301).

2. Es mucho más probable que *jileos* sea tan solo una interpretación homonímica del hebreo חָלִילָה (*jalilá*, «lejos de serlo»). Esto es común a la Septuaginta, y tiene la fuerza en situaciones confrontativas de un «¡nunca!», «¡lejos de serlo!», o «¡Dios nos libre!» muy acentuados. Para referencias y análisis, vea Turner, *Syntax*, p. 309; P. Katz, *Theologische Literaturzeitung* 82, 1957, 113 y sig.; H. St. J. Thackeray, *A Grammar of the Old Testament in Greek According to the Septuagint*, University Press, Cambridge, 1909, 1:38; BDF, par. 128(5).

427

12. *La forma del discipulado*

16:24-28

> ²⁴Luego dijo Jesús a sus discípulos:
> —Si alguien quiere ser mi discípulo, tiene que negarse a sí mismo, tomar su cruz y seguirme. ²⁵Porque el que quiera salvar su vida, la perderá; pero el que pierda su vida por mi causa, la encontrará. ²⁶¿De qué sirve ganar el mundo entero si se pierde la vida? ¿O qué se puede dar a cambio de la vida? ²⁷Porque el Hijo del hombre ha de venir en la gloria de su Padre con sus ángeles, y entonces recompensará a cada persona según lo que haya hecho. ²⁸Les aseguro que algunos de los aquí presentes no sufrirán la muerte sin antes haber visto al Hijo del hombre llegar en su reino.

Mateo no menciona las multitudes (cf. Mr 8:34) y omite Marcos 8:38 porque ha dado un pensamiento en otra parte (10:33). En el v. 27 Mateo añade algunas palabras de Salmo 62:12. Este pasaje hace dos cosas: (1) después del vaticinio de la Pasión en los vv. 21-23, exige la disposición de los discípulos a negarse a sí mismos de modo absoluto, una clase de muerte al yo; (2) sin embargo, afirma que el reino consumado vendrá al fin. En cuanto a la estructura del pasaje, vea en v. 28.

24 Aunque dirigido a los «discípulos» de Jesús (ver en 5:1-2), el pensamiento se expresa en términos más amplios: «Si alguien». Como en 10:33, Jesús habla de «desconocer» o «renunciar» a uno mismo. Los judíos renunciaron al Mesías (Hch 3:14); sus seguidores renuncian a sí mismos (cf. Ro 14:7-9; 15:2-3). Ellos «toman su cruz» (cf. 10:38); cualquier judío en Palestina sabría que el hombre condenado a crucifixión era a menudo obligado a cargar parte de su propia cruz (ver en 27:32), una carga y una señal de muerte. Sin embargo, Jesús no menciona explícitamente el modo en que habría de morir hasta unos días antes del Gólgota. La muerte en sí no es tanto un prerrequisito del discipulado para Jesús como una característica continua de este (ver en 4:19; cf. Jn 12:23-26). (Sobre las diferencias entre discipulado para Jesús y para los rabinos del siglo primero, ver Bornkamm, *Jesus*, pp. 144 y sig.)

25-26 La lógica es permanente: *gar* («porque») comienza los vv. 25, 26, 27 (RVR). En cuanto al sentido del v. 25, vea en 10:39. La orientación es escatológica: salvar *ahora* la *psujé* («vida», NVI; vea en 10:28) dará como resultado perderla *al final*; y perderla *ahora* dará como resultado encontrarla *al final*. El v. 26 (compare 2 Bar 51:15) favorece la polémica al hacer preguntas retóricas idénticas, y mostrar la locura de poseer toda la abundancia y las riquezas creadas a costa de la *psujé*. RVR cambia aquí su traducción de «vida» (v. 25) a «alma» (v. 26). Esto no necesariamente está mal. El cambio brusco de lo físico a lo espiritual se atestigua ampliamente en otras partes (cf. 8:22; Jn 4:10; 6:27); pero tal vez el cambio en castellano es demasiado brusco (cf. Lc 9:25): «a sí mismo»). El enfoque es aún escatológico, y lo que se pierde es la pérdida eterna del alma = vida = sí mismo (sobre la otra vida, vea en 22:23-33). Aparte de la terminología, el negocio es malo.

27 No solo el ejemplo de Jesús (v. 24; cf. 10:24-25), sino el juicio que presidirá, es un incentivo para tomar la propia cruz y seguirlo. El Hijo del hombre (vea en 8:20; 16:13) vendrá «en la gloria de su Padre» —la misma gloria que Dios su Padre disfruta (cf. 26:64; Jn 17:1-5), otra afirmación tácita de la posición de deidad— junto con sus ángeles, quienes resaltan su gloria y sirven como agentes para la cosecha (13:41; 24:31; 25:31; Lc 9:26). Ellos son *sus* ángeles: él estará tan por encima de ellos que los posee y los utiliza. En ese tiempo él recompensará a cada persona *kata tén praxin auton* («según lo que haya hecho»). El lenguaje es de Salmo 62:12, donde el Señor recompensa a su pueblo; y el intercambio Jehová-Jesús no es extraño. El uso de *praxis* («conducta», «hecho») es la traducción de Mateo del hebreo colectivo singular a un singular correspondiente en griego (Gundry, *Use of OT*, p. 138). En cuanto al concepto de las recompensas, vea en 5:12.

28 Muchas de las posibles interpretaciones y los asuntos difíciles ligados con este versículo se han tratado en 10:23, y no es necesario repetirlos. Martin Künzi (*Das Naherwartungslogion Markus 9, 1 par: Geschichte seiner Auslegung*, J.C.B. Mohr, Tübingen, 1977) tiene una excelente historia de interpretación.

La analogía en Marcos 9:1 tiene una frase un tanto distinta: «Sin antes haber visto el reino de Dios llegar con poder». Pero este y el «sin antes haber visto al Hijo del hombre llegar en su reino» de Mateo quizá digan lo mismo, pues se debe recordar que «reino» es un concepto dinámico (ver en 3:2), y que «la venida del Hijo del hombre» también tiene una amplia gama de significados posibles (ver en 10:23). Las principales explicaciones de este versículo se podrían enumerar brevemente.

1. C.H. Dodd (*Parables*, pp. 53-54) interpreta la forma de la expresión de Marcos como «algunos de los que están aquí no sufrirán la muerte hasta que hayan visto que el Reino de Dios haya venido con poder». En otras palabras, el Reino *había venido* cuando Jesús estaba hablando (participio perfecto *eléludsuian*) y los discípulos «ven» —i.e., perciben— que esto es así. Sin embargo, como muchos han mostrado, esta es una manera antinatural de tomar el verbo «ver»; y presenta un problema insuperable en Mateo, donde el participio es *erjomenon* («el Reino de Dios *viniendo*»).

2. Muchos han sostenido que este versículo se refiere a la Transfiguración, el próximo pasaje tanto en Mateo como en Marcos. El problema es doble. Primero, «algunos de los aquí presentes no sufrirán la muerte sin haber visto» es una manera extraordinaria de referirse a Pedro, Santiago y Juan, quienes solo seis días después fueron testigos de la Transfiguración (17:1). Segundo, por espléndida que fuera la Transfiguración, no está claro por completo cómo el Hijo del hombre viene en su Reino (Mateo), o cómo el Reino viene en poder (Marcos) por medio de este acontecimiento.

3. Otros toman esto para referirse a la Resurrección o a Pentecostés. Esta opinión se ha defendido con energía, pero también enfrenta la dificultad de que aun estos sucesos no son tan lejanos como para justificar eso de que «algunos de los aquí presentes no sufrirán la muerte».

4. Otros (Plummer, Gaechter) creen que el dicho se refiere a la caída de Jerusalén (una opinión que este comentario defiende por 10:23). El problema principal es que el contexto no anima aquí esta interpretación, como lo hace en 10:23: no hay mención de las ciudades de Israel, de persecución en ambientes de sinagogas, etc. En realidad, el versículo precedente (16:27) parece referirse a la Segunda Venida.

5. Otros más interpretan este versículo como referencia a la Segunda Venida, pero lanzan conclusiones divergentes. Algunos creen que las palabras muestran que Jesús esperaba que la historia terminara en unos cuantos años, pero estaba claramente equivocado; otros que «algunos de los aquí presentes» se refiere, no a quienes están allí, sino a la generación final, predicha proféticamente. Si Mateo creía que lo primero fue lo que Jesús quiso decir, esperaríamos un evangelio lleno de herejía tesalonicense, cargado de expectativas de la Segunda Venida porque pocos de la primera generación estarían vivos. En vez de eso, la misión de los discípulos es continuar hasta el final de los tiempos (28:20). La segunda alternativa significa que las palabras fueron calculadas para ser malinterpretadas por «algunos de los [que estaban] aquí presentes».

6. Hace poco Bruce Chilton ofreció una novedosa interpretación (*God in Strength*, pp. 251-74; íd., «An Evangelical and Critical Approach to the Sayings of Jesus», *Themelios* 3, 1977-78, 78-85). Este sostiene que «quienes no sufrirán la muerte» es una referencia técnica a los «inmortales» como Elías y Enoc (cf. Gn R 9:6; 4 Esd 6:26); que lo que Jesús dijo de veras fue que los inmortales, como Elías y Moisés en la escena de la transfiguración que sigue de inmediato son testigos de la realidad del Reino, comprendido como revelación de Dios a favor de su pueblo. Si esto es correcto, entonces está resuelto el problema de tratar de encontrar un período apropiado para explicar la predicción de Jesús en Mateo 16:28 y Marcos 9:1: no queda predicción. Pero el razonamiento de Chilton depende de adoptar una interpretación dudosa en Marcos 9:1 (cf. Brower, pp. 30-31) y de razonar que tanto Mateo como Marcos han malinterpretado de modo tan completo a Jesús que ponen en su boca algo diferente de lo que de veras dijo. La palabra «aquí», a pesar de la opinión de Chilton que distingue entre quienes no sufrirán la muerte y los oyentes de Jesús, se entiende más naturalmente como referencia a estos últimos.

Además, casi todas las fuentes de Chilton para establecer que «no sufrirán la muerte» es una frase que quiere decir «inmortales» es casi seguro o probable que sean posteriores. Mientras que algunos elementos de la tradición judía tenían a Moisés, junto con Elías, como «personajes eternos», el AT insiste firmemente que «en Moab murió Moisés, siervo del Señor» (Dt 34:5). Además, lo que según Marcos «algunos de los aquí presentes» verán es que el Reino llega «con poder», o que «ha llegado con poder»; o sea, verán evidencia del poderoso funcionamiento del Reino. Mateo interpreta esto como el equivalente de «el Hijo del hombre llega en [o quizá "con"; cf. BDF, par. 198(2)] su Reino» En otras palabras, ven evidencia de que el Hijo del hombre está reinando con autoridad. Pero la interpretación de Chilton no tiene en cuenta nada de esto. En su opinión los «personajes eternos» solo perciben la realidad del Reino de Dios; y por tanto Chilton confunde el Reino con evidencia de la venida del Reino.

Jesús se refiere a quienes «no sufrirán la muerte», pero Chilton los agrupa con generalidad en «quienes al no sufrir la muerte». Hace esto señalando de modo correcto que las palabras no necesariamente significan que «los presentes» tendrán que sufrir la muerte *después* de haber visto llegar el Reino en poder. Las palabras *ou mé ... jeos an* («no ... hasta») reflejan una traducción semítica, usada en Génesis 28:15, donde Dios dice a Jacob: «No te abandonaré hasta cumplir con todo lo que te he prometido», lo cual no significa que Dios lo dejará después. Chilton deduce de esto que «no sufrirán la muerte hasta ["sin antes", NVI]» se refiere a «inmortales» o «personajes eternos», porque «hasta» no necesariamente señala el final de algo. Esto, aunque correcto, pasa por alto dos puntos esenciales.

Primero, sea que un día «los aquí presentes» deban morir o no, en esta expresión la parte de la oración *sin antes* siempre expresa algo nuevo, o el final o cambio de algo. La oración principal exige secuencia y cambio. Por ejemplo, en el pasaje del Génesis acabado de citar, «hasta» quizá no signifique que entonces Dios dejará a Jacob; pero la frase principal sí significa que Dios cumplirá cada palabra de sus promesas, y permanecerá con Jacob, *al menos* «hasta» que se hayan cumplido por completo todas las promesas. De la misma manera, en Marcos 9:1 y Mateo 16:28, el «hasta» («sin antes», NVI) no necesariamente significa que «los aquí presentes» deban morir; pero el versículo como un todo sí significa que en algún momento futuro serán testigos de la operación poderosa del Reino de Dios (Marcos), la llegada del Hijo del hombre con su Reino (Mateo), y que *al menos* hasta entonces no morirán. Aun así, la interpretación de Chilton no elimina la dificultad de establecer qué período de la salvación está a la vista. Ha esquivado el problema y no lo ha resuelto.

Segundo, la construcción *ou mé … jeos an* («no … hasta») *puede* querer decir que en el «hasta» cesará la acción o estado de la primera cláusula (como en 23:39). En el NT hay muchas incidencias de esta construcción (5:18, 26; 10:23; 16:28; 23:39; 24:34; Mr 9:1; 14:25; Lc 9:27; 12:59; 13:35; 21:32); y hay además variaciones importantes con el mismo significado, especialmente en Lucas 2:26, donde se le ha revelado a Simón que no vería la muerte *hasta (prin an, prin é o jeos an)* que viera al Cristo del Señor, después de lo cual, según parece, murió. Muchas de estas referencias ofrecen evidencia del término de la acción de la primera cláusula cuando ha pasado el tiempo de la cláusula «hasta». Junto con comentarios sobre la fuerza natural de «aquí», esta información sugiere que la mejor manera de tomar «algunos de los *aquí* presentes no sufrirán la muerte *sin antes* haber visto al Hijo del hombre llegar en su Reino» depende, en consecuencia, únicamente del significado de «al Hijo del hombre llegar en su Reino». Si esta es una referencia a la Segunda Venida, «algunos de los aquí presentes» ni siquiera entonces morirán; pero en ese caso la cronología de Jesús estaría muy equivocada. Si esta es una referencia a las evidencias demostrables del reino poderoso, entonces «algunos de los aquí presentes» morirán en algún momento después de ver tales evidencias. Es necesario decir además que los métodos de crítica de redacción de Chilton, aunque hechos con firmeza, son tan arbitrarios en distinguir entre lo «tradicional» y lo «de redacción» que solo pueden producir resultados dudosos.

7. Parece mejor tomar 16:28 como con una referencia más general… es decir, que no sólo se refiere a la Resurrección, a Pentecostés, o similares, sino a la manifestación del majestuoso reino de Cristo exhibido después de la Resurrección en gran cantidad de maneras, sin que las de menos sean el rápido crecimiento de discípulos y la misión a los gentiles. Algunos de los presentes allí vivirían para ver proclamado el evangelio de Jesús en todo el Imperio Romano, y una rica «cosecha» (cf. 9:37-38) de convertidos cosechada para Jesús el Mesías. Esto favorece mejor la flexibilidad del concepto de «reino» en los evangelios sinópticos (ver en 3:2; 10:23; 12:28) y en el

contexto actual. De este modo 16:28 no se refiere a lo mismo que 10:23. Y la distinción no se hace sino en base al contexto.

Este pasaje contiene un importante quiasmo:

> v. 24: desafío a tomar la cruz y seguir a Cristo en el futuro inmediato
>> v. 25: incentivo: recompensa y castigo en la Segunda Venida
>>> v. 26: consideración central de valores
>> v. 27: incentivo: recompensa y castigo en la Segunda Venida
> v. 28: promesa de ver el poder del reino de Jesús en el futuro inmediato

El escenario es muy distinto del de 10:23. Pero si la evidencia del Reino se ve en la Iglesia, esto no significa que la Iglesia y el Reino se deban equiparar. Más bien, en este punto en la historia de la salvación es el poder del Reino obrando por medio de los discípulos de Jesús el que llama a la Iglesia a existir (vea más en 13:36-43). Además, como señala Brower (pp. 32 y sig.), el mayor contexto también ofrece apreciaciones importantes. Aunque la Transfiguración no es el cumplimiento del v. 28, está relacionada con él en una manera importante. Las secciones que resaltan el sufrimiento y la Cruz (16:21-28; 17:9-13) incluyen la Transfiguración, y cataloga esta manifestación más evidente de la gloria divina por medio de sufrimiento. El camino a la gloria es el camino de la Cruz; y el reino del Hijo del Hombre, en el cual «algunos aquí presentes» verán antes de «sufrir la muerte», será inaugurado por la Cruz.

13. *La Transfiguración* (17:1-13)

a. *Jesús transfigurado*

17:1-8

> [1]Seis días después, Jesús tomó consigo a Pedro, a Jacobo y a Juan, el hermano de Jacobo, y los llevó aparte, a una montaña alta. [2]Allí se transfiguró en presencia de ellos; su rostro resplandeció como el sol, y su ropa se volvió blanca como la luz. [3]En esto, se les aparecieron Moisés y Elías conversando con Jesús. [4]Pedro le dijo a Jesús:
> —Señor, ¡qué bien que estemos aquí! Si quieres, levantaré tres albergues: uno para ti, otro para Moisés y otro para Elías.
> [5]Mientras estaba aún hablando, apareció una nube luminosa que los envolvió, de la cual salió una voz que dijo: «Éste es mi Hijo amado; estoy muy complacido con él. ¡Escúchenlo!»
> [6]Al oír esto, los discípulos se postraron sobre sus rostros, aterrorizados. [7]Pero Jesús se acercó a ellos y los tocó.
> —Levántense —les dijo—. No tengan miedo.
> [8]Cuando alzaron la vista, no vieron a nadie más que a Jesús.

Este pasaje suscita difíciles inquietudes literarias, históricas y teológicas. Las *literarias* surgen en buena parte de los varios importantes «acuerdos menores» de Mateo y Lucas (9:28-36) contra Marcos (9:2-8), los que suscitan dudas acerca de la suficiencia de la hipótesis de dos fuentes (cf. Introducción, sección 3). Estos «acuerdos» los examinó hace poco F. Neirynck («Minor Agreements of Matthew-Luke», en Hoffmann et al., pp. 253-66) y los juzgó de mayor relevancia para las tendencias de Mateo y Lucas que para las relaciones de crítica de fuente.

Las inquietudes *históricas* surgen porque ha habido numerosos intentos de explicar el origen de esta historia en algún entorno distinto al que presentan los evangelistas. Schweitzer (pp. 380 y sig.) sostiene que cuando los sueños de Jesús quedaron destrozados después de la misión de los doce (Jesús creía que esa misión sería el preludio del Reino), experimentó una visión extática, quizá aclaratoria, reinterpretada después por sus discípulos. Esta interpretación histórica depende de teorías más amplias de Schweitzer, ahora muy desacreditadas (vea en 10:23). De mayor influencia es la opinión de Bultmann, de que esta historia es un relato de la Resurrección que no viene al caso (*Synoptic Tradition*, p. 259). Sin embargo, esto lo ha rebatido muy bien Robert H. Stein («Is the Transfiguration [Mark 9:2-8] a Misplaced Resurrection-Account?», JBL 95, 1976, 79-96). Stein demuestra que en lenguaje y forma la teoría de Bultmann y muchos otros no sirve.

Más recientemente B.D. Chilton («The Transfiguration: Dominical Assurance and Apostolic Vision», NTS 27, 1980, 115-24) ha continuado su interpretación del v. 28 (detalles más adelante) al postular que el origen del relato de la Transfiguración es su reconstrucción de las palabras de Jesús detrás del v. 28. Jesús jura por «testigos inmortales» que el «Reino», la revelación de «Dios en fortaleza» continúa en enérgico funcionamiento. Los discípulos entendieron que esos «testigos eternos» eran Moisés y Elías. Luego Pedro, Jacobo y Juan, quienes se vieron como Aarón, Nadab y Abiú con referencia al nuevo Moisés (i.e., Jesús), enfatizaron la continuidad de la revelación de Jesús con la revelación profética de antaño en esta «forma de visión literaria». Hemos cuestionado el primer paso de Chilton, y el más importante (vea en v. 28), y el resto no es más que simple aseveración sin evidencia que lo respalde. Incluso si su entendimiento del v. 28 fuera correcto, es difícil ver en qué se basa para sostener que la intención del evangelista no era que 17:1-8 se tomara como histórico.

Las inquietudes *teológicas* se suscitan porque la historia tiene muchos matices: alusiones a Moisés, su experiencia de gloria y su papel en la historia redentora, Elías y su papel como precursor escatológico, el bautismo de Jesús (la voz del cielo que dice lo mismo, cf. 3:17), la Segunda Venida, quizá la gloria del Señor, y otros. Lo que se relata es a las claras de importancia crucial en la autorrevelación de Jesús, y se deben hacer algunos intentos para entrelazar estos acontecimientos sin limitarnos a alegorizar el pasaje. La mejor exposición reciente es de Liefeld. También G.H. Boobyer (*St. Mark and the Transfiguration Story*, T & T Clark, Edimburgo, 1942, pp. 1-47) ofrece un útil estudio de opciones teológicas.

1 Precisos indicadores de tiempo como «seis días después» son raros en los sinópticos, aparte del relato de la Pasión. El «unos ocho días después de Jesús decir esto» de Lucas (9:28) se basa en una manera griega de hablar, y significa «aproximadamente una semana más tarde». Se han hecho numerosas sugerencias, como por qué se debe mencionar «seis días». Bonnard, siguiendo a H. Baltensweiler (*Die Verklärung Jesu*, Zwingli, Zürich, 1959), ve una alusión a los seis días que separan el Día de la

Expiación de la fiesta de los tabernáculos. En este punto de vista la primera mención explícita de la pasión de Jesús (16:21-23) se da en el primer día y en la Transfiguración, con sus «albergues» (v. 4) o «tabernáculos», en él último. Pero es muy improbable que Jesús y sus discípulos viajaran de Cesarea de Filipo a esa montaña durante la fiesta. Tampoco hay evidencia directa de que fuera esa época del año. Otros ven una referencia a Éxodo 24:16 («seis días la nube cubrió el monte. Al séptimo día, desde el interior de la nube el SEÑOR llamó a Moisés»). Tal vez tales puntos de vista son demasiado sutiles, ¡especialmente para Lucas! Los «seis días» podrían indicar simplemente el tiempo que se necesitó para viajar de un lado (16:13) al otro (17:1), y en consecuencia establece el hecho, observado por los tres escritores de los sinópticos, que la Transfiguración se realizó a los pocos días de la predicción de que Jesús debía ir a Jerusalén y morir. Por tanto los, dos pasajes se deben leer juntos.

El monte Tabor, la tradicional «montaña alta», está localizada al sur de Galilea; pero en realidad no es «alta» (aprox. 650 metros) y habría sido un camino indirecto para viajar de Cesarea de Filipo a Capernaúm (vv. 22, 24; Mr 9:30, 33). Además, según Josefo había una fortaleza amurallada en su cumbre (Guerra II, 573 [xx. 6]; IV, 54-55 [i. 8]). El monte Hermón, que se levanta sobre Cesarea de Filipo, es la alternativa más popular (3100 mts.); pero es demasiado alta y fría, y su cumbre —si de veras fueron a la cima— es un lugar extraño para pasar la noche (Lucas especifica que descendieron al día siguiente). Inmediatamente después de su descenso Jesús y los tres íntimos enfrentaron multitudes que incluían «maestros de la Ley» (Mr 9:14). Esto es casi inconcebible en el monte Hermón en territorio gentil. Liefeld (p. 167, n. 27) ha sugerido de modo convincente el monte Miron (1300 mts.), la montaña más elevada en Israel y en el camino de Cesarea de Filipo a Capernaúm. La «montaña» hace recordar a Moisés y Elías, quienes recibieron revelación sobre una montaña (Éx 19; 24; 1 R 19), aunque aquí parte del propósito era asegurar privacidad («los llevó aparte», Mt 17:1; «estaban solos», Mr 9:2).

Aquellos a quienes Jesús «llevó aparte» (el verbo, contrario a algunas exposiciones recientes, no tiene obvia conexión con las relaciones maestro-discípulo; cf. su uso en 2:13; 4:5; 12:45), eran Pedro, Jacobo y Juan, el círculo íntimo de los doce (ver en 10:2; 20:20; 26:37; cf. Mr 5:37, y la continua amistad de Pedro y Juan, Hch 8:14; Gá 2:9 [con un Jacobo distinto]).

2 El rostro de Moisés brillaba debido a que reflejaba la gloria de Dios (Éx 34:29-30). Pero en cuanto a Jesús, estaba transfigurado. El verbo *metamorfoo* («transfigurar», «transformar», «cambiar de forma») sugiere un cambio de la naturaleza más íntima que puede ser exteriormente visible (como aquí; cf. Éx 34:29; 2 Bar 51:3, 5) o totalmente invisible (Ro 12:2; 2 Co 3:18). Que Jesús se transfigurara «en presencia de ellos» supone que fue en buena parte por el bien de ellos: cualquier confirmación de la experiencia que podía haber dado Jesús era reveladora para sus discípulos. A medida que comprendían, tenían el privilegio de ver algo de la gloria de Jesús antes de su encarnación (Jn 1:14; 17:5; Flp 2:6-7) y prever su venidera exaltación (2 P 1:16-18; Ap 1:16). Su confesión de Jesús como Mesías, y la insistencia de este en que sería un Mesías sufriente (16:13-21; 17:9) se confirmaron. Por tanto, ellos tenían razón en esperar que verían al Hijo del hombre llegar en su Reino (16:28). El contraste entre lo que Jesús acababa de predecir que sería su destino (16:21) y esta gloriosa visión motivaría algún día a los discípulos de Jesús a maravillarse ante la autohumillación que lo llevó a la Cruz, y a ver un poco de la altura a la cual había sido levantado por su resurrección y ascensión vindicadora.

3 La palabra *idou* no se debería presionar para que quiera decir «en esto» (NVI); se usa dos veces más en el v. 5, donde resalta lo maravilloso de la experiencia (ver en 1:20). A diferencia de Marcos, Mateo pone a Moisés antes que Elías, dándole ligeramente una posición superior; y solo Mateo menciona la luminosidad de la nube (v. 5), que recuerda la gloria divina (cf. Davies, *Ambiente*, pp. 50-56). Tanto Moisés como Elías tenían funciones escatológicas: Moisés era el modelo para el Profeta escatológico (Dt 18:18), y Elías para el precursor (Mal 4:5-6; Mt 3:1-3; 11:7-10; 17:9-13). Ambos tuvieron extraños finales; ambos fueron hombres de Dios en tiempos de transición, el primero para introducir el pacto, y el segundo para trabajar por adhesión renovada hacia ese pacto. Ambos experimentaron una visión de la gloria de Dios, uno en Sinaí (Éx 31:18) y el otro en Horeb (1 R 19:8). Ahora, sin embargo, la gloria es la gloria de Jesús, porque él es quien se transfiguró y quien irradia la gloria de la deidad. Ambos sufrieron rechazo de varias clases (en cuanto a Moisés, cf. el resumen de Esteban, Hch 7:35, 37; y en cuanto Elías, cf. 1 R 19:1-9; Mt 17:12). Juntos muy bien podrían resumir la Ley y los Profetas. Esto es más convincente cuando recordamos que estos dos personajes casi nunca aparecen juntos en el judaísmo ni en el NT (tal vez Ap 11:3; cf. Zac 4:14; J. Jeremias, TNDT, 4:863-64). Todas estas asociaciones cobran importancia a medida que continúa el relato, y se percibe a Jesús como superior a Moisés y Elías, y en realidad es superior (vv. 5, 8).

El verbo *ofdsé* («aparecer»), usado a veces en conexión con la resurrección de Jesús, no sugiere en sí un escenario de Resurrección, puesto que Moisés y Elías son quienes «aparecen», no Jesús.

4 Pedro «respondió» a Jesús (NVI, «le dijo»): la forma peculiar del verbo (*apokridseis*) quizá signifique que su sugerencia fue provocada por las circunstancias, pero lo más probable es que no tenga fuerza de «respuesta» (ver en 11:25). Pedro, hablando por los tres («¡qué bien que *estemos* aquí!»), y sintiendo algo de la grandeza de lo que él, Jacobo y Juan están viendo, sugiere levantar tres *skénas* («tabernáculos»; NVI «albergues»). Aunque la palabra rememora el tabernáculo en el desierto, precursor del Templo, la idea de levantar «tabernáculos» también refleja la fiesta de los tabernáculos, cuando los judíos levantaban albergues para sí mismos y vivían en ellos por siete días (cf. Lv 23:42-43). La fiesta tenía trasfondo escatológico. Así que Pedro muy bien pudo decir que en gratitud por ser testigo de la transfiguración de Jesús, y al reconocer el inicio inminente de la era mesiánica, levantaría tres «tabernáculos»: uno para Jesús, uno para Moisés, y uno para Elías.

El reproche que sigue no ofrece crítica de la escatología de Pedro, ni siquiera de su sentido de la oportunidad, sino que se administra únicamente debido a que lo que espetó comprometía la singularidad de Jesús. *Jesús* fue transfigurado; ellos debían ser portadores del testimonio relacionado con *él* (v. 5). Marcos dice que Pedro habló por miedo; Lucas que hizo su sugerencia cuando Moisés y Elías estaban a punto de irse. Marcos y Lucas señalan la insensatez del comentario de Pedro. Mateo simplifica, y al hacerlo remarca el error cristológico de Pedro.

Marcos (9:5) tiene «Rabí»; Lucas (9:33) «Maestro», y Mateo «Señor». Quizá Marcos sea original; Lucas traduce «Rabí» por «Maestro» para sus lectores no judíos; y Mateo tal vez usa «Señor» en su sentido general (ver en 7:21), sin denotar más respeto que diciendo «rabino». Sin embargo, ¿por qué la diferente forma de llamarlo de Mateo? Quizá es para resaltar lo que Pedro está haciendo. Ya antes Pedro había confesado a Jesús como Cristo, y no obstante él lo reprendió porque Pedro no entendió el significado total de «Cristo». Aquí trata otra vez a Jesús con respeto («Señor»), pero sugiere algo que compromete la identidad del Señor. Los lectores de Mateo saben muy bien que «Cristo» significa más que conquistador político mesiánico, y que «Señor» incluiría a la vez supremacía absoluta. Pero Pedro aún no sabe estas cosas.

5 La «nube» está asociada, tanto en el AT como en el judaísmo intertestamental, con escatología (Sal 97:2; Is 4:5; Ez 30:3; Dn 7:13; Sof 1:15; cf. 2 Bar 53:1-12; 4 Esd 13:3; 2 Mac 2:8; b *Sanhedrin* 98a; cf. Lc 21:27; 1 Tes 4:17), y con el Éxodo (Éx 13:21-22; 16:10; 19:16; 24:15-18; 40:34-38). De los escritores de los sinópticos solo Mateo dice que la nube estaba «iluminada», un detalle que recuerda la gloria divina. Las posteriores asociaciones escatológicas (Lc 21:27; 1 Tes 4:17) muestran a Jesús en su papel como quien sucede a Moisés el profeta escatológico; las primeras asociaciones (Sal 97:2 et al.) nos aseguran que Jesús es el Rey mesiánico cuyo reino se está iniciando. Pero como señala Liefeld (p. 170), común a las dos series de pasajes, y también a otras, es la idea fundamental de la presencia de Dios.

No es seguro si *epeskiasen* significa «envolvió» (NVI) o «eclipsó» (cf. Éx 40:35). Lo que dice la voz de la nube es en buena parte una repetición de 3:17, una mezcla aparente de Salmos 2:7 e Isaías 42:1 que resalta que Jesús es tanto Hijo como Siervo sufriente. Este es el punto crucial del relato (cf. S. Pedersen, «Die Proklamation Jesu als des eschatologishen Offenbarungsträgers», NovTest 17, 1975, 241-64). (Marcos omite la alusión a Is 42:1; pero tanto Mateo como Lucas, sin mencionar 2 P 1:17, avalan la conexión en diferentes maneras: cf. Gundry, *Use of OT*, pp. 36-37.) Pero si Mateo 3:17 identifica a Jesús, este versículo en su contexto va más allá y lo coloca sobre Moisés y Elías.

La palabra adicional «¡escúchenlo!» —una alusión a Deuteronomio 18:15— confirma que Jesús es el Profeta como Moisés (Dt 18:15-18; cf. Hch 3:22-23; 7:37). Esto no significa que Jesús sea otro profeta de la talla de Moisés, sino el Profeta escatológico basado en Moisés como un prototipo; porque, como ha sugerido Liefeld (p. 173), el papel principal de Moisés aquí es tipológico, mientras el de Elías, que no se explica hasta los vv. 9-13, es escatológico. Como representación de Moisés, Jesús lo sobrepasa tanto que cuando ponen a Moisés a su lado, los hombres deben «escuchar» a Jesús. El punto culminante de la revelación bíblica es Jesús, el Hijo y Siervo que Dios ama y con quien se complace. Incluso Moisés y Elías (la Ley y los Profetas) suponen papeles de apoyo donde está relacionado. Esto confirma nuestra interpretación de 5:17-48; 11:11-15.

6-8 El efecto de la Transfiguración en los discípulos nos recuerda a Daniel (Dn 10:7-9; cf. también Dt 5:25-26; Heb 12:19). La gloria visible de la Deidad provoca terror, pero

Jesús calma los temores de sus discípulos (cf. 14:26-27; cf. Dn 8:18; 10:18). Marcos acha-ca al temor las palabras insensatas de Pedro; Mateo, a la respuesta de los discípulos hacia la voz en la nube. Ambos son psicológicamente verosímiles; ambos resaltan puntos dife-rentes en la narración. En Marcos el temor ayuda a explicar la locura de Pedro. En Ma-teo magnifica la grandeza de la Transfiguración. Solo Mateo nos dice que ante el divino esplendor los discípulos «se postraron sobre su rostro» (v. 6), un preludio a que no vieron a nadie «más que a Jesús» (v. 8). Estas palabras están impregnadas de significado. Com-paradas con la revelación a través de él, las demás revelaciones palidecen. Tal revelación quizá tenga papeles de apoyo, señalamiento y profecía; pero que Jesús es el Hijo de Dios (y aquí los lectores de Mateo deben haber recordado los caps. 1—2) es primordial. Por consiguiente, todos deben «escucharlo» (v. 7).

La Transfiguración fue en buena parte para los discípulos (Jesús llevó a ella a sus tres íntimos; se transfiguró ante «ellos»; la voz habló «a ellos»; cf. Allison A. Trites, «The transfiguration of Jesus: The Gospel en Microcosm», EQ 51, 1979, 77 y sig.). Esto no significa que ellos la entendieran por completo; sino que fue un paso crucial en la autorrevelación cargada de simbología de Jesús que se entendería mucho mejor (2 P 1:16-19) después de la Resurrección. Por el momento, confirmó de modo inde-leble la convicción de los discípulos de que Jesús era el Mesías.

Notas

4   BDF, par. 372(2c), sugiere que «si quieres» que solo se encuentra en Mateo, es un helenis-mo por «por favor».
5   Ha habido muchos intentos de relacionar las palabras de la voz del cielo con la historia del «sacrificio» de Isaac en Gn 22, porque esa historia se desarrolla en motivos indirectos de expiación en el judaísmo posterior. Pero P.R. Davies y B.D. Chilton («A Revised Tradition History», CBQ 40, 1978, 514-46) han demostrado claramente que tales tradiciones judías no se desarrollaron hasta el año 70 d.C.

b. El lugar de Elías

17:9-13

⁹Mientras bajaban de la montaña, Jesús les encargó:
—No le cuenten a nadie lo que han visto hasta que el Hijo del hombre resu-cite.
¹⁰Entonces los discípulos le preguntaron a Jesús:
—¿Por qué dicen los maestros de la ley que Elías tiene que venir primero?
¹¹—Sin duda Elías viene, y restaurará todas las cosas —respondió Jesús—.
¹²Pero les digo que Elías ya vino, y no lo reconocieron sino que hicieron con él todo lo que quisieron. De la misma manera va a sufrir el Hijo del hombre a ma-nos de ellos.

¹³Entonces entendieron los discípulos que les estaba hablando de Juan el Bautista.

En Lucas no tiene paralelo; sin embargo, vea Marcos 9:9-13. Mateo omite Marcos 9:10; y su manejo de Marcos 9:12-13 en 17:11-13 es tan personal, aunque complementario, que algunos eruditos piensan que aquí Mateo recurre a una fuente independiente (e.g., Schlatter, Lohmeyer).

9 Esta es en Mateo la quinta y última vez que Jesús les pide a los discípulos que se queden callados (ver 8:4). En esta ocasión Jesús permite que sus discípulos cuenten todo después de que el Hijo del hombre (ver exposición en 8:20) «resucite». Jesús apenas pudo haber asociado este permiso a advertencias anteriores de quedarse callados (16:20), puesto que él no había hablado claramente acerca de sus sufrimientos y su muerte. No obstante, el mismo cambio histórico de salvación —primero silencio, luego proclamación—ya antes se presenta en 10:27.

La orden en cierta manera pudo haber sido desilusionadora, pero también bueno que tuviera un plazo. ¿Por qué la impuso Jesús? Probablemente por dos razones principales y complementarias:

1. La historia solo provocaría un mesianismo político superficial, que ya era una amenaza.

2. La más firme evidencia de la condición de Mesías de Jesús sería su resurrección, mediante la cual «fue designado con poder Hijo de Dios» (Ro 1:4). Una prematura autorrevelación en forma directa, sin la suprema «señal de Jonás», la Resurrección (ver en 12:40), no solo alentaría falsas expectativas sino que también desilusionaría rápidamente a quienes las tenían. Por tanto, con sus posibles convertidos en mente, Jesús sabía que era mejor por el bien de ellos esperar hasta la Resurrección antes de permitir que Pedro, Jacobo y Juan contaran lo que habían visto.

Esto no quiere decir que la gloria de Jesús podría conocerse totalmente solo a través de la Resurrección. Por el contrario, quiere decir que aunque su verdadera gloria antecedió a la Resurrección, y fue revelada a tres íntimos antes de la Pasión, podría darse a conocer a los demás solo después de la Resurrección.

10 ¿Por qué los discípulos hicieron esta pregunta, conectándola con *oun* (normalmente una conjunción de conexión: «por tanto», «entonces»)? Existen dos soluciones falsas:

1. Si Jesús era el Mesías, ¿cómo responderían los discípulos la objeción de los escribas, de que Elías debía *anteceder a* la venida del Mesías (Mal 4:5-6; vea en 11:7-15; M *Eduyoth* 8:7; M *Baba Metzia* 3:5; SBK, 4:764-98)? En este aspecto el *oun* deduce la realidad de la condición de Mesías de Jesús, y la aceptación de los discípulos de la reiteración del Maestro respecto a su muerte y resurrección: *porque* los discípulos entienden quién es Jesús, preguntan por qué los escribas insisten que Elías precede al Mesías, puesto que aparentemente Elías aún no había aparecido. Esta interpretación es intrínsecamente improbable, como lo muestra la explicación de Marcos: a los discípulos se les describe «discutiendo entre ellos qué significaría eso de "levantarse de entre los muertos"» (Mr 9:10), mostrando de este modo que en verdad *no* habían

entendido de qué hablaba Jesús; y como resultado de esta discusión hacen la pregunta en Marcos 9:11 y Mateo 17:10. Para algunos comentaristas de Marcos esta es una segunda pregunta relevante, pero no muestran cómo se asocia con la discusión de los discípulos. Trench (*Studies*, p. 222) va más allá y dice que los discípulos no se arriesgan a levantar el primer tema y así trasladarse a este otro; Lagrange dice que Mateo omite Marcos 9:10 porque ese texto no lleva a ninguna parte. Sin embargo, se puede establecer una íntima conexión.

2. Algunos eruditos han sugerido que la pregunta de los discípulos la motivó la suposición de que la aparición de Elías durante la Transfiguración fue en sí el cumplimiento de Malaquías 4:5. Entonces la pregunta era: ¿Por qué el Mesías (Jesús) apareció antes que Elías, cuando los escribas decían que el orden debería ser inverso (B.F. Meyer; Robertson, 1:141)? Pero esta interpretación sufre de la debilidad del punto de vista anterior (es decir, que los discípulos entendieron adecuadamente la enseñanza de Jesús de 17:9 y paralelo), aunque descansa en la hipótesis de que los discípulos interpretarían esta breve visión de Elías como el cumplimiento de una profecía en que Elías «hará que los padres se reconcilien con sus hijos y los hijos con sus padres» (Mal 4:6).

La verdadera conexión es más profunda. Se esperaba que Elías restaurara todas las cosas: que introdujera un estado de justicia y verdadera adoración. Entonces, ¿cómo podría ser que el Mesías muriera en un entorno restaurado de tal modo, y que muriera a manos de los ancianos, los jefes de los sacerdotes y los maestros de la Ley, como Jesús les dijera solo una semana antes (16:21)? Esta interpretación da sentido tanto al *oun* de Mateo («entonces») y el de Marcos 9:10. Si Jesús como Mesías (de cuyo mesiazgo los discípulos no dudaban ya) debía *sufrir*, ¿cómo se podía decir que Elías debía venir primero *a restaurar todas las cosas*? Su confusión no era simplemente cronológica, aunque podría haber algo de eso; se trataba de su incapacidad de encontrar un marco de referencia en el cual ellos pudieran creer que el Mesías podía morir.

11-12 La respuesta de Jesús confirma esta interpretación. Él aprueba la enseñanza de los escribas pero insiste en que se debe tener en cuenta otra realidad. La estructura «sin duda, … pero» de la NVI refleja exactamente esta dualidad (Gr. *men*, … *de*). Por un lado, Elías viene «primero» (*proton*, en algunos mss.) y «restaurará todas las cosas» (v. 11; la combinación de los tiempos presente y futuro es menos uniforme que en Marcos 9:12, pero refleja la profecía del AT; vea Zerwick, par. 281). La misión de Juan fue un éxito (3:5-6; 14:5); pero, por otro lado, «restaurar todas las cosas» no se debe tomar de modo absoluto. El Bautista llegó como sucesor de los profetas del AT, a quienes persiguieron y hasta mataron. El hecho no reconocido es que a pesar de que la *interpretación* de los escribas es correcta —Elías debe preceder al Mesías— es incorrecto su entendimiento de la *historia* reciente, porque Elías ya había venido (v. 12; cf. 11:14; Lc 1:17); pero el pueblo en general, y los escribas y líderes en particular, no lo reconocieron e hicieron con él «todo lo que quisieron», vaga expresión que insinúa el rechazo de Juan por parte de la mayoría de los líderes judíos (cf. 21:24-27) y su muerte, de la cual los líderes judíos no fueron directamente responsables.

El propósito de Jesús es general: el Bautista (Elías) sí cumplió su misión, pero murió en ella. «De la misma manera va a sufrir [BDF, par. 315] el Hijo del hombre a manos de ellos» (v. 12b). Si la restauración de «todas las cosas» del Bautista no evitó su propia muerte, ¿por qué iban a recibir mejor al Mesías?

13 La conclusión de Mateo, que no se encuentra en Marcos, ha provocado mucha especulación. G. Barth (Bornkamm, *Tradition*, p. 106) la toma como evidencia adicional de su opinión de que en Mateo el «entendimiento» es esencial para el discipulado. Otros creen que este es el momento decisivo en el relato de Mateo: los discípulos llegan a un verdadero entendimiento (Klostermann; Trilling, p. 92). Aun otros afirman que esto introduce una separación entre lo que entienden los discípulos y lo que no entienden los maestros de la Ley (McNeile; Schweizer; Frankmölle, p. 151; Meier, *Vision*, p. 123). Aunque esto tiene cierta validez, hay otros dos factores: (1) Otra vez Mateo culmina un pasaje al regresar a la pregunta que se formuló (ver 15:20); y (2) lo que los discípulos entienden es que Juan el Bautista es Elías. No está del todo claro, sin embargo, que habiendo entendido mucho más acerca de la muerte y resurrección del Hijo del hombre, se haga muy obvio durante el relato de la Pasión que no hayan entendido (cf. esp. 26:50-56). En resumen, este pasaje marca otro pequeño paso en la comprensión de los discípulos de Jesús.

Notas

9 Debido a que Mateo tiene τὸ ὅραμα (*to jórama*, lit, «la visión»; NVI, «lo que han visto») para Marcos ἃ εἶδον (*ja eídon*, «lo que ellos han visto», NVI), muchos sugieren que Mateo está intentando explicar la Transfiguración en términos aceptables a sus lectores. Pero *jórama* no necesariamente significa «visión» como resultado de un sueño o trance; puede simplemente referirse a lo que se ha visto (BAGD, s.v.). Por tanto no se debe dar mucha importancia a la diferencia entre ambas expresiones.

14. *Sanidad de un muchacho epiléptico*

17:14-20[21]

14Cuando llegaron a la multitud, un hombre se acercó a Jesús y se arrodilló delante de él.

15—Señor, ten compasión de mi hijo. Le dan ataques y sufre terriblemente. Muchas veces cae en el fuego o en el agua. **16**Se lo traje a tus discípulos, pero no pudieron sanarlo.

17—¡Ah, generación incrédula y perversa! —respondió Jesús—. ¿Hasta cuándo tendré que estar con ustedes? ¿Hasta cuándo tendré que soportarlos? Tráiganme acá al muchacho.

18Jesús reprendió al demonio, el cual salió del muchacho, y éste quedó sano desde aquel momento.

¹⁹Después los discípulos se acercaron a Jesús y, en privado, le preguntaron: —¿Por qué nosotros no pudimos expulsarlo?

²⁰—Porque ustedes tienen tan poca fe —les respondió—. Les aseguro que si tienen fe tan pequeña como un grano de mostaza, podrán decirle a esta montaña: "Trasládate de aquí para allá", y se trasladará. Para ustedes nada será imposible.

Los tres autores sinópticos (cf. Mr 9:14-29; Lc 9:37-43) ponen este milagro exactamente después del descenso del Monte de la Transfiguración. La explicación de Mateo es mucho más corta que la de Marcos, que ha llevado a algunos a creer que Mateo utilizó aquí información independiente. Se introduce el v. 20 (la fuerza del cual aparece otra vez en 21:21) y de este modo hace a la fe fundamental en el relato. El contraste entre la gloria de la Transfiguración y la vergonzosa incredulidad de los discípulos de Jesús (ver v. 17) es parte de la tensión creciente que magnifica la singularidad de Jesús a medida que se acerca más a su Pasión y Resurrección.

14-16 El relato de Mateo, con su repentina presentación de la multitud (v. 14), claramente presupone alguna narración más completa (cf. Marcos). La palabra que se traduce «se arrodilló» (*gonupeteo*, utilizada en el NT solo aquí y en 27:29; Mr. 1:40; 10:17) no presenta insinuaciones de adoración sino que sugiere humildad y súplica. En cuanto a «Señor» (v. 15; Marcos tiene «Maestro»), vea en 8:2; 17:4. *Seléniazetai* («es un epiléptico») se presenta solo dos veces en el NT (ver en 4:24). Marcos 9:18-20 describe los síntomas del muchacho de manera más vívida. La «epilepsia» en este caso se asocia con posesión demoníaca (vea en 8:28). Los «discípulos» que fueron incapaces de sanarlo, se presume que fueron los nueve que quedaron cuando Jesús llevó consigo a Pedro, Jacobo y Juan cuando ocurrió la Transfiguración.

Los fracasos de los discípulos son temas que se repiten en toda esta sección (14:16-21, 26-27, 28-31; 15:16, 23, 33; 16:5, 22; 17:4, 10-11). Esta falla en su ministerio de sanación parece extraño al principio, porque Jesús claramente les había dado poder para sanar y expulsar demonios (10:1, 8). Sin embargo, es parte del patrón de progreso y fracaso de los discípulos. En otras ocasiones ellos habían mostrado falta de fe (14:26-27, 31; 15:5, 8), un recordatorio de que su poder para efectuar milagros del Reino no era de ellos sino que, a diferencia de la magia, estaba enteramente ligado y relacionado con su andar de fe.

17-18 La respuesta de Jesús recuerda Deuteronomio 32:5, 20. *Apistos* (v. 17) puede significar «no digno de confianza», o «incrédulo». El último es dominante aquí (cf. v. 20); pero no quiere decir «esta generación» no tiene nada de fe, sino que la incredulidad es característica de «esta generación». El participio pasivo perfecto *diestrammené* («perversa») probablemente posee fuerza adjetival, antes que denotar un estado consecuente de alguna acción previa (ver en 16:19). Yuxtaponer «perversa» e «incrédula» sugiere que el no creer proviene del error moral de no reconocer la verdad, no la falta de evidencia, sino de negligencia obstinada o distorsión de la evidencia. *Diastrefo* («pervertir») se utiliza siete veces en el NT (cf. Lc 9:41, 23:2; Hch 13:8,

10; 20:30; Flp 2:15). En la última de estas ocasiones Pablo aplica al mundo entero las mismas palabras que Jesús utiliza aquí.

Sin embargo, ¿qué cubre el término «generación» (*genea*)? Seguramente lleva la represión más allá de los discípulos (cf. también 11:16; 12:39-42; 16:4; 23:36; 24:34). Pero pasa sobre la evidencia para sostener con R. Walker (pp. 35 y sig.) que la palabra aquí significa «raza», y que por tanto los judíos están de aquí en adelante excluidos de la salvación, o para decir con Frankmölle (pp. 21 y sig.) que solo se dirige a Israel. Que la incredulidad de los discípulos es central para la exasperación de Jesús lo clarifica Mateo al omitir Marcos 9:23-24; si su descripción se extiende más allá de los discípulos, a toda la generación contemporánea, debe principalmente extenderse también a todos los culpables de la misma incredulidad, sin importar su raza.

Las preguntas retóricas —«¿Hasta cuándo tendré que estar con ustedes? ¿Hasta cuándo tendré que soportarlos?»— expresan no solo desilusión personal sino también que Jesús estaba consciente de su origen celestial y su destino. La obstinada incredulidad de sus discípulos le duele de verdad. Él debe tolerar («soportar», NVI), aunque este tema es más fuerte en Marcos que en Mateo (cf. Mr 8:12 y Mt 16:4; Mr 3:5 y Mt 12:13). En relación con el milagro, Mateo lo describe de modo conciso, sin dejar duda del poder de Jesús para sanar y expulsar demonios (v. 18). El muchacho quedó sano «desde aquel momento» (lit., cf. 9:22; 15:28).

19-20[21] Los discípulos, presumiblemente los nueve que intentaron y fracasaron (v. 16), preguntan a Jesús en privado (cf. también Mr. 9:28), por qué «nosotros» (enfático) no pudimos expulsar al demonio (v. 19). La razón, dice Jesús, se debe a su *oligopistia* («poca fe», v. 20; cf. Notas). A pesar de la etimología de la palabra, probablemente no se refiere tanto a la pequeñez de su fe como a su pobreza (Bonnard). Poca fe, al igual que la pequeña semilla de mostaza, puede ser eficaz; poca fe, como la de los discípulos aquí, es ineficaz. El sustantivo se presenta solo aquí en Mateo, pero el adjetivo similar aparece en 6:30; 8:26; 14:31; 16:8, y siempre se refiere a los discípulos. Trasladar montañas era característico de vencer grandes dificultades (cf. Is. 40:4; 49:11; 54:10; Mt 21:21-22; Mr 11:23; Lc 17:6; 1 Co 13:2). Nada sería imposible para ellos, promesa que, al igual que su analogía en Filipenses 4:13, está limitada por contexto, no por incredulidad. Aquí se refiere al logro de las obras del Reino para las cuales habían recibido autoridad.

La respuesta de Jesús en Mateo no es la misma que en Marcos 9:29 («esta clase no sale sino con oración y ayuno»); pero si el comentario en *oligopistia* («pobreza de fe») es correcto, entonces al menos las dos respuestas son complementarias, y cada una arroja luz sobre la otra. En un nivel superficial los discípulos tenían fe: esperaban poder expulsar el demonio. Por mucho tiempo habían triunfado en esta misión, y aquí están sorprendidos por su fracaso. Pero su fe es pobre y barata. Están manejando la autoridad que se les ha otorgado (10:1, 8) como un regalo de magia, un poder concedido que obra *ex opere operato*. En Marcos, Jesús les manifiesta que este caso requiere oración; no una forma de rito confirmado, sino una vida entera revestida de oración y su fe concomitante. En Mateo, Jesús les dice a sus discípulos que lo que ellos necesitan no es una fe gigante (una fe pequeña sería suficiente) sino verdadera fe, una fe que, brotando de una confianza profunda y personal, espera que Dios obre.

Notas

---

14 El genitivo absoluto aquí, en el v. 26, y en Hch 17:14 es defectuoso: un participio sin un sustantivo (cf. Zerwick, par. 50; Moule, Idiom Book, p. 203). Esto evoca la introducción de un pronombre en muchos mss posteriores, o un cambio en el participio al nominativo singular en algunos de ellos.

17 En exclamaciones que expresan emoción muy fuerte, ὦ (jo, «O») no está restringido al vocativo, pero podrían colorear toda la oración, que igual que aquí por lo general es una pregunta (cf. BDF, par. 146[2]).

18 En cuanto a la confusión entre las preposiciones ἀπό (apó, «del», «lejos de») y ἐκ (ek, «de», «fuera de») en griego, vea en 3:16.

20 Ὀλιγοπιστίαν (oligopistían, «poca fe», o, mejor, «fe pobre») es lo que interpreta ℵ B H f¹ f¹³ 33 700 892 et al., y ἀπιστίαν (apistian, «infiel», como en el v. 17) por los demás. Sin embargo, la primera interpretación tiene evidencias firmes; se trata de un *japax legomenon* del NT (única incidencia); su similar es inconfundiblemente mateano, si no exclusivo (6:30; 8:26; 14:31; 16:8); y el cambio a la segunda interpretación muy bien la pudo motivar el v. 17, donde el texto es firme.

21 «Pero esta clase no sale sino con oración y ayuno» se omite por una poderosa combinación de evidencias. Obviamente se trata de una asimilación del paralelo sinóptico en Mr 9:29. No hay razón obvia de por qué, si es original, debió omitirse; y se puede demostrar con mucha facilidad que una armonización textual es un proceso secundario.

---

15. *Segunda predicción de la Pasión*

17:22-23

> ²²Estando reunidos en Galilea, Jesús les dijo: «El Hijo del hombre va a ser entregado en manos de los hombres. ²³Lo matarán, pero al tercer día resucitará.» Y los discípulos se entristecieron mucho.

Esta es la segunda predicción más importante de la Pasión (ver en 16:21-24), aunque existen anteriores alusiones a la muerte de Jesús (9:15; 10:38; 12:40) e interviene una referencia específica (17:12b). Jesús no solo prevé la naturaleza inevitable de su muerte sino, precisamente por saber que esta es la voluntad de su Padre (26:39), la reconoce como parte del plan divino. Pero esa muerte se da a conocer en la Resurrección.

22 Thompson (pp. 13 y sig.) encuentra aquí el comienzo de una nueva unidad literaria, que termina en 18:35, basada en parte en las referencias a Galilea aquí y en 19:1. Sin embargo, la salida de Galilea (19:1) no solo concluye esta breve estadía sino también al período total de la ministración norteña de Jesús (4:23-25). A partir de 19:1, Jesús se traslada hacia Jerusalén y Judea. «Estando reunidos» (la mejor interpretación) no necesariamente implica nuevas actividades sino el tiempo general en que

Jesús y su círculo íntimo de discípulos se unen a los otros nueve en Galilea (ver en vv. 1, 14-20). Al poco tiempo de estar todos reunidos después de la Transfiguración es que Jesús retoma el tema que ya les presentó (16:21-23). El verbo *paradidosdsai* («ser traicionado») es doblemente ambiguo. Primero, puede tener un significado débil («entregar») o un significado fuerte («traicionar»), dependiendo del contexto; segundo, el pasivo («ser entregado») es quizá una ambigüedad deliberada que no deja claro si es respectivamente Dios o Judas Iscariote quien entrega a Jesús o lo traiciona.

23 Marcos y Lucas dicen que los discípulos no entienden. Mateo, adepto a una certera calificación, establece el mismo punto haciendo notar el dolor de los discípulos. Ellos están comenzando a asimilar el anuncio de la muerte de Jesús, pero de su resurrección no tienen entendimiento.

16. *El impuesto del Templo*

17:24-27

²⁴Cuando Jesús y sus discípulos llegaron a Capernaúm, los que cobraban el impuesto del templo se acercaron a Pedro y le preguntaron:

—¿Su maestro no paga el impuesto del templo?

²⁵—Sí, lo paga —respondió Pedro.

Al entrar Pedro en la casa, se adelantó Jesús a preguntarle:

—¿Tú qué opinas, Simón? Los reyes de la tierra, ¿a quiénes cobran tributos e impuestos: a los suyos o a los demás?

²⁶—A los demás —contestó Pedro.

—Entonces los suyos están exentos —le dijo Jesús—. ²⁷Pero, para no escandalizar a esta gente, vete al lago y echa el anzuelo. Saca el primer pez que pique; ábrele la boca y encontrarás una moneda. Tómala y dásela a ellos por mi impuesto y por el tuyo.

Este incidente es peculiar de Mateo (cf. Mr 9:33 en cuanto a pormenores geográficos). Su importancia en Mateo depende fuertemente de su interpretación acerca de varios aspectos críticos.

24 Aunque el punto se debate (vea en v. 25), *didracma* (lit., «dos dracmas»), probablemente no se trataba de un impuesto civil en apoyo a Roma (cf. en 22:15-22) sino un «impuesto» judío que se recaudaba de cada varón judío entre veinte y cincuenta años de edad para mantenimiento del Templo y sus servicios. El *didracma*, que valía la mitad de un *statér* o siclo, se acuñaba de vez en cuando en ese tiempo; y probablemente dos personas se juntaban para pagar un *tetradachma* («una moneda de cuatro dracmas», v. 27) o siclo. Originalmente, en cada censo se recaudaba medio siclo de cada judío (Éx 30:11-16), dinero para mantener el tabernáculo; luego de la deportación se recaudaba anualmente un tercio de siclo. En tiempos de Jesús la cantidad eran dos dracmas (medio siclo) cada año. Esto se atestigua bien tanto en Josefo (Antig. III, 193-96 [viii 2]; XVIII, 312 [ix.1]) como en el mishná (shekalim). La imposición de este «impuesto» carecía de la sanción de la ley romana, pero se sobreentendía que los judíos lo pagarían.

25-26 La defensa que Pedro hace de Jesús (v. 25) no está bien. Una vez que se encuentran solos en la casa (quizá la de Pedro; cf. 4:13; 8:14), Jesús toma la iniciativa —no está claro que alcanzara a oír la respuesta de Pedro o que se enterara del asunto de modo sobrenatural— y hace a Pedro una pregunta que hace reflexionar. La vasta literatura acerca de este pasaje bíblico surge en gran parte de la pregunta de Jesús expuesta en términos civiles: «los reyes de la tierra», «tributos», «impuestos». El punto de vista mayoritario actual (e.g., Kilpatrick, *Origins*, pp. 41 y sig.; Walker, pp. 101-3; Bonnard; Hill, *Matthew*) sostiene que la pregunta original fue reformulada en el período posterior al año 70 (cuando se alega que Mateo estaba escribiendo) para abordar inquietudes que enfrentaban los cristianos acerca de los impuestos que se pagaban a Roma. El efecto de la porción bíblica, entonces, es como el de 22:15-22, aunque aquí la respuesta de Jesús que se registra es anacrónica. Él está obligado a decir que el Hijo de Dios, y por tanto los cristianos, no necesitan pagar impuestos a Roma debido a su lealtad a Dios, pero que no deben proceder así para no causar ofensa. Esto no será suficiente, puesto que en la respuesta de Jesús el «rey» que colecta los impuestos es el Padre de Jesús. Por tanto no se puede referir a Roma.

Otros (Thompson, pp. 50-68) sugieren que este es el impuesto pagado al patriarcado posterior a Jamnia, y que la pregunta que Mateo enfrenta es si los cristianos de la época de su escrito debían inclinarse ante la autoridad religiosa judía. Esto significa no solo que la pregunta de Jesús y la respuesta de Pedro son anacrónicas, sino que la redacción aquí es inútil. ¿Pensarían los judíos al final del primer siglo que los rabinos de Jamnia eran reyes, o que Jesús el Mesías era hijo de ellos? Es increíble la sugerencia de que el impuesto es el promulgado por Vespasiano para mantener el templo de Júpiter Capitolino después de la caída de Jerusalén (Jos. Guerra VII, 218 [vi 6] —asimismo H.W. Montefiore [cf. Hill, *Matthew*] y otros). Ningún cristiano defendía de buena gana el subsidio directo de la idolatría pagana por no ofender a Roma, y en esta interpretación la pregunta de Jesús se vuelve aun más confusa.

Debido a tales dificultades, Richard J. Cassidy («Matthew 17:24-2: A Word on Civil Taxex», CBQ 41, 1979, 571-80) afirma que todo el pasaje trata, no solo con el impuesto del Templo, sino con los impuestos civiles. La terminología del v. 25 lo apoya; pero además es poco claro cómo la naturaleza de hijo de un «rey» imperial encaja con Jesús.

Es mejor dejar que prevalezcan las interpretaciones más probables de los versículos 24 y 25 —impuesto del Templo e impuesto civil, respectivamente— pero reconociendo que, mientras el v. 24 establece el tema de todo el pasaje, el v. 25 es como de parábola. Esto se sugiere por la generalizada expresión «reyes de la tierra»: una manera un tanto inadecuada de referirse al César. El punto es que, así como los verdaderos hijos están exentos de los tributos impuestos por sus padres, Jesús está exento del «tributo» impuesto por su Padre. En otras palabras, Jesús reconoce que el impuesto del Templo es una obligación con Dios; no obstante, puesto que él es el único Hijo de Dios, está exento (v. 26). Por tanto, el enfoque del pasaje es sumamente cristológico y, a diferencia de 22:15-22, no dice nada respecto a las responsabilidades para con el César.

27 Aunque está exento, Jesús pagará el impuesto para no ofender (con referencia al verbo, vea en 5:29). Por ende da un ejemplo que más tarde imita Pablo (1 Co 8:13; 9:12, 22). El plural «nosotros» y la moneda de cuatro dracmas que pagaría por Jesús y Pedro, a primera vista hace que parezca difícil la anterior interpretación. ¿En qué sentido deberíamos suponer que la razón de Pedro para pagar el impuesto es similar a la de Jesús? Parte de la explicación podría radicar en la libertad que Jesús extiende a sus discípulos: e.g., solo él es Señor del sábado, y esto tiene implicaciones para sus discípulos (ver en 12:1-8). Más importante, Jesús libera aquí tácitamente a sus discípulos del tributo del Templo, sobre la base de que ellos pertenecerían a la categoría de «hijos», aunque de manera derivada.

Tanto la suposición cristológica como la relación con Pedro y los discípulos se aclaran en el curso del relato. Jesús acababa de ser declarado el único Hijo de Dios (v. 5); pero su gloria se ensombrece a medida que se acerca la traición y la muerte, lo que establece un patrón de humildad para sus seguidores (18:1-5). Al mismo tiempo se presentan de nuevo la muerte y la resurrección de Jesús (vv. 22-23). Es un anticipo de los relatos de la prolongada Pasión y Resurrección a punto de empezar, y los medios por los cuales el Hijo del hombre, al dar su vida «en rescate por muchos» (20:28), completa la acción redentora que inicia la congregación de su «iglesia» (16:18; 28:18-20). En ese punto terminará la importancia histórico-redentora del Templo. Sus exigencias del impuesto de dos dracmas continuarán hasta su destrucción, cuarenta años más tarde; los hijos de Dios (cf. 5:9) están exentos. Pero ese tiempo todavía no ha llegado. Igual que muchas acciones de Jesús en este momento decisivo, la importancia total de lo que él está diciendo no lo puede entender ni siquiera Pedro hasta después de la Resurrección.

El milagro en sí no posee un paralelo canónico cercano. Este es el único lugar en el NT donde se agarra un pez con anzuelo (normalmente se utilizaban redes). Es caprichoso un simbolismo extravagante para «pez» y «lago» (e.g., Neil J. McEleney, «Mt 17:24-27: Who Paid the Temple Tax?» CBQ 38, 1976, 189-92). Esta forma milagrosa de pagar el impuesto es algo que solo Jesús puede hacer; por tanto supone que aunque él como único Hijo está libre de las demandas de la ley no solo se somete a esa ley, sino que hace provisión, como solo él puede hacerlo, para las demandas que se hace a sus discípulos (cf. Ga 4:4-5) —¡y esto exactamente después de predecir la Pasión (17:22-23)! Es posible que además se nos recuerde otra vez la humildad de Jesús. Este, que controla la naturaleza y sus poderes para aquietar tormentas y multiplicar alimentos, le recuerda a Pedro este poder por medio de un milagro y a la vez permanece tan humilde que trata de no ofender sin necesidad (cf. 11:28-30; 12:20). La lección en humildad es para Pedro y los demás discípulos. No tenemos evidencia de que la presenciaran los recaudadores de impuestos. (Los milagros que no tienen que ver con curaciones en Mateo son casi siempre para el bien de los discípulos; vea Gerhardsson, *Mighty Acts*). Sin embargo los discípulos están a punto de recibir explicación en detalle acerca de la humildad (18:1-35).

Notas

26 Como en el v. 14, el genitivo absoluto es defectuoso y ha conducido a muchas variantes (cf. Metzger, *Textual Commentary*, p. 46).

27 Aunque algunos (e.g., Zerwick, par. 93) sugieren ἀντί (*anti*, «en lugar de», «en sustitución de») posee aquí la fuerza de ὑπέρ (*jupér*, «en bien de»), es mejor quizá pensar en Éxodo 30:11-16 como trasfondo, recordando que este impuesto se percibía como un pago de rescate por la persona (cf. Turner, *Perspectives*, p. 173).

B. *Cuarto discurso: Vida bajo autoridad del Reino* (18:1—19:2)

1. *Ambiente*

   18:1-2

   > ¹En ese momento los discípulos se acercaron a Jesús y le preguntaron:
   > —¿Quién es el más importante en el reino de los cielos?
   > ²Él llamó a un niño y lo puso en medio de ellos.

Esta cuarta disertación, igual que las tres anteriores, está catalogada por observaciones que sugieren que fue pronunciada en una ocasión específica (vea en 5:1; 7:28-29). El capítulo es paralelo a Marcos 9:33-50 hasta cierto punto, pero omite Marcos 9:38-41 (cf. Mt 10:42). Las diferencias entre Marcos y Mateo son tan grandes que algunos eruditos suponen fuentes separadas (Lohmeyer), o sabiamente proponen un cauto agnosticismo (Thompson, pp. 147-51).

Muchos escritores comparan Mateo 18 con 1QS, el «Manual de Disciplina» en Qumrán, y lo interpretan como regulación para la vida de la comunidad cristiana. Pero dos importantes observaciones prohíben una comparación a la ligera.

1. Hay muy poco en Mateo 18 que tenga sabor de reglamentación, y mucho que trata con principios. Los contrastes con 1QS son más notorios que las semejanzas. Incluso los vv. 15-17, lo que más se aproxima a una «regulación», se ocupa mucho menos de detalles mecánicos que de la importancia y los medios de lograr una reconciliación. Además todo el capítulo expone la carnalidad de la pregunta de apertura (v. 1) y establece un conjunto radical de valores de grandeza en el Reino.

2. Los pactantes del Qumran dudan poco acerca de su identidad o lugar en el esquema escatológico de Dios. Sin embargo, aquí estamos tratando con discípulos en un momento crucialmente crítico de la historia de la salvación, con hombres con una seria limitación de comprensión que permanece así aún después de la crucifixión.

1-2 Marcos (9:33-37) dice que los discípulos estaban disputando por el camino, y al cuestionarlos permanecieron callados. Lucas (9:46-48) dice que Jesús sabía bien lo que pensaban. No es difícil ni antinatural suponer que Jesús detectó su rivalidad (Lucas), los desafió, y por lo tanto los calló (Marcos), y que luego ellos soltaran su pregunta (Mateo). Alternativamente Mateo utiliza esta breve pregunta para resumir lo que había en realidad en sus mentes.

«En ese momento» (lit. «esa hora», v. 1) solo podría significar «en esa fase general del ministerio» (cf. 10:19; 26:45), pero alerta al lector sobre la transición de lo que precede. «En ese momento», cuando Jesús nuevamente había hablado de su sufrimiento y de su muerte, la tristeza de los discípulos (17:23) dura poco; se entretuvieron en discutir quién era el mayor en el Reino. Jesús ya había manifestado que habría distinciones en el Reino (5:19; cf. también 1QS 3:19-25; 6:9-13); y recientemente tres de sus discípulos habían sido favorecidos (17:1-3), mientras que una y otra vez se había señalado directamente a Pedro (14:28-29; 15:15; 16:16-18, 22-23; 17:4, 24-27)... ¡aunque algunas veces para reprocharlo! Tal vez estos aspectos dan lugar a la controversia, que continúa en la ambición de Jacobo, Juan y su madre en el período exactamente antes de la Crucifixión (20:20-23), y que despierta los celos de los otros diez (20:24). A lo largo del ministerio terrenal de Jesús se presupone una considerable malinterpretación en cuanto a él por parte de sus discípulos.

Los «discípulos» son probablemente los doce, pero podrían incluir a otros (cf. Thompson, pp. 83-84; ver en 5:1-2). El niño (v. 2) pudo haber sido de Pedro, si se trata de su casa (17:25: Mr 9:33).

2. Humildad y grandeza

18:3-4

> ³Entonces dijo: —Les aseguro que a menos que ustedes cambien y se vuelvan como niños, no entrarán en el reino de los cielos. ⁴Por tanto, el que se humilla como este niño será el más grande en el reino de los cielos.

3-4 Con la solemne fórmula introductoria «les aseguro» (v. 3; ver en 5:18), Jesús advierte a sus discípulos que deben «cambiar y volverse como niños»; porque a menos que lo hagan «nunca entrarán al reino de los cielos». Es claro que el reino consumado está a la vista. Se muestra al niño como un ideal, no de inocencia, pureza o fe, sino de humildad y de desinterés en cuanto a posición social. Jesús defiende la humildad de la mente (v. 4), no el pensamiento infantil (cf. 10:16). Con tal humildad se produce una confianza como de niño (cf. TDNT, 8:16-17). Los discípulos deben «cambiar» (lit., «volverse como», quizá no se debe tomar como un auxiliar semítico de «hacerse como», i.e., «hacerse otra vez como niños»; cf. J. Dupont, «Matthieu 18, 3» en Ellis, y Wilcox, pp. 50-60) su comportamiento y sus actitudes actuales, y adoptar esta nueva norma, o ser excluidos del Reino. Por el contrario, la persona que en verdad se humilla (cf. Notas) como este niño es «el mayor en el reino de los cielos» (RVR). La expresión completa un nexo con el v. 1, y el tiempo presente (RVR) podría sugerir que la grandeza de los discípulos, que sin duda es obvia en el reino consumado en el futuro, ya ha comenzado aquí en cuanto se refiere a normas del Reino.

El pensamiento no se aleja mucho de 5:3 y menoscaba cualquier idea de que el Reino se pueda ganar mediante mérito personal o fuerza violenta (ver 11:12). Es a quienes son como niños que el Señor del cielo y la tierra les revela esta verdad (11:25).

Notas

4 El verbo ταπεινώσει (*tapeinósei*, lit., «se humillare») es uno de los pocos ejemplos en los cuales la distinción entre un futuro indicativo y un aoristo subjuntivo más ἄν (*an*, partícula intraducible utilizada para sugerir alguna clase de eventualidad) se encuentra borrada (cf. BDF, par. 380[2]).

3. *Lo abominable de hacer que los creyentes pequen*

18:5-9

> ⁵»Y el que recibe en mi nombre a un niño como éste, me recibe a mí. ⁶Pero si alguien hace pecar a uno de estos pequeños que creen en mí, más le valdría que le colgaran al cuello una gran piedra de molino y lo hundieran en lo profundo del mar.
>
> ⁷»¡Ay del mundo por las cosas que hacen pecar a la gente! Inevitable es que sucedan, pero ¡ay del que hace pecar a los demás! ⁸Si tu mano o tu pie te hace pecar, córtatelo y arrójalo. Más te vale entrar en la vida manco o cojo que ser arrojado al fuego eterno con tus dos manos y tus dos pies. ⁹Y si tu ojo te hace pecar, sácatelo y arrójalo. Más te vale entrar tuerto en la vida que con dos ojos ser arrojado al fuego del infierno.

Aunque hay quienes unen el v. 5 con los vv 3-4, es mejor asociarlo con los vv. 6-9, porque (1) el v. 4 ya concluye 18:1-4 con un resumen, y (2) los vv. 5-6 tomados en conjunto constituyen un hábil proverbio que anticipa una promesa (cf. esp. Thompson, pp. 101-7). Este pasaje se mantiene bien unido por su repetido *skandalon* («tropiezo») (vea en 5:29), lo que Pablo denomina un *proskomma* («obstáculo», «causa de tropiezo»; cf. Ro 14:13; 1 Co 8:9). La literatura rabínica contiene denuncias de la maldad de hacer que otros pequen (cf. Bonnard), pero nunca con referencia a «estos pequeños».

5-6 Este doblete promesa-advertencia (como 12:32 en estructura) adelanta la idea al llevar la atención de la humillación personal en el verdadero discípulo (vv.3-4) a la manera en que otros reciben a «estos pequeños». Las frases de apertura del v. 5 y el v. 6 en líneas generales son análogas. Aquel que recibe «a un niño como este *en mi nombre*» no se refiere a niños en general, sino a los «niños» definidos en los versículos anteriores: quienes se humillan para hacerse como niños, i.e., los discípulos verdaderos de Jesús. No se les debe recibir bien por ser grandes, sabios o poderosos, sino porque llegan en el nombre de Jesús (v. 5); i.e., le pertenecen. «En mi nombre» (v. 5), la frase paralela «que creen en mí», y la necesidad de hacerse como niños incluso para entrar al Reino (v. 3) confirman la opinión de que aquellos a quienes se refieren los vv. 5-6 son los discípulos de Jesús, cristianos (para usar un término más reciente), no niños en general ni algún grupo más pequeño ni discípulos bien humildes (ver Warfield, 1:234-52; Trotter). «Estos pequeños» (cf. 25:40, 45) pueden tropezar, aun los más grandes de ellos (14:28-31; 26:30-35); pero cualquiera que los hace tropezar (NVI, «pecar») está en grave peligro.

No hay inconveniente en cuanto a esta identificación de «pequeños» con creyentes que Jesús está dirigiéndose aquí a sus discípulos y no al mundo que en su mayoría necesita la advertencia, pues (1) «el que» abarca a todos; (2) a pesar del hecho de que Jesús está hablando a sus discípulos (v. 1), pronuncia una advertencia al mundo en el v. 7; (3) esto sugiere que el pasaje tiene como meta animar a los discípulos que enfrentarán el oprobio del mundo (como también 10:40-42); y (4) las advertencias contra el mundo, aunque al momento no se dirigen al mundo, en su tiempo apropiado llegarán a ser parte del arsenal de los discípulos en sus prédicas.

La persona que recibe a «estos pequeños», a estos discípulos de Jesús, simplemente porque le pertenecen, reciben al mismo Jesús (cf. 10:42). Se presupone la animosidad del mundo. La simple hospitalidad no está a la vista, sino la hospitalidad que se brinda porque «estos pequeños» se asocian con Jesús; y quizá se supone que la hospitalidad motivada en esta forma se mostrará solo si el benefactor ya estuviera bien dispuesto hacia Jesús, o al menos se dirigiera en esa dirección. La alternativa incongruente, que ocasiona que «estos pequeños» tropiecen, no quiere decir que a «estos pequeños» se los dirige hacia la apostasía. Más bien quiere decir que no son bien recibidos sino rechazados, que se les hace caso omiso. Esto hace que tropiecen en su discipulado; los puede conducir a pecado serio; pero, como en 10:40-42 y 25:31-46, el aspecto realmente grave del rechazo es que equivale a rechazo a Jesús.

De manera implícita, la ofensa se agranda gravemente cuando de modo consciente y con perversidad particular algunas personas malvadas tratan de seducir a «estos pequeños» de Cristo al pecado; pero el maligno va más allá. Puesto que esto señala un rechazo a Jesús así como daño a su pueblo, ahogarse en el mar antes de cometer el mal es más que preferible al juicio escatológico, el eterno fuego del infierno (vv. 8-9) que aguarda a los perpetradores. Morir ahogado no era un castigo raro en la sociedad griega y romana. Aunque era extraña en círculos judíos, ocurrió al menos una vez en Galilea (Jos. Antig. XIV, 450, [xv. 10]). La mayoría de las piedras de molino eran herramientas de uso doméstico (ver en 24:41); aquí se trata de la pesada piedra arrastrada por un burro. La escena es más gráfica que en Marcos: el horror del juicio se agudiza.

7 El texto griego revela una «advertencia» (aquí, claramente una proclamación del juicio, no de «tristeza compasiva» [McNeile], porque Mateo hace vívido el lenguaje de juicio; vea más en 23:13-32) en cuanto al «mundo», que no solo se considera el «escenario neutral de la batalla entre la fe y la incredulidad» (Thompson, pp. 109-10), sino como la fuente de todo tropiezo. Jesús pronuncia esta advertencia *apo ton skandalon*, que, contrario a la NVI, no se debe interpretar «debido a las cosas que ocasionan que la gente peque» —como si la discusión se hubiera desarrollado desde «estos pequeños» de Jesús hasta «personas» en general— sino «debido a tropiezos», i.e., debido a cosas que causan el tropiezo al cual ya se refirió el v. 6. Estas cosas deben sobrevenir; sin embargo esta inevitabilidad no mitiga la culpabilidad de aquellos que causan estos tropiezos (cf. Is. 10:5-12; Hch 4:27-28; vea en Mt 13:13). La necesidad no surge de una compulsión divina sino, como todas las cosas, cae no obstante dentro de la esfera de la soberanía de Jesús, de modo que puede utilizar esas mismas cosas para llevar a cabo su plan y perfeccionar a su pueblo (cf. 24:10-13; 1 Co 11:19). Así que, por un lado los discípulos no deben pensar que tal oposición es extraña, puesto que el mismo Jesús ha declarado que debe ocurrir; pero por otro lado se les asegura que al final se hará justicia (cf. 26:24).

8-9 Jesús ahora abandona la denuncia de que el mundo está haciendo tropezar a sus discípulos, y les manifiesta que deben probar que no solo son víctimas sino también agresores. Se le da fuerza total al adversativo *de*: «Pero, más allá de todo esto, si tu mano» (v. 8). Esto no significa que a la Iglesia (descrita como un cuerpo como luego lo haría Pablo, e.g., 1 Co 12:12-27) aquí se le exhorta excomulgar a los miembros que anden mal. La palabra «cuerpo» no se utiliza, y el lenguaje es común al de 5:29-30 (q.v.). Ciertas actitudes cultivadas por los discípulos de Jesús hacia otros creyentes pueden también ser pecaminosas; en consecuencia, en lugar de ser atraídos a pecar por parte de los de afuera, estos ocasionarían su propio tropiezo. Quizá la actitud particular entre creyentes, que la mayoría debe erradicar, es el orgullo; así los vv. 8-9 preparan para el v. 10.

El razonamiento es claro. Los seguidores de Jesús deben volverse como niños en humildad si han de entrar al Reino (vv. 3-4). Quienes reciben a «estos pequeños» por pertenecerle a él en realidad reciben a Jesús; a quienes lo rechazan, haciéndoles tropezar, están amenazados con condenación (vv. 5-6). Son inevitables, pero condenatorias, las cosas que hacen tropezar al pueblo de Dios. Sin embargo, los discípulos mismos deben ser precavidos: no tratar radicalmente con pecado similar en sus propias vidas denuncia su lealtad con el mundo, y los amenaza con el eterno fuego del infierno (vv. 8-9; vea en 5:22). Los discípulos de Jesús deben tratar tan radicalmente con el orgullo como antes se les ordenó tratar con la lujuria (5:29-30).

Notas

7   La palabra γάρ (*gar*, «para ») retiene su normal fuerza causal pero se aplica a la próxima frase, aquí presentada por πλήν (*plén*, «pero»). El contenido de *gar* en sí es análogo en lo que a su fuerza se refiere. La misma contribución se encuentra en otros lugares (cf. 22:14; 24:6; cf. Zerwick, pars. 474-75).

4. *Parábola de la oveja perdida*

18:10-14

¹⁰»Miren que no menosprecien a uno de estos pequeños. Porque les digo que en el cielo los ángeles de ellos contemplan siempre el rostro de mi Padre celestial.

> ¹²»¿Qué les parece? Si un hombre tiene cien ovejas y se le extravía una de ellas, ¿no dejará las noventa y nueve en las colinas para ir en busca de la extraviada? ¹³Y si llega a encontrarla, les aseguro que se pondrá más feliz por esa sola oveja que por las noventa y nueve que no se extraviaron. ¹⁴Así también, el Padre de ustedes que está en el cielo no quiere que se pierda ninguno de estos pequeños.

El v. 10 claramente sigue a los vv. 5-9; pero debido a que forma una nítida inclusión con el v. 14, los vv. 10-14 se deben interpretar juntos a la luz del pasaje bíblico precedente. Este vínculo suscita importantes preguntas en cuanto a la relación entre esta parábola y la de la oveja perdida en Lucas 15:3-7, donde esta se dirige, no a los discípulos, sino a los fariseos y maestros de la Ley, en defensa de la actitud de Jesús hacia los pecadores. Casi todos los eruditos sostienen que una parábola respalda a los dos evangelios, y luego debaten acerca de qué figura y entorno son más primitivos (para un análisis, cf. Jeremias, *Parables*, pp. 38 y sig.; Marshall, Lucas, pp. 600-601; Hill, *Matthew*), algunos abogan a favor de la figura en el Evangelio de Tomás 107 (más recientemente W.L. Petersen, «The Parable of the Lost Sheep in the Gospel of Thomas and the Synoptics», NovTest 23, 1981, 128-47; pero cf. Blomberg, «Tendencies», pp. 29-63, 96-100). Todos estos puntos de vista presuponen que al menos uno de los dos escenarios que definen Mateo y Lucas es una creación posterior por parte de la Iglesia o por uno de los evangelistas para aplicar la parábola a algún problema nuevo.

Sin embargo, si la parábola original fue «suficientemente simple y rica para aplicarse a más de una situación» (Hill, *Matthew*), ¿por qué Jesús no la aplicó a más de una situación? ¿Qué razones metodológicas se sugieren para distinguir entre los múltiples usos de Jesús y los múltiples usos de la Iglesia? Es notorio cuán diferentes son las formas de la parábola por parte de Mateo y de Lucas cuando se comparan estrechamente con el texto griego. Casi todo término relevante no es el mismo que en el paralelo, y los pocos que son iguales están bien dentro de los linderos de la repetición que se espera en un ministerio itinerante (ver en 5:1-2). La evidencia sugiere que estas son dos parábolas similares, ambas enseñadas por Jesús, pero con distintos propósitos (vea en 19:1-2 la relación de los problemas de la «sección central de Lucas» en este análisis). Mateo no trata la cuestión del «pastoreo fiel de la comunidad» (Hill, *Matthew*) pero sí —imitando la porción bíblica precedente— la importancia en la comunidad del Mesías de no dañar a ningún miembro, de hablar acerca del interés del Padre en que no se pierda «ninguno de estos pequeños».

10[11] El v. 10 continúa la nota de humildad expuesta al principio del discurso (vv. 3-4), y la preocupación por «estos pequeños» (vv. 5-9). No hay conflicto entre «ustedes» y «estos pequeños». En esta etapa de su peregrinación, hasta los discípulos deben cambiar y volverse como niños (v. 3). Jesús está discutiendo lo que será la norma cuando su Pasión y Resurrección inauguren por completo la comunidad mesiánica. Sus miembros serán pobres en espíritu, humildes (18:3-4), y ninguno será admitido en ella sin estas gracias. Si sus discípulos llegan a ser así, pertenecerán a los «pequeñitos»; si lo desprecian, recibirán los males (vv. 8-9). La advertencia no era irrelevante: al menos un discípulo dejó a Jesús.

Jesús dice que a «estos pequeños» —creyentes en él— se les debe tratar con respeto porque «sus ángeles en el cielo» siempre ven el rostro de su Padre celestial. Muchos creen que esto apoya la idea de un guardián para cada «pequeño». Que estos ángeles estén «en el cielo» se cree que significa que pertenecen a un rango superior, y que contemplen el rostro del Padre celestial significa que siempre tienen acceso a su presencia. Esto se basa en gran parte en fuentes judías (cf. SBK, 1:781 y sig.; 3:48 y sig., 437 y sig.; TDNT, 1:82, 86; vea esp. Tob 12:14-15). No obstante la idea no resiste un examen riguroso.

Es cierto que los ángeles son enviados para ministrar a quienes heredarán la salvación (Heb 1:14). Sin embargo en ninguna parte de las Escrituras o de la tradición judía del período del NT se sugiere que exista un ángel para cada persona. Daniel y Zacarías sugieren un ángel para cada nación. Apelar a Hechos 12:15 no ayuda. ¿Por qué iba el supuesto ángel guardián de Pedro a parecerse a Pedro? Además, si los ángeles ministradores se envían para ayudar a los creyentes, ¿qué están haciendo los ángeles en Mateo 18:10 alrededor del trono divino, en lugar de estar protegiendo a las personas a quienes están asignados? Las referencias en los RMM a ángeles que participan de la adoración comunitaria (1QSa 2:9-10) o que ministran al Señor (1QH 5:20-22) son aun menos relevantes, puesto que este contexto no trata con la adoración colectiva.

La explicación más probable es la que Warfield (1:253-66) defiende. Los «ángeles» de los «pequeños» son sus espíritus después de muertos, y ellos siempre ven el rostro del Padre celestial. No desprecien a estos pequeños, dice Jesús, porque su destino es la gloria descubierta de la presencia del Padre. El verbo en presente (ellos «contemplan siempre») no suscita ninguna dificultad puesto que Jesús está tratando con una clase, no con individuos. La misma interpretación admirablemente se adapta a Hechos 12:15: el grupo reunido piensa que quien está afuera es el «espíritu» (ángel) de Pedro, lo cual se explica el que Roda reconociera la voz del apóstol.

Sin embargo, ¿puede insistirse en la palabra «ángel» en esta interpretación? Ciertamente Jesús enseña que los miembros del pueblo de Dios en la Resurrección «serán como los ángeles que están en el cielo» en relación con el matrimonio (22:30) y la inmoralidad (Lc 20:36). Un lenguaje similar se utiliza en 2 Baruc 51:5, 12 (cf. también 1 Enoc 51:4): los justos serán como ángeles en el cielo, serán transformados al esplendor de los ángeles, e incluso sobrepasarán la excelencia de los ángeles. La evidencia, aunque no abrumadora, es tan importante como para suponer que la frase los «ángeles de ellos» simplemente se refiere a su existencia ininterrumpida en la presencia del Padre celestial.

12-13 He aquí otra razón para no despreciar a «estos pequeños»: el pastor —el Padre (v. 14)— se ocupa de cada oveja en su rebaño y va detrás de la que se extravía (v. 12). Con un Dios como este, ¿cómo puede alguien hacer que estas ovejas se extravíen?

14 Jesús lo explica: el Padre celestial no desea que ninguno de «estos pequeños» (ver en vv. 3-6) se pierda. Si esa es su voluntad, es terrible que alguien trate de hacer que uno de «estos pequeños» se extravíe. Este amor por la oveja *individual* no es a expensas de todo el rebaño, sino en que el rebaño como un todo no debe perder ninguno de sus miembros. En cuanto a la preservación que Dios hace de los suyos, vea los comentarios a 12:32; 13:3-9, 18-23.

Notas

---

11 Este versículo lo omiten los más antiguos testimonios de textos tipo alejandrino, precesariano, egipcio y de Antioquía. La inclusión en varias formas parece ser una asimilación de Lc 19:10.

12 Algunos comentaristas sostienen que el verbo πλανηθῇ (*planedsé*, «desviarse») significa para Mateo apostatar de la comunidad cristiana (cf. 24:4-5, 11, 24). Dos de estas referencias (24:4-5) son tomadas de Mr 13:5-6, pero Mateo hace caso omiso de otras dos buenas referencias (Mr 12:24, 27). *Planedsé* no tiene ninguna fuerza técnica para Mateo, y en 22:29 tal vez no se pueda referir a tal apostasía; es general y se ajusta al contexto pastoral de la parábola. Sin duda las enseñanzas de Jesús se enfocan en la iglesia establecida, pero no existe evidencia aquí para apoyar teorías acerca del anacronismo de Mateo.

---

5. *Cómo tratar a un hermano que peca*

18:15-20

¹⁵»Si tu hermano peca contra ti, ve a solas con él y hazle ver su falta. Si te hace caso, has ganado a tu hermano. ¹⁶Pero si no, lleva contigo a uno o dos más, para que "todo asunto se resuelva mediante el testimonio de dos o tres testigos". ¹⁷Si se niega a hacerles caso a ellos, díselo a la iglesia; y si incluso a la iglesia no le hace caso, trátalo como si fuera un incrédulo o un renegado.

¹⁸»Les aseguro que todo lo que ustedes aten en la tierra quedará atado en el cielo, y todo lo que desaten en la tierra quedará desatado en el cielo.

¹⁹»Además les digo que si dos de ustedes en la tierra se ponen de acuerdo sobre cualquier cosa que pidan, les será concedida por mi Padre que está en el cielo. ²⁰Porque donde dos o tres se reúnen en mi nombre, allí estoy yo en medio de ellos.

15 Jesús acaba de advertir a sus discípulos que no hagan tropezar a ninguno de «estos pequeños». Ahora el pensamiento cambia. Lo que cambia depende de la variante de interpretación que se escoja. Si se incluyen las palabras «contra ti», Jesús está contemplando las ofensas en la comunidad mesiánica desde la perspectiva opuesta: desde el punto de vista del hermano contra el cual se comete el pecado. Si se omite «contra ti» (cf. Notas), Jesús está diciendo a la comunidad como un todo cómo manejar la situación cuando un hermano peca; y en el contexto inmediato, el pecado consiste en despreciar a otro hermano.

De cualquier modo lo correcto es confrontar en privado al hermano y «mostrarle» su falta. El verbo *elenjo* tal vez sugiere «condenar» al hermano, no por juzgarle, sino por convencerle de su pecado. El propósito no es ganarle puntos, sino conquistarlo (el mismo verbo que en 1 Co 9:19-22; 1 P 3:1) puesto que toda disciplina, incluso esta de tipo privado, debe comenzar con el propósito de redimir (cf. Lc 17:3-4; 2 Ts 3:14-15; Stg 5:19-20; cf. Eclo 19:13-17). Jesús da por sentado que el individuo (segunda persona de singular) que confronta personalmente a su hermano lo hará con verdadera humildad (vv. 3-4; cf. Ga 6:1): si es difícil aceptar un reproche, incluso en privado, es aun más difícil guiar a alguien en humildad amorosa. Detrás de este versículo se encuentra Levítico 19:17: «No alimentes odios secretos contra tu hermano, sino reprende con franqueza a tu prójimo para que no sufras las consecuencias de su pecado».

16 Si la confrontación en privado no da resultado, el próximo paso (apoyado por Dt 19:15) es tomar dos o tres testigos (aunque la forma textual de la cita se debate mucho: cf. Gundry, *Use of OT*, p. 139). Sin duda esta ley deuteronómica fue diseñada para lo que llamaríamos casos «seculares». Pero la distinción es artificial y no debe ser exagerada porque la nación israelita entendía que no era una nación como las demás sino una nación teocrática, el pueblo escogido de Dios. De acuerdo con esta interpretación común de las Escrituras, Jesús percibe el nexo que une a la comunidad mesiánica con el antiguo Israel.

De inicio no está claro si la función de los testigos es apoyar a quien confronta al hermano que peca, brindándole testimonio adicional acerca del pecado cometido (lo cual requiere al menos tres personas que hayan observado la ofensa), o dar testimonio en la confrontación en caso de que fuera ante toda la iglesia. Lo último es un poco más probable, puesto que Deuteronomio 19:15 habla de una condena judicial (un paso que solo toma la asamblea en pleno), no de un intento de convencer de su falta a un hermano. Mediante el testimonio conjunto de dos o tres testigos, todo asunto «se resuelva» (*stadsé*, lit., «que se pueda sostener», aunque la emergencia de testigos en griego helenista, que incluye el uso de *stadsé*, implica que «pueda sostenerse» es una traducción superior; cf. Zerwick, par. 231; Turner, *Syntax*, p. 57).

17 El mismo procedimiento de tres pasos se reconoce en otros lugares (1QS 5:25—6:1; cf. CD 9:2-3; cf. Davies, *Setting*, pp. 221 y sig.). No querer someterse al juicio planteado del pueblo del Mesías significa que se debe tratar al ofensor como «un pagano o un recaudador de impuestos». Es una mala exégesis volver a 8:1-11; 9:9-13; 15:21-28, así como manifestar que tales personas deben tratarse con compasión. El argumento y sus paralelos en el NT (Ro 16:17; 2 Ts 3:14) muestran que Jesús tiene en mente la excomunión. Que sus palabras deban conservarse de esta forma, con la mención de «incrédulo ["pagano" en NIV] y recaudador de impuestos», sugiere que las personas a las cuales Mateo escribe son en su mayoría cristianos judíos. La expresión «trátalo como si fuera» capta la idea; pero «trátalo» es singular. Esto sugiere que cada miembro de la iglesia debe acatar el juicio colectivo, y recuerda al lector la responsabilidad de cada creyente para con los demás, ya supuesto mediante el singular «tu hermano» en el v. 15.

18 Para comentarios sobre gramática y teología de este versículo, vea en 16:19.

19-20 Estos dos versículos en este contexto no se deben tomar como una promesa que considera cualquier oración en la cual dos o tres creyentes se ponen de acuerdo (v. 20). Las Escrituras son ricas en promesas de oración (21:22; Jn 14:13-14; 15:7-8, 16); pero si este pasaje de veras trata con la oración, esto se encuentra restringido por el contexto y por la frase *peri pantos pragmatos* (NVI, «sobre cualquier cosa»), que aquí se debe traducir «acerca de cualquier asunto judicial»: la palabra *pragma* a menudo tiene ese sentido (cf. 1 Co 6:1; BAGD, s.v.), sentido que corresponde al tema en Mateo 18.

Recientemente, sin embargo, J. Duncan M. Derrett («"Where two or three are convened in my name…"»: a sad misunderstanding», ExpT 91, 1979-80, 83-86) ha sostenido que los vv. 19-20 no tratan en lo absoluto con la oración. Los dos que se ponen de acuerdo son el ofensor y aquel contra quien se ha cometido la ofensa. Ellos se ponen de acuerdo en la tierra sobre cualquier asunto judicial que han llevado: el verbo *aiteisdsai* se puede referir a «presentar una demanda», así como pedir en oración (cf. F. Preisigke, *Wörterbuch der griechischen Papyrusurkunden, mit Einschluss der griechischen Inschriften, Aufschriften, Ostraka, Mumienschilder, usw. aus Ägypten*, ed. E. Kiessling, 4 vols., Berlín, 1927-31, s.v.). La promesa, entonces, es que si dos individuos en la iglesia se ponen de acuerdo en cualquier demanda que se haya presentado (se presume que sobre la base del juicio de la iglesia, v. 18), «será permitido, ratificado (lit., "prosperará") por parte de mi Padre celestial» (Derrett, «Two or three», p. 84). Esto es porque la voluntad y el propósito de Dios respaldan el atar y desatar del v. 18 y también debido a que («porque», v. 20) la presencia de Jesús está asegurada si dos o tres se «juntan» ante jueces solemnemente convocados ante la iglesia y por ella para tomar una decisión (cf. Notas). Es una verdad evidente de la revelación bíblica que la presencia de Dios permanece con los jueces de su pueblo (Sal 82:1).

Aquí, como en cualquier otro sitio, Jesús toma el lugar de Dios: Jesús estará con los jueces. Así como se ha identificado antes con Dios (cf. en 2:6; 3:3; 11:4-6, 7-8), lo hace de nuevo, y por tanto anticipa la promesa más amplia de 28:20: él estará con su pueblo «hasta el fin del mundo». De este modo Jesús hace pensar de modo tácito en una época en que, como «Dios con nosotros» (1:23), él estará espiritualmente presente con los «dos o tres» y con sus seguidores; y presupone que este tiempo será de gran duración (ver en 24:1-3).

Notas

15 *Eἰς σέ* (*eis se*, «contra ti») se omite en א B f¹ copˢᵃ, ᵇᵒ ᵐˢˢ Origen Basil ³/⁶ Cyril. Si la omisión fue original, las palabras se añadieron muy temprano, quizá para hacer que el caso general (sugerido por la omisión) se aplique más estrechamente a los pecados del contexto inmediato. Pero también se podría discutir que la omisión fue un cambio anterior diseñado para generalizar el pasaje. Además, debido a que η (*é*), η (*é*), y ϵι (*ei*) se pronunciaban de la misma manera en la época del NT, es muy fácil ver cómo ἁμαρτήσῃ [εἰς σέ] (*jamartése* [*eis se*], «pecados contra ti») pueden alentar errores en copiar el dictado. UBS (3ª ed.) y Nestle (26ª ed.) incluyen las palabras en corchetes, que indican duda considerable.

El aoristo indicativo, ἐκέρδησας (*ekérdesas*, «has ganado») después de una futura condición es hasta cierto punto futurista en sí (cf. BDF, par. 333[2]).

19 La palabra οὗ (*jou*, «que») es uno de los tres casos en Mateo en el cual el relativo es atraído al caso de su precursor (cf. 24:50; 25:24; cf. Zerwick, par. 16).

20 Derrett («Dos o tres») sugiere que los «dos o tres» [jueces] reflejan conocer la práctica legal judía. Cada una de las partes nominarían su propio «juez», un hombre laico conocido por ser imparcial; y estos dos tratarían de resolver el problema. Si este esfuerzo fallaba, se buscarían a un tercero, sin conexión con las partes en disputa, y quien trabajaría con los otros sea para el arbitraje o la adjudicación. El paralelo es muy claro, y explica muy bien los «dos o tres» de Jesús. Mi duda principal proviene del hecho de que Jesús acaba de decir al demandante que «se lo diga a la iglesia» (c. 17), no a jueces convocados por los involucrados. Aquí los RMM (referidos más arriba) pueden ofrecer una analogía más cercana. Además Derrett supone que los «dos» en el v. 19, y los «dos o tres» en el v. 20, no son los mismos individuos sino partes en disputa y jueces respectivamente. Pero estos puntos no son decisivos. Tenemos como paralelos no solo 1 Co 5, donde la iglesia se enfrenta con un caso, sino también 1 Co 6:4, donde la iglesia se involucra *por medio de jueces designados*. Los vv. 19-20 siguen siendo difíciles; en este punto debemos estar satisfechos con un balance de probabilidades.

---

6. El perdón (18:21-35)

a. Perdón reiterado

18:21-22

> ²¹Pedro se acercó a Jesús y le preguntó:
> —Señor, ¿cuántas veces tengo que perdonar a mi hermano que peca contra mí? ¿Hasta siete veces?
> ²²—No te digo que hasta siete veces, sino hasta setenta y siete veces —le contestó Jesús—.

21-22 «Entonces» (v. 21, RVR), es probable que se haya tomado de modo estricto (vea en 3:13, RVR). La controversia no es la adjudicación de la Iglesia, mucho menos la concesión absoluta del perdón por medio de ella (solo Dios y Jesús pueden perdonar pecados de manera tan absoluta), sino el perdón personal (cf. 6:14-15). En discusión rabínica el consenso era que un hermano podía recibir perdón por un pecado repetido hasta tres veces; en la cuarta vez no había perdón. Pedro, que se consideraba a sí mismo de gran corazón, concede «siete veces» en respuesta a su propia pregunta, una cifra mayor utilizada a menudo, entre otras cosas, como «número redondo» (cf. Lv 26:21; Dt 28:25; Sal 79:12; Pr 24:16; Lc 17:4).

La respuesta de Jesús (v. 22) alude a Génesis 4:24 (cf. Notas): la venganza de

Lamec se transforma en un principio de perdón. En este contexto Jesús no dice que setenta y siete veces es el límite máximo, ni que el perdón es tan incondicional que menoscaba la disciplina y los pasos que se han enseñado (vv. 15-20). Más bien enseña que el perdón de los miembros en su comunidad para con «los pequeños» (hermanos) quizá no se puede limitar por frecuencia o cantidad; porque, como lo muestra la parábola que sigue (vv. 23-35), todos ellos han sido perdonados más allá de lo que jamás perdonarán.

Notas

21 El griego es literalmente «¿Cuántas veces mi hermano pecará contra mí y yo le perdonaré?» Es un ejemplo excelente de parataxis bajo influencia semítica, en especial en oraciones interrogativas (cf. BDF, par. 471[2]; Zerwick, par. 453, quien compara Is 50:2).

22 El griego puede apenas tomarse para significar 70 x 7 (490) en lugar de 70 + 7 = (77); pero imita exactamente la LXX de Gn 4:24, que es una interpretación del hebreo 77. Para análisis y bibliografía, cf. Gundry, *Use of OT*, p. 140.

---

b. *Parábola del siervo despiadado*

18:23-35

23»Por eso el reino de los cielos se parece a un rey que quiso ajustar cuentas con sus siervos. 24Al comenzar a hacerlo, se le presentó uno que le debía miles y miles de monedas de oro. 25Como él no tenía con qué pagar, el señor mandó que lo vendieran a él, a su esposa y a sus hijos, y todo lo que tenía, para así saldar la deuda. 26El siervo se postró delante de él. "Tenga paciencia conmigo —le rogó—, y se lo pagaré todo." 27El señor se compadeció de su siervo, le perdonó la deuda y lo dejó en libertad.

28»Al salir, aquel siervo se encontró con uno de sus compañeros que le debía cien monedas de plata. Lo agarró por el cuello y comenzó a estrangularlo. "¡Págame lo que me debes!", le exigió. 29Su compañero se postró delante de él. "Ten paciencia conmigo —le rogó—, y te lo pagaré." 30Pero él se negó. Más bien fue y lo hizo meter en la cárcel hasta que pagara la deuda. 31Cuando los demás siervos vieron lo ocurrido, se entristecieron mucho y fueron a contarle a su señor todo lo que había sucedido. 32Entonces el señor mandó llamar al siervo. "¡Siervo malvado! —le increpó—. Te perdoné toda aquella deuda porque me lo suplicaste. 33¿No debías tú también haberte compadecido de tu compañero, así como yo me compadecí de ti?" 34Y enojado, su señor lo entregó a los carceleros para que lo torturaran hasta que pagara todo lo que debía.

35»Así también mi Padre celestial los tratará a ustedes, a menos que cada uno perdone de corazón a su hermano.

23 «Por eso», puesto que Jesús requiere que sus seguidores perdonen, el Reino de los Cielos se ha vuelto como (no «es como»; vea en 13:24) «un rey que»: la referencia es al Reino que ya está siendo inaugurado. El Reino de Dios establece ciertas clases de relaciones personales, descritas en esta parábola, cuyo propósito se explica en el v. 35. Es un error de comprensión identificar al Reino con la Iglesia, y afirmar que así como el rey, aunque misericordioso, debe ser severo en juzgar a quienes no perdonan, también la iglesia debe seguir un patrón similar (según Hill, *Matthew*). «Reino» e «Iglesia» son categorías distintas (ver esp. en 13:37-39), y el contexto inmediato ha vuelto a la pregunta de perdón *reiterado y personal* (vv. 21-22), y a las razones para hacerlo. Quienes están en el Reino sirven a un gran Rey que siempre ha perdonado más allá de lo que jamás ellos se podrán perdonar unos a otros. Por tanto, no perdonar lo excluye a uno del Reino, cuyo patrón es perdonar.

El término «siervos» (*douloi*, lit., «esclavos») puede incluir siervos civiles de alto rango en un gran imperio colonial, porque la cantidad del endeudamiento es astronómica (v. 24). Sin embargo, Jesús puede simplemente estar utilizando la hipérbole para clarificar en realidad cuánto han sido perdonados los herederos del Reino.

24-27 Vislumbramos alguna idea de la magnitud del endeudamiento cuando recordamos que David donó tres mil talentos de oro y siete mil talentos de plata para la construcción del Templo, y los jefes de las tribus proporcionaron cinco mil talentos de otro y diez mil talentos de plata (1 Cr 29:4, 7). Algunos cálculos aproximados recientes sugieren un valor en dólares de doce millones; pero con la inflación y la fluctuación de los precios de metales preciosos, este podría ser más de mil millones de dólares en moneda actual. (En cuanto a «talento», vea en 25:15.)

Tal endeudamiento es imposible que se cubra vendiendo como esclavos a los miembros de la familia (v. 25): el precio máximo de un esclavo era un talento, y aun más común era un décimo de esa cantidad, o menos. La práctica de vender a alguien por deudas la autorizaba el AT (Lv 25:39; 2 R 4:1), pero tales esclavos debían liberarse en el año de jubileo (cada cincuenta años). (En cuanto a la esclavitud judía y gentil en días de Jesús, cf. CBE, 1:489; SBK, 4:697-716; Jeremias, *Jerusalem*, pp. 312 y sig., 345 y sig.)

En esta parábola vender al esclavo y a su familia no significa que la deuda queda saldada, sino que más bien resalta la condición desesperada del siervo. Sin recursos ni esperanza, solicita tiempo y promete pagarlo todo (v. 26), algo que es imposible. Por tanto, el señor se compadece de él y salda la deuda (v. 26). La palabra *daneion* («préstamo», un *japax legomenon*) sugiere que de modo misericordioso el rey decide considerar la pérdida como un mal préstamo más que como malversación; pero en el v. 31 abandona esa terminología y la denomina «deuda».

28-31 La actitud del siervo es vergonzosa. La cantidad que le deben no es insignificante: aunque solo valdría unos cuantos dólares en cuanto a moneda, cien denarios (v. 28) representaban un salario de cien días para un soldado de infantería o un obrero común. Sin embargo, la cantidad es absolutamente trivial comparado con lo que se le ha perdonado. La semejanza de la súplica de su siervo colega (v. 29) con la suya propia (v. 26) no conmueve a aquel despiadado hombre. Lo hizo meter en una cárcele para personas que no pagaban (v. 29). Incluso un esclavo barato se vendía por quinientos denarios, y era ilegal vender a un hombre por una suma mayor que su deuda. Pero los otros siervos (v. 31), profundamente afligidos por la injusticia, se lo cuentan todo a su señor (*diesafésan* es un verbo fuerte que significa «explicado en detalle», no simplemente «contado» [NVI]; se encuentra en el NT solo aquí y en 13:36).

32-34 Al adeudar el siervo diez mil talentos, el señor lo perdona; pero cuando el siervo se muestra inclemente hacia el otro siervo, el señor lo denomina malvado (v. 31) y lo entrega a los «torturadores» (*basanistais*, no simplemente «carceleros», NVI); la palabra nos recuerda advertencias anteriores en este capítulo (18:6, 8-9). El siervo deberá ser torturado hasta que pague todo lo que debe (v. 33), lo que nunca podrá hacer.

35 Jesús no ve incongruencia en las acciones del Padre celestial que perdona de modo tan dadivoso y castiga con mucho rigor; nosotros tampoco debemos ver contradicción. En realidad, precisamente porque Dios tiene tanta compasión y piedad es que no puede aceptar como suyos a quienes carecen de compasión y misericordia. Esto no quiere decir que se puede ganar la compasión del señor de la parábola: lejos de ello, al siervo se le concede libertad solo por virtud del perdón del señor. Así como en 6:12, 14-15, quienes reciben perdón deben perdonar, de otro modo se muestran incapaces de recibir perdón.

Notas

28 Ἀπόδος εἴ τι ὀφείλεις (*apódos ei ti ofeíleis*, lit., «paga, si debes algo») no es una expresión de lógica despiadada (B.F. Meyer) sino el equivalente griego antiguo de ἀπόδος ὃ τι ἂν ὀφείλῃς (*apódos jo ti an ofeíles*, «paga lo que debes», NVI; cf. BDF, par. 376).

30 En negaciones el tiempo verbal se utiliza normalmente «porque por lo general se niega la acción como un todo» (BDF, par. 327). Cuando el imperfecto se utiliza en negaciones, la fuerza durativa o iterativa por lo general es clara —e.g., Mr 14:55; οὐχ ηὕρισκον (*ouj jeúriskon*, «no encontraron ninguna [a pesar de reiterados intentos]»). A esta luz οὐχ ἤθελεν (*ouk édselen*, «él se negó») está en sí diciendo: repetidamente se rehusó, mantuvo mala voluntad prolongada (como en 22:3).

32 BDF (par. 328) señala que —especialmente en verbos mandar, ordenar, requerir o solicitar— si una acción está completa, pero el resultado de una segunda acción hacia la cual señala la primera se representa como no consumada, o aun fuera de la esfera de acción, entonces el primer verbo toma el imperfecto, no la acción verbal. Por tanto, el uso de la acción del verbo παρακάλεσάς με (*parekálesás me*, «me suplicaste»), que señala hacia el perdón (ἀφῆκά σοι [*aféka soi*, «yo cancelé … tus»]), significa que «el simple requerimiento basta» (similitud en 26:53).

7. *Conclusión transformadora: introducción al ministerio judío*

19:1-2

¹Cuando Jesús acabó de decir estas cosas, salió de Galilea y se fue a la región de Judea, al otro lado del Jordán. ²Lo siguieron grandes multitudes, y sanó allí a los enfermos.

1-2 En cuanto a la fórmula utilizada en esta transición, y la manera en que la señala, vea en 7:28-29. Jesús «salió de» (*metairo*; en cuanto al verbo, vea en 13:53) Galilea y empezó a prepararse para ir a Jerusalén, pasando por Perea, en la costa este del Jordán, evitando así pasar por Samaria. Al menos esa es la explicación tradicional (v. 1). Pero es posible que *peran tou Iordanou* (lit., «a lo largo del Jordán») modifique a Judea en la ribera occidental. Esto implica que el escritor describe los movimientos desde una posición en la ribera este (según Slingerland; vea en 4:15). La analogía en Marcos 10:1 es difícil debido a la incertidumbre textual con relación a *kai* («y [a lo largo del Jordán]»). Si el *kai* es original, Marcos está pensando en dos áreas: Judea y Perea («a lo largo del Jordán»). No obstante, la expresión de Mateo «al otro lado del Jordán» podría tomarse como un modificador adverbial poco elegante de «se fue»: Jesús «fue a lo largo del Jordán [por esa ruta] hacia la región de Judea».

Las grandes multitudes (v. 2) y las muchas curaciones muestran que Jesús hizo en Judea lo que ya había hecho en Galilea. Pero los muchos resúmenes del ministerio de Jesús en este evangelio (cf. 4:23; 9:35; 14:14; 16:30), junto con el testimonio de qué ocupado estaba Jesús, tienen otra función. Debido a que este evangelio contiene muchas disertaciones, «la descripción de Jesús fácilmente se podría transformar en la de un *profeta*, acompañada por ciertas señales y milagros, pero con un solo objetivo: hablar». Estos resúmenes ayudan a mantener el equilibrio y a declarar el ministerio global del Mesías (Gerhardsson, *Mighty Acts*, p. 36, énfasis de él).

Detrás de estos dos versículos se esconde un problema muy complejo en armonía sinóptica. Aunque Mateo y Marcos casi son análogos desde Mateo 14 hasta el final, aquí Lucas se desvía. Describe a Jesús yendo por Samaria (Lc 9:51-56) y luego comienza unas largas series de recuentos, algunos sin ningún paralelo sinóptico y otros que parecen ser paralelos al material anterior de Marcos y Mateo, material que Mateo ha omitido (e.g., cf. Lc 11:14-36 con Mt 12:22-45; Mr 3:19-30; y Lc 12:22-31 con Mt 6:25-34). Apenas hasta el 18:15 Lucas vuelve a unirse con Mateo (19:13) y Marcos (10:13), y a partir de entonces corre paralelo a ellos. La extensa sección, Lucas 9:51-18:14 (aunque se debate acerca del preciso final), denominada antes «narración del viaje de Lucas», pero a la que ahora se refiere como a la «sección central», constituye un problema para los comentaristas de Lucas, no de Mateo; pero ningún comentarista sinóptico la influye puede pasar por alto, porque la manera en que percibimos la «sección central» de Lucas influye directamente en el asunto de cuántos de los pasajes en Lucas 9:51—18:14 tomamos como verdaderos paralelos de otros similares en los otros sinópticos.

En vista de que en la «sección central» de Lucas se sitúa regularmente Jesús ya cerca de Jerusalén (Lc 9:51-53; 13:22; 17:11), algunos han afirmado que hubo un viaje directo a Jerusalén, con varios desplazamientos secundarios; pero la cronología y la topografía se vuelven demasiado tortuosas para que esto sea posible. Otros ven las tres referencias principales hacia Jerusalén como paralelas al (1) viaje de Jesús a Jerusalén en la fiesta de los tabernáculos (Jn 7:2-10), (2) al viaje de Jesús hacia el sur en el tiempo de la resurrección de Lázaro (Jn 11:17-18), y (3) al viaje que concluye en la última Pascua y la Crucifixión. Por tanto, todo el «relato del viaje» se sitúa bajo la sombra de la Cruz. Esto es posible, pero motiva más preguntas respecto a la cronología y la armonía del evangelio de las que se pueden discutir aquí; y, en particular, significa que ninguna de las analogías aparentes con material sinóptico similar pueda surgir del mismo hecho histórico. También eso es posible y lo defienden muchos grandes comentaristas (e.g., Broadus). Pero es improbable que un evangelista como Lucas —cuyo «relato ordenado» (1:3) claramente organiza mucho material en orden temático, no cronológico ni geográfico— abandone esto en 9:51—18:14.

Por tanto, aun si la sección central de Lucas está enmarcada por ciertos viajes históricos hacia Jerusalén (como estoy dispuesto a suponer), lo que se utiliza teológicamente para señalar el último viaje, es lógico esperar que el material temático también esté incorporado, porque muchas de las transiciones de Lucas entre pasajes bíblicos (cuando los utiliza) son cronológicamente imprecisas. Lo que esto significa para un comentario sobre Mateo es que cada paralelo aparente entre un pasaje en Mateo y uno en la «sección central» de Lucas se debe evaluar por aparte. En algunos casos quizá se refieran al mismo acontecimiento, en otros no; y en algunos casos la evidencia puede ser tal que una decisión convincente es imposible.

Craig Blomberg («Tradición-historia») ha efectuado algunas de las comparaciones cuidadosas que son necesarias. En la siguiente tabla de parábolas que se encuentran en la sección central de Lucas (NIV), preparada por Blomberg, la columna a enumera el número total de palabras en el relato de Lucas que aparecen en idéntica forma en el paralelo sinóptico, b enumera el número de palabras comunes de ambos textos pero en formas gramaticales o léxico distintos, y c el número de palabras en Lucas que son claros sinónimos de palabras correspondientes en otro texto. La columna d da el porcentaje de palabras en Lucas que cae dentro de la categoría a, y la columna e el porcentaje que cae dentro de a, b, o c.

Parábola lucana	Sinóptico paralelo	No. de palabras en Lucas	a	b	c	d	e
12:39-40	Mt 24:43-44	34	29	2	3	85,3	100,0
13:20-21	Mt 13:33	21	15	4	1	71,4	95,2
12:42-46	Mt 24:45-51	102	83	5	4	81,4	90,2
8:5-8	Mr 4:3-9	76	44	11	7	57,9	81,5
7:31-35	Mt 11:16-19	76	45	14	4	59,2	80,3
11:11-13	Mt 7:9-11	48	34	2	2	70,8	79,2
13:18-19	Mt 13:31-32	38	19	5	4	50,0	73,7
20:9a-16a	Mr 12:1-9	120	64	11	6	53,3	67,5
14:5	Mt 12:11	17	2	6	1	11,7	52,9
6:47-49	Mt 7:24-27	83	21	16	3	25,3	48,2
19:12-27	Mt 25:14-30	253	54	23	28	21,3	41,5
15:4-7	Mt 18:12-14	81	15	12	2	18,5	35,8

Parábola lucana	Sinóptico paralelo	No. de palabras en Lucas	a	b	c	d	e
14:16-24	Mt 22:2-10	159	10	14	4	6,3	17,6
12:35-38	Mr 13:33-37	67	2	4	3	3,0	13,4

La tabla revela tres grupos de parábolas: (1) las que tienen gran similitud verbal: 53,3%-85,3% en la columna *d*, y 67,5%-100% en la columna *e*; (2) las que tienen muy poca similitud verbal: 3,0%-6,3% en la columna *d*, y 13,4%-17,6% en la columna *e*; y, agrupadas entre estos dos extremos, (3) las que tienen importante similitud verbal, pero no mucha: 18,5%-25,3% en la columna *d*, y 35,8%-52,9% en la columna *e*. Con relación a estas estadísticas nos podríamos sentir tentados a pensar que las parábolas en el grupo (1) tal vez posean una fuente común, las parábolas en el grupo (2) son distintas, y las del grupo (3) se deben tratar de modo individual. Esta es en gran parte la forma en que se han desarrollado en este comentario.

Sin embargo, se deben tener en cuenta otros factores atenuantes. Por ejemplo, si una parábola es breve y aforística, entonces es menos probable mucha semejanza verbal que indique una fuente común: la parábola puede haberse repetido muchas veces. Además, a diferencia de Jeremias (*Parables*, pp. 33 y sig.), P.B. Payne («Metaphor as a Model for Interpretation of the Parable of the Sower», tesis de grado, Universidad de Cambridge, 1975, pp. 308-11) ha mostrado en detalle que casi en todos los casos la audiencia que menciona el evangelista para cualquier parábola que se encuentra en dos o más evangelios sinópticos no contradice la audiencia que menciona el otro evangelista sinóptico por lo que parece ser la misma parábola. Si los escritores del evangelio procuran conservar la audiencia correcta en todos los casos menos en dos, se puede sospechar que —si hay razón independiente en esos dos casos para pensar que los paralelos quizá no sean análogos sino parábolas *independientes*— esta es evidencia razonable para creer que las supuestas parábolas serían desde el principio historias con argumentos y vocabularios separados. Uno de tales casos es la parábola de la oveja perdida (ver en Mt 18:10-14), que cae en el fondo del grupo intermedio de la tabla adjunta (cf. además Blomberg, «Tradición-historia», cap. 2).

Mientras el trabajo de Blomberg y Payne se restringe en gran parte a las parábolas en la sección central de Lucas (o en el caso de Payne a parábolas sinópticas), sus métodos y observaciones generales son aplicables a otros materiales en esa sección, que son análogas en Mateo. (Vea comentarios en 18:10-14; 22:2-10; 24:43-44; 25:14-30.)

VI. Oposición y escatología: Triunfo de la gracia (19:3—26:5)

A. *Narración* (19:3—23:39)

1. *Matrimonio y divorcio*

19:3-12

> [3]Algunos fariseos se le acercaron y, para ponerlo a prueba, le preguntaron:
> —¿Está permitido que un hombre se divorcie de su esposa por cualquier motivo?

⁴—¿No han leído —replicó Jesús— que en el principio el Creador "los hizo hombre y mujer", ⁵y dijo: "Por eso dejará el hombre a su padre y a su madre, y se unirá a su esposa, y los dos llegarán a ser un solo cuerpo"? ⁶Así que ya no son dos, sino uno solo. Por tanto, lo que Dios ha unido, que no lo separe el hombre.

⁷Le replicaron:

—¿Por qué, entonces, mandó Moisés que un hombre le diera a su esposa un certificado de divorcio y la despidiera?

⁸—Moisés les permitió divorciarse de su esposa por lo obstinados que son —respondió Jesús—. Pero no fue así desde el principio. ⁹Les digo que, excepto en caso de infidelidad conyugal, el que se divorcia de su esposa, y se casa con otra, comete adulterio.

¹⁰—Si tal es la situación entre esposo y esposa —comentaron los discípulos—, es mejor no casarse.

¹¹—No todos pueden comprender este asunto —respondió Jesús—, sino sólo aquellos a quienes se les ha concedido entenderlo. ¹²Pues algunos son eunucos porque nacieron así; a otros los hicieron así los hombres; y otros se han hecho así por causa del reino de los cielos. El que pueda aceptar esto, que lo acepte.

Sobre los peligros y las dificultades de bosquejos interpretados detalladamente, vea en 13:54-58. No obstante, en estos capítulos (19:3—26:5) se han plasmado ciertos temas. La oposición a Jesús se vuelve más acalorada y centrada. Las posiciones de Jesús y de los líderes judíos se hacen más irreconciliables. Jesús no sólo revela a sus discípulos más de sí mismo y de su misión, sino que centra más atención en el fin: la esperanza escatológica definitiva, y la consumación del Reino. Dentro de estos dos polos, oposición y escatología, la gracia de Dios hacia quienes están bajo el Reino se vuelve un tema cada vez más dominante. Sin siquiera usar la palabra «gracia», Mateo vuelve una y otra vez a este asunto (e.g., 19:21-22; 20:1-16). Pero gracia no significa que no haya juicio (23:1-39). Al contrario, significa que a pesar del flagrante rechazo de Jesús, la crónica incredulidad de oponentes, multitudes, así como de discípulos, y el juicio que amenaza dentro de la historia como al Final, la gracia triunfa y llama a un pueblo mesiánico que se inclina ante el señorío de Jesús y espera ansiosamente su regreso.

En general 19:3—26:5 sigue la estructura de Marcos; pero hay añadiduras importantes (20:1-16; 21:28-32; 22:1-14), ampliaciones (esp. 23:1-39; cf. Mr 12:38-44), alteraciones (esp. 21:10-17), y parábolas adicionales después del Discurso del Monte de los Olivos (cap. 25).

Por tres razones el primer pasaje en esta sección de Mateo ha dado lugar a una enorme cantidad de comentarios y exposiciones: (1) trata con un asunto pastoral perennemente candente en la sociedad y en la Iglesia; (2) incluye algunas palabras y frases muy difíciles (ver esp. v. 9); y (3) su relación con su análogo en Marcos 10:2-12 se ha debatido con vehemencia. Solo algunos de estos asuntos se pueden tratar aquí de modo directo. (En cuanto al origen cultural del matrimonio en la Biblia, vea Edwin M. Yamauchi, «Cultural Aspects of Marriage in the Ancient World», BS 135,

1978, 241-52; y en cuanto a novedades posteriores al Pentateuco sobre divorcio, canónico y otros, vea Sigal, «Halakah», pp. 130-42.)

3 A los fariseos se les ve a menudo en el Evangelio de Mateo (vea en 3:7) probando u oponiéndose a Jesús de alguna manera (12:2, 14, 38; 15:1; 16:1; 19:3; 22:15, 34-35). Tal vez aquí su «prueba» se basa en la esperanza de que Jesús diga algo que se pueda usar para perjudicar su reputación ante el pueblo, o que incluso parezca contradecir a Moisés. Quizá también con la esperanza de que Jesús diga algo que lo enrede en los asuntos de Herodes y Herodías, y que lo conduzca al mismo destino del Bautista. Maqueronte no estaba lejos (vea en 14:3-12).

La pregunta en cuanto a si es correcto que un hombre se divorcie de su esposa «por cualquier motivo» (NVI ha traducido adecuadamente una frase difícil; cf. Turner, *Perspectives*, p. 61) provoca una enorme diversidad de opiniones judías. Entre los pactantes del Qumrán el divorcio era juzgado ilícito bajo toda circunstancia (CD 4:21; y esp. 11QTemplo 57:17-19; sobre lo cual, vea J.R. Mueller, «The Temple Scroll and the Gospel Divorce Texts», *Revue de Qumran* 38, 1980, 247 y sig.).

En la corriente judía palestina dominante la opinión estaba bastante dividida en dos bandos: tanto la escuela de Hillel como la de Shammai permitían el divorcio (que el hombre se divorciara de la mujer, pues lo inverso no se consideraba), aduciendo *eruat dabar* («algo indecoroso», Dt 24:1), pero discrepaban en lo que podría definirse como «indecoroso». Shammai y sus seguidores interpretaban la expresión para referirse a flagrante indecoro, aunque no necesariamente adulterio; Hillel extendía el significado más allá del pecado, a toda clase de ofensa verdadera o imaginaria, incluyendo una comida inadecuadamente preparada. El hillelita R. Akiba permitía el divorcio en caso de enamorarse por una mujer más bonita (M *Gittin* 9:10).

Cualquiera que sea lo que entiendan de lo que Jesús dice en los versículos siguientes, no está de acuerdo con Shammai ni con Hillel; porque aun cuando la escuela de Shammai era más estricta que la de Hillel, permitía volver a casarse cuando el divorcio no estaba de acuerdo con su propia halajá (reglas de comportamiento) (M *Eduyoth* 4:7-10); y si Jesús restringe la justificación del divorcio a la indecencia sexual (vea en v. 9), difiere fundamentalmente de Shammai. Jesús abre su propio camino en estos versículos, como señala correctamente Sigal («Halajá», pp. 104 y sig.); y lo hace en una época en que en muchos círculos fariseos «la frecuencia del divorcio era un escándalo manifiesto» (Hill, *Matthew*). Josefo, por ejemplo, que era divorciado, era fariseo; y en su opinión el divorcio era permitido «por cualquier causa, sea lo que fuere» (Jos. Antig. IV, 253 viii. 23).

Por consiguiente, el entorno de la pregunta del divorcio en este pasaje es distinto de 5:31-32. Allí el divorcio se establece en una disertación que da las normas del Reino y la santidad matrimonial; aquí está puesto en un debate teológico que suscita la pregunta de qué se permite a los divorciados.

4-6 Jesús se alinea con el profeta Malaquías, quien cita como palabras del SEÑOR: «Yo aborrezco el divorcio» (2:16), y también se refiere a la creación (2:14-15). Jesús primero cita a Génesis 1:27 y luego a Génesis 2:24. El Creador formó a la humanidad «hombre y mujer» (v. 4). La implicación es que los dos sexos se unirían en matrimonio. Pero para que no se perdiera la implicación, dijo que «por eso» (v. 5) —porque Dios los hizo así— el hombre dejará a su padre y a su madre, se unirá a su esposa, y los dos llegarán a ser un solo cuerpo (cf. Eclo 25:26; Ef 5:28-31).

Las palabras «por eso» en Génesis 2:24 se refieren a la percepción de Adán de que la mujer era «hueso de sus huesos y carne de su carne», porque a ella la habían formado de él y para él; i.e., en el sentido más profundo, el hombre y la mujer estaban «relacionados». Lo mismo sugiere Génesis 1:27; i.e., el llegar a ser «un solo cuerpo» en el matrimonio es una repetición y testimonio de la mismísima estructuración de la humanidad tal cómo Dios la creó.

«Así que» (*jóste* aquí es «simplemente una partícula ilativa» [Moule, *Idiom Book*, p. 144]), Jesús concluye: el marido y la mujer ya no son dos sino uno, y fue Dios quien lo hizo (v. 6). Si Dios los ha unido, de acuerdo a la estructura de su misma creación, el divorcio no sólo es «antinatural» sino rebelión contra Dios. Dios y el hombre están tan distanciados en este asunto que lo que Dios une, el hombre lo divide.

La respuesta de Jesús bordea un gran problema de casuística, y expone una perspectiva dominante que no se debe perder en las marañas exegéticas del v. 9. Se pueden captar dos profundas apreciaciones.

1. Aunque los líderes judíos no tendían a analizar el adulterio con relación a la infidelidad de uno de los cónyuges, sino con relación a tomar la esposa de otro (cf. M *Ketuboth* y M *Kiddushin*), Jesús abordaba la cuestión de la santidad del matrimonio enfocándose en la unidad de la pareja ordenada por Dios.

2. Jesús apeló esencialmente al principio: «Mientras más original, más pesado», una forma aceptada de razonamiento en la exégesis judía (cf. Pablo en Gá 3:15-18); y es imposible ir antes de la creación para buscar las responsabilidades de la humanidad. Si el matrimonio se basa en la *creación*, en la manera en que Dios no hizo, no se puede reducir a una simple relación en un pacto que se acaba cuando se rompen las promesas pactadas (contra David Atkinson, *To Have and to Hold: The Marriage Covenant and the Discipline of Divorce*, Collins, Londres, 1979, esp. pp. 114 y sig.). Sin embargo, el razonamiento en este caso deja sin respuesta la pregunta de cómo se debe tomar la ley mosaica; y el escenario queda listo para la siguiente pregunta de los fariseos.

7-8 Los fariseos se refieren a Deuteronomio 24:1-4, que ellos interpretaban más o menos así: «Si un hombre se casa con una mujer … y si ella no encuentra aceptación ante los ojos de él … él le entregará un certificado de divorcio … y la echará de la casa» (así también Vul.). Pero el hebreo quiere decir naturalmente algo más o menos así: «Si un hombre se casa con una mujer … y si ella no encuentra aceptación ante los ojos de él … y él le entrega un certificado de divorcio … y la echa de la casa … y el segundo marido de ella hace lo mismo, el primer marido no se casará con ella otra vez» (presumiblemente porque eso sería una clase de incesto; cf. Zerwick, par. 458; G.J. Wenham, «The Restoration of Marriage Reconsidered», *Journal of Jewish Studies* 30, 1979, 36-40). En otras palabras, Moisés no *ordenó* el divorcio sino que lo permitió por ser *eruat dabar*(«algo indecoroso»); y el texto está menos interesado en explicar la naturaleza de esa indecencia (la expresión exacta solo se encuentra en otro lugar del AT: Dt 23:14, con referencia al excremento humano) que en prohibir un nuevo matrimonio de la mujer divorciada dos veces con su primer esposo. Por consiguiente, Moisés reconocía el divorcio y el nuevo matrimonio: i.e., los «permitía» (v. 8).

El enfoque general de Marcos 10:2-9 es el mismo que el de Mateo 19:3-8. Pero allí (1) los fariseos hacen su pregunta sin la frase «por cualquier motivo»; (2) Jesús menciona la orden de Moisés; (3) los fariseos responden en cuanto a lo que Moisés permitía; y (4) solo entonces Jesús da su perspectiva básica respecto de la ordenanza de la creación. El efecto global de los dos pasajes es el mismo hasta aquí. Pero no es fácil reinterpretar los detalles históricos. Mateo parece más preocupado en la idea central del intercambio que en lo que se dijo primero.

Tanto Mateo como Marcos muestran que Jesús enseñó que la concesión de Moisés no reflejaba la verdadera ordenanza de la creación, sino la dureza del corazón de los hombres. El divorcio no es parte del diseño perfecto del Creador. Si Moisés lo permitió, lo hizo porque el pecado puede ser tan vil que el divorcio es preferible a la «indecencia» continua. Con esto no se quiere afirmar que la persona que, según lo que dijo Moisés, se divorció de su cónyuge en realidad estaba cometiendo pecado al hacerlo; sino que el divorcio se podría incluso considerar testimonio de que ya había habido pecado en el matrimonio. Por tanto, cualquier opinión de divorcio y nuevo matrimonio (enseñado también en el AT) que ve el problema solo en cuanto a lo que se podría hacer o no, ya ha pasado por alto una realidad básica: el divorcio nunca se debe tener como una opción ordenada por Dios y moralmente neutral sino como evidencia de pecado, de la dureza de corazón. La actitud fundamental de los fariseos ante la pregunta estaba mal.

También se debe observar que cuando Jesús habla del pecado del pueblo, invariablemente se refiere a *su* pecado, a *tu* pecado, y no a *nuestro* pecado (cf. 6:14-15).

Sin embargo, ¿qué era lo «indecente» en la época de Moisés que justificaba el divorcio? «Algo indecoroso» no puede equipararse con el adulterio, porque el castigo normal para eso era la muerte, no el divorcio (Dt 22:22), aunque no es del todo claro que en realidad se impusiera pena de muerte por adulterio (cf. Henry McKeating, «Sanctions Against Adultery in Ancient Israelite Society», JSAT 11, 1979, 57-72). Tampoco podría ser indecencia la sospecha de adulterio porque el procedimiento prescrito en tal caso era el ritual de aguas amargas (Nm 5:5-31). Pero la indecencia debió haber sido horrible: en la antigüedad Israel tomaba muy en serio el matrimonio. La mejor suposición es que lo indecoroso era cualquier lascivia, conducta inmoral, algo que incluía adulterio (pero sin restringirse a este): i.e., lesbianismo o una mala conducta sexual que poco le faltó para llegar al acto sexual.

9 Cuatro problemas contribuyen a la dificultad de entender este versículo. El primero es textual. La cláusula de «excepción» aparece en varias formas, sin duda con una asimilación de 5:32; pero no puede haber duda de que una cláusula de excepción sea original. Aunque algunos mss. añaden algunas palabras más (e.g., «el que se divorcia de su esposa, y se casa con otra, comete adulterio»), la diversidad de las añadiduras a los mss. y la probabilidad de asimilación de 5:32, para no mencionar el peso de la evidencia externa, apoyan el texto más corto (cf. Metzger, *Textual Commentary*, pp. 47-48).

El segundo problema se relaciona con el significado de *porneia* («infidelidad conyugal», NVI; «fornicación», RVR). H. Baltensweiler (*Die Ehe im Neuen Testament*, Zwingli, Zürich, 1967, p. 93) cree que se refiere a matrimonio dentro de grados prohibidos (Lv 18), i.e., como el incesto. Muchos otros, especialmente eruditos católicos romanos, han defendido ese punto de vista en algunos detalles (cf. J.A. Fitzmyer, «The Matthean Divorce Texts and Some New Palestinian Evidence», *Theological Studies* 37, 1976, 208-11). A menudo se apela a 1 Corintios 5:1, donde «uno de ustedes tiene por mujer a la esposa de su padre» (su madrastra). Sin embargo, se debe observar que incluso aquí Pablo no da indicios de estar tratando con un matrimonio incestuoso sino con una aventura incestuosa. No es muy claro que Pablo o cualquier otro judío hubiera relacionado una relación incestuosa con el matrimonio. Pablo no habría dicho a los miembros de la pareja que se divorciaran sino que dejaran de hacer lo que estaban haciendo. Además, en el capítulo siguiente Pablo utiliza la misma palabra (*porneia*) para describir la prostitución (1 Co 6:13, 16).

Otros han sostenido que *porneia* se refiere a impureza prematrimonial (Isaksson, pp. 135 y sig.; Mark Geldard, «Jesus' Teaching on Divorce», *Churchman* 92, 1978, 134-43): si un hombre descubre que su novia no es virgen, se puede divorciar de ella. Esto tiene la ventaja (se ha sostenido) de no ser una *verdadera* excepción a la prohibición del divorcio que hiciera Jesús, lo que hace más fácil reconciliar a Mateo con Marcos, quien omite la cláusula de «excepción». Esto da además un claro antecedente para el asombro de los discípulos (v. 10); porque si *porneia* se refiere a todo pecado sexual, Jesús no está diciendo más de lo que muchos rabinos enseñaban. La última objeción está mejor tratada en el v. 10. La primera es una manera posible de reconciliar a Mateo y Marcos, pero hay muchas otras posibilidades; y no existe razón para adoptarla si a *porneia* se le ha situado en un marco semítico demasiado estrecho.

Otros sostienen que aquí *porneia* significa «adulterio», ni más ni menos (e.g., T.V. Fleming, «Christ and Divorce», *Theological Studies* 24, 1963, 109; Sigal, «Halakah», pp. 116 y sig.). Es cierto que la palabra puede incluir ese significado (Jer 3:8-9; cf. TM y LXX; cf. Eclo 23:23). Sin embargo, en griego la palabra normal que denota adulterio es *moijeia*. Mateo ya ha usado *moijeia* y *porneia* en el mismo contexto (15:19), lo que sugiere alguna diferencia entre las palabras, aunque hay considerable coincidencia. A. Mahoney («A New Look at the Divorce Clauses in Mt 5, 32 y 19, 9» CBQ 30, 1968, 29-38) sugiere que *porneia* se refiere a prostitución espiritual, una metáfora adoptada a menudo por los profetas del AT. Jesús entonces prohíbe el divorcio, excepto donde un cónyuge no es cristiano. Pero es casi imposible concebir cómo esa respuesta, expresada en tal lenguaje, podría tener alguna relevancia (mucho menos comprensión) para quienes aquí debaten. Además, Pablo no conoce mensaje del Señor para el tema de matrimonios mixtos (1 Co 7:12), y la respuesta que da (1 Co 7:12-16) parece de algún modo más estricta.

Estas y muchas otras sugerencias creativas se han formulado por la dificultad del versículo como un todo, ya sea en su contexto inmediato como en un paralelo entre Marcos y Lucas. Pero se debe reconocer que la palabra *porneia* en sí es muy amplia. En contextos inequívocos se puede referir en ocasiones a una clase específica de pecado sexual. Sin embargo, aun entonces esto solo es posible debido a que el pecado sexual específico pertenece a la categoría mayor de inmoralidad sexual. *Porneia* cubre toda la gama de tales pecados (cf. TDNT, 6:579-95; BAGD, s.v.; Joseph Jensen, «Does *porneia* Means Fornication? A Critic of Bruce Malina», NovTest 20, 1978, 161-84) y no se debería restringir a menos que el contexto lo requiera.

El tercer problema es por qué de los evangelios sinópticos solo Mateo incluye la cláusula de excepción; y el cuarto es exactamente qué significa esa cláusula. Estas dos situaciones se pueden manejar juntas. Se han propuesto innumerables soluciones; pero hay siete importantes.

1. Algunos sostienen que la cláusula de excepción aquí y en 5:32 en realidad no es una excepción. La preposición *epi* más el dativo puede tener el sentido de adición: «además de», o incluso «aparte de» (cf. Lc 3:20; Col 3:14; Zerwick, par. 128). En este versículo las palabras se deberían traducir «no aparte de promiscuidad sexual» en el v. 9; y razonamientos parecidos se aplican a la interpretación levemente distinta en 5:31: «El que repudia a su esposa, además de *porneia* [por lo cual la repudia], la induce a cometer adulterio». No existe entonces excepción a la prohibición que Jesús hace del divorcio como lo informan Marcos y Lucas. Pero todo esto requiere un griego casi imposible. Cuando *epi* tiene esta fuerza «aditiva», en ninguna parte está precedido por *me* («no»), lo cual presenta de modo casi natural una excepción. Dupont (*Mariage et divorce*, pp. 102-06) ha mostrado con claridad lo que se supone que sea una excepción verdadera.

2. La mayoría de los comentaristas recientes sostienen que Mateo simplemente ha tomado el pasaje de Marcos y lo ha liberalizado. La absoluta prohibición ya no era posible en la iglesia de Mateo, y por tanto se introdujo la cláusula de excepción (según David R. Catchpole, «The Synoptic Divorce Material as a Traditio-Historical Problem», BJRL 57, 1974-75, 92-127; R.H. Stein, «Is It Harmful for a Man to Divorce His Wife?», JETS 22, 1979, 115-21; H. Reisser, DNTT, 1:500). El porqué se añadió la excepción se ha presentado de forma muy diversa: (1) La prohibición absoluta de Jesús no estaba hecha como una guía, la cual los evangelistas se sentían libres de adaptar; después de todo «Jesús no era un legalista» (Stein); (2) Mateo sintió necesario alinear a Jesús con la escuela de Shammai en el contexto de los debates rabínicos de su época (Bornkamm, *Tradition*, pp. 25-26); y (3) *porneia* se refiere a matrimonios incestuosos, no poco comunes entre gentiles; de modo que Mateo agregó la cláusula de excepción porque una creciente cantidad de gentiles convertidos estaban entrando a su iglesia de mayoría judía, y no se debía pensar que la prohibición de Jesús sobre el divorcio se aplicaba a sus matrimonios ilícitos (Mahoney, «New Look»; cf. también Benoit, Bonnard).

Pero todos estos puntos de vista tienen graves problemas.

a. Hay serios debates en este punto acerca de si Mateo en realidad *añadió* algo a la tradición, o si es independiente de Marcos.

b. Estigmatizar una prohibición absoluta sugiriendo que podía hacer de Jesús un «legalista» es provocar muchas preguntas. ¿No estaría entonces cualquier prohibición absoluta sujeta a la misma calificación insensible? La palabra «legalista» es un término tendencioso que se puede referir a alguien que establece absolutos, o a alguien que se cree aceptado por Dios sobre la base de su obediencia. En el primer sentido Jesús *es* un «legalista» (e.g., 22:37-38); en el segundo sentido no lo es. Pero solo el primer sentido está relacionado con este versículo.

c. No está claro por qué Mateo sintió necesario alinear su evangelio con una escuela rabínica particular que, como sabía, ya existía en la época de Jesús. Nada ha cambiado, en este sentido, en el año 85 d.C.

d. La nueva situación que sugiere Mahoney («New Look») no es muy convincente, porque necesita una traducción antinatural de *porneia*, porque supone que Mateo vería un «matrimonio incestuoso» como matrimonio verdadero sujeto a divorcio (en vez de una aventura pecaminosa que se debe terminar), e introduce un gran anacronismo sin apoyo alguno.

e. Además, el simple alineamiento con la escuela de Shammai es poco convincente en un libro que exige una justicia mayor que la de los fariseos (5:20), y en un contexto en que la enseñanza de Jesús sobre el divorcio provoca una respuesta petulante de los discípulos (19:10).

3. Hill, Sigal y otros sostienen que en este contexto *porneia* tan solo significa «adulterio», y que Jesús está interpretando de este modo el *eruat dabar* («algo indecoroso») de Deuteronomio 24:1. Esto no necesariamente significa que Mateo suaviza a Marcos; como Hill (*Matthew*) señala, en círculos judíos del siglo primero, la ley judía *exigía* a un hombre divorciarse de su esposa adúltera (M *Sotah* 5:1); y esto muy bien lo podrían tomar los demás evangelios «como una parte comprendida y aceptada de cualquier enseñanza sobre el tema del divorcio», pero explicada en detalle solo en Mateo. Esta interpretación quizá reduce demasiado el significado de *porneia*; sin embargo, aparte de eso, las objeciones en contra se pueden contestar de modo satisfactorio (cf. más adelante en 7).

4. Bruce Vawter, en dos artículos, («The Divorce Clauses in Mt 5, 32 y 19, 9», CBQ 16, 1954, 155-67; y «Divorce and the New Testament», CBQ 39, 1977, 528-48), sostiene con vehemencia que se han malinterpretado las cláusulas de excepción: pretericiones, i.e., excepciones a la proposición misma, no simplemente al verbo. Por tanto, la cláusula de excepción en 19:9 «significa que *porneia* [que toma como equivalente al «algo indecoroso» de Dt 24:1] no tiene nada que ver aquí; i.e., «Pero yo les digo que todo el que se divorcia de su esposa —pese al permiso en Dt 24:1— y se casa con otra, adultera». Asimismo, él entiende que la frase crucial en 5:32 significa «muy aparte del asunto de *porneia*». Vawter es imitado por Banks (*Jesus*, pp. 156-57). El efecto de esta interpretación es similar a 1: Mateo no permite más de una excepción que Marcos, y Jesús abroga específicamente al permiso mosaico. Esto da buen sentido a los comentarios siguientes de los discípulos (v. 10): aunque la réplica de Jesús (vv. 11-12) parece un poco de chasco, en un libro en que el patrón de redacción *no* es hacer que Jesús esté de acuerdo con sus confundidos discípulos, sino en volver a resaltar el punto que acaba de surgir (cf. Q. Quesnell, «"Made Themselves Eunuchs for the Kingdom of Heaven" [Mt 19, 12]», CBQ 30, 1968, 340 y sig.). Además, no es nada obvio que las cláusulas de excepción sean omisiones: con seguridad los comentaristas griegos más antiguos no las tomaron de ese modo, como Quesnell (p. 348) señala.

5. Lo que Quesnell mismo sostiene es que al usar el verbo *apolúo* (v. 10) Jesús permite, en el caso de la infidelidad conyugal de la esposa, separación pero no divorcio (de igual modo G.J. Wenham, «May Divorce Christians Remarry?» *Churchman* 95, 1981, 150-61; Dupont, *Mariage et divorce*, pp. 93-157), y por tanto no nuevo matrimonio bajo ninguna

circunstancia. La separación sin posibilidad de nuevo matrimonio no se conocía en círculos judíos y, por supuesto, habría sido mucho más estricto que la escuela de Shammai; y esto motiva la reacción de los discípulos (v. 10). Pero contra este punto surgen dos consideraciones. Primera, *apolúo* ya se había usado en el v. 3 con el significado indudable de «divorcio». No hay justificación para entender en alguna otra forma el mismo verbo unos cuantos versículos más adelante, a menos que haya alguna razón contextual convincente para el cambio. Además, aunque es formalmente cierto que la cláusula de excepción está ligada de modo sintáctico a la cláusula de divorcio, no a la de nuevo matrimonio, apenas es decisiva. Ubicar la cláusula de excepción en cualquier otro lugar generaría aun más ambigüedad. Por ejemplo, si se coloca antes del verbo *moijatai* («adulterar»), el versículo se podría parafrasear así: «Cualquiera que se divorcia de su mujer, si no es por fornicación que se divorcia de una y se casa con otra, adultera». Pero esta redacción sugiere que la fornicación se ha presentado como la *razón* misma del otro casamiento, y no sólo del divorcio —una interpretación que raya en lo ridículo. Es más, si se excluye la cláusula de nuevo matrimonio, el pensamiento se vuelve absurdo: «Cualquiera que se divorcia de su mujer, excepto por *porneia*, adultera»… seguramente falso a menos que se vuelva a casar. La cláusula de excepción por tanto se debe entender para determinar toda la prótasis. Podemos parafrasear de este modo: «Cualquiera que se divorcia de su mujer y se casa con otra mujer adultera… aunque este principio no se aplica e el caso de *porneia*».

6. John J. Kilgallen («To What Are the Matthean Exception-Texts [5, 32 y 19, 9]?», *Biblica* 61, 1980, 102-5) sugiere que las cláusulas de excepción no sólo deben querer decir que en algunos casos el divorcio no es adúltero, sino más bien que en algunos casos no es moralmente malo. Él interpreta 5:32: «Cualquiera que se divorcia de su mujer (excepto en el caso de *porneia*) hace que ella adultere». Pero en el caso de *porneia*, no *hace* que ella adultere (asimismo Westerholm [pp. 118 y sig.] y la literatura que cita). Esto no es convincente; porque el griego no se traduce «hace que ella adultere» ni «la convierte en adúltera», sino «la hace cometer adulterio» (el infinitivo pasivo no significa «volverse una adúltera» sino «cometer adulterio»; cf. BAGD, s.v., 2b). Si la mujer ya ha cometido *porneia*, no se podría decir que el divorcio (y el nuevo matrimonio que seguiría) la convierte en adúltera; pero tal divorcio y el nuevo matrimonio la hacen cometer adulterio. Este enfoque no funciona en el v. 9, donde el resultado no es que el hombre hace que su mujer cometa adulterio sino que él comete adulterio.

7. Entonces lo mejor parece permitir que tanto *porneia* como la cláusula de excepción retengan su fuerza normal. Jesús entonces está diciendo que el divorcio y el nuevo matrimonio siempre involucran maldad; pero como Moisés los permitió debido a la dureza de los corazones de los hombres, también él los permite… pero ahora en la única base de *porneia* (pecado sexual de cualquier clase). Las principales dificultades exegéticas que rodean esta opinión se pueden tratar como sigue:

a. Jesús está abrogando formalmente algo de la prescripción mosaica; porque sea lo que sea a lo que *eruat dabar* («algo indecoroso») se refiera (Dt 24:1), no se puede pensar fácilmente que sea adulterio, porque para eso el castigo era la muerte. Que esto casi no se cumplía (McKeating, «Sanctions Against Adultery»; cf. José en 1:19-20) no viene al caso: como un sistema legal, independientemente de si se imponía, el permiso en

Deuteronomio para el divorcio y el nuevo matrimonio apenas podría tener en mente el adulterio. Sin embargo, *porneia* incluye adulterio aunque no se restringe a él. Los juicios de Jesús sobre el asunto son por tanto más ligeros (no pena capital para el adulterio) y más pesados (la única excepción es el pecado sexual).

b. Esta excepción no está en contradicción con las fuertes palabras de Jesús en los vv. 4-8, a pesar de la frecuente insistencia en lo contrario. En los vv. 4-8 Jesús formula la verdadera dirección en la cual señalan las Escrituras (cf. el trato de Jesús, 5:33-37, donde hay también abrogación formal de una orden mosaica). Aun aquí Jesús reconoce que las concesiones mosaicas no brotan de deseos divinos sino de humana dureza de corazón. ¿Diría Jesús que los corazones humanos eran menos duros en su propia época? ¿Podría por tanto allí no haber alguna excepción al principio que formula, precisamente porque *porneia* no estaba en la mente del Creador en Génesis 1—2? Más importante aun, el pecado sexual tiene una relación peculiar con el trato de Jesús de Génesis 1:27; 2:24 (en Mt 19:4-6), porque la indisolubilidad del matrimonio que defiende al recurrir a que esos versículos de los relatos de la creación se basa en la unión sexual («una carne»). La promiscuidad sexual es por tanto una excepción *de facto*. Quizá no sea necesario el divorcio; pero el permiso para el divorcio y el nuevo matrimonio bajo tales circunstancias, lejos de ser incongruente con el pensamiento de Jesús, está en perfecta armonía con él.

c. Aunque comúnmente se sostiene que las cláusulas de excepción son secundarias, y que ponen a Mateo en conflicto con Marcos, el asunto no es tan sencillo. No pocos eruditos sostienen que, al menos en este punto, Mateo 19:9 es auténtico y que Marcos omite la excepción obvia (e.g., Schatter; Isaksson, pp. 75-92; D.L. Dungan, *The Sayings of Jesus in the Churches of Paul*, Fortress, Filadelfia, 1971, pp. 122-25).

Catchpole («Synoptic Material»), por otra parte, aboga por la prioridad marcana sobre la base de que todas las aporías que encuentra en Mateo 19:3-12 se pueden explicar al reconocer que se introdujeron precisamente donde Mateo ha cambiado a Marcos. Su razonamiento tiene algún peso solo si las aporías son verdaderas; pero las cuatro que menciona son imaginarias o explicables de otros modos. Por ejemplo, Catchpole sostiene que el v. 9 no es coherente con los vv. 4-8, y este problema solo se puede remediar al quitar la cláusula de excepción en el v. 9, la cual es precisamente el trozo que Mateo ha agregado. Pero hemos mostrado atrás en b que el v. 9 *sí* es coherente con los vv. 4-8. Esto no prueba que Mateo no dependa de Marcos, pero rechaza la afirmación que Catchpole *hizo*. Además, aunque la prioridad de Marcos prevalezca en este pasaje, no se puede suponer que las adiciones de redacción que hace Mateo no sean históricas, a menos que tengamos evidencia de que Mateo no tuviera acceso a otra información (cf. Introducción, secciones 1-3). Concluimos, en consecuencia, que no hay evidencia contundente de dependencia literaria, y que no hay razones abrumadoras de por qué no son auténticas las cláusulas de excepción, tanto aquí como en 5:32.

Por supuesto, sobre la interpretación adoptada aquí, Mateo y Marcos-Lucas tienen esto en común: abrogan cualquier permiso para el divorcio de Deuteronomio 24:1 si ese permiso se extiende, o se piensa extender, más allá del pecado sexual. Si Marcos tiene prioridad, la cláusula de excepción en Mateo parece mejor explicada junto a la línea sugerida por Hill más atrás en 3; si es al revés, o si los dos evangelios conservan relatos independientes del mismo incidente, Marcos pudo creer que la excepción es tan obvia (porque se relaciona con infidelidad sexual, el núcleo de la unión según Génesis) como para no ser digna de mencionar. Además, la excepción es especialmente adecuada para la época de Jesús y para los lectores judíos de Mateo; debido a que aunque Jesús había rechazado formalmente las disposiciones del divorcio mosaico, y sustituido la infidelidad conyugal como la única base de una ruptura de «una sola carne», esta excepción choca con la sentencia mosaica de apedrear en tales casos... una realidad de la cual las audiencias judías indudablemente estaban conscientes. Con la pena de muerte para la *porneia* conyugal abolida de veras, «la finalización de la relación se podría lograr de modo adecuado por medio del divorcio» (James B. Hurley, *Man and Woman en Biblica*, IVP, Leicester, 1981, p. 104; cf. además John Murray, *Divorce*, Presbiterian and Reformed, Filadelfia, 1953, pp. 51 y sig.).

d. El problema final es si esta interpretación explica adecuadamente la reacción de los discípulos (v. 10). Antes de volver a esto, podríamos observar que Marcos 10:12 hace que las mismas responsabilidades y privilegios relacionados con el divorcio y el nuevo matrimonio se extiendan tanto a la mujer como al hombre, quizá un señalado reproche a Herodías (cf. Lane, *Mark*, p. 358). Marcos omite la cláusula de excepción y retiene la observación acerca de las mujeres, Mateo al revés. (La pregunta relacionada con lo que se conoce como privilegio paulino [1 Co 7:15] se debe dejar a comentarios sobre 1 Corintios.)

10-12 Dupont (*Mariage et divorce*, pp. 161-222) sostiene que estos versículos no tratan con el celibato sino con la continencia después del divorcio. Al creer que no volver a casarse es legítimo, Dupont sostiene que el creyente divorciado debe mantener la continencia «por causa del Reino de los Cielos» —i.e., para entrar a él— porque el nuevo matrimonio sería adulterio. Un tanto parecida es la posición de Francis J. Moloney («Matthew 19, 3-12 and Celibacy, A redactional and Form-Critical Study». *Journey of the Study of the New Testament* 2, 1979, 42-60, esp. 47 y sig.). Pero además de las dificultades que entraña sostener que no se permite volver uno a casarse (ver en v. 9), «eunuco» es una extraña figura al hablar de continencia después del matrimonio, en especial debido a que si el cónyuge divorciado muere, el sobreviviente se podría volver a casar (punto de vista de Dupont).

Existe una mejor manera de ver estos versículos. Antes que nada, no se debe exagerar la reacción de los discípulos (v. 10). A diferencia del v. 25, no se menciona asombro. Aunque Jesús no ha prohibido *todo* divorcio ni *todo* nuevo matrimonio, se ha acercado a la escuela de Shammai en lo que se refiere a las excepciones, pero toma una posición más conservadora sobre quién se puede volver a casar. A la luz de la posición, tácitamente adoptada por la mayoría de judíos, de que el matrimonio era un deber, los discípulos más bien asombrados concluyen que tales críticas hacen poco atractivo el matrimonio, posición esta que denuncia que no han entendido nada de lo que Jesús dijo acerca de la ordenanza de la creación.

El v. 11 se puede comprender en una de dos maneras. O *ton logon touton* (lit., «este mensaje», independientemente de si *touton* es original o no, puesto que *ton* puede ser un demostrativo suave) se refiere a la enseñanza de Jesús en los vv. 4-9, o a la observación equivocada de los discípulos en el v. 10. El «este asunto» de la NVI (v. 11) favorece lo primero; pero esto es poco probable, porque hace que Jesús se contradiga. Después de una fuerte prohibición, es muy improbable que la enseñanza moral de Jesús se reduzca a un debilucho «pero por supuesto, nadie puede aceptar esto».

Es de poca ayuda decir con Bonnard que aquellos a quienes se da la enseñanza son cristianos que deben seguir las normas morales de Jesús, pero que otros no pueden aceptar lo que él dice, porque la apelación del Maestro ha sido a la ordenanza de la creación, no a la moralidad del Reino. Es mejor decir que «este asunto» se refiere a la conclusión de los discípulos en el v. 10: «Es mejor no casarse». Jesús responde que no todos pueden vivir por tal veredicto, con tal abstinencia del matrimonio. Pero algunos lo hacen, concretamente a quienes les es dado entenderlo: los nacidos eunucos, los que los hombres hacen eunucos (tal vez grupos como los esenios), pero más probablemente un reflejo de la distinción rabínica entre dos clases de eunucos: los impotentes y los castrados —los últimos muy a menudo por alguna elevada posición en palacio donde había mujeres de la realeza (cf. Hch 8:26-39; SBK, 1:805-7)— y los que se hacen eunucos por causa del Reino de Dios. Lo último no es una recomendación de castrarse sino de renunciar a casarse a la luz de la observación de los discípulos: «Es mejor no casarse».

Jesús, como Pablo después que él (1 Co 7:7-9), está preparado para recomendar el celibato «por causa del Reino de los Cielos» (no «con el fin de obtenerlo», sino «debido a sus afirmaciones e intereses»: cf. J. Blinzler, «Εἰσὶν εὐνοῦχοι: Zur Auslegung von Mt 19, 12», ZNW 28, 1957, 254-70). En consecuencia, lejos de recordar la hosquedad de los discípulos, Jesús reconoce libremente que a quienes les es dado «es mejor no casarse»; y «aquel que puede aceptar esto debe aceptarlo». Sin embargo, es importante reconocer que ni Jesús ni los apóstoles ven el celibato como un estado intrínsecamente de más santidad que el matrimonio (cf. 1 Ti 4:1-3; Heb 13:4), ni como una condición para los máximos niveles del ministerio (Mt 8:14; 1 Co 9:5), sino como un llamado especial para una mayor utilidad en el Reino. Quienes imponen esta disciplina en sí mismos deben recordar la conclusión de Pablo: «Es preferible casarse que quemarse de pasión» (1 Co 7:9).

Dos observaciones finales: (1) La autenticidad del v. 12 la ha defendido de modo admirable T. Matura («Le célibat dans le Nouveau Testament», *Nouvelle Revue Théologique* 107, 1975, 481-500); y (2) el comentario de Jesús revela cierta independencia auto consciente de la ley del AT, que excluía a los eunucos de la asamblea de Yahvé (Dt 23:1; cf. Lv 22:24; SBK, 1:806-7; Schweizer). No podemos olvidar la conversión del eunuco etíope (Hch 8:26-40) quien, aunque habría sido excluido de la asamblea del SEÑOR, fue alegremente recibido en la asamblea del Mesías.

Notas

---

5 Sobre el uso de εἰς σάρκα μίαν (eis sarka mian, «una sola carne») en vez de un nominativo predicativo, vea Moule, *Idiom Book*, par. 32.

10 Οὕτως (joutos, lit., «por tanto») toma aquí una función adjetiva relativamente extraña («tal», NVI; cf. BDF, par. 434[1]).

En comparación con B.F. Meyer, αἰτία (aitía) aquí no significa «causa» sino «caso» o «situación» (NVI; cf. BDF, par. 5[3b]).

2. Bendición a niños

19:13-15

¹³Llevaron unos niños a Jesús para que les impusiera las manos y orara por ellos, pero los discípulos reprendían a quienes los llevaban.

¹⁴Jesús dijo: «Dejen que los niños vengan a mí, y no se lo impidan, porque el reino de los cielos es de quienes son como ellos.» ¹⁵Después de poner las manos sobre ellos, se fue de allí.

13 «Entonces» (RVR) es ambiguo (ver en 2:7). A menudo en la época de Jesús se llevaban a los niños ante rabinos y ancianos para que los bendijeran, y estos habitualmente imponían las manos sobre ellos (cf. Gn 48:14; Nm 27:18; Hch 6:6; 13:3; cf. Mt 9:18, 20; Mr 10:16). Los discípulos «les reprendían» (lit.): tanto el contexto como los paralelos sinópticos muestran que «les» (RVR) no se refiere a los niños sino a «quienes los llevaban» (NVI).

¿Por qué los discípulos se rebajaron reprendiéndolos? Quizá estaban molestos porque Jesús estaba atrasado en su viaje a Jerusalén; tal vez sintieron que les estaban interrumpiendo su importante conversación. Aunque los niños en el judaísmo de la época eran profundamente apreciados, en algunas maneras se creía que eran insignificantes miembros de la sociedad: su lugar era aprender, ser respetuosos, escuchar. Pero dos apreciaciones más profundas surgen de esto: (1) el pasaje anterior (vv. 3-12) resalta implícitamente la santidad de la familia, y los vv. 13-15 continúan diciendo algo importante acerca de los niños; y (2) en 18:1-9 los niños sirven como modelos para la humildad, y ejemplos para los «pequeños» de Jesús; sin embargo, los discípulos de Jesús (sus «pequeños») muestran aquí poca humildad.

14-15 Jesús no quiere que se impida que los niños se le acerquen (v. 14), no porque el Reino de los Cielos les pertenezca sino porque el Reino de los Cielos pertenece a quienes son como ellos (según también Marcos y Lucas, quienes resaltan la fe infantil): Jesús los recibe porque son sujetos excelentes de lección en la clase de humildad y fe que él encuentra aceptable.

Notas

---

14 O. Cullmann (*Baptism in the New Testament*, SCM, Londres, 1950, pp. 71-80) halla en μὴ κωλύετε (*me kolúete*, «no impedir») un eco de una fórmula bautismal primitiva, porque este verbo se refiere al bautismo en otras partes (3:14; Hch 8:36; 10:47; 11:17). Cullman no afirma que aquí Jesús enseña el bautismo de infantes sino que la Iglesia transmitió la historia en una manera que los cristianos recordarían un hecho en el ministerio de Jesús «por el cual podrían ser guiados a una solución del asunto del bautismo infantil» (p. 78). Aparte de lo adecuado de encontrar una solución a un problema posterior en una historia, al que todos concuerdan que no se dirige, es dudosa la sugerencia de que *me kolúete* era un término técnico que implicaba bautismo. Las cuatro supuestas referencias al bautismo (fuera de este pasaje) no establecen una clara fórmula bautismal: en 3:14 Juan el Bautista trata de «disuadir» a Jesús; en Hechos 8:36 el eunuco etíope pregunta qué «impide» que sea bautizado; y los otros dos casos (Hch 10:47; 11:17) justifican el bautismo del gentil Cornelio sobre la base de que el Espíritu había descendido sobre él.

---

3. *La riqueza y el Reino* (19:16-30)

a. *El joven rico*

19:16-22

> [16]Sucedió que un hombre se acercó a Jesús y le preguntó:
> —Maestro, ¿qué de bueno tengo que hacer para obtener la vida eterna?
> [17]—¿Por qué me preguntas sobre lo que es bueno? —respondió Jesús—. Solamente hay uno que es bueno. Si quieres entrar en la vida, obedece los mandamientos.
> [18]—¿Cuáles? —preguntó el hombre.
> Contestó Jesús:
> —"No mates, no cometas adulterio, no robes, no presentes falso testimonio, [19]honra a tu padre y a tu madre", y "ama a tu prójimo como a ti mismo".
> [20]—Todos ésos los he cumplido —dijo el joven—. ¿Qué más me falta?
> [21]—Si quieres ser perfecto, anda, vende lo que tienes y dáselo a los pobres, y tendrás tesoro en el cielo. Luego ven y sígueme.
> [22]Cuando el joven oyó esto, se fue triste porque tenía muchas riquezas.

Algunas de las diferencias entre Mateo y Marcos-Lucas (cf. Mr 10:17-31; Lc 18:18-30) son tan marcadas (cf. vv. 16-17) que con frecuencia han servido como pruebas para crítica de redacción. Muchas, por supuesto, tienen poca importancia. Mateo presenta el personaje central como «un hombre», y después dice que era «joven» (v. 20). Marcos (10:17) no dice nada de la edad del hombre, pero da más detalles del inicio de la reunión: sucedió que «cuando Jesús estaba ya para irse» un hombre «llegó corriendo» y se «postró» delante de él. Estas y muchas diferencias parecidas se han tratado en otras partes (cf. Carson, «Redaction Criticism»). Lo fundamental del problema se ve en los vv. 16-17 y análogos.

16-17 Cierto hombre —identificado por los tres evangelistas como rico, por Mateo (v. 20) como joven, y por Lucas (18:18) como dirigente— le pregunta a Jesús qué debe hacer para heredar «la vida eterna» (v. 16). La última expresión se refiere a una vida «aprobada por Dios y por la cual se promete (cf. la rabínica "vida de la era que ha de venir") el acceso al Reino (presente y escatológico)» (Hill, *Matthew*; cf. 7:14; 25:46; Hill, *Greek Words*, pp. 163-201).

El problema surge cuando se compara a Mateo con Marcos y Lucas. En el último el inquiridor pregunta: «Maestro bueno, ¿qué tengo que hacer para heredar la vida eterna?» (Lc 18:18). Jesús replica: «¿Por qué me llamas bueno? Nadie es bueno sino sólo Dios» (v. 19). En Mateo, sin embargo, el inquiridor pregunta: «Maestro, ¿qué de bueno tengo que hacer para obtener la vida eterna?» (v. 16). «Bueno» ya no modifica a «Maestro»; y por tanto la respuesta de Jesús está adaptada en la misma medida: «¿Por qué me preguntas sobre lo que es bueno? Solamente hay uno que es bueno» (v. 17). Una mayoría de eruditos modernos sostienen que Mateo ha transformado el intercambio de palabras porque, en su época posterior del escrito, la Iglesia ya no podía vivir con la insinuación de que Jesús mismo no estuvo libre de pecado.

Es lógicamente posible obtener armonía por simple adición («Maestro *bueno*, ¿qué de *bueno*?, seguido por las dos respuestas que da Jesús); en realidad, los últimos copistas de los mss. del NT a veces optaban por tal manera de hacer las cosas (también RVR). Pero el procedimiento es de notoria inverosimilitud. Los evangelistas, como a menudo lo hemos atestiguado, están más preocupados con la *ipsissima vox* de Jesús que con su *ipsissima verba* (ver observación en 3:17); y no le hacemos justicia a las Escrituras cuando no consideramos las repercusiones. Sin embargo, la explicación escatológica sugerida por muchos es igualmente inverosímil. Una mejor comprensión del texto se obtiene de las siguientes observaciones:

1. Stonehouse (*Origins*, pp. 93-112) ha demostrado de modo convincente que las inquietudes escatológicas no son centrales en *ninguno* de los tres relatos sinópticos. El razonamiento de G.M. Styler («Stages in Christology in the Synoptic Gospels», NTS 10, 1963-64, esp. pp. 404-6) de que Mateo refleja un creciente interés en la ontología es especialmente débil. Styler sostiene que, a diferencia de Marcos, Mateo cree que Jesús es divino. Pero Hill (*Matthew*) señala correctamente que Mateo aun preserva las palabras «Solamente hay uno que es bueno», una clara referencia a Dios; y la modificación no dice nada acerca de la posición de Jesús con relación a Dios. Además Styler ha adoptado una interpretación histórica del desarrollo de la doctrina que no es convincente para todos (cf. D.A. Carson, «Unity and Diversity: On the Possibility of Systematic Theology», en Carson y Woodbridge), en especial aquí en que Lucas —quien tal vez escribió después que Mateo o al menos al mismo tiempo— no se siente avergonzado por las palabras de Marcos sino que las registra al pie de la letra, y esto a pesar del hecho de que Lucas en otras partes se siente libre de quitar trozos que se podrían tomar como perjudiciales para Jesús. Por tanto, no debemos buscar explicaciones cristológicas a la modificación de Mateo.

2. Se debe captar la fuerza del pasaje tanto en Marcos como en Mateo. Independientemente de a qué se refiera «bueno», el hombre se acerca a Jesús con una pregunta que muestra cuán lejos está de la fe humilde que, como Jesús acababa de decir, caracteriza a todos los que pertenecen al Reino (vv. 13-15). Él desea ganarse la vida eterna; y a la luz del v. 20, parece creer que hay buenas cosas que puede hacer, más allá de las exigencias de la ley, para asegurarse la salvación. Muchos judíos creían que con una acción específica de bondad se podía ganar la vida eterna (SBK, 1:808 y sig.); y este joven, suponiendo correcta esta opinión, busca el punto de vista de Jesús sobre cuál podría ser esa acción. Cualesquiera que sean las diferencias existentes entre Mateo y Lucas, la respuesta de Jesús no tiene el propósito de confesar un pecado

personal (Marcos) ni de poner en duda su propia competencia en analizar lo que es bueno (Mateo), porque tales temas no están a la vista (vea esp. B.B. Warfield, «Jesus' Alleged Confession of Sin», PTR 12, 1914, 127-228). En lugar de eso, Jesús pone en duda lo que su interlocutor entiende por bondad. En el sentido absoluto de la bondad que se necesita para obtener la vida eterna, solo Dios es bueno (cf. Sal 106:1; 118:1, 29; 1 Cr 16:34; 2 Cr 5:13; y no hay duda de que Jesús participa de tal bondad). Jesús no permite que nada sino la voluntad de Dios determine lo que es bueno. Al acercarse a Jesús de esta manera (esp. vv. 16, 20), el joven revela al mismo tiempo que busca algo más allá de la voluntad de Dios (v. 20) y que malinterpreta la plenitud de la bondad divina.

3. A la luz de esto, la redacción de Mateo del intercambio inicial de palabras entre Jesús y el joven se enfoca en el asunto central en Mateo y Marcos con más claridad que la que tiene en Marcos. Hasta ese punto también une este pasaje de modo más íntimo al precedente de lo que hace Marcos. Este joven permanece en sorprendente contraste con aquellos a quienes, según Jesús, pertenece el Reino. Esto podría ayudar a explicar la formulación de Mateo.

4. En este esquema Marcos 10:18 no pone más en duda la impecabilidad de Jesús de lo que Mateo 19:17 pone en duda la competencia de Jesús para juzgar lo que es bueno. Aparte de la suposición de la prioridad de Marcos sin que los demás evangelistas tengan acceso a otras tradiciones, es difícil ver por qué, si acusamos a Mateo de eliminar la posibilidad de que los lectores pudieran creer que Jesús podía pecar, no deberíamos acusar a Marcos de eliminar la posibilidad de que algunos lectores pudieran creer que Jesús no podía pronunciarse sobre lo que es bueno. Ambas acusaciones pasarían por alto lo fundamental tanto en Mateo como en Marcos.

5. «Si quieres entrar en la vida, obedece los mandamientos» (v. 17) no significa que Mateo, a diferencia de Marcos, cree que la vida *se gana* por guardar los mandamientos. Después de todo, Marcos está a punto de informar la exhortación de Jesús a guardar mandamientos específicos. Toda la discusión ha estado plagada de una falsa separación entre gracia y obediencia a la voluntad de Dios. No menos incondicional es que un partidario de la gracia como Pablo pueda insistir en que sin cierta pureza no se puede heredar el Reino (1 Co 6:9-10). Jesús dice a este joven, siguiendo el tema, qué cosas buenas debe hacer para obtener la vida eterna, precisamente porque percibe que su inquiridor tiene poco entendimiento de tales cosas. Pero todavía está lejos de decirle que por hacer esas cosas *obtendrá* vida eterna.

6. Sin embargo, ¿por qué, entonces, Mateo o Marcos editaron el intercambio de palabras? Si los dos informes son independientes, o si Mateo depende de Marcos pero tiene testigos presenciales de los acontecimientos, ¿cómo es posible que los dos relatos se puedan aceptar como representaciones confiables del mismo incidente? Lohmeyer (*Matthäus*) sugiere que las variaciones provienen de distintas traducciones de un informe arameo del incidente. Mejor aun es una reconstrucción del incidente que, aunque no es simple armonización, da una base histórica bastante amplia para apoyar los informes de Mateo y Marcos-Lucas, y calza bien dentro de la flexibilidad normal que los evangelistas muestran en su reportaje. Esta interpretación se desarrolla con más detalles en otras partes (Carson, «Redaction Criticism»). En resumen, esto sugiere que la pregunta del joven dirigente fue: «Maestro bueno, ¿qué

debo hacer para heredar la vida eterna?», y que la respuesta de Jesús fue: «¿Por qué *me* haces preguntas con respecto a lo bueno? Solo hay uno bueno, y ese es Dios».

18-20 Jesús enumera el sexto, séptimo, octavo, noveno y décimo mandamientos de Éxodo 20 y en ese orden. Omite «no defraudes» (Mr 10:19, aparentemente una aplicación del octavo y noveno) y añade «ama a tu prójimo como a ti mismo» (Lv 19:18; cf. Mt 22:34-40). Sobre la forma textual, cf. Gundry (*Use of OT*, pp. 17-19) y K.J. Thomas («Liturgical Citations in the Synoptics», NTS 22, 1975, 76, 205-14). La impulsiva respuesta del hombre la refleja Pablo (Flp 3:6; cf. SBK, 1:814) sobre cierto entendimiento de la Ley; pero las demás palabras del joven, «¿qué más me falta?» muestran su incertidumbre y su falta de seguridad incluso de ser bastante bueno para la salvación, así como de su idea de que además de la ley hay ciertas «buenas obras» (cf. SBK, 4:536 y sig., 559 y sig.). Tenía riquezas (v. 22), pero padecía de esterilidad en el alma.

21-22 Muchos han tomado estos versículos para señalar una doble moral: algunos discípulos encuentran vida eterna, y otros van más allá y se vuelven perfectos al adoptar una posición más compasiva (e.g., Klostermann; DNTT, 2:63). Pero G. Barth (Bornkamm, *Tradition*, pp. 95 y sig.) refuta esta exégesis de modo convincente. En particular la pregunta del joven en el v. 20, «¿qué más me falta?», está claro que se refiere a obtener la vida eterna (v. 17); y la respuesta de Jesús en el v. 21 se debe entender como contestación a esa inquietud. Los vv. 23:8-12 implícitamente contradicen lo de un doble cristianismo; y la misma palabra «perfecto» se aplica a todos los discípulos de Jesús en 5:48. Mateo no muestra fuerte tendencia hacia el ascetismo. Por consiguiente, la verdad fundamental del v. 21 no es «vende lo que tienes y dáselo a los pobres» sino «sígueme».

Lo que la palabra «perfección» sugiere aquí es lo que regularmente significa en el AT: total lealtad y obediencia de todo corazón. Este joven no pudo aceptar eso. Estaba dispuesto a disciplinarse para observar todas las estipulaciones externas, y hasta a realizar obras superfluas; pero debido a su riqueza, tenía un corazón dividido. Su dinero estaba compitiendo con Dios; y lo que Jesús en todas partes exige como condición para la vida eterna es discipulado absoluto y radical. Esto implica la rendición del *yo*. «Guardar los mandamientos individuales no es substituto para la disposición de rendir el ego ante la demanda absoluta de Dios, impuesta por medio del llamado del evangelio. El llamamiento de Jesús en este contexto significa que la verdadera obediencia a la ley se traduce finalmente en discipulado» (Lane, *Mark*, p. 367).

Formalmente, por supuesto, la exigencia de Jesús va más allá de toda la ley en el AT (cf. Banks, *Jesus*, p. 163): ningún pasaje del AT estipula el v. 21. Igual de sobresaliente es el hecho de que el enfoque en la *voluntad de Dios* (vv. 17-19) debería culminar en seguir a *Jesús*. La explicación de esto es que Jesús está profetizado por el AT. La voluntad de Dios, tal como se revela en las Escrituras, espera la llegada del Mesías (vea en 2:15; 5:17-20; 11:11-13). Lealtad absoluta a él, con la humildad de un niño, es esencial para la salvación. La condición que Jesús impone ahora no sólo revela el apego al dinero; también muestra que toda su conformidad con la ley no tiene ningún valor porque nada de eso implica rendición personal absoluta. Lo que el hombre necesita es el triunfo de la gracia; porque como lo muestran los versículos siguientes, para él es imposible entrar en el Reino de los Cielos (v. 26). Dios, en quien todo es posible, debe obrar. La parábola en 20:1-16 habla directamente de este asunto. Pero el joven no la oye: se va porque si debe tomar una decisión entre el dinero y Jesús, gana el dinero (cf. 6:24).

Notas

20 Aquí y en otro lugar (Allen, p. xxiii), Mateo utiliza el verbo aoristo activo, esta vez ἐφύλαξα (*efúlaxa*, «he cumplido»), en vez de la voz media que Marcos usa... pero difícilmente vale la pena mencionar la diferencia (cf. Moule, *Idiom Book*, p. 24).

b. Gracia y recompensa en el Reino

19:23-30

[23] — Les aseguro —comentó Jesús a sus discípulos— que es difícil para un rico entrar en el reino de los cielos. [24] De hecho, le resulta más fácil a un camello pasar por el ojo de una aguja, que a un rico entrar en el reino de Dios.

[25] Al oír esto, los discípulos quedaron desconcertados y decían:

—En ese caso, ¿quién podrá salvarse?

[26] — Para los hombres es imposible —aclaró Jesús, mirándolos fijamente—, mas para Dios todo es posible.

[27] —¡Mira, nosotros lo hemos dejado todo por seguirte! —le reclamó Pedro—. ¿Y qué ganamos con eso?

[28] — Les aseguro —respondió Jesús— que en la renovación de todas las cosas, cuando el Hijo del hombre se siente en su trono glorioso, ustedes que me han seguido se sentarán también en doce tronos para gobernar a las doce tribus de Israel. [29] Y todo el que por mi causa haya dejado casas, hermanos, hermanas, padre, madre, hijos o terrenos, recibirá cien veces más y heredará la vida eterna. [30] Pero muchos de los primeros serán últimos, y muchos de los últimos serán primeros.

23-24 Jesús no está diciendo que todos los pobres, y ningún rico, entrarán al Reino de los Cielos (v. 23; vea en 3:2). Eso excluiría a Abraham, Isaac y Jacob, por no hablar de David, Salomón y José de Arimatea. La importancia de la enseñanza de Jesús yace en otro sitio. La mayoría de judíos esperaban que los ricos heredaran la vida eterna, no porque su riqueza pudiera comprar la entrada, sino porque su riqueza testificaba de la bendición del Señor en sus vidas. El punto de vista de Jesús es diferente y más sobrio. (Sobre «les aseguro», vea en 5:18.) El dicho proverbial del v. 24 se refiere a lo que es absolutamente imposible. El camello era el animal más grande de Palestina (un proverbio similar en BT [B *Berakoth* 55b] prefiere el «elefante» al «camello» porque los elefantes no eran desconocidos en Babilonia). Los intentos de debilitar esta exageración al tomar «aguja», no como un objeto de costura, sino como una pequeña puerta a través de la cual un camello sin carga apenas podía pasar —y solo de rodillas— son erróneos. Esta conjetura podría venir de alguna de las alegorías de Jerónimo (cf. Broadus).

25-26 «Salvarse» (v. 25) equivale a entrar al Reino de Dios (v. 24) u obtener vida eterna (v. 16). Los discípulos, reflejando la opinión judía común de los ricos, estaban asombrados y preguntaron que si los ricos, que han recibido bendiciones de Dios, no se pueden salvar, ¿quién entonces *puede* hacerlo? Jesús concuerda: «Para los hombres es imposible, mas para Dios todo es posible» (v. 26; cf. Gn 18:14; Job 42:2; Lc 1:37).

27-28 Pedro, impresionado por lo «imposible», y hablando por sus colegas discípulos, cree que las palabras de Jesús son injustas con los Doce (v. 27). El apóstol replica con énfasis: «¡Mira, nosotros lo hemos dejado todo por seguirte!» (cf. 4:20). Aun aquí él y los demás están pensando en cuanto a merecer o ganar el favor de Dios. Pero Jesús no castiga a sus discípulos por ser materialistas: ellos han hecho sacrificios y merecen una respuesta. Pero lo que él dice —que la bendición por venir, sea que pertenezca exclusivamente a los doce en la renovación (v. 28) o a todos los creyentes ahora (vv. 29-30), sobrepasa cualquier sacrificio que podrían hacer— sugiere que es una suave represión.

El v. 28 no tiene paralelo en Marcos, y solo uno suelto en Lucas 22:28-30. El solemne «les aseguro» señala algo importante. Jesús está deseando la reunión del Hijo del Hombre (ver en 8:20). Él se sentará en su «trono glorioso» (lit., «trono de la gloria»; cf. Zerwick, par. 41; Turner, *Syntax*, p. 214; cf. 7:22; 16.27; 25:31, 34) en la *palingenesia* («renovación» de todas las cosas), una palabra utilizada solo dos veces en el NT; la otra ocasión trata con «renovación por el Espíritu Santo» (Tit 3:5). Aquí tiene que ver con la consumación del Reino (RSV, «en el nuevo mundo»). (En cuanto a su uso en otros lugares, cf. TDNT, 1:686-89; DNTT, 1:184-85; y cf. 13:32; Hch 3:21; Ro 8:18-23; 2 P 3:13; Ap 21:1, 5; 1QS 4:25.)

Al contrario de lo que dice Schweizer (*Matthew*), no hay alusión a los ciclos interminables estoicos de conflagración y «renovación»: la idea se mueve estrictamente dentro de la expectativa teológica y apocalíptica judía. Pero la característica extraordinaria de este versículo es que los Doce «se sentarán también en doce tronos», y tomarán parte en el juicio con el Hijo del Hombre. La idea de que en la consumación los creyentes tendrán parte en el juicio no es desconocida en el NT (Lc 22:30; 1 Co 6:2). Lo menos claro es si (1) los doce apóstoles participarán en el juicio de las doce tribus de Israel, física y racialmente concebidas, o si (2) los doce apóstoles ejercerán alguna clase de juicio sobre toda la Iglesia, simbolizada por «Israel» (cf. Ap. 21:12-14), o si (3) los Doce representan a toda la asamblea del Mesías, quien ejercerá un papel judicial sobre el Israel racial. La tercera suposición no tiene paralelo en la Biblia; la segunda es posible pero es una manera antinatural de tomar a «Israel» en un libro que, aunque aplica del mismo modo las

promesas del AT a gentiles y judíos —concretamente, la «Iglesia» del Mesías—
hace distinción entre los dos. La interpretación más verosímil es la primera. En la
consumación los doce juzgarán a la nación de Israel, presumiblemente por su rechazo general del Mesías Jesús. (En cuanto al simbolismo, cf. Joseph M. Baum-
garten, «The Duodecimal Courts of Qumran, Revelation and the Sanhedrin»,
JBL 95, 1976, 59-78, esp. pp. 70-72; France, *Jesus*, pp. 65 y sig.)

29-30 Ahora Jesús extiende su estímulo a sus sacrificados discípulos (cf. Mr 10:30).
La promesa no es literal (alguien no puede tener cien madres). Dios no es deudor del
hombre: dice que si, por causa de Jesús, uno de los discípulos de Jesús ha dejado un
padre, encontrará dentro de la comunidad mesiánica centenares que serán como un
padre para él, además de heredar la vida eterna (v. 29).

El dicho proverbial (v. 30) Jesús lo repite en varias ocasiones. Aquí lo ilustra de inmediato con una parábola (20:1-16), culminada por el refrán en forma inversa
(20:16) como un cierre de paréntesis. Indica algo de los cambios completos bajo el
reinado del Rey. Los intentos de restringir las aplicaciones de esta parábola a un entorno no tienen éxito.

1. Algunos dicen que los ricos se vuelven pobres en la consumación, y los pobres ricos (cf. vv. 16-29), como en Lucas 16:19-31: la historia de Lázaro y el hombre rico.
Pero tales cambios no son absolutos: Zaqueo (Lc 19:1-10) era un hombre rico a cuya
casa llegó la salvación; y Abraham, a cuyo «seno» fue Lázaro, tenía gran riqueza.

2. Muchos de los padres sostienen que la idea de primeros y últimos se refiere a judíos y gentiles respectivamente. Sin duda podría ser así, pero este tema no es pre-
ponderante en estos capítulos.

3. Algunos creen que el proverbio supone que los discípulos habían estado discutiendo acerca de prioridades, basándose en quién fue llamado primero, a lo cual Jesús responde que «el último será el primero, etc.» Pero esto se ajusta mejor a la situación de Mateo 18 que a la de Mateo 19.

4. Parece preferible, por tanto, tomar el proverbio como una manera de poner la
gracia de Dios por encima de *todas* las nociones de que los ricos, los poderosos, los
grandes y prominentes seguirán siéndolo en el Reino. Quienes se acercan a Dios con
confianza de niños (vv. 13-15) recibirán el Reino y adelantarán en él más que quienes, desde la perspectiva del mundo, disfrutan ahora de preponderancia.

4. Parábola de los viñadores

20:1-16

[1]»Así mismo el reino de los cielos se parece a un propietario que salió de
madrugada a contratar obreros para su viñedo. [2]Acordó darles la paga de un
día de trabajo y los envió a su viñedo. [3]Cerca de las nueve de la mañana, salió
y vio a otros que estaban desocupados en la plaza. [4]Les dijo: "Vayan también
ustedes a trabajar en mi viñedo, y les pagaré lo que sea justo." [5]Así que fueron. Salió de nuevo a eso del mediodía y a la media tarde, e hizo lo mismo.
[6]Alrededor de las cinco de la tarde, salió y encontró a otros más que estaban
sin trabajo. Les preguntó: "¿Por qué han estado aquí desocupados todo el

día?" [7]"Porque nadie nos ha contratado", contestaron. Él les dijo: "Vayan también ustedes a trabajar en mi viñedo."

[8]»Al atardecer, el dueño del viñedo le ordenó a su capataz: "Llama a los obreros y págales su jornal, comenzando por los últimos contratados hasta llegar a los primeros." [9]Se presentaron los obreros que habían sido contratados cerca de las cinco de la tarde, y cada uno recibió la paga de un día. [10]Por eso cuando llegaron los que fueron contratados primero, esperaban que recibirían más. Pero cada uno de ellos recibió también la paga de un día. [11]Al recibirla, comenzaron a murmurar contra el propietario. [12]"Estos que fueron los últimos en ser contratados trabajaron una sola hora —dijeron—, y usted los ha tratado como a nosotros que hemos soportado el peso del trabajo y el calor del día." [13]Pero él le contestó a uno de ellos: "Amigo, no estoy cometiendo ninguna injusticia contigo. ¿Acaso no aceptaste trabajar por esa paga? [14]Tómala y vete. Quiero darle al último obrero contratado lo mismo que te di a ti. [15]¿Es que no tengo derecho a hacer lo que quiera con mi dinero? ¿O te da envidia de que yo sea generoso?"

[16]»Así que los últimos serán primeros, y los primeros, últimos.

En general, sobre las parábolas vea en 13:3a. De esta, que solo se encuentra en Mateo, aprendemos cómo «la última» persona se puede volver «primera» (19:30), por gracia gratuita (Schlatter; vea esp. v. 15). El punto no es que quienes solo trabajan una hora hacen tanto como quienes trabajan todo el día (a diferencia de una parábola judía de aprox. el 325 d.C., que cuenta de un hombre que en esas condiciones se le paga el jornal de un mes por un análisis de algunas horas), ni que con su buena voluntad los que llegan de últimos igualan a quienes trabajaron todo el día (contr. Preisker, TDNT, 4:717 y n. 91), ni que los gentiles son los que llegan de últimos en comparación con los judíos (el contexto no habla de distinciones), ni que todos los hombres son iguales ante Dios, ni que el trabajo del Reino es todo igual. Aun menos aceptable es la extensa explicación de Derrett (*NT Studies*, 1:48-75). Derret sostiene correctamente que toda la parábola representa las condiciones de trabajo del primer siglo; pero los hombres de las cinco de la tarde, que tenían derecho a cierto jornal mínimo, en realidad obtuvieron más. Pero el punto de vista de Derrett depende de posteriores fuentes para las leyes sobre jornal mínimo; además, supone la urgente necesidad de cosechar las uvas, y que debió haber sido viernes por la tarde, nada de lo cual sugiere el texto.

Huffmann (pp. 209-10) tiene razón. La parábola comienza con una escena típica e inserta elementos atípicos para sorprender al lector y resaltar un asunto importantísimo. «Jesús lleva gradualmente de modo deliberado y claro a los oyentes hasta que estos entiendan que si un hombre fuera a representar la generosidad de Dios, tal hombre tendría que ser diferente de cualquier otro que se hubiera encontrado» (p. 209).

1-2 En cuanto a la fórmula «el Reino de los Cielos se parece» (v. 1), vea en 13:24. El día normal de trabajo era de diez horas más o menos, sin contar los descansos. El propietario en la parábola encuentra su primer grupo de hombres aproximadamente a las seis de la mañana (*jama proi* significa «al amanecer»; NVI, «de madrugada»: sobre la interpretación, ver Moule, *Idiom Book*, p. 82) y acuerda pagar a cada obrero un denario (v. 2), el jornal normal de un día para un soldado de infantería o un peón (Tob 5:14; Tácito, *Annales*, 1.17; Plinio 33.3).

3-7 Había doce «horas» desde el amanecer hasta la puesta del sol. La tercera hora (RVR) sería aproximadamente las nueve de la mañana; la sexta, las doce del día; y la undécima, casi las cinco de la tarde. El mercado sería la plaza central, donde se realizaba toda clase de negocios y se contrataban jornaleros. No se explica en detalle por qué el propietario regresó para contratar más hombres —falta de previsión, no encontrar suficientes obreros más temprano en el mercado, mal trabajo de los primeros obreros— y por tanto no puede ser la clave de la parábola. A los hombres de las nueve de la mañana se les prometió pagar «lo que sea justo» (v. 4); y, confiando en la integridad del propietario, trabajaron en esa base (v. 5). Los del último grupo (v. 6) estaban sin trabajo («desocupados» es una adición posterior) porque nadie los había contratado (v. 7).

8-12 Algunos toman «al atardecer» (v. 8) como una alusión al juicio, pero esto es dudoso. Era esencial para la historia en una época en que a los obreros se les pagaba habitualmente al final de cada día (cf. Lv 19:13). Al capataz se le dice que pague a cada hombre (lit.) «el jornal», el salario normal de un día de labor. Es crucial a quién se le paga primero: es solo porque los últimos contratados recibieron la paga de un día (v. 9) que los primeros contratados esperaban recibir más de lo acordado (v. 10). Ellos «murmuraron contra» el propietario porque había sido generoso con otros y solo justo con ellos. Habían soportado «el calor del día» (v. 12, o luz del sol directa o viento caliente [BAGD, s.v. *kausón*]), el cual podría sacar a los trabajadores del campo; y, aunque pagados con justicia, se sintieron tratados injustamente porque otros que trabajaron mucho menos recibieron lo mismo que ellos. Nada en la parábola sugiere que esto quiere decir que los judíos habían soportado la carga de la Ley, y se estaba equiparando con ellos a los parias gentiles.

13-15 «Amigo» (v. 13) sugiere que este reproche solo es suave. «No estoy cometiendo ninguna injusticia contigo»: no te estoy engañando ni estafando (cf. M. Black, «Some Greek Words with "Hebrew" Meanings in the Epistle and Apocalypse», en McKay y Miller, pp. 142 y sig.). El propietario ha pagado el jornal acordado (v. 14). Si quiere pagar más a otros es asunto de él. Dado que había sido justo en todos sus tratos, ¿no tiene derecho de hacer lo que quiera con su dinero (v. 15)? NVI traduce «es malo tu ojo» (lit. gr.) por «te da envidia», porque «ojo malo» era un modismo que se usaba para referirse a los celos (cf. Dt 15:9; 1 S 18:9; vea en Mt 6:22-23).

Estos asuntos retóricos (vv. 13b-15) muestran que los grandes dones de Dios, sencillamente por *ser* de Dios, están distribuidos, no porque nadie los merezca sino porque Dios es misericordioso (cf. W. Haubeck, «Zum Verständnis der Parabel von den Arbeitern im Weinberg [Mt. 20, 1-15]», en Haubeck y Bachmann, pp. 95-107, esp. pp. 106 y sig.). Jesús no está dictando principios nuevos para resolver disputas sindicales-patronales. Por el contrario, «el principio en el mundo es que quien trabaja más tiempo recibe mayor paga. Eso es justo. Pero en el Reino de Dios los principios de mérito y habilidad se pueden hacer a un lado para que prevalezca la gracia» (Kistemaker, pp. 77 y sig.). (Vea notas en 5:12 y el artículo de G. de Ru, «The Conception of Reward in the Teaching of Jesus», NovTest 8, 1966, 202-22.)

16 La gracia de Dios hace primeros a algunos que son últimos. El punto de la parábola no es que todos en el Reino recibirán la misma recompensa sino que las recompensas del Reino dependen de la gracia soberana de Dios (cf. v. 23).

Notas

---

10 El artículo en τὸ ἀνὰ δηνάριον (*to aná denárion*) es anafórico, i.e., «un denario para cada hombre *así como para los otros que antecedieron*»: cf. BDF, par. 266(2).

15 «O» lo omiten algunos mss., con la evidencia más bien dividida equitativamente (cf. Metzger, *Textual Commentary*, pp. 50 y sig.).

16 Muchos mss. añaden al final del versículo «porque muchos son llamados, mas pocos escogidos». La traducción más corta es alejandrina y occidental. La más larga, si es original, se pudo haber extraído por homoeoteleutonía; pero es igualmente posible que las palabras extras sean una asimilación de 22:14 (según Metzger, *Textual Commentary*, p. 5).

---

5. Jesús predice por tercera vez su muerte
20:17-19

> [17]Mientras subía Jesús rumbo a Jerusalén, tomó aparte a los doce discípulos y les dijo: [18]«Ahora vamos rumbo a Jerusalén, y el Hijo del hombre será entregado a los jefes de los sacerdotes y a los maestros de la ley. Ellos lo condenarán a muerte [19]y lo entregarán a los gentiles para que se burlen de él, lo azoten y lo crucifiquen. Pero al tercer día resucitará.»

Vea en 16:21-23; 17:9, 22-23; y en cuanto a las analogías sinópticas, vea Marcos 10:32-34; Lucas 18:31-34. Aquí aparece la primera mención del medio por el cual morirá Jesús, y de la participación de los gentiles en ella (solamente los romanos podían crucificar). Estos tres versículos podrían rememorar la parábola precedente implicando las bases de la gracia de Dios; concretamente, lo que su Hijo haría en la cruz. Además, así como 19:13-15 crea el marco para 19:16-30, también 20:17-19 lo crea para 20:20-28. Mientras Jesús enfrenta la crucifixión, sus discípulos, aun ciegos a la naturaleza del mesianismo en él, se pelean sus lugares en el Reino.

17 «Subía» no necesariamente significa que Jesús había dejado Perea, atravesado el Jordán, pasado por Jericó, y comenzado a subir hacia Jerusalén; porque se había vuelto costumbre hablar de «subir» a Jerusalén sin importar en qué parte de Palestina se encontraba; como en Inglaterra uno «sube» a Londres desde cualquier lugar menos Oxford o Cambridge. Por consiguiente, no nos debe sorprender encontrar a Jesús aun en Jericó (20:29). Antes de salir para Jerusalén, sin duda para asistir a la fiesta, Jesús sacó a los doce de la multitud de peregrinos que en esas épocas abarrotaban los caminos a Jerusalén (vea en 21:9). Aunque remotamente, solo los doce estaban listos para oír esta predicción de la pasión.

18-19 Jerusalén era el punto central de la adoración judía. Vamos allí, dice Jesús, porque allí el Hijo del Hombre será traicionado y crucificado. Será «condenado»; su muerte será el resultado de procedimientos judiciales (v. 18). La mención de la Resurrección es breve (v. 19) y según parece no la captaron (cf. Lc 18:34), aunque en Mateo la malinterpretación de los discípulos no se explica en detalle como en Lucas, pero se ejemplifica por la historia subsiguiente (vv. 20-28), la cual Lucas omite.

6. Sufrimiento y servicio

20:20-28

> ²⁰Entonces la madre de Jacobo y de Juan, junto con ellos, se acercó a Jesús y, arrodillándose, le pidió un favor.
> ²¹ —¿Qué quieres? —le preguntó Jesús.
> —Ordena que en tu reino uno de estos dos hijos míos se siente a tu derecha y el otro a tu izquierda.
> ²² —No saben lo que están pidiendo —les replicó Jesús—. ¿Pueden acaso beber el trago amargo de la copa que yo voy a beber?
> —Sí, podemos.
> ²³ —Ciertamente beberán de mi copa —les dijo Jesús—, pero el sentarse a mi derecha o a mi izquierda no me corresponde concederlo. Eso ya lo ha decidido mi Padre.
> ²⁴Cuando lo oyeron los otros diez, se indignaron contra los dos hermanos.
> ²⁵Jesús los llamó y les dijo:
> —Como ustedes saben, los gobernantes de las naciones oprimen a los súbditos, y los altos oficiales abusan de su autoridad. ²⁶Pero entre ustedes no debe ser así. Al contrario, el que quiera hacerse grande entre ustedes deberá ser su servidor, ²⁷y el que quiera ser el primero deberá ser esclavo de los demás; ²⁸así como el Hijo del hombre no vino para que le sirvan, sino para servir y para dar su vida en rescate por muchos.

Lucas omite este pasaje, aunque es paralelo a Mateo en el anterior y el posterior (cf. Mr 10:35-45). Tiene un relato en cierto modo parecido (Lc 22:24-30), pero quizá sea una ocasión diferente.

De nuevo vuelve el asunto de rango (cf. 18:1-5). A pesar de las repetidas predicciones de Jesús sobre su pasión, dos discípulos y su madre aun están pensando en privilegio, posición y poder.

S. Légasse («Approche de l'Épisode préévangélique des Fils de Zébédée [Mark x.35-40 par.]», NTS 20, 1974, pp. 161-77) representa a quienes descartan la autenticidad de esta narración, en gran parte sobre la hipótesis de que «copa» y «bautismo» son símbolos teológicos alrededor de los cuales se ha entretejido un episodio imaginario para expresar ciertas verdades teológicas. Bultmann (*Synoptic Tradition*, p. 24) va más lejos y manifiesta que incluso la «posibilidad» de la muerte de Jacobo y de Juan no se pudo haber supuesto hasta después de su martirio. Las bases para especular eso son en realidad muy escasas. ¿Por qué en una narración histórica no se pueden usar términos cargados teológicamente? La crítica de Bultmann refleja antisobrenaturalismo de presuposición en su más ingenua forma. Jesús predice su muerte (vv. 17-19); y, cuando dos de sus discípulos piden trato preferencial, es totalmente natural que él les pregunte si están preparados para enfrentar similar sufrimiento y muerte (cf. 5:10-12; 10:37-39). Además, es muy improbable que la Iglesia inventara una historia que perjudicara de tal modo a dos de sus apóstoles líderes.

20 En Marcos, Juan y Jacobo se acercan personalmente a Jesús; aquí es a través de *la madre de ellos*. Muchos encuentran esto históricamente improbable porque en el v. 22 Jesús responde solo a los hijos de ella. Pero los puntos siguientes hacen verosímiles las obvias síntesis:

1. Según el v. 20, la madre y *sus hijos* se acercaron a Jesús, y la suposición es que los tres estaban pidiendo este favor, con la madre como vocero.

2. Esto lo confirma la indignación de los demás apóstoles (v. 24), lo que demuestra que tanto Jacobo y Juan como su madre estaban involucrados.

3. Que la madre debía ser la que se acercó a Jesús se hace más convincente si ella es la tía materna de Jesús. Esto no es seguro, pero tampoco improbable (vea en 10:2; 27:56).

4. Al añadir a la madre, Mateo no puede estar protegiendo a Jacobo y a Juan: ellos reciben incluso la misma respuesta que en Marcos. Mateo no tiene motivos teológicos obvios para presentar a la madre de ellos; simplemente está registrando un detalle histórico.

5. Que la solicitud debía provenir de Jacobo y Juan, sea a través de su madre o no, coincide con lo que sabemos de la agresividad de ambos (cf. Mr 9:38; Lc 9:54).

«Arrodillarse» no es «adoración» a la Deidad, pero podría sugerir homenaje a quien cada vez más se reconocía como Rey Mesías (ver en 2:2).

21 «A tu derecha» y «a tu izquierda» sugiere proximidad al rey, y por tanto compartir su prestigio y poder. Tales posiciones aumentan a medida que el rey es apreciado y tiene poder absoluto (cf. Sal 16:11; 45:9; 110:1; Mt 27:64; Hch 7:55-56; cf. Jos. Antig. VI, 235, xi. 9). Marcos (RVR) tiene «en tu gloria», Mateo «en tu reino». La frase de Marcos señala claramente la Segunda Venida, «cuando ya Jesús esté entronizado como Juez escatológico» (Lane, *Mark*, p. 379). Hill (*Matthew*) piensa que el «reino» en Mateo es el Reino de Cristo (13:41-43; 25:31-46), identificado como la Iglesia; y el cambio de «en tu gloria» a tu «reino» significa que la historia original se está aplicando a la competencia por el liderazgo en la Iglesia. Pero ya hemos visto que «reino» no se identifica con «iglesia» en Mateo (vea en 13:37-39); y el Reino de Cristo equivale al Reino de los Cielos (13:41; 20:21; 25:31). Puesto que el «Reino» viene en etapas, no hay diferencia importante entre Mateo y Marcos: el reino aquí es el Reino del

Mesías en la consumación. El vínculo con 19:28 —un versículo que habla (cf. gr.) tanto de «trono» como de «gloria»— es inconfundible. Lo que los hijos de Zebedeo quieren, y su madre pide, es que puedan participar de la autoridad y preeminencia de Jesús el Mesías cuando su Reino esté plenamente consumado… algo que creen cerca y a la mano, sin la Cruz ni ningún período interadviento.

22 Las palabras adicionales «y ser bautizados con el bautismo que yo soy bautizado» (cf. RVR) —y de igual modo en el v. 23— son casi con seguridad una asimilación de Marcos 10:38-39. La respuesta de Jesús no es dura pero llega a fondo con firmeza. A menudo es por ignorancia que se busca liderazgo, poder y gloria: los hermanos no saben lo que están pidiendo. Pedir reinar con Jesús es pedir sufrir con él; y ellos no sólo no saben lo que están pidiendo (cf. 10:37-39; Ro 8:17; 2 Ti 2:12; Ap 3:21), sino que todavía no captan lo de los sufrimientos de *Jesús*. Con frecuencia pedir riqueza mundana y mucha honra es pedir ansiedad, tentación, desilusión y envidia; y en la arena espiritual pedir pues y premios es a menudo pedir grandes sufrimientos (cf. 2 Co 11:23-33; Col 1:24; Ap 1:9). «No sabemos lo que pedimos cuando pedimos la gloria de usar la corona, y no gracia para soportar la cruz en nuestro camino hacia ella» (Henry).

La «copa» (cf. 26:39) se refiere de modo característico, en las imágenes del AT, a juicio o retribución (cf. Sal 75:8; Is 51:17-18; Jer 25:15-28). Si los discípulos captaron algo de las predicciones de sufrimiento de Jesús, quizá pensaron en el lenguaje parcialmente hiperbólico (Jesús usó hipérbole en otras partes [e.g., 19:24]) y en referencia al conflicto escatológico durante el cual el costado del Mesías sufriría pérdidas; pero estas apenas podrían ser muy graves para quien podía calmar tormentas y resucitar muertos. De este modo por su atrevida respuesta, Jacobo y Juan dejaron ver su malinterpretación del tiempo del inicio del Reino en toda su gloria (cf. Lc 19:11), así como de la singularidad y significado redentores de los sufrimientos de Jesús (cf. v. 28), ahora inminentes.

23 Jesús responde a Jacobo y Juan en los propios términos de ellos antes de hablar de su propia muerte como rescate (v. 28). En cierto sentido ellos pueden beber, de su copa de sufrimiento y lo harán. Jacobo se convertiría en el primer mártir apostólico (Hch 12:2); y Juan (si se trata del mismo) sufriría deportación (Ap 1:9). Sin embargo, no está en Jesús determinar quién se sienta a su mano derecha o izquierda. Aquí, como en otras partes (vea en 11:27; 24:36; 28:18; cf. Jn 14:28), Jesús clarifica que su autoridad es una autoridad derivada. Estas posiciones ya las ha asignado el Padre: Jesús no puede asignarlas porque se lo pida aquella madre.

24-27 Sin duda la indignación de los diez (v. 24) brota menos de humildad que de la envidia y el temor de salir perdiendo. Si bien estos versículos escasamente apoyan el igualitarismo —las posiciones escogidas, después de todo, serán asignadas— demuestran que el interés en el igualitarismo podría servir de disfrazar a una envidia, cuyas fuentes más profundas no brotan de interés en la justicia sino de intereses egoístas. Los discípulos vuelven a la pelea de un período anterior (Mr 9:33-37; cf. Mt 18:1). Jesús los reúne y establece un contraste entre la grandeza entre *ta edsné* («paganos» o «naciones», v. 25) y la grandeza entre los herederos del Reino. Los «paganos» o «naciones» que saltarían a la mente eran los romanos: el poder y la autoridad caracterizaban su imperio. El «oprimen» de la NVI da una falsa impresión. Jesús no está criticando el abuso de poder en las estructuras políticas, pues el verbo no tiene ese significado (cf. K.W. Clark, «The Meaning of [κατα] κυριεύειν» en Elliot, pp. 100-105) y se debería traducir «se enseñorean», similar a «ejercen potestad sobre ellas» (RVR) en la línea siguiente, sino que insiste en que las mismas estructuras no se pueden transferir a relaciones entre sus seguidores.

La grandeza entre los discípulos de Jesús se basa en el servicio. Cualquiera que desee ser grande debe volverse *diakonos* («siervo», v. 26) de todos. Aquí *diakonos* no significa «diácono» o «pastor» como es el uso de la iglesia moderna. Una de las ironías del lenguaje es que una palabra como «pastor», la cual en sus raíces se refiere a cuidador, alguien que «pastorea», se ha convertido en una insignia de honra y poder en la religión y la política. Sin embargo, para que no pierda la fuerza total de la enseñanza de Jesús, él la repite en el v. 27 con la palabra más fuerte *doulos* («esclavo»; cf. 1 Co 9:19; 2 Co 4:5; 1 P 1:22; 5:1-3). En el mundo pagano no se tenía la humildad como virtud sino como desnaturalización. ¡Imagine a un esclavo al que se le da liderazgo! La ética de Jesús acerca del liderazgo y el poder en su comunidad de discípulos es revolucionaria.

28 En este momento Jesús —el Hijo del Hombre (vea en 8:20)— se presenta como el ejemplo supremo de servicio a los demás. El versículo tiene clara importancia para nuestra comprensión del punto de vista de Jesús acerca de su muerte. Tres asuntos relacionados piden ser analizados.

1. *Autenticidad*. Muchos rechazan la autenticidad del v. 28, o al menos del v. 28a (y su correspondiente, Mr 10:45), en base a que no encaja bien en el contexto, puesto que la muerte expiatoria de Jesús no la pueden imitar los discípulos, que en ninguna otra parte se informa que él hable así de su muerte, y que el lenguaje refleja la influencia de la iglesia griega. Por el contrario, se ha demostrado que el lenguaje es palestino (Jeremias, *Eucharistic Words*, pp. 179-82); y Jesús no habla de su muerte en términos distintos cuando instituye la Cena del Señor (26:26-29) y también en Lucas 22:37, suponiendo que se refiere a una ocasión diferente. Es bastante común en el NT, tanto en palabras atribuidas a Jesús como en otros lugares, comenzar con la necesidad de los discípulos de morir al yo y terminar en la muerte única y expiatoria de Jesús como ejemplo ético; o, a la inversa, comenzar con la muerte única de Jesús y hallarla aplicada como ejemplo para los discípulos (Jn 12:23-35; Flp 2:5-11; 1 P 2:18-25). No hay razones de peso para negar la autenticidad de estas palabras (cf. esp. S.H.T. Page, «The Authenticity of the Ransom Logion [Mr 10:45b]», en France y Wenham, 1:137-61); y sus matices parecen mucho más en conformidad con la manera en que Jesús se reveló progresivamente (cf. Carson, «Christological Ambiguities») que con una confesión apostólica clara y posterior a la Resurrección.

2. *Significado*. Es natural tomar «no vino» para presuponer al menos una insinuación de la preexistencia de Jesús, aunque el lenguaje no lo requiere en lo absoluto. Él no vino para ser servido, como un rey que depende de innumerables cortesanos y miembros del séquito, sino para servir a otros. Stonehouse (*Witness of Matthew*, pp. 251 y sig.; íd, *Origins*, p. 187) señala adecuadamente que el versículo sugiere que el

Hijo del Hombre tenía todo el derecho de esperar que le sirvieran, pero en cambio sirvió. Hay implícita una afectada conciencia de que el Hijo del Hombre quien, debido a su origen celestial, poseía autoridad divina, fue el que se humilló hasta el punto de sufrir una muerte expiatoria. El análisis tripartito de las referencias del Hijo del Hombre (vea la extensa exposición en 8:20) es hasta cierto punto rebuscado. El despliegue de gloria divina brilla con más intensidad cuando se la deja de lado para el bien del hombre redimido por una muerte vergonzosa. Esto permanece en el núcleo mismo de la revelación personal de Jesús y del evangelio primitivo (1 Co 1:23: «Predicamos a Cristo crucificado»).

El Hijo del Hombre vino a «dar su vida en rescate de muchos». Deissmann (LAE, pp. 331 y sig.) señala que *lutron* («rescate») no se usaba comúnmente como el precio de liberar esclavos; y hay buena evidencia de que la noción de «precio de compra» siempre supone en el NT el uso de *lutron* (cf. esp. Morris, *Apostolic Preaching*, pp. 11 y sig.). Sin embargo, otros, al examinar la palabra en la LXX, concluyen que, sobre todo cuando el sujeto es Dios, la expresión significa tanto «liberación» como el verbo cognado «liberar», sin referencia a «precio pagado» (ver esp. Hill, *Greek Words*, pp. 58-80). El asunto podría ser difícil de decidir en un pasaje como Tito 2:14. ¿Es perversidad la cadena de la cual Jesús nos *libera* por su muerte, o es propietario de esclavos de quien Jesús nos *libera* por su muerte? La analogía en 1 P 1:18 sugiere lo último, aunque (como insiste Turner, *Christian Words*, pp. 105-7) no existe ninguna mención en el NT de aquel a quien se pagó el precio; y en este significado en Mateo 20:28 está prácticamente asegurado por el uso de *anti* («por»). La fuerza normal de esta preposición denota sustitución, equivalencia, intercambio (cf. esp. M.J. Harris, DNTT, 3:1179 y sig.). «La vida de Jesús, entregada en una muerte expiatoria, dio lugar a la liberación de vidas perdidas. Él actuó en beneficio de muchos al tomar el lugar de ellas» (ibíd., p. 1180).

«Por muchos» subraya los efectos inconmensurables de la muerte solitaria de Jesús: uno muere, muchos encuentran sus vidas «rescatadas, restauradas, perdonadas», una gran cantidad que ningún hombre puede enumerar (cf. J. Jeremías, «Das Lösegeld für Viele», *Judaica* 3, 1948, 263). Sin embargo, se debe recordar que «muchos» se puede referir, en los RMM y la literatura rabínica, a la comunidad elegida (cf. Ralph Marcus, «"Mebaqqer" y "Rabbim" en el Manual of Discipline vi, 11-13», JBL 75, 1956, 298-302). Esto sugiere que la muerte sustitutiva es pago, y da como resultado el pueblo escatológico de Dios. Esto se ajusta muy bien a «los muchos» de Isaías 52:13—53:12.

3. *Dependencia en Isaías 53*. C.K. Barrett («The Background of Mark 10.45», *New Testament Essays*, ed. A.J.B. Higgins, University Press, Manchester, 1959, pp. 1-18; íd. «Mark 10.45: A Ransom for may», *New Testament Essays*, SPCK, Londres, 1972, pp. 20-26), Hooker (*Son of Man*, pp. 140-47), y otros han sostenido que no hay alusión a Isaías en Marcos 10:45 y Mateo 20:28. Lo sostienen sobre dos bases: lingüística y conceptual. Lingüísticamente, señalan que el verbo griego *diakonein* («servir», v. 28) y sus derivados nunca se usaron en la LXX para traducir *ebed* («siervo» de los «cánticos del siervo» de Isaías) y sus similares. Pero la evidencia es débil y los paralelos conceptuales estrechos: el siervo de Isaías beneficia a los hombres por su sufrimiento, y así también Jesús. No hay duda de que Hooker está equivocado al restringir *diakonein* al culto *local* (cf.

France, «Servant of the Lord», p. 34). Tanto France como Moo («Use of OT», pp. 122 y sig.) también han mostrado que «dar su vida» surge de Isaías 53:10, 12, y que *lutron* («rescate») no es una traducción imposible de *asam* («una ofrenda por la culpa») como algo afirmado. La palabra hebrea *asam* incluye la noción de sustitución, al menos de un equivalente. El pecador culpable ofrece una *asam* para quitar su propia culpa; y en Levítico 5, *asam* se refiere a pago compensatorio. En consecuencia, aunque *asam* tiene trasfondos más expiatorios que *lutron*, ambas incluyen la idea de pago y compensación. La mayoría de los eruditos también han reconocido en «muchos» una clara referencia a Isaías (cf. esp. Dalman, pp. 171-72). La suposición de la evidencia acumulativa es que Jesús se refirió explícitamente a sí mismo como el Siervo sufriente de Isaías (ver en 26:17-30) e interpretó su propia muerte a esa luz: una interpretación en la cual Mateo ha seguido a su Señor (vea en 3:17; 12:15-21).

Notas

21 Compare este uso de εἰρὲ ἵνα (*eipé jina*, «concede que») con el uso en 4:3. «Ordene que» es la idea común en los dos casos. La madre cree que Jesús solo debe dar la orden para que esta se cumpla.

28 Para un comentario interesante y extenso sobre este versículo, vea Metzger, *Textual Commentary*, p. 53.

7. Dos ciegos reciben la vista

20:29-34

²⁹Una gran multitud seguía a Jesús cuando él salía de Jericó con sus discípulos. ³⁰Dos ciegos que estaban sentados junto al camino, al oír que pasaba Jesús, gritaron:

—¡Señor, Hijo de David, ten compasión de nosotros!

³¹La multitud los reprendía para que se callaran, pero ellos gritaban con más fuerza:

—¡Señor, Hijo de David, ten compasión de nosotros!

³²Jesús se detuvo y los llamó.

—¿Qué quieren que haga por ustedes?

³³—Señor, queremos recibir la vista.

³⁴Jesús se compadeció de ellos y les tocó los ojos. Al instante recobraron la vista y lo siguieron.

Marcos (10:44-52) y Lucas (18:35-43) solo mencionan un ciego, y Marcos le da nombre (Bartimeo, Mr 10:46); no obstante, como de costumbre, Mateo da detalles más completos en cantidad de personas (cf. 8:28). Esta historia no es un doble de 9:27-31, que resalta la fe y termina con una orden de permanecer en silencio; le faltan esos dos enfoques gemelos, pero tiene otros propósitos. Representa a Jesús aún sirviendo, y de nuevo liga con su muerte su ministerio de sanar (v. 28; vea en 8:17). Nos recuerda además que quien va a Jerusalén para dar su vida en rescate por muchos es el Mesías, el Hijo de David, cuyo gran poder, que había usado por compasión (vv. 30, 34), no está utilizado para salvarse a sí mismo.

29 Mateo y Marcos dicen que Jesús «salía» de Jericó. Lucas dice que se acercaba a Jericó. Aunque existen varias razones posibles para esto, ninguna es segura. Muchas «explicaciones» son inadecuadas: que Jesús sanó un ciego al entrar a la ciudad y dos al salir; que las sanidades ocurrieron mientras Jesús «entraba y salía»; que Jesús atravesó Jericó (Lc 19:1) sin encontrar alojamiento, y al salir sanó a los ciegos, se encontró con Zaqueo, y regresó a su lugar. Así que la salida de Jesús fue en realidad su «entrada». La «conjetura» de Calvino, aceptada por muchos, es que al entrar en la ciudad Jesús no respondió a las peticiones de los ciegos (quizá para aumentar la fe en ellos: cf. 15:21-28) pero los sanó al salir. Marshall (*Luke*, pp.692 y sig.) da una explicación literaria: concretamente, que Lucas hizo el cambio para acomodar la siguiente historia de Zaqueo, que se realiza en Jericó, y que Lucas desea colocar como un punto culminante. Uno pudiera pensar que el recorrido más sencillo de Lucas ha sido para renunciar a alguna mención de Jericó en esta curación, puesto que no gana nada con ella, y su modificación presenta algún conflicto con Marcos.

Muchos evitan la contradicción geográfica observando que en este período había *dos* Jericó: una ciudad más antigua sobre la colina, en gran parte en ruinas, y la nueva ciudad herodiana a casi kilómetro y medio de distancia (cf. Jos. Guerra IV, 459, viii. 3). En esta opinión Mateo y Marcos, bajo influencia judía, mencionan la antigua ciudad de la que Jesús estaba saliendo; el helenista Lucas se refiere a la nueva, a la cual Jesús está entrando. Esta muy bien podría ser la explicación. Pero no hay evidencia segura de que la antigua ciudad estuviera deshabitada en esa época, y no sabemos los nombres locales de los dos sitios.

Jericó no sólo era el hogar de la antepasada de Jesús, Rahab (1:5) sino que también estaba a un día de viaje de Jerusalén. La «gran multitud» sugiere más que emoción mesiánica; también refleja las multitudes de peregrinos de Galilea y otros lugares que se dirigían a Jerusalén para la fiesta.

30 Es errónea la sugerencia bastante común de que Mateo aumenta la cantidad de ciegos a dos porque dos era el número mínimo de testigos para atestiguar el mesianismo de Jesús. Las sanaciones no probaban que Jesús era el Mesías. Sencillamente podría ser un profeta. Por otra parte, si el milagro confirmaba o promovía la creencia en el mesianismo de Jesús, podría fácilmente ser tanto para *quienes fueron testigos del milagro* como para quienes lo experimentaron. La «gran multitud» pudo haber dado testigos en abundancia. Por ende, el «dos» no tenía motivación teológica, pero muestra conocimiento personal de los acontecimientos. Podía haber habido muchos ciegos en la región de Jericó; porque la ciudad producía gran cantidad de bálsamo, que se creía muy beneficioso para muchos defectos de la vista (cf. Strabo 16.2.41). Estos dos estaban sentados junto al camino, sin duda mendigando (Marcos-Lucas), y, al oír que Jesús estaba pasando, gritaron: «¡Señor, Hijo de David, ten compasión de nosotros!» (en el texto más probable; cf. Metzger, *Textual Commentary*, pp. 53-54). Sobre el título «Hijo de David» con relación a las curaciones, vea en 9:27.

31-34 El relato de Mateo es sencillo pero resalta que Jesús sanó de modo misericordioso a los hombres a pesar de la oposición de las multitudes (v. 31) que, como los discípulos (cf. 19:13-15), querían disfrutar la gloria de Jesús pero no practicar su compasión. Después de esta curación, a diferencia de 9:30, no hay orden de permanecer callados. Ese punto en el ministerio de Jesús se alcanzó cuando la revelación pública de sí mismo ya no podía cambiar el curso de los acontecimientos. Los ciegos sanados se unieron a las multitudes que seguían a Jesús (v. 34), y continuaban hacia la Pascua que esperaban y la Cruz que no esperaban.

8. *Acontecimientos de apertura de la semana de la pasión* (21:1 – 23:39)

a. *La entrada triunfal*

21:1-11

¹Cuando se acercaban a Jerusalén y llegaron a Betfagué, al monte de los Olivos, Jesús envió a dos discípulos ²con este encargo: «Vayan a la aldea que tienen enfrente, y ahí mismo encontrarán una burra atada, y un burrito con ella. Desátenlos y tráiganmelos. ³Si alguien les dice algo, díganle que el Señor los necesita, pero que ya los devolverá.»
⁴Esto sucedió para que se cumpliera lo dicho por el profeta:

⁵«Digan a la hija de Sión:
   "Mira, tu rey viene hacia ti,
    humilde y montado en un burro,
       en un burrito, cría de una bestia de carga." »

⁶Los discípulos fueron e hicieron como les había mandado Jesús.
⁷Llevaron la burra y el burrito, y pusieron encima sus mantos, sobre los cuales se sentó Jesús. ⁸Había mucha gente que tendía sus mantos sobre el camino; otros cortaban ramas de los árboles y las esparcían en el camino.
⁹Tanto la gente que iba delante de él como la que iba detrás, gritaba:

—¡Hosanna al Hijo de David!
—¡Bendito el que viene en el nombre del Señor!
—¡Hosanna en las alturas!

¹⁰Cuando Jesús entró en Jerusalén, toda la ciudad se conmovió.
—¿Quién es éste? —preguntaban.
¹¹—Éste es el profeta Jesús, de Nazaret de Galilea —contestaba la gente.

T.W. Manson («The Cleansing of the Temple», BJRL 33, 1951:271-82) sugiere que la fiesta en cuestión es los Tabernáculos (otoño), no la Dedicación (invierno) ni la Pascua (primavera). Puesto que Jesús murió en la Pascua, Manson extiende Mateo 21—28 (y paralelos) a seis meses, en vez de seis días. Su opinión descansa en buena parte en la observación de que los higos no aparecen por lo general en los árboles de los alrededores de Jerusalén sino hasta junio y septiembre, lo cual parece descartar la Pascua (por lo general en abril) como la época correcta de 21:18-21. Sin embargo, los higos se encontraban con regularidad en Jericó mucho antes —y a veces también en Jerusalén— y el punto de vista de Manson presenta algunos problemas difíciles en la cronología de la Pasión.

Por el momento debemos suponer que este viaje a Jerusalén ocurrió pocos días antes de la Pascua en que Jesús fue crucificado. Mateo no menciona la estadía en Betania (Jn 12:1-10) donde Jesús llegó «seis días antes de la Pascua», quizá el viernes en la noche (al principio del sábado) antes de la semana de la pasión; allí estuvo el sábado, y entró a Jerusalén el domingo. Según parece, Jesús iba a Betania y volvía durante la semana (21:17). (Para la más reciente cronología detallada de la semana de la pasión, cf. Hoehner, *Chronological Aspects*; para un estudio cercano del asunto de la autenticidad, cf. Dhyanchand Carr, «Jesus,, the kina of Zion: diss., A Traditio-Historical Enquiry into the So-called "Triumphal" Entry of Jesus», tesis de grado, Universidad de Londres, 1980, pp. 128-218, 350-92.)

1-2 El camino militar desde Jericó hasta Jerusalén tenía aproximadamente veintisiete kilómetros de largo y subía mil metros. Pasaba por Betania y cerca de Betfagué («casa de higos»), que estaba localizada en la ladera sudeste del Monte de los Olivos, luego cruzaba el monte y el Valle del Cedrón y entraba en Jerusalén (v. 1). El monte mismo tiene casi cien metros más de altura que la colina del Templo, y aproximadamente treinta metros más que la colina de Sión. Desde allí la vista panorámica de la ciudad es espectacular.

Jesús envió dos discípulos (no identificados, pero cf. Lc 22:8) adelante de Betfagué en busca de los animales (v. 2). La característica de los relatos sinópticos, en contraposición a Juan 12, es que Jesús hizo arreglos para montar en la burra. Los aplausos y las multitudes no estaban orquestados; ocurrieron espontáneamente. Pero el viaje sobre un potro, puesto que estaba planeado, solo puede haber sido una parábola interpretada, un deliberado acto de simbólica autorrevelación ante quienes tenían ojos para ver o, después de la resurrección, recuerdos que recordar, y así integrar los acontecimientos de las semanas y los años anteriores. El secreto se estaba develando.

3 «Señor» (también en Marcos-Lucas) podría significar «dueño»; pero entonces la respuesta de los discípulos sería falsa, a menos que Jesús fuera el propietario de los animales, lo cual es sumamente improbable. El título se podría referir a Jehová: los animales se necesitaban para el servicio de Jehová. Pero la manera más natural de tomar «Señor» es que Jesús se refiera a sí mismo. Este paso armoniza con la autoridad que él ya había tomado para sí, y se ajusta a este período posterior de su ministerio, cuando se revela con creciente claridad. J. Gresham Machen (*The Origin of Paul's Religión*, Macmillan, Nueva York, 1928; 1947, pp. 296-97) observa que incluso la atribución que la Iglesia hace de «Señor» a Jesús en un sentido totalmente cristológico encuentra sus raíces en las referencias de Jesús a sí mismo.

4-5 Es posible que Mateo presente aquí estos versículos como si los hubiera dicho Jesús. El perfecto *gegonen* entonces se debería traducir «esto ha sucedido» (v. 4), expresado de algún modo profético porque la orden se había dado (ver análisis en 1:22). La alternativa es tomar los versículos como comentario de Mateo, lo que exige tomar el perfecto como si tuviera fuerza o significado de aoristo: «Esto sucede como algo que ocurrió». La afirmación de Juan de que los discípulos no entendieron todo esto en ese tiempo (12:16) no necesariamente apoya la alternativa, puesto que Jesús dijo muchas cosas que ellos no entendieron en ese tiempo (cf. Jn 2:20-22).

Unos pocos mss. agregan «Zacarías» o «Isaías» a «profeta», sin duda porque la cita viene de ambos. Las palabras introductorias de la cita son de Isaías 62:11 y el resto de Zacarías 9:9. Las palabras omitidas «justo, salvador» (Zac 9:9) se pueden entender como si estuvieran tácitamente incluidas, u omitidas debido al énfasis principal en la humildad de Jesús (Stendahl, *School*, pp. 118-20).

Está cuestionada la forma textual de la cita (v. 5), pero al menos las últimas partes dependen directamente del TM (cf. Gundry, *Use of OT*, pp. 120-21; Moo; «*Use of OT*», pp. 178-79). La última palabra, *jupozugion*, significa «una bestia de carga», la cual en Palestina por lo general era un burro. En tales animales a veces cabalgaban príncipes en tiempos de paz (Jue 5:10; 1 R 1:33; cf. Ap 19:11). Los judíos ciertamente entendían que Zacarías 9:9 se refería al Mesías, a menudo en términos del Hijo de David (SBK, 1:842-44). De modo que para quienes tenían ojos para ver, Jesús no sólo estaba proclamando su mesianismo y su cumplimiento de las Escrituras, sino mostrando la clase de actitud de paz y amor que él mostraba a la ciudad.

Muchos eruditos encuentran dificultad con el hecho de que de los cuatro evangelistas solo Mateo menciona *dos* animales: una burra y un burrito (vv. 2, 7); y solo él cita el texto hebreo de modo tan completo que los desprevenidos podrían creer que *eran* dos animales. El hebreo, por supuesto, se refiere solo a una bestia: la última línea es análoga con la línea próxima a la última, y simplemente identifica la «burra» (línea tres) como un burrito. De ahí que sea bastante irrazonable sugerir que Mateo, de quien se puede demostrar que tenía buen dominio del hebreo (cf. Gundry, *Use of OT*, p. 198), añadiera el animal extra para ajustar un texto que radicalmente no entendía bien (contr. McNeile, Schniewind). Tampoco es más razonable suponer que Mateo sabe que allí en realidad había dos animales, y cita a Zacarías porque las palabras del profeta difícilmente se refirieran a dos, y tal vez sus lectores judíos no se convencerían. Aun menos probable es la apelación de fuentes no reconocidas (cf. R. Bartnicki, «Das Zitat von Zach IX, 9-10 und die Tiere im Bericht von Matthäus über dem Einzug Jesu in Jerusalem (Mt XXI, 1-11)», NovTest 18, 1976, 161-66).

La sugerencia más razonable es que las palabras de Marcos, «en el que nunca se ha montado nadie», motivaran a Mateo a mencionar los dos animales (cf. Stendahl, *School*, pp. 118-20; Lindar, *Apologetic*, p. 114; Longenecker, *Biblical Exegesis*, pp. 148-49). Gundry (*Use of OT*, pp. 198-99) sostiene que Mateo fue testigo de la escena. La referencia de Mateo a los dos animales es su manera de resaltar lo que los demás escritores sinópticos afirman: el animal en que Jesús montó *era* «un pollino». Si suponemos que Mateo entendía el hebreo, la cita completa afirma que Jesús montó en «el pollino», no en la madre. Marcos y Lucas dicen que el animal era tan joven que nunca lo habían montado. En medio, entonces, de esta emocionada multitud, un animal indómito permanece en calma bajo las manos del Mesías que controla la naturaleza (8:23-27; 14:22-32). Por tanto, el hecho resalta la paz del reino consumado (cf. Is

11:1-10). Aunque Mateo podría tener en mente algo así, en adición resalta que Jesús cumple la Escritura incluso en este detalle: que el animal que montó era un burrito. Sin garantía es la apelación al midrash, al menos en su sentido técnico del siglo cuarto (cf. Introducción, sección 12.b). Aunque los escritores midrásicos judíos dan a veces un significado separado a cada parte del análogo hebreo (cf. ejemplos en Carr), la continuidad del midrash yace en la narración. Aun menos creíble es la alegorización de muchos de los padres, y hasta de Lange: la burra simboliza a los judíos acostumbrados al yugo de la Ley, y el potro a los gentiles indómitos hasta la fecha («La antigua teocracia corre perezosa e instintivamente al lado de la joven Iglesia, la cual se ha convertido en la verdadera portadora de la divinidad de Cristo», CHS).

6-8 Los dos discípulos regresaron de su misión (v. 6) y pusieron sus mantos (sus prendas exteriores; ver en 5:40) sobre las bestias... ambos animales estaban en la procesión (v. 7); «sobre los cuales» se sentó Jesús. No pocos críticos toman el antecedente de que «los cuales» se refiere a los animales y ridiculizan la declaración. No obstante, como observa Plummer, «el evangelista concede a sus lectores sentido común». El antecedente de «los cuales» podría ser los mantos; o el plural podría ser un «plural de categoría» (cf. «llevaron la burra y el burrito, y pusieron encima sus mantos»; cf. Turner, *Perspectives*, p. 41; vea en 2:20). Menos convincente es apelar a tradiciones textuales muy débiles: «Sobre los cuales se *sentó*» o «sobre los cuales se *sentaron*» (cf. Broadus; BDF, par. 141).

«Mucha gente» (v. 8, el superlativo gr. es simplemente elativo; cf. Moule, Idiom Book, p. 98) extiende sus mantos sobre el camino, reconociendo en Jesús la condición de rey (cf. 2 R 9:13). Aun otros «cortaban ramas» y las «esparcían» (el imperfecto gr. hace vívida la acción) sobre el camino. Se ha sostenido que cortar ramas de árboles calza muy bien con las actividades de la fiesta de los Tabernáculos, cuando la gente construía «enramadas» para vivir en ellas por una semana (cf. Lv 23:41-42). Pero esas «ramas» eran gruesas y bastante fuertes para soportar un cobertizo; estas «ramas», que esparcían ante los animales, no eran más que ramitas. La entrada de algún modo análoga de Simón Macabeo a Jerusalén (1 Mac 13:51; 2 Mac 10:7) no depende de la estación del año sino del hombre.

9 La gente que iba por delante y por detrás podría ser confirmación secundaria de otros dos detalles. Primero, Juan 12:12-13 habla de muchos que salieron de Jerusalén para encontrar a Jesús. Según parece, los peregrinos galileos que acompañaban a Jesús, y la multitud de Jerusalén que salió a encontrarlo, formaban una procesión de alabanza. Segundo, que las multitudes de Jerusalén supieron que él estaba a favor de detenerse en Betania, lo cual daría tiempo para que se regara la noticia. El fervor mesiánico era alto, y quizá esto contribuyó al deseo de Jesús de presentarse como Príncipe de paz.

Las palabras de alabanza provenían principalmente del Salmo 118:25-26. «Hosanna» translitera la expresión hebrea que originalmente era un pedido de auxilio a gritos: «¡Sálvanos!» (cf. 2 S 14:4; 2 R 6:26). Con el tiempo se convirtió en una invocación de bendiciones, e incluso una aclamación, que es lo que significa aquí (cf. Gundry, *Use of OT*, pp. 41-43). «Hijo de David» es mesiánico, y resalta el papel real que el Mesías iba a representar (cf. Marcos, Lucas y Juan en cuanto a referencias explícitas a «reino» o «rey»). «El que viene en el nombre del Señor» lo cita Jesús mismo poco después (23:39; cf. 3:11; 11:3), pero algunos eruditos objetan que si es una frase que tenía aclamación mesiánica por parte de la gente, las autoridades habrían tomado cartas en el asunto. Dicen que las palabras debían ser una forma de saludar a peregrinos en el camino al Templo.

Tal evaluación revela una mentalidad «esto o lo otro» para sopesar la evidencia verosímil. «Hijo de David» en la frase anterior es inevitablemente mesiánico, y las autoridades *sí* lo hubieran objetado (v. 16). Pero los sentimientos de la multitud eran inconstantes. Por un lado, la aclamación se disipa con rapidez; de modo que apenas fue necesaria la acción de las autoridades. Por otro lado, es tonto hacer enojar a una multitud en pleno alboroto (cf. 26:4-5, 16). «Hosanna en las alturas» tal vez equivale a «gloria a Dios en las alturas» (Lc 2:14). El pueblo alababa a Dios en las alturas celestiales por enviar al Mesías y, si «hosanna» conserva alguna de su fuerza original, también para clamarle por libertad.

Se hacen necesarias dos reflexiones sobre este versículo: primera, Salmo 118 no sólo se usaba en la fiesta de los Tabernáculos (M *Succoth* 4:5) sino también en las otras dos fiestas importantes: la Dedicación y la Pascua —en la última como «el gran Hallel» (Sal 113—118). El uso del salmo 118 no apoya por tanto la sugerencia de Manson. Segunda, la interpretación de Walvoord cae estrepitosamente: «Ellos reconocieron que él estaba en la línea real, aunque según parece no captaron el concepto de que estaba entrando en Jerusalén como su rey». Al contrario, es difícil creer que las multitudes distinguieran entre «línea real» y «rey». Además un creciente énfasis de este evangelio, como hemos visto, es que cuando se percibía a Jesús como Rey Mesías, aunque fuera de modo débil, no se le percibía como Siervo sufriente. En las expectativas de la época, era muy fácil para la multitud, después de oír la predicación de Jesús y ver sus milagros, atribuirle mesianismo, tanto por esperanza como por convicción. Sin embargo, les era más difícil captar lo inevitable del sufrimiento y la muerte, además de la expansión del «pueblo de Dios» más allá de la raza judía.

10-11 Solamente Lucas (19:41-44) presenta a Jesús llorando sobre la ciudad a medida que se acerca a ella. Marcos 11:11 establece cronología; la información de Mateo queda sola. Es probable que Jesús haya entrado a Jerusalén por la puerta que algunos llaman ahora de San Esteban, cerca de la entrada norte al patio exterior del Templo. La ciudad aquí estaba conmovida (v. 10) como lo estuvo antes (2:3): era inevitable que la noticia de la presencia de Jesús causara revuelo. «¿Quién es este?» no significa que Jesús fuera prácticamente desconocido en Jerusalén, y por tanto necesitara ser identificado (Bonnard), sino «¿quién es este para que haya tanto entusiasmo?» La respuesta de la gente refleja con exactitud el entorno histórico: muchos de sus contemporáneos lo veían como un profeta (cf. 16:14; 21:46) «de Nazaret de Galilea», su patria chica y su principal terreno ministerial respectivamente. La frase tal vez indica además sorpresa de que saliera un profeta de un lugar tan improbable (ver en 2:23). A la luz de la aclamación mesiánica (v. 9), algunos muy bien podrían ver a Jesús como el Profeta escatológico (Dt 18:15-18; cf. Jn 7:40; Hch 3:22; 7:37), aunque aquí no hay más que apenas una indicación de eso. No obstante, tampoco hay evidencia de que Mateo menoscabara el entendimiento de la gente como incorrecto, y prefiriera «Hijo de Dios» (contr. Kingsbury, *Matthew*, pp. 22, 88-89).

Notas

---

3 Zerwick (par. 280) señala correctamente que el verbo $\epsilon\rho\epsilon\hat{\iota}\tau\epsilon$ (*ereite*, lit., «les dirán»; NVI «díganle») es uno de los extraños casos en que un futuro indicativo en el NT tiene fuerza imperativa (aparte de pasajes donde el NT cita la LXX).

11 Observe este uso de $\dot{\alpha}\pi\acute{o}$ (*apó*, «de», «lejos de») para indicar lugar de origen en vez de $\dot{\epsilon}\kappa$ (*ek*, «de», «salido de»; cf. BDF, par. 209[3]).

---

b. *Jesús en el Templo*

21:12-17

[12]Jesús entró en el templo y echó de allí a todos los que compraban y vendían. Volcó las mesas de los que cambiaban dinero y los puestos de los que vendían palomas. [13]«Escrito está —les dijo—: "Mi casa será llamada casa de oración"; pero ustedes la están convirtiendo en "cueva de ladrones".»

[14]Se le acercaron en el templo ciegos y cojos, y los sanó. [15]Pero cuando los jefes de los sacerdotes y los maestros de la ley vieron que hacía cosas maravillosas, y que los niños gritaban en el templo: «¡Hosanna al Hijo de David!», se indignaron.

[16]—¿Oyes lo que ésos están diciendo? —protestaron.

—Claro que sí —respondió Jesús—; ¿no han leído nunca:

»"En los labios de los pequeños
y de los niños de pecho
has puesto la perfecta alabanza"?

[17]Entonces los dejó y, saliendo de la ciudad, se fue a pasar la noche en Betania.

Mateo es mucho más condensado que Marcos (11:11-19; cf. Lc 19:45-48; Jn 2:13-22). Mateo omite, entre otras cosas, la cronología más precisa de Marcos, toda mención de la costumbre de llevar mercancía a los patios del Templo, y referencia a los gentiles en la cita final de Isaías 56:7. No está claro si el silencio de Mateo en cualquiera de estos asuntos refleja importante motivación teológica, pero vea en v. 13. Mateo se enfoca en la limpieza del Templo como la obra del Hijo de David (vv. 9, 15) y de tanto significado mesiánico como cualquiera de los milagros de Jesús.

La gran mayoría de los eruditos contemporáneos creen que solo hubo una limpieza del Templo, y discuten acerca de si los escritores de los sinópticos o Juan la pusieron en el tiempo adecuado del ministerio de Jesús. Aunque algunos sostienen que el suceso ocurrió a principios del ministerio de Jesús (Juan), más toman partido por los sinópticos que lo colocan al final. Con seguridad tenemos amplia evidencia de que los evangelistas arreglaron algunos materiales por temas; sin embargo, en este caso hay numerosas razones de que haya la posibilidad, en realidad la probabilidad, de dos limpiezas separadas, algo que la mayoría de comentaristas no consideran seriamente.

1. Leon Morris (*John*, pp. 288 y sig.) ha mostrado las asombrosas diferencias entre los detalles que da Juan y los que dan los sinópticos. Si solo hubiera una limpieza, algunas de estas diferencias se volverían sorprendentes. De ser dos limpiezas, se volverían bastante razonables.

2. Quienes sostienen que el lugar de Juan de la limpieza es de interés actual suponen en general que él lo hace así para hacer que la expresión «Destruyan este templo, y lo levantaré de nuevo en tres días» (Jn 2:19) sea parte de su tema de «reemplazo» (concretamente, que Jesús mismo reemplaza mucho del entorno judío sectario). Pero este punto de vista no da razón alguna para cambiar el tiempo en que se realizó la limpieza del Templo para que fuera un tema *inicial* en el ministerio de Jesús. Además, en este caso particular el tema del reemplazo del Templo se refleja en el juicio de Jesús en dos de los sinópticos (Mt 26:61; Mr 14:58).

3. Si los sinópticos dejan de mencionar la limpieza original, esto podría remontarse a la omisión de todo el inicial ministerio de Jesús en Judea.

4. Algunos sostienen que si Jesús hubiera inaugurado su ministerio limpiando el Templo, las autoridades no lo habrían dejado hacerlo una segunda vez. Pero han transcurrido dos o tres años. Los cambistas de moneda y mercaderes, protegidos por la policía del Templo, sin duda regresaron al día siguiente de la primera limpieza. No está claro que se hubiera mantenido una estricta seguridad por meses y años. Esta segunda limpieza tardó unos dramáticos minutos y no se pudo haber evitado, y su simbolismo profético se extendió rápidamente por toda Jerusalén.

5. Es difícil decir a partir de los evangelios cuánto de la(s) limpieza(s) del Templo contribuyó a la acción oficial contra Jesús, y es fácil exagerar la evidencia (cf. E. Trocmé, «L'expulsion des marchands du Temple», NTS 15, 1968-69: 1-22). Pero una segunda limpieza cerca de la Pascua tenía más probabilidades de provocar la violenta reacción de las autoridades que la primera.

12 Jesús entró al *jieron* («el área general del Templo»). El culto del Templo requería que se facilitara la manera de obtener lo necesario para los sacrificios: animales, leña, aceite, etc., especialmente para los peregrinos que llegaban de lejos. Los cambistas convertían la moneda normal griega y romana en moneda del Templo, con la cual se debía pagar el medio siclo de impuesto (cf. 17:24-27). (En cuanto a algunas de las costumbres y regulaciones, cf. M *Shekalim*; LTJM, 1:367-74.) Pero permitir que se hicieran esas cosas en el Templo transformaba el lugar de adoración solemne en un mercado, donde el murmullo del comercio se confundía con los balidos y arrullos de los animales y las aves. Además, especialmente en las grandes fiestas, abundaban las oportunidades de extorsión. Jesús los expulsó a todos.

13 Aquí Jesús se refiere a las Escrituras, como lo hizo cuando el diablo lo confrontó (4:1-10). Sus primeras palabras son de Isaías 56:7. Isaías esperaba una época en que al Templo se le llamaría casa de oración. Pero aquel día, en la alborada de la era mesiánica, Jesús encuentra una «cueva de ladrones». Las palabras provienen de Jeremías 7:11, que advierten contra la inutilidad de las reverencias supersticiosas en el complejo del Templo acompañadas de maldad que lo deshonra. Esto sugiere que al griego *lestai* («ladrones») se le debería dar su significado normal de «nacionalistas rebeldes» (ver en 27:16). Se suponía que el Templo fuera una casa de oración, pero ellos la había convertido en una «fortaleza nacionalista» (cf. C.K. Barrett, «The House of Prayer and the Den of Thieves», en Ellis y Grässer, p. 16).

El punto es aun más claro en Marcos, quien conserva «casa de oración para todos los pueblos» (Is 56:7 usa una vez la forma más larga y una vez la más corta). El Templo no estaba haciendo el papel que había ordenado Dios como testimonio a las naciones sino que se había convertido, como el primer Templo, en el primer símbolo de una creencia supersticiosa de que Dios protegería y reuniría a su pueblo sin tener en cuenta su conformidad a la voluntad divina. Por consiguiente el Templo sería destruido (vv. 18-22; 24:2). Mateo no omite «para todos los pueblos» porque escribe después de que el Templo ha sido destruido, y por tanto reconoce que ya no puede cumplirse la promesa de Isaías. Aun Marcos sabe que el Templo no puede permanecer, y que aquel Templo nunca podría convertirse en un lugar de reunión «para todos los pueblos». La omisión simplemente podría ser para resumir; pero cambia el contraste de «misión del Templo—fortaleza nacionalista» (Marcos) a «casa de oración—fortaleza nacionalista» (Mateo), un cambio que enfoca más la atención en el abandono espiritual y las prioridades políticas equivocadas que en el abandono de aquello para lo cual de verdad era el Templo. Estas son las cosas que Jesús denuncia.

El Señor a quien el pueblo ve ahora, llega a su Templo (Mal 3:1). La purificación de Jerusalén y del Templo eran parte de las expectativas judías (cf. Sl Sal 17:39). Por tanto, para quienes tenían ojos con qué ver, la acción de Jesús era de autorrevelación y de afirmación tácita de autoridad escatológica sobre el Lugar Santísimo. Nadie más que Jesús podía prever que la purificación implicaría destruir y edificar un nuevo Templo (Jn 2:19-22).

14 Los vv. 14-15 solo se encuentran en Mateo. El v. 14 no sólo es la última mención del ministerio de sanar enfermos de Jesús, sino que se realiza *en to jiero* («en el Templo [terreno]») y quizá dentro de los límites del Templo en el atrio de los gentiles. No era raro que los enfermos crónicos mendigaran en las inmediaciones del Templo (Hch 3:2); pero estaba restringido el lugar donde podían ir cojos, ciegos, sordos u otras clases de discapacitados. El atrio de los gentiles estaba abierto a ellos, y allí incluso había sacerdotes tullidos. Sin embargo, las restricciones se imponían cuando el discapacitado requería cierta clase de cojines, almohadillas o apoyos que podrían introducir «impurezas» (cf. Jeremias, *Jerusalem*, pp. 117 y sig.).

La mayoría de las autoridades judías prohibían que cualquier persona coja, ciega, sorda o muda ofreciera sacrificio, que fuera a «aparecer ante el Señor en su Templo». Los pactantes del Qumrán querían ir más allá, y excluir a todos los discapacitados de la congregación, de la batalla mesiánica y del banquete mesiánico (1QSa 2:5-22; 1QM 7:4-5). Pero Jesús los sana, con lo que muestra «que aquí está uno más grande que el templo» (12:6). Él mismo no puede ser contaminado, y sana y limpia a quienes entran en contacto con él. Estas dos cosas —la limpieza del Templo y los milagros de sanidad— declaran conjuntamente su superioridad sobre el Templo (Heil, «Healing Miracles», pp. 283-84), y hace surgir la cuestión de la fuente de su autoridad (v. 23).

15-16 «Los jefes de los sacerdotes y los maestros de la ley» (v. 15; vea en 2:4; 26:59) expresan indignación, no tanto ante lo que Jesús ha hecho como ante la aclamación que está recibiendo por eso. Los niños exclaman a gritos: «Hosanna al Hijo de David» (vea en v. 9); y si Jesús está preparado para aceptar tal alabanza, «las cosas maravillosas» que está haciendo deben tener significado mesiánico. Al ser desafiado, Jesús apoya a los niños citando Salmo 8:2, y lo hace comenzando con «¿no han leído nunca?» (v. 16), lo que pone en evidencia la ignorancia teológica de los expertos en las Escrituras (cf. 12:3; 19:4; 21:42; 22:31). Dios *ha* ordenado que lo alaben «los pequeños y … los niños de pecho» (lit., «bebés y los que maman»; entre los judíos el amamantamiento a veces continuaba hasta los tres años de edad: cf. 2 Mac 7:27). La respuesta de Jesús es un golpe maestro, y logra simultáneamente tres cosas:

1. Da cierta base bíblica a dejar que los niños continuaran con su desbordante alabanza, y con ello calma por el momento las objeciones de los líderes del Templo.

2. Al mismo tiempo las personas pensantes entre ellos, al reflexionar en el incidente (en especial después de la resurrección), percibieron que Jesús estaba diciendo mucho más. Los «hosannas» de los niños no estaban dirigidos a Dios sino al Hijo de David, el Mesías. Jesús está entonces reconociendo no sólo su mesianismo sino justificando la alabanza de los niños al aplicar a sí mismo un pasaje bíblico aplicable solo a Dios (cf. Notas).

3. La cita confirma que los humildes reciben más fácilmente verdades espirituales que los complicados (cf. 19:13-15). Los niños han agarrado los gritos de la procesión anterior y, sin inhibiciones ni escepticismo, repiten con entusiasmo el cántico, con lo que llegan a la verdad con más rapidez que quienes creen tener sabiduría y conocimiento.

17 Jerusalén estaba llena de gente durante las festividades. Por eso Jesús pasó sus últimas noches en Betania, o en un claro de las laderas orientales del Monte de los Olivos (cf. Mr 11:19; Lc 21:37). Lo más probable es que la casa donde se quedó fuera la de María, Marta y Lázaro.

Notas

---

16 Parte de la interpretación de este versículo dada arriba depende del punto de vista que el Sal 8 no es mesiánico. Este casi con seguridad es el caso; e incluso la aplicación de Sal 8:5-7 a Jesús en 1 Co 15:27; Heb 2:6 no se debe al carácter mesiánico del salmo sino al papel de Jesús en introducir a la humanidad a las alturas que Dios diseñó para ella, como lo reconocen ahora la mayoría de expositores. El tratamiento del Salmo 8 como mesiánico por parte de las antiguas autoridades judías en el Tárgum sobre Sal 8 casi con seguridad tiene fecha posterior al NT (cf. F.J. Maloney, «The Targum on Ps. 8 and the New Testament», *Salesianum* 37, 1975, 326-36).

c. La higuera

21:18-22

[18]Muy de mañana, cuando volvía a la ciudad, tuvo hambre. [19]Al ver una higuera junto al camino, se acercó a ella, pero no encontró nada más que hojas.
— ¡Nunca más vuelvas a dar fruto! — le dijo.
Y al instante se secó la higuera.
[20]Los discípulos se asombraron al ver esto.
— ¿Cómo es que se secó la higuera tan pronto? — preguntaron ellos.
[21]— Les aseguro que si tienen fe y no dudan — les respondió Jesús —, no sólo harán lo que he hecho con la higuera, sino que podrán decirle a este monte: "¡Quítate de ahí y tírate al mar!", y así se hará. [22]Si ustedes creen, recibirán todo lo que pidan en oración.

Esta historia solo se encuentra aquí y en Marcos, donde está dividida en dos secciones (11:12-14, 20-26), con la limpieza del Templo entre ellas. Cronológicamente Marcos es más detallado. Si la Entrada Triunfal fue el domingo, entonces, según Marcos, la maldición de la higuera fue el lunes; y la sorpresa de los discípulos ante lo pronto que se marchitó la higuera, junto con las palabras de Jesús acerca de la fe, ocurrieron el martes. Mateo simplemente ha unido las dos partes en un típico arreglo temático. Deja poco claro (v. 20) el momento en que los discípulos ven la higuera marchita, aunque implica que fue el mismo día. Compare la condensación en 9:18-25.

El estudio más reciente e importante sobre este pasaje pertenece a William R. Telford (*The Barren Temple and the Withered Tree*, JSAT, Sheffield, 1980). Aunque Telford analiza de modo admirable algunos estudios anteriores, el suyo es menos convincente (cf. reseña de D. Wenham, EQ 72, 1980, 245-48). Es improbable la idea de que «este monte» (v. 21) se refiera al Templo, y que además la maldición de la higuera sea una señal de la perdición del Templo. Lo más probable es que se refiera al Monte de los Olivos como ejemplo de cualquier montaña. El exhaustivo examen de Telford del uso de la «higuera» como una metáfora no muestra más que la «higuera» se puede aplicar de modo metafórico a muchas cosas diferentes; pero solo el contexto de la metáfora es determinante. Aun menos convincente es la opinión de que esta historia es una simple dramatización de la parábola de Lucas 13:6-9 (según van der Loos, pp. 692-96); porque, aparte de la cuestión de si alguna vez ocurrió tal «historicización» del material de la parábola, la última trata con *demora* en el juicio, mientras el pasaje actual se relaciona con un juicio *inminente*.

Se sostiene comúnmente que 21:20-22 y el correspondiente material de Marcos es una tradición separada sin relación con el original. Preferible es la opinión de que la delicada transición refleja la cronología histórica, la cual conservó Marcos. Maldecir la higuera es, entonces, una parábola actuada relacionada con la limpieza del Templo, y que transmite un mensaje acerca de Israel. Pero cuando al día siguiente los discípulos ven cuán rápidamente se había marchitado la higuera, su respuesta inicial —y superficial— es asombrarse de cómo se realizó; y esto lleva al comentario de Jesús sobre la fe. Así que este acontecimiento histórico único enseña dos lecciones teológicas.

18-19 De algún modo en el camino entre Betania y Jerusalén, Jesús se acercó a una higuera con la esperanza de mitigar el hambre (v. 18). Marcos nos dice que aunque no era tiempo de higos, el árbol tenía hojas. Las hojas de la higuera aparecen más o menos al mismo tiempo que el fruto, o poco después. Los higos verdes se pueden comer, aunque son bastante desagradables, pues no se comen hasta junio. Por eso las hojas normalmente indican la posibilidad de que haya frutos, aunque no maduros por completo. Sin embargo, a veces los higos verdes se caen y no quedan más que hojas. Todo esto supone el conciso comentario de Mateo: «Pero no encontró nada más que hojas» (v. 19); sus lectores judíos deducirían el resto. Este entendimiento del texto confirma la cronología establecida en 21:1-11. Si estos acontecimientos se hubieran realizado en la Dedicación, cuando había higos en abundancia, no sólo sería incorrecta la afirmación explícita de Marcos (11:13), sino que tanto en Mateo como en Marcos la maldición de Jesús a la higuera sería más difícil de entender, porque si él tenía hambre simplemente podía ir al árbol siguiente.

Muchos comentaristas piensan de otro modo, y suponen que al omitir la afirmación de Marcos «no era tiempo de higos», Mateo ha eliminado una dificultad moral. ¿Por qué iba Jesús a maldecir una higuera por no tener fruto cuando no era tiempo de tener fruto? Pero esta teoría no tiene sentido. Que no era temporada de higos explica por qué Jesús fue a ese árbol particular, el cual sobresalía por tener hojas. Sus hojas anunciaban que estaba cargada, pero el anuncio era falso. Al no poder satisfacer el hambre, Jesús vio la oportunidad de enseñar una memorable lección objetiva, y maldijo la higuera, no porque no llevaba fruto, sea en tiempo o no, sino porque ilustraba una vida que prometía fruto pero no tenía ninguno.

La mayoría de los eruditos interpretan la maldición de la higuera como una maldición simbólica del pueblo de Israel por no producir fe y justicia, como se evidenciaba principalmente en su actitud hacia Jesús. La higuera entonces se convierte en algo similar a las imágenes de la viña en Isaías 5:1-7, o a los hijos en Jeremías 8:13; 24:1-8: esterilidad, ausencia de fruto o fruto malo, todo provoca castigo. Walvoord protesta, e insiste en que en ninguna parte de la Biblia una higuera sirve como prototipo de Israel (descarta a Jer 24:1-8 porque los higos buenos y malos se refieren a cautivos en oposición a los que se quedan en la tierra). El pasaje del evangelio es una lección sobre la fe y lo milagroso, no más. Pero si no es válida la interpretación general, el reduccionismo de Walvoord tampoco resiste un examen minucioso.

1. Es necesario tener en cuenta los arreglos del material de Marcos, con la limpieza del Templo metida entre las dos partes. Incluso Mateo, quien condensa el arreglo de Marcos y elimina la división del pasaje en dos, lo pone inmediatamente después de la limpieza del Templo, y exactamente antes del cuestionamiento de la autoridad de

Jesús. Hemos aprendido bastante a respetar el arreglo de los pasajes de Mateo como para verlos encadenados; y en consecuencia a leer los vv. 18-22 nada más que una lección de fe que pierde los vínculos obvios.

2. Jeremías 24:1-8 podría dar una analogía más cercana de lo que cree Walvoord, porque incluso en los evangelios Jesús no está diciendo que todos los judíos caen bajo cualquier maldición que esto podría acarrear; después de todo, todos sus discípulos en ese momento en la historia eran judíos. En los sinópticos, como en Jeremías, hay una división entre judío y judío.

3. No obstante, aunque Jeremías 24:1-8 no sea un buen paralelo, no se puede creer demasiado que la higuera no sea un prototipo de Israel; porque del mismo modo se podría discutir que no hay ejemplo en la Biblia de que Jesús este realizando un milagro *simplemente* para enseñar sobre la fe, sin que allí haya alguna conexión orgánica con la narración.

Esto no significa que la interpretación común —que la higuera representa a Israel, maldecida por no llevar fruto— sea correcta. A la luz del análisis sobre la relación entre las hojas y el fruto, Jesús está maldiciendo a quienes hacen un espectáculo de llevar mucho fruto pero son espiritualmente estériles. Esto tiene cuatro ventajas.

1. Hábilmente trata tanto a Marcos como a Mateo en cuanto a la higuera y sus hojas.

2. Dirige el ataque contra los hipócritas entre el pueblo judío, un blanco constante en todos los cuatro evangelios, pero especialmente en Mateo (e.g., 6:2, 5, 16; 7:5; 15:7; 22:18; ¡y ahora nos acercamos a 23:1-39!).

3. Es comparable con la limpieza del Templo, que critica, no a los niños judíos ni su alabanza ni a los judíos ciegos y cojos que llegaron para ser sanados (vv. 14-15), sino a quienes usaban el Templo para obtener grandes ganancias, y a quienes sofocaban las alabanzas que los niños hacían del Mesías. A estos, igual que a la frondosa higuera, los encuentra Jesús llenos de mucha piedad proclamada, pero sin fruto; y a ellos maldice.

4. A diferencia de otros pasajes (3:9; 8:11-12), no se menciona que algo se tome de los judíos para darlo a los gentiles. La maldición de la higuera es una parábola actuada de la maldición de los hipócritas, no de los judíos ni del judaísmo.

La maldición de la higuera no está tan lejos del carácter de Jesús como a algunos nos gustaría creer. El mismo Jesús echó fuera demonios de tal modo que dos mil cerdos se ahogaron (8:28-34), sacó del Templo con un látigo a los cambistas de moneda y animales, y no habla poco de los tormentos del infierno. Quizá el hecho de que dos milagros punitivos —los cerdos y la higuera— no están dirigidos contra hombres nos debería enseñar algo acerca de la compasión de Jesús. Él, quien ha de salvar a su pueblo de sus pecados y sus consecuencias, recurre a acciones no dirigidas contra su pueblo para advertirles del poder atador del diablo (la destrucción de los cerdos) y de la enemistad de Dios contra toda piedad hipócrita (la maldición de la higuera).

20-22 Aunque no está claro si el v. 20 es una pregunta o una exclamación (cf. Moule, Idiom Book, p. 207), el efecto es el mismo. Lo básico de la respuesta de Jesús ya se ha dado en 17:20, donde se implica que la figura de una montaña que se echa al mar era común en la enseñanza de Jesús. Aquí, no obstante, la atención cambia «de la más pequeña cantidad eficaz de fe a lo opuesto que es dudar de la fe» (Hill, *Matthew*). El milagro que Jesús elige para enseñar el poder de la fe —lanzar un monte al mar (v. 21)— no es más que un ejemplo hiperbólico de un milagro. Pero puesto que el Mar Muerto se puede ver desde el Monte de los Olivos, algunos han sugerido una alusión a Zacarías 14:4 (Lane, *Mark*, p. 410): a saber, que los discípulos deben orar por la llegada del reino escatológico. Esto parece improbable, porque Zacarías habla de partir el Monte de los Olivos en vez de lanzarlo al mar.

Jesús utilizó a la higuera para enseñar el poder de la oración *que cree*, una extrapolación en el tema de la fe, la lección enseñó al marchitarse de inmediato la higuera. Pero en el NT creer no se reduce a obligarse uno a «creer» lo que en realidad no se cree. Al contrario, se relaciona con la verdadera confianza en Dios, y la obediencia y el discernimiento de su voluntad (ver en 19:20; cf. Carson, *Farewell Discourse*, pp. 43, 108-11). Aunque ejercida por el creyente, tal fe reposa en la voluntad de Dios que actúa.

Notas

---

19 *Μίαν* (*mian*, lit., «una») tiene aquí la fuerza del enclítico τις (*tis*, «cierta», «una»): vea en 8:19; 9:18; cf. 19:16; 21:24; BDF, par. 247(2).

---

d. *Controversias en el Templo* (21:23—22:46)

1) *Pregunta sobre autoridad*

21:23-27

> [23]Jesús entró en el templo y, mientras enseñaba, se le acercaron los jefes de los sacerdotes y los ancianos del pueblo.
>
> —¿Con qué autoridad haces esto? —lo interrogaron—. ¿Quién te dio esa autoridad?
>
> [24]—Yo también voy a hacerles una pregunta. Si me la contestan, les diré con qué autoridad hago esto. [25]El bautismo de Juan, ¿de dónde procedía? ¿Del cielo o de la tierra?
>
> Ellos se pusieron a discutir entre sí: «Si respondemos: "Del cielo", nos dirá: "Entonces, ¿por qué no le creyeron?" [26]Pero si decimos: "De la tierra"... tememos al pueblo, porque todos consideran que Juan era un profeta.» Así que le respondieron a Jesús:
>
> [27]—No lo sabemos.
>
> —Pues yo tampoco les voy a decir con qué autoridad hago esto.

Esta prolongada sección (21:23—22:46) se caracteriza por varias controversias con diferentes líderes judíos, junto con varias parábolas que se deben interpretar a la luz de tales controversias. Según parece en la cronología de Marcos, estas controversias se realizan el martes, el tercer día de la Semana Santa. Era tradicional detener a maestros conocidos y hacerles preguntas (cf. 22:16, 23, 35), y la gente se deleitaba con esos intercambios de palabras. Al final Jesús se volvió principalmente a las multitudes y pronunció un discurso ante ellas sin excluir a fariseos y maestros de la ley (cap. 23); y luego, al caer la noche, se retiró al Monte de los Olivos y pronunció ante sus discípulos su última disertación (caps. 24-25).

En el primer intercambio de palabras (vv. 23-27), Mateo sigue a Marcos (11:27-33) muy de cerca (cf. Lc 20:1-8).

23 La enseñanza de Jesús se lleva a cabo «en el Templo», tal vez en uno de los pórticos que rodeaban el atrio de los gentiles. Los principales sacerdotes eran altos funcionarios del Templo, elevados miembros de la aristocracia sacerdotal que eran parte del concilio (ver en 2:4); los ancianos en este caso quizá eran miembros no sacerdotales del concilio, jefes de las familias más influyentes (cf. Jeremías, *Jerusalén*, pp. 222 y sig.). En otras palabras, miembros representativos del concilio, descritos en cuanto a su situación clerical en vez de sus posiciones teológicas (e.g., saduceos y fariseos), se acercaron a Jesús y desafiaron su autoridad para hacer «esto», específicamente, la limpieza del Templo, las milagrosas curaciones, y tal vez también su enseñanza (v. 23). La primera pregunta de ellos no fue por tanto estrechamente teológica sino relacionada con la autoridad de Jesús; sin embargo, su interés al preguntar quién le dio autoridad (cf. Hch 4:7) surgía menos de un deseo de identificarlo que de ansias de reprimirlo y quizá de atraparlo.

24-26 La respuesta de Jesús es magistral. Responde a la inquietud de ellos con otra pregunta (v. 24), un procedimiento bastante común en debates rabínicos. «El bautismo de Juan» (v. 25) es una manera de referirse a todo el ministerio de Juan el Bautista (cf. v. 25b y a *creer* en Juan, no simplemente a ser *bautizados* por Juan). Jesús pregunta si ese ministerio era del cielo o de los hombres. Él no presenta esta inquietud como una simple reprimenda, como si fuera a decir que si las autoridades no se definían en cuanto a Juan, tampoco lo harían en cuanto a él. La pregunta de Jesús es más profunda. Si las autoridades religiosas la contestaban correctamente estarían dando respuesta adecuada a su propia pregunta. Si respondían «del cielo», estarían moralmente atados a creer en Juan... y Juan señaló a Jesús (ver en 11:7-10; cf. Jn 1:19, 26-27; 3:25-30). Por tanto, tendrían su respuesta acerca de Jesús y su autoridad. Si respondían «de los hombres» (v. 26), darían la respuesta equivocada; pero no se atrevían a manifestarla por miedo al pueblo. Las autoridades religiosas participaban de la timidez de Herodes (14:5).

Lejos de esquivar la pregunta de los líderes religiosos, Jesús la contesta de tal modo que el sincero buscador de la verdad, no influido por la opinión pública, no deje de ver quién es él, mientras aquellos interesados solamente en atraparlo con una pregunta capciosa quedan bloqueados por un obstáculo que su propio pragmatismo superficial les impide atravesar. Al mismo tiempo la pregunta de Jesús más bien insinúa firmemente a los gobernantes que su paso en falso los hace volver a asuntos más amplios que la identidad de Jesús. Si no logran discernir la autoridad de Jesús, es porque su incredulidad anterior los había cegado a la revelación de Dios.

27 «No lo sabemos», contestaron los sacerdotes y los ancianos, lo cual era una mentira y una falsa declaración de lo que los ataban en indecisión pública. Su equivocación dio a Jesús un motivo para negarse a responder la pregunta de ellos. Rechazar la revelación ya dada es en realidad una débil base sobre la cual averiguar más. En un sentido el concilio no tenía solo el derecho sino el deber de revisar las credenciales de quienes afirmaban ser portavoces de Dios. Pero puesto que malinterpretaron la revelación ya dada en las Escrituras, y rechazaron el testimonio de Juan el Bautista, los líderes probaron no estar a la altura de su responsabilidad. Ellos formularon la pregunta sobre la autoridad de Jesús; él formuló la pregunta sobre la competencia de ellos para juzgar tal asunto.

2) *Parábola de los dos hijos*

21:28-32

²⁸»¿Qué les parece? —continuó Jesús—. Había un hombre que tenía dos hijos. Se dirigió al primero y le pidió: "Hijo, ve a trabajar hoy en el viñedo." ²⁹"No quiero", contestó, pero después se arrepintió y fue. ³⁰Luego el padre se dirigió al otro hijo y le pidió lo mismo. Éste contestó: "Sí, señor"; pero no fue. ³¹¿Cuál de los dos hizo lo que su padre quería?

—El primero —contestaron ellos.

Jesús les dijo:

—Les aseguro que los recaudadores de impuestos y las prostitutas van delante de ustedes hacia el reino de Dios. ³²Porque Juan fue enviado a ustedes a señalarles el camino de la justicia, y no le creyeron, pero los recaudadores de impuestos y las prostitutas sí le creyeron. E incluso después de ver esto, ustedes no se arrepintieron para creerle.

Esta es la primera de tres parábolas con las cuales Jesús reprende a los líderes judíos (vv. 28-32, 33-46; 22:1-14). La primera y la tercera son típicas de Mateo. No hay evidencia convincente de que esta primera parábola sea solo una variación de Lucas 15:11-32. Helmut Merkel («Das Gleichnis von den "ungleichen Söhnen" [Matth. xxi 28-32]», NTS 20, 1974, 254-61) sostiene que no toda la parábola es auténtica; pero su enfoque —aislar, a veces sobre bases dudosas, la redacción de Mateo y preguntarse si nos queda suficiente de la parábola para postular un auténtico meollo— es tan parcial que pocos lo siguen. Mucho más común es negar la autenticidad del v. 32 (e.g., Strecker, *Weg*, p. 153; Ogawa, pp. 121 y sig.), o la última frase del v. 32 (van Tilborg, pp. 52-54). Jeremias (*Parables*, pp. 80 y sig.) aboga por la autenticidad de toda la parábola.

Que el verbo *metamelomai* («arrepentirse») aparezca en los sinópticos solo en Mateo (21:29, 32; 27:3) escasamente es evidencia contra la autenticidad (según Strecker), (1) porque los datos son muy pocos (tres incidencias) para ser estadísticamente útiles. Se podría sostener de modo muy convincente que el versículo es paulino, puesto que Pablo usa el verbo una vez; (2) porque su uso en esta parábola (v. 29) podría muy bien sugerir que toda la parábola es tradicional; y (3) porque aunque el lenguaje es mateano —y la evidencia de ningún modo es contundente— tales consideraciones en sí no son concluyentes con relación al contenido (cf. Introducción, sección 2). Como veremos, toda la parábola tiene sentido excelente en su contexto; en realidad, van Tilborg (pp. 47-52) ha discutido de modo convincente que las tres parábolas están unidas como un bloque, aunque Mateo haya hecho más estrictas las conexiones. Esto apoya la opinión de que 21:23—22:46 constituye un bloqueo de confrontaciones y advertencias que se realizan en una sola ocasión (vea en 21:23).

28 La peculiar formulación «¿Qué les parece?» es inconfundiblemente de Mateo (17:25; 18:12; 22:17). La parábola se inserta sin más preámbulo que la pregunta.

29-31 El último punto tiene una relación útil con el problema textual en estos versículos. La evidencia está claramente expuesta por Metzger (*Textual Commentary*, pp. 55-56) junto con alguna provechosa bibliografía (cf. también Derrett, *NT Studies*, 1:76 y sig.). Cuando la evidencia textual se ha cernido, quedan tres alternativas:

1. El hijo mayor dice no, pero se arrepiente y va; el segundo hijo dice sí, pero no hace nada. ¿Quién hace la voluntad del Padre? El primero.

2. El hijo mayor dice sí, pero no hace nada; el segundo hijo dice no, pero se arrepiente y va. ¿Quién hace la voluntad del Padre? El menor, o último, o segundo.

3. El hijo mayor dice no, pero se arrepiente y va; el segundo hijo dice sí, pero no hace nada. ¿Quién hace la voluntad del Padre? El último.

Es claro que la tres es la interpretación más difícil; y desde la época de Jerónimo algunos la han defendido precisamente por esa razón (Merx, Wellhausen). Pero esta interpretación no sólo está débilmente autenticada (Jerónimo sabía que algunos mss. griegos la apoyaban, pero hoy día solo queda evidencia parcializada), sino que es o disparatada, o debemos decir que se presenta a los judíos como si de modo perverso dieran una respuesta absurda para evitar que la aplicaran a ellos. Esto no es muy convincente. Si no adoptamos la posición de WH, quien sugiere que un error textual primitivo perdura en las copias existentes, debemos escoger entre 1 y 2. Muchos escogen 1 —como la NVI— en gran parte basándose en que de algún modo tiene mejor testimonio externo que 2, y que el cambio de 1 a 2 es concebible. Para empezar, si el primer hijo fue de veras, quizá no se necesitaba al segundo. Además, fue natural identificar al hijo mayor con el desobediente y al menor con el obediente, una vez que la interpretación de los padres de la Iglesia fuera muy adoptada: que el hijo desobediente representa a los judíos (quienes de acuerdo a la cronología llegaron primero) y el hijo obediente representa a gentiles pecadores. El primero de estos razonamientos es irrelevante: no hay nada en absoluto que sugiera que solo se necesita un hijo en la viña. El segundo razonamiento es en sí más verosímil; pero debe enfrentar otra posibilidad.

Derrett (*NT Studies*, 1:76 y sig.) ha mostrado que en el mundo de la época de Jesús la opción 2 es psicológicamente más natural. El hijo mayor es un tanto consentido y lo tratan con favoritismo por ser el heredero, mientras que el menor es huraño y resentido pero tiene que dejar su egoísmo para quedar bien ante su padre. El cambio de 2 a 1 podría haber ocurrido si los copistas supusieran que en este contexto el padre representaba a Juan el Bautista (según, por ejemplo, Jülicher, Jeremias), a quien recaudadores de impuestos y prostitutas, pecadores declarados, primero negaron pero después creyeron. La evidencia no admite cierta resolución, pero tal vez el equilibrio de posibilidades favorece ligeramente a NASB (opción 2) en vez de la NVI.

De cualquier manera la historia es bastante sencilla. *Metamelomai* («se arrepintió», v. 29) quizá esté seguida o no de cambio de propósito en el NT, a diferencia de *metanoeo* («me arrepiento»). Por primera vez Jesús hace abiertamente una aplicación personal de una de sus parábolas a los líderes judíos. «Les aseguro» (v. 31; ver en 5:16), comienza de modo solemne, «que los recaudadores de impuestos y las prostitutas van delante de ustedes hacia el Reino de Dios»; aquí el verbo *proago* está bien traducido «van delante» (NVI; cf. Bonnard; Jeremías, *Parables*, p. 101, n. 54; TDNT, 8:105, n. 158; BDF, par. 245a[3]).

La valiosa impresión de la declaración de Jesús solo se puede apreciar cuando se toma en consideración la baja estima en que se tenía a los recaudadores de impuestos, por no mencionar a las prostitutas. En nuestra época de pornografía por televisión no nos impresionan «las prostitutas». Sin embargo, Jesús está diciendo que la escoria de la sociedad, aunque le dice no a Dios, se arrepiente, hace la voluntad del Padre, y entra al Reino; mientras las autoridades religiosas dicen sí en alta voz pero no hacen lo que él dice, y por ende no entran. Su justicia no es suficiente (cf. 5:20). Así que la parábola no hace distinción entre judíos y gentiles sino entre líderes religiosos y pecadores públicos.

32 Este versículo une la parábola al pasaje anterior, donde ya se ha establecido la importancia de creer en Juan (vv. 23-27). Juan señaló el camino hacia el Reino (11:12), al cual están ahora entrando los pecadores (21:31). La NVI interpreta 21:31 del mismo modo; pero en sentido estricto el texto griego dice: «Juan fue enviado a ustedes en el camino de la justicia», no «Juan fue enviado a ustedes a señalarles el camino de la justicia». Es probable que esto signifique que Juan vino a predicar la voluntad de Dios en cuanto lo que es correcto (cf. «the way of God» en 22:16; cf. Przybylski, pp. 94-96). Pero en el pensamiento de Mateo la predicación de Juan incluye la exigencia de reformas éticas a la luz de la inminente llegada del Reino (cf. 3:2-3). De esta manera Juan señaló a Jesús y la justicia superior del Reino (5:20). Pero los líderes religiosos no creyeron el testimonio de Juan, incluso después de ver que los pecadores más viles de la sociedad se arrepentían y creían en él y en su mensaje.

Notas

---

32 Hill (*Greek Words*, pp. 124-25), Przybylski (pp. 94-96), y otros insisten con toda la razón que δικαιοσύνη (*dikaiosúne*, «justicia») en Mateo significa «justicia que se practica», «realizar la voluntad de Dios». Pero esto no necesariamente significa que practicar la justicia *en sí* otorga entrada al Reino; porque si Mateo dice que Juan enseñó a los hombres a arrepentirse, de igual modo clarifica que el ministerio de Juan señaló a Jesús y el Reino. Si se cree a Juan, las personas van a Jesús. «Justicia», o, mejor, «hacer lo correcto, de acuerdo con la voluntad del Padre», no sólo incluye moral, concebida de manera estrecha, sino creer en Jesús y acogerlo como Mesías: la voluntad del Padre se enfoca en Jesús (11:25-27), quien no sólo vino a establecer un ejemplo sino a dar su vida en rescate por muchos (20:28), y a inaugurar el nuevo pacto en su sangre (26:27-28). Los estudios de palabras sobre «justicia» por Hill y Przybylski, por sólidos que sean, no deben cegarnos a los temas más largos en Mateo que están conectados de modo inextricable con «justicia».

---

3) *Parábola de los labradores*

21:33-46

[33]»Escuchen otra parábola: Había un propietario que plantó un viñedo. Lo cercó, cavó un lagar y construyó una torre de vigilancia. Luego arrendó el viñedo a unos labradores y se fue de viaje. [34]Cuando se acercó el tiempo de la cosecha, mandó sus siervos a los labradores para recibir de éstos lo que le correspondía. [35]Los labradores agarraron a esos siervos; golpearon a uno, mataron a otro y apedrearon a un tercero. [36]Después les mandó otros siervos, en mayor número que la primera vez, y también los maltrataron.

[37]»Por último, les mandó a su propio hijo, pensando: "¡A mi hijo sí lo respetarán!" [38]Pero cuando los labradores vieron al hijo, se dijeron unos a otros: "Éste es el heredero. Matémoslo, para quedarnos con su herencia." [39]Así que le echaron mano, lo arrojaron fuera del viñedo y lo mataron.

[40]»Ahora bien, cuando vuelva el dueño, ¿qué hará con esos labradores?

[41]—Hará que esos malvados tengan un fin miserable —respondieron—, y arrendará el viñedo a otros labradores que le den lo que le corresponde cuando llegue el tiempo de la cosecha.

[42]Les dijo Jesús:

—¿No han leído nunca en las Escrituras:

»"La piedra que desecharon los constructores
    ha llegado a ser la piedra angular;
esto es obra del Señor,
    y nos deja maravillados"?

[43]»Por eso les digo que el reino de Dios se les quitará a ustedes y se le entregará a un pueblo que produzca los frutos del reino. [44]El que caiga sobre esta piedra quedará despedazado, y si ella cae sobre alguien, lo hará polvo.

[45]Cuando los jefes de los sacerdotes y los fariseos oyeron las parábolas de Jesús, se dieron cuenta de que hablaba de ellos. [46]Buscaban la manera de arrestarlo, pero temían a la gente porque ésta lo consideraba un profeta.

Esta parábola ha sido por mucho tiempo un campo de batalla para debates complejos. Es un poco más fácil explicar diferencias sinópticas (cf. Mr 12:1-2; Lc 20:9-19) al postular una revisión de Mateo y a Q; pero esto de ninguna manera es cierto (cf. cuadro y análisis en 19:1-2).

Aparentemente la parábola continúa haciendo una declaración contra las autoridades religiosas judías. Las equivalencias metafóricas son obvias: el propietario es Dios, el viñedo es Israel, los labradores son los líderes de la nación, los siervos son los profetas, y el hijo es Jesús el Mesías. Tales metáforas obvias han inquietado a muchos eruditos, quienes detectan posterior «alegorización», la cual, juzgan, no pudo haber sido parte de la parábola original sino que pertenece únicamente a la interpretación que la Iglesia hizo de ella.

Por consiguiente, a la parábola reconstruida se le dan otras interpretaciones (cf. Jeremias, *Parables*, p. 76; Dodd, *Parables*, pp. 124-32) que están tan lejos de los textos que tenemos que otros han perdido las esperanzas de interpretar el original. W.G. Kümmel («Das Gleichnis von den bösen Weingärtnern [Mark. 12.1-9]», *Aux Sources de la Tradition Chrétienne*, edd. O. Culmann y P. Menoud, Delachaux et Niestlé, Neuchâtel, 1950, pp. 120-38) sostiene que el entorno creativo del cual proviene esta parábola no es Galilea ni el ministerio de Jesús, sino la Iglesia del primer siglo influenciada por su propia interpretación de Isaías 5. Sin embargo, las siguientes observaciones señalan en una dirección distinta:

1. Ya hemos observado (vea en 13:3a) que no hay base metodológica para trazar una línea rígida entre «parábola» y «alegoría», o entre «parábola» e «interpretación».

2. Con seguridad Jesús mismo enfrentó oposición de los líderes religiosos de su pueblo y su época. No hay razón histórica para pensar que no se hubiera referido a Isaías 5 en esta conexión, ni importante razón literaria formal para pensar que la parábola —como la conservan los sinópticos— calza en algunos de los patrones de enseñanza de Jesús establecidos (cf. E.E. Ellis, «New Directions», en Strecker, *Jesus Christus*, pp. 299-315, esp. pp. 312-14).

3. Al reconocer estos asuntos algunos eruditos han sostenido que el tema «hijo» en la parábola depende en sí de la historia, y por tanto no se debe juzgar que no es auténtico (Hill, *Matthew*; cf. J. Blank, «Die Sendung des Sohnes», en Gnilka, *Neues Testament*, pp. 11-41). Esto es correcto. No obstante, asignar la identificación de este «hijo» como Jesús solo a la Iglesia parece un expediente más bien rebuscado. Aun el enfoque más escéptico de los evangelios reconoce que Jesús disfrutaba su condición especial de hijo del Padre. De modo que es casi imposible que Jesús usara este lenguaje de «hijo» en defensa de su misión y no estar pensando en sí mismo. Mucho más natural es interpretar el lenguaje «hijo» de la parábola como otra autorreferencia mesiánica velada, especialmente a la luz del uso de «Hijo de Dios» como título mesiánico en 4QFlor (vea en 2:15; 3:17; 11:27).

4. En lo que respecta a la crítica de fuente, ya no da por sentado que el Evangelio de Tomás 65-66 conserva la forma original de la parábola. K.R. Snodgrass («The Parable of the Wicked Husbandmen: Is the Gospel of Thomas Version the Original?» NTS 21, 1975, 142-44), junto con el examen de la evidencia que sostiene que las omisiones en Tomás se deben a alguna influencia gnóstica, muestra la dependencia de esta versión de los evangelios siríacos.

33-34 Esta parábola quizá no sólo se dirige a los gobernantes judíos (v. 23) sino a las multitudes en el Templo, sin excluir a los dirigentes (cf. Lc 20:9). «Otra» (v. 33) une esta parábola con la última (cf. pl. «parábolas» en v. 45). Los vv. 33-34 aluden claramente a Isaías 5:1-7 y Salmo 80:6-16: la parábola de Jesús es un antiguo tema con nuevas variaciones. Los esfuerzos que el propietario hace muestran su cuidado del viñedo. Levanta una cerca para protegerlo de los animales, construye una torre para protegerlo de ladrones e incendios, y cava un lagar para exprimir allí mismo las uvas. Todo esto muestra su confianza en que la viña dará fruto. Los labradores cuidan del viñedo durante la ausencia del propietario y pagan el arriendo en especie.

Los «siervos» son los representantes del propietario enviados a «recibir lo que le correspondía». Marcos estipula simplemente «una parte del fruto»; y algunos críticos demasiado celosos creen que *tous karpous autou* («su [de él] fruto», NIV; «correspondía [a él]», NVI; pero posiblemente es su [del viñedo], con el v. 43, donde se refiere a los frutos del Reino) en Mateo representa la cosecha *total*. Es dudoso que cualquier lector del primer siglo tomara las palabras referentes a un arriendo de esta manera (v. 33). Marcos menciona un siervo a la vez, pero dice que fueron enviados muchos otros (cf. v. 36); además es muy dudoso que en las diferencias se halle algún asunto teológico profundo.

35-37 El verbo *dero* («golpear», v. 35) también se puede traducir «desollar» o «azotar», y significa maltrato corporal general (cf. Jer 20:1-2; 37:15; para Miqueas, cf. 1 R 22:24). El que mataban a los profetas está atestiguado en el AT (1 R 18:4, 13; Jer 26:20-23), y que apedreaban (2 Cr 24:21-22; cf. Mt 23:37; Heb 11:37). El propietario envía más siervos (algunos comentaristas detectan una alusión a la distinción judía entre los «primeros» profetas y los «últimos») que son tratados de la misma forma brutal (v. 36). «Por último» (v. 37) envía a su hijo —aquí hay patetismo— esperando que los labradores lo respeten. Esto no es tan inverosímil como le podría parecer a un lector occidental (cf. Derrett, *NT Sutidea*, 2:97-98); aquí muestra la paciencia del propietario con sus malvados labradores arrendatarios (cf. Ro 2:4) y motiva la implacabilidad final de su ira.

38-41 La acción de los labradores es de continua crueldad. Precisamente no está del todo claro cómo se aplica a Jesús. Muchos objetan que los líderes judíos no reconocen a Jesús y no desean matar al Mesías y usurpar su puesto (v. 38). Pero estas objeciones no hacen mella; tropiezan con el peligro de hacer que los detalles de la parábola se pierdan. Mateo no toma un punto de vista tan tolerante como el de algunos eruditos modernos sobre la manera en que los líderes judíos descargaban su responsabilidad. En otra parte(23:37) muestra su disposición fundamental de aceptar la identidad y las afirmaciones de Jesús (vea también en 21:23-27) porque ellos no quisieron inclinarse ante su autoridad. Cierto, la actitud de ellos no era, según el registro sinóptico, «este es el Mesías: vamos, matémoslo»; sin embargo, a la luz de las Escrituras, el rechazo que hicieran de él no los culpaba menos que si lo hubieran hecho. En consecuencia, aunque quizá no estén impresos todos los detalles de la parábola, el rechazo del hijo (v. 39) por parte de los líderes *es* lo que trae la ira divina sobre ellos.

Por seis meses Jesús ha estado diciendo a sus discípulos que los dirigentes en Jerusalén lo matarían (16:21; 17:23; 20:18). Ahora se lo dice a los dirigentes mismos, aunque en forma de parábola, lo cual, hasta cierto punto, ellos entienden (vv. 45-46). Sin duda, algunos de los que oyeron a Pedro pocas semanas después (Hch 2:23-37; 3:14-15) se sintieron bien culpables cuando recordaron estas palabras de Jesús.

Muchos toman el orden de los acontecimientos —«lo arrojaron fuera del viñedo y lo mataron» (Mateo y Lucas en los mejores textos) a la inversa de Marcos (12:8)— como resultado de un intento de alinear la parábola un poco más de cerca con la pasión de Jesús: lo sacaron de los muros de la ciudad y luego lo crucificaron (un punto que resaltan los cuatro evangelios). Esto es posible. Pero si Mateo y Lucas dependen aquí de Q, es al menos igualmente posible que conservaran el orden original; y Marcos tiene un arreglo culminante: los labradores matan al hijo y lo lanzan fuera del viñedo. Nada en la parábola sugiere que el viñedo es Jerusalén.

Solo en Mateo, Jesús provoca la respuesta autocondenatoria (vv. 40-41) de los oyentes de la parábola, y de este modo concluyó la enseñanza de Jesús en esta parábola, en vez de simplemente exponerla. Por supuesto, la conclusión sigue siendo suya, a pesar de cómo la expresa. La NVI conserva de buen modo la asonancia verbal del griego («malvados … fin miserable»).

42 En el NT solo Jesús pregunta: «¿No han leído nunca?» (12:3; 19:4; 21:16; Mr 12:10); y en cada caso en realidad está diciendo que las Escrituras señalan hacia él (Jn 5:39-40). La cita es de Salmo 118:22-23 (LXX, la cual traduce fielmente el TM; cf. Notas). Lucas añade una traducción libre de Isaías 8:14 (cf. Isa 28:16), la cual aparece en Mateo 21:44. El simbolismo de la «piedra» era importante en la iglesia primitiva (Hch 4:11; Ro 9:33; 1 P 2:6) en cuanto a ayudar a los cristianos a entender por qué Jesús fue rechazado por muchos en su propio pueblo; y sin duda su eficacia aumentó por el uso que Jesús hizo de ella.

Jesús ahora se vuelve a la imagen de un constructor. Lo más probable es que la «piedra angular» (lit., «cabeza del ángulo») sea la piedra más alta de los muros del techo, las escaleras exteriores, y los muros de la ciudad (cf. Derrett, *NT Studies*, 1:61). El Salmo 118 se pudo haber escrito acerca de David, el prototipo de su más grandioso Hijo. Todos los «constructores» —Goliat, la propia familia de David, incluso Samuel— no tuvieron en cuenta a David, o lo rechazaron, pero Dios lo escogió. Por tanto en la época de Jesús los constructores (líderes del pueblo) rechazaron al antitipo de David: Jesús. Sin embargo, Dios lo convierte en la piedra angular. De modo alternativo, y más probable, el salmo se relaciona con Israel. La nación era despreciada y estaba amenazada por todas partes, pero Dios la hizo la piedra angular. Jesús, quien recapitula a Israel y es su verdadero centro, recibe trato similar de sus opositores, pero Dios lo reivindica (cf. 23:39).

La metáfora del constructor no hace explícita la alusión a la Iglesia: el punto es cristológico, no eclesiástico. La revocación de lo que el hombre estima, la elevación de lo que rechaza, solo puede ser obra del Señor; «y nos deja maravillados».

43 Este versículo solo se encuentra en Mateo (cf. van Tilborg, pp. 54-58), y explica más la parábola. Hasta este momento los líderes religiosos judíos eran el medio principal por el cual Dios ejercía su Reino sobre su pueblo. Pero los líderes descuidaron de tal mal modo el «viñedo» del Señor, y rechazaron al Hijo de Dios, que Dios le dio la responsabilidad a otro pueblo que produciría el fruto del Reino (cf. 7:16-20). Para una explicación de algún modo similar, vea Stonehouse (*Witness of Matthew*, p. 230). Hablando con propiedad, entonces, el v. 43 no habla de transferir la actividad del pueblo de Dios de los judíos a los gentiles, aunque podría insinuar esto hasta el punto en que ahora la actividad se extiende más allá de la autoridad de los dirigentes judíos (cf. Hch 13:46; 18:5-6; 1 P 2:9); en lugar de eso, habla del final del papel que los líderes religiosos judíos representaban en ser mediadores de la autoridad de Dios (vea más en 23:2-3; así también Ogawa, pp. 127-39, aunque él cuestiona en vano la autenticidad del v. 43).

44-46 Las palabras de Jesús están confirmadas por lo que «los jefes de los sacerdotes y los fariseos» (v. 45) —las dos voces principales de autoridad en el judaísmo de la época de Jesús— entienden del significado de esta parábola: «se dieron cuenta de que hablaba de ellos». El v. 44 está insertado en muchos mss. Con seguridad es mensaje del Señor, pero podría ser una asimilación de Lucas 20:18. Si una «piedra angular» está demasiado baja, una persona desprevenida podría tropezar en ella, e ir a dar contra el muro; si es demasiado liviana, o no está bien asegurada, al apoyarse en ella se podría caer y estrellarse contra algún transeúnte (v. 44). Quizá haya una alusión tanto a Isaías 8:14-15 como a Daniel 2:35. Esta piedra despreciada (v. 42) no sólo es escogida por Dios y ascendida al primer lugar, sino también peligrosa.

El pasaje termina con espléndida aunque trágica ironía (v. 46). Se les dice a los líderes religiosos que rechazarán a Jesús y serán aplastados. Pero en vez de hacer caso de la advertencia, buscan maneras de arrestarlo, lo que solo se los impide el miedo al pueblo que acepta a Jesús como profeta (ver en v. 11), y por tanto desencadenan la misma situación de la que se les advierte, ejemplo dramático de la justicia del Señor. Dios en las Escrituras profetiza este mismo acontecimiento; y estos hombres, motivados por el odio, se dan prisa en hacer que ocurra.

Notas

42 Las palabras αὕτη (*jaute*, «esta») y θαυμαστή (*dsaumasté*, «maravillada») son femeninos y se podrían combinar con κεφαλή (*kefale*, «cábeza», como en «cabeza del ángulo» = «piedra angular»); pero más probable es que este femenino de la LXX sea una traducción sin originalidad del hebreo, el cual no tiene neutro y a menudo usa el femenino para ideas generales; i.e., זאת (*zot*, «esta») = *jaute*, etc. (cf. BDF, par. 138[2]). El caso de λίθον (*lídson*, «piedra») se ha determinado por atracción relativa inversa (cf. BDF, par. 295; Zerwick, par. 19).

Acerca de εἰς (*eis*, «por») más un acusativo como substituto para el predicado nominativo, vea Zerwick, par. 32.

46 Sobre εἰς (*eis*, «por») como substituto para el predicado acusativo —señal inequívoca de influencia semítica— ver BDF, par. 157(5); Turner, *Sintaxis*, p. 266; Zerwick, par. 70.

4) Parábola del banquete de bodas

22:1-14

[1]Jesús volvió a hablarles en parábolas, y les dijo: [2]«El reino de los cielos es como un rey que preparó un banquete de bodas para su hijo. [3]Mandó a sus siervos que llamaran a los invitados, pero éstos se negaron a asistir al banquete. [4]Luego mandó a otros siervos y les ordenó: "Digan a los invitados que ya he preparado mi comida: Ya han matado mis bueyes y mis reses cebadas, y todo está listo. Vengan al banquete de bodas." [5]Pero ellos no hicieron caso y se fueron: uno a su campo, otro a su negocio.

[6]Los demás agarraron a los siervos, los maltrataron y los mataron. [7]El rey se enfureció. Mandó su ejército a destruir a los asesinos y a incendiar su ciudad. [8]Luego dijo a sus siervos: "El banquete de bodas está preparado, pero los que invité no merecían venir. [9]Vayan al cruce de los caminos e inviten al banquete a todos los que encuentren." [10]Así que los siervos salieron a los caminos y reunieron a todos los que pudieron encontrar, buenos y malos, y se llenó de invitados el salón de bodas.

[11]»Cuando el rey entró a ver a los invitados, notó que allí había un hombre que no estaba vestido con el traje de boda. [12]"Amigo, ¿cómo entraste aquí sin el traje de boda?", le dijo. El hombre se quedó callado. [13]Entonces el rey dijo a los sirvientes: "Átenlo de pies y manos, y échenlo afuera, a la oscuridad, donde habrá llanto y rechinar de dientes." [14]Porque muchos son los invitados, pero pocos los escogidos.»

Las similitudes entre esta parábola y la de Lucas 14:16-24 ha llevado a la mayoría de los comentaristas a tomarlas como evoluciones separadas de la misma tradición, encontrada también en el Evangelio de Tomás (64). Esto casi forzosamente conduce al punto de vista de que Mateo es posterior, aduciendo que es más «alegorizado» (pero cf. análisis en 13:3a) que los vv. 6-7, 11-13 son secundarios (e.g., Ogawa, p. 140), y que los vv. 11-13 tal vez representan otra parábola. Algunos llegan a sostener que la versión de Tomás es la más primitiva de las tres (pero cf. Blombérg, «Tendencies of Tradition», esp. pp. 81 y sig.). Aunque hay somero reconocimiento de que Jesús quizá haya repetido la misma parábola en muchas ocasiones distintas, y las haya aplicado de maneras diferentes, el texto está sujeto a ingeniosas teorías que «explican» todas las diferencias sin ningún intento de explicar las bases metodológicas sobre las cuales se podrían distinguir dos relatos históricos de las mismas o similares parábolas de un relato bastante modificado en la tradición y puesto en un entorno totalmente distinto. (Para citar uno de los muchos ejemplos, cf. Robert W. Funk, *Language, Hermeneutic and the Word of God*, Harper and Row, Nueva York, 1966, pp. 163-87. Para literatura más reciente, vea van Tilborg, pp. 58-63; Ogawa, pp. 139-49; y para un análisis sobre el problema general, vea Introducción, sección 6, y comentarios en 5:1-12.)

A menos que tengamos criterio inequívoco, parece más prudente aceptar el entorno y el informe de Mateo, y el entorno y el informe de Lucas (para un análisis detallado, cf. Stonehouse, *Origins*, pp. 35-42). Esto aquí es especialmente así debido al mínimo grado de similitud verbal entre Mateo y Lucas (vea el cuadro y análisis en 19:1-2).

En este caso las diferencias entre Mateo y Lucas son sorprendentes. En Lucas la historia se relaciona con «cierto hombre», en Mateo con «un rey»; en Lucas con «un gran banquete», en Mateo con «un banquete de bodas» para el hijo del rey; en Lucas una invitación, en Mateo dos; en Lucas los invitados dan excusas, en Mateo se niegan y se vuelven violentos; en Lucas a los invitados no se les tiene en cuenta, en Mateo los destruyen. Cada parábola tiene sentido admirable en su propio ambiente; y mientras que los escépticos podrían juzgar que tal acomodamiento se debe a una interferencia editorial, alguien podría concluir igualmente por la evidencia misma que el acomodamiento de las dos parábolas en sus respectivos entornos proviene de dos situaciones históricas.

También, la presunta evidencia para la posterior «alegorización» en Mateo, además de tener valor incierto como un índice de actividad editorial posterior, puesto que más y más eruditos reconocen que las parábolas y la alegorización no son mutuamente exclusivas, se debe deducir que la misma simplicidad de Lucas podría abogar por la posterioridad de su relato. Ambos criterios —alegorización y simplicidad— son prácticamente inútiles para determinar los entornos históricos. Además, si la parábola de Mateo es mucho más acerba que la de Lucas, ¿no se deberá a algo en la situación histórica, como la confrontación abierta con los líderes judíos durante la Semana Santa, lo que la sitúa mucho después que en Lucas?

Si la parábola de los labradores pone en evidencia la negación de los líderes israelitas de sus deberes pactados, esta condena el desprecio con el cual Israel como un todo toma la gracia de Dios. La parábola del banquete de bodas no es por tanto superflua.

1 *Apokridseis* («respondiendo», RVR; no traducido en NVI) podría reflejar la respuesta de Jesús a los deseos de los líderes judíos (21:45-46), pero tal vez es simple formulismo (vea en 11:25).

2-3 Para «Reino de los Cielos», vea en 3:2. Este Reino se ha vuelto como la historia que sigue (cf. Carson, «Word-Group»). El Reino ya se ha inaugurado; las invitaciones al banquete ya se han entregado y las han rechazado. Sin duda el banquete de bodas del hijo insinúa el banquete mesiánico; pero esto no se debe forzar demasiado, porque cuando venga el banquete no hay posibilidad de aceptar o rechazar.

El hijo del rey es a las claras el Mesías, representado con relativa frecuencia como un novio (9:15; 25:1; Jn 3:29; Ef 5:25-32; Ap 21:2, 9). Los invitados a una fiesta importante recibían la invitación por adelantado y luego les notificaban que la fiesta estaba lista, pero estos invitados rehusaron persistentemente (tiempo imperfecto).

4-5 El rey no sólo repite gentilmente su invitación sino que describe la grandeza de la fiesta para así incentivar la asistencia (v. 4). *Ariston* («cena») significa correctamente «desayuno». Se refiere a la primera de dos comidas, en general consumida cerca de la media mañana (a diferencia de Lc 14:16, donde la palabra *deipnon* se refiere a la comida de la noche). Sin embargo, las grandes fiestas de bodas duraban días enteros en el mundo antiguo. Este *ariston* es por tanto exactamente el inicio de una festividad prolongada. El v. 13 indica que la celebración ha continuado hasta la noche. Los invitados se quedan fuera por razones mundanas y egoístas (v. 5). Hacen un desaire al rey, cuya invitación es una honra y una orden, y el matrimonio de su hijo es un momento de alegría especial.

6-7 La escena se vuelve violenta. Algunos de los invitados tratan a los mensajeros del rey de modo indignante (*jubrizo* es más fuerte que «maltratar», v. 6). Enfurecido, el rey envía a su ejército (cf. Notas), destruye a los asesinos, y quema su ciudad (v. 7). Muchos objetan que los vv. 6-7 presentan un tono inesperadamente violento; pero es inesperado *solo* si se presupone que Lucas 14:16-24 es la forma más primitiva de la historia. Los lectores de Mateo, que acaban de terminar 21:38-41, no encontrarían fuera de lugar a 22:6-7. Tampoco hay una alusión velada al año 70 (contr. Hummel, pp. 85-86, y muchos otros). Reicke («Synoptic Prophecies», p. 123) ha mostrado cuán inverosímil es esto porque el lenguaje pertenece a las categorías generales de juicio en el AT (cf. Introducción, sección 6).

8-10 Habiendo sido aquello más que un banquete normal de bodas, lo que sigue expresa el mensaje de modo mucho más eficaz. El rey envía a sus siervos a *tas diexodous ton jódon* («esquinas de las calles», v. 9)... probablemente las bifurcaciones de los caminos, donde encontrarían a muchas personas. Allí extienden la invitación del rey a todos y tienen éxito en llevar toda clase de individuos, «tanto buenos como malos», (v. 10). Que se informe que Jesús expresa estas palabras en Mateo muestra con claridad que la justicia superior (5:20) que los creyentes deben alcanzar para entrar en el Reino no es simple obediencia a la Ley. Después de todo, este evangelio promete un Mesías que salva a su pueblo de sus pecados (1:21; 20:28).

11-13 Sea bueno o malo, hay un atuendo adecuado para esta fiesta de bodas (v. 11). La defensa de que el anfitrión en las bodas palestinas del siglo primero proporcionara atuendos es inadecuada y tal vez irrelevante a lo que Mateo está diciendo. Que el invitado se quedara callado prueba que se sabía culpable, aun cuando el rey amablemente lo llama «amigo» (v. 12; cf. 20:13). A la vista de «buenos o malos» (v. 10), es difícil creer que las ropas de bodas simbolizan justicia, a menos que las interpretemos como una justicia esencial, no para entrar sino para permanecer allí. Es mejor dejar el simbolismo un poco vago y no decir más que el hombre, aunque invitado, no se preparó de manera aceptable para la fiesta. Por consiguiente, aunque la invitación es muy amplia, no se deduce que todo aquel que responde positivamente se queda de veras al banquete. Algunos son atados (presumiblemente por eso no pueden regresar) y lanzados a la oscuridad de afuera, donde les espera el juicio final (v. 13).

14 *Gar* («porque») presenta una conclusión general y concisa para explicar la parábola (vea en 18:7; Zerwick, pars. 474-75). Muchos son invitados; pero algunos no quieren ir, y otros que van no quieren someterse a las normas del Reino, y por eso son rechazados. A quienes permanecen se les llama «escogidos» (*eklektoi*), una palabra que tácitamente niega que los cambios en la parábola de ninguna manera agarran desprevenido a Dios ni aparta a la soberana gracia de su control. Al mismo tiempo es claro de las tres parábolas (21:28—22:14) que lo crucial no es el principio sino el final.

Notas

2   El plural γάμους (*gamous*, lit., «fiestas de bodas»), como en los vv. 3-4 (aunque singular en los vv. 8, 11-12), podría sugerir una fiesta con etapas sucesivas (cf. castellano «nupcias»; TDNT, 1:648-57).

7   Las palabras τὰ στρατεύματα αὐτοῦ (*ta strateúmata autou*, lit., «sus ejércitos») podría llevar al lector castellano a creer en vastas cantidades de soldados, pero probablemente no es más específico que en el idioma castellano «enviar el ejército» o «la policía».

5) *Pago de impuestos al César*

22:15-22

[15]Entonces salieron los fariseos y tramaron cómo tenderle a Jesús una trampa con sus mismas palabras. [16]Enviaron algunos de sus discípulos junto con los herodianos, los cuales le dijeron:

—Maestro, sabemos que eres un hombre íntegro y que enseñas el camino de Dios de acuerdo con la verdad. No te dejas influir por nadie porque no te fijas en las apariencias. [17]Danos tu opinión: ¿Está permitido pagar impuestos al césar o no?

[18]Conociendo sus malas intenciones, Jesús replicó:

—¡Hipócritas! ¿Por qué me tienden trampas? [19]Muéstrenme la moneda para el impuesto.

Y se la enseñaron.

[20]—¿De quién son esta imagen y esta inscripción? —les preguntó.

[21]—Del césar —respondieron.

—Entonces denle al césar lo que es del césar y a Dios lo que es de Dios.

[22]Al oír esto, se quedaron asombrados. Así que lo dejaron y se fueron.

Ahora Mateo se vuelve a unir a Marcos (12:13-17) y Lucas (20:20-26) en una serie de enfrentamientos, el tercero de los cuales omite Lucas. En cada uno confronta a Jesús en un intento de mostrar que él no es mejor que cualquier otro rabí, o incluso de meterlo en graves dificultades. Jesús no sólo responde con máxima sabiduría, sino que termina los intercambios de palabras desafiando a sus oponentes con una pregunta propia que ellos no pueden contestar (vv. 41-46), lo cual es otro trozo de velada revelación de sí mismo. Todo esto tal vez ocurre en los atrios del Templo el martes de la Semana de Pasión.

15-16a «Entonces» (*tote*, v. 15; igual en Lucas, Marcos tiene «luego») podría tener fuerza meramente temporal, pero quizá también haya una conexión lógica: «Entonces» —después de que Jesús se revelara más, y advirtiera a los líderes judíos— los fariseos salieron de los atrios del Templo donde Jesús estaba predicando (21:23) «y tramaron cómo tenderle a Jesús una trampa con sus mismas palabras». Marcos 12:13 dice que «ellos (presumiblemente los jefes de los sacerdotes, los maestros de la ley y los ancianos, 11:27) enviaron a Jesús algunos de los fariseos y de los herodianos para tenderle una trampa». Mateo dice que los fariseos urdieron el plan y enviaron a sus discípulos junto con los herodianos (v. 16). Muchos creen que esta diferencia refleja «parcialidad antifarisea» de Mateo. Sin embargo, es necesario tomar algunas precauciones:

1. Si el «ellos» tácito de Marcos incluye a «los jefes de los sacerdotes, los maestros de la ley y los ancianos», debemos recordar que la mayoría en los dos últimos grupos eran fariseos. Por tanto, los dos evangelios reconocen la parte de los fariseos en esta confrontación.

2. El motivo de Mateo de convertir en instigadores a los fariseos no debe ser más «parcialidad antifarisea» de lo que la mención de los saduceos en el v. 23 y en los paralelos sinópticos reflejaría «parcialidad antisaducea». Se podría deber en algo a equilibrio literario: una parte explícita en el v. 23, una parte explícita en el v. 15. Incluso podría reflejar conciencia histórica, puesto que sería menos probable pensar que los saduceos —la mayoría de los cuales estaban más de acuerdo con el dominio romano que los fariseos— urdieran esa confrontación.

3. Tanto Mateo como Marcos especifican que unos fariseos y herodianos se acercaron a Jesús, y la razón de esto es obvia. A diferencia de la mayoría de judíos, los herodianos apoyaban abiertamente el reinado familiar de Herodes y sus simpatías hacia Roma. Es claro que tanto fariseos como herodianos son más que simples enviados: son participantes activos que buscaban poner a Jesús entre la espada y la pared.

Un enemigo común hace extrañas amistades; una animosidad contra Jesús estalla en planes para deshacerse de él por las buenas o las malas. El verbo *pagideuo* («tender una trampa», usado solo aquí [v. 15] en el NT) revela el motivo: esto no es investigación desapasionada sobre una actitud adecuada hacia el señorío romano. Pagar el impuesto personal era la señal más obvia de sumisión a Roma. Judas de Galilea, en el año 6 d.C., dirigió una revuelta contra el primer procurador porque este realizó un censo con fines impositivos (Jos. Antig. XVIII, 3, i. 1). Los zelotes afirmaban que los impuestos eran una señal de esclavitud a los paganos, y deshonraba a Dios. La trampa, entonces, ponía a Jesús en la posición en que habría perturbado a la mayor parte de la población o de lo contrario se habría expuesto él mismo a ser acusado de traidor.

16-17 El título «Maestro» y el largo preámbulo (v. 16) reflejan adulación y presión para que Jesús hablara. Si no responde después de tal introducción, entonces no es un hombre de integridad, y está influenciado por la opinión de los hombres. La pregunta «¿está permitido?» es teológica, como lo eran todas las preguntas legales de los judíos del siglo primero. La pregunta que aquí surge, y otras similares, procedían de los rabinos (e.g., b *Pesahim* 112b; b *Baba Kamma* 113a).

Ya en la época del NT, «César», apellido de Julio César, se había vuelto un título (cf. Lc 2:1, de Augusto; 3:1, de Tiberio; Hch 17:7, de Claudio; 25:8-12; Flp 4:22, de Nerón). Aquí la referencia es a Tiberio. La formulación de la pregunta, con su hábil «¿o no?», exige un sí o un no.

18-20 Sin embargo, no pudieron obligar a Jesús a una respuesta reduccionista. Él reconoce la duplicidad de sus oponentes. «Trampas» (v. 18) no es *pagideuo* (como en el v. 15) sino *peirazo* («prueba» o «tentación», como en 4:1; 16:1). Jesús decide responderles en sus propios términos y pedir la moneda (*nomisma*, un *jápax legomenon* del NT) que se usaba para pagar este impuesto (v. 19). Que él tuviera que pedirla podría reflejar su pobreza, o el hecho de que él y sus discípulos tenían un propósito común. Era costumbre, aunque no absolutamente esencial, pagar el impuesto en moneda romana; y que tales monedas llevaran una imagen de la cabeza del emperador, junto con una ofensiva inscripción («Tiberio César, hijo del divino Augusto» en una cara, y *«pontifex maximus»* —lo cual Jesús entendería como «sumo sacerdote»— en la otra) que injuriaba a la mayoría de judíos palestinos. Pasaron a Jesús un denario (v. 19); y, como en 21:23-27, hizo a sus inquiridores una pregunta, que esta vez tenían que responder (v. 20).

21-22 A primera vista la respuesta de Jesús concuerda con la enseñanza judía de que los hombres debían pagar impuesto a sus dominadores extranjeros, ya que los grandes —incluso los grandes paganos— debían su posición a Dios (cf. Pr 8:15; Dn 2:21, 37-38). No obstante, la respuesta de Jesús (v. 21) es más profunda que eso, y solo puede entenderse por completo a la luz de las relaciones entre religión y estado en la Roma del primer siglo. Los judíos, con su herencia teocrática, estaban mal equipados en la formulación de una base teológica para pagar tributo a extranjeros y dominios paganos, a menos que, como los judíos de la deportación, interpretaran su situación como de juicio divino. Pero no sólo era el monoteísmo judío lo que vinculaba la religión con el estado. Habitualmente insistía aun con más fuerza en la unidad de lo que distinguimos como obligaciones civiles y religiosas. Ciertamente, algunas décadas después los cristianos enfrentaron la ira de Roma porque se negaron a participar en la adoración al emperador, negativa que el estado juzgó como traición.

Vista de este modo, la respuesta de Jesús no es alguna manera ingeniosa de salir de un apuro; más bien, muestra su total conciencia de un desarrollo importante en la historia de la redención. Jesús *no* se pone al lado de los zelotes ni de cualquiera que esperara que su mesianismo brindara instantánea independencia de Roma. La comunidad mesiánica que él decide edificar (16:18) debe dar a cualquier césar que esté en el poder cualquier cosa que pertenezca a ese césar, mientras no esté en contra de sus obligaciones a Dios. La lección la aprendieron Pablo y Pedro (Ro 13:1-7; 1 P 2:13-17). Por supuesto, la respuesta de Jesús no es un estatuto legal que resuelve cualquier asunto. Donde el césar reclama lo que es de Dios, los reclamos de Dios tienen prioridad (Hch 4:19; 5:29; mucho de Apocalipsis). Sin embargo, las palabras concisas de Jesús no sólo contestan a sus enemigos, sino que también determinan las bases para la relación adecuada de su pueblo con el gobierno. Es asombrosa la profundidad de su respuesta (v. 22); pero algunos de sus enemigos, sin duda desilusionados al no poder atraparlo, más adelante mienten para hacer ver que su trampa funcionó (Lc 23:2).

Notas

16 La frase οὐ γὰρ βλέπεις εἰς πρόσωπον ἀνθρώπον (*ou gar blépeis eis prósopon andsrópon*, lit., «no miras a los rostros de los hombres») está idiomáticamente traducida por la NVI como «no te dejas influir por nadie». Es probable que la expresión tenga la misma fuerza de לֹא תַכִּיר פָּנִים (*lo taquir pabim*, «no considerarás a las personas [NVI, "no te fijas en las apariencias"]», Dt 16:19; cf. Lv 19:15): cf. Sigal, «Halakah», pp. 74-75; contr. Derrett, *Law*, pp. 313 y sig.

21 Algunos han interpretado ἀπόδοτε (*apódote*, «dar») como «devolver»: Devuelve a Dios lo que Dios te ha dado, y al césar lo que el césar te ha dado. Aunque el verbo puede tener esa fuerza, sólo debe querer decir «dar» o «pagar»; pero lo primero es más adecuado en este contexto porque en ningún sentido verdadero el césar «devuelve» el dinero de los impuestos a sus súbditos. Estos pagan lo que deben, lo que adecuadamente pertenece a él, no lo que él les ha dado.

---

6) *Matrimonio en la Resurrección*

22:23-33

²³Ese mismo día los saduceos, que decían que no hay resurrección, se le acercaron y le plantearon un problema: ²⁴—Maestro, Moisés nos enseñó que si un hombre muere sin tener hijos, el hermano de ese hombre tiene que casarse con la viuda para que su hermano tenga descendencia. ²⁵Pues bien, había entre nosotros siete hermanos. El primero se casó y murió y, como no tuvo hijos, dejó la esposa a su hermano. ²⁶Lo mismo les pasó al segundo y al tercer hermano, y así hasta llegar al séptimo. ²⁷Por último, murió la mujer. ²⁸Ahora bien, en la resurrección, ¿de cuál de los siete será esposa esta mujer, ya que todos estuvieron casados con ella? ²⁹Jesús les contestó: —Ustedes andan equivocados porque desconocen las Escrituras y el poder de Dios. ³⁰En la resurrección, las personas no se casarán ni serán dadas en casamiento, sino que serán como los ángeles que están en el cielo. ³¹Pero en cuanto a la resurrección de los muertos, ¿no han leído lo que Dios les dijo a ustedes: ³²"Yo soy el Dios de Abraham, de Isaac y de Jacob"? Él no es Dios de muertos, sino de vivos. ³³Al oír esto, la gente quedó admirada de su enseñanza.

La intención de los inquiridores es tan maliciosa como en el último pasaje. Esperan enredar a Jesús en una discusión teológica donde deba tomar partido; pero en vez de discutir demuestra otra vez su sabiduría y autoridad (cf. Mr 12:18-27; Lc 20:27-40).

23 «Ese mismo día» (lit., «en esa hora») coloca este enfrentamiento en la misma situación que la anterior. Los fariseos creían en una resurrección de los muertos, basado en parte de Isaías 26:19 y Daniel 12:2. Pero los saduceos no creían en una resurrección: sostenían que tanto cuerpo como alma perecían y morían (cf. Hch 23:8; Jos. Antig. XVIII, 12-17, i. 3-4; Guerras II, 162-66, viii. 14). En la época de Jesús el judaísmo como un todo sostenía de modo sorprendente varios puntos de vista de la muerte y lo que yace detrás de ella (cf. G.W.E. Nickelsburg, *Resurrection, Immortality, and Eternal Life in Intertestamental Judaism* [Resurrección, inmortalidad y vida eterna en el judaísmo ínter testamentario], Harvard University Press, Cambridge, 1972). En apoyo de esta opinión de que Mateo escribió tan tarde que solo retiene impresiones vagas e inexactas de los saduceos (quienes en gran parte desaparecieron después del año 70), Hummel (pp. 18-20), seguido por Bonnard, sostienen que este versículo solo dice que *algunos* de los saduceos dicen que no hay resurrección; pero el texto griego no conoce tal restricción, cualquiera que sea la variante que se elija (cf. Notas).

24-28 Igual que los fariseos y los herodianos, los saduceos se acercan a Jesús con insincero respeto («Maestro», v. 24; cf. v. 16). Empiezan a citar la ley del levirato mosaico (Dt 25:5-6). La forma del texto en Mateo es un poco más cercana al hebreo que en Marcos y Lucas, o lo asimila mejor de Génesis 38:8 (LXX). De acuerdo con la ley bíblica, si un hombre moría sin hijos (el pl. es generalizador: Zerwick, par. 7; y ver en 2:20), su hermano menor debe casarse con la viuda y «tener hijos para él», i.e., procrear hijos que legalmente son herederos del hermano muerto. El matrimonio levirato antecede a Moisés en el canon (Gn 38:8); o sea, Moisés reguló la práctica pero no la inició. El AT no nos da casos de esta, aunque la ley levirata yace detrás de Rut 1:11-13; 4:1-22. Es posible que en los días de Jesús se observara poco la ley, y el derecho del hermano menor de rehusarse tomaba precedencia sobre su obligación.

Aunque el caso llevado por los saduceos (vv. 25-27) *pudo* haber sucedido, tal vez es hipotético e inventado para confundir a los fariseos y a otros que creían en la resurrección. Su pregunta presupone que la vida en la resurrección es una contraparte exacta de la vida terrenal; de ser así, la mujer resucitada (v. 28) seguramente era culpable de matrimonios incestuosos (ver en 19:9) o se debe asignar de manera arbitraria como esposa de uno de los hermanos. De ser así, ¿de cuál? La otra alternativa es —y esta es la respuesta que forzaban los saduceos— todo el asunto de la resurrección es absurdo.

29-30 En la mente de Jesús los saduceos estaban negando las Escrituras (v. 29) porque enfocaban su clara enseñanza sobre el tema (Is 26:19; Dn 12:2; cf. Job 19:25-27) suponiendo que si Dios resucita los muertos debe volverlos a una existencia igual que esta. La respuesta de Jesús fue perspicaz. Los saduceos, insiste él, revelan su ignorancia de las Escrituras, las cuales *sí* enseñan la resurrección, y del poder de Dios, quien es capaz de resucitar a una existencia muy diferente de la actual. «Porque» (*gar*, no traducido en NVI) —al presentar una explicación de cómo se manifestará el poder de Dios— «en» (*en*, no como un acontecimiento sencillo, sino como un estado inaugurado por el acontecimiento) «la resurrección» habrá un cambio en las relaciones sexuales (v. 30). En este estado seremos «como los ángeles que están en el cielo», y ya no habrá más matrimonio como lo conocemos. En realidad el uso que Jesús hace del término ángeles contiene una doble fuerza, puesto que los saduceos negaban su existencia (cf. Hch 23:8).

Por la respuesta de Jesús algunos han concluido que en el cielo no habrá recuerdo de la existencia anterior ni de sus relaciones, pero esta es una suposición infundada. Sin duda la grandeza de los cambios en la Resurrección (cf. 1 Co 15:44; Flp 3:21; 1 Jn 3:1-2) hará a la esposa de los siete hermanos (vv. 24-27) capaz de amarlos a todos, y será objeto del amor de todos como una buena madre hoy día ama a todos sus hijos y ellos la aman.

31-32 Ahora Jesús cambia del poder de Dios a lo que dicen las Escrituras (cf. v. 29). Tal vez sacó del Pentateuco el pasaje al cual apela (Éx 3:6) porque los saduceos valoraban más el Pentateuco que el resto de las Escrituras. «¿No han leído?» es un reproche (vea en 21:42).

Si Dios era el Dios de Abraham, Isaac y Jacob cuando hablaba con Moisés, cientos de años después de muertos los tres patriarcas, estos debían estar vivos para él (v. 32), porque «para él todos ellos viven» (Lc 20:38). Dios es el Dios eterno del pacto, un hecho especialmente resaltado siempre que se hace referencia a los patriarcas (e.g., Gn 24:12, 27, 48; 26:24; 28:13; 32:9; 46:1, 3-4; 48:15-16; 49:25). Él siempre ama y bendice a su pueblo; por tanto es inconcebible que sus bendiciones se acaben con la muerte de su gente (cf. Sal 16:10-11; 17:15; 49:14-15; 73:23-26). Sin embargo, a primera vista el texto que Jesús cita es suficiente, junto a las líneas de este razonamiento, para probar la inmortalidad pero no la resurrección. Dos observaciones alivian en buena parte el problema:

1. Los saduceos negaban tan rotundamente la existencia de los espíritus como la de los ángeles (Hch 23:8). En consecuencia su interés no era elegir entre la inmortalidad y la resurrección sino entre la muerte como finalidad y la vida más allá, cualquiera que fuera su modalidad.

2. La modalidad que era la opción principal (aunque con seguridad no la única) en la piedad palestina era más bien una imprecisa existencia en el Seol, seguida por la resurrección final.

Nuestro problema es que obligamos en el texto un dualismo neoplatónico y exigimos una alternativa entre inmortalidad y resurrección (cf. Warfield, *Los más cortos escritos*, pp. 1:339-47). El punto es simplemente «que Dios resucitará a los muertos porque no puede dejar de cumplirles sus promesas de que será su Dios» (Marshall, *Lucas*, p. 743), interpretado contra los antecedentes de antropología y escatología bíblica (cf. también F. Dreyfus, «L'argument scripturaire de Jésus in faveur de la résurrection des morts [Mr, XII, 26-27]», RB 66, 1959, 213-24, aunque maneja más bien de modo desilusionador a Lc 20:37-38).

33 Mateo no nos dice que los saduceos están convencidos, sino que la gente está admirada de la enseñanza de Jesús. La causa de la admiración es quizá la autoridad de Jesús y su penetrante comprensión de la verdad bíblica (cf. 7:28-29; 13:54; 22:22). Lucas (20:39) observa que algunos maestros de la Ley, casi con seguridad de tendencia farisaica, respondieron: «¡Bien dicho, Maestro!»

Notas

---

23 Las dos traducciones principales son «los saduceos dicen» y «los saduceos, quienes dicen» (para detalles textuales, cf. Metzger, *Textual Criticism*, p. 58). La primera tal vez es original, tanto por la evidencia externa como porque casi sugiere que los saduceos comenzaron la conversación con una negación, un enfoque sin precedentes (aunque es posible que su «dicen» se entienda como estar a un lado, como si dijeran algo entre dientes). La segunda traducción es entonces una asimilación parcial de Mr 12:18; Lc 20:27. Pero aunque la segunda sea original, es muy innecesario suponer que «que decían» se refiere a alguna *parte* de los saduceos. Las palabras más plausibles pertenecen a la aposición: «Los saduceos, i.e., los que dicen». Mateo trata el verbo ἔρχόνται (*erjóntai*, «vinieron») en Mr 12:18 como presente histórico; y si «decían» es pasado, este toma la misma fuerza temporal que el προσῆλθον (*proséldson*, «se acercaron») de Mateo.

31 Este es el único lugar en el NT que habla de resurrección τῶν νεκρῶν (*ton nekrón*, «de los muertos»), aunque Ro 1:4 usa la expresión sin el artículo. Más común es la inserción de la preposición ἐκ (*ek*, «de entre», RVR). A pesar de varias teorías para explicar estas diferencias, las diversas formas tal vez sean sinónimas.

---

7) *Los mandamientos más importantes*

22:34-40

³⁴Los fariseos se reunieron al oír que Jesús había hecho callar a los saduceos. ³⁵Uno de ellos, experto en la ley, le tendió una trampa con esta pregunta:

³⁶—Maestro, ¿cuál es el mandamiento más importante de la ley?

³⁷—"Ama al Señor tu Dios con todo tu corazón, con todo tu ser y con toda tu mente" —le respondió Jesús—. ³⁸Éste es el primero y el más importante de los mandamientos. ³⁹El segundo se parece a éste: "Ama a tu prójimo como a ti mismo." ⁴⁰De estos dos mandamientos dependen toda la ley y los profetas.

El relato como lo tenemos no está en Lucas (cf. Mr 12:28-34), aunque Lucas 10:25-28 tiene algo similar al presentar la parábola del buen samaritano. Puesto que hay varios acuerdos verbales entre Mateo y Lucas contra Marcos, por lo general se sostiene que el «mandamiento doble» llega de modo separado en Marcos y Q (para análisis reciente, cf. R.H. Fuller en Schottroff et al., pp. 41-56). Esto es muy posible; y el pasaje de Lucas (10:25-37) está tan libremente conectado a su entorno que pudo haber venido de casi cualquier período en el ministerio de Jesús.

Por otro lado, los rabinos de la época de Jesús procedían en gran manera a descubrir afirmaciones en resumen de leyes del AT, y establecían su relativa importancia; y con toda probabilidad la pregunta surgió tantas veces durante el ministerio de Jesús que este desarrolló una respuesta estándar para la pregunta. En Lucas, Jesús motiva la respuesta correcta del experto en la ley, en vez de darla él mismo; pero ya hemos visto esta clase de diversidad cuando los escritores de los sinópticos relatan el mismo suceso (e.g., Mr 12:9 y Mt 21:40-41; cf. Mr 12:35-36 y Mt 22:42-44); así que la distinción quizá no sea importante. Más revelador es el hecho de que el pasaje en Lucas no se enfoca principalmente en la pregunta del mandamiento más importante sino en la pregunta de cómo heredar la vida eterna. Aunque esto escasamente es concluyente, podría sugerir ocasiones bastante separadas (cf. E.E. Ellis, «Nuevas direcciones», en Strecker, *Jesucristo*, pp. 310-12).

34 Marcos dice que un maestro de la ley —la mayoría de los cuales eran fariseos— planteó la pregunta (12:28), y da una imagen más bien positiva del hombre. Sin embargo, Mateo conserva el tono polémico y describe este enfrentamiento como si fuera alguna de las maquinaciones de los fariseos, quienes veían cómo Jesús había callado a los saduceos. Históricamente los líderes de los fariseos enviaban a uno de sus «discípulos» (cf. v. 16) —también fariseo— que resultaba ser más comprensivo que sus superiores. Marcos se enfoca en la confrontación; Mateo mira lo esencial desde la perspectiva de los fariseos que la instigaron. (Para desacuerdos similares entre altas autoridades judías al formarse un juicio sobre Jesús, ver Jn 7:45-52; Hch 5:33-39.)

35-36 El *nomikos* («experto en la ley», suponiendo que esta sea lo que decía, y no una interpolación de Lucas) aquí es un fariseo, un «escriba» o «maestro de la ley», considerado particularmente docto (v. 35). La «ley», por supuesto, son las Escrituras, quizá en especial el Pentateuco. No obstante, puesto que las Escrituras se aplicaban a todos los campos de la vida —incluyendo todos los asuntos civiles— por medio de ciertas reglas interpretativas y un enorme complejo de tradición, tal experto era, según los estándares modernos, tanto un docto teólogo como un experto legal. Este le «tendió una trampa» a Jesús, al preguntarle cuál es el mandamiento más importante (v. 36; se usa el positivo para el superlativo, una manera frecuente de hablar de un grupo o clase: Moulton, *Accidence*, p. 442; BDF, par. 245[2]; Zerwick, par. 146).

Era bastante común que los judíos hicieran distinciones entre las leyes de las Escrituras: grandes y pequeñas, claras y confusas. Jesús hace algo similar en 23:23. El Testamento de Isacar 6 da ciertas Escrituras como personificación de la ley; y la regla de oro «negativa» de Akiba (ver en 7:12) la proclaman como «toda la ley. El resto es comentario» (cf. b *Shabbath* 31a). Pero la evidencia judía no es inequívoca. *Mekilta* Éxodo 6 y *Sifre* Deuteronomio 12:8; 19:11 hablan de la igual importancia de todos los mandamientos (cf. más en SBK, 1:902 y sig.). No sólo debemos tener en cuenta la diversidad de opinión entre las autoridades judías, sino también varias opiniones con diferentes propósitos. Además, la igualdad de varias leyes se puede referir a igualdad de recompensas para guardarlas; el pronunciamiento dogmático de Akiba fue una respuesta a un desafío gentil a explicar toda la ley durante el tiempo que podía estar parado en un solo pie.

El v. 36 muestra que la pregunta del experto era tal vez un acalorado debate (cf. Urbach, 1:345-65). La escena es como un consejo de ordenación donde al candidato le está yendo tan bien que algunos de los ministros más sabios le hacen preguntas que ellos mismos no han podido contestar, con la esperanza de hacerlo tropezar o de encontrar respuestas.

37-39 Jesús cita primero a Deuteronomio 6:5 (parte del Shemá [Dt 6:4-9; 11:13-21; Nm 15:38-41]) y luego a Levítico 19:18. El primero es del TM; el segundo de la LXX (cf. Gundry, *Use of OT*, pp. 22-25). Desde el punto de vista de la antropología bíblica «corazón», «ser» y «mente» (v. 37) no son categorías mutuamente exclusivas sino coincidentes, y juntas exigen que nuestro amor por Dios salga de todo nuestro ser, de toda nuestra facultad y capacidad. «El primero y el más importante» (v. 38) se refiere a una cualidad, no dos: la «y» es explicativa, i.e., este mandamiento es el primero porque es el más importante. «El segundo» (v. 39) también se relaciona con el amor, esta vez hacia nuestro «prójimo», el cual en Levítico 19:18 se aplica a un individuo israelita o extranjero residente, pero en Lucas 10:29-37 se extiende a cualquiera que necesita nuestra ayuda.

La unión de estos dos textos no se origina con Jesús, como sugiere el paralelo de Lucas (también confirmado por T Isacar 5:2; 7:6; T Dn 5:3, si estos textos son anteriores al cristianismo).

40 Este versículo es peculiar aunque enigmático. «De estos dos mandamientos dependen [lit., "están suspendidos"] toda la ley y los profetas». Las observaciones siguientes extraen los puntos principales de este resumen:

1. Jesús dice que los dos mandamientos van juntos. El primero sin el segundo es intrínsecamente imposible (cf. 1 Jn 4:20), y el segundo no puede ir sin el primero —aun en teoría— porque altruismo disciplinado no es amor. Amor en el sentido estricto exige abandono del ego a Dios, y solo Dios es el incentivo adecuado para tal abandono.

2. Sin embargo, ¿en qué sentido la ley y los profetas «dependen» de estos dos mandamientos? Es improbable que el verbo suponga «derivación»: que la ley y los profetas se puedan deducir de estos dos mandamientos (según Berger, *Gesetzesauslegung*, pp. 227-32). Jesús ha ampliado la categoría inicial («el mandamiento más importante de la ley», v. 36) hasta incluir todas las Escrituras («toda la ley y los profetas»). De modo que aunque «toda la ley» se pueda derivar de estos dos mandamientos, ¿cómo se podría decir lo mismo de «todos los profetas»?

3. Es igualmente improbable que Jesús esté apelando a estos dos mandamientos para abolir la necesidad de adherencia formal a todas las demás leyes, abandonando en consecuencia todo enfoque rabínico a la Ley, y quizá hasta haciendo de los mandamientos del amor una clase de canon hermenéutico para interpretar toda la ley del AT. De una forma u otra, esta opinión es muy popular (Bornkamm, *Tradition*, pp. 76-78; íd., «Das Doppelgebot der Liebe», *Geschichte*, pp. 37-45; Hummel, pp. 51 y sig.; y esp. B. Gerhardsson, «Programa hermenéutico en Mateo 22:37-40», *Jesus, Greeks, and Christians*, edd. R. Hamerton-Kelly y R. Scroggs, Brill, Leiden, 1976, pp. 129-59). Esta interpretación radical de la respuesta de Jesús se dice que es necesaria para que tenga sentido el hecho de que esta confrontación es una trampa (Bornkamm, *Tradition*, p. 78). No obstante, la prueba se puede entender de otras maneras (ver en v. 36); y el hecho de que los oponentes de Jesús le estén poniendo una trampa no requiere que su respuesta sea más radical que en los vv. 23-33. No existe evidencia positiva en el texto para apoyar esta opinión, si es que se puede encontrar una mejor; y Moo («Jesus») ha señalado de modo correcto que en ningún caso de los

evangelios el amor sirve como base para abrogar algún mandamiento (las controversias sobre el sábado no son la excepción, puesto que allí se reconoce el interés en el ser humano como un factor importante dentro de la misma ley sabática; vea en 12:1-13). En realidad, G. Barth (Bornkamm, *Tradition*, p. 78) está reducido a enfrentar los mandamientos del amor *con* la «letra y la tilde» de 5:18, aunque Jesús enseña ambas cosas.

4. Kaiser señala correctamente que este pasaje está en conformidad con la tradición profética del AT, la cual igualmente exige una relación de corazón con Dios (Dt 10:12; 1 S 15:22; Is 1:11-18; 43:22-24; Os 6:6; Am 5:21-24; Miq 6:6-8; cf. Pr 15:8; 21:27; 28:9). La religión estéril, sin importar cuán disciplinada, nunca se tuvo como adecuada. Por desgracia Kaiser vincula entonces de modo arbitrario este pasaje muy estrechamente con pasajes como 23:23-24, y sostiene que Jesús está diciendo que «los minuciosos escribas y los meticulosos fariseos ... deben penetrar a los *aspectos más importantes y pertinaces de la Ley* (p. 185; énfasis mío). Pero eso es exactamente lo que Jesús *no* dice en este momento. La relativa «importancia» de este mandamiento, o de algún otro, no tiene conexión alguna con pasajes sinópticos para continuidad o discontinuidad entre los Testamentos.

5. Sin embargo, es válido el vínculo inicial de Kaiser de 22:23-40 con la tradición del AT que exigía religión de corazón. Este asunto lo trata bien Moo («Jesús»). Aquí no hay duda de la prioridad del amor sobre la ley —i.e., un sistema sobre otro— sino de la prioridad del amor dentro de la ley. Estos dos mandamientos son los más importantes porque toda la Escritura «depende» de ellos; i.e., nada en las Escrituras puede formar una unidad u obedecerse de veras a menos que se observen estos dos. Toda la revelación bíblica exige religión de corazón señalada por total lealtad a Dios, al amarlo y amar al prójimo. Sin estos dos mandamientos la Biblia es estéril. Este pasaje prepara el camino para las denuncias de 23:1-36, y se ajusta por completo a la enseñanza de Jesús en otras partes. «El amor es el mandamiento más importante, pero no es el *único*; y la validez y aplicabilidad de los demás mandamientos no se puede decidir al apelar a su exigencia primordial» (Moo, «Jesus», p. 12). El asunto de la continuidad o discontinuidad de la ley del AT en la enseñanza de Jesús no está determinado con referencia a los mandamientos del amor sino por una perspectiva de salvación histórica enfocada en profecía y cumplimiento (ver en 5:17-49).

Notas

---

40 No está claro si Pablo (Ro 13:8-10) va más allá de la interpretación dada arriba: ver C.E.B. Cranfield, *The Epistle to the Romans*, 2 vols., T. & T. Clark, Edimburgo, 1975, 1979, 2:673-79. Esto no significa que todo el punto de vista de Cranfield sobre la Ley en Pablo se deba endosar, sino que él percibe de modo correcto la relación entre el amor y la Ley. Para un análisis detallado con imparcialidad de la ley en la historia de la redención, cf. Carson, *Sabbath*.

---

8) *El hijo de David*

22:41-46

⁴¹Mientras estaban reunidos los fariseos, Jesús les preguntó:
⁴²—¿Qué piensan ustedes acerca del Cristo? ¿De quién es hijo?
—De David —le respondieron ellos.
⁴³—Entonces, ¿cómo es que David, hablando por el Espíritu, lo llama "Señor"? Él afirma:

⁴⁴»"Dijo el Señor a mi Señor:
'Siéntate a mi derecha,
hasta que ponga a tus enemigos
debajo de tus pies.'"

⁴⁵Si David lo llama "Señor", ¿cómo puede entonces ser su hijo?
⁴⁶Nadie pudo responderle ni una sola palabra, y desde ese día ninguno se atrevía a hacerle más preguntas.

Después de callar a los líderes judíos, Jesús les hace una pregunta. Su propósito no es ganar una discusión sino que le dijeran lo que las Escrituras enseñan acerca del Mesías, y por tanto ayudar al pueblo a reconocer quién en realidad es él. El pasaje habla de asuntos cristológicos y hermenéuticos fundamentales (vea esp. en vv. 43-44).

Los paralelos sinópticos (Mr 12:35-37; Lc 20:41-44) no muestran que las preguntas de Jesús estuvieran dirigidas a los fariseos, ni que ellos respondieran (ver en 22:34-40). El entorno histórico es el Templo, donde multitudes y líderes se mezclaban y escuchaban alternativamente al maestro de Nazaret y le lanzaban preguntas (21:23—23:36). Tal vez los detalles de Mateo provengan de su recuerdo de los acontecimientos. Que él mencione a los fariseos podría revelar su deseo de mostrar a sus lectores dónde se equivocaban los fariseos. Pero es mejor no ser dogmáticos acerca de esto, puesto que Mateo omite el suave desaire de Marcos: «La muchedumbre lo escuchaba con agrado» (12:37), lo cual muestra que Marcos también sabe que Jesús dirigió su exégesis de Salmo 110 contra los expertos bíblicos de su época.

41-42 La pregunta de Jesús (v. 41) se enfoca en el asunto —cristología, no resurrección ni impuestos— que verdaderamente convirtió a las autoridades en sus enemigos. La identidad del Mesías se debe determinar según las Escrituras. Una manera de hacerlo es preguntar de quién es hijo (v. 42). Los fariseos dieron la respuesta aceptada: «De David», basados en pasajes como 2 Samuel 7:13-14; Isaías 11:1, 10; Jeremías 23:5 (vea en 1:1; 9:27-28; cf. Moore, *Judaism*, 2:328-29; Guthrie, *NT Theology*, pp. 253-56; Fitzmyer, *Semitic Background*, pp. 113-26; Longenecker, *Christology*, pp. 109-10).

43-45 Sin embargo, esta opinión, aunque no equivocada, es demasiado simple porque, como señala Jesús, David llamó al Mesías su Señor (v. 43). ¿Cómo entonces podría el Mesías ser hijo de David? La fuerza del argumento de Jesús depende de su uso del Salmo110, el capítulo del AT más frecuentemente citado en el NT. Jesús no sólo supone la autoría davídica del salmo, afirmada por su nota al inicio, sino que es esencial para su argumento. Si el salmo fue escrito por otra persona, entonces *David* no llamó su Señor al Mesías. La frase «hablando por el Espíritu» no sólo supone que toda la Escritura es inspirada por el Espíritu (cf. Hch 4:25; Heb 3:7; 9:8; 10:15; 2 P 1:21) sino que aquí refuerza la verdad de que lo que dijo David se podría integrar en las creencias de los oyentes (cf. «y la Escritura no puede ser quebrantada», Jn 10:35). El texto de Salmo 110:1 citado por los tres sinópticos es esencialmente de la Septuaginta (cf. Gundry, *Use of OT*, p. 25; sobre las variantes, cf. Fee, pp. 163-64). «A mi derecha» (v. 44) es la posición de más alta honra y autoridad (cf. Sal 45:9; Mt 19:28).

Muchos judíos, pero no todos, de la época de Jesús tenían el salmo 110 como mesiánico (cf. SBK, 4:452-65; LTJM, app. 9; David M. Hay, *Glory at the Right Hand: Psalm 110 in Early Christianity*, Abington, Nashville, 1973, pp. 11-33). La mayoría de los eruditos modernos dicen que el Salmo 110 no es de David, sino que fue escrito *acerca de* David o de algún otro rey, haciendo de «mi Señor» una referencia al monarca por un salmista desconocido. Ya que el Salmo 110 se cita con mucha frecuencia en el NT, algunos eruditos tratan de establecer el «ingreso» del salmo en la tradición cristiana, asociándola con, dicen, «la fórmula prepaulina en Romanos 1:3-4» (D.C. Duling, «The Promises to David an Their Entrance into Christianity», NTS 20, 1974, 55-77) o Pentecostés (M. Gourgues, «Lecture christologique du Psaume cx et Fête de la Pentecôte», RB 83, 1976, 1-24). Entonces se ha realizado un estudio del número de veces que en el NT se usa el Salmo 110, y revela que Mateo 22:41-46 y sus análogos aparecen demasiado tarde para ser palabras auténticas de Jesús.

No obstante, hay muchos argumentos para una interpretación más de acuerdo con los textos como los tenemos:

1. Que Salmo 110 trata del rey tiene sentido solo si se pasa por alto la nota al inicio. Si David es de veras el autor, como tanto la nota al inicio del salmo como Jesús insisten, entonces o el salmo se relaciona con algún personaje que no es David, u otro David, absorto en una gran visión profética, está escribiendo acerca de sí mismo en tercera persona.

2. Lo último de ninguna manera es convincente. Pero ya hemos visto que mucha profecía y cumplimiento están en paradigmas del AT que señalan hacia el futuro, a veces con el entendimiento de los escritores del AT, y a veces no (ver en 2:15; 5:17; 8:16-17). Por lo general a David se le presenta, incluso en el AT, como el modelo del Ungido que viene; y David mismo comprendió al menos algo de la promesa mesiánica (2 S 7:13-14).

3. El Salmo 110 utiliza un lenguaje tan temerario y extravagante («para siempre», v. 4; la misteriosa referencia a Melquisedec, v. 4; el alcance de la victoria del rey, v. 6) que, o debemos decir que el salmo está usando hipérbole, o que señala más allá de David. Esa es exactamente la clase de razonamiento que Pedro usa en Hechos 2:25-31 relacionado con otro salmo davídico (Sal 16).

4. Salmo 110 no contiene alusión a los muy posteriores Macabeos, quienes eran reyes- sacerdotes, porque eran sacerdotes que se convirtieron en «reyes», mientras que el personaje en el Salmo 110 es un rey que se vuelve sacerdote.

5. Tal como está, este pasaje tiene importantes suposiciones cristológicas. La opinión ampliamente apoyada, si no dominante, era que el Mesías venidero sería el hijo de David (cf. Sl Sal 17). Jesús no sólo declara inadecuado ese punto de vista, sino que insiste en que el AT mismo nos dice que es inadecuado. Si el Mesías no es hijo de David, *¿de quién es hijo?* La solución la da el prólogo de Mateo (caps. 1—2) y la voz de Dios mismo (3:17; 17:5): Jesús es el Hijo de Dios. Incluso el título «Hijo del hombre» (ver en 8:20) ofrece una concepción trascendental de mesianismo.

6. Sin embargo, a pesar de Bultmann (*Synoptic Tradition*, pp. 136:37) y de muchos otros, esto no significa que Jesús o Mateo estén *negando* que el Mesías es el hijo de David y reemplazando esta idea con una perspectiva más trascendental. Este evangelio reconoce una y otra vez que Jesús el Mesías es Hijo de David, no sólo por título (1:1; 9:27; 15:22; 20:30-31; 21:9, 15; cf. 12:23) y por la genealogía (1:2-16) sino también por su descripción de Jesús como Rey de los judíos (2:2; 21:5; 27:11, 29, 37, 42; cf. Hay, *Glory*, pp. 116-17). Lo que Jesús hace es sintetizar el concepto de un Mesías humano en la descendencia de David con el concepto de un Mesías divino que trasciende las limitaciones humanas (e.g., Sal 45:6-7; Is 9:6; Jer 23:5-6; 33:15-16; Zac 12:10 [TM]; 13:7 [NASB]), aun cuando Mateo sintetiza en otras partes la realeza y al Siervo sufriente. El mismo AT busca a uno que sería tanto el renuevo como la raíz de David (Is 11:1, 10; cf. Ap 22:16).

7. Aun el hecho de que el uso que Jesús hace del Salmo 110:1 era susceptible a una interpretación que negara que el Mesías debía ser de descendencia davídica respalda fuertemente la autenticidad de esta exégesis del salmo, porque es improbable que los cristianos hubieran puesto este salmo en labios de Jesús cuando su condición davídica de hijo se enseñaba en todo el NT (además de Mateo, cf. Mr 10:47-48; 11:10; Lc 1:32; 18:38-39; Ro 1:3; 2 Ti 2:8; Ap 3:7; 5:5; 22:16). La pregunta de Jesús (v. 45) no es una negación del estado de hijo davídico del Mesías sino una demanda de que se reconozca que la Escritura misma enseña que el Mesías es más que el hijo de David.

8. Contra quienes sostienen que esta condición trascendental de hijo solo pudo haberse suscitado como un asunto posterior a la Pasión (e.g., Lindar, *Apologetic*, pp. 46 y sig.), debemos preguntar por qué Jesús mismo no pudo haber expresado la paradoja de la doble paternidad del Mesías, puesto que ciertamente él sabía como nadie que Dios era su «Padre» (ver esp. 11:27) y se aplica a sí mismo el título trascendental de «Hijo del hombre».

9. Si este enfoque es básicamente correcto, entonces la inserción de Salmo 110 en la teología cristiana se remonta a Jesús mismo. Además, se puede sostener de modo verosímil que *su* enfoque al AT está adoptado por los escritores del NT, aun cuando ellos no se enfocan en los mismos textos a los cuales él dio su atención primordial.

10. Por último, el texto tiene algunas implicaciones escatológicas, aunque no de interés principal. El Mesías está representado a la mano derecha de autoridad de Dios durante un período de hostilidad de los enemigos de Dios, una hostilidad que será aplastada al final (cf. 28:18-20).

46 En Marcos el silencio de los oponentes (12:34) concluye el pasaje del mandamiento más importante. Mateo usa este comentario para terminar toda la sección de enfrentamientos (21:23—22:46). Muchos que fueron silenciados no aceptaron la salvación; por tanto los enemigos de Jesús pasaron a la clandestinidad por algún tiempo antes de la Crucifixión. Pero aun su silencio era un tributo. El maestro que no asistió a los institutos adecuados (Jn 7:15-18) confunde a los más grandes teólogos de la tierra. Y si su pregunta (v. 45) no tenía respuesta en esa época, un joven fariseo, que había estado en Jerusalén ese tiempo, la habría de responder a su debido momento (Ro 1:1-4; 9:5).

Notas

44 Las variantes «debajo de tus pies» o «estrado de tus pies» (cf. Nestle) eran fácilmente intercambiables en griego debido a (1) la similitud en los términos griegos ὑποκάτω (*jupokáto*, «debajo») y ὑποπόδιον (*jupopódion*, «estrado de tus pies»); (2) la influencia demostrable de Sal 8:6; y (3) la relación obvia entre las dos expresiones (por definición un banco para los pies está debajo de los pies). Sobre el significado de la idea, cf. Jos 10:24; Sal 47:3.

e. *Siete ayes para los maestros de la ley y los fariseos* (23:1-36)

1) *Advertencia a la gente y a los discípulos*

23:1-12

[1]Después de esto, Jesús dijo a la gente y a sus discípulos: [2]«Los maestros de la ley y los fariseos tienen la responsabilidad de interpretar a Moisés. [3]Así que ustedes deben obedecerlos y hacer todo lo que les digan. Pero no hagan lo que hacen ellos, porque no practican lo que predican. [4]Atan cargas pesadas y las ponen sobre la espalda de los demás, pero ellos mismos no están dispuestos a mover ni un dedo para levantarlas.

[5]»Todo lo hacen para que la gente los vea: Usan filacterias grandes y adornan sus ropas con borlas vistosas; [6]se mueren por el lugar de honor en los banquetes y los primeros asientos en las sinagogas, [7]y porque la gente los salude en las plazas y los llame "Rabí".

[8]»Pero no permitan que a ustedes se les llame "Rabí", porque tienen un solo Maestro y todos ustedes son hermanos. [9]Y no llamen "padre" a nadie en la tierra, porque ustedes tienen un solo Padre, y él está en el cielo. [10]Ni permitan que los llamen "maestro", porque tienen un solo Maestro, el Cristo. [11]El más importante entre ustedes será siervo de los demás. [12]Porque el que a sí mismo se enaltece será humillado, y el que se humilla será enaltecido.

Desde el punto de vista estructural es difícil decidir exactamente dónde pertenece Mateo 23. Puesto que en esencia es una disertación, algunos han sostenido que o pertenece a Mateo 24—25, o que es un discurso separado que se debe tratar como tal. Pero las diferentes audiencias (23:1; 24:3) separan el capítulo 23 de los capítulos

24—25, como hacen sus distintos, aunque relacionados, temas. Mateo 23 tampoco es una disertación del mismo nivel de los cinco discursos importantes de Mateo: le falta el final característico del discurso (ver en 7:28-29). Además, desde un punto de vista temático, Mateo 23 se percibe mejor como el punto culminante de las confrontaciones precedentes.

Las soluciones a muchas de las importantes inquietudes suscitadas por Mateo 23 surgen poco a poco de la exégesis como un todo; pero varias consideraciones preliminares señalarán el camino que se debe seguir:

1. Se discuten los orígenes literarios de este capítulo. Algunos ven los vv. 1-12 como libre ampliación —por Mateo— de Marcos 12:38-39, y los vv. 13-36 de Marcos 12:40. Otros sostienen que Marcos ha reducido material en Mateo porque no está interesado en este debate; y aun otros que los dos evangelios lanzan esta coyuntura de tradiciones separadas. No existe manera de demostrar la probabilidad de estas opciones. No obstante, es necesario decir que el material de Mateo es increíblemente coherente y, al verlo sin apasionamiento (ver más abajo), y sin duda del Señor. Hasta los cambios de destinatarios (23:1, 13, 37) se ajustan de manera admirable al contexto mayor (21:23—22:46), con multitudes y autoridades que se apretujan con su ir y venir mientras el predicador se dirige primero a esta parte de su audiencia, luego a aquella. El capítulo *podría* ser un montaje de refranes: hay abundante evidencia de que Lucas a menudo recopilaba refranes de ese modo, sin ocultar que lo hacía. Por otra parte, no existe una buena razón para creer que 23:2-36 no pueda ser un informe de lo que Jesús dijo en esta ocasión.

2. Son precarios los intentos de definir la situación en la iglesia de Mateo basándose en este capítulo. Estos estimulan la actitud hacia la ley (cf. vv. 2-3 y v. 23) o hacia los líderes religiosos judíos, y llevan a debates extendidos, tanto a si la iglesia de Mateo se ha separado de la sinagoga como que está por tanto apelando a ella, denunciándola desde fuera, o aun tratando de vencerla desde dentro. Las objeciones en sentido contrario —no existe verdadero anacronismo para garantizar tal discusión— son escasamente más que especulaciones descabelladas aunque sabias. Es obvio que Mateo nos está diciendo lo que Jesús dice, no lo que la Iglesia dice. Aunque supongamos que la elección de Mateo de lo que incluye refleja en buena parte la situación del momento en que escribió, es ingenuo pensar que eruditos del siglo veinte no puedan interpretar en detalle la situación (cf. Introducción, sección 2). Cierto interés personal, o la necesidad de mostrar a sus lectores «cómo pasamos de allá para acá», tal vez ha llevado a Mateo a muchas de sus decisiones. El espacio que asigna supone que está interesado en la continuidad entre el pueblo de Dios del AT y la Iglesia, el pueblo del Mesías, y cómo ocurrió que muchos judíos, incluyendo las autoridades religiosas, rechazaron a Jesús. Sin embargo, Pablo tenía propósitos similares al escribir Romanos, y nadie piensa que en este respecto la iglesia en Roma sea teológicamente similar a la de Mateo.

3. El contexto literario del capítulo es sumamente importante. No sólo Mateo 23 es el punto culminante de una serie de controversias con las autoridades religiosas judías (21:23—22:46), sino que sigue de inmediato el crucial enfrentamiento cristológico de 22:41-46. La pregunta «¿qué piensan ustedes acerca del Cristo?» que formuló Jesús (v. 42) «no era simplemente una curiosidad teológica que se podría discutir

en la clase en el seminario», como lo señala Garland (p. 24); está en el corazón del evangelio. El que los fariseos no reconocieran a Jesús como el Mesías profetizado en las Escrituras es ya en sí una acusación, más aun puesto que ellos se «sientan en la cátedra de Moisés» (vea en v. 2, mg.); y los ayes que siguen son por ende dictámenes judiciales, y de algún modo explican la destrucción de Jerusalén profetizada en el discurso pronunciado en el Monte de los Olivos (24:4—25:46).

4. Por tanto el fuerte lenguaje de Jesús en este capítulo («guías ciegos», «hipócritas», «serpientes», «camada de víboras», «sepulcros blanqueados») no es el lenguaje de irritación personal de las competencias religiosas, ni el lenguaje de una iglesia sufriente cansada de las restricciones e incredulidades de la sinagoga en la novena década d.C., sino un lenguaje de advertencia (cf. vv. 37-39) y condenación divina. Quienes ven a Mateo 23 como incongruente con el Discurso del Monte de los Olivos (esp. 5:43-48) descuidan dos aspectos: Primero, pasan por alto las limitaciones inherentes al sermón mismo: el amor que Jesús exige de sus seguidores es más discriminador de lo que por lo general permite el moderno sentimentalismo liberal. Segundo, el Sermón del Monte, no menos que Mateo 23, también presenta a Jesús como Juez escatológico que pronuncia maldición solemne sobre quienes no reconoce, y que no ponen en práctica su palabra (7:21-23). Leer Mateo 23 como poco más que el resentimiento de Mateo aproximadamente en el año 85 d.C. no sólo es sin adecuada justificación histórica y literaria, sino que tristemente no entiende al Jesús histórico. Este Jesús no sólo enseñó a sus seguidores a amar a sus enemigos y dar su propia vida como sacrificio supremo, sino que proclamó que no vino a traer paz sino espada (10:34), y se presentó como Juez escatológico (e.g., 7:21-23; 25:31-46).

1 Quizá un año antes Jesús había comenzado a denunciar a los fariseos (15:7). Posteriormente advirtió a sus discípulos de la enseñanza de los fariseos y los saduceos (16:5-12). Ahora sus advertencias y denuncias son públicas. La erudición común tiende a ver a «la gente» y a «sus discípulos» como no históricos —tal vez una transición inventada (Walker, pp. 68-70)— o más como una ambigua imitación de reminiscencia y contemporización histórica, donde «la gente» se refiere a los judíos de la época de Mateo, y «discípulos» a los cristianos de su tiempo. Todo esto es infundado. En el entorno —los salones del Templo unos días antes de la Pascua (21:23)— se espera que haya «gente» junto con «discípulos» y algunas autoridades religiosas. Mateo menciona ambos grupos porque ve que el propósito esencial de las advertencias de Jesús es llevar a los hombres a seguirlo a él, el Mesías como se define en 22:41-46, o a los líderes religiosos. Quienes hacen lo último compartirán la condenación de sus líderes. La escena por tanto está preparada para el lamento de Jesús sobre Jerusalén (vv. 37-39) y el juicio que sigue (caps. 24—25; cf. Garland, pp. 34-41.

2 Solo aquí en Mateo las palabras griegas traducidas «maestros de la ley» y «fariseos» tienen artículos separados, lo que sugiere dos grupos distintos (cf. RHG, pp. 758 y sig.). Ahí yace un problema, porque mientras los «escribas» (NVI, «maestros de la ley») tenían autoridad de enseñar, los fariseos como tales no. Muchos eran laicos sin autoridad ni responsabilidad para enseñar. Grundmann sugiere que *kai* («y») es epexegética («escribas, es decir, los fariseos»); Gaetchter, que la frase es una hendiadis («escribas de los fariseos»). Pero ambos puntos de vista son antinaturales y no explican el uso de «fariseos» en el cap. 23.

Por otro lado, algunos sostienen que los «fariseos» representan los oponentes de Mateo en el año 85, y en consecuencia se insertan de modo anacrónico en el evangelio (Kilpatrick, *Origins*, p. 113; Hummel, p. 31; Bonnard; y muchos otros). Garland (p. 44, n. 32, y pp. 218-21), sin embargo, ha señalado que Lucas ataca a los fariseos con tanto vigor como Mateo; pero nadie sostiene que el judaísmo farisaico fuera una preocupación importante para la iglesia de Lucas. Walker (p. 20), van Tilborg (p. 106) y Garland (pp. 43-46) concluyen que todas las categorías de líderes judíos (fariseos, escribas, saduceos, jefes de sacerdotes, etc.) en Mateo pierden toda distinción histórica y se vuelven sinónimos y claves de los líderes judíos que no reconocieron a Jesús como Mesías. Pero algunos pasajes conservan magníficas distinciones históricas (e.g., 21:23); e intrínsecamente es improbable que un escritor tan sensible al trasfondo judío como Mateo usara palabras tan torpemente. El problema es exigir una definición muy estrecha de ciertas categorías y, cuando no calzan, acusar de anacronismo al escritor.

Es posible un enfoque mejor (cf. Carson, «Líderes judíos»). Los «maestros de la ley», casi todos fariseos en la época de Mateo, eran principalmente los encargados de enseñar. El término «fariseo» define una amplia posición teológica, no una profesión como «maestro». Los dos términos son distintos, aunque hay mucha coincidencia en el nivel personal. Una analogía podría ser que el puritano John Owen está denunciando a «los prelados y los católicos romanos», y luego continuara su disertación con epítetos como «ustedes prelados, ustedes católicos», «ustedes prelados, católicos». «Prelados» define papeles pero no significa que los únicos prelados sean católicos (algunos eran anglicanos); el otro —«católicos»— define posición teológica pero no requiere que todos los católicos sean prelados. Así es como Jesús estaba atacando una posición teológica y a quienes la promulgaban.

Estos líderes «se sientan en la cátedra de Moisés». E.L. Sukenik (*Ancient Synagogues in Palestine and Greece*, OUP, Londres, 1934, pp. 57-61) ha demostrado que las sinagogas tenían un asiento de piedra en el frente donde se sentaba el maestro autorizado, por lo general un *grammateus* («maestro de la ley»). Además, «sentarse en la cátedra de alguien» a menudo significa «suceder a ese alguien» (Éx 11:5; 12:29; 1 R 1:35, 46; 2:12; 16:11; 2 R 15:12; Sal 132:12; cf. Jos. Antig. VII, 353, xiv. 5; XVIII, 2, i. 1). Esto supondría que los «maestros de la ley» son los sucesores legales de Moisés, con toda su autoridad, opinión que los escribas mismos tenían (M *Sanhedrin* 11:3; cf. Eclo 45:15-17; M *Aboth* 1:1; M *Yebamoth* 2:4; 9:3).

3 La increíble autoridad concedida a «los maestros de la ley y los fariseos» en el v. 2 se vuelve explícita en el v. 3. Aunque el énfasis en el v. 3 cae al final, donde Jesús denuncia la hipocresía de los líderes judíos, el principio del versículo les da total autoridad en todo lo que enseñan, aunque no lo vivan. *Panta josa* («todo») es una expresión fuerte y no se puede limitar a «esa enseñanza de la ley que en opinión de Jesús es una fiel interpretación de la misma»; ellos cubren *todo* lo que enseñan los líderes, incluyendo también la transmisión oral (Garland, pp. 48-49; contr. Allen; Plummer; Schlatter; Stonehouse, *Witness of Matthew*, pp. 196 y sig.; y otros). El texto tampoco dice que su autoridad descansa en sus roles pero no en su doctrina: por el contrario, el v. 3 afirma su doctrina pero condena su práctica. Meier (*Law*, pp. 106, 119, 156) sostiene que esto pertenece únicamente al ministerio inicial de Jesús pero no a la Iglesia posterior a la Resurrección. Pero esto no soluciona nada, porque Jesús ha criticado durante su ministerio una y otra vez a los escribas y a los fariseos por su enseñanza, no menos su tradición oral (5:21-48; 15:3-14; 16:12), lo volverá a hacer (23:16-36), y acaba de poner al descubierto la ignorancia que tienen de las Escrituras (22:41-46).

Muchos eruditos sostienen que los vv. 2-3 reflejan una tradición anterior, y muestran una época en que la iglesia de Mateo aun estaba bajo la autoridad de los líderes judíos, y que de algún modo esa tradición primitiva quedó conservada maravillosamente en un libro que, en general, refleja desarrollos teológicos posteriores. Sin embargo, es incierto que alguna vez hubiera tal época (cf. Hch 3—4); y en cualquier caso la teoría hace de Mateo un editor extraordinariamente incompetente.

Conocer este pcliagudo punto, según Hummel, van Tilborg y Schweizer, es reconocer que Mateo preserva los vv. 2-3 porque aun no se había realizado la ruptura entre la sinagoga y la Iglesia. Por eso Mateo incluye los versículos para aplacar, y si es posible ganar, a los oponentes judíos, mientras al mismo tiempo da una interpretación calificada de la declaración acorde con 5:17-20 (Schweizer). Lo extraordinario, no obstante, es que los vv. 2-3 en sí no dan la talla, y son casi de lo más fuertes que uno se puede imaginar. Si a Mateo le interesaba evitar una amenazadora ruptura en la supuesta unión entre sinagoga e iglesia, ¿por qué en otras partes no mitiga su fuerte denuncia de la enseñanza de los líderes judíos e incluye la alabanza del maestro de la ley (Mr 12:34)? Los lectores del primer siglo no estaban menos alertas de lo que estamos nosotros. ¿Podrían ellos pasar por alto que el evangelio critica una y otra vez la doctrina de los fariseos, haciendo vacía y burlona la convicción de los vv. 2-3? Antes de proponer una solución debemos considerar la fuerza del v. 4.

4 Los pactantes del Qumrán llamaban a los fariseos «expositores de cosas fáciles», porque su casuística hacía la vida más fácil de lo que aprobaban los pactantes mismos. Para conciliar esta evidencia de los RMM con el v. 4, algunos han sostenido que aunque los fariseos se hacían las cosas más fáciles para sí mismos, lo que prueba que los pactantes tenían razón, las hacían más difíciles para todos los demás; por tanto, el v. 4 es correcto (cf. Hill, *Matthew*). La distinción es incierta. La mayoría de los fariseos, incluyendo los rabinos, obraban en algún oficio de tiempo completo: no eran eruditos solitarios sino miembros activos de la sociedad. Es difícil por tanto ver cómo sus regulaciones podían beneficiarlos solo a ellos. No debemos olvidar que los RMM salieron de una comunidad monástica, que juzgaba de modo negativo toda regla menos rigurosa que las suyas. La verdadera inquietud acerca del v. 4 es si (1) contrasta de alguna manera con los vv. 2-3, o (2) ilustra tan solo al v. 3b. Lo último no resiste un riguroso examen (cf. Garland, pp. 50 y sig.).

El v. 4 dice que los líderes «ponían cargas pesadas sobre la espalda de los demás» —al determinar reglas fastidiosas— y no querían entonces «mover ni un dedo» para ayudar. Esto no significa que no estuvieran dispuestos a obedecer reglas onerosas (contr. Josef Schmid, in loc.; Bornkamm, *Tradition*, p. 24; Schweizer, *Matthew*;

Sand, p. 89) sino que se negaban a ayudar a quienes colapsaban bajo sus reglas (Manson, *Sayings*, p. 101; McNeile; Filson; Garland, p. 51). Esta es la interpretación natural de *kinesai* («mover»; cf. BAGD, s.v.) y encaja con la alusión a 11:28-30. De modo que los fariseos son diferentes a Jesús, cuya carga es ligera y quien promete descanso. Pero esto significa que el v. 4 hace más que ilustrar el v. 3b: muestra que los fariseos por su enseñanza están haciendo más mal que bien.

En consecuencia, los vv. 2-3 son independientes en su énfasis: sus contextos los contradicen de plano. No hay por qué tratar los vv. 2-3 como una concesión a los líderes que Mateo modifica luego, como una «preparación retórica» sacada de tradición conservadora que el evangelista procede a modificar (Banks, *Jesus*, p. 176; Garland, pp. 54 y sig.), porque la tensión es demasiado fuerte. La única manera de que el texto tenga sentido es seguir a Jeremias (*Theology*, p. 210) y ver en los vv. 2-3 un caso de mordaz ironía que bordea en el sarcasmo. Esta posición es concordante en sí misma, y no debilita las fuertes declaraciones en estos versículos. Además está fortalecida por el verbo *ekadsisan* («se sientan», RVR) en el v. 2. El aoristo normalmente no se traduce como presente. En respuesta muchos señalan que el mismo tiempo verbal se usa en Marcos 16:19; Hebreos 1:3; 8:1; 10:12; Apocalipsis 3:21, todos los cuales se refieren a Jesús todavía sentado. Pero no capta bien el asunto. El énfasis en cada uno de estos casos no es que Jesús todavía está sentado, aunque indudablemente lo presupone, sino que como resultado de su triunfo, Jesús *se sentó*. El aoristo no *requiere* que la acción sea en un punto en el tiempo; el contexto en cada uno de estos casos lo presupone. Además el aoristo gnómico en el modo indicativo (que es como el «se sientan» de la RVR toma el griego en el v. 2) es tan extraño en el NT que no debería ser nuestra primera opción. Pero si los vv. 2-3 son irónicos, el tiempo verbal griego podría tener su fuerza natural: los maestros de la ley y los fariseos *se sentaban* en la cátedra de Moisés (cf. «se han sentado ellos mismos» de NASB, lo cual podría ser traducir de más, pero es la idea correcta). Los líderes religiosos judíos han «presumido» de sentarse en la cátedra de Moisés (según Adalbert Merx, *Das Evangelium Matthaeus*, Georg Reimer, Berlín, 1902; Moulton, *Prolegomena*, p. 458; Zahn). Por supuesto, no ayuda decir que tal traducción se debe seguir en el v. 3a por «Así que ustedes no pongan atención a lo que ellos dicen» (contr. Plummer; Banks, *Jesus*, p. 175; Garland, p. 48); porque el v. 3a continúa la ironía. Esto genera un claro quiasmo:

A:	v. 2 —los líderes se han tomado la enseñanza autorizada de Moisés	} Ironía
B:	v. 3a —hagan lo que ellos dicen	
B¹:	v. 3b —no hagan lo que ellos hacen	} consejo
A¹:	v. 4 —su enseñanza simplemente ciega a los hombres	} no irónico

Así que los dos primeros elementos son irónicos, y los dos últimos revelan en orden invertido la dolorosa inutilidad de seguir a los maestros de la ley. Jesús advierte a la gente y a sus discípulos de la manera más fuerte posible. La renuencia de muchos eruditos a admitir que los vv. 2-3 son mordaz ironía no tiene en cuenta el tono de mucho de este capítulo (e.g., vv. 23-28) y maravillosas analogías en otras partes del NT (e.g., 1 Co 4:8a, 10).

5-7 Estos versículos ilustran algunas de las prácticas de líderes que no se deben copiar (v. 3b; cf. Mr 12:38-39; Lc 20:46). Jesús los acusa de ser aduladores y buscadores de aplausos (6:1-18). Las «filacterias» (v. 5) eran cajitas de cuero o pergamino que contenían un trozo de papel de vitela con cuatro textos de la ley inscritos (Éx 13:2-10, 11-16; Dt 6:4-9; 11:13-21). Las usaban en los brazos o se las ataban a la frente según Éxodo 13:9, 16; Deuteronomio 6:8; 11:18 (aunque originalmente estos pasajes quizá era metafóricos). El término peculiar usado sólo aquí en el NT tiene asociaciones paganas («amuleto») y puede insinuar que los *totapot* («frontales», como los llamaban, aunque ahora los judíos se refieren a ellos como *tepilín* [lit. «oraciones»]) se habían convertido en algo así como amuletos paganos (cf. ZPEB, 4:786-87; SBK, 4:250-76; Urbach, 1:130, 366ss.).

Para mostrar su piedad hacia el mundo, estos líderes hacían grandes y llamativas filacterias. La misma ostentación afectaba el tamaño de las borlas, usadas por todos los judíos (incluso Jesús, 9:20; 14:36) en las esquinas de la ropa exterior, en obediencia a Números 15:37-41; Deuteronomio 22:12. (La opinión de que *ta kraspeda* [«borlas»] significa «borde» [RVR] es improbable en este contexto: cf. BAGD, s.v.; sobre los detalles del ritualismo judío, HJP, 2:479 y sig.)

En busca de una reputación de piadoso va buscando sitios de honor en los banquetes, o los asientos más importantes —lo más cerca posible de los rollos de la Ley— en las sinagogas (v. 6). «Rabí» (v. 7), la transliteración de la palabra hebrea que significa «mi maestro» o «mi amo» se usaba en la época de Hillel, una generación antes de Jesús; pero quizá no significó ordenación oficial hasta después de la caída de Jerusalén. El título, originalmente solo una señal de respeto, se lo aplicaron a Jesús (26:25, 49; Jn 1:38; 3:26). Pero como otros términos comunes, se volvió inflado. Ya en los tiempos talmúdicos el prestigio de un rabí era inmenso: su discípulo tenía que obedecerle sin chistar, nunca caminar al lado, ni delante de él, no saludarlo primero, etc. (cf. Moses Aberbach, «The Relations Between Master and Disciple in the Talmudic», *Essays Presented to Chief Rabbi*, 2 vols., ed H.J. Zimmels, Soncino, Londres, 1966-67, 1, 1-24; cf. Albright y Mann). La situación no se había desarrollado así en la época de Jesús; pero si el proceso había comenzado, es muy fácil imaginarse que Jesús lo pusiera en evidencia (esp. a la luz de 18:1-5; 20:25-28; cf. también Introducción, sección 11.f).

8-10 El «ustedes» (v. 8) es enfático, pero esto no significa que los vv. 8-10 estén fuera de lugar en una alocución ante una audiencia mezclada. No es improbable que entre la multitud Jesús aquí esté hablando principalmente a los discípulos, así como más tarde se dirige directamente a los fariseos (vv. 13-36). Un buen predicador sabe que las palabras directas acerca de lo que se requiere de los creyentes pueden ser al mismo tiempo un poderoso incentivo para que se decidan los receptivos pero no comprometidos. Por tanto, estos versículos podrían servir como advertencia a no seguir a «los maestros de la ley y los fariseos» mientras determinan patrones normativos para relaciones entre los discípulos de Jesús.

A diferencia de las autoridades religiosas, dice Jesús, a sus discípulos no los deben llamar «Rabí» (v. 8), porque ellos tienen un solo *didaskalos* (mejor traducida «Maestro» que «Amo»). El «un solo Maestro» no es Dios sino Jesús mismo (cf. v. 10); pero de cualquier forma, en vista de 22:41-46; 23:4, 13-36, este versículo no sólo proscribe la autoexaltación en la enseñanza de aspectos divinos sino que rechaza la autoridad de los maestros religiosos de la época de Jesús. Tal autoridad ha sido tomada de ellos (ver en 21:43). Entre quienes seguían a Jesús se exigía una relación fraternal (ver en 5:22-24, 47; 18:15, 21, 35; 25:40; 28:10).

El v. 9 pasa de «Rabí» o «Maestro» a «Padre». Que sepamos, a los rabíes (o rabinos) no se les tildaba directamente de «padres». Por eso algunos han sostenido que el texto se está refiriendo a los patriarcas («padres»), y que en realidad dice: «No confíen en su vínculo racial con Abraham, Isaac y Jacob» (cf. 3:9; según J.T. Townsend, «Matthew xxiii, 9», JTS 12, 1961, 56-59; Schweizer, *Matthew*; y otros). Nada en el contexto apoya esto, menos aun la sugerencia de que en el fondo hay estoicismo griego (van Tilborg, p. 138). Sin embargo, K. Kohler («Abba, Father: Title of Spiritual Leader and Saint», JQR 13, 1900-1901, 567-80) demostró hace mucho tiempo que «los padres» se convirtió en una manera muy común de referirse a los primeros maestros de la ley, en especial los grandes maestros (cf. también Urbach, 1:186; 2:906, n. 38). La práctica podría haberse remontado al tiempo de los profetas (cf. 2 R 2:12).

«En la tierra» no significa que los «padres» que vivían en la época de Jesús sino que simplemente los contrasta con el Padre celestial: el dominio de esas personas no es tan exaltado como para garantizar ese título. Esto explica el cambio del pasivo «no seáis llamados» (vv. 8, 10, RVR) al activo «no llamen» (i.e., «a alguien más», v. 9): «No seáis llamados» sería inadecuado porque el título no se otorgaba hasta después que muriera el maestro de la ley y se le recordara. Podría ser una alusión a Malaquías 2:7-10. Al igual que los sacerdotes de la época de Malaquías, cuya enseñanza hizo tropezar a muchos, los venerados padres judíos habían malinterpretado tanto las Escrituras que no se les debía llamar «padres». Solo hay un Padre: Dios.

No obstante, ¿dónde entonces *está* la voz de enseñanza autorizada? Jesús vuelve a ese tema en el v. 10, completando un quiasmo A-B-A. Por tanto, el v. 10 repite en buena parte el v. 8, usando una palabra distinta para denotar «maestro» (cf. Notas); pero no es repetitivo, y menos anticlímax, pues termina identificando al único Maestro como Cristo, el Mesías (Kingsbury, *Matthew*, p. 93). Esto no sólo reanuda el tema de 1:1 y 16:16 sino que repite la confrontación en 22:41-46 relacionada con el Mesías. Los enemigos de Jesús, los maestros certificados de Israel, no pudieron responder básicas preguntas bíblicas acerca del Mesías. Jesús el Mesías, en vista de esa farsa, declara que él mismo es el único calificado para sentarse en la cátedra de Moisés, para sucederlo como Maestro autorizado de la voluntad y el pensamiento de Dios.

Es necesario hacer dos observaciones: Primera, es falso que la enseñanza de Jesús deduzca de este pasaje que ningún líder judío era receptivo a la causa del Mesías, ni que en su Iglesia no haya lugar para distinciones de funciones o respeto para los líderes, así como tampoco su prohibición de juramentos (5:33-37) significa que no sea cristiano jurar en una corte. Ciertamente Jesús no estaba justificando ese perverso orgullo particular que se cubre con un manto de descortesía. Pero una vez notado esto, debemos decir que, al igual que con cualquier fariseo, al Cristo resucitado está disgustado con los que en su Iglesia exigen sumisión incondicional a ellos y a sus opiniones y confunden la piedad ostentosa con un piadoso sometimiento a la enseñanza de Jesús.

Segunda, la continua discusión moderna en cuanto a lo que muestran estos versículos acerca de la estructura de la iglesia de Mateo no encuentra aquí fuente válida. Por ejemplo, Hummel (pp. 27 y sig.) sostiene que los vv. 8-19 muestran que en los días de Mateo debió haber allí algo así como un «rabinato» cristiano, el cual Mateo combatía o intentaba guiar. Eso quizá fue así, pero el texto no lo dice. En cualquier caso, con facilidad saltan a la mente otras razones por las que Mateo incluyó este material. Si él *está* preocupado por mostrar a los lectores judío-cristianos de su época «cómo pasar de allá para acá», y si este material es básicamente auténtico, esa razón es suficiente. La verdad es que solo conocemos de la situación de Mateo por lo que él decidió escribir acerca de Jesús, no de una iglesia de fines del primer siglo.

11-12 La substancia del v. 11 está en 20:26: Mateo resalta repetidas veces la humildad. Para casos de exaltación de sí mismo, vea en 20:20-28; o de humillación de sí mismo, en 18:4 (cf. Pr 15:33; 22:4; Stg 4:6; 1 P 5:5-6). «Será siervo de los demás», «será humillado» y «será exaltado» son futuros puros sin fuerza de imperativo (contr. Zerwick, par. 280). Los dos últimos no podrían ser de otra manera; por tanto, el v. 11 se debe interpretar del mismo modo. El principio enunciado en estos versículos no refleja ley natural sino ley del Reino: el premio escatológico humillará al que se exalta y exaltará al que se humilla, después del ejemplo en Ezequiel 21:26. Lo que se elogia es la humildad, no patrañas; servicio, no servilismo. El ejemplo supremo —el Mesías mismo— clarifica esto (20:26-28); porque su asombroso servicio y humildad hacia otros no estaban contaminados con servilismo, y eran perfectamente compatibles con el ejercicio de la máxima autoridad. Al haber hecho el servicio más grandioso, él ha sido el más exaltado.

Notas

4 Para la variante de «cargas pesadas sobre la espalda» (como en Lc 11:46), vea Metzger, *Textual Commentary*, pp. 59-60.

8 Para literatura sobre el asunto de si este uso de «Rabí» es anacrónico, vea Garland, p. 58; Sigal, «Halakah».

9 El orden de las palabras griegas sugiere la traducción «porque para ustedes solo hay *un* Padre: el Padre celestial» (Moule, *Idiom Book*, p. 166).

10 Καθηγητής (*kadsegetés*, «maestro») sólo se usa aquí en el NT. Se han hecho muchas sugerencias en cuanto a por qué debió reemplazar a «rabí» y διδάσκαλος (*didáskalos*, «maestro») en el v. 8. Algunos han supuesto que es una traducción hecha por Mateo para lectores gentiles (Grundmann; Strecker, *Weg*, p. 217), o una adición para disociar a Jesús tanto de maestros helenistas como de «maestros de la ley» (Frankemölle, pp. 99-100). C. Spicq («Une allusion au Docteur de justice dans Matthieu, XXIII, 10?» RB 66, 1959, esp. 393-96) sugiere que la palabra es el equivalente griego del hebreo מוֹרֶה (*moréj*, «maestro»), usada en los RMM para decir «Maestro de justicia» en Qumrán. A Jesús entonces se le ve denunciando tanto a las autoridades religiosas sectarias como a los escribas. Pero la evidencia lingüística no es convincente, y parece más sabio tomar *kadsegetes* como sinónimo

para *didaskalos*, tal vez motivado por homofonía con ἐκάθισαν (*ekádsisan*, «ellos se sientan») y καθέδρα (*kadsédra*, «cátedra») en el v. 2. «Esto sería más evidencia de que para Mateo la autoridad de los escribas y fariseos es nula e inválida» (Garland, p. 60, n. 100).

---

2) *Siete ayes* (23:13-36)

Compare los seis ayes de Lucas 11:37-54. Las coincidencias son considerables, pero las diferencias en orden y redacción no menos notables. Las tres opciones principales son (1) Lucas conserva el entorno correcto, y Mateo añade los ayes al final de los vv. 1-12; (2) Mateo conserva el entorno correcto, y Lucas inserta algunos de los ayes dentro de su narración; y (3) Jesús pronunció tales ayes contra los fariseos con bastante frecuencia, tal vez siguiendo el patrón de los seis ayes de Isaías 5:8-23 o los cinco ayes de Habacuc 2:6-20. (En cuanto a análisis, cf. Marshall, *Luke*, pp. 491-93.)

Los siete ayes que Mateo registra calzan en un claro patrón quiástico:

A: Primer ay (v. 13) —dejar de reconocer a Jesús como el Mesías
 B: Segundo ay (v. 15) —fervientes en apariencia, pero hacen más mal que bien
  C: Tercer ay (vv. 16-22) —uso erróneo de las Escrituras
   D: Cuarto ay (vv. 23-24) —falla fundamental en discernir la fuerza de las Escrituras
  C':   Quinto ay (vv. 25-26) — uso erróneo de las Escrituras
 B':   Sexto ay (vv. 27-28) —fervientes en apariencia, pero hacen más mal que bien
A':   Séptimo ay (vv. 29-32) —herederos de quienes no reconocieron a los profetas.

Lo que sobresale es la centralidad de la adecuada comprensión de las Escrituras: un tema que se refleja en todas las controversias precedentes, y no está menos relacionado con el rechazo que hiciera Jesús de las afirmaciones de los maestros de la Ley.

a) *Primer ay*
23:13[14]

> 13»¡Ay de ustedes, maestros de la ley y fariseos, hipócritas! Les cierran a los demás el reino de los cielos, y ni entran ustedes ni dejan entrar a los que intentan hacerlo.

13[14] El v. 14 se debe tomar como una interpolación, derivada de Marcos 12:40; Lucas 20:47. Esto se clarifica, no sólo por su ausencia de los mejores y primeros mss. de Mateo, sino por el hecho de que los mss. que sí lo incluyen se dividen donde lo colocan: antes o después del v. 13. (Para el significado del v. 14, cf. Derrett, *Estudios del NT*, 1:118-27.)

El v. 13 empieza el primero de siete «ayes». Un «ay» puede ser un compasivo «¡qué pena!» (24:19), una fuerte condenación (11:21), o una combinación de los dos (18:17;

26:24). En Mateo 23 predomina la condenación; pero ni es vengativo ni rencoroso sino judicial. Jesús el Mesías pronuncia juicio.

A partir de aquí en todo el capítulo «maestros de la ley» y «fariseos» no tienen artículo (ver en 2:4; 3:7; 23:2; Introducción, sección 11.f). (En cuanto a «hipócritas», vea en 1:2; para «Reino de los Cielos», en 3:2.) La sintaxis del v. 13 (cf. Notas) supone que el reino mesiánico ha comenzado. Los maestros de la Ley y los fariseos son «hipócritas», ya que afirman enseñar el camino de Dios pero se niegan a entrar al reino mesiánico, y lo obstaculizan a quienes tratan de entrar. Esto no se refiere a su casuística que confundía las inquietudes fundamentales de conducta, y dificultaba a la gente obedecer por completo la ley de Dios, aunque esta es la interpretación dominante (e.g., Hill, *Matthew*). Aquí no se menciona la conducta, solo la entrada al Reino. Aunque es esencial el comportamiento adecuado, este no permite entrar a nadie en el Reino.

La última controversia (22:41-46) revela la verdadera falla: los maestros de la ley y los fariseos no entran al Reino porque se niegan a reconocer quién es Jesús. Cuando las multitudes empiezan a maravillarse de Jesús y sugieren que podría ser el Mesías, las autoridades hacen todo lo posible por disuadirlas (cf. 9:33-34; 11:19; 12:23-24; 21:15). Las ovejas de Israel están «perdidas» (10:6; 15:24) porque los pastores las han llevado por el mal camino. El «ay» pronunciado sobre las autoridades es por tanto de una parte de 18:6-7.

Notas

---

13 El participio presente de naturaleza sustantiva τοὺς εἰσερχομένους (*tous eiserjoménous*, «los que entran») no necesita en sí tener fuerza presente, sino que puede referirse a un esfuerzo continuo en el pasado (como en 2:20; para análisis, cf. BDF, par. 339[3]; RHG, pp. 858-64, 891-92; Zerwick, par. 274). Sin embargo, en el contexto del actual verbo finito οὐδὲ ... αφίετε (*oudé ... afíete*, «ni ... ustedes permiten»), puede ser sin duda que la acción prevista tanto por el participio como por el verbo finito parece ser simultánea con las palabras del que habla.

---

b) *Segundo ay*

23:15

15»¡Ay de ustedes, maestros de la ley y fariseos, hipócritas! Recorren tierra y mar para ganar un solo adepto, y cuando lo han logrado lo hacen dos veces más merecedor del infierno que ustedes.

15 No son fáciles de interpretar las fuentes externas para evaluar el celo de los fariseos en ganar convertidos, aunque un cuerpo considerable de eruditos sostienen de modo convincente que el primer siglo hasta la caída de Jerusalén marca el período más notable de celo misionero judío y el éxito correspondiente (ver esp. B.J. Bamberger, *Proselytism in the Talmudic Period*, Hebrew Union, Cincinnati, 1939; W.G. Braude, *Jewish Proselytizing in the First Five Centuries of the Common Era*, Brown University Press, Providence, RI, 1940; F.M. Derwacter, *Preparing the Way for Paul: The Proselyte Movement in Later Judaism*, Macmillan, Nueva York, 1930; D. Georgi, *Die Gegner des Paulus im 2. Korintherbrief*, Neukirchener Verlag, Neukirchen-Vluyn, 1964, pp. 83-187; Jeremías, *Promise*, pp. 11 y sig.; cf. Ro 2:24). Ni el hecho menos importante, como lo observara W. Paul Bowers («Studies in Paul's Understanding of His Mission», tesis de grado, Cambridge, 1976), es que no hay evidencia de que los judíos se opusieran en algún modo a la misión de Pablo ni a la de ningún cristiano gentil: más bien, lo que disputaban era la base de admisión al pueblo de Dios.

No podemos saber con certeza cuánta de la actividad de los fariseos tenía el propósito de convertir a sus puntos de vista a quienes ya se habían vuelto flexibles adherentes al judaísmo (cf. Jos. Antig. XX, 34-48, ii 3-4). Pero si los escribas y fariseos estaban ganando paganos novatos o simpatizantes del judaísmo, los ganaban para sus propios puntos de vista. Los conversos en consideración, por consiguiente, no se habían convertido al judaísmo sino al fariseísmo. Los fariseos y maestros de la Ley eran capaces de viajar grandes distancias para hacer un «prosélito» —una palabra que en el NT se usa solo aquí y en Hch 2:11; 6:5; 13:43, y que quizá en ese tiempo se refiere a quienes han sido circuncidados y han prometido someterse a todos los rigores de la ley judía, incluyendo la tradición oral de la cual los fariseos eran muy celosos.

Jesús no criticó la *realidad* de los extensos esfuerzos misioneros de los fariseos sino sus *consecuencias*: los «convertidos» se volvían dos veces más «merecedores del infierno» (gehenna; vea en 5:22) como los escribas y fariseos que los ganaban. Esto significa que las interpretaciones y las reglas que los fariseos deducían de las Escrituras se convertían tanto en las de sus convertidos que ellos se volvían más fariseos que los fariseos. Psicológicamente esto es enteramente posible, como lo sabe cualquier maestro de convertidos. En cuanto a los convertidos de quienes Jesús hablaba, la enseñanza de los fariseos los metía en un esquema teológico que no dejaba espacio para Jesús el Mesías, y por tanto no tenían posibilidad de entrar al reino mesiánico.

c) *Tercer ay*

23:16-22

[16]»¡Ay de ustedes, guías ciegos!, que dicen: "Si alguien jura por el templo, no significa nada; pero si jura por el oro del templo, queda obligado por su juramento." [17]¡Ciegos insensatos! ¿Qué es más importante: el oro, o el templo que hace sagrado al oro? [18]También dicen ustedes: "Si alguien jura por el altar, no significa nada; pero si jura por la ofrenda que está sobre él, queda obligado por su juramento." [19]¡Ciegos! ¿Qué es más importante: la ofrenda, o el altar que hace sagrada la ofrenda? [20]Por tanto, el que jura por el altar, jura no sólo por el altar sino por todo lo que está sobre él. [21]El que jura por el templo, jura no sólo por el templo sino por quien habita en él. [22]Y el que jura por el cielo, jura por el trono de Dios y por aquel que lo ocupa.

16-22 Vea en 5:33-37 para los antecedentes y la idea central de estos versículos. La sorprendente designación de «guías ciegos» (v. 16) fue presentada en 15:14. El «Templo» aquí es *naos* (ver en 4:5).

Debido a las referencias al Templo —su oro, altar y ofrendas— una sorprendente cantidad de eruditos enfocan la actitud de Mateo hacia los aspectos sectarios del Templo (Hummel, pp. 78-82; van Tilborg, p. 105). Esto hace perder el enfoque (Gaston, *Ninguna piedra*, p. 94). El pasaje simplemente utiliza el lenguaje de los cultos al analizar las clases de distinciones en juramentos que a menudo gozaban de popularidad en círculos judíos. Saul Lieberman (*Greek in Jewish Palestine*, Jewish Theological Seminary, Nueva York, 1942, pp. 115:43), después de estudiar la difícil y conflictiva evidencia judía, sostiene que los rabinos combatían los abusos de votos y juramentos entre las masas iletradas. Sin duda así era. Pero las combatían diferenciando entre qué debían cumplir y qué no. En ese sentido, de modo consciente o inconsciente animaban juramentos evasivos, y por tanto mentían. Jesús se abrió paso entre estas complejidades al insistir en que los hombres deben decir la verdad.

Algunos escritores han supuesto que 5:33-37 —que, al menos formalmente, deroga los juramentos— contradice a 23:20-22, que sostiene que se deben cumplir todos los juramentos pero no los deroga. En realidad, sin embargo, los vv. 20-22 proveen la base para 23:33-37. Todos los juramentos están de algún modo relacionados con Dios. Todos por tanto se deben cumplir, y en consecuencia se anulan los juramentos evasivos. Por otro lado, el meollo del asunto es decir la verdad; y es probable una nueva clase de casuística que, al fallar en ver esta, insista en que Jesús deroga en 23:33-37 todo juramento de toda clase.

En el contexto de Mateo 23, Jesús acusa a maestros de la ley y fariseos de manejar mal las Escrituras que afirmaban defender y anunciar.

Notas

16-22 Las referencias al Templo y los cultos, los cuales ya no existían después del año 70, no prueban que este evangelio se compuso antes de esa fecha, puesto que Mateo, al escribir más tarde, podría estar incorporando material más antiguo y describiendo lo que Jesús dijo durante su ministerio. Pero el extracto es coherente con una fecha anterior; y, más importante aun, si creemos que Mateo escribe más o menos en el año 85 pero conserva cuidadosamente el tiempo presente y las distinciones adecuadas al ministerio de Jesús, ¿por qué no deberíamos esperar que él sea igual de cuidadoso en otras partes?

d) *Cuarto ay*

23:23-24

²³»¡Ay de ustedes, maestros de la ley y fariseos, hipócritas! Dan la décima parte de sus especias: la menta, el anís y el comino. Pero han descuidado los

asuntos más importantes de la ley, tales como la justicia, la misericordia y la fidelidad. Debían haber practicado esto sin descuidar aquello. ²⁴¡Guías ciegos! Cuelan el mosquito pero se tragan el camello.

23-24 La ley del AT sobre el diezmo (Dt 14:22-29) especifica grano, vino y aceite, aunque Levítico 27:30 es más tolerante. Con seguridad en el siglo primero había discusiones sobre cuán lejos se debía extender la ley del diezmo. El consenso era incluir verduras y hierbas de huerto (v. 23; SBK, 1:932). Jesús no condena la observación escrupulosa en estos aspectos («sin descuidar aquello»), pero insiste en que preocuparse de ellos mientras se rechazan «los asuntos más importantes de la ley» (cf. 22:34-40) —justicia, misericordia y *pistis* (aquí correctamente traducida «fidelidad»)— es colar un mosquito pero tragarse un camello (v. 24), ambas criaturas inmundas.

Varios puntos merecen observación:

1. Los asuntos «de peso» no se refieren a los «más difíciles» o «más duros» sino a los «más centrales», «más firmes» (Ridderbos, p. 302) o (como en la NVI) «más importantes» contra los «secundarios» o «insignificantes» (cf. TDNT, 1:554, 558; Kaiser, p. 184).

2. Sin embargo, es ir demasiado lejos interpretar los vv. 23-24 como extensión del mandamiento del amor dentro de la característica central de la ley (ver en 22:34-40 y literatura citada allí; también Garland, p. 139).

3. En esencia Jesús acusa a los maestros de la ley y los fariseos de una tremenda distorsión de la voluntad de Dios como la revela la Biblia. En un nivel básico, fallan en enfocarse en la fuerza de las Escrituras, un punto resaltado de igual modo en las dos referencias a Oseas 6:6 en este evangelio (ver en 9:9-13; 12:1-14).

4. La estructura quiástica de los «ayes» se centra en el cuarto lugar, donde se pone al descubierto la falla básica de los maestros fariseos. Al salir de este centro se hace claro que donde los fariseos interpretan las Escrituras hay peligro de mala apropiación de la verdad (ayes 3 y 5) y de corromper a otras personas (ayes 2 y 6), asociado con ceguera a la verdadera revelación cuando se trata de modo sumo en la persona de Jesús el Mesías (ayes 1 y 7).

5. Todo esto presupone que Jesús considera a los lectores del AT responsables de discernir su propósito y reconocer su énfasis más importante (ver en 22:40). Solo quienes lo hacen agradan a Dios y reconocen al Mesías (cf. Lc 24:44-46; Jn 5:39-49).

6. El debate actual sobre las palabras «sin descuidar aquello» —a saber, si muestran a Jesús o a Mateo como intérpretes muy conservadores de la ley, o si quizá provienen del Jesús histórico (cf. Garland, p. 140, n. 66; Westerholm, pp. 58 y sig.)— yerra el blanco en mal manera. Porque ni Jesús ni Mateo hacen de estos versículos el enfoque en el problema de continuidad-discontinuidad entre el AT y el reino de Jesús el Mesías, sino en la relativa importancia del material dentro del AT. Jesús describe lo que los fariseos debían haber hecho; él aquí no está cuestionando cómo «aquello» se relacionará con el reino que ahora inaugura (12:28) o la Iglesia que edificará (16:19), más de lo que en los vv. 16-22 analiza qué papel juega el altar del Templo bajo el nuevo pacto.

Notas

---

24 Black (*Aramaic Approach*, pp. 175-76) señala que este dicho en arameo debería ser parte de un juego de palabras, puesto que el sonido de «mosquito» y «camello» es muy parecido: קַמְלָא (*camlá*) y גַּמְלָא (*gamlá*) respectivamente.

---

e) Quinto ay

23:25-26

> ²⁵»¡Ay de ustedes, maestros de la ley y fariseos, hipócritas! Limpian el exterior del vaso y del plato, pero por dentro están llenos de robo y de desenfreno. ²⁶¡Fariseo ciego! Limpia primero por dentro el vaso y el plato, y así quedará limpio también por fuera.

25-26 La interpretación más común de estos versículos es que Jesús comienza con la metáfora de un vaso y un plato (v. 25a), revela sus inquietudes no metafóricas en las últimas palabras del v. 25, luego regresa a su metáfora en el v. 26 ahora que se ha revelado su verdadero propósito. Los fariseos han estado ocupados con religión externa en vez de la del ser interior. Dentro de ellos mismos se mantienen «llenos de robo y de desenfreno [*akrasia*, encontrada en el NT solo aquí y en 1 Co 7:5]». En la metáfora, limpiar por dentro es básico y garantiza limpieza por fuera.

Jacob Neusner («Limpia primero por dentro», NTS 22, 1976, 486-95) sostiene, en gran parte sobre bases de crítica de forma, que el judaísmo anterior al año 70 estaba dividido por el asunto de los vasos limpios. Los hillelitas creían que limpiar el interior de un vaso lo declaraba «limpio». Los shamanitas, que predominaban antes del año 70, sostenían que era necesario limpiar tanto por dentro como por fuera; los unos no afectan la condición de los otros (cf. esp. M *Kelin* 2:1; 25:1, 7-9; j *Berakoth* 8:2). Por consiguiente, Jesús no podía estar refutando a los hillelitas (quienes no se volvieron predominantes antes del año 70), diciéndoles que *primero* limpiaran por dentro, puesto que ellos *solo* habrían limpiado por dentro. Más bien, la advertencia era para los shamanitas.

Se razona que a partir de este debate acerca de la limpieza el dicho se interpretó y se aplicó de manera variada (cf. Lc 11:41) en modos metafóricos. Garland (pp. 148-50) cree que la primera parte del v. 25 es literal pero que fue asumida por Mateo para hacer su punto. En su opinión la cláusula *ex* no se debería traducir «llenos *de* robo y de desenfreno» sino «llenos *a causa del* robo y el desenfreno» (Turner, *Sintaxis*, p. 260; Schweizer, McNeile y otros creen que esto es posible). O sea, Mateo cambia el dicho original en uno que dice que el interior es más importante, pero luego llama la «atención al hecho de que los vasos estaban llenos de comida y bebida que se [sic] obtenía injustamente y se consumía en exceso —una circunstancia que un lavado en el culto no limpiaría— y al final hacía discutible todo el asunto» (Garland, p. 149).

Esta interpretación no lo hará. Los fariseos no eran una clase que se excedía en comida ni bebida sino abstemia (cf. Lc 18:11-12). Además, si estaban llenos *a causa del* robo y el desenfreno, el «pero» precedente es absurdo: la primera frase se debe leer «ustedes vacían el vaso y el plato», no «ustedes limpian el exterior». Más bien, la clase de antecedentes históricos prevista por Neusner la está usando Jesús para señalar en general la cuestión ceremonial. Los fariseos (aquí shamanitas) discuten acerca de lo que se debe limpiar para que un vaso esté limpio, sin ver que ellos mismos necesitan llegar a estar limpios por dentro. Este enfoque es muy cercano a la interpretación tradicional de estos versículos (más arriba; cf. Westerholm, pp. 85-90). Sin embargo, también da a entender que Jesús sostiene que las distinciones ceremoniales del AT tienen implicaciones morales, que evitarlas revela profunda malinterpretación.

«¡Fariseos ciegos!» (v. 26, el singular tiene fuerza genérica), dice aquel que vino a salvar a su pueblo de su pecado (1:21), «primero limpien el interior ... y luego el exterior también será limpio». «Por dentro» no anima aquí piedad afectada sino renovación total y moral en cuando a «justicia, misericordia y fidelidad». El «exterior», la parte de observancia religiosa fácilmente vista por los hombres, se encargará luego de sí misma.

f) Sexto ay

23:27-28

> 27»¡Ay de ustedes, maestros de la ley y fariseos, hipócritas!, que son como sepulcros blanqueados. Por fuera lucen hermosos pero por dentro están llenos de huesos de muertos y de podredumbre. 28Así también ustedes, por fuera dan la impresión de ser justos pero por dentro están llenos de hipocresía y de maldad.

27-28 Durante el mes de Adar, exactamente antes de la Pascua, era habitual blanquear con cal las tumbas o los terrenos de las sepulturas que quizá no se podrían identificar al instante como tales (v. 27), para advertir a los peregrinos que evitaran la contaminación ritual al tener contacto con cadáveres (cf. M *Shekalim* 1:1; M *Kelim* 1:4; M *Moed Katan* 1:2; M *Masser Sheni* 5:1). Tal impureza les impediría participar en la Pascua (M *Kelim* 1:4; para inquietudes similares, cf. Jn 11:55; 18:28). Pero en tal caso blanquear tumbas no habría tenido el objetivo de embellecer («por fuera lucen hermosos») sino de indignación: esos eran lugares que se debían evitar (cf. Lc 11:44, que tampoco menciona la cal ni la hermosura).

Se han propuesto varias soluciones (para una lista, cf. S.T. Lachs, «Sobre Mateo 23:27-28», HTR 68, 1975, 385-88). Quizá la mejor propuesta es la de Garland (pp. 150-57), quien sugiere que las tumbas eran hermosas debido a su estructura (cf. v. 29), no a la cal. Los monumentos normalmente se consideraban puros, a no ser que se señalaran con cal; por tanto si el monumento se levantaba exactamente sobre una sepultura, lo más probable es que se le blanqueara. En consecuencia la mención de Jesús de blanquear no tiene nada que ver con la hermosura de los sepulcros, sino que es una brusquedad más contra los fariseos basada en su preocupación particular de evitar contaminarse con cadáveres (cf. b *Baba Kamma* 57a; b *Baba Metzia* 85b).

Jesús está diciendo que los escribas y los fariseos son fuentes de tanta impureza como lo eran las tumbas blanqueadas. También podría ser una alusión a las ropas blancas que algunos hombres, impresionados por su propia eminencia, solían usar (cf. b *Kiddushin* 72a; b *Shabbath* 25b; b *Nedarim* 20b; Jos. Guerra II, 123, viii. 3).

En el contexto de Mateo 23, el punto que Jesús está resaltando no es que los escribas y fariseos eran hipócritas deliberados y desenfrenados, sino que en sus regulaciones escrupulosas aparecían espléndidamente virtuosos pero en realidad estaban contaminando a la gente. Este ay es análogo del segundo (v. 15). El colmo de la ironía es que su preocupación con sus leyes (*nomos*) los dejaba remojados en *anomia*, una expresión general para «maldad» (v. 28; cf. 13:41; TDNT, 4:1085-86), pero lo cual podría aquí sugerir que su enfoque fundamental hacia la ley era en realidad, desde la perspectiva de la hermenéutica de Jesús, «anarquía» pura.

g) *Séptimo ay*

23:29-32

> [29]»¡Ay de ustedes, maestros de la ley y fariseos, hipócritas! Construyen sepulcros para los profetas y adornan los monumentos de los justos. [30]Y dicen: "Si hubiéramos vivido nosotros en los días de nuestros antepasados, no habríamos sido cómplices de ellos para derramar la sangre de los profetas." [31]Pero así quedan implicados ustedes al declararse descendientes de los que asesinaron a los profetas. [32]¡Completen de una vez por todas lo que sus antepasados comenzaron!

29-30 Derrett (NT Studies, 2:68 y sig.) niega que los fariseos en la época de Jesús se hubieran involucrado en construir monumentos sepulcrales, pero su evidencia es posterior y muy bien podría representar reacción contra excesos anteriores (cf. Garland, p. 164). Herodes estuvo en la delantera en construcción de tumbas (cf. Jos. Antig. XVI, 179-82, vii. 1; XVIII, 108, iv. 6, XX, 95, iv. 5) —¡para expiar sus intentos de saquearlas! Lo más probable es que los edificios judíos eran conmemorativos; al erigir monumentos los líderes religiosos se creían moral y espiritualmente por encima de sus antepasados que habían perseguido a los profetas cuyos monumentos estaban construyendo (v. 29). Creían que no se habrían unido a sus antepasados en el asesinato de los profetas (v. 30)... así como muchos cristianos modernos creen ingenuamente que habrían respondido mejor a Jesús que los discípulos o la gente que gritaba: «¡Crucifíquenlo!»

31 Sin embargo, Jesús niega ahora la distinción que los judíos sacan a relucir en el v. 30. Sus propias palabras (no la construcción de sepulcros) testifican contra ellos. Hablan de sus antepasados y por ende se reconocen como los hijos (NVI, «descendientes») de quienes derramaron la sangre de los profetas. Pero Jesús ve aquí más ironía, basada en la ambigüedad de «padres» e «hijos» (ver en 5:9). Los judíos piensan con relación a su descendencia física. Jesús responde al decir que en realidad ellos son hijos... más de lo que se dan cuenta, pues muestran su paternidad en que se parecen a sus padres. Aunque afirmando santurronamente ser distintos, ya están conspirando maneras de dar fin a Jesús (21:38-39, 46).

32 La conclusión es desafiante e irónica. La idea detrás de «la medida [de pecado]» (RVR) es que solo Dios puede tolerar mucho pecado; y luego, cuando la medida está «llena», él debe responder con ira (cf. Gn 15:16; 1 Tes 2:14-16). La idea es común en la literatura intertestamentaria (e.g., Jub 14:16; 1 Enoc 50:2; 2 Esd 4:36-37; 4Q185 2:9-10), pero el concepto nunca antes se aplicó a Israel.

3) *Conclusión*

23:33-36

> ³³»¡Serpientes! ¡Camada de víboras! ¿Cómo escaparán ustedes de la condenación del infierno? ³⁴Por eso yo les voy a enviar profetas, sabios y maestros. A algunos de ellos ustedes los matarán y crucificarán; a otros los azotarán en sus sinagogas y los perseguirán de pueblo en pueblo. ³⁵Así recaerá sobre ustedes la culpa de toda la sangre justa que ha sido derramada sobre la tierra, desde la sangre del justo Abel hasta la de Zacarías, hijo de Berequías, a quien ustedes asesinaron entre el santuario y el altar de los sacrificios. ³⁶Les aseguro que todo esto vendrá sobre esta generación.

33 Vea en 3:7 y 12:34 para los epítetos. La transición del versículo precedente es clara: si los maestros de la ley y los fariseos están llenando la medida del pecado de sus antepasados, ¿cómo pueden tal vez escapar de la condenación del infierno (ver en 5:22; 23:15)?

34 Si este versículo tiene una fuente común (¿Q?) con Lucas 11:49 (ver más atrás en 23:1-12), las diferencias entre Mateo y Lucas son notables, aunque quizá no tan problemáticas como muchos creen. La característica de mayor interés es el cambio de «la sabiduría de Dios» (NVI, «Dios en su sabiduría») como el remitente de los emisarios a un categórico «yo». No sólo hay poca duda de que los cristianos identificaron a Jesús con la sabiduría de Dios, sino que él, quien se asignó títulos mesiánicos y hasta textos del AT que se referían exclusivamente a Yahvé, no habría vacilado en hacer la misma identificación. Por tanto, la interpretación de Mateo no necesariamente es errónea, aunque un único dicho está detrás tanto de Lucas como de Mateo.

Hare (pp. 87-88) cree que las palabras iniciales *dia touto* («por eso», Lc 11:49; Mt 23:34) se han alterado de modo drástico. En Lucas se refiere a 11:47-48: una tácita admisión de culpabilidad de sangre por la muerte de los profetas y por tal razón «la sabiduría de Dios» envía más profetas para que «esta generación» (Lc 11:50) sea responsable. Sin embargo, en Mateo los vv. 32-33 separan la admisión tácita de *dia touto* («por eso», v. 34) para que el conectivo ya no explique la sabiduría de Dios en el pasado sino en acción que Jesús efectuó en el presente. Pero el contraste de Hare es exagerado. Formalmente es correcto que *dia touto* en Lucas 11:49 explique una afirmación hecha en el pasado por la sabiduría de Dios. Pero eso solo explica que se hizo una declaración, no el contenido de ella —a lo que se refiere como una acción hecha en el presente, a saber, el envío de emisarios de Jesús. Además, las dos traducciones de *dia touto* son similares y tienen las mismas funciones: señalan que debido al malvado recibimiento que los líderes dieron a los emisarios, «por eso» se enviarán más emisarios; y ellos serán tratados del mismo modo. Esto hará rebosar la medida de iniquidad, y caerá el juicio.

Lucas (11:49) tiene «profetas y apóstoles», Mateo «profetas, sabios y maestros». El «sabio» y el «maestro» eran «materialmente idénticos» (Garland, p. 175; TDNT, 8:505-7) en este tiempo. Tanto Mateo como Lucas esperan aquí el envío de misioneros cristianos: discípulos de Jesús (cf. 5:10-12; 9:37-38; 28:18-20). El término usado no refleja terminología posterior al año 70 (cf. van Tilborg, pp. 140-41).

Mateo agrega «crucificarán». No hay evidencia de que los judíos usaran la crucifixión como medio de castigo capital después del año 63 a.C. «Crucificarán» podría significar «hacer que sea crucificado» (como en Hch 2:36; 4:10), seguramente una mejor posibilidad que la sugerencia de Hare (pp. 89-92) de que las palabras «y crucificarán» son una glosa sobre lo que Mateo escribió. Garland (p. 177) sostiene que «y crucificarán» se refiere a la muerte de Jesús. Pero esto también requiere un sentido de causa, y parece extraño cuando Jesús es quien está enviando los emisarios a sus muertes y él mismo está (en esta opinión) entre aquellos enviados a ser asesinados. Quizá el v. 34 hace eco de 10:24-25: el siervo no está por encima de su amo. Si Jesús debe ser crucificado, sus siervos podrían esperar lo mismo.

35 Los mismos emisarios que fueron golpeados y asesinados por llamar al pueblo al arrepentimiento en el misterio de la providencia llenaron la medida de los pecados del pueblo (v. 32); concretamente, derramando la sangre justa de los emisarios de Dios desde Abel hasta Zacarías (cf. Notas). El v. 35 anticipa 27:24-25: Pilato trata de evadir la responsabilidad debido a su escepticismo acerca de quién es Jesús. Sobre la inquietud del presunto antisemitismo, ver en 26:57-68.

36 En todo este capítulo los maestros de la ley y los fariseos han sido el blanco principal de Jesús. Ahora la referencia es a «esta generación», porque los líderes representan a la gente (ver en 21:43); y la gente, a pesar de las advertencias de Jesús, no abandona a sus líderes por Jesús el Mesías. Esto crea el marco para el lamento final sobre Jerusalén (vv. 37-39).

Notas

34 Acerca de azotar, vea en 10:17; sobre persecución de pueblo en pueblo, cf. 10:23; Hch 9:2; 13:50-51; 14:4-7; 17:10-15. Respecto a la indiferencia hacia los profetas y su duro trato, cf. 1 R 18:4, 13; 19:10, 14; 2 R 17:13-17; 1 Cr 16:22; 2 Cr 24:19: 36:14-16; Sal 105:15; Jer 7:25-26; 25:4; 26:5, 20-23; 29:19; 35:15; 44:4; Lm 2:20; 4:16.

35 Abel es la primera víctima de asesinato en las Escrituras (Gn 4:8); pero la identidad de este «Zacarías hijo de Berequías» es problemática. Las principales posibilidades incluyen:

1. Se podría referir a Zacarías el padre de Juan el Bautista, pero no hay evidencia de que haya muerto como mártir.

2. Podría ser Zacarías hijo de Baris, Baruc o Bariscaeus (mss. varían), quien fue asesinado por dos zelotes en el Templo (Jos. Guerra IV, 334-44, v. 4). Pero no hay evidencia de

que fuera profeta o mártir; y, aunque fue asesinado ἐν μέσῳ (*en meso*, «en medio») de los predios del Templo, es improbable que muriera entre el mismo santuario y el altar a menos que fuera sacerdote; y no hay evidencia de esto.

3. Se podría referir al profeta del AT Zacarías, hijo de Berequías (Zac 1:1). Pero no hay registro de que lo hubieran asesinado.

4. Podría ser un Zacarías de quien no tenemos conocimiento (Albright y Mann). Esto es posible pero no hay pruebas.

5. Otra posibilidad es Zacarías el hijo de Joyadá (2 Cr 24:20-22). Su asesinato se llevó a cabo en el atrio del Templo y está relatado hacia el final de lo que tal vez fue el último libro en el canon Hebreo. El rastreo va (para términos cristianos) de «Génesis a Apocalipsis». El problema es patronímico. Hay una posible solución. Así como Zacarías al profeta se le dio alternativamente el patronímico de su padre (Zac 1:1) o su abuelo (Esd 6:14), así es posible que Joyadá fuera el abuelo (no padre) del Zacarías de 2 Crónicas 24... una insinuación de que Joyadá vivió hasta los ciento treinta años de edad (2 Cr 24:15), que la hace más verosímil, puesto que el ministerio de Zacarías siguió inmediatamente a la muerte de Joyadá. Por lo demás, un desconocido Berequías habría por tanto tenido tiempo para ser el padre de Zacarías, vivir hasta la vejez, y morir antes de que la muerte de su propio padre le diera la oportunidad de servir como sacerdote principal. Eso habría dejado tiempo para un padre llamado Berequías. Pero no sabemos. Las inseguridades fundamentales de la crítica de texto en las tradiciones pertinentes (esp. LXX) complican el asunto. Para literatura y análisis, cf. Gundry, *Use of OT*, pp. 86-88; Garland, pp. 182-83.

---

f. Lamento sobre Jerusalén

23:37-39

[37]»¡Jerusalén, Jerusalén, que matas a los profetas y apedreas a los que se te envían! ¡Cuántas veces quise reunir a tus hijos, como reúne la gallina a sus pollitos debajo de sus alas, pero no quisiste! [38]Pues bien, la casa de ustedes va a quedar abandonada. [39]Y les advierto que ya no volverán a verme hasta que digan: "¡Bendito el que viene en el nombre del Señor!"»

Una equivalencia verbal casi exacta entre estos versículos y Lucas 13:34-35 casi hace seguro que tanto Mateo como Lucas están siguiendo la misma fuente escrita (¿Q?), y por eso que al menos uno de los dos evangelistas desplazó esta oración de su entorno en la vida de Jesús. Con seguridad el lamento es más integral al escenario en Mateo que en Lucas (cf. Suggs, pp. 64-66; Garland, pp. 187-97). Es indudable que Jesús se lamentó sobre la ciudad en otras ocasiones (Lc 19:41-44), y es característica la clara compasión de sus palabras (Mt 9:35-38).

El efecto del lamento es doble. Primero, matiza todos los ayes precedentes con compasión (observe el doble «Jerusalén» [cf. 2 S 18:33; 1 R 13:2; Jer 22:29; Lc 10:41; 22:31]). También hay un cambio de número de Jerusalén a pueblo de Jerusalén: «Tú [sing.] que matas ... que se te [sing.] envían ... reunir a tus [sing.] hijos ... no quisiste [sing.] ... la casa de ustedes [pl.] ... les advierto [pl.] ... no volverán [pl.] ... que digan [pl.]». El efecto es ir de la abstracción de la ciudad a lo concreto de la realidad de la gente. Los ayes de Jesús en Mateo 23 van por tanto mucho más allá de las frustraciones personales: son juicios divinos que, aunque iracundos, no invitan a cuestionar la realidad del amor divino (ver análisis en 5:44-45).

Segundo, las implicaciones cristológicas son inevitables, porque Jesús, sea identificándose con Dios o con sabiduría, afirma ser el único que ha anhelado reunir y proteger a su rebelde nación. Formulada en esos términos, el anhelo de Jesús solo puede pertenecer al Salvador de Israel, no a uno de sus profetas. A menudo se niega la autenticidad del lamento sobre la base de que el Jesús histórico no pudo haberlo expresado (e.g., Suggs, p. 66). Pero esta es una crítica extraña que a priori borra cualquier posibilidad de prestar atención al texto de tal modo que se oiga a un Jesús histórico, quien no sólo estuvo consciente de sus trascendentes orígenes sino quien en muchas maneras alegó sus orígenes como parte de su revelación compasiva y redentora.

37 Los vv. 37-39 preservan las últimas palabras de Jesús dirigidas a Israel registradas en público. Jerusalén, la ciudad de David, la ciudad donde Dios se reveló en su Templo, había llegado a ser conocida como la ciudad que mataba profetas y apedreaba a los enviados a ella. La muerte a pedradas, prescrita en la ley de Moisés en casos de idolatría (Dt 17:5, 7), hechicería (Lv 20:27) y varios otros delitos, también está establecida en el Mishná (M *Sanhedrin* 7:4) para los falsos profetas. Podría además ser la consecuencia de turbas violentas (21:35; Hch 7:57-58) o de conspiraciones, por lo cual según parece murió Zacarías (2 Cr 24:21). «Cuántas veces» quizá era una mirada a la historia de Israel; en otras palabras, que Jesús se identificaba con la trascendente perspectiva histórica de Dios (Jn 8:58); pero lo más probable es que «cuántas veces» se refiera a la duración del ministerio de Jesús. «Cuántas veces» durante este ministerio quiso reunir y proteger a Jerusalén (incluyendo por metonimia a todos los judíos) como una gallina reúne a sus pollitos (cf. Dt 32:11; Sal 17:8; 36:7; 91:4; Jer 48:40); porque a pesar de los ayes, Jesús, como dice el «SEÑOR omnipotente» en Ezequiel 18:32: «no quiere la muerte de nadie».

38 Este versículo podría aludir a Jeremías 12:7 y 22:5 (cf. Notas). «La casa de ustedes» en este contexto se puede referir a Jerusalén, puesto que el lamento se dirige primero a la ciudad (Klostermann; McNeile; Trilling [p. 86]), a Israel (Schniewind; Green; cf. Ga. 4:25-26 para un uso similar de «Jerusalén»), o al Templo en cuyos predios Jesús estaba predicando (21:23; 24:1) y cuya destrucción estaba a punto de ser profetizada (24:2; cf. Manson [*Sayings*, p. 127]; Davies [*Setting*, p. 298]). Parece no haber necesidad de escoger solo una de estas opciones; las tres están íntimamente relacionadas y surgen y caen juntas. Si «abandonada» (*eremos*) no es parte del texto (cf. Notas), el versículo significa «la casa de ustedes quedará abandonada como consecuencia de sus delitos» (Plummer). Lo más probable es que *eremos* sea original y dé a entender la destrucción explícita. Su «casa» quedará abandonada, sea por Dios (como en Jer 12:7) o por Jesús (cf. 24:1), quien es «Emanuel», «Dios con nosotros» (1:23; cf. Garland, pp. 202-3). El verbo «quedar» (*afietai*) puede significar «abandonada a enemigos», no sólo «abandonada». Pero puesto que las ideas están relacionadas, es innecesaria una alternativa.

39 E. Haenchen («Matthäus 23», *Zeitschrift für Katholische Theologie* 48, 1951, 56) sostiene que en los vv. 33-36 «sabiduría» (cf. Lc 11:49) se proyecta proféticamente *hacia delante* en cuanto a enviar a los profetas, pero en los vv. 37-39 se proyecta *hacia atrás* al envío de profetas. El último pasaje por tanto debe ser anacrónico. Pero la relación temporal entre los dos pasajes no es tan fuerte. Si los vv. 33-36 se proyectan hacia adelante al envío de los profetas, también expresan juicio sobre «esta generación». Si los vv. 37-39 se proyectan hacia atrás sobre los profetas ya asesinados, la referencia es hacia la manera en que Jerusalén ha actuado en el *pasado* (v. 37), un pasado que les está trayendo juicio (v. 38), y que se proyecta *hacia delante* a la futura consumación del mismo (v. 39).

La cita es del Salmo 118:26 (también en 21:9; cf. 21:42 en cuanto a otra cita de este salmo). Las palabras quizá las usaban los sacerdotes para saludar a los adoradores en el Templo. También, Jesús, el verdadero representante de Israel, debe llegar, victorioso y exaltado, y recibir saludos y homenaje de las autoridades religiosas (cf. France, *Jesus*, pp. 58-59). Debido a donde aparece en Lucas, «hasta» se podría referir al Domingo de Ramos, cuando la gente decía a voces tales palabras (Lc 19:38; cf. Mt 21:9); pero como Marshall señala (*Luke*, pp. 576-77), si el Domingo de Ramos aparece en Lucas, los clamores de la gente no son más que un cumplimiento irónico que aun señala hacia la consumación.

A lo que Mateo se refiere está perfectamente claro. El griego traducido de modo literal dice: «Ustedes no me verán desde ahora [*ap arti*] hasta que digan»; y *ap arti* está ligado a la consumación (cf. 26:29, 64). Así que el v. 39 señala, no a las apariciones en la resurrección de Jesús, sino a la Parusía. Cuando él regrese, todos lo reconocerán. El contexto supone firmemente que la Parusía augura juicio (cf. 24:30-31; Flp 2:9-11; Ap 1:7); pero la cita del Salmo 118 mantiene abierta la manera en que Jesús será recibido: como Juez consumador o Rey bien recibido (cf. Benoit; Schlatter; Goulder, pp. 429-30; Bonnard; contr. Garland, pp. 207-9 y la literatura citada aquí). Sin embargo, cualquiera que sea el resultado, la posibilidad inmediata es el desastre: «Y les advierto que ya no volverán a verme, etc.»; i.e., la prueba de que el juicio es inminente es que Jesús da la vuelta y no será visto de nuevo hasta el fin.

Así que Jesús abandona el Templo y se va (24:1); y sus palabras, que han hablado de juicio sobre Israel y consumación, suscitan las preguntas que hicieran sus discípulos por dos flancos y llevan al discurso en el Monte de los Olivos (caps. 24—25).

Notas

38 Si ἔρημος (*éremos*, «abandonada») se omite, como en B L[1184] it[ff2] et al., la alusión solo es a Jer 12:7; si se incluye, también podría ser una alusión a Jer 22:5 (cf. Gundry, *Use of OT*, p. 88). WH, descansando muy fuertemente en B, la omite; pero la evidencia externa es fuerte para la inclusión en Mateo, aunque la omisión en Lucas —donde la evidencia es mucho más débil y principalmente occidental— es más probable (cf. Garland, pp. 200-201, n. 120). La presencia de la palabra hace ligeramente más enfático el tema del juicio.

B. *Quinto discurso: Discurso en el Monte de los Olivos*

24:1—25:46

Pocos capítulos de la Biblia han provocado más desacuerdo entre sus intérpretes que Mateo 24 y sus paralelos en Marcos 13 y Lucas 21. La historia de la interpretación de este capítulo es sumamente compleja. La obra *Jesus and the Future*, de G.R. Beasley-Murray (Macmillan, Londres, 1954) es una guía admirable de trabajos realizados hasta 1954; y «Recent Studies of Mark 13», de David Wenham (*Bulletin TSF* 71, primavera de 1975, 6-15; 72, verano de 1975, 1-9) de manera concisa resume y critica algunas obras recientes hasta 1975, entre ellas A.L. Moore, *The Parousia in the New Testament* (Brill, Leiden, 1966); Lars Martman, *Prophecy Interpreted: The Function of Some Jewish Apocalyptic Texts 13 Par.*, CWK Gleerup, Lund, 1966; J. Lambrecht, *Die Redaktion der Markus-Apokalypse: Literarische Analyse und* Strukturuntersuchung, PBI, Roma, 1967; R. Pesch, *Naherwartungen: Tradition und Redaktion in Markus 13*, Patmos, Düsseldorf, 1968; Gaston; y France (*Jesus*). Además, existen grandes comentarios sobre cada uno de los evangelios sinópticos, así como artículos importantes sobre estos capítulos, y algunos trabajos populares sobre escatología, no pocos de ellos escritos por autores conservadores (cf. la bibliografía en Hoekema). Es necesario presentar superficialmente algunas de las dificultades y puntos exegéticos culminantes:

1. La naturaleza literaria de los capítulos 24—25 y de las analogías en Marcos y Lucas ha ocupado mucha atención de los eruditos. Por uno o dos siglos antes y después de Jesús, algunos escritos que ahora se describen como «literatura apocalíptica» florecieron en círculos cristianos y judíos. A lo mejor la clasificación no es precisa, y las formas variadas del género tienden a deshilacharse en los bordes. G.E. Ladd («Why not Prophetic-Apocalyptic?», JBL 76, 1957, 192-200) sabiamente ha sugerido que las revelaciones del NT, en especial este capítulo y la mayor parte del Apocalipsis, se interpretan como una fusión de literatura apocalíptica y profética. El simbolismo no es tan marcado como en obras indiscutiblemente apocalípticas, y el dualismo «arriba-abajo» típico de lo apocalíptico aquí más bien se encuentra silenciado. A menudo se señalan otras características de este discurso, en especial los imperativos frecuentes, sea en la segunda persona («tengan cuidado de que nadie los engañe», v. 4; «mírenlo para que no se alarmen», v. 6) o en tercera persona («no permitas que nadie en el campo regrese», v. 18).

2. En cuanto a las fuentes, primero está la pregunta acerca de si los sinópticos simplemente han juntado una imitación de los dichos de Jesús (algunos de los cuales pueden representar un «Sermón del Monte»), mezclada con otras tradiciones, o han seleccionado y han dado forma a material que se deriva de una declaración histórica única. Es indudable que dan la última impresión. Mateo, con sus fórmulas esquemáticas (ver en 5:1-2; 7:28-29), es especialmente claro al respecto. Aunque esta opinión es minoritaria, sin embargo se puede afirmar categóricamente que cada evangelista cree que su informe de la disertación es coherente. De ser así, parece demasiado postular fuentes antiguas procedentes de varias tradiciones, basándonos en discrepancias gramaticales y conceptuales disputables.

Segundo, aun se discute la relación entre los tres relatos sinópticos. Algunos han afirmado que Lucas 21 es suficientemente particular como para surgir de una tradición separada. Refiriéndose a estos dos temas, David Wenham, en algunos escritos inéditos que pronto aparecerán en forma de libro, aboga por una solución de crítica de fuente, no sólo ligando todos los registros de los evangelios sinópticos, sino también vinculándolos en un recuento único comprensible. Aunque la interpretación de Wenham está lejos de ser segura, el hecho de que sea capaz de desarrollar su punto de vista de modo tan riguroso muestra los peligros de las disyunciones históricas y literarias superficiales, a las cuales muchos críticos son aficionados.

Tercero, el Discurso del Monte de los Olivos está salpicado con citas del AT y alusiones que se añaden a la complejidad.

Cuarto, el discurso en sí indudablemente es una fuente de las epístolas tesalónicas (cf. G. Henry Waterman, «The Sources of Paul's Teachings on the 2nd Coming of Christ in 1 and 2 Thessalonians», JETS 18, 1975, 105-13; David Wenham, «Paul and the Synoptic Apocalypse», France y Wenham, 2:345-75), y Apocalipsis (cf. Gregory Kimball Beale, «The Use of Daniel in Jewish Apocalyptic Literature and in the Revelation of St. John», tesis de grado, Universidad de Cambridge, 1980, pp. 260-64, y la literatura allí citada). Si es así, entonces podemos decir que Jesús mismo determina el patrón para la escatología de la Iglesia.

3. Esta última declaración presupone, por supuesto, la autenticidad del material del discurso en los evangelios. Sin embargo, esto frecuentemente se niega basándose en que la «profecía» sobre la caída de Jerusalén seguramente es *ex eventu*, basada en el suceso mismo. Esto no es válido, puesto que, aparte de sus presuposiciones en contra de lo sobrenatural, Reicke («Synoptic Prophecies») ha demostrado que el lenguaje en el Discurso del Monte de los Olivos que profetiza la caída de Jerusalén está en buena parte en categorías del AT. No sólo es general, sino que no describe ningún detalle peculiar de lo que la historia dice de la guerra judía (66-73, d.C.). Reicke llega a concluir que el Discurso del Monte de los Olivos como se encuentra en cualquiera de los sinópticos *no se pudo* haber compuesto después del año 70, y que por tanto los sinópticos en sí tienen fechas anteriores (cf. Introducción, sección 6).

4. Numerosos detalles en el texto son muy discutidos y difíciles de entender: el significado de «el horrible sacrilegio» (24:15), el concepto de «el que lee, que lo entienda» (v. 15), sea que la «venida del Hijo del hombre» (vv. 27, 30) se refiera a su regreso en la consumación o a algo más (se han sugerido la Resurrección, Pentecostés, la caída de Jerusalén, y el crecimiento de la Iglesia), el alcance de «esta generación» (v. 34). La solución ideal es la que trata todo esto en la manera más natural posible.

5. Un término discutido, no en el texto sino en la vanguardia de la teoría interpretativa, es «inminente», que posee dos problemas relacionados y particulares. Uno se refiere a las expectativas del Jesús histórico, y está vinculado a la forma en que las varias partes del discurso se relacionan entre sí y con el v. 34: «Les aseguro que no pasará esta generación hasta que todas estas cosas sucedan». ¿Cuán «inminente» pensaba Jesús que era la venida del Hijo del hombre? (Vea más adelante, bajo 6).

El otro problema se refiere al significado de la palabra «inminente» en sí como se utiliza en discusión teológica —especialmente evangélica. Un diccionario la define como «amenazante»: como se aplica al retorno de Cristo, un «regreso inminente de

Cristo» significaría entonces que el regreso de Cristo estaba cerca, amenazaba. Difícilmente cualquiera utiliza «inminente» de esa forma, sino que lo entiende en un sentido especializado y teológico que significa «en cualquier momento»: «el inminente retorno de Cristo» entonces significa que Cristo puede regresar en cualquier momento. No obstante, los escritores evangélicos que utilizan la palabra se dividen en si «inminente» en el sentido de «en cualquier momento» se debe presionar para que signifique «en cualquier segundo», o algo más aproximado como «en cualquier período» o «en cualquier generación».

Las resoluciones dependen de dos aspectos. Primero, ¿cómo son las varias señales que presagian el retorno de Cristo para relacionarlas con un regreso «inminente»? La respuesta dispensacionalista clásica postula dos regresos (o, como ellos sostienen, un regreso en dos etapas): uno antes de que alguna de las «señales» aparezca, un «arrebatamiento» en que se lleva solo a la Iglesia y que puede ocurrir en cualquier segundo; y la otra después de que las señales aparezcan, un regreso que llevará a su consumación la historia tal como la conocemos. La mayoría coincide en que ningún pasaje en la Biblia enseña de manera clara un retorno en dos etapas. La teoría es en el mejor sentido una armonización teológica —por cierto no un enfoque en sí errado— de textos distintos.

Otras teorías exigen atención, incluyendo la de J. Barton Payne (*The Imminent Appearing of Christ*, Eerdmans, Grand Rapids, 1962), quien sugiere que, con los sucesos del año 70 d.C. ya detrás de nosotros, las «señales» restantes son tan generales que se pueden «cumplir» en cualquier generación. Por ende, las distinciones relacionadas con «inminencia» se vuelven discutibles. No faltan otras teorías. Por desgracia el significado de «inminente» es una cuestión tan global que cada teoría es en realidad todo un esquema escatológico que incluye exégesis detallada y amplia síntesis. Aunque el enfoque de este comentario es inductivo, y limitado principalmente al texto de Mateo, a su debido tiempo se presentarán algunas implicaciones para el debate.

Segundo, ¿en qué se basa el punto de vista de inminencia en «cualquier segundo», y cuán bien resiste un examen riguroso? La verdad es que la evidencia bíblica en ninguna parte aprueba inequívocamente el punto de vista de inminencia en «cualquier segundo», y con frecuencia incide negativamente, como lo ha demostrado R.H. Gundry (*The Church and the Tribulation*, Zondervan, Grand Rapids, 1973, esp. pp. 29 y sig.). No sólo todos los verbos relevantes del NT que expresan «esperar» o «aguardar» poseen un alcance semántico que incluye retardo necesario, sino que muchos pasajes del NT también de modo implícito excluyen una inminencia de «cualquier segundo» (24:45-51 [ver más adelante]; 25:5, 19; Lc 19:11-27; Jn 21:18-19 [cf. 2 P 1:14]; Hch 9:15; 22:21; 23:11; 27:24). No obstante, los términos «inminente» e «inminencia» retienen utilidad teológica si enfocan la atención en la expectativa ansiosa del regreso de Cristo característica de muchos pasajes del NT, un regreso que se puede realizar pronto, i.e., dentro de un breve período, ¡sin especificar que el período debe ser de un segundo o menos! Esto no es tan rígido como la opinión de «cualquier segundo», y de manera más imparcial representa la evidencia exegética.

6. Pero los asuntos interpretativos más difíciles se refieren a la estructura del discurso —cómo las partes se relacionan entre sí, con las preguntas iniciales de los

discípulos y con el todo. A primera vista, las preguntas de los discípulos y el tenor del discurso expresan que Jesús está tratando al menos con dos asuntos: la caída de Jerusalén y el regreso del Hijo del Hombre. Estos dos asuntos parecen estar entrelazados de modo tan estrecho que es imposible separarlos, y por tanto Jesús o Mateo (como resultó) los unieron erróneamente.

Muchos eruditos modernos adoptan esta opinión, y Desmond Ford (*The Abomination of Desolation in Biblical Eschatology*, University Press of America, Washington, D.C., 1979, p. 76) le ha dado un nuevo giro. Ford afirma que Jesús quiso decir que la Segunda Venida sucedería inmediatamente tras la caída de Jerusalén, todo dentro de la generación de sus oyentes, pero que en realidad esto fue una promesa accidental, como la declaración de Jonás: «Dentro de cuarenta días Nínive será destruida» (Jon 3:4). Por tanto, «es posible que [Jesús] creyera que si la iglesia primitiva demostraba ser fiel a su comisión misionera, y si la nación judía castigada se arrepintiera, el final acontecería en la misma era».

Sin embargo, la analogía con Jonás no es muy cercana, aunque sea solo porque la Parusía o Segunda Venida siempre se trata en el NT como cualitativamente distinta de todas las demás visitas divinas. Esta por sí sola marca el final de la historia, la última caída de juicio y bendición, y por tanto no es un hecho que se pueda posponer. Más importante, el v. 22 parece decir que Dios acelerará la consumación, no que la pospondrá, puesto que los días de tribulación se acortarán. Además en ningún lugar del NT hay un indicio claro de que la tardanza de la Parusía fuera consecuencia del pecado de la Iglesia (2 P 3:12 no constituye una excepción verdadera). Pero la opinión de Ford subraya el problema de la relación entre la caída de Jerusalén y la Parusía.

Con riesgo de mucha simplificación, podríamos agrupar algunas otras interpretaciones importantes del Discurso del Monte de los Olivos de acuerdo a cómo tratan este problema.

a. En 1864, T. Colani publicó su teoría del «pequeño apocalipsis». Según él, el Jesús histórico no mostró interés en un reino futuro: en lo que respecta a Jesús, el Reino era exclusivamente presente. El origen de Marcos 13 y sus paralelos por tanto se deben interpretar como un tratado preparado por judíos cristianos que enfrentaban persecución exactamente antes del 70 d.C. La respuesta del Jesús histórico a las preguntas de los discípulos solo fue Marcos 13:32 (Mt 24:36). Pocos siguen a Colani hoy día, aunque algunos han tratado de encontrar en el Discurso del Monte de los Olivos no un «pequeño apocalipsis» sino diferentes fuentes. Tomadas en conjunto, tales teorías van tras un método unificador: se supone que el material del discurso es tan disparejo que solo puede explicarse apelando a fuentes particulares no muy bien integradas por el redactor-evangelista. Sin embargo, muchos detalles en las distintas teorías parecen poco convincentes, y no tratan adecuadamente la cuestión de cómo pensó cada escritor de los sinópticos acerca del material que estaba editando. Si detectó alguna unidad, esta se debe encontrar; y si se encontró, ¿entonces qué principio metodológico se distingue entre la unidad impuesta por parte de un redactor sinóptico y la unidad latente en un discurso emitido por Jesús? En realidad se puede argumentar *a priori* en cuanto a las aparentes discrepancias textuales basado no en que el autor sinóptico no integró fuentes separadas, sino en cuanto a su condensada y selectiva presentación de material unificado en términos comprensibles para los primeros lectores, pero más susceptibles de ser malinterpretados hoy día.

b. Entre los comentaristas que encuentran amplia cohesión teológica en el Discurso del Monte de los Olivos, el enfoque más común —y el de la mayor parte de los evangelistas actuales— se encuentra ejemplificado por Broadus y Lane (*Mark*). Broadus sostiene que los vv. 15-21, 34 predicen la destrucción de Jerusalén, y al menos los vv. 29-31 hablan del regreso del Señor; pero «todo intento por asignar un punto definitivo de división entre ambos tópicos ha sido un fracaso». Si el retorno de Cristo se sitúa entre el v. 28 y el v. 29, entonces el v. 34 es difícil; si se pone después de los vv. 34, 36, 42, ¿cómo vamos a interpretar los vv. 30-31, 36? La solución es que los unos y los otros se entrelazan a propósito, tal vez bajo alguna clase de «reducción profética». El suceso cercano, la destrucción de Jerusalén, sirve como símbolo del acontecimiento distante. (En adición a los comentarios, cf. también Hoekema; Ridderbos, *Kingdom*, pp. 477-510.) Este enfoque es posible pero presenta dos debilidades. Debe esquivar con cuidado las referencias al *tiempo* en esta disertación (e.g., «inmediatamente después de aquellos días», v. 29; «esta generación», v. 34), y esto lleva a algunos de sus partidarios a la opinión de que Jesús estaba equivocado respecto to del *tiempo* de la Segunda Venida (e.g., Beasley-Murray). El v. 36 difícilmente apoya todo esto, porque una cosa es confesar ignorancia y otra estar totalmente equivocado.

c. Varios eruditos han negado que el Discurso del Monte de los Olivos hable de la caída de Jerusalén: todo se refiere a la Segunda Venida o Parusía. Lagrange, Schlatter, Schniewind y Zahn apoyan esta teoría de una forma u otra. Lagrange cree que el «horrible sacrilegio» tiene que ver con Jerusalén pero no con la «gran tribulación» (v. 21). Casi todos los que sostienen este punto de vista se ven forzados a decir que Lucas 21:20-24 —que es inevitablemente histórico— proviene de otro discurso, o que el evangelista lo modificó de modo consciente. Esto último parece ser un recurso desesperado en apoyo de una teoría débil. Es muy difícil imaginar que un lector cristiano de cualquiera de los sinópticos, en algún período durante los primeros cien años de existencia de estos documentos, dejara de ver una referencia a la destrucción de Jerusalén. Metodológicamente este enfoque va con quienes resuelven la cuestión de este discurso de otras formas, como los que afirman que representa un relato continuo de la historia cristiana.

d. Una antigua opinión (e.g., Alexander), ahora otra vez popular (Tasker; J.M. Kik, *Matthew Twenty Four*, Bible Truth Depot, Swengel, 1948), y que hace poco recibió apoyo exegético (France, *Jesus*, pp. 231 y sig.), sostiene que la caída de Jerusalén está a la vista en el discurso hasta el final del v. 35. Solo con la apertura del v. 36 aparece el segundo suceso. Esta interpretación tiene la ventaja de que hay una clara división entre las dos partes de la alocución, y se elimina estar yendo hacia atrás o hacia delante o apelar a «reducciones proféticas» o similares. Sus proponentes señalan que esta interpretación responde las dos preguntas de los discípulos. La primera, concerniente a la destrucción de Jerusalén y su Templo, obtiene casi una respuesta en el v. 15 («así que cuando vean…») pero solo en los vv. 29-31 recibe una respuesta explícita. Los versículos anteriores al 29 hablan de la gran angustia *que precederá* a los sucesos del

70 d.C. Pero se supone que la primera pregunta de los discípulos nunca se respondió de manera satisfactoria, a menos que los vv. 29-35 se refieran a la caída de Jerusalén en sí.

Si alguien objeta que es más natural interpretar los vv. 29-35 como una profecía que predice más la Segunda Venida que la destrucción de Jerusalén, esto, se nos dice, no sería tan obvio para los primeros lectores. Las perturbaciones celestiales (v. 29) son metáforas y símbolos de desastres políticos y nacionales (como en Is 13:10; 34:4). La venida del Hijo del Hombre en gloria y poder (v. 30) no es el regreso de Jesús a la tierra sino, como en Daniel 7, una venida celestial para confirmación, una referencia a la reivindicación de Jesús después de la Resurrección o a la caída de Jerusalén (26:64 comúnmente se interpreta entonces en la misma forma). El envío de los «ángeles» es la comisión de los «emisarios» o «misioneros» a reunir a los elegidos en la Iglesia (v. 31); porque a pesar del juicio del Señor sobre los judíos, la reunión de los elegidos continúa por medio de la predicación del evangelio.

Casey (pp. 172 y sig.) ha motivado algunas críticas, algunas de ellas convincentes. Es imposible una refutación detallada; sin embargo, se deben enfrentar las siguientes dificultades en esta interpretación.

1) Aunque el v. 15 solo habla del inicio de la angustia en Jerusalén (y esto es discutido), si el parecer de France fuera correcto, es difícil explicar cómo los vv. 21-22 pueden describir los simples preámbulos de la caída de Jerusalén. El v. 22 habla de los días que se acortarán: sin duda no significa que esos preámbulos de la caída de Jerusalén se acortarían para bien de los escogidos, ya que esto involucraría la conclusión de que la caída en sí sería una clemencia para con los elegidos.

2) Aunque los vv. 14-22 no mencionan de manera explícita la caída de Jerusalén, lo mismo puede decirse incluso con mayor vigor de los vv. 29-35. De modo similar, si los vv. 29-35 no mencionan la venida del Hijo del Hombre *a la tierra*, lo mismo puede decirse de 1 Tesalonicenses 4:16, donde en mi opinión esto se sugiere. En cualquier caso puede haber otras razones para que Jesús no mencione la caída de Jerusalén explícitamente en los vv. 15-22. El enigmático «el que lee, que lo entienda» (v. 15) podría pensarse que se trata de una clara insinuación de la verdadera importancia de la referencia de Jesús a la «abominación que causa desolación» de Daniel; o incluso podría ser que los autores sinópticos opinen que es obvia la referencia a Jerusalén. Según parece, Lucas pensó así (cf. Lc 21:20-24; y comentarios sobre el v. 15, más adelante).

3) Aunque no puede haber objeción a que el lenguaje de «la venida del Hijo del hombre» en ocasiones se refiera a algo que no sea la Parusía (vea en 10:23; 16:28), cuando eso ocurre, sin embargo, los problemas interpretativos son invariable y notoriamente complejos. Esto se debe a que la manera *regular* de tomar esa expresión, y el lenguaje que se relaciona con ella, son como una referencia a la Parusía. Compare bien 13:40-41; 16:27; 25:31; 1 Co 11:26; 15:52; 16:22; 1 Ts 4:14-17; 2 Ts 1:7; 2:1-8; 2 P 3:10-12; Ap 1:7 (cf. *Didaché* 16). Aquí hay referencias a la venida del Hijo del hombre, a los ángeles que reúnen a los elegidos, al sonido de la trompeta, a nubes, gloria y tribus de la tierra que se angustiarán, y a trastornos celestiales, todo claramente relacionado con la Parusía. Parece muy dudoso, por decir lo menos, que la manera natural de entender los vv. 29-35 es como referencias a la caída de Jerusalén.

4) Este enfoque a los vv. 29-35 es psicológicamente poco convincente por dos razones. Primera, exige una conexión íntima entre la caída de Jerusalén y la misión de los gentiles (v. 31), cuando en realidad la misión de los gentiles había estado prosperando, primero de manera informal y luego formalmente, por varias décadas. La caída del Templo sin duda ayudó a apoyar la teología cristiana acerca de Jesús como el verdadero sacrificio, sacerdote y templo; pero en sí no motivó de manera clara la misión gentil. ¿Por qué entonces se debe ofrecer aquí la conexión, casi como el punto culminante de este pasaje? Segunda, basándose aun en la interpretación bajo examen, los cristianos vieron la destrucción de Jerusalén como algo terrible, y el ataque de los romanos paganos como una abominación. Si también lo vieron como la reivindicación de Jesús, y como juicio sobre la nación judía, es muy comprensible; pero ¿podrían verlo como un cumplimiento de Daniel 7? Daniel 7 describe algo glorioso y espléndido, el final del reino del emperador pagano; pero el año 70 marca el éxito del emperador pagano. Aunque se sugiera que los autores sinópticos estén funcionando bajo una tipología opuesta —los paganos del AT ahora se igualan con los judíos— ¿es psicológicamente convincente afirmar que la antipatía entre judíos y cristianos era tanta que a estos últimos podía decírseles que el saqueo de Jerusalén fue su «redención» (Lc 21:28)?

5) La interpretación que France (*Jesus*, pp. 236-38) propone del v. 30, aunque aceptable, no convence del todo. Dice que todas las *tribus* (judías) de la nación (*ge*; NVI, «tierra»; vea en 5:5) se angustiarán. La palabra «tribu» (*fule*; NVI «nación»), bien utilizada con relación a gentiles en otra parte del NT solo en Apocalipsis, no es determinante (Ap 1:7; 5:9; 7:9; 11:9; 13:7; 14:6), aunque se debe reconocer que todas las demás referencias del NT, o se refieren a una tribu judía determinada, o dan claridad a una conexión judía específica. Más importante todavía, sin embargo, el v. 30 contiene una alusión a Zacarías 12:10-12; y otro uso similar del NT sobre este pasaje apoya la opinión de que el versículo se refiere a la Parusía. Esto parece ser evidencia suficiente para contraponer el significado confuso de *fule* propuesto por France.

6) Ya se insinúa a inicios del discurso (esp. en Mateo) que el lector debe tener en mente que al menos existen dos temas bajo análisis, no sólo uno: la caída de Jerusalén y la Segunda Venida (cf. vv. 3, 5, 14, 23-27). Por tanto, puesto que el lector ya sabe que debe esperar que se mencione la Segunda Venida, le sería difícil tomar de otra manera los vv. 29-31.

e. Una fuerte minoría de evangélicos adopta una forma u otra de interpretación dispensacionalista del discurso (S.E. English; A.C. Gaebelein; Walvoord; cf. John F. Walvoord, «Christ's Olivet Discourse on the End of the Age», BS 128 [1971], 109-16; 129 [1972], 20-32, 99-105, 206-10, 307-15). Quizá el punto de vista más común a lo largo de estas líneas toma los vv. 36-40 para referirse a un «arrebatamiento» secreto de la Iglesia, que se puede realizar en cualquier segundo; y los vv. 4-28 (o 15-28) para referirse a la Gran Tribulación, que dura siete años y culmina con la Segunda Venida (vv. 29-35). Walvoord añade mejoras. Sostiene que el v. 2 se refiere a la destrucción del año 70 d.C. La pregunta de los discípulos en el v. 3 consta de *tres* partes, la primera de las cuales trata con la caída de Jerusalén, Jesús no responde.

En este punto hay un cruce curioso de opiniones con escritores como Hare (pp. 177-79), quien afirma que Mateo, al escribir después de los sucesos del año 70, elimina toda referencia a la destrucción de Jerusalén, «escatologiza» incluso los vv. 15-28, y no responde la primera pregunta de los discípulos. Bajo el punto de vista de Hare en relación con la actividad editorial de Mateo, lo extraño es que el evangelista conserve esa primera pregunta. Toda la disertación, según Walvoord, trata de las características generales de la época (vv. 4-14), la gran tribulación (vv. 15-25) y la Segunda Venida (vv. 26-31), puesto que el «arrebatamiento» no se revela hasta Pablo. Por tanto, «ser llevado» en los vv. 40-41 significa «tomado en juicio». Walvoord toma «esta generación» (v. 34) como «esta raza» o algo así como «la generación que viva cuando comience la tribulación».

Esta interpretación es difícil de analizar de modo adecuado sin profundizar en el dispensacionalismo, incluyendo sus opiniones en «paréntesis» acerca de la Iglesia, algo más allá del alcance de este comentario. Si el dispensacionalismo se definiera inequívocamente en otro lugar en las Escrituras, entonces lo menos que se diría de la interpretación del capítulo 24 es que es internamente uniforme y que hace sentido con los indicadores de tiempo (e.g., «Inmediatamente después de la tribulación de aquellos días», v. 29, etc.). Aun entonces, sin embargo, esta interpretación enfrentaría varias dificultades, una o dos de ellas casi insuperables.

1) Se fuerza a adoptar un significado de «esta generación» posible pero extraordinariamente improbable (c. 34; ver más adelante).

2) Descansa fuertemente en el informe que Mateo hace del Discurso del Monte de los Olivos y tiene menos sentido con los paralelos de Marcos y Lucas. Uno de los muchos ejemplos de problemas que encierra es el recuento de Mateo de la pregunta de los discípulos, el que hace de modo distinto Marcos y Lucas; y la interpretación de Walvoord de este discurso depende casi por completo de Mateo. Aun si por armonización Walvoord pudiera mostrar que el v. 3 preserva de mejor forma la naturaleza tripartita de la histórica pregunta de los discípulos, debemos aún preguntarnos por qué Marcos y Lucas tienen esta pregunta como la tienen. Si el discurso como ellos lo presentan solo se puede explicar de manera adecuada en referencia a la pregunta de los discípulos como la conserva Mateo, entonces Marcos y Lucas no pueden interpretarse inteligentemente sin referirse a Mateo.

3) Mucho del dispensacionalismo, especialmente de clase antigua, afirma que el «arrebatamiento» no se menciona en este capítulo, y justifica esta opinión basándose en que Jesús no habla a la Iglesia sino a los judíos. Los dispensacionalistas utilizan esta disyunción para justificar varios puntos teológicos, pero son insensibles a las realidades históricas. Incluso después de Pentecostés la iglesia primitiva era totalmente judía. Aquí, antes de la pasión, Jesús no se está dirigiendo a la Iglesia, en su sentido posterior a Pentecostés; sino que *está* dirigiéndose, no a judíos oponentes, sino a discípulos judíos que constituirían la Iglesia. Una aplicación rígida de esta dudosa disyunción entre judíos e Iglesia por igual saca a la Iglesia del Sermón del Monte; sin embargo, no ve que 18:15-20, que trata con la Iglesia, también está dirigido, antes de la Pasión, a discípulos judíos.

4) Si aceptamos la interpretación dispensacionalista, la respuesta de Jesús no sólo debió haber sido poco clara para sus auditores sino casi engañosa. Su primera pregunta tiene que ver con el juicio de Jerusalén. Pero puesto que una parte sustancial de la respuesta de Jesús se indica en términos que tratan con la destrucción de

Jerusalén, ¿cómo podrían los discípulos pensar que Jesús *no* estaba respondiendo a su pregunta sino describiendo una *segunda* destrucción de la ciudad, a no ser que Jesús explícitamente repudiara lo que entendían? Pero él no hace eso. Por tanto, quizá es por eso que la identificación dispensacionalista de los vv. 15-28 como *exclusivamente* referentes a la gran tribulación después del arrebatamiento de la Iglesia, revelado o no revelado, no encuentre exponente hasta el siglo diecinueve. El enfoque dispensacional del Discurso del Monte de los Olivos se debe juzgar históricamente improbable en referencia tanto a la historia de Jesús como a la historia de la interpretación.

f. La opinión de Mateo 24, que este comentario defiende, encuentra claros cambios en el Discurso en el Monte de los Olivos, por tanto difiere de la segunda opción, pero trata con la ubicación e importancia de estos cambios en una manera original. David Wenham y el escritor, para nuestra mutua sorpresa, llegan a conclusiones independientes aunque similares acerca del Discurso del Monte de los Olivos. Una discusión sustentada nos ha beneficiado a ambos y nos permitió desarrollar las ideas originales con el resultado de que no puedo decir con exactitud lo que cada uno de nosotros contribuyó al pensamiento del otro. Wenham publicará sin duda su propio punto de vista de este discurso. Pero aquí reconozco estar en deuda con él.

En mi entendimiento del Discurso del Monte de los Olivos, los *discípulos* piensan en la destrucción de Jerusalén y el fin escatológico como una compleja y única red de sucesos. Esto se explica por la forma de sus preguntas. Jesús advierte que habrá demora *antes* del fin —una demora caracterizada por persecución y tribulación para sus seguidores (vv. 4-28), pero con un despliegue particularmente violento de juicio en la caída de Jerusalén (vv. 15-21; Mr 13:14-20; Lc 21:20-24). Inmediatamente después de los días de esa persecución sostenida, que caracteriza el período interadvenimiento, llega la Segunda Venida (vv. 29-31; cf. Guthrie, *NT Theology*, pp. 795-96). La advertencia en los vv. 32-35 describe todo el período de tribulación, desde la ascensión hasta la Segunda Venida. El período de tribulación ciertamente llegará, y la generación a la cual Jesús está hablando experimentará todas las características que señalan el retorno del Señor. Pero el tiempo exacto de ese retorno nadie lo sabe sino el Padre (vv. 36-44). Esta estructura se desarrolla en los tres sinópticos (aunque con diferencias significativas en énfasis), y los temas importantes que se desarrollan poseen importantes vínculos con otros libros del NT. Las preguntas de los discípulos quedan respondidas, y al lector se le exhorta a esperar el regreso del Señor y a vivir con responsabilidad, lealtad, compasión y valentía mientras el Maestro está ausente (24:45—25:46).

1. *Escenario*

24:1-3

¹Jesús salió del templo y, mientras caminaba, se le acercaron sus discípulos y le mostraron los edificios del templo.

²Pero él les dijo:

—¿Ven todo esto? Les aseguro que no quedará piedra sobre piedra, pues todo será derribado.

³Más tarde estaba Jesús sentado en el monte de los Olivos, cuando llegaron los discípulos y le preguntaron en privado:
— ¿Cuándo sucederá eso, y cuál será la señal de tu venida y del fin del mundo?

A diferencia de Marcos (12:41-44) y Lucas (21:1-4), Mateo omite la historia de la ofrenda de la viuda, en consecuencia asocia el Discurso del Monte de los Olivos de manera más cercana con los «ayes» del capítulo 23. Esto no significa que los capítulos 24—25 continúen con un discurso único. Todo cambia: el escenario, la audiencia, los temas principales. Pero Mateo sí vincula el vaticinio de la desolación (23:37-39) con la destrucción del Templo (24:1-2; para análisis, cf. Hummel, pp. 85-86; J. Lambrecht, «The Parousia Discourse», en Didier, pp. 314-18).

1 La salida de Jesús del *jieron* («complejo del Templo») puede ser simbólica (ver en 23:39). Esto también brinda oportunidad a los discípulos para llamar la atención de Jesús a sus varias estructuras. En Marcos y Lucas los discípulos llaman la atención de Jesús a la belleza de los edificios del Templo y a las grandes piedras sobre las cuales descansa (cf. Jos. Antig. XV, 391-402, xi. 3; Guerras V, 184-226 [v. 1-6]; Tácito *Historias* 5.8.12). Sea que los discípulos pensaran que estaban hablando de manera piadosa, o no, muestran que han subestimado o incluso malentendido la fuerza de las denuncias de Jesús en el capítulo 23 y en Lucas 11. Ellos siguen pensando en el Templo, sobre el cual Jesús ha proclamado desgracia, puesto que el verdadero centro de la relación entre Dios y el hombre se ha trasladado hacía Jesús mismo. En el capítulo 23 Jesús ya ha insistido en que lo que Israel hace con él, no con el Templo, determina el destino del Templo y de Israel nacionalmente.

2 Puesto que *tauta panta* («todo esto») es neutro y «edificios» (v. 1) masculino, algunos han sugerido que la pregunta de Jesús se refiere, no a los edificios, sino al discurso del capítulo 23, en especial el v. 36, y que se debe interpretar: «Entienden [metafóricamente "ven"] estas cosas, ¿verdad?» La respuesta positiva la sugiere la partícula *ou* («no», no traducida en NVI). Esto podría ser demasiado sutil: el pronombre demostrativo griego puede tener un antecedente irregular por varias razones (RHG, p. 704). Además, la partícula *ou*, que anticipa una respuesta positiva, desmerece a esta interpretación original; porque si Jesús piensa que sus discípulos han entendido, ¿por qué entonces procede de inmediato a responder de modo inequívoco la pregunta de ellos? No obstante, si la oración se toma en su manera general (NVI), la expectativa de una respuesta positiva es sumamente natural: ¡por supuesto que los discípulos ven los edificios! (Moule sin embargo tiene razón al decir que aquí es preferible utilizar una pregunta abierta; cf. *Idiom Book*, p. 159).

El pronóstico que Jesús hace de la destrucción del complejo del Templo es inequívoco, expresado en lenguaje del AT (cf. Jer 26:6, 18; Miq 3:12) y se repite de diversas formas en otros sitios (23:38; 26:61; Lc 23:28-31).

3 El Monte de los Olivos (ver en 21:1, 17) es un sitio apropiado para una disertación que trata con la Parusía (cf. Zac 14:4). Marcos especifica que Pedro, Jacobo,

Juan y Andrés (los primeros cuatro en Mt 10:2) hicieron la pregunta en privado. No es seguro si esto significa que estos cuatro fueron los únicos discípulos presentes o si fueron quienes hicieron la pregunta, puesto que «en privado» tanto en Mateo como en Marcos pone a los discípulos aparte de las multitudes, no algunos discípulos separados de los demás. La forma de la pregunta varía de evangelio a evangelio, y Mateo muestra la mayor independencia. No obstante, si suponemos razonablemente que en la mente de los discípulos su pregunta sobre la destrucción del Templo y las señales que lo presagiarán se vinculan con el fin del mundo y con el regreso de Jesús (cf. 16.27-28; 23:39; Lc 19:11-27), hay poco problema. Mateo hace explícito lo que estaba implícito y lo que Jesús reconoció como implícito en la pregunta de los discípulos.

«El fin del mundo» se utiliza seis veces en el NT (13:39, 40, 49; 24:3; 28:20; Heb 9:26), cinco de las cuales están en Mateo y denota el juicio final y la consumación de todas las cosas. (Heb 9:26 mira la Cruz como una introducción a la era que ha de venir y de este modo señala «el fin del mundo» [NVI].) *Parusia* («venida») se encuentra veinticuatro veces en el NT, cuatro de las cuales están en Mateo 24 (3, 27, 37, 39). El término puede referirse a «presencia», «llegada» o «venida» —la primera etapa de la «presencia»— y no requiere implicaciones escatológicas (2 Co 7:6; 10:10). No obstante, *parusia* está íntimamente asociada con el glorioso «aparecimiento» o «venida» de Jesús al final de la historia humana. (Para puntos de vista de su relación con la escatología del NT, cf. Turner, *Christian Words*, pp. 404-8; DNTT, 2:898-935.)

2. Dolores de parto (24:4-28)

a. Descripción general de los dolores de parto

24:4-14

4—Tengan cuidado de que nadie los engañe —les advirtió Jesús—. 5Vendrán muchos que, usando mi nombre, dirán: "Yo soy el Cristo", y engañarán a muchos. 6Ustedes oirán de guerras y de rumores de guerras, pero procuren no alarmarse. Es necesario que eso suceda, pero no será todavía el fin. 7Se levantará nación contra nación, y reino contra reino. Habrá hambres y terremotos por todas partes. 8Todo esto será apenas el comienzo de los dolores.

9»Entonces los entregarán a ustedes para que los persigan y los maten, y los odiarán todas las naciones por causa de mi nombre. 10En aquel tiempo muchos se apartarán de la fe; unos a otros se traicionarán y se odiarán; 11y surgirá un gran número de falsos profetas que engañarán a muchos. 12Habrá tanta maldad que el amor de muchos se enfriará, 13pero el que se mantenga firme hasta el fin será salvo. 14Y este evangelio del reino se predicará en todo el mundo como testimonio a todas las naciones, y entonces vendrá el fin.

Alexander va demasiado lejos al decir que el propósito de Jesús en estos versículos «no es decir cuáles son sino cuáles no son las premoniciones de la gran catástrofe a la cual se refiere». Por el contrario, todas las cosas (vv. 5-7) son señales de que Jesús regresa, y todas se manifestarían antes de que hubiera muerto la generación a la que Jesús se estaba dirigiendo. Pero aunque estas cosas muestran que el fin está cerca, ninguna estipula cuán cerca; y el tenor de la advertencia es que la tardanza sería importante y que en ese período los discípulos de Jesús no debían dejarse engañar por falsos mesías.

4-5 Una de las grandes tentaciones en tiempos de dificultad es seguir ciegamente a cualquiera que se proclama salvador y que promete ayuda. Es la tentación de poner la confianza (v. 4) en falsos cristos. Muchos «que vendrán en mi nombre» (v. 5) puede referirse a los que llegan en representación de Jesús; sin embargo, debido a las palabras que siguen debemos suponer que lo que ellos proclaman va más allá. Proclaman ser el Mesías, Cristo mismo. Ellos vienen «en su nombre», como si fueran él. Los falsos salvadores han aparecido en toda época, no sólo en el primer siglo (Hch 5:36; Jos. Antig. XX, 97-99, v. 1, 160-72, viii. 5-6, 188, viii. 10; Guerra II, 259, xiii.5, 433-56, xvii. 8-10; VI, 285-87, v. 2). Que esto gobierna los vv. 4-28 se clarifica mediante la segunda mitad de la inclusión literaria (vv. 26-28) que cataloga esta sección. (Con relación al paralelo de Marcos «yo soy», vea Lane, *Mark*, p. 457, n. 43.)

6-8 «Comienzo de dolores» (v. 8) en este contexto (en otro lugar en el NT en Hch 2:24 [«angustias»]; 1 Ts 5:3) surge de pasajes del AT tales como Isaías 13:8; 26:17; Jeremías 4:31; 6:24; Miqueas 4:9-10. Para entonces era casi una frase especial para «dolores de parto del Mesías», el período de angustia que precede a la era mesiánica (cf. SBK, 1:905; 4:977-78; TDNT, 9:667-74; cf. 2 Baruc 27:1—30:1; b *Shabbath* 118a; b *Sanhedrin* 98b). Pero «las guerras y rumores de guerra … hambres y terremotos» (vv. 6-7, de lo cual no era poco lo que se veía en el primer siglo; cf. Alford) no señalan el fin para validar las afirmaciones de los falsos cristos. Los seguidores de Jesús no deben alarmarse por estos sucesos. «Es necesario que eso suceda»; pero no será todavía el fin (v. 6). Esto es solamente «el comienzo de dolores» que se prolongarán durante el período entre los advenimientos. ¿Por qué «es necesario que [estos] sucedan»? La razón podría esconderse en la providencia de Dios, que puede brindar un refugio por fe (cf. 26:54). Pero también podría ser que durante este tiempo de reino inaugurado antes de que la era mesiánica consiga su esplendor, el conflicto sea inevitable, precisamente debido a que el Reino sólo se ha inaugurado. El conflicto se extiende no sólo a familias (10:34-37), sino a naciones e incluso a la naturaleza (cf. Ro 8:20-21; Col 1:16, 20).

El efecto de estos versículos, entonces, no es frenar el entusiasmo por el regreso del Señor sino advertir contra falsos cristos y una expectativa de una venida prematura basada en señales malinterpretadas

9-13 *Tote* («entonces», v. 9) es una palabra difícil (vea en 2:7). Solo en este capítulo se encuentra en los vv. 9, 10, 14, 16; 21, 23, 30, 40. Traducida «entonces» en el v. 9, se encuentra como «en aquel tiempo» en el v. 10. Por cierto no hay indicación de *secuencia* entre el v. 8 y el v. 9; es *durante* los «dolores de parto» que los discípulos de Jesús serán perseguidos y asesinados. «Ustedes» de manera clara se extiende más allá de los discípulos inmediatos, e incluye a todos los seguidores que Jesús tendría. La persecución aparecería temprano (cf. Hch 4:1-30; 7:59—8:3; 12:1-5; Ap 2:10, 12) y continuaría durante los «dolores de parto» contra un trasfondo de odio por parte del mundo entero (cf. Hch 28:22).

Dslipsis («persecución», «tribulación», «angustia») se presenta cuatro veces en Mateo, tres en este capítulo (13:21; 24:9, 21, 29), y se relaciona de modo significativo con la estructura del capítulo (ver en vv. 21, 29). Jesús establece *dslipsis* como característica de esta era (cf. 10:16-39) —un tiempo en que muchos se «apartarán» (*skandalisdsesontas*) de la fe (en cuanto al verbo, vea en 5:29; 13:21, 57) y se odiarán unos a otros (v. 10).

En este capítulo hay varias alusiones a Daniel (cf. Dn 11:35; lingüísticamente algunos mss. de la LXX de Daniel 11:41; cf. D. Wenham, «A Note on Matthew 24:10-12», *TyndaleBulletin* 31, 1980, 155-62, y en esp. Trotter) y un cierto paralelismo entre el v. 10 y los vv. 11-12. Quienes se apartan de la fe han sido engañados por falsos profetas, y los que se odian lo hacen debido a que la maldad abunda y el amor de muchos se enfría (cf. Trotter). Los creyentes profesantes, o están incluidos en esta descripción o son el foco de interés; pero solo aquellos que perseveren —en amor (v. 12) y a pesar de la persecución (vv. 9-11; cf. Ap 2:10)— serán salvos (v. 13). Deben «permanecer firmes» [resistir] hasta el *fin*: la responsabilidad individual persiste hasta al final de la vida, pero la responsabilidad colectiva hasta la final consumación. Parte del efecto de esta «tribulación», por tanto, es purificar el cuerpo de los discípulos profesantes: los que perseveran son salvos, como en Daniel 11:32, 34-35, y en otro lugar en Mateo (ver en 12:32; 13:21, 41; cf. 2 Ti 2:3, 10-13; 3:11; Heb 10:32; 11:27; 12:2-3; Stg 1:12, 5:11).

Las razones para apartarse pueden ser distintas. En 13:21 la causa es *dslipsis* («persecución» o «tribulación») y en 24:10-12 son los falsos profetas (ver en 7:15-23). Pero incluso aquí la falsa profecía encuentra algo de su atracción en medio de la desgracia y la persecución (vv. 4-9) de donde nace; y Mateo se preocupa poco en cuanto a si la fe se pierde por temor o violencia física o debido al engaño de los falsos profetas. El resultado es el mismo y debe esperarse a lo largo de esta era (cf. 7:15-23; 24:24; Hch 20:29-30; 2 P 2:1; 1 Jn 4:1).

14 Pero nada de esto significa que el evangelio del Reino (ver en 4:23) no se predica ni que su mensaje de salvación no se extiende por el mundo. A pesar de la persecución —y a menudo debido a esta (Hch 8:1, 4)— las buenas nuevas se «predican» (*kerujdsesetai*, vea en 4:17) «como testimonio a todas las naciones». La expresión en sí es neutra (vea en 8:4), y el evangelio traerá o salvación o maldición, según se reciba. En consecuencia el tema de la misión a los gentiles se hace explícito otra vez (ver en 1:1; 2:1-12; 3:9; 4:15-16; 8:11-12; 21:43; 28:18-20).

Notas

10 El pronombre recíproco ἀλλήλους (*allélous*, «unos a otros»), dos veces utilizado en este versículo, apenas logra ser estrictamente recíproco en cada caso.

b. Dolor agudo: la caída de Jerusalén

24:15-21

> [15]»Así que cuando vean en el lugar santo "el horrible sacrilegio", de la que habló el profeta Daniel (el que lee, que lo entienda), [16]los que estén en Judea huyan a las montañas. [17]El que esté en la azotea no baje a llevarse nada de su casa. [18]Y el que esté en el campo no regrese para buscar su capa. [19]¡Qué terrible será en aquellos días para las que estén embarazadas o amamantando! [20]Oren para que su huida no suceda en invierno ni en sábado. [21]Porque habrá una gran tribulación, como no la ha habido desde el principio del mundo hasta ahora, ni la habrá jamás.

Aunque muchos comentaristas sostienen que Mateo (pero tal vez no Marcos y con seguridad no Lucas) describe aquí no sólo la caída de Jerusalén sino la Gran Tribulación antes de la llegada del Anticristo (e.g., Hill, *Matthew*), los detalles en los vv. 16-21 son muy limitados geográfica y culturalmente para justificar este punto de vista. Para otras interpretaciones, vea los comentarios al principio de este capítulo. Para justificación del final de un pasaje bíblico en el v. 21 en lugar del más común v. 22, vea más adelante (en los vv. 21-22).

15 *Oun* («así que») puede servir o como una conclusión o solo como una conjunción de transición (cf. BAGD, pp. 592-93; BDF, par. 451.1 más app.; RHG, pp. 1191-92; Turner, *Syntax*, pp. 337-38), y a veces se puede dejar sin traducir; no presenta nada *temporalmente* nuevo. Si retiene alguna fuerza de deducción en este pasaje, es muy leve: «por lo tanto, cuando vean… entonces huyan». Habiendo caracterizado toda la época como un tiempo de *dslipsis* («angustia») durante la cual se predica el evangelio del Reino, Jesús continúa hablando de una parte de ese período en que particularmente habrá «gran angustia».

Bdelugma tes eremoseos significa «sacrilegio caracterizado por desolación», y deja poco claro si la abominación «causa» desolación (RVR; cf. McNeile, «lo abominable que asuela»; RSV, «el sacrilegio desolador») o solo es una indicación de esto. Lo primero es más probable. La expresión se encuentra cuatro veces en Daniel (8:13; 9:27; 11:31; 12:11). Daniel 11:31 con claridad se refiere a la profanación bajo Antíoco Epífanes (168 a.C.; cf. 1 Mac 1:54-61), quien erigió un altar a Zeus sobre el altar en que se quemaba la ofrenda, y allí sacrificó un cerdo, e hizo de la práctica del judaísmo una ofensa capital. Las otras referencias en Daniel se debaten más. Mateo y Marcos concuerdan solo con la LXX de Daniel 12:11; y «[a pesar de] la importancia principal de Daniel 9:27 para el significado de la expresión, 12:11 es contextualmente la referencia más apropiada en cuanto se refiere a los evangelios, puesto que alusiones a Daniel 11:40—12:13 rodean esta referencia a la abominación desoladora» (Gundry, *Use of OT*, p. 48).

Jesús, entonces, está identificando Daniel 9:27 y 12:11 con ciertos sucesos próximos a ocurrir; y la frase en paréntesis «el que lee, que lo entienda» es para llamar la atención del *lector* de Daniel hacia el verdadero significado de los pasajes. Esta frase en paréntesis no es una adición a Mateo (a menos que uno se aferre a la prioridad de

Mateo), puesto que ya se encuentra en Marcos. Mateo la entendió con claridad, no como algo al margen por parte de Marcos para llamar la atención de sus lectores hacia la importancia de este texto de evangelio, sino como algo alterno de Jesús para llamar la atención de sus oyentes que leían Daniel hacia la importancia de las palabras de Daniel; de allí la mención que Jesús hace «del profeta Daniel». Si la identificación que Jesús hace es una predicción del cumplimiento o un cumplimiento tipológico depende en gran parte de cómo se entienden los varios pasajes de Daniel sobre «abominaciones desoladoras» (RVR; «horribles sacrilegios», NVI).

Sin embargo, ¿a qué acontecimiento hace Jesús que se refiera este texto de Daniel? Algunos han sugerido el plan de Calígula de levantar un altar y normas paganas en los predios del Templo (40 d.C.), plan que no se realizó; pero la descripción en los versículos que siguen no se puede aplicar a eso. La ocasión obvia, en términos generales, es el año 70, aunque hay ciertas dificultades. Si bien, *topos* («lugar») puede referirse a la ciudad de Jerusalén (cf. BAGD, p. 822), el significado normal de *jagios topos* («lugar santo») es el complejo del Templo (cf. BAGD; Is 60:13; 2 Mac 1:29; 2:18; Hch 6:13: 21:28). Pero cuando los romanos ya habían profanado el Templo en el año 70, era demasiado tarde para que alguien en la ciudad pudiera huir.

El lenguaje de Marcos es menos explícito: «donde no debe estar» (Mr 13:14), en lugar de «que está en el lugar santo». Lucas resuelve el asunto: «Cuando vean a Jerusalén rodeada de ejércitos, sepan que su desolación ya está cerca» (Lc 21:20). Pero ahora no hay ninguna mención explícita de «el horrible sacrilegio». Posiblemente Jesús dijo algo ambiguo, tal como informa Marcos. Lucas, quien escribe a una audiencia gentil menos interesada en Daniel, enfatiza el aspecto de la advertencia. Mateo, quien cree que las alusiones a Daniel son importantes para una audiencia judía porque Jesús las señaló, hace referencia explícita al «horrible sacrilegio» y al «lugar santo», puesto que el que se levantara la abominación en el santo lugar es la inevitable consecuencia del ataque pagano.

Ya cuando los estandartes militares romanos (un águila de plata o bronce sobre un busto imperial, al que los soldados rendían un homenaje que no distaba mucho de ser adoración) rodearon Jerusalén, profanaron la ciudad. Algunos han afirmado que aunque Lucas se refiere a los ejércitos que se aproximan, Mateo y Marcos se refieren a los excesos de los zelotes que contaminaron el Templo antes del año 70 (que incluyó asesinato e instalación de un falso sumo sacerdote; cf. Jos. Guerra IV, 147-57, iii. 6-8; 162-92, iii. 10; 334-44, v. 4), cuando aun había tiempo de huir (e.g., Lane, *Mark*, p. 469; Gaston, *No Stone*, pp. 458 y sig.). De todos modos, existe la tradición bastante buena de que los cristianos abandonaron la ciudad, tal vez en el 68 d.C., aproximadamente a mitad del sitio.

16-19 Las instrucciones que Jesús da a sus discípulos acerca de qué hacer respecto al punto de vista del v. 15 son tan específicas que deben relacionarse con la guerra judía. La devastación se extendería mucho más allá de la ciudad; la gente en toda Judea debía huir a las montañas, donde los macabeos se habían escondido en cuevas. La mayor parte de los techos eran planos (cf. Dt 22:8; Mr 2:4; Hch 10:9), lugares agradables al aire del día. El v. 17 sugiere tal prisa que los fugitivos no tendrían tiempo de bajar las escaleras para buscar algo para llevar, sino que debían correr de techo en techo para evacuar la ciudad lo más rápido posible (cf. Jos. Antig. XVIII, 140, v. 3). Las personas en el campo no tendrían tiempo de ir a sus casas por sus capas (ver en 5:40). Sería especialmente espantoso (lit. «malo», aquí como un «¡ay!» compasivo) para las mujeres embarazadas y madres que estuvieran dando de lactar.

20 La huida es obviamente más dura en invierno. Huir en sábado haría el viaje más difícil puesto que pocos ayudarían, y muchos tratarían de no ir más allá de lo que se permitía caminar en un sábado. Jesús claramente espera que estos sucesos tomen lugar aunque la ley estricta del sábado está en efecto.

21 «Porque» presenta la razón de la fuga en los vv. 17-20: *dslipsis* («angustia», «tribulación») y de sufrimiento inaudito (cf. Dn 12:1; 1 Mac 9:27; Ap 7:14; Gundry, *Use of OT*, pp. 49-50). El salvajismo, la masacre, la enfermedad y la hambruna (madres que se comen a sus propios hijos) fueron monstruosos (cf. Jos. Guerra V, 424-38, x. 2-3), «como no ha habido desde el principio del mundo hasta ahora», y, según Jesús «ni habrá jamás». Ha habido un gran número de muertes —seis millones en los campos de concentración nazi, la mayoría judíos, y se calculan veinte millones bajo Stalin— pero nunca un porcentaje tan alto como el de una gran ciudad exterminada y esclavizada de modo tan total y doloroso como durante la caída de Jerusalén.

De esta «gran tribulación» los discípulos de Jesús debieron huir. Eusebio (*Historia eclesiástica* 3.5.2-3) dice que durante la huida bajo Tito (quien no reemplazó a su padre Vespasiano como oficial comandante hasta el año 69, después de la muerte de Galba), a muchos se les permitió huir (cf. Jos. Guerra V, 420-23, x. 1). Otros sostienen que los cristianos salieron en el 66 o 68.

El hecho de que Jesús prometa en el v. 21 que tal «gran tribulación» nunca será igualada sugiere que no se puede referir a la tribulación del fin del mundo; puesto que el siguiente suceso es el Milenio o el cielo nuevo y tierra nueva, parece absurdo decir que la «gran tribulación» no se repetirá. Al mismo tiempo, mediante estas observaciones Jesús finaliza su descripción de Jerusalén en Mateo y Marcos (Lc va al 21:24). (En cuanto a la manera en que la versión de Lucas en el discurso corresponde con este esquema, vea la próxima monografía de Wenham.)

Notas

---

18 Solo aquí y en Lucas 7:38 se utiliza ὀπίσω (*opíso*, «atrás») como adverbio (cf. Moule, *Idiom Book*, p. 86).

---

c. *Advertencias contra falsos mesías durante los dolores de parto*
24:22-28

[22]Si no se acortaran esos días, nadie sobreviviría, pero por causa de los elegidos se acortarán. [23]Entonces, si alguien les dice a ustedes: "¡Miren, aquí está el

Cristo!" o "¡Allí está!", no lo crean. ²⁴Porque surgirán falsos Cristos y falsos profe-tas que harán grandes señales y milagros para engañar, de ser posible, aun a los elegidos. ²⁵Fíjense que se lo he dicho a ustedes de antemano.

²⁶»Por eso, si les dicen: "¡Miren que está en el desierto!", no salgan; o: "¡Mi-ren que está en la casa!", no lo crean. ²⁷Porque así como el relámpago que sale del oriente se ve hasta en el occidente, así será la venida del Hijo del hombre. ²⁸Donde esté el cadáver, allí se reunirán los buitres.

22 Muchos problemas en la interpretación del Discurso del Monte de los Olivos se relacionan con la hipótesis de que «esos días» se refiere al período descrito en los vv. 15-21 y también al v. 29. Pero existen excelentes razones para concluir que los vv. 22-28 se refieren al período general de angustia presentado por los vv. 4-14, y que por tanto «esos días» se refiere al período total del cual los vv. 15-21 son solo una par-te: la «gran tribulación» (v. 21).

1. El término «elegidos» (en Mateo solo en 22:14; 24:22, 24, 31; más la variante en el 20:16) de manera más natural se refiere a todos los creyentes verdaderos, escogi-dos por Dios; por ende es razonable que aquí también se refiera a lo mismo.

2. De manera similar, *pasa sarx* (lit., «toda carne»; NVI, «nadie»; cf. Notas) normal-mente se refiere a todo el género humano, y es más amplio que «nadie en Jerusalén».

3. Los temas de los versículos siguientes ya se han tomado como características de toda la época (vv. 4-14), en especial la advertencia contra los falsos cristos (cf. vv. 4-5).

4. Ya se ha mostrado que el v. 21 hace un final apropiado de los vv. 15-21.

5. En su obra (ver en v. 21), Wenham plantea una clara tradición anterior a los si-nópticos, que abarca el contenido de los tres evangelios y que sugiere razones en cuanto a la selección individual de materiales. Esa tradición (levemente modificada por parte de Wenham) se presenta más o menos como sigue: Mt 24:15-20 = Mr 13:14-18 = Lc 21:20-23a; Lc 21:23b-24; Mt 24:20 = Mr 13:19; Mt 24:22-28 = Mr 13:20-23; Mt 24:29-42 = Mr 13:24-37 = Lc 21:25-36. Correcto o errado en relación con detalles de crítica de fuente, esta interpretación al menos hace que la relación entre los sinópticos tenga sentido hasta este punto, y apoya una transición lógica en-tre el v. 21 y el v. 22 de Mateo 24.

6. Otros argumentos literarios y estructurales adicionales sugieren que los vv. 4-28 deben tomarse como de un solo período, con los vv. 15-21 como parte crítica de este (vea en v. 29).

Aunque ninguno de estos argumentos es decisivo, todos son razonables y nos ayu-dan a entender el discurso total. Si son correctos, entonces el v. 22 nos indica que este período de evangelización y angustia —guerras, hambrunas, persecución, odio, falsos profetas— será tan malo, que si no se acortara, nadie quedaría vivo. En un siglo que ha visto dos guerras mundiales, que ha vivido bajo la amenaza de una extinción por holocausto nuclear, y que ha tenido más cristianos mártires que en todos los die-cinueve siglos anteriores juntos, la predicción de Jesús no parece exagerada. Pero la época no seguirá su curso; se acortará. (En cuanto a una idea algo similar, ver el apo-calipsis judío en 2 Bar 20:1-2; 83:1.) Esta promesa permite que los creyentes esperen la intervención soberana y definitiva de Dios sin predecir fechas.

23-25 Tanto una credulidad vacía como un escepticismo crónico son grandes enemigos de la verdadera fe. La fe cristiana involucra la sensata responsabilidad de no creer mentiras ni confiar en impostores. A medida que proliferen los falsos cristos y los falsos profetas (v. 24), proliferarán sus heraldos (v. 23). Los discípulos de Jesús no deberán caer en el engaño, ni siquiera ante señales y milagros espectaculares (ver en 7:21-23; 16:1; para el plazo, 12:38; 18:12-13; cf. 24:4-5, 11). La charlatanería es perenne (Dt 13:1-4; Ap 13:13).

Ei dunaton («de ser posible») no pone más en duda la seguridad de los elegidos (contr. I.H. Marshall, *Kept by the Power of God*, ed. rev., Betania, Mineápolis, 1975, pp. 72-73) que lo que pone en duda la naturaleza inevitable de la copa de Jesús (26:39). Si el término «engaño» expresa propósito (i.e., «a fin de engañar»; cf. Notas), «de ser posible» se refiere al intento de los engañadores: ellos intentan engañar, si es posible, incluso a los elegidos —sin ningún comentario sobre cuánto éxito tendrán en definitiva esos ataques—. «Si fuera posible» sugiere claramente que el «engaño» no siempre tiene resultado. Que Jesús diga estas cosas con anticipación (v. 25) no sólo advierte y fortalece a sus seguidores (cf. Jn 16:4) sino que también los pone a prueba (cf. Dt 13:1-4: Jn 14:29).

26-27 No tiene sentido esperar el regreso del Mesías en el desierto (v. 26; cf. 4:1) ni en espacios interiores (cf. 6:6), ya sea una comunidad monástica del desierto algún desconocido enclave para adeptos (cf. Stendahl, Peake). ¡Todo lo contrario! La venida del Hijo del Hombre (vea en 8:20; aquí su venida se identifica con claridad como «tu venida [de Jesús]», v. 3, y la venida del Mesías vv. 23-24) será pública, incuestionable, y no reservada a un pequeño grupo de iniciados. Como el relámpago (cf. Sal 97:4; Zac 9:14) que viene del este pero que es visible en todo lugar, aun en el oeste (Weiss, Broadus), la venida del Hijo del Hombre será visible para todos en todo lugar (TDNT, 8:433-34).

28 Aquí Jesús cita un proverbio (cf. Job 39:30; Lc 17.37). Es erróneo las «águilas» (RVR): «aves rapaces» (NVI) es correcto. *Aetos* puede significar «águila», «milano» o «ave rapaz»; pero las águilas normalmente no comen carroña. El proverbio en sí es difícil.

1. Calvino, siguiendo a algunos Padres, lo ve como una descripción de hijos de Dios que se reúnen para alimentarse de Cristo. ¡Pero en realidad es extraño identificar a Cristo con carroña!

2. Otros ven una alusión a las águilas de la milicia romana, con las fuerzas romanas que trepan sobre la depravada Jerusalén. No obstante, las águilas no son aves de rapiña; y el versículo precedente se relaciona con la Parusía, no con la caída de Jerusalén.

3. Hill y otros piensan que la reunión de aves rapaces indica que la Parusía está cerca. Pero debe haber carroña antes de que las aves de rapiña se reúnan; por tanto el simbolismo se viene abajo, porque las «señales» atestiguan la realidad sólo después del hecho.

4. Manson (*Sayings*, p.147) resalta la rapidez de la venida del Hijo del hombre: la carroña no está allí antes de que los buitres se agolpen (Ez 17:3, 7; Ap 4:7; 8:13; 12:4). Pero en pasajes donde el *aetos* («águila» o «buitre») simboliza velocidad, se entiende

que significa un «águila». ¿Por qué entonces asignarla a un entorno donde se debe tomar como un buitre?

5. El proverbio puede ser una manera pintoresca de decir que las cosas suceden justo en el momento correcto (Broadus); por tanto aquí y en Lucas 17:37 se aplica a la Segunda Venida del Hijo del hombre. Al concluir esta amplia sección (vv. 4-28) queda este pensamiento: No anhelen tanto la venida de Cristo, o serán engañados por impostores (vv. 23-26). Cuando él venga, su venida será inconfundible (v. 27), en el calendario de Dios (v. 28). Será un día en que el mundo estará maduro para juicio (Zahn; vea en v. 6).

6. Este enigmático proverbio puede simplemente querer decir que para la humanidad será imposible no ver la venida del Hijo del Hombre (cf. v. 27) como es para los buitres dejar de ver la carroña (Klostermann).

Notas

22 En cuanto los aoristos en este versículo, vea Zerwick, par. 317. La interpretación de οὐ ... πᾶς (ou ... pas, lit., «no ... todo») se dice con frecuencia que representa al hebreo כל ... לא (lo ... col), equivalente al griego οὐδείς (oudeis, «ninguno»; e.g., Zerwick, par. 446; pero al semitizar se extiende aun más allá hasta οὐ ... πᾶσα σάρξ (ou ... pasa sarx, lit., «no ... toda carne», i.e., ninguna persona).

24 Sería de lo más natural esperar que la construcción ὥστε πλανῆσαι (jóste planésai, «engañar»), fuera consecutiva, y así puede ser (Moule, *Idiom Book*, p. 143); pero la misma construcción puede tener fuerza definitiva (Zerwick, par. 352), como la expresión paralela en Marcos 13:22.

3. Venida del Hijo del hombre
24:29-31

29»Inmediatamente después de la tribulación de aquellos días,

»"se oscurecerá el sol
y no brillará más la luna;
las estrellas caerán del cielo
y los cuerpos celestes serán sacudidos".

30»La señal del Hijo del hombre aparecerá en el cielo, y se angustiarán todas las razas de la tierra. Verán al Hijo del hombre venir sobre las nubes del cielo con poder y gran gloria. 31Y al sonido de la gran trompeta mandará a sus ángeles, y reunirán de los cuatro vientos a los elegidos, de un extremo al otro del cielo.

Mateo esencialmente imita a Marcos (13:24-27; cf. Lc 21:25-28) pero añade la alusión a Zacarías acerca de la angustia (v. 30) y el sonido de la trompeta (v. 31).

29 En cuanto a razonamientos generales de que los vv. 29-31 se refieren a la Parusía, no a la venida del Hijo del Hombre en los sucesos del 70 d.C., vea en los vv. 1-3. Marcos enmarca la última sección (Mr 13:5-23 es análogo a Mt 24:4-28) con *blepete* («tengan cuidado») en Marcos 13:5, 23. Mateo no tiene nada similar, pero el efecto es el mismo porque el v. 29 inicia la nueva etapa con «inmediatamente después de la tribulación [*dslipsis*] de aquellos días», una clara referencia anterior a *dslipsis* de los vv. 9, 22, no a la «gran tribulación» de los vv. 15-21. En consecuencia, las señales celestiales y la venida del Hijo del Hombre no siguen inmediatamente al horrible sacrilegio, sino a la «tribulación de aquellos días», es decir, de todo el período durante advenimiento de *dslipsis*.

Los portentos cósmicos (cf. esp. Is 13:9-10; 34:4; pero también Ez 32:7; Jl 2:31; 3:15; Am 8:9; Ap 6:12) tal vez se deban tomar de manera literal, debido a la naturaleza culminante de la alocución final del Hijo del hombre. Pero esto no es claro, porque en algunos contextos políticos se utilizan expresiones similares de modo metafórico (ver en 24:1-13).

30 «La señal del Hijo del hombre» se ha interpretado en tres maneras principales.

1. Algunos de los padres después del escenario constantiniano pensaban que se refería a la visión de Constantino de una cruz en el cielo, con las palabras «En esta señal, conquistad». Es una interpretación tanto anacrónica como fantástica.

2. Más comúnmente se supone que «la señal» es la venida de Jesús, con «el Hijo del Hombre … en el cielo» como una explicación adicional de «la señal». Los judíos habían pedido una señal (12:38; 16:1; cf. Jn 2:18) en repetidas ocasiones, y los discípulos habían pedido una señal de su venida (v. 3). La «señal» suprema es su segunda venida al fin del mundo. Esta interpretación es posible, aunque quizá algo forzada. Cuando los judíos pidieron una señal, Jesús les refirió a «la señal de Jonás» (12:39-41), no a su Segunda Venida. La pregunta más específica de sus discípulos (v. 3) quedó respondida parcialmente mediante los vv. 4-28, con una respuesta más completa en los vv. 32-35.

3. T.F. Glasson («The Ensign of the Son of Man (Matt. xxiv, 30)», JTS, 1964, 299-300) ofrece la mejor explicación. Señala que una comparación cuidadosa de los vv. 30-31 con los paralelos sinópticos muestra que Mateo ha añadido mención tanto de la «señal» como de la «trompeta». Pero *semeion* («señal») comúnmente significa «insignia» o «estandarte», ambos términos en la literatura griega pagana y en la LXX; y tanto «estandarte» como «trompeta» regularmente se asocian con la reunión escatológica del pueblo de Dios (cf. v. 31; Is 11:12; 18:3; 27:13; 49:22; Jer 4:21, 6:1; 51:27, 1QM 3:1-4:2). Por tanto, *semeion* tiene dos diferentes significados en este capítulo (vv. 3, 30), lo que es un fenómeno muy común en el NT. Teológicamente esto significa que el Reino se está consumando. El estandarte, símbolo del Hijo del hombre, se despliega en los cielos, mientras regresa en esplendor y poder.

El hecho llevará a que se angustien «todas las razas de la tierra», una alusión a Zacarías 12:10-12; quizá tomada en forma directa del TM (cf. Gundry, *Use of OT*, p. 53; cf. Jn 19:37; Ap 1:7). En Zacarías la referencia es a las tribus de Israel en la nación, y la angustia es de arrepentimiento. Quienes imitan a Kik y France desean mantener el primer vínculo con el AT (las tribus de Israel) pero no con el segundo (la angustia;

vea en 24:1-3). La mayor parte de los eruditos ven la angustia (v. 30) como de desesperación, no de arrepentimiento (Ap 1:7; 6:15-17); y ya hemos abogado por la traducción «todas las razas de la tierra» (NVI), en vez de «todas las tribus de la tierra».
Por tanto parece que ningún nexo con el AT es simple, y debemos buscar un vínculo
más profundo.

Lo que descubrimos implícito es un argumento de mayor razón. En Zacarías 12, el
SEÑOR capacita a la casa de David y de Judá para que extermine a sus enemigos; y en
consecuencia los judíos lloran, aparentemente en contrición por sus pecados pasados
a la luz de la liberación y la salvación misericordiosas del SEÑOR (cf. también Zac
13:1-2). No obstante son los enemigos gentiles los aplastados. Si entonces los judíos
enfrentan juicio y angustia (vv. 15-21), aunque no sólo Jerusalén sino *todas las naciones* (v. 9) han odiado a los discípulos de Jesús, ¿*cuánto más* todas las naciones de la
tierra, a quienes se ha predicado el evangelio (v. 14), también se angustiarán en la Segunda Venida, cuando las oportunidades perdidas y la persecución de Jesús, por medio de la persecución de sus discípulos, serán vistas como lo que en realidad son?

La siguiente alusión en el v. 30 es a Daniel 7:13-14. Algunos han objetado que
puesto que en la visión de Daniel «alguien con aspecto humano» se acerca al trono
del «venerable Anciano» y no desciende a tierra, el v. 30 y sus análogos no pueden estar hablando de la Segunda Venida, que requiere descender a la tierra. La objeción
pierde su importancia. En Daniel «alguien con aspecto humano» se acerca a Dios
para recibir toda autoridad, gloria y poder soberano, «un dominio eterno que no pasará». En el esquema de la escatología del NT, podemos imaginar a Jesús el Hijo del
Hombre que recibe el Reino mediante su resurrección y ascensión, su divina reivindicación, de modo que toda autoridad es suya (28:18). Sin embargo, es igualmente
posible verlo a él recibiendo el Reino en la consumación, cuando su dominio y su reino se vuelvan directos e inmediatos, indiscutibles y universales. A menos que se
piense en la ubicación del venerable Anciano en algún sentido físico y espacial, es difícil imaginar por qué el acercamiento de Cristo a Dios Padre para recibir el Reino
no se pueda combinar con su retorno a la tierra a fin de establecer el reino consumado. Esta interpretación va bien con su vívido contexto.

El Hijo del hombre, cuyo estandarte ha sido desplegado, viene «en [*epi*] las nubes
del cielo» (cf. 26:64; Ap 14:14-16); es dudoso si se han marcado distinciones claras
entre esta expresión y «en [*en*] las nubes del cielo» (Mr 13:26; Lc 21:27) o «con [*objetivo*] las nubes del cielo» (Mr 14:62 [NVI, «en»]; Ap 1:7). Las nubes simbolizan la
presencia de Dios (vea en 17:5): Emanuel («Dios con nosotros») viene «con poder y
gran gloria». La última frase no sólo asegura que la venida se verá universalmente y
que será inequívocamente clara (cf. vv. 26-28, 30), sino que puede aludir a Isaías
11:10: las naciones correrán hacia la «raíz de Isaí», y su lugar de descanso será (lit.)
«la gloria» (cf. M.G. Kline, «Primal Parousia», WTJ 40, 1977-78, 274).

31 El fuerte sonido de trompeta (cf. Is 27:13; 1 Co 15:52; 1 Ts 4:16) es una figura escatológica (ver en v. 30). Solo con gran dificultad se puede interpretar el v. 31 como
referencia a misiones cristianas; sus relaciones lingüísticas naturales están en 13:41.
En cuanto a comentarios sobre «los elegidos», vea en 22:14; 24:22. Los «cuatro vientos» representan los cuatro puntos cardinales (Ez 37:9; Dn 8:8; 11:4). Los elegidos se

reúnen de todo lugar (cf. 8:11), «desde un extremo del cielo al otro» (de todo lugar bajo el cielo), puesto que así es como el evangelio del Reino se habrá esparcido (v. 14). Aunque todas las naciones de la tierra se lamentarán, los elegidos serán sacados de esas naciones.

4. *Importancia de los dolores de parto*
24:32-35

> ³²»Aprendan de la higuera esta lección: Tan pronto como se ponen tiernas sus ramas y brotan sus hojas, ustedes saben que el verano está cerca. ³³Igualmente, cuando vean todas estas cosas, sepan que el tiempo está cerca, a las puertas. ³⁴Les aseguro que no pasará esta generación hasta que todas estas cosas sucedan. ³⁵El cielo y la tierra pasarán, pero mis palabras jamás pasarán.

32-33 Esta «lección» (*parabole*, lit., «parábola»; vea en 13:3a; 15:15) de la higuera (cf. 21:18-22) se basa en la observación común de que cuando las ramas se ponen tiernas antes del verano, se sabe que el verano se acerca (v. 32). Aunque el griego es confuso, el «ustedes saben» de la NVI es preferible al imperativo de la RVR «aprended». La «parábola» señala la relación entre «todas estas cosas» y «está cerca» (v. 33). No es claro si el antecedente del tiempo que está cerca es la Parusía de Jesús, el Hijo del hombre. Jesús a veces habló de sí mismo en tercera persona (v. 31) y aquí podría estar haciendo lo mismo. Pero independientemente de a lo que se refiera «el tiempo que está cerca», no hay duda de que es la proximidad de la Segunda Venida lo que está a la vista.

«Todas estas cosas» es más problemático. Si incluyen las señales celestiales *y la parusía misma* (vv. 29-31), los vv. 32-33 son ilógicos, puesto que cualquier distinción entre «todas estas cosas» y «está cerca» se destruiría. Por eso muchos han sugerido que los vv. 32-33 constituyen una parábola fuera de lugar, lo que una vez más diría que los sinópticos eran menos inteligentes que sus críticos dos milenios más tarde. La manera más natural de tomar «todas estas cosas» es verlas como si se refirieran a la angustia de los vv. 4-28, la tribulación que viene a los creyentes durante el período entre la ascensión de Jesús y la Segunda Venida.

Habiendo advertido a sus discípulos del curso de este período (vv. 4-28) y habiéndoles dicho sobre el punto culminante de la Segunda Venida (vv. 29-31), en estos versículos Jesús responde la parte de las preguntas de sus discípulos (v. 3) que tienen que ver con el tiempo. Él resalta dos puntos. Primero, «todas estas cosas» (vv. 4-28) deben suceder; y luego que la Parusía está «cerca, exactamente a las puertas»; «inminente». En otras palabras la Parusía es el próximo paso importante en el propósito redentor de Dios. Segundo, esto no significa que el período de angustia puntualice la Parusía o Segunda Venida, puesto que «nadie sabe el día ni la hora» (vv. 36-42).

34 «Les aseguro» enfatiza la importancia de lo que se va a decir. «Esta generación» (vea en 11:16; 12:41-42; 23:36; cf. 10:23; 16:28) es sumamente difícil creer que pueda referirse a otra que no sea la generación que vivía cuando Jesús hablaba. Aunque pensar que «generación» pueda tener en sí un alcance semántico ligeramente mayor para hacer que *esta generación* se refiera a todos los creyentes en cada época, o a la generación de creyentes vivos cuando los sucesos escatológicos se inicien, es bastante rebuscado. Sin embargo, no debe por eso deducirse que Jesús pensara equivocadamente que la Segunda Venida ocurriría dentro del lapso de vida de sus oyentes. Si nuestra interpretación de este capítulo es correcta, todo lo que el v. 34 afirma es que la angustia de los vv. 4-28, incluyendo la caída de Jerusalén, sucede dentro del lapso de vida de la generación que vivía en ese entonces. Esto *no* significa que la angustia deba finalizar dentro de ese tiempo, sino que «todas esas cosas» sucederán dentro de ese tiempo. Por tanto el v. 34 pone un *terminus a quo* a la Segunda Venida: no puede suceder hasta que los sucesos de los vv. 4-28 se lleven a cabo, todo dentro de una generación del 30 d.C. Pero no existe *terminus ad quem* para esta angustia diferente a la Segunda Venida misma, y «solo el Padre» sabe cuándo sucederá (v. 36).

35 La autoridad y validez eterna de las palabras de Jesús son nada menos que la autoridad y validez de las palabras de Dios (Sal 119:89-90; Is 40:6-8).

5. *Desconocimiento de la hora y el día: necesidad de estar preparados* (24:36-42)

a. *El principio*

24:36

36»Pero en cuanto al día y la hora, nadie lo sabe, ni siquiera los ángeles en el cielo, ni el Hijo, sino sólo el Padre.

36 Muchos comentaristas leen el v. 36 con el párrafo anterior; pero va mucho mejor con los versículos siguientes, que constituyen una exhortación a estar bien vigilantes porque, como la humanidad desconoce el día y la hora, la vida seguirá como siempre. El *gar* («porque») a principio del v. 38 no se debe pasar por alto, como en la NVI.

La esencia del v. 36 es muy clara. A los discípulos de Jesús se les lleva moralmente a evitar los deseos de conocer lo que nadie sabe sino sólo el Padre —ni siquiera los ángeles (cf. 18:10; 4 Esd 4:52) o el Hijo (cf. Notas). Si ni el mismo Hijo sabe el momento de la Segunda Venida, «con cuánto gozo podríamos nosotros sus seguidores permanecer en una ignorancia que no puede erradicarse, confiando para todo en la sabiduría y bondad de nuestro Padre celestial, luchando por obedecer su voluntad claramente revelada, y descansando en su bondad que nos conforta» (Broadus). Además es ridículamente fuera de contexto decir que aunque el día y la hora son desconocidos, indagaremos el mes y el año.

El desconocimiento confesado del mismo Jesús acerca de este punto ha generado no poca discusión. Es más, es parte del patrón del NT de su humillación y encarnación (e.g., 20:23; Lc 2:52; Hch 1:7; Flp 2:7). El Evangelio de Juan, que de los cuatro evangelios es el que insiste con más claridad en la deidad de Jesús, insiste también con igual vigor en la obediencia y dependencia de Jesús en su Padre —dependencia que llegaba incluso a su conocimiento de lo divino. Cómo la insistencia del NT sobre la deidad de Jesús se debe combinar con la insistencia del NT en su desconocimiento y dependencia constituye un asunto de profunda importancia para la Iglesia; se deben evitar intentos de deshacerse de una verdad por el bien de preservar la otra. (En cuanto a un intento de desarrollar algunas de estas cosas, cf. Carson, *Divine Sovereignty*, pp. 146-60.)

Notas

36 Las palabras «ni el Hijo», aunque textualmente seguras en Marcos 13:32, son discutibles aquí. La mayoría de los mss. más tardíos y אª apoyan la omisión. Tal omisión quizá se debió a la dificultad doctrinal presentada por las palabras; pero sorprende un poco que Marcos 13:32 no haya sufrido distorsión similar. En realidad se podría sostener que la omisión en Mateo es original, y que las palabras se añadieron por similitud a Marcos. El argumento más convincente a favor de retener las palabras en Mateo es gramatical (cf. Metzger, *Textual Commentary*, p. 62). La curiosa sugerencia de Jeremías (*Prayers*, p. 37), de que «ni el Hijo» es una adición posterior tanto en Mateo como en Marcos, que hace explícitas las implicaciones de «sino sólo el Padre», no sólo carece de respaldo textual sino que también es una novedad cristológica intrínsicamente improbable.

b. *Analogía de los días de Noé*

24:37-39

> ³⁷La venida del Hijo del hombre será como en tiempos de Noé. ³⁸Porque en los días antes del diluvio comían, bebían y se casaban y daban en casamiento, hasta el día en que Noé entró en el arca; ³⁹y no supieron nada de lo que sucedería hasta que llegó el diluvio y se los llevó a todos. Así será en la venida del Hijo del hombre.

37-39 (Vea también Mr 13:33 y Lc 17:28-32, aunque el último pasaje está en un contexto diferente, y su estructura y fraseología son muy distintas). El *gar* («porque») en los mejores mss. dilucida el v. 36: que la venida del Hijo del Hombre tome lugar en un momento desconocido puede solamente ser verdad si en realidad la vida parece desenvolverse con normalidad, como en los días antes del diluvio (v. 37). Las personas siguen sus ocupaciones ordinarias (v. 38). A pesar de la angustia, las persecuciones y las sublevaciones (vv. 4-28), la vida continúa: La gente come, bebe y se casa. Aquí no hay un uso tipológico manifiesto del diluvio como juicio, ni ninguna mención del pecado de tal generación. No obstante, la advertencia de Jesús pudo haber motivado a 1 P 3:20-21. Jesús espera vigilancia incesante de sus seguidores, porque el momento final de la historia de la humanidad vendrá de repente en medio de la vida común y corriente. En la condición humana coexisten la angustia masiva y los patrones normales de vida. Para el creyente lo primero apunta al final; lo último advierte sobre lo inesperado de este final.

c. Dos en el campo; dos en el molino

24:40-41

40Estarán dos hombres en el campo: uno será llevado y el otro será dejado. 41Dos mujeres estarán moliendo: una será llevada y la otra será dejada.

40-41 Estas dos escenas no «recalcan la fuerte división causada por la llegada del Hijo del hombre, *en vez de* lo inesperado del suceso» (Hill, *Matthew*, énfasis mío), sino que recalcan lo inesperado del acontecimiento *por medio* de la súbita división. Dos hombres están trabajando en el campo; uno es tomado, el otro es dejado (v. 40). Dos mujeres trabajan en el molino (v. 41), el cual lo operaban normalmente dos mujeres en cuclillas una frente a otra con el molino entre ambas, cada mujer en turno empujaba la piedra ciento ochenta grados. Lo más probable es que fueran hermanas, madre e hija, o dos esclavas o empleadas de una misma casa. Pero no importa cuán cercana sea su relación, una se va y la otra se queda (cf. 10:35-36). No es ni claro ni tiene particular importancia si «tomado» significa «llevado al juicio» (cf. v. 39, aunque el verbo «llevar» difiere de «tomar» en los vv. 40-41) o «llevado para reunirlo con los elegidos» (v. 31).

6. Enseñanza en parábolas: diferencias en la vigilancia (24:42—25:46)

a. El dueño de casa y el ladrón

24:42-44

42»Por lo tanto, manténganse despiertos, porque no saben qué día vendrá su Señor. 43Pero entiendan esto: Si un dueño de casa supiera a qué hora de la noche va a llegar el ladrón, se mantendría despierto para no dejarlo forzar la entrada. 44Por eso también ustedes deben estar preparados, porque el Hijo del hombre vendrá cuando menos lo esperen.

La relación exacta entre los vv. 42-51 y Marcos 13:33-37 es poco clara, y no se ha explicado de manera satisfactoria. En relación con la naturaleza de las parábolas, vea en 13:3a; para una comparación con Lucas 12:39-40, vea la discusión y la tabla en 19:1-2. Cada una de las cinco parábolas en 24:42—25:46 trata con algún aspecto de estar vigilantes. Pero estar vigilantes no siempre es algo pasivo: los deberes y las responsabilidades se deben cumplir (24:45-51), y tanto la previsión como la sabiduría son importantes (25:1-13). Al final hay recompensa para lo que viven bajo las directrices de Jesús (vv. 14-46).

42-44 La primera parábola enseña tanto lo inesperado del regreso de «su Señor» (*kurios*, v. 42) —una expresión que no sólo es idéntica a «su señor» en la parábola siguiente (v. 45) sino que pone el fundamento para el clamor de la Iglesia: «¡Ven Señor!» (1 Co 16:22)— como su disposición de llamar a Jesús *jo kurios* («el Señor»), título que hasta aquí los judíos reservaban en su uso religioso para Dios mismo (1 Co

12:3; Flp 4:5; 2 Ts 2:2; Stg 5:7; vea en 8:2; 17:4, 14-16; 21:3; 22:41-46). Sería mejor tomar *ginoskete* no como un imperativo («entiendan», NVI, v. 43) sino como un indicativo («ustedes saben»): los discípulos saben que el dueño de una casa se mantendría despierto si supiera cuándo fuera a llegar el ladrón (en cuanto a los tiempos de los verbos, cf. Zerwick, par. 317), a fin de no dejar que el ladrón fuerce la entrada (en relación con el verbo, vea en 6:19). Puesto que nadie sabe a qué hora, o durante qué «vigilia» el ladrón puede asaltar, se requiere vigilancia constante. «Por eso también ustedes deben estar preparados» (v. 44), porque a este respecto —lo inesperado de su venida— el Hijo del Hombre (ver en vv. 37, 39; 8:20) se parece a un ladrón.

b. Los dos siervos

24:45-51

45»¿Quién es el siervo fiel y prudente a quien su señor ha dejado encargado de los sirvientes para darles la comida a su debido tiempo? 46Dichoso el siervo cuando su señor, al regresar, lo encuentra cumpliendo con su deber. 47Les aseguro que lo pondrá a cargo de todos sus bienes. 48Pero ¿qué tal si ese siervo malo se pone a pensar: "Mi señor se está demorando", 49y luego comienza a golpear a sus compañeros, y a comer y beber con los borrachos? 50El día en que el siervo menos lo espere y a la hora menos pensada el señor volverá. 51Lo castigará severamente y le impondrá la condena que reciben los hipócritas. Y habrá llanto y rechinar de dientes.

El buen siervo está preparado para su Señor en cualquier momento, es fiel mientras este llega, y al final recibe gran recompensa. El siervo malo es infiel en sus responsabilidades, abusivo con sus compañeros siervos, se echa al abandono mientras espera el regreso de su amo, y finalmente se gana el castigo que le corresponde (vea la tabla y discusión en 19:1-2; cf. 21:34-36; cf. también Mr 13:34-37; Lc 12:35-38, 42-46).

45-47 El *doulos* («siervo») en esta parábola es el jefe de los demás sirvientes domésticos (v. 45). Esto, sin embargo, no limita tanto la aplicación de la parábola a los líderes como la seguridad de que las responsabilidades demandan buenas relaciones personales (v. 49). Esto requiere conducta ejemplar, y dejar de lado la aspereza al tratar a otros y el enseñorearse sobre los demás. El buen siervo es fiel y «prudente» (i.e., sabio, juicioso; cf. 7:24; 10:16), y hace lo que se le encomienda. Cuando su señor regresa (v. 46), es *makarios* («dichoso»; NVI, «dichoso el siervo»; ver en 5:3) y recibe un ascenso (v. 47; cf. 25:21). En Marcos 13:37 Jesús aplica a «todos» la necesidad de que se mantengan despiertos.

48-51 Si el siervo es malo (v. 48) y carece de fidelidad y prudencia (v. 45), quizá se convenza de que el señor «se está demorando» (un leve indicio de que la Segunda Venida puede demorar considerablemente; cf. 25:19). Este siervo malo aprovecha la tardanza para abusar de sus compañeros siervos, y se va de parranda (v. 49). (En cuanto a «comienza a golpear», cf. 11:7, 20). Pero al siervo malo, que se sorprende y que no está preparado para el regreso de su señor (v. 50), se le pone con los «hipócritas» (v. 51): su suerte es el castigo que se les da a quienes constantemente se les considera viles en este evangelio (6:2, 5, 16; 16:3; 23:13-29). El amo «lo cortará en pedazos» (cf. 1 S 15:33; Heb 11:37, Sus 55; en cuanto a los castigos acordados para los esclavos judíos, cf. SBK 4:698-744). *Dijotomeo* literalmente es «yo corto en dos» (que se encuentra en el NT solo aquí y en Lc 12:46). Los supuestos paralelos en 1QS 1:10-11; 2:16-17; 6:24-25; 7:1, 2, 16; 8:21-23 no son convincentes: el hebreo «cortado de en medio de los hijos de luz» se refiere a excomunión. Aquí, sin embargo, al siervo malo no se lo corta de nada; es cortado en pedazos —un castigo muy severo y terrible— y puesto con los hipócritas en llanto y rechinar de dientes (cf. 8:12).

Notas

---

50 Este es uno de solo tres lugares en Mateo en que el pronombre relativo es atraído al caso de su antecedente (vea en 18:19; cf. 25:24).

---

c. *Las diez vírgenes*

25:1-13

[1]»El reino de los cielos será entonces como diez jóvenes solteras que tomaron sus lámparas y salieron a recibir al novio. [2]Cinco de ellas eran insensatas y cinco prudentes. [3]Las insensatas llevaron sus lámparas, pero no se abastecieron de aceite. [4]En cambio, las prudentes llevaron vasijas de aceite junto con sus lámparas. [5]Y como el novio tardaba en llegar, a todas les dio sueño y se durmieron. [6]A medianoche se oyó un grito: "¡Ahí viene el novio! ¡Salgan a recibirlo!" [7]Entonces todas las jóvenes se despertaron y se pusieron a preparar sus lámparas. [8]Las insensatas dijeron a las prudentes: "Dennos un poco de su aceite porque nuestras lámparas se están apagando." [9]"No —respondieron éstas—, porque así no va a alcanzar ni para nosotras ni para ustedes. Es mejor que vayan a los que venden aceite, y compren para ustedes mismas." [10]Pero mientras iban a comprar el aceite llegó el novio, y las jóvenes que estaban preparadas entraron con él al banquete de bodas. Y se cerró la puerta. [11]Después llegaron también las otras. "¡Señor! ¡Señor! —suplicaban—. ¡Ábrenos la puerta!" [12]"¡No, no las conozco!", respondió él.

[13]»Por tanto —agregó Jesús—, manténganse despiertos porque no saben ni el día ni la hora.

Esta parábola se ha discutido mucho. Hill (*Matthew*), imitando en gran manera a Jeremias (*Parables*, pp. 51-53), señala los elementos «alegóricos» (venida del novio = venida del Hijo del hombre; diez vírgenes = comunidad cristiana expectante; tardanza =

demora de la Segunda Venida; rechazo de las vírgenes insensatas = juicio final), y manifiesta que hay motivos para pensar que estas son adiciones posteriores por parte de la Iglesia. Esta opinión se refuerza, se dice, por el hecho de que la ecuación Mesías = novio es virtualmente desconocida en el judaísmo posterior (cf. ibíd., p. 52) y aparece por primera vez en 2 Co 11:2. La historia que Jesús relató en realidad, despojada de sus «acrecencias alegóricas», encierra los preparativos de boda y la advertencia a sus oyentes sobre la crisis escatológica inminente. Pero esto no es válido. Ya hemos visto que la crítica de origen de las parábolas del evangelio que se basan en distinciones teóricas entre «parábola» y «alegoría» está mal fundada (vea en 13,3a). La idea del Mesías como novio nace de pasajes del AT como Isaías 54:4-6; 62:4-5; Ez 16:7-34; Os 2:19. Allí al SEÑOR se le presenta como el «esposo» de su pueblo. Hemos notado con cuánta disposición Jesús en sus parábolas se pone en el lugar del SEÑOR (vea en 13:37-39). Además, tanto Juan el Bautista (Jn 3:27-30) como Jesús mismo (Mt 9:15; Mr 2:19-20) ya hicieron la ecuación Jesús = Mesías = novio, a no ser que neguemos la historicidad de estos pasajes. Pero la parábola tiene sentido en su propio entorno y como se encuentra.

Aunque los dispensacionalistas están divididos en cuanto a si esta parábola se relaciona con el «arrebatamiento» de la Iglesia (A.C. Gaebelein) o con la Segunda Venida, después de la Tribulación (Walvoord), ambas opiniones presentan estructuras escatológicas que no surgen naturalmente del texto (vea antes en 24:1-3). W. Schenk («Auferweckung der Toten oder Gericht nach den Werken: Tradition und Redaktion in Matthäus xxv 1-3», NovTest 20, 1978, 278-99) reconstruye una parábola «original» muy simple en la que todas las vírgenes tienen aceite suficiente y solo cinco de ellas duermen. Cuando el novio viene, todas entran y disfrutan la fiesta. El punto es que cuando el novio viene, algunas duermen y otras están despiertas; pero todas disfrutan las festividades (como en 1 Ts 4:15-17). Pero Mateo ha alegorizado esta parábola, y requiere una provisión de buenas obras (aceite) como requisito para entrar. Es difícil decidir cuál de las opciones de Schenk está más equivocada, si su reconstrucción del supuesto original o su interpretación de la parábola tal como se encuentra en Mateo.

Escasamente menos idiosincrasia muestra J.M. Ford («The Parable of the Foolish Scholars», NovTest 9, 1967, 107-23), quien, discrepando en gran manera de las últimas fuentes rabínicas, manifiesta que las vírgenes representan a los eruditos judíos que estudian la Tora, pero que dejan de hacer buenas obras. Por tanto se excluyen de la Cámara de Instrucción.

Tal ingenuidad hace caso omiso tanto del relato como del contexto, como lo ha señalado J.M. Sherriff («Matthew 25:1-13, A Summary of Matthean Eschatology?», en Livingstone, 2:301-5). La trama depende de la tardanza del novio. Las vírgenes insensatas no *olvidan* llevar aceite; más bien se trata de que la demora del novio pone al descubierto que no llevaron suficiente. El aceite no se puede aplicar fácilmente a «buenas obras» ni al «Espíritu Santo». Simplemente se trata de un elemento en el relato que muestra que las vírgenes insensatas no estaban preparadas para la tardanza, y por ende al final quedan excluidas. En un sentido verdadero es la demora del novio lo que diferencia a las vírgenes sensatas de las insensatas. Cualquier interpretación que pase por alto este elemento central en esta historia pierde el hilo de la narración (cf. también G. Bornkamm, «Die Verzögerung der Parusie», *Geschichte*, pp. 49-50).

Del mismo modo, el contexto muestra que el tema primordial es la preparación para la venida del Hijo del hombre. Aun cuando esto involucra ciertas formas de conducta (24:45-51; 25:14-30), esas formas de conducta las motiva lo inesperado del regreso del maestro.

Desde esta perspectiva los vv. 1-13 se acoplan bien con la secuencia de las parábolas y concuerdan con lo que sabemos que Jesús enseñó. No hay una buena razón para dudar de su autenticidad, ni para restringirnos a una de las partes esenciales interpretadas. La primera parábola (24:42-44) advierte de lo inesperado de la venida del Mesías. La segunda (24:45-51) muestra que se requiere más que una vigilancia pasiva: debe haber comportamiento aceptable hacia el maestro, cumplimiento de responsabilidades asignadas. Esta tercera parábola (25:1-13) recalca la necesidad de estar preparados para una imprevista larga espera.

1 *Tote* («entonces») es tan impreciso en Mateo (vea en 2:7; 24:9) que no se le puede sacar mucho. La manera más natural de tomarlo aquí es como una referencia a la venida del Hijo del Hombre (cf. 24:29-31, 36-44). «Entonces» el Reino de los Cielos será como la historia de las diez vírgenes (del mismo modo el gr.; cf. Carson, «Word-Group») —i.e., la parábola trata con el comienzo del reino consumado.

El entorno es perfectamente claro por lo que sabemos acerca de las costumbres de bodas de esa época (cf. Broadus; Jeremías, *Parables*, pp. 173-74; TDNT, 4:1100; y esp. H. Granquist, *Marriage Conditions in a Palestinian Village*, 2 vols., Centraltryckeriet, Helsingfors, 1931, 1935). Normalmente el novio, con algunos amigos íntimos, salía de su casa para ir a casa de la novia, donde había varias ceremonias, seguidas de una procesión por las calles —después de caer la noche— hasta la casa de él. Las diez vírgenes pueden ser amigas de la novia que quizá la han estado ayudando; y esperan encontrarse con el novio cuando este llegue de la casa de la novia (cf. Kistemaker, p. 130), aunque esto es incierto. Se esperaba que cada persona en la procesión llevara su propia antorcha. Se suponía que quienes estaban sin antorcha se habían colado a la fiesta o incluso que eran bandidos. Las festividades, que podrían durar varios días, tendría lugar formalmente en la casa del novio.

Que la novia no se mencione en los mejores mss. (cf. Notas) se ha interpretado de varias formas. Algunos han pensado que este es el viaje a la casa de la novia, o que esta es una de esas raras ocasiones en que todas las fiestas se llevaron a cabo en casa de la novia por vivir el novio a considerable distancia. Pero entonces el padre de la novia, no el novio, pudo haber rehusado la entrada a las vírgenes insensatas. Exigir la presencia de la novia es demandar que la parábola incluya elementos innecesarios: la novia no es esencial en la historia.

En cuanto al significado de *pardsenos* («virgen»), vea en 1:23. Lo importante no es la virginidad de estas muchachas, la cual se supone, sino que son diez (un número redondo favorito; e.g., Rt 4:2; Lc 19:13; Jos. Guerra VI, 423-24, ix. 3), las doncellas invitadas a la boda. Las «lámparas» (no la misma palabra que en 5:15) aquí o son pequeñas lámparas de aceite, o más inverosímil, antorchas cuyas mechas podrían necesitar periódicamente aceite para mantenerlas prendidas. En cualquier caso, las prudentes llevarían un frasco adicional de aceite.

2-5 A las «prudentes» (v. 2) las llaman así porque están preparadas (v. 4) por si la llegada del novio se demora. Tanto las sensatas como las insensatas esperan y dormitan (v. 5); no se elogia ni se culpa a ningún grupo por esto. No hay sentido en buscar significados ocultos en el aceite o en el sueño. La única distinción entre los dos grupos es esta: las prudentes no sólo llevan aceite en sus lámparas sino una provisión extra en envases separados, mientras que las insensatas no llevan aceite (o no llevan aceite extra o no llevan nada de aceite [cf. Robertson, 1:196; Hendriksen, Lenski]: en el último caso, las lámparas que se apagan [v. 8] están chisporroteando pues tienen pabilos que iluminan pero que no duran). Las sensatas están preparadas para la tardanza; las insensatas pretenden encontrarse con el novio, pero o no están preparadas en lo absoluto, o no están preparadas por si él tarda. La espera del novio es larga (24:48; 25:19).

6-9 A medianoche (v. 6), símbolo de un momento escatológico culminante, «se oyó un grito» —una paráfrasis admirable de *krauge gegonen* (lit., «un grito ha surgido»: el perfecto es extraño y tal vez dramático; cf. Moule, *Idiom Book*, pp. 14, 202; BDF, par. 343[3]). Todas las vírgenes se despiertan y preparan sus lámparas (v. 7); pero las de las insensatas se apagan con rapidez (tiempo presente, «se están apagando»). Aparte de la identificación de «aceite» con «gracia», la observación de Matthew Henry es pertinente: «Ellas en lo sucesivo verán su necesidad de gracia, cuando debería salvarlas, aunque ahora no vean su necesidad de gracia, cuando debería santificarlas y gobernarlas». Las vírgenes prudentes no pueden ayudarlas. Sea que el texto se interprete «puede que no sea suficiente» o «con seguridad no habrá suficiente» (cf. Notas), el efecto es el mismo: la previsión y la preparación de las vírgenes prudentes no pueden beneficiar a las vírgenes insensatas al irrumpir la crisis escatológica (vv. 8-9). Estar preparado es algo que no se puede transferir ni compartir.

10-12 El novio llega, las vírgenes prudentes entran, y la puerta se cierra (v. 10; cf. 7:22-23; Lc 13:25). Los intensos gritos de los mal preparados y los que llegan tarde —¡Señor! ¡Señor! (en cuanto a la palabra repetida, cf. BDF, par. 493[1]; 7:21-23; 23:37)— no les sirve de nada (v. 11). Debido a que esta parábola se refiere a la consumación, negarse a reconocer o admitir a las vírgenes insensatas (v. 12) no se debe interpretar como un insensible rechazo a su deseo de toda una vida de entrar al Reino. Al contrario: es el rechazo de quienes, a pesar de las apariencias, no se prepararon para la llegada del Reino.

13 El tema se reitera una vez más (cf. 24:36, 42, 44, 50). Jeremías (*Parables*, p. 52) y otros sugieren que este versículo es una adición posterior a la parábola, puesto que discrepa del hecho que tanto las vírgenes prudentes como las insensatas se quedan dormidas. Pero esto pasa por alto el propósito del v. 13. «Manténganse despiertos» no quiere decir «no duerman», como si la capacidad de luchar contra el sueño fuera relevante en la historia. Más bien, a la luz de toda la parábola, la exhortación dominante de este discurso se repite: ¡Estén preparados! ¡Estén alertas!

Notas

1 Las palabras «y la novia», declaradas por D X° Θ f¹ et al., se pudieron haber añadido por un sentido de propiedad, por el deseo de lograr una historia completa en la cual la novia está presente. Si no, se puede sostener que fueron originales pero que se omitieron por el punto de vista ampliamente sostenido de que Cristo vendría y vendría por su esposa, la Iglesia. Estas y otras consideraciones internas (¿cuánto conocían los copistas sobre las costumbres matrimoniales de la época de Jesús?) no son decisivas. En cuanto a solo evidencia externa, la omisión quizá sea más original.

9 Las dos lecturas son (1) μήποτε οὐκ ἀρκέοη (mépote ouk arkéoe, «puede que no alcance»), apoyada por א A L Z (Θ) f¹³ et al.; y (2) μήποτε οὐ μὴ ἀρκέση (mépote ou me arkése, tal vez «no, seguramente no va a alcanzar»), declarada por B C D K W Δ et al. La segunda opción se puede tomar para introducir en la parábola la noción de que no se puede en absoluto pasar el aceite. Pero se deben tener en mente tres cosas: (1) aunque los puntos gramaticales son muy discutidos, hay cierta base para creer que en tiempos del NT la segunda construcción (ou me más el subjuntivo) se puede en sí suavizar hacia al primer significado (cf. Zerwick, par. 444); (2) en cuanto a razones internas, la primera lectura es mucho más probable, puesto que los copistas muy bien pudieron querer cambiar un ouk por un ou me antes del subjuntivo; y (3) el efecto en la historia es el mismo: sea que las vírgenes prudentes estén seguras de no tener suficiente aceite para compartir, o que duden que lo tendrán, el resultado es el mismo; y las razones difieren muy poco.

d. *Los talentos*

25:14-30

14»El reino de los cielos será también como un hombre que, al emprender un viaje, llamó a sus siervos y les encargó sus bienes. 15A uno le dio cinco mil monedas de oro, a otro dos mil y a otro sólo mil, a cada uno según su capacidad. Luego se fue de viaje. 16El que había recibido las cinco mil fue en seguida y negoció con ellas y ganó otras cinco mil. 17Así mismo, el que recibió dos mil ganó otras dos mil. 18Pero el que había recibido mil fue, cavó un hoyo en la tierra y escondió el dinero de su señor.

19»Después de mucho tiempo volvió el señor de aquellos siervos y arregló cuentas con ellos. 20El que había recibido las cinco mil monedas llegó con las otras cinco mil. "Señor —dijo—, usted me encargó cinco mil monedas. Mire, he ganado otras cinco mil." 21Su señor le respondió: "¡Hiciste bien, siervo bueno y fiel! En lo poco has sido fiel; te pondré a cargo de mucho más. ¡Ven a compartir la felicidad de tu señor!" 22Llegó también el que recibió dos mil monedas. "Señor —informó—, usted me encargó dos mil monedas. Mire, he ganado otras dos mil." 23Su señor le respondió: "¡Hiciste bien, siervo bueno y fiel! Has sido fiel en lo poco; te pondré a cargo de mucho más. ¡Ven a compartir la felicidad de tu señor!"

²⁴»Después llegó el que había recibido sólo mil monedas. "Señor —explicó—, yo sabía que usted es un hombre duro, que cosecha donde no ha sembrado y recoge donde no ha esparcido. ²⁵Así que tuve miedo, y fui y escondí su dinero en la tierra. Mire, aquí tiene lo que es suyo." ²⁶Pero su señor le contestó: "¡Siervo malo y perezoso! ¿Así que sabías que cosecho donde no he sembrado y recojo donde no he esparcido? ²⁷Pues debías haber depositado mi dinero en el banco, para que a mi regreso lo hubiera recibido con intereses.

²⁸» "Quítenle las mil monedas y dénselas al que tiene las diez mil. ²⁹Porque a todo el que tiene, se le dará más, y tendrá en abundancia. Al que no tiene se le quitará hasta lo que tiene. ³⁰Y a ese siervo inútil échenlo afuera, a la oscuridad, donde habrá llanto y rechinar de dientes."

Esta parábola va más allá de las tres primeras (24:42—25:13) en que espera que la calidad de la vigilancia de los siervos se manifieste durante la ausencia del amo, no sólo en la preparación y ejecución del deber, aunque se produce una larga demora, sino en un mejoramiento de los «talentos» asignados hasta el día de reconocimiento.

A menudo la parábola se compara con Lucas 19:11-27, la parábola de las diez minas. La opinión de la mayoría es que solo hay una original y que es probable que Lucas la haya tomado de la versión de Mateo, o de un precursor de ella (cf. Marshall, *Luke*, pp. 700-703; tabla y discusión en 19:1-2). Que se haya tomado prestado de otra manera es poco concebible. Por ejemplo, ¿estaría Mateo dispuesto a eliminar el tema del «rey» que se encuentra en Lucas? El lenguaje de los dos pasajes bíblicos es más bien diferente, y la mayor parte de los detalles que difieren no se pueden conciliar en bases normales. Los pocos paralelos están bien dentro de los límites de las variaciones idiomáticas de cualquier predicador itinerante. Además, el énfasis en cada una de las dos parábolas es un tanto distinto, y Lucas está estrechamente ligado al episodio de Zaqueo. La parábola, en alguna manera similar en el posterior evangelio no canónico de los nazarenos (Hennecke, 1:149), es sin duda secundaria y depende de Mateo. En general parece favorecer a ciertos comentaristas más antiguos (Plummer, Zahn) que disciernen dos parábolas separadas.

14 La presentación a esta parábola en el griego es un tanto brusca (lit., «porque», sin mención del Reino; o un verbo [NVI, «será»]: lo más parecido es Marcos 13:34). Es probable que esta parábola esté tan estrechamente asociada con la última que comparte su introducción (ver en v. 1).

Los esclavos en el mundo antiguo podían disfrutar de mucha responsabilidad y autoridad. El hombre que se va de viaje pone su capital en manos de tres de sus esclavos, que se supone son casi socios en sus asuntos, y quienes podrán compartir algunos de los beneficios (cf. Derrett, *Laws*, p. 18). La partida del hombre y sus posesiones son parte integral de la historia y no se deben alegorizar (referirse a la ascensión y a los dones del Espíritu), aunque sin duda algunos de los primeros lectores después de Pentecostés interpretaron todo esto en el texto.

15 En idioma moderno se utiliza la palabra «talento» para referirse a habilidades y poderes mentales que Dios ha confiado a los hombres; pero en los tiempos del NT el *talanton* («talento») era una unidad de intercambio. Los cálculos de su valor varían enormemente por cuatro razones.

1. Un talento podía ser de oro, plata o cobre, cada uno con su propio valor. *Argurion* en el v. 18, una palabra que puede significar «dinero» o «plata», podría insinuar una segunda opción.

2. El talento fue primero una medida de peso, de entre cincuenta y ocho y ochenta libras (de veintiséis a treinta y seis kilos), y luego una unidad pecuniaria cuyo valor asignado común era seis mil denarios.

3. Aunque es posible calcular por peso o valor metálico, queda otra posibilidad. Por ejemplo, ochenta libras de plata a quince dólares la onza significaría que un talento equivalía alrededor de diecinueve mil dólares. No obstante la moderna inflación cambia los valores de la plata de modo tan rápido, que pronto los precios quedan obsoletos. Sin embargo, tales equivalencias se pasan de generación a generación en los textos de referencia (e.g., ¡BAG de 1957 y BAGD de 1979 tienen las mismas cifras!).

4. Sería más sensato comparar el talento con la moneda moderna en términos de capacidad de ganarlo. Si un talento equivalía a seis mil denarios, se necesitaba que un jornalero trabajara veinte años para ganar acumular el valor de uno.

Las cantidades son enormes, mucho mayores que en Lucas 19:11-27, donde una «mina» (cien dracmas) vale más o menos cien denarios, o un tercio del salario de un año (quizá cinco mil dólares). Además, en la parábola de Mateo los talentos se distribuyen según la evaluación que el amo hace de las capacidades de los siervos, mientras que en Lucas cada siervo recibe la misma cantidad. En Mateo, por tanto, la parábola otorga énfasis intrínseco al principio «al que más se le da, más se le demanda».

Los intentos por identificar los talentos con los dones espirituales, la ley, las dotes naturales, el evangelio o cualquier otra cosa conducen a una restricción de la parábola con la que Jesús se habría sentido incómodo. Quizá escogió el simbolismo del talento o la mina por la capacidad de estos elementos para diversas aplicaciones.

16-18 «En seguida» (v. 16) se refiere a la prontitud del siervo para poner a trabajar el dinero (NVI), no a la partida del dueño (RVR; cf. Metzger, *Textual Commentary*, p. 63). El punto es que el buen siervo se sintió responsable y fue a trabajar sin demora. «Negoció con ellas» de NVI no significa que el siervo invirtió el dinero en alguna agencia de préstamos. Más bien ideó algún negocio y *trabajó* con el capital para hacerlo crecer. Pero otro siervo, que no deseaba trabajar ni tomar riesgos, simplemente escondió el dinero en la tierra (v. 18). Esto era más seguro que los sistemas de depósito de la época. (En la parábola de Lucas el dinero del último siervo se esconde en un pedazo de tela.)

19-23 Las cuentas se arreglaron «después de mucho tiempo» (v. 19), lo que sugiere que la consumación del Reino tardará mucho (24:48; 25:5). «Arreglar cuentas» (*sunairei logon*) es un término comercial normal (Deiss LAE, pp. 118-19). El primer siervo, que duplicó los cinco talentos (v. 20), recibe elogios, en especial por su fidelidad, y obtiene dos cosas (vv. 21, 23): mayor responsabilidad y una parte en el *jara* («felicidad», como en Juan 15:11) de su amo. Pero no debemos concluir que la sola recompensa por responsabilidad cumplida constituye responsabilidad incrementada. El entorno escatológico, asociado con la promesa de felicidad que traspasa los límites naturales de la historia, garantiza que el reino consumado proporciona gloriosas responsabilidades nuevas y santo deleite (cf. Ro 8:17).

La analogía entre los vv. 22-23 y los vv. 20-21 no es exacta pero sí aproximada (cf. 7:26-27 con 7:24-25) y refleja una tendencia semítica. El segundo siervo ha sido fiel con lo que se le había dado (v. 22) y escucha las mismas palabras que su compañero siervo más apto (v. 23). Quizá lo «mucho más» asignado a ambos hombres no es exactamente lo mismo. El propósito no es igualitarismo, sea aquí (cf. 13:23) o en el reino consumado, sino mayor responsabilidad y participación en la felicidad del amo según los límites de capacidad de cada siervo fiel.

24-25 El tercer siervo acusa a su señor de ser un hombre «duro» (*skleros*, v. 24). La palabra, también en griego, puede significar varias cosas (vuelve a aparecer en el NT solo en Jn 6:60; Hch 26:14; Stg 3:4; Jud 15). El siervo está diciendo que el amo está oprimiendo, explotando el trabajo de otros («que cosecha donde no ha sembrado»), y que pone al siervo en una posición injusta. Si se arriesgaba por incrementar el talento a él encomendado, vería poco de su beneficio. Si fallaba y lo perdía todo, incurriría en la ira del amo. Además, quizá está ofendido por haber recibido mucho menos que los otros dos compañeros (cf. Derrett, *Law*, p. 26); por tanto, en un acto más bien rencoroso, devuelve a su señor lo que le pertenece, ni más ni menos (v. 25).

Lo que este siervo pasa por alto es su responsabilidad hacia su señor, y su obligación de cumplir las tareas a él asignadas. Su error denuncia su falta de amor hacia su señor, lo que esconde culpando a su amo y excusándose. Solo el siervo malo culpa a su señor. «Las vírgenes insensatas fallaron al pensar que su parte era demasiado fácil; el siervo malo falla al pensar que la suya es demasiado difícil» (Alf). La gracia nunca perdona la irresponsabilidad; aun aquellos a quienes se les ha dado poco están obligados a usar y desarrollar lo que tienen.

26-27 El amo condena al siervo sobre la base de las mismas palabras del siervo, que prueban su culpa (v. 26). Si el amo era tan duro y opresor, ¿no debía haber puesto el siervo el dinero donde habría estado relativamente a salvo, ganando intereses sin tener que trabajarlo (v. 27)?

El AT prohíbe a los israelitas cobrarse intereses entres sí (Éx 22:25; Lv 25:35-37; Dt 23:19; cf. Sal 15:5; «usura» nos llega directamente del latín y quiere decir «uso»; denota el interés que se cobra por el uso del dinero); sin embargo, era permitido cobrar interés sobre dinero prestado a los gentiles (Dt 23:20). Sin duda la ley se violaba con frecuencia (e.g., Neh 5:10-12). En la época del NT los eruditos judíos ya distinguían entre «prestar a interés» y «usura» (en el sentido moderno). Según la ley romana, la máxima tasa de interés era de doce por ciento (cf. W.W. Buckland, *A Text Book on Roman Law*, 3ra. ed., University Press, Cambridge, 1963, p. 465). Es erróneo suponer que aquí Jesús apoya o hace de lado la ley del AT. La cuestión nunca se plantea, puesto que las parábolas de Jesús son tan flexibles que él a veces utiliza ejemplos de maldad para señalar cosas buenas (e.g., Lc 16:1-9; 18:1-8).

28-30 Al siervo malo se le quita el talento que se le había encomendado (v. 28); la relación entre amo y siervo se rompe (cf. Derrett, *Law*, p. 28). El talento se entrega al hombre que ahora tiene diez talentos, conforme a la ley del Reino (v. 29) que Jesús ya había enseñado en 13:12. Además, hay autorización del AT para esta distribución: en esta base a Saúl se le despoja del reino de Israel y se le entrega a David (cf. también 21:43). El siervo malo es «inútil» (*ajreios*, utilizado solo aquí [v. 30] y en Lc 17:10), porque no hacer el bien y no utilizar lo que Dios nos ha encomendado es grave pecado, que se muestra no solamente en la pérdida de los recursos desatendidos sino en rechazo por parte del maestro, destierro de su presencia, y llanto y rechinar de dientes.

La parábola insiste en que la vigilancia que debe distinguir a todos los discípulos de Jesús no conduce a la pasividad sino a cumplir con el deber, a crecer, a cuidar y a desarrollar los recursos que Dios nos encomienda, hasta que «después de mucho tiempo» (v. 19) el amo regrese y arregle cuentas. La parábola se aplica ampliamente y no se puede restringir a líderes cristianos o judíos que no reconocen a su Mesías.

e. Las ovejas y las cabras

25:31-46

[31]»Cuando el Hijo del hombre venga en su gloria, con todos sus ángeles, se sentará en su trono glorioso. [32]Todas las naciones se reunirán delante de él, y él separará a unos de otros, como separa el pastor las ovejas de las cabras. [33]Pondrá las ovejas a su derecha, y las cabras a su izquierda.

[34]»Entonces dirá el Rey a los que estén a su derecha: "Vengan ustedes, a quienes mi Padre ha bendecido; reciban su herencia, el reino preparado para ustedes desde la creación del mundo. [35]Porque tuve hambre, y ustedes me dieron de comer; tuve sed, y me dieron de beber; fui forastero, y me dieron alojamiento; [36]necesité ropa, y me vistieron; estuve enfermo, y me atendieron; estuve en la cárcel, y me visitaron." [37]Y le contestarán los justos: "Señor, ¿cuándo te vimos hambriento y te alimentamos, o sediento y te dimos de beber? [38]¿Cuándo te vimos como forastero y te dimos alojamiento, o necesitado de ropa y te vestimos? [39]¿Cuándo te vimos enfermo o en la cárcel y te visitamos?" [40]El Rey les responderá: "Les aseguro que todo lo que hicieron por uno de mis hermanos, aun por el más pequeño, lo hicieron por mí."

[41]»Luego dirá a los que estén a su izquierda: "Apártense de mí, malditos, al fuego eterno preparado para el diablo y sus ángeles. [42]Porque tuve hambre, y ustedes no me dieron nada de comer; tuve sed, y no me dieron nada de beber; [43]fui forastero, y no me dieron alojamiento; necesité ropa, y no me vistieron; estuve enfermo y en la cárcel, y no me atendieron." [44]Ellos también le contestarán: "Señor, ¿cuándo te vimos hambriento o sediento, o como forastero, o necesitado de ropa, o enfermo, o en la cárcel, y no te ayudamos?" [45]Él les responderá: "Les aseguro que todo lo que no hicieron por el más pequeño de mis hermanos, tampoco lo hicieron por mí."

[46]»Aquéllos irán al castigo eterno, y los justos a la vida eterna.

En sentido estricto, este pasaje no es una parábola. Sus únicos elementos de parábola son el pastor, las ovejas, las cabras y la verdadera separación. Además, puesto que el pasaje es únicamente de Mateo, es imposible la crítica basada en pasajes parecidos. Esto funciona claramente en este discurso algo así como 10:40-42 (con el cual tiene algunas conexiones) lo hace en la segunda disertación. Casi todos elogian la simplicidad y fuerza del pasaje. Afford observa: «Se intensifica nuestra suposición de lo grandioso y sublime de esta descripción, cuando recordamos que el Señor la ofreció *solo tres días antes de sus sufrimientos*» (énfasis de él). No obstante hay desacuerdo en cuanto al significado y a la historia literaria de estas elocuentes palabras.

1. La gran mayoría de los eruditos entienden que «el más pequeño de mis hermanos» (vv. 40, 45) se refiere a todos los que están hambrientos, angustiados, necesitados. En consecuencia, la base de aceptación en el Reino se establece mediante obras de misericordia y compasión. Esta interpretación está a menudo unida con una mala comprensión de 22:34-40 (vea los comentarios que se ofrecen allí). La total interpretación puede tomar varias formas basadas en conclusiones de crítica de fuente o puntos de vista particulares sobre «Hijo del hombre» (U. Wilckens, «Gottes geringste Brüder —zu Mt 25, 31-46», in Ellis and Grässer, pp. 363-83; David R. Catchpole, «The Poor on Earth and the Son of Man in Heaven: A Rea-appraisal of Matthew xxv. 31-46», BJRL 61, 1978-79, 355-97).

La mayoría de los autores enfatizan los paralelos judíos que se relacionan con la compasión y las limosnas. Bornkamm (*Tradition*, pp. 23-24) sostiene que la parábola (como la llamaremos) no sólo elimina la distinción entre judíos y gentiles sino también entre discípulos de Jesús e inconversos. Finalmente todos serán juzgados por su reacción ante la necesidad humana, y en esta base algunos de cada grupo serán numerados entre las ovejas (cf. P. Christian, *Jesus und seine geringste Brueder*, St. Benno, Leipzig, 1975, quien afirma que este es un sermón para la iglesia cristiana en relación con el significado escatológico de la solidaridad humana). El extenso libro de J. Friedrich (*Gott im Brüder?*, Calwer, Stuttgart, 1977) incluye mucha información útil acerca de cómo se ha interpretado esta porción bíblica; pero su punto básico no es convincente —que Mateo limitó a cristianos la enseñanza de Jesús de que el juicio escatológico decidiría el destino de los hombres según su reacción ante toda necesidad humana — porque descansa en una metodología de crítica de redacción de dudoso valor.

La debilidad de esta posición general es la identificación sin distinción del más pequeño de los hermanos de Jesús con los pobres y necesitados. No hay paralelo para esto, pero existen una o dos excelentes alternativas de interpretación con fuertes paralelos en el NT.

2. Si la primera interpretación se prolonga demasiado hasta «uno de mis hermanos más pequeños», la segunda no llega tan lejos. Muchos eruditos (e.g., J.R. Michaels, «Apostolic Hardship and Righteous Gentiles», JBL 84, 1965, 27-37; J. Mánek, «Mit wem identifiziert sich Jesus [Matt. 25:31-46]?» *Christ and Spirit in the New Testament*, edd. B. Lindars y S.S. Smalley, University Press, Cambridge, 1973, pp. 15-25) sostienen que «los hermanos más pequeños» de Jesús son apóstoles y otros misioneros cristianos, el trato hacia los cuales determina el destino de todos los hombres. Quienes los reciben a ellos reciben a Cristo; quienes los rechazan, rechazan a Cristo (cf. 10:40-42). Esta interpretación es mucho más aproximada al texto que la primera. La única vacilación tiene que ver con la restricción de los apóstoles y misioneros en

cualquier sentido técnico. Apelar a Mateo 10 tiene dos resultados: Aunque esa misión estuvo al principio restringida a los doce, está claro que más allá de los doce Jesús estaba buscando a todos los verdaderos discípulos, quienes sin excepción deben confesarlo ante los hombres (10:32-33). La proclamación del evangelio del Reino a todas las naciones (24:14) se hace en obediencia a un mandato universal (28:18-20); y el sufrimiento que Jesús prevé para sus discípulos (24:9-13) no está restringido a misioneros, aunque a veces ellos reciben la mayor parte. Sin quitar méritos a los doce, el informe que Mateo hace de las palabras de Jesús deja en claro que todos los verdaderos discípulos son sus emisarios.

3. Otra interpretación restrictiva es la de George Gay («The Judgment of the Gentiles in Matthew's Theology», *Scripture, Tradition, and Interpretation* [Escritura, tradición, e interpretación], edd. W.W. Gasque y W.S. LaSor, Eerdmans, Grand Rapids, 1978, pp. 199-215). Basándose en Mateo 18, Gay sostiene que tres grupos mutuamente exclusivos están involucrados: Los de fuera de la comunidad cristiana que piensan que son parte de ella; los de dentro de la comunidad, pero que no son los «más pequeños»; y «los pequeños» dentro de ella. La base del juicio es la actitud de los creyentes profesantes hacia los «más pequeños», los favoritos de Jesús. El juicio por tanto no se refiere al juicio de las naciones («sería injusto e ilógico juzgar a los que no se arrepienten, que nunca han hecho un compromiso con Jesús, y que no saben nada acerca de las exigencias del Reino sobre la misma base» [ibíd., p. 210]).

Pero Mateo 18 no apoya la distinción tripartita de Gay, y 12:46-50 deja en claro que los hermanos de Jesús son sus discípulos. Además el lenguaje de los vv. 31-32, 46, incluyendo una referencia a «todas las naciones» reunidas delante del Hijo del Hombre «con todos sus ángeles [sentado] en su trono glorioso», no puede fácilmente aplicarse a algo tan restringido como sugiere Gay.

4. Los escritores dispensacionalistas ven una referencia a la Segunda Venida, después de que la Iglesia se haya ido en el arrebatamiento. Los «hermanos» de Jesús son judíos que se han convertido durante la tribulación; y las «naciones» son gentiles convertidos (las «ovejas») puesto que están de parte de los judíos convertidos durante este período. Pero los gentiles inconversos (las «cabras») continúan oponiéndose a los hermanos de Jesús (judíos convertidos durante la tribulación). Las ovejas entran al reino milenial con los hermanos de Jesús. «Todas las naciones» (v. 32) por tanto, excluye a los judíos, aunque no es seguro que la misma interpretación sea obligatoria en 28:18-20. Algunos escritores antiguos sostienen que el juicio determina qué naciones en contraposición a individuos se admiten en el reino milenial, pero vea en 28:18-20. Uno o dos escritores no dispensacionalistas (e.g., Allen) piensan que los «hermanos» son judíos cristianos.

Esta interpretación falla a no ser que se sostenga la interpretación dispensacionalista de los capítulos 24—25, algo que se ha rechazado en otras premisas (vea en 24:1-3). Además no existe tal puntualización exacta en el pasaje en sí. Jesús no habla de los judíos como sus hermanos, mientras que sí habla de sus discípulos en esa forma (12:46-50).

5. Hasta aquí la mejor interpretación es que los «hermanos» de Jesús son sus discípulos (12:48-49; 28:10; cf. 23:8). El destino de las naciones se determinará por cómo responden a los seguidores de Jesús, quienes, sean misioneros o no,

tienen el encargo de expandir el evangelio y hacerlo enfrentando hambre, sed, enfermedad y prisión. Las buenas obras que se hagan a los seguidores de Jesús, incluso con el menor de ellos, no solamente son obras de compasión y moralidad sino que reflejan dónde están las personas en relación con el Reino y con Jesús mismo. Jesús se identifica con la suerte de sus seguidores y hace que la compasión para con ellos equivalga con la compasión para consigo mismo (cf. Kistemaker, pp. 146 y sig.; Manson, *Sayings*, p. 251; J.-C. Ingelaere, «La "Parabole" du jugement dernier [Matthew 25/31-46]», *Revue de l'histoire et de philosophie religieuses* 50, 1979, 23-60; G.E. Ladd, «The Parabole of the Sheep and the Gotas in Recent Interpretation», en Longenecker and Tenney, pp. 191-99; cf. Mt 10:40-42; Mr 13:13; Jn 15:5, 18, 20; 17:10, 23, 26; Hch 9:4; 22:7; 26:14; 1 Co 12:27; Heb 2:17).

En cuanto al razonamiento de que esta interpretación no conserva una adecuada distinción entre las «ovejas» y «el más pequeño de mis hermanos», la respuesta es que (1) una ambigüedad similar se presenta en Mateo 18; (2) esta interpretación resalta la clase de relación amorosa que debe existir dentro de la comunidad cristiana, un tema constante en el NT; y (3) prepara el camino para la sorpresa que muestran tanto las ovejas como las cabras (vv. 37-39, 44), y para algunas implicaciones teológicas de importancia (vea más adelante).

31 En ninguna parte del discurso Jesús identifica explícitamente al «Hijo del hombre» (vea en 8:20) consigo mismo (24:27, 30, 37, 39, 44). Pero puesto que este epíteto se utiliza en respuesta a la pregunta «¿Cuál será la señal de tu venida?» (24:3), la inferencia es ineludible. Hay claras alusiones a Zacarías 14:5 (cf. también Dn 7; Jl 3:1-12); pero el papel de la justicia judía, al igual que muchas otras cosas (ver en 13:37-39), se transfiere sin vacilación de Jehová a Jesús. El Hijo del Hombre vendrá «con poder y gran gloria» (cf. 16:27; 24:30; 1 Ts 4:16; 2 Ts 4.16; 2 Ts 1:8); porque «nada terrenal puede proporcionar las imágenes para una descripción adecuada» (Broadus). Él se sienta en su trono, no sólo como Juez, sino como Rey (ver en v. 34); porque toda autoridad divina le ha sido entregada (28:18; cf. 1 Co 15:25; Heb 12:2). (En cuanto al papel de los ángeles, vea 13:41-42; 24:31; 2 Ts 1:7-8; Ap 14:17-20.)

32-33 Presupuesto está el cumplimiento de 24:14. «Todas las naciones» (*panta ta ethne*, v. 32) significa «todos los pueblos», y claramente implica que «todas las naciones» incluye más que solo gentiles (ver en 28:18-20). Así como el evangelio del Reino se predica tanto a gentiles como a judíos (ver en 1:1; 2:1-12; 3:15-16; 8:11), así también todos deberán comparecer ante el Rey.

En el campo las ovejas y las cabras se mezclaban durante el día. A la noche a menudo las separaban: las ovejas toleran el aire frío, pero las cabras deben juntarse para entrar en calor. En áreas de poco pasto los animales también se separaban durante el día. Pero ahora estos detalles pastorales simples y bien conocidos se cargan de simbolismo. La diestra es el lugar de poder y honor.

34-40 El cambio de «Hijo del hombre» (vea el excursus en 8:20) a «Rey» (vv. 31, 34), no es del todo anormal; porque el Hijo del Hombre en Daniel 7:13-14 se acerca al Anciano de Días para recibir «un reino», y ese reino queda consumado (ver en 24:30). El tema de la realeza desde hace mucho se ha insinuado o, de vez en cuando, se ha hecho bastante explícito a ciertas personas (ver en 3:2; 4:17; 5:35; 16:28; 19:28; 27:42). No obstante, Jesús todavía asocia su trabajo con su Padre, algo que le gusta hacer (10:32-33; 11:25-27; 15:13; 16:17, 27; 18:10, 19; 20:23; 26:29, 53; y muchas referencias en Juan). Él se dirige a las ovejas: «Vengan ustedes, a quienes mi Padre ha bendecido» (v. 34). «Bendecido» no es *makarioi* (como en 5:3) sino *eulogemenoi* (como en 21:9; 23:39). Ellos son justos «bendecidos» puesto que ahora toman su herencia (Ro 8:17; Ap 21:7), que presupone una relación con el Padre. Esa herencia es el reino (ver en 3:2) preparado para ellos «desde antes de la creación del mundo» (Jn 17:24; Ef 1:4; 1 P 1:20). Esta herencia gloriosa, el reino consumado, fue el plan del Padre para ellos desde el comienzo.

Los justos son acogidos e invitados a tomar su herencia porque han servido a los hermanos del Rey (cf. Is 58:7). La opinión es incompatible con Pablo solo si creemos que esto es lo único que Mateo dice, y que todo lo que Pablo dice menciona inmediatamente la gracia. Ambas hipótesis son falsas: 2 Co 5:10 se relaciona con la idea de esta parábola, y Mateo tiene otras cosas que decir acerca de la salvación de las personas (1:21; 11:25-30; 20:28). La razón de admisión en el Reino en esta parábola es de más probatoria que causativa. Esto es lo que la sorpresa de los justos sugiere (vv. 37-39; vea más adelante). Cuando es interrogado, el Rey responde que hacer las obras mencionadas al más pequeño de sus hermanos equivale a hacérselas a él (v. 40), y por repercusión es sacrilegio rehusar ayuda a los hermanos del Rey (Calvino).

No hay dificultad en la escena que requiere una disyunción entre las ovejas (los justos) y «el más pequeño de mis hermanos»; porque al pronunciar sentencia a cada uno, el Rey puede señalar hermanos que están alrededor y que han sido tratados con compasión.

41-45 La condenación es aun más terrible que en 7:23. Se maldice a las «cabras»: se las quita de la presencia del Rey y se las envía al fuego eterno (v. 41). Aquí al infierno se describe en categorías conocidas para los judíos (vea en 3:12; 5:22; 18:8; cf. Jud 7; Ap 20:10-15). El Reino fue preparado para los justos (v. 34). El infierno fue preparado para el diablo (ver en 4:1) y sus ángeles (demonios; vea en 8:31; cf. Jud 6; Ap 12:7) pero ahora también sirve como lugar de destino para los culpables de pecados de omisión de los cuales Jesús habla aquí: no han mostrado compasión al Rey Mesías al no ayudar al más pequeño de sus hermanos. No hay importancia en el hecho de que las «cabras» se dirijan a Jesús como «Señor» (v. 44); porque hasta este punto no hay excepción porque se confiese a Jesús como Señor (cf. Flp 2:11).

Más importante es la sorpresa de las ovejas (vv. 37-39) y las cabras (v. 44), una gran parte de la parábola, aunque rara vez se discute. Con confianza se pueden decir tres cosas.

1. A diferencia de lo que algunos han sugerido (e.g. Gay, «Judgment of Gentiles»), ni las ovejas ni las cabras se sorprenden por el lugar que el Rey les asigna, sino por la razón que les da: que se admiten o se excluyen basándose en cómo trataron a Jesús. De este modo no hay necesidad de decir que las cabras esperaban ser recibidas ni

que las ovejas esperaban ser rechazadas.

2. Zumstein (p. 348) tiene razón en señalar que la sorpresa de los justos hace imposible pensar que las obras de los justos son para ganar la salvación. La manera en que las ovejas y las cabras trataron a los hermanos de Jesús no fue con el propósito de ser aceptadas o rechazadas por el Rey. Las ovejas no mostraron amor para obtener una recompensa escatológica, ni las cabras no lo mostraron para burlar una retribución escatológica.

3. En consecuencia la parábola presenta una prueba que elimina la posibilidad de hipocresía. Si las cabras hubieran pensado que su trato a los «hermanos» de Jesús les haría ganar dicha escatológica, sin duda los habrían tratado con compasión. Pero Jesús está interesado en una justicia de la persona integral, una justicia del corazón (ver en 5:20; 13:52). Cuando los individuos responden a los discípulos, o «hermanos», de Jesús y se alinean con su desgracia y aflicciones, se alinean con el Mesías que se identifica con ellos (v. 45). Los verdaderos discípulos se amarán unos a otros y servirán al menor de los hermanos de Jesús con compasión; al hacerlo inconscientemente servirán a Cristo. Quienes tienen poca simpatía por el evangelio del Reino permanecerán indiferentes, y al hacerlo rechazarán al Mesías. ¡Eso aprendió Pablo con su conversión! Decidido a perseguir cristianos, escuchó la Voz desde la gloria celestial que decía: «Yo soy Jesús a quien tú persigues» (Hch 9:5).

No debemos pensar que la Biblia no muestra interés por los pobres y oprimidos (Dt 15:11; Mt 22:37-40, 26:11; Gá 2:10). Pero estos no son aquí el centro de interés.

46 La misma palabra «eterno» (*aionion*) modifica «castigo» igual que modifica «vida». *Aionion* se puede referir a vida o castigo en la era por venir, o puede limitarse a la duración del asunto al que se refiere (como en 21:19). Pero en contextos apocalípticos y escatológicos la palabra no sólo denota «perteneciente a la era [mesiánica]» sino, debido a que esa era siempre se vive en la presencia de Dios, también denota «eterno» (cf. BAGD, s.v.; y esp. DNTT, 3:826-33). (En cuanto a nociones penales en la teología de NT, cf. J.I. Packer, «GAT Did the Cross Achieve? The Logic of Penal Substitution?», *Tyndale Bulletin* 25, 1974, 3-45.)

La separación final de «ovejas» y «cabras» es un tema que se repite en el NT, incluyendo a Mateo (e.g., 7:21-23; 13:40-43). Algunos han sostenido que esta doctrina ha puesto a muchas personas entre los infieles; pero también lo han hecho otras doctrinas cristianas. El asunto no es cómo los hombres responden a una doctrina, sino qué enseñan en realidad Jesús y los escritores del NT al respecto. La respuesta humana constituye una consideración secundaria, y puede revelar tanto acerca de nosotros como de la doctrina que se está rechazando. Sin embargo, se deben recordar dos aspectos: (1) así como hay grados de felicidad y responsabilidad en el reino consumado (e.g., 25:14-30; cf. 1 Co 3:10-15), también hay grados de castigo (e.g., Mt 11:22; Lc 12:47-48); y (2) no hay vestigio de evidencia en el NT de que el infierno haya producido arrepentimiento genuino. El pecado continúa siendo parte del castigo y la razón del mismo.

7. Conclusión transformadora: Cuarta predicción de la muerte de Jesús y conspiración en su contra

26:1-5

¹Después de exponer todas estas cosas, Jesús les dijo a sus discípulos: ²«Como ya saben, faltan dos días para la Pascua, y el Hijo del hombre será entregado para que lo crucifiquen.»

³Se reunieron entonces los jefes de los sacerdotes y los ancianos del pueblo en el palacio de Caifás, el sumo sacerdote, ⁴y con artimañas buscaban cómo arrestar a Jesús para matarlo. ⁵«Pero no durante la fiesta —decían—, no sea que se amotine el pueblo.»

1-2 Para las otras predicciones importantes acerca de la pasión, vea en 16:21; 17:22-23; 20:18-19. Por última vez Mateo utiliza la fórmula mediante la cual lleva todos sus discursos a un cierre (v. 1; vea en 7:28-29). En la línea narrativa de Mateo, este pasaje es una pieza maestra de ironía. El Juez del universo, el Rey Mesías, el glorioso Hijo del hombre, está a punto de ser juzgado. Después de las advertencias de Jesús en contra de la hipocresía (23:12-31) y su exigencia de justicia que involucra a toda la persona (25:31-46), la conspiración se mueve sigilosamente y con utilitarismo de bancarrota moral (26:4-5). La Pasión empieza.

La Pascua empezó el martes en la tarde con el sacrificio del cordero. «Dos días» deben ser algo así como menos de cuarenta y ocho horas, o los «dos días» serían «tres días» (vea en 12:40). Según la cronología provisional (vea en 21:23—22:46; 23:1-36; 24:1-3), Jesús dice estas palabras en el Monte de los Olivos el último martes en la noche, que según cálculos judíos, era el comienzo del miércoles.

El «Hijo del hombre» (vea en 8:20) se presenta aquí tanto glorioso como sufriente: con frecuencia, los temas se mezclan. La Pascua está a dos días; y es durante ese festival que Jesús revela por primera vez que el Hijo del Hombre será entregado (para razones de tomar el presente griego como futuro, cf. Moule, *Idiom Book*, p. 7) para ser crucificado. De este modo Jesús proporciona un esquema para que sus discípulos interpreten correctamente su muerte después de que ocurra, esquema que se menciona con un poco de más claridad en la institución de la Cena del Señor (vv. 17-29).

3-5 *Tote* («entonces», v. 3) es una conjunción imprecisa (ver en 2:7) que no significa que los líderes judíos comienzan a conspirar solo después de que Jesús había pronunciado su predicción final acerca de la pasión (vv. 1-2). Con seguridad la oposición se había estado levantando por un tiempo (cf. 12:14; 21:45-46). Por otro lado, al poner los vv. 3-5 inmediatamente después de los vv. 1-2, Mateo da al relato el sabor del control soberano de Dios. Los líderes pueden conspirar; pero si Jesús muere, lo hace como un sacrificio pascual voluntario (vv. 53-54; Jn 10:18).

Mateo menciona a los jefes de los sacerdotes y a los ancianos, quizá queriendo decir los miembros clericales y del Concilio (ver en 21:23). La palabra *aule* puede tener el significado de «atrio», «granja» o «corral», «patio del Templo», o «patio del príncipe», de allí «palacio» (NVI). A Caifás lo llaman el sumo sacerdote en Mateo y Juan

(11:49); Lucas (3:2; Hch. 4:6) especifica a Anás. No hay un verdadero conflicto. Anás fue depuesto por las autoridades seculares en el año 15 d.C. y Caifás tomó su lugar, y vivió y gobernó hasta su muerte en el 36 d.C. Pero puesto que de acuerdo al AT el sumo sacerdote no debía ser reemplazado sino hasta después de su muerte, la transferencia de poder era ilegal. Sin duda algunos continuaron llamando «sumo sacerdote» a los dos. Con certeza Anás, suegro de Caifás (Jn 18:13), continuó ejerciendo gran autoridad tras bastidores. Este vínculo del sumo sacerdocio lo presupone Lucas 3:2 y quizá Juan 18, donde la interpretación más natural del pasaje llama a Caifás sumo sacerdote en el v. 13, pero a Anás como sumo sacerdote en el v. 19 (cf. v. 24).

La combinación de *sunago* («convocado») y *bouleuomai* («conspirado») en los vv. 3-4 sugieren firmemente una alusión al Salmo 31:13. Este salmo es el lamento de un justo que sufre y la fuente de las palabras de Jesús desde la cruz en Lucas 23:46 (cf. Moo, «Use of OT», pp. 234-35). Temprano ese día los líderes habían deseado arrestar a Jesús pero no se atrevieron a hacerlo por miedo a la gente (21:46; según parece los intentos anteriores también habían fallado, Jn 7:32, 45-52). Pero deciden deshacerse de Jesús (v. 4), aunque reconocen que deben hacerlo con *dolos* («sigilo», «astucia», «malicia») de manera que las multitudes no se exalten e inicien un motín (v. 5).

Los líderes tuvieron razón en temer a la gente. La población de Jerusalén durante la fiesta quizá se quintuplicaba; y con fervor religioso y mesianismo nacional en su máxima expresión, una chispa podría ocasionar una explosión. Decidieron suspender la acción; pero la oferta de Judas de entregar a Jesús en una hora y lugar en que la muchedumbre no iba a estar presente era una buena oportunidad que no debían dejar pasar (vv. 14-16). De esta manera en la providencia de Dios se produjo la conexión entre la Pascua y la muerte de Jesús que este había pronosticado (vv. 1-2).

VII. Pasión y resurrección de Jesús (26:6—28:20)

A. *La pasión* (26:6—27:66)

1. *Ungido en Betania*

26:6-13

⁶Estando Jesús en Betania, en casa de Simón llamado el Leproso, ⁷se acercó una mujer con un frasco de alabastro lleno de un perfume muy caro, y lo derramó sobre la cabeza de Jesús mientras él estaba sentado a la mesa.

⁸Al ver esto, los discípulos se indignaron.

—¿Para qué este desperdicio? —dijeron—. ⁹Podía haberse vendido este perfume por mucho dinero para darlo a los pobres.

¹⁰Consciente de ello, Jesús les dijo:

—¿Por qué molestan a esta mujer? Ella ha hecho una obra hermosa conmigo. ¹¹A los pobres siempre los tendrán con ustedes, pero a mí no me van a tener siempre. ¹²Al derramar ella este perfume sobre mi cuerpo, lo hizo a fin de prepararme para la sepultura. ¹³Les aseguro que en cualquier parte del mundo donde se predique este evangelio, se contará también, en memoria de esta mujer, lo que ella hizo.

Debido a la estructura que los cinco discursos imponen en Mateo, algunos eruditos (Bacon, *Studies in Matthew*; Stendahl, *School*, pp. 20 y sig.) han creído que las narraciones de la pasión y la resurrección (26:6—28:20) están fuera del esquema principal, quizá como cierta clase de epílogo para equilibrar el «prólogo» (Mt 1—2). Pero yo he sostenido (vea la Introducción, sección 14; y en 28:18-20) que el patrón conocido de elementos de narración seguido por enseñanza en disertaciones continúa aquí en una *sexta* sección. En este caso, sin embargo, la parte «enseñanza» de la estructura «narración-enseñanza» la continúa la iglesia posterior a la ascensión de Jesús (28:18-20). Desde otro punto de vista la pasión y la resurrección se deben ver, igual que en todos los evangelios, como el punto culminante hacia el cual se ha dirigido gran parte de la narración anterior.

Como se ha observado con frecuencia, desde este punto Mateo sigue muy de cerca a Marcos, aunque omite Marcos 14:51-52b, agrega ciertos trozos (e.g., 27:3-10, 51-53), da un final totalmente independiente, y ofrece una cantidad de cambios menores (e.g., algunos informes en tercera persona en Marcos se dan ahora en alocución directa). Se han hecho muchos intentos de identificar lo que es de exclusividad mateana en la narración de la pasión; pero no pocos de esos intentos sufren de reduccionismo. Por ejemplo, Dahl (*Jesus in Memory*, pp. 37-51) sostiene que el relato de Mateo está diseñado para resaltar las diferencias entre la iglesia y la sinagoga. La primera ha aceptado a Jesús como Mesías; la segunda lo ha rechazado y condenado (cf. también Trilling, pp. 66-74). Otros creen que la pasión de Jesús en Mateo tiene un enfoque ético, diseñado para ayudar a jóvenes discípulos a aprender obediencia (e.g., Strecker, *Weg*, pp. 183-84). Muchos otros ven varios elementos cristológicos en el relato de Mateo. Barth (Bornkamm, *Tradition*) afirma que Jesús cumple por medio de su sufrimiento y su muerte el plan redentor de Dios, y establece el reino; y Kingsbury (*Matthew*) destaca la confesión de Jesús como «Hijo de Dios». (Para un estudio excelente, cf. D. Senior, «The Passion Narrative in the Gospel of Matthew», en Didier, pp. 343-57; A. Descamps, en Didier, pp. 359-415.)

Prácticamente todo tema que en Mateo se ha creído fuerte en particular se puede ver que está presente en uno o más de los otros evangelios. Por ejemplo, que los sucesos están bajo el control de Dios o que Jesús muere por voluntad propia se atestigua aun con más firmeza en Juan que en Mateo. Con esto no se niega que Mateo tenga algo que contribuir. Más bien se dice que Mateo da bastante teología sostenida comúnmente, presentada con una rica evocación y un entrelazado complejo de temas, delicadamente mezclados para poner énfasis en una parte u otra de la narración, y rematados con algunas adiciones desconocidas en cualquier otra fuente. Por lo tanto es mejor examinar el material de Mateo de modo inductivo y trazar su desarrollo.

El primer pasaje (vv. 6:13) es problemático debido a su cuestionada relación con otros relatos del evangelio (Mr 14:3-9; Jn 12:2-8; cf. Lc 7:36-50). Algunos comentaristas antiguos (e.g., Orígenes) creían que hubo tres unciones: primera, Lucas 7:36-50, en Galilea; segunda, Juan 12:2-8, pocos días antes que la tercera, Marcos 14:3-9 y Mateo 26:6-13. La mayoría de eruditos modernos creen que hubo solo una unción, y que surgieron variaciones en detalles durante la transmisión oral y a causa del uso exhortatorio de parte de cada evangelista (vea esp. R. Holst, «The One

Anointing of Jesus: Another Application of the Form-Critical Method», JBL 95, 1976, 435-46); pero no hay consenso entre estos eruditos en cuanto al entorno original o el propósito de la historia.

En general parece preferible una tercera alternativa: Hubo dos unciones, una en Galilea (registrada por Lucas) y la otra en Betania (registrada por Mateo, Marcos y Juan; según Broadus; McNeile; A. Legault, «An Application of the Form-Critique Method to the Anointings in Galilee and Bethany», CBQ 16, 1954, 131-45). Las únicas similitudes verdaderas entre los dos incidentes son el ungimiento por una mujer y el nombre Simón. Pero «Simón», igual que «Judas», era un nombre muy común; y los dos incidentes difieren en muchos detalles. En Lucas la mujer es una «pecadora»; en el otro relato no hay mención de esto, y Juan dice que ella es María de Betania. En Lucas el anfitrión es un fariseo, en un hogar galileo; aquí el anfitrión es «Simón el leproso», en un hogar en Betania. En Lucas el anfitrión critica las acciones de la mujer; aquí los discípulos la critican.

Pequeñas diferencias entre Mateo, Marcos y Lucas se pueden conciliar muy fácilmente. Juan puede colocar el incidente donde lo hace porque acaba de hablar de Betania y no mencionará más ese pueblo; pero su vínculo con el entorno histórico parece bastante fuerte, y la interpretación más natural de este relato es que la unción se realizó antes de la entrada triunfal (Jn 12:2, 12). Marcos y Mateo, por otra parte, no dan conexión cronológica, solo una temática. Del reproche de Jesús a los discípulos, Judas Iscariote se enrumba hacia la traición (Jn 12:4-6). Objetar esta teoría de dos incidentes basándose en que la metodología y muchas de las presuposiciones «están anticuados debido a avances intelectuales en las disciplinas de forma y críticas de redacción. … [de tal modo que] no hay trayectoria o *propensión* a explicar las complejidades de las ediciones finales de las historias» (Holst, «The One Anointing», p. 435, énfasis suyo) es hacer estas herramientas intrínsecamente incapaces de reconocer dos incidentes superficialmente parecidos.

6-7 Para Betania (v. 6), vea en 21:17. Al contrario de la opinión común, Juan no dice que esto ocurrió en casa de Lázaro, María y Marta; quizá solo quiera decir que la bien conocida familia estaba presente. Que Marta servía está bastante en conformidad con la vida de la aldea en la época. Marcos y Mateo ponen la escena en el hogar de «Simón el leproso», quien presumiblemente había sanado… o si no todos estarían violando la ley mosaica. La acción de la mujer no era inaudita: a un distinguido rabino se le pudo haber honrado así. Los evangelistas resaltan el costo del «perfume» (v. 7, tal vez un fluido bastante viscoso, posiblemente de la planta de nardo originaria de India), el cual se extraía del frasco de alabastro de cuello angosto quebrándole el cuello. Según Juan 12:3, el nardo valía más o menos trescientos denarios… aproximadamente el salario de un año para un trabajador.

8-9 Mateo menciona «los discípulos» (v. 8), Marcos «algunos de los presentes», y Juan «Judas Iscariote». Si los tres relatos representan el mismo incidente, podría ser que, así como Pedro expresó los sentimientos del grupo (v. 35) y Jesús respondió directamente, así también ocurrió con Judas. Mateo muestra el fracaso de los discípulos en comprender qué estaba ocurriendo, no solo en el ungimiento, sino también en quién es en realidad Jesús y en la precipitación de los acontecimientos hacia la cruz (vea en 16:21-28; 17:22-23; 20:18-19). Sin duda había miles de personas verdaderamente pobres a pocos kilómetros de este ungimiento. Cualquiera que hayan sido los motivos de Judas (Jn 12:6), al menos algunas personas estaban motivadas por justa indignación (v. 9); y por consiguiente a los ojos de Jesús revelaron sus valores distorsionados y su ceguera en cuanto al exclusivo acontecimiento redentor que estaba a punto de ocurrir.

10-11 El griego *gnous de* («consciente de esto») también está tras 16:8 («al darse cuenta de esto»). Es posible que aquí el conocimiento de Jesús sea sobrenatural; pero quizá las quejas eran en susurros y llamaron la atención de Jesús porque preocupaban a la mujer. Jesús empezó su reproche acusándolos de «molestarla» (v. 10; el modismo griego, encontrado en el NT solo aquí y en Lc 11:7; Ga 6:17, es fuerte). Lo que ellos llaman desperdicio, Jesús llama «una obra hermosa».

La afirmación de Hill (*Matthew*), de que la declaración agregada de Jesús (v. 11) «distingue entre una buena obra (i.e., dar limosnas) y una hecha con referencia a sí mismo estando él presente (con sus discípulos, y también como el «Cristo vivo» en la iglesia mateana)», completamente no capta la cuestión. Jesús distingue entre dar a los pobres y la espléndida extravagancia sobre él *basándose en que él no siempre estará allí para recibirla*. Lejos de referirse a la presencia espiritual de Jesús en la iglesia, Mateo *distingue* entre la presencia terrenal de Jesús y su presencia espiritual después de la ascensión (28:20). Sus seguidores siempre encontrarán pobres a quienes ayudar (cf. Dt 15:11); no siempre tendrán con ellos al Jesús encarnado. Tácitamente, la distinción que hace Jesús es una gran afirmación cristológica, porque no solo muestra que prevé su partida inmediata sino también que él mismo, quien de veras es «apacible y humilde de corazón» (11:29), *merece* esta maravillosa expresión de amor y gasto.

Lane (*Mark*, pp. 493-94) concuerda con F.W. Danker, («The Literary Unity of Mark 14, 1-25», JBL 85, 1966, 467-72) al sugerir que aquí también podría haber una alusión al Salmo 41, un salmo que habla del pobre pero justo sufriente que es traicionado por su amigo íntimo, pero que al final Dios lo reivindica. Jesús es el pobre y justo Sufriente por excelencia; y pronto se habrá ido para siempre la oportunidad de ayudarlo en algún modo.

12 El ungimiento no designa a Jesús como Mesías pero lo «prepara» para su sepultura después de sufrir la muerte de un criminal, porque solo en tales circunstancias se omitiría la habitual unción del cuerpo (cf. D. Daube, «The Anointing at Bethany and Jesus' Burial», AThR 32, 1950, 187-88). La defensa que Jesús hace de la mujer no necesariamente significa que ella entendía lo que estaba haciendo, pero lo permite. Jesús muy bien podría estar usando la unción para insinuar otra vez su inminente crucifixión (cf. v. 2).

13 Las interpretaciones de este versículo, con su solemne promesa, son diferentes. Jeremías (*Prayers*, pp. 112-24; *Promise*, p. 22) toma la expresión como auténtica, pero dice que *jopou* no significa aquí «cualquier parte» (NVI) sino «cuando», i.e., cuando la noticia triunfal de su evangelio sea proclamada por el ángel de Dios (cf. Ap 14:6-11) en la Parusía, ante todo el mundo, entonces su acción será recordada. Jeremías de esta manera evita cualquier predicción de parte de Jesús de una misión mundial. Por esto utiliza «evangelio» de modo extraño, y está rigurosamente ligado con suposiciones acerca de lo que Jesús pudo, o no pudo, haber dicho. Jesús prevé la entrada de los gentiles en el reino (8:11) en respuesta a la predicación de sus discípulos, y que el mensaje de Dios sería predicado en el mundo (13:37; 24:14). De modo que el trabajo preliminar ya se había colocado para esta expresión y también para la gran comisión (28:18-20).

La interpretación más natural del v. 13 es que la mujer y su acción sería recordada «dondequiera» que el «evangelio del reino» sea predicado (cf. Moore, pp. 203-4). Broadus observa: «Esta muy extraordinaria promesa … ya estaba en proceso de cumplimiento cuando Juan escribió su evangelio, quizá sesenta años después; porque él distingue esta Betania de la que queda más allá del Jordán (Jn 1:28) al llamarla (Jn 11:1 y sig.) el pueblo de María (primer lugar) y Marta; y luego hace todo definitivo y claro al añadir: "María era la misma que ungió con perfume al Señor…" Él aun no había contado la historia de la unción, pero supone que es conocida por todos los lectores cristianos».

2. *Judas llega a un acuerdo para la traición*

26:14-16

> ¹⁴Uno de los doce, el que se llamaba Judas Iscariote, fue a ver a los jefes de los sacerdotes.
> ¹⁵—¿Cuánto me dan, y yo les entrego a Jesús? —les propuso.

Todos los evangelios hablan del papel importante de Judas en la muerte de Jesús (cf. Mr 14:10-11; Lc 22:3-6); pero ninguno explica qué motivos incitaron su traición. Como la mayoría de motivos humanos, los suyos eran mezclados y sin duda incluían avaricia y celos combinados con profunda desilusión de que Jesús no estaba actuando como el Mesías que él había esperado.

14-16 Aunque *tote* («entonces», RVR; no traducida en NVI) es por lo general difícil de traducir (vea en 2:7), aquí (v. 14) probablemente haya una conexión lógica con el pasaje anterior. En opinión de Judas, Jesús estaba actuando cada vez menos como rey, y cada vez más como un derrotista en su camino hacia la muerte. Si el ungimiento en Mateo (vv. 6-13) es el mismo de Juan 12:1-8, Judas quizá también se había resentido por el reproche de Jesús. Además, *si* su nombre lo ligaba con el movimiento zelote (vea en 10:4), entonces su desilusión es de lo más comprensible, aunque no excusable. Él fue a ver a los «jefes de los sacerdotes» (vea en 21:23). A propósito por qué Mateo no menciona a los fariseos si su antipatía hacia ellos es tan fuerte como algunos dicen.)

Los jefes de los sacerdotes «decidieron pagarle treinta monedas de plata» (v. 15); pero el lenguaje de Mateo (lit., «le pesaron»), a diferencia del de Marcos, es el lenguaje distintivo de la LXX, y recuerda Zacarías 11:12, al cual Mateo regresará en

27:3-10 (Moo, «Use of OT», pp. 187-89). En Zacarías 11, treinta monedas de plata es una mísera cantidad («¡Valiente precio el que me pusieron!» [v. 13] es irónico): el valor de un esclavo que muere accidentalmente corneado por un buey (Éx 21:32). Que Jesús sea poco valorado está reflejado no sólo en su traición sino en la baja cantidad acordada por Judas y los jefes de los sacerdotes.

Excursus

La fecha tradicional de la muerte de Jesús ha sido el año 30 d.C. Sin embargo, Hoehner (*Aspectos cronológicos*, pp. 65-93) ha expuesto argumentos a favor del año 33, aunque el año exacto tiene poco efecto en la exégesis. Más importante es el problema de la relación entre los evangelios sinópticos y Juan. Los sinópticos parecen señalar que Jesús y sus discípulos comieron la cena pascual la noche antes de la crucifixión (vea esp. Mr 14:12-16; 15:1-25, y análogos), mientras que Juan parece sugerir que el cordero de Pascua se había sacrificado en el momento en que Jesús moría, lo cual por supuesto significaría que él y sus discípulos no comieron la Pascua en la última cena (cf. esp. Jn 18:28; 19:14).

El asunto es más que de interés cronológico; porque muy aparte de la armonización de registros históricos distintos, el significado de la Santa Cena está afectado por su conexión con la Pascua. Es inmensa la literatura acerca de esta cuestión. El propósito de esta exposición es enumerar algunas de las principales opciones, y defender brevemente la interpretación aquí adoptada. La bibliografía esencial incluye Hoehner, *Chronological Aspects*, pp. 81-90; Jeremías, *Eucharistic Words*, pp. 41 y sig.; SBK, 2:847-52; A. Jaubert, *The Date of the Last Supper*, Alba, Staten Island, NJ, 1965; E. Ruckstuhl, *Chronology of the Last Days of Jesus*, Desclée, Nueva York, 1965; G. Ogg, «Chronology of the Last Supper», *Historicity and Chronology in the New Testament*, ed. D.E. Nineham, SPCK, Londres, 1965, pp. 75-96; J.B. Segal, *The Hebrew Passover from the Earliest Times to A.D. 70*, OUP, Londres, 1963; S. Dockx, *Chronologies néotestamentaires et Vie de l'Église primitive*, Duculot, París/Glembloux, 1976, *passim*; Marshall, *Last Supper*, esp. pp. 57 y sig., y Clasificación 4, pp. 184-85; Moo, «Use of the OT», pp. 318-23; y los principales comentarios sobre los evangelios.

1. Muchos eruditos sostienen que las discrepancias no son históricamente reconciliables: o los sinópticos tienen razón o la tiene Juan. Hay muchos indicios de que los escritores de los sinópticos entienden la Santa Cena como una comida de Pascua (vea esp. Jeremías, *Eucharistic Words*, pp. 59-62). En consecuencia, no son muy convincentes los intentos de transformar la comida en algo más —en una *Kiddush* (oración por alimentos), aunque esta solo se conoció varios siglos después, o en una *Habburah* (comida de compañerismo) consumida exactamente antes de la Pascua. Que la comida no era cena de Pascua, pero que tales elementos se interpretaban en apoyo a ella es un consejo perdido, en especial a la luz de asociaciones de Pascua tan tempranas como 1 Corintios 11.

Cualquier teoría de esta clase depende de su explicación de por qué se introdujo la discrepancia. Si los sinópticos son históricamente correctos (Jeremías), quizá Juan cambió la fecha para corresponder con su tipología Jesús-Pascua-cordero; y si Juan es históricamente correcto (Ogg), tal vez los escritores de los sinópticos cambiaron la fecha para hacer que la Cena del Señor se ajustara al simbolismo pascual. De cualquier modo es necesario seguir una evolución teológica; pero hasta hoy ningún trabajo semejante ha probado ser convincente. Discutir que Juan ha identificado a Jesús con el cordero pascual por un recurso tan poco sólido como cambiar dos o tres referencias cronológicas no es muy creíble en un libro en que abundan las afirmaciones explicatorias (1:42; 2:21-22; 13:18 et al.). Además, solamente los sinópticos mencionan el día en que fue sacrificado el cordero (Mr 14:12; Lc 22:7). Es aun más problemático encontrar motivación teológica por un supuesto cambio en los sinópticos, por causa del asunto muy discutido de qué evangelista conserva la forma más antigua de la institución de la Santa Cena (cf. Marshall, *Last Supper*, pp. 30 y sig.).

2. El segundo grupo de opciones reúne varias teorías de disputas de calendario en el primer siglo. Jaubert sostiene que Jesús, como lo informan los sinópticos, estaba usando un calendario solar que conocemos como de los jubileos, y según parece adoptado en Qumran. La Pascua siempre ocurrió el *martes* en la noche (14-15 de nisán); por tanto, Jesús y sus hombres comieron la Pascua esa noche. Pero el calendario fariseo «oficial», que sigue el cuarto evangelio, pone la cruz y el sacrificio en el *lunar* 14-15 de nisán (del anochecer del jueves al anochecer del viernes). En un plan de algún modo distinto algunos han sostenido que los fariseos y saduceos adoptaron calendarios diferentes (SBK), o que Jesús seguía un calendario (sinópticos) galileo (i.e., el de los fariseos) y Juan informa basado en el equivalente (según Hoehner) judío (de los saduceos).

Al menos todas estas teorías basadas en diversos calendarios concuerdan en afirmar que Jesús y sus discípulos comieron la cena de Pascua, cualquiera que sea la fecha. Pero más allá de eso todas esas soluciones de calendario tienen graves inconvenientes. Parte del punto de vista de Jaubert, por ejemplo, gira en torno a un documento del tercer siglo (la *Didascalia*) que se dedica a justificar prácticas comunes de ayuno apelando a la Semana de la Pasión, en vez de dar alguna información histórica útil acerca de esa semana. No hay evidencia de que Jesús siguiera un calendario sectario; y con mucha seguridad en el templo no se ofrecían sacrificios en días diferentes al «oficial» (calendario lunar). Además los cuatro evangelistas parecen concordar en que Jesús fue arrestado la noche antes de su crucifixión; y, a pesar de las objeciones, hubo suficiente tiempo entre su arresto el jueves en la noche y su crucifixión el viernes para tener en cuenta los diversos acontecimientos analizados atrás. Algunas de las demás teorías son muy sospechosas por el débil testimonio en las fuentes principales, y no son más que últimos recursos.

3. El tercer enfoque es intentar la armonización histórica entre Juan y los sinópticos tal como están. De estos intentos, uno, reivindicado en varias ocasiones en la historia de la iglesia, es razonablemente verosímil.

Mateo 26:17 habla del «primer día de la fiesta de los Panes sin levadura». Según Levítico 23:6 y Números 28:17, a los judíos se les prohibía usar levadura en el pan por siete días desde el 15 de nisán. Sin embargo, Éxodo 12:18 dice que la levadura se debía sacar de la casa el 14 de nisán; y existe alguna evidencia de que los judíos habitualmente la sacaban a mediodía del 14 de nisán, para de este modo tener todo listo con tiempo. Así pues Josefo habla en un lugar de que la fiesta comenzaba el 15 de nisán (Antig. III, 148-50, x. 5) y en otro que comenzaba el 14 de nisán (Guerra V, 99, iii. 1; cf. también Antig. II, 315-16, xv. 1). Mateo parece presuponer el jueves, 14 de nisán. Según Éxodo 12:6 y Números 9:3, los judíos tenían instrucciones de matar el cordero pascual «al caer la noche» (NVI), i.e., «entre las dos noches», lo cual en la época de Jesús significaba desde la media tarde, o fin de ella, hasta la puesta del sol (Dt 16:6). Por lo tanto Josefo (Guerra VI, 423, ix. 3) dice que los corderos eran sacrificados de la hora novena a la undécima (15h00 a 17h00) y que en una ocasión la cantidad sacrificada fue 256.500 (casi con seguridad una cifra inflada).

Parece entonces que los discípulos de Jesús entraron a la ciudad poco después del mediodía del jueves 14 de nisán, consiguieron alojamiento, llevaron un cordero al atrio del templo y lo mataron, lo asaron con hierbas amargas (Éx 12:8-9), e hicieron otros arreglos para la cena, incluyendo la compra de vino y pan sin levadura. Mateo 26:19 dice explícitamente que ellos «prepararon la Pascua». Después del anochecer del jueves, cuando era 15 de nisán, Jesús se unió a sus discípulos y comieron la Pascua. En estos puntos concuerdan los sinópticos; y esto pone la muerte de Jesús el viernes, 15 de nisán, probablemente a las tres de la tarde.

Los siguientes pasajes en Juan son los más difíciles de armonizar con este recurso: *Juan 13:1:* «Se acercaba la fiesta de la Pascua» no necesariamente crea el marco para la comida, la cual estaba a punto de ser consumida, sino para el lavado de los pies. Este acontecimiento se realizó antes de la «fiesta de la Pascua». Juan 13:2 en los mejores textos no contradice esto: no debemos interpretar «cuando acabó la cena» (KJV) sino «cuando cenaban» (RVR).

Juan 13:27: «Lo que vas a hacer, hazlo pronto». Juan agrega (13:29) que algunos de los presentes pensaron que Jesús le estaba diciendo a Judas que comprara lo necesario para la fiesta, u otros que diera algo a los pobres. ¿Cómo pudieron pensar esto, si estaban a punto de *terminar* la cena? Pero también se podría preguntar por qué, si la fiesta estaba a veinticuatro horas, alguien creería que había alguna prisa en comprar cosas. Más razonable es creer que los discípulos pensaron que Judas debía hacer algunas compras para la *continuada* «fiesta de los Panes sin levadura» —e.g., algo más de pan sin levadura. Puesto que al día siguiente, aún viernes 15 de nisán, era un día de gran celebración, y el siguiente día un sabbat (sábado), era mejor hacer las cosas de inmediato. Según las calculaciones judías, el día de gran celebración (15 de nisán) había empezado ese jueves en la noche; pero es probable que las compras aun fueran posibles, aunque inconvenientes. Después de todo se podría comprar lo indispensable aun en sabbat si caía antes de una Pascua, siempre y cuando se dejara algo en prenda en vez de pagar en efectivo (M *Sanhedrin* 23:1). Además era costumbre dar limosnas a los pobres la noche de Pascua. Las puertas del templo estaban abiertas desde la medianoche en adelante, y allí se reunían los mendigos (cf. Jeremías, *Eucharistic Words*, p. 54; Ruckstuhl, *Last Days*, p. 132). En cualquier otra noche es difícil imaginar por qué los discípulos pensarían que Judas era enviado para este propósito; al día siguiente también pudo haberlo hecho.

Juan 18:28: Jesús estaba ante Pilato. «Como ya amanecía, los judíos no entraron en el palacio, pues de hacerlo se contaminarían ritualmente y no podrían comer la Pascua». La naturaleza exacta de este «contaminarse ritualmente» se ha discutido en gran manera. Con seguridad los judíos debían purificarse para la Pascua (cf. 2 Cr 30:18; Esd 6:19-21; cf. Jn 11:55; 12:1), y Pilato respetaba los escrúpulos judíos (Jn 18:28-29). La contaminación podría llegar del polvo del camino traído por visitantes extranjeros (cf. M *Berakoth* 9:5), o del contacto con gentiles que habían comido o tocado algo inmundo (e.g., un cadáver o una mujer menstruando). Aunque hay muchas otras posibilidades, la inmundicia de cualquiera de estas fuentes se podría haber eliminado al finalizar un día con un lavado de purificación a la puesta del sol (cf. Lv 15:5-11, 16-18; 22:5-7; cf. j *Pesahim* 36b, 92b); y entonces se podía comer la Pascua. Por lo tanto al prestar cuidadosa atención al texto de Juan y a los antecedentes históricos se hace muy improbable que Juan 18:28 se pueda usar para defender la opinión de que Jesús comiera su cena la noche anterior a la Pascua. En vez de eso, es más convincente interpretar a Juan 18:28 en una de otras dos maneras:

1. Es posible que los sacerdotes habían tenido la intención de comer la Pascua esa noche; sin embargo, presionados por sus deberes en el templo y los miles de sacrificios que debían realizar, interrumpidos por la inesperada oferta de Judas de la traición inmediata, y retrasados por el paso precipitado de los interrogatorios judiciales que siguieron, ellos aún no habían comido su propia Pascua. Este punto de vista es improbable si se interpretaba de modo estricto a Éxodo 12:8-10, que prohibía retrasar la cena de Pascua más allá de la medianoche (M *Peshahim* 10:9; M *Zebahim* 5:8). Pero estas tradiciones podrían ser posteriores; y *Mekilta* en Éxodo dice que algunos rabinos interpretaban que Éxodo 12:8-10 se satisfacía si se comía la Pascua al amanecer. Aun así, estos líderes judíos estaban atrasados al menos en dos o tres horas.

2. De modo más convincente, «comer la Pascua» en Juan 18:28 se podría referir, no a la cena de Pascua en sí, sino a la fiesta continua, y en particular a la *jagigaj*, la fiesta de ofrenda ofrecida en la mañana del primer día completo pascual (cf. Nm 28:28-19). Esto podría explicar la preocupación de los judíos: la purificación ritual se podría obtener de nuevo al anochecer, pero no a tiempo para la *jagigaj* de la mañana. Por supuesto, la *jagigaj* se podía comer más tarde en la semana; pero es poco probable que los líderes, conscientes de su posición pública, estuvieran ansiosos de retrasarla al menos que fuera absolutamente inevitable. Deuteronomio 16:3 habla de comer siete días alimentos de Pascua de pan sin levadura. Podría ser entonces que los líderes quisieran evitar la contaminación ritual para continuar la participación total en toda la fiesta. Además esto se volvería más verosímil si es correcto nuestro trato de Juan 19:31. La objeción de Morris (*John*, pp. 778-79) que quien pudiera reconocer que «la Pascua» se puede referir a la Pascua más la fiesta de los Panes sin levadura, pero con seguridad no a la fiesta de los Panes sin levadura sin la cena de Pascua, podría estar levantando un hombre de paja; porque la interpretación que aquí se defiende no afirma que «la Pascua» se refiera aquí a la fiesta de los Panes sin levadura *aparte de* la cena de Pascua en sí, sino a *todo el festival de Pascua*. La contaminación ritual en este punto en el festival obligaría temporalmente a salir de las festividades y de «comer la cena de Pascua».

Juan 19:14: Refiriéndose al día de la crucifixión de Jesús, el versículo se lee: «Era el día de *paraskeue tou pasca*», (lit., «la preparación de la Pascua»). Hay fuerte evidencia para sugerir que *paraskeue* («[día de] preparación») ya se había vuelto un nombre técnico para el viernes, puesto que el viernes era normalmente el día en el cual uno se preparaba para el sabbat; y no tenemos evidencia de que el término se usara en la época del evangelista para referirse a la víspera de cualquier día festivo distinto del sabbat (cf. C.C. Torrey, «The Date of the Crucifixion according to the Fourth Gospel», JBL 50, 1931, 241). En este contexto, entonces, *tou pasca* significa «de la semana de Pascua» o «del festival de Pascua». Varias corrientes de evidencia apoyan este significado de *pasca*. Josefo (Antig. XIV, 21, ii. 1; cf. XVII, 213, ix. 3; Guerra II, 10, i. 3) usa «Pascua» para referirse a toda la fiesta de los Panes sin levadura, a menos que dependa directamente de un pasaje del AT, en que tiende a guardar las dos distinciones (Antig. III, 248-51, x. 5; cf. BAGD, s.v.). El mismo uso extendido se encuentra no sólo en M *Peshahim* 9:5 sino en el NT (cf. Lc 22:1: «la fiesta de los Panes sin levadura, llamada la Pascua», y quizá también pasajes tales como Juan 2:23; 6:4; 13:1; 19:31, 42). De modo que el significado más probable de Juan 19:14 es «era el viernes en la semana de Pascua» (de ahí «el día de la preparación para la Pascua» de la NVI); y este entendimiento de *pasca* refuerza los comentarios en 18:28.

Juan 19:31: «Por ser este un día muy solemne». El punto de vista más convincente es que este no se refiere al día de la cena de Pascua sino al sabbat, el cual se consideraba un sabbat «grande» o «especial», no sólo porque caía durante la fiesta de la Pascua, sino porque en el segundo día pascual, en este caso un sábado, caía la muy importante ofrenda de grano (cf. SBK, 2:582; Filón *De Specialibus Legibus* 2).

Juan 19:36: Este versículo se refiere a Éxodo 12:46 para explicar que Jesús, el Cordero de Pascua, no tenía ninguno de sus huesos rotos; y algunos han creído que esto sugiere que Jesús debió haber muerto mientras se estaban sacrificando los corderos. Pero esto no se deduce. Juan no hace tal conexión temporal; y la conexión teológica podría surgir de la tradición de relacionar el testimonio de Juan el Bautista (Jn 1:29, 36) o de las palabras de Jesús en la institución de la Santa Cena, reportadas por los sinópticos y por Pablo.

Parece entonces que el cuarto evangelio se puede armonizar bastante con los sinópticos en lo que se refiera a la cronología de la Última Cena y la muerte de Jesús.

Aun queda una pregunta final. ¿Cómo podrían judíos conscientes ser parte de un juicio y una ejecución en un día de fiesta, el cual, en cuanto a prohibiciones y procedimientos legales, se debía tener como un sabbat (cf. Éx 12:16; Lv 23:7; Nm 28:18; M *Betzah* 5:2)? Pero el mishná (*Sanhedrin* 11:4) insiste en que la ejecución de un maestro rebelde se *debería* llevar a cabo en una de las tres fiestas principales para que todo el pueblo oyera y temiera (cf. también Dt 17:13; SBK, 2:826). Jeremías (*Eucharistic Words*, p. 79) examina otros sucesos informados en los evangelios (e.g., la sepultura de Jesús) que se alegan que son inconsecuentes con la naturaleza sabática de la fiesta de la Pascua, y concluye que «las narraciones de la pasión no describen incidentes que no se pudieron haber realizado en nisán 15». Existen numerosas irregularidades relacionadas con el juicio del Consejo; estas, no obstante, solo se pueden colocar de modo marginal en los problemas cronológicos, y son tratados en in situ (vea en 26:57-68).

Por consiguiente, parecemos estar en base firme al sostener que la Última Cena fue una comida de Pascua, y que algunas de sus relaciones se deben ver bajo esa perspectiva.

3. *La cena del Señor* (26:17-20)

a. *Preparativos para la Pascua*

26:17-19

¹⁷**El primer día de la fiesta de los Panes sin levadura, se acercaron los discípulos a Jesús y le preguntaron:**

—¿Dónde quieres que hagamos los preparativos para que comas la Pascua?

[18]Él les respondió que fueran a la ciudad, a la casa de cierto hombre, y le dijeran: «El Maestro dice: "Mi tiempo está cerca. Voy a celebrar la Pascua en tu casa con mis discípulos."» [19]Los discípulos hicieron entonces como Jesús les había mandado, y prepararon la Pascua.

17 Problemas de cronología y algunos de los pasos necesarios para preparar la Pascua están analizados en la exposición anterior. Algunos detalles más iluminan la situación. Hacia la media tarde del jueves, 14 de nisán, los corderos (uno por «familia»… un grupo conveniente de quizá diez o doce personas) eran llevados al atrio del templo donde los sacerdotes los sacrificaban. Los sacerdotes tomaban la sangre y, de mano en mano, la pasaban en tazones hasta que se derramaba al pie del altar. También quemaban la grasa de los corderos sobre el altar de ofrendas quemadas. Los cánticos del *Alel* (Sal 113-18) acompañaban estos pasos.

Después del anochecer (i.e., ahora 15 de nisán), la «familia» se reunía en un hogar a comer el cordero de Pascua, el cual para ese momento se había asado con hierbas amargas. El jefe de la familia comenzaba la cena con acción de gracias por ese día de fiesta (la Pascua *Kiddush*) y por el vino, orando por la primera de cuatro copas. Un plato preliminar de hierbas verdes y amargas era seguido, según parece, por la Pascua *jaggadaj* —en la cual un muchacho preguntaba el significado de todo esto, y el jefe de la familia explicaba los símbolos en cuanto al Éxodo (cf. M *Pesahim* 10:4-5)— y el cántico de la primera parte del *Alel* (Sal 113 o Sal 113-14). Aunque el orden preciso se discute, aparentemente una segunda copa de vino introducía el plato principal, seguido por otra oración de acción de gracias. Los participantes entonces cantaban el resto del *Alel* (Sl 114-18 o 115-18) y quizá bebía una cuarta copa de vino. De modo que los preparativos por los que preguntaban los discípulos eran importantes.

18-19 El relato de Mateo es mucho más sencillo que el de Marcos. *Pros ton deina* («a la casa de cierto hombre») se refiere a alguien de quien no se puede o no se quiere dar el nombre (v. 18). Se puede argumentar que el hogar pertenecía al padre de Juan Marcos (Zahn), pero esto no es seguro. No está claro si Jesús había hecho arreglos previos o recurrió a conocimiento sobrenatural (cf. 21:1-3). De cualquier modo Jesús se estaba encargando con cuidado de esta última cena de Pascua. Tal vez las palabras de Jesús, «mi tiempo está cerca» eran ambiguas a propósito. Para los discípulos y el propietario de la casa pudieron haber sugerido el tiempo de Jesús para la comida de Pascua y los anteriores arreglos para ella. A la luz de la Pascua, las palabras se deben referir a la ahora inminente crucifixión, el cumplimiento de la misión de Jesús.

Los discípulos hacen como Jesús les «dirigió» (v. 19) o «instruyó» (*suntasso* se usa solo en el NT aquí y en 21:6; 27:10). *Suntasso* no se relaciona al discipulado, como muchos aseguran, y aun menos a la autoridad de Jesús en algún sentido abstracto. Más bien, prepara el camino para la Cena del Señor y la muerte de Jesús, y demuestra que él está calmado y conscientemente dando los pasos para completar su misión de tragedia y gloria.

b. *Se predice la traición*

26:20-25

20Al anochecer, Jesús estaba sentado a la mesa con los doce. 21Mientras comían, les dijo:

—Les aseguro que uno de ustedes me va a traicionar.

22Ellos se entristecieron mucho, y uno por uno comenzaron a preguntarle:

—¿Acaso seré yo, Señor?

23—El que mete la mano conmigo en el plato es el que me va a traicionar —respondió Jesús—. 24A la verdad el Hijo del hombre se irá, tal como está escrito de él, pero ¡ay de aquel que lo traiciona! Más le valdría a ese hombre no haber nacido.

25—¿Acaso seré yo, Rabí? —le dijo Judas, el que lo iba a traicionar.

—Tú lo has dicho —le contestó Jesús.

Mateo concuerda con Marcos al poner esta escena antes de las palabras de institución, mientras que el relato más resumido de Lucas da la impresión de que Judas no salió hasta después de estas palabras. No podemos estar seguros qué evangelio ha conservado la secuencia cronológica; quizá la narración lucana revela señales más grandes de condensación y arreglo temático. Mateo omite la alusión a Salmos 41:9 preservada en Marcos 14:18, pero añade el breve intercambio de palabras entre Jesús y Judas en el v. 25 (cf. Marcos 14:18-21; Lc 22:21-23; Jn 13:21-30).

20-22 La cena de Pascua no se podía consumir hasta después del anochecer; y para quienes vivían en Palestina, la debían consumir dentro de Jerusalén o no hacerlo en absoluto. Por eso encontramos a Jesús reclinado en un salón en la ciudad «al anochecer» (v. 20). Una vez comenzada la cena —no sabemos en qué momento— Jesús dice solemnemente: «Les aseguro que uno de ustedes me va a traicionar» (v. 21). Los discípulos responden de la misma manera; uno tras otro, a medida que digieren la enormidad de la acusación, cada uno pregunta: «¿Acaso seré yo, Señor?» (v. 22).

23 «El que mete la mano conmigo en el plato»: En realidad la mayoría de los presentes, si no todos, habrían mojado el pan en el mismo plato que Jesús, dadas las costumbres en la mesa de la época. El punto de Jesús es que el traidor es un amigo, alguien cercano, alguien que come del mismo plato, lo que por consiguiente resalta la enormidad de la traición. Es probable que la identificación en Juan 13:22-30 se llevara a cabo exactamente después de esto. Si estaban comiendo el plato principal, el cordero asado, el «plato» contendría hierbas y extracto de frutas, lo cual se sacaba con pan.

24 Para «ay», vea en 23:13; para «Hijo del hombre», ver el excursus en 8:20. Aquí el Hijo del hombre es a la vez el glorioso personaje mesiánico que recibe un reino, y el Siervo sufriente; en realidad, lo primero resalta la maldad de la persona que lo entrega para la última representación. Ninguna cita del AT explica «como está escrito de él»; pero se puede pensar en pasajes del AT como Isaías 53:7-9; Daniel 9:26, o se puede suponer que a la vista hay toda una tipología profética (vea en 2:15; 5:17-20), como el cordero pascual o alguna combinación de los dos.

La necesidad divina del sacrificio del Hijo del hombre, basada en la Palabra de Dios, no excusa ni mitiga el crimen de la traición (cf. Hch 1:16-18; 4:27-28). Ni este tampoco es un ejemplo de una cancelación divina de un acto malvado. Al contrario, tanto la soberanía divina como la responsabilidad humana están involucradas en la traición de Judas, la una para efectuar salvación y llevar a su cumplimiento la historia de la redención, y la otra para responder a las motivaciones de un corazón maligno. La una resulta en salvación del pecado para el pueblo del Mesías (1:21), la otra en ruina personal y eterna (cf. Carson, *Divine Sovereignty*, pp. 130-32).

25 Este intercambio de palabras, conservado solo en Mateo, magnifica la desfachatez de Judas y enmarca las palabras de institución (vv. 26-30) con el engaño del traidor (v. 25) y el alarde vacío de aquel que niega a Jesús con juramentos (vv. 31-35). Sin duda Judas sintió que debía hablar; callar en este momento lo habría desenmascarado ante los demás. Tanto aquí como en el v. 49 Judas usa «Rabí» (vea en 8:19; 23:7), lo cual, en el ambiente anterior a la Pascua, era quizá más inequívocamente honorífico que el versátil *kurios* («Señor», v. 22). Como en el v. 22, la forma de la pregunta (usando *meti*) anticipa una respuesta negativa; pero la esperada contestación no necesariamente tiene relación con la verdadera respuesta (BDF, par. 472, 2). La respuesta de Jesús es idéntica en griego a la de 26:64. Es afirmativa pero depende de algún modo en la entonación hablada para su fuerza total. Se podría tomar como «tú lo has dicho, no yo»; sin embargo, en realidad tiene bastante de afirmativa para darle una sacudida a Judas sin quitar toda ambigüedad de los oídos de los demás discípulos. Vea más en v. 64.

c. *Palabras de institución*

26:26-30

[26]Mientras comían, Jesús tomó pan y lo bendijo. Luego lo partió y se lo dio a sus discípulos, diciéndoles:

—Tomen y coman; esto es mi cuerpo.

[27]Después tomó la copa, dio gracias, y se la ofreció diciéndoles:

—Beban de ella todos ustedes. [28]Esto es mi sangre del pacto, que es derramada por muchos para el perdón de pecados. [29]Les digo que no beberé de este fruto de la vid desde ahora en adelante, hasta el día en que beba con ustedes el vino nuevo en el reino de mi Padre.

[30]Después de cantar los salmos, salieron al monte de los Olivos.

Juan no escribe nada de las palabras de institución. Mateo y Marcos están bastante cerca en sus formulaciones, como lo están Lucas y Pablo; pero Lucas y Pablo tiene suficientes diferencias como para que se hable de tres relatos en vez de dos (cf. Mr 14:23-26; Lc 22:19-20; 1 Co 11:23-25). Las numerosas variaciones de crítica de texto confirman la tendencia hacia la asimilación, especialmente en material central de la liturgia cristiana. Los intentos literarios de buscar las palabras exactas de Jesús y de determinar cuál de las formas sinópticas es más primitiva es enorme (cf. Jeremías, *Eucharistic Words*, pp. 96-105; Marshall, *Last Supper*, pp. 30-56). La prudencia de Marshall es sensible: «Se debe hacer énfasis en que no existe una buena razón para suponer que cualquiera de las tres versiones debe necesariamente estar más cerca de la forma original del relato que las demás» (p. 38).

Podríamos ir más lejos y preguntar por qué debemos limitarnos a solo un «relato original». Había once o doce testigos. Una y otra vez nos hemos referido al interés de los evangelistas en reportar la *ipsissima vox* de Jesús, no su *ipsissima verba* (vea la observación en 3:17). Los diferentes criterios que pretenden respaldar esto (cantidad de semitismos, distinciones de crítica de redacción) son inadecuados. Una buena traducción podría reducir los semitismos, conservando el contenido auténtico; la crítica de redacción podría determinar que alguna declaración es tradicional, pero no puede probar su autenticidad o, a la inversa, que alguna formulación está preparada sin desmentir la autenticidad. Debemos estar satisfechos con las fuentes que tenemos. (Sobre el asunto de discernir por medios críticos la comprensión de Jesús de su propia muerte, vea esp. H. Schürmann, «Wie hat Jesus seinen Tod Bestanden und verstanden? Eine methodenkristische Besinnung», en Hoffmann et al., *Orientierung*, pp. 325-63; y cf. Guthrie, *NT Theology*, pp. 436-48).

Una comparación a fondo entre Marcos y Mateo revela pocos elementos característicos en Mateo. El primer evangelista, a diferencia de Marcos, tiene «comían» en el v. 26, y reemplaza «y todos bebieron de ella» (Mr 14:23) con «beban de ella todos ustedes» (26:27). Por lo general se juzga a Mateo como más «litúrgico» (Lohmeyer, Stendahl, Hill). Esto, aunque posible, no es más que una suposición; casi no sabemos nada de la liturgia del primer siglo, y las variaciones no son más reveladoras a este respecto que las variaciones entre Marcos y Mateo en secciones «no litúrgicas».

Apelar a influencia litúrgica es frecuente en erudición actual del NT, y en consecuencia la frecuente suposición de tal influencia le da credibilidad a la afirmación, pero en urgente necesidad de volver a examinarla. Podría haber habido mucha diversidad en las formulaciones usadas en la adoración de la iglesia, incluso *dentro de cada congregación*, como hoy día en muchas denominaciones no litúrgicas. Una vez más debemos confesar que nuestras fuentes son inadecuadas para una conclusión segura. Lo cierto es que Jesús nos invita a conmemorar, no su nacimiento, su vida ni sus milagros, sino su muerte (cf. 20:28; 26:26-29).

26 Este es el segundo registro de Mateo que se realiza «mientras comían» (cf. v. 21). Jesús toma *artos*, que se puede referir a «pan» en general (4:4; 6:11; 15:2, 26) pero más comúnmente se refiere a un pan o un pastel (4:3; 12:4; 14:17, 19; 15:33-34; 16:5-12). Este pan no tenía levadura (cf. Éx 12:15; 13:3, 7; Dt 16:3). Luego da gracias, quizá con alguna fórmula tradicional cómo «Bendito eres, Señor nuestro Dios, Rey del universo, quien extrae el pan de la tierra». Lo parte, lo distribuye (si la variante indicativa imperfecta es original, podría suponer que él dio personalmente el pan a cada uno de ellos), y dice: «Tomen y coman; esto es mi cuerpo».

Pocas frases de cuatro palabras han suscitado más discusión que la última. Sin embargo, es necesario expresar tres aspectos:

1. Las palabras «esto es mi cuerpo» no tenían lugar en el ritual de Pascua; y como innovación debieron haber tenido un efecto sensacional, un efecto que aumentaría con el entendimiento incrementado que se logró después de la Pascua.

2. Tanto el partimiento como la distribución tal vez son importantes: el pan (cuerpo) es partido, y todos deben participar de él. Los trasfondos expiatorios son más claros en los vv. 27-28, pero le lenguaje expiatorio inequívoco relacionado con la sangre de Jesús requiere que el v. 26 se interprete de manera similar.

3. Gran parte de la discusión sobre la fuerza de «es» (¿en qué sentido el pan *es* el cuerpo de Jesús?) es anacrónica. El verbo mismo tiene una amplia gama semántica, y prueba muy poco. «Tomen esto, significa mi cuerpo» (Mof) tiene su atracción, aunque apenas es menos ambiguo. Pero lo que debemos recordar es que esta es una cena de Pascua. El nuevo rito que Jesús instituye tiene vínculos con la historia de la redención. Como el pan se acaba de partir, así el cuerpo de Jesús será partido; y así como el pueblo de Israel asociaba su liberación de Egipto con comer la cena pascual prescrita como ordenanza divina, así también el pueblo del Mesías debe asociar la muerte redentora de Jesús con comer su pan por autoridad de Jesús.

27 Al suponer que esta es una cena pascual, esta «copa» (con o sin el artículo, por asimilación a Mr 14:23 o Lc 22:17 respectivamente) es quizá la tercera, la «copa de bendición». Jesús vuelve a agradecer, tal vez con alguna oración como «Bendito eres, Señor Dios nuestro, Rey del universo, Creador del fruto de la vid». El vino no era jugo de uvas, aunque era habitual rebajar el vino con una doble o triple cantidad de agua. A diferencia de Lucas, Mateo no registra la actuación sino la orden: «Beban de ella todos ustedes». Como en Lucas y Pablo, esto tiene el efecto de describir exclusivamente lo que Jesús hizo, no lo que hicieron los discípulos. Se debe observar que el participio *eujaristesas* («dio gracias»), similar con *eujariste* («acción de gracias»), nos ha dado la palabra «Eucaristía». Algunos protestantes han evitado el término debido a sus asociaciones con la tradicional misa católica romana, pero la palabra en sí seguramente no es censurable.

28 Este versículo es rico en alusiones; por tanto, son reduccionistas los intentos de restringir su origen en el AT a solo un pasaje. «Sangre» y «pacto» solo se encuentran juntos en dos pasajes del AT (Éx 24:8; Zac 9:11). Lindars (*Apologetic*, pp. 132-33) representa a quienes creen que la alusión debe ser a lo último, porque aludir a lo primero presupondría una exégesis tipológica no utilizada tan temprano en la tradición. Sin embargo, esto deja de tener en cuenta el extensivo uso de tipología en Qumran; y las afinidades textuales están claramente a favor de Éxodo 24:8 (vea Gundry, *Use of OT*, pp. 57-58; Moo, «Use of OT», pp. 301 y sig.). La conclusión parece ser que, una vez más, podemos entender a fondo la comprensión que Jesús tenía de su relación con el AT (vea en 5:17-20; 9:16-17; 11:9-13; 12:28; 13:52). Además, es el entendimiento *de él* el que establece un paradigma, no solo para Mateo (vea en 1:23; 2:15, 23; 8:16-17; 12:15-21; 13:35), sino también para otros escritores del NT (e.g., Heb 9:20). De igual modo no tienen sustento esas teorías que afirman que el lenguaje del pacto es original pero no el lenguaje del sacrificio de sangre, lo que hace la principal alusión a Jeremías 31:31-34; o que el lenguaje de sacrificio es original pero no el concepto de pacto, lo que hace la principal alusión al sistema expiatorio del AT o a Isaías 52:13—53:12. La referencia principal es a Éxodo 24:8, aunque con seguridad se presentan otras alusiones.

Esto significa que Jesús comprende la violenta muerte expiatoria que está a punto de sufrir (i.e., su «sangre»; cf. Morris, *Apostolic Preaching*, pp. 112-28; A.M. Stibbs, *The Meaning of the Word «Blood» in Scripture*, Tyndale, Londres, 1954) como la ratificación del pacto que está inaugurando con su pueblo, incluso como Moisés ratificó en Éxodo 24:8 el pacto del Sinaí por derramamiento de sangre. «Pacto» es por ende una categoría crucial (cf. DNTT, 1:365-72; Ridderbos, *Kingdom*, pp. 200-201; Morris, *Apostolic Preaching*, pp. 65-111; John J. Hughes, «Hebrews ix 15ff. and Galatians iii 15ff.; a Study in Covenant Practice and Procedure», NovTest 21, 1979, 27-96; cf. Heb 8:1-13; 9:11—10:18, 29; 13:20). El acontecimiento por medio del cual el Mesías salva a su pueblo de sus pecados (1:21) es su muerte expiatoria; y la relación consecuente entre Dios y la comunidad mesiánica es definible en términos de pacto, un acuerdo con estipulaciones: promesas de bendición y sustento con amenazas de maldición, todo legalmente puesto en vigor aquí por el derramamiento de sangre.

Lucas y Pablo utilizan el adjetivo «nuevo» antes de pacto, y por tanto alude a Jeremías 31:31-34. Marcos casi con certeza omite el adjetivo; y la evidencia textual para la palabra en Mateo está dividida con precisión. No obstante, el pasaje de Jeremías casi con seguridad estaba en la mente de Jesús, como Mateo lo informa, porque «para el perdón de pecados» refleja a Jeremías 31:34. Mateo ya ha mostrado que captó el significado de la alusión de Jesús a la terminología de pacto en general, y al «nuevo pacto» en particular; en 2:18 (vea los comentarios allí) cita a Jeremías 31, tanto para mostrar que él interpreta la venida de Jesús como el verdadero fin del cautiverio y la inauguración del nuevo pacto.

Las palabras *to peri pollon ekjunnomenon* («que es derramada por muchos») inevitablemente se comprendían como una referencia al sacrificio de la Pascua en la cual se acababa de «derramar» mucha sangre (vea en v. 17). También connotan otras implicaciones expiatorias (e.g., Lv 1:7, 16) importantes en especial ya que al menos la crucifixión *de Jesús* implicó mucho derramamiento de sangre. La mishná (*Pesahim* 10:6), la cual en este caso podría conservar bien las tradiciones en la época de Jesús, utiliza Éxodo 24:8 para interpretar el vino de la Pascua como una metáfora para sangre que sella un pacto entre Dios y su pueblo. Jeremías (*Eucharistic Words*, pp. 222 y sig.) teoriza que la razón de que no se mencione el *cordero* pascual en nuestros relatos es que Jesús ya se había identificado como el Cordero. Esto es posible porque es sorprendente que no se mencione el cordero en ninguno de los sinópticos. Pero como la mayoría de razonamientos de silencio, se queda corto en prueba. Sin embargo, las alusiones a la Pascua —no menos como el momento de la Cena del Señor— son acumulativamente convincentes.

Parece, entonces, que Jesús entiende el pacto que está presentando como el cumplimiento de las profecías de Jeremías y el antitipo del pacto del Sinaí. Su sacrificio está por tanto vaticinado tanto en la historia de la redención como en el mensaje profético. El Éxodo llega a ser un tipo de liberación nuevo y más grandioso; y como el pueblo de Dios en el AT celebró de modo futurista en la primera Pascua su salida de Egipto, previendo su llegada a la tierra prometida, así el pueblo de Dios aquí celebra de modo futurista su liberación del pecado y la esclavitud, anticipando la venida del reino (vea en el v. 29).

Algunos toman la preposición *peri* («por [muchos]») con el significado de «a cuenta de muchos» o «debido a muchos» (BDF, par. 229, 1). Pero lo más probable es que sea equivalente en significado al *júper* (NVI, «por muchos») de la analogía en Marcos (Moule, *Idiom Book*, p. 63; Zerwick, par. 96), y tal vez tenga la fuerza de *anti* en 20:28 (cf. Morris, *Apostolic Preaching*, pp. 63, 172, 204, 206). Como observara Karl Barth, las tres preposiciones señalan la «actividad de Cristo como nuestro representante y sustituto…... No se pueden entender si —muy aparte de la opinión particular de la expiación hecha en él, la cual domina estos pasajes— no vemos que en general estas preposiciones hablan de un lugar que debería ser nuestro, que deberíamos haber tomado este lugar, que hemos sido tomados de él, que está ocupado por otro, que este otro actúa en este lugar como solo Cristo puede: en nuestro caso e interés» (citado en Morris, *Apostolic Preaching*, p. 63). Para comentarios sobre «muchos», vea en 20:28.

«Para el perdón de pecados» (cf. Heb 9:22) se da en las palabras de institución solo en Mateo, y alude a Jeremías 31:31-34. Puesto que idéntica frase se encuentra en Marcos 1:4 para describir el propósito del bautismo de Juan, pero se omite en el paralelo en Mateo (3:1-2, 11), muchos sugieren que allí Mateo suprimió a propósito la frase porque quería adherirla aquí y conectarla exclusivamente a la obra de Jesús el Mesías. Esto es posible: los escritores del NT comprenden que arrepentimiento y perdón de pecados están ligados tan firmemente en el AT como en el período posterior a la muerte de Jesús, aun cuando la muerte de Jesús da la verdadera base para el perdón, una base prometida por mucho tiempo a través de mensaje revelador, acción de culto, y acontecimiento redentor. En un sentido Marcos podría estar dispuesto a hablar del bautismo de Juan como un «bautismo de arrepentimiento para el perdón de pecados», mientras en otro sentido Mateo podría estar más interesado en la base final de ese «perdón de pecados», y así reservar la frase para Jesús. Sin embargo, se deben recordar varias advertencias:

1. Mateo condensa con tanta regularidad a Marcos que por lo general es arriesgado basar mucho en una omisión.

2. Aun en Mateo, el bautismo de Juan requiere arrepentimiento (3:11) que exige confesión de pecados (3:6). ¡Es difícil pensar que Mateo creyera que quienes por consiguiente se arrepentían y confesaban sus pecados *no* eran perdonados!

3. Mateo podría haber abreviado un poco el informe de la predicación del Bautista (3:2) para mantener una similitud formal con las primeras prédicas de Jesús (4:17).

4. En cualquier caso, una conexión más importante con el v. 28 se debe encontrar en 1:21. Es por la muerte de Jesús, por el derramamiento de su sangre, que él salvará a su pueblo de sus pecados.

Una alusión más del AT es digna de resaltar. Como en 20:28, es muy probable que Jesús también se esté representando como el Siervo sufriente de Isaías (cf. Moo, «Use of OT», pp. 127-32; France, «Servant of the Lord», pp. 37-39). Esto se basa en tres aspectos: (1) «mi sangre del pacto» hace recordar que el siervo está presentado dos veces como «pacto para el pueblo» (Is 42:6; 49:8): i.e., él restablecerá el pacto; (2) *ekjunnomenon* («desahogarse, salir, revelar») muy bien podría reflejar Isaías 53:12; y (3) «para muchos» recuerda de nuevo la obra del Siervo en Isaías 52:13—53:12 (vea en 20:28).

29 El «fruto de la vid» es una manera judía común de referirse al vino en oraciones (cf. M *Berakoth* 6:1). Al contrario de Jeremías (*Eucharistic Words*, pp. 207-18), la promesa de Jesús no significa que él se esté absteniendo de la copa de vino en esta primera «Cena del Señor» (cf. Hill, *Matthew*). Más bien, así como la primera Pascua no solo fue esperanza de liberación sino de posesión de la tierra, así también la Cena del Señor es esperanza de liberación y vida en el Reino consumado. Los discípulos mantendrán esta celebración hasta que Jesús venga (cf. 1 Co 11:26); sin embargo, Jesús no participará de ella con ellos hasta la consumación, cuando se sentará con ellos en el banquete mesiánico (Is 25:6; 1 Enoc 72:14; vea en Mt 8:11; cf. Lc 22:29-30) del Reino del Padre, el cual es igualmente el Reino de Jesús (cf. Lc 22:16, 18, 29-30; vea en Mt 16:28; 25:31, 34). Este punto se fortalece en gran manera si suponemos que Jesús habla después de la *cuarta* copa (vea en v. 17).

Se supone que las cuatro copas corresponden a la promesa cuádruple de Éxodo 6:6-7. La tercera copa, la «copa de bendecir» usada por Jesús en las palabras de institución, está por consiguiente asociada con la redención (Éx 6:6); pero la cuarta copa corresponde a la promesa «haré de ustedes mi pueblo; y yo seré su Dios» (Éx 6:7; cf. Daube, *New Testament*, pp. 330-31; Lane, *Mark*, pp. 508-9). En consecuencia Jesús está al mismo tiempo comprometiéndose a beber la «copa amarga» inmediatamente delante de él, y prometiendo no beber la copa de la consumación, la copa que promete la presencia divina, hasta que el Reino en toda su plenitud se haya introducido. Luego beberá la copa con su pueblo. Esta es una despedida encubierta, e implica una larga ausencia (vea en 24:14; 25:5, 19). Por ende, la Cena del Señor señala tanto al pasado como al futuro, tanto al sacrificio de Jesús en el Calvario como al banquete mesiánico.

30 «Los salmos» normalmente cantados eran la última parte del *Alel* (Sl 114-18 o 115-18). Se cantaban de manera antifonal: Jesús como el líder entonaría los versos, y sus seguidores responderían con «¡Aleluya!» Partes de esto debieron haber conmovido profundamente a los discípulos cuando después de la resurrección recordaron que Jesús entonó cánticos en que se comprometía a guardar sus promesas (Sl 116:12-13), a triunfar a la larga a pesar del rechazo (Sl 118), y a llamar a las naciones a alabar a Yahvé y su pacto de amor (Sl 117). Podría ser que la exégesis judía ya había interpretado Salmos 118:25-26 como una referencia a la segunda venida del Mesías (Jeremías, *Eucharistic Words*, pp. 255-62).

Notas

---

29 BDF, par. 12(3) señala que απαρτι (*aparti*) es ambigua: quizá se debería tomar como ἀπ' ἄρτι (*ap arti*, «desde ahora en adelante», NVI); pero se podría interpretar como iónica y ática ἀπαρτί (*apartí*, «exactamente», «con seguridad»), como tal vez en Ap 14:13. No obstante, la interpretación acostumbrada se ajusta bien al contexto y se le debe dar el beneficio de la duda.

4. Predicción de abandono y negación

26:31-35

³¹ —Esta misma noche —les dijo Jesús— todos ustedes me abandonarán, porque está escrito:

> »"Heriré al pastor,
>   y se dispersarán las ovejas del rebaño."

³²Pero después de que yo resucite, iré delante de ustedes a Galilea.

³³ —Aunque todos te abandonen —declaró Pedro—, yo jamás lo haré.

³⁴ —Te aseguro —le contestó Jesús— que esta misma noche, antes de que cante el gallo, me negarás tres veces.

³⁵ —Aunque tenga que morir contigo —insistió Pedro—, jamás te negaré. Y los demás discípulos dijeron lo mismo.

Marcos (14:27-31) y Mateo colocan este pasaje después de que Jesús y sus discípulos habían salido del aposento alto. Lucas (21:31-38) infiere que su contenido ocurre antes de la partida para el monte de los Olivos; Juan (13:36-38) lo coloca claramente durante la cena y antes de la alocución de despedida. La brusquedad con que Marcos empieza este pasaje sugiere que lo ha desplazado, quizá para mantener intacta la coherencia teológica del pasaje precedente. Mateo hace lo mismo, y por la misma razón: este uso de *tote* («entonces», RVR) es intrascendental (vea en 2:7). Por eso parece probable que en este punto Juan nos da la secuencia histórica, mientras Mateo y Marcos ponen este pasaje donde resaltará la gravedad de la deserción de los discípulos y la negación de Pedro. Mateo añade algunos toques, como el pronombre personal en el v. 31 (énfasis mío): «*Ustedes* me abandonarán» —*ustedes*, de quienes menos se esperaba, me abandonarán a mí, quien por su propia confesión soy su Mesías. Además, al disponer por anticipado mucha de la tragedia de las horas venideras, el pasaje muestra que Jesús no es una víctima ciega del destino sino un sacrificio voluntario; y simultáneamente está preparando a sus discípulos para la sombría noche de dudas que tendrían.

31 «Esta misma noche» clarifica cuán pronto sucederá la deserción de los discípulos y la negación de Pedro. La intimidad de la Cena del Señor dentro de poco es reemplazada por la deslealtad y la cobardía. Todos los discípulos «se alejarán» debido a Jesús: hallarán que él es un obstáculo para la devoción y lo abandonarán (para el verbo, vea en 5:29). Como lo explica Zacarías, el alejamiento de ellos se relaciona con la «herida» del Pastor (Zac 13:7). Una y otra vez Jesús ha profetizado su muerte y su resurrección, pero sus discípulos aún son incapaces de captar cómo tales cosas le podrían suceder al Mesías a quien habían estado mirando (16:21; 17:22-23; vea en v. 33).

Sin embargo, las palabras de Jesús, «porque está escrito» muestran que la deserción de los discípulos, aunque trágica e irresponsable, no cae fuera del plan soberano de Dios. Las dudas textuales relacionadas con Zacarías 13:7 son complejas (Gundry,

Use of the OT, pp. 25-28; Moo, «Use of the OT», pp. 182 y sig.; cf. Jn 16:32): según parece la cita se apoya en una revisión crítica de la LXX o el TM, o en una combinación de los dos. No hay razón para creer que las palabras de Zacarías se han alterado para ajustarse a los acontecimientos de la pasión de Jesús, y así concordar con la tradición cristiana para hacer que la «profecía» después del suceso parezca bíblica (Jeremías, *NT Theology*, pp. 297 y sig.). El cambio al futuro *pataxo* («heriré») del imperativo *pataxon* («herid») es la única palabra que da apoyo nominal para esta teoría. No obstante, el cambio gramatical quizá fue necesario por la omisión de un sujeto determinado cuando se condensó el pasaje de Zacarías (France, *Jesus*, pp. 108-07), y no por la presión de una «profecía» *ex eventu* o mediante un énfasis en la iniciativa divina por razones lógicas... algo que ya logra el «porque está escrito». Aunque es la «espada» la que hiere en el TM, también es por orden de Yahvé.

Solo Mateo (cf. Marcos) incluye «del rebaño» en la segunda línea de la cita (imitando la LXX); pero ¿a qué se refiere «el rebaño»? A la luz del contexto de Zacarías 13:1-6, muchos han sugerido que allí se refiere a un profeta malvado. Pero esto es incongruente con «el hombre en quien confío [i.e., en quien Yahvé confía]» (13:7). En vez de eso, Yahvé representa un día en que, debido a la apostasía prevaleciente, el Pastor en quien confía (al contrario del falso pastor en Zac 11) será asesinado y las ovejas se dispersarán. En 13:8-9 perecen la mayoría de ovejas; pero quedan vivas una tercera parte, después de ser refinadas, para convertirse en «mi pueblo», aquellos que dirán: «El SEÑOR es nuestro Dios». Si la cita que Jesús hace de Zacarías en los evangelios presupone el contexto total de Zacarías 13:7, entonces los discípulos unen a Israel, las ovejas de Dios, en ser dispersados como consecuencia de la «herida» del Pastor. El alejamiento de ellos «esta misma noche» continúa hasta la cruz y más allá, y es emblemático de la venidera dispersión de toda la nación. Pero un remanente purificado, una «tercera parte», sobrevivirá el refinamiento y reconciliará al pueblo de Dios, «mi pueblo». De tal modo que en el mismo instante en que los discípulos de Jesús muestran por su dispersión que temporalmente se ponen de parte de la nación incrédula y apóstata, Dios está tomando medidas para hacer de ellos su verdadero pueblo.

32 Lohmeyer (*Matthäus*) originó la idea de que este versículo se refiere a la futura parusía de Jesús, no a un aspecto de la resurrección. La Parusía se debe realizar, cree Lohmeyer, en Galilea. Pero R.H. Stein («A Short Note on Mark xiv.28 and xvi.7», NTS 20, 1974, 445-52) ha demostrado de manera concluyente que el v. 32 se debe referir a una aparición después de la resurrección. Otros ven en el verbo *proago* (que tal vez significa «iré delante» [NVI], o «guiaré» [como hace un pastor]) una continuación de las imágenes del pastor. Pero la manera más natural de interpretar el versículo, y que menoscaba la frecuente insistencia que adapta mal su contexto, es la de Stonehouse (*Testimonio*, pp. 170-73). La predicción de que el pastor será herido y las ovejas dispersadas podría sugerir, aparte de cualquier mensaje más, que los discípulos regresarían desconsolados a sus hogares en Galilea, dejando atrás a Jesús en una tumba de Judea. Pero este nuevo mensaje (v. 32) promete que después de que Jesús haya resucitado arribará a Galilea antes de que ellos lleguen allá: él irá «delante de [los discípulos]».

33 Algunos han objetado que la predicción de Jesús de la dispersión de *todos* los discípulos (v. 31) entra en conflicto con que Pedro siguiera a Jesús al patio del sumo sacerdote (e.g., G. Klein, «Die Verleugnung des Petrus: Eine traditionsgeschichtliche untersuchung», *Zeitschrift für Theologie und Kirche* 58, 1961, 297; M. Wilcox, «The Denial Sequence in Mark xiv. 26-31, 66-72», NTS 17, 1970-71, 426-36). Pero esto pasa por alto el hecho de que en realidad todos los discípulos huyeron (v. 56) y que Pedro solamente siguió «de lejos» a Jesús (v. 58) y luego lo negó. Al final del día todas las ovejas estaban dispersas; todos se habían alejado.

Pedro no responde directamente la cita de Jesús, ni a su promesa de encontrarlos en Galilea. Pero esto no significa que los vv. 31b-32 sean adiciones de redacción que no vienen al caso, porque la respuesta de Pedro es psicológicamente verosímil. Por otro lado, él ha aprendido más acerca de Jesús de lo que sabía en Cesarea de Filipo (16:21-28); y en consecuencia puede aceptar la idea de sufrimiento, tanto para Jesús como para sí mismo. Por el otro lado, su noción de sufrimiento está ligada con el heroísmo de hombres como los mártires macabeos, no con el sacrificio voluntario... de ahí el v. 51 (cf. Jn 8:10). Él está preparado para sufrir, pero aún no está listo para lo que él cree que es una derrota. Más importante, reacciona en un nivel primitivo ante la predicción de Jesús en el v. 31a: «Para él sería lo más natural estar tan afectado por la calumnia implícita en cuanto a su lealtad que no puede prestar atención a otra cosa» (Cranfield, *Mark*, p. 429).

34 El «te aseguro» de Jesús (vea en 5:18) presenta otra advertencia sobre cuán cerca está la deserción de Pedro: «Esta misma noche», en realidad, «antes de que cante el gallo». Si la idea de *dos* gallos cantando, preservada solo en ciertos mss. de Marcos 13:30, 68, 72, es original (y quizá no lo sea: cf. John W. Wenham, «How Many Cock-Crowing? The Problem of Harmonistic Text-Variants», NTS 25, 1978-79, 523-25), entonces «la diferencia es la misma tanto entre decir "antes que suene el timbre" y "antes de que el timbre suene dos veces" (para ir a la iglesia o a comer)» (Alexander). Según parece era común que los gallos cantaran en Palestina más o menos a las 00h30, 01h30, y 02h30 (Hans Kosmala, «The Time of the Cock-Crow», *Annual of Swedish Theological Institute* 2, 1963, 118-20; 6, 1967-68, 132-34); por eso los romanos llamaban «canto del gallo» a la vigilia entre las 00h00 y las 03h00. A pesar de las afirmaciones de lealtad inquebrantable de Pedro (v. 33), Jesús dice que el apóstol está a horas de renegar (mismo verbo que en 16:24) de él tres veces.

35 Las palabras de protesta de Pedro (el extraño subjuntivo de *dei*) muestran que en realidad él no cree probable la muerte de Jesús; aún conserva sus visiones de heroísmo. Tampoco está solo en sus excesivas protestas de lealtad... solo es más rápido y vehemente que sus compañeros.

5. *Getsemaní*

26:36-46

36Luego fue Jesús con sus discípulos a un lugar llamado Getsemaní, y les dijo: «Siéntense aquí mientras voy más allá a orar.» **37**Se llevó a Pedro y a los dos hijos de Zebedeo, y comenzó a sentirse triste y angustiado. ³⁸«Es tal la angustia que me invade, que me siento morir —les dijo—. Quédense aquí y manténganse despiertos conmigo.»

³⁹Yendo un poco más allá, se postró sobre su rostro y oró: «Padre mío, si es posible, no me hagas beber este trago amargo. Pero no sea lo que yo quiero, sino lo que quieres tú.»

⁴⁰Luego volvió adonde estaban sus discípulos y los encontró dormidos. «¿No pudieron mantenerse despiertos conmigo ni una hora? —le dijo a Pedro—. ⁴¹Estén alerta y oren para que no caigan en tentación. El espíritu está dispuesto, pero el cuerpo es débil.»

⁴²Por segunda vez se retiró y oró: «Padre mío, si no es posible evitar que yo beba este trago amargo, hágase tu voluntad.»

⁴³Cuando volvió, otra vez los encontró dormidos, porque se les cerraban los ojos de sueño. ⁴⁴Así que los dejó y se retiró a orar por tercera vez, diciendo lo mismo.

⁴⁵Volvió de nuevo a los discípulos y les dijo: «¿Siguen durmiendo y descansando? Miren, se acerca la hora, y el Hijo del hombre va a ser entregado en manos de pecadores. ⁴⁶¡Levántense! ¡Vámonos! ¡Ahí viene el que me traiciona!»

En general los eruditos ven en este pasaje una exhortación a fomentar la vigilancia y mucha oración frente a la tentación (cf. Mr 14:32-42; Lc 22:40-46; también, Jn 12:28-33; 13:21; 16:32). Aunque sin duda esto está presente, mucho más fundamental es la luz que el pasaje esparce sobre la percepción de Jesús de lo que está a punto de hacer. Si la exégesis del v. 39 es correcta, debemos preguntar por qué este Jesús que por mucho tiempo enfrentó tranquilamente la posibilidad de la muerte (16:21; 17:22-23; 20:17-19; 26:1-2) debe parecer ahora menos valiente que los mártires macabeos, o los muchos miles de sus discípulos que han enfrentado el martirio con gran valor. La angustia en Getsemaní no se debe tomar a la ligera; Jesús oró tres veces con profunda aflicción emocional. La respuesta se encuentra incluso en este primer evangelio. El pasaje bíblico se debe interpretar a la luz de 1:21 y 20:28, por un lado, y por otro a la luz del reconocimiento del lector de que Jesús es el Mesías, el Hijo de Dios, «Dios con nosotros», cuya muerte *expiatoria* inicia el nuevo pacto (vv. 26-30) y redime a su pueblo de sus pecados. No es de asombrarse que los escritores del NT escriban mucho de la muerte excepcional y redentora de Jesús (Ro 3:21-26; 4:25; 5:6, 9; 1 Co 5:21; Heb 2:18; 4:15; 5:7-9; 1 P 2:24).

Jesús no sufrió martirio. ¿Puede alguien imaginar las palabras de 26:53 en labios de un mártir macabeo? Muchos de los seguidores de Jesús en todos los siglos sufren martirio voluntariamente debido a la fortaleza que la muerte y resurrección de Jesús les dan. Sin embargo, Jesús fue a esta muerte sabiendo que era la voluntad de su Padre que enfrentara la muerte completamente solo (27:46), como el Cordero pascual expiatorio y apartador de la ira. Como su muerte fue única, así también lo fue su angustia; y nuestra mejor respuesta es la adoración silenciosa (vea K. Schilder, *Christ in His Suffering*, tr. H. Zylstra, Eerdmans, Grand Rapids, 1938, pp. 289-309).

36-38 «Getsemaní» (v. 36) significa «lagar de aceite», y aquí tal vez dio el nombre al *jorion* («lugar»), por lo general un campo o un pedazo de terreno *cercado* (cf. Jn 18:4, «salió») al cual estaba adjunto. Jesús y sus discípulos frecuentaban este huerto (Jn 18:1-2), en las laderas occidentales del monte de los Olivos, separado de Jerusalén por el Cedrón. Ocho discípulos se quedan a alguna distancia, tal vez fuera del cercado, y los tres íntimos se le unieron (v. 37). Jesús con gran dominio propio ha disfrazado hasta ahora su angustia; ahora comienza «a sentirse triste [*lupeisdsai*, que denota profundo dolor] y angustiado» (*ademonein*, encontrado en el NT solo aquí, en la analogía en Marcos 14:33, y en Flp 2:26, y denota profunda aflicción).

Las siguientes palabras de Jesús —«Es tal la angustia que me invade» (v. 38)— son casi una cita del estribillo de Salmos 42—43 (LXX). La frase *jeos dsanatou* («que me siento morir») es tan común en la LXX (e.g., Is 38:1) que no se debe creer que es una alusión a Jonás 4:9 (contra Gundry, *Use of OT*, p. 59) sino «simplemente una reflexión del lenguaje matizado del AT que Jesús utilizaba» (Moo, «Use of OT», p. 241). Sugiere una pena tan profunda que casi mata (Taylor, *Mark*, p. 553; Hill, *Matthew*; y muchos otros), no que Jesús está tan apesadumbrado que mejor estaría muerto (contra Bultmann, TDNT, 4:323, n. 2). Al haber revelado sus más profundas emociones, y por tanto dado a sus discípulos la más convincente de las razones para hacer lo que solicita, les dice que se queden allí y se mantengan «despiertos conmigo» mientras él va un poco más allá a orar solo. Sus palabras se pueden tomar como no más que una solicitud para protegerlo de intromisión en su profunda angustia (según muchos comentaristas antiguos). Pero su palabra «conmigo» (solo en Mateo) supone que él quería que ellos se mantuvieran despiertos y siguieran orando.

39 Jesús ora, abatido en su intensa aflicción. Se dirige a Dios como «Padre mío» (vea en 6:9); y Marcos preserva el arameo *Abba*. La «copa» (*poterion*, NVI «trago») no se refiere solo a sufrimiento y muerte sino, como a menudo en el AT (Sl 11:6, [«suerte» en NVI]; 75:7-8; Is 51:19, 22; Jr 25:15-16, 27-29; 49:12; 51:57; Lm 4:21; Ez 23:31-34; Hab 2:16; Zac 12:2; cf. Job 21:20; Sl 60:3; Is 63:6; Abd 16), también a la ira de Dios (cf. C.E.B. Cranfield, «The Cup Metaphors in Mark xiv.36 and Parallels», ExpT 59, 1947-48, 137 y sig.; Goppelt, TDNT, 6:153; Blaising, pp. 339-40). Las frecuentes alusiones al AT en las narraciones de la pasión exigen un significado del AT para *poterion* en vez de «copa de muerte» en otra literatura judía. Además el significado aquí es más completo que en 20:22-23 y se adelanta a 27:46.

En un sentido todo es posible para Dios (vea en 19:26; Mr 14:36); en otros, algunas cosas son imposibles. Los dos pasajes (Mr 14:36 y Mt 26:39) se complementan: todo es posible para Dios; y así, de ser moralmente consecuente con el propósito redentor del Padre que este «trago» (Mateo) u «hora» (Marcos) sean quitados de Jesús, eso es lo que él desea profundamente. Pero más profundamente aun, Jesús desea hacer la voluntad de su Padre. Aunque la redacción exacta de los relatos sinópticos varía de algún modo, si la oración fue de alguna duración («una hora», v. 40), y si Jesús después de su resurrección contó a sus discípulos su contenido, o si ellos estaban tan cerca como para oír, no es sorprendente alguna variación en la tradición. No se puede poner en duda el profundo compromiso de Jesús con la voluntad de su Padre. Pero en esta crisis, la peor desde 4:1-11, Jesús es tentado a buscar una alternativa para el sufrimiento del portador del pecado como la ruta por la cual cumplir los propósitos redentores del Padre. Como con su auto confesada ignorancia en 24:36, Jesús quizá simplemente no sabe si era posible alguna otra forma. Él ora en agonía; y aunque está fortalecido de manera sobrenatural (Lc 22:43), solo aprende que la cruz es inevitable si ha de obedecer la voluntad de su Padre.

Blaising ha propuesto hace poco una exégesis alterna. Él observa que, cualquiera que sea la redacción en los sinópticos, la frase condicional es gramaticalmente de «primera clase», una presunta condición verdadera, la cual él interpreta como sigue: «Esta clase de condición supone la circunstancia de ser una realidad, y la conclusión se deduce de manera lógica y natural de esa suposición» (p. 337; cf. RHG, p. 1007). Blaising concluye de esto que lo que Jesús está pidiendo *es* posible con el Padre, y que Jesús lo sabe; de modo que él no puede estar pidiendo que el trago (i.e., su pasión) no le llegue, una imposibilidad porque Jesús ha estado hablando una y otra vez de él, sino que el trago no *permanezca* con él. En otras palabras Jesús está tentado a temer que el «trago» de la ira de Dios no desaparecerá en él después de que lo haya bebido sino que lo consumirá para siempre, y no habría resurrección. Él ora con fe, porque sabe que es la voluntad de su Padre: «Padre, como has prometido en tu Palabra, quita de mí la copa después de que la beba; no obstante, este no es solo mi deseo, es tu voluntad que esto se haga» (Blaising, p. 343).

Esta interpretación tiene ciertos atractivos; pero, junto con varios detalles cuestionables, tiene dos dificultades insuperables:

1. A pesar de la apelación de Blaising a A.T. Robertson (i.e., RHG, p. 1007), una condición de primera clase en griego no necesariamente supone la realidad de la prótasis sino solo que esta es tan verdadera como la apódosis. Quien habla supone la realidad de la prótasis por el bien del razonamiento, pero no indica de ese modo que la condición descrita en la prótasis es cierta de verdad. De haber aplicado Blaising su entendimiento de las cláusulas condicionales de primera clase a Mateo 12:26-27; Marcos 3:24-26, el resultado sería teológicamente incoherente, como Robertson mismo lo reconoce (RHG, p. 1008; cf. Zerwick, pars. 303 y sig.).

2. Blaising presenta una interpretación original, pero solo el punto de vista tradicional sigue la línea de tentación que Jesús encontró antes muy difícil de confrontar —a saber, la tentación para evitar la cruz (vea en 4:1-11; 16:21-23).

40-41 Jesús regresa a sus discípulos —i.e., los tres íntimos— y los encuentra durmiendo (v. 40; Lc 22:45 añade «agotados por la tristeza»). La pregunta de Jesús está dirigida a Pedro, pero es en plural y por tanto los incluye a todos (vea en 16:16; 26:33-35). Aunque «una hora» no debe ser exacta, con seguridad indica que Jesús ha estado orando por algún tiempo. «Estén alerta y oren» es una hendiadis[1] (cf. Notas); si no podría sugerir dos componentes: alerta espiritual e intercesión.

Es dudoso que «para que no caigan en tentación» (v. 41) solo signifique «para que su voluntad permanezca despierta y no caiga en la tentación del sueño». En realidad, la

---

[1] Figura de expresión en que dos palabras distintas conectadas por una conjunción se usan para expresar una sola idea compleja que normalmente se expresaría por un adjetivo y un sustantivo: por ejemplo, en *Golpeó con espada y acero*, la frase *espada y acero* es una hendiadis, usada en vez de *una espada de acero* (nota del traductor).

predicción de Jesús de su deserción espiritual esa «misma noche» (v. 31) debería haber servido como un llamado urgente a orar. De modo que ahora él les dice que orar con insistencia los salvará de caer en la venidera «tentación» (vea en 4:1; 6:13). Aun en su propia situación crítica, cuando necesita y busca el rostro de su Padre, Jesús piensa en el sufrimiento inminente pero mucho menor que sus seguidores enfrentarán. Él habla con compasión: «El espíritu está dispuesto, pero el cuerpo [*sarx*, carne] es débil». Esta no es una referencia al Espíritu Santo, pero hace una «distinción entre la debilidad física del hombre y los nobles deseos de su voluntad» (Hill, *Matthew*; íd., *Greek Words*, p. 242; Bonnard). Pero aunque compasivas, estas palabras, que sin duda rememoran el v. 35, no son una excusa sino una advertencia y un incentivo (Broadus). El entusiasmo espiritual a menudo está acompañado de debilidad carnal: un peligro ampliamente experimentado por sucesivas generaciones de cristianos.

42-44 Algunos intérpretes han visto una cierta progresión en las tres oraciones de Jesús, pero Mateo dice que Jesús dijo «lo mismo» (v. 44). Por tanto, las variaciones entre el v. 39 y el v. 42 deben ser incidentales. «Hágase tu voluntad» refleja una de las peticiones de la oración que Jesús enseñó a sus discípulos (6:10). Como Jesús aprendió obediencia (Heb 5:7-9), por consiguiente se convirtió en el modelo supremo para su propia enseñanza. En el primer jardín «hágase mi voluntad» cambió el Paraíso por el desierto, y llevó al hombre del Edén a Getsemaní. Ahora, «hágase tu voluntad» trae angustia al hombre que la ora, pero transforma el desierto en el reino, y lleva al hombre desde Getsemaní a las puertas de la gloria.

45-46 La palabra *loipon* como adverbio normalmente no significa «todavía» (v. 45, NIV; no traducida en la NVI) ni «mientras tanto», sino que señala al futuro («de ahora en adelante») o es inferencial («se deduce que»). Por tanto, las palabras de Jesús no se deben tomar como una pregunta (NVI) sino como una suave orden irónica (cf. RVR, «dormid ya y descansad»; cf. la ironía en 23:2-3; cf. Moule, *Idiom Book*, p. 161). La hora de la pasión se acerca: es demasiado tarde para orar y obtener fortaleza para las tentaciones por delante. Más vale que sus discípulos duerman. El Hijo del hombre (vea en 8:20) es entregado en manos de pecadores: él que es el Rey mesiánico resplandeciente toma el sendero del sufrimiento. Sin duda Jesús podía ver y oír el grupo que se acercaba atravesando el Cedrón con antorchas y subía por el camino a Getsemaní. Los dormilones por quienes habría de morir habían perdido su oportunidad de obtener fortaleza por medio de la oración. En comparación, Jesús ha orado en agonía, pero ahora se levanta con aplomo y avanza para encontrarse con su traidor.

Notas

39 Las distinciones que Thrall (pp. 67-70) establece entre ἀλλά (*alla*, «pero») de Marcos (14:36) y πλήν (*plen*, «pero») de Mateo son discutibles, porque el primer participio adversativo tiene un ámbito semítico muy amplio.

41 Si la cláusula ἵνα (*jina*, «para que») depende solo del verbo «orar», entonces quizá no sea definitiva (como en 5:29) y da el contenido de la oración. Si depende de «estén alerta y oren», podría expresar fin o propósito.

43 El perifrástico pluscuamperfecto ἦσαν ... βεβαρημένοι (*ésan ... bebareménoi*, lit., «se estaban cerrando por algo pesado»; NVI, «cerraban de sueño») ofrece un buen ejemplo en el cual el participio pasivo perfecto no tiene más que fuerza adjetival (cf. Moule, *Idiom Book*, p. 19).

---

6. El arresto

26:47-56

⁴⁷Todavía estaba hablando Jesús cuando llegó Judas, uno de los doce. Lo acompañaba una gran turba armada con espadas y palos, enviada por los jefes de los sacerdotes y los ancianos del pueblo. ⁴⁸El traidor les había dado esta contraseña: «Al que le dé un beso, ése es; arréstenlo.» ⁴⁹En seguida Judas se acercó a Jesús y lo saludó.

—¡Rabí! —le dijo, y lo besó.

⁵⁰—Amigo —le replicó Jesús—, ¿a qué vienes?

Entonces los hombres se acercaron y prendieron a Jesús. ⁵¹En eso, uno de los que estaban con él extendió la mano, sacó la espada e hirió al siervo del sumo sacerdote, cortándole una oreja.

⁵²—Guarda tu espada —le dijo Jesús—, porque los que a hierro matan, a hierro mueren. ⁵³¿Crees que no puedo acudir a mi Padre, y al instante pondría a mi disposición más de doce batallones de ángeles? ⁵⁴Pero entonces, ¿cómo se cumplirían las Escrituras que dicen que así tiene que suceder?

⁵⁵Y de inmediato dijo a la turba:

—¿Acaso soy un bandido, para que vengan con espadas y palos a arrestarme? Todos los días me sentaba a enseñar en el templo, y no me prendieron. ⁵⁶Pero todo esto ha sucedido para que se cumpla lo que escribieron los profetas.

Entonces todos los discípulos lo abandonaron y huyeron.

47 Judas Iscariote (vea en 10:4; 26:14-16, 25; 27:3-10) llegó con hombres armados. Quizá por lo que recibió paga fue por informar dónde se podría arrestar a Jesús en un entorno tranquilo con poco peligro de violencia de la turba. Quizá primero llevó a «la gran turba» al aposento alto y, al verla vacía, supuso adónde se habían ido Jesús y los discípulos (cf. Jn 18:1-3). La «gran turba» que acompañaba a Judas la habían enviado «los jefes de los sacerdotes y los ancianos del pueblo»: los clérigos y los miembros laicos del Consejo (vea en 21:33). Lucas 22:52 dice que algunos jefes de los sacerdotes y ancianos acompañaban a la turba. Los términos militares en Juan 18:3, 12 sugieren que algunos soldados romanos estaban entre los que figuraban con los capitanes del templo y otros más. Aunque muchos eruditos han sostenido que ningún romano se involucró en esta ocasión, no es improbable que algunos estuvieran presentes. En especial durante las fiestas los romanos hacían esfuerzos extras para garantizar el orden público; por tanto quizá no se rechazaría una solicitud de un pequeño destacamento de la cohorte. En consecuencia Pilato podría haber tenido desde el principio una sospecha de la conspiración, y si lo conversó con su esposa, esto podría haber explicado el sueño de ella (27:19).

48-50 La necesidad de señalar el hombre correcto era especialmente grave, no solo porque estaba oscuro sino porque, en una época mucho antes de la fotografía, los rostros de aun las grandes celebridades no serían tan ampliamente conocidos como hoy día. Para identificar a Jesús, Judas escogió el beso (convirtiéndolo así en un símbolo de traición). «¡Rabí!» (v. 49; vea en 8:19; 23:8), era una pantomima trágica para los oídos de la turba, no así para los de Jesús.

«Amigo» (v. 50) es un saludo cálido pero no íntimo. Las siguientes palabras, *ef jo parei* («has lo que viniste a hacer») son de notoria ambigüedad. Si el pronombre relativo *jo* funciona como pronombre interrogativo directo, la expresión significa «¿a qué [lit., "por qué"] vienes?» (NVI; cf. Zerwick, par. 223; Turner, *Perspectivas*, pp. 69-71; íd., *Sintaxis*, pp. 49-50; BDF, pars. 495-96), y se debe suplir algún verbo como «hacer» (NVI, mg.; cf. BDF, par. 300, 2). Si la cláusula es una afirmación imperativa, su fuerza es como Juan 13:27, y refleja el recién obtenido aplomo de Jesús y su soberanía en estos acontecimientos. Si es una pregunta, no provoca información pero administra un reproche suavizado en la ironía de la ignorancia profesada que sabe muy bien por qué ha venido Judas.

51-54 «En eso» (v. 51) es el esfuerzo aceptable de la NVI para traducir *idou* en este contexto (cf. «miren», v. 45; «ahí», v. 46; sin traducir, v. 47; vea en 1:20). Muchos son escépticos de la autenticidad de este pasaje, y lo encuentran sin armonía con el moderado espíritu del pasaje como un todo, y se preguntan por qué este discípulo no fue arrestado. Además, el último evangelio es el que nombra el discípulo de Jesús que empuñaba la espada (Pedro) y su víctima (Malco [Jn 18:10]). Esto podría sugerir que la historia fue creciendo y ganando adeptos. Son notables los siguientes puntos:

1. La compostura pertenece a Jesús, no al pasaje. Además, ya hemos visto que protestas anteriores de lealtad (vv. 33-35) quizá fueron acrecentándose en alguna forma de mesianismo nacionalista; por ende la respuesta de Pedro apenas es inesperada.

2. La respuesta del apóstol es psicológicamente verosímil. Después de repetidas advertencias de deserción, Pedro pudo haber sentido que había llegado la prueba crucial de lealtad. Él es espléndido y patético —espléndido porque se da prisa en defender a Jesús con valor e impetuosidad característicos, patético porque su valor se disipa cuando Jesús enmienda el daño de Pedro, prohíbe la violencia, y enfrenta la pasión sin oponer resistencia.

3. Como quiera que se interpreten los versículos en Lucas 22:36-38, estos muestran que los discípulos tenían con ellos dos espadas; y si Pedro en realidad blandió la espada, otros discípulos tenían la misma idea (Lc 22:49).

4. Quizá hubo muchas razones para que Pedro no fuera arrestado. Jesús no solo enfrió rápidamente la situación sino que sanó la herida (omitido en Mateo). Una cosa era llevar con tranquilidad de vuelta a la ciudad a un prisionero que no opone

resistencia; otra cosa era llevar a doce hombres, once de ellos asustados y listos para pelear. En cualquier caso, antes de que se pudiera tomar una acción firme, los discípulos huyeron en la oscuridad (v. 56).

5. Con el paso de los siglos las imaginaciones de cristianos piadosos han provisto nombres para aquellos no nombrados en el NT (cf. B.M. Metzger, «Names for the Nameless in the NT: A Study in the Growth of the Christian Tradition», *NT Studies*, pp. 23-43). La evidencia está mezclada dentro del NT. Cualquier orden en que fueran escritos los sinópticos, debemos observar que Mateo podría conservar un nombre omitido por Marcos (Mt 26:57; Mr 14:53) u omitir un nombre preservado por Marcos (Mt 9:18; Mr 5:22). Tanto Mateo como Lucas omiten el Bartimeo de Marcos (Mr 10:46) y a Alejandro y Rufo (Mr 15:21). Agregue a esto el hecho de que muchos eruditos insisten ahora en que Juan no representa la última tradición, y queda poca razón para el escepticismo relacionado con esta triste escena.

Algunos toman la respuesta de Jesús —«porque todos los que toman espada, a espada perecerán» (v. 52, mg.)— como un llamado al pacifismo, mientras que otros observan que Jesús dijo a Pedro que «guardara su espada», no que la tirara. Ambos puntos de vista piden al texto responder preguntas sin relevancia inmediata. Lo menos que podemos decir es que la violencia *en defensa de Cristo* es completamente injustificada: con seguridad el v. 52 separa a Jesús de los zelotes. Además, una simple solicitud a su Padre (el aoristo infinitivo griego es importante; cf. BDF, par. 471, 2) traería doce legiones de ángeles (una legión romana completa estaba constituida por seis mil; cf. ZPEB, 3:907-8) en su ayuda —quizá una legión para Jesús y una para cada uno de los once (v. 53). Esto es más que los ojos de fe que ven la ayuda como en 2 Reyes 6:17. Es el conocimiento de que hay ayuda disponible, aunque no se acepte usarla (cf. Jn 10:18). Además, la posición de Jesús con relación a su propia muerte está cimentada en la realidad de que las «Escrituras» (plural, v. 54) se deben cumplir (vea en vv. 24, 31; cf. Lc 24:25-26). Este divino «tiene» (*dei*) no es para Jesús pura inevitabilidad, puesto que él aún cree que es posible obtener ayuda inmediata de su Padre. En vez de eso, es la combinación de soberanía divina con la inagotable determinación de Jesús por obedecer la voluntad de su Padre.

Muchos comentaristas observan que en 1QM 7:6 los ángeles se representan como uniendo fuerzas con la justicia en el fin. Jesús mismo ilustra en otros lugares la participación angelical en la consumación (e.g., 13:41; 24:30-31). Pero en este punto de la historia de la redención, los ángeles no están invitados. Jesús enfrenta solo esta batalla, y la consumación de todas las cosas no es todavía.

55-56 Cada día de la semana precedente, y se supone que en visitas anteriores a la ciudad santa, Jesús había estado enseñando en el templo (v. 55); sin embargo, las autoridades no lo habían arrestado. ¿Por qué entonces lo detienen ahora como si fuera un bandido (*lestes*, vea en 27:16)? La suposición es que no hay necesidad de arrestarlo en secreto y con violencia, excepto por razones en sus propias mentes que revelan más acerca de ellos que de él. «De inmediato» (lit., «en esa hora») parece una transición más bien torpe, pero tal vez lo que sigue es una expresión conocida de Jesús entre cristianos a quienes Mateo estaba escribiendo; y él está señalando que esta fue la ocasión en que la dijo.

Después de cuestionar la muestra de fuerza de parte de quienes lo arrestaron, Jesús dijo: «Pero todo esto ha sucedido [vea en 1:22; 21:4] para que se cumpla lo que escribieron los profetas [o las "Escrituras"]». Marcos (14:49) tiene simplemente «pero es preciso que se cumplan las Escrituras». Mateo nos da más, sin duda porque le interesa más la naturaleza profética de las Escrituras (vea la Introducción, sección 11.b). «Lo que escribieron los profetas» por tanto tal vez no excluye la ley y los escritos, porque en otras partes a Moisés y a David también se les consideraba «profetas». La referencia es a las Escrituras (como en v. 54), sus autores humanos a quienes se consideraban principalmente como profetas, no dadores de ley, sabios o salmistas.

Todos los discípulos cumplen entonces una profecía específica (vea en v. 31) y huyen. Marcos 14:51-52 añade el relato del joven que huye desnudo. Es probable que en ese momento Jesús esté atado (Jn 18:12).

7. Jesús ante el Consejo

26:57-68

⁵⁷Los que habían arrestado a Jesús lo llevaron ante Caifás, el sumo sacerdote, donde se habían reunido los maestros de la ley y los ancianos. ⁵⁸Pero Pedro lo siguió de lejos hasta el patio del sumo sacerdote. Entró y se sentó con los guardias para ver en qué terminaba aquello.

⁵⁹Los jefes de los sacerdotes y el Consejo en pleno buscaban alguna prueba falsa contra Jesús para poder condenarlo a muerte. ⁶⁰Pero no la encontraron, a pesar de que se presentaron muchos falsos testigos.

Por fin se presentaron dos, ⁶¹que declararon:

—Este hombre dijo: "Puedo destruir el templo de Dios y reconstruirlo en tres días."

⁶²Poniéndose en pie, el sumo sacerdote le dijo a Jesús:

—¿No vas a responder? ¿Qué significan estas denuncias en tu contra?

⁶³Pero Jesús se quedó callado. Así que el sumo sacerdote insistió:

—Te ordeno en el nombre del Dios viviente que nos digas si eres el Cristo, el Hijo de Dios.

⁶⁴—Tú lo has dicho —respondió Jesús—. Pero yo les digo a todos: De ahora en adelante verán ustedes al Hijo del hombre sentado a la derecha del Todopoderoso, y viniendo en las nubes del cielo.

⁶⁵—¡Ha blasfemado! —exclamó el sumo sacerdote, rasgándose las vestiduras—. ¿Para qué necesitamos más testigos? ¡Miren, ustedes mismos han oído la blasfemia! ⁶⁶¿Qué piensan de esto?

—Merece la muerte —le contestaron.

⁶⁷Entonces algunos le escupieron en el rostro y le dieron puñetazos. Otros lo abofeteaban ⁶⁸y decían:

—A ver, Cristo, ¡adivina quién te pegó!

Pocos temas han causado más tensión entre judíos y cristianos que el juicio de Jesús. Quienes han cometido abominables atrocidades contra los judíos a menudo han basado sus acciones en que estos son los asesinos de su Mesías, o asesinos de Dios, y a menudo todos han ido a Mateo 27:25 para respaldarse. Como una reacción a esta actitud reprensible, estudios más recientes (tanto judíos como cristianos) han sostenido que los judíos estuvieron muy poco involucrados, y que la mayor parte de la culpa se debe echar a los romanos. Un excelente estudio de exégesis judía y cristiana de las narraciones del juicio, desde 1770 hasta finales de 1970, lo da Catchpole (*Trial of Jesus*); y tratamientos modernos representativos, además de comentarios y artículos, se incluyen en nuestra bibliografía bajo Bammel, Blinzler, Brandon, Cohn, Winter, Sherwin-White (cap. 2), y Benoit (*Jesus*, pp. 123-66).

Aunque no existe consenso, la opinión dominante en la erudición actual dice algo así: Los relatos de los cuatro evangelios ante el Consejo no se pueden conciliar con facilidad. Sin embargo, el cuarto evangelio, aunque clarifica que autoridades tanto judías como romanas estuvieron involucradas desde el principio (Jn 18:3, 12), resalta que el Consejo no tenía el poder para infligir la pena de muerte (Jn 18:31), y pone mucho más énfasis en el juicio romano. En comparación los sinópticos echan más culpa en los judíos; y Mateo se atreve incluso a decirnos que Pilato se lavó las manos de todo el caso, mientras los judíos se lanzaban maldiciones sobre sí mismos (27:24-25). Según parece el relato de Juan es más confiable históricamente, mientras que los sinópticos están más seriamente contaminados por posteriores tensiones entre iglesia y sinagoga. En resumen, el antisemitismo ha empañado sus narraciones.

Esto está confirmado, se presume, cuando se observan todas las ilegalidades de las medidas judías. La mishná (*Sanhedrin*) clarifica que el procedimiento legal en casos de pena de muerte prohibía juicios nocturnos, se requerían al menos dos días consecutivos, y permitía interrogación de testigos. Las violaciones a la ley son tan numerosas como para ser increíbles; un escritor judío (Cohn) ha ido tan lejos en interpretar la evidencia que concluye que el Consejo en realidad intentó *salvar* a Jesús de las cortes romanas. Él atribuye cualquier rastro de evidencia que se opone a esta tesis a la polémica sobre el posterior deterioro de relaciones iglesia-sinagoga, acompañado del deseo natural en escritores cristianos de evitar culpar a las poderosas autoridades romanas.

Sin embargo, no se deben pasar por alto algunos aspectos:

1. El problema de ilegalidades en el juicio de Jesús es más complejo de lo que por lo general se reconoce. Ya hemos mostrado (vea la exposición en v. 17) que las ejecuciones bajo ciertas circunstancias se podían realizar en un día de fiesta importante. Otras irregularidades incluyen (1) las medidas que según parece se tomaron en casa de Caifás, no en los predios del templo; (2) no habérsele ofrecido a Jesús un abogado; (3) habérsele acusado de blasfemia sin haber blasfemado de veras en sentido legalmente definido, lo cual requería que el acusado de veras pronunciara el nombre de Dios; (4) se da el veredicto a toda prisa durante la noche sin el mínimo de dos días exigidos en casos de pena de muerte, lo cual tuvo como consecuencia la prohibición de nuevas aperturas de juicios capitales desde los días anteriores a sabbats o días festivos (M *Sanhedrin* 4:1). Pero muy aparte del problema difícil de fechar las tradiciones de la mishná —por el bien del razonamiento podemos concordar que todas ellas se remontan a los inicios del primer siglo o más antes— cinco factores desafían la idea de que consideraciones legales invalidan la autenticidad de los evangelios en estos puntos:

a. Algunas estipulaciones de la mishná, no al menos en los tratados del Consejo, son casi con seguridad solo formulaciones teóricas, las cual no tienen la fuerza de obedecer la ley. ¿Hay alguna evidencia histórica independiente, por ejemplo, de que alguna vez se realizaron las clases de «quemadas» descritas en *Sanhedrin* 7:2?

b. Dalman (pp. 98-100) ofrece referencias a otras ocasiones de flagrante violación de regulaciones judiciales en base de que «el momento lo exige».

c. Del mismo modo hay evidencia de que la conveniencia motivó en parte a las autoridades religiosas (cf. Jn 11:49-50). Esto podría explicar numerosas irregularidades. Si los líderes temían la violencia de la turba, era necesario darse prisa. Además era legítimo ejecutar a ciertos criminales en días de fiesta, pero no en sabbat. Si Jesús fue arrestado la noche del jueves (viernes según cálculos judíos), las cosas se debían hacer deprisa para que el entierro fuera al anochecer del viernes, comienzo del sabbat. Una reunión de las autoridades judías durante toda la noche se hacía necesaria porque los funcionarios romanos como Pilato trabajaban muy temprano en la mañana y luego se negaban a recibir nuevos casos para el resto del día. Si no presentaban a Jesús ante Pilato a primera hora del viernes, el caso se alargaría hasta después del sabbat… junto con el aumento de riesgos de que se levantara la turba.

d. Las fuentes son tan difíciles que no conocemos la relación precisa entre los fariseos de la época de Jesús con los rabinos que recopilaban el mishná. Aunque Sigal (cf. Introducción, sección 11.f) haya exagerado las distinciones, no siempre podríamos tener la sabiduría de interpretar las regulaciones rabínicas de los tiempos de Jesús. Por ejemplo, las cerradas y técnicas definiciones de blasfemia en el mishná tal vez no hayan sido populares entre todos los fariseos. Después de todo, grandes partes de la población tenían nociones extraordinariamente amplias de blasfemia: Josefo (Antig. XX, 108, v. 2) asegura que una multitud enojada acusó a un soldado romano de blasfemia porque él les había mostrado los genitales. Además, *no* tenemos evidencia de la manera en que los saduceos entendían la blasfemia.

e. Podríamos ir más lejos. Se podrían exponer argumentos firmes, aunque no del todo convincentes, para distinguir entre *Sanedrín* y *Bet Din*. El NT habla del primero; el relevante tratado de la mishná, aunque tradicionalmente llamado *Sanedrín*, en realidad habla casi treinta veces del último y solo tres veces del primero. Algunos han deducido de esto que los que los evangelios describen *no* es el «Consejo» en el sentido religioso e intelectual sino el «Consejo» que era esencialmente político y, hasta cierto punto, corrupto (más recientemente, cf. E. Rivkin, «Beth Din, Boule, Sanhedrin: A Tragedy of Errors», HUCA 46, 1975, 181-99). Aunque esta distinción no prueba ser válida, se debe admitir que «cuando hay deseos de quitar de en medio a un enemigo indeseable por lo general se encuentra una manera» (S. Rosenblatt, «The Crucifixion of Jesus from the Standpoint of Pharisaic Law», JBL 75, 1956, 319 [aunque Rosenblatt no acepta los relatos como los tenemos en los evangelios]). Catchpole (*Trial of Jesus*, pp. 268 y sig.) ha mostrado de modo convincente que «el debate acerca de ilegalidades se debería relacionar como un asunto del pasado que a lo sumo solo puede hacer una contribución menor.

2. Más distinciones se encuentran entre Juan y los Sinópticos, y entre Mateo y Marcos-Lucas de las que en realidad hay. Aunque Juan pone más énfasis en el juicio romano, solo en Juan 19:12, y nunca en los sinópticos, vemos a *los judíos* manipulando a Pilato

para asegurar un veredicto culpable y una pena de muerte. Con seguridad es falso atribuir la menor prominencia de Pilato en los sinópticos a preocupación cristiana de llevarse bien con Roma; porque mucho antes que los evangelistas escribieran, Pilato fue depuesto y desterrado a Roma. Además no está del todo claro que Mateo vea 27:24 como una absolución eficaz para Pilato; Mateo escribe a menudo denuncias de hipocresía, y a esperar persecución de «gobernadores y reyes» (10:18-19). Asimismo no está del todo claro que 27:25 se deba interpretar como que todos los judíos permanecen bajo maldición continua. Todos los primeros discípulos eran judíos; y el hecho de que Mateo insiste claramente en que las autoridades tenían miedo de la acción del populacho (vv. 3-4) muestra que comprende que muchos judíos estaban de modo entusiasta, pero superficial, *a favor* de Jesús, aunque solo unos pocos eran discípulos comprometidos.

3. Pero si tan marcadas distinciones entre el trato del juicio que hacen Juan y los sinópticos apenas están apoyadas por el texto, aun menos defendibles son las marcadas inconexiones. El intento de culpar a los romanos y de exonerar a los judíos encuentra poco apoyo en el cuarto evangelio; pero aunque allí hubiera un tema incuestionable, responsables literaturas históricas tratan una síntesis de las fuentes, no inconexiones históricas *a priori* — una de las clásicas «falacias de historiadores» (cf. Fischer). Y un una síntesis verosímil en realidad es posible (vea más adelante).

4. Juan 18:31, citado a menudo para absolver al Consejo, no solo es históricamente creíble (cf. Sherwin-White, pp. 35-43; Catchpole, *Trial of Jesus*, pp. 247-48) sino que también da una clave importante para los papeles representados por judíos y romanos. Todos los Evangelios avalan —una y otra vez, y de diversas maneras— que muchos líderes judíos querían eliminar a Jesús debido a sus afirmaciones de autoridad mesiánica, asociada con su popularidad entre el pueblo en general y la clase inesperada de «Mesías» que él probaba ser —y especialmente su falla en mostrar más respeto por las autoridades religiosas. Cuando al fin Jesús cayó en sus manos, las circunstancias políticas los obligaron a buscar la sentencia de muerte de parte de Pilato. Para este propósito era necesario que los líderes judíos matizaran de colorido político las acusaciones contra Jesús. Por lo tanto lo hicieron aparecer menos un Mesías que un competidor del césar. Solo por una manipulación muy selectiva de la evidencia (e.g., S.G.F. Brandon, *The Trial of Jesus of Nazareth* [El juicio de Jesús de Nazaret], Batsford, Londres, 1968) se puede concluir que la acusación política llegó primero, convirtiendo a Jesús en algún tipo de zelote rebelde.

5. El holocausto y otras atrocidades han cegado a historiadores tanto judíos como cristianos. Más de unos cuantos judíos modernos insisten en que el holocausto es consecuencia de siglos de intolerante tradición cristiana, y que la solidaridad cristiana acarrea culpa cristiana colectiva. Sin embargo, odiarían suponer que la solidaridad judía acarrea para la raza judía una culpa colectiva judía a causa de la contribución de algunos judíos a la muerte de Jesús. Mientras tanto historiadores cristianos, conscientes del legado de la persecución de judíos por parte de la cristiandad occidental, por vergüenza hacen juicios irresponsables contra la evidencia histórica, como cierta clase de expiación por injusticias pasadas. Es más fácil culpar a los romanos, quienes no están presentes para defenderse, que enfrentar a los sobrevivientes del holocausto con desagradables realidades históricas. Esto lo han visto los eruditos más entendidos de ambas partes. El erudito judío Samuel Sandmel escribe: «Quizá

podríamos estar dispuestos a decir que no es del todo imposible que algunos judíos, aun líderes judíos, recomendaron la muerte de Jesús a manos de Pilato. Somos reacios a decir esto de nosotros, porque la acusación en nuestra contra ha sido tan absoluta que nos hemos obligado a hacer una negación absoluta» (*We Jews and Jesus*, OUP, Londres y Nueva York, 1965, p. 141).

Es útil recordar que, cualquier cosa que haya hecho la cristiandad, los escritores del NT, la mayoría de los cuales, si no todos, eran judíos, escasa o razonablemente se les puede etiquetar de «antisemitas». Es verdad que Mateo y los demás evangelistas culparon a algunos judíos por la muerte de Jesús; pero también culpan a algunos romanos. Pero las razones de la culpa eran históricas, teológicas y espirituales, no raciales. Los doce eran judíos y, después de la resurrección, un judío de Arimatea (27:57-60) muestra gran preocupación por el sepelio de Jesús. Los escritores del NT se forman un juicio de las personas por cómo responden a Jesús, a quien ellos habían llegado a conocer como Rey Mesías e Hijo de Dios, no por su raza.

6. Desde el punto de vista de la teología del NT, los cristianos deben recordar reiteradamente dos aspectos. Primero, desde una perspectiva teológica todo cristiano es tan culpable de poner a Jesús en la cruz como Caifás. De seguro creyentes pensativos admitirán que su propia culpabilidad es la más fundamental de las dos; porque si creemos el testimonio de Mateo, y Jesús hubiera podido escapar de las garras de Caifás (v. 53), entonces lo que llevó a la cruz a Jesús fue su compromiso a los propósitos redentores del Padre. Aunque esto no excusa a Caifás y sus coetáneos, aleja a los cristianos de juicio desdeñoso de los judíos. Segundo, aunque cristianos del primer siglo, fueran judíos o gentiles, vieron el juicio de Dios en la destrucción de Jerusalén y de Judea (66-73 d.C.), eso no les daría el derecho de ponerse en el lugar de Dios y ejecutar el juicio del Señor por él. El juicio solo pertenece a Dios. Cualquier otra opinión, incluso las que a menudo han dominado en el cristianismo, fallan en reconocer las distinciones esenciales del NT entre el reino y la iglesia (vea en 13:37-39).

En este punto debemos considerar una de varias formas en las cuales los relatos complementarios de la pasión de Jesús se pueden armonizar de modo tan razonable como para mostrar cómo las medidas contra Jesús se pudieron haber completado durante las pocas horas que permite la cronología. Hubo dos juicios, uno judío y el otro romano. El judío comenzó con un examen informal por parte de Anás (Jn 18:12-14, 19-23), quizá mientras los miembros del Consejo se estaban reuniendo a toda prisa. Una decisión tomada en una sesión del Consejo (vv. 57-68; Mr 14:53-65) fue apoyada por una decisión formal al amanecer y un envío a Pilato (27:1-2; Lc 22:66-71). El juicio romano comenzó con una primera investigación ante Pilato (vv. 11-14; Jn 18:28-38a) y fue rápidamente seguido por el interrogatorio de Herodes (Lc 23:6-12) y la aparición final ante Pilato (27:15-31; Jn 18:38b—19:16). Esta reconstrucción es solo tentativa; pero coordina útilmente la fecha bíblica.

57 Para la relación entre Anás y Caifás, vea en v. 3. Si ambos hombres coincidieran en encontrar culpable a Jesús y recomendar la pena de muerte, la acción probablemente ganaría más aceptación tanto de la población como de los romanos que si solo uno estuviera de acuerdo. Las casas de gente acaudalada a menudo se construían en forma cuadrada con un patio en el centro. Si Anás vivía en cuartos en un extremo del tribunal, entonces es posible que entrevistara a Jesús (Jn 18:14-16) en un ala mientras el Consejo estaba reunido en otra («se habían reunido» de la NVI es demasiado fuerte: el verbo griego no significa más que «reunido»). No se necesitaría mucho tiempo.

Mateo menciona a los maestros de la ley y los ancianos; Marcos 14:53 agrega a los jefes de los sacerdotes, a quienes Mateo se refiere en el v. 59. Tal vez hay poca importancia en tales variaciones, pero ellas nos advierten en contra de mucha interpretación en detalles particulares. No se mencionan los fariseos, aunque sin duda muchos maestros y ancianos laicos pertenecían a ese grupo. Su ausencia del relato de la pasión en Mateo es importante por dos razones: primera, saca a relucir teorías que enfrentan la iglesia mateana con los «fariseos» del año 85 d.C.; porque si Mateo ve a los fariseos como enemigos principales de Jesús, ¿por qué no los mencionó en esta confrontación final? Segunda, refleja con exactitud lo poco que sabemos de la política de Jerusalén en esa época. Sin duda los fariseos ejercían en toda la tierra fuerte influencia teológica y social, y a través de las sinagogas en los pueblos y aldeas mucha persuasión moral y algo de poder político. Sin embargo, para el Consejo, donde se acababa de interpretar el acto final de confrontación con líderes judíos, el patrón del poder era diferente. El sumo sacerdote, casi con seguridad un saduceo, presidía; los sacerdotes, en especial si no eran únicamente saduceos, disfrutaban influencia enorme y dominante; y los fariseos ejercían poder solo por medio de la decisión de toda la congregación.

58 Pedro siguió a Jesús «de lejos» medio entre el valor (v. 51) y la cobardía (v. 70) (Bengel). Juan 18:15-16 da información adicional sobre cómo Pedro logró entrar al patio del sumo sacerdote. El apóstol se unió a los «siervos» (NIV; el término es general pero quizá incluye tanto los siervos de la casa como la policía del templo; de ahí «guardias» de la NVI) alrededor del fuego del patio, esperando a ver el resultado.

59-63a Si solo había un Consejo central (vea más adelante), se componía de tres grupos: jefes de sacerdotes (vea en 21:23), maestros de la ley y ancianos. Había setenta miembros más el sumo sacerdote, pero solo veintitrés conformaban un quórum. «El Consejo en pleno» no necesariamente significa que todos estaban presentes (cf. Lc 23:50-51) sino solo que el Consejo como cuerpo estaba involucrado. No sabemos qué proporción de los setenta venían de grupos electores, o si la proporción se debía conservar en el quórum.

Muchos equiparan esta reunión del Consejo con la del amanecer descrita por Lucas (22:66-71). Pero Mateo parece hacer una distinción entre las dos (cf. 27:1-2). Es posible que la última reunión ocurriera en los predios del templo (el lugar acostumbrado), y que tuviera mayor asistencia; de ser así, Lucas muy bien podría estar combinando las reuniones.

Mateo dice que el Consejo estaba buscando «alguna prueba falsa» (*pseudomarturia*, v. 59), y la consiguió de dos «falsos testigos» (*pseudomartures*, v. 60). Quizá esto no significa que el Consejo buscara solo mentirosos; de ser así, ¿por qué simplemente no inventar la evidencia? Más bien, el Consejo, ya convencido de la culpabilidad de Jesús, aprobó una moción de conseguir evidencia contra él. Cuando las personas odian, aceptan con facilidad falsos testigos; y el Consejo finalmente oyó y creyó exactamente lo que quería. Mateo sabía que Jesús no era culpable, ni lo podía ser; por tanto describe la evidencia como «falsa».

Los dos hombres que se presentaron (v. 60) pudieron haber sido sobornados o no (cf. Hch 6:11). Se requerían al menos dos testigos en un caso de pena de muerte. En griego *joutos* no necesariamente tiene un tono desdeñoso (NVI, «este hombre», v. 61; similar en v. 71), pero podría servir como un pronombre enérgico o equivalente a «este individuo». El testimonio de ellos tenía algún elemento de verdad, pero estaba malvadamente motivado y hacía caso omiso a lo que Jesús quiso decir en Juan 2:19-21 (la referencia no es a Mateo 24:2, donde solo estaban los discípulos; vea en 21:12-17). Juan no interpreta la expresión de Jesús de modo alegórico (Hill, *Matthew*) sino tipológico. Aunque algunos insistirán en que aun la exégesis tipológica se debe ubicar en la iglesia posterior, ya hemos observado bastante exégesis tipológica en la enseñanza de Jesús (vea en v. 28) para reconocer que Jesús mismo marcó la pauta en cuanto a esto. Interpretadas con literalismo extremo, las palabras de Jesús se podrían tomar como una amenaza de profanar el templo, uno de los pilares del judaísmo. En el mundo antiguo la profanación de lugares sagrados se consideraba casi universalmente como una ofensa mortal, y en esto los judíos no eran distintos de los paganos (e.g., Jr 26:1-19; *Tosephta Sanhedrin* 13:5; b *Rosh ha-Shanah* 17a).

Sin embargo, ¿qué significan las palabras de Jesús en Juan 2:19-21? Si Jesús se ve como el antitipo del cordero pascual, el verdadero Siervo sufriente, la revelación del Padre, y el cumplimiento de las Escrituras del AT (e.g., vv. 27-30; cf. 5:17-20; 11:25:30), no es del todo improbable que también se viera como el templo verdadero, el punto final de reunión entre Dios y el hombre. En ese caso las palabras de Juan reflejan exactamente el pensamiento de Jesús.

Nos hemos acercado mucho al centro de la disputa entre el cristianismo primitivo y el judaísmo como se atestigua en otras partes del NT —una disputa que se podría resumir en una serie de preguntas: ¿Cuál es la naturaleza de la continuidad entre el antiguo pacto y el nuevo? ¿Se deben convertir los gentiles en judíos antes de que se puedan volver cristianos? ¿En qué sentido y hasta qué grado la ley mosaica tiene fuerza vinculante sobre los seguidores de Jesús? El lugar del templo es un elemento en ese debate, surgido en el cristianismo primitivo (Hch 6:13-14), pero que se puede rastrear hasta Jesús mismo y a un factor contribuyente a su propia condenación.

Quizá la NVI y NASB tienen razón al traducir el v. 62 como dos preguntas del sumo sacerdote (cf. BDF, pars. 298, 4; 299, 1). Tal vez él esperaba que Jesús se incriminara solo. No obstante, fiel a Isaías 53:7, Jesús guardó silencio (v. 63a; cf. Moo, «Use of OT», pp. 148-51).

63b El sumo sacerdote, frustrado por el silencio de Jesús, intentó un golpe valiente que cortaba el asunto central: ¿Era Jesús el Mesías, o no? La pregunta ya había surgido antes de un modo u otro (vea en 12:38-42; 16:1-4; 21:1-11, 14-16, 23) y se pudo haber motivado en la mente del sumo sacerdote por la mención que Jesús hiciera del templo, puesto que algunas ramas del judaísmo preveían una renovación de la gloria del templo cuando llegara el Mesías (cf. Lane, *Mark*, p. 535). Pero que esto explique o no su motivo, el sumo sacerdote acusa con atrevimiento a Jesús por responder bajo juramento «en el nombre del Dios viviente» (cf. NcNeile; Benoit, *Jesus*, por justificación de esta interpretación).

La forma de la pregunta en Marcos 14:61 es levemente distinta: «¿Eres el Cristo [vea en 1:1; 2:4], el Hijo del Bendito?» En vez de lo último, Mateo utiliza su título preferido: «El Hijo de Dios». Los dos títulos son formalmente iguales y se pudieron haber usado en varios puntos en el juicio (cf. Jn 19:7). «Hijo de Dios» en el judaísmo puede equivaler a Mesías (vea en 2:15; 3:17; 11:27; 16:13-20).

Las consecuencias ahora son inevitables. Si Jesús se niega a contestar rompe un juramento legalmente impuesto. Si niega ser el Mesías, se ha superado la crisis… pero así también su influencia. Si lo afirma, entonces, dadas las responsabilidades del tribunal, Jesús debe ser falso. Después de todo, ¿cómo podría el verdadero Mesías dejarse encarcelar y poner en peligro? La evidencia de los evangelios sugiere que el Consejo estaba preparado para ver el rotundo reclamo de mesianismo de Jesús como digno de la pena de muerte, y su incredulidad les impedía permitir cualquier otra posibilidad.

64 Quizá esto es lo que implicaría el «admirable testimonio» de Jesús (1 Ti 6:13). Existen cuatro puntos de interés:

1. A diferencia del ambiguo «yo soy» en Marcos 14:62, Mateo usa una expresión, también hallada en 26:25, que muchos han tomado como intencionalmente ambigua (e.g., Turner, *Insights*, pp. 72-75). Pero Catchpole ha mostrado de modo verosímil que la expresión es «afirmativa en contenido, y renuente o circunlocutorio en formulación» (David R. Catchpole, «The Answer of Jesus to Caiaphas [Matt. xxvi. 64]», NTS 17, 1970-71, 213-26). Con seguridad Caifás lo entendió como positivo (v. 65). La frase siguiente, que comienza con *plen lego jumin* («pero yo les digo a todos»), que también se encuentra en 11:22, 24, significa algo como «en realidad les digo»: es muy probable que no haya fuerza adversativa (Thrall, pp. 72-78). En vez de eso expresa «una expansión o una calificación» (Catchpole, «Answer of Jesus», p. 223) de la afirmación precedente. Jesús habla de este modo, no porque Caifás haya dicho la verdad acerca de Jesús mismo sin ninguna revelación (Kingsbury, *Mateo*, p. 64), sino porque el entendimiento de Caifás sobre «Mesías» e «Hijo de Dios» es fundamentalmente inadecuado. Jesús es en realidad el Mesías, y por tanto debe contestar con una afirmación. Pero él no es precisamente el Mesías que Caifás tiene en mente; por tanto debe responder con cautela, y con alguna explicación.

2. Esa explicación viene en alusión a dos pasajes: Salmos 110:1 (vea en 22:41-46) y Daniel 7:13 (vea en 8:20; 24:1-3, 30-31). A Jesús no se le debe considerar principalmente un Mesías político sino el que, al recibir el reino, es exaltado por encima de David y a la mano derecha del Todopoderoso, la posición de honra y poder (cf. 16:27; 23:39; 24:30-31; 26:29). Esta es la auto revelación culminante de Jesús hacia las autoridades, y combina revelación con amenaza.

3. Jesús utiliza «Hijo del hombre» (vea en 8:20) en vez de «Cristo» o «Hijo de Dios» (cf. v. 63). Los esfuerzos de interpretar «Hijo del hombre» en el sentido de «Hijo de Dios» (Kingsbury, *Matthew*, pp. 113 y sig.) realmente no captan el punto (cf. Hill, «Son and Servant»). Los títulos son análogos, y cada uno mesiánico. Con seguridad Caifás entiende de esa manera «Hijo del hombre». El título más ambiguo revela ahora más acerca de Jesús: es su auto designación, asociada con la gloria de la Parusía,

pero pronunciada en la culminación del ministerio de Jesús, y frente al sufrimiento y la muerte.

4. La frase griega *ap arti* (lit., «desde ahora»; NVI, «de ahora en adelante»; vea en v. 29) es difícil. Algunos la han encontrado tan difícil que aseguran que el v. 64 no se debe referir a la Parusía sino a la resurrección (e.g., L. Hartmann, «Scriptural Exegesis», en Didier, p. 145). Pero si «desde ahora» o «de ahora en adelante» se adapta mal a la tardanza hasta la Parusía, tampoco es adecuada para la tardanza hasta la resurrección y la ascensión (vea en 28:18-20). Además los escritos muestran que el sumo sacerdote y otros líderes augustos no fueron testigos de la resurrección; porque según el NT, ningún ser humano vio suceder el acontecimiento mismo.

La mejor explicación del v. 64 es que Jesús está diciendo a los miembros del Consejo («ustedes», en plural) que a partir de ese momento no lo verán como ahora está ante ellos sino solo en su capacidad como indiscutido Rey Mesías y Juez soberano. «Desde ahora» (i.e., «de ahora en adelante», NVI) esa es la manera en que lo verán. Mateo no incluye la palabra «solo» o similares (e.g., «De ahora en adelante *solo* verán ustedes al Hijo del hombre sentado a la derecha…») porque supondría una posibilidad de que no lo vieran en absoluto, lo cual no es cierto. La frase «desde ahora» hace esto una advertencia contundente que al menos algunos miembros del Consejo sin duda recordarían después de la resurrección.

65-66 Rasgarse las vestiduras (v. 65) estaba prescrito para la blasfemia (M *Sanhedrin* 7:5) pero también podía expresar indignación o dolor (cf. 2 R 18:37; Judit 14:19; 1 Mac 11:71; Hch 14:14). Parece que la definición de «blasfemia» varió con los años (vea más atrás, en vv. 57-68; cf. Jn 5:18; 10:33). No es seguro que el Consejo pensara que Jesús estaba blasfemando porque afirmaba ser el Mesías, porque se puso a sí mismo en la mano derecha del Todopoderoso, o porque Dios no había atestiguado especialmente quién era él (un requisito en ciertas tradiciones rabínicas). La decisión de los miembros de la asamblea del Consejo parece haber sido por aclamación. «Merece» (*enocjos*, v. 66) es la misma palabra usada en 5:21: Jesús queda «sujeto» a la pena de muerte, ordenada por blasfemar (Lv 24:16).

67-68 Aunque Lucas describe el interrogatorio y la condenación únicamente en el juicio que se realiza después del amanecer (análogo a Mt 27:1-2), aun él tiene primero este ultraje (Lc 22:63-65), lo cual, en armonía con Mateo y Marcos, sugiere que ya se habían tomado algunas decisiones. Aunque «algunos» (v. 67) muy bien podrían ser los miembros del Consejo, también se podría referir a quienes estaban bajo su control, sus siervos inmediatos (cf. Lc 22:63-65). En cualquier caso los reclamos mesiánicos del acusado no impresionan al Consejo; y las humillaciones a las que ahora está sometido quizá son intenciones de ridiculizar sus falsas pretensiones. El verdadero Mesías habría derrotado a todos sus enemigos y, según algunas tradiciones judías, habría podido juzgar allí por el olfato sin necesidad de la vista (vea Lane, *Mark*, pp. 539-49 y referencias ahí; cf. también Pss. Sol 17:37 y sig.). No obstante, aquí está Jesús, escupido, golpeado, abofeteado (cf. Is 50:6; el verbo para «golpeado» también se usa en 5:39 y tal vez significa «aporreado») con los ojos vendados (Mr 14:65; Mateo no menciona este detalle), e insultado, sin mostrar ningún poder.

«¡Adivina!» (v. 68) no supone aquí predecir el futuro sino revelar conocimiento oculto (cf. 11:13): El Mesías debería poder decir quién lo golpeaba, aun con los ojos vendados. La manera más fácil de explicar que Mateo no mencione los ojos vendados cuando incluye «¿quién te pegó?» (no en Marcos) es que Mateo y Marcos han guardado cada uno una parte de lo que Lucas ha mantenido intacto (Notas). En cualquier caso Jesús permanece en silencio, confirmando sus acciones mientras cumple Isaías 53:7.

Notas

61 La expresión peculiar διὰ τριῶν ἡμερῶν (diá trión jemerón, «en tres días») utiliza la preposición en su sentido principal de «entre», lo cual luego se extiende a la idea de intervalo (contra B.F. Meyer; cf. Zerwick, par. 115; Moule, *Idiom Book*, p. 56).

63 Algunos mss. solo conservan καί (kai, «y»), otros καὶ ἀποκριθείς (kai apokridseis, «y él respondió»), y unos pocos ἀποκριθεὶς ὀυν (apokridseis oun, «por tanto, él respondió»). Aunque algunos han sostenido que la traducción más corta se dio porque los copistas sintieron que «respondió» era inadecuado inmediatamente después de una afirmación acerca del silencio de Jesús, Metzger (*Textual Commentary*, p. 65) dice que la mayor parte de la Comisión UBS prefirió la traducción más corta debido a la evidencia externa. Pero es difícil imaginar por qué «respondió» se habría introducido en la traducción más corta, y fácil entender cómo la segunda traducción pudo haber originado las otras dos. Si es original, «respondió» se debe comprender como en 11:25.

68 Aunque esto es sorprendentemente un claro «acuerdo menor» de Mateo y Lucas (22:64) contra Marcos (14:65), escasamente es adecuado para anular la prioridad de Marcos (cf. Introducción, sección 3); pero al menos sugiere que se estaban divulgando más relatos independientes de las narraciones de la pasión en los sinópticos (cf. Lc 1:1-4) de lo que comúnmente se reconoce. Algunos detectan aquí la dependencia de Lucas en Mateo. Las relaciones literarias son demasiado complejas para aclararlas con seguridad; pero en vista de la aparente independencia de la narración de Lucas del juicio como un todo, parece prudente pensar que en este punto —la *combinación* de los ojos vendados y la pregunta «¿quién te golpeó?»— Lucas ha conservado la conexión *histórica*, de la cual Mateo y Marcos han dado cada uno una parte (Tasker; para análisis y literatura, cf. Moo, «Use of OT», p. 142, n. 2).

8. *Pedro niega a Jesús*

26:69-75

⁶⁹Mientras tanto, Pedro estaba sentado afuera, en el patio, y una criada se le acercó.

—Tú también estabas con Jesús de Galilea —le dijo.

⁷⁰Pero él lo negó delante de todos, diciendo:

—No sé de qué estás hablando.

71Luego salió a la puerta, donde otra criada lo vio y dijo a los que estaban allí:

—Éste estaba con Jesús de Nazaret.

72Él lo volvió a negar, jurándoles:

—¡A ese hombre ni lo conozco!

73Poco después se acercaron a Pedro los que estaban allí y le dijeron:

—Seguro que eres uno de ellos; se te nota por tu acento.

74Y comenzó a echarse maldiciones, y les juró:

—¡A ese hombre ni lo conozco!

En ese instante cantó un gallo. 75Entonces Pedro se acordó de lo que Jesús había dicho: «Antes de que cante el gallo, me negarás tres veces.» Y saliendo de allí, lloró amargamente.

Los relatos de los cuatro evangelios, aunque breves (cf. Mr 14:66-72; Lc 22:54-62; Jn 18:15-18, 25-27, y vea más atrás en v. 34 para comentarios relacionados con los dos gallos cantando [Marcos]), contienen importantes diferencias, y se han propuesto una variedad de soluciones. Mateo y Marcos están en cercano acuerdo y enumeran tres negaciones: (1) ante una criada, según parece en el patio; (2) ante otra criada, pero fuera de la entrada; (3) ante transeúntes, según parece en el patio. Lucas también enumera tres: (1) ante una criada, aparentemente cerca del fuego; (2) ante otra persona, lugar no específico; (3) ante otra persona más, aun en el patio (22:60-61). Las tres negaciones registradas por Juan son: (1) ante la portera; luego, después de una pausa en la narración, (2) ante algunas personas —el verbo es plural pero podría ser una generalización— (3) ante uno de los siervos del sumo sacerdote, un pariente de Malco.

Se pueden decir varias cosas:

1. Algunos intentos de armonizar los textos han resultado en *tres* negaciones pronosticadas por Jesús, cada una en *dos* ocasiones diferentes, haciendo *seis* negaciones (más recientemente, cf. H. Lindsell, *The Battle for the Bible*, Zondervan, Grand Rapids, 1976, pp. 174-76). Esto no solo es intrínsecamente improbable sino que presenta problemas importantes de crítica de fuente no tratados ni procesados.

2. Nos podría ayudar examinar la ubicación de los pasajes relevantes en los cuatro evangelios. Si es correcto nuestro tratamiento de la secuencia del juicio (vea en vv. 57-68), Mateo y Marcos no registran el interrogatorio ante Anás; solo dicen que Pedro siguió a Jesús dentro del patio. Luego ponen tres negaciones de Pedro después del juicio preliminar ante el Consejo. Lucas no registra el interrogatorio ante Anás ni el juicio preliminar ante el Consejo, y por tanto pone las negaciones de Pedro antes de registrar el juicio ante el Consejo al amanecer. Juan no dice nada acerca del juicio judío (aunque lo podría insinuar en 19:24) excepto el interrogatorio de Jesús ante Anás. Si la primera negación de Pedro se llevó a cabo más o menos al mismo tiempo de ese interrogatorio, se puede entender que Juan la separa de las otras dos, las cuales describe después de que a Jesús lo han llevado ante Caifás.

3. El orden de las dos primeras negaciones podría estar invertido entre Juan y los sinópticos (cf. el orden de las tentaciones; vea en 4:1-11), pero no se puede determinar con facilidad cuál evangelio tiene el orden histórico. Según Juan «la portera» hace la primera pregunta y supone, pero no establece, que esto ocurre al entrar Pedro. Mateo y Marcos dicen que Pedro estaba saliendo hacia la puerta como el

entorno para su segunda negación. Varias posibilidades llegan a la mente, pero no hay manera adecuada de atestiguarlas.

4. Las diferencias que quedan son menores y se les pueden dar muchas soluciones. La brevedad de los relatos hace que surjan problemas. En un ambiente alrededor del fuego, dos o tres podrían hablar a la vez (vea más adelante en vv. 69-70); o, más probable aun, el plural en la segunda negación (en el orden de Juan) es generalizador (como en Mt 2:20). Las diferencias en los informes de la negación no se pueden explicar de modo adecuado sobre bases de redacción.

69-70 El comentario de «una criada» a Pedro refleja tanto una acusación como su curiosidad; y «Jesús de Galilea» (Mr 14:67: «ese nazareno, con Jesús») es la clase de observación despectiva que se podría esperar de una jerusalemita convencida de su superioridad geográfica y cultural. Pedro niega las palabras de ella «delante de todos» (v. 70), suponiendo que varias personas estaban escuchando y que algunos más podrían haberse unido en el cuestionamiento. La forma de la negación de Pedro es similar a un juramento legal y formal (cf. M *Shebouth* 8:3).

71-72 Pedro «salió» (v. 71) a la puerta, según parece retirándose de la luz del fuego a la oscuridad del patio delantero. De nuevo niega la acusación, esta vez con un juramento. «Jurándoles» aquí (v. 72) no se refiere a «jurar» como la conocida blasfemia; más bien, Pedro invoca una solemne maldición sobre sí mismo si está mintiendo, y manifiesta su «sinceridad» apelando a algo sagrado (vea en 5:33-34; 23:16-22).

73-75 Transcurre un poco de tiempo (v. 73). Lucas dice «como una hora más tarde» (22:59). En cualquier época el acento al hablar cambia con la geografía (e.g. Jue 12:5-6), y el habla de Pedro muestra que es galileo (cf. Hoehner, *Herodes Antipas*, pp. 61-64). Que uno de los presentes en la negación de Pedro dijera que su acento probaba que era un discípulo de Jesús muestra cuánto del ministerio de Jesús había sido en Galilea y cuán relativamente pocos de sus discípulos eran de Judea. Al haber mentido dos veces, Pedro se ve obligado a mentir de nuevo, esta vez con más juramentos (v. 74). De inmediato canta el gallo, un amargo recordatorio (v. 75) de las palabras de Jesús (v. 34). Quien había pensado que podía estar firme ha caído terriblemente (cf. 1 Co 10:12). Lucas nos dice que Jesús miró a Pedro... tal vez a través de una ventana o cuando lo conducían atravesar del patio. Si no podemos dar crédito a la leyenda de que Pedro nunca volvió a oír cantar un gallo sin llorar, podemos suponer con mucha justificación que sus lágrimas amargas lo llevaron a ser el resto de sus días más «pobre en espíritu» (5:3) de lo que había sido antes.

Mateo no vuelve a mencionar a Pedro.

9. *Decisión formal del Consejo*

27:1-2

> ¹Muy de mañana, todos los jefes de los sacerdotes y los ancianos del pueblo tomaron la decisión de condenar a muerte a Jesús. ²Lo ataron, se lo llevaron y se lo entregaron a Pilato, el gobernador.

Sea que esta decisión formal se alcanzara como una fase final de la primera reunión, o en otra reunión realizada en casa de Caifás o en los predios del templo (vea en vv. 57-68), no lo podemos decir con seguridad. Pero Lucas 22:26 sugiere una reunión en la cámara del Consejo (Catchpole, *Trial of Jesus*, pp. 191 y sig.).

1 *Sumboulion elabon* («tomaron la decisión») es un latinismo para *consilium capere* (cf. RHG, p. 109; BDF, par. 5, 3b) y no significa «tener un consejo» (Hill, *Matthew*). Por otro lado, Catchpole (*Trial of Jesus*, p. 191) parece ir demasiado lejos al negar que se refiere al mismo acontecimiento de Lucas 22:66-71. La expresión se puede referir a una maquinación (como en 12:14; 22:15), y también a una decisión acordada (28:12) como aquí. Aquí *joste* más el infinitivo se refiere claramente a intención (cf. Zerwick, par. 352; Moule, *Idiom Book*, p. 140). Es probable, también, que las autoridades religiosas acabaran de decidir cómo presentar su caso ante Pilato. Si su propio interés era la «blasfemia» de Jesús (26:65), aun así lo más probable es que lograrían que Pilato lo sentenciara a muerte resaltando más el lado real de su mesianismo que la blasfemia, que para Pilato implicaría traición (cf. Hch 17:5-9 para una referencia similar de traición).

2 Llevan a Jesús ante Poncio Pilato, el «gobernador» (para la variante, cf. Metzger, *Textual Commentary*, p. 65). Aquí «gobernador» es un título general (cf. 10:18; 1 P 2:14); Pilato fue en realidad nombrado prefecto o procurador por intermedio de Tiberio César en el 26 d.C. (cf. IBD, 3:1229-31; ZPEB, 4:790-93). Los prefectos gobernaban regiones pequeñas y problemáticas; y en asuntos judiciales poseían poderes como los de los más poderosos procónsules y emisarios imperiales; en resumen, tenían el poder de la vida y la muerte, aparte de la apelación al césar. Después del destierro de Arquelao en el año 6 d.C., Judea y Samaria pasaron a ser una provincia romana gobernada por un prefecto o procurador que normalmente vivía en Cesarea, pero que a menudo iba a Jerusalén durante las fiestas para estar cerca del lugar potencialmente problemático.

Fuentes no bíblicas describen a Pilato como un gobernador cruel, soberbio e insensible, que odiaba a sus súbditos judíos y se esforzaba poco por entenderlos (e.g., Jos. Antig. XVIII, 35, ii. 2, 55-62, iii. 1-2, 177-78, vi. 5; Guerra II, 169-77, ix. 2-4; Filón, *ad Gaium* 38; cf. Hoehner, *Herod Antipas*, pp. 172-83). Él robó dinero Corbán (vea en 15:5; Mr 7:11) para construir un acueducto; y cuando la población de Jerusalén se alborotó en protesta, mandó soldados que mataron a muchos. Profanó a Jerusalén más de una vez (cf. Lc 13:1). A menudo se considera que estos hechos conocidos sobre Pilato hacen que los relatos del evangelio parezcan increíbles, porque aquí al romano se le muestra débil, ineficaz y cobarde; en lo judicial suficientemente justo para desear liberar a Jesús, pero demasiado cobarde para enfrentarse a las tácticas intimidatorias del Consejo. Se afirma que esta transformación del carácter de Pilato resulta del deseo de los evangelistas de exonerar a los romanos y condenar a los judíos.

Hoehner (*Chronological Aspects*, pp. 105-14) responde a estos problemas con su crucifixión fechada en el 33 d.C., *después* de que Pilato había levantado los escudos estampados en alto relieve en Jerusalén que Tiberio César ordenó quitar de inmediato, y *luego* de la ejecución del protector de Pilato, el antisemita Lucio Elio Sejano (m. 19 oct. 31 d.C.), cuya muerte puso en peligro a Pilato. En este tiempo para el Consejo era fácil hacer una petición directa y eficaz al emperador. Según la opinión de Hoehner, Pilato parece débil en los evangelios porque César lo ha censurado severamente y teme que la amenaza judía (Jn 19:12) produzca otra represión. Para el año 33 la administración de Pilato se había vuelto tan mala, que en el 36 fue destituido y luego deportado.

Aun sin esta cronología, en muchas partes se presume una brecha histórica entre el Pilato de los evangelios y el Pilato de fuentes no bíblicas.

1. La psicología moderna nos ayuda a comprender que el hombre débil, inseguro y egoísta puede volverse déspota e insensible al ser elevado a una posición de autoridad. Por consiguiente la evidencia acerca de Pilato puede ser más complementaria que divisoria.

2. Pilato odiaba a los judíos y en especial a sus líderes. En la crisis impuesta sobre él por medio del Consejo o Sanedrín, aunque debió haber parecer *a favor* de Jesús, es probable que en realidad estuviera *contra* el Consejo. Su decisión final no reveló ningún indicio de compasión para el Sanedrín; al contrario, la amenaza judía (Jn 19:12) bien pudo haber intimidado a un hombre tan corrupto en cualquier punto de su carrera.

3. Jesús no era la clase de criminal o guerrillero que Pilato conocía. El silencio y la serenidad de Jesús, la sabiduría de sus breves respuestas, y los sueños de la mujer de Pilato (v. 19) quizá motivaron una acción menos drástica que la que Pilato por lo general tomaba.

4. Podría decirse que el v. 24 no exculpa a Pilato ni reserva culpa exclusiva para los judíos (vea en vv. 24-25). Al contrario, como en los v. 3-5, Mateo utiliza ironía para decir que nadie conectado con esta crisis puede escapar de responsabilidad personal.

5. Tanto el juicio del Consejo como el juicio ante Pilato eran necesarios para la pena de muerte. Sin el Consejo, Pilato nunca pudo haber tomado acción contra Jesús a menos que hubiera llegado a convencerse que Jesús era un peligroso líder zelote; sin Pilato, el Consejo habría estimulado una violencia popular en contra de Jesús, pero no una sentencia de muerte legalmente promulgada (cf. Jn 18:31).

10. *Muerte de Judas*

27:3-10

³Cuando Judas, el que lo había traicionado, vio que habían condenado a Jesús, sintió remordimiento y devolvió las treinta monedas de plata a los jefes de los sacerdotes y a los ancianos.

⁴—He pecado —les dijo— porque he entregado sangre inocente.

—¿Y eso a nosotros qué nos importa? —respondieron—. ¡Allá tú!

⁵Entonces Judas arrojó el dinero en el santuario y salió de allí. Luego fue y se ahorcó.

⁶Los jefes de los sacerdotes recogieron las monedas y dijeron: «La ley no permite echar esto al tesoro, porque es precio de sangre.» ⁷Así que resolvieron comprar con ese dinero un terreno conocido como Campo del Alfarero, para sepultar allí a los extranjeros. ⁸Por eso se le ha llamado Campo de Sangre hasta el día de hoy. ⁹Así se cumplió lo dicho por el profeta Jeremías: «Tomaron las treinta monedas de plata, el precio que el pueblo de Israel le había fijado, ¹⁰y con ellas compraron el campo del alfarero, como me ordenó el Señor.»

Este relato es característico de Mateo, aunque Hechos 1:16-19 también describe la muerte de Judas. Son considerables las diferencias entre los dos; y muchos eruditos sostienen que Hechos 1:16-19, o algo parecido, se divulgó como una pizca de tradición independiente que Mateo adaptó para desarrollar más adelante su «cumplimiento» del tema. Pero Benoit (*Jesus*, pp. 189-207) encuentra mayor exactitud histórica en Mateo que en Hechos. Muchos creen que los únicos puntos históricamente establecidos son la muerte repentina de Judas y la compra de un terreno llamado «el Campo de Sangre» (cf. Stendahl, *School of Matthew*, pp. 120-27; Lindars, *Apologetic*, pp. 116-22). Pero si Mateo desarrolló un tema de cumplimiento añadiendo o cambiando una tradición anterior, numerosas dificultades, incluyendo incluso llamar al profeta con nombre equivocado (v. 9), muestran que echó a perder la situación.

La sugerencia de Hill de que Mateo situó aquí la historia del suicidio de Judas para mostrar que el remordimiento de Judas depende de la decisión del Consejo, no de Pilato, es solo una posibilidad. No importa dónde Mateo situara este pasaje, interrumpiría el relato en este punto; y otras razones lo habrían impulsado a situarlo aquí. El interés primordial del evangelista en este pasaje es continuar con el tema de cumplimiento —que en las Escrituras se profetizaron no solamente la muerte de Jesús sino los acontecimientos importantes que lo rodean. El v. 4 subraya otra vez la inocencia de Jesús, y ve el cumplimiento de otra de las predicciones de Jesús (26:24), que estableció una herramienta apologética (cf. «hasta el día de hoy», v. 8). En cualquier caso, ni las lágrimas de Pedro ni el remordimiento de Judas les pueden quitar la culpa.

3 En cuanto a «jefes de los sacerdotes y ancianos» aquí gobernados por un solo artículo que sugiere una sola entidad (el Consejo), vea en 21:23. El versículo 3 se remonta al 10:4; 26:14-16, 20-25. El «remordimiento» de Judas no necesariamente es arrepentimiento, aunque los dos verbos griegos *metamelomai* (aquí y en 21:29) y *metanoeo* pueden coincidir en parte.

4 Judas reconoce que él no solo es culpable de traición, sino que Jesús a quien ha traicionado es «inocente» (cf. Metzger, *Textual Commentary*, p. 66). La insensible respuesta de los líderes judíos, «eso a nosotros qué nos importa», es un modismo tanto semítico como clásico (cf. BDF, par. 127, 3, 299, 3). No obstante, las mismas palabras de ellos los condenan, puesto que *debió* haberles significado algo. Judas ha traicionado sangre inocente; ellos han condenado sangre inocente. «¡Allá tú!» (lit. «tú verás»), dicen ellos, una observación correcta en contenido pero errada al sugerir que ellos estaban justificados.

5-8 No es claro exactamente dónde Judas lanzó las monedas (v. 5, cf. Notas). Entonces salió y se ahorcó. *Apenxato* («se ahorcó») se presenta en 2 Samuel 17:23 LXX. En esta base algunos han hecho largas comparaciones entre Judas y Ajitofel —uno un amigo que traicionó a David, el otro un amigo traicionero del Hijo más grande de David (e.g., B.F. Meyer, McNeile); pero es dudoso que Mateo intentara tal comparación (cf. Moo, «Use of OT», pp. 189-91).

Los jefes de los sacerdotes, según Deuteronomio 23:18, se rehusaron permitir que el dinero de sangre complementara los fondos del *korbanas* («tesoro», v. 6; utilizado solo aquí en el NT —el lugar donde un artículo consagrado se deposita y se identifica con *korban*; vea en 15:5; Jos. Guerra II, 175, ix. 4). Muchos eruditos sugieren que elementos de la cita del AT (vv. 9-10) han generado estos detalles «históricos». Ellos sostienen que el hebreo *yoser* («alfarero») en Zacarías 11—13 fue confundido con *osar* («tesoro») o que lo último fue encontrado en la copia de Mateo de Zacarías (como en Peshitta). Alternativamente *yoser* puede significar «herrero», i.e., un obrero en metales, y así lo interpreta la LXX. Por tanto, ¿lanzó Zacarías su dinero «al alfarero» (NVI), al tesoro, o a la fundición del templo, que fabricaba vasijas y monedas del templo? El problema con esta alternativa del TM es que si Mateo (o la tradición que utilizó), entendía que el AT se refería al tesoro, ¿entonces dónde encontró su referencia a «alfarero» (vv. 7, 10)? El texto del AT es en verdad difícil, aunque es posible un mejor análisis (vea más adelante). Lo que está claro es que Mateo otra vez señala la propensión de los líderes judíos por la probidad ceremoniosa aun frente a gran injusticia (cf. 12:9-14; 15:1-9; 23:23; 28:12-13; cf. Jn 18:28).

Con esta probidad en mira, los jefes de los sacerdotes deciden (igual construcción que en el v. 1) comprar el campo del alfarero y satisfacer una necesidad pública (v. 7) —un uso aceptado de ganancias mal adquiridas (cf. SBK, 1:37; Jeremías, *Jerusalem*, p. 140). El campo del alfarero, utilizado para sepultar a extranjeros, probablemente no pertenecía al «alfarero» (seguramente había más de un alfarero en Jerusalén) pero era un lugar conocido, quizá el sitio donde los alfareros habían obtenido por mucho tiempo su arcilla. De haberse agotado, se debió poner a la venta. No existen tradiciones primitivas confiables respecto a su localización, aunque el «hasta el día de hoy» de Mateo muestra que era muy conocido cuando él escribió. La mejor hipótesis es que se encontraba en el valle de Hinón cerca de la unión con el Cedrón.

Existen tres grandes diferencias entre estos versículos y Hechos 1:18-19:

1. Mateo dice que los jefes de los sacerdotes compraron este campo; Hechos, que Judas lo hizo. Pero si los sacerdotes lo compraron con el dinero de Judas, muy bien pudo haberse considerado como de él. Más importante, el lenguaje en Hechos está hilado con sutileza: «Con la recompensa de la injusticia, él adquirió [*ktaomai*, no necesariamente "compró"] un campo» (tr. lit.). «El dinero le compró un lugar de sepultura; que fue para él su único beneficio económico de la inicua transacción» (Broadus).

2. Mateo dice que Judas se ahorcó; Hechos, que «allí cayó de cabeza, se reventó, y se le salieron las vísceras». Esto no implica enfermedad, o que Judas tropezara, como algunos han afirmado. Si Judas se ahorcó, ningún judío habrá querido contaminarse durante la fiesta de los Panes sin levadura sepultando su cadáver; y un sol ardiente pudo haberlo descompuesto rápidamente hasta que el cuerpo cayó y se reventó. Si no, una larga tradición en la iglesia manifiesta que Judas se ahorcó de la rama de un árbol inclinado sobre una barranca (de las cuales hay muchas en el área); y cuando la rama se rompió, sea antes o después de haber muerto, Judas cayó y tuvo un final que lo destrozó. No estamos tan acuciados por relatos contradictorios como por escasez de información, haciendo difícil decidir cuáles de las varias alternativas debemos escoger para conseguir el estado complementario de los dos relatos.

3. Mateo parece atribuir el nombre de «Campo de Sangre» por haberse comprado con dinero de sangre; Hechos, a que allí se derramó la sangre de Judas. Pero otra vez la escasez de información nos enfrenta con varias posibilidades. Todas las circunstancias debieron haber llegado a ser de conocimiento público; y una razón, lejos de excluir a la otra, en realidad la complementa… ya que Judas murió en el campo comprado por los sacerdotes. Quizá los sacerdotes compraron el campo (no necesariamente el mismo día; el domingo habría sido adecuado); y Judas, al saber lo que se había hecho con el dinero de sangre, y llevado por la desesperación del inútil remordimiento, decidió suicidarse en un campo para sepultar extranjeros a los pactos de Israel.

Además lo menos que podemos hacer es preguntar si Hechos 1:18-19 asocia «Campo de Sangre» con la sangre de Judas. «Todos en Jerusalén se enteraron de ello» (Hch 1:19); sin embargo, ¿se refiere «ello» a que el cuerpo de Judas se haya reventado, sin mención de la sangre, o a haber asegurado el campo con dinero de sangre, también sin mención explícita de sangre? Este no es un intento de armonizar a la fuerza. Pero si es mala historiografía fusionar dos relatos distintos de un incidente en una unión arreglada, es igualmente mala historiografía confundir un caso de muy poca información con la contradicción.

9-10 Cuatro aspectos de esta compleja pregunta requieren análisis:

1. *La atribución a Jeremías*. Según parece, la cita es una traducción aproximada de Zacarías 11:12-13, con «tomé» cambiado por «tomaron», y el precio interpretado se refiere a la suma pagada por Jesús. Las únicas alusiones obvias a Jeremías son 18:2-6; 32:6-15: Jeremías visitó un alfarero y compró un campo. Pero aunque algo del lenguaje de aquellos pasajes pudo haber influido en Mateo 27:9-10, es difícil imaginar por qué Mateo mencionó a Jeremías en lugar de Zacarías, aunque Jeremías es importante en este evangelio (cf. 2:17; 16:14). Las «soluciones» que abundan son improbables. Algunos han entendido la variante textual menor «Zacarías» en lugar de «Jeremías»; otros han abogado por un texto original sin mencionar el nombre del profeta, y atribuyen «Jeremías» a un error del copista; muchos han asumido que Mateo cometió un error menor; otros han apelado a un escrito hipotético de Jeremías ahora perdido; otros han sostenido que Jeremías escribió Zacarías 9-11… aunque esto con seguridad es un «anacronismo crónico» (Morison) para ver a Mateo como un anticipo a las teorías de fuentes modernas; aun otros asumen que Mateo se está refiriendo a la colección completa de libros proféticos agrupados bajo el nombre del primer libro (aunque no es del todo seguro que Jeremías fuera primero en la época de Mateo).

La solución más creíble viene de Hengstenberg (pp. 1095 y sig.), y la desarrollan Gundry (*Use of OT*, pp. 122-27), Senior (*Passion Narrative*, pp. 359 y sig.), y en especial Moo («Use of OT», pp. 191-210). Ellos advierten que ninguna versión existente de Zacarías 11 se refiere a un campo; y el hecho de que Mateo atribuya la cita a Jeremías sugiere que debemos mirar ese libro. Jeremías 19:1-13 (no Jr 18 ni 32) es el candidato obvio. Allí a Jeremías se le pide que compre un cántaro de alfarero y que lleve a algunos ancianos y sacerdotes al Valle de Ben Hinón, donde debe advertir de la destrucción de Jerusalén por su pecado, ilustrada por la destrucción del cántaro. Un vínculo lingüístico adicional constituye «sangre inocente» (Jr 19:4); y vínculos temáticos incluyen poner otro nombre a una localidad asociada con los alfareros (19:1) con un nombre («Valle de la Matanza») que denota violencia (19:6). De aquí en adelante el lugar se usará como un campo de sepultura (19:11), como una expresión del juicio de Dios. En la última frase de la cita de Mateo, «como me ordenó el Señor» (v. 19), Lindars (*Apologetic*, p. 121) ven una alusión a Éxodo 9:12; pero Moo («Use of OT», pp. 196 y sig.) ha mostrado que esto a lo mejor es infundado.

Todavía no hemos intentado explicar qué entiende Mateo por estos textos del AT, o qué quiere decir con «cumplimiento». Pero es justo decir que la cita parece referirse a Jeremías 19:1-13, junto con fraseología extraída en su mayor parte de Zacarías 11:12-13 (TM en ambos casos), con la frase final de una «fórmula de obediencia» (cf. R. Pesch, «Eine alttestamentliche Ausführungsformel im Matthäus-Evangelium», *Biblische Zeitschrift* 10, 1966, 220-45) que se utiliza para parafrasear las palabras de apertura de Zacarías 11:13: «Entonces el Señor me dijo». Tal fusión de fuentes bajo una «cita» no es desconocida en otros lugares de las Escrituras (e.g., Mr 1:2-3; cf. 2 Cr 36:21, extraída verbalmente de Lv 26:34-35, y sin embargo atribuida a Jeremías [25:12; 29:10; cf. Gundry, *Use of OT*, p. 125]; y vea en Mt 3:17). Solo Jeremías se menciona, quizá porque es el más importante de los dos profetas, y quizá también porque, aunque Jeremías 19 es la referencia menos obvia, es la más importante como profecía y cumplimiento.

2. *Profecía e historia*. Muchos eruditos afirman que Mateo presenta como historia una cantidad de «cumplimientos» que no sucedieron. Él más bien deduce que debieron haber ocurrido puesto que los textos del AT que él escogió predicen, según entendió, que tales acontecimientos se llevarían a cabo. Para esto existen dos objeciones. Primera, mientras más compleja y combinada sea una cita (como aquí), hay menos probabilidades de inventar el «cumplimiento». Es más fácil creer que ciertos acontecimientos históricos llevaran a Mateo a buscar Escrituras relacionadas con ellos. Podríamos entonces preguntar cómo ha tratado estas Escrituras, pero ese es otro asunto. Segundo, si examinamos la cita de Mateo frase por frase, podemos ver razones impresionantes para sostener que el relato no se origina de la profecía (vea esp. Moo, «Use of OT», pp. 198 y sig.). Para dar solo un ejemplo, las «treinta monedas de plata» (v. 3) se mencionan en Zacarías 11:13; pero Marcos habla de traición sin mencionar a Zacarías. Aunque Marcos no especifica la cantidad, fue muy conocido el *hecho* de que Judas recibió pago, independientemente de cualquier interpretación cristiana de Zacarías 11:12-13; y no es insensato suponer que la *cantidad* de dinero *también* llegó a ser de conocimiento común.

3. *Significado*. ¿Cómo entendió Mateo los textos del AT que estaba citando? La pregunta no es fácil, puesto que los dos pasajes del AT en sí se pueden explicar de varias maneras. Parece que en Zacarías 11 los «compradores» (v. 5) y los tres pastores (vv. 5, 8, 17) representan aparentemente a los líderes de Israel, que están matando las ovejas. Dios ordena a Zacarías cuidar las ovejas «destinadas al matadero» (v. 7), e intenta limpiar el liderazgo echando a los falsos profetas. Pero descubre que no solamente el liderazgo está corrupto, sino que el rebaño lo detesta a él(v. 8). En consecuencia, Zacarías llega a comprender que la decisión del Señor es no tener más piedad de la gente de ese país (v. 6).

Zacarías decide renunciar (11:9-10), exponiendo al rebaño a ser saqueado. Puesto que al romper el contrato, Zacarías no puede reclamar su pago (se presume que de parte de los «compradores»); mas ellos pagan la deuda con treinta monedas de plata (v. 12). Pero ahora Jehová pide a Zacarías que entregue este «valiente precio el que me pusieron» (tal vez en sentido irónico; cf. Notas) al fundidor del «templo del Señor» (v. 13). El ritual del templo requería constante suministro de nuevos cántaros (cf. Lv 6:28); así que una asociación de alfareros trabajaba en algún lugar en los predios del templo. Con seguridad Jeremías podía señalar a un fundidor mientras predicaba y podía comprar cerámica en algún lugar cerca del templo (Jr 18:6; 19:1).

El propósito de la acción de Zacarías no está claro. Porque un *yoser* (lit., «tallador») era tanto un alfarero como un trabajador de metales, podría ser que el dinero en Zacarías 11:12-13 fuera entregado al *yoser* para que pudiera fundirlo y hacer una estatuilla de esto, un pequeño «dios». El pueblo no quería al pastor del Señor, y por eso tendrían que cargar con la estatua de plata (cf. Ez 16:17; Os 2:8): dinero de traición, en realidad, puesto que cancela al buen pastor que habría mantenido al pueblo fieles al pacto del Señor y quien ha sido rechazado por el pueblo. El resultado solo puede ser juicio catastrófico (11:14-17).

La analogía entre Zacarías 11 y Mateo 26-27 no es exacta. En Zacarías el dinero se paga al buen pastor; en Mateo se paga a Judas y luego se regresa a los líderes judíos. En Zacarías el dinero va directamente al «fundidor» en el templo; en Mateo, después de haberse tirado en el templo, compra el «Campo del Alfarero» —aunque a este punto se ha presentado la influencia de Jeremías 19 (vea más adelante). Sin embargo, el paralelo central es sorprendente: en ambos ejemplos el pueblo de Israel rechaza al pastor del Señor y lo valora con el precio de un esclavo. Además en ambos ejemplos el dinero va a parar al templo, y termina en la compra de algo que se corrompe.

La referencia a Jeremías 19 (cf. arriba, bajo 1) proporciona analogías igual de reveladoras. Los gobernadores han abandonado a Jehová y han hecho de Jerusalén un lugar de dioses ajenos (19:4); por eso llega el día en que este valle, donde se da la profecía y se destruye el cántaro, será llamado Campo de la Matanza, símbolo de la ruina de Judá y Jerusalén (19:6-7). Del mismo modo, en Mateo el rechazo de Jesús (Jehová; vea en 2:6; 3:3; 13:37-39) lleva a un campo contaminado, símbolo de muerte y destrucción de la nación que está a punto de ser sepultada como «extranjera».

4. *Cumplimiento*. A la luz de estas relaciones entre los acontecimientos que rodean la muerte de Jesús y los dos pasajes clave del AT que crean la cita de Mateo, ¿qué quiere decir el evangelista al manifestar que la profecía «se cumplió»? Como en 2:17 la forma de esta fórmula de introducción rehúsa hacer del horrible crimen de Judas el resultado inmediato del mensaje del Señor, aunque no obstante insiste en que todo ha sucedido para cumplir la Escritura (cf. 1:22 con 2:17). Además, existe una tendencia de aplicar categorías judías estándar a este uso del AT por parte de Mateo. Por ejemplo, Doeve (pp. 185 y sig.) caracteriza a Mateo 27:3-10 como «hagadá», una historia creativa cuyo punto inicial fue el vínculo entre «sangre inocente» en el v. 4 y en Jeremías 26:15, que envuelve mediante asociaciones de palabra y tema a Jeremías 19, 32 y Zacarías 11:13. Pero «sangre inocente» no es una expresión poco común, y por ende es un nexo inadecuado entre Mateo y Jeremías. Lindars (*Apologetic*, pp. 116-22) detecta un complicado desarrollo midrásico por rumbos un tanto diferentes, y Stendahl (*School of Matthew*,

pp. 120-26; 196-98) encuentra una analogía en Midras Pesher en Qumran. Aunque estos son estudios invaluables, son necesarias algunas advertencias.

France (*Jesus*, pp. 206-7) llama la atención a dos diferencias entre el uso de Mateo del AT en este pasaje y el Pesharim en el Qumran, que manifiesta que varios textos del AT en realidad se estaban refiriendo a ciertos acontecimientos históricos recientes. Primero, Mateo cambia el vocabulario mucho más de lo que se hizo en Qumran; segundo, respeta las intenciones centrales de los autores del AT más que el Qumran. Estos dos puntos están vinculados: Mateo no necesita planear explicaciones rebuscadas para cada frase y palabra, porque en cada caso ha representado realmente el tema central. Las diferencias verbales que introduce al citar el AT no son una vergüenza para él, porque no afirma que el texto del AT sea una profecía que se ha de cumplir por un simple patrón uno a uno. Pesher afirma que aquello a lo que el texto del AT se refiere *es* el específico acontecimiento histórico, y hay semejantes paralelos a esta afirmación en otras partes del NT (e.g., Hch 2:16). Pero lo que encontramos en Mateo, incluyendo los vv. 9-10, no es *identificación* del texto *con* un acontecimiento sino *cumplimiento* del texto *en* un acontecimiento, basándose en una tipología amplia que rige la manera en que tanto Jesús como Mateo interpretan el AT (vea en 2:15; 8:17; 13:35; 26:28, 54).

Debido a este modelo tipológico, Mateo presenta los cambios que comúnmente se observan: aquel sobre quien se pone un precio ya no es el profeta («me», Zac 11:13) sino Jesús («le había fijado», Mt 27:9). Incluso el uso que Mateo hace de la fórmula de obediencia al final —«como me ordenó el Señor» —se explica mejor como una insinuación del patrón del cumplimiento de la profecía. Aquí la palabra «me» solo se puede referir al profeta; pero Mateo la conserva aunque cambia otras partes de la cita a «él» («le" había fijado»), puesto que creía que en la obediencia al Señor, el profeta —sea Jeremías o Zacarías— estaba mostrando paradigmas simbólicos que en realidad señalaban a Jesús y al mayor rechazo de todos.

«Midras» y «hagadá» son categorías engañosas. Hemos sostenido que Mateo no creó los acontecimientos que relata para ilustrar las Escrituras, sino que estos se mantienen como realidades históricas independientes que él ahora relaciona con la Escritura. En general, el midras posterior (la única clase que está bien definida: cf. Introducción, sección 12.b) empieza con el texto como el punto de partida, pero en Mateo el relato es el punto de partida. El elemento de «cumplimiento» no está presente en el midras del modo en que se presupone en cualquier lugar en el NT.

Esto no es una súplica disimulada para divorciar a Mateo de las raíces judías. Sin duda es correcto decir que Mateo utiliza «técnicas midrásicas», al menos a nivel de lo que Moo llama «técnicas de apropiación»; es decir, herramientas mediante las cuales un texto del AT se aplica a o se designa mediante sucesos contemporáneos con el evangelista. Pero tales procedimientos se utilizan de manera tan universal, que la expresión «técnicas midrásicas» oculta más de lo que revela: Es algo así como decir «técnicas interpretativas». Lo que no se debe pasar por alto es que, a diferencia de cualquier otra categoría hermenéutica abierta utilizada por los judíos, los enfoques del NT sobre el AT están saturados de una perspectiva histórica de salvación que encuentra en el texto sagrado patrones completos de anticipación profética (vea esp. en

2:15; 5:17-20; 8:17; 11:11-13; 13:34-35). En este sentido Mateo ve en Jeremías 19 y Zacarías 11 no solo una cantidad de paralelos verbales y temáticos para la traición de Jesús, sino un patrón de apostasía y rechazo que debe encontrar su cumplimiento definitivo en el rechazo de Jesús, a quien se le puso un precio ínfimo, quien fue rechazado por los judíos y quien sufrió una traición que generó un dinero que fue puesto para un propósito que señalaba la destrucción de la nación (vea en 15:7-9; 21:42).

Notas

5 La pregunta acerca de dónde arrojó Judas el dinero la obstaculizan dos problemas:
   1. O. Michel (TDNT, 4:882-85) y G. Schrenk (TDNT, 3:235) sostienen que no hay diferencia necesaria entre ναός (*naós*, «templo [santuario]») y ἱερόν (*jierón*, «templo [y sus predios]»). Si es así, entonces el uso del primero en este versículo significa simplemente que Judas arrojó el dinero en algún lugar del área del templo. Pero se pueden dar argumentos muy firmes para mantener una distinción entre las palabras que usa Mateo: *naós* solo se utiliza con referencia al propio templo, el santuario, en 23:16-17, 21; 27:51, y, metafóricamente, en 26:61; 27:40; mientras *jierón* se utiliza en relación con el templo y sus predios en 4:5; 21:12; 14-15, 23; 24:1; 26:55 (cf. Garland, p. 199, n. 117). Es posible que *jierón* sea un poco forzada en 12:5; pero puesto que se trata del término global, y no todas las funciones sacerdotales tenían lugar en el templo propiamente dicho, el uso admite aun la distinción tradicional entre los términos. Eso deja solamente a 27:5; pero en el sentido limitado de *naós*, a Judas normalmente no se le habría permitido entrar. Ese exactamente podría ser el punto: al sentirse ya condenado, no tenía nada más que perder; y en desesperación corrió hacia el templo propio y lanzó el dinero antes de que alguien pudiera detenerlo. Así incrimina profundamente a los sacerdotes, un ejemplo adicional de 23:35.
   2. Es muy difícil decidir entre la variante εἰς τὸν ναόν (*eis ton naón*, «dentro del templo») y ἐν τῷ ναῷ (*en to naó*, «en el templo») (cf. Metzger, *Comentario textual*, p. 66).

8 La acción pasiva del verbo ἐκλήθη (*eklédse*, lit., «se le llamó») aquí toma fuerza perfectiva («se le ha llamado») debido a la cláusula ἕος (*jeos*, «hasta») que sigue (cf. Burton, *Syntax*, par. 18; Moule, *Idiom Book*, p. 14; de algún modo similar, 28:15).

9 Aunque treinta siclos es el precio de un esclavo (Éx 21:32), algunos sostienen (e.g., Joyce Baldwin, *Haggai, Zechariah, Malachi*, TOTC, Tyndale, Londres, 1972, pp. 183-86) que la cantidad no es mezquina. El Código de Hammurabi distingue a un ciudadano ordinario de un esclavo afirmando que cuando un buey cornea de muerte a uno u otro, el pago en el primer caso es de media mina, en el otro de un tercio de mina, cuando una mina probablemente costaba quince siclos. Sin duda la ley bíblica pone más valor en una vida humana, esclava o no; pero persiste el hecho que treinta siclos es el precio de un esclavo. Si Baldwin tiene razón, entonces «el valiente precio» de Zacarías 11:13 no es irónico, pero debe ser una señal de cuán deseosos estaban los compradores de librarse de este pastor. Esto parece improbable, porque Zacarías de todos modos se iba a ir. Si, no obstante, «el valiente precio» tiene significado sardónico, esto tiene buen sentido; porque incluso si la cantidad representa una suma sustancial, sigue siendo el precio de un esclavo, y es representativo de cómo el pueblo apóstata valora al profeta de Dios.

La misma clase de ironía tal vez permanece detrás de la paronomasia de Mateo 27:9: τὲν τιμὴν τοῦ τετιμημένου ὃν ἐτιμήσαντο (ten timén tou tetimeménou jon etimésanto, lit., «el valor de aquel cuyo precio había sido fijado [por los hijos de Israel]»).

10 La tercera persona plural, ἔδωκαν (édokan; NIV, «ellos usaron»), se debe preferir a la primera persona singular, ἔδωκα (édoka, «yo di»), porque el texto del AT y el «me» de la próxima frase sería una fuerte persuasión para cambiar a primera persona (cf. Senior, *Relato de la pasión*, p. 356).

---

11. Jesús ante Pilato

27:11-26

[11]Mientras tanto, Jesús compareció ante el gobernador, y éste le preguntó:

—¿Eres tú el rey de los judíos?

—Tú lo dices —respondió Jesús.

[12]Al ser acusado por los jefes de los sacerdotes y por los ancianos, Jesús no contestó nada.

[13]—¿No oyes lo que declaran contra ti? —le dijo Pilato.

[14]Pero Jesús no respondió ni a una sola acusación, por lo que el gobernador se llenó de asombro.

[15]Ahora bien, durante la fiesta el gobernador acostumbraba soltar un preso que la gente escogiera. [16]Tenían un preso famoso llamado Barrabás. [17-18]Así que cuando se reunió la multitud, Pilato, que sabía que le habían entregado a Jesús por envidia, les preguntó:

—¿A quién quieren que les suelte: a Barrabás o a Jesús, al que llaman Cristo?

[19]Mientras Pilato estaba sentado en el tribunal, su esposa le envió el siguiente recado: «No te metas con ese justo, pues por causa de él, hoy he sufrido mucho en un sueño.»

[20]Pero los jefes de los sacerdotes y los ancianos persuadieron a la multitud a que le pidiera a Pilato soltar a Barrabás y ejecutar a Jesús.

[21]—¿A cuál de los dos quieren que les suelte? —preguntó el gobernador.

—A Barrabás.

[22]—¿Y qué voy a hacer con Jesús, al que llaman Cristo?

—¡Crucifícalo! —respondieron todos.

[23]—¿Por qué? ¿Qué crimen ha cometido?

Pero ellos gritaban aún más fuerte:

—¡Crucifícalo!

[24]Cuando Pilato vio que no conseguía nada, sino que más bien se estaba formando un tumulto, pidió agua y se lavó las manos delante de la gente.

—Soy inocente de la sangre de este hombre —dijo—. ¡Allá ustedes!

[25]—¡Que su sangre caiga sobre nosotros y sobre nuestros hijos! —contestó todo el pueblo.

[26]Entonces les soltó a Barrabás; pero a Jesús lo mandó azotar, y lo entregó para que lo crucificaran.

Juan ofrece la mayoría de los detalles del proceso frente a Pilato; Lucas añade el relato del juicio que sobreviene ante Herodes; y Mateo imita a Marcos bastante de cerca, pero los vv. 19, 24-25 no tienen paralelo (cf. Mr 15:2-15; Lc 23:2-25; Jn 18:28—19:26).

El entorno es incierto. Podría ser la Torre Antonia, en la esquina noroeste del área del templo; pero lo más probable es que sea el antiguo palacio de Herodes en el lado occidental de la ciudad, cerca del Pórtico de Jaffa (cf. Jos. Antig. XX, 110, v. 3; Guerra II, 328, xv. 5; Filón *ad Gaium* 38). La palabra «pretorio» (v. 27, mg.) se puede referir a un palacio principesco como también a una sede judicial y militar. Era probable que Herodes Antipas, tetrarca de Galilea, también se quedaba en el palacio de su padre cuando iba a Jerusalén, lo cual explicaría la facilidad con la cual se planeó la breve entrevista de Jesús con Herodes (Lc 23:8-12).

11 Para comentarios con respecto a Pilato, vea en vv. 1-2. El informe de Mateo, en el cual Pilato pregunta: «¿Eres tú el rey de los judíos?» presupone el trasfondo de Lucas 23:2 y Juan 18:28-33. De la «blasfemia», el enfoque del Consejo se vuelve a su pretensión de realeza, una acusación de traición con trasfondo zelote que culmina con la afirmación de que Jesús rehúsa pagar impuestos (vea en 22:15-22). En juicios romanos el magistrado normalmente oía primero los cargos, interrogaba al acusado y escuchaba su defensa —a veces permitía varios de esos intercambios de palabras— y luego se retiraba con sus asesores para decidir un veredicto, que enseguida se cumplía. El primer paso, la acusación de parte de los líderes judíos, condujo a que Pilato formulara a Jesús esta pregunta particular. Jesús responde, como en 26:25, 64 en una manera afirmativa pero competente. Él es en verdad el Rey de los judíos, pero no exactamente en el sentido en que Pilato podría pensar. La naturaleza de la condición real de Jesús se define en el intercambio de palabras más detallado que reporta Juan (18:34-37).

El v. 11 tiene importancia teológica e histórica. Está detrás de la inscripción en la cruz (v. 37) y prepara el camino para el cristianismo, que descansa en la convicción de que Jesús de Nazaret, que resucitó de los muertos, es en verdad el Mesías prometido, el Rey de los judíos —temas básicos en Mateo incluso en el prólogo. O sea, el Señor vindicado es el Mesías crucificado (cf. N.A. Dahl, *El Mesías crucificado*, Augsburg, Miniápolis, 1974, pp. 10-36).

12-14 Las continuas acusaciones de «los jefes de los sacerdotes y los ancianos» (v. 12) solo provocan silencio en Jesús. Si él no hubiera dicho nada en absoluto, Pilato se habría visto obligado a condenarlo (Sherwin-White, pp. 25-26), porque en el sistema romano la defensa dependía en gran parte de la respuesta del acusado. Pero Jesús *respondió* (v. 11). Ahora, rodeado de incredulidad, y consciente de que había llegado la hora, no responde (v. 13). De este modo continúa dando cumplimiento a Isaías 53:7 (vea en 26:63). El hecho de que «el gobernador se haya llenado de asombro» parece estar mezclado con respeto hacia Jesús y antipatía por los líderes judíos, y por tanto da pasos tentativos para liberar al prisionero. Mientras tanto el silencio de Jesús testifica sin palabras su disposición (cf. 26:53) de sufrir «en rescate por muchos» (20:28).

15 En la ley romana un magistrado imperial podía absolver a un prisionero que aun no había sido condenado, o perdonar a uno que ya había recibido condenación; no obstante, los relatos del evangelio hacen de esto una costumbre regular, según parece asociada solo con Judea (en cuanto a la gramática, cf. Moule, *Idiom Book*, p. 59). Blinzler (pp. 218-21), imitado por Lane (*Mark*, pp. 552 y sig.), ha mostrado que M *Pesahim* 8:6 («pueden sacrificar [a saber, un cordero pascual] en lugar de uno ... a quien habían prometido sacar de prisión») presupone alguna clase de amnistía pascual regular; además el tratado en cuestión es universalmente reconocido como registro de tradiciones muy antiguas.

16 «Barrabás» parece un nombre extraño: «bar Abba» significa «hijo de Abba», i.e., «hijo del padre». Pero hay evidencia de que el nombre o sobrenombre no era desconocido en hijos de rabinos (SBK, 1:1031). Tal vez Barrabás fue el hijo de un famoso rabí (en cuanto al uso de «padre», vea en 23:9). Algunos mss. preservan el nombre de este personaje como «Jesús Barrabás» (cf. Notas), pero ahora no podemos estar seguros con qué autoridad. Mateo dice que se trataba de un *episemos* («famoso», «notable», «conspicuo») prisionero. Algunas traducciones de la palabra en la NVI han sugerido que Barrabás estaba universalmente reprobado, pero el griego es neutral; además, en el otro lugar del NT en que aparece la palabra, la NVI la traduce «destacados» (Ro 16:7). La característica no es académica, puesto que Barrabás no era un villano ordinario sino un *lestes* (cf. Mr 15:7; Lc 23:19; Jn 18:40). Aunque *lestes* se puede referir a un ladrón (como quizá en Juan 10:1), lo más probable es que se refiera a insurrectos (cf. 26:55; Juan 18:40); además, Josefo constantemente lo utiliza con relación a los zelotes. Ni el hurto ni el robo violento constituían una ofensa capital, pero sí la insurrección. Las revueltas y el derramamiento de sangre patrocinado por la acción guerrillera eran comunes (cf. Jos. Antig. XVIII, 3-10, i.1, 60-62, iii. 2; Lc 13:1), y Barrabás había sido capturado. A los ojos de muchos en el pueblo no sería un maleante notorio sino un héroe.

Quizá los dos hombres que fueron crucificados con Jesús eran compañeros rebeldes de Barrabás, porque Mateo 27:38 los denomina *lestai* (más bien «rebeldes», «guerrilleros» o «insurrectos» que «ladrones» en la NVI), y la crucifixión indica que fueron hallados culpables de más que robo. El hecho de que se prepararan tres cruces sugiere firmemente que Pilato ya había ordenado las preparaciones para la ejecución de los tres rebeldes. De ser así, Jesús el Mesías en verdad tomó el lugar del rebelde [Jesús] Barrabás, porque la gente prefirió el rebelde político y héroe nacionalista al Hijo de Dios.

17-18 La «multitud» (v. 17) no era una turba de acusadores de Jesús sino de quienes trataban de influir en la selección del prisionero que recibiría el indulto pascual (cf. Mr 15:8). Es posible, aunque dista mucho de ser seguro, que la multitud, sabiendo poco acerca del arresto y juicio de Jesucristo, estuviera proclamando su apoyo a «Jesús» (i.e., Jesús Barrabás —si se sostiene la variante); y que Pilato hubiera malinterpretado lo que la multitud expresaba. Creyó que se trataba de un apoyo a Jesucristo (cf. Lane, *Mark*, p. 554, n. 29).

Lo seguro es que Pilato captó la verdadera motivación de los líderes judíos (v. 18). Ellos no tenían lealtad especial hacia Roma; por tanto, si estuvieran acusando a Jesús de traidor a Roma, este debió haberlos inquietado por otras razones; y ellos solo habrían utilizado a Pilato para eliminar el desafío que Jesús les representaba. Pilato, con su red de espías e informantes, estaría consciente de cuánta popularidad Jesucristo disfrutaba en general entre la gente. Difícilmente pudo haber estado desinformado del recrudecimiento de aclamación del domingo anterior (21:1-16). Él pensó conducir una revocación a la política del Consejo utilizando la amnistía pascual para animar a la multitud a que liberara a Jesús; por tanto les ofreció una oportunidad: Barrabás o Jesús «al que llaman Cristo». La última frase podría ser despectiva.

19 En el año 21 d.C. se había propuesto en el senado romano que ningún magistrado provincial podía estar acompañado por su esposa (cf. Tácito *Annales* 3.33-35). La propuesta fue derrotada; así que la esposa de Pilato estuvo a su lado para hablarle de su sueño. Si las tropas romanas se hubieran involucrado en el arresto de Jesús (vea en 26:47-56), con seguridad se habría informado a Pilato y a su esposa. El sueño de ella recuerda los cinco sueños de Mateo 1—2; pero es muy diferente de estos, y quizá no haya sido sobrenatural. Dios dio los sueños anteriores como guía para obedecer, pero este sueño combina sufrimiento con insinuaciones de tristeza. En todo caso la interrupción de la esposa de Pilato mientras estaba sentado «en el tribunal» (cf. Jos. Guerra II, 301, xiv. 8) resalta más la inocencia de Jesús (la NVI interpreta correctamente *dikaios* por «inocente»), y da a los jefes de los sacerdotes y a los ancianos algunos momentos para influir en la multitud. En cuanto a la expresión idiomática «no te metas con este justo», vea Turner (*Perspectivas*, pp. 43-47).

20-23 Tanto Mateo como Marcos insisten en que los líderes («jefes de los sacerdotes», Marcos; «jefes de los sacerdotes y los ancianos», Mateo) ayudaron a persuadir a la multitud (v. 20). Pero es incorrecto deducir que Mateo o Marcos están encubriendo a la turba (contra Hill et al.), porque entonces «todo el pueblo» (v. 25) no tendría sentido. De modo histórico la descripción de la respuesta de la multitud es muy comprensible. Habían llegado para exigir la liberación de Barrabás (vea en v. 17). Cuando se les confronta con la posibilidad de Barrabás o Jesús (v. 21) —ambos ampliamente populares— los líderes resuelven su vacilación momentánea. Si la multitud debía escoger entre la decisión de Pilato y la del Consejo, especialmente si los miembros del Consejo están divulgando historias de la «blasfemia» de Jesús, entonces podía haber poca duda de qué lado de la controversia se pondría la multitud. En Judea era común enfrentar a las autoridades romanas con una delegación tan alborotadora y enorme como fuera posible (cf. Jos. Antig. XVIII, 269-72, viii. 3). Ahora la mentalidad de la turba empieza a dominar.

Tácticamente Pilato cometió un error garrafal. Para tratar de guardar las apariencias hace más preguntas. La primera (v. 22) ofrece la esperanza de una sentencia más suave (alta traición podía castigarse con crucifixión, enfrentar animales salvajes en el anfiteatro, o destierro); y la segunda (v. 23) atestigua la inocencia de Jesús (en cuanto a la razonable interpretación de *gar*, lit., «para», cf. BDF, par. 423, 1). Pero se impone la psicología de la turba (cf. Hch 19:34). La solicitud de crucifixión también aseguraba que a quien ejecutaran se le declarara maldito (vea en vv. 32-44).

El pueblo señala su preferencia por un criminal, un líder de guerrilla nacionalista por sobre el Mesías que les exhortaba a amar a sus enemigos, y que aseguraba morir en rescate por muchos. Como señala Lucas, no pasaría mucho hasta que Pedro recordara al pueblo de Israel en general (no solo a los líderes): «Ustedes lo entregaron y lo rechazaron ante Pilato, aunque este había decidido soltarlo. Rechazaron al Santo y Justo y pidieron que se indultara a un asesino (Hch 3:13b-14).

24 Es habitual interpretar este versículo como intento ficticio de Mateo de mostrar la respuesta positiva de Pilato ante el consejo de su esposa (v. 19) y echar la culpa sobre los judíos (cf. v. 25). Pero esta no es la interpretación más natural.

1. Que sepamos, este lavado de manos no era una costumbre romana. Después de vivir varios años entre los judíos que aborrecía, Pilato tomó una de sus propias costumbres (Dt. 21:6; cf. Sl 26:6) y de manera despectiva la utilizó en contra de ellos.

2. Hay poca razón para pensar que el lavado de manos era incompatible con el procedimiento, puesto que, cualesquiera que fueran los motivos, Pilato trató una y otra vez de liberar a Jesús. Lo envió a Herodes (Lucas), sugirió que le fuera aplicada la amnistía pascual, propuso un mutuo acuerdo de flagelación (Lucas), intentó devolver el caso a las autoridades judías (Juan), objetó antes de dictar sentencia (Juan), y aquí se lava las manos. Mateo nos da solo dos de estos pasos; por tanto, es difícil ver por qué se le debe acusar por exonerar a los romanos simplemente porque uno de sus dos pasos es el único que los otros evangelistas no mencionan.

3. Si a Mateo le hubiera interesado disculpar a Pilato, ¿habría incluido las burlas salvajes que los soldados hicieron de Jesús (vv. 27-31)?

4. La declaración de Pilato de ser «inocente de la sangre de este hombre» no es más fuerte que Lucas 23:14. ¿Por qué entonces debería pensarse que este versículo en Mateo desfigura de modo tan único el relato de la pasión del primer evangelio?

5. No podemos estar seguros que Pilato pensara de veras que su acción lo excusaría; esta pudo haber reflejado su menosprecio por los judíos, o pudo haber sido un insulto. Además, aunque pensara que se había justificado, debió haber sabido más que eso. Plumptre cita líneas de Ovidio: «Demasiado fácil las almas, que sueñan con la riada cristalina, se lavan la espantosa culpa de la sangre».

6. Sin embargo, a pesar de lo que Pilato pensara, Mateo no cree que el lavado de manos exoneró a Pilato. Ya hemos visto cómo Mateo muestra que todos los que están conectados con la muerte de Jesús son culpables (vea en vv. 2, 4-5). Ahora Mateo insiste en que la acción de Pilato no fue motivada por un deseo de justicia sino por cobardía política y moral, y por temor a la turba. Los romanos esperaban que sus magistrados mantuvieran la paz. Un alboroto, especialmente matizado con quejas al césar (Juan), habría sido suficiente para intimidar a un gobernador corrupto cuyo pasado lo acosaba (vea en 26:57-68). Por ende, cuando Pilato dijo: «¡Allá ustedes!» (27:24), Mateo intenta que sus lectores recuerden las mismas palabras expresadas por el jefe de los sacerdotes y los ancianos a Judas (v. 4).

7. Gran parte del debate acerca del v. 24 indica que el texto solo refleja las relaciones de la iglesia con la sinagoga a finales del primer siglo, con poca conexión con el juicio de Jesús. Esto ha llevado a tantas divisiones históricas como para que ya no sean creíbles. ¿No es extraordinario que el cuarto evangelio, que en literatura reciente también se

interpreta de manera regular como un conflicto entre la iglesia y la sinagoga, debería contener mucho más acerca del juicio romano que los sinópticos?

25 A las palabras de Pilato, «todo el pueblo» contesta: «¡Que su sangre caiga sobre nosotros y sobre nuestros hijos!» El modismo es conocido (2S 1:16; 3.28; Hch 18:6; 20:26). En el relato esto constituye una repentina respuesta de Pilato y presión de la turba para que pronuncie el veredicto. Pero a las claras es más que eso. ¿Cuánto más? Muchos dicen que por «todo el pueblo» Mateo está diciendo que *los judíos como un todo* rechazan a Jesús (Frankmölle, pp. 204-11), y por tanto han incurrido en culpa colectiva. De este modo el v. 25 se convierte en una profecía de la destrucción de Jerusalén y de la nación; y un nuevo pueblo de Dios, la Iglesia, asume el control. Existe algo de verdad en este punto de vista, pero se deben tener reservas.

1. Quizá Mateo utiliza «todo el pueblo» para referirse a toda la multitud que grita: «Que su sangre caiga sobre nosotros», más que limitar estas palabras a los jefes de los sacerdotes y a los ancianos (vea en v. 20).

2. Aunque haya simbolismo (como parece ser) según el cual la respuesta de la multitud refleja la respuesta de la nación como un todo (cf. 23:37-39), sin duda Mateo sabe que *todos* los primeros discípulos fueron judíos. De modo que las denuncias que este evangelio hace de los judíos no son más graves que las de muchos profetas del AT, y en ambos casos se entiende que permanece un remanente fiel. En consecuencia, lo que Mateo dice en realidad no se puede juzgar como antisemita. Es solo cuando el relato de Mateo se interpreta como una descripción, no del juicio de Jesús sino de las relaciones posteriores entre la iglesia y la sinagoga, que empiezan aparecer matices antisemíticos alentados no por el juicio en sí, sino por la expansión del remanente para incluir a creyentes gentiles. De este modo el anacronismo del conflicto entre la iglesia y la sinagoga, adoptado conscientemente por más críticos liberales y presupuesto inconscientemente por más conservadores, inyecta más inclinaciones antisemitas en los relatos de la pasión de las que en realidad estaban presentes en los sucesos que describen. Si el v. 25 se junta con Mateo 25 en anticipar el juicio del año 70, lo hace de una manera similar a las profecías de Jeremías sobre la deportación, y no al desprendimiento cínico de los creyentes gentiles desde los Padres de la Iglesia en adelante.

26 Entre los judíos la flagelación estaba limitada a cuarenta azotes (Dt 25:3; cf. 2 Co 11:24), pero a los romanos solo les restringía su fuerza y su capricho. El látigo era el temido *flagellum*, hecho de piezas trenzadas de hueso o plomo en correas de cuero. A la víctima se le desnudaba y amarraba a un poste. Fuertes azotes no solo reducían la carne a pulpa sangrante sino que podían partir el cuerpo hasta que los huesos quedaban visibles y las entrañas expuestas (cf. TDNT, 4:510-12; Jos. Guerra II, 612, xxi. 5; VI, 304, v. 3). La flagelación como castigo independiente con frecuencia terminaba en muerte. También se utilizaba para debilitar a un prisionero antes de la crucifixión. La flagelación de Jesús ocurrió antes del veredicto (cf. Lucas 23:16, 22; Juan 19:1-5; cf. Blinzler, pp. 222 y sig.) y por tanto no se debía repetir después del veredicto. Una repetición sin duda lo habría aniquilado. Pilato, después de más súplica (Jn 19:1-16), entonces «lo entregó para que lo crucificaran» (v. 16); las palabras recuerdan al Siervo sufriente (Is 53:6, 12 LXX).

Notas

16-17 Solo testimonios del texto cesariano (e.g., *Θ* f¹ 700ᵉ syrˢ) preservan el nombre «Jesús» antes que «Barrabás»; pero Orígenes conoce la interpretación, como lo muestran notas explicativas menores (en una uncial, S, y en casi veinte minúsculas); y tal vez se presupone en los antecesores de B 1010. La evidencia externa no es tan firme como para ser del todo segura; pero en general es más probable que los escribas borraran el nombre por reverencia a Jesús en vez de añadirlo, a fin de sentar algo sorprendente de haber habido una opción grotesca ante los judíos. El problema se combina en el v. 17, donde, en escritura mayúscula, la forma abreviada del acusativo de «Jesús» podría fácilmente perderse por haplografía (UMININ). Vea Metzger, *Textual Commentary*, pp. 67-68. UBS 3a. edición y Nestle 26a edición incluyen «Jesús» entre corchetes.

---

12. *Los soldados se burlan de Jesús*

27:27-31

> ²⁷Los soldados del gobernador llevaron a Jesús al palacio y reunieron a toda la tropa alrededor de él. ²⁸Le quitaron la ropa y le pusieron un manto de color escarlata. ²⁹Luego trenzaron una corona de espinas y se la colocaron en la cabeza, y en la mano derecha le pusieron una caña. Arrodillándose delante de él, se burlaban diciendo:
> —¡Salve, rey de los judíos!
> ³⁰Y le escupían, y con la caña le golpeaban la cabeza. ³¹Después de burlarse de él, le quitaron el manto, le pusieron su propia ropa y se lo llevaron para crucificarlo.

Muchos piensan que es improbable que las tropas (soldados auxiliares reclutados de entre la población no judía de Palestina, y bajo el control directo de Pilato) se burlarían de un prisionero recién azotado; pero no es difícil encontrar analogías cercanas (Filón *In Flaccum* 6.36-39; Dio Cassius *Historia* 15.20-21; cf. Luther R. Delbrueck, «Antiquarisches zu den Verspottungen Jesu», ZNW 41, 1942, 124-45). Se supone que este pasaje da cumplimiento a 17:22-23; 20:17-19 (cf. Mr 15:16-20; Jn 19:2-3).

27 Que las tropas del gobernador sean las involucradas en estas acciones vergonzosas contradicen cualquier sugerencia de que Mateo justifique a Pilato (vea en v. 24). El «palacio» es probablemente el viejo palacio de Herodes (vea en vv. 11-26; cf. Benoit, *Jesus*, pp. 167-88); los soldados llevaron a Jesús al patio del palacio. «Toda la tropa» podría ser de seiscientos soldados si la cohorte hubiera tenido todo su poderío y todos estuvieran en servicio, pero es más probable que la expresión se refiera simplemente a todos los soldados presentes.

28-31 Aquí tenemos humanidad de la peor: una escena de burla despiadada. Los judíos se habían burlado de Jesús como Mesías (26:67-68); aquí los soldados romanos lo ridiculizan como rey. Los lectores de Mateo reconocen que los soldados hablan más de lo que en realidad saben, porque Jesús es tanto Rey como el Siervo sufriente. El «manto» (*jlamus*, en el NT solo aquí y en el v. 31) tal vez es la capa roja corta que utilizaban los ejércitos romanos y oficiales civiles (v. 28). Marcos y Juan la describen como «púrpura», y Mateo como «escarlata». Los comentaristas han especulado que este cambio de redacción sirve para simbolizar sangre y su correspondiente sufrimiento. Tales iniciativas son forzadas. Los antiguos no distinguían los colores con la exactitud que hacemos nosotros; además, BAGD (p. 694) cita una referencia según la cual se asegura que el manto de un soldado romano es púrpura. El «púrpura» (Marcos; Juan) recuerda los mantos utilizados por los vasallos de los reyes (cf. 1 Mac 10:20, 62; 11:58; 14:43-44), y el «escarlata» (Mateo) muestra lo que tal vez era la vestimenta: una capa de soldado de caballería.

Por corona (v. 29) los soldados trenzaron una guirnalda de espinas hecha de púas de palma o acanto, y la incrustaron en la cabeza de Jesús en imitación al ornamento circular en las monedas de Tiberio César (cf. TDNT, 7:615-24, 632 y sig.). La caña que pusieron en la mano de Jesús reemplazaba a un cetro real; y la burlona expresión «¡Salve Rey de los judíos!» correspondía a la aclamación romana «¡Ave César!», y encubría la manera ostentosa en que se arrodillaban. No contentos con el ridículo y la tortura de los espinos, le escupían (v. 30) y utilizaron la caña para golpearlo «una y otra vez» (NIV, tiempo imperfecto del verbo).

«Después de burlarse de él» (v. 31, acción verbal con fuerza pluscuamperfecta, vea en v. 8; Moule, *Idiom Book*, p. 16), lo volvieron a vestir con su propia ropa y lo llevaron para crucificarlo. Normalmente un prisionero caminaba desnudo a su lugar de ejecución y era azotado a lo largo del camino. Que esta costumbre no se siguiera con Jesús quizá se debió a que ya lo habían azotado, y más flagelación pudo haberlo matado. O quizá refleja un intento de no herir demasiado la sensibilidad judía en tiempos de fiesta. Jesús fue conducido por el escuadrón de ejecución de cuatro soldados, arrastrando el madero al cual clavarían sus manos (Jn 19:17, 23).

13. *Crucifixión y escarnio*

27:32-44

32Al salir encontraron a un hombre de Cirene que se llamaba Simón, y lo obligaron a llevar la cruz. **33**Llegaron a un lugar llamado Gólgota (que significa «Lugar de la Calavera»). **34**Allí le dieron a Jesús vino mezclado con hiel; pero después de probarlo, se negó a beberlo. **35**Lo crucificaron y repartieron su ropa echando suertes. **36**Y se sentaron a vigilarlo. **37**Encima de su cabeza pusieron por escrito la causa de su condena: «ÉSTE ES JESÚS, EL REY DE LOS JUDÍOS.» **38**Con él crucificaron a dos bandidos, uno a su derecha y otro a su izquierda. **39**Los que pasaban meneaban la cabeza y blasfemaban contra él:

40—Tú, que destruyes el templo y en tres días lo reconstruyes, ¡sálvate a ti mismo! ¡Si eres el Hijo de Dios, baja de la cruz!

41De la misma manera se burlaban de él los jefes de los sacerdotes, junto con los maestros de la ley y los ancianos.

42—Salvó a otros —decían—, ¡pero no puede salvarse a sí mismo! ¡Y es el Rey de Israel! Que baje ahora de la cruz, y así creeremos en él. **43**Él confía en Dios; pues que lo libre Dios ahora, si de veras lo quiere. ¿Acaso no dijo: "Yo soy el Hijo de Dios"?

44Así también lo insultaban los bandidos que estaban crucificados con él.

Dos mil años de tradición cristiana piadosa han acomodado en gran manera la cruz, haciendo difícil que comprendamos cómo era vista en la época de Jesús.

Dos excelentes estudios recientes analizan la relevante evidencia (M. Hengel, *Crucifixion*, SCM, Londres 1977; J.A. Fitzmyer, «Crucifixion in Ancient Palestine, Qumran Literature, and the NT», CBQ 40, 1978, 493-513). La crucifixión era indescriptiblemente dolorosa y degradante. Ya sea amarrada o clavada a la cruz, la víctima sufría incontables paroxismos cuando halaba los brazos y presionaba las piernas para mantener abierto el pecho y poder respirar, y luego sufría un colapso por agotamiento hasta que la demanda de oxígeno exigía nuevos paroxismos. La flagelación, la pérdida de sangre, el horror del dolor, todo producía agonía que podía durar días, terminando finalmente en sofocación, paro cardíaco, o pérdida de sangre. Cuando había razón para apurar la muerte, el escuadrón ejecutorio quebraba las piernas de la víctima. La muerte se producía casi de inmediato, sea por la impresión o el colapso que cortaba la respiración.

Más allá del dolor estaba la vergüenza. Por esta razón, los subsecuentes rabinos excluyeron la crucifixión como forma de pena de muerte, aunque hay alguna evidencia de que los fariseos, sus probables predecesores, no se opusieron en principio (cf. David T. Halperin, «Crucifixion, the Nahum Pesher, and the Rabbinic Penalty of Strangulation», *Journal of Jewish Studies* 32, 1981, 32-46). En fuentes antiguas se veía universalmente con horror a la crucifixión. En la ley romana estaba reservada solo para los peores criminales y las clases más bajas. Ningún ciudadano romano podía ser crucificado sin un edicto directo del césar.

Entre los judíos el horror de la cruz era mayor todavía debido a Deuteronomio 21:23: «Cualquiera que es colgado de un árbol está bajo la maldición de Dios». En la ley israelita esto significaba que el cuerpo de un criminal ejecutado judicialmente se colgaba para exposición pública que lo marcaba como maldito por Dios. Las palabras también se aplicaban en la época de Jesús a cualquier crucificado; y por consiguiente, la exigencia de los judíos de que Jesús sea crucificado y no desterrado tenía como objetivo suscitar la máxima repugnancia pública en su contra. Pero en perspectiva cristiana la maldición de Jesús en la cruz cumple con todos los sacrificios del AT: es una maldición que quita la maldición de los creyentes... la fusión de la prerrogativa real y divina con el Siervo sufriente, el corazón del evangelio, la inauguración de una nueva humanidad, el modelo supremo de ética cristiana, la ratificación del nuevo pacto y el poder de Dios (1 Co 1:23-24; Ga 3:13; Ro 5:12-21; Col 2:14; Hebreos; 1 P 2:18-25, cf. Mt 3:17; 8:17; 16:21; 24-25; 20:25-28; 21:38-42; 26:26-29).

Los cuatro evangelios registran la crucifixión. Ninguno dice mucho acerca de ella en sí; los detalles eran muy conocidos, y el interés teológico no radicaba tanto en la crucifixión en sí como en las circunstancias de siervo y su significado. Cada evangelista da a su relato un rasgo independiente proyectado por lo que incluye u omite, aunque estas diferencias a menudo son exageradas. Mateo imita en gran parte a Marcos; pero mientras Marcos alude al AT, Mateo tiende a ser de alguna manera más explícito (v. 34, Sl 69:21; v. 35, Sl 22:18; v. 39, Sl 22:7; v. 43, Sl 22:8). La nota dominante del pasaje es la burla continua (Bonnard); pero el escarnio mediante ironía detestable revela más de lo que el escarnecedor cree, puesto que Jesús en realidad es Rey de los judíos (v. 37), el nuevo lugar de encuentro con Dios (v. 40), el Salvador de los hombres (v. 42), el Rey de Israel (v. 42), y el Hijo de Dios (v. 43).

La fecha es 15 de nisán en el año 30 o 33, y la hora muy temprano en la mañana, porque los intercambios de palabras con Pilato y Herodes, la flagelación, y el escarnio no debieron haber tomado más de dos a tres horas.

32 «Al salir» presupone «de la ciudad», no «del pretorio», como Marcos dice que Simón pasaba «de vuelta del campo». Las ejecuciones normalmente se llevaban a cabo fuera de los muros de la ciudad (Lv 24:14; Nm 15:35-36; 1 R 21:13; Hch 7:58), simbolizando aun más rechazo (cf. Heb 13:13). Esto sugiere que Jesús, débil como estaba, logró llevar el madero de la cruz hasta las puertas de la ciudad (cf. Jn 19:17). Allí los soldados obligaron a que Simón asumiera la carga. Su nombre sugiere, aunque no prueba, que era judío. Venía de Cirene, un poblado griego en la costa norte de África (Hch 2:10; 6:9; 11:20, 13:1). Marcos dice que era el padre de Alejandro y Rufo, a quienes pueden referirse Hch 19:33 y Romanos 16:13 y eran obviamente bien conocidos para los lectores de Marcos; pero puesto que los nombres eran comunes, estos pasajes se pueden referir a otras personas.

En 1941, N. Avigad («A Depository of Inscribed Ossuaries in the Kidron Valley», IEJ 12, 1962, 1-12) publicó un registro del descubrimiento de una cueva de sepulcro perteneciente a judíos cirenianos, localizada en la ladera suroeste del Cedrón, y que data de antes del año 70. Un osario de este descubrimiento se encuentra doblemente escrito en griego: «Alejandro hijo de Simón». Pero no podemos estar seguros de que se trata de la misma familia.

No son válidos los esfuerzos de la piedad cristiana para hacer del acto de Simón una acción de compasión magnánima. Él no tenía opción, y el texto no dice nada acerca de su compasión hacia Jesús.

33 El lugar del Gólgota (transcripción del aram. *galgata* [«calavera»]) no es claro. El Calvario de Gordon no es una opción (cf. Parrot, pp. 59-65). El lugar más probable es uno cerca de la Iglesia del Santo Sepulcro, en un área fuera del muro norte, en una colina cerca del muro de la ciudad (Jn 19:20), y no lejos del camino (Mt 27:39). Calvario viene del latín *calva* («una calavera»).

34 Marcos dice que ofrecieron a Jesús vino mezclado con mirra, y que él lo rechazó; Mateo, que le ofrecieron vino mezclado con hiel, y que él lo probó y luego lo rechazó. Una explicación común es que Marcos describe una costumbre en la cual las mujeres de Jerusalén, respondiendo a Proverbios 31:6-7 (la supuesta costumbre es judía, no romana), prepararon una bebida de vino e incienso [olíbano] —la mención que

Marcos hace de la mirra en lugar de incienso se explica de varias maneras (e.g., Lane, *Marcos*, p. 124) —como un narcótico para aliviar el dolor de quienes sufrían (b *Sanhedrin* 43a). Jesús se negó a tomar el trago de sufrimiento cuando tenía todos sus sentidos intactos. Mateo entonces cambió «mirra» (Marcos) a «hiel» a fin de vincular el incidente con Salmos 69:21.

A pesar de que esta interpretación sigue siendo popular, otra es más convincente (cf. Moo, «Use of OT», pp. 249-52). Ni Marcos ni Mateo mencionan a las mujeres, y ambos indican que los soldados administraron la bebida. Además que Mateo diga que Jesús la probó antes de rechazarlo está en contra del punto de vista de que se trataba de un narcótico común para aliviar el dolor; puesto que si esto era lo habitual, él habría sabido qué contenía: ¿por qué debía haberlo probado, si finalmente lo rechazaría? Es mucho mejor asumir que el gesto tanto en Mateo como Marcos no fue de compasión sino de tormento.

La mirra se pudo haber utilizado con vino para reforzar la bebida (TDNT, 7:458), pero no tiene efecto sobre el dolor (cf. John Wilkinson, «The Seven Words from the Cross», SJT 17, 1964, 77, n. 1). Pero la mirra sabe amarga; por tanto una gran dosis mezclada con vino la habría hecho imbebible. Se usara o no, la bebida se ofreció a Jesús; pero era tan amarga que la rechazó y, según esta opinión, los soldados se estaban divirtiendo. Marcos mantiene la palabra «mirra» para describir el contenido, y Mateo utiliza «hiel» para describir el sabor y proporcionar un vínculo con Salmos 69:21. Tanto en hebreo como en griego, las palabras para «hiel» en Salmos 69:21 (*ros* y *jole* respectivamente) se refieren a varias sustancias venenosas amargas. Igual que David su padre, Jesús buscó compasión pero no encontró ninguna (Sl 69:20-21).

35 La víctima era o atada o clavada al madero de la cruz (lo último, en el caso de Jesús), que luego se alzaba hasta quedar erguida. Los pies a veces se amarraban o, como en este caso, se clavaban también verticalmente. Las cruces se hacían de varias formas —una X, una T, o la tradicional †. Aquí se trata de la última (v. 37). La altura a la que quedaba la víctima del piso variaba desde algunos centímetros hasta varios, el último fue el caso de Jesús (v. 48; Jn 19:29). Los romanos crucificaban a sus víctimas desnudas. No se sabe si permitían taparrabos para no transgredir estipulaciones judías (M *Sanedrín* 6:3). La ropa de la víctima por lo general se convertía en la propina de los ejecutores; aquí se la dividieron —probablemente una prenda interior y otra exterior, un cinturón, un par de sandalias— echando suertes entre ellos, inconscientes al lamento en Salmos 22:18 que Juan dice que ahora se cumplía. (La interpretación variante en Mateo, conservada en el margen de la NVI, es una asimilación de Juan.) Marcos dice que esto se realizó a la hora tercera, alrededor de las 9:00 a.m.

36 Este versículo es característico de Mateo. Los soldados se quedaron vigilando para evitar rescates (se conoce de hombres que han vivido después de haber sido bajados de una cruz). Quizá Mateo nos ofrece el detalle para eliminar cualquier indicio de que Jesús fuera bajado de la cruz sin haber muerto.

37 La declaración del crimen a menudo se escribía en una tabla con letras rojas o negras y se ponía en la cruz. La acusación contra Jesús, escrita en hebreo, griego y latín (Jn 19:20) es bastante irónica: Pilato, aunque deseaba ofender a los judíos (Jn 19:19-22), escribió más verdad de la que sabía; restregó las narices de los judíos en su condición de vasallos. Para un judío «Rey de los judíos» significaba «Mesías»; de modo que la acusación por la cual ejecutaron a Jesús fue, según Pilato, que se trataba de un presunto mesías. El lector cristiano de Mateo recordará las hebras entrelazados del Hijo real y el Siervo sufriente, que encuentran aquí su momento culminante.

38 En relación con los dos *lestai* («rebelde guerrillero»; NVI, «bandidos»), vea en v. 16. Al Rey de los judíos se lo crucifica junto con bandidos. Mateo pudo haber estado pensando en Isaías 53:12, pero esto no es seguro (cf. Moo, «Use of OT», pp. 154-55).

39-40 La crucifixión siempre se ejecutaba en público como advertencia para los demás. Con el día de la cena pascual detrás de ellos (vea la exposición en 26:17) y las restricciones del sabbat que no empezaban hasta la puesta del sol, había tiempo y oportunidad para que la gente pasara cerca del camino y «lanzara insultos» (*blasfemeo*, v. 39, igual que en 9:3; 12:31; 26:65) a Jesús. Meneando la cabeza, que trae a colación la burla en Salmos 22:7; 109:25; Lamentaciones 2:15, los que pasaban por el camino le echaban en cara la acusación que se encuentra en Mateo 26:60-61. El griego probablemente se debería traducir «Tú que estuviste tratando de destruir el templo y reconstruirlo en tres días» (v. 40; cf. 2:20; cf. BDF, par. 339, 3; Turner, *Sintaxis*, pp. 80-81). La burla era palpable e identifica a los escarnecedores con los que presenciaron los procedimientos del Consejo, o que tenían algún informe de estos.

La segunda mofa «Si eres el Hijo de Dios», no solo rememora el juicio (26:63), sino que a los lectores de Mateo les recuerda un paralelo dramático (4:3, 6). Por medio de los transeúntes Satanás ya estaba tratando de conseguir que Jesús eludiera la voluntad del Padre y evitara más sufrimiento (Lohmeyer; cf. también 16:21-23).

41-43 Los «jefes de los sacerdotes, junto con los maestros de la ley y los ancianos» (v. 41) representan a todos los grupos principales del Consejo (vea en 21:23; 26:59). No se dirigen directamente a Jesús sino que hablan de él en tercera persona, en un susurro que en realidad es para los oídos del Maestro. «Salvó a otros» (v. 42) tal vez es una referencia indirecta al ministerio sobrenatural de sanidad que Jesús tenía. «¡Pero no puede salvarse a sí mismo!» es insultante porque cuestiona ese mismo poder sobrenatural. Pero hay varios significados de esto. Para el lector cristiano «salvar» posee implicaciones escatológicas. Además, aunque Jesús *pudo* salvarse (26:53), *no* podía hacerlo si habría de salvar a otros.

La segunda de las tres mofas, «es el Rey de Israel», sustituye el término convencional Israel por «los judíos» en palabras de Pilato (v. 11), y en realidad es la forma palestina normal de la afirmación de Jesús (cf. TDNT, 3:359-62, 375 y sig.). Las palabras «que baje ahora de la cruz, y así creeremos en él» tienen varios niveles de significado. Constituían una observación mordaz dirigida al estado indefenso de Jesús, mientras tenían el descaro de sugerir que el hecho de que los líderes hubieran fallado en creer era error de Jesús. La burla prometía de modo piadoso que tendrían fe siempre y cuando Jesús bajara de la cruz; pero el lector sabe que, en el misterio de la providencia, si Jesús hubiera bajado, no habría habido «sangre del pacto para el perdón de pecados» (26:26-29), ningún rescate (20:28), ninguna salvación de pecados (1:21), ninguna base teológica para sanidad, ningún cumplimiento de las Escrituras.

En una alusión inconsciente a Salmos 22:8 (cuando Caifás pronunció inconscientemente una profecía en Jn 11:51-52), los líderes religiosos lanzan su tercera burla: «Él confía en Dios» que era al menos una afirmación de su naturaleza mesiánica y quizá más. Por eso al asumir que Dios debe culminar con éxito todo esfuerzo de Mesías, concluyen que la condición desesperanzada de Jesús es prueba suficiente de la vanidad de sus pretensiones. De nuevo la malicia de ellos encubre los irónicos propósitos redentores de Dios. Por un lado, como saben los lectores cristianos, en verdad Dios vindicará a su Hijo en la Resurrección: Mateo concluye su evangelio, no con 27:56 sino con 28:20 (cf. Hch 2:23-224; Ro 1:3-4). Por otro lado, los líderes tienen razón: Ahora Jesús enfrenta su prueba más dura, la pérdida de la presencia de su Padre, que lleva al clamor del corazón de los versículos siguientes (esp. v. 46).

44 Los *lestai* («criminales»; vea en v. 16) crucificados con él se unieron a los improperios (cf. Lc 23:39-43; Zerwick, par 7).

14. *Muerte de Jesús*

27:45-50

⁴⁵Desde el mediodía y hasta la media tarde toda la tierra quedó en oscuridad. ⁴⁶Como a las tres de la tarde, Jesús gritó con fuerza:

—*Elí, Elí, ¿lama sabactani?* (que significa: "Dios mío, Dios mío, ¿por qué me has desamparado?").

⁴⁷Cuando lo oyeron, algunos de los que estaban allí dijeron:

—Está llamando a Elías.

⁴⁸Al instante uno de ellos corrió en busca de una esponja. La empapó en vinagre, la puso en una caña y se la ofreció a Jesús para que bebiera. ⁴⁹Los demás decían:

—Déjalo, a ver si viene Elías a salvarlo.

⁵⁰Entonces Jesús volvió a gritar con fuerza, y entregó su espíritu.

45 La oscuridad en que «quedó toda la tierra» desde el medio día hasta las tres de la tarde (a esto se refiere desde el medio día hasta la media tarde) era una señal de juicio y/o tragedia. El griego *ge* significa más «nación» que «mundo», puesto que la oscuridad se interpretaba como una señal relacionada tanto con la muerte de Jesús como con el pueblo judío; y más allá de los límites de Israel la oscuridad perdería su significado. SBK (1:1040-42) ofrece numerosos paralelos rabínicos, y Wettstein una selección de autores griegos y latinos. Pero el trasfondo más revelador es Amós 8:9-10, y en menor medida Éxodo 10:21-22. Ambos pasajes describen la oscuridad como señal de juicio, pero Amós menciona el mediodía, y el cambio de fiestas religiosas en luto, y dice: «Será como si lloraran la muerte de un hijo único» (Amós 8:10; vea también Mt 2:15). El juicio es por tanto el castigo de Dios sobre la nación y su pueblo (cf. Best, pp. 98 y sig.). Pero también es un castigo para Jesús; porque de esta oscuridad emana su grito de desolación (v. 46). La oscuridad cósmica insinúa el profundo juicio que se estaba llevando a cabo (20:28; 26:26-29; Ga 3:13).

Es inútil insinuar que la oscuridad fue causada por un eclipse de tres horas (!), o por condiciones atmosféricas ocasionadas por un huracán u otra cosa, no porque no haya sucedido, sino porque no sabemos cómo sucedió, como tampoco sabemos cómo Jesús anduvo sobre el mar o multiplicó los panes. A los evangelistas les interesan principalmente las implicaciones teológicas que surgen del fenómeno histórico.

46 El «grito de desolación» suscita dos importantes preguntas.

1. ¿En qué idioma lo pronunció Jesús? Casi todos reconocen que las palabras son un eco de Salmos 22:1 (para una lista de excepciones, cf. Moo, «Use of OT», pp. 264 y sig.). Pero entre las divergentes interpretaciones de una historia textual confusa (cf. Notas), Mateo mantiene *«Eli, Eli»* (NIV, *«Eloi, Eloi»*) representando un hebreo original, y *«Eloi, Eloi»* en Marcos, que representan un arameo original. Las palabras restantes, *«lama sabactani»* son arameas. Muchos sugieren que Jesús citó Salmos 22:1 en hebreo, recurriendo al idioma antiguo de las Escrituras en su hora de mayor agonía. Solo esto, se deduce, explica la confusión con «Elías» en el v. 47, y da un verosímil esclarecimiento para la interpretación de «mi poder» (*je dúnamis mou*, presuponiendo el semítico *jeli*) en el evangelio apócrifo de Pedro. En esta opinión Marcos, o uno de los primeros copistas de Marcos, ha cambiado las palabras de Jesús a arameo, reconociendo que Jesús hablaba más comúnmente en arameo que en hebreo.

Sin embargo, aunque es probable que Jesús al menos fuera trilingüe (hebreo, arameo, griego —quizá con algo de latín), la abrumadora evidencia textual para el resto del grito sustenta un arameo original. Incluso el sonido hebreo de «Eli» en Mateo puede apoyar de verdad un arameo original, porque el Tárgum (escrito en arameo) de Salmos 22:1 tiene *eli*. Aparentemente algunos oradores arameos preservaron el nombre hebreo para Dios de la misma forma en que algunos oradores de habla inglesa y española a veces se refieren a él como Yahvé. La evidencia del Evangelio de Pedro no es decisiva porque «mi poder» tal vez no se apoya en un semítico original, pero puede ser una paráfrasis independiente para Dios, similar a 26:64. Además en labios de un moribundo en agonía, *«Eloi»* puede con facilidad confundirse con Elías como *«Elí»* (cf. análisis por Broadus; Lagrange; Gundry, *Use of OT*, pp. 63-66; Moo, «Use of OT», pp. 264-75). El grito de Jesús es más probable que fuera en arameo; y al menos algunas de las variantes surgen de la dificultad de transcribir un lenguaje semítico a griego y a otros de influencia del AT.

2. ¿Qué significa la cita de este salmo? Gran cantidad de traductores recientes han interpretado el grito contra el fondo de *todo* Salmos 22, que empieza con esta sensación de desolación pero termina con la triunfante vindicación del justo sufriente. La principal dificultad con esto es que aunque los textos de AT se citan a menudo con sus contextos completos en mente, nunca se citan de tal manera que el contexto del AT anule eficazmente lo que afirma el texto en sí (Bonnard; Moo, «Use of OT, p. 272). Si el contexto de Salmos 22 se apareja con la referencia verdadera a Salmos 22:1, el lector del evangelio debe entender que la vindicación viene con la resurrección en Mateo 28, no que el grito de Jesús refleje completa confianza en lugar de desesperación atroz.

Igualmente vana es la insinuación de Schweizer y de otros de que estas palabras constituyen un grito más o menos estándar de un hombre piadoso moribundo con las palabras de un salmo en sus labios. Pero, ¿por qué *este* salmo si existen otros más adecuados? Evidencia de un uso tal de Salmos 22 es escasa y tardía. Es mejor tomar las palabras como lo que son: Jesús está consciente de que su Padre lo ha abandonado. Para alguien que conocía la intimidad de Mateo 11:27, tal abandono debió haber sido agonía; y por eso mismo es inadecuado hacer hipótesis de que Jesús se sintió abandonado pero que en realidad no lo estaba (contra Bonnard, Green, McNeile; Senior, *Passion Narrative*, p. 298), porque «parece difícil entender cómo Jesús, que había vivido en la comunión más cercana posible con el Padre, podía haber estado inconsciente de que si en verdad había sido abandonado» (Moo, «Use of OT», p. 274).

Si preguntamos en qué sentido ontológico el Padre y el Hijo están aquí divididos, la respuesta debe ser que no sabemos porque no se nos ha dicho. Si preguntamos con qué propósito están divididos, la respuesta definitiva debe asociarse con Getsemaní, la última cena, pasajes sobre la pasión tales como 1:21; 20:28 (vea también 26:26-29, 39-44), y la interpretación teológica expresada por Pablo (e.g., Ro 3:21-26). En este clamor de abandono se revelan el horror del pecado del mundo y el precio de nuestra salvación. En las palabras de Elizabeth Browing:

Sí, el grito de orfandad que una vez Emanuel profiriera, hizo temblar al universo.

Surgió como un simple y sin eco «¡Dios mío, me has abandonado!»

Surgió de los labios del Santo en medio de su perdida creación,

Para que, de los perdidos, ningún hijo usara esas palabras de desolación.

47 De acuerdo con 2 R 2:1-12, Elías no murió sino que fue llevado vivo en un torbellino al cielo. Alguna tradición judía, que quizá se remonta al primer siglo, sostenía que él vendría y rescataría a los justos en sus angustias (cf. Jeremías, TDNT, 2:930-31; SBK, 4:769-771).

48-49 Vea en v. 34. Nuevamente la alusión es a Salmos 69:21. Lo que no está claro es si el ofrecimiento de una bebida fue como gesto de misericordia o como burla (v. 48). Las analogías del evangelio en cierta manera son confusas. La mejor explicación es la mofa. *Oxos* (lit. «vinagre») quizá se refiere a «vinagre y vino» (NVI), vino amargo diluido con vinagre que tomaban los soldados de infantería; pero esto no hace del ofrecimiento un acto de compasión, porque su propósito pudo haber sido prolongar la vida y la agonía, mientras con falsa piedad los espectadores dicen que esperarán que Elías lo rescate (v. 49). Pero si el Padre ha abandonado a Jesús, ¿lo salvaría Elías? Que le hubieran ofrecido una bebida no solo cumple con las Escrituras sino que hace completamente sombrío el grito de abandono (v. 46).

En esta interpretación «pero» (v. 49) es una interpretación demasiado adversativa de *de*, y «Déjalo» debe tomarse para sugerir (como en NVI en Mr 15:36) «Déjenlo solo ahora» —i.e., la bebida ofrecida brinda el contexto para más burlas. No está claro si Lucas 23:36, donde se detecta claramente la mofa, muestra paralelos apropiados con Mt 27:34 ó 27:48-49. El evangelio de Juan (19:28-29) se interesa solamente en el hecho del cumplimiento de la Escritura, no en el aspecto de si hubo intención de burla.

50 Este grito fuerte nos recuerda una vez más la espantosa agonía de Jesús. «Entregó su espíritu» de Mateo («espíritu» aquí es equivalente a «vida») indica la soberanía de Jesús sobre el tiempo exacto de su propia muerte. Fue en este momento, cuando estaba experimentando el abismo de su distanciamiento del Padre y recibiendo crueles burlas de aquellos a quienes vino a servir, que escogió entregar su vida en «rescate por muchos» (vea en 20:28).

Notas

---

46 En lugar de ηλι o ηλει (*eli* o *elei,*) del hebreo אֵלִי (*eli* «Dios mío»), algunos mss. concuerdan con Marcos 15:34: ελωι (*eloi*), del arameo אֱלָהִי (*elojí*, «Dios mío»), la *o* larga en griego representa la semítica *a* por influencia del hebreo *elojai*. Es quizá más probable que algunos mss. de Mateo hayan sido asimilados de Marcos que de TM. Para otras variantes, vea Metzger, *Textual Criticism*, pp. 70, 119.

49 El participio futuro σώσων (*sóson*, «salvarlo») funciona aquí como suplemento para el verbo principal. La construcción es rara en el NT (cf. BDF, pars. 351, 1, 418, 4]; Zerwick, par. 282).

---

15. *Impacto inmediato de la muerte*

27:51-56

> ⁵¹En ese momento la cortina del santuario del templo se rasgó en dos, de arriba abajo. La tierra tembló y se partieron las rocas. ⁵²Se abrieron los sepulcros, y muchos santos que habían muerto resucitaron. ⁵³Salieron de los sepulcros y, después de la resurrección de Jesús, entraron en la ciudad santa y se aparecieron a muchos.
>
> ⁵⁴Cuando el centurión y los que con él estaban custodiando a Jesús vieron el terremoto y todo lo que había sucedido, quedaron aterrados y exclamaron:
>
> —¡Verdaderamente éste era el Hijo de Dios!
>
> ⁵⁵Estaban allí, mirando de lejos, muchas mujeres que habían seguido a Jesús desde Galilea para servirle. ⁵⁶Entre ellas se encontraban María Magdalena, María la madre de Jacobo y de José, y la madre de los hijos de Zebedeo.

51a Había dos cortinas del templo, una que dividía el Lugar Santísimo del Lugar Santo, y la otra que separaba el Lugar Santo del atrio. La rotura de la última hubiera sido más pública, pero la de la interior difícilmente se hubiera podido ocultar. Las analogías judías son interesantes (b *Yoma* 39b informa que las puertas del templo se abrieron *de motu proprio* durante los cuarenta años antes de la destrucción del templo) pero dificultan la interpretación. El velo interno se presupone en Hebreos 4:16; 6:19-20; 9:11-28; 10:19-22. La destrucción del velo exterior habría simbolizado principalmente la próxima destrucción del templo, mientras que la destrucción del interior simbolizaría sobre todo un acceso abierto con Dios (Best, *Temptation*, p. 99); pero la destrucción de cualquier velo se puede señalar en ambas direcciones.

Hay más. Si la muerte de Jesús abrió un nuevo acceso para con Dios, que dejó obsoleto al sistema expiatorio del AT y al sumo sacerdocio levítico, entonces se debía producir un cambio completo en el pacto mosaico. Es imposible lidiar con los temas de cumplimiento de Mateo (cf. esp. en 5:17-20; 11:11-13) y ver cuán precisa es la ley al señalar proféticamente al Mesías y escuchar la promesa de Jesús de un nuevo pacto basado en su muerte (26:26-29), sin ver que la rotura del velo significa la obsolescencia del ritual del templo y la ley que lo gobierna. Jesús mismo es el Nuevo Templo, el lugar de encuentro de Dios con el hombre (vea en 26:61); el antiguo queda obsoleto. La rotura del velo en verdad sirve como señal de la inminente destrucción del templo —destrucción concebida no como hecho real sino como necesidad teológica.

51b-53 En cuanto a problemas concernientes a la historicidad de este relato, vea D. Wenham, «Resurrection» (esp. pp. 42-46). Solo Mateo lo reporta, pero es de un trozo con la rotura del velo del templo. Ambos son parte del impacto inicial de la muerte de Jesús; junto con la exclamación del centurión (v. 54). Además, según parece el terremoto los vincula: es posible que Mateo viera el terremoto (v. 51b), en sí un símbolo de juicio y gloria teofánica (cf. 1 R 19:11; Is 29:6; Jer 10:10; Ez 26:18; y esp. vea los antecedentes de los materiales juntados por R.J. Bauckham, «The Eschatological Earthquake in the Apocalypse of John», NovTest 19, 1977, 224-33), como el medio de la rotura del velo así como de la apertura de las tumbas. El terreno del templo está sobre una falla geológica; y los santuarios musulmanes que hoy día hay en el sitio se han dañado por vibraciones de vez en cuando (cf. D. Baly, *Geografía bíblica*, Harper and Row, Nueva York, 1974, p. 25).

Pero la resurrección de los *jagioi* («santos», i.e., «gente santa» v. 52) sigue siendo extraordinariamente difícil por dos razones. Primera, su extrema brevedad y falta de analogías suscitan varias preguntas sin respuesta: ¿Qué clase de cuerpos tienen estos «santos»? ¿Vuelven a morir? ¿Cuántas personas los vieron? ¿Cuán públicas fueron estas apariciones? Segundo, una breve lectura del texto da la impresión de que aunque estos santos resucitaron cuando Jesús murió, no dejaron las tumbas y aparecieron a los ciudadanos de la «santa ciudad» hasta después de la resurrección de Jesús (v. 53). ¿Qué estuvieron haciendo mientras tanto?

El pasaje ha provocado varias explicaciones. Hutton cree que se trata de una narración fuera de lugar, originalmente conectada con el terremoto de 28:2. Otros han creído que se trata de un cántico cristiano primitivo. D. Senior («The Death of Jesus and the Resurrection of the Holy Ones [Mt 27:51-53]», CBQ 38, 1976, 312-29), además de criticar algunos otros puntos de vista, representa el enfoque actualmente más popular: estos versículos son un midras, una representación simbólica de ciertas ideas teológicas acerca del triunfo de Jesús y el surgimiento de una nueva era. Pero aparte de inquietudes de género literario (cf. Introducción, sección 12.b), nos preguntamos por qué el evangelista, si no disponía de nada histórico para continuar, no inventó un midras con menos problemas.

J.W. Wenham («When Were the Saints Raised?» JTS 32, 1981, 150-52) ofrece una opinión alterna. De modo verosímil ha abogado por que se ponga un punto aparte, no después de «se partieron las rocas» (v. 51), sino después de «Se abrieron los sepulcros». La rotura del velo y la apertura de las tumbas simbolizan el primero de los dos puntos centrales en la muerte y la resurrección de Jesús. Por un lado, la muerte expiatoria de Jesús borra el pecado, destruye los poderes del mal y de la muerte, y abre el acceso a Dios. Por otro lado, la resurrección victoriosa de Jesús y la vindicación prometen la final resurrección de todos los que mueren en él.

La resurrección de «los santos» da inicio a una nueva oración, y está unida solo con la resurrección de Jesús. Así que Mateo no intenta que sus lectores crean que estos «santos» resucitaron cuando Jesús murió y que luego esperaron en sus tumbas hasta el Domingo de Pascua antes de dejarse ver. La idea es de cualquier modo algo absurda: no hay más razón para creer que una sustancia material los impedía movilizarse más a ellos que al Señor resucitado, la piedra de cuya tumba fue quitada para dejar que los testigos entraran, e impedir que él saliera. Los «santos» resucitaron, salieron de sus tumbas, y se dejaron ver de muchos después de que Jesús se levantó de entre los muertos. No hay necesidad de conectar el terremoto y la apertura de las tumbas con la resurrección de «los santos»: los dos puntos centrales se deben diferenciar.

Se nos dice poco acerca de varios detalles. Por ejemplo, no está claro si la resurrección de los «santos» fue en cuerpos naturales (cf. Lázaro, Jn 11) o sobrenaturales. Quizá lo último es más probable; y en ese caso no regresaron a las tumbas, y su resurrección testifica que el Día Final había aparecido. Mateo no dice adónde fueron finalmente, ¿fueron «trasladados»? Tampoco nos dice quiénes eran, pero el tipo de lenguaje sugiere, aunque no prueba, que se trataba de ciertos «santos» judíos conocidos del AT y del período intertestamental, héroes espirituales y mártires de la historia de Israel (cf. la terminología en Is 4:3; Dn 7:18; Tob 8:15; 1 En 38:4-5; T Levi 18:10-11). De ser así, entonces Mateo nos dice, entre otras cosas, que la resurrección de personas que vivieron antes de Jesús el Mesías es tan dependiente del triunfo de Jesús como la resurrección de quienes vienen después de él. La idea no es descabellada, dada la comprensión profética y de cumplimiento de Mateo (vea en 5:17; Introducción, sección 11.a).

Aun se debe reflexionar en por qué el evangelista colocó aquí el relato en lugar de ponerlo en el capítulo 28. Es probable que al menos tuviera tres razones.

1. El pasaje habría afectado el relato en Mateo 28.

2. El relato se mantiene unido por dos ideas centrales: la muerte y resurrección de Jesús. Por ende, si Mateo lo hubiera puesto con los pasajes de la resurrección tal vez habría sido menos acertado que ponerlo con los pasajes de la pasión. Vincular la cruz y la tumba vacía en una aplicación teológica unificada también tiene sus dificultades, a pesar de que el pasaje en cuestión se ponga con la historia de la cruz o con el relato de la resurrección.

3. De manera más concluyente la ubicación de este pasaje con otros versículos que tratan con el impacto inmediato de la muerte de Jesús puede ser particularmente apropiada porque ellos también señalan el futuro. Ningún lector cristiano que vio en el velo roto una referencia al juicio en el templo dejaría de ver la nueva manera que se abría para la unión de Dios y el hombre, un medio que depende de la resurrección de Jesús y su ministerio extendido. Asimismo, la confesión de que Jesús era el Hijo de Dios (v. 54) aparecería a lectores atentos como una verdad más profunda que el centurión y sus hombres pudieron haber sabido, puesto que Mateo 28 se encuentra

exactamente después. Además, si el texto hubiera terminado en «se abrieron los sepulcros» y hubiera continuado con el v. 54, el lector habría recibido una impresión
completamente errada. La obra de Jesús en la cruz está asociada con su inminente
resurrección; juntos dan apertura a una nueva era y prometen vida escatológica.

54 A pesar del hecho de que «Hijo de Dios» es uno de varios títulos cristológicos en
Mateo, también aparece en Marcos como el punto culminante de la pasión (Mr
15:38-39). Lo que no es seguro es exactamente qué quisieron decir los soldados por
«Hijo de Dios» (cf. Blair, pp. 60-68). Pudieron haber utilizado el término en un sentido helenístico, «un hijo de Dios», que se refiere a un ser divino en un sentido pagano.
Pero es probable que los soldados del gobernador fueran nativos no judíos de la nación (vea en 27:27). De ser así, o incluso si fueron romanos que habían sido asignados
a Palestina por algún tiempo, muy bien podrían haber entendido «Hijo de Dios» en
un sentido mesiánico (vea en 26:63). Con seguridad el sustantivo sin artículo «Hijo»
puede significar «*el* Hijo» en lugar de «*un* Hijo» en esta interpretación (cf. Moule,
Idiom Book, p. 116).

La oscuridad, el terremoto y el grito de abandono convencieron a los soldados que
no se trataba de una ejecución ordinaria. Los portentos los aterraron y tal vez los llevaron a creer que estas cosas testificaban la ira de los cielos ante la realización de tal
crimen, en el cual habían participado los soldados. Pero esta confesión nos dice algo
más: A Jesús como el Mesías prometido y único Hijo de Dios se le ve con más claridad en su pasión y muerte; pero además los líderes religiosos judíos, tomando de manera equivocada la naturaleza de su condición de Mesías, hicieron burla del mismo
título (vv. 41-44), mediante el cual los paganos ahora lo confesaban (vea también en
8:5-13; 15:21-28).

55-56 Junto con estos soldados, ciertas mujeres, por lo general no muy apreciadas
en la sociedad judía, observaron el amargo final. Ellas guardaron la distancia (v. 55),
sea por timidez o modestia; y aunque últimas en la cruz, fueron primeras en la tumba
(28:1). Ellas no solo dan continuidad al relato sino que prueban que Dios ha escogido
lo bajo y despreciado del mundo para avergonzar a los sabios y los poderosos (cf. 1 Co
1:27-31). Estas mujeres eran galileas que viajaban a menudo con los discípulos para
encargarse con sus propios recursos de las necesidades de Jesús (cf. Lc 8:2-3).

Comparación de las listas de nombres en Mateo, Marcos y Juan (19:25):

Mateo	Marcos	Juan
María Magdalena	María Magdalena	Madre de Jesús
María la madre de Jacobo y de José	María la madre de Jacobo el menor y de José	Hermana de la madre de Jesús
Madre de los hijos de Zebedeo	Salomé	María la esposa de Cleofas
		María Magdalena

Si hacemos dos hipótesis —(1) que la segunda anotación de Juan se diferencia de su
tercera (i.e., no se encuentran en aposición) y (2) que la lista de Juan, de cuatro,

incluye la lista de tres en Mateo y Marcos —entonces se vuelven probables algunos aspectos. Primero, la madre de los hijos de Zebedeo se llamaba Salomé, a no ser que aquí se presente a una mujer distinta. Segunda, si María la madre de Jacobo y José es la madre de Jesús (cf. 13:55), entonces la madre de Jesús y María Magdalena (Magdala) aparecen en las tres listas. Esto haría que Salomé fuera la hermana de la madre de Jesús —su tía materna. Otros suponen que María la esposa de Cleofas es la madre de Jacobo y de José, que no son medio hermanos de Jesús. No obstante, el resultado aun identifica a Salomé y la tía de Jesús por el lado de su madre. Aunque nada de esto fuera cierto, ayudaría en la explicación de 20:20.

16. *Sepultura de Jesús*

27:57-61

[57]Al atardecer, llegó un hombre rico de Arimatea, llamado José, que también se había convertido en discípulo de Jesús. [58]Se presentó ante Pilato para pedirle el cuerpo de Jesús, y Pilato ordenó que se lo dieran. [59]José tomó el cuerpo, lo envolvió en una sábana limpia [60]y lo puso en un sepulcro nuevo de su propiedad que había cavado en la roca. Luego hizo rodar una piedra grande a la entrada del sepulcro, y se fue. [61]Allí estaban, sentadas frente al sepulcro, María Magdalena y la otra María.

Debido a Deuteronomio 21:22-23, según la costumbre judía el cuerpo de Jesús no podía quedar en la cruz toda la noche. La costumbre romana era dejar colgados los cuerpos de criminales crucificados a la vista hasta que se podrían. Si los sepultaban, solo era con permiso expreso del magistrado imperial. Tal permiso por lo general se concedía a amigos o relacionados del difunto que hacían una solicitud, pero nunca en caso de alta traición.

57 La noche que se acercaba —aproximadamente a las 18h00 en esa época del año— marcaría el final del viernes y el comienzo del sabbat. Marcos y Lucas describen a José de Arimatea (el lugar es incierto, pero la mayoría conjeturan que es Ramataím, al noroeste de Lida), como miembro destacado del Consejo, y Lucas dice que José no había estado de acuerdo con la decisión del Consejo. Solo Mateo menciona que era rico. Esto puede llevar la atención a Isaías 53:9-12: aunque fue nombrado entre los transgresores, sin embargo en su muerte estuvo con los ricos. José debió haber sido acaudalado para poseer una nueva tumba y utilizar la cantidad de especias aromáticas que Juan informa. Mateo nos dice que José de Arimatea se había convertido en un discípulo (en cuanto a la forma verbal, cf. BDF, par. 148, 3; Zerwick, par. 66; vea en 13:52; 28:19); él aprendió de Jesús y hasta cierto punto estaba dedicado a seguirle, aunque su discipulado fuera en secreto (Juan).

58-60 El relato de Mateo es más condensado que el de Marcos, quien menciona que Pilato se aseguró de que Jesús estuviera realmente muerto, y describe las compras de José. La iniciativa de José es valerosa en gran manera; y Pilato le concedió su petición solo porque estaba convencido de que Jesús no era realmente culpable de alta traición (v. 58). José no pudo haber actuado solo: quitar el cuerpo, lavarlo, pesar las especias, y otras preparaciones habría sido demasiado para un hombre con tiempo limitado. Juan menciona la ayuda de Nicodemo; es probable que también ayudaran los siervos de ellos. Mateo no menciona las sesenta y cinco libras de especias (Juan) que se envolvieron en las telas de lino sobre el cuerpo de Jesús.

La Iglesia del Santo Sepulcro es quizá el sitio correcto de la tumba (cf. Parrot). Algunos siglos antes el lugar había sido una cantera de piedra, y la superficie escabrosa resultante se convirtió en un sitio donde se cortaban tumbas de la roca. José había preparado esta tumba para su propio uso (v. 60), pero ahora ponía allí el cuerpo de Jesús. Las tumbas eran de varias clases. Algunas eran selladas con cierta clase de roca que se acuñaba en el lugar para impedir a animales salvajes y ladrones de tumbas. Pero una tumba cara consistía de una antecámara tallada fuera de la fachada de la roca, con un pasadizo de baja altura (cf. «inclinándose/se inclinó» Juan 20:5, 11) que conducía a la cámara sepulcral, la cual se sellaba con una piedra cortada en forma de disco que rodaba hasta una abertura cortada en la peña. La abertura estaba en un declive, haciendo fácil sellar la tumba pero difícil abrirla: muchos hombres se necesitarían para rodar la piedra fuera del declive hacia arriba. En los relatos de los evangelios se presupone esta clase de tumba (cf. Parrot, pp. 43 y sig.).

61 No se permitía ningún luto por los ejecutados bajo la ley romana. Las mujeres siguieron con dolor profundo pero en silencio y observaron la sepultura. Además de José de Arimatea y Nicodemo, las mujeres vieron a Jesús enterrado. Esto solo puede ser cierto, porque los judíos valoraban muy poco los testimonios de mujeres (M *Rosh ha-Shanah* 1:8). El testimonio de las mujeres también preparó el camino para 28:1. Que Jesús fuera enterrado de veras llegó a ser parte integral de la proclamación del evangelio (cf. 1 Co 15:4).

17. *La guardia ante el sepulcro*

27:62-66

⁶²Al día siguiente, después del día de la preparación, los jefes de los sacerdotes y los fariseos se presentaron ante Pilato.

⁶³—Señor —le dijeron—, nosotros recordamos que mientras ese engañador aún vivía, dijo: "A los tres días resucitaré." ⁶⁴Por eso, ordene usted que se selle el sepulcro hasta el tercer día, no sea que vengan sus discípulos, se roben el cuerpo y le digan al pueblo que ha resucitado. Ese último engaño sería peor que el primero.

⁶⁵—Llévense una guardia de soldados —les ordenó Pilato—, y vayan a asegurar el sepulcro lo mejor que puedan.

⁶⁶Así que ellos fueron, cerraron el sepulcro con una piedra, y lo sellaron; y dejaron puesta la guardia.

Este pasaje es característico de Mateo; y a menudo se le ve como una pieza de «escritura creativa», diseñada a proveer «testigos» a la resurrección (Schniewind) o proporcionar «evidencia» de que el cuerpo de Jesús no había sido robado. Pero existen varios aspectos a favor de la historicidad del pasaje.

1. Se debe tomar con 28:11-15. En consecuencia, la explicación de los guardas en la tumba hace menos por asegurarnos que el cuerpo no fue robado de lo que ofrece antecedentes para el informe de que sí fue robado.

2. Esta podría ser la razón de por qué los otros evangelistas lo omiten. En los círculos para los que escribían, el informe divulgado por los judíos quizá no haya sido conocido; por tanto no se necesitaba una explicación. En el ambiente judío de Mateo, él no podía evitar que se tratara el asunto.

3. Mateo regularmente ha ofrecido en el relato de la pasión cierta información que los otros evangelistas omiten (e.g., 27:19, 34-35, 62-63); y es un error metodológico dudar de la historicidad de todos los detalles que carecen de testimonio múltiple —no al menos porque a veces tal «testimonio múltiple» se pueda respaldar en una sola fuente literaria.

4. Si Mateo hubiera estado tratando de probar que el cuerpo de Jesús no fue robado, ¿por qué no hizo que los guardas se colocaran inmediatamente, en lugar de esperar hasta el día siguiente (v. 62)?

5. Por otro lado, los jefes de los sacerdotes y los fariseos no necesariamente debieron contaminarse al acercarse a Pilato en sabbat, siempre que no viajaran más que un día de viaje en sabbat para llegar allí, y porque no entraron a la residencia de él (cf. Juan 18:28). La acción de ellos no es inverosímil si hubieran visto aún alguna amenaza potencial en lo que quedaba del movimiento de Jesús. Algunos detalles se mencionan más adelante. (Vea también D. Wenham, «Resurrección», esp. pp. 47-51.)

62 Esta manera extraña de referirse al sabbat (para «Día de la preparación», vea una amplia exposición en 26:17) no se puede tomar de modo razonable como si surgiera del deseo de Mateo de utilizar la palabra que omitió en 27:57 (Mr 15:42; según Bonnard, Hill): En ninguna parte Mateo se compromete a utilizar todas las palabras de Marcos. Más bien, esta puede ser una forma de evitar el uso de la palabra «sabbat» que puede ser confusa durante una fiesta, porque se podía referir al último día de la semana o a la fiesta del sabbat.

63-64 «Señor» (*kurie*, v. 63) es tan solo una forma educada de dirigirse a alguien. En cuanto a la frase «A los tres días», vea en 12:40. Es poco sólida la objeción de que esta escena es inverosímil porque muestra que los líderes judíos creían algo que los mismos discípulos aún no creían. Ellos pudieron haber oído de Judas algo del contenido de 16:21; 17:9; 20:19. Cualquiera sea el origen de la información que tenían, con seguridad no *creen* la predicción de Jesús, simplemente tienen miedo de fraude —miedo quizá originado en la noticia de que el cuerpo de Jesús, contra toda costumbre judicial (vea en vv. 57-61), había sido bajado de la cruz y devuelto a sus discípulos por parte de José y Nicodemo. También se pudo deber al retraso en la petición de poner guardias (v. 64). Los discípulos no creyeron las palabras de Jesús acerca de resucitar, no porque no entendieran las palabras sencillas, sino porque dentro de sus propias expectativas mesiánicas no disponían de un marco de referencia capaz de integrar a un Mesías agonizante con uno resucitado. Destrozados por el desmoralizador cambio de acontecimientos, llenos de temor (Jn 20:19), incapaces y hasta sin deseos de confiar en su juicio y entendimiento de nada, excepto el terrible hecho de que su Mesías había sido crucificado.

Los judíos no podían tomar acciones militares sin sanción romana; por tanto, pidieron a Pilato que pusiera protección contra la posibilidad de que robaran el cuerpo (v. 64). El «primer engaño» de Jesús fue su afirmación de ser el Mesías; su «último engaño» fue su afirmación de que se levantaría de entre los muertos. Desde el punto de vista de los líderes judíos, se están protegiendo del engaño y también están protegiendo a la gente; desde la perspectiva de Mateo se están engañando a sí mismos.

65-66 El griego *ejete koustodia* (v. 65) puede ser imperativo («Llévense una guardia», NVI), pero es más probable que sea indicativo («Pongan una guardia de soldados», RSV; cf. KJV). Pilato rehúsa utilizar sus tropas pero comunica a las autoridades judías que tienen a su disposición la policía del templo; y concede permiso para que los líderes la utilicen. Esto explica por qué, después de la resurrección, los guardias reportan a los jefes de los sacerdotes, no a Pilato (28:11). Por eso la respuesta de Pilato en el v. 65 se debe interpretar como cínica. Está diciendo: «Ustedes temían a este hombre cuando estaba vivo; ahora está muerto, ¡y aún le temen! Por supuesto aseguren la tumba tan fuertemente como sea posible, si creen que eso va a ayudar; pero utilicen su propia policía». Por tanto es puesta la guardia y sellada la puerta con una piedra y un sello oficial de cera (v. 66). Pero «la muerte no puede retener a su presa». Con el amanecer se entorpecen todos los esfuerzos por eliminar a Jesús el Mesías del escenario de la historia de la redención para burla celestial (Sl 2:4) en el irresistible triunfo de la resurrección.

B. *La resurrección* (28:1-15)

1. *La tumba vacía*

28:1-7

¹Después del sábado, al amanecer del primer día de la semana, María Magdalena y la otra María fueron a ver el sepulcro.

²Sucedió que hubo un terremoto violento, porque un ángel del Señor bajó del cielo y, acercándose al sepulcro, quitó la piedra y se sentó sobre ella. ³Su aspecto era como el de un relámpago, y su ropa era blanca como la nieve. ⁴Los guardias tuvieron tanto miedo de él que se pusieron a temblar y quedaron como muertos.

⁵El ángel dijo a las mujeres:

—No tengan miedo; sé que ustedes buscan a Jesús, el que fue crucificado. ⁶No está aquí, pues ha resucitado, tal como dijo. Vengan a ver el lugar donde lo pusieron. ⁷Luego vayan pronto a decirles a sus discípulos: "Él se ha levantado de entre los muertos y va delante de ustedes a Galilea. Allí lo verán." Ahora ya lo saben.

Puesto que la resurrección es central para la teología cristiana, pocos aspectos han recibido más atención. Pablo se atreve a decir que si Cristo no resucitó de los muertos, la fe cristiana es vana; y aun estamos muertos en nuestros pecados. Útiles ejemplos de enfoques modernos de crítica de redacción en cuanto a relatos acerca de la resurrección son provistos por N. Perrin, *The Resurrection Narratives*, SCM, Londres, 1977, y en especial John E. Alsup, *The Post-Resurrection Appearance Stories of the Gospel-Tradition*, Calwer, Stuttgart, 1975. Obras antiguas como *Thoughts on Its Relation to Reason and History*, de B.F. Westcott, Macmillan, Londres and Nueva York, 1906, con facilidad se pasan por alto en el debate moderno. Pero estudios más recientes son también necesarios para responder preguntas originadas desde nuevos ángulos literarios y filosóficos. Un lugar útil por dónde comenzar es con G.E. Ladd, *I Believe in the Resurrection* (Londres: Hodder and Stoughton; Eerdmans, Grand Rapids; 1975); Daniel P. Fuller, *Easter Faith and History*, (Eerdmans, Grand Rapids, 1965); y dos ensayos por parte de W.L. Craig, «The Bodily Resurrection of Jesus», en France and Wenham, 1:47-74, y «The Empty Tomb of Jesus» (France and Wenham, 2:173-200).

Los problemas textuales al final de Marcos agravan las dificultades para ordenar las relaciones literarias. La mayoría sostienen ahora que Marcos intentaba finalizar su evangelio con 16:8, aunque algunos aun se apegan a la autenticidad del «largo final» (Mr 16:9-20); otros sugieren un final como Mateo 28:9-10. Lo que es cierto es que, para quienes desean intentarlo, las varias apariciones de resurrección se pueden armonizar al menos en tres maneras distintas (cf. Broadus; Ladd). Pero es más importante tratar de resolver los distintos énfasis con cada escritor neotestamentario.

La gran cantidad de «acuerdos menores» entre Mateo y Lucas contra Marcos sugieren con firmeza que Mateo y Lucas, si sencillamente no siguieron un relato independiente de Marcos, compartieron como una fuente un relato escrito de algunas apariciones de resurrección, o un evangelista lo apropió del otro. Los evangelistas no tratan con gran detalle las implicaciones teológicas de la resurrección; pero el tema se repite una y otra vez en Pablo (e.g., Ro 4:24-25; 6:4; 8:34; 10:9; 1 Co 15; 2 Co 5:1-10, 15; Fil 3:10-11; Col 2:12-13; 3:1-4; 1 Ts 4:14). Obras que hacen reflexionar en este campo incluyen a W. Künneth, *The Theology of the Resurrection*, tr. J.W. Leitch, SCM, Londres, 1965; T.F. Torrance, *Space, Time and Resurrection*, Handsel, Edimburgo, 1976.

1 El griego *opse de sabbaton* se puede entender con el significado «el sabbat en la tarde»; entonces la siguiente frase significaría «cuando comenzó a amanecer el primer día de la semana». Tomadas en conjunto estas dos frases temporales deben entonces significar una de dos cosas: (1) a diferencia de Marcos 16:1, sin mencionar el constante testimonio del NT, los acontecimientos descritos toman lugar el *sábado* en la noche, al final del día; o (2) esta es evidencia de un esquema de conteo de días desde el amanecer hasta el amanecer, y tiene lugar temprano el domingo en la mañana.

En lugar de eso, es mejor tomar *opse* como una preposición irregular, que significa «después» (como en la NVI; cf. BDF, par. 164[4]; RHG, pp. 645y sig.; Moule, *Idiom Book*, p. 86). «Después del sábado» es entonces un indicador general de tiempo; i.e., las mujeres no caminarían muy lejos *durante* el sabbat; entonces esperaron hasta *después* del sabbat. Pero para entonces el sábado en la noche estaba llegando a su fin; en consecuencia, temprano el primer día de la semana (i.e., al amanecer: cf. BAGD,

p. 304), María Magdalena y «la otra María» —la que se menciona en 27:56 (incluso otras se mencionan en Mr 16:1; Lc 24:10)— «fueron a ver el sepulcro». Marcos dice que «compraron especias aromáticas para ir a ungir el cuerpo de Jesús». Se ha afirmado que Mateo debió hacer el cambio a «después del sábado» puesto que él es el único que presenta el relato de poner la guardia (27:62-66), que habría hecho imposible el acceso por parte de las mujeres. Las mujeres no habrían llegado si la guardia ya hubiera estado puesta; por tanto, se debieron haber presentado allí antes. Pero si las mujeres hubieran permanecido en casa el sábado y la guardia no se hubiera colocado hasta sábado, ¿habría habido la posibilidad de que las mujeres se enteraran del asunto hasta que hubieran llegado el domingo en la mañana?

La frase corta de Mateo «fueron a ver el sepulcro» preserva el tema de los testigos (27:56, 61); pero además reflejaría una antigua tradición judía que dice que los judíos visitaban las tumbas de los difuntos hasta el tercer día para asegurarse que el cuerpo estaba muerto de veras (cf. Thomas R.W. Longstaff, «The Women at the Tomb: Matthew 28:1 Re-examined» NTS 27, 198, 277-82).

2-4 La frase introducida mediante «porque» (v. 2) o sugiere que el violento terremoto (vea 27:51) se produjo con el «ángel del Señor» (en cuanto a ángeles, cf. 1:20-23; 18:10), o fue el medio que el ángel utilizó para abrir la tumba. En Mateo y Lucas el ángel se describe más claramente como un ángel que en Marcos («un joven vestido con un manto blanco»). Pero no se debe resaltar mucho en el distintivo, porque los seres angelicales a menudo aparecen en forma humana en el AT; y el «joven» en Marcos claramente se trata de un ángel (cf. Lane, *Mark*, pp. 586-87; comparar Jos. Antig. V, 277, viii. 2). Los guardias presenciaron el terremoto, vieron al ángel, y «quedaron como muertos» (v. 4; i.e., «se desmayaron de terror» o algo así). No hay ninguna insinuación de que el terremoto tuviera que ver con la liberación de Jesús: la piedra salió del lugar, el sello se rompió, y los soldados quedaron imposibilitados, no para permitir que el Mesías resucitado escapara, sino para dejar entrar a los primeros testigos.

Demasiada especulación «teologizante» ha acompañado algunos tratamientos modernos de estos versículos. En particular no hay nada que sugiera que los soldados fueron en algún sentido testigos paganos de la resurrección. Ellos ni escucharon las palabras del ángel ni vieron al Jesús resucitado; y al poco tiempo mentirían acerca de lo que en realidad había sucedido (vv. 11-15). Además no está claro si Mateo intentó contrastar el terror de los soldados, basado en error de comprensión, con el gozo de las mujeres, quienes recibieron el mensaje de revelación. No hay evidencia de que las mujeres presenciaran el terremoto y el primer descenso del ángel; además su gozo estaba mezclado con temor (v. 8), puesto que las palabras del ángel «No tengan miedo» (v. 5) no tienen sentido a no ser que las mujeres estuvieran asustadas. Lo sorprendentemente claro es la sobriedad limitada de estos relatos al compararlos con los subsecuentes evangelios apócrifos (e.g., *Evangelio de Pedro*, 9:35—11:44).

5-7 El ángel dice (lit., «responde»; vea en 11:25) palabras que mitigan los temores de las mujeres (cf. Mr 16:5-7; Lc 24:4-8). La tumba vacía en sí muestra varias explicaciones (cf. Jn 20:10-15). Este mensaje explicatorio de revelación reduce las interpretaciones potenciales a una: Jesús ha resucitado de los muertos

(v. 6), una verdad que se ha de confirmar por apariciones personales. En Mateo y Lucas, pero no en Marcos, el hecho de la resurrección de Jesús, anunciado por el ángel, también está ligado con las promesas de Jesús —«tal como dijo» (cf. 16:21; 17:23; 20:18-19). Este es uno de varios «acuerdos menores» importantes de Mateo y Lucas contra Marcos en los relatos acerca de la resurrección. A las mujeres se les invita a mirar el lugar donde pusieron a Jesús y se les ordena ir «pronto» (v. 7, algo alegre) a decirles a los discípulos el feliz mensaje. A diferencia de Marcos, Mateo no menciona a Pedro de manera explícita.

Jesús había prometido continuar hacia Galilea (vea en 26:32); y el ángel ahora les recuerda esto (v. 7). El tiempo presente *proagei* («va delante») no puede significar que Jesús ya está en camino, porque (1) el v. 10 aun lo sitúa en Jerusalén; y (2) si a un verbo como «va delante» se le obliga a querer decir que Jesús estaba viajando actualmente, «podría parecer que presupone que los discípulos también estaban camino a Galilea» (Stonehouse, *Witness of Matthew*, p. 173). El verbo no es un presente progresivo sino un futuro vívido. Como lo prometió, Jesús llegará a Galilea antes de que ellos, y se encontrarían allí, contrario a sus expectativas (vea en 26:32; 28:10).

2. Primer encuentro con Cristo resucitado

28:8-10

> ⁸Así que las mujeres se alejaron a toda prisa del sepulcro, asustadas pero muy alegres, y corrieron a dar la noticia a los discípulos. ⁹En eso Jesús les salió al encuentro y las saludó. Ellas se le acercaron, le abrazaron los pies y lo adoraron.
>
> ¹⁰—No tengan miedo —les dijo Jesús—. Vayan a decirles a mis hermanos que se dirijan a Galilea, y allí me verán.

8-9 Con mezcla de temor y gozo, las mujeres corrieron a avisar las nuevas a los discípulos (v. 8), cuando «de repente» (NIV, la probable fuerza de *idou*, «¡he aquí!» en este contexto), Jesús les salió al encuentro (v. 9). Entonces les saludó posiblemente con la salutación griega normal (*jairete*, cf. 26:49). Las mujeres le abrazaron los pies (quizá un plural general: cf. Turner, *Insights*, p. 76; cf. Jn 20:11-14) y lo adoraron. *Prosekunsan* («lo adoraron») simplemente se puede ver como «se arrodillaron ante» (vea en 8:2). El mismo verbo se presenta en la otra aparición exclusiva de resurrección en Mateo (v. 17) y anima el punto de vista de que la acción de «arrodillarse» se ha convertido en adoración instintiva.

10 Igual que el ángel (v. 5) Jesús calma los temores de las mujeres y les encarga una comisión similar. Algunos han sostenido que «mis hermanos» levanta la posición de los once discípulos sobrevivientes. Esto pasa por alto el uso del término en Mateo; porque aparte de los lugares donde «hermanos» denota una relación natural, el término se emplea para relaciones espirituales —incluso antes de la pasión—refiriéndose de modo explícito a la hermandad de quienes reconocen a Jesús como Mesías (18:15; 23:8; cf. 5:22-24; 7:3-5; 18:21, 35). En los otros dos lugares donde Jesús utiliza la expresión «mis hermanos» (12:49-50; 25:40), se refiere a todos los discípulos de

Jesús, y no puede limitarse a los apóstoles (cf. Stonehouse, *Witness of Matthew*, pp. 176-77).

Por tanto, la manera natural de interpretar «mis hermanos» en el v. 10 no es una referencia a los once, sino a todos aquellos apegados a la causa de Jesús que estaban en Jerusalén, la mayoría de los cuales lo habían seguido desde Galilea hasta Jerusalén como sus «discípulos» (vea en 5:1-2, y esp. 26:32; 28:7). Además de los doce, muchos otros habían seguido a Jesús (e.g., 20:17; 21:8-9, 15; 27:55; cf. 20:29; 21:46; 23:1). Aparte de los galileos, con seguridad José de Arimatea no era el único discípulo de Jesús de la región de Jerusalén (19:13-15; 27:57-61).

Si esta interpretación de las palabras de Jesús es razonable, varias conclusiones interesantes o posibilidades son evidentes.

1. La opinión que interpreta «algunos» del v. 17 como referencia a otros además de los apóstoles tiene apoyo, y la aparición de resurrección de los vv. 16-20 muy bien podría equivaler a la aparición ante cinco mil que Pablo reporta (1 Co 15:6).

2. Es obvio que Mateo no dice todo lo que sabe ni detalla toda aparición de resurrección de la cual sabía. Por tanto hay la tendencia de abogar que 28:10, 16-20 significan que Mateo piensa que Jesús se apareció a sus discípulos solo en Galilea y niega cualquier aparición en Jerusalén.

3. La interpretación del v. 10 ofrecida aquí retrocede a 26:32; 28:7: Jesús ahora confirma su promesa anterior de que, lejos de haber quedado como un cadáver descompuesto cuando sus discípulos regresaron a Galilea, él los precederá allí y los encontrará en ese lugar. Pero ahora, después de la resurrección, hace de la promesa un mandato e incluye a todos sus «hermanos». Tomado de esta manera, el v. 10 está lejos de eliminar otras apariciones a los creyentes (cf. Jn 20:3-10; Lc 24:13-49; Jn 20:11-29) antes de que regresen a Galilea. Se trata simplemente de que Mateo, debido a sus propósitos inmediatos, no está interesado en estas apariciones.

4. Pero, ¿por qué no? ¿O por qué Mateo solo registra la aparición de resurrección a las mujeres y la aparición en Galilea a sus seguidores? Algunos han sugerido que Galilea se presenta porque es el lugar de la revelación y el ministerio, mientras que Jerusalén es el sitio de rechazo y juicio (vea esp. E. Lohmeyer, *Galiläa und Jerusalem*, Vandenhoeck und Ruprecht, Göttingen, 1936, pp. 36 y sig.; R.H. Lightfoot, *Locality and Doctrine*, Londres, Hoder and Stoughton, 1938, pp. 66 y sig.; 128 y sig.). Sin embargo, nos debemos preguntar si se ha dado suficiente peso a varios hechos: a saber, el ministerio de Jesús no fue solo para Galilea sino para todo Israel (10:6, 23; 15:24); hubo oposición contra Jesús tanto en Galilea como en Jerusalén, donde se idearon las maquinaciones para matarlo; en Jerusalén Jesús se reveló como Rey en cumplimiento de la profecía de Zacarías (21:1-7); y Jerusalén, llamada la «ciudad santa» (4:5; 27:53), particularmente motivó la compasión de Jesús (23:37-39), mientras que ciudades en Galilea fueron censuradas firmemente (11:20-24).

¿Por qué, entonces, Mateo registra una aparición de resurrección en Galilea? Con seguridad la respuesta radica en la combinación de dos temas que han impregnado todo el evangelio. Primero, el Mesías emerge de un área despreciada (vea en 2:23), y primero arroja su luz en un pueblo detestado (vea en 4:15-16); porque el reino de los cielos pertenece a los pobres de espíritu (5:3). Por esta razón, además, el Jesús resucitado primero aparece a las mujeres cuyo valor es inútil como testigos entre los judíos (vea en 27:55-56, 61; 28:1, 5-7). Segundo, «Galilea de los gentiles» (4:15) es compatible con el tema creciente de la misión gentil en este evangelio (vea en 1:1; 2:1-12; 4:15-16; 8:5-13; 10:18; 12:21; 13:37; 15:21-28; 24:14 et al.) y se prepara para la gran comisión (28:18-20).

3. Primeros desmentidos fraudulentos de la resurrección de Jesús

28:11-15

> [11]Mientras las mujeres iban de camino, algunos de los guardias entraron en la ciudad e informaron a los jefes de los sacerdotes de todo lo que había sucedido. [12]Después de reunirse estos jefes con los ancianos y de trazar un plan, les dieron a los soldados una fuerte suma de dinero [13]y les encargaron: «Digan que los discípulos de Jesús vinieron por la noche y que, mientras ustedes dormían, se robaron el cuerpo. [14]Y si el gobernador llega a enterarse de esto, nosotros responderemos por ustedes y les evitaremos cualquier problema.»
> [15]Así que los soldados tomaron el dinero e hicieron como se les había instruido. Esta es la versión de los sucesos que hasta el día de hoy ha circulado entre los judíos.

No hay una manera segura de fechar el escrito de este pasaje por las palabras finales «hasta el día de hoy» (v. 15). Concluir de *este* pasaje que Mateo tenía en mente un período de diez o quince años después de la caída de Jerusalén (según Bonnard) alarga demasiado la evidencia. Mateo simplemente intenta que este párrafo sea una explicación de la teoría del cadáver robado y una apologética contra ella. También podría estar alargando un sorprendente contraste: los jefes de los sacerdotes utilizan soborno en dinero para encargar a los soldados que divulguen mentiras, mientras el Jesús resucitado utiliza la promesa de su presencia para encargar a sus seguidores la expansión del evangelio (vv. 16-20).

11 Algunos de los guardias (se presume que el resto esperaba ser relevado oficialmente) informaron no a Pilato, sino a los jefes de los sacerdotes; es probable que se tratara de la policía del templo (vea en 27:65-66). Cuando Mateo dice que los guardias informaron «todo lo que había sucedido», no está sugiriendo que en realidad presenciaron la resurrección sino el terremoto, el ángel y la tumba vacía (Bonnard).

12-14 Es muy difícil creer que los soldados de Pilato admitirían haberse quedado dormidos (v. 13): eso hubiera sido equivalente al suicidio. Pero la policía del templo se podía sobornar con más facilidad, aun cuando se necesitó de «una fuerte suma de dinero» (v. 12), y podía protegerse de la ira de Pilato con más facilidad. El plan elaborado (vea en 12:14; 27:1) por los jefes de los sacerdotes y los ancianos (v. 12; vea en 21:23) prueba a Mateo que fueron vanas las promesas piadosas de ellos de que creerían solamente si Jesús hubiera bajado de la cruz (27:42). Una vez más la preocupación instintiva de los líderes judíos se relaciona con la conveniencia y a la reacción del pueblo, no con la verdad. La historia que ellos planean muestra cuán desesperados están de una explicación, porque si los guardias hubieran estado dormidos, no se pudieron haber enterado del supuesto robo; y si uno de ellos despertó, ¿por qué no hizo sonar una alarma, y por qué no arrestaron a los discípulos? Saquear tumbas era un delito grave en antigüedad, sujeto a veces a la pena de muerte. Esto lo confirma la famosa «Inscripción de Nazaret» que ostentaba una ordenanza del césar para este efecto, aunque es incierta la relación de esta inscripción con la muerte y el entierro de Jesús (cf. B.M. Metzger, «The Nazareth Inscription Once Again» en Ellis and Grässer, pp. 221-38).

Es igual de improbable que los tímidos y miedosos discípulos pudieran haberse armado de suficiente valor como para abrir la tumba de Jesús y correr el riesgo de una sentencia capital, o que las autoridades judías hubieran dejado de llevar a juicio a los discípulos si hubieran tenido una migaja de evidencia que indicara su culpabilidad. Ni la «fuerte suma de dinero» fue un indicador adecuado de hasta qué punto llegarían los líderes judíos, porque «saciar» al gobernador muy bien hubiera requerido más soborno (cf. Paralelos en Wettstein).

15 Y este, Mateo señala, fue el origen de la explicación judía que «hasta el día de hoy ha circulado» y que fue muy común en los días de San Justino Mártir (*Diálogo* 108).

C. *El Mesías resucitado y sus discípulos* (28:16-20)

1. *Jesús en Galilea*

28:16-17

[16]Los once discípulos fueron a Galilea, a la montaña que Jesús les había indicado. [17]Cuando lo vieron, lo adoraron; pero algunos dudaban.

En parte debido a que no hay un paralelo cercano para estos versículos, y en parte porque tienen gran significado como conclusión al evangelio de Mateo, se ha centrado en ellos una enorme cantidad de estudios. Muchos de tales estudios se han dirigido a tratar de distinguir entre tradición y redacción, o en establecer el *Gattung* o género literario (e.g., B.J. Malina, «The Literary Structure and Form of Matthew 28:16-20», NTS 17, 1970-71, 87-103; J. Lange, *Das Erscheinen des Auferstandenen im Evangelium nach Matthäus*, Würzburg, Echter, 1973; B.J. Hubbard, *The Matean Redaction of a Primitive Apostolic Commissioning: An Exegesis of Matthew 28: 16-20*, SBLDS 19; Scholars, Missoula, 1974). La opinión más creíble es la de Hubbard, quien evita las clasificaciones de sus predecesores (himno de entronización, decreto oficial, manifiesto de pacto renovado), y opta por un relato de encargo diseñado conforme a encargos similares del AT (e.g., Gn 12:1-4: Éx 3:1-10; Jos 1:1-11; Is 6; 49:1-6). Luego de examinar veintisiete de tales relatos, y de encontrar una forma básica que consta de siete elementos, Hubbard encuentra cinco de ellos en Mateo 28:16-20: introducción (v. 16), confrontación (vv. 17-18a), reacción (v. 17b), comisión (vv. 19-20a) y aliento (v. 20b). Faltan la protesta antes del aliento y una conclusión que declare que la obra se está llevando do a cabo.

Sin embargo, persisten varias preguntas. El mismo Hubbard admite que la forma no es monolítica aun en el AT; y la ausencia de dos de los siete elementos comunes es desconcertante, más aun puesto que la cláusula final de Mateo es una conclusión perfectamente apropiada de su evangelio. Más importante, todas las comisiones del AT a las que Hubbard se refiere son a individuos, mientras que esta es a los discípulos como un grupo. Algunas de las comisiones del AT son en realidad el establecimiento de pactos; y si Frankmölle (pp. 42 y sig.) ha exagerado en algo este tema en Mateo, no se puede pasar completamente por alto en un libro que promete un nuevo pacto (26:26-29), y que busca demostrar continuidad con el pueblo de pacto del AT y cumplimiento en la comunidad mesiánica que se ha reunido alrededor de Jesús.

Parece mejor concluir con John P. Meier («Two Disputed Question in Matt 28:16-20», JBL 96, 1977, 407-24; cf. P.T. O'Brien, pp. 254-67) que este pasaje no calza fácilmente con ninguna forma literaria conocida, y que no se debe comprimir dentro de un molde que se adapta mal. Pero se puede fortalecer la razón principal de Meier para esta conclusión. Él sostiene que estos versículos constituyen una tradición tan fuertemente redactada por el evangelista, que en principio es improbable una conformidad a un *Gattung* (o forma) desarrollada especialmente por transmisión oral. Podría ser así, pero esta conclusión de ninguna manera hace juicios irrebatibles acerca de la forma en que el material llegó a manos de Mateo (cf. Introducción, sección 2). Sobre todo, se debe resistir la tentación de atribuir autenticidad a la «tradición» pero no a la «redacción» (cf. Carson, «Crítica de Redacción»; cf. G.R. Beasley-Murray, *Baptism in the NT*, Macmillan, Londres, 1962, pp. 77 y sig.).

Algunos han distinguido entre «Cristoepifanías» (apariciones del Cristo resucitado en la tierra, como en 28:9) y «Cristofanías» (apariciones del Cristo resucitado desde el cielo, como en la conversión de Pablo, Hch 9; cf. Dunn, *Jesus*, pp. 116, 123). Quienes hacen esta útil distinción no están seguros de cómo clasificar la aparición de resurrección de los vv. 16-20. El dilema es falso. No se ha mencionado la ascensión; y Pablo parece poner su propia experiencia de Cristo resucitado en una clase única (1 Co 15:8), la exclusiva «Cristofanía», que también se debe distinguir de las experiencias visionarias de Juan (e.g., Ap 1:12-16).

Con frecuencia se señala que los vv. 16-20 recapitulan muchos de los temas de Mateo. El asunto se puede llegar a resaltar demasiado (e.g., Peter F. Ellis, *Matthew: His Mind and His Message*, Liturgical, Minesota, Collegeville, 1974), pero es una importante perspectiva que une varios cabos sueltos.

16 «Entonces» (NIV) traduce el adversativo leve *de* («pero»), no *tote* (vea en 2:7). La explicación fraudulenta de la tumba vacía se compró mediante un soborno y se divulgó ampliamente (vv. 11-15), *pero* los once (designados así en el NT solo aquí y cuatro veces en Lucas y Hechos) hacen lo que dice Jesús, y van a Galilea. Van «a la montaña donde Jesús les dijo que fueran»: la frase subordinada hace específica a la expresión *eis to oros* («a la montaña»), aunque en sí por lo general significa «hacia las colinas». No sabemos de qué montaña se trata, pero el versículo presupone los arreglos que están implícitos en 26:32; 28:7, 10. Asociar la gran comisión (vv. 18-20) con Galilea no solo tiene matices con el humilde trasfondo de Jesús y con el tema de la misión gentil (vea en v. 10), sino que «asegura que el Cristo resucitado y su enseñanza no se consideran un sustituto, sino una continuidad con el ministerio de Jesús y la enseñanza en Galilea» (Hill, *Mateo*).

17 Duda en cuanto a la resurrección de Jesús se expresa en otras partes (Lc 24:10-11; Jn 20:24-29), pero solo por parte de aquellos que han escuchado reportes de la resurrección de Jesús sin realmente haberlo visto. Por tanto este versículo es único. Deben considerarse dos dificultades.

1. ¿Se refiere «algunos» a «algunos de los once» o a «algunos otros» además de los once? La pregunta se decide en parte por la interpretación que se tenga del v. 10, aunque se puede decir más. Si *proskuneo* aquí no solo significa «arrodillarse» o «hacer reverencia» sino «adorar» (vea en v. 9), entonces los «once discípulos» y los «algunos» tal vez constituyen dos grupos; ya que dudar acerca de quién es Jesús o de la realidad de su resurrección no parece apropiado para una verdadera adoración. En especial si Mateo fue un testigo presencial, es fácil creer que describe una escena vívida en su propia memoria sin tomar todas las precauciones que erradicarían preguntas de las mentes de lectores que no estuvieron allí. Como resultado, tanto aquí como en el v. 10 Mateo alude de modo incidental al grupo mayor sin probar detalles útiles. Además *joi de*, aquí como en 26:67 significa «pero entonces», en contraste con quienes ya se mencionaron, más que «pero ellos» (cf. Gundry, *Matthew*). Aunque esta solución no es segura, no ayuda al problema sugerir que «algunos» se refiera a los que en la comunidad de Mateo tienen dudas (Hill, *Matthew*).

2. Pero ¿por qué había duda? El verbo utilizado (*edistasan*, «[algunos] dudaron») se presenta en el NT solo aquí y en 14:31, y no denota incredulidad sino vacilación (cf. «aunque algunos dudaban», JB; cf. I.P. Ellis, «"Pero algunos dudaban"», NTS 14, 1967-68, 574-80). Aun así, ¿por qué vacilaron, y por qué Mateo incluye aquí esta información? Aunque sean otros distintos de los once los que dudan, esto no soluciona el problema; simplemente cambia de los once a otros seguidores de Jesús.

Se han propuesto varias soluciones, ninguna de ellas convincente. No hay evidencia de enmienda de escribano. Es apenas posible que algunos dudaron no de la realidad de la resurrección, sino simplemente de quién era esta persona (Hendriksen, Grosheide, Filson, Walvoord et al.). El patrón sería entonces semejante en algo a Lucas 24:16; Juan 21:4-14, donde el Jesús resucitado no se reconoce de manera instantánea. Pero se debe admitir que esto presenta una distinción muy sutil en Mateo 28; y los paralelos en Lucas y Juan no son tan similares, porque Lucas dice que los dos en el camino a Emaús «no lo reconocieron», y el relato de Juan presenta otras incertidumbres: la distancia de la playa y el aparte en 21:12b. Lo máximo que se puede decir de esta interpretación es que otros pasajes muestran que Jesús en sus apariciones después de la resurrección no fue reconocido de inmediato. Mucho menos probable es el punto de vista de L.G. Parkhurst («Mateo 28:16-20 Reconsidered», ExpT 90, 1978-79, 179 y sig.), quien dice que algunos dudaron, no de quién era Jesús, ni de la factibilidad de la resurrección, sino de lo apropiado de adorar al Jesús resucitado; y Jesús disipa esta duda por medio de las palabras del v. 18: «Se me ha dado toda autoridad…» Algo similar es la posición de Gundry, quien aboga que los vv. 17-20 son la manera en que Mateo dice que solamente la *palabra* de Jesús calma la duda, y que ni siquiera las apariciones de resurrección lo harán. Según Gundry (*Matthew*), «difícilmente podemos pedir mejor evidencia de la autoridad de la enseñanza de Jesús en la teología de Mateo». No obstante, en sentido temático el v. 18 está estrechamente relacionado con el v. 19, no con el v. 17. No está del todo claro que el v. 18 mitigue la duda del v. 17 (cf. Dunn, *Jesus*, p. 124; y al contrario, Bornkamm, *Tradition*, p. 132). Al menos debemos admitir que el texto no dice que se disiparon todas las dudas, como es el caso en Lucas 24 y Juan 21. Más importante, el uso que Mateo hace de *proskuneo* («adoración») ha sido tan ambiguo (vea en 8:2; 28:9) que debió haber usado un verbo más fuerte tal como *latreuo* («adorar», «servir a [Dios]»), si hubiera estado tratando de observar lo que sugieren Parkhust y Gundry.

Nos quedamos con un poco de incertidumbre en cuanto a lo que Mateo quiere decir, debido ante todo a la naturaleza concisa de su relato. Quizá sea mejor concluir que, en especial si «algunos» no se refiere a los once sino a los otros seguidores, la transición de incredulidad y temor a fe y gozo fue para ellos «vacilante». Los once, quienes de acuerdo a los otros evangelios ya habían visto a Jesús resucitado al menos dos veces (Pedro al menos por tres ocasiones, Tomás al menos una), responden de inmediato en adoración con ocasión de esta nueva epifanía, pero algunos (otros) dudaban —sin ninguna especificación adicional en cuanto a su subsecuente creencia y duda. Si esto es lo que Mateo quiere decir, pudo haber estado usando esta reminiscencia histórica para resaltar el hecho de que la resurrección de Jesús no era un episodio anticipado que solo requería entusiasmo y credulidad para ganar partidarios entre los seguidores de Jesús. Lejos de eso, aun estaban dudosos; y su falla en entender las predicciones repetidas de Jesús en cuanto a su resurrección, combinada con su desesperación después de la crucifixión del Maestro, obró para mantener su estado inseguro por algún tiempo antes de llegar a una fe total. La resurrección de Jesús no transformó instantáneamente en gigantes espirituales a hombres de poca fe y entendimiento titubeante.

Otra cosa (que Mateo no trató) fue necesaria; concretamente, la inducción del Espíritu en Pentecostés. El relato conciso de Mateo presupone esto —porque es imposible que algún evangelista pueda haber ignorado ese acontecimiento transformador— pero lo omite en favor de seguir adelante con la gran comisión, que vincula a algunos de sus propios intereses temáticos.

2. *La gran comisión*

28:18-20

> ¹⁸Jesús se acercó entonces a ellos y les dijo:
> —Se me ha dado toda autoridad en el cielo y en la tierra. ¹⁹Por tanto, vayan y hagan discípulos de todas las naciones, bautizándolos en el nombre del Padre y del Hijo y del Espíritu Santo, ²⁰enseñándoles a obedecer todo lo que les he mandado a ustedes. Y les aseguro que estaré con ustedes siempre, hasta el fin del mundo.

18 «Toda» domina los vv. 18-20 y une estos versículos: *toda* autoridad, *todas* las naciones, *todo* lo que les he mandado («cada cosa», NVI), *todos* los días («siempre»

NVI). La autoridad de Jesús el Mesías ya se ha resaltado con fuerza en este evangelio (e.g., 7:29; 10:1, 7-8; 11:27; 22:43-44; 24:35; cf. Jn 17:2). Por eso es imprudente, si no del todo errado, afirmar que la resurrección dio a Jesús una autoridad infinitamente mayor de la que gozó antes de su crucifixión. La verdad es más sutil. No se trata de que cualquier cosa que él enseñara o hiciera durante los días de su carne fuera *menos* fidedigna de lo que ahora dice y hace: incluso durante su ministerio sus palabras, igual que las de Dios, no pueden pasar (24:35); y él, como Dios, perdona el pecado (9:6). No se trata de que la autoridad de Jesús en sí se vuelva más absoluta. Más bien, las esferas en las cuales ahora ejerce absoluta autoridad se han agrandado para incluir todos los cielos y la tierra, i.e., el universo. Esta autoridad se le ha «dado» a través del Padre; y así, por supuesto, el Padre queda exento de la autoridad del Hijo (cf. 1 Co 15:27-28). El Hijo se vuelve aquel por medio del cual actúa de mediadora *toda* la autoridad de Dios. Él es, por así decir, el Rey mediador. Este ejercicio muy definido de autoridad se otorga a Jesús como vindicación culminante de su humillación (cf. Flp 2:5-11); y marca un punto decisivo en la historia de la redención, ya que el «reino» del Mesías (i.e., su dominio como rey, el ejercicio de su autoridad divina y salvadora; vea en 3:2; 13:37-39) ha introducido un nuevo poder. Esto es aun más claro si aceptamos el punto de vista de que aquí hay una alusión concisa a Daniel 7:13-14 (vea esp. France, *Jesus*, pp. 142-43): el Hijo del hombre, que una vez fue humillado y sufrió, recibe autoridad universal (la misma palabra en LXX).

Al contrario de France, no se deduce de esto que Mateo 26:64 y Marcos 14:62 se refieran a esta exaltación y no a la Parusía. En primer lugar, los jefes de los sacerdotes en ninguna manera presenciaron la venida del Hijo del hombre; y, en segundo lugar, una y otra vez hemos observado cómo la venida del Hijo del hombre en autoridad de rey no se puede reducir a un solo momento en la historia de la redención.

19 «Por tanto» es tal vez la interpretación correcta; pero aunque la palabra esté ausente, la conexión lógica se presupone por el flujo de la comisión. Dos características asocian el mandato a la autoridad universal de Jesús.

1. Ya que *ahora* él posee esta autoridad, *por tanto* sus discípulos deben ir y hacer discípulos —i.e., el inicio de una nueva era de autoridad mesiánica cambia las circunstancias e impulsa hacia delante a sus discípulos, a un ministerio universal con el cual él mismo nunca se comprometió durante los días de su carne, «excepto en anticipación renuente» (Stendahl, Peake, 695k; Hill, *Mateo*). Su ascenso a autoridad universal sirve como señal escatológica que inaugura el inicio de su misión universal.

2. Debido a esta autoridad, sus seguidores irían con la confianza de que su Señor tiene control soberano de «todas las cosas en el cielo y en la tierra» (cf. Ro 8:28, NIV).

En el griego, «vayan» —igual que «bautizándolos» y «enseñándolos»— es un participio. Solo el verbo «hacer discípulos» (vea más adelante) es imperativo. Algunos han deducido de esto que el encargo de Jesús es simplemente hacer discípulos «mientras vamos» (i.e., dondequiera que estemos), y no constituye base para *ir* a un lugar especial para servir como misioneros (e.g., Gaechter, *Matthew*; R.D. Culver, «¿Cuál es la comisión de la Iglesia?» BS 125, 1968, 243-53). Esta opinión tiene algo de valor, pero requiere tres calificaciones cuidadosas.

1. Cuando un participio funciona como participio circunstancial dependiente de un imperativo, normalmente gana alguna fuerza imperativa (cf. 2:8, 13; 9:13; 11:4, 17:27; cf. C. Rogers, «The Great Commission», BS 130, 1973, 258-67).

2. Aunque sigue siendo verdad que la fuerza imperativa principal permanece en «hacer discípulos», no en «vayan», en un contexto que exige que este ministerio se extienda a «todas las naciones», es difícil creer que «vayan» haya perdido toda su fuerza imperativa.

3. Desde la perspectiva de estrategia de misión, es importante recordar que la gran comisión se preserva en distintas formas complementarias que, tomadas en conjunto, solo se pueden circunvenir mediante ingenuidad exegética considerable (e.g., Lc 24:45-49; Jn 20:21; Hch 1:8; cf. Mt 4:19; 10:16-20; 13:38; 24:14; vea más adelante).

El énfasis principal, entonces, está en el mandato de «hacer discípulos» que en griego es una palabra, *madseteusate*, en general un verbo intransitivo, utilizado aquí de manera transitiva (una helenización no poco común; cf. BDF, par. 148, 3; Zerwick, par. 66; vea en 13:52; 27:57). «Discipular a una persona para Cristo es llevarla a una relación de alumno a maestro, "tomando el yugo del Señor Jesucristo" de instrucción fidedigna (11:29), aceptando lo que él dice como verdadero porque él lo dice, y sometiéndose a sus requerimientos como correctos porque él los creó» (Broadus). Discípulos son los que escuchan, entienden y obedecen la enseñanza de Jesús (12:46-50). Este mandato se da al menos a los once, pero en su propio papel como discípulos (v. 16). Por tanto, ellos constituyen paradigmas para todos los discípulos. De manera verosímil el mandato se da a una reunión mayor de discípulos (vea en vv. 10, 16-17). De cualquier modo es obligatorio para *todos* los discípulos de Jesús hacer de otros lo que ellos mismos son: discípulos de Jesucristo.

Las palabras *panta ta edsne* («todas las naciones») se han entendido fundamentalmente en dos maneras:

1. Se refieren a todos los gentiles: es decir a todas las naciones excepto Israel. Israel ha perdido el derecho a su lugar, y ahora a ella se le debe privar de la predicación del evangelio (según Hare, *Jewish Persecutions*, pp. 147-48; Walker, pp. 111-13; D.R.A. Hare and D.J. Harington, «"Make Disciples of All the Gentiles" (Mt 28:19)», CBQ 37, 1975, 359-69).

2. Se refieren a todas las personas, incluyendo a Israel (según Trilling, pp. 26-28; Hill, *Matthew*; Hubbard, *Matthean Reaction*, pp. 84-87; John P. Meier, «Nations or Gentiles in Matthew 28:19?» CBQ 39, 1977: 94-102; O'Brien, pp. 262-63).

Ahora *ta edsne* en sus ocho apariciones en Mateo (4:15; 6:32; 10:5, 18; 12:18, 21; 20:19, 25) normalmente denota a gentiles, a menudo paganos; pero 21:43, donde *edsnos* se utiliza sin artículo, es un ejemplo en que «pueblos» no excluye a los judíos. Además, a diferencia de Hare y Harrington, se pueden exponer los argumentos a favor de decir que la expresión total, *panta ta edsne*, utilizada cuatro veces en Mateo (24:9, 14; 25:32; aquí), usa *edsne* en su sentido básico de «tribus», «naciones» o «pueblos» y significa «todos los pueblos [sin distinción]» o «todas las naciones [sin distinción]», de este modo incluye a judíos. ¿Podría Mateo estar de veras excluyendo a Israel como fuente del odio que sus seguidores tendrían que soportar (24:9)? ¿Podría él decir que cualquier cristiano judío en cualquier iglesia que conociera no se debía bautizar ni instruir?

Más concluyente aun, en sus versículos finales el evangelio de Mateo está regresando ahora al tema presentado en el mismo primer versículo (vea en 1:1): que las bendiciones prometidas a Abraham, y a través de él a todos los pueblos de la tierra (Gn 12:3), se deben cumplir ahora en Jesús el Mesías. Y cuando esa promesa de pacto se reitera en Génesis 18:18; 22:18, la LXX utiliza las mismas palabras que se encuentran aquí: *panta ta edsne*. La expresión es comprensiva; y, conforme a todas las insinuaciones previstas de testimonio gentil en el evangelio de Mateo (1:1; 2:1-12; 4:15-16; 8:5-13; 10:18; 13:38; 24:14 et al.), sería igualmente errado concluir que solo están en mira los gentiles, como sería poner otra restricción y ver esta comisión como un mandato para evangelizar solo a tribus *judías*.

Partidarios del «movimiento de crecimiento de la Iglesia» han intentado justificar su principio total de «movimiento de pueblos» basándose en esta frase, utilizada aquí y en otros lugares, abogando que *edsnos* significa propiamente «tribu» o «pueblo» (más comprensivamente, quizá, por parte de H.C. Goerner, *All Nations in God's Purpose*, Broadman, Nashville, 1979). La última opinión se acepta fácilmente, pero la conclusión es ilegítima en sentido lingüístico. Colectivos plurales pueden poseer una fuerza que abarca todo, sea en griego o español. Sin duda que Dios convertiría a los pueblos utilizando un «movimiento de pueblos»; pero deducir un principio así de este texto requiere un «movimiento de ciudad», principio que se basa en Hechos 8:40, donde se presenta la misma construcción con el sustantivo «ciudades» (RVR). En ningún caso podrían los misiologistas establecer legítimamente la condición normativa de sus teorías.

La meta de los discípulos de Jesús, por lo tanto, es hacer discípulos de todos los hombres en todo lugar, sin distinción. Hill (*Matthew*) insiste que no es posible que tal mandato sea auténtico: «Si Cristo hubiera dado este mandato de "hacer discípulos a todas las naciones", la oposición en la época de Pablo en cuanto a la admisión de los gentiles en la iglesia habría sido inexplicable. Se debe asumir que la iglesia, habiendo aprendido y experimentado la universalidad del mensaje cristiano, asignara ese conocimiento a un mandato directo del Señor viviente». Pero hemos visto cuán lentos eran los discípulos en entender lo que Jesús enseñaba. Más importante, el libro de los Hechos y las epístolas no denuncian ningún vestigio de oposición en cuanto al *hecho* de la misión gentil. El debate entre Pablo y los oponentes judaizantes era *sobre las condiciones de entrada* en la comunidad cristiana (vea en 23:15). Las varias insinuaciones a lo largo del ministerio de Jesús que muestran que él anticipó un ministerio gentil después de alguna demora (e.g., vea en 10:16-20; 13:37-39; 24:14) habría hecho incongruente que él no hubiera dado alguna comisión al respecto.

La sintaxis de los participios griegos para «bautizándolos» y «enseñándoles» impide la conclusión de que bautizar y enseñar se debe interpretar únicamente como *medios* para hacer discípulos (cf. también Allen, Klostermann, Lagrange, Schlatter); pero su relación precisa con el verbo principal no es fácil delinear. Ninguno de los participios está ligado con el otro o con el verbo principal por medio de la conjunción *kai* o una partícula; y por tanto «se deben ver como dependientes entre sí o que de diferentes maneras dependen del verbo principal» (Beasley-Murray, *Bautismo*, p. 89; cf. BDF, par. 421). Más probable es que esté presente alguna fuerza imperativa, puesto que los discípulos en verdad están para bautizar y enseñar; pero estudios computarizados del griego del NT han mostrado que aunque un participio dependiente en un imperativo por lo general adquiere fuerza imperativa cuando *precede* al imperativo, su fuerza principal normalmente no es imperativa cuando *viene después* del imperativo. Lucas 6:35 tiene un paralelo sintácticamente similar: «Y denles prestado [*daneizete*] sin esperar nada a cambio [*apelpizontes*]». No esperar nada a cambio ciertamente no es el *medio* del préstamo, pero expresa el modo que caracteriza el préstamo; y al mismo tiempo al menos alguna fuerza imperativa matiza el participio, aunque el participio sea sobre todo de modo.

De manera similar, bautizar y enseñar no son los *medios* de hacer discípulos, pero caracterizan esta actividad. Se prevé esa proclamación del evangelio que resultará en arrepentimiento y fe, ya que *madseteuo* («yo discipulo») vincula tanto la predicación como la respuesta. La reacción al discipulado es bautismo e instrucción. De modo que la enseñanza y el bautismo no están coordinados —sea gramatical o conceptualmente— con la acción de hacer discípulos. Los pronombres masculinos *autous* («a ellos» [tácito], vv. 19-20) insinúan lo mismo, ya que *edsne* («naciones») es neutro: los «ellos» que se bautizan y enseñan son los que se han convertido en discípulos. Pero esto es incierto, puesto que el caso de «ellos» podría ser *ad sensum* (i.e., solo según el sentido general). En cualquier caso ciertamente se malinterpretaría el texto para absolutizar la división entre discipulado e instrucción bautismal. El NT apenas puede concebir un discípulo que no se bautice o que no se instruya. En realidad, la fuerza de este mandato es hacer discípulos de Jesús responsables de hacer discípulos a otros, una tarea caracterizada por el bautismo y la instrucción.

Quienes se convierten en discípulos deben bautizarse *eis* («en», NIV mg.) el nombre de la Trinidad. Mateo, a diferencia de algunos escritores neotestamentarios, de modo aparente evita la confusión de *eis* (exclusivamente, «en») y *en* (exclusivamente «dentro de»; cf. Zerwick, par. 106) común en griego helenístico; y si es así, la preposición «dentro de» sugiere con firmeza que se llega dentro de una relación con, o que se llega a estar bajo el señorío de (cf. Allen; Albright and Mann). En cuanto a comentarios acerca del bautismo, vea en 3:6, 11, 13-17. Se trata de una señal tanto de entrada dentro de la comunidad de pacto mesiánico como de sumisión comprometida con el señorío de Cristo (cf. Beasley-Murray, *Bautismo*, pp. 90-92).

La fórmula triple con el Padre (o Dios), el Hijo (o Cristo), y el Espíritu se presenta a menudo en el NT (cf. 1 Co 12:4-6; 2 Co 13:14; Ef 4:4-6; 2 Ts 2:13-14; 1 P 1:2; Ap 1:4-6). Individualmente estos textos no prueban que en el NT exista alguna consciencia sobre la Trinidad, puesto que también se encuentran otras frases de tres compuestos (e.g., «Dios y Cristo Jesús y los ángeles electos», 1 Ti 5:21). Pero la evidencia participante hace difícil negar la presencia del pensamiento trinitario en los documentos del NT: (1) la frecuencia de las fórmulas de Dios, Cristo y Espíritu; (2) el contexto de estas y su uso: es imposible, por ejemplo, imaginar el bautismo en el nombre de Dios, Cristo y los ángeles electos; (3) el reconocimiento por parte de los escritores del NT de que los atributos de Yahvé pueden aplicarse exhaustivamente a Jesús y, hasta donde tenemos evidencia, al Espíritu (cf. C.F.D. Moule, *The Holy Spirit*, Mowbrays, Londres, 1978, pp. 24-26; Carson, *Farewell Discourse*, esp. pp. 65-66).

Sin embargo, muchos niegan la autenticidad de esta fórmula trinitaria sin basarse en las interpretaciones dudosas del desarrollo de la doctrina, sino en el hecho de que la única evidencia que tenemos de verdaderos bautismos cristianos indica una consecuente fórmula sin paralelo: bautismo en el nombre de Jesús (Hch 2:38; 8:16; 10:48; 19:5; así mismo, pasajes como Ro 6:3). Si Jesús entregó la fórmula trinitaria, ¿por qué se acortó? ¿No sería más fácil creer que la fórmula trinitaria fue relativamente un desarrollo posterior? No obstante ciertas reflexiones nos dan que pensar.

1. Es posible, aunque históricamente improbable, que la fórmula trinitaria completa se utilizara para convertidos paganos, y «en el nombre de Jesús» para judíos y prosélitos. Pero esto es incierto, y menos porque Pablo, el apóstol a los gentiles, no utiliza una fórmula trinitaria para el bautismo.

2. Las ideas trinitarias se encuentran en los relatos de la resurrección tanto de Lucas como de Juan, aunque estos evangelistas no reportan la fórmula bautismal trinitaria. La fe que se debe proclamar era en cierto sentido una forma trinitaria desde el inicio. «Esta conclusión no debería llegar como una gran sorpresa: las tendencias trinitarias de la iglesia primitiva se explican con más facilidad si se remontan hasta al mismo Jesús; pero la importancia del punto para nuestro estudio es que esto significa que la referencia de Mateo respecto a la Trinidad en el capítulo 28 no es un elefante blanco a lo largo del contexto» (D. Wenham, «Resurrection», p. 53).

3. El término «fórmula» nos hace equivocar. No hay evidencia de que tengamos aquí el *ipsissima verba* de Jesús, y aun menos que la Iglesia considerara el mandato de Jesús como una *fórmula* bautismal, una forma litúrgica que si se pasara por alto sería una violación de la ley canónica. A menudo el problema se ha proyectado en términos anacrónicos. E. Riggenbach (*Der trinitarische Taufbefehl Matt. 28:19*, Bertelsmann, Güetersloh: C., 1901), señala que aun en la *Didaje* («enseñanza»), el bautismo en el nombre de Jesús y el bautismo en el nombre de la Trinidad coexistían codo con codo: la iglesia no estaba atada por «fórmulas» precisas ni se sentía avergonzada por la multiplicidad de estas, precisamente porque las instrucciones de Jesús, que quizá no fueron en estas precisas palabras, no se consideraban una fórmula obligada.

20 Quienes reciben discipulado no solo se deben bautizar sino instruirse. El contenido de esta instrucción (vea en 3:1 para comentarios referentes a *kerugma* [«predicación»] y *didaje* [«enseñanza»]) es todo lo que Jesús ordenó a los primeros discípulos. Sobresalen cinco aspectos:

1. El enfoque está en los mandatos de *Jesús*, no en la ley del AT. Las palabras de Jesús, como las palabras de las Escrituras, perduran más que el cielo y la tierra (24:35); y la expresión peculiar «todo lo que les he mandado», como lo ha señalado Trilling (p. 37), recuerda la autoridad de Yahvé (Éx 29:35; Dt 1:3, 41; 7:11; 12:11, 14). Esto confirma nuestra exégesis de 5:17-20. La revelación de Jesús el Mesías en esta etapa tardía en la historia de la salvación trae el cumplimiento de todo lo que las Escrituras del AT señalaron y constituye su continuidad válida; pero esto significa que el enfoque está necesariamente en Jesús.

2. Sorprende que Jesús no previera una época en que alguna parte de su enseñanza se juzgaría correctamente inútil, obsoleta, superada o falsa: *todo* lo ordenado se debía transmitir «hasta el fin del mundo».

3. Lo que los discípulos enseñan no es un simple dogma saturado de teoría abstracta, sino contenido que se debe *obedecer*.

4. Entonces se deduce que mediante transmisión cuidadosa de todo lo que Jesús enseñó, los primeros discípulos —ellos mismos testigos oculares— crearon la existencia de nuevas generaciones de «testigos auriculares» (O'Brien, pp. 264 y sig.). Estas a su vez transmiten la verdad que recibieron. De este modo se proporciona un medio para que generaciones siguientes permanezcan en contacto con las enseñanzas de Jesús (cf. 2 Ti 2:2).

5. El cristianismo se debe extender mediante una necesidad interna o ya ha decaído; puesto que uno de los mandamientos de Jesús es enseñar todo lo que ordenó. Fallar en discipular, bautizar y enseñar a los pueblos de la tierra es en sí ya uno de los errores de nuestro propio discipulado.

Pero el evangelio de Mateo no termina con una orden sino con la promesa de la consoladora presencia de Jesús, la cual, si no está hecha explícitamente condicional a la obediencia de los discípulos a la gran comisión, al menos se encuentra íntimamente ligada con ella. «Les aseguro» capta la fuerza de *idou* aquí (vea en 1:20): aquel a quien el prólogo nos presenta aquí es Emanuel «Dios con nosotros» (1:23; cf. también 18:20), y todavía es Dios con nosotros, «hasta el fin del mundo». El adverbio «siempre» interpreta una expresión que solo aquí se encuentra en el NT, concretamente, *pasas tes jemeras*, estrictamente «todos los días completos» (Moule, *Idiom Book*, p. 34). No sólo está a la vista el horizonte, sino cada día como lo vivimos. Esto continúa hasta el fin del mundo (para esta expresión, vea en 13:39-40, 49; 24:3; cf. Heb 9:26): el fin de la historia como la conocemos, cuando el reino esté consumado. Tal vez hay una pequeña insinuación de juicio: la Iglesia no debe irse a la deriva, porque también ella avanza hacia la consumación. La extensión período entre la comisión y la consumación es indefinida; pero dure lo que dure, es el momento de la misión de la Iglesia y del gozo preliminar de la presencia de su Señor.

El evangelio de Mateo culmina con la expectativa de la continuidad de la misión y la enseñanza. Las cinco secciones precedentes siempre concluyen con una sección de las enseñanzas de *Jesús* (3:1—26:5); pero la pasión y la resurrección de Jesús terminan con una comisión a *sus discípulos* de llevar a cabo ese mismo ministerio (vea Introducción, sección 14), a la luz de la cruz, la tumba vacía y la triunfal vindicación y exaltación del Señor resucitado. En este sentido el Evangelio de Mateo no es un libro cerrado hasta la consumación. El capítulo final se escribe en la misión y enseñanza de los discípulos de Jesús.

Disfrute de otras publicaciones de Editorial Vida

Desde 1946, Editorial Vida es fiel amiga del pueblo hispano a través de la mejor literatura evangélica. Editorial Vida publica libros prácticos y de sólidas doctrinas que enriquecen el caudal de conocimiento de sus lectores.

Nuestras Biblias de Estudio poseen características que ayudan al lector a crecer en el conocimiento de las Sagradas Escrituras y a comprenderlas mejor. Vida Nueva es el más completo y actualizado plan de estudio de Escuela Dominical y el mejor recurso educativo en español. Además, nuestra serie de grabaciones de alabanzas y adoración, Vida Music renueva su espíritu y llena su alma de gratitud a Dios.

En las siguientes páginas se describen otras excelentes publicaciones producidas especialmente para usted. Adquiera productos de Editorial Vida en su librería cristiana más cercana.

Vida

DEDICADOS A LA EXCELENCIA

Una vida
con propósito

Rick Warren, reconocido autor de *Una Iglesia con Propósito*, plantea ahora un nuevo reto al creyente que quiere alcanzar una vida victoriosa. La obra enfoca la edificación del individuo como parte integral del proceso formador del cuerpo de Cristo. Cada ser humano tiene algo que le inspira, motiva o impulsa a actuar a través de su existencia. Y eso es lo que usted podrá descubrir cuando lea las páginas de *Una vida con propósito*.

0-8297-3786-3

COMENTARIO BIBLICO
DEL EXPOSITOR: MARCOS

El Evangelio de Marcos es un relato sucinto y sencillo, pero vívido, del ministerio, el sufrimiento, la muerte y la resurrección de Jesús.

Este importante comentario, basado en la Nueva Versión Internacional, analiza asuntos teológicos y trascendentales desde un punto de vista evangélico.

Su excelente enseñanza, fidelidad y fácil comprensión convierten a este comentario en una herramienta única y práctica para la vida diaria.

0-8297-2886-4

Comentario Bíblico del Expositor:
MARCOS
Walter W. Wessel

Si quieres caminar sobre las aguas, tienes que salir de la barca

Cristo caminó sobre las aguas con éxito, si quieres hacerlo solo hay un requisito: *Si quieres caminar sobre las aguas, tienes que salir de la barca.* Hoy Jesús te extiende una invitación a enfrentar tus temores, descubrir el llamado de Dios para tu vida y experimentar su poder.

0-8297-3536-4